História geral da filosofia

Dados Internacionais de Catalogação na Publicação (CIP)
(Câmara Brasileira do Livro, SP, Brasil)

Störig, Hans Joachim
    História geral da filosofia / Hans Joachim Störig ; revisão geral de Edgar Orth.
2. ed. – Petrópolis, RJ : Vozes, 2009.

    Título original: Kleine Weltgeschichte der Philosophie
    Vários tradutores.
    Bibliografia.

    5ª reimpressão, 2024.

    ISBN 978-85-326-3642-3

    1. História – Filosofia I. Orth, Edgar. II. Título.

08-00401
                                                             CDD-109

Índices para catálogo sistemático:
1. Filosofia : História   109

Hans Joachim Störig

História geral da filosofia

Tradutores:
Volney J. Berkenbrock – Parte I
Carlos Almeida Pereira – Partes II e IV
Antônio Luz Costa – Partes III e VI
Eduardo Gross – Parte V
Marco Antônio Casanova – Parte VII

Revisão geral de Edgar Orth

EDITORA
VOZES

Petrópolis

© 1950, by W. Kohlhammer GmbH, Stuttgart. 17ª edição, 1999
(Edição revista e ampliada)

Tradução do original em alemão intitulado
Kleine Weltgeschichte der Philosophie

Direitos de publicação em língua portuguesa:
2008, Editora Vozes Ltda.
Rua Frei Luís, 100
25689-900 Petrópolis, RJ
www.vozes.com.br
Brasil

Editoração: Maria da Conceição Borba de Sousa
Diagramação: AG.SR Desenv. Gráfico
Capa: Diogo Müller

ISBN 978-85-326-3642-3 (Brasil)
ISBN 3-17-016070-2 (Alemanha)

Este livro foi composto e impresso pela Editora Vozes Ltda.

O pensamento filosófico só pode ter efeito hoje em dia se atingir a maioria dos indivíduos. Pois a situação atual é esta: as massas populares sabem ler e escrever, mas sem alcançar a plena dimensão da cultura ocidental. Mas assim mesmo têm sua parte no saber, no pensar e no agir. Poderão desfrutar tanto mais dessa nova oportunidade quanto mais chegarem à plena dimensão das intuições elevadas e das distinções críticas. Por isso é necessário para as horas de meditação de todos os seres humanos que se torne comunicável o essencial de modo bem simples e tão claro quanto possível, sem perda de profundidade.

Karl Jaspers. *A tarefa da filosofia no tempo atual*, 1953.

SUMÁRIO

INTRODUÇÃO

"Este livro não é para filósofos profissionais. Para eles, não dirá nada de novo. Dirige-se àqueles muitos que – formados ou não em universidades – estão na batalha e nas preocupações de todo dia e que, à vista das grandes transformações históricas e catástrofes de nosso tempo, não desistem da tentativa de defrontar-se com o enigma do mundo e com as perguntas perenes do ser humano, seguindo o caminho da reflexão autônoma, nem se negam de antemão a aceitar que os pensamentos e as obras dos grandes pensadores de todos os tempos possam dar conselho e ajuda."

Com estas frases começava a primeira edição deste livro, cuja data remonta a 50 anos. A aceitação do livro pelo público em geral correspondeu exatamente a este propósito: só em alemão alcançou a expressiva cifra de 6000.000 exemplares. Foi traduzido para o italiano, japonês, holandês, espanhol, tcheco e húngaro. (Agora sai a edição em língua portuguesa, no Brasil.)

Ao final do século XX e de minha vida, achei necessário fazer uma revisão cuidadosa e meticulosa da obra, sobretudo (mas não só) da parte final, que trata dos tempos atuais.

Quatro observações autocríticas

1) A filosofia como tentativa do ser humano de resolver por meio do pensamento os enigmas de sua existência – tanto os que o cercam no mundo exterior quanto os de seu íntimo – é mais antiga do que todos os testemunhos escritos que possuímos sobre isto. Nosso conhecimento remonta aproximadamente a 3.000 anos. Bem antes deste período e da história que nos é conhecida, está o tempo em que o ser humano, ao adotar o caminhar em posição ereta e liberar as mãos, no obter e dominar o fogo, ao utilizar sistematicamente as ferramentas mais simples, começou a diferenciar-se do reino animal. Assim, como conhecemos poucos detalhes disso, também pouco sabemos do processo que tornou o ser humano realmente humano, do início da linguagem e do pensamento. Não é possível separar as duas coisas. O pensamento está ligado à linguagem. É possível observar isto sempre de novo no desenvolvimento de toda criança. É na linguagem que conseguimos os conceitos como instrumentos do pensamento. Para a criança que está começando a falar, cada coisa nova que aprende a denominar desprende-se, como por uma vara mágica, da multiplicidade do mundo circundante até então indiferenciada e incompreendida. Por mais significativas que sejam estas duas problemáticas – a origem da linguagem e a relação entre linguagem e pensamento – (constituem para os lin-

guistas um dos temas mais interessantes, mas também um dos campos mais obscuros), não podemos abordá-las aqui.

No entanto, queremos guardar duas ideias: 1) A linguagem como meio imprescindível para a manifestação de nosso pensamento e talvez também de seu limite é um dos temas mais importantes da filosofia e nos acompanhará constantemente. 2) Com o início do desenvolvimento histórico a nós conhecido, encontramos a linguagem e as línguas praticamente constituídas em sua essência. O que ocorreu desde então em termos de transformação, deslocamento e reorganização é de importância secundária. Portanto, anteriormente ao campo por nós abrangível, existe um processo evolutivo do pensamento humano, difícil de avaliar, que se estende por alguns milênios e do qual não sabemos praticamente nada. Temos de começar qualquer tentativa de apresentar a história do pensamento com esta observação preliminar, e talvez no começo de qualquer tipo de exposição histórica devêssemos lembrar ao leitor – para que ganhe a distância correta ao tema e a amplitude de perspectiva necessária – de que é muito diminuto o que conhecemos da evolução do gênero humano e este, por sua vez, é muito pequeno considerando-se a vida sobre a terra, e esta dentro da evolução toda de nosso planeta, e esta dentro do universo inteiro.

2) Se conhecemos os ensaios do pensar só de um certo período, dentro deste, por sua vez, só temos acesso aos pensamentos que foram pronunciados e anotados, seja pelos próprios pensadores, seja por seus discípulos, seja, como infelizmente não raro aconteceu, por seus opositores. Não quero afirmar que com isto sempre nos foi transmitido o melhor, o mais valioso e o mais profundo.

3) A tentativa de compreender o passado tropeça quase sempre em obstáculos. Nas relações longe de nós e alheias a nós só podemos imaginar-nos de forma imperfeita. As obras da filosofia estão na maior parte dos casos por escrito – às vezes só em fragmentos –, mas como entendê-las, sobretudo quando escritas numa linguagem como, por exemplo, o chinês, inteiramente diferente da nossa em sua estrutura, na maneira de ver e associar as coisas?

A arte de compreender e explicar, a hermenêutica (originalmente referida apenas aos textos bíblicos e aos clássicos da Antiguidade, depois ampliada para todas as produções intelectuais) tem na filosofia e em sua história um papel central, pode até estar em seu ponto central.

No que se refere ao presente, o americano Paul Schilpp, bem enfronhado nas dificuldades de entender e explicar os textos filosóficos, organizou uma série de livros para ajudar nessas dificuldades. Cada volume é dedicado a um filósofo vivo que descreve, numa "autobiografia intelectual", sua evolução do pensamento. Seguem-se artigos de outros entendidos com considerações, dúvidas, críticas e questões para serem respondidas. Ao final, tem novamente a palavra explicativa o filósofo ao qual está dedicado o livro[1].

4) As obras dos filósofos, sem contar os comentários e exposições ou tentativas de refutação dos professores de filosofia, enchem salas enormes de grandes bibliotecas. Uma apresentação cien-

---

1. SCHILPP, P.A. (ed.). *The library of living philosophers*. Evanston: Illinois.

tífica da história da filosofia, que se qualifica modestamente de compêndio, enche uma estante toda. E está redigida numa linguagem muito condensada, só compreensível aos entendidos.

Em geral é mais fácil e mais rápido explicar um processo qualquer a um especialista recém-formado do que a um leigo. Um engenheiro, por exemplo, que queira descrever a outro engenheiro a planejada construção de uma ponte, dirá a ele em poucas palavras técnicas as dimensões, proporção de cimento, o objetivo, o material de construção e o sistema usado na construção da ponte, acrescentando talvez algumas fórmulas dos cálculos necessários, e o outro logo terá uma ideia da situação. Mas se tiver de explicar a ponte a um leigo, terá de começar bem mais atrás: terá que descrever os vários sistemas com que se pode construir pontes, explicar as leis fundamentais da estática, todas as fórmulas e expressões técnicas etc.

A história da filosofia é uma matéria que, em extensão e dificuldades, provavelmente não é menor do que a construção de uma ponte, e este livro está dirigido a leitores sem conhecimentos prévios. É preciso realizar uma seleção entre os inúmeros escritos filosóficos, levando-se em consideração, de um lado, se a escolha feita é adequada a uma obra introdutória desse gênero e, por outro, o esforço de não ocultar ao leitor nada do que o critério dos entendidos julga ser de importância fundamental, desconsiderando as preferências particulares do autor.

O objeto da filosofia

O que é isto, cuja história se pretende contar aqui? O que é filosofia? Quais são suas características? E qual é na verdade o seu objeto?

Se fizermos estas perguntas nesta ordem aos grandes filósofos, teremos deles uma resposta diferente. É natural que cada um declare como sendo *a* filosofia aquilo o que ele faz e ensina como filosofia.

Mas queremos manter-nos livres da restrição de um sistema filosófico determinado e por isso colocaremos assim a questão: Quais foram, pois, os objetos com que se ocuparam os vários filósofos das diferentes épocas? Só existe uma resposta: com todos. Não há propriamente nada que não possa ser objeto da filosofia e que de fato não o tenha sido. Desde o maior ao menor e insignificante (na verdade, o que é insignificante num pensar mais profundo?), desde a origem e a estrutura do mundo ao comportamento correto na vida diária, desde as perguntas mais elevadas sobre liberdade, morte e imortalidade até o comer e o beber – tudo pode ser objeto da reflexão filosófica.

Mas podemos fazer esta enumeração de maneira algo mais metódica e empregá-la num breve excurso sobre campos importantes da filosofia em sua classificação tradicional: com o todo do mundo (ou do também não experimentável pelos sentidos), ocupa-se a metafísica; com o ser em sua totalidade, ocupa-se a ontologia (estes dois campos se intercruzam, como também outros); a lógica é a doutrina do pensar correto e da verdade; a ética, do agir correto; a epistemologia, do conhecimento e de seus limites; a estética, do belo. Da natureza trata a filosofia natural; da cultura, a filosofia da cultura; da sociedade, a filosofia social; da história, a filosofia da história; da religião, a filosofia da religião; do Estado, a filosofia do Estado; do direito, a filosofia do direito; da linguagem, a filosofia da linguagem. Existe uma filosofia da economia, da técnica, do dinheiro etc.

Ao considerar esta sinopse, salta evidentemente aos olhos que a filosofia não tem só para si estes objetos. Para cada um desses objetos existe uma ciência especial, que tem por tarefa investigá-lo e descrevê-lo. Da economia ocupa-se a economia política; da linguagem, a linguística; do direito, a jurisprudência; do Estado, a teoria do Estado. A historiografia pesquisa a história; a sociologia, a sociedade; a teologia, a ciência e a história das religiões, a religião. O conjunto da natureza é o campo de muitas ciências independentes como a física, química, biologia, astronomia etc. A filosofia, como campo de pesquisa e conhecimento humanos, não pode ser separada das várias ciências por determinação de seu objeto.

Mesmo ocupando-se dos mesmos objetos que as demais ciências, é diferente delas e o faz de modo peculiar e só a ela pertinente. Coloca-se assim a questão de um método filosófico especial. Também aqui podemos facilmente perder-nos em minúcias. Muitos pensadores acham que seu próprio método é *a* filosofia.

Mas é possível fazer uma delimitação. Se repassarmos a enumeração acima dos campos da filosofia e de seus objetos, colocando-os ao lado da série de ciências independentes que tratam do mesmo objeto, encontramos por cima de tudo o ser em si como objeto mais abrangente. Aqui não existe evidentemente nenhuma correspondência entre os diversos ramos particulares do saber. Somente a filosofia tem como tema o complexo total do ser.

De fato, é este aspecto do todo e do geral que distingue a filosofia das ciências particulares: enquanto estas se propõem em regra a pesquisa e exposição de um campo determinado e limitado como o Estado, a linguagem, a história, a vida orgânica etc., é próprio da filosofia – mesmo quando o pensamento filosófico se volta em primeiro lugar a um objeto determinado e limitado – ordenar os fenômenos particulares num grande contexto geral, encontrar um sentido comum a todos eles e, dentro de uma visão de conjunto, unir, entre outras coisas, também os resultados das ciências particulares numa imagem unitária do mundo, numa cosmovisão harmônica.

Com isto conseguimos traçar uma certa fronteira entre as ciências, mas não uma delimitação de todos os lados. Pois a filosofia não detém sozinha o traço da totalidade. Ela o partilha com a religião e a arte. Ambas também, cada uma a seu modo, se orientam para o todo do ser. Também aqui os limites são fluidos. A filosofia, enquanto procura abarcar o todo da vida e seu sentido, pode tornar-se visão religiosa. Na verdade, religião e filosofia estiveram ligadas indissoluvelmente. A arquitetura de um pensamento filosófico pode, pela perfeição de sua forma, aproximar-se de uma obra de arte, de uma poesia ou também de uma construção artística. Por fim, não há dúvida de que as obras de arte, ao menos as mais inspiradas, penetrem no âmbito do religioso.

Mas é preciso fazer uma diferenciação satisfatória e suficiente para os nossos objetivos. O que distingue a filosofia neste contexto é o pensar como seu método próprio. A religião, por sua essência, apela em primeiro lugar para a fé e para o sentimento e não para o intelecto. A arte, por sua vez, também não é pensamento, mas a expressão de algo interior numa forma exterior que pode, quando perfeita, dar expressão ao todo do ser, mas de maneira alegórica e simbólica, vista através de seu individual e não apelando sobretudo ao intelecto, mas ao nosso sentimento do belo e do sublime.

A consideração histórica dos âmbitos da vida que discutimos mostra, em sua conexão e interação mútuas, que a religião, a arte, a filosofia e as ciências particulares vieram fundidas ou unidas em algumas épocas, mas, em outras, separadas e até contraditórias.

A filosofia e seu objeto não podem ser delimitados e fixados de modo puramente teórico e conceitual, simplesmente porque a filosofia não é um conceito abstrato que se possa fixar para sempre, mas um conceito que se tornou histórico e que prossegue evoluindo sem parar. Em última análise, designamos por filosofia precisamente determinados problemas surgidos durante a evolução do espírito humano e as tentativas de resolvê-los. Entrar neles e fazer-se uma ideia de todos eles só é possível quando se tem uma imagem histórica do acontecer deles. Isto quer dizer que não é possível fazer filosofia sem fazer história da filosofia.

Alguns pontos de vista orientadores

O grande Immanuel Kant, em idade avançada, revendo a obra de sua vida, disse numa carta que seu trabalho havia partido da resposta a três perguntas:

1) O que podemos saber?

2) O que devemos fazer?

3) Em que podemos acreditar?

Estas perguntas tocam nas coisas que moveram e movem em todo tempo o ser humano pensante.

A primeira refere-se ao *conhecimento* humano. Como está constituído o mundo, como deverei representá-lo para mim? O que posso conhecer dele? E (nisto Kant coloca ênfase) posso realmente saber algo seguro sobre ele?

A segunda pergunta refere-se ao *agir* humano. Como devo configurar minha vida? A que posso e devo aspirar de modo racional? Como devo comportar-me com meus semelhantes? E com a sociedade humana?

A terceira pergunta refere-se à *fé* humana. Ela aponta para coisas que não podemos conhecer com certeza, mas que nos afligem quando queremos dar um sentido à nossa vida. Existe um poder superior? O ser humano é livre ou não em sua vontade? Existe a imortalidade? Vemos que a terceira pergunta, como também a segunda, já atinge o âmbito da religião. Desconsiderando-se que muitos filósofos fizeram a tentativa de elaborar e responder a esta pergunta com meios filosóficos, faz ela parte ao menos do campo da filosofia enquanto pudermos dela esperar uma resposta: É possível responder a estas perguntas, com fundamento em que certezas e provas, e onde está o limite entre o campo do conhecimento e da fé na medida em que haja algo assim próximo ao reino do pensar?

Se considerarmos o desdobramento histórico da filosofia sob o ponto de vista dessas três perguntas, dá para reconhecer que em grandes traços elas vão surgindo na ordem inversa em que Kant as formulou. É provável que tenha sido a questão do nascimento e da morte, como fatos fundamentais de toda vida, e com ela a pergunta sobre a vida após a morte, o domínio de misteriosos poderes sobre-humanos e a pergunta sobre um Deus, demiurgos e demônios, que foram os primeiros enigmas elementares que o nascente espírito humano encontrou e aos quais se dirigiu em primeiro lugar. É certo também que a busca dos corretos princípios do agir humano, segundo o conhecimento do útil e do moralmente ordenado, tenha ocupado a filosofia antes da pergunta, colocada com todo seu rigor, sobre as possibilidades, meios e limites do conhecimento humano.

Com todas as reservas e divergências de detalhes, pode-se dizer que na antiga filosofia hindu predominaram as questões sobre Deus, liberdade, imortalidade e sobre o sentido da vida em geral. O pensamento chinês antigo está desde o princípio dirigido mais fortemente ao campo do agir prático e à vida humana em comunidade, ou seja, à ética. Na multiforme filosofia grega tem importância todas as três perguntas, mas dá-se primazia ao conhecimento e à ação. A filosofia ocidental da Idade Média coloca novamente seu ponto central nas eternas perguntas sobre Deus, liberdade, imortalidade e a par delas sobre o bem e o mal no agir humano. Somente no pensamento europeu da Idade Moderna desenvolve-se o problema do conhecimento em toda sua dimensão, que vai dominando em sempre maior medida, até que desponte no presente talvez com novo deslocamento.

Vista negativamente, a orientação de nosso trabalho segundo estas três perguntas significa que não levamos em conta todos os campos da filosofia anteriormente organizados. Uma história da estética, da filosofia do Estado, da filosofia do direito etc. exigiria cada qual um livro à parte. Mas vista positivamente, ela significa sobretudo um convite ao leitor para que considere e examine o que expusemos, tendo sempre como referência estas perguntas. Ao final reconhecerá que, apesar de cada época e de cada pensador ter formuladas sobre elas suas próprias respostas, no fundo o número de respostas possíveis não é ilimitado.

Tradução de Edgar Orth

PARTE I
A SABEDORIA DO ORIENTE*

* Tradução de *Volney J. Berkenbrock*, doutor em Teologia pela Universidade Friedrich Wilhelm (Bonn, Alemanha) e professor no Departamento de Pós-graduação em Ciências da Religião da Universidade Federal de Juiz de Fora.

I
A filosofia da Índia antiga

Tanto do ponto de vista geográfico como do ponto de vista espiritual, a Índia é um mundo por si só. Este imenso país tem todo tipo de clima, desde partes cobertas permanentemente de neve como o Himalaia, ao norte, até o calor tropical nas planícies dos grandes rios, ao sul. Com uma população acima de 900 milhões de pessoas, a Índia é pátria de muitas línguas, culturas e religiões. Sua história tem pelo menos três ou quatro mil anos. E a Índia não é apenas o lugar de origem dos mais antigos testemunhos da filosofia do espírito humano que nos são conhecidos, mas é também o mais antigo berço de cultura humana – pelo menos naquilo que a arqueologia pôde avaliar, cujos achados de escavações aconteceram inclusive em parte por acaso. Assim pelo menos é a datação que os especialistas fazem da chamada cultura Mohenjodaro, no vale do Rio Indo, cujos vestígios em forma de diversas camadas sobrepostas mostraram cidades com construções de moradias resistentes e com diversos andares, de casas de negócios e de ruas largas de espato. A descoberta disto se deu em 1924 e foi datada em três ou quatro mil anos antes de nossa cronologia comum. Os utensílios domésticos, vasos decorados, armas e joias descobertos são comparados não apenas àqueles do antigo Egito e Babilônia, como também aos europeus[1].

Por meados do segundo milênio antes de Cristo, em torno do ano 1600 aC – todas as datações da história antiga da Índia são sempre estimativas – iniciou-se a partir do norte a conquista paulatina da Índia através de um povo que se autodenominava *aryas*, os arianos. Segundo algumas explicações, a palavra significa originariamente "nobre", de modo que arianos significaria "gente nobre"[2]. Outras explicações derivam a palavra de "aqueles que pertencem aos fiéis", ou seja, aqueles que professavam a religião dos arianos. Outros ainda a derivam de uma palavra para "arar", de modo que arianos significaria então agricultores[3]. Quando a ciência da linguagem – lá pelo ano 1800 – notou um parentesco da língua primitiva destes arianos com as línguas europeias, esta família linguística recebeu o nome de línguas arianas ou

---

1. DURANT, W. *Geschichte der Zivilisation* – Erster Band: Das Vermächtnis des Ostens. Bern: O.J., p. 437.

2. Ibid., p. 439.

3. DEUSSEN, P. *Allgemeine Geschichte der Philosophie mit besonderer Berücksichtigung der Religionen*. Vol. I, 1. Leipzig 1906, p. 38.

línguas indo-europeias. A esta família pertencem as línguas hindi, persa, grega, latina, eslava, germânica, romana, celta e armênia. Deste parentesco linguístico deduziu-se que os indo-arianos descendem de um grupo de povos chamados de indo-europeus primitivos. Sobre a origem geográfica destes há uma longa controvérsia científica. Recentemente esta hipótese foi colocada em dúvida[4]. É tido porém como certo que as línguas apontadas têm uma "língua materna" comum – mesmo que isto não seja comprovado por testemunhos escritos.

A conquista da Índia pelos arianos aconteceu em três etapas, tendo cada uma delas durado séculos, e estão mais ou menos relacionadas com as três regiões geográficas nas quais a Índia está dividida: em um primeiro período, que vai até pelo ano 1000 aC, teriam os arianos se estabelecido na região chamada Punjab (terra das cinco torrentes), em torno do Rio Indo no noroeste da Índia; em uma segunda etapa, que teria durado também em torno de quinhentos anos e que teria sido coberta de constantes lutas tanto contra os habitantes autóctones quanto de clãs arianos entre si, a ocupação teria se estendido mais ao oriente, em torno do Ganges, que teria se tornado a principal região de permanência; num terceiro período, a partir de mais ou menos 500 aC, a parte sul da Índia, o Planalto de Decã, teria sido penetrado aos poucos pela cultura ariana, embora esta região tenha conservado até hoje muitos traços da cultura dos primeiros habitantes, os chamados drávidas, especialmente um grupo de língua dravídica.

O conteúdo da filosofia da antiga Índia é formado exclusivamente pelo pensamento dos indo-arianos. Não se conhece praticamente nada das ciências do espírito dos povos pré-arianos.

I. O período védico

É muito difícil dividir a história da filosofia da Índia em períodos claramente delimitados. O mesmo se pode dizer da história da Índia de um modo geral e isto está ligado a uma peculiaridade do espírito hindu que estava mais direcionado ao eterno que ao temporal e sua ordem e com isto desprezava o levar muito a sério e fixar exatamente os detalhes do decorrer temporal. Com isto não existe na Índia propriamente uma historiografia como a conhecemos, quer dizer, nenhuma anotação exata de datas como por exemplo se costumava fazer no Antigo Egito. Do mesmo modo, o pensamento filosófico da Índia é como um oceano, que, quando nele se entra, quase não se encontram pontos de orientação. Para a maioria das obras de filosofia da Índia não se consegue dizer com segurança o século em que surgiram. E contrariamente à Europa, onde todos os períodos e mudanças no desenvolvimento da filosofia estão claramente marcados por personalidades históricas, os pensadores individualmente na Índia estão escondidos quase que totalmente atrás de suas obras e pensamentos e, na maioria dos casos, são conhecidos pelo nome, mas não se sabe exatamente o contexto nem a data de suas vidas.

---

4. P. ex., pelo pesquisador de línguas russo N.J. Marr (1864 a 1935).

Mesmo assim é possível, pelo conhecimento que temos hoje, fazer uma divisão em diversos períodos principais, divisão esta que serve para o objetivo de nossa introdução. Isto lembrando que a pesquisa da história do pensamento hindu tem ainda muito em aberto e nem todas as obras hindus que lhe dizem respeito foram já traduzidas para línguas ocidentais.

O primeiro período principal, que pode ser datado de cerca de 1500 a 500 aC é chamado de período védico. Este nome é derivado do conjunto de escritos aos quais devemos o conhecimento deste tempo e que são denominados pelo nome coletivo de *veda*, ou no plural, vedas. Não se trata no entanto de um livro, mas sim de toda uma literatura, posta por escrito em tempos muito diversos e por pessoas individualmente desconhecidas, cuja escrituração ocorreu porém neste tempo. Os Vedas contêm entretanto ideias religiosas e míticas muito mais antigas que este tempo. "Veda" significa saber religioso, teológico, que no tempo antigo pode ser igualado à totalidade do conhecimento ao qual se dava valor. Na totalidade, os Veda têm um volume de escritos seis vezes maior que o da Bíblia[5].

Pode-se distinguir quatro diferentes tipos de Veda, sendo cada um individualmente também chamado de Vedas:

- *Rigveda* – o Veda dos versos, do saber dos hinos de louvor[6];
- *Samaveda* – o Veda dos cânticos, do saber das canções;
- *Yayurveda* – o Veda das fórmulas sacrificiais;
- *Atyharvaveda* – o Veda de Atharvan, do saber das fórmulas mágicas.

Estes Vedas são os manuais dos antigos sacerdotes hindus, nos quais estes conservaram os materiais necessários das ações religiosas sacrificiais como hinos, dizeres, fórmulas etc. E como em cada ação sacrificial se fazia necessária a atuação de quatro sacerdotes, o anunciador, o cantor, o sacerdote atuante e o sacrificador, existem quatro Vedas, um para cada uma das funções sacerdotais.

Dentro de cada veda distinguem-se quatro seções:

- *Mantras* – hinos, fórmulas de orações;
- *Brahmanas* – indicações para o uso correto destas fórmulas em orações, juramentos e sacrifícios;
- *Aranyakas* – "textos da floresta", textos para os eremitas que viviam na floresta;
- *Upanixades* – "ensinamentos secretos", que do ponto de vista filosófico são os mais importantes.

Também é possível fazer outras subdivisões.

A estes escritos o fiel hindu atribui validade canônica, ou seja, eles são tidos como baseados em revelação divina e verdades intocáveis.

---

5. DEUSSEN, P. Op. cit., p. 65.
6. Ibid. • DURANT, W. Op. cit., p. 450.

O primeiro período principal da filosofia hindu que recebe seu nome justamente do veda também é subdividido em três partes, conforme o tempo de surgimento de cada uma delas:

1º) O veda antigo ou o tempo dos hinos, em torno de 1500 a 1000 aC.

2º) O tempo do sacrifício místico, em torno de 1000 a 750 aC.

3º) O tempo dos Upanixades, em torno de 750 a 500 aC.

1. Cultura e religião no tempo dos hinos

Para a compreensão do desenvolvimento posterior é imprescindível uma certa ideia do pano de fundo histórico do período mais antigo conhecido da vida ariana. Os hinos do *Rigveda*, que é a parte mais antiga dos Vedas e que forma um dos mais antigos testemunhos literários de toda a humanidade, transmitem uma imagem clara da vida e da imaginação religiosa dos indo-arianos daquele tempo, dado que sua expansão tinha atingido ainda somente a parte noroeste da Índia[7]. Na época eles eram basicamente um povo guerreiro de agricultores e sobretudo de pastores, ainda sem qualquer cidade ou conhecimento de navegação marítima. Profissões simples como ferreiro, oleiro, marceneiro, tecelão já existiam. Sua compreensão religiosa é caracterizada por distinções ainda não muito claras de coisas que no nosso modo de pensar são óbvias como a diferenciação entre animado e inanimado, pessoas e coisas, espiritual e material[8]. Os deuses mais antigos eram forças e elementos da natureza. Céu, terra, fogo, luz, vento, água são – de forma semelhante como em outros povos – personificados e vivem, falam, agem e sofrem o destino de forma semelhante às pessoas humanas. O Rigveda contém hinos, louvores a estes deuses, como por exemplo a Agni, o deus do fogo, a Indra, o senhor sobre trovões e raios, a Vixnu, o deus-sol, e orações a estes deuses pela multiplicação dos rebanhos, boas colheitas e uma vida longa.

Os primeiros germes de pensamento filosófico aparecem neste contexto, onde se coloca a pergunta: Há por detrás desta *multiplicidade* de deuses *um* fundamento último do mundo? Não teria talvez o mundo todo surgido a partir de um tal fundamento primeiro? A primeira condensação da ideia de unidade, que mais tarde vai se tornar o grande e dominante tema da filosofia hindu, aparece pois já neste tempo mais antigo.

Esta procura por um fundamento, que suporte o mundo e a partir do qual ele surge, aparece expressa de forma magistral em um hino criacional do Rigveda, que numa tradução livre de Paul Deussen assim diz:

> Naquele tempo existia nem o não ser, nem o ser,
> Nem ainda o espaço, nem o céu por cima de tudo. –

---

7. Confira para isto e para os seguintes, DEUSSEN, P. Op. cit., p. 72ss.

8. GLASENAPP, H. *Die Philosophie der Inder* – Eine Einführung in ihre Geschichte und ihre Lehren. Stuttgart, 1949, p. 25.

Quem tinha o mundo em sua cabeça, quem o acolhia?
Onde estava o abismo profundo, onde estava o mar?

Naquele tempo não havia nem morte nem imortalidade ainda,
Não havia a noite e nem o dia havia ainda se manifestado. –
Soprava sem vento a originalidade
O Um, e fora ele nenhum outro existia.

De escuridão o mundo todo era coberto,
Um oceano sem luz, perdido na noite; –
Ali nascia o que estava escondido em uma casca,
O *Um* impelido pela força incandescente.

Deste surgiu primeiramente,
Como semente do conhecimento, o amor; –
O ser deitou raízes no não ser
Os sábios, perscrutando, os impulsos do coração.

Quando eles atravessaram sua linha de medida,
O que estava abaixo e o que estava acima? –
Eram suportes de germinação, forças que se agitavam,
Autoposicionados embaixo, tensionados em cima.

No entanto, a quem é dado perscrutar,
Quem captou de onde a criação surge?
Os deuses surgiram no aquém antes desta!
Quem pode dizer, de onde eles provêm? –

Ele, do qual a criação foi gerada,
Que sobre ela vela na mais alta luz celeste,
Ele que a fez ou não a fez,
Ele é que sabe – ou também ele não o sabe?"[9]

Podemos ver neste poema, juntamente com uma profunda busca pelo fundamento do mundo, no final dele uma dúvida radical, dúvida esta que é característica do final do tempo dos hinos, a dúvida sobre os deuses. Os deuses estão "no aquém da criação", proclama o poeta, ou seja, eles também são criados. Neste ponto temos exatamente o início da decadência da religião védica antiga, ou melhor, uma mudança decisiva.

Dúvida e insatisfação frente aos deuses transformam-se em aberto desprezo. Assim se diz:

Faça um belo louvor a Indra como desafio,
Em verdade, *se ele verdadeiramente é!*
A propósito, diga a este e àquele: "Indra não é!"
Quem já o viu? Quem é este, para que se o louve?[10]

Com a decadência da fé nos deuses do antigo veda, perceptível neste exemplo e em outras passagens de forma ainda mais forte, e com o surgimento da ideia da unidade do todo está propício o tempo para o próximo passo do pensamento hindu, com o qual irá alcançar um ponto alto todo próprio.

---

9. Rigveda. Apud DEUSSEN, P. Op. cit., I, 1, p. 126-127.
10. Rigveda. Ibid., p. 97.

2. O tempo da mística sacrificial – O surgimento do sistema de castas

No tempo em que os indo-arianos estenderam seu domínio para o oriente até o Delta do Ganges e lá transformaram-se em uma classe dominante sobre a população de outras etnias, neste tempo formou-se aí uma estrutura social que depois se estendeu para toda a vida da Índia e tornou-se uma das características mais marcantes da Índia hinduísta (diferentemente da parte que mais tarde se tornou muçulmana e que hoje forma o Paquistão e Bangladesh, países independentes) e a influencia até o nosso século: o sistema de castas e a posição de destaque da classe sacerdotal, os brâmanes.

A motivação para a formação das castas veio da necessidade de manter claramente separada a classe de domínio e alta classe ariana dos inúmeros povos autóctones subjugados, se quisessem manter-se puros e não desaparecer entre eles pela miscigenação. Assim surgiu primeiramente a separação entre os arianos e os Shudras, como os subjugados foram chamados, termo advindo provavelmente do nome de uma das tribos; ou, mais precisamente, não é que surgiu uma casta, mas sim a separação já existente tornou-se, pela formação da casta, uma separação duradoura e intransponível.

A esta separação por etnia – a antiga palavra indiana para casta, varna, significa cor, e a palavra casta é de origem portuguesa* – seguiram-se logo entre os arianos subdivisões em três castas principais.

- Brâmanes = sacerdotes;
- Kshátriyas = príncipes, reis ou guerreiros (que se pode comparar mais ou menos com nobres da Idade Média);
- Vaishyas = livres (comerciantes etc.).

Abaixo destes estavam os Shudras e mais abaixo ainda os párias ou excluídos, tribos autóctones não convertidas, prisioneiros de guerra e escravos, dos quais surgiram os chamados intocáveis[11], que até hoje representam um sério problema social e pelos quais Mahatma Gandhi lutou especialmente.

A partir da divisão inicial das castas, surgiu ao longo do tempo uma sempre maior subdivisão em inúmeras subcastas hereditárias, que viviam fechadas entre si. Somente o avanço técnico europeu, com trens e trabalho em fábricas, veio abalar este sistema.

No que tange ao desenvolvimento do pensamento, o que aqui nos interessa, é de especial importância a formação e consolidação da primazia da casta sacerdotal bramânica. No tempo antigo dos Vedas, a posição de liderança na sociedade era exercida pela casta guerreira dos Kshátriyas. Com a passagem paulatina do tempo dos guerreiros conquistadores para uma ordem social pacífica, organizada, baseada na agricultura e indústria, a possibilidade do desen-

---

* Casta significa, no caso, pura [N.T.].

11. DURANT, W. Op. cit., p. 442.

volvimento pela oração e sacrifício, baseado em poderes sobrenaturais, foi ganhando cada vez mais importância aos olhos do povo. Acreditava-se que a prosperidade na colheita e com isso o bem-estar da população dependiam da vontade dos deuses. Porém, só os brâmanes possuíam o conhecimento sobre a forma correta de lidar com os poderes divinos, e este conhecimento eles o guardavam cuidadosamente e o cercavam de segredos. Com maestria eles espalhavam e apoiavam a ideia de que qualquer pequeno desvio do ritual correto poderia pôr em perigo a sua eficácia e, ao invés de bênção, iria atrair grande prejuízo. Além disso, com o passar do tempo e o distanciamento do espaço, este conhecimento sacerdotal das formas e fórmulas antigas das celebrações se revestia de uma certa obscura inteligibilidade e ordenação secreta. Os brâmanes, fora dos quais não havia nenhum poder espiritual, tornaram-se com isso mediadores indispensáveis em todas as atividades mais importantes da vida privada e pública. Na guerra e no acordo de paz, na sagração de reis, no nascimento, casamento ou morte, a bênção ou a maldição dependia da oferenda correta do sacrifício, conhecimento que eles dominavam. Além disso, eles possuíam também o monopólio sobre toda educação superior, que estava exclusivamente em suas mãos.

Completamente diferente de situações similares no contexto europeu, como por exemplo no caso da hierarquia da Igreja Católica em nossa Idade Média, é a posição dos brâmanes, que nunca aspiraram ou exerceram um poder temporal como também nunca formaram uma organização fechada – uma espécie de Igreja – com um tipo de superior espiritual. Eles eram, e permanecem sendo, um grupo de indivíduos livres e de iguais direitos.

Como os brâmanes podiam suscitar por sua vontade o sucesso ou o fracasso de um sacrifício através de modificações no ritual, percebidas somente por iniciados, entende-se que todo aquele que quisesse recorrer a um sacerdote para qualquer atividade tinha que assegurar a sua simpatia através de honrarias, ricos serviços e presentes, o que, por sua vez, reforçava o poder dos brâmanes. Assim sendo, as anotações oriundas deste período, os chamados textos-brâmana, referem-se principalmente e quase que exclusivamente a este conhecimento sacerdotal reservado em torno das oferendas e cerimoniais. Como fonte filosófica estes escritos podem ser usados apenas de maneira secundária. Certas observações ali contidas deixam porém entrever como as ideias religiosas e filosóficas – estas duas coisas são entendidas na Índia como uma unidade – haviam mudado. Aqui vamos ater-nos somente à observação de que dois conceitos, que vão formar o ponto fulcral de todo o pensamento indiano posterior, começam a se formar aos poucos neste tempo e vão ser cada vez mais postos em primeiro plano no interesse filosófico: Brahman e Atman. É a estes dois conceitos que nos vamos dedicar mais detalhadamente nos próximos parágrafos.

3. O tempo dos Upanixades

Com o passar do tempo as coletâneas de fórmulas sacerdotais e os comentários aos brâmana, nos quais se percebe aliás uma certa falta de dinamismo e alienação, não mais puderam satisfazer o espírito de busca hindu. Videntes e ascetas das florestas do norte continuaram a pesquisar e a buscar e criaram os incomparáveis Upanixades, a respeito dos quais disse Schopenhauer: "Trata-se da leitura mais gratificante e mais elevada que pode existir neste mundo. Ela foi o consolo de minha vida e o será do meu morrer"[12].

Os Upanixades não são igualmente um sistema fechado; são pensamentos e ensinamentos de muitas pessoas. Ao todo existem mais de 100 Upanixades, de importância diversa.

A palavra Upanixade deriva de upa = perto e sad = sentar, e significa assim o ensinamento de quem "senta perto (do mestre)", portanto ensinamento secreto, destinado somente aos iniciados[13].

Aqui se deve chamar a atenção para o fato de que todo o pensamento filosófico hindu tem um certo caráter esotérico, ou seja, destinado a um círculo pequeno de iniciados. Em inúmeras passagens encontra-se a instrução de que os tais pensamentos só devem ser passados aos discípulos mais próximos e queridos.

Os redatores dos Upanixades são em geral desconhecidos. Entre eles se sobressai uma mulher de nome Gargi e o grande Yagnavalkya, uma figura mítica, a respeito do qual se acredita que tenha realmente vivido, mesmo que não sejam dele todos os ensinamentos a ele atribuídos nos Upanixades.

Segundo a lenda sobre sua vida, Yagnavalkya era um rico pai de família brâmane, que tinha duas mulheres, Maitreyi e Katyayana. Quando ele quis deixá-las para viver uma vida de pensador solitário na busca da verdade, Maitreyi pediu que a levasse consigo.

> – Veja bem, Maitreyi – disse Yagnavalkya –, eu estou decidido a deixar este país. Quero antes disso, porém, encontrar uma solução definitiva para ti e para Katyayana.
> Maitreyi retrucou:
> – Meu senhor, se toda a terra, com todas as suas riquezas, me pertencesse, iria eu me tornar imortal por isso?
> – Não, não – disse Yagnavalkya –, não existe nenhuma esperança de imortalidade através da riqueza.
> Então disse Maitreyi:
> – O que devo fazer então com estas coisas que não me fazem imortal? Ensina-me, senhor, o que sabes[14].

Em toda a história da Índia, a mulher participou ativamente da busca da verdade e da vida filosófica.

O tom básico dos Upanixades é um tom pessimista e nisto contrasta claramente com o tom dos hinos dos Vedas antigos voltados para o aquém. É dito de um rei que teria abandonado seu reino e ido para as florestas a fim de desvendar os mistérios da existência. Depois de um

---

12. SCHOPENHAUER, A. *Sämtliche Werke* – Vol. 6: *Parerga und Paralipomena*. Leipzig: Brockhaus, 1891, p. 427.

13. Winternitz: *Geschichte der indischen Literatur*. Leipzig, 1901, p. 243.

14. DEUSSEN, P. *60 Upanischads des Veda*. Leipzig, 1897, p. 481 [Traduzido do sânscrito].

longo tempo, aproximou-se dele um sábio, a quem o rei pediu que compartilhasse com ele o seu saber. Depois de muito titubear, falou o sábio: "Oh majestade! Neste corpo malcheiroso e sem conteúdo, composto de ossos, pele, tendões, medula, carne, esperma, sangue, muco, lágrimas, remela, excrementos, urina, bílis e flegma – como se pode ter nele somente alegria!

Neste corpo incrustado de paixões, ódios, cobiças, medo, desalento, inveja, separação do que se ama, ligação ao que não se ama, fome, sede, velhice, morte, doença e coisas parecidas – como se pode ter nele somente alegria! Também vemos que este mundo é totalmente passageiro, como as mutucas, os mosquitos e semelhantes, assim também as ervas e árvores, que se levantam e de novo caem...

Existem também outras coisas – lagos que secam, montanhas que desmoronam, velas que se rasgam, terra que afunda... Num tempo, em que estas coisas aparecem, como se pode ter nele somente alegria! E além disso, quem nele está tem que sempre novamente retornar!"[15]

A ideia de que tudo o que diz respeito a esta vida é sofrimento – que aqui começa a aparecer – torna-se uma compreensão de base no pensamento hindu que nunca mais vai desaparecer. O que ocasionou esta mudança radical na atitude dos indo-arianos a respeito do aquém, atitude esta contrastante com a compreensão alegre e positiva dos tempos iniciais, sobre isto se pode fazer apenas conjecturas. A influência do clima tropical que causa abatimento pode ter tido um grande papel. Há também que se considerar o fato de se poder observar que tanto na vida individual como no desenvolvimento de povos e culturas, acontece um processo de um maior engajamento nas coisas do aquém e de suas alegrias na juventude e em tempos iniciais, enquanto que no tempo de maturidade se começa sempre mais a observar as coisas como passageiras e duvidar do valor das coisas terrenas. E finalmente temos que reconhecer que todo pensamento superior, especialmente o filosófico, começa justamente quando a dúvida e o estar insatisfeito atingem o pensador e o levam a não mais aceitar ingenuamente a totalidade das experiências do mundo que o cerca como algo dado, mas o incitam a perguntar por um mundo que está por detrás, que está além de tudo isto, ou seja, a busca pela verdade. Por último, a direção "mística" que toma o espírito hindu a partir de então, concentrado na força introspectiva do pensamento e da alma, levou também a uma certa desvalorização de tudo o que diz respeito aos sentidos externos.

Duas ideias filosóficas são o fio condutor mais importante dos Upanixades: a doutrina do Atman e Brahman e o pensamento da transmigração das almas e da salvação.

Atman e Brahman

Estes dois conceitos, que aparecem já no tempo mais antigo, ganham uma importância totalmente dominante nos Upanixades. Possivelmente as ideias ligadas a estes conceitos fo-

---

15. Ibid., p. 316.

ram formadas e transmitidas inicialmente entre os Kshátriyas-guerreiros e não entre os Brâmanes-sacerdotes e somente mais tarde foram por estes assumidas.

Brahman, que significava inicialmente "oração", "palavra mágica", depois passou a significar "saber sagrado"[16], tornou-se, após um longo tempo de desenvolvimento, passando inclusive por diversos significados intermediários, um conceito muito amplo: ele é o princípio criador universal genérico, a grande alma universal, que repousa sobre si mesma, a partir da qual tudo é gerado e na qual tudo repousa. Assim diz um texto antigo:

"Brahman estava deveras no início deste mundo. Ele mesmo criou os deuses. Depois de ter criado os deuses, colocou-os sobre os mundos..."[17]

Ou:

> Brahman foi a madeira, a árvore,
> da qual eles esculpiram terra e céu!
> A vós, sábios, perscrutando em espírito, informo:
> Em Brahman apoia-se ele e sustenta todo o universo![18]

Como pôde uma palavra que inicialmente significava oração tornar-se um princípio tão amplo? (Quem, a propósito, estuda história de idiomas, vai encontrar incontáveis exemplos desconcertantes de mudanças de significados de palavras.) Para se entender esta passagem deve-se ter em mente que a essência da oração está no fato de que a vontade individual do orante desemboca num divino supraindividual e de todo abrangente. E esta compreensão forma a ponte pela qual o sentido deste conceito do pensamento hindu pode se deslocar para dar na doutrina do "Brahman como origem de todas as coisas".

Igualmente o conceito Atman tem todo um longo desenvolvimento e transformação. Significando no início provavelmente "sopro", "respiração", acabou por tomar finalmente o conteúdo de: "ser", "o próprio eu", "o si mesmo", no sentido de "o si mesmo em contraposição àquilo que não é o si-mesmo"[19]. Atman é pois o núcleo mais íntimo de nosso eu, ao qual chegamos como ser humano quando abstraímos de nossa cápsula corporal e somamos o que resta de vital do eu (o que chamaríamos de "psique"), como o querer, o pensar, o sentir, o desejar. Quando fazemos isso, chegamos ao interior intocável de nosso ser, para o qual não temos outra palavra que não "o eu", "o si-mesmo" ou "a alma", palavras estas que somente conseguem apontar de forma aproximada o conteúdo de Atman.

O passo decisivo, que foi feito nos Upanixades e em parte inclusive já anteriormente no desenvolvimento destes conceitos, consiste no reconhecimento de que Brahman e Atman são *um*, na equação Brahman = Atman. Com isso existe uma única verdadeira essência no mundo, que percebida a partir da totalidade do universo chama-se Brahman e reconhecida nos se-

---

16. DEUSSEN, P. *Allgemeine Geschichte...* Op. cit., p. 241 e 247.

17. Catapatha-Brahmanam. DEUSSEN, P. Ibid., p. 259.

18. Ibid., 262.

19. Ibid., p. 286.

res individuais chama-se Atman. O universo é Brahman; Brahman é, porém, Atman em nós[20]. Temos aqui a base da compreensão religiosa indo-ariana, que claramente contrária às religiões de origem semita, como o Islã e o antigo judaísmo, coloca: enquanto nestas Deus aparece como senhor e o ser humano como servidor e servo, o hindu acentua a identidade de essência de ambos[21].

Se o acesso à essência do mundo está em nosso próprio interior e só pode ser descoberta através de uma imersão nele, assim o conhecimento da realidade externa não tem nenhum valor para o sábio. O mundo das coisas do tempo e do espaço não é em si essência, não é Atman, mas sim miragem, véu, ilusão, é Maya, como diz a expressão hindu. O conhecimento destas coisas não é nenhum verdadeiro conhecimento, é um conhecimento aparente. Especialmente a multiplicidade de coisas aparentes é Maya. Pois na verdade é uma só coisa.

> Em espírito se deve perceber:
> nada aqui é de forma alguma múltiplo![22]

A partir dos Upanixades há a convicção de uma realidade espiritual que a tudo transpassa e a tudo igualmente engloba: a natureza, a vida, o corpo e o espírito. Não houve lá assim praticamente nenhum impulso para o desenvolvimento de ciências empíricas no sentido ocidental.

O Atman precisa ser conhecido, nele se conhece todo o universo. Assim afirmou Yagnavalkya na já citada conversa com sua esposa Maitreyi, que pedira por seu ensinamento:

> "O si-mesmo, deve-se deveras entender, deve-se meditar, oh Maitreyi; quem viu, ouviu, entendeu e reconheceu o si-mesmo, deste todo o mundo saberá!"[23]

Este pensamento profundo precisa ainda de alguns esclarecimentos. Supõe-se que ele não é captado a partir do estudo no sentido comum de entender – achamos que os Upanixades surgiram como uma doutrina secreta. "Não se chega ao Atman pelo estudo, nem através da genialidade ou de muitos livros... O Brahman deve renunciar ao estudo e tornar-se como uma criança... ele não deve procurar por muitas palavras, pois isto apenas cansa a língua"[24].

A verdade não é acessível à razão, não pode ser posta em palavras, como também não é acessível a todos. E os escolhidos também só podem aproximar-se dela depois de um longo caminho. Jejum, repouso, silêncio, extremo recolhimento e autodisciplina, sob a subtração total da atenção e da vontade ao mundo exterior – estas são as precondições que qualificam o espírito a superar todas as aparências enganadoras de Maya e chegar ao núcleo do si-mesmo, ao Atman. Despojamento de si mesmo e renúncia a todo o sucesso exterior e aos sentidos, assu-

---

20. Ibid., p. 36.
21. Ibid., p. 90-91.
22. Brihadaranyaka-Upanischad. DEUSSEN, P. Op. cit., I, 2, p. 209.
23. Ibid., p. 208.
24. Katha-Upanischad. DURANT, W. Op. cit., p. 454.

mir conscientemente esforços e sofrimentos, numa palavra, a ascese, tem uma importância na Índia que pouco se vê em outros povos.

Este conhecimento só se alcança finalmente no decorrer de toda a vida humana. O candidato deve percorrer quatro estágios, cada um de cerca de 20 anos, para finalmente chegar a ele.

Este caminho começava como Brahmacarin aprendiz, com o estudo dos Vedas, sob a orientação de um professor por ele mesmo escolhido e em cuja casa ele morava; respeito, dedicação e sinceridade eram suas obrigações. Como o aprendizado ocorria oralmente e os alunos tinham que saber os textos sagrados de cor exatamente – durante séculos foram estes transmitidos somente desta maneira – a dedicação deve ter tido um papel certamente não desprezível.

Como Grihastha – pai da casa – vivia ele como homem maduro, fundava família, tinha filhos e filhas e os criava e cumpria seus deveres como membro da sociedade. No terceiro estágio, depois de seus filhos já serem adultos, recolhia-se ele, geralmente com sua mulher, para a solidão da floresta e iniciava como Vanaprastha seu desligamento do mundo e dedicação ao eterno.

Finalmente, em idade avançada poderia ele desfazer-se de todos os bens, deixar sua mulher, e tentar como esmoler andarilho e piedoso em total renúncia, como Sannyasi (literalmente "abandonador" do mundo) alcançar aquela medida de espiritualização e sabedoria que no fim o capacitaria a dissolver-se no divino Brahman.

Este estágio supremo era reservado somente aos membros da casta dos Brâmanes. As outras castas inferiores ficaram, via de regra, no estágio de pai da casa.

Temos que procurar entender esta estrutura de vida bramânica de quatro estágios como uma fantástica tentativa de harmonizar as necessidades da vida prática e social com a forte tendência na Índia ao abandono do mundo, à negação do mundo e à ascese, sob cuja hegemonia poderia estar em perigo a existência da própria sociedade. Sem dúvida, é uma grande sabedoria liberar o indivíduo para a total dedicação ao além somente em idade avançada, depois de ter cumprido suas obrigações como cidadão e pai de família. Por outro lado, através desta prática da liberação dos homens em idade avançada de seu engajamento nas coisas mundanas, conseguia-se que as coisas da vida prática e pública estivessem nas mãos de homens que estavam no ponto alto de sua maturidade biológica. Não faz bem a um povo ser regido somente por anciãos!

Transmigração das almas e salvação

Passamos agora para o segundo pensamento básico dos Upanixades, como anunciado anteriormente, a doutrina da transmigração das almas e da salvação, doutrina esta que marcou e formou de maneira insubestimável a compreensão religiosa e filosófica do povo hindu desde aquele tempo até hoje.

O que será do ser humano após a sua morte?

"Então a sabedoria e as obras o tomam pela mão e suas experiências anteriores. – Como uma lagarta que atinge a ponta da folha, toma um novo começo e passa a si mesma para o outro lado, assim a alma, depois de ter descartado o seu corpo e deixado a ignorância, toma um novo começo e passa a si mesma para o outro lado. – Como um ourives retira a matéria-prima de um quadro e desta molda uma nova, outra e mais bela forma, assim a alma depois de ter descartado o seu corpo e deixado a ignorância, cria uma outra, nova e mais bela forma, seja os pais... seja os deuses... ou outra existência... Da maneira como alguém existe desta ou daquela forma, como ele se comporta, como ele se modifica, assim irá ele depois nascer: quem fez o bem irá nascer melhor, quem fez o mal irá nascer pior, santo se torna por obras santas, mau por más." Este é o conceito da transmigração das almas, como o formulou o famoso Yagnavalkya[25].

A compreensão de que, conforme o desempenho nesta vida, se renascerá na nova em um degrau superior ou inferior, não era porém muito atrativa para aquele que na existência experimentava todo o sofrimento. Em consequência disso, o esforço não era concentrado somente em conduzir uma vida boa para renascer num grau superior, mais muito mais em escapar deste círculo permanente e mutante de ter que morrer e renascer. Este é justamente o sentido do conceito hindu de salvação (Mokscha).

Como são as obras (o Karma) que formam a base para a nova existência e a determinam, assim o abster-se do fazer, o autodespojamento, a superação da vontade de viver – a ascese – é precondição para a salvação. Somente isto não é porém ainda suficiente. A isto se junta saber, compreensão: somente quem conhece o não passageiro terá parte na salvação[26]. E saber não é outra coisa que a união com o Atman. Dele se diz: "Ele é minha alma, a ele, daqui, desta alma irei unir-me ao falecer"[27].

Como o Atman está em nós mesmos, não é necessário pois uma ida, senão somente o conhecimento disto. "Quem reconheceu: aham brahma asmi – eu sou Brahman – este não *será* salvo, este *já está* salvo; ele percebeu a ilusão da multiplicidade"[28]. Assim falou Yagnavalkya: "Quem é sem exigência, livre de exigência, de exigência acalmada, é sua própria exigência, cujos espíritos de vida não saem, ele é Brahman e em Brahman cresce"[29]. O saber é o poder salvador. A existência individual, tão cara a nós ocidentais, que a entendemos como imortal, não é conservada nesta forma de salvação, mas é dissolvida na grande alma universal. "Como as correntes fluentes no mar desaparecem, e perdem seus nomes e suas formas, assim caminha um homem sábio, livre de nome e de forma, para a sabedoria divina, que está acima de tudo"[30].

---

25. Brih.-Upanischad. DEUSSEN, P. Op. cit., I, 2, p. 297.
26. GLASENAPP, H. Op. cit., p. 47.
27. Catapatha-Brahmanam. DEUSSEN, P. Op. cit., I, 2, p. 365.
28. Ibid. p. 365-366.
29. Brih.-Upanischad. Ibid., p. 366.
30. Mundaka-Upanischad. DURANT, W. Op. cit., p. 457.

O significado do pensamento Upanixade

Se fizermos no final deste item um olhar retrospectivo sobre o quadro apenas delineado que montamos da filosofia dos Upanixades, veremos que o pensamento que sobressai claramente é: a identidade entre Deus e a alma. A este respeito diz Paul *Deussen*:

> Uma coisa podemos prever com segurança, mesmo que a filosofia no futuro possa tomar novos e inusitados caminhos, isto está seguro para todo o futuro e disto não se poderá desviar: Se é que seja possível decifrar o grande enigma sobre a natureza das coisas, por mais que possamos disto conhecer e que os filósofos possam expressar de maneira mais clara, a chave para a solução deste enigma só pode estar lá onde o mistério da natureza se abre a nós a partir de seu próprio interior, ou seja, em nosso próprio interior[31].

Que esta compreensão não é assim tão distante do pensamento ocidental, como pode parecer à primeira vista, mostra-se nos versos de *Goethe*:

> Vós seguis pegadas falsas,
> E não penseis que estejamos brincando!
> Não está o núcleo da natureza
> No coração do próprio humano?

II. Os sistemas não ortodoxos da filosofia hindu

O segundo período principal da filosofia hindu, no qual ingressamos agora, é dividido nas obras dos especialistas de forma diversa. Se por um lado existe consenso de que em torno do ano 500 aC se inicia um período de um caráter básico diferente – e isto não apenas na Índia – sobre o final deste período, por outro lado, existem divergências. Enquanto no século XIX a totalidade deste período de tempo do ano 500 aC até a atualidade era entendido como "período pós-védico"[32], a pesquisa atual entende que aconteceram neste longo período importantes desenvolvimentos e mudanças, que se faz necessário uma outra subdivisão. O tempo de 500 aC até 1000 dC chama-se hoje de "clássico" e o tempo depois disto até a atualidade, de período "pós-clássico"[33].

A grande mudança que inaugura a época, a diferencia da anterior e que ocorre em torno do ano 500 aC pode ser caracterizada nos seguintes passos.

1) O período védico até o tempo dos Upanixades tem um tom básico relativamente unificado. A religião bramânica é a base de todo o pensamento filosófico. Encontra-se sim na literatura védica passagens críticas a esta religião, e não poucas. Mas visto no todo, os sacerdotes souberam ou reprimir dúvidas e críticas ou então incorporar com um certo sucesso no todo do sistema compreensões que fossem diferentes. A partir deste tempo, porém, as vozes críticas e

---

31. DEUSSEN, P. Op. cit., I, 3, p. 202.
32. Segundo DEUSSEN, P.
33. Segundo GLASENAPP, H.

de dúvidas se tornaram tão numerosas e graves, e encontravam um eco tal, que não mais puderam ser reprimidas. Estas vozes se manifestam de maneira simplesmente negativa como recusa, dúvida ou escárnio ou então conduziam a outro sistema de pensamento, de um tom basicamente cético ou especialmente materialista. Por outro lado e além disso surgem, com *Mahavira* e *Buda*, fundadores de religiões que instauram um sistema de vida independente e paralelo ao da religião bramânica e fundam um sistema filosófico próprio – de tal modo que toda a história posterior da Índia não mais está marcada por uma religião e sim por uma diversidade de religiões.

2) Diferentemente do que acontecia com os hinos védicos e os Upanixades, onde os redatores são em parte totalmente anônimos, em parte figuras envoltas em sagas obscuras, começam agora a aparecer cada vez mais pensadores com personalidades historicamente palpáveis e contornos definidos.

3) A filosofia perde o seu caráter de doutrina secreta. As novas doutrinas voltam-se agora para camadas mais amplas, especialmente para as castas inferiores até agora excluídas das coisas superiores.

4) Juntamente com esta mudança, eles se servem agora não mais do sânscrito, uma língua morta exclusiva dos intelectuais, mas utilizam a linguagem falada, ou seja, a língua do povo.

Todos os sistemas de pensamento que negam a autoridade dos Vedas e não mais os reconhecem como revelação única e divina são denominados conjuntamente de sistemas não ortodoxos (que não têm a fé correta). Em contraste com estes, estão os sistemas ortodoxos, ou seja, aqueles que são vistos como de acordo com a doutrina dos Vedas. Estes serão focados no item III deste capítulo. Há um grande número de sistemas não ortodoxos. Três dentre estes têm um significado de destaque. Somente estes três serão considerados a seguir: o materialismo filosófico de Charvaka e as duas novas religiões, o jainismo e o budismo. Como entre estes o budismo tem uma importância e expansão de longe maior que os outros dois, dele iremos tratar com mais detalhes.

1. O materialismo de Charvaka

Se o nome Charvaka está baseado no nome do fundador desta corrente de pensamento ou se tem outra raiz, isto não se sabe[34]. Sob este nome se reúne uma escola de pensadores que não apenas ataca a religião bramânica, mas a religião em si, e se devota ao materialismo, ou seja, parte do princípio de que o que existe é somente a matéria e que todas as atividades espirituais podem ser reduzidas a algo material.

Eles fazem escárnio da religião e do sacerdote e recusam toda especulação filosófica e religiosa que vai além da coisa material como bobagem metafísica.

---

34. GLASENAPP, H. Op. cit., p. 128.

Não restou nenhuma apresentação completa da doutrina Charvaka feita por seus defensores. Sua compreensão porém pode ser claramente reconhecida em muitas citações de outras obras.

Assim foi-nos transmitida a seguinte afirmação de *Brihaspati*, o mais conhecido representante desta corrente:

> As oferendas aos antepassados nada mais são
> do que uma fonte de renda de nossos brâmanes.
> Aqueles que interpretaram os três Vedas,
> Nada mais são que intrusos noturnos, patifes, charlatões...[35]

A doutrina do Atman é tida como simples enganação. Não há alma; o que existe é a matéria em forma de quatro elementos. Se é forte a contraposição na negação da metafísica de todo pensamento hindu anterior, igualmente rude é o declínio que estes negadores imprimem à ética; ou dito de forma mais clara, eles não têm ética alguma, eles negam a existência de uma moral universal e veem no prazer o único e mais alto objetivo a ser alcançado pelo ser humano. Em um outro texto muito conhecido, um tal cético e materialista assim se dirige a um príncipe:

> Por que deixas, ó Rama, o teu coração ser tão oprimido por mandamentos enfadonhos? São justamente os mandamentos que enganam bobos e idiotas!
> A mim reclamam pessoas sem rumo, que têm de seguir pretensas obrigações:
> Elas sacrificam o doce prazer, até perderem suas vidas infrutíferas. Inutilmente levam ainda oferendas aos deuses e aos antepassados. Refeição desperdiçada! Deus nenhum e antepassado nenhum tomam refeição ofertada. Se um engorda, de que adianta isto à piedade dos outros?
> A refeição dada ao brâmane, em que isto ajuda os antepassados? Sacerdotes astutos inventaram mandamentos e dizem em sentido egoísta: – Dá os teus bens, faz penitência e ora, deixa passar os bens terrenos!
> Nada há no além, ó Rama, vã é a esperança e a fé; desfruta tua vida toda aqui, despreza a pobre ilusão![36]

> E mais diretamente ainda diz o já citado Brihaspati:
> Saboreia a gordura e faça dívidas,
> Vive alegre o período curto,
> No qual a vida
> Te é dada,
> Pois terás que suportar a morte,
> E não há um voltar...[37]

---

35. DEUSSEN, P. Op. cit., I, 3, p. 202.

36. Ramayana. DURANT, W. Op. cit., p. 49.

37. Cf. nota 35.

Também na avaliação do sofrimento o pensamento Charvaka difere de todo o sistema de pensamento hindu anterior – bem como de todo o posterior. Este é visto como algo tolo, que quer renunciar ao prazer, porque está emparelhado e entrelaçado com a dor:

> Que se queira renunciar ao prazer,
> que surge do contato dos mortais com a volúpia
> por estar ele misturado com a dor,
> um tal pensamento só o pode ter um louco.
> Quem, que entende estar em vantagem,
> Despreza o arroz, bem como os grãos brancos cheios,
> Por que está satisfeito com um pouco de vagem?[38]

A doutrina de Charvaka teve muitos seguidores, o que não surpreende. Muitos ouvintes seguiam suas preleções e debates e foram construídas grandes instalações para a todos acolher[39].

Por outro lado, este tipo de doutrina, totalmente diferente do espírito do povo hindu, não pôde manter-se por muito tempo. Com sua crítica devastadora à religião bramânica, eles abriram em si espaço para que em breve pudessem crescer e se difundir novas religiões. Estas novas religiões, contudo, não foram mais conduzidas pelos brâmanes, mas sim pelos membros da casta dos guerreiros. Elas se voltaram para todas as castas e camadas e carregam em sua compreensão básica algo dos adeptos do ceticismo e da negação.

2. Mahavira e o jainismo

O fundador do jainismo, conhecido pelo seu cognome de Mahavira, "grande herói", teria nascido segundo a tradição no ano 599 aC, segundo outra opinião no ano 549 aC, de uma família rica e nobre. Seus pais pertenciam a uma seita que entendia a reencarnação como uma maldição e que não apenas permitia o suicídio, como também o entendia como algo cheio de méritos. Em consequência disso, punham um fim à sua vida através do jejum voluntário. Por conta destes acontecimentos, Mahavira renunciou às alegrias deste mundo, tornou-se um asceta andarilho e, no decorrer de seus 72 anos de vida, fundador de um movimento religioso, que na sua morte contava com 14 mil seguidores[40].

Segundo a fé de seus seguidores, Mahavira era um dos muitos Jina (= Salvador), que de tempos em tempos aparecem sobre a terra. O último Jina, antes dele, que teria morrido cerca de 250 anos antes da atuação de Mahavira, é possivelmente uma personalidade histórica e talvez o fundador mesmo da doutrina Jaina[41].

Coisas escritas da doutrina de Mahavira temos apenas da época de cerca de mil anos depois de sua passagem sobre a terra. A esta altura, os Jainas tinham já se dividido em diversas sei-

---

38. DEUSSEN, P. Op. cit., I, 3, p. 195.
39. DURANT, W. Op. cit., p. 459.
40. Ibid., p. 462.
41. GLASENAPP, H. Op. cit., p. 295.

tas, das quais os membros da maior, os assim chamados "vestidos de branco", trajavam roupas brancas, embora originalmente os "vestidos de vento" andassem nus. Esta seita, por sua vez, subdividiu-se em inúmeras outras. Nos pensamentos básicos sobre a doutrina, e que possivelmente têm a origem no próprio Mahavira, estão no entanto todos em acordo. A doutrina Jaina de salvação afirma: O universo, desde todo o sempre, é composto de almas individuais vivas (jivas) e matéria não viva (ajivas). Os jivas têm a capacidade da onisciência, da perfeição moral e da felicidade eterna. Eles podem, porém, não chegar a realizar esta capacidade, pois estão desde seu início entrelaçados com substâncias materiais, estando por elas contaminados. Em cada manejo, a alma é penetrada por alguma matéria. Com isso, as almas em si perfeitas e imortais tornam-se mortais, tornam-se existências impregnadas por corpos materiais. A salvação da alma desta situação de ligação com a matéria é possível quando se retira a matéria nela impregnada e se impede que nova matéria nela entre. O caminho para isso passa por duras penitências ascéticas, através das quais a matéria é extinta, e a mudança para uma vida estritamente virtuosa, através da qual se evita a entrada de nova impureza material.

Para isto Jaina exige votos correspondentes: não mentir; não pegar nada do que não lhe foi dado; renunciar a prazeres de coisas mundanas; e especialmente não matar seres viventes. O seguidor não pode matar nenhum animal nem sacrificá-lo; ele filtra a água de beber, para tirar dali algum possível pequeno ser vivo; ele usa um véu para não inalar algum inseto; ele varre o chão diante de seus pés, para que estes não esmaguem alguma vida[42]. Evidentemente estas exigências ideais nem sempre são observadas e nem em todos os lugares, como temos que levar em conta também o fato de que a doutrina rigorosa de Mahavira conheceu através dos séculos muitas mudanças, atenuações e falsificações.

A necessidade de defender seu sistema dogmático rigoroso e fechado de ataques levou os Jainas a criar um refinado sistema de prova e refutação, que encontrou seu ápice no Syadvada, uma espécie de teoria da relatividade da lógica[43]. Não iremos colocar aqui detalhes sobre essa interessante teoria, pois ela volta de forma semelhante na lógica budista da negação múltipla, da qual ainda iremos tratar.

O rigor de suas exigências morais teve como consequência o fato de que os Jainas nunca alcançaram a massa do povo. Eles permaneceram uma minoria de escolhidos, que se mantém no entanto até hoje na vida da Índia e conta com cerca de 4 milhões de adeptos, ocupando boa parte deles funções de grande influência[44].

Que correntes espirituais alternativas, como foi o jainismo na vida da Índia, não permaneceram sem influências profundas, mostra justamente a figura de Gandhi, que fez da doutrina de Ahimsa, a não violência contra qualquer ser vivo, a base de sua vida e de sua atuação política.

---

42. DURANT, W. Op. cit., p. 463.
43. GLASENAPP, H. Op. cit., p. 299.
44. Cf. nota 42.

3. *O budismo*

A vida de Buda

Sobre o decorrer da vida do fundador do budismo – hoje uma das religiões mais expandidas no mundo – não temos em si, como igualmente sobre a vida de Jesus, nenhuma narração direta de algum contemporâneo ou testemunha ocular. Existem sim, como é o caso dos evangelhos para o cristianismo, escritos que sem dúvida se reportam diretamente a ele em termos de conteúdo. É muito difícil, porém, e improvável que alguém consiga separar totalmente este conteúdo original de seu envolvimento em lendas e histórias milagrosas em que o mundo posterior e a admiração de seus seguidores envolveram a vida de Buda. Certo é que Buda nasceu em torno do ano de 560 aC como filho do príncipe (ou rei) de Kapilavastu, um pequeno país diretamente ao sul das montanhas do Himalaia. O nome do rei era Schuddhodhana, do clã dos Sakyas, de codinome Gautama. O filho recebeu o nome de Siddharta, "aquele que alcançou o seu fim". Mais tarde foram dados a ele muitos nomes honoríficos. O nome Buda, "o iluminado", ele mesmo só o utilizou depois de ter conseguido a iluminação[45].

Das lendas ricamente enfeitadas que cercam a concepção e o nascimento de Buda na tradição budista, citemos aqui apenas a história do sonho milagroso e profético que teve a rainha sua mãe. Esta sonhou que fora raptada por quatro reis e levada a um palácio de ouro nas montanhas de prata, onde um elefante branco, que tinha uma flor de lótus em sua tromba de prata, a rodeou três vezes e entrou em seu ventre pelo lado direito. O rei chamou 64 sábios brâmanes para interpretar-lhe o sonho. Eles o interpretaram, dizendo que a rainha iria dar à luz um menino que, se permanecesse na casa, iria ser um rei e senhor do mundo; se ele porém viesse a deixar a casa paterna, iria ser um iluminado, que tiraria do mundo o véu da ignorância. O rei seu pai preferia ver o filho como seu sucessor no comando e não como um sábio voltado para o mundo. Por isso o fez educar em pompa e riqueza e tentou afastar dele tudo o que pudesse chamar a atenção do jovem para a miséria do mundo.

Porém, numa viagem de carruagem ao parque, Buda viu um velho encurvado e com tremores; em sua segunda viagem, viu um doente tremendo de febre; numa terceira, viu um cadáver em estado de decomposição; finalmente viu um monge, que tinha em suas feições uma calma límpida, de domínio sobre toda a miséria do mundo. A imagem do idoso, do doente, do sofrimento e da morte marcou indelevelmente a alma do jovem. Ele foi tomado de uma profunda insatisfação e de repulsa ao luxo que o cercava. Ele decidiu renunciar a toda posse e ao direito sobre o trono de príncipe, deixou em uma noite a sua esposa dormindo, bem como seu filho recém-nascido, e partiu para a solidão, para uma vida de asceta e buscador de uma salvação para o sofrimento do mundo. Na mesma noite deixou os limites do reino de seu pai, peregrinou adiante e se estabeleceu numa terra estranha em um lugar de nome Uruvela, para entregar-se a uma rigorosa ascese e aprofundamento. Com extrema disciplina dedicou-se a exer-

45. DEUSSEN, P. Op. cit., I, 3, p. 126.

cícios de penitência, de modo que emagreceu feito um esqueleto e seus cabelos quebradiços lhe caíram aos montes da cabeça e do corpo. Quando, porém, já estava no limite de sua mortificação, reconheceu que este não era o caminho para o verdadeiro conhecimento. Abandonou então a ascese. Sentou-se sob a sombra de uma árvore, sem ascese, totalmente decidido porém a não deixar seu assento antes que não lhe surgisse o verdadeiro conhecimento. E aqui aconteceu que teve uma visão sobre-humana do ciclo eterno, no qual toda existência nasce, morre e nasce novamente.

Por que, perguntou-se ele, a corrente do sofrimento é renovada sempre de novo nos elos desvencilháveis de novos nascimentos? Não se consegue parar isto? E revelou-se para ele depois de semanas de luta contínua diária e noturna pela clarividência a simples fórmula, que tornou-se o fundamento de sua doutrina, as "quatro verdades sagradas":

- Tudo é sofrimento;
- Todo sofrimento tem sua origem no desejo, na "sede";
- A supressão do desejo leva à supressão do sofrimento, à interrupção da corrente de renascimentos;
- O caminho para a libertação é o sagrado caminho óctuplo, que é a fé correta, o pensar correto, o falar correto, a agir correto, o viver correto, o esforço correto, o refletir correto, o autoaprofundamento correto.

Assim, depois de sete anos de busca e de reflexão, Siddharta chegou à iluminação, tornou-se Buda, e partiu para anunciar aos homens a sua mensagem.

Até ao octogésimo ano de vida, quando ocorreu sua morte, viveu ele uma vida de pregador ambulante, mestre e ajudando as pessoas. Percorreu todo o nordeste da Índia, um território bastante grande; alunos e seguidores juntaram-se a ele e a fama de sua sabedoria espalhou-se enormemente. A tradição fala de inúmeras conversões milagrosas.

Mais tarde ele também visitou a terra e o palácio paternos, abençoou sua mulher, que todo o tempo lhe permanecera em devotada fidelidade, acolheu o seu filho em sua ordem e partiu novamente dali.

Ele partiu estando nos braços de seu discípulo predileto, Ananda, enquanto, segundo a lenda, choviam flores do céu e ressoava uma música celeste. "Tudo é passageiro, daquilo que aconteceu; lutem sem cessar!", foram suas últimas palavras.

A doutrina de Buda

As fontes: Nosso conhecimento sobre a doutrina própria de Buda baseia-se nas assim chamadas três Pitakas (literalmente cestos), coletâneas de escritos sagrados, que ultrapassam em tamanho a Bíblia[46], que foram juntados entretanto somente nos séculos posteriores à ati-

---

46. Ibid., p. 121.

vidade de Buda e postos por escrito mais tardiamente ainda. A pesquisa tornou possível separar o núcleo central destas coletâneas, que com grande probabilidade se reporta ao próprio Buda, dos acréscimos e desenvolvimentos posteriores. As Pitakas mais completas conservaram-se em língua pali, um dialeto hindu, aparentado com o sânscrito. Em nossa simplificação, iremos apresentar primeiro neste item a doutrina própria de Buda, para, depois, de lançarmos um olhar sobre a história e a expansão do budismo, apresentar os sistemas posteriores.

Uma religião sem Deus: A profissão de fé do budismo é formada pelas já aqui citadas quatro verdades sagradas. Aos ocidentais, quando têm presente esta fórmula curta como profissão de fé de uma religião, logo deve chamar a atenção que nela nada se fala de Deus, mas somente do sofrimento como fato básico da vida humana (e de toda a criação). De fato, o budismo é uma religião ateia – pelo menos em sua forma original. Na Europa, sob o domínio cristão, o chamado teísmo, a fé em um Deus pessoal, é amplamente sinônimo de religião. Para quem se encontra preso a esta compreensão, uma "religião ateia" é uma contradição. O budismo e outras religiões (os Jainas, p. ex., também não têm nenhum Deus pessoal) nos ensinam que a constituição do conceito de religião é muito estreita. Eles mostram que pode haver religiões, e em vastos territórios do mundo, que creem numa ordem ética universal, o ideal de uma perfeição ética, no renascimento e na salvação e por isso são genuínas religiões, que no entanto rejeitam uma compreensão de Deus e por isso podem ser corretamente classificadas de ateias[47]. A vida porém destas comunidades religiosas, com escrituras sagradas, com mosteiros de monges e monjas, com sacerdócio, templos e assim por diante, em grande parte inclusive é de uma forma desconcertantemente parecida com as igrejas cristãs e outras teístas.

No desenvolvimento posterior da religião budista, o próprio Buda acabou recebendo entretanto veneração divina. Segundo testemunhos que temos, Buda mesmo teria a seu tempo rejeitado decididamente tal atitude. Quando por certa feita um caro fiel lhe teria dito palavras efusivas e o chamado de o mais sábio dos sábios, teria Buda perguntado:

> – Grandes e ousadas são as palavras de tua boca... Conheceste acaso todos os grandes do passado?... Absorveste o espírito deles no teu?... Levaste em consideração todos os grandes que virão no futuro?
>
> E quando o fiel negou, continuou ele:
>
> – Pelo menos então me conheces e perscrutaste meu espírito?
>
> E diante da negação do fiel, disse ele:
>
> – Por que são tuas palavras tão grandes e tão ousadas? Por que inicias uma tal canção de êxtase?[48]

Buda rejeitava e desprezava também todo culto exterior. Seu olhar dirigia-se apenas ao interior do ser humano e de seu comportamento. Um brâmane fez-lhe certa feita a sugestão de purificar-se através de um banho na água sagrada de Gaya. Buda respondeu:

---

47. GLASENAPP, H. Op. cit., p. 383-384.
48. DAVIDS, R. Dialogues of the Buddha, III, p. 87. Apud. DURANT, W. Op. cit., p. 480.

– Banha-te aqui, justamente aqui, ó brâmane. Sê gentil com todas as águas. Quando não falas inverdades, não matas, nada tomas além do que te foi dado, és seguro autorresignação – o que irias ganhar, se fosses para Gaya? Toda água é para ti Gaya[49].

Darma: Buda descartou de *per si* a especulação sobre questões metafísicas como: O universo é finito ou infinito? Teve ele seu início num tempo determinado? Ele ridicularizava e zombava dos sacerdotes brâmanes que orgulhosamente afirmavam ter a resposta para tais questões a partir dos Vedas inspirados por Deus. Nem por isso deixa o budismo primitivo de mostrar uma metafísica já formada, no sentido de ter uma compreensão sobre a existência e sobre a totalidade do universo.

As partículas últimas, a partir das quais tudo o que existe é composto, são chamadas de "Darma". Existem infinitamente muitos Darmas. Como se tem que imaginar um Darma, sobre isto divergem muito as escolas. O que parece certo é o seguinte: Os Darmas não são almas ou outra coisa viva, mas inanimados. Todas as coisas vivas, inclusive os deuses – como também igualmente todas as coisas compostas como as pedras, as montanhas etc. –, devem ser pensadas entretanto como compostas a partir destes Darmas inanimados. Vida é portanto uma manifestação composta[50]. Um Dharma não é uma existência permanente, mas sim uma manifestação breve, algo que aparece e passa de novo rapidamente. Não existe em si ser duradouro ou persistente. O que existe é mudança constante, uma corrente ininterrupta de surgimento e desaparecimento de Darma. Todo ser é algo momentâneo, que lampeja, e, no momento em que o podemos perceber, já desapareceu novamente. Só o momento é algo verdadeiro, pois o universo nada mais é que uma corrente ininterrupta de momentos-ser isolados, um "*continuum* de inconstância"[51].

Assim também não pode haver nenhum Eu constante em nós. Também a alma, a consciência é passageira e surge novamente em cada momento. Somente a velocidade na qual estes processos mentais acontecem e seu entrelaçamento entre si fazem surgir a falsa impressão, como se por detrás deles houvesse um Eu duradouro propriamente constante[52]. Uma tal maneira de ver as coisas pressupõe uma relação totalmente diferente com o tempo em comparação com a maneira ocidental. Enquanto vemos o tempo como algo continuado, que a partir do passado, através do ponto que chamamos presente, se projeta para o futuro, para os budistas, o decorrer do tempo não é algo contínuo, mas sim uma sequência de momentos isolados. Não existe algo duradouro, bem como não existe história no sentido da compreensão ocidental. Disto depende inclusive o fato de que Buda – diferentemente de quase todos os outros pensadores hindus, que colocavam grande importância na dependência e na justificação de

---

49. DURANT, W. Op. cit., p. 473. Apud RADAKRISHNAN. *Indian Philosophy*, vol. I, p. 241.
50. GLASENAPP, H. Op. cit., p. 53.
51. TAKAKUSU, J. Buddhism as a Philosophy of "Thusness". In: MOORE, C.A. (org.). *Philosophy – East and West*. Princeton, 1946, p. 69.
52. GLASENAPP, H. Op. cit., p. 310.

suas doutrinas a partir das tradições antigas – deixava transparecer um certo menosprezo à tradição histórica e não se apoiava praticamente nunca nela.

Assim, o pensamento budista é uma única grande negação: não há Deus, não há criador, não há criação, não há um Eu, não há ser constante, não há alma imortal. Um famoso pesquisador russo resumiu a doutrina básica budista na seguinte fórmula curta: "Nenhuma substância, nenhuma constância, nenhuma felicidade"[53]. Felicidade é aqui entendida positivamente como realização feliz; uma salvação permanente, esta sim existe para os budistas, como ainda iremos ver – embora também esta tenha igualmente um caráter negativo.

A lei ética universal – Renascimento, salvação, nirvana: O surgir e o desaparecer do Darma não acontecem sem uma norma e muito menos seguindo simplesmente o acaso (como em teorias gregas de certa maneira comparáveis no que tange ao que se diz sobre os átomos), mas seguem a lei rigorosa da causa e efeito. Cada Darma surge seguindo a lei das condições postas por outro que existiu anteriormente. Na lei da causa, todos os acontecimentos estão inevitavelmente interligados. Neste sentido existe no budismo algo constante: a lei universal. Para evitar possíveis mal-entendidos, deve-se aqui observar que nos escritos budistas a lei universal também é chamada de "Darma". A lei da causa e efeito é válida para ações morais em rigor não menor que para os acontecimentos externos. Trata-se de uma lei ética, de uma ordem universal ética.

Na famosa "roda da vida", que pelo menos no que diz respeito às suas concepções básicas deve reportar-se ao próprio Buda[54], os budistas apresentam a lei da causa como doze formas de surgimento dependente[55]. À primeira vista, o desenho e a expressão que surge das possibilidades de observá-lo podem sugerir algo estranho. Isto se deve em parte ao fato de que, no círculo externo, coisas como individualidade, nascimento, não saber – conceitos, pois, que pertencem para nós a classes totalmente diversas –, postos um após o outro sem qualquer distinção são fatores que dispersam[56].

Ao mesmo tempo a sequência central de pensamento, que se repete no círculo da vida, se pode perceber sem dificuldades:

No *passado* (1 e 2), o não saber = não salvação tem o desejo de realizar-se na vida, no instinto, na "sede" – que segundo as quatro verdades sagradas são a causa única de toda a vida e de todo o sofrimento – e assim coloca o fundamento para uma nova vida e sofrimento, para uma nova existência.

---

53. STCHERBATSKIJ. Apud TAKAKUSU, J. Op. cit., p. 70.

54. GLASENAPP, H. Op. cit., p. 312.

55. O desenho apoia-se em TAKAKUSU, J. Op. cit., p. 75 [Traduzido e levemente simplificado pelo autor].

56. A esse respeito e para as afirmações seguintes, cf. GLASENAPP, H. Op. cit., p. 312 e 313.

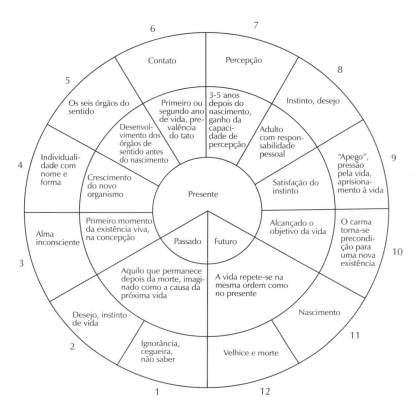

No presente (3 a 9) desenvolve-se assim o ciclo da vida novamente do início. Um novo ser surge com a concepção, cuja alma não tem consciência de si mesma (3). O embrião desenvolve-se no útero pela forma e pelo nome torna-se uma individualidade (4). Formam-se os órgãos de sentido (5). (O hindu conta seis sentidos, acrescentando aos nossos cinco sentidos o pensar.) Após o nascimento, o novo ser toma contato com o mundo exterior, primeiramente através do toque usando do tato (6), depois através da percepção e da sensibilidade (7). Do contato com o mundo surge novo instinto, as coisas tornam-se objeto de desejo (8). Pela ação do desejo surge no adulto um apego, um aprisionamento a este mundo (9).

Com isso, estão dadas as precondições para uma nova existência; as ações (carma) devem continuar em uma nova existência seguindo a lei da causa e efeito (10). E finalmente o círculo se fecha, na medida em que no *futuro* (11 e 12) o novo ser precisa percorrer novamente todo o caminho desde o nascimento (11) até a velhice e morte (12).

Com isto supomos que igualmente para o budismo, como nas outras doutrinas religiosas e filosóficas da Índia, o renascimento é um dogma fundamental, que também Buda nunca colocou em dúvida. O renascimento para ele é uma simples embocadura da validade ilimitada da lei da causa. Como se pode, porém, combinar isto com a ideia de que não existe um Eu permanente, que não existe uma alma no ser humano que permanece após a morte? Não se deveria falar propriamente em renascimento somente quando se trata de uma e a mesma alma, que numa vida futura irá sofrer as consequências dos atos agora praticados?

Por longo tempo, os observadores ocidentais do budismo viram nisto um ponto fraco do pensamento budista e entenderam ser isto uma contradição. Para um budista, não se trata entretanto de uma contradição. Ele fala em renascimento não no sentido de que a nova existência que surge seja idêntica com aquela, cuja "culpa" o colocou no existir – isto seria admitir a continuidade do si-mesmo no ser humano; se por um lado não é idêntico à existência anterior, também não é diferente, pois todo o acontecimento surge necessariamente dependente do contexto daquilo que o gerou[57]. Toda esta questão nem se coloca para um budista desta forma, pois para ele tanto a antiga como a nova "alma" pode de qualquer maneira passar e surgir novamente em cada momento. A ligação causal que leva ao renascimento não acontece entre esta "vida", esta "pessoa" e a outra como um todo – pois neste sentido nem existe uma tal unidade espaçotemporal –, mas em relação com cada Darma.

Como toda a vida é sofrimento, então a questão das questões que se coloca é: Como se pode interromper o ciclo eterno de sofrimento para novo sofrimento? O sofrimento, como vimos no quadro acima, tem sua origem no "desejo", este, porém, no "não saber". Se o ser humano pudesse tirar de si toda cobiça, todo ódio, todo desejo, se nós não tivéssemos nosso coração tão apegado aos objetos passageiros do mundo dos sentidos, se tivéssemos tal compreensão, saber, iluminação, poderíamos perscrutar as condições deste ciclo – então seria possível quebrá-lo e dele se salvar.

O que ganharia porém alguém que viesse conseguir isto? Aparentemente não pode existir nenhuma "felicidade eterna" ou qualquer situação positiva de realização, pois não existe nem alma eterna, nem céu ou inferno. O que se ganharia, portanto? O *nirvana*. Traduzido literalmente, significa algo como: a situação da chama, quando ela se apaga. Nada! E como "o nada" é descrito muitas vezes o conceito de nirvana. Para Buda mesmo nirvana designa a condição na qual todo desejo próprio está extinto e o ser humano está então livre da corrente dos renascimentos. Ou seja: a *paz*. Isto talvez não seja muito, mas é segundo Buda a única coisa que o ser humano pode alcançar. Nos escritos budistas posteriores, o conceito de nirvana recebeu variadas explicações e interpretações. Nas comunidades budistas posteriores, entendeu-se o nirvana como uma situação positiva de felicidade – que poderia em parte ser alcançada já no aquém, em parte deslocada para o além. No budismo primitivo é porém um conceito claramente negativo. Nirvana é algo, sobre o qual justamente nada pode ser dito, algo que foge de toda palavra ou conceito. Aquilo que o nirvana significa para os budistas não se deveria por isso tentar esclarecer com um monte de palavras – bem como também em si todas as sabedorias de vida hindus – mas somente experimentar seguindo o caminho da intuição e do aprofundamento.

A ética prática. – Quando, certa ocasião, pediram a Buda que colocasse numa fórmula curta sua compreensão da forma de vida que levasse à salvação, ele apresentou os cinco mandamentos que seguem:

---

57. GLASENAPP, H., p. 311 [literalmente].

1) Não mate nenhum ser vivo;

2) Não pegue o que não lhe foi dado;

3) Não fale inverdade;

4) Não beba qualquer bebida inebriante;

5) Não seja incasto[58].

Em número, estes são menores que os dez mandamentos da lei mosaica, mas são tão abrangentes que se poderia dizer que "talvez sejam mais difíceis de ser observados que os dez mandamentos"[59].

Podemos observar que o budismo é muito próximo ao jainismo no que tange à ética prática, mesmo com todas as diferenças de base na composição teórica dos dois. Também não é difícil de perceber que a tendência básica dos cinco mandamentos não é tão distante assim do cristianismo. Buda disse inclusive: "Supere a raiva pela cordialidade, o mal pelo bem... Nunca neste mundo o ódio será extinto pelo ódio; o ódio é extinto pelo amor...!"[60]

Uma semelhança com a doutrina cristã também se pode ver no fato de que Buda, como Jesus, dirigiu-se basicamente a todas as pessoas, de todas as classes, de todos os povos. Ambas as religiões são internacionais. De Buda nunca se ouviu qualquer afirmação no sentido de dizer que os membros das castas inferiores pudessem ser menos partícipes da salvação. Ele não atacou o sistema de castas e nem tentou aboli-lo. Afirmou porém: "Ó discípulos, por mais numerosos que sejais, sois semelhantes às correntes de rios que, quando alcançam o grande oceano, irão perder seus antigos nomes e seus antigos gêneros, assim também estas quatro castas... quando elas, segundo a doutrina e a lei, partirem para a sua pátria, perdem seus antigos nomes e o antigo gênero..."[61] As castas eram para Buda insignificantes e longe de ele afirmar que a pertença a alguma determinada casta no que tange à religião, pudesse ser em si alguma vantagem.

Se há aqui um elemento democrático – e isto é um fator altamente revolucionário do budismo em relação às doutrinas religiosas bramânicas existentes – não se pode por outro lado deixar de observar uma certa marca aristocrática. Esta se percebe, por exemplo, no fato de que Buda parece ter dirigido suas palavras predominantemente às camadas superiores e delas também ganhou os seus primeiros seguidores[62]; e finalmente também na incondicionalidade de suas exigências morais, cuja forma perfeita só poucos escolhidos poderiam atingir.

Sobre a história e a expansão do budismo

Da história do budismo, vamos destacar aqui apenas alguns fatos mais importantes.

---

58. DURANT, W. Op. cit., p. 472. • DEUSSEN, P. Op. cit., I, 3, p. 171.

59. DURANT, W. Op. cit., p. 472. Apud RADAKRISHNAN. Op. cit., vol. I, p. 421.

60. DURANT, W. Op. cit., p. 473. Apud DAVIDS, R. Op. cit. III, p. 154.

61. DEUSSEN, P. Op. cit., I, 3, p. 146.

62. Ibid., p. 145.

Nos primeiros anos após a morte de Buda foram feitas coletâneas da tradição oral e aos poucos em concílios esta foi compilada e posta por escrito num cânon.

Com a pergunta sobre qual das muitas coletâneas deveria ser vista como autêntica, surgiram muitas opiniões profundamente diferentes e, na esteira destas, a divisão em muitas linhas e seitas.

Uma mudança decisiva aconteceu nos séculos por volta do início da nossa cronologia. Buda teria anunciado a doutrina de que cada um é responsável por si mesmo e encontra em si mesmo o seu caminho para a salvação. Ele rejeitou especialmente a ideia de um Deus, para o qual se dirigem orações e do qual se pode esperar ajuda; ao invés disso, afirmava: "É tolice supor que alguém outro nos possa conseguir felicidade ou miséria"[63]. E a seu discípulo predileto, Ananda, teria ele ensinado: "E quem quer que seja, Ananda, agora ou após a sua morte tornar-se norma para si mesmo, tornar-se refúgio para si mesmo, não procurar refúgio em qualquer coisa externa, mas confrontar-se com a verdade como sua norma... e não procurar refúgio em ninguém a não ser em si mesmo – é este que irá alcançar o topo mais alto!"[64]

O budismo agora começa a tornar-se como que uma *igreja*. Buda começa a ser adorado como Deus. O céu é povoado por um sem-número de outros Budas além dele, que mais ou menos como os santos na Igreja Católica podem ajudar as pessoas. Desenvolve-se com isso uma atividade eclesial com celebrações, orações, água-benta e incenso, uma liturgia, paramentos, confissões, celebração pelos mortos etc. como no cristianismo medieval[65]. Quem estuda esta questão mais de perto – o que não é o caso do tema que estamos tratando aqui – irá perceber em muitos elementos paralelos surpreendentes até nos detalhes; isto coloca a questão que moveu muitos grandes pensadores europeus: se as igrejas cristãs com a formação de uma dogmática fixa, de uma hierarquia sacerdotal e de todas as outras coisas também não se teriam distanciado muito do ensinamento de Cristo, como as igrejas budistas se distanciaram do puro ensinamento de Buda. A esta linha mencionada do budismo chamou-se *Mahayana*, que quer dizer "grande veículo" (para a salvação); ao contrário desta, a linha que perseverou mais fortemente na simples doutrina de Buda e considerou este como um grande fundador e mestre, como homem porém e não como Deus, foi chamada com um certo tom depreciativo de *Hinayana*, "pequeno veículo". As duas linhas persistem até hoje.

A partir da Índia, o budismo se expandiu praticamente para todo o resto do mundo asiático. Ele alcançou o Sri Lanka, Mianmar, Tailândia; ao norte o budismo chegou à China por volta do início da era cristã; 500 anos depois alcançou o Japão, e um século mais tarde o Tibet. Em todos estes países, ele tornou-se parte essencial de sua cultura, e em alguns lugares inclusive tornou-se a base da vida espiritual. É claro que em todos estes lugares aconteceram adaptações às características do respectivo povo e novas mudanças a partir do contato com outras

---

63. DURANT, W. Op. cit., p. 476.
64. Ibid., p. 481.
65. Ibid., p. 547.

correntes dominantes nestes lugares. Em forma comparativamente pura o budismo existe hoje somente em Mianmar e, especialmente, no assim chamado *zen*-budismo, no Japão. O budismo conta hoje com 200 a 500 milhões de adeptos; uma informação mais precisa não é possível, pois o budismo não é uma religião exclusiva; ele permite que seus membros pertençam também a outra religião. Uma descrição de todas as formas e desdobramentos do budismo ultrapassaria o intento deste livro.

A propósito, a expansão do budismo, em contraste direto por exemplo com o cristianismo na América Central, aconteceu sem qualquer derramamento de sangue. O budismo provou assim em seus dois mil e quinhentos anos de história ser uma verdadeira doutrina da paz. Em sua pátria de origem, a Índia, o budismo no entanto tem um papel muito pequeno. Depois de alguns séculos de florescimento, sob os famosos senhores budistas, conheceu ele na segunda metade do primeiro milênio cristão um período de decadência e desvirtuou-se cada vez mais para um culto externo, enquanto o antigo bramanismo renovou seu vigor espiritual.

Todo este desenvolvimento ocorreu sem que a Europa dele tivesse tomado conhecimento. Pode-se dizer que o Ocidente tomou conhecimento do budismo apenas a partir do século XVIII e conhece em parte seu desenvolvimento e que uma pesquisa e compreensão profundas da filosofia budista no Ocidente só se tornou possível nas últimas décadas.

Sistemas de filosofia budista

A primeira coisa que chama a atenção, quando se inicia o estudo da filosofia budista posterior, é o seu grande e variado número de sistemas, que se desenvolveram a partir da base religiosa do antigo budismo na Índia – e mais tarde na China. O esforço de pensamento de muitas gerações e de uma série de grandes filósofos formou uma riqueza em hipóteses de trabalho com diferenciações muito sutis.

A doutrina budista conhece dois caminhos para a libertação plena (nirvana). Um passa por uma sequência de graus de operações lógicas (dialética) até o conhecimento correto, o outro por um longo, mas exato, plano de aprofundamento submisso (meditação). A segunda escolha a ser feita é determinada pelo ponto de vista de dar um exemplo característico para cada um dos dois caminhos. Para o primeiro, mostramos quatro sistemas budistas, dos quais se derivam inúmeros outros e que são vistos por conhecedores competentes como os mais importantes[66]. Ao mesmo tempo eles permitem reconhecer o método próprio de pensamento formado pelos pensadores budistas. Como exemplo do segundo caminho, mostramos o zen-budismo.

A lógica da negação: A cegueira e a ignorância são para Buda na prática a causa de todos os processos de vida. Ignorância como não reconhecimento, que a vida é sofrimento, que o instinto cego de vida sempre age novamente; a ignorância da infância, as ilusões múltiplas e

---

66. NORTHROP, F.S.C. The complementary emphasis of eastern intuitive and western scientific philosophy. In: MOORE, C.A. *Philosophy* – East and West, p. 168s. Aqui p. 198, referindo-se a TAKAKUSU, J. Op. cit.

desejos terrenos do adulto, superstição, falsas ideias, incapacidade de escapar dos envolvimentos da vida – tudo isto são apenas formas de manifestação do mesmo fato. A quebra desta ignorância é a iluminação.

Para passo a passo penetrar e superar a escuridão da ignorância, os filósofos budistas desenvolveram um método próprio, uma lógica da negação. Foi sobretudo *Nagarjuna*, originário do sul da Índia e que atuou por volta do ano 125 aC – por muitos visto como o maior pensador da filosofia budista –, que levou este método à perfeição. Suas discussões lógicas são colocadas em quatro teorias, nas quais a negação tem um lugar central[67].

1) De Nagarjuna se origina a *doutrina das duas verdades*, que tiveram um papel muito importante no budismo posterior. Uma afirmação pode parecer primeiramente verdadeira no sentido da compreensão comum, a partir de um ponto de vista superior, pode porém parecer falsa:

A = verdade comum

B = verdade superior

O par antagônico AB, tomado de forma conjunta, a partir do momento que se ganha um ponto de vista ainda mais elevado, pode parecer falso, verdade "menor" (como falsa alternativa, diríamos):

AB = verdade menor

C = verdade superior

Desta maneira, pode-se ir adiante:

ABC = verdade menor

D = verdade maior.

Resulta assim uma subida em etapas para uma verdade sempre maior, mais abrangente (isto lembra inclusive a dialética de Hegel e Marx).

2) Uma segunda teoria de Nagarjuna é a assim chamada *maneira quádrupla de demonstração*. Qualquer questão que exigir uma resposta em forma de "sim" ou "não" pode ser respondida de diversas maneiras: com um simples "sim"; ou com um liso "não"; ou com um "sim e não", com a demonstração mais próxima das condições sob as quais deve valer uma ou a outra coisa – algo como "depende"; e finalmente pode ser respondida com um "nem sim, nem não". E isto pode significar: "A pergunta não me diz respeito", ou então: "Eu estou acima, para além de um sim ou não". A verdade suprema tem para Nagarjuna constantemente este caráter de "nem sim, nem não", ou seja, ela está acima e além de qualquer particularização, de qualquer afirmação singular.

3) Na assim chamada *negação óctupla do tornar-se*, Nagarjuna aplica a sua forma da negação "nem-nem" ao surgimento da vida. Ele ensina: Não há nem nascimento, nem morte; não há nem continuidade, nem extinção; não há nem unidade, nem pluralidade; não há nem vir,

---

67. O que segue baseia-se em TAKAKUSU, J. Op. cit., p. 96s.

nem ir. O que quer dizer novamente que a verdade suprema só pode ser encontrada para além de todas estas distinções.

4) A compreensão suprema a ser alcançada nos caminhos que acabamos de apontar é o "real verdadeiro" ou o *caminho do meio* – assim chamado, porque aquele que nele trilha precisa afastar-se de todo desvio, tanto para a direita como para a esquerda, de toda aparentemente inevitável e excludente contradição do pensamento.

Os quatro principais sistemas budistas: Entre as máximas de Buda encontra-se tanto a afirmação "tudo é" (tudo existe) como também repetidas vezes a sentença "nada existe" ou "tudo é nada"[68]. A contradição que parece estar ali embutida levou após a morte de Buda até os primeiros séculos de nossa cronologia a inúmeras interpretações antagônicas. Algumas escolas tomaram a primeira alternativa e chegaram com isso a uma metafísica "realista"; outras centraram-se na segunda e com isto fizeram surgir um sistema "niilista" – negando o ser. A apresentação lado a lado a seguir dos quatro principais sistemas, que surgiram neste período, mostra claramente como a lógica budista da negação múltipla pode ser aplicada ao problema metafísico do "ser ou não ser".

Para esclarecer isto é preciso partir da compreensão comum e não crítica, segundo a qual o mundo é composto por um lado de uma multiplicidade de *objetos* corporais (físicos), e, por outro lado, em contraposição a estes, de *pessoas*, ou seja, de "eus" ou "si-mesmos" providos de uma certa permanência (continuidade), que por sua vez possuem determinadas compreensões ou *ideias* a respeito do mundo corporal.

1) O sistema *realista* de *Vasubandhu* – que viveu em torno de 420 a 500 dC – dirige sua negação somente contra o fator "pessoas". Nega-se que existam "si-mesmos" estáveis, duradouros através do tempo – pensamento este que já encontramos no budismo primitivo. Porém, a realidade do mundo corpóreo não é posta em dúvida – daí o nome de "realistas".

2) O sistema *niilista* de *Harivarman* (entre 250 e 350 dC) leva a negação um passo adiante. Não há, segundo ele, a existência de pessoas, de eus, nem de objetos externos que subsistam verdadeiramente, nem sequer a realidade das ideias. Por isso chama-se niilista. Os sistemas 1 e 2 pertencem às escolas do "pequeno veículo" (Hinayana).

3) O terceiro sistema, *idealista,* ou a *doutrina do somente-a-consciência*, volta ao mencionado Vasubandhu, descrito no primeiro ponto. Este, já avançado em anos, foi convertido por seu irmão *Asanga* – que já havia fundado esta linha de pensamento antes dele – para a doutrina do somente-a-consciência. Ele produziu então uma série de obras, que se tornaram a base para esta linha de pensamento. Segundo esta doutrina, a verdade não está no reconhecimento da realidade externa (como no sistema 1), nem tampouco na negação de qualquer realidade (como no sistema 2). Segundo esta doutrina, a verdade surge da afirmação positiva constante na dupla negação, na negação tanto da individualidade como da matéria, restando pois somente as ideias como verdadeiro ser. Por isto esta doutrina chama-se idealista.

---

68. TAKAKUSU, J. Op. cit., p. 97.

4) A lógica da negação alcança o seu ápice novamente no sistema *niilista* do já menciona-do Nagarjuna. Ele mostra que as três escolas mencionadas acima, expressas na linguagem de sua "múltipla forma de demonstração", querem responder à questão do "ser ou não ser" (ens ou nonens) ou com "sim" ou com "não" ou com "sim e não", ou seja, um "parte... parte". Para ele, a solução correta está entretanto no "nem – nem". O "caminho do meio" de Nagarjuna (também as outras escolas utilizam esta expressão para denominar a resposta por elas defendi-da) consiste no conhecimento que se ganha através da negação continuada, de que não pode existir nenhuma substância duradoura (nem coisas, nem pessoas, nem ideias) no fluxo inin-terrupto de fenômenos, mas tão somente fenômenos, dos quais emana um sentido próprio. Isto por sua vez não pode ser confundido com a compreensão niilista do segundo sistema. O "nem ser nem não ser" de Nagarjuna entende muito mais que as diversas tentativas de inter-pretar o mundo e perscrutar o enigma do ser caem necessariamente em delimitações arbi-trárias e que esta maneira, que não se apoia nem no ser nem no não ser, encerra toda a questão como enganosa, restando um silêncio sem discussão[69].

Os sistemas 3 e 4 pertencem às escolas do "grande veículo" (budismo mahayana).

Quando se compara o decorrer da época dos quatro sistemas, temos o fato surpreendente de que elas ocorreram justamente na ordem inversa da aqui sistematizada! Nagarjuna, cuja doutrina aparece como o resultado correto a partir da aplicação da negação continuada, en-contra-se do ponto de vista histórico antes da fundação das outras. Isto só se pode explicar pelo fato de que o fantástico espírito apurado do talentoso Nagarjuna – que também fundou a lógica da negação –, numa genial visão do todo, previu tudo aquilo que se iria decifrar passo a passo nos séculos posteriores[70].

Vamos colocar neste ponto uma observação antecipada do que virá mais tarde, de que a dialética budista de Nagarjuna se diferencia basicamente do método de pensamento conduzi-do por Hegel, conhecido igualmente pelo nome de dialética – e também da tendência dos chi-neses, em parte semelhante ao método hegeliano, de chegar à verdade maior através de sínte-ses paulatinas de contradições. Para Hegel, a uma determinada proposição (a "tese") segue a proposição negativa (a "antítese"); a partir de ambas deriva em um nível superior a "síntese" (na qual elas se fundem e na qual elas no entanto perdem o seu caráter contraditório). Para Nagarjuna, a primeira aplicação da negação faz com que a "tese" posta no início seja descarta-da; a segunda aplicação da negação não conduz porém à unificação da tese e antítese numa unidade superior – ao invés disto, ela faz com que a antítese seja também descartada. Resta então o "vazio" desprovido de qualquer complementação mais precisa, como o conhecimento mais alto, que significa o nirvana[71].

---

69. GLASENAPP, H., p. 344.

70. NORTHROP, F.S.C. Op. cit., p. 199.

71. Ibid., p. 203.

Observações sobre o zen-budismo. – O zen-budismo tem suas raízes em solo hindu, mas desenvolveu-se mais na China – e lá se conserva, mas, mais especialmente no Japão até hoje; não estaria em si no âmbito deste capítulo dedicado ao pensamento hindu tratar dele. Iremos introduzir aqui algumas observações a seu respeito, por um lado por ser ele uma das linhas mais importantes e mais difundidas de toda a história do budismo, por outro lado por ele fornecer um bom exemplo de uma manifestação do espírito budista, que em sua tendência para a meditação se diferencia por um lado da prática e por outro do método lógico-dialético dos quatro sistemas acima tratados.

O zen-budismo não é em si uma filosofia, no sentido comum da palavra. Ele não possui nenhum sistema de pensamento formado. Também não se trata de uma religião no sentido usual. Ele tem templos e mosteiros, mas não tem nenhuma dogmática definida e não prescreve uma fé em um credo formulado. Neste sentido, nos sistemas de cosmovisões de todos os povos – e não somente no budismo – ele ocupa um lugar ímpar. O que é o zen-budismo só pode ser entendido, segundo a compreensão de seus adeptos, no aprofundamento da experiência-zen[72]. Para os que estão de fora, ele apresenta um grau de dificuldade de compreensão bem maior do que as simples escolas filosóficas budistas. Tentaremos introduzir algumas particularidades que têm por objetivo transmitir um conceito aproximado de sua genuinidade. A recusa de afirmações filosóficas, bem como de dogmas religiosos, baseia-se num motivo comum: os adeptos do Zen acreditam que o apego a palavras, conceitos, afirmações fixas ou regras determinadas de comportamento nos impedem de penetrar no sentido próprio daquilo que se pensa. Isto vale inclusive para o ensinamento de Buda. Na sua opinião é necessário que os seus sermões e as sentenças transmitidas sejam submetidos às condições da linguagem da qual Buda se serviu, além disso devem ser adaptados à capacidade de compreensão dos respectivos ouvintes e inclusive são codeterminados pelo ambiente externo, no qual quem ensina e os ouvintes se encontram. A verdade pura e absoluta está entretanto para além do que pode ser dito com palavras. Esta concepção corresponde, segundo a tradição Zen, que se reporta ao próprio Buda, que Buda teria transmitido sua pura verdade numa compreensão silenciosa a seus discípulos e estes adiante através de uma corrente ininterrupta de patriarcas. Isto está em afirmações centrais do zen-budismo como: "Foi transmitido de espírito para espírito"; "Não expresso em palavras nem escrito em letras"; "Foi uma transmissão isolada, fora da sagrada atividade de ensinar"; "Olhe direto na alma do ser humano, entenda sua natureza e torne-se um Buda iluminado"; "O saber sagrado não é nenhum saber"[73].

O zen-budismo tem uma maneira própria de meditação. Àquele que busca a iluminação é colocado um tema. Os que estão sendo submetidos à prova sentam-se num salão dias e noites numa posição exatamente prescrita, sob a rigorosa supervisão da guarda de um sacerdote e meditam. Três tipos de silêncio devem ser observados: durante a concentração, durante a refeição e

---

72. SUZUKI, D.T. An Interpretation of Zen-Experience. In: MOORE, C.A. Op. cit., p. 169s.
73. TAKAKUSU, J. Op. cit., p. 105-106.

durante o banho, que numa sequência regulamentada interrompem a primeira, e durante os quais não pode ser dita qualquer palavra, nem feito qualquer barulho. Aquele que – na maioria dos casos depois de diversos dias – acredita ter encontrado a solução, dirige-se ao sacerdote, que decide sobre o sucesso da prova. Mesmo com todo o cuidado pela meditação, os zen-budistas são voltados ao mundo, indo ao encontro das pessoas na prática, pois sua doutrina exige que apliquem diretamente na vida cotidiana todo o conhecimento adquirido. "Nenhum trabalho, nenhuma comida"; "A vida é a doutrina"; "Andar, parar, sentar, deitar são o ensinamento sagrado" – estas são máximas de patriarcas zen, que refletem este espírito prático[74].

A recusa de toda doutrina moldada em uma forma fixa e o comportamento ativo dos zen-budistas têm uma coisa em comum: o silêncio. Em histórias, transmitidas dos antigos mestres-zen, aparece esta característica muitas vezes engraçada, às vezes paradoxal e a nós de difícil compreensão. Muito característica é uma narrativa de Daian, um mestre-zen do século IX, e Zosan[75]. Daian teria dito a sentença: "Ser ou não ser igualam-se à trepadeira, que se enrosca na árvore." Zosan fez uma longa viagem para ir ao encontro de Daian e fazer-lhe a pergunta: "O que acontece, quando a árvore é derrubada e com isto a trepadeira murcha?" Zosan estava movido pela questão: O que acontece se apagarmos os conceitos ser e não ser de nosso pensamento? Está ele preso inevitavelmente a esta contradição, ou como podemos de alguma forma escapar dela? – O mestre estava justamente ocupado, erguendo um muro de barro batido. O que ele respondeu? Colocou de lado o carrinho de mão que conduzia, deu uma gargalhada e foi embora. Zosan, desapontado, foi procurar um outro mestre. Como este porém reagisse à pergunta de Zosan da mesma forma como Daian, Zosan sorriu e entendeu, inclinou-se apresentando honras e partiu. De pronto entendera ele o que o mestre lhe havia respondido sem qualquer palavra: Enquanto teu espírito estiver cheio de ideias de ser e não ser, nascimento e morte, limitado e ilimitado, causa e efeito, estará preso em palavras e conceitos e distante da verdade. Somente quando tu não mais pertenceres aos espectadores, aos críticos, aos fanáticos por ideias, aos fazedores de palavras, aos lógicos, mas te dedicares à lida direta com a realidade da vida, poderás espreitar a verdade que está para além de todas as palavras!

III. Os sistemas ortodoxos da filosofia hindu

Aos sistemas não ortodoxos até aqui comentados, chamados pelos hindus de Nastikas, que quer dizer falar-não, por não reconhecerem a autoridade da tradição védica, estão contrapostos os outros sistemas, que têm seu ponto de partida no antigo bramanismo e desenvolvem adiante os pensamentos consignados nos Vedas. Eles são chamados de Astikas, falar-sim.

---

74. Ibid., p. 107.
75. Segundo SUZUKI, D.T. Op. cit., p. 110s.

Como sempre, quando uma tradição forte e reconhecida forma a base de um filosofar, o pensamento filosófico desdobra-se preponderantemente na forma de comentários aos textos antigos, onde a verdade não apenas é esclarecida ou desenvolvida em seu conteúdo pensado, mas também são ditas coisas novas sob esta roupagem.

O surgimento dos Nastikas na vida espiritual da Índia desafiou o bramanismo a um enorme contra-ataque. A exigência de defender o próprio ponto de vista e afirmar-se contra um sistema concorrente levou a um desenvolvimento continuado do pensamento Upanixade e além disso a um novo florescimento brilhante da filosofia bramânica. Especialmente o budismo teve um papel estimulante e fertilizador. Talvez em nenhuma outra época e em nenhum outro povo o interesse por questões filosóficas foi tão difundido como neste período da grande rivalidade das duas linhas de compreensão na Índia. Por todos os lugares surgiram escolas de filosofia, onde alunos se sentavam aos pés de famosos mestres. Disputas filosóficas aconteciam diante de um grande público; príncipes e reis delas participavam ou doavam prêmios caros aos vencedores de tais competições[76].

A necessidade permanente de autoafirmação fez florescer em medida incomparável especialmente a lógica e a dialética, a arte da demonstração e da disputa. Neste contexto aconteceu que o pensamento hindu se utilizou, numa medida mais forte que antes, do instrumento da linguagem. Nesta relação é fundamental a famosa obra de *Pannini* (séc. V aC) sobre a gramática sânscrita. As fontes, a partir das quais se pode ter mais conhecimento sobre a filosofia hindu deste período, são especialmente as seguintes:

1) *Upanixades*, na medida em que foram compostos neste tempo tardio, diferentemente do que foi tratado na primeira parte deste capítulo.

2) As assim chamadas *Sutras*, sentenças recordativas bem curtas, pensadas como regras de recordação dos pensamentos básicos de cada sistema e como tais eram inculcadas no aluno. Existem algumas centenas de Sutras para cada um dos sistemas de que iremos tratar a seguir. Como estas não foram pensadas para esclarecer aqueles que estão fora, mas deviam servir somente como apoio à memória dos iniciados, as Sutras vistas em si são aforismos incompreensíveis, que necessitam de longos comentários.

Tais comentários existem muitos; comentários às Sutras eram também uma maneira preferida de expor novos pensamentos. Os comentários, por sua vez, eram esclarecidos por novos comentários e assim surgiu um emaranhado de escritos de difícil compreensão.

> Um texto hindu afirma o seguinte sobre estes comentários:
> Se a coisa é difícil de se entender,
> Eles dizem: o sentido é claro.
> Se o sentido é totalmente claro,
> Eles fazem um largo palavreado[77].

---

76. DURANT, W. Op. cit., p. 459.

77. Introdução à Yogasutram. DEUSSEN, P. Op. cit., I, 3, p. 5.

Naturalmente isto não vale para todos os comentários hindus, mas em compensação vale para alguns comentários modernos em algumas áreas.

3) O épico nacional hindu *Mahabharata*, um poema, que narra em mais de cem mil versos duplos a luta heroica de duas tribos arianas na invasão da Índia e que contém em partes isoladas, especialmente o famoso *Bhagavad-Gita*, o ensino filosófico, "pelos sublimes anunciada doutrina secreta".

4) O *livro da Lei de Manu*, que de alguma forma complementa os pensamentos do Bhagavad-Gita.

Entre os sistemas ortodoxos, seis têm uma importância especial. Diferentemente da história do pensamento ocidental, eles não se desenvolveram em momentos históricos sucessivos, mas existiram lado a lado por séculos num processo constante de mútua influência. Renunciando à sequência de seu surgimento – o que só se pode constatar aproximadamente – nós os apresentaremos lado a lado de maneira sistemática e tentaremos apontar de forma curta o mais importante.

Cada dois dos seis sistemas formam um par, de maneira que se forma a seguinte visão geral:

1) Sistema Nyaya	2) Sistema Vaischeschika
3) Sistema Sankhya	4) Sistema Yoga
5) Sistema Purva-Mimansa	6) Sistema Vedanta

Sankhya, Yoga e Vedanta têm um papel muito importante no pensamento hindu.

Todos estes seis sistemas experimentaram em si desenvolvimentos e mudanças através de muitos séculos. Na apresentação que faremos a seguir, eles são descritos apenas em suas respectivas formas principais.

1. Nyaya e Vaischeschika

Já o nome Nyaya, que significa "comprovação" ou "regra", mostra o ponto forte deste sistema, que se encontra no campo da lógica ou da dialética. O texto principal tem origem em um tal *Gautama*, que nele faz a primeira grande tentativa clássica de apresentar a arte de concluir a lógica correta. Esta tentativa formou o ponto de partida para todas as discussões lógicas que se seguiram na Índia[78]. Com este texto também foi formado um rico vocabulário técnico para expressões filosóficas[79], das quais o sânscrito possui mais que qualquer linguagem cultural europeia[80]. Em contraposição, o sistema *Vaischeschika*, derivado do lendário *Kanada*, um dos maiores pensadores da Índia, tem seu ponto principal no campo da explicação do

---

78. GLASENAPP, H. Op. cit., p. 243.
79. DURANT, W. Op. cit., p. 579.
80. DURANT, W. Op. cit., p. 577 (Reportando-se a KEYSERLING. *Reisetagebuch eines Philosophen*).

mundo: a metafísica e a filosofia da natureza. Vaischeschika significa algo como "diferença"[81]. O nome diz que a marca deste sistema é o esforço por descobrir e destacar as diferenças no mundo dos objetos e chegar a um conhecimento claro no interior do ser humano. Todo conhecimento começa em si pela constatação de diferenças.

O núcleo desta filosofia da natureza é uma espécie de doutrina do átomo. Tem-se por suposição elementos materiais, os menores possíveis, não divisíveis e indestrutíveis do ser, que se unem e novamente se dividem no decorrer do processo do universo[82].

Ambos os sistemas se complementam mutuamente na medida em que o Nyaya assume essencialmente a metafísica do Vaischeschika, e este sistema assume a lógica do Nyaya. Mais tarde os dois acabaram por unificar-se num único sistema.

A designação feita há pouco de um ponto principal não deve porém ser entendida como se um sistema se limitasse à lógica e o outro à filosofia da natureza. Ambos são sistemas filosóficos completos, e ambos veem no conhecimento, do qual os dois isoladamente tratam, somente um meio, somente uma passagem para o caminho da salvação do sofrimento e renascimento, para a salvação na qual todos os sistemas hindus desaguam.

2. Sankhya e Yoga

O sistema Sankhya é, ao lado do Vedanta, o mais eminente entre os seis sistemas ortodoxos. Kapila é tido como seu fundador. A palavra Sankhya é derivada da palavra "número" ou "contagem"[83] e significa nesta utilização mais ou menos: o sistema que determina o ser e os conceitos pela contagem do que está contido dentro.

O sistema Sankhya diferencia-se por princípio da filosofia dos Upanixades – e, como devemos logo acrescentar, da filosofia Vedanta da qual trataremos mais tarde, e que representa a continuidade mais direta do pensamento Upanixade – pelo fato de não ser monista como esta, mas dualista, ou seja, pelo pensamento de que nem tudo o que existe está baseado num princípio universal único, mas supõe dois princípios, eternamente separados e contrapostos.

Os dois princípios são por um lado a Prakriti, a natureza primeira, um princípio material, ativo, em constante movimento, mas não espiritual, sem consciência de si mesmo; e por outro lado o Puruscha, um princípio espiritual puro, não ativo, mas animado e dotado de consciência.

Ambos os princípios não foram simplesmente contrapostos à doutrina original do Upanixade, segundo a qual somente Brahman é a realidade e o mundo exterior é tão somente aparência, mas foram formados gradualmente a partir dela, na qual aos poucos se impôs a tendência própria da compreensão humana, de atribuir-se uma consciência independente da rea-

---

81. GLASENAPP, H. Op. cit. 232.
82. Ibid., p. 250.
83. Ibid., p. 197.

lidade do mundo material, e assim, da simples Maya da Prakriti, fazer uma natureza existente por si mesma[84]. O espírito isolado contraposto a partir de então à natureza (Atman) tornou-se Puruscha, embora se supôs inicialmente, de maneira consequente, um grande Puruscha abrangente, uma entidade divina, e ao lado deste inúmeros Puruschas individuais, "pessoas", almas individuais (que não mais são pensadas como idênticas à alma universal). Daí o conceito de um Puruscha genérico desapareceu, e restaram então somente os Puruschas, muitos e individuais e com isto o sistema clássico Sankhya tornou-se *ateísta*. Neste último ponto ele se aproxima do budismo, embora as influências mútuas – que é certo supor – em detalhes e sobretudo no que diz respeito à prioridade cronológica sejam discutíveis.

Vamos debruçar-nos primeiramente sobre Prakriti. Nela agem três forças de desenvolvimento (Gunas): um elemento luminoso ao qual está ordenado tudo o que é claro e bom, um elemento escuro, indolente e inibitivo e um elemento do movimento entre os dois. Do ventre de Prakriti nascem todos os seres, não apenas os elementos materiais, mas também as capacidades de pensar, sentir e agir. Tudo isto pertence ao mundo de Prakriti – enquanto nós tenderíamos a acrescentar isto ao mundo do espírito. Ao todo são 24 entidades, que formam o mundo natural e todas são geradas a partir de Prakriti. Esta é a sequência, pela qual elas são contadas no sistema:

1) A própria Prakriti. Esta cria.

2) A razão, o órgão do discernimento. Esta cria.

3) O "constituidor do eu" (Ahakara), o sentimento próprio, que executa a separação entre o eu e o mundo exterior. Deste surgem por um lado as forças e os órgãos dos sentidos e por outro lado os elementos do mundo exterior.

As forças e órgãos dos sentidos são enumerados da seguinte maneira:

4) O ver.

5) O ouvir.

6) O cheirar.

7) O degustar.

8) O sentir.

A estas forças de sentido do mundo interior, como é comum na Índia, acrescenta-se ainda:

9) O espírito (razão, capacidade, compreensão, pensamento).

Seguem os cinco órgãos dos sentidos:

10) O olho.

11) O ouvido.

---

84. DEUSSEN, P. Op. cit., I, 3, p. 24s.

12) O nariz.

13) A língua.

14) A pele.

Seguem então os cinco "órgãos da ação":

15) A laringe.

16) As mãos.

17) Os pés.

18) Os órgãos de evacuação.

19) Os órgãos de procriação.

Os cinco elementos do mundo exterior são:

20) O éter.

21) O ar.

22) O fogo e a luz.

23) A água.

24) A terra.

A estes 24 elementos estão contrapostos como

25) Os Puruschas, de modo que o sistema Sankhya "conta" ao todo 25 princípios.

A existência do mundo é assim pensada, que a Prakriti em contraposição sempre continuada das três Gunas gera sempre de novo, em ciclo incontável, o universo todo da matéria (2 até 24) – surgimento do mundo – e o recolhe novamente em si – fim do mundo.

Qual é, pois, o papel dos Puruschas nisto? Qual é a relação deles com a matéria? Eles atuam sobre ela e são por ela influenciados?

O espírito é separado dos acontecimentos materiais através de um abismo profundo e intransponível. Basicamente ele se contrapõe a estes em pureza eterna e distância não participativa. Como então é isto no ser vivo, no qual, pelo que parece, material e espiritual formam uma unidade inseparável? O filósofo Sankhya afirma: Esta unidade é só *aparente*. Como um cristal claro e incolor parece vermelho, quando se segura uma flor vermelha atrás dele, assim parece o eterno Puruscha, quando no corpo aparentemente unido a ele acontecem mudanças como agindo, sofrendo etc.[85] No que chamamos de alma, em contraposição ao corpo,

---

85. GLASENAPP, H. Op. cit., p. 209.

pode-se distinguir segundo a doutrina Sankhya, dois elementos basicamente diferentes: o eterno e imutável Puruscha e por outro lado os múltiplos acontecimentos físicos, como imagens, pensamentos, sentimentos, que não são de Puruscha, mas pertencem a Prakriti, ao mundo material.

Por que então, temos que nos perguntar, os Puruschas espirituais, puros e eternos entram em contato com o mundo das Prakriti, mesmo que seja numa relação aparente e ilusória? Entramos neste ponto no núcleo central da doutrina que aqui, bem como em praticamente todos os outros sistemas hindus, move-se em torno dos conceitos de sofrimento, transmigração das almas e salvação (Mokscha).

Também os pensadores Sankhya partem da constatação básica do sofrimento e do desejo (não no sentido positivo de prazer, mas) por libertação disto, por uma situação absolutamente sem dor. Por que sofremos? Sofremos somente à medida que agem em nós certas relações e acontecimentos do mundo exterior. Elas no entanto só podem agir em nós se as sentimos como próprias, como dizendo respeito a nós e a nós pertencendo. Aqui está entretanto uma ilusão: pois o núcleo de nosso ser, o Puruscha, é em verdade separado dos acontecimentos objetivos e não tem neles qualquer participação. Ele precisa apenas ser levado a conhecer isto! Com este conhecimento, pois, que todo o mundo que está à sua frente em certo sentido não diz respeito ao seu mais interior, toda a dor iria desaparecer. O Puruscha estaria salvo.

Mas também a Prakriti, a matéria, estaria salva! Pois ela, como não espiritual, não consciente, nem pode sentir dor alguma; ela se torna um sujeito sensível somente na ligação com o Puruscha.

Tudo depende, pois, tanto na vida individual como no grande processo do universo, que Puruscha chegue ao conhecimento. A Prakriti – um princípio feminino e sem uma base profunda, pois para a sua salvação necessita de outro que está fora se si mesma – precisa desabrochar sempre se novo aos olhos de Puruscha – como uma dançarina que se produz para os seus espectadores –, até este dela se afastar ao descobrir sua diferença e não participação e com isto salvar a ela e a si mesmo.

Assim tudo concorre na doutrina Sankhya para através de virtude e renúncia chegar ao conhecimento e com este à salvação. Como o Puruscha salvo, que a partir de então se tornou um espírito puro e inativo, continua a existir, isto é comparado a um espelho "no qual não mais há reflexo"[86]. No fundo se estende sobre isto um véu de mistério.

Para o pensamento bramânico é característico que esta filosofia ateísta seja ao mesmo tempo ortodoxa, vista como em concordância com o Veda. Isto pode ser entendido – além de condições mais externas, como o fato de Kapila ter reconhecido expressamente a autoridade dos Vedas (sem ter se preocupado com eles detalhadamente na constituição de seu modelo de pensamento) – especialmente por dois motivos: por um lado pelo fato de que segundo a

---

86. Ibid., p. 211.

compreensão hindu a rejeição da fé em um criador divino e senhor do universo ser perfeitamente compatível com o reconhecimento de inúmeras divindades, que têm um papel inclusive nas antigas tradições védicas; por outro lado pelo fato de que a doutrina Sankhya não tocou no sistema de castas como base da sociedade. Se estas duas condições estão preenchidas, cada filósofo individualmente goza na Índia bramânica de uma liberdade ilimitada de pensamento.

A palavra *Yoga* está carregada em seu uso na linguagem ocidental de uma série de compreensões, desde uma arte obscura de magia até coisa realizada para o ganha-pão, para a satisfação da curiosidade da multidão e objetivos semelhantes. É vista como algo que não tem nada a ver com uma busca sincera pela verdade. Não se pode esquecer que o Yoga teve sua origem como um sistema de ensino que, bem parecido com o que aqui acabou de ser dito, quer mostrar um caminho para a sabedoria e a salvação, na qual porém o ponto forte está no lado prático, no ensinamento dos meios e caminhos para se chegar lá. O Yoga está ligado estreitamente ao sistema Sankhya à medida que a filosofia Sankhya forma basicamente o fundamento teórico para o sistema Yoga, enquanto que inversamente os filósofos Sankhya reconhecem na doutrina Yoga o complemento prático daquilo que ensinam.

A metafísica Yoga diferencia-se basicamente em um ponto da Sankhya: ela reconhece um Deus pessoal. Como porém na prática a condução da existência, como na compreensão da Sankhya, é explicada pelo embate de Puruscha e Prakriti, este Deus não pode ser nem um criador, nem um condutor do universo, mas é o Puruscha superior, único totalmente puro, que desde a eternidade conservou-se livre de contato com a Prakriti e é onisciente. Por isso na prática ele não tem nenhuma função central na doutrina Yoga. Os textos principais do Yoga são formados por 194 Yoga-Sutras, ordenados em quatro livros, que são atribuídos a um tal de Patanjali.

Yoga significa literalmente "jugo" e quer dizer autodomínio, disciplina.

A compreensão que está na base deste ensinamento, de que o ser humano através de um determinado sistema de exercícios ascéticos, de meditação e de concentração pode chegar a um conhecimento profundo, a um enlevo e à salvação, esta compreensão também pode ser encontrada em outros povos; e já na literatura védica ela tinha uma função, bem como nos Upanixades.

Ao Yogin é apresentado um caminho longo e cheio de esforço, ao término do qual ele pode chegar à libertação do sofrimento e do renascimento. Em anos de paciente autossuperação ele precisa passar por oito graus[87]:

1) Disciplina: ela engloba não prejudicar (ahimsa, não violência, a mesma exigência como no jainismo e no budismo), autenticidade, castidade, deixar qualquer egoísmo e todo o interesse material.

2) Autodisciplina: esta baseia-se no cumprimento dos cinco mandamentos da pureza (corporal e espiritual), modéstia, ascese, estudo e devoção a Deus.

---

87. Ibid., p. 228. • DURANT, W. Op. cit., p. 587, 588.

3) O sentar corretamente: aqui são dadas determinadas prescrições que entram em muitos detalhes sobre a arte de sentar, que é a melhor precondição para o aprofundamento. Assim consta, por exemplo, em um texto do Bhagavad-Gita:

"Em um local limpo ele prepara seu assento permanente, que não é muito alto nem muito baixo, cobre-o com uma toalha, um couro ou então com grama de Kuscha.

Aconchegado em um tal assento, ele dirige seu sentido interior a *um* ponto; controlando a atividade do sentido e do órgão de pensamento, ele exercita aprofundamento para purificação de si mesmo.

Mantendo o tronco, a cabeça e o pescoço retos e imóveis, ele olha sem se mexer para a ponta do próprio nariz e não olha para qualquer outra direção"[88].

4) Controle da respiração: Regras determinadas para inspirar e expirar e para segurar a respiração.

5) Desviar os órgãos de sentido de todos os objetos externos.

6) Concentração do pensamento num único objeto, excluindo todos os outros.

7) Meditação, pensamento: uma concentração mais intensa, pela qual o pensamento é totalmente preenchido pelo objeto escolhido. Como instrumento de ajuda é recomendado aqui a repetição contínua da sílaba sagrada "Om".

8) Aprofundamento e êxtase, o grau mais elevado: o espírito perde a consciência de si mesmo como um ser isolado. O Yogin alcança um conhecimento sagrado e quase divino sobre a constituição do universo. Palavra alguma pode descrever esta situação (bem como toda a experiência Yoga) a quem não a experimentou.

Como uma espécie de efeito colateral, o Yogin é dotado neste caminho de múltiplas forças mágicas e capacidades sobrenaturais, cuja descrição em muitos relatos sobre a vida na Índia toma um grande espaço. Entre elas são listadas em antigas Yoga-Sutras, por exemplo, as seguintes:

- Conhecer o passado e o futuro;
- Entender a língua de todos os animais;
- Conhecimento sobre nascimentos anteriores;
- Tornar invisível o próprio corpo;
- Ter a força de um elefante;
- Conhecimento das coisas sutis, escondidas e distantes;
- Conhecimento do universo;
- Conhecimento da disposição do corpo;
- Saciar a fome e a sede;

---

88. Bhagavad-Gita, VI, 11-14. DURANT, W. Op. cit., p. 585.

- Não grudar na água, lama ou em espinhos, bem como sair deles;
- Andar no ar;
- Controle sobre os elementos;
- Excelência no corpo e imunidade em suas capacidades;
- Controle sobre os órgãos dos sentidos;
- Domínio sobre todo ser e onisciência.

Não é afirmado que tudo isto seja simplesmente possível, mas é esclarecido em detalhes a partir dos conceitos da filosofia Yoga e de como se entende a estrutura de todo o universo.

Aqui não nos é possível nem um aprofundamento destas questões, muito menos fazer um julgamento conclusivo. Em todos os casos, se se devesse fazer um juízo sobre todas estas coisas prometidas ao Yogin, isto deveria acontecer com alguma cautela. Quem pretender desclassificar isto rapidamente, a este se deve recordar, como a experiência ensina até o tempo presente, que na base da alma humana repousam capacidades e forças, talvez surgidas nos tempos imemoriais, sobre as quais nossa sabedoria escolar nem pode sonhar e que a concentração máxima e a junção de todas as forças em um único objetivo podem capacitar o ser humano a realizações incríveis.

A degeneração do Yoga não nos ocupará aqui. Segundo a doutrina Yoga, todas as forças mágicas são no máximo fenômenos paralelos e meios para o objetivo, degraus para o Yogin no seu caminho para o objetivo da salvação. Se ele neles permanecer e os elevar em objetivos por si mesmos, não alcançará a salvação.

3. Mimansa e Vedanta

O sistema Mimansa é entre os seis sistemas ortodoxos em geral e também aqui para a nossa apresentação o menos importante. Limitar-nos-emos por isso a constatar que se trata essencialmente de uma escola que combate os muitos sistemas surgidos desde o fim do tempo védico, especialmente a filosofia Sankhya, e exige um humilde retorno às sagradas tradições e às formas de exercício religioso por estas prescritas – e passemos ao sistema Vedanta.

A palavra *Vedanta* significa literalmente "fim dos Vedas" e designa originalmente nada mais que isto, ou seja, os Upanixades ou então a doutrina filosófico-religiosa neles contida. Com o tempo este nome passou a designar aquela linha filosófica que continuou de forma consequente o pensamento central dos Upanixades, unidade total de Brahman e Atman; assim sendo, a utilização do nome tem seu sentido.

Existem inúmeras escolas Vedantas. *Schankara* é tido como fundador da mais influente e considerada também a mais clássica delas e teria vivido pelo ano 800 dC, mais ou menos no tempo de Carlos Magno. Entre ele e a redação dos Upanixades tem-se com isto bem um século de desenvolvimento do pensamento. Schankara, tido como o maior filósofo da Índia, levou, em seu trabalho de apenas 32 anos de vida, o pensamento Upanixade a um novo poder e florescimento, depois de ter passado a tradição védica por longos 1.200 anos de sombra pelo budismo, que negava qualquer autoridade dos Vedas, e pelo sistema Sankhya, que estava ligado a ela mais pelo nome, que pelo sentido profundo. Schankara apresentou seu ensinamento em forma de um comentário às 555 Sutras, em que foi transmitida a antiga doutrina Vedanta. O que segue refere-se somente ao ensinamento de Schankara.

Duas sentenças antigas formam o ponto de partida:

> tat twam asi: "tu és isto"
> aham Brahma asmi: "eu sou Brahman"[89].

Com isto é afirmado: o Brahman – o princípio eterno do mundo, do qual tudo é gerado e no qual tudo repousa – é idêntico com nosso mais íntimo si-mesmo. Este si-mesmo, o Atman, em sua essência, não pode ser conhecido e nem contido em palavras. ("O Atman não se pode conhecer", já havia ensinado Yagnavalkya). Só há uma única realidade, o Atman, que é Brahman.

Toda a aparência externa contradiz esta afirmação. A experiência diária nos ensina que não há uma realidade, mas uma multiplicidade de maneiras e formas da realidade e que nosso si-mesmo se nos mostra em sua ligação com o corpo passageiro como uma delas.

Com isso há a necessidade de submeter à *crítica* os meios de nosso conhecimento que nos apontam para esta multiplicidade. Como é possível o saber, como ele surge e de que maneira ele é válido e indubitável? Schankara coloca com isto a questão que na Europa foi posta por Kant no século XVIII, e pode-se dizer que chegou a resultados bem parecidos aos de Kant. Todas as nossas experiências, nós as temos pela intermediação dos sentidos. O que chamamos de saber, nada mais é que a assimilação dos materiais oferecidos pelos sentidos. Temos com isto a própria realidade em nossas mãos? Schankara afirma: Não. Como mais tarde também Kant, ele aponta para o fato de que toda a experiência não nos mostra as coisas em suas verdadeiras essências, mas somente da maneira que os nossos sentidos as podem captar, como *fenômeno*, portanto. Crer que por este caminho se consegue descobrir a essência do mundo é ilusão, Maya.

Vidya, saber verdadeiro, conhecimento universal, só o ganha aquele que consegue transpassar com seu olhar o condicionamento de nossa experiência pelos sentidos. Ele reconhece então claramente que nosso si-mesmo é distinto e independente de todos os fenômenos externos – e aqui se separa o caminho de Schankara do de Kant –, é Brahman. A tal conhecimento não se chega por meio da experiência externa, mas também não pela meditação ou reflexão, senão somente pela revelação eterna e divina do Veda, especialmente de sua parte final, dos Upanixades.

Reportando-se ao Veda, Schankara entra no entanto em uma certa dificuldade. A tentativa de provar que o Veda é a unidade de Atman com Brahman e que ensina uma única e mesma realidade, esbarra em obstáculos, pois mesmo que se encontrem passagens nos Upanixades (e sobretudo neles) que anunciam a doutrina monista (quer dizer, da unidade), ao lado delas há passagens que deixam transparecer uma compreensão pluralista, ou seja, que ensinam que há

---

89. DEUSSEN, P. Op. cit., I, 3, p. 586.

uma multiplicidade de seres individuais distintos de Brahman. Isto vale principalmente para as partes mais antigas do Veda. Para Schankara, porém, todo o Veda é de origem divina.

Esta dificuldade, ao lado de outros motivos, deve ter sido o ensejo para a formulação de sua doutrina característica dos dois graus de conhecimento, de um grau inferior e outro superior (cujo ensinamento está por sua vez já preformado nos Upanixades).

No grau inferior, o conhecimento exotérico, o mundo e Deus – que para Schankara na prática são idênticos, pois ele define Deus como existência[90] – aparecem como multiplicidade; Deus aparece como Ischwara ou criador do universo, a ele é acrescida uma série de atributos e o povo o adora de muitas formas. Este não é o conhecimento mais elevado, porém nem por isso ele deve ser descartado, pois tais compreensões estão adaptadas à capacidade de compreensão da multidão e formam pelo menos uma antessala do verdadeiro conhecimento.

Num grau mais alto do conhecimento esotérico está o filósofo. Ele percebe que por detrás do caráter Maya dos fenômenos repousa o Brahman único, ao qual em verdade não se pode acrescer nenhum atributo, pois ele é totalmente não reconhecível. A forma inferior de conhecimento não prejudica o sábio; ele pode orar em qualquer templo, prostrar-se diante de todo Deus, pois estas formas de devoção ao não reconhecível são adaptadas à maneira do pensamento e da compreensão humanos, mas em seu coração ele sabe e adora a eterna unidade por detrás disto tudo[91]. Para Schankara existem assim duas maneiras pelas quais Brahman se manifesta e é adorado; pode-se quase dizer que são dois deuses diferentes.

Como para todos os outros sistemas, para o Vedanta também a questão das questões é como o ser humano pode ser salvo de sua existência individual, que é sofrimento. A resposta é clara: a salvação consiste na percepção do Atman em nós. Isto nos coloca em condições de elevarmo-nos acima de nossa existência curta e aprisionada para integrarmos o grande oceano do ser, no qual não há mais distinção, nem modificação, nem tempo, mas tão somente *paz*. A antiga comparação volta aqui novamente, das torrentes, que perdendo nome e forma fluem para o grande oceano.

A ética prática do Vedanta contém as seguintes exigências principais:

• Distinção entre o eterno e o não eterno;

• Abdicação de recompensa no aquém e também no além;

• Os seis meios: serenidade, autocontrole, renúncia aos prazeres dos sentidos, suportar toda fadiga, recolhimento interior, fé;

• Busca da salvação da condição terrena individual.

Boas obras não são um meio adequado para a satisfação destas exigências. Elas não são em si totalmente sem valor, têm porém mais uma função negativa, no sentido de que elas, bem como a ascese, ajudam a superar os entraves, ataques e desassossegos contrapostos ao verda-

---

90. DURANT, W. Op. cit., p. 593.
91. Ibid.

deiro saber. O meio de salvação não consiste em fazer, mas no verdadeiro conhecimento, adquirido pela piedosa meditação e pelo estudo do Veda. Para o sábio, as obras são indiferentes, pois ele reconheceu que as obras, como pertencem ao mundo das aparências, na verdade não são suas obras[92].

> Quem percebe o mais alto e o mais profundo,
> Este tira os nós do coração,
> Nele todas as dúvidas se dissipam,
> E suas obras tornam-se nada[93].

Numa apresentação popular hindu da doutrina Vedanta se diz: "Idiota! Desiste de tua sede de riqueza, expulsa todo o desejo de teu coração!... Não te orgulhes de tua riqueza, de teus amigos, de tua juventude, pois o tempo te toma tudo isto num segundo. Deixa tudo isto, isto é pura ilusão, e entregue-se em Brahman... A vida treme como um pingo d'água numa folha de lótus... O tempo passa, a vida murcha – porém o sopro da esperança não se extingue... Conserva sempre tua serenidade..."[94]

A importância predominante do sistema Vedanta chega até aos nossos dias. Nos resumos hindus dos diversos sistemas bramânicos ele é posto em primeiro lugar. Um escritor hindu que vivia na época da Idade Média europeia disse sobre as Sutras Vedanta:

"Este manual é entre todos o mais importante; todos os outros manuais servem apenas como sua complementação. Por isso os que buscam a salvação devem considerá-lo muito, e na redação como foi apresentada pelo ilustre Schankara..."[95]

IV. Panorama do desenvolvimento posterior – apreciação

Limitamos nossa apresentação à antiga filosofia hindu, porque o pensamento hindu alcançou naquele tempo o seu maior florescimento e colocou nele as bases para todo o desenvolvimento posterior. Naturalmente o desenvolvimento até os dias de hoje, transcorridos milênios, não ficou estagnado. Podemos aqui apenas acenar para algumas coisas.

Com o desaparecimento do budismo da Índia, faltou à filosofia bramânica um competidor, que acendesse sempre de novo a faísca do pensamento filosófico. Com o fim da luta de opiniões e pontos de vista iniciou-se no período pós-clássico uma estagnação, que se manifesta no âmbito da sociedade em um aprofundamento da divisão entre as castas, no pensamento filosófico em uma dogmática intransigente e num aumento das seitas.

A estes motivos internos de infertilidade sobreveio uma grande alienação. A Índia perdeu a sua liberdade e foi dominada por alguns séculos pelos muçulmanos e depois destes esteve

---

92. DEUSSEN, P. Op. cit., I, 3, p. 613.

93. Mundaka-Upanischad. DEUSSEN, P. Op. cit., I, 3, p. 669.

94. DURANT, W. Op. cit., p. 595. Apud MULLER, M. *Six systems of indian philosophy*, p. 181.

95. Madhusudana-Saravati. DEUSSEN, P. Op. cit., I, p. 584.

sob o domínio inglês até quase o tempo presente. Com a libertação política da Índia em 1947, na qual ocorreu a conhecida divisão entre o majoritariamente hinduísta Hindustão e o majoritariamente muçulmano (mais tarde dividido em dois) Paquistão, renovou-se a esperança de um novo impulso no pensamento hindu. O valor imensurável da antiga filosofia hindu permanece intocado pelo desenvolvimento posterior.

A descoberta europeia da filosofia hindu só aconteceu mais tarde e deu-se basicamente apenas no início do século XIX. Ela foi iniciada pelo francês *Anquetil-Duperron*, que traduziu os Upanixades de uma edição persa – ele não sabia sânscrito – para o latim e a publicou em 1801/1802[96]. A tradução era incompleta, mas alguns peritos logo reconheceram o significado do tesouro ali depositado. Antes disso havia sido já publicada uma tradução inglesa do Bhagavad-Gita, em cujo prefácio Warren *Hastings*, o fundador do domínio inglês na Índia, havia escrito: Esta obra vai ainda estar viva quando o domínio inglês sobre a Índia já tiver acabado por muito tempo. Ele teve razão.

Durante todo o século XIX desenvolveu-se rapidamente a ciência da indologia. Entre seus maiores mestres podemos citar Friedrich *Schlegel*, Max *Müller* e Paul *Deussen*.

Deussen comparou a descoberta do mundo filosófico da Índia com uma possibilidade imaginária de nos ser revelado de repente o pensamento e o mundo da compreensão de habitantes de uma outra estrela[97]. De fato, abriu-se aqui a visão de um universo de pensamento que se desenvolvera, com exceção de algum contato da filosofia hindu com a Grécia, de maneira independente e intocada pela tradição particular do Oriente Próximo e da Europa. E tratava-se do pensamento de um povo que em sua língua e talvez também em sua descendência é parente próximo do Ocidente!

Com o conhecimento crescente da vida espiritual da Índia, iniciou-se também a sua influência no pensamento e nas obras europeias. *Goethe* e *Herder*, ambos ainda no início deste conhecimento, reconheceram com um olhar profético a riqueza e a profundidade deste novo mundo. Entre os grandes filósofos que estudaram o espírito da filosofia hindu e dela largamente se apropriaram está em primeiro lugar *Schopenhauer*, cuja opinião maravilhada sobre os Upanixades já foi anteriormente citada. De forma parecida a ele, também se expressou *Schelling*.

Entre os pontos principais da filosofia hindu que se distinguem da filosofia ocidental mais recente podemos elencar:

1) O pensamento hindu é fortemente ligado à tradição. A grande maioria dos sistemas fundou-se em parte na mesma linha de pensamento, em parte em uma ligação externa, com a autoridade dos antigos escritos Vedas. Visto em si e mesmo para o hindu, isto não é nenhuma desvantagem. O acesso a pessoas de fora e a possibilidade de influenciar outros povos são no entanto dificultados.

---

96. GLASENAPP, H. Op. cit., p. 6.
97. DEUSSEN, P. Op. cit., I, 1, p. 35 e 36.

2) Os sistemas hindus não se restringem ao simples esclarecer o mundo, com o conhecimento pelo conhecimento, mas têm todos uma forte ligação com a prática: Eles querem ser uma instrução para a vida correta e para a salvação. Isto pode estar baseado, entre outras coisas, no modo de ser próprio do povo hindu, que fez com que a filosofia tivesse tido na vida da antiga Índia um papel destacado como praticamente em nenhum outro povo.

3) Uma diferença profunda com relação à maioria das compreensões ocidentais está no fato de que todos os pensadores hindus reconhecem no puro entendimento do conhecimento somente uma importância inferior. Eles não se cansam de acentuar que a verdade "está fora da razão" e não pode ser compreendida pelas palavras, mas unicamente no caminho direto da *intuição*. Um mestre ocidental em um comentário aos Upanixades interpretou a compreensão a este respeito na filosofia hindu da seguinte maneira: "Todas as filosofias racionalistas" (i. é, as que trabalham com a razão) "terminam, invariavelmente, no agnosticismo" (quer dizer, no conhecimento de que nada podem conhecer). "Este é o único resultado lógico na busca por saber neste caminho, usando este instrumento... Inspirado e posto em movimento pela intuição, o filósofo racionalista, que dá momentaneamente a ela as costas, passa a responsabilidade de sua tarefa a um espírito inferior, que não é capaz de encontrar a resposta. Depois de ter ele iniciado com a intuição, ele tem que continuar também com ela"[98].

4) Talvez o que mais estranha ao não hindu seja o pensamento em todo lugar recorrente da *transmigração das almas*, que não encontra na filosofia do Ocidente, talvez com exceção do "eterno retorno" de Nietzsche, que tem com ela uma pequena semelhança, praticamente nenhum paralelo, ou sobrevive no máximo em algumas subcorrentes do pensamento ocidental difíceis de serem compreendidas. Além disso deve-se observar que – quando se supõe alguma forma de continuidade da vida ou de retribuição após a morte – há somente duas respostas possíveis para a questão sobre o que nos acontece após a morte. Uma resposta é a retribuição eterna, seja com a eterna felicidade ou com a eterna desgraça. A outra é o pensamento do renascimento. Se tentarmos abstrair de nossa já costumeira visão cristã-ocidental, iremos reconhecer que, numa consideração despretensiosa, a ideia da transmigração da alma tem duas características: primeiro a explicação natural para a inegável diferença existente desde o nascimento na disposição moral de cada ser humano, afirmando que isto se baseia simplesmente nos atos praticados por cada um em uma vida passada. Em segundo lugar não aponta para o erro quantitativo entre causa e efeito, para o qual se deveria sempre encontrar reparação entre o curto período terreno de provação e a eternidade.

5) Uma característica digna de nota dos pensadores hindus é a sua tolerância generosa. Em uma sociedade dominada por sacerdotes, puderam desenvolver-se doutrinas materialistas, céticas e ateístas; relatos que foram conservados nos dão conta sim de discussões, debates, lutas espirituais, mas praticamente nunca de blasfêmia, opressão ou perseguição física. Aos hindus, que nunca tiveram um lugar para uma autoridade espiritual máxima como, por

---

98. Ch. JOHNSTON. *The Great Upanischads*. Vol. I. Nova York, 1924, p. 83.

exemplo, um papado, é estranha a ideia de que a verdade se possa encontrar de uma única forma. É significativo neste contexto observar que somente no século XIX um mestre bramânico tenha comentado as principais obras de todos os sistemas ortodoxos conhecidos e aperfeiçoado cada sistema segundo a sua linha e característica própria – algo que na Europa praticamente não se poderia imaginar, e só assim se pode entender que para os hindus todos os sistemas filosóficos são vistos tão somente como instrumentos incompletos e tentativas de aproximação à verdade.

6) Uma última característica própria que merece ainda ser destacada é – pelo menos para o observador ocidental – uma inegável tendência à desvalorização das coisas terrenas e à alienação da vida ativa; que os hindus tenham perdido a sua liberdade pode também estar relacionado ao fato de não terem julgado tão importante construir estruturas de defesa. Na prática, é claro, as exigências rigorosas da filosofia foram sempre cumpridas de forma negociada e aproximada, e a grande massa do povo, como em todos os lugares, contenta-se com o aqui e o agora.

2
A filosofia chinesa antiga

A China é o segundo círculo cultural, ao lado do hindu, do qual temos documentos sobre o pensamento filosófico mais ou menos da mesma época.

Também a China forma pela extensão, pela quantidade da população e característica própria um mundo em si, pelo que pode mais apropriadamente ser comparada com a Europa como um todo, que com um único país europeu isolado; comparação esta que também é válida no que diz respeito à sua diversidade como as diferenças de climas, de geografia e de línguas faladas; em consequência de um largo isolamento geográfico – por oceanos, montanhas e deserto – e através do daí resultante isolamento cultural, situação esta que foi quebrada há bem pouco tempo, a China alcançou uma constância milenar de tradição espiritual e religiosa e de relacionamentos sociais e oferece o panorama de uma cultura unificada.

Iremos aqui apenas relembrar as grandes realizações da cultura chinesa em praticamente todos os campos. Elas vão da utilização do solo, canalização de rios, invenções como a porcelana, a pólvora, o compasso, o papel-moeda até a formação de Estado, da organização da sociedade até as bela-artes (especialmente pintura e cerâmica) e a literatura, dentro da qual se destaca a incomparável poesia lírica.

Achados pré-históricos fazem supor que a ocupação humana na China remonta a um desenvolvimento ininterrupto de muitos milênios. A história escrita dos chineses vai até os imperadores do terceiro milênio antes de Cristo. A tradição atribui a estes senhores míticos a invenção da escrita, a introdução do casamento, a formação da música, a invenção dos palitos para comer e muitas outras realizações culturais fundamentais e concentra assim neles avanços culturais, que provavelmente precisaram na realidade de um milênio ou mais para aos poucos se impor no todo.

Língua e escrita

É preciso fazer aqui algumas observações especiais sobre a língua e escrita chinesas. A língua chinesa é em sua estrutura muito distante tanto do alemão quanto também das outras línguas europeias. Ela pertence à classe das chamadas línguas isoladas, ou seja, uma língua baseada em grande parte em palavras monossilábicas, totalmente invariáveis, isto é, não sujeitas a flexões (conjugação ou declinação), nem tendo prefixos ou sufixos etc. O número naturalmente limitado – e por outras particularidades ainda mais reduzido – de tais sílabas é multiplicado à medida que cada sílaba pode ser acentuada de diversas maneiras (p. ex. em tom agudo invariável, em tom grave invariável, em tom ascendente ou descendente), assumindo desta forma cada vez um outro significado. O caráter "cantado", que o chinês tem para os ouvidos ocidentais, tem justamente sua origem nestas acentuações próprias. Algumas sílabas chegam a ter até 50 ou 60 acentuações diferentes. (Ao leitor que achar isto muito estranho se deve recordar que também em línguas europeias existem muitas palavras com duas – uma direta e outra adquirida – ou até mais pronúncias diferentes.) O que se quer dizer cada vez, isto depende principalmente da posição da palavra no contexto da frase – com um rigor de regras comparativamente maior que o de línguas diferentemente constituídas – ou com a introdução de palavras que auxiliem a precisão. (Isto também acontece em parte nas línguas indo-europeias.) Em todos os casos, somente no contexto pode-se perceber se uma palavra deve ser entendida como um substantivo, um nome próprio, um verbo ou um advérbio, por exemplo, se a sílaba "ta" significa "tamanho" ou "grande" ou "aumentar" ou "muito".

Da mesma maneira como a língua falada, também a escrita chinesa é totalmente diferente da nossa. Ela foi formada a partir da grafia de figuras e deixa em parte ainda transparecer este caráter. Os sinais usados para a escrita, que foram simplificados após a Segunda Guerra por uma "reforma ortográfica" (que comparados porém com nossas letras são ainda muito complicados), são formados em sua grande maioria de dois elementos, onde um se refere ao conteúdo, enquanto o outro indica a pronúncia. A opinião muito comum entre nós de que se trata de uma escrita de conceitos ou uma escrita "ideográfica" (mais ou menos comparados com os números arábicos) não é pois de todo exata. Se se quiser ser bem correto do ponto de vista da linguística, dever-se-ia dizer: trata-se de uma escrita morfomática. Um sinal escrito chinês não significa nem uma palavra, nem uma sílaba, mas um "morfema". Assim se designa em uma língua a menor unidade possível de significado. Nossa preposição "contra" é um morfema de duas sílabas. Nosso substantivo "leiteira" é formado por dois morfemas, porém com três sílabas.

Claro que comparado com nosso alfabeto de 26 letras é algo muito difícil de se aprender. Dura décadas até se conseguir dominar todos os milhares de sinais em parte inclusive bastante complexos. Para o uso prático, porém, bastam de dois a quatro mil sinais, e estes se consegue aprender em alguns anos. Tenha-se presente – e por isso tocamos neste assunto aqui – que o pensamento de um povo que tem por base tal língua é necessariamente diverso do nosso, isto sem levar em conta as outras grandes diferenças culturais com as quais evidentemente a língua também está intimamente ligada. Uma lógica científica como a que se desenvolveu na Grécia e no Ocidente e que surgiu intimamente ligada com a gramática das línguas indo-europeias com sua rigorosa diferenciação entre substantivo, adjetivo, verbo etc. e com sujeito, predicado, objeto, não poderia desenvolver-se na China, como de fato não se desenvolveu. Por conta da diferença de estrutura da língua, a tradução de textos do chinês, especialmente os de conteúdo filosófico que contêm um grande número de conceitos abstratos, encontra enormes dificuldades. Por isso as traduções que temos, mesmo as que se originam de fantásticos conhecedores da língua e do país, diferenciam-se umas das outras. Isto vale especialmente mais, é claro, para nuanças e significados sutis do que para a essência do conteúdo; está claro porém que quanto mais distante está uma determinada língua da estrutura e característica próprias de uma outra, todo o sentimento de base não expresso, as ligações de pensamento semiconscientes e a atmosfera que igualmente interferem numa palavra, numa frase ou num texto, conseguem ser reproduzidos apenas de maneira incompleta.

Se a China mudar algum dia para a escrita latina, isto irá influenciar ao longo do tempo o próprio modo de pensar chinês.

Uma observação sobre a maneira de escrever os nomes chineses neste livro: na reprodução de palavras e nomes chineses para leitores europeus e com isto na utilização das letras latinas, os povos europeus acabaram trilhando caminhos diferentes; havia por exemplo um sistema de transcrição (de transmissão ou de transliteração) para o inglês, outro diferente para o francês e ainda um outro diferente para a língua alemã. O governo da República Popular da China sugeriu um novo sistema para a reprodução da língua chinesa em letras latinas, que acabou se impondo internacionalmente. Chama-se Pinyin. Os quatro "tons" diferentes, nos quais se pode pronunciar uma palavra chinesa – e com isso o significado totalmente diverso que pode ser emprestado cada vez à palavra em seu fonema invariável – são marcados nesta transcrição através de um sinal diacrítico posto sobre a vogal de cada sílaba: ā tom agudo invariável; á tom crescente; a¨ tom inicialmente levemente decrescente, e então crescente (também ǎ); à tom decrescente. Como nomes porém do tipo I King (*Livro das mutações*) estão grafados em todos os livros alemães mais antigos desta maneira antiga, eles foram conservados, posta porém entre parêntesis a nova forma (que se usará no futuro): I King (yì jīng).

Períodos principais

Um dos peritos chineses mais importantes de nossos dias[1] comparou o desenvolvimento da filosofia chinesa com uma sinfonia espiritual decorrente em três frases.

Numa primeira frase soam os três temas principais do confucionismo, do taoismo e do mohismo e os quatro temas paralelos do sofismo, legalismo, neomohismo e da doutrina Yin-Yang (yīn yáng). A estes temas soam como acompanhamento uma série de outros, que, porém, tendo soado uma única vez, não são levados adiante; é a chamada "escola dos cem", cuja doutrina nos foi apenas fragmentariamente transmitida. Este primeiro parágrafo engloba do século VI ao século II aC.

Numa segunda frase misturam-se motivos diversos num acorde dominante da filosofia chinesa da Idade Média, enquanto o budismo, advindo da Índia, forma o contraponto. Este período vai do século II aC até mais ou menos o ano 1000 dC.

---

1. WING-TSIT, C. The history of chinese philosophy. In: MOORE, C.A. *Philosophy* – East and west, p. 24.

O terceiro período estende-se dali até o tempo presente. Ele oferece uma síntese de elementos diversos, na qual o neoconfucionismo dá o tom da melodia constante e única.

Com as mudanças estruturais da atualidade, cujo alcance ainda não se pode medir, deve estar tendo início um período totalmente novo.

A comparação musical é apropriada também no sentido de que ao lado de consonâncias temos também dissonâncias.

Acrescentemos que a primeira frase com seus motivos principais também não nos soam diretamente, mas é precedida de um prelúdio na forma de um desenvolvimento longo e mais antigo do pensar filosófico na China. Como tudo o que nos foi transmitido deste tempo primitivo só chegou até nós através dos escritos clássicos trabalhados por Confúcio, não iremos dedicar a este período nenhum parágrafo especial, mas vamos entrar um pouco no assunto ao tratarmos da filosofia confuciana.

E no mais, por questão de espaço, iremos limitar-nos – semelhantemente ao que já foi feito no primeiro capítulo – essencialmente ao primeiro período principal, pois nele aparecem os grandes pensadores e nele foram postos os pensamentos básicos para tudo o que se seguiu.

I. Confúcio

1. A vida de Confúcio

Confúcio, o mais influente pensador chinês e provavelmente o filósofo mais influente que já tenha vivido, nasceu em 551 aC, no principado de Lu (Lu¨), na atual província de Schantung (Shān dōng). Ele descendia da antiga família já na época nobre dos Kung (Ko¨ng) que persiste através de dois mil e quinhentos anos até hoje; o número de descendentes de Confúcio ultrapassa os dez mil. Seu nome chinês é Kung-fu-tse (Ko¨ng zi¨ ou Ko¨ng fū zi¨), que quer dizer "mestre da família dos Kung". Confúcio é uma forma latinizada introduzida pelos europeus deste nome.

Já nos anos de juventude, Confúcio fez de sua casa uma escola e ensinava aos alunos, que rapidamente em torno dele começaram a se reunir, história, a arte da poesia e as formas de boas maneiras. Com o passar das décadas, mais de 3 mil jovens passaram por sua escola e sua fama se espalhou. Embora fosse dotado de ambição e teria ocupado de bom grado uma posição de direção na sociedade, Confúcio recusou todas as ofertas neste sentido, pois não podia combinar as condições com seus princípios morais. Afirmava: "O fato de não se ter uma função não deve preocupar; o que deve preocupar é o fato de se ser apto para ela. O fato de não se ser conhecido não deve preocupar; deve-se porém ambicionar por ser digno de ser conhecido"[2]. Assim esperou ele até os cinquenta anos de vida, quando enfim teve a oportunidade,

2. CONFÚCIO. *Lun-Yü*, IV, XIX.

como funcionário público em seu estado natal, de colocar em prática os princípios de um governo justo por ele encontrados e ensinados. Segundo a tradição, teria ele conseguido um sucesso extraordinário. Só o simples fato de ter assumido o cargo de ministro da justiça, por exemplo, já teria expulsado criminosos para seus esconderijos e levado o povo à integridade. O príncipe de um Estado vizinho, cheio de inveja pelo florescimento do Estado de Lu, mandou como presente ao príncipe deste um grupo de jovens cantoras e dançarinas e belos cavalos e com isso conseguiu que o príncipe se entregasse à boa vida e abandonasse os princípios governamentais de Confúcio. Diante disso ele renunciou decepcionado e deixou sua pátria.

Depois de ter sido chamado de volta em meio a honrarias após treze anos de uma vida errante, Confúcio dedicou os seus últimos anos de vida a coletar e publicar os monumentais escritos da tradição e redigir uma crônica de seu estado natal. Não assumiu mais, porém, nenhum cargo público. Depois da morte por ele mesmo prevista, ele foi sepultado por seus alunos em meio a grande pompa. Ele partiu desta vida entretanto cheio de decepção, pelo fato de que nenhum governante quis ouvir sua doutrina e nem aplicar seus princípios; ele não imaginava que sucesso enorme e longo estava reservado a seus pensamentos.

2. Os nove livros clássicos

Além da formação de sua própria filosofia, que ele mesmo nunca disse que entendia como original, mas como transmissão do que havia aprendido dos imperadores míticos dos tempos primitivos, Confúcio tem o grande mérito de ter recolhido as tradições mais antigas do círculo cultural chinês e tê-las preservado para o mundo posterior.

Dos cinco King, ou livros canônicos assim surgidos, os quatro primeiros têm sua origem com grande segurança no próprio Confúcio e o quinto é provável que seja dele pelo menos em algumas partes.

1) Para a filosofia, o mais importante é o *I King* (yì jīng) ou o *Livro das mutações*, possivelmente o mais antigo documento conservado do pensamento filosófico. Segundo a tradição, ele tem origem em um imperador que viveu e governou cerca de 3 mil anos antes da cronologia de nossa era. Confúcio o publicou novamente e redigiu um comentário a respeito. Ele o valorizava tanto, que desejava dispor de 50 anos para estudá-lo[3].

O núcleo do livro é formado pelos chamados 8 trigramas, ou seja, sinais formados por três linhas em parte completas, em parte interrompidas. Cada trigrama simboliza uma força da natureza e, em sentido simbólico, um elemento da vida humana. Estes oito trigramas originais têm a seguinte aparência[4]:

---

3. DURANT, W. *Geschichte der Zivilisation* – Erster Band: Das Vermächtnis des Ostens. Bern: O.J., p. 695.

4. DEUSSEN, P. *Allgemeine Geschichte der Philosophie mit besonderer Berücksichtigung der Religionen*. Vol. I, 3 Leipzig 1906, p. 686.

Sinal	designação Chinesa	Força da natureza	Significado na vida humana
☰	tian (qián)	céu	força
☱	tui (dùi)	mar	desejo
☲	lî (lí)	fogo	brilho
☳	tschan (zhèn)	trovão	energia
☴	siuen (sùn)	vento	penetração
☵	kan (kǎn)	chuva	perigo
☶	kân (gěn)	montanha	calma
☷	kwun (kūn)	terra	solicitude

O número de sinais foi multiplicado pela combinação entre eles. Nas linhas contínuas pensa-se representar um elemento da claridade – luz, movimento, vida (Yang, yáng), nas linhas interrompidas um elemento da escuridão – calma, matéria (Yin, yīn).

A interpretação dos sinais desse livro singular e mundialmente conhecido oferece um espaço bastante amplo. Os chineses veem nele também um compêndio de profunda sabedoria usado para fins divinatórios, que só se revela àquele que encarna este mundo dos símbolos e aprende a decifrar seu sentido secreto. Sinólogos europeus o louvaram em tom de grande admiração como um livro de oráculo, que não abandona quem o consegue ler em nenhuma situação da vida.

2) O segundo dos livros publicados por Confúcio, o *Schi King* (shī jīng) ou o *Livro dos cânticos*, recolhe cem cantigas que surgiram muito antes do tempo em que viveu Confúcio e que ele as escolheu entre um número muito maior. Ao lado de canções à natureza e ao amor, encontram-se canções para oferendas e canções de facções políticas.

3) O *Schu King* (shū jīng, também shàng shū) ou o *Livro dos documentos* é uma ampla coletânea de documentos de diversos tipos de dois mil anos de história chinesa até o tempo de Confúcio, na maioria leis, decretos etc. de príncipes com esclarecimentos anexos e textos intermediários.

4) Os *Anais da primavera e do outono* foram redigidos pelo próprio Confúcio, uma crônica de seu estado natal, Lu, do ano 722 a 480 aC.

5) O último livro canônico, o *Li Ji* (lǐ jī) ou o *Livro dos ritos* é o maior de todos. Surgiu somente após Confúcio, mas partes remontam a ele mesmo. Trata das – na China especialmente cultivadas – prescrições de etiqueta, costumes e usos, por exemplo para o culto aos antepassados ou para o comportamento na corte.

A estes cinco livros canônicos são acrescidos com a mesma autoridade outros quatro, os assim chamados "livros clássicos". Estes não foram redigidos ou publicados pelo próprio Confúcio, contêm porém o seu ensinamento ou os ensinamentos de seus mais proeminentes discípulos.

1) O livro *Lun Yü* (lùn yǔ) contém as "Conversações" de Confúcio. Como muitos outros grandes mestres da humanidade, Confúcio ensinou somente de maneira oral. Conhecemos seus pensamentos apenas através destas opiniões escritas por seus alunos. A propósito, parece que a transmissão oral de testemunhos literários e discursos de grandes homens dos tempos antigos tem sido mais confiável e exata do que se pode imaginar em nosso tempo, onde as cabeças das pessoas ficam zunindo pela abundância de jornais, rádios, filmes e pela velocidade das mudanças de lugares que distraem do que é essencial.

Ao lado destas conversações, a segunda fonte de conhecimento da filosofia de Confúcio é formada por:

2) *A grande ciência* – Ta Hsüeh (dà xúe) –, da qual a primeira parte contém possivelmente sentenças autênticas de Confúcio.

3) O terceiro livro clássico, *Tschung Yung* (zhōng yōng), a *Doutrina da medida e do meio* é originário de um sobrinho de Confúcio, que na sua descrição introduz igualmente muitas sentenças do mestre. Por este motivo, e também pelo seu próprio conteúdo, o *Tschung Yung* tem um lugar dominante na literatura confuciana.

4) O último destes livros tem sua origem em Mêncio, o maior discípulo de Confúcio, e será novamente citado na apresentação de seu ensinamento.

As obras aqui listadas são também resumidamente chamadas de "os nove livros clássicos". Eles destacam-se por sua digna idade e pela importância de seu conteúdo acima de todo o resto da literatura filosófica dos chineses – com exceção do *Tao-te King* (daò dí jīng) – e formam até hoje a base da tradição confuciana.

3. *O caráter especial da filosofia confuciana*

A característica que mais aparece na filosofia de Confúcio – e ao mesmo tempo a característica básica de todo o filosofar chinês – é o seu devotamento ao ser humano e à vida prática. Ela não apresenta por isso nenhum sistema elaborado e concluído de lógica, ética ou metafísica.

Confúcio não conhece nenhuma lógica como disciplina especial da filosofia. Ele não ensinou a seus alunos regras gerais de pensamento, mas procurou levá-los em incansável atuação a pensar de forma independente e correta (em si aquele que melhor domina as regras abstratas da lógica não é necessariamente o melhor pensador – como nota Mefisto em Fausto).

Confúcio também não deixou nenhuma metafísica formada. Ele não gostava de expressar-se a respeito de problemas gerais metafísicos. Quando um aluno o interrogou sobre o serviço aos espíritos e sobre a morte, disse: "Se nós não sabemos como servir às pessoas, como podemos saber a maneira de servir aos espíritos? Se não sabemos nada sobre a vida, como podemos saber algo sobre a morte?"[5] Em geral ele é tido como agnóstico, como uma pessoa convencida de que não podemos saber nada sobre questões metafísicas e nem sobre o além.

---

5. WING-TSIT, C. Op. cit., p. 26.

Ele tinha entretanto uma posição positiva relativamente à religião imperial chinesa com sua adoração ao céu (pensado como um poder impessoal, pois não reconhece nenhum Deus pessoal), aos espíritos e ao mana dos antepassados; recomendava em todos os casos aos seus alunos que seguissem suas prescrições rituais – não se pode decidir se a partir de convencimento religioso ou por sua posição em geral conservadora pensando na manutenção de costumes antigos.

O bem-estar do ser humano estava em todos os casos para ele impreterivelmente em primeiro lugar. Assim toda a sua doutrina é essencialmente uma coletânea de princípios de comportamento e prescrições morais que servem a este objetivo; ou seja, ela é essencialmente ética e – como Confúcio não vê nunca o ser humano de forma isolada, mas sempre em seu contexto natural como família, sociedade e Estado – ao mesmo tempo doutrina social e política.

4. O ideal ético

Correspondente ao sentido literal de caráter "humanista" – ligado ao ser humano – do pensamento confuciano, seu ideal não é uma santidade ascética e separada do mundo, mas sim o de uma maneira esclarecida, conhecedora do ser humano e do mundo e em tudo utilizando a medida certa. Uma autoeducação ininterrupta, seriedade ética em todas as situações e franqueza no trato com os outros, isto destaca a pessoa nobre. Ele não despreza posição nem bens materiais, mas está o tempo todo preparado para abandonar estas coisas em nome de seus princípios morais.

Bondade ele recompensa com bondade, à maldade ele contrapõe a justiça. À medida que ele forma seu próprio caráter, ajuda também os outros a formar o deles. O exterior e o interior estão para ele em equilíbrio, pois: "Naquele em que o conteúdo prevalece à forma, este é sem educação, naquele em que a forma prevalece ao conteúdo, este é um escrevente. Naquele porém em que forma e conteúdo estão em equilíbrio, este é um nobre"[6].

Perguntado sobre a virtude perfeita, Confúcio respondeu com uma frase que está muito próxima da ideia cristã de amor ao próximo e que aparece sempre de novo em muitos povos como "regra de ouro" do comportamento humano: "Aquilo que tu mesmo não desejas, também não faças aos outros!".

Suas exigências de rigor, seriedade, respeito a si mesmo e aos outros, comportamento exemplar em qualquer situação de vida, isto teria Confúcio realizado em sua própria vida em tal medida, que dava a impressão de uma perfeição impressionante.

5. Estado e sociedade

Como para a vida de cada um individualmente, também para a vida na totalidade coloca Confúcio a exigência da retidão, do comportamento exemplar dos governantes, da manutenção dos compromissos tradicionais.

---

6. WILHELM, R. *Kung-Tse*: Leben und Lehre, 1925, p. 123-124.

Esta acentuação contínua de exigências morais só pode ser corretamente entendida quando se tem presente que a atuação de Confúcio se deu, pelo que tudo indica, logo depois de um tempo de dissolução de compromissos morais, de relaxamento dos costumes e de libertinagem. Haviam surgido mestres, sofistas sutis, que criticavam tanto a religião tradicional quanto os governos e defendiam a relatividade do bem e do mal; pessoas que duvidavam de tudo e podiam crer que deviam aprovar da mesma maneira tanto uma coisa, como o seu contrário. Os governantes travaram uma luta cerrada contra estes sofistas. Confúcio mesmo, durante sua atividade no governo, teria condenado à morte um deles pela periculosidade de sua atividade demagógica. Sem qualquer compromisso moral, os sofistas usavam a arte de sua dialética para qualquer coisa e para qualquer um. A respeito de um deles, um tal de Teng Schi (Dēng shì), conta-se uma história característica e divertida:

> Um rio subiu e um homem rico se afogou. Um pescador encontrou o seu cadáver. A família quis resgatá-lo, mas o pescador exigiu muito dinheiro. Eles então recorreram a Teng Schi. Este disse:
> – Podeis ficar calmos, pois ninguém vai comprar deles o seu achado.
> O pescador ficou preocupado e, por sua vez, também recorreu a Teng Schi. A este ele disse:
> – Pode ficar calmo, além de ti, eles não podem comprá-lo de ninguém[7].

Também este Teng Schi teria acabado no cadafalso.

Neste tempo de ameaça ou já irrompida decadência moral, Confúcio levantou sua voz e chamou seu povo e seus governantes com muita seriedade ao retorno aos seus princípios de ordem social já comprovados e antigos. O núcleo de seu ensinamento está expresso numa famosa passagem de *A grande ciência*:

> Quando os antigos queriam fazer conhecer a clara virtude no reino, eles primeiro organizavam o estado; quando eles queriam pôr o estado em ordem, eles primeiro organizavam a sua casa; quando eles queriam pôr sua casa em ordem, eles aperfeiçoavam primeiro sua própria pessoa; quando queriam aperfeiçoar sua própria pessoa, eles implantavam primeiro a integridade de coração; quando eles queriam ter um coração íntegro, eles primeiro faziam sinceros seus pensamentos; e quando queriam fazer seus pensamentos sinceros, eles completavam primeiro o seu conhecimento[8].

Aqui é anunciado o conhecimento de que, para se conseguir ordem e bem-estar para todos, cada qual precisa começar por si mesmo, em seu próprio interior – um conhecimento que novamente foi defendido após 1945 por exemplo no assim chamado Rearmamento moral (Caux). Para Confúcio, isto vale não apenas para cada um individualmente, mas de forma especial para os governantes, que devem conduzir seu povo não pela violência, bem como também não através de muitas leis, mas através da forma resplandecente de seus exemplos e poder assim manter a sua confiança, que é a base mais importante do Estado.

---

7. DURANT, W. Op. cit., p. 695.
8. DEUSSEN, P. Op. cit., I, 3, p. 690. Segundo tradução de Grube.

A um príncipe, que perguntara se deveria ser morto quem desobedecer à lei, respondeu Confúcio: "Se vossa alteza exerce o governo, em que o ajuda o matar? Se vossa alteza deseja o bem, assim o povo será bom. A essência do governante é como o vento. A essência do pequeno é como a grama. A grama precisa ceder quando o vento lhe passa por cima." E: "Quem governa pela força de sua essência assemelha-se à estrela do norte, que permanece em seu lugar e todas as outras estrelas giram em torno dela"[9].

Para que se forme ordem nas cabeças e nos corações das pessoas, é necessário primeiro que as coisas sejam chamadas de forma simples e correta pelo nome. Para Confúcio, poucas coisas podem estragar mais a paz, a integridade e o bem-estar que a confusão de nomes e conceitos. O pai seja pai; o filho, filho; o príncipe, príncipe; o servo, servo! Nisto consiste todo o segredo de um bom governo. Quando Confúcio foi certa vez perguntado que medidas tomaria primeiro no Estado, se tivesse o poder para definir, respondeu: com certeza a retificação dos conceitos! A nós hoje, que nos vemos diante de uma enxurrada de tarefas práticas urgentes na vida pública, parece num primeiro olhar um tanto inoportuno colocar como a primeira e mais importante tarefa a retificação dos conceitos. Pense-se porém uma vez o quanto a situação confusa do mundo atual seria mais fácil e compreensível e o quanto as decisões de milhões de pessoas seriam aliviadas se conceitos abusados pela propaganda e manchetes em todos os campos como "liberdade", "democracia", "socialismo", "agressão", "escravidão" fossem utilizados novamente só em seus significados originais claros.

De valor decisivo para a manutenção e a força do Estado e da sociedade é a educação. Confúcio exige para todos a multiplicação e a melhoria de aulas de acesso público. De fato seus pensamentos a este respeito se tornaram depois de sua morte, por séculos seguidos, a base do sistema educacional chinês. Mais do que o simples saber, acentua ele a importância da formação da sensibilidade artística e da educação para as boas maneiras e costumes. Ele destaca o uso da literatura, que desperta a sensibilidade, que ajuda no cumprimento do dever, que amplia o ponto de vista e o conhecimento do mundo e das pessoas, dos animais e das plantas. De importância pelo menos igual, vê ele também a música, que declarou ser um dos pilares fundamentais da formação geral. Música é aparentada com o bem, e, através da ocupação com ela, ganha-se um coração bom, íntegro e natural.

Sobre as regras de boas maneiras e costumes, sobre as quais colocou grande peso, pensa ele que elas formam o caráter pelo menos exteriormente e servem ao povo como um muro de proteção contra perigosas desordens. Ele conclama: "Aquele que crê que este muro de proteção seja inútil e por isso o destrói, pode estar seguro que irá sofrer sob a enchente que se origina de sua destruição"[10] – um aviso profético que não é menos válido para o nosso povo e o nosso tempo do que o foi para a decadente China de Kung-fu-tse!

---

9. WILHELM, R. Op. cit., p. 52 e 113.
10. CONFÚCIO. *Livro dos ritos*. Apud DURANT, W. Op. cit., p. 718.

II. Lao Tse (La¨ozi¨ ou Lăo zĭ)

1. A vida de Lao Tse

Como Platão e Aristóteles na Grécia, assim também na China os dois pensadores que influenciaram o espírito chinês e deram uma direção a todo o seu desenvolvimento posterior viveram quase na mesma época, separados um do outro por apenas uma geração. Neste caso, porém, não se pode falar que um tenha sido discípulo do outro. Os dois chegaram a ter, porém, se formos crer na tradição (há discussão sobre a existência histórica de Lao Tse), um contato pessoal. Lao Tse era mais velho; seu nascimento é datado por volta do ano 600 aC. Em nossa apresentação optamos por colocar Confúcio em primeiro lugar pelo fato de ele remontar às tradições mais antigas e que só as temos por causa de sua mediação. Também Lao Tse bebeu seguramente de pensamentos mais antigos, sobre os quais no entanto não se sabe mais nada. Sobre sua vida não sabemos praticamente mais nada do que diz um historiador chinês:

> Lao Tse era um homem do povoado de Kü-dschen (chū rén), distrito Li (lì), comarca Ku (kŭ), no estado feudal de Tschou (chū). O nome de sua família era Li (hoje Li). (Lao Tse é um codinome atribuído mais tarde e significa 'o velho mestre'), seu apelido era Ri (ele), seu nome pessoal Pohyang (Bó yáng), seu título honorífico póstumo Tan (dān). Ele era cronista do arquivo estatal do estado de Tschou (zhōu).

Todas estas informações biográficas são lendárias e com isso inseguras. O taoismo, que veio mais tarde a se tornar uma religião, teceu muitas lendas em torno de sua vida.

> Kong Tse (i. é, Confúcio) pôs-se a caminho de Tschou para interrogar Lao Tse sobre o cerimonial. Lao Tse falou:
>
> – As pessoas, sobre as quais falas, já apodreceram com ossos e tudo, e sobraram somente suas palavras.
>
> E continuou: – Quando um nobre encontra seu tempo, ele sobe; se ele não encontra seu tempo, ele se vai e deixa a erva daninha crescer. Ouvi dizer que um bom comerciante esconde fundo seu tesouro, como se não tivesse nada com ele; e um nobre cheio de virtude aparenta ser simplório em sua maneira externa. Desiste, amigo, de tua maneira cortês e de tuas muitas vontades, de teu porte externo e de teus planos de corte. Tudo isto não tem valor algum para o teu próprio eu. Mais que isto não tenho o que te dizer!
>
> Kong Tse foi-se embora e disse:
>
> – Os pássaros – eu sei que eles podem voar; os peixes – eu sei que eles podem nadar; os animais selvagens – eu sei que eles podem correr. Os que correm, apanha-se com o laço; os que nadam pega-se com a rede; os que voam, acerta-se com a flecha. Já sobre os dragões, não sei como eles viajam no vento e nas nuvens e sobem ao céu. Hoje eu vi Lao Tse; creio que ele é igual a um dragão.
>
> Lao Tse ocupava-se com o Tao e com a virtude. Seu ensinamento tinha como objetivo permanecer escondido e sem fama. Viveu muito tempo em Tschou. Ele viu a decadência de Tschou e foi embora. Ele chegou na fronteira. O guarda da fronteira Yin Hin disse:
>
> – Vejo, senhor, que queres te retirar para a solidão; peço por minha vontade que escrevas teus pensamentos em um livro.

> E Lao Tse escreveu um livro, em duas partes, com cinco mil e poucas palavras, que trata do Tao e da virtude. Depois disso foi embora. E ninguém sabe onde ele teve o seu fim[11].

Para a história da filosofia, este guarda da fronteira tem praticamente a mesma importância que o próprio Lao Tse. Se ele não tivesse feito o mestre colocar por escrito seus pensamentos, a literatura mundial seria mais pobre de um de seus mais elevados livros, e os pensamentos de um dos maiores sábios de todos os tempos e povos teriam ficado escondidos, sem deixar suas marcas para o mundo posterior. Para quantos outros sábios isto já não teria acontecido? Se, somente por hipótese, se tivesse que destruir todos os livros já impressos e se pudesse ter a escolha de preservar no máximo três deles, o Tao-te King, o livro do velho mestre sobre o caminho e a virtude, deveria estar entre eles. Ele contém em dois livros e 81 capítulos, sem uma rigorosa ordem, as compreensões metafísicas, éticas e políticas de Lao Tse.

2. O Tao e o mundo – Tao como princípio

Tao (dào), o conceito básico da filosofia de Lao Tse, significa em primeiro lugar "caminho" e em segundo lugar significa "razão"[12]. O conceito Tao como caminho ou como lei do céu aparece já na antiga religião real chinesa; ele também é em parte utilizado por Confúcio e sua escola, porém em outro sentido; pelo menos não ocupa ali um lugar central como em Lao Tse. A doutrina de Lao Tse e a linha filosófica (e religiosa) na China que dele procede é chamada de taoismo, derivado de Tao.

Tao é no fundo a base incomensurável do mundo. É a lei de todas as leis, a medida de todas as medidas. Vemos já de início como o pensamento de Lao Tse se diferencia claramente do de Confúcio, à medida que toma uma linha metafísica. ("O ser humano orienta-se pela medida da terra, a terra pela medida do céu, o céu pela medida do Tao, e o Tao pela medida de si mesmo"[13].) À medida que o Tao repousa incondicionado em si mesmo, ele pode ser traduzido para a linguagem filosófica europeia pelo conceito de "absoluto". Além disso é fato que o Tao é incompreensível e inominável. Lao Tse não se cansa de afirmar: "O Tao eterno não tem nome"; "Tao é escondido, sem nome"; "Eu não sei o seu nome, por isso chamo de Tao"[14]. Como o Tao é intocável, ele também é o mais alto conhecimento que se pode alcançar, a consciência de nossa ignorância. "Reconhecer o não reconhecer é o ápice"[15].

Se não podemos tocar nem reconhecer o Tao em si, pelo menos podemos interiorizá-lo à medida que com humildade e entrega sentimos sua ação nas leis da natureza e no decorrer do universo e fazemos dele a medida da direção de nossa vida humana. Isto exige porém que nos

---

11. Relato do historiador chinês Sse-Ma-Tsien. In: DEUSSEN, P. Op. cit., p. 679-680.
12. Ibid., p. 693.
13. Ibid., p. 694.
14. Ibid., p. 695 (Tao-te King, cap. 32, 41, 25).
15. Ibid., p. 696 (cap. 71).

libertemos radicalmente em nosso interior de tudo o que pode distrair do caminho do Tao e dele desviar o olhar, que nós talvez mesmo em meio às ações externas do mundo, livres em nosso interior, nos abramos àquele que governa céu e terra. Com isto, estamos nos voltando para a ética do Tao-te King.

3. Tao como caminho do sábio

Quem reconheceu a falta de valor de todas as coisas, exceto do Tao, este não pode ensinar uma ética da vontade da ação pela ação ou pelo sucesso. Lao Tse não ensina no entanto uma fuga do mundo e a ascese. Ele busca, e isto é uma característica fundamental de todo o pensamento chinês, o correto no meio. O ser humano deve estar e agir no mundo, mas de tal maneira interior como se "não fosse deste mundo". Ele vê e ama pessoas e coisas, mas ele não deve deixar-se vencer por elas, e deve ter sempre diante de si: "Reino de santidade é sua alma, não o prazer dos olhos".

No que se apresenta e no que segue fica claro uma semelhança do taoismo (original) com os pensamentos da religião e da filosofia hindu. Alguns pesquisadores concluíram inclusive que esta semelhança deve-se de fato a uma influência. O conceito hindu "karmayoga" – agir e cumprir seu dever, à medida que se permanece interiormente livre e independente e justamente assim ser senhor de si mesmo e das coisas – coloca a mesma exigência que Lao Tse: Agir pelo não fazer; manipular coisas, sem delas tomar posse; concluir o trabalho, sem orgulhar-se por causa dele. Também a palavra de Paulo "ter, como se não tivesse" nasce da mesma atitude perante o mundo. A doutrina hindu de Brahman, que está em tudo e em nós mesmos e na qual temos que nos dissolver, para encontrar paz e salvação, também pode ser comparada da mesma maneira à doutrina do Tao.

Na ética prática e na compreensão da relação entre as pessoas, aparece novamente um paralelo com o cristianismo.

> Aquele que não briga, com ele ninguém no mundo pode brigar... Recompense amizade com virtude!... O bom eu trato bem, e o não bom eu trato igualmente bem e assim ele alcança a bondade. O sincero eu trato com sinceridade, o não sincero eu trato igualmente com sinceridade e assim ele alcança a sinceridade...[16]

Lao Tse vai aqui um passo mais adiante que Confúcio, que queria retribuir o bem com o bem, a maldade porém não com a bondade, mas com a "justiça".

A palavra-chave da ética do Tao-te King é simplicidade. A vida simples despreza ganho, esperteza, requinte, egoísmo e desejos de coisas superiores. "A pessoa perfeita deseja não desejar, não dá valor a bens difíceis de se conseguir... Se conseguirmos um grande vazio, conservaremos nós uma calma segura"[17].

---

16. DURANT, W. Op. cit., p. 700. As citações de Lao Tse por Durant foram traduzidas por Tscharner (cap. 22, 63, 48, 43).

17. DURANT, W. Op. cit., p. 701 (cap. 16, 64).

Na calma e na observação dedicada do decorrer da natureza, na qual o Tao tem seu lado exterior, podemos chegar pela interiorização do Tao à calma e à iluminação.

> Quando todos os seres e coisas se mexem, vejo como eles mudam. Sim, as coisas florescem e florescem, e tudo volta novamente às suas raízes. Voltar às raízes é a calma, isto significa: voltar-se para a determinação. A volta para a determinação é a constância. O conhecimento da constância é a iluminação[18].

O iluminado é despreocupado e volta para o desabrochar da criança. Ele é solto, macio e justamente por isso consegue superar tudo. Pois a maciez supera a dureza. "Nada no mundo é mais macio e fraco que a água, e nada que a ataque com dureza e força a consegue superar. Não há nada que a possa substituir. O fraco impõe-se ao forte"[19]. À medida que o sábio vive de maneira modesta e simples como a água, espalha bondade ao redor de si. "O maior bem é a água; a água é boa para ser usada por todos os seres e não briga por isso; ela habita o que as pessoas desprezam; por isso ela está próxima ao Tao"[20].

Aquele cujo fazer coincide com o Tao, ele se unifica ao Tao. Quem alcança o objetivo supremo e totalmente desapegado se dissolve no Tao; este alcançou – neste sentido – imortalidade. "Quem conhece o eterno, é abrangente; abrangente, por isso justo; justo, por isso é rei; rei, por isso do céu; do céu, por isso do Tao; do Tao, por isso permanente; ele perde o corpo sem correr perigo"[21].

Despojamento de si mesmo, abnegação são as características próprias do nobre. "Recolher-se é o caminho para o céu"[22]. – "Por isso o homem santo compreende o mundo e torna-se exemplo a ele. Ele não vê a si mesmo, por isso brilha; ele não faz justiça para si mesmo, por isso se destaca; ele não se gaba, por isso tem méritos; ele não se engrandece, por isso sobressai"[23]. – "Quem vence os outros é forte; quem vence a si mesmo é valente"[24]. – "Por isso o santo homem larga o seu si-mesmo e assim avança; despoja-se de seu ego e assim o conserva"[25]. Não parece que aqui estamos ouvindo uma outra voz: "Quem se eleva será humilhado"? Ao perfeito, que de tudo se livrou e não corre atrás de ninguém e de nada, a este justamente por causa disto se oferecem todas as coisas. "Não se conhece o mundo saindo pela porta; nem se conhece o caminho do céu olhando pela janela. Quanto mais se sai, menos se conhece..."[26]. – "Quem renuncia, ganha"[27].

---

18. Ibid., p. 700 (cap. 16).
19. DEUSSEN, P. Op. cit. p. 700 (cap. 78).
20. Ibid., p. 701 (cap. 8).
21. Ibid., p. 694 (cap. 16).
22. Ibid., p. 697 (cap. 9).
23. Ibid., p. 698 (cap. 22).
24. Ibid. (cap. 33).
25. Ibid., p. 699 (cap. 7).
26. Ibid. (cap. 47).
27. Ibid., p. 700 (cap. 44).

Perambulando no Tao, o homem perfeito não se deixa mais abalar em sua serenidade por nenhuma tentação ou perigo exterior. "Ele não pode ser feito nem íntimo nem estranho, a ele não se pode fazer ganho nem prejudicar, ele não pode ser feito nem um nobre, nem um comum, e por isto ele é o mais nobre de todos no mundo"[28]. – "A calma é senhora da inquietude; por isso o sábio pode andar o dia todo sem sair de sua calma serenidade. Mesmo que tenha um palácio luxuoso, ele tanto pode nele morar, como o pode abandonar..."[29]

4. Estado e sociedade

Ação pela não ação, pelo não esforço, pela calma solta no Tao, isto não é um mandamento que diz respeito só aos sábios, mas também aos governantes. Sem muitas palavras, sem muitas leis, mandamentos ou proibições, mas somente pela irradiação de seu próprio ser cheio de calma e virtude é que os senhores devem governar.

> Quanto mais proibições houver no reino, tanto mais pobre será o povo. Quanto mais meios de ganho tiver o povo, maior será a chance de confusão para Estado e família. Quanto mais inventivas e espertas forem as pessoas, tanto mais manhas aparecerão. Quanto mais leis e decretos forem anunciados, mais assaltantes e ladrões haverá. Por isso o homem perfeito afirma: Eu não ajo e o povo muda por si próprio; eu amo a quietude e o povo será direito por si mesmo; eu não tenho negócios e o povo ficará rico por si mesmo; eu não tenho desejos e o povo será por si mesmo mais simples como originariamente...[30]

Aqui se pode notar ainda um certo parentesco com a doutrina de Confúcio, que também exige que os governantes ajam acima de tudo através de seus exemplos. A diferença entre ambos logo se faz notar porém quando se percebe a avaliação que fazem do saber e da formação. Não muito saber, mas simplicidade e ingenuidade fazem o ser humano feliz. A música, tão bem reconhecida por Kung Tse, é descartada, bem como as prescrições postas por este de costumes exteriores e convenções.

> Os senhores do tempo antigo, que governavam agindo conforme o Tao, não faziam com isto o povo mais esperto, mas procuravam conduzir o povo para a simplicidade. Se é difícil dirigir o povo, isto vem do fato de ele ter muito saber. Por isso aquele que quiser dirigir o país com esperteza, este será um ladrão do país e aquele que não quiser conduzir o país pela esperteza, este é a sua alegria[31].

Como o sábio faz com sua própria pessoa, assim também o príncipe deve fazer com que o Tao tenha o domínio sobre todo o reino. "Se príncipes e reis soubessem conservar a simplicidade do Tao, todos os seres iriam louvar por si mesmos; céu e terra estariam unidos para dispensar o orvalho refrescante; ninguém iria dar ordens ao povo e este faria o direito por si mesmo"[32].

---

28. DURANT, W. Op. cit., p. 701 (cap. 56).
29. DEUSSEN, P. Op. cit., p. 699-700 (cap. 26).
30. DURANT, W. Op. cit., p. 699 (cap. 57, 80).
31. Ibid., p. 698 (cap. 65).
32. DEUSSEN, P. Op. cit., p. 703-704 (cap. 32).

A paz iria reinar onde o Tao reinasse. Pois o sábio odeia armas e guerra. Se ele for obrigado a pegar em armas, ele só faria isto por extrema necessidade e contra a vontade. Pegar em armas com alegria seria ter alegria em assassinar. "O bom vence e isto lhe basta, ele vence, mas não se orgulha, ele vence, mas não triunfa, ele vence, mas não se exalta, ele vence e não pode evitar a vitória, ele vence, mas não violenta"[33].

A situação ideal da sociedade, que é entregar-se ao domínio do Tao, na qual o povo poderia viver em simplicidade, ingenuidade, paz e bem-estar é evocada por um filósofo com as seguintes palavras: "Fazei que o povo morra com fome! Que não vá para longe! Que tendo navios e carros de guerra, nunca suba neles, que tendo tanques e armas, nunca os utilize, que seja doce sua refeição, bela sua vestimenta, agradável sua moradia, amoroso seu costume. O país vizinho se pode ouvir do outro lado, e o povo alcança idade e morte, sem nunca ter ido até o outro lado"[34].

5. O desenvolvimento posterior do taoismo

A nós quer parecer que a doutrina confuciana, mais seca, quase que patriarcal e caseira, mas feita sob medida para a natureza humana, seja mais apropriada para fundamentar na prática a vida da sociedade que os altos voos de pensamento de Lao Tse. O pensamento de Lao Tse tem algo de aristocrático – ele mesmo diz que poucos são chamados a seguir o caminho da virtude, pois quando alguém bem-formado ouve falar do Tao, ele se torna zeloso e nele se modifica; os que não têm formação, ao contrário, riem-se do Tao. "Se eles não dessem risadas, é porque não seria então o Tao"[35]. De fato o confucionismo, para o qual iremos retornar no final do capítulo, marcou a vida espiritual chinesa por um longo tempo, enquanto a doutrina pura do Tao-te King encontrou poucos seguidores. Sua retomada e continuidade posterior através de pensadores e sua popularização deu-se através de uma boa medida de trivialização e falsificação. Ele penetrou num círculo popular mais amplo, mas ao mesmo tempo foi misturado com superstições, práticas de evocação de espíritos e magia, com tentativas de alquimia e prolongação da vida, de tal forma que só o nome taoísmo restou em comum com a pura doutrina do velho mestre – motivo pelo qual podemos aqui deixar de lado sua apresentação.

III. O mohismo e algumas outras correntes de pensamento

1. Mo Tse (Mò zǐ)

A terceira corrente de pensamento que influenciou a filosofia chinesa antiga, o mohismo, teve seu início entre o ano 500 e 396 aC, com a vida do filósofo Mo Tse, do qual se deriva o seu nome.

---

33. Ibid., p. 703 (cap. 30).
34. Ibid., p. 704 (cap. 80).
35. Ibid., p. 696 (cap. 41).

"Incentivar o bem-estar geral e combater o mal" – este é o lema de todo este movimento. É uma filosofia puramente utilitarista e prática. O que faz parte do bem-estar geral, Mo Tse define bem especificamente: Os antigos senhores, dizia ele, tinham dois objetivos ao administrar o reino – riqueza para o país e multiplicação da população. Toda teoria e toda medida prática devem ser avaliadas se inibem ou incentivam o bem-estar e o crescimento da população[36]. A guerra tem sobretudo um efeito inibidor, pois destrói a riqueza, separa as famílias e diminui a população. Por isso as guerras são condenadas veementemente por Mo Tse e seus seguidores; elas levam via de regra para corridas armamentistas[37]. Pelo mesmo motivo, a alta consideração de Confúcio pela música e pela arte não encontra em Mo Tse nenhum aplauso. A música leva ao aumento do imposto e de encargos para a população, quando os governantes a ela se dedicam. E quando os agricultores, comerciantes ou funcionários públicos se alegram com música, eles se afastam da atividade produtiva[38].

Pelo caráter claramente prático de sua filosofia, Mo Tse é um não-dogmático. Tudo deve ser conformado à realidade da vida. Segundo ele, toda teoria filosófica deverá cumprir três exigências: ela precisa ter uma base sólida, ela precisa resistir a uma prova crítica e precisa ser aplicável na prática. Como base para cada doutrina, Mo Tse vê somente "os atos dos antigos senhores sábios". Como prova de um exame crítico deve servir a experiência prática do ser humano, aquilo que eles veem e ouvem. Se, por exemplo, algo deve ser visto como "destino", esta questão deve ser decidida observando se isto ocorreu na experiência prática do ser humano como destino. "Se as pessoas viram ou ouviram, então posso dizer, existe destino. Se ninguém viu nem ouviu, então posso dizer que não há destino"[39]. A comprovação prática de uma doutrina deve ser feita de tal forma a introduzi-la na lei e na administração e comprovar então se suas consequências são boas para o bem-estar geral, ou seja, se se segue a multiplicação da riqueza e do número de gente. A nós pode parecer um tanto primitiva esta parte da "teoria do conhecimento" de Mo Tse, bem como também é o caso de outros pensadores totalmente voltados para a prática – no entanto, no que diz respeito às suas exigências éticas, são elas porém bastante elevadas. Quatro séculos antes de Cristo ele já colocou o famoso princípio do amor ao próximo generalizado. Cada pessoa, exigia ele, "trate os outros países como seus próprios, trate as outras famílias como suas próprias, trate as outras pessoas como a si mesmo!"[40] Se este mandamento fosse seguido por todos, haveria como consequência – e neste sentido se pode com certeza concordar com Mo Tse – paz e bem-estar geral; o não cumprimento deste mandamento é a causa de toda desordem social. Mas também este ideal básico do amor ao próxi-

---

36. WING-TSIT, C. Op. cit., p. 38.
37. DURANT, W. Op. cit., p. 724.
38. WING-TSIT, C. Op. cit., p. 39.
39. Ibid.
40. Ibid., p. 40.

mo generalizado Mo Tse não o vê desligado do pensamento utilitarista: "Aquele que amar o próximo será por ele amado"[41].

Mo Tse vê de forma muito positiva a religião tradicional chinesa. Ele a defende com mais ênfase que Confúcio, por motivos práticos: "Se cada pessoa crer na força dos espíritos de recompensar os bons e desgraçar os maus, não haverá mais nenhuma desordem"[42]. Em relação ao papel da religião tradicional e à fé em forças sobrenaturais, pode-se dizer que entre os grandes pensadores chineses, Lao Tse é o que está, de longe, mais "à esquerda", ou seja, que a recusa ou se posiciona de maneira claramente crítica frente a ela; Mo Tse é o que está mais claramente "à direita", tornando-se inclusive um dos principais defensores das religiões chinesas tradicionais, enquanto Confúcio procura manter um certo equilíbrio de um meio-termo nesta questão[43].

2. Os sofistas

Como era de se esperar, o combate violento ocorrido contra os sofistas e sua linha filosófica no tempo de Confúcio não teve o êxito de suprimi-los ao longo do tempo. Pelo contrário, especialmente no século após a morte do mestre Mo, os sofistas reapareceram, dos quais os mais conhecidos são Hui Schih (Hùi Sh...ī) e Kung sun Lung (Gōng sūn lóng). Sua lógica sutil os levava a afirmações como: "Um cavalo marrom e um boi escuro formam juntos três"; "Um cavalo branco não é nenhum cavalo"; "A sombra de um pássaro em voo não se move"[44].

Descontando porém suas brincadeiras de conceitos e os respectivos resultados paradoxos, que em grande parte são evidentemente exageros – pois um sofista, para se mostrar, precisa que um parceiro entre na conversa e o desafie a mostrar afirmações contraditórias provocantes – encontramos na doutrina destes antigos sofistas argumentações que quase nos parecem modernas e ocidentais. Eles se ocupam com conceitos como espaço e tempo, movimento e calma, substância e qualidade como postas pelas teorias modernas, que a "estabilidade" e a "brancura" de uma estrela branca independem de sua "substância"!

3. O neomohismo

É compreensível entender que as três correntes de pensamento dominantes da antiga filosofia chinesa, ou seja, confucionismo, taoismo e mohismo, mesmo que de forma diferente, estejam interessadas basicamente em direcionar a vida de forma correta e não em discussões lógicas, e que a partir disto combateram fortemente os sofistas. O desenvolvimento posterior da filosofia mohista, depois da morte de seu fundador, aconteceu especialmente na discussão e

---

41. Ibid.
42. Ibid., p. 41.
43. Ibid.
44. Ibid., p. 42.

estreita vinculação com a doutrina sofista reavivada. Estes neomohistas acharam porém necessário somente defender sua própria doutrina contra as opiniões críticas dos sofistas, construindo para isto uma correspondente base lógica própria. Mostra-se aqui, como também em outros lugares, que se os sofistas são, por um lado, desagregadores, por outro lado eles provocam e fertilizam, à medida que obrigam seus contraentes a afinar a reflexão sobre seus conceitos básicos e levam destarte o pensamento a abrir novos caminhos.

Com isso os neomohistas, seguindo o desafio dos sofistas, dedicaram-se por seu lado ao campo da lógica e da teoria do conhecimento, não porém para nele permanecer, mas para conseguir comprovar por fim que a lógica e a teoria do conhecimento estão subordinadas e devem ser subordinadas à finalidade da ação prática. Eles afirmam que o ser humano em todo o seu "conhecer", seja através de pesquisa, experimento, estudo ou simples entendimento, está sempre num diálogo vivo com o seu meio e que a função precípua do saber é justamente possibilitar-lhe a decisão mais correta. A melhor possibilidade de reconhecer e entender isto tem justamente aquele que melhor serve "ao bem comum e ao combate do mal" – e nisto se refaz a ligação com a doutrina do mestre Mo.

Não é de admirar que os pensamentos dos sofistas e de seus contraentes neomohistas tenham encontrado na própria China um interesse redobrado em tempos mais recentes, quando o espírito chinês se abre para o contato com a ciência e a técnica ocidentais; pois a forma analítica de pensamento, partindo do conhecimento pelo conhecimento, desinteressada em sua consequência prática direta, é muito próxima da maneira de pensar dos sofistas[45]. Na China antiga, no entanto, este movimento morreu prematuramente.

4. Os legalistas

Com este nome se designa um grupo de pensadores que também pertence ainda ao período mais antigo da filosofia chinesa. O princípio governamental ensinado por Confúcio e outros pensadores, que o povo é dirigido preferentemente pelo bom exemplo de cima e que o resto do direcionamento deve ser deixado ao encargo das maneiras e costumes tradicionais, é visto por estes como insuficiente. Ao invés disto, eles acentuam a necessidade de assegurar por legislação detalhada o seguimento dos princípios corretos. Seus princípios concordam basicamente com os de Confúcio.

A concordância em linha básica não impede entretanto que surjam na prática fortes lutas entre as duas correntes. Assim os legalistas, que tiveram por um tempo uma grande influência especialmente sobre os governantes, estavam entre os principais defensores da grande queima de livros ocorrida no ano 213 aC. Nesta ocasião, por ordem de um senhor, todos os escritos confucianos foram retirados das bibliotecas públicas e queimados e sua posse por particulares foi posta sob pesadas penas. Muitos estudiosos e estudantes valentes os preservaram

---

45. SCHI, H. *The development fo the logical method in Ancient China*. Xangai, 1917/1922.

ao custo de suas próprias vidas e depois da brilhante recondução do confucionismo sob dinastias posteriores, cresceu constantemente sua influência com o passar dos séculos.

IV. Os grandes discípulos de Confúcio

1. Mêncio

Entre todos os discípulos de Confúcio, Mêncio (Mèng zĭ¨ ou zi) teve na China o maior reconhecimento. Meng Tse, este era seu nome chinês – Mêncio é uma forma latinizada – viveu de 317 a 289 aC. Ele completou e desenvolveu a doutrina de seu mestre em dois aspectos. Ele tentou por um lado dar ao confucionismo uma fundamentação psicológica, à medida que desenvolveu determinadas compreensões sobre o caráter humano; por outro lado ele é importante como pensador político, como "conselheiro dos príncipes".

A visão de Meng Tse sobre o ser humano é curta e clara: *O ser humano é bom.* – "A natureza humana segue o bem, da mesma maneira como a água corre para baixo"[46]. Trazemos em nós um conhecimento nato, cujo tesouro precisamos tão somente alavancar, para achar o caminho correto. Para reconhecer o essencial, não precisamos nem observar a natureza (como exigia Lao Tse), nem olhar o exemplo de um sábio, pois "ele é de uma forma igual à nossa"; todos trazemos em nós a chave para uma vida harmônica, que posta em prática, ocasiona automaticamente a ordem social correta.

Se as pessoas – o que Mêncio também vê como natural – na realidade da vida não se comportam sempre conforme esta lei interna, a causa disto não pode ser vista em sua própria natureza – esta é em si boa e a voz da consciência fala em cada um de nós –; o erro só pode estar nas constituições externas, na imprecisão da ordem social ou nos erros dos governantes.

Com isso, o interesse de Mêncio se volta para o pensamento político e o fiel confirmador do bem no ser humano torna-se um crítico da sociedade e quase um revolucionário (à medida que isto seja possível pensar no âmbito conservador do confucionismo) – um processo que tem seu paralelo na história tardia da filosofia europeia (sobretudo com Rousseau). O que Mêncio apresenta no campo político, movimenta-se em grande parte dentro das balizas postas por seu mestre, como na rejeição da guerra – "Nunca houve uma guerra justa" – e em sua luta contra a busca da pompa e o desperdício dos meios públicos. O que o diferencia de Confúcio é a compreensão diversa que ele tem da relação entre o povo e os senhores. Ele também prefere a monarquia à forma democrática de um Estado, pois, como diz ele, na democracia é necessário educar individualmente todas as pessoas, enquanto que na monarquia basta conduzir os príncipes ao caminho correto, para se conseguir uma situação geral satisfatória. Porém seu ponto forte não está nos príncipes, mas sim no povo. O que conta mesmo é o bem-estar do povo, o príncipe em si não é importante. A partir disso ele tira uma consequência radi-

---

46. WING-TSIT, C. Op. cit., p. 29.

cal, que o povo tem o direito e o dever, a qualquer tempo, de depor e até de matar um senhor que não esteja cumprindo suas obrigações para com o bem comum.

> Mêncio disse:
> – Quando um senhor tem erros graves, deve-se dar a ele uma advertência. Se ele não ouvir as repetidas advertências, deve-se colocar um outro senhor.
> Mêncio continuou:
> – Quando um carcereiro não está mais em condições de manter o seu cárcere em ordem, o que deve acontecer a ele?
> Disse o rei:
> – Ele deve ser deposto.
> E Mêncio continuou:
> – E se houver desordem em todo o país, o que deve acontecer?
> O rei voltou-se para a sua comitiva e mudou de assunto...[47]

Sua doutrina sobre *o direito de revolução* fez com que Mêncio compreensivelmente nem sempre tivesse sido bem-visto pelos senhores – sua imagem e seus escritos foram temporariamente inclusive banidos dos templos confucianos. Na história chinesa se fez muitas vezes uso dele.

2. Hsün Tse

Hsün Tse (Xün zi), um contemporâneo de Mêncio – ele viveu de 355 a 288 aC –, toma um ponto de partida exatamente contrário em sua compreensão do ser humano.

> A natureza do ser humano é má, seu bem é artificial. O ser humano tem em sua natureza, já desde seu nascimento, o desejo de tirar proveito. Se se segue isto, assim surge discussão e briga, e a tolerância e a amizade se vão. Desde o nascimento o ser humano tem a cobiça nos olhos e nos ouvidos, o prazer nos sons e nas cores; se se segue isto, assim brota luxúria e desordem, e aí se vai a linha dos costumes e do direito. Assim, ceder à natureza do ser humano e viver as suas paixões, tem como consequência o fato de haver discussões e brigas, tem como consequência que se saia de sua posição e a ordem é perturbada e entra a selvageria. Por isso se faz necessária a influência da educação, do caminho dos costumes e do direito, para fazer surgir tolerância e amizade, para que a ordem seja seguida e tudo seja conforme a regra. A partir deste ponto de vista está muito claro que a natureza humana é má e o bem é artificial[48].

A mesma contraposição a Mêncio no que tange à compreensão do ser humano e daí ao lugar da educação e do direito também se mostra na visão de Hsün Tse sobre a importância da natureza que nos cerca. Enquanto nós, segundo Mêncio, praticamente nem temos que observar a natureza que nos cerca, mas devemos auscultar dentro de nós mesmos, Hsün Tse propõe o domínio ativo da natureza pelo ser humano:

---

47. DURANT, W. Op. cit., p. 731.
48. Ibid., p. 732-733. Segundo RICHARD, W. *Chines. Literatur*, p. 78.

Tu enalteces a natureza e meditas sobre ela:
Por que não domá-la e regulá-la?
Tu obedeces à natureza e cantas seu louvor:
Por que não dominar e utilizar seu decorrer?
Tu olhas as estações do ano com veneração e esperas por elas:
Por que não corresponder a elas com atividades sazonais?
Tu dependes das coisas e as admiras:
Por que não desenvolver tua própria atividade e transformá-las?
Tu sentes o que faz uma coisa ser aquela coisa:
Por que não organizar as coisas de tal forma que não as desperdiças?
Tu procuras em vão a origem das coisas:
Por que não apropriar-se e desfrutar das coisas que elas geram?[49]

3. O livro de Tschung Yung

A doutrina "da medida e do meio" ou do "centro dourado" já a encontramos na ética de Confúcio. No livro redigido por um sobrinho do mestre, o livro de Tschung Yung (Zhōng yōng), faz-se uma mudança metafísica deste pensamento. O centro dourado não aparece aqui somente como direção para a ação dos nobres e sábios, mas também como um princípio abrangente de todo ser – embora não se possa decidir quanto deste pensamento se origina em Confúcio e quanto é de seu sobrinho. A *harmonia* aparece aqui como a lei universal. "Quando o nosso próprio interior e a harmonia são realizados, então o universo torna-se um cosmos (organizado), e todas as coisas ganham pleno crescimento e desabrochar."

Nós, seres humanos, devemos realizar em nós a harmonia de todo abrangente, que é a lei básica do mundo. Ser fiel a si mesmo, esta é a lei do céu; tentar ser fiel a si mesmo, esta é a lei dos homens[50].

Na ética de Tschung Yung encontram-se passagens de elevada grandeza. "O nobre coloca-se exigências a si mesmo, o comum coloca exigências para as outras pessoas"[51]. "O nobre movimenta-se constantemente de tal maneira que sua intervenção pode servir como exemplo geral em qualquer tempo; ele comporta-se de tal forma que seu comportamento pode servir de lei geral em qualquer tempo; e ele fala de tal maneira que sua palavra pode valer como norma geral em qualquer tempo"[52]. Isto coincide quase que literalmente com o imperativo categórico de Immanuel Kant!

---

49. WING-TSIT, C. Op. cit., p. 31-32.
50. Ibid., p. 33.
51. DURANT, W. Op. cit., p. 714-715.
52. Ibid., p. 715.

V. Panorama do desenvolvimento posterior – apreciação

Colocamos os grandes discípulos de Confúcio ao final de nossa apresentação sobre a filosofia chinesa antiga porque o confucionismo levado adiante por eles é a corrente filosófica que se sobrepõe e domina todo o desenvolvimento posterior do pensamento chinês até a atualidade. Tentaremos agora dar um panorama sobre um período que abrange cerca de dois mil anos, partindo do período mais antigo até o século XX, no qual esquematizaremos pelo menos algumas correntes principais de desenvolvimento.

1. A filosofia da idade média chinesa

A idade média chinesa, que preenche mais ou menos o tempo de 200 aC até 1000 dC, é denominada como um tempo sombrio da filosofia chinesa[53]. O confucionismo estagnou como um culto estatal. O taoismo conheceu a já citada decadência para alquimia e superstição. O antigo *Livro das mutações* tornou-se o ponto de partida para uma onda de escritos interpretativos e complementares, e assim surgiu sobre a previsão do futuro a partir dos triagramas secretos dos imperadores míticos toda uma pseudociência, à qual foi reservado, diversas vezes inclusive, um lugar em importantes decisões do Estado.

Naturalmente só se pode fazer uma caracterização geral sobre um período tão longo com muitas reservas. Procuramos em vão na Idade Média por personalidades destacadas do pensamento como Confúcio e Lao Tse, ou por uma gama de correntes diferentes de pensamento como na China antiga; no entanto o pensamento filosófico não estagnou. No confucionismo, e em menor escala no taoismo, apareceram pensadores que se reportam à antiga filosofia clássica chinesa e procuraram dar continuidade a ela em certa direção.

A obra de Mo Tse e seus alunos foi proscrita e destruída na grande queima da literatura confuciana. Diferentemente do confucionismo, que reviveu num ressurgimento brilhante, o mohismo nunca se recuperou deste golpe. Destarte o confucionismo e o taoismo foram as correntes dominantes da Idade Média, ao lado das quais, como terceira corrente, aparece o budismo, que vindo da Índia havia se espalhado pelo solo chinês. Não iremos aqui apresentar em detalhes as mudanças havidas na linha de pensamento das diversas escolas, mas apenas destacar três momentos essenciais em todo este desenvolvimento: a corrente crítica em forte oposição à superstição da Idade Média, que encontra seu ápice em Wan Tschung (Wān zhōng); a crescente importância da doutrina do Yin-Yang e neste contexto a influência mútua e a mescla das escolas; finalmente a transformação do budismo no âmbito da China.

---

53. WING-TSIT, C. Op. cit., p. 50.

Wan Tschung

Wan Tschung viveu no século primeiro de nossa era. Ele é o líder de um movimento que se estendeu por diversos séculos. Ele subverte a estagnação do confucionismo da Idade Média através de uma crítica apaixonada feita a partir da razão fria e crítica. Evocando a experiência e a razão, ele ataca toda forma de heresia. Ele caçoa da compreensão supersticiosa que via no trovão uma manifestação da raiva do céu e em cada infortúnio um castigo enviado pelo céu, de toda forma de fé nos espíritos, sobre a compreensão apoiada pelo confucionismo, que o passado antigo e mítico da China seria superior em todos os sentidos ao presente. Pensar – diz ele – que o céu faz crescer a semente com o objetivo expresso de alimentar os seres humanos, isto não significa outra coisa que degradar o céu à função de camponês da humanidade. Ele combate a fé na imortalidade e na providência divina; pois se o céu tivesse planejado suas criaturas – pensa ele – ele as teria ensinado a amar-se umas às outras ao invés de mutuamente se roubarem e se assassinarem[54].

O espírito de uma sóbria crítica racional incorporado por Wan Tschung teve como consequência uma crescente crítica textual aos escritos antigos e ao mesmo tempo um movimento de liberdade política de pensamento. Não logrou êxito porém em quebrar a estagnação do confucionismo nem a decadência do taoismo.

A doutrina do Yin e Yang

No antigo *Livro das mutações* havia já a ideia de que há dois princípios contrapostos agindo em tudo o que existe, um masculino, ativo (Yang) e um feminino, passivo (Yin). Esta ideia tornou-se na idade média chinesa uma ideia central da filosofia, em parte pelo fato de que na época esse livro gozava de uma boa reputação geral, mas talvez especialmente pelo fato de que parece que ele expressa bem a sensibilidade chinesa; e isto tanto de forma especial em uma escola (que temporariamente existiu) como especialmente pelo fato de esta ideia ter sido assumida pelos pensadores confucianos e taoistas e ter sido colocada como ponto central da explicação do mundo.

Assim o pensador confuciano do início da Idade Média Tung Tschung-schu (Dōng zhòng shū) ensina: "Todas as coisas têm suas complementações no Yin e Yang... Os princípios básicos de príncipe e servo, pai e filho, homem e mulher são todos derivados de Yin e Yang. O príncipe é Yang, o servo é Yin. O pai é Yang, o filho é Yin. O esposo é Yang, a esposa é Yin..."[55]

Ideias semelhantes encontram-se no taoista Huainan Tse e também o crítico Wan Tschung ensina que todas as coisas surgem pela interpenetração do Yin e Yang[56].

---

54. Ibid., p. 50-51.
55. Ibid., p. 49.
56. Ibid., p. 50.

A doutrina do Yin-Yang tornou-se assim o chão comum de uma ampla influência mútua e aproximação das escolas até então tendentes a se separar.

2. O budismo na China

Alguns séculos depois do início de nossa era – concomitantemente ao início da expansão do cristianismo pelo Mediterrâneo – o budismo entrou na China sob o Imperador Ming-ti. O imperador, segundo a tradição sob a impressão de um sonho, no qual teria visto uma estátua divina dourada (interpretada como Buda) pairar sobre seu palácio, trouxe monges budistas da Índia para o seu país, onde o seu número, apesar de ter havido tempos de perseguição, cresceu constantemente. Ao mesmo tempo, peregrinos budistas da China começaram a viajar para a Índia. Começou uma movimentada troca. A literatura clássica do budismo hindu foi traduzida para o chinês – e através disto foram preservadas algumas obras que na Índia mesmo se perderam. As construções de templos budistas foram enriquecidas com a arte da construção chinesa, estátuas e imagens de Buda com arte plástica e pintura chinesas[57].

Inicialmente foram introduzidas na China todas as escolas hindus do budismo. Com o tempo sobreviveram somente aquelas que correspondiam mais ao caráter do povo chinês ou que a ele souberam se adaptar. A escolha que foi feita – e somente este ponto geral iremos destacar aqui – lança uma luz interessante sobre a peculiaridade do espírito chinês. Não sobreviveram aquelas linhas que de alguma maneira tendiam para o radicalismo ou o extremismo. A tendência dos chineses para o equilíbrio no centro, o esforço por harmonizar as contradições e contraposições numa unidade superior já nos são conhecidos da história da antiga filosofia chinesa. Esta tendência é o fio condutor do confucionismo; também a encontramos em Lao Tse (para o qual "o Tao é o ser e ao mesmo tempo o não ser"); a escola do Yin-Yang ensina a unificação e a ação conjunta dos contrários; e a filosofia da Idade Média como um todo nada mais é que uma tentativa de síntese das correntes contraditórias.

Assim, as cinco principais escolas budistas que se mantiveram na China até hoje são marcadas por uma aversão a todo extremismo. A mais característica delas é o zen-budismo – essencialmente uma criação chinesa – do qual já falamos quando tratamos do budismo hindu.

3. O período do neoconfucionismo

A entrada de um novo fator num espaço fechado do ponto de vista filosófico pode levar as antigas tradições a sucumbir sob o avanço das novas ideias. Ela pode agir, porém, quando o antigo ainda é vivo o suficiente, de uma forma fertilizadora e ocasionar por parte dos elementos da cultura antiga uma reflexão mais profunda e uma renovação. Vimos como o surgimento do budismo e dos outros sistemas não ortodoxos na Índia levou a um novo florescimento a

---

57. DEUSSEN, P. Op. cit., I, 3, p. 707.

religião e filosofia bramânicas, baseadas na antiga tradição védica. Sabemos também que na Europa as reviravoltas religiosas trazidas pela reforma tiveram como consequência uma autorreflexão e um brilhante reforço do catolicismo. A entrada do budismo na China teve um efeito parecido. Não apenas que o caráter do povo chinês era estável o suficiente para harmonizar em si uma religião – diferente em si em seu conteúdo central – e introduzi-la no todo de sua cultura; mas o confucionismo iniciou um contra-ataque, começando por uma forte crítica ao budismo e introduzindo nele mesmo um processo contínuo e vivo de desenvolvimento de suas compreensões fundamentais que durou até o século XX. A história do neoconfucionismo é praticamente idêntica à história da nova filosofia chinesa, iniciada na idade média chinesa e indo até a Revolução de 1911; ela forma a terceira fase da sinfonia espiritual.

Os argumentos, levados a campo contra o budismo, testemunham o espírito confuciano da melhor maneira possível: A doutrina budista da renúncia é insustentável; pois mesmo que o ser humano quebre os seus laços familiares, ele não pode nunca escapar à sociedade humana enquanto tiver os seus pés sobre a terra. É notório que também o budista não pode escapar às relações humanas, pois enquanto os budistas abandonam sua pátria e parentela, fundam uma nova ordem social em seus mosteiros, ordens e na relação entre discípulo e mestre. O temor do budista frente ao nascimento e à morte testemunha o egoísmo; ele é covarde e indigno de furtar-se da responsabilidade social. – Não tem sentido negar a realidade palpável; os budistas declaram que o alimento, a vestimenta e todas as necessidades externas da vida são um nada, mas são dependentes disto todos os dias. – A teoria budista de que toda a existência é um nada mostra justamente a compreensão falha sobre a verdadeira essência do mundo[58].

Vemos nesta argumentação a compreensão própria do ser humano de raiz chinesa que transparece em sua classificação inseparável do seu meio natural e social e vê sua tarefa essencialmente no aquém.

A longa história do neoconfucionismo desenvolveu-se em três etapas principais, coincidindo cada uma delas com o governo de uma dinastia e por isso são conhecidas por estes nomes. O mais proeminente pensador do primeiro período, o período Sung – segundo a dinastia de Sung (Sùng), 960-1279 –, e ao mesmo tempo o filósofo mais significativo do neoconfucionismo é Tschu Hsi (Zhú xǐ), que viveu de 1130 a 1200. Tschu Hsi unificou a antiga tradição do confucionismo, cujos escritos clássicos ele retrabalhou e editou novamente, e os avanços ocorridos desde então na mesma em uma estrutura de pensamento ampla, que desde então forma a base da filosofia neoconfuciana. Sua posição na história da filosofia chinesa é mais ou menos comparável à figura de Schankara na Índia e com Tomás de Aquino no Ocidente. Os dois conceitos básicos de sua filosofia são Li (li), uma razão universal ampla, e a matéria Ki (jī), que a ela se contrapõe. Esta contraposição coincide para ele com o Yin e Yang. Ambos são pensados em inseparável dependência mútua.

---

58. WING-TSIT, C. Op. cit., p. 54-55.

Em meio ao céu e à terra há razão, há matéria. No que diz respeito à razão, ela é a norma suprema em relação ao fenômeno, a raiz a partir da qual tudo é gerado. No que diz respeito à matéria, ela é a base primeira, o substrato, a partir do qual tudo existe. – A razão nunca esteve separada da matéria. A razão, no que diz respeito ao fenômeno, está acima; a matéria, no que diz respeito ao fenômeno, está abaixo. É possível dizer que razão e matéria não têm em princípio nem antes nem depois; mas quando se quiser ir à origem de seu fundamento, se é obrigado a dizer que a razão é anterior. Ela não forma porém um ser separado e existente por si, mas está contida na matéria. Se não existisse nenhuma matéria, a razão também não teria nenhum ponto de referência. – Existindo a razão, existem pois céu e terra, sem razão não existiriam nem o céu, nem a terra, bem como também não os seres humanos e as coisas. – Havendo razão, há também a matéria, que traz todas as coisas para o surgimento e as contém. – Se se fala de céu e terra, assim céu e terra contêm o princípio primeiro; se se fala de todas as coisas, assim em todas as coisas, ou seja, individualmente em cada uma, há o princípio primeiro[59].

A filosofia do período Sung, na qual ao lado de Tschu Hsi havia também outros pensadores importantes, também é conhecida como escola racionalista ou da *razão*.

A segunda época neoconfuciana coincide com o tempo de governo da dinastia Ming (Míng), 1368-1644. Nesta aparece como líder do pensamento e grande rival de Tschui Hsi a figura de *Wang-Yang-ming* (Wáng yang míng ou Wáng shou rén), que viveu de 1473 a 1529. Com ele o neoconfucionismo experimenta uma virada *idealista*. A corrente dominante do terceiro e último período, que vai de 1644 a 1911, o período *Tsching* (qīng) é ligado ao nome de Tai Tung-yüan (Dài dōng yúan, 1723-1777). Ela é uma tentativa de reunir em uma *síntese* todo o conteúdo clássico antigo, o do tempo da Idade Média e o desenvolvido até então pelo neoconfucionismo. Como nesta corrente se dá uma importância muito grande à experiência, ela é chamada de escola *empírica*.

No final desta visão geral comprimida do desenvolvimento posterior da filosofia confuciana, não soa como demasiado o louvor que o sobrinho de Confúcio e redator do Tschung Yung dedicou ao seu mestre:

Ele pode ser igualado ao céu e à terra em sua capacidade de fundamentar e de entender, de encobrir e esconder todas as coisas. Ele se iguala às quatro estações do ano em sua mudança e andança, e ao sol e lua em seu constante e sucessivo brilho.

Como o céu, ele é de todo abrangente e amplo. Insondável e ativo como uma fonte, ele se compara a um abismo. Se ele é visto, o povo permanece em veneração diante dele; ele fala e todos creem nele; ele age e todo o povo está satisfeito com ele.

Por isso o império do meio tem sua fama que alcança até as tribos bárbaras... Por isso se diz: "Ele é igual ao céu"[60].

---

59. DEUSSEN, P. Op. cit., I, 3, p. 708-709.
60. DURANT, W. Op. cit., p. 722.

4. Caráter geral e significado da filosofia chinesa

Vamos agora recordar uma série de características da filosofia chinesa que apareceram ao longo de nossa exposição:

1) Como motivo básico do pensamento filosófico chinês podemos colocar a busca por *harmonia*. Especialmente no confucionismo, mas não só neste, vemos constantemente "medida e meio", o "centro dourado", um equilíbrio harmônico a ser alcançado.

2) Este esforço leva em todas as escolas filosóficas à ideia da *harmonia do ser humano como universo*.

3) Leva também, o que é especialmente visível em Lao Tse, à ideia da *harmonia do ser humano como a natureza*.

4) Este esforço pela harmonia é visto pelos chineses como muito junto com a *aversão contra* toda forma de *unilateralidade e extremismo*. Ao "ou isto ou aquilo" prefere-se em toda parte o "tanto isto como aquilo". Não se fica parado na contraposição, mas se busca ver a convergência da contingência contrária, para se conseguir uma unificação a partir de um ponto de vista superior.

5) Com isto se está muito irmanado com a ideia da *ação recíproca de dois princípios*. Encontramos o princípio ativo e passivo como Yang e Yin, como Li e Ki, como razão e matéria em quase todas as escolas.

6) Com a tendência de não deixar com que contradições se excluam mutuamente, mas buscar sempre uma síntese, deve-se ligar também a *tolerância* digna de nota dos chineses no que diz respeito à sua cosmovisão, cuja amplidão é quase incompreensível no Ocidente. Diz um provérbio chinês: "Três doutrinas, uma família". Pensa-se no confucionismo, taoismo e budismo e o provérbio afirma que as três religiões (ou então filosofias, pois como na Índia também aqui não são separadas) viveram e vivem lado a lado em relativa unidade. Unidade no sentido de que houve sim muitas discussões usando as armas do espírito, mas no que tange a tentativas de conversão ou de opressão com uso da força, isto nunca houve, com raras exceções. Isto era totalmente impensado na China já pelo fato de que lá a massa da população não pertence a uma determinada religião, como é o caso da Europa. Praticamente só os sacerdotes do taoismo, do confucionismo ou do budismo estão devotados à sua religião, enquanto o povo, dependendo da necessidade ou do gosto de ocasiões diversas, busca seu consolo no sacerdote desta ou daquela religião, como por exemplo em ocasiões tristes, correspondendo ao caráter da doutrina, busca-se na maioria das vezes o sacerdote budista[61].

7) Uma tolerância tão ampla é naturalmente difícil de ser separada da indiferença. Ela é bem diferente da hindu. A posição hindu deixa em si de um modo geral que cada um seja feliz "conforme sua compreensão" – isto a partir da ideia de que cada doutrina contém apenas uma

---

61. DEUSSEN, P. Op. cit., I, 3, p. 678.

parte da verdade divina – mas o hindu confessa sua pertença a uma determinada religião, excluindo outra. A forma chinesa de tolerância só se pode pensar em um povo que – de forma claramente diversa da dos hindus – vê a vida no aquém como mais importante. O pensamento chinês tem um caráter de *mundanidade*.

8) O *humanismo* da filosofia chinesa depende justamente deste seu caráter. Não há nenhum sistema chinês em que o ser humano não esteja no centro. Isto vale praticamente da mesma maneira, mesmo que em compreensão diferente, para as duas principais correntes da filosofia chinesa antiga, o confucionismo e o taoismo. O interesse principal de ambos é a vida humana e sua forma correta; a diferença está somente no fato de que Lao Tse vê a vida perfeita na integração com a natureza e seguindo a sua lei, enquanto Confúcio vê que isto pode ser conseguido através do pleno desenvolvimento do ser humano. Em todos os casos esta é a opinião clara dos estudiosos chineses que diante da contraposição, que os pesquisadores europeus creem ver entre as duas correntes, acentuam continuamente o que há de comum neste ponto[62].

9) Notamos que modéstia, moderação, equilíbrio interior e *paz de espírito* são indispensáveis para a felicidade humana na compreensão chinesa.

10) No que se refere à compreensão da natureza humana, estão em número claramente maior aqueles pensadores que concordam com a afirmação de Meng Tse: "O ser humano é bom".

11) O puro conhecimento como ideal não o encontramos praticamente em nenhum lugar. Toda a filosofia chinesa vê seu objetivo final na condução para o comportamento e a ação corretos, e com isto ela é essencialmente *ética*.

12) Como a filosofia chinesa não vê o ser humano apenas em sua ligação com a natureza, mas sempre introduzido na família, na sociedade e no Estado, toda filosofia chinesa é com isto política e *filosofia social*.

13) Finalmente é próprio do pensamento chinês, como da cultura chinesa de um modo geral, um certo isolamento e *modéstia própria*. O budismo permaneceu até o início da Modernidade o único movimento espiritual vindo de terras estranhas, que conseguiu se fixar de forma permanente na China. É difícil dizer até que ponto se pode fundamentar isto como um traço de imutabilidade do caráter dos chineses e não como algo advindo de seu longo isolamento geográfico e do destino histórico. Em todos os casos, algumas camadas do povo chinês, depois da entrada de ideias ocidentais no país, assumiram-nas com voracidade, e chineses que vivem em países ocidentais mostraram uma enorme capacidade de adaptação.

Para onde as mudanças revolucionárias atuais da China vão conduzir no que diz respeito à religião e à filosofia, mesmo grandes conhecedores ocidentais do país e provavelmente os próprios chineses não sabem dizer. O que se pode dizer é que como sempre nenhuma ideologia forjada consegue se manter na China a longo prazo, a menos que esteja profundamente enrai-

---

62. WING-TSIT, C. Op. cit., p. 24. Reportando-se a SCHI, H. (*Development*) e YU-LAN, F. (*The history of chinese philosophy*. Peiping, 1937).

zada naquilo que foi descrito acima como próprio do pensamento chinês e adaptada às especificidades do seu espírito.

O conhecimento da filosofia chinesa, bem como a totalidade do círculo cultural chinês, abriu-se ao Ocidente só tardiamente. No final do século XIII alguns comerciantes venezianos, entre eles o famoso Marco Polo, fizeram uma viagem de comércio para o Oriente Próximo, chegando até a corte do imperador chinês. Eles ficaram algumas décadas no país. Depois de sua volta, as descrições de Marco Polo sobre este reino distante com suas inúmeras cidades populares e sua florescente cultura foram desprezadas como fanfarronice de um palhaço. E assim este capítulo excitante da história cultural ficou neste episódio.

Leibniz foi o primeiro pensador europeu importante que reconheceu a grandeza e a elevada cultura deste mundo distante. Ele tentou iniciar uma troca cultural entre a China e a Europa e sugeriu entre outras coisas ao Czar russo que construísse um caminho por terra através de seu reino até a China para incrementar esta troca. Ele comparou a constituição espiritual e moral da China com a da Europa e chegou ao seguinte resultado:

> A mim parece que a condição de nossa situação está de maneira tal que em face ao aumento imensurável da decadência de costumes, eu acho quase que necessário que sejam mandados a nós missionários chineses... Por isso creio que se um sábio fosse nomeado juiz... sobre a excelência dos povos, ele iria entregar o prêmio aos chineses[63].

No século XVIII, com o crescimento do interesse pela arte da jardinagem chinesa, pela porcelana e coisas parecidas – "Chinoiserie" –, chegaram também na Europa informações mais precisas sobre a obra dos chineses na filosofia. O filósofo de Halle Christian *Wolff*, *Diderot*, *Voltaire* e *Goethe* estavam entre aqueles que estudaram a filosofia chinesa e a valorizaram. Diderot escreveu: "Estes povos são superiores a todos os outros povos em idade, espírito, arte, sabedoria, política..." Voltaire sentenciou: "Não se precisa estar apegado ao mérito dos chineses para reconhecer que a constituição de seu reino é na verdade a mais excelsa que este mundo já tenha jamais visto..."[64] Um filósofo versátil e aberto ao mundo de nosso tempo, o Conde Hermann Keyserling, escreveu: "A humanidade mais perfeita como fenômeno normal até agora produzido é a China... Como o Ocidente moderno, que conseguiu a mais elevada cultura de produção até agora, assim a China antiga conseguiu a até agora mais elevada cultura do ser..."[65] Nesta produção cultural os grandes pensadores têm uma participação decisiva, pois suas obras influenciam desde aquele tempo até o limiar da atualidade.

---

63. REICHWEIN, A. *China und Europa* – Geistige und künstlerische Beziehungen im XVIII. Jahrhundert. Berlim, 1923, p. 89. • DURANT, W. Op. cit., p. 738-739.

64. DURANT, W. Op. cit., p. 683.

65. KEYSERLING, H.G. *Reisetagebuch eines Philosophen*. Darmstadt, 1919, p. 127, 221.

PARTE II
A FILOSOFIA GREGA*

---

* Tradução de *Carlos Almeida Pereira*, filósofo e teólogo.

Observações gerais – Os períodos mais importantes

Ao pisarmos, em espírito, o solo da Grécia, e nos prepararmos para estudar a filosofia que ali surgiu, cronologicamente nós chegamos um pouco mais perto, mas espacialmente ganhamos uma grande proximidade em relação à nossa época presente e à nossa esfera cultural. O mais importante é que o pensamento dos antigos hindus e chineses, com que nos ocupamos na primeira parte, surgiu em culturas muito distantes da nossa, tanto no espaço quanto no tempo, e que também se desenvolveram isoladas da nossa, ou melhor, a nossa da deles, o mútuo contato só vindo a surgir em épocas históricas posteriores. Mas dos gregos, e do seu pensamento, chega até nós uma poderosa corrente de tradição espiritual, cuja intensidade pode por vezes diminuir, chegando quase a parar, mas que jamais chegou a parar por completo. Os criadores da filosofia grega são também os patriarcas de nossa própria filosofia.

Na época com que começamos a ocupar-nos, as magníficas culturas antigas do Mediterrâneo Oriental – de egípcios, babilônios e cretenses –, de cuja "filosofia", se é que disso podemos falar, nós mal temos conhecimento, já haviam passado pela morte lenta do entorpecimento ou pela catástrofe da rápida destruição. Portador agora do desenvolvimento histórico, o povo grego aproximava-se já do ponto culminante de sua história, a "idade de ouro" de Péricles. Comércio e navegação dos gregos já se haviam espalhado por todo o mundo mediterrâneo. Os colonos gregos haviam-se estabelecido em torno desse mar, desde o estreito de Gibraltar ao poente – a porta escura que os navegadores antigos só raras vezes ousaram atravessar – até o Mar Negro ao nascente. Existiam cidades gregas no litoral da Espanha, da França Meridional, da África Setentrional, mas sobretudo no sul da Itália e na Sicília, bem como no litoral ocidental da Ásia Menor, frente à metrópole grega e ligadas a ela pela cadeia de ilhas do Mar Egeu.

Juntamente com a prosperidade que a navegação e o comércio haviam trazido a essas cidades costeiras, surgiram também as bases para uma formação geral. O mar, ao longo da história, sempre e em toda parte tornou possível o contato com os povos estranhos, cujas ideias exerceram favorável e libertadora influência sobre a vida intelectual. (Não devemos esquecer que antes do desenvolvimento da técnica moderna o transporte sobre longas distâncias era mais fácil por mar do que por terra. Ainda mais que com seu solo interiormente acidentado, e com a grande quantidade de vales abrindo-se para o mar, a Grécia com naturalidade impelia para o mar seus habitantes.) Os antigos comerciantes e navegadores foram certamente os primeiros a sentir dúvidas sobre as formas de vida tradicionais e as ideias religiosas de suas respectivas pátrias. Quando eram tantas as crenças que se chocavam umas com as outras, todas pretendendo representar a verdade, era fácil difundir-se a dúvida em todas elas. Foi nas cidades e postos comerciais costeiros, primeiramente no litoral da Ásia Menor, colonizado pelos gregos, em seguida na Itália, e só mais tarde no litoral da própria pátria – a começar por Atenas –, que pôde começar a se perceber o pensamento científico, favorecido também pelas constituições liberais e democráticas, que favoreciam o desenvolvimento do livre-discurso público. Às condições geográficas e sociais favoráveis acrescentava-se a feliz circunstância de os gregos, apesar do vivo intercâmbio com as antigas culturas do Oriente, e apesar de haverem adotado delas numerosos elementos de sua civilização, não estarem, na época decisiva, subjugados por nenhum reino mais antigo do Oriente – de modo que, livre de dominação externa, o espírito grego pôde, à sua maneira, elaborar os estímulos recebidos de fora. A isto se acrescentava a feliz e natural disposição do povo grego, no qual uma rica dotação espiritual e artística, associada a um sadio senso da realidade e a uma abertura para o individual e o particular, aliava-se de maneira feliz a um sentido de ordem e de medida[1], criando as condições para o admirável florescimento do pensamento filosófico e da pesquisa na antiga Grécia.

É antes de tudo pelos imortais poemas de *Homero* que nós conhecemos o período áureo dos gregos, então já desaparecido; deles, da obra de *Hesíodo* – sobretudo a "Teogonia" = "origem dos deuses" –, e de outras fontes, nós conseguimos fazer uma imagem da *religião* grega. Para se compreender a filosofia grega, o conhecimento da antiga religião dos gregos não é tão indispensável quanto no caso da Índia. Por isso só destacamos aqui uma coisa. Quando se fala da religião dos gregos, o europeu instruído logo pensa no luminoso mundo dos deuses da assim chamada religião homérica – que evidentemente só mais tarde veio a ser chamada assim, porque seu conhecimento é proveniente de Homero; é verdade que o vidente, que de acordo com a lenda era cego, também pode ter tido na criação dessas figuras divinas e na sua introdução como figuras dominantes dos deuses gregos uma parte difícil de ser estabelecida, mas que provavelmente é muito importante. Mas a este mundo de belos e bondosos deuses, com traços muito humanos, com que os gregos se relacionavam com muita liberdade, opõe-se na vida grega, talvez desde o início, mas de qualquer modo já no período com que nos ocupamos, uma corrente religiosa diferente, porém mais ou menos de igual intensidade. Em grande parte, esta "corrente secundária", certamente, não é de origem grega, mas foi trazida do Oriente para a Grécia. Ao contrário da religião homérica, que respira imanência e claridade, ela está voltada para as trevas e o além, e conhece conceitos como pecado, penitência e purificação. Os cultos místericos (mistérios eleusinos, culto de Dioniso, culto orfeico) sempre apresentaram o caráter de doutrinas secretas – e é a partir desse fato que podem ser explicados os parcos conhecimentos que deles chegaram à posteridade. Grandes partes da população grega – e mais tarde também da romana – aderiram a ela. Na filosofia, os elementos provenientes dessa corrente chegaram muitas vezes a ter uma importância muito grande, como entre os pitagóricos, em Platão, e mais tarde no neoplatonismo.

---

1. ZELLER, E. *Grundriss der Geschichte der griechischen Philosophie*. 12. ed. Leipzig, 1920.

Sobre as formas externas da vida religiosa, observe-se ainda que em nenhuma época, posterior ou anterior, os gregos possuíram um estado sacerdotal socialmente forte, ou com influência espiritual comparável ao sacerdócio indiano ou egípcio. Por isso os sacerdotes gregos, como um todo, nem impediram de maneira decisiva o desenvolvimento do livre-pensamento, como no Egito, nem tiveram grande influência na formação das ideias religiosas e na organização de seus sistemas religiosos e filosóficos, como na Índia.

O tempo em que o espírito grego, desvinculando-se aos poucos da religião tradicional e em parte criticando vivamente seu imaginário, dá início à tentativa de explicar o mundo por meio do *pensamento* racional e a partir de causas *naturais* – que no início deste livro foi considerada como a característica decisiva para que se pudesse falar de filosofia em sentido próprio –, situa-se em torno do ano 550 aC. Se voltarmos a olhar as datações feitas nos dois capítulos anteriores, chegamos ao fato extremamente notável de que essa mudança decisiva para a história do mundo corresponde cronologicamente às revoluções espirituais de alcance semelhante na Índia e na China. Na China a atuação de Lao Tse (cerca de 609-517 aC) deve ser situada em meados do século 6º. A de Confúcio veio logo depois. Na Índia surgiram ao mesmo tempo Mahavira, o fundador do jainismo (cerca de 599-527), Buda (cerca de 563-483) e outras personalidades importantes. Na Grécia surgiu nesse mesmo período, quase que de repente, como se pode dizer, uma série de pensadores que vieram a ser os fundadores da filosofia grega (e da ciência como tal). O quadro se completa quando consideramos que pela mesma época, no antigo judaísmo, manifestaram-se as figuras proféticas de um Jeremias (em torno de 600 em Jerusalém) e de um Ezequiel (em torno de 580 na Babilônia), e que possivelmente também Zaratustra, fundador da antiga religião persa, pertença a esta mesma época (este último ponto é muito discutido).

O fato de em diferentes lugares do globo terrestre, e em numerosas culturas praticamente isoladas umas das outras, o espírito humano haver dado tão imenso passo para a frente, como que revelando-se nas citadas personalidades, provoca nossa admiração, ao mesmo tempo que continua inexplicável. Em face deste curioso acúmulo, algo dentro de nós se rebela contra o atribuir-se tudo isso a um mero "acaso". Porém uma "explicação" convincente destas coincidências não foi encontrada até hoje. É possível que continue sendo para sempre um mistério. Um filósofo alemão contemporâneo denominou este período de "eixo da história universal"[2].

A história da filosofia grega – e da romana, que substancialmente pode ser vista como derivada da grega – ocupa um período de aproximadamente um milênio. Começa com o 6º século aC e termina com o século 6º dC. A uma visão sinóptica, quase que por si mesma ela se divide em três períodos claramente distintos.

O período *mais antigo* tem início com o aparecimento quase simultâneo de uma série de pensadores, todos possuidores de uma característica comum: de que – desvinculando-se de ideias teológicas – eles estão em busca de uma *matéria primordial.* Esta linha é designada como

---

2. JASPERS, K. *Vom Ursprung und Ziel der Geschichte.*

a filosofia natural mais antiga. A ela seguem-se por um lado Pitágoras, cujo pensamento enverada por uma linha mística orientada pelo conceito do número, e por outro as escolas mais recentes da filosofia da natureza. Todas elas têm como objetivo buscar uma explicação para o mundo natural, sendo, nesse sentido, *filosofias da natureza*; e, como método, trabalharem com uma reflexão "ingênua", isto é, uma reflexão que não chega ainda a ser crítica, mas que neste sentido é *dogmática*[3]. Em suma, a filosofia dessa época é considerada como dos *pré-socráticos*, uma vez que atuaram antes de Sócrates. Este período mais antigo vai de cerca de 600 aC até o início do 4º século.

No limiar do primeiro para o *segundo período principal* encontramos os sofistas gregos, que descobrem as contradições do pensamento filosófico de então, e, ao mostrarem que não é suficiente, preparam o caminho para os três maiores pensadores produzidos pelo helenismo: *Sócrates, Platão, Aristóteles*, dentre os quais o mais jovem sempre é discípulo do mais velho. É aqui que o pensamento grego alcança sua estatura ímpar. São formados todos os ramos do trabalho filosófico que nos são conhecidos: lógica, metafísica, ética, filosofia da natureza e da sociedade, estética, pedagogia. Este verdadeiro desabrochar da filosofia grega, que tem Atenas como centro e que por isso é chamado de ático, inicia-se com o surgimento dos sofistas, em meados do 5º século, e prolonga-se até a morte de Aristóteles no ano 322 aC. Comparada com a história política dos gregos, a parte mais importante desse período situa-se já depois da idade de ouro, no início da decadência política. Os gregos, assim como outros povos, atingiram sua máxima maturidade espiritual depois de haverem perdido a liberdade, quando as sombras da ruína começavam a cair sobre o seu reino – é só no crepúsculo que as corujas de Minerva levantam voo, como disse Hegel. A este período, o mais importante de todos, nossa apresentação dedica o maior espaço.

O *terceiro período*, e o mais longo, abrange o tempo que se estende desde a morte de Aristóteles até a paulatina dissolução final, nos séculos pós-cristãos. Caracteriza-se por uma regressão do sentido para a pesquisa da natureza. Para as escolas dos *estoicos e epicureus*, que de início dominaram este período, o interesse maior está voltado para o homem e a ética. O mesmo pode-se dizer dos *céticos*, que aparecem pela mesma época. Da mistura deste sistema com os sistemas anteriores surgiu o assim chamado *ecleticismo*. No período pós-cristão, ideias e elementos platônicos misturaram-se, no *neoplatonismo*, com a religiosidade oriental. Com o 6º século dC, a filosofia grega, como fenômeno independente, desapareceu do palco da história.

Mas seu papel histórico não se encerrou com isso. Juntamente com outros elementos da formação grega, passou a ser, ao lado do cristianismo, o segundo pilar da cultura ocidental.

---

3. ZELLER, E. Op. cit., p. 29.

1
A filosofia pré-socrática até o surgimento dos sofistas

Não foi conservada por inteiro a obra, nem sequer um único escrito, de nenhum filósofo do período pré-socrático. Muitos desses pensadores nada deixaram por escrito, e de outros as obras se perderam.

Diante disso, tanto mais espantosa nos parece a influência destes homens, que pensaram os primeiros e mais primitivos pensamentos do Ocidente – influência que se mantém até hoje, e que vem passando mesmo por um período de revitalização. Como fontes diretas, isto é, como testemunhos provenientes dos próprios pensadores, nós não possuímos deste período mais do que os assim chamados fragmentos pré-socráticos.

Se dependêssemos unicamente destes, nós estaríamos quase completamente às escuras; mas temos à nossa disposição muitas fontes indiretas. Estas, em parte, consistem de obras dos filósofos posteriores, que à apresentação de suas próprias opiniões antepõem uma discussão das opiniões mais importantes dos que os antecederam – costume esse que se tornou comum com o exemplo de Aristóteles.

As fontes indiretas, por outro lado, consistem das obras dos sábios que se ocuparam diretamente com a apresentação da história da filosofia, obras estas que foram melhor conservadas – e os estímulos para isso partiram igualmente de Aristóteles. Como exemplo destes últimos, mencionamos os dez livros de Diógenes Laércio (por volta de 220 dC), sobre a vida e a doutrina dos filósofos mais notáveis.

As obras antigas em que as doutrinas (em grego, *doxai*) dos diferentes filósofos sobre determinadas questões são colocadas lado a lado, em forma de sinopse, são chamadas de doxografias.

I. Os filósofos da natureza, de Mileto

Na estreita faixa litorânea da orla ocidental da Ásia Menor, ao longo do Egeu, os jônios, a mais genial tribo grega, haviam erguido doze florescentes cidades. Era aqui que acabavam as grandes estradas das caravanas provenientes do interior do continente asiático, e era aqui que as mercadorias trazidas pelas caravanas eram transferidas para os navios e despachadas para a

Grécia. Com o fluxo das mercadorias do Oriente, por esse mesmo caminho chegou também para os gregos o conhecimento de muitas conquistas culturais dos povos asiáticos. Astronomia e calendário, moedas e pesos, talvez também a escrita, vieram do Oriente, primeiramente para os jônios da Ásia Menor, sendo por estes, em seguida, transmitidos aos demais gregos. A mais meridional dessas doze cidades jônicas era Mileto, no 6º século um importante porto comercial, e possivelmente a mais rica cidade do mundo grego de então. Esta cidade, onde se entrecruzavam raças, línguas e religiões, é o lugar de nascimento da ciência e da filosofia grega, e com ela também da ocidental.

1. Tales

O primeiro dos filósofos da natureza de Mileto, Tales, atuou na primeira metade do 6º século. Tales era antes de tudo um viajado e sofisticado negociante, que entre outras coisas teria feito uma viagem ao Egito. Em segundo lugar ele era um estadista, e em terceiro lugar um versátil estudioso da natureza; possuía provavelmente conhecimentos astronômicos obtidos do Oriente, para espanto de seus contemporâneos tendo predito corretamente um eclipse do sol; ocupou-se com o magnetismo; determinou a altura das pirâmides do Egito, medindo sua sombra a uma determinada hora do dia; descobriu um bom número de teoremas fundamentais da matemática, um dos quais ainda leva o seu nome. Por fim era um filósofo, até bem pouco tempo atrás considerado o pai da antiga e da moderna filosofia.

É incontestada a fama de Tales como o primeiro grego a acolher o conhecimento oriental no campo da matemática e da astronomia, e a levá-lo independentemente adiante. Os gregos consideraram-no o primeiro dos "Sete Sábios" do mundo antigo. É provável que pensador tão eminente, com tão amplos conhecimentos, se tenha interrogado também a respeito da essência mais profunda das coisas. De acordo com uma tradição antiga, interrogado qual seria a coisa mais difícil de todas, ele teria respondido: "Conhecer a si mesmo", e qual a mais fácil: "Dar conselho aos outros"; o que seria Deus: "Aquilo que não tem começo nem fim"; e como se pode viver de maneira perfeita e virtuosa: "Nada fazendo do que condenamos nos outros"[4]. Não se sabe até que ponto Tales chegou a conclusões filosóficas gerais. Não é conhecido dele nenhum escrito filosófico[5]. E o que até pouco tempo atrás era considerado como a ideia básica de sua filosofia da natureza, que a matéria primordial de onde tudo teria saído seria a água – passou mais recentemente a ser atribuído a seu sucessor[6].

---

4. Diógenes Laércio. Thales, VIII. Apud WILL, D. *Das Leben Griechenland*. Berna, s.d., p. 175 [segundo volume de *Geschichte der Zivilisation*].

5. ZELLER, E. Op. cit., p. 38.

6. LEISEGANG, H. *Griechische Philosophie von Thales bis Platon*, 1922, p. 29-31.

2. Anaximandro

Anaximandro foi um concidadão de Mileto, mais ou menos contemporâneo de Tales. À sua vida é atribuído o período aproximado de 611 a 549 aC[7]. Uma vez que a fama de Tales é incerta, Anaximandro deve ser considerado o verdadeiro criador da filosofia como disciplina autônoma. Suas opiniões foram lançadas em um escrito – não conservado – que provavelmente tinha como título "Sobre a natureza" – um título que frequentes vezes foi usado mais tarde[8]. O princípio do mundo e a causa de todo ser é para ele algo indeterminado e ilimitado (em grego *apeiron*), de onde separaram-se o frio e o quente, o seco e o molhado. Com a ideia de que a terra – que ele imagina flutuando livremente no espaço – teria estado primeiramente em estado líquido, e que aos poucos, ao se enxugar, teria produzido os seres vivos, que de início viveram na água e mais tarde passaram para a terra[9], ele antecipou um pouco da moderna teoria da evolução. Ele faz a primeira tentativa de explicar fisicamente o movimento dos astros com sua doutrina de que um círculo de fogo, que inicialmente envolvia a terra, depois de romper-se passou a girar em torno da terra irradiando fogo[10]. Do indeterminado e ilimitado, de acordo com uma lei eterna, sempre de novo surgem novos mundos, que a ele retornam novamente, "castigando-se e penitenciando-se mutuamente pela injustiça segundo a ordem do tempo", como dizem as palavras finais de seu único fragmento que se conservou literalmente[11], e que permitem adivinhar a profundidade e a seriedade de sua doutrina. Martin Heidegger dedicou a essa frase um importante artigo[12].

3. Anaxímenes

O terceiro dos filósofos da natureza de Mileto, contemporâneo de Anaximandro (considera-se que tenha morrido em 527 aC), considerou como matéria primordial o ar, se bem que não no sentido literal, pois por esta palavra ele entendia também a alma – como hálito vivificante. Também ele propunha uma alternância periódica de origem e destruição do mundo. O que as doutrinas dos três sábios de Mileto possuem em comum é a tentativa de explicar o surgimento de todos os seres a partir de uma matéria primordial última, ou de um princípio último materialmente entendido. Para o restante da filosofia grega, e, para nós, sua importância encontra-se não tanto na maneira como tentam explicar detalhadamente esse princípio – por mais interessantes que possam ser certos detalhes à luz dos conhecimentos científicos moder-

---

7. DURANT, W. *Griechenland*, p. 175.
8. ERDMANN, J.E. *Grundriss der Geschichte der Philosophie, bearb. von Clemens*. Berlim/Zurique, 1930, p. 16.
9. ZELLER, E. Op. cit., p. 41.
10. Ibid., p. 40.
11. ERDMANN, J.E. Op. cit., p. 17.
12. HEIDEGGER, M. Der Spruch des Anaximander. In: *Holzwege*. Frankfurt a.M., 1950.

nos –, mas muito mais no fato de serem eles os primeiros que tentam aproximar-se da questão com pensamento científico e livre de preconceitos, como também na ousadia com que atribuem a múltipla variedade dos fenômenos a um princípio primordial.

II. Pitágoras e os pitagóricos

1. Vida e doutrina de Pitágoras

A fama de haver criado a ciência grega, sobretudo a matemática, pode com igual razão ser atribuída tanto aos sábios de Mileto quanto a Pitágoras. Este matemático, astrônomo e filósofo, originário de Samos, viveu entre 580 e 500. Após longos anos de peregrinação, que segundo fontes antigas o teriam levado até o Egito e o Oriente – muita coisa em sua doutrina fala também a favor disso –, ele atuou como professor e criador de uma ordem religiosa em Cróton, a atual Crotona, no Sul da Itália. De acordo com a tradição, deixou sua pátria por não concordar com a tirania de Polícrates, que nos é conhecida pela balada de Schiller *O anel de Polícrates* (baseada em Heródoto).

Na matemática, o nome de Pitágoras está associado antes de tudo ao teorema de que o quadrado construído sobre o lado maior de um triângulo retângulo é igual à soma dos quadrados construídos sobre os dois outros lados (teorema de Pitágoras). Também o fato de a soma dos ângulos de um triângulo ser igual a dois retos é atribuído a ele. Mas Pitágoras não se ocupava com a matemática como um fim em si mesma, nem como uma ciência especializada. Fez dela, assim como da teoria dos números, o centro de sua filosofia. Aliás, segundo uma antiga tradição, Pitágoras foi o primeiro a empregar a palavra "filosofia", no sentido que hoje nos é familiar. Pois parecia-lhe presunçoso denominar a si mesmo de "*sophos*", isto é, um sábio, como era usual até então, por isso ele adotou, com mais modéstia, o nome de "*philosophos*", um amigo ou amante da sabedoria.

É nos números que a doutrina de Pitágoras vê o verdadeiro segredo do mundo, os elementos que o constituem. Cada número básico de 1 a 10 possui sua força e significado próprios, acima de todos a perfeição e abrangência do número dez. A harmonia do mundo (Pitágoras foi o primeiro a dar ao mundo o nome de "cosmos") se baseia em que nele tudo está organizado de acordo com relações numéricas. Para Pitágoras isto se comprova antes de tudo na música. Parece ter sido ele o primeiro a reduzir o acorde harmônico dos tons e os degraus da escala musical a relações numéricas, se bem que não no tocante às frequências das vibrações, mas sim quanto ao comprimento das cordas vibrantes.

A harmonia musical é reencontrada por Pitágoras na construção do universo. Como todo corpo que se move provoca um ruído, que depende do tamanho do corpo e da rapidez do movimento, assim também os corpos celestes, enquanto percorrem suas trajetórias, provocam uma constante "música das esferas" que, porém, não é percebida por nós. Desde Pitágoras, este belo pensamento de uma harmonia (no sentido musical) do universo sempre de novo tem reaparecido, não apenas como imagem poética, mas também nas ciências físicas e astronômicas. O grande astrônomo Kepler dedicou-lhe um livro.

Vemos que Pitágoras não procura, como os sábios de Mileto, encontrar o mistério do mundo em uma matéria primordial, mas sim em uma *lei primordial*, isto é, nas imutáveis relações numéricas entre os componentes do nosso mundo. A quem conhece o sistema periódico dos elementos e a interpretação que lhe foi dada pela ciência natural moderna, esta ideia não deixa de parecer um genial pressentimento.

Com a teoria dos números estão ligadas, em Pitágoras, profundas ideias religiosas e místicas, provavelmente de origem oriental, antes de tudo uma crença, estreitamente aparentada com a indiana, na migração das almas. Segundo esta crença, a alma imortal do homem passa por um longo processo de purificação, por meio de sempre novas reencarnações, também sob a forma de animais. Em consequência disso é encontrado na Índia o mandamento de não matar nem sacrificar nenhum animal, e de não comer carne. Uma vez que o objetivo da vida é redimir a alma do ciclo das reencarnações por meio da pureza e da piedade, também a ética pitagórica apresenta traços semelhantes aos da Índia: é exigida a autodisciplina, modéstia e continência.

2. Os pitagóricos

Uma série de rígidas regras fazia da associação religiosa criada por Pitágoras uma comunidade fechada para fora e que mantinha seus segredos, um Estado dentro do Estado. Os membros, ao ingressarem, tinham que jurar viver sóbria e modestamente, não matar nenhum animal que não atacasse o homem, e toda noite examinar sua consciência para ver que faltas haviam cometido e que mandamentos haviam transgredido[13]. Obrigavam-se também à obediência incondicional e à discrição. A associação aceitava também mulheres, e as "mulheres pitagóricas", formadas em filosofia e literatura, mas também nas habilidades femininas e caseiras, teriam sido consideradas na Antiguidade como o mais elevado tipo de mulher que a Grécia jamais produziu[14]. Era prescrito também um estudo de cinco anos, a ser absolvido sob estrito sigilo. A formação científica, ao lado da música, ginástica e medicina, era particularmente apreciada e favorecida pelos pitagóricos. A autoridade do mestre sempre estava acima de qualquer outra coisa; as descobertas científicas feitas na ordem eram atribuídas a ele, e "*autos epha*" – "ele mesmo disse" – passou a ser o mais forte reforço que se podia imaginar para qualquer frase.

A tentativa de envolver a força da associação pitagórica na política, e mais – de acordo com a atitude do próprio Pitágoras –, com uma forte tendência aristocrática, logo levou a ataques contra ele, e por último a um fim violento, quando a casa de reuniões dos pitagóricos foi incendiada em Crotona. Segundo certos relatos, o próprio Pitágoras e muitos de seus adeptos

13. Diógenes Laércio. *Pythagoras*. Op. cit.
14. DURANT, W. Op. cit., p. 201.

teriam morrido nessa ocasião, mas segundo outros ele teria abandonado o lugar e morrido em Metaponto, em avançada idade. Do ponto de vista histórico, a associação dos pitagóricos continua tendo importância como uma notável tentativa de se pôr em prática ideias religiosas e filosóficas em uma comunidade fechada e disciplinada.

As doutrinas de Pitágoras nos são conhecidas principalmente a partir dos escritos de Filolau; do próprio mestre nenhuma linha foi conservada. Sua influência não desapareceu com a extinção da ordem. Estende-se, pelo contrário, por toda a Antiguidade, ultrapassando de longe o círculo de seus adeptos imediatos. Nos séculos pós-cristãos a escola do neopitagorismo, ligada a Pitágoras, floresceu e teve prestígio por algum tempo.

III. Os eleatas

No litoral ocidental da Itália, ao sul da atual Salerno, ficava Eleia. Aqui, por conseguinte mais uma vez no terreno das colônias italianas dos gregos, surgiu, ao mesmo tempo que Pitágoras, uma escola de filósofos, que por causa do seu lugar de origem são chamados os eleatas. Seus representantes mais importantes são os três que seguem, dos quais o posterior sempre constrói sobre as ideias do que o precede.

1. Xenófanes

Nascido provavelmente por volta de 570 aC e proveniente da costa ocidental da Ásia Menor colonizada pelos gregos, Xenófanes, como poeta e cantor peregrino, percorreu durante décadas as cidades dos gregos, antes de fixar-se em Eleia, onde se tornou o fundador da escola filosófica. Os fragmentos que se conservaram apresentam partes de poemas, possivelmente poemas de doutrinas filosóficas.

É Xenófanes o primeiro a atacar ousadamente a antiga religião grega. Para ele os deuses do seu tempo, com seus numerosos traços por demais humanos, não parecem merecedores do nome divino. Ele acusa Homero e Hesíodo de atribuírem aos deuses feitos que entre os homens são considerados vergonhosos, como roubo, fraude e adultério. Em seu poema didático, do qual foram conservadas algumas partes, ele ridiculariza a ideia humanizada (antropomórfica) dos deuses. Os homens imaginam que os deuses nascem como eles, que possuem figura humana, que se movem de um lugar para outro, que usam roupas etc. Mas se os bois, cavalos e leões tivessem mãos e com elas pudessem fazer quadros ou estátuas dos seus deuses, sem dúvida alguma eles atribuiriam aos seus deuses a figura de bois, cavalos e leões, assim como os homens atribuem aos seus a figura humana. Os negros representam seus deuses negros e com nariz chato, os trácios dão aos seus olhos azuis e cabelos vermelhos. Na verdade, os homens nunca souberam nada de certo a respeito dos deuses, nem jamais o hão de saber. Para Xenófanes só uma coisa é certa: Não pode existir uma variedade de deuses, não pode existir um Deus exercendo domínio sobre os outros. O supremo e melhor só pode ser um. Este Deus único é onipresente, não podendo, nem na figura nem no comportamento, comparar-se aos mortais. Mas, para Xenófanes, o Deus supremo é idêntico à unidade do universo, de modo que sua doutrina pode ser chamada de panteísta – apesar de os fragmentos que se conservaram também permitirem outras interpretações.

Xenófanes, assim, é provavelmente o primeiro entre os filósofos gregos a com sóbria lógica investir contra a religião tradicional, e também contra toda espécie de superstição e de crença em milagres, e ainda contra a doutrina da migração das almas. Ao equiparar o ser supremo com a unidade do universo, ele é ao mesmo tempo o criador da doutrina de um ser eterno e imutável por trás da variedade dos fenômenos – doutrina esta formulada coerentemente por seus sucessores.

2. Parmênides

Nascido por volta de 525 aC em Eleia, cidade da qual foi mais tarde um prestigiado cidadão, Parmênides, talvez discípulo de Xenófanes, veio a ser o mais importante pensador da escola eleática. Foi um dos filósofos mais respeitados da Antiguidade. Adotou a ideia de Xenófanes sobre o único ser imutável, dando-lhe forma sistemática. Não podemos determinar quais as ideias que Parmênides assumiu de Xenófanes, nem quais as que são erroneamente atribuídas a este último. Platão deu a um de seus diálogos o título de "Parmênides", onde faz o já idoso Parmênides e seus discípulos Zenão (com cerca de 40 anos) e Sócrates (como um jovem) discutirem entre si.

Um poema didático do qual foram conservados fragmentos (cerca de 150 linhas em hexâmetros) descreve uma viagem de Parmênides do reino da noite a uma deusa no país da luz (da verdade). Por um lado, verdade e conhecimento se contrapõem, aparência e mera opinião por outro. O verdadeiro saber é alcançado pelo puro conhecimento da razão. Mas este ensina que só pode existir um ser, mas não um não ser. Só o ser é, o não ser não é nem pode ser pensado[15]. Por "ser" entende-se aqui o que ocupa espaço, portanto nega-se a possibilidade de um espaço vazio. Admitir um movimento pressupõe sempre um não ser – pois para que um corpo possa mover-se a um determinado lugar é preciso que antes tenha existido aí espaço vazio, por conseguinte nada. Dá-se o mesmo com a suposição de uma evolução, de um devir – pois se alguma coisa deve "vir a ser", antes ela ainda não "é". Segue-se daí, para Parmênides, a ousada conclusão de que na realidade não pode existir nem devir nem movimento, mas somente o ser que permanece imutável. Como o ser tudo preenche, também não existe um pensamento que se oponha ao ser. Pelo contrário, pensamento e ser são uma só coisa. Os sentidos, ao nos apresentarem um mundo de constante devir e perecer, e de constante movimento, nos enganam; eles são a fonte de todo erro[16]. – Aqui, como praticamente em todos os pré-socráticos, qualquer interpretação a partir dos fragmentos de texto é incerta e discutível.

---

15. ZELLER, E. Op. cit., p. 61 (Fragmentos 4, 6, 1 s)
16. Ibid.

3. Zenão de Eleia

A doutrina de Parmênides, com a negação da mudança, nos soa bastante contestável, e contestações é o que desde o início não lhe faltaram. Seja como for, seu discípulo Zenão (nasc. em torno de 490 aC), cuja diferença de idade em relação a Parmênides é de uma geração, assim como a deste último em relação a Xenófanes, considerou como sua principal tarefa defender a doutrina de Parmênides contra as objeções críticas. Com isto ele desenvolveu uma arte de raciocínio tão sutil e arguta que passou a ser considerado o fundador da dialética, que posteriormente teve grande florescimento na Grécia[17]. – Mais uma vez só se conservaram no original uns poucos fragmentos; tudo o mais que se sabe (ou se julga saber) a respeito de Zenão baseia-se nos escritos de Platão, de Aristóteles ou de fontes mais tardias; o mesmo vale também com referência aos paradoxos, mencionados sob os números 1 e 2. Zenão parte da acusação de contraditoriedade feita contra a negação da multiplicidade e da mudança, ensinada por Parmênides, e propõe-se provar que, se admitirmos uma pluralidade do ser e uma realidade do movimento, iremos cair em insolúveis contradições. Como exemplos de sua argumentação, apresentamos duas de suas provas contra o movimento.

1) Numa corrida entre Aquiles e a tartaruga, se esta receber mesmo que seja uma pequena vantagem, Aquiles jamais poderia ultrapassá-la. Pois no momento em que Aquiles alcança um determinado ponto A em que a tartaruga se encontrava no momento imediatamente anterior, esta já terá avançado até o ponto B. Quando ele alcançar este ponto, a tartaruga já o terá deixado e avançado para C, e assim por diante. A vantagem, portanto, pode tornar-se menor, mas nunca poderá ser superada!

2) Uma flecha que foi lançada, quando considerada em qualquer momento de seu percurso, encontra-se em um determinado lugar do espaço, onde nesse momento ela está em repouso. Mas se em cada momento do seu percurso ela está em repouso, estará em repouso como um todo; quer dizer, a flecha lançada não se move. Não existe movimento.

Evidentemente não se deve admitir que Zenão estivesse seriamente convencido de que a tartaruga não poderia ser ultrapassada. Seus argumentos – que adquiriram grande notoriedade na Idade Antiga – tinham um fim negativo. Ele queria mostrar aos adversários de Parmênides que mesmo em suas próprias ideias é fácil encontrar contradições. Mas não deve a argúcia empregada por Zenão iludir-nos sobre a fraqueza de seus argumentos. Se eu decomponho o tempo em que a flecha está em voo em momentos isolados, nesse caso, escolhendo os momentos infinitamente curtos, em cada um deles a flecha parecerá estar em repouso. Mas na realidade o tempo não consiste de uma série de momentos; a essência do tempo consiste exatamente em ser um fluxo contínuo passando por cada ponto. Decompor o tempo em momentos individuais não é próprio da natureza do tempo, isto provém do nosso pensamento! Mas acautele-se o honrado leitor. Logo que se acredita haver refutado Zenão com argumentos do

---

17. Ibid., p. 63.

"são entendimento humano", aparece um argumento contrário – tem início um verdadeiro processo dialético.

Pode-se verificar, sem exagero, que as argumentações de Zenão (com as quais gerações inteiras de lógicos e matemáticos vieram a ocupar-se) pelo menos em um ponto continuaram pioneiras para todas as filosofias que vieram mais tarde: elas nos abriram os olhos para o fato de que mesmo as mais claras suposições e afirmações, por mais evidentes que nos pareçam, podem, quando submetidas a uma análise crítica, revelar-se como duvidosas, frágeis e contra-ditórias – por exemplo, quando introduzimos um conceito como "infinito".

IV. Heráclito e os filósofos da natureza, do quinto século

1. Heráclito

Possivelmente ainda no grandioso sexto século (as datações não são muito exatas), e no-vamente no território das colônias gregas distantes da metrópole, agora mais uma vez na Jô-nia, na Ásia Menor, nós nos deparamos com um pensador da série dos fundadores da filosofia grega que por muitos é considerado como o mais profundo (ou o mais enigmático). Em Éfeso, uma cidade então florescente – que no interior de seus muros guardava o maior templo jôni-co, contado entre as sete maravilhas do Mundo Antigo –, nasceu Heráclito, por volta do ano 540 aC, proveniente de uma ilustre família, cognominado o Obscuro.

Solitário, desprezador da massa e inimigo da democracia, Heráclito, no viver como no pen-sar, buscava caminhos próprios, ainda inexplorados. Lançou suas ideias em um trabalho sobre a natureza. Trata-se de um escrito formulado de maneira extremamente provocante e individual, rico em imagens e comparações, procurando expressões o mais possível concisas, e por sua con-cisão aforística – provavelmente proposital – considerado obscuro. Pelo menos é esta a impres-são que transmitem os mais de cem fragmentos isolados que dele nos foram conservados. Herá-clito, na idade avançada, ter-se-ia isolado por completo nas montanhas, alimentando-se de plantas e levando vida de eremita – provavelmente o primeiro eremita do Ocidente. A erudição, no sentido de simplesmente saber muitas coisas, não conta por parte de Heráclito com muito apreço. Ela não consegue formar o espírito; se o conseguisse – assim diz ele, visando indireta-mente alguns pensadores que viveram antes dele –, teria iluminado Hesíodo, Pitágoras e Xenó-fanes. O que importa é encontrar a única ideia que esclarece o mistério do mundo.

Também Heráclito percebe uma unidade para além da diversidade. Mas não a vê, como por exemplo Parmênides, simplesmente em um ser imutavelmente constante, como também no devir e na diversidade ele não vê apenas ilusões. Mas não a vê também no contrário, num fluxo sem fim de todas as coisas. Nisto ele foi muitas vezes mal-entendido, tanto pelos críticos posteriores como por seus contemporâneos, por exemplo Parmênides, cuja doutrina do ser pode ser formulada quase que se opondo diretamente a Heráclito. Heráclito, entretanto, for-mulou o dito: "Não podemos entrar duas vezes no mesmo rio" (pois entrementes novas águas fluíram, e também da segunda vez nós mesmos já nos tornamos outros). A célebre palavra "Tudo flui, nada permanece" não é encontrada entre os fragmentos conservados, mas lhe é unanimemente atribuída pelos sábios antigos e novos[18]. Ele, de certo, teve uma profunda experiência do mistério do tempo e da eterna transformação[19]. Mas não é nisto que se encontra a grandeza do seu conhecimento, e sim que sob o fluxo incessante ele enxerga uma unidade, uma lei única, a unidade na diversidade e a diversidade na unidade![20] Mas na verdade, o *logos*, que segundo Heráclito dirige o acontecer no mundo (que ele considera incriado, portanto existente desde a eternidade) e ao qual os homens devem escutar – será que tal palavra pode realmente ser traduzida? Ela pode significar "declaração", "discurso racional", "princípio", "fórmula" e também – de uma maneira mais ou menos abstrata – ser por nós interpretada como "lei do mundo"; a interpretação continua incerta, ainda mais que Heráclito certamente não estava preocupado em dar uma definição clara, nem muito menos em esclarecer seus conceitos do ponto de vista crítico e linguístico; nisto ele é muito mais um pensador "ingênuo", equiparando a palavra com a coisa a que a palavra se refere.

Também Heráclito parece haver admitido uma substância primordial, mas não a água ou o ar, como os miletianos. Ele fala de um fogo primordial do qual, segundo uma lei eterna – "em medidas" –, ao arder e voltar a extinguir-se, surge o mundo com seus contrastes, e no qual ele volta novamente a cair. É provável que com isto ele não esteja pensando tanto em fogo no sentido literal, mas antes num significado mais geral e transposto, poder-se-ia talvez dizer, no sentido de uma energia primordial. Parece falar a favor disto que para ele o fogo primordial é ao mesmo tempo o divino, e que uma parte do mesmo ele a vê na alma humana.

A grande lei, segundo a qual da única energia primordial surge constantemente a variedade, é a unidade dos opostos. Todo desenvolvimento ocorre na interação polar de forças que se opõem. "Deus é dia e noite, inverno e verão, guerra e paz, abundância e fome." Na luta entre ideia e ideia, entre ser humano e ser humano, entre homem e mulher, classe e classe, povo e povo, configura-se a totalidade harmoniosa do mundo. Neste sentido o combate, a guerra, é "o pai de todas as coisas, o rei de todas as coisas". Toda coisa em seu próprio ser tem necessidade do seu oposto. "Não entendem como, separadas, unem-se consigo mesmas no sentido: união de contrários, como a do arco e da lira"[21]. Por isso estão errados aqueles que anseiam por uma eterna paz, terminando com toda luta. Pois cessando as tensões criativas, surgiria o repouso total e a morte. Por isso também não seria bom para o homem chegar à satisfação de todos os seus desejos. Pois é a doença que torna a saúde agradável, o bem só aparece quando comparado ao mal, a satisfação à fome, o descanso ao esforço.

---

18. DURANT, W. Op. cit., p. 183. • ZELLER, E. Op. cit., p. 67.
19. ERDMANN, J.E. Op. cit., p. 18.
20. Ibid., p. 19.
21. DURANT, W. Op. cit., p. 184.

Com esta doutrina da mútua pertença e do mútuo agir dos contrários, Heráclito criou um primeiro modelo da teoria dialética do desenvolvimento, que mais de dois milênios após sua morte iria ressurgir em Hegel e no materialismo dialético dos marxistas, e que talvez represente até agora a mais bem-sucedida tentativa do espírito humano de enfrentar o mistério do devir e do pensar. (Deve-se observar que "dialética" pode ser empregada em dois sentidos; no sentido original, surgido entre os gregos, como arte da argumentação em discurso e réplica – pois o termo é derivado da palavra grega para "conversar"; e no sentido mais moderno, para uma doutrina do desenvolvimento que enxerga a lei do progresso no fluxo do devir, sempre em um plano diferente, no sempre renovado jogo de forças opostas – onde, portanto, a "conversa" não se dá entre os filósofos que discutem, mas sim entre as forças opostas da própria realidade.)

Se nos for permitido traduzir *logos* pela "razão do mundo que tudo penetra", da qual o homem participa e na qual nossa alma recai após a morte "como uma luz que se extingue na noite", com isto Heráclito certamente se encontra no caminho que leva da multiplicidade dos deuses gregos ao único Deus no qual tudo repousa e no qual todos os contrastes se extinguem. Apesar de Heráclito com certeza não ter dado esse passo conscientemente – sua frase: "Para (o) Deus todas as coisas são belas e boas e justas; os homens é que consideram uma justa e a outra má", aponta certamente nessa direção.

Ao contrário dos seus antecessores, Heráclito não se ocupa unicamente com o mundo material e suas pretensas causas. Ele lança também um olhar para as profundezas da alma humana – "Esquadrinhei a mim mesmo", diz uma frase enfatuada sua – e situa o homem e o comportamento humano dentro de um contexto metafísico de sentido[22]. Só em Platão e Aristóteles é que o pensamento filosófico grego atinge uma profundidade semelhante e uma amplitude tão abrangente.

A influência do pensamento de Heráclito não é encontrada tanto em uma escola própria – que também chegou a existir –, mas ela se estende até os nossos dias. O conceito do *logos*, por ele introduzido, transformou-se no Verbo divino da teologia cristã. Já ficou dito que sua doutrina da unidade dos opostos retorna em Hegel. Também a teoria da evolução de Herbert Spencer é aparentada com ela. A ideia de Heráclito, da luta como mãe de todas as coisas, volta a ressoar em Nietzsche e Darwin. Os fragmentos que esta figura sombria e misteriosa deixou na história da filosofia continuam a existir como a fonte profunda, jamais esgotada, de um saber primordial que se encontra meio soterrado.

2. Empédocles

Empédocles, nascido por volta de 490 aC em Akragas (Agrigento) na Sicília, estadista, poeta, professor de religião, profeta, médico, taumaturgo e filósofo, é para a história menos importante como pensador original do que como alguém que dos sistemas anteriores esco-

---

22. ERDMANN, J.E. Op. cit., p. 20.

lheu ideias e buscou organizá-las em um todo novo. Tem sido, por isso, denominado um ecléctico. Nos fragmentos dos poemas didáticos compostos por ele nós nos deparamos, por exemplo, numa forma poeticamente bela, com ideias de migração das almas defendidas também por Pitágoras, e que nos são conhecidas a partir da Índia. Deparamo-nos com a ideia, desenvolvida por Heráclito e outros, de uma alternação periódica de nascimento e destruição do mundo. Mas há certas ideias que foram propostas pela primeira vez por Empédocles, pelo menos na forma que lhes foi dada por ele, e é antes de tudo nestas que percebemos o fundamento de sua permanente importância. Destacamos aqui brevemente as mais importantes.

1) Na filosofia miletiana da natureza foi declarada como matéria primordial primeiramente a água, mais tarde o ar, e por Heráclito o fogo. Entre os eleatas, o que é mais fortemente considerado como matéria primordial é a terra. Empédocles, então, é o primeiro a colocar com iguais direitos estas quatro matérias primordiais uma ao lado da outra, com isto despertando na consciência popular, e também entre nós, a ideia até hoje em voga dos *quatro elementos*, fogo, água, ar e terra. Com isto ele leva a uma certa conclusão a antiga filosofia da natureza, que procura uma matéria primordial[23].

2) Como forças impulsionadoras e organizadoras de todo acontecer, nós encontramos em Empédocles uma força que une e outra que separa, por ele chamadas de *amor* e *ódio* (atração e repulsão). No desenvolvimento do mundo predomina alternadamente uma ou outra dessas forças. Em dado momento todos os elementos são reunidos em perfeita e feliz unidade pelo "amor", em outro eles se separam uns dos outros pelo "ódio". Entre os dois ficam os estados de transição, em que os seres individuais surgem e desaparecem[24].

3) A origem dos seres vivos, segundo Empédocles, ocorreu de tal maneira que primeiramente surgiram os organismos inferiores e depois os mais elevados, primeiro as plantas e animais e depois os homens; primeiro existiram seres que uniam em si mesmos os dois sexos, e mais tarde os sexos se manifestam separados em dois indivíduos distintos. São ideias que apresentam ressonância com a moderna teoria da evolução.

4) Para o conhecimento, Empédocles estabelece o princípio de que todo elemento do mundo exterior é reconhecido por um elemento da mesma natureza que se encontra em nós – uma ideia que ressoa na palavra de Goethe:

> Não fosse o olho brilhante e luminoso,
> jamais poderia ver o sol...[25]

Com o fim de reforçar a opinião de que era divino, difundida enquanto viveu – ele mesmo estava convencido disto –, Empédocles, de acordo com uma antiga tradição, ter-se-ia jogado na cratera do Etna, a fim de que fossem apagados todos os vestígios de sua morte e de que fos-

---

23. Ibid., p. 28.
24. ZELLER, E. Op. cit., p. 73.
25. ERDMANN, J.E. Op. cit., p. 28-29.

se criada a lenda de um fim sobrenatural. Mas o vulcão teria feito com que este propósito fracassasse, cuspindo fora um sapato de Empédocles.

3. A teoria atômica de Leucipo e Demócrito

Pouca coisa se sabe a respeito de Leucipo, o criador do mais importante sistema de filosofia da natureza da antiga filosofia grega. Era proveniente de Mileto ou de Abdera, na Trácia, situada no litoral norte do Egeu, onde atuou em meados do 5º século. De sua doutrina só foi conservado um único fragmento: "Coisa alguma surge por acaso, tudo surge com sentido e por necessidade"[26]. Esta é provavelmente a primeira formulação clara da lei de causa e efeito. Sua teoria atômica só nos é conhecida por intermédio de seu grande discípulo Demócrito, que provavelmente acolheu em seu sistema tudo quanto foi ensinado por Leucipo.

Demócrito era proveniente de Abdera, o local onde o seu mestre atuou e viveu aproximadamente de 470 a 360 aC – diz-se que teria alcançado 109 anos de idade.

A considerável fortuna herdada por Demócrito foi empregada em viagens de estudo, que o teriam levado ao Egito, à Pérsia e à Índia. Seja como for, ele afirma a respeito de si próprio: "Mas dos meus contemporâneos fui o que mais andou pela terra, sendo o que mais amplamente pesquisou, e o que conheceu a maioria dos céus e dos países, e ouviu o maior número de sábios..."[27]

Depois que retornou à pátria, levou até o fim uma vida modesta e reservada, inteiramente dedicada ao estudo e à reflexão. Manteve-se distante dos debates públicos, e também não fundou nenhuma escola. Formamos uma ideia de sua versatilidade quando ouvimos que suas publicações, segundo uma fonte da Antiguidade, ocuparam-se com matemática, física, astronomia, navegação, geografia, anatomia, fisiologia, psicologia, medicina, música e filosofia[28]. Os ensinamentos de Leucipo foram organizados por Demócrito em um sistema fechado.

Cheio e vazio: Os filósofos eleatas, sobretudo Parmênides, haviam mostrado que a variedade, o movimento, a mudança, a origem e o fim não poderiam ser pensados se não fosse admitida a existência de um não ser, de um espaço inteiramente vazio; e como lhes parecia impossível supor isto, eles chegaram a negar o movimento, a diversidade etc., e a afirmar a única realidade de um ser imutável. Mas Demócrito, por um lado, estava convencido de que uma origem absoluta a partir do nada não podia ser imaginada – isto estaria também em contradição com o princípio de Leucipo do caráter necessário de todo acontecer. Por outro lado, no entanto, não lhe pareceu que se pudesse negar a existência do movimento e da diversidade, como os eleatas. Assim, em oposição a Parmênides, ele se decidiu a admitir a existência de um

---

26. DIEHLS, H. *Die Fragmente der Vorsokratiker*. 5. ed., 1934, II, p. 81.
27. Ibid., II, p. 208.
28. DURANT, W. Op. cit., p. 412.

não ser, ou seja, do espaço vazio. De conformidade com isto, o mundo, segundo Leucipo e Demócrito, consiste de um cheio que enche o espaço, o ser, e de um não ser vazio, o espaço[29].

Os átomos: Mas o cheio que enche o espaço não é uno. Consiste de inúmeros corpúsculos, que dada sua pequenez não podem ser percebidos. Estes não têm em si nenhum vazio, mas preenchem por completo seu espaço. Também não são divisíveis, pelo que são chamados de "átomos", isto é, indivisíveis. Com isto Leucipo e Demócrito são os primeiros a introduzir no debate científico este conceito. Não poderiam imaginar quanta importância teórica e prática ele haveria de ter um dia. Os átomos são imperecíveis e imutáveis, consistem todos da mesma matéria, mas são de diferentes tamanhos, e de um peso correspondente a este tamanho. Todo perecer consiste na separação dos *átomos* que até então se encontravam unidos[30]. Os átomos mesmos são incriados e indestrutíveis. Seu número é ilimitado.

Qualidades primárias e secundárias: Todas as propriedades das coisas baseiam-se nas diferenças de forma, posição, tamanho e ordem dos átomos de que são compostas. Não obstante, somente as propriedades do peso, densidade (impenetrabilidade) e dureza são atribuídas às coisas em si, isto é, elas são, como se passou a dizer mais tarde, qualidades "primárias". Tudo mais quanto nos aparece como propriedade de uma coisa, como cor, calor, cheiro, gosto, sons que produz – tudo isto não está situado nas coisas mesmas, mas se deve apenas à peculiaridade dos nossos sentidos e da nossa capacidade de percepção, é algo que nós acrescentamos às coisas, não possui realidade objetiva, mas apenas subjetiva, é propriedade "secundária". "De acordo com o modo usual de falar, existe a cor, o doce e o amargo, mas na verdade só existem os átomos e o vazio"[31].

O movimento dos átomos: Desde a eternidade os inúmeros átomos movem-se no espaço infinito segundo a lei do peso. Dos seus choques e ricochetes surgem os movimentos de torvelinho, nos quais os átomos se reúnem em concentrações e complexos atômicos. Dessa forma iguais juntam-se a iguais, e surgem as coisas visíveis, assim desde a eternidade surgem e desaparecem inúmeros mundos a que nós pertencemos. Tal origem do mundo não exige nenhum espírito que planeje e dirija, nem forças motrizes como o amor e ódio de Empédocles, nem tampouco ela está sujeita ao acaso – conceito que é expressamente rejeitado por Demócrito como uma invenção que serve apenas para ocultar nossa ignorância. Mas tudo ocorre com férrea regularidade, própria do (imanente ao) ser.

A alma do homem: Também o homem, corpo e alma, consiste de átomos. Neste sentido, a alma é corpórea, embora muito tênue. Após a morte, os átomos da alma se espalham.

Ética: A felicidade que os homens podem alcançar consiste na serenidade do espírito (em grego: *ataraxia*). O caminho para isto é a moderação, o desprezo dos prazeres dos sentidos, mas

---

29. ZELLER, E. Op. cit., p. 78.
30. Ibid., p. 79.
31. DIEHLS, H. Op. cit., II, p. 168.

acima de tudo o apreço aos bens espirituais. A força corporal é boa para os animais de carga, mas a nobreza do homem é a força da alma. E: "Eu preferia descobrir uma única prova (na geometria) a ganhar o trono da Pérsia"[32]. Como vemos, a ética de Demócrito ergue-se um tanto inopinadamente ao lado do seu sistema de filosofia da natureza. Este último é levado adiante com uma lógica toda própria. É chamado de materialista, porque no seu mundo existem unicamente os átomos da matéria, e é o sistema materialista clássico da Antiguidade, sem o qual não poderia ser concebido nenhum dos outros sistemas voltados na mesma direção. Sua influência chega sem interrupções até a imagem científica do mundo atual, ou talvez só neste tenha atingido mesmo seu ponto culminante. Não obstante, aquilo que foi chamado de átomo revelou-se como ainda divisível, e com os átomos de Demócrito nós deveríamos pensar antes nas partículas elementares, agora consideradas como os menores componentes dos seres.

Demócrito, ao que parece, não fez nenhuma tentativa de associar sua ética com sua teoria atômica, em um sistema filosófico abrangendo uma e outra. Por isso é contado também entre os filósofos da natureza.

4. Anaxágoras

Também Anaxágoras, como todos os pensadores com que nos ocupamos até agora, era proveniente do império colonial grego. Nasceu por volta de 500 em Clazômenas, na Ásia Menor. Mas foi o primeiro a trazer a filosofia para Atenas, a cidade onde mais tarde ela haveria de atingir seu maior florescimento. Mas no tempo de Anaxágoras a filosofia não encontrou ainda terreno propício. Provam-no a aceitação que lhe foi dada em Atenas, e o destino que lhe foi preparado, como mais tarde para Sócrates.

Como agora ficou comprovado, não foi por mero acaso que o livre-pensamento filosófico só pôde desenvolver-se nas colônias da Ásia Menor, da Itália Meridional e da Trácia. Manifestamente, a atmosfera das novas terras coloniais, distantes da metrópole e das enraizadas tradições desta, era mais favorável ao surgimento das correntes espirituais livres do que Atenas e a metrópole, onde essas tradições, sobretudo as tradições religiosas, continuavam atuando com pleno vigor – processo este que de uma forma semelhante voltou mais tarde a se repetir na relação entre a América do Norte e a Europa. Anaxágoras, cujo interesse estava voltado sobretudo para os fenômenos celestes, e que se propôs explicá-los naturalmente, enfrentou em Atenas tão grande oposição por parte das concepções conservadoras dos habitantes que lhe foi movido um processo por impiedade. Mesmo a influência do seu amigo, o estadista Péricles, não conseguiu preservá-lo. Só pôde escapar à sentença de morte por meio da fuga. Morreu no exílio.

As visões filosóficas de Anaxágoras parecem-se com as dos outros filósofos da natureza. Mas enquanto os antigos miletianos admitiam apenas uma matéria primordial, Empédocles

---

32. DURANT, W. Op. cit., p. 412.

quatro, e a escola atomista ensinava uma grande quantidade de elementos construtivos do mundo, Anaxágoras admite uma quantidade ilimitada de matérias-primas qualitativamente diferentes umas das outras, que ele chama de "sementes" ou "germes" das coisas.

Mas o que mais fortemente distingue Anaxágoras daqueles, e onde sua verdadeira importância se fundamenta, é na primeira introdução de um princípio filosófico abstrato, o *nous*, um princípio pensante, racional e onipotente, aqui, porém, pensado como impessoal. Este existe por si, não é "misturado com nada", é "a mais pura e mais delicada de todas as coisas". Este espírito deu o primeiro impulso para que do caos original se formasse o belo e ordenado universo do mundo. Mas nisto, mesmo em Anaxágoras, se esgota também o efeito do *nous*. Sempre que Anaxágoras busca pesquisar detalhadamente os fenômenos e suas causas, ele procura causas puramente naturais e mecânicas. (A descrição que fez do sol – considerado ainda na crença popular como um deus –, como uma "massa de pedra incandescente", foi também a acusação que lhe fizeram no processo por impiedade.) Parece, portanto, que Anaxágoras só considerou o espírito divino como o "primeiro motor", o que deu o primeiro impulso à criação, mas que então ele a deixou entregue à evolução segundo suas leis próprias. Aristóteles que, como veremos, esteve muito perto da ideia de um espírito que forma e domina a matéria, disse mais tarde, a respeito de Anaxágoras, que com seu conceito de um espírito ordenador do mundo ele teria sido entre os filósofos pré-socráticos como um sóbrio em meio a ébrios[33].

---

33. ERDMANN, J.E. Op. cit., p. 30.

2

O apogeu da filosofia grega

I. Os sofistas

1. Observações gerais

O 6º e 5º séculos aC, quando nos mais diferentes pontos do mundo grego despertou quase ao mesmo tempo o pensamento filosófico, em grande número de cabeças muito originais condensando-se em visões filosóficas do mundo, nos oferecem um espetáculo que quase não possui paralelo na história. Deparamo-nos aqui com as mais variadas possibilidades de uma explicação do mundo natural, vindo ao nosso encontro como que em pleno frescor juvenil. Todas as linhas da filosofia grega e ocidental encontram aqui suas raízes e seus precursores. Pode-se mesmo dizer que praticamente não existe um único problema importante na filosofia das épocas posteriores que já não tenha sido antevisto nesse tempo e que, se não resolvido, não tenha sido pelo menos levantado e discutido – com exceção apenas dos que se manifestaram na Era Industrial do Ocidente e das questões existenciais de toda a humanidade com que atualmente nos encontramos envolvidos. À nossa frente encontram-se os fragmentos dos pré-socráticos, quais gigantescos blocos dispostos a receber as mais variadas interpretações por parte da posteridade, e cuja totalidade e originalidade nós mal conseguimos avaliar.

Mas haveria de ser precisamente a variedade das doutrinas e suas mútuas contradições que, quase obrigatoriamente, iriam provocar o próximo passo no desenvolvimento filosófico. Quanto mais numerosos os sistemas existentes, tanto maior a possibilidade, e tanto mais evidente a necessidade de se examinar e de comparar, de se ir em busca de explicar as contradições. E a desconfiança manifestada por muitos filósofos contra a percepção dos sentidos como meio de conhecimento pôde facilmente transformar-se em dúvida universal quanto à capacidade de conhecimento do homem[1]. É precisamente nesse ponto que tem início a atividade dos *sofistas*.

Mas só poderemos fazer justiça a esses homens e a suas particulares realizações se, além da situação da filosofia nessa época, levarmos em conta também as grandes revoluções que por essa época ocorreram na vida política e social da Grécia. Desde a vitoriosa defesa da liberdade

---

1. ZELLER, E. *Grundriss der Geschichte der griechischen Philosophie.* 12. ed. Leipzig, 1920, p. 91.

117

nas guerras contra os persas (500-449 aC), surgiu na Grécia, e sobretudo em Atenas, que agora passara a ser o centro espiritual e político, o conforto, e mesmo a riqueza e o luxo na camada mais alta da população, e com isto, ao mesmo tempo, a necessidade de maior formação. A constituição democrática conferiu crescente importância à arte de falar em público. Nas assembleias do povo e perante os tribunais populares, levava vantagem aquele que soubesse apresentar-se com mais habilidade e com melhores argumentos. Quem quisesse fazer carreira – e o caminho para isto estava aberto a qualquer cidadão – precisava adquirir formação como estadista e orador.

Quem procurava responder a esta necessidade eram os sofistas. A palavra grega *sophistai* significa "mestres da sabedoria". De início a palavra também teve unicamente este significado, sem outras conotações. Como mestres ambulantes, os sofistas andavam de cidade em cidade, ensinando, mediante pagamento, as mais diversas artes e habilidades, mas sobretudo a arte da eloquência. Não eram, portanto, filósofos no sentido próprio, mas sim práticos, e, sendo práticos, não atribuíam grande valor aos conhecimentos teóricos. Esta circunstância, juntamente com a situação que acabou de ser descrita para a filosofia, teve como resultado que logo a maioria dos sofistas se convenceu de que o conhecimento objetivo em si não é possível. Um fator que contribuiu para isso foi também o fato de que, para vastos círculos, a maior formação havia possibilitado conhecer outros povos, costumes e religiões, e com isso, naturalmente, preconceitos até então intocáveis começaram a balançar. Mas, como não existia um padrão objetivo para se saber quem numa determinada questão *tinha* direito, o que mais importava era saber quem *mantinha* o direito, isto é, quem era mais hábil para impor seu ponto de vista.

De início teórico, este ceticismo logo se transferiu para o terreno moral. Também aqui se passou a ensinar que no agir humano, assim como nas discussões teóricas, o que decide é unicamente o êxito. Assim, nas mãos dos sofistas a eloquência passou a ser um meio de convencimento mais que de convicção, e do ponto de vista ético não existia para eles qualquer obrigação de direito, mas unicamente o direito do mais forte. Platão, a cujos escritos nós recorremos aqui, já que dos próprios sofistas não nos foram transmitidos senão pouquíssimos testemunhos diretos, faz um sofista caracterizar a retórica com estas palavras:

> Quando se tem condições de convencer por palavras, sejam os juízes no tribunal, sejam os conselheiros na reunião do conselho, ou o povo na assembleia do povo... Pois se tiveres isso em teu poder, o médico será teu escravo, o mestre de ginástica será teu escravo, e mesmo ao banqueiro se há de mostrar que ele ganha para os outros e não para si, ganha para ti, que sabes falar e convencer a multidão[2].

Sobre a lei e o direito, o mesmo sofista pronuncia-se assim: "Lei e costume sempre são estabelecidos pelos fracos e pela multidão... Com isto eles querem intimidar as pessoas mais fortes, que possuem força para alcançar mais vantagens do que eles, e para evitar que o façam eles dizem que seria feio e injusto ir em busca de mais vantagens... Pois eles, acho eu, estão

---

2. PLATÃO, Górgias. In: *Hauptwerke, ausgewählt und eingeleitet von Wilhelm Nestle*. Leipzig, 1931, p. 19.

bastante satisfeitos se houver igualdade, porque são os que possuem menos valor... Mas a meu ver a própria natureza demonstra que a justiça consiste em o mais nobre ter mais vantagens do que o menor, e o mais capacitado mais do que o menos capacitado. Em muitos casos, tanto entre os demais seres vivos como também entre os homens, vê-se que em todos os estados e raças se procede dessa maneira: reconhecendo-se como justo que o mais forte domine sobre o mais fraco... Senão, que direito poderia Xerxes exigir para si quando partiu em campanha contra a Grécia...? – e como este poderiam ser mencionados mil outros exemplos semelhantes! Na verdade, eu acho que estes homens agem assim de conformidade com a natureza da justiça e – por Zeus! – de acordo com a lei da natureza, na verdade não segundo a lei que nós fingimos, que as personalidades mais capazes e fortes entre nós nos propomos já na juventude e que adestramos como leões, hipnotizando-os e sugerindo-lhes que é preciso haver igualdade, e que isto é bom e justo. Mas quando, penso eu, surge alguém que possui força suficiente, ele joga tudo fora, rompe os seus laços... pisa com os pés nossas letras, nossa hipnose e sugestão, e todas as leis e costumes contrários à natureza, e de repente aquele que até agora havia sido nosso escravo se apresenta diante de nós e se comprova como nosso senhor, e então o direito da natureza passa a brilhar em todo seu esplendor!"[3]

A negação de normas objetivas para a verdade e a justiça, associada ao fato de que os sofistas costumavam receber um bom pagamento por suas aulas (ao passo que entre os gregos o trabalho que visasse lucro era em si visto como desprezível), levou à conotação um tanto duvidosa que o nome dos sofistas logo veio a adquirir, e que por causa da luta que Platão empreendeu contra eles também permaneceu até hoje.

2. Protágoras e Górgias

Os sofistas nunca constituíram uma escola homogênea, eles viviam e ensinavam isoladamente. Por isso divergem uns dos outros em muitos aspectos. O que se disse acima sobre as características comuns é correto de modo geral.

O mais importante dentre os sofistas foi *Protágoras* de Abdera, que viveu aproximadamente de 480 a 410 aC. Percorrendo a Grécia inteira, ele foi um dos primeiros a ensinar a arte de no comércio e na política se defender convincentemente os próprios interesses, com isso chegando a alcançar fama e riqueza, sobretudo em Atenas. A mais célebre expressão de Protágoras, até hoje proverbial, diz o seguinte: "O homem é a medida de todas as coisas, do que existe por sua existência, do que não existe por sua não existência." Isto equivale a dizer: Não existe nenhuma verdade absoluta, mas apenas uma verdade relativa, nenhuma verdade objetiva, mas apenas subjetiva, ou seja, para o homem. E parece que Protágoras também não entendia sua frase no sentido de que "o homem" seria a medida – isto, de qualquer maneira, ainda poderia ser um padrão geral –, mas sim esse homem individual, que pronuncia essas pala-

---

3. Ibid., p. 29-30.

vras. A mesma frase pode uma vez ser verdadeira e outra vez falsa, dependendo de quem a pronunciou, e em que circunstâncias. Para esta doutrina, Protágoras baseou-se tanto no "eterno fluir" de Heráclito quanto em sua lei da unidade dos opostos. O ceticismo de Protágoras não poupava nem mesmo a religião. De acordo com uma fonte da Antiguidade, um escrito dele começava dizendo que dos deuses não se pode sequer saber se eles existem ou não existem; para determiná-lo a questão é como tal por demais obscura, e nossa vida também demasiadamente curta. Protágoras foi acusado de impiedade e expulso de Atenas.

Ao lado de Protágoras, o mais conhecido dos sofistas é *Górgias*, de Leontinos. Em um escrito, *Sobre o não ser ou a natureza,* ele provou, com uma argúcia que lembra a dialética de Zenão, que primeiro não existe absolutamente nada, segundo, que, se existisse alguma coisa, esta não poderia ser conhecida, e terceiro, que mesmo que alguma coisa pudesse ser conhecida, este conhecimento não poderia ser transmitido. Impossível ver-se como seria possível levar mais longe o ceticismo. – Parece que a vida movimentada e as opiniões céticas de um sofista faziam bem à saúde, pois Górgias, em pleno frescor, teria alcançado a idade de 109 anos[4].

3. A importância da sofística

Para a história da filosofia, o valor da sofística não está tanto nos diversos ensinamentos que eles deixaram, mas sim nestas três realizações: os sofistas, pela primeira vez na filosofia grega, desviaram o olhar da natureza e dirigiram-no mais amplamente para o *homem*; segundo, foram eles os primeiros a fazer do *pensamento* objeto do pensamento, dando início a uma crítica de suas condições, possibilidades e limites; e por último submeteram os padrões dos valores *éticos* a uma reflexão perfeitamente racional, com isto abrindo a possibilidade de a ética ser tratada cientificamente, e de fazer-se dela um sistema filosófico coerente. Além disso, tendo-se ocupado com o estilo e com a eloquência, os sofistas deram também um considerável impulso à linguística e à gramática. A sofística é um fenômeno de transição, mas um fenômeno de transição tão importante que sem ela o apogeu da filosofia ática, que veio a seguir, não poderia sequer ser imaginado.

II. Sócrates

1. A vida de Sócrates

Sócrates nasceu em Atenas por volta de 470, filho de um pedreiro e de uma parteira. Só se afastou de sua cidade natal para participar de campanhas militares, onde se distinguiu entre todos pela valentia e pela capacidade de enfrentar dificuldades. Sua aparência externa, a julgar por um busto que foi conservado, não corresponde nem à aparência convencional de um

---

4. ZELLER, E. Op. cit., p. 9. • – DURANT, W. *Griechenland*, p. 421.

grego nem à de um filósofo. A figura atarracada e forte, a cabeça larga, o rosto redondo com um nariz chato, toda sua atitude apontam antes para um operário, o que por sua origem ele realmente era. Mas logo abandonou o ofício que aprendeu do seu pai, como também a família – as acusações de sua mulher Xantipa tornaram-se proverbiais –, com o fim de dedicar-se exclusivamente à atividade de ensinar, para a qual sentia-se chamado, e que ninguém, até então, havia ainda exercido à sua maneira.

Dia por dia ele perambulava pelas ruas e praças de Atenas, vestido com simplicidade, quase pobre. Rodeava-o variada multidão de discípulos, entre eles muitos jovens das principais famílias da cidade. Ensinava gratuitamente, sustentando-se com a hospitalidade dos seus discípulos e amigos. Seu ensinamento consistia por inteiro de conversa, de um jogo de pergunta e resposta. Sócrates dirigia-se não apenas aos seus discípulos, mas gostava de interpelar também pessoas quaisquer, transeuntes pertencentes a todas as camadas do povo. Começava sempre com perguntas inofensivas, prosseguia perguntando sempre mais, sem desistir, pouco a pouco dirigindo a conversa para as questões filosóficas gerais: Que é a virtude? Como alcançamos a verdade? Qual a melhor constituição do Estado? Com isto deixava seu interlocutor sempre mais em dificuldades, até que este, não tendo mais como responder, confessava sua ignorância – mas era exatamente este o resultado visado por Sócrates.

Para podermos compreender seu destino, é indispensável conhecermos a situação política na Atenas de então. A constituição da cidade era democrática. Mas quando falamos em democracia grega, nunca podemos esquecer que a massa da população – em Atenas, por exemplo, mais do que a metade dos habitantes – era constituída de escravos, que não tinham direitos. Era do trabalho dos escravos que provinha o bem-estar do restante da população. Tudo quanto se pode ler nos escritores gregos sobre as diversas formas de constituição sempre se refere unicamente a esta minoria de cidadãos livres. Ninguém pensava em contestar a escravatura. Levando-se em conta esta restrição, poderemos dizer que a democracia era praticada em Atenas com tamanho radicalismo que seus princípios já chegavam ao exagero. E era como exagerada, ou mesmo como basicamente errada, que esta forma de estado aparecia aos olhos dos seus adversários, o partido aristocrático. Sobretudo durante os quase trinta anos da Guerra do Peloponeso (431-404 aC), quando era necessário unir as forças de Atenas contra o inimigo espartano, levantou-se em Atenas uma disputa partidária acirrada entre os democratas que governavam e aqueles que secretamente preferiam a constituição aristocrática de Esparta. Mas Sócrates, apesar de não participar ativamente da política, era considerado como um dos porta-vozes do partido aristocrático, ou melhor, como aquele que fornecia ao partido suas bases intelectuais.

Quando, por fim, Atenas foi vencida, chegou-se a uma queda passageira do governo democrático. Mas quando, após novo golpe, a democracia voltou a se impor, o destino de Sócrates estava selado. Foi levado ao tribunal acusado de impiedade – uma acusação que não possuía o mínimo fundamento. Sua corajosa defesa foi conservada, assim como reproduzida por Platão. Sócrates foi condenado à morte e teve que beber a taça de veneno, uma forma de execução então comum. Ele recusou-se a pedir clemência. Rejeitou também a fuga, cuja possibilidade lhe foi oferecida. Estava com 70 anos. Para ele, de certo, não parecia que tivesse sentido deixar Atenas e partir para o exílio. Também não quis fugir ao seu destino. Sobre sua morte nós possuímos a impressionante descrição de Platão no *Fédon*[5]:

> Ficamos, pois, a conversar e a examinar tudo quanto se havia dito; lamentávamos a imensidade do infortúnio que sobre nós descera. Verdadeiramente, era para nós como se perdêssemos um pai, e iríamos passar como órfãos o resto da nossa vida. Depois de se ter banhado, trouxeram-lhe seus filhos – tinha dois pequenos e um já grande – e as mulheres de casa também vieram; entreteve-se com eles em presença de Críton, fazendo-lhes algumas recomendações. Em seguida ordenou que se retirassem e veio para junto de nós. Já o sol estava próximo de recolher-se, pois Sócrates havia passado muito tempo no outro quarto.
>
> Ao voltar do banho sentou-se novamente, e a conversa desta vez durou pouco. Apresentou-se então o servidor dos Onze, e em pé, diante deles, disse: Sócrates, por certo não me darás a mesma razão de queixa que tenho contra os outros. Esses enchem-se de cólera contra mim e me cobrem de imprecações, quando os convido a tomar o veneno, porque tal é a ordem dos magistrados. Tu, como tive muitas ocasiões de verificar, és o homem mais generoso, o mais brando e o melhor de todos aqueles que passaram por este lugar. E muito particularmente hoje estou convencido de que não será contra mim que sentirás ódio, pois conheces os verdadeiros culpados, mas contra eles. Não ignoras o que vim anunciar-te, adeus. Procura suportar da melhor maneira o que não pode ser evitado. Ao mesmo tempo pôs-se a chorar e escondendo a face retirou-se.
>
> Mas Sócrates, tendo levantado os olhos para ele, disse: Adeus. Seguirei o teu conselho. Depois, voltando-se para nós: Quanta gentileza neste homem! Durante toda a minha permanência aqui veio várias vezes ver-me, e até conversar comigo. Excelente homem! E hoje, quanta generosidade no seu pranto! Pois bem, avante! Obedeçamos-lhe, Críton, e que me tragam o veneno se já está preparado; se não, que o prepare quem o deve preparar! – Então disse Críton: Mas Sócrates, o sol, se não me engano, está ainda sobre as montanhas e não se deitou de todo. Ademais, ouvi dizer que outros beberam o veneno só muito tempo depois de haverem recebido a intimação, e após terem comido e bebido bem, e alguns até só depois de haverem tido contato com as pessoas que desejaram. Vamos! nada de precipitações; ainda há muito tempo. Ao que Sócrates respondeu: É muito natural, Críton, que as pessoas de quem falas tenham feito o que dizes, pensando que ganhavam alguma coisa fazendo o que fizeram. Mas quanto a mim, é natural que eu não faça nada disso, pois penso que tomando o veneno um pouco mais tarde nada ganharei, a não ser tornar-me para mim mesmo um objeto de riso, agarrando-me desta forma à vida e procurando economizá-la quando dela nada mais resta. Mas temos falado demais; vai, obedece, e não te contraries.
>
> Assim admoestado, Críton fez sinal a um de seus servidores que se mantinham nas proximidades. Este saiu e retornou daí a poucos instantes, conduzindo consigo aquele que devia administrar o veneno. Este homem o trazia numa taça. Ao vê-lo, Sócrates disse: Então, meu caro! Tu que tens experiência disto, que é preciso que eu faça? – Nada mais, respondeu, do que dar umas voltas caminhando, depois de haver bebido, até que as pernas se tornem pesadas, e em seguida ficar deitado. Desse modo o veneno produzirá seu efeito. Dizendo isso, estendeu a taça a Sócrates. Este

5. PLATÃO. *Fédon*. Apud NESTLE. *Hauptwerke*, p. 108 a 111.

a empunhou, conservando toda a sua serenidade, sem um estremecimento, sem uma alteração, nem da cor do rosto, nem dos seus traços. Olhando em direção do homem, um pouco por baixo e perscrutadoramente, como era seu costume, assim falou: Dize-me, é ou não permitido fazer com esta beberagem uma libação às divindades? – Só sei, Sócrates, que trituramos a cicuta em quantidade suficiente para produzir seu efeito, nada mais. Entendo, disse Sócrates. Mas pelo menos há de ser permitido, e é mesmo um dever, dirigir aos deuses uma oração pelo bom êxito desta mudança de residência daqui para além. É esta minha prece; assim seja.

E em seguida, sem sobressaltos, sem relutar nem dar mostras de desagrado, bebeu até o fundo. Nesse momento nós, que então conseguíramos com muito esforço reter o pranto, ao vermos que estava bebendo, que já havia bebido, não nos contivemos mais. Foi mais forte do que eu. As lágrimas me jorraram em ondas, embora, com a face velada, estivesse chorando apenas a minha infelicidade – pois, está claro, não podia chorar de pena de Sócrates. De resto, incapaz, muito antes de mim, de conter seus soluços, Críton se havia levantado para sair. E Apolodoro, que mesmo antes não cessara um instante de chorar, se pôs então, como lhe era natural, a lançar rugidos de dor e de cólera, que todos os que o ouviram sentiram-se comovidos, salvo, é verdade, o próprio Sócrates. Este exclamou: Que estais fazendo? Que gente incompreensível! Se mandei as mulheres embora, foi sobretudo para evitar semelhante cena, pois, segundo me ensinaram, é com belas palavras que se deve morrer. Acalmai-vos, vamos! Dominai-vos!

Ao ouvir esta linguagem, ficamos envergonhados e contivemos as lágrimas. Quanto a Sócrates, pôs-se a dar umas voltas no quarto, até que declarou sentir pesadas as pernas. Deitou-se então de costas, assim como lhe havia recomendado o homem. Ao mesmo tempo este, aplicando as mãos aos pés e às pernas, examinava-os por intervalos. Em seguida, tendo apertado fortemente o pé, perguntou se o sentia. Sócrates disse que não. Depois disso recomeçou no tornozelo, e, subindo aos poucos, nos fez ver que Sócrates começava a ficar frio e a enrijecer-se. Continuando a apalpá-lo, declarou-nos que quando aquilo chegasse até o coração, Sócrates ir-se-ia. Sócrates já se tinha tornado rijo e frio em quase toda a região inferior do ventre, quando descobriu sua face, que havia velado, e disse estas palavras, as derradeiras que pronunciou: Críton, devemos um galo a Asclépio; não te esqueças de pagar essa dívida. – Assim farei – respondeu Críton. – Mas vê se não tens mais nada para dizer-nos. A pergunta de Críton ficou sem resposta. Ao cabo de breve instante, Sócrates fez um movimento. O homem então o descobriu. Seu olhar estava fixo. Vendo isto, Críton lhe cerrou a boca e os olhos. Tal foi o fim de nosso companheiro. O homem de quem podemos bendizer que, entre todos os de seu tempo que nos foi dado conhecer, foi o melhor, o mais sábio e o mais justo*.

2. A doutrina de Sócrates

Obter uma imagem correta da filosofia de Sócrates a partir dos relatos transmitidos, sobretudo de Platão, Xenofonte e Aristóteles – uma vez que Sócrates nada deixou por escrito –, comprovou-se como uma das mais difíceis tarefas da história da filosofia. O que é considerado

---

*A tradução de todo este trecho do *Fédon* foi tomada do volume "Platão", da Coleção Os Pensadores [N.T.].

como certo foi obtido por métodos indiretos, por dedução[6]. Com isso conseguiu-se pelo menos obter um quadro concreto do chamado *método* socrático, ao qual nossa apresentação fica substancialmente restrita.

"Ele próprio gostava sempre de conversar sobre as coisas do homem, procurando saber o que é piedoso; o que é ímpio, o que é belo, o que é vergonhoso, o que é justo e injusto, em que consiste a circunspeção e a loucura, a coragem e a covardia, como deve ser um Estado e um estadista, um governo e um governante, e outras coisas cujo conhecimento, em sua opinião, torna o homem bom e nobre"[7]. Mas o que Sócrates aplicava era uma forma particular de conversa e ensinamento. A situação normal, em que o discípulo pergunta e o mestre responde, é nele invertida. É ele quem pergunta. Frequentes vezes comparava sua tarefa à arte da parteira, profissão de sua mãe, dizendo que ele mesmo não tinha que dar à luz sabedoria, mas apenas ajudar os outros a parir suas ideias. Em seu método ele emprega muita coisa da dialética dos sofistas, cujos truques e artifícios lógicos não desdenha. Iguala-se também aos sofistas no fato de seu interesse, deixando de lado a especulação sobre a natureza, estar dirigido unicamente para o homem. E o resultado a que por via de regra ele chega, e que está formulado em sua célebre frase: "Eu sei que nada sei", parece também não ser diferente do ceticismo ensinado por aqueles.

E não obstante, o oráculo de Delfos apontou este homem, que sempre dizia de si próprio que nada sabia, como o mais sábio dos gregos, e sua pessoa representa uma das maiores revoluções na história da filosofia. O sadio instinto deste homem do povo fez com que ele não se satisfizesse com o mero jogo dialético, que tudo prova sem provar coisa alguma, terminando por destruir todos os padrões. Sentia existir nele uma voz interior, que o dirigia e o afastava das ações injustas. Chamava-a de *daimonion*, a consciência (literalmente, "o divino").

Sua doutrina é atravessada por uma discrepância. Por um lado, Sócrates era um homem profundamente religioso, que considerava os deveres para com os deuses como os mais importantes do homem, não sabendo apontar outras razões para a suave, mas nunca silenciada voz da consciência. Por outro lado, a virtude é para ele o mesmo que conhecimento. Assim como é impossível se fazer o que é reto quando não se sabe o que é reto, de acordo com Sócrates da mesma maneira é impossível não fazer o que é reto quando o que é reto for conhecido. Pois como ninguém faz outra coisa a não ser o que serve para seu próprio bem, mas o bem moral não é outra coisa senão isto, assim para tornar os homens virtuosos não há necessidade de outra coisa senão de *instruí-los* sobre a verdadeira virtude. O verdadeiramente novo na doutrina de Sócrates é esta associação entre virtude e conhecimento. Descobrindo a ignorância das pessoas, ele quer convocá-las ao autoexame e à autorreflexão. O que lhes diz é: "Conhece-te a ti mesmo" – esta antiga palavra grega (*gnothi seauton*, literalmente: "Conhece-te!", era uma inscrição no templo). Quando, através do autoexame e da autocontemplação, as pessoas forem

---

6. MAIER, H. *Sokrates, sein Werk und seine geschichtliche Stellung*. Tübingen, 1913, sobretudo p. 146ss. • MARTIN, G. *Sokrates*. Reinbek, 1967 [contém bibliografia].

7. XENOFONTE. **Apud** DURANT, **W.** Op. cit., p. 429.

levadas à visão da pobreza e da cegueira moral de suas vidas, elas chegarão a procurar e a ansiar pelo ideal moral[8].

Sócrates nunca se dirige a uma multidão genérica, inapreensível, mas sempre apenas à pessoa concreta que tem diante de si. É como escultor de homens, impelido pela fé e pelo amor ao homem, que o devemos entender, não como mestre de teses genéricas. Dele deve haver fluído uma incrível força que abalava as pessoas, e que jamais perdia sua eficácia. Quão forte era o abalo que sua personalidade provocava no ambiente, nós o podemos perceber pelas palavras que Platão, no *Banquete*, coloca na boca de Alcibíades, discípulo de Sócrates[9]:

> Nós pelo menos, quando ouvimos algum outro, mesmo que seja um perfeito orador, falando sobre outros assuntos, absolutamente ninguém se interessa. Quando porém é a ti que alguém ouve, ou quando são palavras tuas referidas por outro... ficamos aturdidos e somos empolgados. Eu pelo menos, senhores... vos contaria, sob juramento, o quanto sofri sob o efeito dos discursos deste homem, e ainda agora sofro. Quando, com efeito, os escuto, muito mais do que aos coribantes em seus transportes bate-me o coração, e lágrimas me escorrem sob o efeito dos seus discursos, enquanto vejo muitíssimos outros que experimentam o mesmo sentimento... E diante deste homem, somente diante dele, senti o que ninguém imaginaria que houvesse em mim, o envergonhar-me de quem quer que seja; ora, eu, é diante deste homem somente que me envergonho...

Se aqui novamente caracterizamos Sócrates com palavras provenientes do seu discípulo Platão, é necessário que se observe o seguinte: a opinião de que nos diálogos de Platão sejam encontradas as verdadeiras palavras de Sócrates, do Sócrates histórico, não é uma opinião inconteste entre os estudiosos. De acordo com alguns deles[10], a pessoa de Sócrates e sua atuação são quase impossíveis de ser apreendidas, e o que Platão coloca nos lábios de Sócrates são os seus próprios pensamentos.

Quando se considera o pouco que se sabe com plena certeza a respeito de Sócrates, a gente se interroga: Como pôde tal homem, que sem dúvida alguma era uma grande personalidade moral, e que morreu por suas convicções, mas cuja verdadeira filosofia mal pode ser apreendida, como pôde tal homem exercer uma atuação histórica tão imensa?[11] Sobre isso pode-se lembrar que a semelhança do martírio de Sócrates com o de Cristo e dos mártires do cristianismo primitivo, a que sempre de novo os antigos escritos cristãos também fazem referência, contribuiu de forma particularmente intensa para manter viva a lembrança de Sócrates. A verdadeira resposta, no entanto, deve ser que efetivamente a influência de Sócrates deve-se mais à sua peculiar personalidade, que através dos milênios ainda nos continua próxima, do que ao que ele ensinou, pois com ele entrou na história da humanidade o que daí por diante sempre mais passou a ser uma força cultural atuante: a personalidade moral autônoma, ina-

---

8. MAIER, H. Op. cit., p. 281.
9. PLATÃO. Symposion. Apud NESTLE. Op. cit., p. 134-135.
10. GIGON, O. *Sokrates*. Berna, 1947.
11. Cf. MAIER, H. Op. cit., p. 3.

balavelmente fundamentada em si mesma. É este o "evangelho socrático" do homem interiormente livre, que pratica o bem por causa dele próprio.

III. Platão

1. A vida de Platão

Outrora, em minha juventude, experimentei o que tantos jovens experimentaram. Tinha o projeto de, no dia em que pudesse dispor de mim próprio, imediatamente intervir na política. Mas a esta resolução opuseram-se as seguintes experiências na vida pública. Nossa constituição daquele tempo era considerada em amplos círculos como inferior, e assim ocorreu um golpe. Na frente da nova constituição encontravam-se 51 homens... mas 30 deles assumiram o governo com uma violência sem limites. Entre eles eu tinha alguns parentes e conhecidos, e estes logo tentaram chamar-me... Em vista da minha juventude, não é de estranhar que tenha feito as experiências que fiz. Eu acreditava que eles iriam voltar a administração do Estado da injustiça para um caminho justo, por isso fiquei ansiosamente na expectativa do que iriam fazer. E então vi como em pouco tempo esses homens fizeram com que a antiga constituição aparecesse como se fosse feita de ouro puro. Além de outras coisas, encarregaram um homem de mais idade, que era meu amigo, Sócrates, que eu não hesito em considerar o homem mais justo daquele tempo, a juntamente com outros levarem com violência um cidadão à execução, para assim... torná-lo cúmplice de sua política. Este, porém, não lhes obedeceu, preferindo arriscar tudo, em vez de compartilhar de suas ações criminosas. Quando vi tudo isso e mais outras coisas desta natureza que nada têm de desprezíveis, fui tomado de aversão e retraí-me deste governo criminoso. Pouco tempo mais tarde os trinta foram derrubados, e com eles toda a constituição. Comecei novamente, se bem que com muito menos pressa, a encontrar novamente prazer na atividade política... Mas então aconteceu que alguns dos potentados levaram nosso amigo Sócrates ao tribunal, levantando contra ele as mais frívolas acusações, que de maneira alguma combinavam com Sócrates. Pois julgaram-no por impiedade, o condenaram e o executaram, a ele, que então não quisera participar do inescrupuloso processo contra um companheiro de seus amigos então exilados... Quando vi tudo isto, as pessoas que governavam, as leis e os costumes, e quanto mais com o avançar da idade passei a entender tudo isto, cheguei cada vez mais ao bom entendimento de como é difícil fazer política. Pois sem amigos e sem companheiros de partido em quem se possa confiar não era possível conseguir-se coisa alguma... Cresceu também de maneira espantosa a corrupção na legislatura e a decadência dos costumes. E assim, ao ver todas estas ocorrências, e ao considerar toda esta atividade sem plano nem objetivo, eu, que de início fora tão cheio de zelo pela atividade política, fui tomado de asco. É verdade que não deixei de refletir sobre como o estado e todas essas coisas poderiam ser melhoradas, sempre esperando por uma nova oportunidade de agir, mas por fim cheguei à conclusão de que os estados existentes, como um todo, se encontram numa má situação. Pois sua condição legal quase não tem remédio, a não ser que em favoráveis circunstâncias eles sejam auxiliados por uma milagrosa reorganização. E assim, ao reconhecer a verdadeira filosofia, vi-me forçado a dizer que só ela confere a toda a vida pública e privada a visão da justiça, e que a desgraça do gênero humano não passará enquanto a reta e verdadeira filosofia não chegar ao governo dos estados, ou por uma disposição divina os detentores do poder nos estados se tornem realmente filósofos.

Descritas aqui pelo próprio Platão, em uma carta[12] (que os estudiosos reconhecem como autêntica), nós temos as impressões determinantes de sua vida, e uma certa pista para os fundamentos de seu pensamento filosófico e político. Platão nasceu em 427 aC, como descendente de uma das mais influentes famílias de Atenas. Aos 20 anos de idade sua trajetória o levou a cruzar-se com Sócrates, que o fez desistir de uma vez por todas das tentativas literárias a que então se dedicava, e voltar-se para a filosofia. Permaneceu seu discípulo durante oito anos. Abalado pela condenação e execução de Sócrates – na seção anterior citamos sua descrição da cena –, primeiramente ausentou-se de sua cidade natal, dirigindo-se por algum tempo para Megara, e empreendeu mais tarde longas viagens, que possivelmente o levaram até o Egito e o puseram em contato com a religião e a sabedoria de lá, e também com o sacerdócio egípcio. É possível que tenha avançado ainda mais em direção ao Oriente e conhecido a sabedoria da Índia – certos aspectos de sua obra falam a favor disto. De qualquer modo, permaneceu por um tempo mais longo na Itália Meridional e na Sicília, colonizadas pelos gregos, onde manteve estreito contato com a escola pitagórica e acolheu importantes ideias para seu pensamento posterior. Por algum tempo permaneceu na corte do tirano Dionísio de Siracusa, a quem tentou – sem resultado – conquistar para suas ideias. No ano 387 aC inaugurou em sua cidade natal uma escola, que depois de sua morte iria permanecer ainda durante séculos como a "Academia platônica". Aqui ele ensinava gratuitamente a um grupo de discípulos que logo se reuniu em torno dele. Vivendo integralmente para esta atividade, que só foi interrompida por novas viagens a Siracusa, mais uma vez sem resultados, alcançou a idade de 80 anos, morrendo em plena atividade.

2. As obras de Platão

O mestre de Platão, Sócrates, havia exercido sua atividade de ensino de uma forma tão exclusiva, como atuação direta sobre as pessoas, na conversa e no discurso, que dele próprio nenhuma linha nos foi transmitida. De Platão uma série de escritos foi conservada. É certo que a maior parte destes – que a pesquisa, entrementes, depurou de acréscimos e de inclusões posteriores – também procede dele, assim como algumas cartas. Mas é certo ainda que também para Platão o ponto central de sua atuação encontrava-se na atividade oral do ensino. Sobre a atividade da escrita ele não falou com muito apreço – o que entre escritores brilhantes, como o era Platão, ocorre com frequência. Mas Platão chega mesmo a dizer que jamais haveria de confiar a um escrito o núcleo central de sua doutrina, deixando-o dessa maneira entregue à incompreensão[13]. Sobre isto, diz ele: "Não existe nenhum escrito meu, nem nunca existirá; pois não se deixa pronunciar como outras coisas que se pode aprender, mas surge de repente, como que proveniente de uma faísca, uma luz na alma, que a partir desse momento se sustenta por si própria"[14].

---

12. PLATÃO. Briefe VII, 324 B-326 B. Apud NESTLE. Op. cit., p. XV-XVII.
13. PLATÃO. Briefe VII, 344 C.
14. Ibid., VII, 341 CD.

Para nós, que lhe somos posteriores, seja como for seus escritos são a única fonte de que dispomos para conhecer sua filosofia, e a partir destes produtos, quase que rejeitados por ele, ela ainda chega até nós com suficiente grandiosidade. A composição de seus escritos estendeu-se por mais de cinco décadas. Neles os problemas são tratados como a seu tempo se apresentaram a Platão. Por isso na maioria das questões pode-se perceber modificações em seus pontos de vista.

Quase todas as obras de Platão são em forma de diálogos. Nos primeiros escritos, logo após a morte de Sócrates, este é a figura dominante. Sócrates desempenha também um papel em quase todos os escritos posteriores; torna-se difícil distinguir aqui quanto do que Sócrates diz remonta a suas próprias declarações, ou até onde Platão utiliza a figura de Sócrates para apresentar seus próprios pensamentos.

Sob o nome de Platão foram transmitidos 34 diálogos. Uma parte deles é considerada como não autêntica. Os diálogos mais importantes são os seguintes:

1) A *Apologia*: uma recomposição do discurso de defesa de Sócrates no processo levantado contra ele.

2) *Críton*: Sobre o respeito às leis.

3) *Protágoras*: Uma discussão com a sofística sobre a virtude, sobretudo sobre sua unidade e a possibilidade de ser ensinada.

Estes três são contados entre os escritos mais antigos[15].

4) *Górgias*: Também aqui tudo gira em torno da virtude e da questão de saber se a virtude pode ser ensinada. A moral egoísta dos sofistas é apontada como insuficiente. A retórica não satisfaz como meio de formação. O bem moral é absoluto e fundamentado metafisicamente. Política, música e poesia lhe são subordinados. No final é lançado um olhar para o destino da alma no além.

5) *Mênon*: Sobre a natureza do conhecimento como "recordação". A importância da matemática.

6) *Crátilo*: Sobre a linguagem.

Estes três diálogos são atribuídos a um período de transição intermediário. Foram, ao que tudo indica, compostos depois da permanência de Platão na Itália, pois neles pode ser reconhecida a influência da doutrina pitagórica. Mas Platão não atingiu ainda a plenitude dos seus pontos de vista próprios.

7) *O banquete (Symposion)*: O Eros como força impulsionadora da procura filosófica da beleza e do bem. Aqui se encontra também o panegírico de Alcibíades a Sócrates, que incorpora o Eros da perfeição.

8) *Fédon*: Sobre a imortalidade. O caráter suprassensível e a eternidade da alma. Formulação da doutrina platônica das ideias.

---

15. ZELLER, E. Op. cit., p. 147.

9) *A República*: O Estado. A mais vasta e rica obra de Platão. Consagrou a ela muitos anos de sua idade adulta. Avançando do indivíduo para a doutrina da sociedade, a obra abrange todos os campos da filosofia platônica.

10) *Fedro*: Este diálogo é particularmente importante para a doutrina das ideias e para o pensamento de Platão a respeito da "tríplice divisão da alma".

11) *Teeteto*: Um estudo epistemológico sobre a natureza da ciência.

(A composição dos escritos mencionados de 7 a 11 coincide com a idade madura de Platão.)

12) *Timeu*: A filosofia da natureza de Platão. A origem de todos os seres da natureza, desde os corpos celestes até os seres vivos da terra.

13) *Crítias*: Um escrito que não foi concluído. Contém a célebre descrição da ruína da lendária Ilha de Atlântida, cerca de 10.000 anos antes do tempo de Platão, que até hoje é objeto de sempre novas hipóteses e pesquisas.

14) *Político*: O estadista. Contém as visões políticas da idade avançada de Platão.

15) *Leis*: São a última grande obra da velhice de Platão, não concluída por ele próprio, mas que após sua morte foi publicada por um discípulo. Este diálogo, mais uma vez dedicado à política, mostra que desde o início as bases morais do Estado e a educação de seus cidadãos continuaram sendo o verdadeiro objetivo visado por Platão. As "Leis" são a fonte mais importante para a filosofia da velhice de Platão.

O diálogo, à maneira de Platão, como forma de apresentar ideias filosóficas, sempre voltou a ser novamente utilizado pelos gregos e romanos, e mais tarde pelos europeus. Evidentemente, o diálogo platônico não pode ser imaginado sem a arte da disputa dialética, criada pelos sofistas e levada à perfeição por Sócrates. Em comparação com o desenvolvimento sistemático das ideias, a forma dialógica oferece a vantagem de ser mais viva e concreta. Os prós e os contras, como também os diferentes aspectos de um mesmo problema, podem ser representados por diferentes pessoas. Oferece, além disso, a vantagem de que no final o autor não é sempre obrigado a chegar a uma conclusão nem a assumir uma posição definitiva. Isto pode ser indício de alguma indecisão ou insegurança do autor, mas pode também, como é o caso em Platão, indicar uma visão mais profunda, que sabe que o pensar humano sempre tem que permanecer dividido e envolvido em contrastes e contradições. Os diálogos de Platão caracterizam-se por uma linguagem brilhante, e também pela magistral e por vezes dramática oposição entre as pessoas e as ideias em discussão. Fazem parte das obras imperecíveis da literatura mundial.

3. Observações metódicas

É possível tentar-se uma apresentação da filosofia platônica de forma sistemática. Tomam-se uma após a outra as partes de sua filosofia e mostram-se as ideias relevantes de Platão. Este método se defronta com a objeção de que em parte alguma Platão formou um "sistema" coerente, e também que a partir dos escritos de que dispomos não se pode sem mais nem menos criar tal sistema; é verdade que, ao contrário do pensamento grego mais antigo, onde predominam as imagens, Platão foi o primeiro a trabalhar com uma linguagem conceitual própria, criada por ele. – Em seus escritos, no entanto, a terminologia não é unificada, e quase com cada escrito suas ideias começam novamente do início[16]. Uma apresentação "sistemática" teria que recorrer à criação, correndo o risco de forçar o mundo de ideias de Platão para dentro de um esquema que não é proveniente dele, sendo por conseguinte inadequado. O esquema é escolhido por quem o apresenta, de acordo com seus próprios pontos de vista. Assim muitos filósofos tentaram apresentar tudo quanto antecede como estágios prévios de seu próprio sistema, nos casos extremos a literatura filosófica anterior, terminando, de certa forma, por aparecer como uma nota de rodapé a suas próprias obras. Por essas razões, a ciência passou a adotar sempre mais uma forma de apresentação genética, isto é, seguindo o desenvolvimento de Platão. Isto exige uma apresentação muito detalhada e exaustiva. Tem-se que seguir os desenvolvimentos internos de Platão, muitas vezes entrelaçados e que precisam ser adivinhados, não se podendo passar por cima de nenhum estágio nem de nenhum dos seus escritos.

No fundo, toda apresentação histórica da filosofia defronta-se com estas dificuldades metodológicas. Elas são mencionadas aqui porque, na obra de Platão, nós queremos pela primeira vez apreciar a ampla e variada obra filosófica de uma vida. Todo pensador é "um ser humano com sua contradição", quase nenhum pensador construiu uma obra totalmente isenta de contradições. Para nossa introdução não podemos, para sermos coerentes, adotar nenhum dos dois métodos. Atemo-nos às questões que na introdução foram apresentadas como aquelas com que o não filósofo se põe a trabalhar, e por isso, após designar o ponto de partida histórico (deixando de lado muita coisa dos diálogos mais antigos), partimos da metafísica (a doutrina das ideias) para chegar à ética, e em seguida à política.

Aliás, o leitor atento dos diálogos – onde com frequência aparecem parentes de Platão – poderá não raro descobrir conclusões e provas que podem ser contestadas. Existem numerosos tratados que se ocupam com a questão se nesses casos ele deseja (assim como Sócrates) armar uma cilada ao adversário (e com isso também ao leitor) – ou se não chegou a ter consciência dos pontos fracos de sua argumentação.

Deve ser mencionado ainda que muitos historiadores da filosofia[17] veem nos diálogos apenas um "jogo", ou uma brincadeira: escritos introdutórios que deverão levar ao estudo da filosofia – enquanto que o âmago da doutrina de Platão não teria sido apresentado senão oralmente. Algumas manifestações do próprio Platão podem apoiar esta tese.

---

16. Sobre a formação dos conceitos em Platão, é útil consultar AST, F. *Lexicon Platonicum*. Publicado em 1835-1838 e reimpresso, sem alterações, em Bonn, 1956.

17. Cf. p. ex. GAISER, K. *Platons ungeschriebene Lehre*. Stuttgart, 1963. • REALE, G. *Zu einer neuen Platon-Interpretation*. Paderborn, 1993.

4. *O ponto de partida histórico*

Como em qualquer outro pensador, o pensamento nasce em primeiro lugar do pensamento de seu tempo. Como qualquer outro, ele assume em relação a este uma atitude dividida. Algumas coisas são aceitas por ele e levadas adiante, outras são combatidas e superadas. Neste sentido pode-se falar de um ponto de partida positivo e de um ponto de partida negativo.

O que Platão combate e procura superar é a *sofística*. Em seus diálogos ele sempre de novo introduz sofistas, que de início podem expor suas visões livremente, mas para mais tarde serem superadas. O que para ele aparece como erro fundamental é a tese de Protágoras, de que o homem é a medida de todas as coisas, e de que não existe nenhum padrão universal. Tal doutrina, diz ele, destruiria as bases tanto do conhecimento quanto da moralidade. A retórica dos sofistas, como arte do convencimento, é totalmente inaceitável como método da filosofia.

Mas assim como, segundo Heráclito, toda coisa necessita do seu oposto, assim também o filósofo tem necessidade do seu adversário. Platão, em seu empenho por distanciar-se dos sofistas, deixa de perceber em que medida é carregado sobre os ombros deles. Plena justiça para com o adversário não pode ser esperada, mesmo no maior dos filósofos. Com os sofistas, Platão possui duas coisas em comum – além do método dialético, que ele acolhe, se bem que com o objetivo de levá-lo adiante. Em primeiro lugar ele desconfia do conhecimento comum. Mostra que a percepção dos sentidos não nos apresenta as coisas como elas são, mas apenas na sua aparência, sempre em estado de transformação. E quando pela recepção de um número maior de percepções sensíveis nós formamos uma ideia mais geral, esta, na verdade, possui um grau de probabilidade um pouco mais elevado; mas também se baseia mais numa espécie de convencimento (através dos sentidos) do que em uma consciência clara das razões. Segundo, como os sofistas, ele desconfia também da ideia comum da virtude, e isto tanto no que se refere à inconsciente adesão ao costume dos pais quanto à realização do estadista, vista como uma grandeza. Pois a ambas, assim como ao conhecimento comum, falta aquilo que confere valor a uma ação: a clara consciência das razões por que alguma coisa é boa e correta.

Até aqui, portanto, ele acompanha os sofistas. Mas distancia-se deles nitidamente no tocante à conclusão a se tirar da insuficiência do conhecimento e da teoria da virtude existente até então. Os sofistas disseram: Não existem padrões de pensamento e de ação universalmente válidos. Para Platão é aqui que começa a verdadeira tarefa da filosofia: mostrar que este padrão existe e como é possível chegar-se a ele. Tudo o mais é apenas preparação (propedêutica). Aqui Platão leva adiante a obra de Sócrates, sendo este o ponto de partida positivo de sua filosofia. Mas Platão ainda vai muito além do seu mestre. Em lugar do socrático "Eu sei que nada sei", ele propõe a doutrina de que nas *ideias* eternas foi estabelecida uma medida do pensar e do agir, que nós podemos alcançar pelo pensamento, como que adivinhando.

O pensamento de Platão não se diferencia unicamente da sofística. Ele se ocupa também com pensadores mais antigos, como Demócrito, vendo o mundo, ao contrário deste, como testemunho e origem de uma razão universal; e também com a trágica visão do mundo dos poetas e filósofos que o precederam. Em Platão o fundo obscuro do mundo é reprimido; sua filosofia é uma "metafísica da luz".

5. A teoria das ideias

Impulso e método da atividade filosófica

Só pode erguer-se ao conhecimento das ideias aquele que possui um instinto filosófico. Este é por Platão chamado de *eros*. Com isso ele confere a esta palavra, que em grego significava originalmente o amor (o instinto da procriação) – também o deus do amor chamava-se Eros –, um significado mais elevado e espiritual. Eros é a tendência para passar do sensível ao espiritual; o impulso do mortal para erguer-se à imortalidade, e ao mesmo tempo o desejo de também despertar nos outros esse impulso. O estágio mais primitivo do eros é o prazer com uma bela figura corporal. Todo tipo de ocupação com o belo alimenta este impulso, antes de tudo a música, que é vista como preparação para a filosofia e a matemática, na medida em que ensinam a deixar de lado o sensível e a ocupar-se com as formas puras[18].

Convém mencionar aqui que o conceito muito usado do "amor platônico", no sentido de um amor puramente espiritual, ou "de amizade", que exclui o prazer sensível entre homem e mulher, baseia-se em um mal-entendido. Na passagem correspondente em Platão se diz apenas: "É mau aquele amante comum que ama *mais* o corpo do que a alma". Nenhuma palavra, portanto, de uma exclusão do corpo. Além disso, essa passagem não se refere ao amor entre homem e mulher[19], mas sim à inclinação homossexual, então muito difundida, e com que Platão se ocupa sem qualquer inibição.

A contemplação do belo constitui a preparação, mas o verdadeiro meio para o conhecimento das ideias é o pensamento conceitual ou, como o chama Platão, o pensamento *dialético*. Ao eros, como impulso, deve ser acrescentado o método correto para alcançar o fim. A retórica convence. A dialética é a arte de na busca comum, no diálogo, se avançar até o universalmente válido. O pensamento dialético, por um lado, sobe do particular para o geral, do condicionado para o incondicionado, e por outro desce do universal para o particular, passando por todos os estágios intermediários.

Ideia e aparência

– Suponhamos uns homens numa habitação subterrânea em forma de caverna, com uma entrada aberta para a luz. Eles se encontram lá dentro desde a infância, algema-

---

18. ERDMANN, J.E. *Grundriss der Geschichte der Philosophie, bearb. von Clemens*. Berlim/Zurique, 1930, p. 55.

19. LAMER, H. *Wörterbuch der Antike mit Berücksichtigung ihres Fortwirkens*. Leipzig, 1933, p. 510 [Em colaboração com BUX, E. & WILHELM, S].

dos, de tal maneira que só lhes é dado permanecer no mesmo lugar e olhar em frente; são incapazes, por causa dos grilhões, de voltar a cabeça; serve-lhes de iluminação um fogo que se queima ao longe, por detrás deles; entre a fogueira e os prisioneiros existe um caminho ascendente, ao longo do qual foi construído um pequeno muro. Imagina também ao longo deste muro, homens que transportam toda espécie de objetos, que o ultrapassam. Dos que transportam esses objetos, como é natural, uns falam, outros seguem em silêncio.

– Estranho quadro, e estranhos prisioneiros são esses de que falas.

– Mas semelhantes a nós, continuei. Em primeiro lugar, pensas que, nestas condições, eles tenham visto, de si mesmos e dos outros, algo mais que as sombras projetadas pelo fogo na parede oposta da caverna? Então, se eles fossem capazes de conversar uns com os outros, não te parece que, quando designavam o que viam, eles julgariam estar a nomear objetos reais? E se a prisão tivesse também um eco na parede do fundo? Quando algum dos transeuntes falasse, não te parece que eles não julgariam outra coisa, senão que era a voz da sombra que passava? Logo que alguém soltasse um deles, e o forçasse a endireitar-se de repente, a voltar o pescoço, a andar e a olhar para a luz, ao fazer tudo isso sentiria dor, e o deslumbramento o impediria de fixar os objetos cujas sombras via outrora. Que julgas tu que ele diria, se alguém lhe afirmasse que até então ele não vira senão coisas vãs, ao passo que agora estava mais perto da realidade, vendo de verdade, voltado para objetos mais reais? Se alguém o forçasse a olhar para a própria luz, doer-lhe-iam os olhos, e ele se voltaria para buscar refúgio junto aos objetos para os quais podia olhar, e julgaria ainda que estes eram na verdade mais nítidos do que os que lhe mostravam?

Esta é uma versão abreviada da imagem projetada por Platão, em *A República*, da célebre "alegoria da caverna" sobre a vida e o conhecimento humano[20]. Nossa existência comum equivale a uma prisão. Aquilo que nos rodeia, da forma como é mostrado por nossos sentidos, equivale a meras sombras. Mas o subir e o olhar as coisas lá em cima equivale à subida da alma para o mundo das ideias. Mas o que são essas ideias? "Aceitamos uma ideia quando designamos uma série de coisas isoladas com o mesmo nome"[21]. Ideias – em grego *eidos* ou *idea*, originalmente "imagem" – são, portanto, formas, gêneros, generalidades do ser. Mas não são meros conceitos gerais que nosso pensamento constrói quando abstrai do particular e reúne as características comuns das coisas. Elas são perfeitamente reais, ou mesmo, como também é mostrado na comparação, possuem a única realidade verdadeira (metafísica). As coisas individuais passam, mas as ideias, como seus modelos perenes, continuam a existir.

É uma questão filosófica básica saber se é admissível se atribuir ao geral uma realidade maior do que ao particular, ou se, ao invés, só as coisas individuais é que são reais, as ideias gerais só existindo em nossa cabeça. Esta questão voltará a ocupar-nos na filosofia medieval. Para Platão, de qualquer maneira, a verdadeira realidade são as ideias. Platão, posteriormente, gostava de relacionar as ideias com os números, aplicando raciocínios pitagóricos.

Ao contrário do seu mestre Sócrates, Platão incluiu em seu sistema a natureza visível. Mas como o que é realmente acessível ao pensamento são unicamente as ideias, a pesquisa dos

---

20. PLATÃO. *A República*. Apud NESTLE. Op. cit., p. 205-207.
21. Várias passagens. ZELLER, E. Op. cit., p. 153.

seres corporais não pode ter para Platão senão uma importância secundária. A ciência natural, que tem por objetivo esta pesquisa, jamais pode dar certeza, mas unicamente probabilidade. Sujeito a esta restrição, Platão compôs no *Timeu* também um tratado de ciência da natureza.

A questão mais importante que de imediato resulta para nós em consequência da teoria das ideias é a seguinte: Como é mesmo que surge o mundo das sombras, que é a natureza visível? Obviamente, assim como a contemplação do belo pode levar às ideias, as coisas da natureza também são imagens ou aparências das ideias. Mas como ocorre que as ideias, que existem numa esfera espiritual mais elevada, "no além", apareçam nos objetos do mundo dos sentidos, se bem que imperfeitas e enfraquecidas? Tem que existir ainda, ao lado das ideias, um segundo elemento, um material em que elas, por assim dizer, se reproduzem! Este segundo elemento é descrito por Platão no *Timeu*, apoiando-se certamente em Demócrito, como o *espaço* (vazio) – para o que talvez fosse mais acertado dizer: a forma de contemplação, de modo a incluir não apenas o estar-lado-a-lado, mas também o estar-um-depois-do-outro[22]. Pode-se imaginar também que Platão, num sentido inteiramente geral, já tenha designado este segundo princípio como "matéria", como mais tarde foi feito por Aristóteles[23].

Não entraremos nos detalhes da teoria platônica da natureza. Mas é claro que existe aqui uma certa falha. Pois mesmo que esses *dois* princípios existam, não se vê com clareza qual a força que faz com que as ideias, como meros modelos que repousam sobre si mesmos, sejam reproduzidas na matéria. A filosofia platônica pode ser chamada de *dualista*, porque não fecha este fosso entre os dois princípios últimos.

Para fechá-lo, na realidade haveria necessidade ainda de um terceiro, que servisse de intermediário entre os dois, ou que estivesse situado acima de ambos. Em suas obras da velhice, Platão voltou-se cada vez mais para admitir uma divindade ou uma alma do mundo, que realiza isto. Mas não apresenta estes pensamentos sob a forma de uma explicação, e sim de um *mito* – como em geral as passagens que não chegam a ser apreendidas pelo pensamento são em Platão preenchidas por mitos.

6. *Antropologia e ética*

Segundo Platão, a alma humana divide-se em três partes: pensamento, vontade e desejo. O pensamento tem sua sede na cabeça, o sentimento no peito, o desejo no abdômen. Mas a parte imortal é unicamente o pensamento, a razão, que ao entrar no corpo se liga ao restante[24].

A alma imortal não tem princípio nem fim, substancialmente ela é da mesma natureza que a alma do mundo. Todo nosso conhecimento é recordação de estados e anteriores *reencar-*

---

22. ERDMANN, J.E. Op. cit., p. 61.
23. Ibid., p. 60. • ZELLER, E. Op. cit., p. 158.
24. ZELLER, E. Op. cit., p. 168.

nações da alma. "Como a alma é imortal e nasceu muitas vezes, e já contemplou as coisas que se encontram no mundo aqui de baixo, não existe nada que ela já não tenha experimentado, e por isso não é de admirar que consiga lembrar-se da virtude e de todas as outras coisas, uma vez que antes já teve delas conhecimento. Pois como todas as coisas da natureza são aparentadas entre si, e a alma possuiu tudo, nada impede que, ao lembrar uma única coisa, o que entre os homens tem o nome de aprender, encontre tudo por si mesma, bastando que se porte bravamente e que não se canse de procurar. Pois, de acordo com isso, o procurar e o aprender são pura e inteira recordação"[25].

Frases como esta fizeram surgir a ideia de que Platão tivesse conhecido a filosofia indiana antiga.

No reino das ideias, a posição mais elevada é ocupada pela ideia do bem supremo. Ela é de certa forma a ideia das ideias. O bem supremo é superior a todas as coisas, por ser delas o supremo objetivo. É o objetivo final do mundo. "O sol, dirás, penso que confere ao visível não apenas a capacidade de ser visto, mas também o devir e o crescer e o alimentar-se, embora ele mesmo não seja o devir... Da mesma forma dize também que, para o que pode ser conhecido, não apenas o ser conhecido provém do bem, mas tem dele também o ser e a essência, uma vez que o bem não é ele próprio o ser, mas ultrapassa-o ainda em dignidade e em força"[26].

A ética de Platão resulta da ligação desta ideia do bem supremo com sua concepção de que a alma imortal é aquilo no homem com que no mundo ele participa das ideias. A meta do homem é, pelo erguer-se para o mundo suprassensível, apossar-se daquele bem supremo. Corpo e sensibilidade são os grilhões que o impedem de chegar a isto: "*soma, sema*" – o corpo (é) o túmulo (da alma), como diz a esse respeito a fórmula mais abreviada de Platão.

A virtude é o estado em que a alma se aproxima desta meta. Como as coisas visíveis são imagens das invisíveis, elas podem, sobretudo na arte, servir de ajuda para o apreender as ideias.

A virtude – como em Sócrates – só é realmente virtude quando baseada na compreensão. Por isso ela também pode ser ensinada. Com isto, na doutrina da virtude, Platão vai além de Sócrates, quando divide o conceito geral da virtude em quatro virtudes cardeais. As três primeiras correspondem às partes da alma: sabedoria é a virtude da inteligência. Coragem a virtude da vontade. A terceira, que foi chamada de circunspeção, é apenas imperfeitamente reproduzida por esta palavra. A palavra grega *sophrosyne* significa o equilíbrio, a capacidade de manter a medida intermediária entre gozo e ascese, entre rigor e indulgência, e na aparência externa também a boa distância, igualmente afastada da familiaridade grotesca e do frio distanciamento[27].

---

25. PLATÃO. Mênon. Apud NESTLE. Op. cit., p. 59.
26. PLATÃO. *A República*. Apud NESTLE. Op. cit., p. 205.
27. LAMER, H. Op. cit., p. 645.

7. *O Estado*

A passagem da carta, mencionada no início, de certa forma nos mostrou Platão como um político frustrado, e foi com o problema político, com a reta organização do Estado, que ele sempre de novo batalhou durante toda sua vida, com renovadas abordagens. A *pólis*, o conceito central no pensamento de Platão sobre o Estado, é a raiz da nossa palavra "política". O reto agir, a virtude, a moral, a justiça, e tudo com que Platão se ocupa no ser humano individual retorna em escala ampliada no Estado, só nele podendo ser entendido corretamente, e também só nele chegando à plena realização. A mais elevada forma que se pode imaginar para a vida moral é a vida moral da comunidade em um bom Estado.

Também na doutrina do Estado de Platão nós podemos distinguir uma parte negativo-crítica e uma parte positivo-construtiva. Na primeira, com base no rico material de aprendizagem que lhe foi oferecido pela vida, ele se ocupa com o que está aí. Na última, esboça a imagem de um Estado ideal. De cada uma delas nós apresentamos aqui uma parte característica.

A crítica das constituições existentes

Existem tantas espécies de constituição quantas são as espécies de pessoas, pois a constituição surge do caráter das pessoas que constituem o Estado, e por sua vez o constitui. Platão analisa as diferentes formas de Estado e os tipos de pessoas com elas relacionados.

A *oligarquia* é a constituição "baseada na avaliação da fortuna, onde os ricos governam mas os pobres estão excluídos do governo..."[28] A oligarquia apresenta três grandes falhas. A primeira: "Se alguém dessa maneira quisesse nomear pilotos para os navios de acordo com a avaliação da fortuna; mas não fosse concedido a pobres, mesmo que eles entendessem muito melhor da arte de pilotar! Estes... não iriam ter uma boa viagem..." Não acontece exatamente o mesmo com a direção de qualquer outra coisa?... Também com o Estado?... E isto ainda tanto mais quanto seu governo é a tarefa mais difícil e mais importante. A segunda falha é "que tal Estado necessariamente não seria um, e sim dois: um formado pelos pobres, o outro pelos ricos, e estes dois partidos, apesar de morarem juntos na mesma comunidade, constantemente estariam se ameaçando mutuamente". A terceira falha é "a possibilidade, que existe para qualquer um, de desperdiçar toda sua fortuna... e depois, não obstante, continuar morando no Estado... como um pobre sem recursos..." Mas "num Estado onde existem mendigos sempre se encontram secretamente também ladrões, batedores de carteira, assaltantes do templo e outros criminosos profissionais".

Resulta daí, necessariamente, o tipo de pessoa que corresponde a esta constituição. Pois: "O que em cada ocasião é respeitado, também é exercido, e o não respeitado fica sem ser exercitado". Em lugar da sabedoria e da justiça, as pessoas irão atrás do lucro e de colecionar te-

---

28. Esta e as seguintes citações de *A República*. Apud NESTLE. Op. cit., p. 217ss.

souros. Desejos parasitários por um lado, desejos de mendigo por outro, farão surgir pessoas inimaginavelmente distanciadas do ideal de uma personalidade moral equilibrada.

Da luta de classes que predomina na oligarquia pode surgir uma *democracia*. "Uma democracia, penso eu, há de surgir quando os pobres forem vencedores, e do partido contrário mandarem executar alguns, exilar outros, e dar aos demais cidadãos a mesma participação na administração do Estado e nos cargos... A palavra-chave da democracia é *liberdade*. As pessoas são acima de tudo livres, e a cidade inteira reverbera de liberdade e irrestrita manifestação de opinião, porque aqui cada um pode fazer o que quiser..." "E... que nem mesmo sejas forçado a participar do governo em tal Estado, por mais que para isso estejas habilitado, nem também a obedecer, se não tiveres vontade, nem tampouco a participar se os outros fizerem guerra, nem manter a paz quando os outros a mantiverem, mas tu não estejas disposto a isto... não é esta, então, uma existência divina e extremamente prazerosa?... Estas e outras semelhantes... seriam portanto as qualidades da democracia, e assim ela é uma constituição prazerosa, sem governo, variegada, dando igualmente a iguais e desiguais uma pretensa igualdade..."

Qual é o tipo de pessoa que corresponde a esta constituição? Não haverá de difundir-se o comportamento desenfreado e a geral dissolução? Como se há de educar a juventude, quando todos são iguais e todos igualmente livres? "Em tais condições, o mestre treme diante dos seus discípulos e os adula; mas os discípulos nenhuma importância dão aos mestres... E mesmo os mais jovens fazem-se iguais aos mais velhos e disputam com eles em palavras e atos; mas os velhos sentam-se em meio à juventude e tentam igualar-se a eles em piadas e ideias engraçadas, para não darem a entender que estejam insatisfeitos e autoritários." "Modéstia é por eles chamada de tolice e expulsam-na com desonra, prudência eles chamam de falta de virilidade e a expulsam; mas moderação e ordem caseira é apresentada por eles como grosseria e pobreza de espírito, e impelem-nas para além das fronteiras..."

À democracia segue-se a *tirania* (o domínio da violência). "Pois está claro que se trata de uma reação contra a democracia!" Como se processa essa transição? "O que a oligarquia considerava como seu maior bem, e pelo que ela passou a existir, era a grande riqueza. Mas foi levada à ruína pela insaciabilidade da riqueza e pela negligência de tudo mais na busca do dinheiro... E não a provoca também a democracia pela insaciabilidade daquilo que ela estabelece como único bem?... A liberdade." – E de fato, quando algo é levado até o extremo, em consequência costuma ocorrer uma virada para o extremo oposto. É o que se dá com as estações, com as plantas, com a alimentação do corpo, e não em último lugar com os estados... E assim também para o cidadão individual, tanto quanto para o Estado, como parece, a liberdade levada ao extremo não irá transformar-se em outra coisa a não ser na correspondente servidão. "O caminho para isso passa pela posição do condutor do povo. Não coloca comumente o povo *um* homem como seu chefe, de quem então ele cuida com todo carinho, e o torna poderoso?" Este, porém, experimenta o poder e dele se inebria, assim como a fera que se torna sedenta de sangue. "Não ocorre a mesma coisa quando um chefe do povo, apoiando-se na multidão que a ele se dedica inteiramente, não recua de derramar sangue entre seus concidadãos, mas sim – como gostam de fazer – os leva a juízo com acusações injustas, e acumula dívidas de sangue destruindo vidas humanas e... pronunciando sentenças de desterro e de morte, ace-nando de longe com a redução das dívidas e a distribuição dos terrenos, de modo que para este surge a inevitável necessidade ou de perecer por seus inimigos ou de tornar-se um tirano, e por conseguinte transformar-se de homem em lobo?"

A história do regime de Hitler já havia sido escrita há mais de dois mil anos!

O Estado ideal

Assim como na pessoa individual existem o desejo, a vontade e a razão, e a justiça consiste em estas três chegarem a uma reta relação, assim também na vida dos estados existem natu-ralmente três diferentes tarefas: alimentação e salário como base, defesa para fora, direção ra-cional. A isto correspondem as três classes: os assalariados, os "guardas" (como Platão os cha-ma) ou guerreiros, e os governantes; e também aqui a justiça consiste em grande parte em os três viverem harmoniosamente orientados pela razão. Assim como nos indivíduos, a razão, encarnada nos governantes, deve reger no Estado. Mas como encontrar os que a isto são cha-mados? Platão responde: por meio da seleção.

Começa-se com o Estado oferecendo a cada criança, qualquer que seja sua origem, as mesmas possibilidades de formação. Ginástica e música são os elementos básicos da educação na infância. A ginástica forma o corpo, confere coragem e resistência. A música forma a alma, confere ternura e suavidade. A união das duas leva à harmonia do caráter. A isto acrescen-tam-se, então, o cálculo, a matemática e o prévio exercício da dialética, portanto do reto pen-sar, e ainda a imposição de dores, esforços e privações, alternando-se com tentações, com o objetivo de provar e reforçar a firmeza. Aos vinte anos de idade, os que não satisfizeram essas exigências serão, em um rigoroso e imparcial exame, excluídos dos pretendentes ao cargo su-premo. Os restantes serão educados por mais dez anos. Em seguida far-se-á nova seleção. Para os que tiverem permanecido, segue-se, durante cinco anos, um treinamento intelectual na fi-losofia. Mas para os que tiverem passado por todos esses estágios, agora com trinta e cinco anos de idade, estará faltando ainda, para a participação no governo, uma coisa essencial: a ex-periência e a habilidade na vida prática, na luta pela existência. Durante quinze anos devem eles ainda comprovar-se nisso, e em vez de o serem no reino do pensamento, serem aprovados nos problemas que aparecerem. Depois, já aos cinquenta anos, firmes e moderados, compro-vados na luta pela vida, formados igualmente na teoria e na prática, passarão a ocupar as posi-ções de direção. E isto automaticamente, sem que haja necessidade de mais uma seleção – pois já ficou estabelecido quais são os melhores. Tornar-se-ão os reis dos filósofos ou os filósofos reais, de acordo com o sonho de Platão, unindo em si poder e sabedoria – que belo ideal!

Admite-se que Platão, já por sua origem e por sua estreita relação com Sócrates, incli-na-se para o ideal de um Estado aristocrático. Sua constituição é, literalmente, uma aristocra-cia: um governo dos mais capacitados. Mas é também uma democracia perfeita. Não existem privilégios hereditários, todos têm as mesmas possibilidades de ascender aos postos mais elevados. Se a democracia se caracteriza pelas iguais oportunidades para todos, pela igualdade do ponto de partida, não poderia existir forma mais consistente de realizá-la.

Admitindo-se que, contra todas as resistências, se conseguisse organizar um Estado assim, ele estaria, a partir de dentro, ameaçado por consideráveis perigos. Os governantes escolhidos dessa maneira haveriam certamente de ser homens íntegros e não fracalhões. Haveriam de manifestar os instintos e desejos humanos comuns, pelo menos em igual medida que a média da população restante. De posse do poder ilimitado no Estado, apesar de todas as provas e de toda a educação, eles cairiam na tentação de buscar antes a própria vantagem do que o bem comum. A tentação – de acordo com os instintos básicos do homem: "fome e amor" – seria proveniente de dois lados: de dinheiro e propriedade, e de mulher e família.

Contra essas tentações deve ser de um e outro lado colocado um ferrolho. Para os guerreiros, assim como para os (futuros) governantes, que são recrutados de entre os guerreiros – Platão reúne aqui os dois grupos sob o nome de "guardas" –, vale esta prescrição: "Antes de qualquer outra coisa, nenhum deles deve possuir propriedades, enquanto isto puder ser evitado; não podem também ter casa própria com fechadura e ferrolho, impedindo a entrada de quem deseje entrar. Devem receber apenas tanto quanto seja necessário para guerreiros veteranos, que são pessoas moderadas e valentes. Receberão dos cidadãos uma determinada quantia, tanto quanto for necessário para cobrir as despesas do ano, de modo que não sobre alguma coisa para o ano seguinte, e tomarão refeições em comum e morarão juntos, como soldados no acampamento. Dir-lhes-emos que receberam de Deus bastante prata e ouro, que o metal mais divino está neles mesmos, por isso eles não têm ainda necessidade do ouro terreno. Não lhes deve ser permitido profanar o ouro que possuem misturando-o com o ouro da terra... Só eles, entre todos os irmãos, não poderão tocar em ouro e prata, nem ter nada a ver com esses metais, nem morar com eles sob o mesmo teto, ou trazê-los em suas vestes ou deles beber. E isto há de ser a salvação deles e do Estado... Mas se alguma vez adquirissem um lar próprio, ou terra, ou ouro, transformar-se-iam em donos de casa e em proprietários de bens, em lugar de guardas, em opressores em lugar de aliados dos outros cidadãos; haveriam de odiar e espreitar os outros e passariam a ser eles próprios objetos do ódio e da espreita, e viveriam com maior medo dos inimigos de casa do que dos estrangeiros; e para eles próprios e para o Estado não estaria longe a hora da ruína"[29].

Entre os guardas, a comunidade em todas as coisas estender-se-á também às mulheres. Os guardas não terão esposas. Pelo contrário, se disporá "que todas essas mulheres sejam comuns a todos esses homens, mas que nenhuma coabite particularmente com algum, e assim também os filhos sejam comuns, de modo que nem um pai saiba qual é seu filho nem também o filho saiba quem é seu pai"[30]. De modo geral, a escolha das mulheres deve dar-se sob o critério de que "os melhores homens coabitem com as melhores mulheres tão frequentemente

---

29. PLATÃO. *A República*. Apud DURANT, W. Op. cit., p. 52.
30. PLATÃO. *A República*. Apud NESTLE. Op. cit., p. 184.

quanto possível, e os homens mais fracos coabitem com as mulheres mais fracas tão raramente quanto possível; e os filhos daqueles devem ser criados, os destes não, se é para o rebanho se manter na melhor condição". "Mas queremos deixar livre aos regentes a multidão dos casamentos, para que estes, considerando as guerras e as doenças e coisas semelhantes, mantenham na medida do possível o mesmo número de homens..."[31]

Para a grande massa dos profissionais assalariados é mantida a propriedade privada e a família própria, mas todos eles, em compensação, ficam excluídos de qualquer influência política.

Observemos, por fim, que nas *Leis*, a obra da velhice de Platão, muitos unilateralismos de sua doutrina anterior do Estado aparecem suavizados, e todo seu pensamento chega a uma maior proximidade com a vida. Aqui ele recomenda, por exemplo, uma constituição que é uma mistura dos diferentes sistemas.

8. *Apreciação e crítica*

O lugar ocupado por Platão na história intelectual da Grécia

A obra de Platão, em toda sua amplitude – que aqui nem de longe chegou a ser esgotada –, é o ponto culminante da filosofia grega. Tudo quanto o antecedeu se concentra nele como no foco de uma lente. Além de elementos socráticos e de alguns elementos da filosofia sofística, Platão retomou também a filosofia mais antiga da natureza. Aqui, depois que de início se inclinou para o rígido ser da escola eleática, posteriormente aceitou o devir e a variedade, com o que, no tocante à posição sobre a questão do "ser e do devir", aproximou-se de Heráclito[32].

Mas em Platão, sobretudo, une-se pela primeira vez a tradição da filosofia racional anterior com a fé na migração, purificação e redenção das almas, já manifestada no orfismo e no pitagorismo. Platão pertence ao pequeno número das pessoas que levaram inteiramente a sério a ideia da eternidade. Suas considerações éticas são atravessadas por esta concepção básica: "Que adianta ao homem ganhar o mundo inteiro e vir a sofrer dano em sua alma?"[33] Mas isso, como já vimos nos Upanixades, não pode deixar de vir acompanhado por uma desvalorização do sensível. Esta concepção do homem, vinda do Oriente, é no pensamento grego uma gota de sangue estranho. Nesse contexto Friedrich Nietzsche atacou a doutrina de Platão como "moralizante", "pré-cristã", "sublime ilusão": "Tivemos que pagar caro por este ateniense ter ido à escola dos egípcios..."[34]

De fato, a obra de Platão, que por um lado resume a filosofia grega anterior, representa ao mesmo tempo um passo mais além, ou até mesmo uma ruptura com a tradição anterior do

---

31. Ibid., p. 187.
32. ERDMANN, J.E. Op. cit., p. 57.
33. NESTLE. Op. cit., p. XXV.
34. NIETZSCHE, F. *Götzen-Dämmerung oder Wie man mit dem Hammer philosophiert*, 1889.

povo grego. Isto se torna evidente pelo fato de que Platão não deixa de entrar em conflito com alguns elementos básicos da cultura helênica. Assim como não reconhece os grandes estadistas atenienses como verdadeiros educadores do povo para a moral, assim rejeita também a produção do grande passado artístico e literário dos gregos, e isto apesar do muito que lhe deve ter custado, como artista de fina sensibilidade e amante de tudo quanto é belo, ter que abandonar esses valores em favor de uma rígida alternativa moral[35].

Platão e a posteridade

É incalculável a influência da filosofia platônica. Ela passou por um primeiro renascimento no neoplatonismo, que ao longo de vários séculos foi o sistema predominante na Antiguidade tardia. Foi o mais forte aliado da crescente teologia e filosofia cristãs na Idade Média. Passou por uma verdadeira "Renascença" no início da Era Moderna. Na atualidade, o interesse filosófico voltou-se para ele mais uma vez. A grandeza de Platão pode ser encontrada tanto na profundidade do seu olhar psicológico — ele antecipou mais de um conhecimento da moderna psicologia do profundo — e na abrangente universalidade do seu espírito, quanto em seu firme caráter pessoal e humano, perpassado de profunda seriedade. "Platão é e continua a ser para todos os tempos o fundador da filosofia idealista, o precursor do domínio do espiritual na vida, o anunciador das normas éticas incondicionais para o agir humano, e por meio de tudo isso um dos maiores educadores da humanidade"[36].

À posteridade, Platão, logo após sua partida, aparece como a figura transfigurada de um sábio, que em harmonioso equilíbrio das forças busca a beleza moral. Assim Aristóteles o louva como aquele que

> Se não o único, foi o primeiro dos mortais a mostrar claramente,
> Por sua vida tanto quanto pelo ensino de sua palavra,
> Que honesto e feliz a um só tempo só o homem pode vir a ser.
> Agora, que a morte o calou, ninguém mais no-lo anuncia[37].

Goethe escreveu sobre Platão:

> Platão se relaciona com o mundo como um espírito bem-aventurado que nele vem abrigar-se... Penetra as profundezas, mais para preenchê-las com seu ser do que para as explorar. Busca as alturas, querendo voltar a ter parte em sua origem. Tudo com que se ocupa está relacionado com um todo eterno, bom, verdadeiro e belo, que ele quer promover e despertar em cada peito[38].

Em tudo isto, na verdade, não deixa de estar presente uma dose de idealização, em que Platão é visto de uma forma exagerada como um "habitante do Olimpo", pairando acima das

---

35. NESTLE. Op. cit., p. XXVI.
36. Ibid., p. XXVII.
37. Ibid.
38. ERDMANN, J.E. Op. cit., p. 68.

coisas. Mas sua imagem mostra-nos "um rosto de profunda seriedade, em que uma vida de luta deixou suas marcas"[39].

Uma palavra sobre a teoria das ideias

O conceito de "ideia" estende-se por mais de dois milênios como palavra-chave da história do pensamento ocidental. Na forma que lhe foi dada por Platão, poder-se-ia talvez traduzir ideia por "modelo", ou ainda por "ser ideal". O próprio Platão emprega a palavra grega *idea* (aparentada com *eidos* = imagem), alternando-a com outros termos. Cícero, ao interpretar Platão para os leitores romanos, foi manifestamente o primeiro a fazer de "*idea*" uma palavra de emprego generalizado.

Um leitor crítico de hoje poderia objetar contra Platão: Por que se haveria de admitir que a um objeto (no sentido mais amplo) por nós percebido deva corresponder um modelo em uma esfera ideal? Para que esta duplicidade?

Cautela! A questão pode ter um aspecto diferente quando pensamos não em um objeto concreto, por exemplo uma árvore, mas sim em algo espiritual, por exemplo um "objeto" da matemática!

Em 1545, o médico e matemático italiano Gerolamo *Cardano* (o eixo Cardan, em nossos automóveis, tem esse nome por causa dele) empregou pela primeira vez números imaginários, ou seja, raízes quadradas de números negativos, que "propriamente" não podem existir. O que de início não passava de um artifício (para a solução de equações cúbicas) revelou-se nos séculos seguintes como fonte de sempre novas possibilidades e conhecimentos que ninguém havia imaginado antes, chegando-se, em nosso século, até à descoberta do "conjunto de Mandelbrot".

Pergunta-se: Terão os pesquisadores que disso participaram, de Cardano a Euler, Cauchy, Gauss, Riemann, "inventado" uma coisa nova (que antes não existia), ou a teriam "descoberto"? Neste último caso, o que foi descoberto já deve ter existido antes. Onde? A única resposta possível é que existia em uma esfera ideal, até que fosse "descoberta" por um matemático.

Roger *Penrose*, um matemático da atualidade, afamado no mundo inteiro, diz a este respeito que é adepto da segunda opinião, com isso professando-se favorável ao platonismo matemático. Literalmente: "O 'conjunto de Mandelbrot' não é nenhuma invenção do espírito humano, ele foi uma descoberta. O conjunto simplesmente *está aí*, como o Monte Everest"[40]. Platão, que sobre a entrada de sua Academia mandara escrever: "Não entre aqui quem não souber geometria", teria certamente ficado satisfeito com isso.

---

39. ZELLER, E. Op. cit., p. 135.
40. PENROSE, R. *The Emperor's New Mind*, 1989, p. 95.

Uma palavra sobre a doutrina do Estado

Contra a doutrina do Estado de Platão tem sido arremessado este argumento: utopia! Poderia conter alguma coisa certa, diz-se, mas seria simplesmente irrealizável. Já Aristóteles, discípulo de Platão, disse a respeito disto, com visível zombaria: "Estas e muitas outras coisas foram inventadas repetidamente com o correr dos anos"[41].

Afirma-se, antes de tudo, que Platão subestima o instinto de propriedade do ser humano, tanto no tocante à propriedade material quanto à mulher, quando acredita que uma classe haveria de contentar-se com um comunismo coerente tanto no terreno sexual quanto da propriedade. Se além disso os filhos fossem tirados às mães, o instinto materno, e com ele muitas outras coisas da peculiar natureza e dignidade da mulher, haveria de atrofiar-se. A destruição da família, como raiz histórica e base permanente do estado e do comportamento cultural, traria como necessária consequência a desagregação social[42].

A estas objeções – que certamente não devem ser minimizadas – respondem os defensores de Platão que ele impõe essas exigências apenas para uma minoria seleta, e que sabe muito bem que a maioria das pessoas jamais iria renunciar à propriedade, dinheiro, luxo, vida familiar privada; além disso, que o próprio Platão, na visão esclarecida da velhice, voltou a abandonar a maioria de suas exigências um tanto exageradas.

É provável que Platão tenha tido consciência de haver projetado um ideal difícil de ser alcançado, mas que como tal lhe parecia necessário e importante: "Assim o modelo de tal cidade se encontra no céu, e quem quiser o poderá ver e orientar-se por ele. E não importando se tal cidade existe ou se jamais existirá na realidade... ele desejará defender a causa desta cidade, e não a de uma outra qualquer"[43].

Uma segunda grave objeção nos diz que Platão não levou em conta a estreita ligação entre poder político e poder econômico. Na república de Platão os governantes teriam em suas mãos uma posição de poder sem uma base econômica, dependendo economicamente das outras classes. Mas a história comprova que a longo prazo o poder social sempre acompanha as mudanças nas condições econômicas.

A última objeção é de todas a mais grave. Só foi formulada radicalmente no século XX, que conheceu as mais amargas experiências com dois sistemas totalitários – o comunismo e o sistema hitlerista –, por um homem que foi por elas pessoalmente atingido: Karl Popper, que, sendo proveniente de uma família judia de Viena, teve que emigrar após a anexação da Áustria. Em sua obra *A sociedade aberta e seus inimigos* (Die offene Gesellschaft und ihre Feinde), lançada primeiramente em 1945 em inglês e publicada em 1957 em alemão, todo o primeiro volume – intitulado *A mágica de Platão* (Der Zauber Platons) – é dedicado a um ataque geral a Platão (o se-

---

41. DURANT, W. *Die Grossen Denker*, 1945, p. 61.

42. Ibid.

43. Ibid., p. 46.

gundo volume ocupa-se principalmente com Hegel e Marx). O ponto central do ataque: Platão, com base na sua experiência de vida, e temendo o abuso dos direitos democráticos e da liberdade intelectual, teria postulado um Estado todo-poderoso, em grande parte baseado no modelo de Esparta, onde cada um tinha para todo o sempre seu lugar determinado no Estado e na sociedade (lugar que de uma vez por todas era estabelecido pelo nascimento), e cujo governo chegava mesmo a determinar quem poderia ter filhos com quem. Tudo neste Estado era determinado pelo "princípio direcionista". A disciplina militar estava em toda parte. Os "hereges" religiosos tinham que ser perseguidos e exterminados; a arte, a música e a formação que ser submetidas a uma rígida censura. Platão chegou ao ponto de rejeitar as mais belas e grandiosas criações do seu povo – como os poemas de Homero – como recursos para a formação do seu Estado ideal. Não teria, interroga-se Popper, não teria com isso sido ele – que de forma alguma deixa de reconhecer a grandeza e a importância de Platão – o pai espiritual dos sistemas totalitários, que chegaram em nosso século a produzir uma nova barbárie?

IV. Aristóteles

1. A vida de Aristóteles

O maior discípulo e antagonista de Platão é proveniente de uma família de médicos. Nasceu em 384 aC em Estagira, na Trácia, ao norte da Grécia atual. Veio na juventude para Atenas, tendo sido durante 20 anos aluno da Academia de Platão. Entre o então sexagenário Platão e seu genial discípulo, 40 anos mais jovem, parece que já ocorreram conflitos, como não pode deixar de ocorrer no choque de dois gênios[44].

Após a morte de Platão, Aristóteles viveu por algum tempo na Ásia Menor, na corte de um antigo condiscípulo, que entrementes havia se tornado ali ditador, e casou-se com sua filha adotiva. Filipe, rei da Macedônia, que forçou a união da Grécia, convocou-o então para sua corte, para assumir a educação do seu filho Alexandre, que mais tarde seria chamado o Grande (Alexandre Magno).

Depois que Alexandre assumiu o governo, Aristóteles voltou para Atenas, onde abriu uma escola própria, chamada *Lykeion* (Liceu). Desenvolveu em Atenas uma ampla atividade de pesquisa e ensino. É provável que, além de sua própria fortuna, dispusesse de consideráveis recursos recebidos de Alexandre. Aristóteles organizou para si uma grande biblioteca particular, e também uma coleção de plantas e de animais da natureza, provenientes de todo o mundo conhecido de então. Alexandre teria ordenado a seus jardineiros, caçadores e pescadores que enviassem para Aristóteles exemplares de todas as espécies de plantas e animais existen-

---

44. É o que diz Erdmann (*Grundriss*, p. 69); Durant (*Denker*, p. 67). Já Zeller (*Grundriss*, p. 183,184) fala de modo diferente.

tes. Para fins de comparação, Aristóteles colecionou também todas as constituições de Estado conhecidas, num total de 158.

Ao final dos doze anos em que Aristóteles dirigiu sua escola, ele se viu em dificuldades políticas, por um lado pelo fato de sua relação com Alexandre ter sido perturbada, mas também porque, como amigo de Alexandre e da política macedônia, que havia privado Atenas de sua liberdade política, ele passou a ser violentamente atacado em Atenas. Após a prematura morte de Alexandre, de repente o ódio contra o "partido macedônio" em Atenas se descarregou. Aristóteles, assim como antes dele Sócrates, foi acusado de impiedade, mas escapou à ameaça de ser condenado à morte através da fuga, a fim de, como disse, não dar pela segunda vez aos atenienses ocasião de cometerem um pecado contra a filosofia. Morreu no ano seguinte, 322 aC, isolado no exílio. Não é nenhuma novidade o Estado exilar suas melhores cabeças.

2. A obra de Aristóteles

Os sábios da Antiguidade conheciam várias centenas de escritos de Aristóteles. Enquanto ensinava, Aristóteles fazia preleções para um pequeno grupo de avançados, e também preleções populares para um grupo maior. Também seus escritos, por um lado, eram tais que pela forma de apresentação se destinavam a círculos mais amplos, e por outro puramente profissionais e científicos, destinados ao uso na escola. Os primeiros, que na Antiguidade eram equiparados aos diálogos platônicos, se perderam de todo. Dos escritos profissionais conservou-se uma parte, mesmo assim tão ampla e variada que transmite uma ideia da grandeza e amplitude de toda sua obra. Em grande parte estes escritos são apenas precariamente ordenados, difíceis de ler, por isso não sendo também tão apropriados para citações literais quanto os de Platão.

Não é possível organizar-se o que foi conservado de acordo com o tempo de origem. Depois de um difícil trabalho de pesquisa para separar o autêntico do que não o é, as obras, mais ou menos de acordo com seu conteúdo, podem ser organizadas nos seguintes grupos[45]:

I) Escritos sobre a *Lógica*: Categorias, os dois Analíticos (doutrina das conclusões e da argumentação), Tópicos (contém a "Dialética" de Aristóteles). – Já na Antiguidade esses escritos lógicos foram reunidos sob o nome de *Organon*, isto é, "Instrumento" (para o reto pensamento filosófico).

II) Escritos sobre a *ciência da natureza*: Física (8 livros), sobre o céu, sobre a geração e a corrupção, meteorológicos. Vários escritos sobre a alma (também sobre a memória e os sonhos), história dos animais, das partes dos animais, do movimento dos animais, da origem dos animais, tratam dos seres vivos.

III) Escritos sobre a *Metafísica:* Sob esse nome, um antigo editor das obras de Aristóteles ordenou os escritos que tratam das causas gerais das coisas. Nessa coleção, estes escritos foram

---

45. Apud ZELLER, E. Op. cit., p. 186ss.

colocados atrás das ciências da natureza, atrás da Física, em grego: *meta ta physika*. Ao longo do desenvolvimento filosófico, esta caracterização puramente externa passou a ser reinterpretada como "o que vai além da natureza (física)", "o que está situado além da natureza". Desde então se entende por metafísica a disciplina filosófica que busca conhecer não as coisas individuais, mas as coisas no seu ser-coisa, "o ser enquanto ser".

IV) Escritos sobre a *Ética*, os 10 livros da chamada *Ética a Nicômaco*, assim chamada pelo nome do filho de Aristóteles, Nicômaco.

V) Escritos sobre a *Política*, 8 livros.

VI) Escritos sobre *Literatura e retórica*, 3 livros sobre a arte do discurso, um sobre a arte da poesia.

Existe uma profunda diferença entre o espírito sóbrio de Aristóteles, que procura reunir e catalogar tudo quanto existe, e que vai em busca da argumentação lógica rigorosa, e a fantasia de Platão, voltada para o belo e o ideal. A mesma diferença transparece na comparação entre as obras de vida de um e de outro. Aristóteles é em primeira linha um cientista. Mas um cientista no sentido amplo: seu impulso de pesquisa está voltado para todos os terrenos do conhecimento científico, e além de colecionar e de descrever os fatos, ele vê também a coroa do conhecimento no conhecimento filosófico, que ordena tudo quanto existe de acordo com princípios unificados. Sua obra é uma conquista espiritual do mundo, não menos grandiosa, à sua maneira, e para a história da humanidade tão rica de consequências quanto as vitórias do seu discípulo, o conquistador Alexandre. Com Aristóteles começa a "cientificização" do mundo, que em nossos dias chegou a atingir proporções assustadoras.

Os problemas da reta classificação e interpretação das obras são inúmeros, e em parte persistem até hoje.

3. A lógica

Aristóteles criou a lógica como uma ciência própria. Lógica é derivada de *Logos*. Mas Aristóteles mesmo não emprega ainda este nome, ele diz "Analítica", ou algum termo diferente. Lógica é a doutrina do reto pensar, mais precisamente das formas e dos métodos – não do conteúdo, portanto – do reto pensar. Ela não pode mostrar *o que* se deve pensar, mas apenas *como*, a partir de algum dado, se tem que avançar com o pensamento para que se possa chegar a resultados corretos. Isto distingue a lógica, como ciência *formal*, das ciências especializadas. Da psicologia, que também se ocupa com o pensamento humano, ela se distingue pelo fato de que, ao contrário daquela, não ensina como realmente decorrem nossos pensamentos, mas sim como ele *deve* ocorrer para poder levar ao conhecimento científico[46]. Seus elementos mais importantes (modificando a sequência em que são apresentados por Aristóteles) são os seguintes:

---

46. Esta, pelo menos, a definição tradicional; mas cf. a seção "a nova lógica".

Conceito: Nosso pensamento racional realiza-se em conceitos. Só se pode pensar corretamente quando se trabalha com conceitos corretos. Como podemos chegar a conceitos claros, que possam servir para o pensamento científico? Pela definição.

Toda definição consiste de duas partes. Ela deve, por um lado, ordenar o objeto a ser definido em uma classe cujas características gerais *concordem* com as características do objeto a ser definido: Que é o homem? O homem é um *ser vivo*. Por outro lado, a definição deve indicar em que o objeto se *distingue* dos outros objetos da mesma classe: O homem é um ser vivo *dotado de razão* (ou que fala, ou que usa instrumentos, ou qualquer que seja a diferença em que se queira considerar como aquilo que o distingue). A definição, portanto, contém uma característica que separa e uma (ou mais de uma) característica que une, que é comum.

Existem conceitos de mais baixa ou mais elevada generalidade. "Ser vivo", por exemplo, é um conceito mais geral do que "homem" ou "cão", pois além destes ainda existem outros seres vivos. Partindo de um conceito de maior generalidade (conceito genérico) e acrescentando sempre mais "diferenças específicas", pode-se descer a conceitos mais restritos, e destes ainda a conceitos tão restritos que não podem mais ser divididos em subespécies, mas que só compreendem seres isolados entre si: ser vivo – mamífero – cão – cão peludo – cão peludo marrom – "este" cão peludo marrom. A doutrina conceitual de Aristóteles atribui o máximo valor a que o descer do geral para o particular, e vice-versa, o subir na direção oposta, se realize nos degraus corretos, sem que seja omitido nenhum elo intermediário da sequência.

Categoria: Esta foi uma expressão introduzida por Aristóteles. Primeiro Aristóteles escolhe aleatoriamente conceitos e examina se eles podem ainda ser derivados de conceitos genéricos mais gerais, ou não. Deste modo ele chega a dez categorias, a respeito das quais admite que não possuem nenhum conceito mais abrangente comum, que portanto são conceitos originais ou básicos de todos os outros. Estas categorias como que designam os diferentes pontos de vista possíveis sob os quais uma coisa pode ser considerada.

As dez categorias de Aristóteles são as seguintes: substância, quantidade, qualidade, relação, lugar, tempo, estado, hábito, ação e paixão.

Em listas posteriores Aristóteles ainda deixou de fora algumas dessas categorias. Para ele também nem todas têm o mesmo valor. As mais importantes são as quatro primeiras, sobretudo a substância. É claro que se pode discutir a respeito disso – o que tem acontecido também com frequência, e com que ainda iremos ocupar-nos. Na Era Moderna, Immanuel Kant empreendeu uma importante tentativa de criar uma "tabela" das categorias.

Sentença: Os conceitos são ligados para formar frases ou sentenças ("sentenças" no sentido lógico, não no sentido jurídico). Em toda sentença (pelo menos) dois conceitos são ligados entre si. Sujeito é o conceito sobre o qual alguma coisa é afirmada. Predicado é a afirmação que é feita a respeito do sujeito. (Percebemos quanto tudo isto está baseado na construção da língua – grega!)

Aristóteles tenta dividir as sentenças em diversas classes. Ele distingue a sentença afirmativa: "Este cravo é vermelho", da negativa: "Este cravo não é vermelho". Distingue a sentença geral: "Todos os cravos murcham" – da particular: "Alguns cravos não cheiram" – e da sentença individual: "Este cravo é amarelo". Por último distingue sentenças que afirmam um ser: "Este cravo floresce" – das que afirmam uma necessidade: "Este cravo tem que florir hoje" – e das que afirmam apenas uma possibilidade: "Este cravo ainda pode florir hoje".

Conclusão: Nós unimos as sentenças formando conclusões. A teoria da conclusão é o núcleo da lógica aristotélica. O avanço do pensamento, segundo Aristóteles, sempre se dá em conclusões. Uma conclusão é "um discurso em que de determinados pressupostos surge alguma coisa nova"[47]. É a dedução de uma (nova) sentença a partir de outras. Portanto, consiste sempre dos pressupostos (premissas) e da conclusão que deles se retira.

O centro da teoria da conclusão é ocupado pelo assim chamado silogismo. Este consiste de três partes: uma frase maior (genérica): "Todos os homens são mortais"; uma frase menor (especial): "Sócrates é um homem". Estas são as premissas. Conclusão: "*Portanto* Sócrates (também) é mortal". Aristóteles compôs vários tipos básicos destas conclusões. Queremos responder a uma crítica que pode manifestar-se aqui no leitor, lembrando o seguinte. Um ponto fraco desta figura do silogismo consiste em que a rigor aquilo que deve resultar na conclusão (Sócrates é mortal) já está pressuposto na frase maior da premissa. Pois se Sócrates não fosse mortal, a frase maior: Todos os homens são mortais – não seria correta com a generalidade que está sendo afirmada.

Prova: As conclusões podem ser associadas formando provas. Prova é a dedução (logicamente) necessária de uma sentença a partir de outras sentenças, por meio de repetidas conclusões. Aquilo a partir do qual uma afirmação deve ser provada tem, evidentemente, que ser por sua vez estabelecido. Deve-se, portanto, poder prová-lo a partir de sentenças mais elevadas. Levando isso adiante, chegar-se-á a um limite, a sentenças de caráter extremamente geral, que por sua vez não poderão mais ser provadas. Nós temos em nossa razão, segundo Aristóteles, a capacidade de apreender tais sentenças gerais direta e corretamente. A primeira delas é o *princípio da contradição*: "Uma coisa que é não pode ao mesmo tempo e sob o mesmo ponto de vista deixar de ser". Com isto, dos quatro princípios básicos do pensamento em Aristóteles o primeiro já está formulado (sua versão diz: "O mesmo não pode, à mesma coisa e sob o mesmo aspecto, ocorrer e não ocorrer"). Os outros três princípios, que no desenvolvimento da filosofia só foram formulados mais tarde, são o princípio da identidade (a = a), o princípio do terceiro excluído ("Entre o ser e o não ser da mesma situação não existe um terceiro") e o princípio da razão suficiente.

Indução: Como pesquisador da natureza, Aristóteles sabia que *só* a dedução do particular partindo do geral por meio de provas jamais seria capaz de fornecer-nos suficiente conhecimento. Por via de regra, na prática nós temos que percorrer precisamente o caminho inverso, isto é, partir das observações isoladas, comparando-as e reunindo-as, e chegar aos poucos a conclusões gerais. Por isso a indução é também um caminho explicado por Aristóteles.

---

47. ARISTÓTELES. Primeira Analítica I 24 b 18. Apud ZELLER, E. Op. cit., p. 197.

Indução é o processo de, em lugar de deduzir teoricamente uma sentença a partir de uma sentença mais geral (a assim chamada dedução), confirmá-la mostrando que é efetivamente válida no maior número possível de casos. Por exemplo, a sentença: "Os metais são mais pesados do que a água" pode ser confirmada tomando-se, um após outro: ouro é mais pesado do que a água, prata é mais pesada do que a água, ferro é mais pesado do que a água, e assim por diante. É verdade que dessa forma nunca se pode chegar a uma certeza completa. Pois mesmo que todos os metais conhecidos sejam examinados, sempre ainda poderia ser descoberto um metal que se comporta de maneira diferente. E de fato nosso exemplo só pôde ser reconhecido como correto até que fosse descoberto no potássio um metal que é mais leve do que a água[48]. Apesar de com a indução não se poder chegar além de uma maior ou menor probabilidade, ela no entanto continua sendo um método indispensável para a ciência.

Também para Aristóteles estava claro que não seria possível, só pela observação, abranger todos os casos individuais imagináveis, e dessa forma provar conclusivamente uma sentença por meio da indução. Por isso ele busca um caminho para conferir à indução um grau mais elevado de certeza. E encontra esse caminho procurando saber, para uma determinada sentença, quantos sábios antes dele a consideraram correta, e qual a autoridade que lhes é atribuída. Mas este processo apresenta fortes limitações: pois todos os sábios podem estar de acordo uns com os outros, e não obstante estar errados. Compreende-se que a indução, como método de pesquisa da natureza, só possui valor para aquele que confia na experiência, portanto na efetiva percepção através dos sentidos. Aristóteles, como seria de esperar de um pesquisador que dessa forma parte de um receptivo aprofundamento nos detalhes, aceita explicitamente – ao contrário de Platão – a capacidade dos sentidos para transmitir conhecimento certo[49]. Ele diz mesmo que os sentidos, em si, jamais nos enganam, que todo erro é proveniente apenas da falsa subordinação e ligação dos dados fornecidos pelos sentidos; daí se explica também o valor que não pode deixar de ser atribuído ao reto método de pensamento, ou seja, à lógica.

4. A natureza

Física

Em parte, o que Aristóteles entende sob esse título é mais metafísica do que física, ou pelo menos física *teórica*. Ele se ocupa com os conceitos gerais da física: espaço, tempo, matéria, causa, movimento. Projeta uma imagem do edifício do mundo e de suas partes. Uma grande parte dos seus escritos sobre ciência da natureza é ocupada pelas opiniões dos que o antecederam, e pela crítica das mesmas. E aqui muitas vezes Aristóteles procede com extrema injustiça. De qualquer modo, é a estas partes que nós agradecemos muito do nosso conhecimento sobre o que foi ensinado por esses homens.

---

48. SCHMIDT, *Wörterbuch*, p. 296.
49. ZELLER, E. Op. cit., p. 197.

Da física nós destacamos apenas uma ideia básica, que foi a que teve mais consequências para a posterior explicação da natureza: A observação da natureza permite-nos reconhecer em toda parte uma maravilhosa *funcionalidade*. Desde as maiores até às menores coisas, tudo é funcionalmente organizado. Como o que ocorre com regularidade não pode ser atribuído ao acaso, a universal funcionalidade da natureza deve ser explicada pelo fato de a verdadeira razão das coisas encontrar-se em suas causas finais, em sua finalidade. Esta maneira de explicar a natureza é chamada de *teleológica*.

A organização dos seres vivos

Não sabemos com certeza se Aristóteles escreveu uma obra científica sobre as plantas. É certo que ele se ocupou com a botânica. Da zoologia (sistemática ou comparada), de qualquer modo, ele é o principal organizador. O ser vivo distingue-se pela capacidade de se locomover a si próprio. Já que o movimento, como ficou exposto na metafísica, só pode ocorrer quando, além do que é movido, há também um motor, aquilo que se move a si próprio deve conter em si tanto um movido quanto um motor. O movido é o corpo, o motor é a alma. A relação entre corpo e alma é a mesma que entre matéria e forma, pois o corpo é a matéria e a alma é a forma. A alma que move e configura o corpo é denominada por Aristóteles por uma palavra que é muito empregada até hoje: *enteléquia*.

Assim como a forma é o objetivo da matéria, a alma é o objetivo do corpo, e o corpo instrumento (em grego *órganon*) da alma. É daqui que procedem os conceitos de órgão, organismo, orgânico[50].

O grau mais baixo do orgânico é constituído pelas plantas. Suas funções vitais são alimentação e reprodução. Nos animais se acrescenta a capacidade da percepção pelos sentidos e da mudança de lugar, e no homem, além disso, a capacidade de pensar. Existem, pois, três espécies de alma, a alma que alimenta, ou alma da planta, a alma sensitiva, ou alma do animal, e a alma pensante, ou alma do ser humano. A mais elevada não subsiste sem a inferior. Tão antiga é a doutrina das "camadas" da personalidade, que volta a manifestar-se na psicologia mais recente.

Passamos por cima dos resultados isolados da pesquisa zoológica de Aristóteles. Em parte, evidentemente, são resultados errôneos ou imprecisos, o que é compreensível, levando-se em conta os métodos pouco desenvolvidos de observação e a completa falta de instrumentos naquele tempo. Mas por outro lado são visões fundamentalmente novas e corretas, por exemplo na embriologia. No conjunto constituem o fundamento de todos os trabalhos posteriores nesta ciência – uma realização que por si só já seria suficiente para garantir uma fama permanente a um pesquisador. Mas na obra de Aristóteles isto constitui apenas uma pequenina fração.

---

50. Ibid., p. 218.

5. A metafísica

O individual e o geral

O que é mesmo real: o individual ou o geral? Platão havia dito: Só o que é real são as ideias gerais, as coisas individuais são apenas produtos imperfeitos derivados daquelas. Nisto Aristóteles não o acompanha. Para ele, o geral não é um modelo ideal, como que proveniente do além. Quando afirmamos alguma coisa sobre o geral, no fundo nós não podemos falar a não ser das coisas individuais que existem no tempo e no espaço. É a elas que todas as nossas sentenças se referem. Aristóteles, não obstante, não vai tão longe quanto os pensadores que mais tarde, na Idade Média, nós vemos combatendo a posição de Platão como "nominalistas". No conceito geral, eles veem algo que existe exclusivamente em nossas cabeças, que foi tirado ou abstraído de um grande número de coisas individuais, com base em determinadas seme-lhanças. Aristóteles, em oposição a isto, concorda com seu mestre em que no geral nós apre-endemos algo da *essência* do que existe. Quando a partir da percepção de muitos seres indivi-duais semelhantes, mas nunca iguais, chegamos a formar o conceito de ser humano, nós obte-mos com isso não apenas um meio que permite orientar-nos na confusa multidão das coisas individuais – pelo contrário, nós apreendemos aquilo que é comum, a essência, o que se encar-na nos seres e nas coisas individuais. Platão e Aristóteles têm em comum a convicção de que existe uma congruência entre o que existe e o que nós conhecemos, que em nosso conhecer e falar nós podemos apreender e reproduzir a estrutura do que existe: é como se a ontologia e a lógica (ou o ser e o conhecer) coincidissem, ou pelo menos se ordenassem mutuamente.

Quando viermos a nos ocupar com a filosofia da Idade Média cristã, veremos como este problema volta a aparecer e a ser considerado de uma forma muito mais radical.

Matéria e forma

Mas Aristóteles, da mesma maneira que Platão, vê que as inúmeras "árvores" perecem, ao passo que "árvore", como conceito geral, continua intocada pela mudança das aparências in-dividuais. Se quisermos chegar a um conhecimento seguro, este não pode referir-se às aparên-cias isoladas – casuais e mutáveis –, mas unicamente ao necessário e ao imutável. Este imutá-vel é encontrado por Aristóteles nas *formas* (para as quais, no entanto, ele em parte volta a usar o conceito de "*eidos*" = ideia, empregado por Platão).

Mas, para que possamos falar de forma, temos que pressupor algo que seja formado, a que a forma seja aplicada. O totalmente informe e indeterminado, em que as formas se manifes-tam, é por Aristóteles chamado de "matéria". A matéria em si, abstraindo de todas as formas, não possui realidade. Mas como tem a capacidade de tornar-se real pelas forças das formas que a configuram, ela possui a *possibilidade.* As formas, por sua vez, ao levarem a matéria à realida-de, são não apenas (como as ideias de Platão) os modelos eternos das coisas, mas também sua finalidade, são a *força* que leva a matéria informe à realidade.

Mas para Aristóteles a matéria, por sua vez, não é algo passivo, que só adquire realidade por efeito das formas. Pois Aristóteles ensina que a matéria *resiste* às forças formantes. É isto que explica o fato de que tudo quanto surge é imperfeito, e de só pouco a pouco o desenvolvimento da natureza avançar das formas inferiores para as mais elevadas. Com isto, a matéria passa a ser mais ou menos um segundo princípio de ação da metafísica aristotélica.

O contraditório tratamento da matéria esconde uma das obscuridades de todo o sistema. Mas não podemos, aqui, deixar de mencionar uma objeção mais séria, a de que, depois de haver banido do seu sistema com violência as ideias de Platão, existentes por si mesmas, Aristóteles as faz entrar novamente pela porta dos fundos, pois suas formas são extremamente semelhantes às ideias platônicas.

As quatro causas do ser

A matéria (em grego *hyle*) e a forma (em grego *morphe*) são tratadas por Aristóteles em uma sequência de pensamentos que permaneceu fundamental para toda a filosofia ocidental: a doutrina das quatro causas de tudo quanto existe. São as seguintes – com os nomes que ficaram consagrados desde a filosofia escolástica da Idade Média: 1) a *causa material*, a matéria (p. ex., a prata de que é feita uma bandeja); 2) a *causa formal*, a forma (em nosso exemplo a verdadeira forma da bandeja); 3) a *causa eficiente* (o ourives que criou a bandeja); 4) a *causa final*, a razão ou finalidade (a destinação da bandeja para os sacrifícios). Sobre esta divisão baseia-se, entre outros, Schopenhauer em seu tratado *Sobre a quádrupla raiz do princípio da razão suficiente*.

Teologia

Onde forma e matéria se tocam, surge movimento. Pois não apenas as forças formantes atuam sobre a matéria; esta, por sua própria natureza, anseia pelas formas, como pelo que é bom e divino. Como forma e matéria atuam desde a eternidade uma sobre a outra, também o movimento é sem fim. Mas como o movimento sempre exige um motor e um movido, o impulso deve um dia ter partido de um motor que ele próprio não é movido. Este só pode ser pura forma sem matéria. Mas pura forma é o perfeito em si. Do perfeito em si só pode existir um. Assim Aristóteles ensina uma divindade que é puro pensamento, puro espírito. Deus só pensa o mais elevado e o mais perfeito, e como ele é o perfeito, pensa a si próprio. Um crítico diz sobre este Deus de Aristóteles:

> Ele é incorrigivelmente perfeito, por isso nada pode desejar, pelo que também nada faz... Sua única ocupação é contemplar-se a si próprio. Pobre Deus aristotélico! Ele é um *roi fainéant*, um rei que nada faz – "O rei domina, mas não governa". Não é de admirar que os britânicos tanto gostem de Aristóteles, cujo Deus é claramente formado segundo o rei deles[51].

Este esboço do tema metafísica foi simplificado até quase o limite extremo do admissível. Isto é quase inevitável, porque o pensamento de Aristóteles se desenvolve, e com isso se trans-

---

51. DURANT, W. Op. cit., p. 70.

forma com o correr dos anos – o que foi lembrado sobretudo por Werner Jaeger[52]. Outra dificuldade está em se interpretar ou traduzir corretamente os conceitos gregos utilizados por Aristóteles. Por exemplo, *ousia* quase sempre é traduzido pela palavra "substância", embora na palavra grega também esteja contido o conceito de "essência". Dificuldades de interpretação semelhantes oferece a palavra metafísica. Isto mesmo se abstrairmos aqui da questão se *meta* significa o que foi tratado "*depois* (do reino da natureza, da física)", ou o que fica *além* desse reino – Aristóteles, por vezes, manifestamente se refere ao estudo como tal do que existe (que se distingue do estudo dos diversos reinos do ser), mas outras vezes ao conhecimento de ser imutável – e com isso da teologia –, um duplo significado que até hoje este conceito não chegou a perder.

6. *Antropologia, ética e política*

O homem

Com suas funções corporais e suas funções inferiores da alma, o homem se encontra na linha dos outros seres vivos. Mas estas funções se adaptam à sua destinação mais elevada. As mãos, os instrumentos da fala, o andar ereto, o tamanho do cérebro apontam nessa direção. Mas às atividades inferiores da alma se acrescenta agora o espírito (*nous*).

Já foi dito que Aristóteles confia no que é percebido pelos sentidos. Mas os diferentes sentidos só nos informam a respeito das propriedades das coisas a que eles particularmente se referem: o olho sobre as cores, o ouvido sobre os sons etc. Compor os dados fornecidos pelos diferentes sentidos em uma imagem unificada da realidade é obra de um "sentido universal" mais elevado – nós certamente falaríamos de "razão". Sua sede é localizada por Aristóteles no coração.

O espírito é imortal e não perece com o corpo. Mas como o espírito puro existe antes do nascimento e depois da morte, e de que maneira no homem vivo o espírito se une às funções inferiores da única personalidade, sobre isso Aristóteles não se manifestou com clareza[53].

A virtude

Aristóteles, como qualquer outro grego, não põe em dúvida que o bem supremo do homem é a bem-aventurança. A perfeição, para todo ser vivo, consiste na perfeita formação da atividade que lhe é própria. Como o homem, em primeira linha, é um ser racional, para ele a perfeição é a suprema formação desta sua essência. É nisto que consiste a virtude. Correspondendo à dupla natureza do homem, Aristóteles distingue duas espécies de virtude. As virtudes *éticas* consistem no domínio da razão sobre os instintos dos sentidos. As virtudes *dianoéticas* consistem no aumento e aperfeiçoamento da própria razão. Estas últimas são as mais elevadas.

---

52. Entre outros JAEGER, W. *Aristoteles* – Grundlegung einer Geschichte seiner Entwicklung. Berlim, 1923.

53. ZELLER, E. Op. cit., p. 224ss.

O Estado

O homem é um *zoon politikon*, um ser vivo sociável (político). Para a manutenção e o aperfeiçoamento de sua vida, ele tem necessidade de estar em comunhão com os outros. Assim como para Platão, também para Aristóteles a comunidade moral dos cidadãos, em um bom Estado com base na lei e na virtude, é a mais elevada e verdadeira forma de moralidade. Política não é outra coisa senão ética aplicada. A contemplação da virtude é apenas o estágio preliminar e a parte teórica da ética, mas a doutrina do Estado é sua parte prática e aplicada.

Também Aristóteles faz uma crítica das reais e possíveis constituições dos estados, bem como uma apresentação do Estado ideal. Entre as constituições ele distingue tradicionalmente, de acordo com o número dos governantes, a monarquia como a dominação de um único, a aristocracia como o domínio de uns poucos, e a *politia* como a dominação de muitos. A estas se opõem, como deformações destas formas, a tirania, a oligarquia e a democracia. Entre as três formas ele não dá preferência incondicional a nenhuma, mas declara que a constituição tem que orientar-se pelas necessidades concretas do respectivo povo e do respectivo tempo. Isto quase sempre há de resultar numa sadia mistura das formas, sendo que no caso mais favorável devem misturar-se os elementos aristocráticos e democráticos, de modo que o centro de gravidade do Estado seja formado pela *classe média*. Com isto a comunidade estará melhor garantida, e os extremos serão evitados. Aristóteles não chegou a concluir sua doutrina do Estado ideal. Ele concorda com Platão em que o Estado ideal só pode ser imaginado nas condições particularmente limitadas de uma cidade-Estado grega. Nem sequer chega a ocupar-se com outra coisa. Ao que tudo indica, nesse ponto ele não entendeu os sinais do tempo, que apontavam para a formação de grandes reinos, e apesar de defender os reis macedônios, no seu íntimo ele daria preferência às formas de Estado do passado grego. Aliás, para ele a escravatura parece tão natural quanto para a maioria dos seus conterrâneos. Atribui elevado valor ao matrimônio, à família e à comunidade. Mostra que a exigência de Platão, de sacrificar ao Estado casamento e propriedade privada, é não somente irrealizável, mas também considera erroneamente o Estado como um ser unitário, consistindo de pessoas isoladas, quando na verdade a comunidade estatal tem que ser um todo *organizado* em subcomunidades.

7. Crítica e apreciação

Alguns pontos de crítica já foram apontados na apresentação. Fazem falta a Aristóteles a cativante eloquência e ousadia das ideias de Platão. Com sua tranquila sobriedade, no entanto, com sua maneira um tanto árida de tudo registrar, sua doutrina constitui um necessário e sadio contrapeso à de Platão.

É possível que Aristóteles tenha superestimado o valor da lógica. Pode-se pôr em dúvida que com as figuras de pensamento apresentadas por ele se possa conseguir fazer muita coisa. Mas talvez também só pensemos assim porque os conceitos básicos, que ele foi o primeiro a criar, passaram, com o longo período de hábito, a ser vistos como naturais. Fica de pé que foi ele quem lançou os fundamentos desta ciência.

Os escritos sobre ciência da natureza contêm muitos erros, por exemplo na astronomia. Mas é preciso considerar que na maioria dos campos Aristóteles se movimentava em terreno totalmente novo, e que, do ponto de vista de hoje, os meios de observação de que dispunha eram precários. Tinha que fazer "observações de tempo sem relógio, comparações de temperatura sem termômetro, observações astronômicas sem telescópio, observações meteorológicas sem barômetro"[54]. O fato de entre os gregos o estudo experimental da natureza, comparado com a elevação da filosofia especulativa, encontrar-se claramente em atraso, está relacionado com a peculiaridade da ordem social antiga, onde o depreciado trabalho corporal era deixado por inteiro aos escravos, e os instruídos mal entravam em contato com os processos técnicos de produção. As condições sociais desfavoráveis, afinal de contas, apenas conferem maior brilho às realizações de Aristóteles. Ele foi o primeiro a reunir uma grande quantidade de fatos e a conferir-lhes uma organização provisória. Séculos inteiros hauriram dele seus conhecimentos, a ponto de com isso negligenciarem quase por completo a observação direta da natureza. Toda a filosofia medieval constrói sobre ele. Seus escritos, na época pós-cristã traduzidos para o siríaco, o árabe, o hebraico e por último para o latim, eram considerados como infalíveis. As objeções críticas não diminuem a grandeza de sua obra.

Na filosofia alemã é possível perceber-se uma tendência a dar preferência a Platão, mais que a Aristóteles. No mundo anglo-saxão a predileção por Aristóteles é maior. Nas principais universidades inglesas, durante séculos, a ética e a política de Aristóteles eram colocadas acima de tudo. É difícil dizer até onde a maneira sóbria, cética e realista de Aristóteles corresponde de maneira particular ao caráter inglês, ou vice-versa, até que ponto a peculiaridade do espírito inglês pode ter sido formada por Aristóteles. Podemos avaliar o prestígio de que Aristóteles desfrutava na Idade Média pela seguinte passagem da *Divina comédia*, de Dante[55].

> Ergui os olhos, pois vislumbrei, por filósofos rodeado,
> o mestre de todos quantos pelo saber se distinguiram.
> Os demais o observam e homenageiam;
> Platão e Sócrates estavam entre os outros,
> E eram os que mais próximo
> do mestre se encontravam.

Durante a Idade Média, quando de muitas maneiras a fé cristã e o pensamento filosófico da Antiguidade se interpenetravam, o pleno alcance da obra de Aristóteles ainda permaneceu desconhecido na Europa. Só quando, em grande parte por intermédio do mundo islâmico, todo o edifício da filosofia aristotélica passou a ser conhecido no Ocidente (o que só veio a ocorrer no século XIII), foi que o mundo cristão – como antes já havia ocorrido no mundo islâmico e judaico – começou a ocupar-se intensamente com ele, e a partir daí, quando alguém falava em "o" filósofo, só podia estar se referindo a Aristóteles.

---

54. DURANT, W. Op. cit., p. 72.
55. DANTE. *Divina comédia*, Inferno, canto IV.

V. Escolas socráticas, platônicas e aristotélicas

Quando os reis constroem, os operários têm o que fazer. A cada um dos três grandes gregos se juntaram múltiplas formações escolares. Conhecê-las é indispensável para um estudo mais exato da história do espírito antigo. A nós, para sermos completos, será suficiente enumerá-las.

1. Socráticos

Além da de Platão, que se destaca entre todos os discípulos de Sócrates, distinguimos três outras escolas:

a) A escola *megárica*, fundada por Euclides (cerca de 430 a 360 aC, não confundir com o matemático de mesmo nome) de Mégara, uma cidade que ficava a cerca de um dia de viagem de Atenas. Euclides era amigo de Sócrates; depois da morte deste, ele acolheu Platão junto a si. A escola mistura ideias eleáticas (Parmênides) com ideias socráticas. No *Teeteto*, de Platão, Euclides aparece participando do diálogo. A escola produziu uma série de lógicos sutis. Um deles dirige a Zenão, o estoico, esta pergunta: Já deixaste de açoitar teu pai? – uma pergunta cuja resposta é sempre desagradável, quer afirme quer negue. Outro criou o paradoxo do mentiroso: Quando eu digo que minto, estou falando a verdade? – que hoje ainda é comum sob esta forma: "Todos os cretenses são mentirosos, disse o cretense".

b) A escola *cirenaica*, fundada por Aristipo de Cirene, no Norte da África. Em lugar da virtude e da perfeição, nele aparece como objetivo da vida o prazer, mais precisamente o prazer do momento, e a compreensão passa a ser um meio para a arte de viver, de obter da vida todo o prazer que for possível.

c) A escola *cínica*, fundada por Antístenes, a rigor não tanto uma escola quanto uma série de obstinados individualistas, desde o tempo de Platão até o avançado período romano. Sua palavra de ordem é a *ausência das necessidades materiais*. Os cínicos não adotavam nenhuma profissão, por isso eram pobres, mas eram indiferentes também com relação a todos os demais valores aceitos pelo povo, por exemplo, o amor à pátria. Por isso eram cidadãos do mundo, cosmopolitas. Desprezavam a arte, a ciência e a especulação conceitual. Tudo na doutrina cínica é simples. Diziam, como mais tarde Schopenhauer, que o que importa ao homem não é o que ele *tem* – por isso desprezavam riqueza, liberdade, cargos e dignidades, o Estado e todos os outros bens exteriores – mas sim o que ele *é*, o que ele possui espiritualmente.

O mais célebre dos cínicos foi *Diógenes* de Sinope, contemporâneo de Alexandre Magno. Dele se conta a anedota de que, quando Alexandre, o dominador do mundo, lhe ofereceu a realização de qualquer desejo que tivesse, ele respondeu: "Então saia um pouco do sol!" Ao que Alexandre teria dito: "Se eu não fosse Alexandre, gostaria de ser Diógenes." Diógenes vivia em um tonel ou cabana de cachorro, e a única coisa que possuía era uma cabaça para tirar água. Mas jogou-a fora, quando viu que um cão era capaz de beber água mesmo sem uma vasilha. Ganhou o apelido de "cão", em grego *kyon*, de onde provavelmente proveio o nome da escola como um todo. Também é proveniente daí nossa palavra "cínico". Lembra a crueza e a descaração com que os cínicos falavam à consciência dos concidadãos, que para eles se dividiam em duas classes, os sábios e os loucos[56].

2. Platônicos

Depois da morte de Platão, sua escola foi continuada por seus discípulos. O primeiro sucessor de Platão foi seu sobrinho Espeusipo, e a ele seguiu-se Xenócrates. A antiga Academia ligou-se principalmente à filosofia da velhice de Platão, associando-a ainda mais intensamente às ideias pitagóricas do que ele próprio.

Por volta de 300 aC, a Academia passou a ser a sede principal da filosofia cética, que então se difundia, nos últimos séculos pré-cristãos do ecletismo, e no tempo pós-cristão do neoplatonismo.

No ano 529 dC, a Academia foi fechada pelo Imperador Justiniano – para muitos historiadores sendo este o fato que marcou o encerramento definitivo daquela época – um tanto arbitrariamente denominada por nós de "Antiguidade".

3. Peripatéticos

A escola de Aristóteles é chamada de peripatética, por causa de uma colunata coberta (em grego *peripatos*)[57]. Os que sucederam a Aristóteles na direção da escola, entre eles Teofrasto, Eudemo e Aristoxeno ocuparam-se mais com as pesquisas científicas individuais, notadamente em física, matemática e música, do que com a filosofia propriamente dita. Com a fundação de uma escola por Aristóteles, por volta do ano 335 aC, as tradições platônica e aristotélica começam a se distanciar entre si. A escola passou por variadas modificações, subsistindo até o ano 200 dC.

---

56. LAMER, W. Op. cit., p. 360.
57. Ibid., p. 40.

3
Filosofia grega e romana depois de Aristóteles

Observações gerais – Helenismo

No terceiro ato do nosso drama, o fundo histórico se modifica por completo. O império fundado por Alexandre Magno desmoronou logo após sua morte. Mas teve continuidade a difusão da cultura grega para os países do Oriente Próximo, iniciada por ele. Nos três grandes estados em que o império de Alexandre se decompôs, Macedônia, Síria e Egito, e nas numerosas cidades-Estado menores que continuaram existindo, o grego passou a ser a língua da corte e da elite intelectual, e a cultura grega a base da formação geral. À medida que a forma de vida grega passou a atuar nas visões e condições de vida dos povos não gregos do Oriente, ela própria, ao longo desse processo, foi sendo penetrada e transformada por elementos orientais. Com isso, em larga escala a cultura grega se desfez do caráter nacional grego, assumindo a forma de uma cultura cosmopolita da humanidade – humanidade, é claro, entendida no sentido do mundo conhecido de então. Esta cultura, se bem que com uma expressão que só foi cunhada no século XIX pelo historiador alemão Droysen, é chamada de *helenismo*.

Privada de sua autonomia política, Atenas permaneceu ainda por muito tempo um centro intelectual, sobretudo para a filosofia. De todos os países do mundo helenista vinham pessoas para estudar filosofia nos lugares onde Sócrates, Platão e Aristóteles haviam ensinado. Além de Atenas, floresceram novos centros de vida intelectual, particularmente em Alexandria. Como era do helenismo, considera-se o período que vai da morte de Alexandre (que quase coincide com a morte de Aristóteles) até mais ou menos o início da era cristã.

O crescente poder de *Roma* havia, entrementes, em prolongadas guerras, unificado toda a Itália, e depois de haver afastado o concorrente cartaginês e conquistado os estados gregos e helenísticos em torno da bacia oriental do Mediterrâneo, começou a construir o enorme império, que mais tarde se estenderia desde as Ilhas Britânicas, penetrando profundamente na África e na Ásia. Do ponto de vista político, a Grécia apenas mudava de uma dominação estrangeira para outra, da macedônia para a romana. Do ponto de vista cultural pode-se dizer, sem muito exagero, que ocorreu o contrário, isto é, politicamente submetida, a Grécia deu início agora à conquista cultural de Roma. Este estado de coisas foi com clássica concisão expresso por um romano, o poeta Horácio: *Graecia capta ferum victorem cepit* (a Grécia, vencida, conquistou o feroz vencedor). Artistas e arquitetos gregos foram chamados a Roma, templos e colunatas em estilo grego começaram a adornar a riqueza de Roma, tragédias e comédias gregas foram traduzidas para o latim e fecundaram a agora florescente literatura romana – em suma, a formação grega alcançou em Roma uma posição dominante, semelhante ao que já havia acontecido no Oriente helenizado. Isto vale de maneira muito especial para a filosofia.

É natural que, em comparação com a Era Clássica, nesta época de grandes transformações históricas nós encontremos uma filosofia muito modificada. Já não se trata mais de uma filosofia nacional da Grécia. O espírito romano, agora unido ao grego, deixou nela suas marcas próprias. Pois embora os sistemas dominantes desse período tenham sido primeiramente estabelecidos pelos gregos, foi em Roma que eles encontraram sua maior difusão, e entre os romanos que surgiram seus mais importantes representantes. Os acentos, com isto, se deslocam. A peculiaridade da antiga filosofia e cultura gregas, se é que em terreno tão amplo e variado nos é permitido generalizar, poderá mais ou menos ser descrita com conceitos como: *cosmos*, como a personificação do todo ordenado do mundo; *logos*, como a razão universal, como o fenômeno primordial do mundo; *eros*, como a dedicação ao belo, intimamente relacionado com o bem moral.

Os romanos eram um povo inteiramente prático. Além de sua língua e literatura, o que eles deixaram de melhor foi o *direito* romano e o modelo de *Estado*, numa perfeição até então inteiramente desconhecida. Nos dois terrenos, que não podem ser separados um do outro, o peso maior se concentra em dois elementos: na *pessoa moral individual* e em sua inclusão no *Estado* e na sociedade.

Na filosofia, numa medida ainda mais intensa do que já fora manifestado no período intermediário da filosofia grega, com isto o acento teve que deslocar-se da especulação da natureza para a *ética*. Correspondendo a isto – enquanto a *ciência* helenista se baseava fortemente em Aristóteles –, foi sobretudo em Sócrates e Platão que a filosofia do período romano-helenista propriamente dito buscou apoio; pois era nas doutrinas destes dois que o interesse "não grego" pelo homem e a ética se manifestava, até então, com maior intensidade.

Neste período tardio da cultura antiga nós não encontramos nenhum pensador que manifeste capacidade criadora e universal genialidade capaz de se equiparar aos grandes filósofos do período áureo. Porém o que a filosofia possivelmente perdeu em originalidade e profundeza – mas não em variedade, pois era grande o número dos sistemas concorrentes –, ganhou em poder e influência. Mais do que a arte ou a religião, a filosofia passou nessa época a ser o *poder espiritual dominante*, de certa forma a coluna dorsal espiritual do Império Romano[1]. E assim permaneceu, até ser finalmente substituída pela ascensão do cristianismo – que no entanto, em sua figura histórica, foi por ela penetrado e configurado em uma medida que dificilmente pode ser supervalorizada.

---

1. ERDMANN, J.E. *Grundriss der Geschichte der Philosophie, bearb. von Clemens.* Berlim/Zurique, 1930, p. 85.

O maior espaço é dedicado aqui ao mais marcante e influente sistema dessa época, a filosofia estoica. Com as demais escolas ocupar-nos-emos apenas de uma forma relativamente abreviada, apesar de não ser nosso desejo omitir nenhuma por completo.

I. Os estoicos

1. Fundador e principais representantes

Quando hoje fazemos referência à tranquilidade ou à calma "estoica" de algum político ou esportista, dificilmente tomamos consciência de que esta expressão remonta a um edifício público de Atenas, a *stoa poikile*. Pois foi nesta "colunata colorida" que *Zenão*, oriundo de Cítio (Kition), em Chipre – que para se distinguir de seu homônimo de Eleia é chamado de Zenão o estoico –, após uma vida movimentada, fundou sua própria escola filosófica. Zenão viveu entre 340 e 260 aC. Era provavelmente de origem mestiça, grega e oriental. Outros dois importantes representantes do estoicismo, em seu período de origem, são *Cleantes* e *Crisipo*. Quanto do patrimônio de ideias remonta a cada um desses três é difícil de se determinar, porque da literatura estoica mais antiga só foram conservados fragmentos[2].

Além deste estoicismo mais antigo, como é chamado, pode-se distinguir ainda uma escola intermediária (cujo principal representante é *Poseidônio*) e uma mais recente. Seus representantes tornaram-se muito mais conhecidos do que os estoicos mais antigos. São eles: o romano Lúcio Aneu *Sêneca*, um dos mais fecundos e inteligentes escritores de Roma; morreu no ano 65 dC, suicidando-se por ordem do Imperador Nero; o Imperador *Marco Aurélio* (121-180), e *Epíteto* (cerca de 50-130 dC), que nasceu como escravo. As *Meditações* do imperador, escritas em língua grega durante as longas vigílias noturnas em campanha, e o *Pequeno manual de moral* do escravo, apresentam de forma marcante e facilmente compreensível as doutrinas estoicas básicas. Estes dois escritos oferecem uma boa e fácil contribuição para se compreender o estoicismo.

O Imperador Marco Aurélio, que já aos doze anos havia assimilado os ensinamentos da filosofia estoica, manteve-se fiel a eles durante toda sua vida, pondo-os em prática não só em sua vida particular, mas também como estadista. Nele se reúnem as virtudes estoicas da coragem, firmeza e fidelidade ao dever, conferindo-lhe a verdadeira grandeza de um soberano. Poucas vezes a história nos oferece o espetáculo de um tal acúmulo de poder ser exercido com tamanha medida de autodomínio e fidelidade aos princípios. "Ásia, Europa – um recanto do mundo; o grande oceano – uma gota do universo! O Athos – um torrão do mundo; o presente inteiro – um momento da eternidade!" Um soberano capaz de dizer estas coisas era dono de uma visão tão ampla e elevada que o preservava de qualquer estreiteza e unilateralismo, capacitando-o a resistir às tentações de domínio e autoritarismo, de arbítrio, desperdício e moleza, e a manifestar uma responsabilidade que só foi alcançada por poucos dos que o antecederam

2. ZELLER, E. *Grundriss der Geschichte der griechischen Philosophie*. 12. ed. Leipzig, 1920, p. 250-251.

ou que o sucederam no cargo. Desprezando o esplendor e as comodidades, envolvido num simples manto de soldado, passou grande parte da vida nos acampamentos de suas legiões, no cumprimento do dever e cuidando das necessidades do império.

2. Caráter e divisões do sistema estoico

A filosofia estoica, pelo menos em sua parte mais importante, a ética, está estreitamente ligada à escola socrática dos cínicos. Mas ela ameniza os numerosos exageros do antigo cinismo, o que constituiu uma condição para que suas doutrinas fossem mais amplamente aceitas, conferindo um lugar muito mais importante ao saber.

As duas coisas, o estar ligado aos cínicos assim como o ultrapassá-los, já se manifestam na vida do próprio Zenão, que de início, em Atenas, ligou-se estreitamente ao cínico Crates (sobre quem existem anedotas semelhantes às que se contam sobre Diógenes no tonel), mas que depois de algum tempo reconheceu que esta doutrina não podia, sozinha, fornecer um programa de vida válido para todos; por isso ele começou a estudar outros filósofos, terminando por fundar sua própria escola, na qual os ensinamentos cínicos estavam associados aos de outros filósofos, por exemplo de Heráclito. Zenão, aliás, como se relata também de outros estoicos, deixou a vida livremente.

Os estoicos dividem seu sistema em lógica, física e ética, divisão esta que durante muito tempo foi determinante. É a ética que ocupa o lugar mais elevado, a lógica e a física constituindo estágios preparatórios.

Na *lógica* os estoicos construíram sobre o fundamento lançado por Aristóteles. Como partes da lógica eles distinguem a retórica, como a arte de falar sozinho (monologicamente), e a dialética, como a arte de falar e pensar juntamente com outros (dialogicamente). Quanto à questão de saber se a realidade se encontra no particular ou no geral, eles se colocam inteiramente do lado de Aristóteles. Com mais coerência do que este, eles concluem que o conhecimento deve partir da percepção do particular. São, por conseguinte, *empíricos*. No nascimento, o espírito é uma tábua em branco ("*tabula rasa*"), à qual a experiência fornece os conteúdos. As dez categorias de Aristóteles são por eles reduzidas a quatro.

À física estoica iremos também nos referir apenas por meio de palavras-chave. Ela é em primeiro lugar *materialista*. Só existem coisas corpóreas, algumas de constituição grosseira, outras de constituição mais delicada. Em segundo lugar ela é *monista*. Não conhece dois ou mais princípios últimos, mas apenas um. Apelando para a doutrina heraclítica do fogo primordial ensina, em terceiro lugar, uma rígida *lei* imanente ao universo. A força determinante que atua de dentro (e que, por conseguinte, não se opõe à matéria) é chamada por eles de *logos*, *nous*, alma, necessidade, previdência, ou também *Deus* (Zeus). Por último, na medida em que para eles o divino coincide com o todo vivo do universo, sua doutrina pode, em quarto e último lugar, ser chamada de *panteísta*.

O grande papel que esta ideia da razão divina que tudo governa representava entre os estoicos pode ser percebida pelo célebre hino do estóico Cleantes, que começa como segue[3].

> Supremo, eterno, imortal, a quem todos invocam,
> que dás leis à natureza e com vigor a conduzes,
> Salve, ó pai Zeus; pois todos os mortais
> a ti podem dirigir-se, pois somos da tua estirpe,
> eco de tua voz tudo quanto vive sobre a terra.
> Quero aclamar e exaltar teu eterno poder,
> que em torno da terra as voltas dos mundos,
> servindo-te dóceis, de pronto te seguem aonde as diriges.
> Pois em tua destra, para sempre indomável,
> seguras o bífido raio, teu sempre fiel mensageiro.
> Seu golpe possante abala as raízes do mundo.
> Diriges assim o espírito da natureza,
> que, ao grande e ao pequeno inserido,
> mistura-se a todos os seres e corpos.
> Supremo rei do universo, sem ti coisa alguma acontece,
> na terra e no mar e no etéreo polo celeste,
> a não ser o que o louco e insano perpetra.
> Mesmo aqui também sabes conter o selvagem,
> dás forma ao informe, inimigo transformas em amigo.
> Assim tudo unes, o mal para o bem,
> que uma só lei eterna governe a natura,
> a que, dos mortais, o perverso só busca escapar...

3. A ética estoica

Somente ao homem, como único ser racional, é dado conhecer as leis divinas que governam o mundo, e conscientemente deixar-se dirigir por elas. Por isso a palavra-chave da ética estoica é a *vida natural*. Como o homem, por natureza, é um ser racional, para ele a vida natural é a *vida de conformidade com a razão*. Nisto consiste a única virtude, a única felicidade. Todas essas coisas têm o mesmo significado.

Tal virtude é o *único* bem. A ela se opõe um único mal: a maldade, que consiste na vida irracional, portanto depravada. Todas as demais coisas, vida, saúde, bens, honra (coisas que os outros apreciam), assim como velhice, doença, morte, pobreza, escravidão, desonra (coisas que os outros repudiam), não são para o estoico nem boas nem más, são *indiferentes*.

Dessa forma, o que importa é saber o que é bom, o que é mau, o que é indiferente. Tanto no conhecer os valores certos quanto no empenho de em nosso agir nos orientarmos pelos valores que chegamos a conhecer, nós somos impedidos pelos *afetos* (impulsos, paixões). Eles enganam a razão, levam-nos a considerar coisas indiferentes ou más como sendo boas, impelem-nos a correr atrás delas. Por isso a tarefa do homem é lutar constantemente contra os afetos. O objetivo da virtude só será alcançado quando os afetos forem inteiramente superados,

---

3. Segundo DURANT, W. *Griechenland*, p. 754 e 755.

quando a alma se tornar livre das paixões. Este estado é chamado pelos estoicos de ausência de paixões (em grego *apátheia* – de onde nossas palavras "apatia" e "apático").

Aquele que chegou a este estado é *sábio*. Só ele é livre, já que vê o que é necessário e o põe em prática, só ele pode ser chamado de rico, justo, virtuoso e feliz. Ele é soberano como um rei, é independente de tudo quanto é externo. Todos os outros seres humanos, que constituem a grande maioria, são *loucos*.

Até aqui tudo corresponde ainda à ética cínica. Mas os estoicos – e é aqui que se manifesta a influência romana – empenham-se por levar seu ideal do sábio a estar em harmonia com o todo maior em que o homem está inserido e em relação ao qual ele tem obrigações.

Este empenho manifesta-se antes de tudo em duas direções: primeiro, modificando a doutrina primitiva, segundo a qual tudo quanto é exterior deve simplesmente ser contado entre as coisas indiferentes (*adiáphora*), de modo a mesmo assim atribuir a algumas coisas um certo valor e a outras um certo desvalor, e a considerar como destituídas de toda importância apenas as restantes. Dessa forma matrimônio, família e Estado passam a ser justificados, se bem que com restrições.

Mas a segunda é mais importante ainda. No fundo, a doutrina cínica era uma doutrina *egoísta*. O sábio cínico vive apenas para a independência e para a liberdade interior de sua própria pessoa, sem se incomodar em absoluto com todo o resto. Os estoicos, pelo contrário, não apenas conhecem e valorizam a amizade entre os sábios, mas fazem duas grandes exigências sociais: *justiça* e *amor ao próximo* – e ambas numa medida que, nessa dimensão, até então a Antiguidade ainda não havia tido conhecimento. Pois estendem-na a todos os homens, isto é, incluem também os *escravos* e os *bárbaros*. Trata-se de exigências verdadeiramente revolucionárias. Pois até então sempre se entendia por "homem", evidentemente, apenas o cidadão livre grego ou romano. Estas exigências são o resultado natural das convulsões políticas e sociais, numa época em que o Império Romano abrangia inúmeros povos considerados antes como bárbaros, e que ansiavam por ser reconhecidos como cidadãos. Por sua vez contribuíram também de forma decisiva para este desenvolvimento, por exemplo, para o desenvolvimento do direito internacional romano. Assim os estoicos são os primeiros que na Antiguidade chegaram a defender uma ampla *ideia de humanitarismo*, como também um amplo *cosmopolitismo*.

A elevação moral a que o estoicismo se ergue ressoa também no já mencionado hino de Cleantes, que continua assim:

> Ah! O louco, que sempre deseja a posse do bem
> e que desconhece as normas gerais do rei da natureza,
> que não obedece ao que pode trazer-lhe uma vida feliz
> e visão garantir-lhe. E pelo bom grau lutam todos agora,
> de um lado para o outro. Trava este por honra
> violento combate; este outro por lucro, com baixa cobiça;
> corteja aquele o repouso e o doce prazer,
> todos com zelo e esforço, em busca de baixos desejos.
> Mas tu, ó Zeus, envolto nas nuvens, senhor do relâmpago,
> que tudo concedes, liberta os homens da grande loucura,

remove essas nuvens que toldam as almas,
que sigam a regra suave e segura que o mundo dirige;
a fim de que nós, a quem deste a honra,
voltemos a honrar-te e a cantar teus louvores,
como convém ao mortal. Pois aos homens e aos deuses
maior louvor não existe do que para sempre
em palavras e obras cantar a lei justa vigente.

4. Importância histórica da filosofia estoica

A doutrina estoica da consciente e inflexível dignidade da pessoa e do incondicional cumprimento do dever moral uniu-se de tal forma à atitude interior das camadas dirigentes do povo romano que mal se pode dizer onde é que termina aqui o condicionante e onde começa o condicionado. Através do espírito de Roma, e também ultrapassando-o, as ideias estoicas continuaram atuantes na filosofia europeia.

Mas a importância histórica do estoicismo, mais ainda do que nesta atuação, encontra-se de certo na ligação com o cristianismo. Alguns paralelos são evidentes. Os estoicos pregam uma moral rígida e ascética, e o desprezo de todos os bens exteriores. Eles veem o universo encarnado em um supremo ser – a quem chamam de "Pai"! Exigem um amor universal entre os homens, superando todos os limites de povos e classes. Com tudo isso eles prepararam o terreno para o cristianismo. Ainda na Idade Média, era difundida a opinião de que Sêneca teria feito parte dos primeiros cristãos. Mas quando o cristianismo deu início à conquista do mundo subjugado por Roma, é certo que os estoicos não se colocaram de imediato do seu lado. Pelo contrário. O estoico Marco Aurélio, por exemplo, procedeu com particular rigor contra os cristãos. Os estoicos, nessa luta, estavam do lado da religião tradicional do povo, que apesar de certas críticas eles não desejavam ver destruída.

Já alguns Padres da Igreja elogiaram os escritos de Sêneca; desde o 4º século até à Idade Média considerou-se como autêntica uma pretensa correspondência entre Sêneca e o Apóstolo Paulo.

Com a Reforma, o Humanismo e o Renascimento, teve início uma revitalização das ideias estoicas. Erasmo de Roterdã fez uma edição exemplar dos escritos de Sêneca. Lutero e Zwínglio apreciavam-no. Montaigne diz em seus *Ensaios* que sua obra está baseada em ideias de Plutarco e de Sêneca. Uma verdadeira linha de pensamento, denominada "neoestoicismo", foi introduzida pelo flamengo Justus *Lipsius* (Joest Lips, 1547-1606). Ele empenhou-se por mostrar que estoicismo e cristianismo podem perfeitamente unir-se. Ideias estoicas podem ser comprovadas no século XVII também na ética de Spinoza. E Kant, Schiller, Goethe, assim como Heinrich von Kleist, também retomaram ideias do estoicismo[4].

---

4. ERDMANN, J.E. Op. cit., p. 89.

Um dos mais surpreendentes prolongamentos do estoicismo, de que o homem de hoje quase não tem mais consciência, é a concepção prussiana do dever e do estado nos séculos XVII e XVIII. Nessa época falava-se na Prússia de um "movimento dos Países Baixos", que remontava a Lipsius e ao holandês Hugo Grócio, com sua teoria do direito natural. Por essa época, as obras de Sêneca, Epíteto e Cícero – por sua proximidade com o pensamento estoico – faziam parte (em tradução francesa) das leituras obrigatórias dos futuros oficiais prussianos. Aliás, o próprio Frederico o Grande, em uma poesia, declarou-se um filósofo estoico ("philosophe stoicien")[5].

II. Os epicureus

Já na Antiguidade, assim como hoje, costumava-se entender por "epicureu" alguém que procurasse levar uma vida cômoda e prazerosa. De fato, a filosofia de *Epicuro* – justificando uma vida dedicada inteiramente à despreocupação e aos prazeres dos sentidos – torna esta interpretação e exploração possível. Pois Epicuro, por exemplo, com seu célebre lema "Vive escondido!", manifestou claramente que não tinha muito apreço pelo Estado e pela política, e que dava preferência a uma vida no âmbito privado. Também a vida social alegre que se levava no "Jardim de Epicuro" em Atenas, onde ele vivia e ensinava, já no seu tempo (Epicuro viveu de 341 a 270, e era proveniente de Samos) reforçou, antes de tudo nos seus concidadãos ressentidos, a ideia de que Epicuro ensinava a busca irrestrita dos prazeres sensuais.

Veremos que esta concepção não faz plena justiça à ética epicurista. Antes, porém, lancemos ainda um olhar para a lógica e a física, que Epicuro, assim como os estoicos, considera como estágios prévios da ética. A lógica é um estágio prévio da ética na medida em que ensina a evitar erros. A física também é apenas um estágio prévio para o reto agir. Ela tem a função de mostrar que o mundo, por inteiro, pode ser explicado a partir das ligações naturais entre as coisas, que as coisas não foram criadas pelos deuses nem eles interferem no seu curso; dessa forma a física liberta os homens do medo. Epicuro não nega propriamente os deuses, mas para ele eles vivem "entre os mundos", não se importando com o que os homens andam fazendo. Tampouco deve o homem viver preocupado com deuses e demônios. É tarefa do conhecimento físico do mundo – e aqui Epicuro adota estritamente a teoria atômica de Demócrito – tirar ao homem o medo dos poderes supraterrestres, que podem obscurecer-lhe a alma, e assim fazer com que se torne capaz e livre para gozar plenamente a vida terrena – o que de fato é recomendado por Epicuro.

Mas de forma alguma Epicuro ensina a busca desenfreada do prazer. É verdade que ele considera a felicidade como a meta única do homem, e que a define muito simplesmente como obter o prazer e evitar o desprazer. Mas ele sabe que aos excessos de qualquer espécie

---

5. Uma ampla apresentação é dada por SCHMIDT-BERGER, U. *Naturgemäss leben – philosophisch sterben: Materialien des Landesinstituts für Erziehung und Unterricht.* Stuttgart, 1990, sobretudo p. 45ss.

sempre costumam seguir-se os golpes mais dolorosos. Por isso a busca da felicidade precisa ser dirigida e refreada pela *razão*. Mas a razão ensina que a verdadeira felicidade pode ser encontrada muito mais na alegre tranquilidade, no repouso equilibrado do espírito (*ataraxia*). Com isto Epicuro não se distancia muito da concepção de vida dos estoicos, muitas vezes considerada como o oposto da dele. Sua própria vida, efetivamente, foi de uma moderação exemplar. Com calma e autodomínio verdadeiramente "estoicos" ele suportou a longa doença dos seus últimos anos.

A prudência da vida prática é por Epicuro considerada mais importante do que o conhecimento. Ele faz distinção entre as alegrias – assim como entre as dores – do corpo e da alma. As do corpo estão ligadas ao momento. A alma pode olhar para o passado e antever o futuro; assim, contra as dores do momento ela pode lembrar as alegrias passadas e ansiar pelas alegrias futuras. Encontra a paz aquele que tiver se libertado do medo dos deuses, bem como do medo da morte. Como se encontra além do que pode ser experimentado, esse medo é irrelevante para a vida.

Os numerosos escritos de Epicuro perderam-se quase por completo. Alguns fragmentos de seu grande escrito sobre a natureza foram salvos das cinzas de Herculano após a erupção do Vesúvio no ano 79 dC. Nosso conhecimento do epicurismo provém sobretudo do poema didático do romano *Lucrécio* (Titus Lucretius Carus, por volta de 98-55 aC). A obra de Lucrécio oferece um quadro do universo inteiro e daquilo que o mantém unido, bem à maneira da filosofia epicurista.

Um segundo poeta importante de Roma, Horácio (*Quintus Horatius Flaccus* – 65-8 aC), inclina-se também para uma visão epicurista da vida, nos seus cânticos que exaltam o amor e o vinho, a amizade e a companhia, e uma sabedoria esclarecida da vida.

III. Os céticos

Céticos, isto é, pessoas que duvidam, que consideram o verdadeiro conhecimento como sendo basicamente impossível, existiram em todas as épocas – desde os sofistas, passando por Montaigne e David Hume, até Albert Camus e os construtivistas no século XX –, e sempre hão de existir. Se nos últimos séculos que antecederam o cristianismo o ceticismo teve uma particular difusão, chegando mesmo a constituir uma escola filosófica independente, isto pode ser explicado através da situação da época. Nesse período tardio do mundo antigo, mesmo que não se leve em conta um amplo "cansaço cultural", de natureza apenas sentimental, existiu na própria filosofia uma situação semelhante à que anteriormente havia dado origem à sofística. A grande variedade dos sistemas e das doutrinas filosóficas, das mais diversas linhas, assim como muitas vezes a falta de crítica de sua fundamentação, levaram ao surgimento da dúvida generalizada.

Na filosofia cética distinguem-se três períodos. O fundador da corrente mais antiga foi *Pirro* de Élis (cerca de 360 a 270 aC). No período intermediário, também chamado de ceticismo acadêmico, porque sua sede principal foi nessa época a Academia de Platão, destaca-se *Arquesilau* (3º século aC) e Carneades (2ºo século aC). O fundador do ceticismo mais recente foi *Ainesidemo*, que viveu na época do nascimento de Cristo. As obras que foram melhor conservadas foram as de *Sexto Empírico*, que viveu muito mais tarde, por volta de 200 dC.

É característica do ceticismo antigo a doutrina dos *tropos*. Por esse nome eram designados os pontos de vista que demonstravam ser impossível se conhecer a verdade. Ainesidemo, por exemplo, apresenta dez deles[6]:

1) a diversidade dos seres vivos em geral;

2) a diversidade das pessoas;

3) as diversas constituições dos órgãos dos sentidos;

4) a diversidade dos estados subjetivos (estados de ânimo etc.);

5) a diversidade de posição, distância e localização de um objeto;

6) a mistura de coisas de natureza diferente;

7) os diferentes efeitos dos objetos de acordo com a quantidade e a composição dos mesmos;

8) a relatividade de todos os fenômenos e percepções;

9) a frequência ou raridade das impressões;

10) as diferentes formas de educação, hábitos, costumes, concepções religiosas e filosóficas.

É também uma característica da maioria dos antigos céticos que eles não fazem suas pesquisas lógicas e epistemológicas – que como tais não deixam de possuir valor – como um objetivo em si, mas que consideram a consciência que têm da impossibilidade de conhecer tudo quanto existe, e a "abstenção de julgamento" que daí decorre, como uma condição para chegarem ao ideal *prático* de uma alegre e inabalável tranquilidade de espírito – com o que, do ponto de vista ético, eles podem perfeitamente equiparar-se aos estoicos e aos epicureus.

IV. Os ecléticos

1. O ecletismo romano

Numa época em que elementos culturais romanos, gregos e orientais se interpenetravam e se fundiam de uma forma jamais manifestada antes, já que o Império Romano, além dos já mencionados, incluía também numerosos outros povos, era natural a sugestão de que também no terreno filosófico viesse a ocorrer uma aproximação ou mistura de escolas. Além desta situação geral, havia duas circunstâncias que impeliam a um ecleticismo, a uma fusão dos sistemas. Por um lado, o fato de todos os sistemas – estoicismo e epicurismo, além dos antigos

6. DEUSSEN, P. *Allgemeine Geschichte der Philosophie mit besonderer Berücksichtigung der Religionen*. Vol. II, 1. Leipzig 1906, p. 453s.

sistemas de Platão e Aristóteles, que continuavam a existir, e por último o ceticismo, que combatia igualmente todos eles – terem sido criados não pelos próprios romanos, mas sim pela Grécia, portanto lhes terem sido trazidos de fora. Por isso, já de antemão o romano instruído os abordava com a tendência a examiná-los e a escolher aquilo que lhe parecesse correto (daí o nome eclético, que literalmente significa "aquele que escolhe", que seleciona). A segunda circunstância era a já mencionada disposição dos romanos a nunca considerarem o estudo da filosofia como um fim em si mesmo, mas sim como um meio para se orientar praticamente no mundo, para o reto agir. Por esse caminho chegaram também a escolher o que podia contribuir para isso e a uni-lo em um novo sistema[7].

O mais eminente representante deste ecleticismo romano é Marco Túlio *Cícero*, 106-43 aC, formado na Grécia, importante orador, estadista e escritor. Dentre seus escritos mencionamos as *Pesquisas acadêmicas*, *Do bem e mal supremo*, *Do dever*, *Da natureza dos deuses*. Neles, em brilhante linguagem que leva a estilística latina a seu mais alto brilho, Cícero apresenta a um público mais amplo e instruído suas visões filosóficas, nas quais, com base em um certo ceticismo sofisticado, confluem as ideias das mais diferentes escolas, antes de tudo do estoicismo.

Como a tarefa do filósofo não consiste apenas em apresentar sistemas originais, mas também em transmiti-las à consciência geral e levá-las à aplicação prática, o trabalho de alguém como Cícero não deve ser menosprezado. Sua obra encarna magnificamente aquilo que podemos chamar de o espírito de Roma. Ele tem, além disso, o mérito de haver traduzido para o latim a terminologia filosófica oriunda da Grécia. Daí ela se transmitiu para todas as línguas do Ocidente.

2. O ecleticismo alexandrino

Em Alexandria, que era então o centro espiritual da região oriental do Mediterrâneo, existiam condições semelhantes para uma aproximação e fusão das várias correntes intelectuais. Alexandria dispunha das melhores bibliotecas da Antiguidade, e era o lugar onde as ciências da natureza, por exemplo a medicina, eram cultivadas. Enquanto em Roma se misturavam os elementos grego e romano, aqui, além das tradições gregas, existia ainda o íntimo contato com as tradições orientais, notadamente com as tradições religiosas do judaísmo. Aqui o Antigo Testamento foi traduzido para o grego – a assim chamada *Septuaginta*. Os membros instruídos da forte comunidade judaica de Alexandria uniam a fidelidade à religião tradicional à abertura para a formação grega.

O principal representante deste ecletismo oriental é o judeu alexandrino *Fílon* (cerca de 25 aC – 50 dC). As obras de Fílon e de outros representantes da filosofia greco-judaica, em elegância de apresentação, não podem equiparar-se às dos romanos. Mas em conteúdo elas possuem maior profundidade, por incluírem também as ideias religiosas.

---

7. ERDMANN, J.E. Op. cit., p. 98-99.

Para Fílon, assim como para os outros judeus helenizados, surge a dificuldade de por um lado eles quererem manter a convicção de em seus escritos sagrados a verdade haver sido revelada com exclusividade, mas por outro de não poderem fechar-se ao conhecimento de que os filósofos gregos, sobretudo Platão, Aristóteles e os estoicos, realmente encontraram verdades filosóficas. Com referência aos gregos, eles se defendem admitindo que os livros de Moisés já teriam sido conhecidos há muito tempo pelos gregos, e que deles seus pensadores teriam haurido a sabedoria! No tocante aos seus próprios escritos sagrados, para poderem harmonizar seu conteúdo com a filosofia grega, eles mais e mais partem da interpretação literal para uma interpretação simbólica e figurada (alegórica). Mas além da filosofia grega e da palavra da escritura alegoricamente interpretada, Fílon vê ainda na *iluminação* interior, proveniente diretamente de Deus, uma terceira fonte de conhecimento, fonte esta que seria a mais importante.

A ideia que Fílon faz de Deus distancia-se muito da do Antigo Testamento. Em Fílon, Deus é privado de todas as determinações humanas, ele é o indeterminável e o irreconhecível por excelência, o que tem seu trono numa altura inacessível, acima de todas as coisas[8]. Estaria em contradição com a dignidade deste Deus se na criação do mundo ele houvesse tocado a matéria diretamente. Para executar sua vontade em relação à matéria, Deus se serve de forças especiais, "cujo nome verdadeiro é *ideias*"[9]. Pode ser percebida aqui a ligação com Platão. Mas a ideia por excelência – e aqui talvez possamos ver a ligação com os estoicos, embora o conceito também possa ser entendido de uma maneira diferente – é o *logos*, a razão que pervade o mundo. O *logos* não se identifica com Deus, mas assume o segundo lugar depois de Deus. É por Fílon chamado de "Filho de Deus"[10]. É o intermediário de Deus junto aos homens e o advogado dos homens perante Deus. Pode-se ver aqui claramente como as ideias cristãs são antecipadas.

V. Os neoplatônicos

No período final da Antiguidade, já contemporâneo com a ascensão inicial do cristianismo e em luta contra este, o pensamento filosófico se ergue pela última vez à condição de um sistema abrangente, onde o que o antecedeu não apenas está unido de uma maneira mais ou menos solta, mas é sistematicamente resumido de acordo com princípios básicos unificados. A influência deste sistema, o neoplatonismo, estende-se do 2º ao 6º século dC. Como fundador do neoplatonismo é considerado Amônio *Sacas* de Alexandria (175-242), de cuja doutrina, no entanto, praticamente nada se conhece ao certo. O verdadeiro criador do sistema foi seu maior discípulo, Plotino.

---

8. DEUSEN, P. Op. cit., p. 471.

9. Ibid., p. 475.

10. Ibid., p. 476.

1. *Plotino*

Nascido no Egito no ano de 205, Plotino, depois de muitos estudos e viagens, veio para Roma, onde fundou uma escola, que dirigiu até sua morte no ano 270. Contou com os favores e a proteção do Imperador Galieno e de sua esposa. Entre a população ele gozava de uma veneração quase supersticiosa. Sobre seu caráter, todas as testemunhas são unânimes em atestar que ele era uma pessoa humilde, mansa, pura e inteiramente dedicada à busca do divino. O plano de Plotino, de fundar na Itália uma cidade dos filósofos, que seria chamada Platonópolis e que poria em prática o estado platônico ideal, não chegou a concretizar-se[11].

Os escritos de Plotino, num total de 54, foram reunidos e publicados por seu mais importante discípulo, *Porfírio*, em seis grupos de nove, chamados *Enéades*. A primeira enéade contém tratados éticos, a segunda e a terceira tratam do mundo, a quarta da alma, a quinta do espírito e das ideias, e a sexta do supremo princípio e do bem. Esta é uma divisão apenas aproximada.

Plotino e os outros neoplatônicos, como o próprio nome do sistema já o sugere, não se consideravam criadores de um novo sistema, mas apenas fiéis discípulos e intérpretes de Platão, cuja obra autêntica eles queriam colocar no lugar que, em sua opinião, lhe era devido. Mas de fato eles criaram um sistema próprio, que embora se apoiasse estreitamente em Platão, dele se distingue fundamentalmente pelo fato de todo individual ser em diferentes graus derivado de uma origem última e única, à qual também retorna.

Embora no desenvolvimento de Plotino os historiadores distingam três períodos, o núcleo de sua teoria pode ser descrito como segue:

"Que foi que levou as almas a esquecerem Deus, seu Pai, a Ele de quem participam e a quem pertencem inteiramente, e a com Ele deixarem também de conhecer-se a si próprias? – Para elas a origem da desgraça foi a arrogância e o impulso do vir-a-ser e a primeira divisão e a vontade de pertencer a si próprias. E ao sentirem prazer neste poder próprio e ao se entregarem cada vez mais ao seu instinto egoísta, percorreram o caminho oposto, fizeram com que a queda se tornasse sempre maior e esqueceram que elas mesmas procedem daí, semelhantes a crianças que, privadas muito cedo de seus pais e crescidas por muito tempo longe deles, já não se conhecem mais a si próprias nem a seus pais. Mas ao não reconhecerem mais nem a si próprias nem a Ele, por desconhecerem sua origem, veneraram algo que lhes é estranho, exaltaram todas as outras coisas mais do que a si próprias e aderiram ao estranho com enorme admiração, desvinculando-se da pior maneira possível e desprezando aquilo de que se haviam distanciado. – Por isso àqueles que se encontram nesta situação deve ser dirigido um duplo discurso: se conseguirão convertê-las para o contrário e o original, e erguê-las ao Supremo e Uno e Único..."[12]

---

11. Ibid., p. 485.
12. Enéades V, 1. 1. Apud DEUSSEN, P. Op. cit., p. 490

Estas frases introdutórias da quinta *Enéade* permitem reconhecer claramente a ideia básica já sugerida anteriormente, que aliás é aparentada com a doutrina de Fílon de Alexandria, e também influenciada por ela. O Uno, o Primeiro, o Eterno, o Supremo, o Bom, o Mais Que Bom, ou como quer que Plotino denomine o ser divino, está para ele, mais fortemente ainda que em Fílon, além de todos os opostos e de toda possibilidade de apreensão. Do mesmo modo que em Fílon, não apenas estaria em contradição com sua dignidade entrar em contato direto com a matéria – mas não se pode nem mesmo imaginar que alguma vez ele desejasse ou pudesse fazer algo, pois é em si completo e em repouso. Quer dizer, o mundo não pode ter sido criado por um ato de vontade de Deus. Mas como, então? O ser supremo *"como que transborda*, e sua superabundância cria o diferente"[13]. Assim como o sol (conforme se acreditava então) irradia calor sem com isso perder coisa alguma de sua substância, assim o ser supremo, como que num reflexo ou sombra de si mesmo, irradia tudo quanto existe.

Esta irradiação ou *emanação* ocorre em degraus escalonados. Existe uma ordem de valor das diferentes esferas do ser, de acordo com sua proximidade com Deus. A primeira irradiação – se bem que não na ordem temporal, mas apenas de acordo com o grau, já que todo este processo se encontra fora do tempo – é o *espírito*. O espírito divino, portanto – como em Fílon –, não é o próprio Deus, Deus está ainda além do espírito. O espírito é a quintessência de todas as ideias, entendidas no sentido de Platão. A irradiação seguinte é a *alma do mundo*, o mundo psíquico. Entre esta e o mundo da *matéria*, que é considerada como a forma mais imperfeita, mais distanciada do divino, ou mesmo como o simplesmente tenebroso e mau, encontram-se, como elementos intermediários, as almas individuais.

A relação entre as almas individuais e a alma do mundo é descrita por Plotino de uma forma que lembra muito a doutrina indiana de Brama-Atma. Pois ele diz que em cada alma individual *toda* a alma do mundo está presente. Cada uma como que traz em si o universo inteiro. "Por isso cada alma esteja lembrada de que foi ela que criou todos os seres vivos e soprou neles a vida, a tudo quanto se alimenta da terra e do mar e do ar, e ainda os astros divinos no céu, que foi ela que criou o sol e este céu imenso, ela que o ordenou e o conduz em suas órbitas e círculos, que é uma natureza ainda mais elevada que tudo quanto ela ordena e move e anima"[14].

As doutrinas de Plotino sobre o homem e a *ética* do homem resultam de forma coerente da concepção de que tudo quanto existe é irradiação escalonada do ser divino e da origem divina da alma humana. A meta suprema do homem, e sua felicidade, consiste em que sua alma volte a unir-se com o divino, de onde procede. As quatro virtudes platônicas são reconhecidas por Plotino, mas só como o degrau mais baixo do caminho para esta meta. O verdadeiro caminho para isto é um caminho espiritual, que não leva para fora, mas sim para o interior do homem. O pensamento filosófico em sua forma perfeita, a dialética, é um degrau mais elevado, mas não o mais elevado de todos. Este consiste num perfeito mergulho em nós mesmos,

---

13. Enéades V, 2, 1. Apud DEUSSEN, P. Op. cit., p. 493.
14. Enéades V, 1, 2. Apud DEUSSEN, P. Op. cit., p. 498.

isto é, no divino que está em nós. Leva, para além de todo pensar e de todo conscientizar, a um estado de inconsciente e extática união com Deus.

Em Plotino nós encontramos aqui a doutrina *mística* da entrega, onde a pessoa se esquece de si própria e que torna possível a união imediata com o divino. Esta mística era desconhecida de toda filosofia grega anterior. Está, pelo contrário, intimamente aparentada com a filosofia indiana. Plotino não pode tê-la conhecido mais precisamente. Como é relatado por seu discípulo, ele associou-se a uma campanha contra os persas, com o objetivo expresso de conhecer a filosofia persa e indiana. A expedição não obteve êxito, e Plotino teve que voltar. Mas a intenção mostra que de qualquer modo ele deve ter tido conhecimento desse mundo do espírito, e atribuído a ele tão grande valor que se dispôs a enfrentar a perigosa viagem, com o fim de conhecê-lo.

Com esta mística nós nos deparamos em toda parte em que é levada a sério a ideia da identidade da alma humana com o Divino: antes de Plotino entre os indianos, depois dele nos grandes místicos da Idade Média cristã.

2. O fim do neoplatonismo e da filosofia antiga

Além de Roma, o neoplatonismo continuou vivo entre os discípulos diretos de Plotino em uma escola síria, cujo cabeça era *Jâmblico* (falecido em 330 dC), e numa escola ateniense, entre cujos representantes destaca-se *Proclo* (410-485).

A escola ateniense do neoplatonismo foi violentamente atacada pelo cristianismo, que aos poucos ia assumindo o predomínio. E apesar de todo o parentesco, ou precisamente por causa deste – pois um e outro procuravam de diferentes maneiras corresponder às profundas aspirações religiosas da época –, ela também representa o tijolo final da antiga filosofia pagã na metade oriental do Império Romano, agora transformada em autônoma. No ano 529 o Imperador Justiniano fechou a academia que desde Platão existia em Atenas, confiscou seu patrimônio e proibiu todo ensino da filosofia grega. Seus sete últimos professores foram exilados.

No Império Romano do Ocidente, seu último grande arauto foi *Boécio*, nascido em 480 e executado por razões políticas em 525 por ordem de Teodorico, o rei cristão dos godos. Exteriormente cristão, mas no íntimo voltado para a antiga filosofia pagã – estoicismo e neoplatonismo –, Boécio fez com que esta, pela última vez, voltasse a reluzir em todo o seu esplendor no escrito *Da consolação da filosofia*, composto no cárcere. Ele foi chamado "o último romano e o primeiro escolástico".

PARTE III
A FILOSOFIA DA IDADE MÉDIA*

* Tradução de *Antônio Luz Costa*, professor, formado em Antropologia e Ciências Políticas; doutor em Sociologia pela Universidade de Hamburgo (Alemanha).

Aspectos gerais – A ascensão do cristianismo – Divisão dos períodos

Quando passamos da filosofia dos gregos e da Antiguidade Romana para a filosofia cristã da Idade Média europeia, podemos observar, puramente do ponto de vista temporal, a continuidade histórica; pois a difusão do cristianismo e, com os Padres da Igreja, os primórdios de uma filosofia cristã coincidem no tempo com o final da Antiguidade, aparecendo imediatamente depois desta. Do ponto de vista histórico do desenvolvimento das ideias, essa passagem significa, contudo, uma ruptura, já que o cristianismo, apesar da singularidade e originalidade da personalidade de seu fundador, cresceu e é compreendido historicamente com base nas remotas e multiformes tradições religiosas do Oriente, e não somente no antigo judaísmo; no Antigo Testamento encontram-se também pensamentos, os quais as pesquisas dos últimos séculos reconheceram como de origem assíria, babilônica, sobretudo persa e possivelmente também egípcia.

Por isso, um profundo entendimento histórico da religião cristã exige a investigação e exposição daqueles contextos. Trata-se, essencialmente, de uma tarefa para uma história da religião e não para uma história da filosofia. Esta pode e tem de se satisfazer em começar a exposição considerando o respectivo período, já que o cristianismo, na forma que lhe havia sido conferida, de modo mais próximo pelo próprio Jesus e, sobretudo, pelo Apóstolo Paulo, se difundiu pelo mundo mediterrâneo e, assim, necessariamente, acabou se envolvendo na discussão com a filosofia antiga.

Essa expansão iniciou com a atividade missionária do apóstolo no primeiro século depois de Cristo, a saber, com as três viagens missionárias de Paulo e sua estadia final e morte como mártir em Roma. Já na metade do segundo século havia em todas as partes do Império Romano comunidades cristãs. Por muito tempo, o povo de Roma e seus governantes viam nos cristãos apenas desdenhadores da religião oficial romana e inimigos da ordem pública. Como o cristianismo pertencia às religiões, cuja prática era oficialmente proibida, seus fiéis viam-se obrigados a manter em sigilo os seus encontros e cultos. Numa calamitosa influência recíproca, carregar esses segredos fornecia ensejo para várias difamações dos cristãos e renovado ódio contra eles. No lugar de esporádicas eclosões de fúria contra os cristãos por parte do povo romano logo surgem perseguições oficialmente organizadas que, frequentemente, eram levadas adiante por anos de forma impiedosa. Entre os imperadores romanos, muitas vezes, eram precisamente os mais instruídos e que se encontravam numa posição moralmente mais elevada que, por executarem rigidamente a sua tarefa de guardiães da antiga ordem imperial e social face à ameaça cristã, investiam de forma especialmente dura contra os cristãos. As mais opressivas perseguições ocorreram durante o reinado dos imperadores Nero, Domiciano, Trajano, Adriano, Antônio Pio, Marco Aurélio, Septímio Severo, Décio, Valeriano e Diocleciano, ou seja, do século primeiro ao quarto. Inúmeras pessoas tiveram de abjurar sua crença ou sofrer as mais terríveis torturas. É sabido que as perseguições não exterminaram o cristianismo; no final, elas o tornaram mais forte, pois muito maior foi o número daqueles que a grandeza ética e persistência dos mártires ganhava para a nova crença do que aqueles mortos ou que foram intimidados pelas terríveis penas. Tal violência atraía precisamente os mais profundos espíritos e os mais corajosos caracteres. O mártir, o soldado de Cristo, que morre por suas convicções, era o modelo e o perfeito cristão.

Sob o império de Constantino o Grande (323-337), o cristianismo foi reconhecido oficialmente e, a partir de então, foi favorecido perante o paganismo, com interrupções de recaídas como aconteceu no reinado de Juliano Apóstata (o "renegado"). A proibição geral do sacrifício pagão, decretada em 392, assinala a vitória definitiva do cristianismo em sua manifestação visível. Nessa época, o cristianismo havia se disseminado nas cidades de todo o Império Romano. Nas aldeias do interior, o paganismo perdurou ainda por mais tempo. Vem daí a expressão "pagão" para os não cristãos, quer dizer, habitante da charneca* (da mesma forma ocorre com o latim *paganus* = habitante do campo).

A *base* histórica, sobre a qual cresceu a cultura e o mundo intelectual da Idade Média cristã estaria assinalada de modo incompleto, se fossem considerados apenas os três elementos: império e justiça romanos, cultura grega e o cristianismo ascendente. Como quarto elemento apresenta-se a força inquebrantável das tribos celtas, germânicas e eslavas, as quais, a partir de então, entram para a História do Ocidente propriamente dita. Já havia um longo tempo que o mar agitado dos povos bárbaros fazia uma constante e crescente pressão nas fronteiras dos arredores do Império Romano, antes que, posto em movimento por meio de diferentes ocasiões favoráveis, as ondas do seu assalto migratório inundassem o mundo antigo, o qual veio a sucumbir logo após. Do ponto de vista da cultura superior dos gregos e romanos, havia um sentido em essas tribos terem sido designadas como "bárbaros"; não se deve, porém, deixar de compreender que eles não eram, de maneira alguma, selvagens incivilizados, mas sim que esses povos carregavam sua própria, em grande parte, elevada civilização e religião. No entanto, como ocorre tão frequentemente na história, os vencedores políticos e militares se tornaram os perdedores culturais. Celtas, germânicos e eslavos abandonaram suas formas tradicionais de viver – numa medida até exagerada, na opinião de historiadores posteriores, pois, com isso, perdeu-se, irrecuperavelmente, muito de valor e singularidade cultural. Eles adotaram a religião cristã e a antiga herança intelectual, passando do papel de "bárbaros" para o de propagadores daquela cultura e tornando-se os principais representantes do desenvolvimento

---

* Em alemão "pagão" é *Heide*, que é também uma região de charnecas. A expressão no original é *Heidebewohner*. *Bewohner* é morador, habitante. Mas a explicação do termo original vem logo a seguir no texto e se aproxima mais do português [N.T.].

mundial histórico. Imensos valores culturais desapareceram no decorrer desta impetuosa reviravolta. O fato de muitas outras coisas terem sido preservadas e se desenvolvido deve-se, principalmente, à Igreja Católica.

A cultura do Ocidente, que na Europa Ocidental cresceu no decorrer dos séculos a partir do amálgama avançado dos quatro elementos citados, não foi o único espaço de influência da Antiguidade. Paralelo ao processo civilizador da Europa Ocidental, com o direito romano, a cultura grega e a civilização cristã, a descoberta do Oriente eslavo partiu da antiga cultura cristã do Império Romano do Oriente. A isso se pode acrescer a marcha triunfal do islã até a Espanha e o acolhimento e o aperfeiçoamento do legado intelectual da Antiguidade pelos sábios islâmicos. Esses últimos dois elementos precisam ser considerados somente até o ponto em que exercem influência nas áreas da filosofia medieval e da nova filosofia europeia, as quais nos interessam daqui em diante. Esse foi o caso do contato realizado entre a filosofia cristã e a filosofia árabe e judaica na Baixa Idade Média. No entanto, é a fusão da doutrina cristã com o ideário da filosofia antiga que forma o essencial do tema da história da filosofia na Idade Média que será aqui tratada.

Essa fusão se deu em dois *períodos principais*, claramente distintos. O primeiro, chamado *patrística* (do latim *pater* = pai, refere-se aos Padres da Igreja), vai do período apostólico ao século VIII. O segundo é chamado *escolástica* (conforme o nome latino *scholastici*, empregado, primeiramente, como referência aos professores de escola, mais tarde aos missionários e, finalmente, aos Padres da Igreja). Ele começa no século VIII e se estende até o final da filosofia medieval, em torno de 1500.

A patrística divide-se em dois períodos. Após o primeiro contato e discussão entre o cristianismo e a filosofia grega e diversas discussões no interior do próprio cristianismo seguiu-se, exteriormente, o fundamento para uma Igreja unificada e poderosa e, internamente, o estabelecimento dos *dogmas fundamentais* cristãos (dogmas da fé). Esse período chega ao seu fim no ano 325, no qual ocorreu o Concílio de Niceia. A segunda parte da patrística, mediante a obra de Agostinho, gerou o processamento dos dogmas fundamentais, agora já instaurados, que conduziu a um sistema unificado da dogmática e da filosofia cristãs.

No interior da escolástica distinguem-se três períodos: a escolástica primitiva, do século IX ao XII, a alta escolástica no século XIII e a escolástica tardia nos séculos XIV e XV. A escolástica primitiva caracteriza-se pela formação do método característico escolástico, pela estreita ligação entre teologia e filosofia e pela contenda intelectual, com base em Platão e Aristóteles, em torno da validade dos conceitos gerais, a assim chamada disputa sobre os universais. A alta escolástica foi iniciada por meio da crescente assimilação do ideário aristotélico, que foi transmitido pelas filosofias árabe e judaica da Idade Média, sobre as quais, por essa razão, inserimos na presente parte um subcapítulo.

A alta escolástica produziu a mais plena forma da filosofia medieval-cristã por meio das obras de Alberto Magno e de Tomás de Aquino. Na escolástica tardia consuma-se a lenta deterioração da filosofia medieval por meio do nominalismo. Em estreita relação com a filosofia escolástica, mas diferente em sua essência, floresce na Baixa Idade Média o misticismo cristão com a obra de Mestre Eckhart, da qual trata o último subcapítulo desta parte.

1
A Era Patrística

I. A oposição entre a mentalidade antiga e a cristã

Na apresentação da filosofia antiga, em diferentes momentos, especialmente em Sócrates, nos estoicos e na filosofia helenística de um Fílon e de um Plotino, encontramos linhas de pensamento que, de certa perspectiva, eram semelhantes às do cristianismo e lhe preparavam seus fundamentos. Porém, para poder refletir com justiça sobre o processo de interpenetração, que se estende por toda a Idade Média entre o cristianismo e a filosofia antiga, em sua importância e dificuldades devemos, antes, de forma breve, ter presente, nas suas raízes, a diferença essencial entre ambas as mentalidades. Essa se refere à noção de Deus, à relação entre Deus e o ser humano, o ser humano e seu próximo, ser humano e mundo, enfim, a pretensão de exclusividade do cristianismo, a qual foi levantada desde o seu início.

1. Deus e ser humano

Na filosofia grega nos deparamos com as mais diferentes noções de um ser divino: o divino fogo originário de Heráclito; o "primeiro móvel" de Aristóteles, o espírito que repousa em si mesmo e que se auto-observa; para os estoicos e outros, um panteísmo, no qual Deus coincide com o conceito mais abrangente de todo ser; finalmente, a interpretação de Plotino de que apenas Deus existe realmente e de que todo o resto seria apenas um reflexo, uma emanação do ser divino.

O cristianismo, diferentemente de tudo isso, ensina, primeiro, que Deus, como o *criador* todo-poderoso, criou o mundo do nada por meio de sua vontade. Tudo além de Deus é, assim, uma criação, também o homem é criado (criatura). Com isso, entre o criador e a criatura se abre um abismo intransponível. Como já observamos na reflexão sobre a filosofia indiana, a representação de um amplo abismo entre Deus e ser humano é próprio às religiões dos povos semitas; ela tem sua origem no antigo judaísmo. O ser humano e tudo que é criado existem somente por meio de Deus e pela vontade de Deus. Na posição de uma criatura da vontade divina, o ser humano tem a tarefa de fazer a vontade do criador, a qual ele *revelou* em sua palavra divina. Assim, a virtude suprema e a verdadeira essência da devoção cristã é a *humildade* para com o criador e senhor divino. O mais reprovável e o sumo vício de todos os outros é a arrogância (*hybris*): insolência, com a qual o ser humano deseja ser igual a Deus e se colocar no lugar de Deus. Isso requer uma escala de valores completamente diferente das virtudes humanas. As qualidades exaltadas pelos gregos são não somente desvalorizadas, mas aparecem, por vezes, precisamente como arrogantes e como um "vício reluzente"[1]. Segundo, o Deus do cristianismo não é algo impessoal divino, mas um *Deus* totalmente *pessoal*. O ser humano encontra-se perante o Deus pessoal isoladamente, como pessoa. Ele lhe fala em orações como uma pessoa fala com uma outra pessoa, embora incomensuravelmente superior. Desse modo, o cristianismo empresta à alma individual uma dignidade particular. Esse pensamento também era estranho à Antiguidade.

> Para a filosofia antiga a alma é fundamentalmente um "id" (*Es*), um algo impessoal, um fator natural, por isso lhe é evidente relacionar estreitamente o conceito de alma com o de vida orgânica, de modo que o pensamento acerca da alma do mundo, da qual deriva a alma isolada, está sempre presente quando o tema é a alma. O pensamento de que a alma, precisamente como alma isolada, está perante Deus e que ela sente o seu olhar repousar em si, não é, na realidade, um pensamento da Antiguidade[2].

Terceiro, o Deus do cristianismo é, no entanto – e isto é algo fundamentalmente novo –, o Deus misericordioso e *salvador*. O ser humano, pela sua própria natureza, está destinado ao pecado e à morte. Com suas próprias forças ele pode até mesmo lutar contra o mal, mas não se ver livre dele. Trata-se de uma soberba nociva a tentativa da filosofia antiga, como a dos estoicos e a dos epicuristas, também a de Sócrates, de ensinar aos homens como poderiam encontrar, com suas próprias forças, a "bem-aventurança". A salvação somente é possível por meio da misericórdia divina na união com o Filho de Deus tornado homem. Para que isso seja possível, porém, o ser humano deve desprender-se de sua natureza inteiramente pecaminosa e superá-la. Isto não é como, por exemplo, Platão havia ensinado, que a parte mais inferior da alma do ser humano é mortal e a mais elevada imortal e parte do divino; mas sim que o homem natural é mortal e corrompido enquanto não for salvo pelo *renascimento em Cristo*. Contudo, se isso acontece, o homem em seu todo também ressuscita transformado. "Assim, se alguém está em Cristo, ele é uma nova criatura"[3], diz Paulo. Essa ideia do renascimento do homem por meio da misericórdia divina em Cristo, desenvolvida de forma clara, sobretudo por Paulo, chegou mesmo a ser qualificada de dogma central do cristianismo[4].

---

1. Cf. ASTER, E. *Geschichte der Philosophie*. Leipzig, 1932, p. 99-104.

2. Ibid, p. 102.

3. 2Cor 5,16-17.

4. DEUSSEN, P. *Allgemeine Geschichte der Philosophie mit besonderer Berücksichtigung der Religionen*. Vol. II, 2, 2. Leipzig 1906, p. 231.

2. Relação entre ser humano e ser humano

A exigência moral fundamental do cristianismo para o relacionamento do ser humano com o seu próximo, com a qual ele vai além de todas as outras religiões, está selada nas palavras de Cristo: "Ame a seu próximo como a si mesmo"[5]. As palavras já se encontram no terceiro livro de Moisés (Levítico). No cristianismo elas são aplicadas a *todos* os seres humanos. Todos os homens são filhos de Deus e irmãos e irmãs em Cristo. Esse elevado ideal aproxima-se da Antiguidade, quando muito, quando comparado com a exigência estoica do amor humano universal.

Desde seu começo, era próprio do cristianismo uma corrente supranacional. Lembremos que Cristo havia enviado seus discípulos para ensinar a todos os povos. Também desde o seu começo não havia exclusão de categorias sociais. Cristo havia se voltado precisamente para os "oprimidos e pecadores". Os primeiros fiéis do cristianismo vinham da massa das camadas mais baixas da população. O cristianismo foi uma revolução espiritual que partiu "de baixo", mas que logo apanhou as elites da estrutura social.

3. Ser humano e mundo

Os filósofos da *stoa* ou Epicuro não chegaram ao pensamento de que o objetivo e o sentido da vida humana encontravam-se em um outro lugar que não este mundo; o objetivo de sua reflexão era arranjar-se o melhor possível neste mundo. Diferente era o pensamento de Platão e o do neoplatonismo. Mas o cristianismo vai ainda quase mais além do que esses. A relação da vida com o Deus do além – transcendental – e com o objetivo da salvação leva a uma desvalorização do mundano ou *desmundanização*, chegando-se a uma consequência conhecida somente pelos indianos. O próprio Cristo havia dito: "Eu venci o mundo"[6].

A relação com a autoridade terrestre também é vista totalmente sob a luz de Deus. Deve-se obedecer-lhe, porque ela é posta por Deus. O objetivo do ser humano, porém, encontra-se em um reino que não é deste mundo.

No entanto, ocorre que a transformação em homem de Deus em Cristo é, na qualidade de um ato livre da misericórdia divina, um *procedimento histórico único*, e não, como em outras religiões, que também conhecem uma salvação, um mito intemporal para ser interpretado simbolicamente e que pode repetir-se com qualquer um a qualquer momento. Com isso, o mundo terreno adquire para os cristãos, seja como for que ele, no mais, possa defrontar-se com seus prazeres e seduções, o caráter de uma irrevogável singularidade no plano divino de salvação. Não há, como para vários filósofos da Antiguidade, inúmeros mundos na alternação de surgimento e aniquilamento, também não há, como para os indianos, sempre novas encarnações terrestres da alma isolada; ocorre que este mundo e esta vida são aquilo no qual se consuma a determinação de forma única e irrevogável conforme o plano divino de salvação. Assim, "o pensamento cristão, mediante sua absoluta universalidade, mediante o sentido da singula-

---

5. Mt 22,39; Mc 12,31.
6. Jo 16,33.

ridade e irrevogabilidade da história nele concebida e mediante a relação com o Salvador, exerce sobre os seres humanos, enquanto indivíduos, uma persuasão incomparável. A consciência do tempo na Terra como tempo de decisão... foi elevada ao máximo"[7].

4. O caráter de exclusividade do cristianismo

Nas antigas cidades-Estado, o indivíduo havia encontrado uma indiscutível e aparentemente quase ingênua proteção, como ainda pode ser vista na época de Sócrates. A dissolução da pólis e a ampliação que levou a um império mundial, conduzido por um soberano absoluto que governava à distância e no qual as questões públicas estavam cada vez mais distantes do indivíduo, juntamente com a insuficiência presente na religião tradicional, a qual cada vez mais se transformava num culto externo do Estado com a adoração do imperador, haviam provocado uma profunda necessidade de uma religiosidade mais pessoal. Além do cristianismo, também vinham de encontro a essa necessidade inúmeras outras religiões que se impunham ao conjunto do mundo helênico no período da decadência de Roma. A religião do antigo Mitra persa, a veneração da Ísis egípcia, o culto de Adônis e muitos outros medravam em Roma e, com os conquistadores romanos, espalhavam-se até o Reno e as fronteiras britânicas. Algumas apresentavam fortes semelhanças com o cristianismo. No culto de Mitra, por exemplo, havia o batismo, a crisma, a Santa Ceia, o dogma da Trindade e o 25 de dezembro como nascimento do Deus da luz.

O fato de o cristianismo ter triunfado sobre todas essas religiões encontra a sua razão especialmente em seu caráter de exclusividade tomado do judaísmo. A comunidade cristã sentia-se como um novo povo escolhido, um novo Israel – "uma raça eleita, um sacerdócio régio, uma nação santa e consagrada" como consta na Escritura[8].

Apesar de alguns enfoques que ainda devam ser tratados nessa linha, a consciência da exclusividade da missão do cristianismo evitou o seu cruzamento com outros cultos e sua absorção pelo sincretismo geral da época. Estruturou-se a base para o desenvolvimento de uma forma inviolável e canônica de tradição adotada e o surgimento de uma comunidade eclesiástica firmemente organizada.

II. Os primeiros contatos do cristianismo com a filosofia antiga mediante os antigos Padres da Igreja

"O que Atenas tem a ver com Jerusalém, qual correspondência há entre a Academia e a Igreja?", escreve o Padre da Igreja *Tertuliano*[9].

---

7. JASPERS, K. *Die geistige Situation der Zeit*, 1932, p. 7.

8. 1Pd 2,9.

9. DAWSON, C. *Die Gestaltung des Abendlandes*, 1935, p. 64-65.

> Sossegue, oh alma, e dê seu testemunho. Mas eu não a chamo como alguém que foi educado em escolas, formado em bibliotecas e nutrido em academias e pórticos áticos – tal somente cuspiria sua própria sabedoria. Eu dirijo-me a vocês, os simples, os rudes, os iletrados. Assim como você é, quando você é apenas você, incólume e puro, você de ruas, estradas e oficinas.

E Paulo havia escrito:

> Onde se encontra o sábio, o erudito das Escrituras, o retórico deste mundo? Por acaso Deus não considerou como loucura a sabedoria deste mundo? Os judeus exigem sinais de milagre, os gregos procuram sabedoria; mas nós pregamos Cristo, o crucificado, um escândalo para os judeus, uma loucura para os pagãos. Porém, para aqueles que são chamados, sejam judeus ou pagãos, anunciamos Cristo como a força e sabedoria de Deus[10].

Aqui vemos cristianismo e filosofia em brusca oposição e, de fato: é possível imaginar um contraste maior do que aquele entre o espírito de um grego ou de um romano da Antiguidade tardia, estética e teoricamente formado e que parte de uma simetria harmônica e de uma serena sensualidade, e o dos primeiros cristãos, que como testemunhas de sangue de uma nova crença rejeitam com incondicionalidade ética tudo o que é mundano e anunciam a proximidade do fim do mundo e a iminente chegada do Reino de Deus? O contraste mental também era, primeiramente, conforme já indicado, uma oposição social. As camadas mais baixas da população urbana e rural, das quais saíram os primeiros cristãos, tinham um contato apenas superficial com a formação clássica. Eles não falavam o grego e fora da Itália também não falavam o latim. Os letrados, como Tácito ou o imperador estoico Marco Aurélio, nutriam um profundo desprezo pelo ensinamento cristão, no qual viam apenas uma volta à superstição bárbara.

Mas os letrados também tinham de ser conquistados para o cristianismo se estabelecer. Isso parecia possível, se lhes fosse falado *em sua própria língua*, a da formação clássica. Os homens que primeiro empreenderam essa tentativa são chamados *apologistas*, que literalmente significa "defensores", defensores do cristianismo contra o julgamento pagão dos letrados. Mesmo com formação filosófica, eles se dirigiam com seus apontamentos aos imperadores e detentores do poder, para demonstrar a superioridade ética do cristianismo ou, ao menos, sua inofensividade para a ordem estatal, e à camada erudita a fim de confirmar a revelação cristã como filosofia superior a todas as outras.

O primeiro apologista importante foi *Justino, o mártir*, "o Cristo revestido de filósofo", que nasceu em 100 e morreu em 164, em Roma, como testemunha de sangue de sua crença. Também o acima citado *Tertuliano* (160-220), que opunha tão rudemente o ensinamento cristão à sabedoria de mundo grega, era ele próprio não somente altamente instruído filosoficamente, mas também um magnífico orador. Em seus escritos, com os quais começa, de fato, a literatura latina do cristianismo, ele faz uso de um brilhante estilo latino, temperado com humor e ironia. Atribui-se a Tertuliano a famosa sentença "credo quia absurdum est" – eu creio (precisamente) por ser absurdo. É verdade que ela não se encontra nessa forma em seus escritos conservados, mas expressa, corretamente, o pensamento fundamental de Tertuliano, de que a verdade da fé se encontra em uma esfera completamente diferente da do pensamen-

---

10. 1Cor 1,20-27.

to. Ao constatar a verdade da fé como mais elevada e exigir que, perante uma possível contradição entre ela e os resultados do pensamento, de maneira alguma se considere verdade o que contraria a verdade da fé, Tertuliano já prepara a subordinação da filosofia à teologia e do saber à fé, a qual é uma característica de todas as filosofias cristãs seguintes.

Um decisivo avanço nessa direção é dado pelos grandes professores da próspera escola catequista dos séculos II e III em Alexandria, *Clemente* (que morreu em 217) e *Orígenes* (184-254). Eles não apenas forjaram a teologia cristã como ciência, mas também elaboraram uma hierarquia das ciências, na qual a teologia se encontra no seu ápice. Orígenes disse: "Se os filhos dos sábios universais da geometria, música, gramática, retórica e astronomia afirmam que são servos da filosofia podemos, assim, dizer o mesmo da filosofia em sua relação com a teologia"[11]. De forma consequente, ele exige do teólogo que estude profundamente os escritos da antiga filosofia e que seja justo na interpretação de todos. Em seus próprios ensinamentos Orígenes, de fato, também se ocupa com uma ampla integração, ampla demais para a Igreja, dos pensamentos cristãos e neoplatônicos. Em sua obra principal, *Dos princípios*, ele concebe a relação entre Deus e o filho de Deus como a da luz com o brilho que dela se irradia. O Filho de Deus está, assim, na mesma distância de ambas, entre Deus e os homens como intermediador[12].

Tradições clássica e bíblica também se fundem em uma das grandes obras intelectuais da Alta Idade Média, a tradução latina da Bíblia (vulgata) de *São Jerônimo*, e na nascente literatura cristã.

De modo mais forte do que o conteúdo na cultura antiga, atua nos escritores cristãos, normalmente, a sua *forma*. São Jerônimo exaltava Cícero como o rei da retórica e iluminador da língua latina. O fato de que da cultura antiga precisamente a retórica voltada mais para a forma do que para o conteúdo tenha exercido mais influência teve significativos efeitos positivos e negativos para o desenvolvimento cultural que se seguiu. Paralelo à literatura espiritual, essa evolução originou uma literatura secular, estética, inspirada em Virgílio, Horácio, Cícero e outros e, principalmente, ao lado da cultura espiritual fez surgir uma cultura secular, por meio da qual a vida intelectual do Ocidente experimentou um incomensurável enriquecimento. Mas também contribuiu para que o legado da *ciência* grega fosse descurado durante a Idade Média.

III. Perigos internos para o cristianismo

1. Os gnósticos

Se, num ambiente externo que lhe era primeiramente hostil, o cristianismo se viu obrigado a procurar uma autoafirmação frequentemente renovada, nos primeiros séculos ele também foi ameaçado a partir do seu interior por diversos movimentos intelectuais que tinham como fundamento pensamentos e pressupostos do próprio cristianismo e também a procura em unificar elementos cristãos e não cristãos. O mais difundido desses movimentos e o mais perigoso para o cristianismo foi a gnosis (gr. "conhecimento"), uma das manifestações mais multiformes e de mais difícil compreensão da história das ideias.

---

11. Cf. DAWSON, C. Op. cit., p. 66.
12. DEUSSEN, P. Op. cit., II, 2, 2, p. 320.

Origem e principais representantes do gnosticismo

No gnosticismo fundem-se credos cristãos – que, naquela época, antes da fixação de uma doutrina estruturada, ainda deixavam margem a interpretações ambíguas – com elementos de origens bem diferentes. Trata-se de concepções religiosas provenientes da Antiguidade Oriental, sobretudo persas, sírias e judaicas; além de pensamentos filosóficos dos ensinamentos de *Possidônio* (por volta de 135-51 aC), um pensador universal e historiador, de Platão e do neoplatonismo, de Pitágoras e do neopitagorismo, assim como do estoicismo.

De acordo com a importância atribuída a este ou aquele elemento, diferenciam-se diferentes linhas gnósticas. Aquela que concede ao judaísmo uma posição especial é designada gnosticismo *judaico*. Seus principais representantes são *Basílides* (aprox. 125 dC) e *Valentim* (aprox. 150 dC). Além desta linha, também existe uma linha gnóstica *paganizante*, ou seja, que privilegia concepções pagãs, e uma linha gnóstica *cristianizante*. O principal representante da linha cristianizante é *Marcião* de Sinope. Ele fundou uma Igreja própria que se manteve por longo tempo ao lado da Igreja principal. Cabe observar aqui que a oposição entre os assim chamados judeu-cristãos, que defendiam a preservação da circuncisão judaica e da lei mosaica, e os pagão-cristãos, que condenavam essa posição, desempenhou um papel importante nos primórdios do cristianismo.

Ao lado dessas escolas gnósticas, que foram duramente combatidas como heresias (falsas interpretações) pela Igreja, num sentido mais amplo pertencem também à linha de pensamento gnóstica os Padres da Igreja Clemente e Orígenes mencionados na seção acima.

Pensamentos fundamentais e singularidade do gnosticismo

Em vez de tratar separadamente das diferentes linhas gnósticas, preferimos referir-nos a três pontos de vista que se aplicam a todas e podem transmitir uma impressão da singularidade desse movimento.

Teodiceia: Uma posição especial no pensamento gnóstico é ocupada pelo problema da assim chamada teodiceia, a questão da justificação divina e da origem e significado do mal no mundo. Essa é uma questão básica de toda religião; no cristianismo ela ganha um significado especial, pois nele, apesar de se tomar do judaísmo a representação do criador do mundo, o mundo terrestre também é visto como o lugar da desgraça e dos pecados, do qual nós seremos salvos somente mediante Cristo. Pergunta-se, então, por que Deus, que é perfeito, criou um mundo do mal, e que para sair dele necessitamos da salvação?

Essa questão já havia sido colocada de forma semelhante por Epicuro. Mais tarde ela foi tratada por Leibniz. Também o sexagenário Goethe, sob o impacto do terremoto de Lisboa, pergunta-se como Deus pôde permitir tal coisa – conforme descrito no começo de "Poesia* e verdade".

Os gnósticos solucionam o problema diferenciando o Deus criador do Deus salvador. Com isso, há dois deuses: o salvador universal absoluto e os a esse subordinados, às vezes até

---

* A opção em traduzir *Dichtung* (nesta obra de Goethe) por "poesia" é a mais empregada. Deixo aqui a observação de que essa palavra não se refere somente à poesia, mas à obra de arte literária. Assim, se poderia utilizar a opção "literatura" [N.T.].

mesmo inimigos, criadores (demiurgos) da Terra. Marcião, por exemplo, separa o Deus do Antigo Testamento, como criador e Deus da justiça, do Deus da Nova Aliança, como Deus do amor.

Gnosticismo como conhecimento: A concepção gnóstica do divino determina também uma especial representação da posição do ser humano no mundo e sua salvação. O fato de o homem ser vítima do pecado não se apresenta mais como sua singular culpa humana; a alma do indivíduo é apenas a arena onde se desenrola o eterno conflito do princípio do bem e do mal. A alma individual, a qual importa ao cristianismo, perde com isso algo de sua peculiar dignidade. Não se trata de o ser humano, num ato de renascimento interno, desfazer-se do "antigo Adão" e se tornar um ser humano novo e purificado, mas de ele *olhar e conhecer* em si a luta do bem e do mal, que é mundialmente abrangente[13]. Assim, entre os gnósticos, o conhecimento entra cada vez mais no lugar da crença, ao que é atribuído o nome mantido por todo o movimento. Os gnósticos puderam, com isso, recorrer a tais palavras como as de Paulo: "O espírito investiga todas as coisas, mesmo as profundidades da divindade"[14].

Gnosticismo como mística: A reencarnação de Deus em Cristo e a comunhão com Deus no sacramento é o grande segredo da doutrina cristã e, com isso, o ponto ao qual, no decorrer da história do cristianismo, sempre fluem pensamentos místicos[15]. Mística (do grego *myein* = fechar os olhos), como o nome já indica, se fundamenta na negação tanto do mundo dos sentidos como da lógica do entendimento e consiste numa união com o divino inconsciente só imperfeitamente descritível com palavras. O conhecimento de Deus dos gnósticos também não é para ser entendido como conhecimento pela razão, mas sim como místico.

Os pensamentos gnósticos, como em outras formas da mística apresentam-se, através de um fantástico invólucro, em imagens e formas mitológicas. É comum a quase todas as linhas, além da mencionada, a representação desenvolvida por Plotino de uma emanação gradual do divino, de seres intermediários, que estão entre Deus e os seres humanos, e do retorno final de todos os seres ao fundamento primeiro divino.

2. Os maniqueístas

O maniqueísmo liga-se estreitamente ao gnosticismo. Como ele rejeita rigorosamente o judaísmo e conecta ideias pagãs, a saber, pensamentos persas e indianos a ideias cristãs, é considerado a linha paganizada do gnosticismo[16]. Ele foi fundado pelo persa *Mani* (lat. *Manichaeus*). Mani, de família real, nasceu em 215 na Pérsia, viveu por um longo período na Índia

---

13. Cf. ASTER, E. Op. cit., p. 111.

14. 1Cor 2,10.

15. Cf. ASTER, E. Op. cit., p. 104.

16. ERDMANN, J.E. *Grundriss der Geschichte der Philosophie, bearb. von Clemens.* Berlim/Zurique, 1930, p. 127.

e, antes e depois dessa temporada, revela-se como criador de uma nova religião na sua terra natal. Ele foi crucificado no ano de 273.

Seus ensinamentos, de acordo com breves passagens de seus escritos e de relatos posteriores, partem da representação, tomada da religião persa, de dois reinos eternamente paralelos: um reino da luz, dominado pelo divino pai da luz, e um reino das trevas, dominado pelo pai das trevas – identificado por Mani como o Jeová dos judeus – e seus demônios. Jesus representa o salvador dos homens que veio do reino da luz.

A ética do maniqueísmo exige uma ascese rigorosa e assemelha-se à dos budistas. Ela separa os "que sabem", aos quais é imposto o pleno rigor dos mandamentos (não comer carne, privação do prazer sexual, não exercer trabalho manual ordinário), dos "ouvintes" ou veneradores, aos quais os mandamentos são mais brandos.

O maniqueísmo diferencia-se dos ensinamentos da Igreja cristã, fundamentalmente, pela desconsideração do Antigo Testamento, do ensinamento dualístico de ambos os reinos e de sua ideia diferenciada de salvação, que prescreve aos seres humanos realizarem *por si mesmos* a sua salvação, de acordo com a instrução fornecida por Jesus[17]. Ele se espalhou especialmente no Oriente e no norte da África, formando uma comunidade religiosa independente e, por um certo período, tornou-se uma ameaça ao cristianismo, que o combateu impetuosamente. Comunidades maniqueístas mantiveram-se até a Idade Média.

3. *Ario e Atanásio*

Entre os inúmeros conflitos de crença, os quais moveram o mundo cristão dos primeiros séculos, um dos mais importantes foi a controvérsia em torno da questão do ser de Cristo e sua relação com Deus, o Pai. *Ario*, um padre erudito de Alexandria (que morreu em 336), seguindo Orígenes e formulando a sua tese de modo mais preciso, ensinava que o Filho de Deus não tinha a mesma essência de Deus Pai, mas lhe estava subordinado e era um intermediário entre Deus e os seres humanos. *Atanásio* (que morreu em 373), que era inicialmente escriba episcopal e, mais tarde, como sucessor de Ario, que fora deposto, se tornou, ele mesmo, bispo de Alexandria; representava, na linha oposta, a concepção de que o Filho de Deus tinha a mesma essência que o Pai. No Concílio de Niceia, convocado pelo Imperador Constantino em 325, as duas linhas se entrechocaram. Atanásio venceu. Como dogma obrigatório da Igreja adotou-se uma fórmula que estabelecia uma unidade essencial entre Deus Pai e Filho de Deus. A vitória de Atanásio foi, primeiramente, uma vitória temporária. Na Igreja oriental muitos ainda se inclinavam para o arianismo. As tribos germânicas, primeiro os godos, depois, seguindo o seu exemplo, todas as outras, exceto os francos, eram arianos. Atanásio continuou conduzindo uma luta cheia de vicissitudes ele mesmo foi desterrado várias vezes e novamente chamado. Somente após a sua morte foi confirmada em 381, de forma definitiva, mediante o sínodo de

---

17. DEUSSEN, P. Op. cit., II, 2, 2, p. 314.

Constantinopla, a fórmula da igualdade essencial de Deus Pai, Filho de Deus e o Espírito Santo como princípio fixo da Igreja e estabelecido o dogma da união das três pessoas distintas em Deus (Trindade). Somente no século VI os povos germânicos foram convertidos do arianismo ao catolicismo. O pensamento fundamental de Ario não se dissipou até os dias atuais.

IV. A consolidação da união da Igreja

Contra todas as resistências externas e ameaças internas, a Igreja romana ergueu-se nos primeiros séculos como um permanente poder externo crescente e uma unidade interna. O fato de ela ter alcançado esse estado deve-se, principalmente, a ambos os pilares, nos quais ela se baseou: à rigorosa ordem externa na hierarquia estabilizada (ordem sacerdotal de dominação e subordinação) e à grandiosa consequência lógica e rigor com os quais a Igreja preservou a sua intocável verdade cristã de todos os desvios heréticos.

A Igreja formou uma coletividade independente; na época da queda do poder romano e do afluxo bárbaro era quase um Estado dentro de um Estado. Ela tinha sua própria ordem interior, sua própria orientação, seu próprio direito, suas próprias leis. Sobretudo nos anciãos da comunidade e nos bispos, que eram tidos como sucessores dos apóstolos, instituídos pelo próprio Cristo, ela tinha personalidades condutoras que, cercadas do brilho de uma autoridade sobrenatural, detinham um poder de decisão extremamente amplo. A ordem eclesiástica, detalhadamente constituída, diferenciava a comunidade cristã de todas as outras corporações religiosas da época e a habilitava a perdurar mais do que todas elas[18].

Entre os Padres da Igreja, os quais tiveram mais êxito no combate aos perigos que ameaçavam a unidade da Igreja destaca-se, em primeiro lugar, *Irineu* (que morreu aprox. em 202). Ele provinha da Ásia Menor e, mais tarde, tornou-se bispo na Gália. Seus principais esforços direcionavam-se ao combate ao gnosticismo. A essa luta foi dedicada sua obra *Contra os hereges* (*Adversus Haereses*). Aos gnósticos, que na sua presunção acreditavam poder reconhecer Deus pela "intuição", é mostrado que Deus é totalmente incompreensível, que o pouco que nós, talvez, possamos saber sobre ele, sabemos somente por meio de revelação. Deus revela-se aos pagãos por meio da voz da consciência, aos judeus por meio de mandamento e profetas, aos cristãos por meio de Cristo, cujos ensinamentos são preservados pela pura tradição apostólica. A separação gnóstica entre o Deus criador e o Deus salvador é rejeitada como blasfêmia. – Da mesma maneira, para a pureza da doutrina Irineu defende, apaixonadamente, a unidade externa da Igreja e a administração de Roma, "já que, para essa Igreja, devido à sua originalidade, o conjunto da Igreja, quer dizer, a totalidade dos fiéis de todos os lugares tem de se unir, porque nela a tradição provinda dos apóstolos sempre foi preservada das comunidades espalhadas por toda a parte"[19].

---

18. DAWSON, C. Op. cit., p. 43, 48.
19. DEUSSEN, P. Op. cit., II, 2, 2, p. 324.

Tertuliano, que já foi mencionado em outro contexto, também pertence aos defensores convictos da unidade da Igreja. Sua severa rejeição da filosofia pagã é precisamente condicionada por ele reconhecer nela o solo do ensinamento equivocado gnóstico.

Em terceiro lugar, destaca-se *Cipriano* (bispo de Cartago, nascido por volta de 200, morto como mártir em 258). Em seu escrito *Sobre a unidade da Igreja Católica* e em inúmeras cartas ele defendeu as ideias da unidade da cristandade. A Igreja Católica, na qual Cipriano vê essa unidade incorporada, é para ele a comunidade dos fiéis, instituída por Cristo, para além da qual não é possível qualquer salvação[20].

V. Agostinho

1. Obra e vida de Agostinho

Fecisti nos ad Te et inquietum est cor nostrum, donec requiescat in Te – "Tu nos criaste para ti, e o nosso coração permanece apreensivo até encontrar sossego em ti". Esta frase inesquecível encontra-se no começo das *Confissões* (*Confissões*) de Aurélio Agostinho, nas quais ele, o mais profundo pensador e a mais poderosa personalidade de toda a patrística, em forma de uma única oração, descreve em treze livros o período de sua vida até a época da sua conversão. Sua vida foi, de fato, inquieta, em contínua busca e com diversos desvios, até que encontrou o sossego interno no cristianismo.

Nascido no ano de 354, em Tagasta, na Numídia (atual Argélia), filho de um pai pagão e de uma mãe cristã, após os excessos da juventude em Cartago foi conduzido ao estudo da filosofia e à procura da verdade, primeiramente mediante o contato com um escrito de Cícero sobre o estudo da filosofia. Inicialmente, acreditava ter encontrado a verdade nos ensinamentos dos maniqueístas, de cuja comunidade religiosa foi membro por dez anos. Tendo essa comunidade o desorientado, põe-se a caminho de Roma e depois Milão, onde, como já o fizera em Cartago, atua como professor de retórica. Em Milão, Agostinho, primeiramente, cai no ceticismo filosófico, do qual se livra por meio do estudo dos escritos neoplatônicos, especialmente os de Plotino, cuja influência se pode ainda reconhecer em seus pensamentos cristãos posteriores. Mas isso também não o satisfez. Mais tarde, ele comentará a respeito: "É verdade que os platônicos viam a verdade – contendo de maneira firme, imóvel e imutável as formas primeiras de todas as coisas criadas –, mas eles a viam somente à distância e, por isso, não podiam encontrar o caminho, no qual eles pudessem obter um bem tão grande e indizivelmente confortante"[21].

O próprio Agostinho encontrou esse bem da verdade somente no cristianismo, ao qual ele se converte em 387, principalmente sob a impressão do sermão do grande bispo Ambrósio

---

20. Ibid., p. 327.
21. Cf. DAWSON, C. Op. cit., p. 75.

de Milão. A partir daí, primeiramente na Itália, então novamente em sua terra natal norte-africana, ele leva uma vida de recolhimento, dedicada ao estudo e à reflexão, à qual ele substancialmente deu seguimento após ter sido ordenado padre, ainda que contra a sua vontade e, finalmente, nomeado bispo de Hipona, no norte da África. Ele morreu em 430 durante o cerco dessa cidade pelos vândalos.

Sua atividade de escritor começa com o ardoroso combate às falsas doutrinas, das quais ele mesmo havia sido adepto por um longo período e, por isso, as conhecia pela sua própria experiência. Assim, ele combate os céticos (em seu escrito *Contra os acadêmicos*), os maniqueístas e outros. Além das já mencionadas *Confissões*, suas principais obras são *Do livre-arbítrio, Sobre a Trindade* e *A cidade de Deus*. O último escrito pode ser considerado a sua verdadeira obra principal. Ela foi escrita entre os anos 413 e 426, estimulada pelo saque de Roma pelo exército godo do Rei Alarico (410) e a questão, surgida com essa tomada, se esse acontecimento em Roma não teria sido provocado pelo abandono de seus antigos deuses, o que significava, então, que sua causa teria sido a adoção do cristianismo. Agostinho se opõe a essa interpretação, inicialmente, nos primeiros cinco do total de 22 livros e mostra que Roma caiu por egoísmo e imoralidade. Nos cinco livros seguintes são tratados, em geral, a condenação do paganismo e a insuficiência da antiga filosofia. Os doze livros restantes confrontam a Cidade de Deus, incorporada na Igreja cristã, com a Cidade terrestre.

Agostinho é o primeiro grande talento filosófico desde a época clássica da filosofia grega. Nos pensamentos de sua obra a nova cultura cristã ascendente encontra, pela primeira vez, sua mais elevada expressão filosófica. Sua influência se impõe nos séculos V e VI em todo o Ocidente cristão e se tornou a herança intelectual decisiva de toda a Idade Média[22]. "A marcha triunfal da *Civitas Dei* (Cidade de Deus) pela cristandade ocidental foi um acontecimento quase sem paralelo; pode-se até mesmo afirmar que, exceto Platão, nem outro escritor influiu de forma tão decisiva no pensamento da humanidade cultural como Agostinho mediante essa obra"[23].

A extraordinária posição de Agostinho na patrística pode ser avaliada ao se perceber que, com sua obra, a atividade de constituição de dogmas cessou, substancialmente, por vários séculos. O que seguiu não foi uma criação nova tão intensamente original, mas, ao menos até a entrada da escolástica, um trabalho teológico e filosófico direcionado para o habituar-se ao obtido, para o seu comentário e sua preservação – por isso também em nossa introdução, reduzida ao mais essencial, dedicamos apenas um modesto espaço aos outros filósofos da segunda fase da patrística, ao lado de Agostinho.

A influência dos pensamentos agostinianos foi tão poderosa que para todo o período seguinte da Alta Idade Média quase toda a atenção foi absorvida pela esfera religiosa e por seus dois polos: Deus e a alma, de modo que restava pouco espaço para a cultura estética e as ciências naturais. Pois o conhecimento e o amor de Deus são para Agostinho o único objetivo váli-

---

22. Ibid., p. 74s.
23. NORDEN, E. Cf. SCHMIDT. *Wörterbuch*, p. 55.

do ao esforço do espírito. Saber morto e curiosidade inútil são todos aqueles esforços que pretendem apenas o saber pelo saber ou o saber à busca de objetivos externos. "Quem sabe sobre tudo isso e não te conhece, certamente é infeliz; porém, é feliz quem te conhece, ainda que não saiba de nada mais. E quem conhece ambos, tu e as outras coisas, não será por meio dessas mais feliz do que somente por meio de ti"[24].

2. A filosofia agostiniana

De acordo com o parecer de um dos melhores de seus conhecedores, a filosofia de Agostinho não é sistemática. O que mantém o todo é o ambiente dominante cristão e, no mais, o poder e unidade da personalidade de seu criador. Essa é, no entanto, múltipla, muito ampla e presa a tensões internas. Mas em tudo o que ele escreve, "no vibrante encontro consigo mesmo das *Confissões*, no paciente e calmo luzir do livro da *Trindade*, nos traços despretensiosos dos *Diálogos*, no estilo semelhante a um brocado na obra sobre os salmos, na enfática objetividade do advogado do Estado de Deus, cada frase é inconfundivelmente agostiniana[25]. Por isso a seleção dos pensamentos e pontos de vista que se seguem não é sistemática, mas dirigida pelo empenho de ressaltar a idiossincrasia deste mundo espiritual, baseado na personalidade de seu criador.

As profundezas da alma

> Que horrível segredo, meu Deus, que profunda e infinita plenitude! E aí está a alma, e isso sou eu mesmo! O que sou eu, então, meu Deus? Que tipo de ser sou eu? Uma vida, tão diversa e multiforme e completamente imensa! Minha memória, veja, são campos, cavernas, infinitas enseadas, inumeravelmente preenchida por incontáveis coisas de todo o tipo, sejam elas imagens, ou corpos em geral, sejam eles as coisas mesmas, ou as ciências, sejam elas quaisquer conceitos ou signos, ou as agitações provocadas pela animosidade, as quais se mantêm na memória também quando a alma já não mais sofre e, então, juntamente com a memória, se encontram na alma: eu percorro por tudo isso aqui e acolá, voo para lá e para cá; avanço, na medida em que posso fazê-lo, e em nenhum lugar se encontra o fim. De tal potencialidade é a memória, de tal potencialidade é a vida no ser humano, o qual vive mortalmente nela[26].

Também grandes pensadores gregos, como Heráclito e Platão, desceram às profundezas da alma humana. Agostinho diferencia-se desses, mais do que pela grande agudeza do seu olhar psicológico, pela paixão do olhar para si e da autocrítica, com a qual ele expõe o íntimo e o pessoal, e pela impiedade e desinibição, com as quais ele divulga essa interioridade aos olhos do mundo na revelação geral de suas "Confissões". Tal franqueza era estranha aos gregos que,

---

24. Cf. DAWSON, C. Op. cit., p. 76.
25. BERNHART, J. *Einleitung zu*: Augustinus, Bekenntnisse und Gottesstaat, 15.-19. ed., 1947, p. 14.
26. AGOSTINHO. Bekenntnisse, livro X, cap. 17. Apud BERNHART, J. Op. cit., p. 172-173.

quando muito, tratavam de exprimir algo semelhante através de um revestimento mitológico ou sob alguma máscara[27].

O contínuo cavar e buscar nos abismos internos conduz Agostinho à primeira descoberta daquela área obscura em nós, a qual o posterior estudo da mente designou de o *inconsciente*. Assim, por exemplo, em suas análises sobre a memória, ele questiona o que acontece quando esquecemos de alguma coisa e tornamos a procurá-la: Onde nós a procuramos? Na memória, a qual acabou de falhar! Se a encontramos novamente, seja porque alguma outra coisa nos levou a encontrá-la ou porque ela compareceu por si mesma, nós dizemos: Aí está! Como podemos, então, reconhecê-la, infalivelmente, como o procurado? "Aquilo que tivéssemos esquecido completamente, também não poderíamos procurar como perdido." Acontece que nosso espírito abrange mais do que ele sabe de si próprio.

> Assim, o espírito é muito estreito para comportar a si mesmo. Onde, porém, está essa parte que ele não pode comportar em si? Estará fora dele, não nele próprio? Como, então, ele não consegue comportar isso? – Um grande espanto toma conta de mim e sou acometido por admiração dessas coisas. E para lá vão as pessoas admirarem a altura das montanhas, o poderoso ondear do mar, as largas quedas das correntezas, a vastidão do oceano e a mudança dos astros – e, com isso, abandonam a si mesmas...[28]

"Cogito, ergo sum"

Quanto mais procuramos sondar as profundezas abismais de nosso interior e, com isso, quanto mais experimentamos a sua falta de fundamento, tanto mais urgente necessitamos de um alvo seguro. Onde o encontramos? Agostinho encontra-o, como antes dele os indianos, como, novamente, 1.200 anos depois dele, Descartes, precisamente no próprio interior do homem, a saber, no indeterminado, na incerteza, na dúvida. Se eu posso duvidar de tudo, não posso, pois, duvidar *que eu duvido*, quer dizer, que eu penso, que eu sou um ser pensante. Assim, a autocerteza do pensamento torna-se para Agostinho, assim como para Descartes, o ponto de partida inabalável.

A doutrina da Trindade

A frase que acabou de ser mencionada está apenas a um passo do pensamento *místico*, o qual Agostinho também expressa:

> Por que tu queres vaguear lá fora? Entra em ti mesmo, pois no teu íntimo habita a verdade!" Assim, pensadores místicos posteriores puderam recorrer a ele. Se Agostinho tivesse permanecido na linha da ideia daquela frase, ela o teria facilmente conduzido a uma concepção próxima à dos indianos, que vê em toda a exterioridade somente um *produto* da mente pensante. Dessa maneira também ele foi interpreta-

---

27. BERNHART, J. Op. cit., p. 15.
28. AGOSTINHO. Bekentnisse, livro X, cap. 8. Apud BERNHART, J. Op. cit., p. 164.

do por muitos. Visto de forma correta, no entanto, o seu pensamento toma, na verdade, uma outra direção. Ele procura "um motivo que não se permita ser interpretado como idêntico às forças internas humanas, uma instância superior e obrigatória de grandeza própria, uma voz que não seja o eco devolvido da nossa: a verdade..."[29]

Ele mesmo afirma: "Eu mesmo quero ultrapassar a minha força, que se chama memória, eu quero ultrapassá-la, para lhe servir, doce luz!"[30] Ele encontra a verdade e a luz em Deus – Deus, que, na verdade, não pode ser conhecido nem compreendido por nós, perante o qual o nosso pensamento e todas as suas categorias malogram, pois Ele é grande sem quantidade, bom sem qualidade, presente sem espaço, eterno sem tempo – que, porém, em sua palavra divina, *revelou-se* a nós.

Isso conduz Agostinho à renúncia a toda filosofia que deseja apresentar o mundo como um produto do espírito humano e a toda tentativa de descobrir a verdade apenas mediante o mergulho no interior humano. Não é o conhecimento que produz o conhecível, mas há uma realidade que é constituída por si mesma, independente do nosso pensamento. A ordem e a realidade de Deus. Isso o conduz adiante a uma doutrina bem expressiva do ser divino na qualidade de Trindade. Com base na doutrina da Trindade ele elimina o que havia sobrado da subordinação do Filho ao Pai, concepção que vinha de Orígenes e dos arianos. A "substância divina" existe na forma de três pessoas: no Pai, no Filho e no Espírito Santo; e toda ela está presente em cada uma dessas três pessoas. Para possibilitar o entendimento desse dogma que é, de fato, difícil de se compreender, Agostinho se serve da analogia com a alma humana: assim, do mesmo modo como a alma forma uma substância unificada de ser, vida e conhecer (ou, como ele afirma em outra passagem, de ser, saber e vida), ela é um símbolo da misteriosa divina Trindade; e isso é mais que uma simples comparação, pois o ser humano é criado conforme a imagem de Deus.

Criação e temporalidade

Alguns dos mais geniais pensamentos de Agostinho movem-se em torno do problema do *tempo*. Agostinho agarra-se à concepção cristã, de acordo com a qual Deus criou o mundo do nada conforme a sua vontade. O abismo disso resultante, entre a nulidade da criatura e o ser divino, fica expresso em sua obra da forma mais nítida na relação da eternidade de Deus com a simples temporalidade de toda a criação.

"Tu, Senhor, és eterno, mas eu – eu salto pelos tempos, mas deles eu ignoro o porquê de eles se sucederem desta maneira e não de outra. Num turbilhão de toda espécie de coisas despedaça-se meu pensamento, minha vida mais interior, até eu desembocar em ti"[31]. Agostinho submete o tempo a uma análise psicológica. Seu exame da consciência temporal e da expe-

---

29. BERNHART, J. Op. cit., p. 18.

30. Cf. nota 26.

31. BERNHART, J. Op. cit., p. 21.

riência do tempo não encontra antecedente na história da filosofia – com exceção da Índia. Ele chega à conclusão de que não se pode separar o tempo de nossa consciência. O que é, de fato, real no tempo? Observando-se bem, somente o presente, o imediato agora. O passado constitui-se apenas de nossa lembrança. O futuro está apenas em nossa expectativa. Ambos não são, de fato, reais. É a limitação da nossa consciência humana, a qual o estar-sempre-sendo pode conceber apenas na manifestação da sucessividade. No entanto, o que do oculto nos aparece e passa por nós em sequência contínua, aos olhos de Deus é tudo igualmente presente. "Nós, nossos dias e tempos, passamos pela mão de Deus." – Convém observar, apenas de forma breve, a estreita relação desses pensamentos com as mais modernas concepções físicas que surgiram em consequência da teoria da relatividade.

Gostaríamos de destacar mais um segundo pensamento de Agostinho sobre o tempo, a saber: que o tempo somente pode existir onde estejam presentes mundo e, com isso, transformação; que, então, Deus não pôde ter criado o mundo, digamos, após o decorrer de um determinado tempo; que, antes, ambos, tempo e mundo, necessariamente, somente podem ter surgido juntos.

> Com toda a razão, separa-se tempo e eternidade, pois, enquanto o tempo não existe sem mudança e transformação, na eternidade não há modificação. Assim, é claro que os tempos não teriam de forma alguma existido sem o vir a ser da criatura que, como um processo de movimento de algum tipo, também compreende um estado de transformação. Somente com base nessa movimentada transformação estrutural, com base na sucessividade desse e daquele, que não pode existir simultaneamente, somente com base nos curtos ou longos espaços intermediários, que resultam do retroceder de um e do avanço do outro, o tempo se realiza. Pois ocorre que Deus, cuja eternidade exclui toda a transformação e toda a mudança, também é criador e ordenador dos tempos, de modo que, como me parece, não se pode afirmar que Ele somente tenha criado o mundo após determinados períodos de tempo; permanece, pois, apenas a conclusão de que já existia antes do mundo uma criatura, com cuja mobilidade também o tempo tem início em sua perduração... Sem dúvida, então, o mundo não foi criado *no* tempo, mas *com* o tempo. Pois o que acontece no tempo, acontece antes e depois de um tempo – após um tempo que é passado, antes de um tempo que ainda virá. O tempo, porém, não pode ter sido antes do mundo, já que não havia uma criatura, com a qual ele poderia ter-se tornado real no movimentado transformar-se de suas situações momentâneas. O que ocorreu é que o tempo foi criado simultaneamente com o mundo, se com ele se iniciou concomitantemente o movimento, a saber a sequência de situações momentâneas[32].

Vê-se como Agostinho luta com a linguagem, a fim de expressar, de forma teológica, algo que as ciências naturais de hoje afirmam com invólucro matemático. No entanto, se desconsiderarmos a diferença da forma de expressão, o pensamento de Agostinho coincidirá com as mais modernas teorias cosmogônicas (ou que se ocupam em explicar a origem do universo).

---

32. AGOSTINHO. Gottesstaat, livro XI, cap. 6. Apud BERNHART, J. Op. cit., p. 216-217.

Livre-arbítrio e predestinação

Na época de Agostinho, inflamava-se um conflito acerca da liberdade da vontade humana – um dos mais difíceis problemas da filosofia e também de toda a religião. Um monge britânico, *Pelágio*, defendia a concepção de que o ser humano nasce livre e sem pecados; afirmava que o próprio homem poderia obter sua bem-aventurança, atendo-se ao exemplo e à doutrina de Cristo. Pelágio encontrou inúmeros seguidores, principalmente na Igreja oriental. No entanto, à frente de seus opositores alinhava-se Agostinho que, com sua influente doutrina da *predestinação* (predeterminação divina) logo intervém na polêmica.

De acordo com essa teoria, somente Adão, como o primeiro ser humano, nasceu livre e sem pecado. Ele teria tido a possibilidade de seguir a vontade divina e de obter imortalidade. Uma vez que Adão, seduzido por satanás, sucumbiu ao pecado, todos os seres humanos carregam esse seu pecado como pecado original. Assim, eles *não são mais livres*. Eles têm de sucumbir, por natureza, ao pecado e à morte – o que, segundo Paulo, é o salário pago pelo pecado. Deus, porém, por meio de sua misericórdia, os salva com sua graça. Mas não todos os homens! Alguns Ele escolhe, outros Ele condena, na verdade, puramente "de acordo com a sábia e oculta satisfação de sua vontade", quer dizer, visto da perspectiva humana, arbitrariamente. Uma parte da humanidade é, então, desde o princípio, destinada à bem-aventurança, conforme a eterna vontade de Deus, a outra destinada à condenação[33]. Essa doutrina é, de fato, lógica. Com certeza não é possível entendê-la, sem voltar o olhar uma vez para a profunda diversidade que sempre existiu entre os seres humanos – a explicação fornecida pelos indianos e também por Platão para essa heterogeneidade é que a alma, numa encarnação anterior, escolhera seu próprio destino. Porém, ela não condiz com aquele sentimento obscuro presente nos seres humanos de que nós, contra todo testemunho da experiência somos, sim, senhores de nosso próprio destino. Como essa doutrina conduzia uma parte da humanidade à impotência e ao medo, em sua rudeza ela não condizia também com a vontade e com o interesse da Igreja – que logo trata de atenuar também a doutrina de Agostinho, criando entre o puro pelagianismo e a severa predestinação uma posição intermediária, segundo a qual Deus não chamou ou condenou desde o princípio os seres humanos, mas, dada a sua onisciência, apenas pré-*sabe* a decisão final para os homens. Ao fazer valer tão somente a vontade de Deus em sua doutrina da predestinação, tornou-se para Agostinho muito difícil esclarecer o surgimento do *mal* no mundo. Teria sido coerente negar absolutamente o mal. Assim, em algumas passagens de seus escritos ele também apresenta o mal como a simples ausência do bem, do mesmo modo que a escuridão é a ausência de luz. No entanto, para um homem como Agostinho, que adotara a religião cristã somente após intensas lutas internas e que até então havia levado uma vida desnorteada, por toda a parte marcada por paixões e tentações sensuais e que por um longo tempo fora adepto do maniqueísmo, com sua oposição entre os dois reinos primordiais do bem e do mal, o enorme poder do mal estava presente demais para que ele o pudesse negar to-

---

33. DEUSSEN, P. Op. cit., II, 2, 2, p. 346.

tal ou simplesmente o conceber de forma negativa como ausência do bem. Por isso, a sua posição em relação a essa questão (a teodiceia) permaneceu oscilante.

História e a Cidade de Deus

Em sua obra sobre a Cidade de Deus, Agostinho apresenta toda a história da humanidade, desde a criação até a sua época, e mais além, até o fim de toda a história, como um processo histórico único, que decorre de acordo com a vontade e o plano de salvação de Deus. A ideia de que, conforme as palavras de Goethe, o conflito entre o crer e o não crer seja o verdadeiro tema da história universal, é também o ponto de vista fundamental de Agostinho. Os principais acontecimentos dessa história são a transformação de Deus em homem, na forma do Filho, a qual introduz o processo de separação entre os salvos e os condenados, e o Juízo Final, por meio do qual Deus encontrará a sua decisão final. Os agraciados comporão a "Cidade de Deus", em contraposição à cidade terrena em sua natureza de ordem necessária apenas aos desgarrados e destinada a perecer. A "Mãe Igreja" ainda não *é* a Cidade de Deus. Ela também possui ainda justos e injustos. Mesmo assim, ela é a ainda imperfeita reprodução da Cidade de Deus e a prepara. Ela é o terreno, no qual um dia o reino de Deus crescerá. Nesse quadro histórico, a Igreja obtém aquela posição singular que desde o início de sua existência tomou para si: ela é a comunidade de Cristo, a qual, de acordo com a vontade de Deus, reúne os chamados à salvação e fora da qual não há salvação. Assim, Agostinho pode, com razão, ser designado um verdadeiro Padre da Igreja.

VI. Representantes da segunda fase* da patrística, além de Agostinho

A história política durante toda a época que vai de Agostinho até o final da patrística é repleta de lutas dos bárbaros contra Roma e entre eles próprios. A Roma ocidental sucumbiu ao assalto dos germanos, cujas tribos conquistaram a Itália, a Gália, a Espanha e o norte da África, de modo que por volta do ano 500 todos os principais territórios daquele reino estavam em mãos germânicas. A Roma oriental, naquela época, na sua maior parte, já separada da metade ocidental do império, sofria, além da pressão germânica, os ataques e invasões dos persas, búlgaros, sérvios e, sobretudo, dos árabes (que naquela época ainda não eram islâmicos).

Nessa época de distúrbios, a Igreja se fortalecia cada vez mais, externamente firme mediante a política de papas enérgicos, como Leão I (440-461) e Gregório I (590-604), internamente enriquecida pelo monacato, o qual, partindo do Oriente, expandia-se rapidamente por todo o mundo cristão, especialmente na Inglaterra e na Irlanda, desde a fundação do mosteiro

---

* A divisão alemã, empregada por Störig, considera duas etapas: uma antes de Agostinho (*ältere Patristik*) e outra, na qual se encontra Agostinho, entre outros filósofos (a *jüngere Patristik*). A divisão brasileira normalmente considera três fases, uma pré-agostiniana, outra agostiniana e uma terceira pós-agostiniana [N.T.].

de Monte Cassino por Bento de Núrsia em 529. A preservação, durante esses séculos, de quase toda a literatura latino-clássica que hoje possuímos ocorreu graças às bibliotecas e escritórios monásticos[34].

Paralelamente e, em parte, já antes do debate sobre a predestinação, no qual Agostinho interviera, a Igreja fora abalada por conflitos gerados pela assim chamada doutrina das duas naturezas, que girava em torno da questão de como se deve pensar a união da natureza divina com a humana em Cristo, a qual ele teve de incorporar. De interesse filosófico maior que esse conflito teológico são os escritos publicados por volta do ano 500 por um autor desconhecido que utilizava o nome de *Dionísio Areopagita*. O autor anônimo retirou esse nome de um Dionísio que vivera na época de Cristo e se convertera ao cristianismo e que era membro do areópago de Atenas (do conselho dos anciãos; o nome deriva de uma colina perto da cidade), a fim de emprestar aos seus escritos o prestígio de testemunhos veneráveis dos primórdios do cristianismo – uma ilusão que foi altamente efetiva, pois ela foi identificada somente após vários séculos. Os mais importantes desses escritos são *Sobre os nomes divinos* (*De divinis nominibus*), *Sobre a hierarquia celeste* (*De caelesti hierarchia*) e *Sobre a hierarquia eclesiástica* (*De ecclesiastica hierarchia*). Esses escritos são filosoficamente interessantes porque neles é possível reconhecer até que ponto naquele tempo – depois que a posição exterior da Igreja e sua unidade interna mediante a atuação dos Padres da Igreja até Agostinho estavam consolidadas – os pensamentos neoplatônicos novamente penetravam no cristianismo: o autor diferencia entre uma teologia positiva, afirmativa, e uma negativa, que nega. Uma reconhece Deus, com base nas escrituras sagradas, como alguém plurinominal, e a outra, por meio de vias místicas, chega a Deus como alguém sem nome. A preferência é dada a essa teologia negativa, fortemente influenciada pelo neoplatonismo.

Os pensadores filosóficos que se destacam no segundo período da patrística são *Gregório de Nissa* (que morreu em 394) e o famoso *Ambrósio de Milão* (que morreu em 397), cujos sermões eram ouvidos por Agostinho; há também aqueles homens que são significativos menos pelos pensamentos originais do que por sua condição de guardiães e divulgadores da tradição nos séculos V e VI, como *Marciano Capella, Cassiodoro* e *Boécio*, este último já mencionado no final da segunda parte. Com base nos escritos desses três autores, os trabalhos de *Isidoro de Sevilha* (por volta de 600), *Beda* (por volta de 700) e *Alcuíno* (por volta de 800, professor de Carlos Magno) formaram um dos principais fundamentos da erudição da Baixa Idade Média. No Oriente, o monge São *João Damasceno* (no século VIII) ocupou uma posição semelhante.

Na medida em que nela há a presença da influência da filosofia grega, toda a filosofia da patrística carrega uma marca platônica, ou melhor, neoplatônica. A era de Aristóteles ainda estaria por vir.

Com o fim da patrística, os meios conceituais para a formação da escolástica, que veio a seguir, estavam criados e a posição dogmática da Igreja, sobretudo com Agostinho, estava ba-

---

34. DAWSON, C. Op. cit., p. 78.

sicamente determinada: a trindade de Deus, no sentido da misteriosa unidade de três pessoas divinas igualmente ordenadas; a união de Deus criador e Deus salvador (contra o gnosticismo); a forte oposição entre criador e criatura (contrapondo-se ao neoplatonismo); a doutrina do pecado original; a concepção do procedimento de salvação como um processo histórico singular e real (contrapondo-se a todas as formas da mística); e, finalmente, a pretensão da Igreja em ser a guardiã isolada e destinada da verdade divina na Terra.

2
A Era da Escolástica

Aspectos históricos – O método escolástico

Com o começo da escolástica, o palco de nosso drama desloca-se outra vez para o Ocidente e o Norte. A partir do momento em que o império franco de Carlos Magno, que se estendia da Espanha até o Danúbio, da Dinamarca até a Itália, retira o verdadeiro Ocidente do alvorecer da idade "das trevas", de 400 a 800, e o põe sob a luz clara e no centro da História propriamente dita, desloca-se o nervo vital da cultura medieval da costa do Mediterrâneo para o espaço principal do império franco, ao norte dos Alpes, na região entre a Lorena e o Weser. Os antigos bárbaros tornavam-se agora os portadores da cultura. Ainda que, do ponto de vista político, esse reino tenha tido apenas uma breve duração, o espírito de uma Europa unificada, que ocorreu nesta época pela primeira vez, permaneceu, desde então, conservado. Tudo o que segue – a expansão do elemento alemão até o oriente eslavo, a posição dominante do império por um lado, a do papado por outro, com a sua rivalidade que ocupou a Idade Média, o predominante caráter religioso e espiritual da cultura medieval –, somente é possível de ser entendido a partir dessa época, pois na "renascença carolíngia" os elementos dispersados das tradições clássica e patrística foram reunidos e revigorados como o fundamento da nova cultura[1].

À unificação política e social do Ocidente corresponde sua unificação mental e filosófica – a filosofia nessa época era um fenômeno supranacional. Todos os quatro territórios principais da Europa Ocidental, Alemanha, França, Itália e Grã-Bretanha (com a Irlanda), contribuíram para a unificação – sem que, como nação, já tivessem se tornado conscientes de sua própria e plena dimensão. A unidade da ciência e da filosofia expressou-se na unidade da língua da qual se serviam, o latim. Todas as obras importantes foram redigidas em latim e imediatamente entendidas por toda a parte – uma vantagem da qual a nova filosofia carece, pois nela um povo frequentemente adquire um conhecimento tardio e incompleto de um trabalho intelectual de uma outra língua. Nas mais representativas faculdades, em Paris, Colônia e no norte da Itália, aprendia-se latim. Cada estudioso não estava de maneira alguma fixado em

---

1. DAWSON, C. *Die Gestaltung des Abendlandes*, 1935, p. 215ss.

sua estreita pátria. É claro que à liberdade dessa categoria social contrapunha-se, naquela época, uma vasta falta de liberdade de uma ampla camada da população. Mas a ciência era internacional: Anselmo, que nascera na Itália, viveu na Normandia e morreu como arcebispo de Canterbury na Inglaterra; o alemão Alberto ensinava em Paris; seu estudante Tomás era do sul da Itália e atuou em Paris, Colônia, Bolonha e em outras partes – esses são apenas alguns poucos exemplos.

A filosofia dessa época cresceu a partir do ensinamento e da educação do clero nos colégios conventuais. No início ela seguia somente esse propósito. É isso que o seu nome já indica: escolástica, ensinamento escolar. Assim como a patrística, ela não é de maneira alguma uma pesquisa "sem condição prévia". Sua tarefa estava desde o início determinada: ela tinha de tornar inteligível e argumentar logicamente aquilo que a crença já possuía como verdade irrefutável. Ela foi, por toda aquela época, "ancilla theologiae", a criada da teologia.

Se a escolástica tem isso em comum com a patrística – de modo que, num sentido mais amplo, se designou toda a filosofia cristã da Idade Média, inclusive a patrística, como escolástica[2] –, ela separa-se dessa pela situação modificada na qual a Igreja se encontrava nesse ínterim e, em razão disso, pela alteração da sua tarefa. A "crença" encontrada pelos representantes da patrística era aquilo que consta nas Sagradas Escrituras como a mensagem de Jesus e de seus apóstolos; estavam diante da tarefa de obter disso um sistema de dogmas. Os filósofos da escolástica encontraram essa estrutura dogmática fundamentalmente já pronta; sua tarefa era torná-la compreensível, organizando-a de forma compreensível, principalmente – e isso é importante na época da cristianização da Europa Central e, mais tarde, do Norte – tornando-a compreensível aos homens daqueles povos que pensavam de modo natural.

Além disso, a tarefa dos escolásticos, comparada com a dos Padres da Igreja, era nesse aspecto uma outra, uma tarefa que se tornava cada vez mais difícil, na medida em que no decorrer da Idade Média o conhecimento da filosofia antiga estava sempre crescendo. Quando a escolástica teve início, esse conhecimento ainda era muito limitado. Ele estava reduzido, principalmente, ao conjunto das obras eruditas, mencionadas no final do capítulo anterior, de Boécio, Capella e Cassiodoro; conhecia-se também uma parte dos diálogos platônicos e dos escritos neoplatônicos (estes relativamente bem); de Aristóteles, porém, apenas alguns poucos tratados lógicos. O conhecimento, e com isso também a influência da filosofia aristotélica, intensifica-se lentamente já durante a escolástica primitiva, atingindo seu auge, no entanto, somente na alta escolástica, depois de, indiretamente por meio das ciências árabe e judaica, o conjunto da obra de Aristóteles ter sido traduzido e se tornado acessível.

O *método* da filosofia escolástica é traçado a partir do seu ponto de partida. Para ela não se trata de, primeiramente, *encontrar* a verdade. Esta já é dada com a verdade revelada da Salvação. Trata-se apenas de, por meio do pensamento racional, *justificar* e interpretar, então, a fi-

---

2. ERDMANN, J.E. *Grundriss der Geschichte der Philosophie, bearb. von Clemens*. Berlim/Zurique, 1930, p. 150.

losofia – no que, é claro, as diferentes opiniões conflitam sobre até que ponto isso é possível. Expondo de forma mais exata, resultam disso três metas: primeiro, por meio da razão, adquirir uma elevada compreensão das verdades da fé e, assim, fazer com que a mente humana entenda melhor o seu conteúdo; segundo, com métodos filosóficos, conferir à verdade da Salvação uma forma ordenada e sistemática; terceiro, mediante argumentos filosóficos, refutar as objeções contra ela que possam resultar da razão. Num sentido mais amplo, esse conjunto pode ser designado de método escolástico.

Num sentido mais estrito, chama-se método escolástico um procedimento metódico específico, desenvolvido por Abelardo, autor a ser tratado melhor numa próxima seção e, conforme seu modelo, empregado pela maioria dos escolásticos. Trata-se da confrontação dialética de argumentos pró e contra uma determinada interpretação. É por isso que o método é designado pelo lema "pro et contra" (a favor e contra) ou ainda "sic et non" (sim e não, assim é o título do respectivo escrito de Abelardo). A singularidade da escolástica é que os argumentos, em primeira linha, não são retirados de observações diretas da realidade e nem de uma discussão imparcial e racional, mas das sentenças dos pensadores anteriores e dos Padres da Igreja e, naturalmente, das Sagradas Escrituras. Antes de um escolástico se aproximar da decisão acerca de uma questão, ele registra cuidadosamente os correspondentes pontos de vista de todos os seus antecessores, confronta-os entre si e, após a ponderação e teste crítico de sua plausibilidade (e autoridade), chega, finalmente, a um resultado frequentemente conciliatório ou sintético. Esse procedimento foi, por exemplo, executado pelo próprio Abelardo, com poderosa aplicação, em 150 pontos diferentes da dogmática cristã.

Nossa incursão pela escolástica será como uma escalada a um cume. Procuraremos apenas os destaques mais marcantes e nos apressaremos no começo, a fim de podermos nos deter mais no ponto principal – a alta escolástica.

I. A escolástica primitiva (a disputa dos universais)

1. A questão da controvérsia

Na introdução à teoria das categorias de Aristóteles, na edição geralmente utilizada na Alta Idade Média – do discípulo de Plotino, Porfírio, com tradução latina de Boécio – consta: "Em relação a *genera* e *species* (gêneros e espécies), sobre a questão se eles subsistem (existem) ou se eles simples e somente existem no intelecto, além disso, caso eles subsistam, se eles são corporais ou incorporais e se são separados das coisas percebidas pelos sentidos ou se apenas existem em e com as coisas percebidas pelos sentidos, evitarei de me expressar; pois uma tarefa como essa é muito elevada e demanda uma análise pormenorizada"[3].

---

3. DEUSSEN, P. *Allgemeine Geschichte der Philosophie mit besonderer Berücksichtigung der Religionen.* Vol. II, 2, 2. Leipzig 1906, p. 381.

Podemos ver que se trata da velha questão controversa, a qual encontramos na relação de Aristóteles com Platão, a questão da realidade pertencente ao geral ou aos "universais" – daí o nome disputa dos universais. O debate em torno dessa questão não se atenuou por séculos, como a citação de Porfírio já o demonstra. Na escolástica primitiva ele é novamente levantado e se torna o tema dominante da filosofia, para, mais tarde, após uma solução provisória inter- mediária, ocupar mais uma vez a filosofia na fase da escolástica tardia e também na época da nova filosofia.

Dois pontos de vista estão (num primeiro momento) bruscamente contrapostos. Uma das direções, aquela que, perante o particular, concede ao universal a elevada realidade, é cha- mada de *realismo*. Para a outra somente as coisas isoladas são reais; os conceitos gerais não existem para ela na realidade, mas somente no nosso intelecto, eles são apenas *nomes*, por isso essa linha é chamada *nominalismo* (da palavra latina *nomen*). Observa-se que "realismo" aqui possui um significado diferente, opositivo, daquele empregado na língua atual. Neste, quan- do falamos de "realista", entendemos um homem que se mantém na realidade espacial e tem- poral que nos cerca, enquanto, contrapondo-lhe, o "idealista" vê nesse mundo uma simples "aparência" e procura a verdadeira realidade atrás das coisas, nas ideias.

Mas o realismo, no sentido escolástico, é exatamente aquilo que hoje seria designado como idealismo, a saber, a teoria e a convicção da precedência das ideias gerais e sua elevada realidade perante as coisas isoladas.

Ao tratar de Aristóteles, já havíamos visto que a sua posição em relação a essa questão não era, de forma alguma, inequívoca. Por isso, não é de se admirar que todas as direções que se de- senvolveram a partir da disputa dos universais encontraram uma possibilidade de se referir a Aristóteles. De forma mais geral, pode-se afirmar que os realistas voltavam-se antes para Platão e para o neoplatonismo, enquanto o nominalismo ganhava mais força à medida que, especial- mente na fase tardia da escolástica, Aristóteles se tornava mais conhecido e mais valorizado.

Introduzimos, primeiramente, alguns pensadores realistas – sem, é claro, esgotar o significa- do total de suas obras ao colocá-los à frente do Realismo –, a seguir, então, os principais represen- tantes do nominalismo na escolástica primitiva e, por fim, a direção conciliatória. Esta traz uma solução para o problema, com a qual o pensamento filosófico, provisoriamente, se aquietou.

2. Os realistas

Erígena

João Scoto, com a alcunha Erígena (que vem de *erin*, a designação celta para a terra natal Irlanda), viveu entre 810 a 877 e ensinou em Paris. Ele foi chamado o primeiro pai da escolás- tica, também conhecido como o "Carlos Magno da filosofia escolástica"[4]. A comparação quer

---

4. ERDMANN, J.E. Op. cit., p. 152.

dizer: do modo como Carlos Magno, mediante a força de seu gênio, logo no início da Idade Média, realizara a união medieval entre as monarquias e hierarquias do mundo de um modo exemplar para os séculos seguintes, Erígena, logo no início da escolástica, também registrou amplamente, em uma abrangente exposição sintetizada, aquilo que gerações posteriores voltaram a desenvolver em lento progresso.

É nele que se encontra, primeiramente, a sentença, fundamental para toda a escolástica, de que a verdadeira religião também é a verdadeira filosofia e vice-versa, e a exigência que disso resulta, de que toda a dúvida contra a religião possa e deva ser, ao mesmo tempo, combatida por meio da filosofia[5].

Em relação aos universais, Erígena é claramente um realista e, com isso, adepto da concepção que durante a presença dominante do platonismo na Alta Idade Média valia como critério do verdadeiro modo de pensar escolástico. O fato de, contudo, mais tarde, ele ter sido rejeitado pela Igreja, não se deve a essa posição, mas a duas outras particularidades de sua teoria. Uma é a destacada posição que ele, em geral, confere à razão, o que naquela época era ainda malvisto por seus contemporâneos como heresia e blasfêmia contra Deus. O segundo motivo é sua estreita orientação pelas vias de pensamento neoplatônicas, como se pode reconhecer em sua obra proscrita, em cinco volumes, *Sobre a divisão da natureza*. Erígena também traduziu o neoplatônico Dionísio Areopagita – sem permissão papal. Essa orientação neoplatônica evidencia-se, entre outros, por Erígena entender o acontecimento do mundo como uma circulação que começa em Deus e a Deus retorna. Ele chama Deus de "a natureza criadora e não criada". De Deus resulta a "natureza criada e a criadora", os pensamentos divinos, os arquétipos e conceitos gerais (quer dizer, as ideias platônicas; disso resulta a "natureza criada e a não criadora", as coisas isoladas, os seres isolados resultantes das ideias (aqui vemos o realismo de Erígena, o qual pretende que as coisas isoladas sejam provenientes das ideias gerais que as precedem). No final, tudo retorna a Deus na qualidade de "natureza não criada e não criadora". A representação divina de Erígena também é neoplatônica. À semelhança do enigmático Dionísio Areopagita, ele faz a distinção entre uma teologia afirmativa e uma negativa; esta última tem sobre Deus uma concepção de um Ser absolutamente irreconhecível e que se sobrepõe a todas as categorias e oposições[6].

Anselmo de Cantuária

Somente dois séculos mais tarde, após a superação do declínio cultural do século X, encontramos o segundo pai da escolástica, Anselmo. Nascido em 1033, em Savoyen, perto de Aosta, de família nobre, ele passa metade de sua vida em mosteiros franceses, as duas últimas décadas na Inglaterra como bispo de Cantuária, onde morre em 1109.

---

5. Ibid., p. 153.

6. Cf. ASTER, E. *Geschichte der Philosophie*. Leipzig, 1932, p. 129. • DEUSSEN, P. Op. cit., II, 2, 2, p. 374-375. • ERDMANN, J.E. Op. cit., p. 154-155.

A estreita ligação, adotada por Erígena, entre verdade racional filosófica e verdade da fé revelada, também se encontra nos seus pensamentos. No entanto, a partir de então, ela não é mais rejeitada pela Igreja. Mais do que o seu grande antecessor, porém, Anselmo caminha pelas vias da ortodoxia. A relação entre fé e pensamento, especialmente, é concebida por ele no sentido de uma subordinação da última. Tem de haver a precedência da fé. Sem fé não há possibilidade de um conhecimento correto: *credo ut intelligam* – eu creio, com isso eu entendo, conheço; esta sentença, cunhada por Anselmo, expressa com toda a precisão o ponto de vista da escolástica.

Mas, existindo a crença, seria assim um descuido imperdoável, se não se aplicasse também a razão para entender claramente a verdade da fé. Por isso, Anselmo não despreza recorrer à razão, até mesmo a fim de obter, em sua opinião, a prova irrefutável para a existência divina. É possível resumir a demonstração de Anselmo, que se tornou famosa, com as seguintes palavras: "Deus é aquilo, maior do qual nada pode ser pensado; se, porém, somente Deus existisse no intelecto, seria possível então pensar algo ainda maior que isso, maior do qual nada pode ser pensado" – ou seja, a concepção de que o mesmo Deus existisse não somente no intelecto, mas também na realidade, encerraria uma contradição e, com isso, seria falsa[7]. Anselmo emprega aqui o assim chamado método ontológico, cuja essência consiste em deduzir do conceito de uma coisa – neste caso do conceito Deus como aquilo maior que possa ser pensado – uma prova para a sua existência real. Por isso, a prova de Anselmo da existência de Deus é também chamada de prova ontológica. Ela já é duramente combatida na sua própria época por um monge de nome Gaunilon, o qual chama a atenção para o fato de que, dessa maneira, poderia se comprovar qualquer coisa, inclusive a existência de seres fabulosos ou da lendária Ilha Atlântida.

A ordenação de ideias de Anselmo mostra o quanto ele é realista, o extremo significado que concede aos conceitos. Seu contemporâneo Roscelino, o principal representante do nominalismo naquela época, combateu duramente Anselmo e exigiu sua condenação.

Guilherme de Champeaux

O Realismo encontrou expressão extrema em Guilherme de Champeaux, que viveu entre 1070 e 1121, quer dizer, logo após Anselmo. Ele chega a afirmar que aos conceitos gerais de gênero, e somente a esses, corresponde uma substância real. Ou seja, quando dizemos "Sócrates é um homem" (= é um humano), o que é real no Sócrates perante nós é somente a "human-idade" (*Mensch-heit*). A "Socratidade", isto é, o ser-Sócrates, a característica especial e individual da substância geral "humano" desta pessoa, é apenas algo complementar, insignificante, acidental. Segundo ele, "human-idade", existiria, então, como uma substância geral, até mesmo se não houvesse, absolutamente, nem um único ser humano. "Branco" como substância também existiria ainda que não houvesse uma única coisa branca, e assim por diante. Sob a in-

---

7. DEUSSEN, P. Op. cit., II, 2, 2, p. 387.

fluência de Abelardo, Guilherme viria, mais tarde, a atenuar seu extremo realismo. – Semelhante realismo de tal amplitude é representado por seu contemporâneo *Bernardo de Chartres*.

3. Nominalismo: Roscelino

O nominalismo, à primeira vista provavelmente mais convincente à maioria das pessoas de hoje, é representado, na escolástica primitiva, principalmente por João Roscelino de Compiègne (cerca de 1050 até 1120). Ele afirma que a realidade se constitui (apenas) de coisas isoladas. Os conceitos gerais são nomes e designações criados, mentalmente, pelos homens, com os quais sintetizamos coisas isoladas, semelhantes umas às outras, de acordo com suas características comuns. Não existe "branco" como algo universal, isso não faz sentido, há somente objetos concretos brancos. Não há "humanidade", apenas humanos, e assim por diante. (Os pensamentos de Roscelino são, em grande parte, conhecidos somente por meio de anotações e réplicas de outros; com exceção de uma carta a Abelardo, não foram conservados escritos de sua própria mão).

Em si, essa teoria não teria de ter se envolvido, tão rapidamente, em uma contradição irreconciliável com a Igreja. Há, certamente, muitos que são "nominalistas" e também cristãos crentes. Naquela época isso parecia impossível, e o fato de a contradição ter sido rapidamente solucionada deve-se, principalmente, a Roscelino, numa época da mais estreita ligação entre filosofia e teologia, ter aplicado seus fundamentos nominalistas também à Santíssima Trindade. Ele explica, sobretudo, que na fórmula estabelecida desde o século IV – uma substância divina em três pessoas – essa *uma* substância é apenas a sintetização de três pessoas divinas isoladamente existentes, a qual é concebida na mente humana (como ocorre com os outros conceitos gerais) e na linguagem generalizada da Igreja. No entanto, desse modo, não haveria mais um deus trinitário –, mas três pessoas, três deuses. Essa consequência era insuportável para a Igreja. Roscelino foi acusado de heresia e forçado à abjuração.

Essa derrota de Roscelino tornou por um longo período impossível que se defendesse, publicamente, um nominalismo consequente.

4. A solução provisória: Abelardo

Pedro Abelardo (em francês Abélard ou Abeillard), nascido em 1079, perto de Nantes, entrou para a história quase mais em virtude de seu amor por Heloísa, a bela e inteligente sobrinha de um cônego parisiense, do que como um teólogo cristão e filósofo. Em sua autobiografia *História das minhas calamidades* (em latim *Historia Calamitatum*), Abelardo descreve como ele se insinuou como professor particular na casa do tio, a fim de conquistar a jovem Heloísa, vinte e poucos anos mais nova que ele – com rápido sucesso: "À vida em família segue a vida afetiva". Quando Heloísa estava esperando um filho, Abelardo raptou-a para a Bretanha, sua terra natal. Lá eles se casaram, mas ele queria manter a união em segredo, para não ter de abandonar sua carreira eclesiástica. O tio, Fulberto, achou aquilo desonroso para Heloísa e, como terrível vingança, contratou dois "matadores" (como se diria hoje), que o atacaram à noite e o castraram. Heloísa tornou-se freira, Abelardo renunciou ao voto monástico. No decorrer de suas vidas, eles se encontraram mais uma vez. Abelardo morreu a caminho de Roma, onde, perante o papa, desejava protestar contra o julgamento de suas teorias por um concílio. Após a morte de Heloísa, ambos foram enterrados juntos numa ermida. Em 1817, os (prováveis) restos mortais dos dois foram sepultados no cemitério parisiense Père-Lachaise.

No ano de 1616, foi publicado o livro *Calamidades*, no qual está incluída a – até hoje famosa – correspondência entre os amantes, da época após sua violenta separação. Ainda não se sabe, ao certo, se esses documentos comoventes são mesmo autênticos. O certo é que eles apresentam a vida dos dois amantes e, sobretudo, que representam uma peça formidável da literatura mundial – além de um influente aspecto: Rousseau denominou *La nouvelle Héloise* o subtítulo de seu romance epistolar *Cartas de dois amantes*; essa obra, por sua vez, inspirou Goethe em *Os sofrimentos do jovem Werther*.

Vamos agora conhecer alguns pensamentos da (sem dúvida autêntica) obra preservada de Abelardo – sem conceder maior atenção ao fato de que parte da sua obra foi condenada pela Igreja como falso ensinamento, principalmente por iniciativa de seu principal adversário, o grande místico *São Bernardo de Claraval* (1091-1153).

Em Abelardo, o emprego da razão em relação à fé também possui um significado bem importante. Ele afirma em sua autobiografia: "Eu ocupo-me, primeiramente, em tornar compreensível o fundamento da nossa própria fé mediante bases humanas racionais. Com este objetivo escrevi um tratado, *Sobre as divinas Unidade e Trindade*, para uso de meus estudantes, os quais exigem fundamentos racionais e não querem escutar apenas simples palavras, mas sim, ao estudar, também pensar em algo. Eles acham que é inútil escrever tantas palavras, com as quais não se pode pensar em nada; não se pode, pois, acreditar em algo que não se tenha, antes, compreendido; é ridículo alguém querer pregar alguma coisa que tanto ele próprio como seus ouvintes não tenham podido entender pela razão; isso é a atitude dos 'cegos condutores de cegos', dos quais o Senhor fala". Por isso, ao contrário do "credo ut intelligam" de Anselmo, formulou-se como princípio de Abelardo a frase: "intelligo ut credam" – eu conheço para crer. Em seu estudo da ética, cujo escrito principal leva o antigo título grego "Conhece-te a ti mesmo", Abelardo confere importância não a obras externas, mas à convicção interna da qual elas nascem.

A importância deste grande escolástico francês deve-se, contudo, em primeira linha, ao seu tratamento do problema dos universais. Quando era estudante, Abelardo pertenceu tanto à linha do nominalista Roscelino como à do realista Guilherme de Champeaux. Assim, ele conheceu, na fonte, ambas as perspectivas conflitantes. Na exposição de seus próprios pensamentos, ele se esforçou por libertar-se da unilateralidade de ambas.

A fórmula dos realistas era "universalia ante res" – os universais estão *antes* das coisas (isoladas). A fórmula dos nominalistas era "universalia post res" – os universais estão *após* as coisas, eles seguem-nas. A fórmula de Abelardo é "universalia in rebus" – os universais estão *nas* coisas. Quer dizer: é um absurdo afirmar (como Guilherme o fez) que o real é a "humanidade" e não os humanos, ou a "equinidade" e não os equinos. Não se pode desprezar, como se fosse algo de menor importância, a incorporação do geral nas coisas isoladas e as diferenças individuais. Mas também é igualmente errado afirmar (como Roscelino o fez) que apenas o singular é real e importante e que os conceitos universais são apenas simples nomes. Pois corresponde ao conceito geral, nas coisas conceituadas que estão sob ele, também uma real equivalência entre os seres; os humanos não se chamam humanos apenas em razão de determinadas características em comum, mas ao conceito humano corresponde uma homogênea realidade do geral-humano presente em todos os humanos. É claro que esse universal existe somente *em* cada humano, e não fora deles. Disso: universalia in rebus.

Que essa concepção de Abelardo é mais do que um simples meio-termo entre duas opiniões irreconciliáveis, ou seja, uma síntese na qual as oposições são vistas em conjunto de um nível mais elevado, fica demonstrado na maneira como ele inclui também ambas as outras fórmulas em sua teoria: na realidade que nos rodeia os universais estão apenas *nas* coisas. Para Deus eles estão *antes* das coisas, a saber, como o protótipo do criado em seu espírito divino. E para as pessoas eles estão, de fato, após as coisas, a saber, como conceitos que temos de emitir somente após a concordância entre as coisas.

Um impressionante escrito de Abelardo tornou-se conhecido sob o título "Diálogo entre um filósofo, um judeu e um cristão"[8]. (O texto escrito à mão não traz título.) Os três discutem a questão: Qual religião se aproxima mais da "razão" que Deus implantou no homem? O autor Abelardo intervém preliminarmente e ao conduzir as conversas. Sua posição básica se torna clara: o judaísmo não lhe é suficientemente universal (é a religião de apenas um povo); ele se prende demais aos ritos tradicionais e à palavra. Abelardo mantém-se distante da difamação, difundida na Idade Média, dos judeus como "assassinos de Jesus". Cristianismo e razão natural estão próximos um do outro. Mas somente a fé em Jesus Cristo pode salvar.

O livro é de uma notável imparcialidade. Ao lê-lo, quem não pensa em *Nathan*, de Lessing? Ele oferece um legítimo diálogo filosófico de elevado nível literário e – considerando a época de sua criação – parece até mesmo uma obra moderna.

II. Filosofias árabe e judaica da Idade Média

1. *Aspectos históricos*

Desde que Maomé (571-632 dC), como profeta religioso e renovador nacional, havia unificado nacional e religiosamente as tribos árabes do deserto, as quais, como último ramo da

---

8. Em 1995 foi publicada uma edição latino-alemã, organizada e traduzida por Hans-Wolfgang Krantz, com o título *Conversa de um filósofo, um judeu e um cristão* (*Gespräch eines Philosophen, eines Juden und eines Christen*).

raça semita, ainda permaneciam em um estado original, a inutilizada energia ofensiva dessas tribos, a qual até então vinha sendo pulverizada em lutas internas, escoou para fora numa torrente incessante. Os combatentes do profeta conquistaram território por território e obtiveram um reino, que, por fim, se estendia do Turquestão até a Espanha. Todos esses países foram inseridos na fascinante cultura islâmica, à qual a europeia, em sua condição daquela época, mal podia ser comparada.

Enquanto o centro religioso desse mundo permanecia em Meca, a terra natal de Maomé, com seu antiquíssimo santuário, a Caaba, formavam-se nos territórios limítrofes do mundo islâmico, um bem afastado do outro, dois brilhantes centros culturais; um ao leste, na corte dos califas de Bagdá, que promoviam a arte e a ciência, (entre eles Harun al Raschid, 786-809), o outro ao oeste, na Espanha, que foi conquistada no século VIII. Um limite ao avanço árabe para o norte foi colocado pela vitória de Carlos Martel no ano de 732. Na Espanha, constituiu-se um reino árabe, por último restringido ao sul, até 1492.

No século X a Espanha islâmica era o país mais rico e populoso da Europa Ocidental. Prósperas cidades, na ponta delas estava Córdoba, depois de Constantinopla a maior cidade da Europa, suntuosas construções, até hoje o ornamento das cidades espanholas, um altamente desenvolvido artesanato e, em especial, também uma elevada cultura intelectual, todas essas características fizeram daquela época uma das mais ricas da história cultural europeia[9]. Após a definitiva expulsão dos mouros, a Espanha sofreu um revés cultural, do qual ela por um longo período não conseguiria se recuperar.

Toda essa cultura islâmica não era, evidentemente, de modo algum puramente árabe. Era inevitável que o estrato dos conquistadores árabes acabasse se envolvendo estreitamente com a cultura do povo subjugado e, ainda que eles, até mesmo em virtude de sua unidade religiosa, não tivessem sido absorvidos pela em parte superior cultura dos subjugados, vencedores e vencidos, no final, colaboraram em igual medida para esse amálgama cultural.

Para a vida intelectual, um dos elementos mais importantes, o mais importante depois da religião maometana, foi a antiga ciência e filosofia grega. O seu conhecimento propagou-se rapidamente a partir do século VIII por todo o mundo árabe por meio de traduções e comentários de sábios islâmicos e também de cristãos do Oriente que viviam em região árabe; aliás, algo semelhante ocorreu também, paralelamente, com o conhecimento do mundo intelectual indiano. Em si, a oposição ao modo de pensamento grego em relação à obscura simplicidade da religião do Corão não era menos tosca do que em relação aos primórdios do cristianismo. Contudo, como ocorreu com este, a estima pela cultura grega e a necessidade de justificar e desenvolver cientificamente a teologia islâmica suscitaram, de forma relativamente rápida, uma estreita interpenetração de ambos. A filosofia árabe-grega que desse modo se formou foi, porém, o caminho pelo qual, primeiramente, foi transmitida à filosofia cristã da Idade Média uma grande parte da sua herança da ciência e filosofia gregas e, a saber, o exato conhecimento

---

9. DAWSON, C. Op. cit., p. 172-173.

de Aristóteles. Esse contexto já é razão suficiente para ela não ser omitida de uma história da filosofia ocidental.

Na esfera cultural maometana, sobretudo na Espanha moura, muitos *judeus*, que mesmo expulsos pelos romanos desde o aniquilamento de seu último estado palestinense no ano 135 dC, mantinham em terras estrangeiras inabaláveis suas particularidades religiosas e nacionais, encontraram um lugar com uma relativa abertura. Nas universidades da Espanha moura, maometanos, judeus e cristãos ensinavam lado a lado, com admirável tolerância. As enormes bibliotecas guardavam escritos de todas as três religiões e ainda traduções e comentários da filosofia pagã. Em estreita relação com o desenvolvimento do espírito islâmico, o judaísmo naquela época também produziu uma filosofia que é mais do que um simples adorno da antiga teologia judaica; pois, do mesmo modo como aquele desenvolvimento espiritual islâmico, ela é caracterizada por um esforço em juntar os dogmas da própria religião com pensamentos da filosofia grega. Esta filosofia judaica também influenciou a sua contemporânea filosofia cristã.

2. A filosofia árabe

Em um notável paralelo ao desenvolvimento da escolástica, segue à filosofia árabe, após um período inicial, no qual foram adotados dos gregos principalmente pensamentos platônicos e neoplatônicos, uma segunda fase, durante a qual a filosofia aristotélica torna-se cada vez mais conhecida e cada vez mais um ponto de referência.

Logo no começo da filosofia islâmica aparecem dois de seus maiores pensadores: *Al Kindi*, que ensinou no século IX em Bagdá, e *Alfarabi*, entre 900 e 950, em Bagdá, Alepo e Damasco. Do primeiro pouca coisa foi transmitida, mas, mesmo assim, fica clara sua posição básica neoplatônica. Alfarabi também mantém uma posição mística, fundamentalmente empregada do neoplatonismo. No entanto, ele já lhe agrega uma classificação aristotélica lógico-objetiva da realidade e das ciências que pesquisam essa realidade[10]. Uma interessante visão do mundo de ideias desta época é transmitida pelos assim chamados *Escritos dos Irmãos da Pureza*, aproximadamente 50 tratados sobre religião, filosofia e ciências naturais, escritos no século X, no Oriente árabe, pelos integrantes da liga secreta dos Irmãos da Pureza. Eles também apresentam a unificação da religião maometana com a filosofia helênica, cujo objetivo ganhou muitos inimigos por parte dos religiosos islâmicos, mas que originou uma seita extremamente influente.

Do ponto de vista do contato com a escolástica cristã, mais significativos que esses árabes platônicos são os dois grandes aristotélicos da filosofia islâmica. Um deles é *Avicena* (em árabe, Ibn Sina), nascido em 980, em Bukhara, no Turquistão, morto em 1037. Ele é considerado o maior filósofo do Oriente árabe. A base aristotélica já lhe era próxima, pois ele mesmo era médico e pesquisador naturalista. Ela evidencia-se, sobretudo, em sua interpretação da relação entre Deus e natureza (matéria). Avicena, diferentemente dos neoplatônicos, não considera

10. Cf. ASTER, E. Op. cit., p. 135.

que tudo, inclusive a matéria, provenha de Deus por emanação, mas posiciona a matéria como eternamente existente perante Deus. Para ele, assim como para Aristóteles, Deus é o próprio motor imóvel; as formas que dele fluem realizam-se na matéria.

Uma luz significativa sobre o desenvolvimento paralelo entre a escolástica árabe e a cristã, a qual se baseia em um princípio interno, é lançada pelo fato de que a discutida disputa dos universais no Ocidente não apenas está presente aqui de forma semelhante, mas também da mesma maneira como naquela região a solução é conduzida por Abelardo, aqui, porém num período anterior, ela o é por meio de Avicena. A saber, ele também ensina que uma afirmação tríplice pode ser feita dos universais: no entendimento divino eles estão *antes* das coisas; em relação à incorporação na realidade eles estão *nas* coisas; nas mentes das pessoas, na qualidade de conceitos formulados por elas, estão *após* as coisas.

Por fim, também se pode comparar a escolástica cristã com o desenvolvimento da filosofia árabe em virtude de, após a consolidação do aristotelismo com sua ampla intelectualização da religião, ter surgido, como reação, uma linha mística. Ela é representada, sobretudo, por *Al Gazali* (1059-1111) que, em oposição ao saber, voltou-se completamente para a fé e manteve uma posição cética contra toda ciência e filosofia, a qual se torna evidente em sua famosa obra, ardorosamente combatida por Averróis, *Destruição dos filósofos* (*Destructio philosophorum*).

Se no Oriente Avicena é considerado o rei da filosofia árabe, *Averróis* (em árabe, Ibn Roschd) é a figura dominante no Ocidente árabe e também a mais importante em relação à influência na filosofia europeia. Averróis nasceu em Córdoba, na Espanha, e morreu no exílio, em 1198. Para ele, "o filósofo" é Aristóteles. Os trabalhos de Averróis são, em sua maior parte, esclarecimentos detalhados dos escritos de seu mestre, venerado acima de tudo.

Aristóteles havia representado o surgimento da natureza, afirmando que as formas são levadas à matéria – a qual como tal não tem realidade, mas somente possibilidade – para, desse modo, então, surgir a realidade. A interpretação disso por Averróis é de que as formas não se dirigem à matéria a partir de fora, mas que nas matérias eternas, potencialmente, já estão contidas todas as formas, as quais, no decorrer do processo de desenvolvimento, se cristalizam para fora. Tal ponto de vista está, naturalmente, bem afastado da fé na criação divina a partir do nada, como é exigido pela religião maometana, em sintonia com a cristã e a judaica.

Esse não é o único ponto no qual Averróis entra em desacordo com a dogmática islâmica; pois ele também não admite a imortalidade da alma individual e reconhece apenas um espírito supra-humano imortal, afirmando, assim, que imortal não são Sócrates e Platão, mas a filosofia[11]. Em tal concepção, a qual ensina os homens a querer fazer o bem pelo bem, Averróis distingue uma moralidade mais elevada do que aquela que permite a determinação da ação dos indivíduos pela expectativa de recompensa e castigo no além. No entanto, precisamente o ensinamento de Maomé não se cansa de, com ricas fantasias e da forma mais viva possível,

---

11. ERDMANN, J.E. Op. cit., p. 203.

ilustrar as punições infernais que aguardam pelas pessoas no além e, da mesma maneira, o prazer do paraíso, no qual uma cama macia, vinho e moças de grandes olhos e cabelos negros esperam pelos fiéis combatentes de Alá.

O modo como Averróis entende a relação entre religião e filosofia é do ponto de vista de que a elevada e pura verdade, que o filósofo reconhece em sua filosofia, na religião aparece com um revestimento plástico, adaptado ao fraco entendimento da massa. Portanto, não causa espanto que a filosofia de Averróis, aliás, da mesma maneira que a de seu grande predecessor Avicena, fosse duramente condenada pela ortodoxia maometana e seus escritos jogados à fogueira, o que, na verdade, não reprimiu a sua influência posterior, como em outros casos semelhantes; mas, considerando retrospectivamente, a condenação dos ensinamentos de Averróis e o degredo de sua pessoa significaram o fim da época áurea da filosofia islâmica.

3. Filosofia judaica

O desenvolvimento da filosofia judaica da Idade Média é paralelo ao da cristã e da islâmica, pois ela também sucede a uma época de predomínio aristotélico, influenciada pelo neoplatonismo.

Pertencem à primeira fase, entre outros, os parcialmente enigmáticos escritos da assim chamada *cabala*, uma doutrina judaica secreta, da época do século IX até o XII. Dos aristotélicos judeus mencionamos apenas os mais significativos: *Maimônides* (em hebraico, Moshe ben Maimon), nascido em 1135, em Córdoba, na Espanha, morto em 1204 no Cairo. Sua obra principal é *O guia dos perplexos*, escrito originalmente em árabe (mas em caracteres hebraicos), depois traduzido para o hebraico e o latim. Maimon designa como "perplexos" aqueles que não conseguem lidar com as (evitáveis) contradições entre verdade filosófica e religião (judaica) revelada. Assim como Averróis, Maimônides é um fervoroso venerador de Aristóteles. Ele afirma que, excetuando-se os profetas, não há ninguém que chegue tão perto da verdade como o filósofo grego. Na consequente representação dos pensamentos aristotélicos ele não vai tão longe como Averróis, conservando, por exemplo, o dogma da criação – "por falta de provas bastantes contra"; mas, ainda assim, ele vai longe o suficiente para entrar em conflito com os escribas judeus, extremamente rigorosos em suas crenças.

Na relação entre fé e conhecimento racional, Maimônides está fundamentalmente convencido de que os resultados de ambos coincidem. No entanto, quando surge uma divergência entre razão e as palavras das Escrituras, ele dá preferência à razão e tenta, mediante uma interpretação alegórica, representar as Escrituras de acordo com a razão[12].

Em seu *Tractatus theologico-politicus*, Spinoza ocupou-se detalhadamente com os pensamentos de Maimônides.

---

12. Cf. ASTER, E. Op. cit., p. 138.

III. A alta escolástica

Enquanto no século XVIII a força criativa da filosofia islâmica se dissipava, o pensamento ocidental iniciava um novo voo de elevada altura. Como motivo desencadeador destaca-se, sobretudo, o fecundo (não raramente também perturbador) encontro com o mundo islâmico e, transmitida por meio deste, com a filosofia grega antiga (inclusive matemática, ciências naturais e medicina).

No século XVII, pela primeira vez tornou-se acessível ao Ocidente uma grande parte da herança deixada pelos gregos. Houve uma verdadeira torrente de traduções para o latim: de traduções árabes de obras gregas, mas também de anotações árabes sobre aquelas obras e de trabalhos de pensadores judeus escritos em árabe. Por vezes, as obras dos gregos chegavam à Europa indiretamente por meio de traduções hebraicas. Mais tarde, seguiram-se versões diretamente do original grego ao latim (conhecimentos básicos de grego eram raros na Europa Medieval; o estudo dessa língua renasceu somente a partir do humanismo). Ainda mais tarde seguiram-se as traduções do latim para as línguas nacionais europeias, agora plenamente desenvolvidas (mesmo que ainda não estivessem munidas de uma terminologia filosófica satisfatória).

Entre os tradutores desta "era das traduções" destaca-se, no século XII, *Gerardo de Cremona*, que descobriu em Toledo tesouros literários lá preservados e traduziu entre 70 e 80 trabalhos científicos para o latim – um admirável conjunto de obras realizadas; no século XIII sobressai-se o flamengo *Guilherme de Moerbeke*, que traduziu, principalmente, obras de Aristóteles diretamente do grego, tornando o filósofo grego, desse modo, conhecido no Ocidente. A ocupação com a produção de Aristóteles, sobretudo com seus escritos sobre ciências naturais e Estado (antes ainda não conhecidos), propagou-se nos séculos seguintes.

Como base complementar do impulso intelectual, acresce a esse desafio mental uma melhora das relações econômicas e sociais: desenvolvimento do comércio, inclusive do comércio com regiões distantes; aumento da produtividade agrícola; florescimento de cidades com um estrato de cidadãos autoconscientes e, com isso, também o surgimento de um público literário e científico que não estava mais ligado apenas à corte de um príncipe ou à Igreja e mosteiros.

Antes de tratarmos dos principais representantes da alta escolástica, convém ter presentes alguns traços característicos desta época.

A hegemonia mundial de Aristóteles

A partir do século XII, principalmente com a intermediação árabe e judaica, o conjunto das obras aristotélicas tornou-se pouco a pouco conhecido na Europa, especialmente os escritos metafísicos e sobre física, até então completamente desconhecidos. Traduziam-se edições árabes para o latim; desde o século XIII também diretamente do grego. Preocupações iniciais com Aristóteles por parte da Igreja baseavam-se, principalmente, no fato de, sob seu nome, também terem circulado escritos neoplatônicos. As preocupações foram dissipadas quando, no século XIII, foi reconhecida a ilegitimidade desses escritos. Assim, ocorreu que a Igreja, que entre 1210 e 1215 ainda havia proibido absolutamente o estudo das ciências naturais aristotélicas, vinte anos mais tarde já o tomava como necessário e, pouco tempo depois, voltava a permiti-lo oficialmente, para, enfim, no século seguinte, chegar mesmo a determinar que não deveria tornar-se um mestre (*Magister*) aquele que não tivesse lido sobre Aristóteles[13]. A reputação de Aristóteles era tão elevada que o consideravam o antecessor de Cristo em relação às coisas seculares, assim como João Batista o era nas coisas espirituais. Sua obra simplesmente adquiriu o valor da soma não mais superável de toda a sabedoria secular. Surgia uma hegemonia mundial da filosofia aristotélica, que perduraria até o século XVI. Além de Aristóteles, jamais uma única pessoa dominou tão completamente o pensamento do Ocidente.

O contato do pensamento cristão com as ideias islâmicas e judaicas

A época das cruzadas (1096-1270) assistiu a um contato fecundo e de consequências decisivas da cultura ocidental com a do Oriente. Na navegação, no desenvolvimento das cidades e do comércio, na arquitetura, poesia, geografia e em outras ciências, a Europa deve a esse contato múltiplos estímulos e enriquecimentos. Na filosofia, um desenvolvimento correspondente deveu-se à estreita comunicação entre pensamentos cristãos e pensadores e sistemas de pensamento não cristãos e até mesmo anticristãos.

> Nisso não deixa de haver algo como... o entendimento de que se trata de uma sabedoria originada de uma fonte totalmente diferente da dos ensinamentos da Igreja. Esse aspecto é, antes, especialmente evidenciado, pois, como Aristóteles ainda não fosse suficientemente anticristão, comentadores muçulmanos e judeus devem desvendar o verdadeiro sentido dos seus ensinamentos. Se o maior dos pagãos chama-se o *philosophus*, assim o maior dos não cristãos entre os muçulmanos, Averróis, chama-se o *"commentator" par excellence*[14].

As sumas

A expansão dos horizontes social, geográfico e intelectual por meio das cruzadas, a extraordinária disseminação do saber científico mediante o conhecimento de Aristóteles e das ciências naturais árabes, o aprofundamento cada vez mais intenso e o aperfeiçoamento conceptual do próprio pensamento escolástico – tudo isso junto provocou na filosofia um esforço em abranger tudo o que era conhecido em um sistema sintetizado e definitivo do conhecimento universal, um "sistema enciclopédico de todas as ciências, o qual receberia sua coroação na teologia – comparável aos grandes domos góticos daquela época, os quais parecem erguer-se do chão ascendentemente para o céu"[15]. Esse esforço atingiu seu auge com as grandes sumas da alta escolástica, obras que, sob o processamento de um imenso material de saber, traçavam uma imagem

---

13. ERDMANN, J.E. Op. cit., p. 207-208.

14. Ibid., p. 192-193.

15. Cf. ASTER, E. Op. cit., p. 142.

cristã do mundo que abrangia numa obra a natureza, a humanidade, a alma e o mundo sobre-natural. Na área teológica, os assim chamados livros das sentenças constituíam um pré-estágio das sumas, sobretudo os de *Pedro Lombardo* (que morreu em 1164). Os principais professores do cristianismo, ordenados de acordo com o contexto da problemática, encontram-se neles reunidos de forma clara, na forma de sentenças dos padres e professores da Igreja.

Universidades e ordens

Na Alta Idade Média, a filosofia encontrou nas universidades que então surgiam o lugar em que seria verdadeiramente cultivada. Paris, Colônia, Oxford, Bolonha e Pádua eram as principais. A universidade medieval era um organismo intelectual supranacional. Como o nome indica (*universitas literarum* = a totalidade das ciências), ela abrangia todas as áreas do saber, a fim de reuni-las na teologia cristã, que pairava acima das outras áreas. A universidade ocupou a posição dos colégios conventuais e das faculdades teológicas, que até então existiam isoladamente. O cultivo da filosofia pertencia às tarefas da Faculdade de Artes – ao lado das Faculdades de Teologia existentes.

As ordens mendicantes dos dominicanos (fundadas em 1216) e dos franciscanos (Francisco de Assis, 1182-1226) tornaram-se um segundo, não menos importante, centro do pensamento teológico e filosófico. Dos quatro principais representantes da alta escolástica dois eram franciscanos: *Alexandre de Hales* (que morreu em 1245) e *Boaventura* (1224-1274). Os dois outros, Alberto e Tomás, eram dominicanos. Como foram os mais significativos, a eles se limita a seguinte apresentação.

1. Alberto Magno

Alberto de Bollstädt, de família nobre, nasceu em 1193 ou 1207 em Lauingen, na Costa do Danúbio, e foi criado no castelo paterno. Na Universidade de Pádua, estudou as "artes liberais", ciências naturais, medicina e a filosofia de Aristóteles (a qual naquela época ainda não havia sido reconhecida pela Igreja). Seguiu-se um intenso estudo de teologia na Universidade de Bolonha. Neste ínterim, entra para a ordem dos dominicanos, sob a influência do seu grão-mestre, o conde alemão Jordanus. A ordem envia-o para Colônia, para ensinar filosofia e teologia nas escolas locais dos dominicanos. Ele destaca-se nessa tarefa de tal forma que é enviado para Paris, o sol da erudição medieval cristã que tudo ofuscava. Como professor, as aulas de Alberto eram tão concorridas que ele, frequentemente, tinha de lecionar ao ar livre, já que não havia prédio que acolhesse o número de ouvintes. Ele também atua temporariamente em Ratisbona (*Regensburg*), Friburgo, Estrasburgo, Hildesheim, em toda a parte ele tinha de organizar a aula de ciências nas escolas da ordem. Tornou-se provincial da Ordem e defendeu as ordens mendicantes perante o papa na Itália. Em 1260 é designado bispo de Ratisbona. Após o desligamento, desejado por ele, desse cargo, passa as duas últimas décadas de sua vida novamente em Colônia. Em isolamento monástico, viveu, a partir de então, dedicado ao seu trabalho científico e literário. Morre em Colônia no ano de 1280.

Em 1651, os escritos de Alberto foram reunidos numa edição completa de sua obra, em Lyon. Eles ocupam 21 grandes volumes. Uma boa parte deles é composta por comentários sobre os trabalhos de Aristóteles. Alberto é o primeiro a tornar acessível aos seus contemporâneos a filosofia aristotélica com seus comentadores judeus e árabes. Seus comentários não são simples esclarecimentos da íntegra aristotélica. Alberto tentou, onde acreditou haver lacunas, preenchê-las por conta própria. Nisso empregou não somente os pensamentos de outros filósofos e pesquisadores, mas também os seus próprios e, o que é significativo, também utilizou suas próprias observações da área das ciências naturais. Sobretudo no estudo das plantas e dos animais e na química ele também foi um naturalista autônomo. Sem exagero, pode-se considerá-lo nessa área tão importante como enquanto teólogo e filósofo. Após um enorme empenho, ele reuniu e ordenou um gigantesco material.

Seus contemporâneos conferiram-lhe os títulos de honra "o Grande" (Alberto Magno) e "doctor universalis", o sábio universal. Em razão de seus conhecimentos de ciências naturais, a crença popular chegou mesmo a lhe atribuir um saber sobrenatural.

A obra, a formação de um sistema unificado e o aproveitamento crítico de um (para outros quase ininteligível) material, como Alberto o havia empreendido em sua *Suma teológica*, não foi finalizada por ele, o maior escolástico alemão. Ela somente foi concluída por seu grande discípulo Tomás, que levou a cabo o que Alberto havia começado como instaurador revolucionário. Sem Alberto, a obra de Tomás não teria sido concebível.

Como as concepções científicas e a construção do sistema geral dos dois eram plenamente concordantes, mas como Alberto não havia representado seu saber na forma de uma síntese sistemática, na apresentação abaixo nos limitaremos aos elementos do conteúdo da obra de Tomás. Este filósofo, apoiando-se intelectualmente em Alberto, criou o maior sistema doutrinário da Idade Média.

2. Tomás de Aquino

Vida e obras[16]

Entre Roma e Nápoles, em Aquino, encontra-se o Castelo Roccasecca, no qual nasceu Tomás, na virada de ano 1224/1225, filho do conde Landulfo de Aquino, um parente da nobre família imperial dos Hohenstaufen. Aos cinco anos foi confiado aos beneditinos da abadia vizinha no Monte Cassino para ser educado. Ainda menino, ingressa na Universidade de Nápoles para estudar as artes liberais. Com 17 anos ele entra para a ordem dos dominicanos, a qual, no ano seguinte, o envia a Paris para o aperfeiçoamento de seus estudos. No caminho dessa viagem ele é capturado por seus irmãos, os quais reprovavam sua decisão, e levado de volta à cidade natal. Mas a resolução de Tomás em seguir o caminho espiritual era irredutível. Ele conseguiu fugir. Em Paris encontra Alberto o Grande. Alberto torna-se o seu professor. Tomás foi-lhe sempre

---

16. GRABMANN, M. *Thomas von Aquin*. München/Kempten, 1946.

afeiçoado, venerando-o por toda a sua vida. Após três anos de estudo em Paris, Alberto o leva consigo para Colônia, onde sob a sua orientação Tomás estuda por mais quatro anos. Em 1252 ele retorna a Paris, onde inicia suas atividades acadêmicas como professor. Devota-se à docência com plena dedicação. Tomás estimava muito o cargo de professor de teologia. Ele o comparava, em relação à assistência espiritual prática, com o ofício do arquiteto perante aqueles que executam uma construção: do mesmo modo como o arquiteto concebe o plano e dirige a construção de acordo com este plano, assim o professor de teologia concebe o plano, segundo o qual a assistência espiritual deve ser executada. – Durante uma longa permanência na sua terra natal, Itália, entre outras atividades como teólogo da corte papal em Orvieto, Tomás conheceu seu irmão de ordem, o poliglota Guilherme de Moerbeke. Guilherme havia traduzido para o latim um grande número de obras gregas, principalmente de Aristóteles. Dessa maneira, Tomás adquiriu um sólido conhecimento de Aristóteles. Um conhecimento superior ao de seu mestre Alberto, que utilizava, fundamentalmente, as traduções do árabe.

O ápice da carreira científica de Tomás ocorreu durante a sua estada em Paris de 1269 a 1272. Ali ele foi o mais festejado de todos os professores de teologia. Era consultado em todas as questões controversas, atuando decisivamente em muitos debates. A seguir, atende ao chamado de sua Ordem para o estabelecimento de um curso geral de teologia na universidade da sua ordem em Nápoles. Nesta cidade é chamado pelo papa para participar do Concílio de Lyon (1274). Durante a viagem, no Mosteiro Fossanova, a meio caminho entre Nápoles e Roma, perto de Priverno, é surpreendido pela morte. A suavidade e a pureza de seu caráter lhe renderam o apelido "doctor angelicus", o sábio angelical.

A obra literária composta por Tomás no decorrer de sua vida é do mesmo surpreendente volume que a de seu mestre Alberto. A primeira edição completa de suas obras, publicada no final do século XVI em Roma e Veneza, já compreendia 17 volumes. Uma edição italiana de meados do século XIX encerra 25, uma francesa do final do século XIX tem 34 volumes.

Pode-se classificar a obra de Tomás, mediante uma penetrante crítica textual e de uma investigação de manuscrito verificada como legítima, nos seguintes grupos:

I) *Aristóteles, Comentários*: Um total de 12 obras de esclarecimento dos escritos de Aristóteles: das analíticas, da ética, da metafísica, da física, dos livros sobre a alma, sobre o céu e a terra, sobre o surgimento e o perecimento das coisas naturais, sobre política, entre outros.

É verdade que os comentários de Tomás não tiveram o mesmo significado marcante dos de Alberto, os quais pela primeira vez tornaram o conjunto da obra de Aristóteles acessível. No entanto, comparando-os, os comentários de Tomás representam um avanço científico, pois pôde se servir de uma documentação mais exata e porque ele, ao contrário de Alberto, sempre distingue o texto aristotélico de seus próprios esclarecimentos e complementos. Tomás também possui um latim mais perfeito que o de Alberto. Como italiano, essa língua lhe era mais familiar.

II) *Pequenos escritos filosóficos*. Desses destacamos o escrito *Sobre a unidade do intelecto contra os averroístas*. É uma questão controversa de Tomás contra um movimento intelectual que exercia uma significativa influência na universidade parisiense. Seu principal representante era *Siger de Brabante* (que viveu aproximadamente entre 1235-1281). Para essa linha filosófica, a interpretação que o árabe Averróis havia dado a Aristóteles era tão decisiva que ela apoiava suas teses mesmo quando elas transgrediam os dogmas cristãos. Averróis, como se sabe, havia ensinado a eternidade do mundo (em vez de sua criação), entendido, aliás, como matéria na qual todas as formas já estão potencialmente contidas; ele havia negado a imortalidade da alma individual; ele havia encontrado uma verdade mais elevada e mais pura na filosofia. Essa escola foi designada averroísmo latino ou peripatetismo averroísta. Tomás opunha-se a essa linha. Como era de se esperar, ela foi condenada pela Igreja. O conflito entre Siger e Tomás é uma das muitas duras controvérsias, cujas repercussões ocupam a filosofia medieval na maioria dos séculos; não se pode descrevê-las numa breve e introdutória apresentação – com exceção da disputas dos universais[17].

III) *Compêndios teológicos*. Envolve dois dos mais importantes trabalhos de Tomás: o comentário dos livros das sentenças de Pedro Lombardo e a *Suma teológica*, que não pôde ser finalizada completamente pelo próprio Tomás.

IV) *As assim chamadas questões*. Elas são a expressão literária de disputas teológicas (diálogos polêmicos), como eram exercitadas em períodos regulares nas universidades.

V) *Pequenos escritos sobre a dogmática cristã*. Um total de 12 títulos.

VI) *Obras apologéticas*, quer dizer, aquelas que servem à defesa da crença cristã: a *Suma contra os gentios* – direcionada, principalmente, contra os árabes; *Da justificativa da fé contra sarracenos, gregos e armênios*; *Contra o equívoco dos gregos*.

VII) *Escritos sobre filosofia do direito, filosofia política e filosofia social*. Um total de 6 títulos, entre eles *Do governo dos príncipes* e um escrito sobre o tratamento dos judeus.

VIII) *Escritos sobre a natureza da Ordem e o regulamento da Ordem**.

IX) *Escritos exegéticos sobre a interpretação das Sagradas Escrituras*.

Como suas principais obras apontam-se: a *Suma teológica*, escrita de 1266 a 1273, não concluída por Tomás, complementada por um sucessor, e a *Suma contra os gentios*, também chamada de Suma filosófica, composta entre 1259 e 1264.

A obra de Tomás caracteriza-se por uma estrutura clara e um estilo transparente: a Tomás importa que "o professor não ensine a verdade católica somente aos avançados, mas também aos iniciantes"; por isso, esforça-se em obter simplicidade, clareza e uma estrutura bem-elaborada, características que faltavam aos comentários sentenciais, frequentemente mal-ordenados, e aos escritos teológicos polêmicos de seu tempo, compostos em virtude de

---

17. Uma boa alternativa para aqueles que desejam saber mais sobre tais contendas é oferecida pelos livros de FLASCH, K. *Einführung in die Philosophie des Mittelalters*, 1987. • *Geschichte der Philosophie in Text und Darstellung* – Vol. 2: Mittelalter, 1982. • *Das philosophische Denken im Mittelalter*, 1986.

* Referente à Ordem dos Dominicanos [N.T.].

determinadas ocasiões. O esforço em alcançar uma expressão precisa e inequivocidade é para ele mais importante do que uma ênfase retórica e a ostentação da apresentação.

Saber e fé

As áreas do saber e da crença experimentam com Tomás uma delimitação bem-determinada. No que, primeiramente, diz respeito ao saber, ele está inabalavelmente convencido de que existe um reino regularmente ordenado da realidade e de que podemos conhecê-lo. Isso significa uma decisiva constatação da possibilidade de um conhecimento verdadeiro e objetivo e uma renúncia (de forma semelhante a Agostinho) a toda filosofia que vê na realidade apenas um produto do intelecto humano pensante e que deseja restringir o intelecto ao conhecimento de suas próprias formas.

> Alguns defendem a perspectiva de que nossas forças de conhecimento podem apenas conhecer suas próprias modificações... Desse modo, o intelecto conhece apenas sua própria modificação subjetiva, a saber... a expressão do pensamento registrada por ele... Mas há duas razões para se recusar essa concepção. Primeiro, dessa maneira se subtrairia das ciências sua base real. Se nosso poder de pensamento conhecesse exclusivamente espécies subjetivas localizadas na alma, então as ciências não poderiam referir-se a nenhum objeto localizado fora do pensamento. Sua única esfera seria, então, o conjunto dessas subjetivas formas intelectuais de conhecimento. Segundo, de uma interpretação subjetiva do conhecimento intelectual humano o resultado lógico seria então que tudo o que se torna conhecido seria verdadeiro, e também que duas afirmações contraditórias entre si seriam simultaneamente verdadeiras... Se, por exemplo, o paladar percebesse apenas a própria afecção (estímulo), então aquele que tem um paladar saudável normal julgaria: o mel é doce, e seu julgamento estaria certo. Se uma pessoa possuir um paladar afetado, cujo julgamento será que o mel é azedo, o seu julgamento, de acordo com a precondição acima, também estará correto. Como consequência desta reflexão subjetiva unilateral do conhecimento humano... surge, conforme apresentado, a supressão de qualquer diferença entre verdadeiro e falso. – Ambas essas consequências, o desaparecimento do caráter e do valor objetivo e real das ciências e a confusão da diferença entre o verdadeiro e o falso, entre o sim e o não, nos autoriza e nos força a constatar a objetividade de nosso conhecimento e pensamento...[18]

Ainda que nosso conhecimento seja objetivo e verdadeiro, isso não basta. Sobre o reino do conhecimento (filosófico, metafísico) arqueia-se o outro reino da verdade sobrenatural. Não é possível penetrar também nesse reino mediante um simples esforço da força natural do pensamento. Aqui Tomás se separa dos mestres da escolástica primitiva como Erígena e Anselmo, os quais haviam se esforçado em tornar clara e compreensível, de forma lógica, toda a área da dogmática cristã. É precisamente ao campo subtraído da pesquisa filosófica que pertencem os verdadeiros mistérios da crença cristã: a Santíssima Trindade em Deus, sua incorporação humana e a ressurreição da carne. Aqui, segundo Tomás, trata-se de verdades sobrenaturais, as quais somente podemos aceitar, com fé, como conteúdo da revelação divina.

---

18. AQUINO, T. *Summe der Theologie* I, 82, 2.

Entre ambas as esferas do saber e da fé não pode haver de modo algum contradição. A verdade cristã é, por certo, suprarracional, mas não irracional. A verdade só pode ser uma, pois ela remonta a Deus. Argumentos levantados do ponto de vista racional contra a crença cristã contradizem, obrigatoriamente, os mais elevados princípios de pensamento da própria razão e, por isso, podem ser desvalorizados por meio de meios racionais. Isto é, inclusive, o que Tomás empreende insistentemente em seus escritos polêmicos, tanto contra os pagãos como contra os hereges cristãos.

Além disso, há verdades sobre Deus que mesmo a razão, com base em si mesma, pode conhecer, como a existência real de Deus e que apenas pode haver um Deus. A maior parte das pessoas, no entanto, em virtude de um fraco talento, preguiça e de ter de empregar a sua força em uma variedade de tarefas para o sustento e cuidado da família, não está em condições de refletir com energia e de penetrar naquelas verdades. Por isso, a sabedoria divina tornou conteúdo da revelação, juntamente com as verdades sobrenaturais, também aquelas verdades da fé que, em si, podem ser conhecidas pela razão.

Uma vez que determinadas verdades religiosas sejam conhecidas pela razão, a filosofia pode atuar a serviço da fé, a serviço da teologia, desde que desenvolva essa possibilidade. Além disso, a filosofia também pode servir para demonstrar como falsos ou não conclusivos os argumentos alegados contra a fé. Mas, para isso, sua tarefa deve ter um limite. Ela não pode demonstrar a própria verdade sobrenatural, mas somente anular argumentos contrários.

> Eu chamo-te a atenção, sobretudo, para que nos debates com os infiéis não tentes demonstrar a verdade da fé por meio de argumentos racionais concludentes. Isso causaria prejuízo à sublimidade da fé... Como ela é suprarracional, nossa fé não pode ser comprovada com argumentos racionais concludentes, mas, como é verdadeira e, por isso, não irracional, também não pode de modo algum ser anulada por argumentos racionais concludentes. O esforço do apologeta cristão não pode buscar demonstrar filosoficamente a verdade da fé; a meta deve ser, antes, esclarecer, mediante uma anulação das objeções adversárias, que a fé católica não é falsa[19].

A função escolástica da filosofia, servir exclusivamente como ferramenta para fins teológicos, atinge aqui o auge de sua formação[20].

A existência de Deus e sua essência

Segundo Tomás, a existência de Deus pode ser demonstrada por meio da razão. Mas ele repele a ontológica comprovação da existência de Deus de Anselmo de Cantuária, que pretendia comprovar tal existência somente a partir de seu conceito. A frase "Deus existe", segundo ele, não é uma verdade imediatamente óbvia para a razão – nem mesmo inata no ser humano. Ela tem de, primeiramente, ser comprovada. A *Suma Teológica* contém cinco provas da exis-

---

19. Id. *Von der Begründung des Glaubens gegen Sarazenen, Griechen und Armenier, Einleitung.*

20. ERDMANN, J.E. Op. cit., p. 225.

tência de Deus, diretamente relacionadas uma com a outra. Eis, de forma abreviada, a primeira e a segunda provas:

> A existência de Deus pode ser expressa mediante cinco vias de comprovação. – A primeira e a mais clara via é aquela colhida do movimento. É certo e garantido pela experiência dos sentidos que alguma coisa neste mundo é movimentada... É impossível... que algo seja movido e mova de acordo com a mesma relação e do mesmo modo ou que se movimente por si própria. Portanto, tudo o que é movido tem de ser movido por uma outra coisa. Se, pois, aquilo, por meio do qual se é movido, também for movido, então este tem de ser movido por uma outra coisa e esta coisa, por sua vez, movida por uma outra coisa. No entanto, não se pode aqui prosseguir infinitamente. Pois, dessa forma, não existiria um motor primordial e, em consequência disso, também não haveria um outro motor, pois os segundos motores somente podem mover por serem movidos pelo primeiro motor, como a bengala somente se move porque foi movida pela mão. Segue-se a necessidade de que haja um primeiro motor, que não é movido por nenhuma outra coisa, e isso todos entendem como sendo Deus.

> A segunda via parte da essência da causa eficiente. Neste mundo sensitivo encontramos uma ordem de causas eficientes. Mas não se encontra e também não é possível que algo seja a causa eficiente de si mesma, porque, desse modo, ela seria anterior a si mesma, o que é impossível. Mas também não é possível que se prossiga infinitamente numa série de causas eficientes... Assim, é necessário supor uma causa eficiente primordial, chamada por todos de Deus.

A terceira prova parte, de modo semelhante, do contingente e do necessário. Também aqui não se pode retroceder infindavelmente na cadeia, a qual indica de onde o necessário tem sua respectiva necessidade. Tem-se que estabelecer algo que tenha sua necessidade a partir de si mesmo, e isso é Deus. A quarta comprovação parte da progressão que encontramos em todo ser.

A quinta prova é teleológica, e parte da disposição objetiva do conjunto da natureza.

> Vemos que algumas coisas que não possuem conhecimento, a saber, os corpos naturais, são ativas por causa de um objetivo, do que se depreende que elas sempre, ou na maioria das vezes, são ativas do mesmo modo, para atingir aquilo que é o melhor. A partir disso, fica evidente que elas atingem o objetivo não por acaso, mas em virtude de um objetivo. No entanto, aquilo que não possui conhecimento não tende a alcançar o objetivo se não for dirigido por alguém que possua conhecimento e inteligência, como uma flecha o é pelo arqueiro. Assim, há uma essência inteligente, mediante a qual todas as coisas naturais são ordenadas para um objetivo, e essa nós chamamos de Deus[21].

Não são necessárias maiores explicações para ver o quanto essas provas se orientam por Aristóteles, mas também por Agostinho. Em suas investigações sobre a *essência* divina, Tomás procura um meio-termo entre uma representação divina humanizada e a concepção (neoplatônica) de que Deus pertence totalmente ao além, ao transcendente e ao inatingível[22]. Nosso conhecimento de Deus caracteriza-se de três maneiras diferentes: primeiro, ele é um conheci-

---

21. AQUINO, T. *Summe der Theologie* I, 2, 3.
22. GRABMANN, M. *Thomas*, p. 112.

mento indireto, já que é intermediado pelas atuações de Deus na natureza. Segundo, ele é análogo, pois atribuímos a Deus conceitos que correspondem às criações de Deus, em razão da relação semelhante em criador e criatura. Terceiro, ele é composto, pois podemos conceber a infinita e plena essência divina sempre apenas a partir de partes. O nosso conhecimento de Deus é, no geral, imperfeito, mas é, sim, conhecimento e nos ensina a ver Deus como a mais elevada representação do ser, perfeito e que repousa em si mesmo.

A revelação ensina-nos a ver Deus como o *criador* do universo (a criação, segundo Tomás, pertence às coisas que somente são conhecidas pela revelação). Na criação, Deus realiza suas *ideias* divinas – com o que voltamos a encontrar os pensamentos de Platão, mas em forma diferente.

Ser humano e alma

Omitiremos a cosmologia tomista (Tomás prende-se a uma imagem geocentrista do mundo, que coloca a Terra no centro do universo), para nos concentramos imediatamente na sua psicologia, que compõe um ponto essencial do sistema. A alma humana constitui para Tomás um objeto de ardorosa e intensiva investigação e reflexão. Em vários de seus trabalhos ele escreve sobre sentimento, sobre a memória, sobre as capacidades individuais da alma e sua relação entre elas e sobre o conhecimento.

O fundamento também aqui é constituído por Aristóteles, a teoria aristotélica da matéria passiva e da forma como o princípio ativo e eficiente. A alma é o princípio formador fundamental de todas as manifestações vivas. Aplicado ao ser humano, isso significa: "O princípio da atividade mental, a alma racional, é a forma essencial do corpo humano". Tomás esclarece detalhadamente que a alma humana é incorporal, quer dizer, ela é pura forma sem matéria, e que ela é uma substância pura, espiritual, independente da matéria. Disso ele deduz sua indestrutibilidade e imortalidade. Pois, como a alma é uma substância independente do corpo, ela não pode ser destruída com ele, e como pura forma, ela também não pode ser destruída em si mesma. Também o desejo da imortalidade que habita no homem, e que não pode ser mera ilusão, ele a considera como prova da imortalidade da substância anímica, destacada por ele especialmente em oposição aos averroístas, os quais haviam reconhecido somente uma imortalidade supraindividual do espírito.

Na teoria das faculdades da alma, Tomás também se junta a Aristóteles. Assim como ele, Tomás diferencia a faculdade vegetativa (metabolismo e reprodução) da faculdade da percepção dos sentidos, do desejo e do movimento livre e arbitrário presentes nos animais. Ao ser humano é acrescida a faculdade intelectual, a razão. Esta faculdade é nitidamente privilegiada por Tomás perante a vontade. O intelecto é mais nobre que a vontade. A teoria tomista da alma e do conhecimento é intelectualista. Na psicologia – e também em outras áreas – o dominicano Tomás envolve-se numa crítica oposição às concepções desenvolvidas à época na ordem franciscana. A teologia franciscana, em estreita concordância com Agostinho, e, mais atrás, com Platão, destaca o caráter ativo do conhecimento humano. Já Tomás, recorrendo a Aristóteles, salienta o caráter passivo, receptivo (absorvedor) do conhecimento. Ele vê no conhecimento uma adequação do sujeito cognitivo ao objeto conhecido, uma apreensão plástica da realidade[23]. O conhecimento correto é alcançado, quando a imagem presente na mente concordar com a da realidade (*adaequatio rei et intellectus* – adequação entre razão e coisa).

Como se aufere conhecimento? Também a essa questão Tomás fornece a resposta que Aristóteles havia dado: não mediante a participação nas ideias divinas (ou das lembranças dessas ideias), mas somente mediante a experiência adquirida pelas percepções dos sentidos. Tomás é um *empirista*. Todo o material de nosso conhecimento provém dos sentidos. Mas somente o material. O intelecto ativo aperfeiçoa esse material. A experiência sensível nos mostra apenas cada coisa individual. O objeto característico da razão, no entanto, é a essência presente nas coisas individuais, "quididade" (*quiditas*). Para que a razão a entenda, a mente deve ser auxiliada pela "imaginação". De modo peculiar, surge aqui o modelo da teoria fundamental do conhecimento de Kant, de acordo com a qual o conhecimento surge na forma plástica das manifestações que se dão por meio da percepção dos sentidos por intermédio das formas de intuição e pensamento existentes na mente humana. Resta ainda a questão, como a "imaginação" procede no aperfeiçoamento da concepção sensível e quais partes de nosso conhecimento provêm da sensibilidade e quais provêm das formas gerais e particularidades de nossa própria mente.

Nas teorias da alma e do conhecimento inclui-se a *ética*. Tomás afirma: "Três coisas são necessárias ao homem para sua salvação: saber no que ele crê, saber o que ele almeja e saber o que ele deve fazer"[24].

Como precondição da ação moral, Tomás destaca o *livre-arbítrio*. Também aqui se encontra uma oposição a Agostinho e à teologia franciscana. Mas, no fundo, Tomás não está tão longe do determinismo. – Em relação às virtudes individuais, Tomás adota as quatro tradicionais virtudes cardeais gregas: prudência, fortaleza, temperança e justiça, acrescentando-lhes as três virtudes cristãs: fé, amor e esperança. A construção da teoria tomista da virtude é altamente complicada. Mas seus pensamentos fundamentais são simples: "A razão é natural ao ser humano. Assim, aquilo que for contra a razão é contra a natureza humana"[25]. "O bem do ser humano, na medida em que ele for humano, reside em que a razão seja plena no conhecimento da verdade e que as forças subordinadas do desejo sejam conduzidas conforme as rédeas da razão. Pois o que é humano chega ao homem porque ele domina a razão"[26].

---

23. Ibid., p. 140.
24. AQUINO, T. *Über die beiden Gebote der Liebe und die zehn Gebote Gottes, Anfang.*
25. AQUINO, T. *Quaestionen über das Übel*, 14, 2, ad 8.
26. Id. *Quaestionen über die Tugenden im allgemeinen*, 9.

"Um homem bom não é aquele que possui um grande entendimento, mas aquele que tem boa vontade"[27].

"Assim como a contemplação é uma categoria mais elevada que a vida ativa, também parece atuar mais para Deus aquele que, por abrir mão da querida contemplação, suporta um prejuízo para, seguindo a vontade de Deus, servir à salvação de seu próximo"[28].

"Da mesma maneira que é bom amar o amigo, porque ele é amigo, é ruim amar o inimigo, porque é inimigo. No entanto, é bom amar o inimigo, porque ele pertence a Deus... Amar o amigo como amigo e o inimigo como inimigo: isso seria algo contraditório. Mas amar o amigo e o inimigo, porque ambos pertencem a Deus: isso não é uma contradição"[29].

"E por isso, em relação àquilo que está abaixo de nós, o conhecimento é mais distinto do que o amor; por isso o filósofo considera mais elevadas as virtudes cognitivas do que as morais. Em relação àquilo que está acima de nós, porém, sobretudo no que diz respeito a Deus, o amor é mais elevado que o conhecimento. E assim o amor supera a fé"[30].

Política

Como aristotélicos convictos, tanto Alberto como Tomás dirigem seu interesse para o mundo dos fenômenos. Esse interesse, porém, toma direções diferentes nos dois: para Alberto mais o mundo sensível, para Tomás o mundo moral: o Estado[31]. Hoje diríamos que Alberto seria mais um pesquisador das ciências naturais e físicas, enquanto Tomás seria mais orientado para as ciências humanas ou sociais. Enquanto Alberto havia deixado a parte dos escritos de Aristóteles sobre política sem comentários, Tomás manifestou-se repetidas vezes sobre esse tema. Assim como os gregos, Tomás vê o ser humano totalmente ordenado na sociedade e no Estado. Isso fica claro em sentenças como estas: "É impossível que um homem seja bom, a não ser que esteja em justa relação com o bem-estar coletivo"[32]. – "Quanto mais uma virtude estiver relacionada ao bem-estar coletivo, tanto mais elevada será sua categoria"[33].

A teoria política tomista está estreitamente associada à de Aristóteles, a qual Tomás faz valer no Ocidente, pela primeira vez, em sua plena importância. Com ela Tomás combina pensamentos agostinianos. O homem é para Tomás, assim como para Aristóteles, um animal político [*zoon politikon*], um ser social. Isso, por si só, já torna necessária a ordem política.

> Se somente deste modo é natural ao ser humano viver com muitos em comunidade, então tem de haver também entre os seres humanos algo por meio do qual a plurali-

27. Id. *Summe der Theologie* I, 5, 4, ad 3.
28. Id. *Über die Verteidung des geistigen Lebens*, 23.
29. Id. *Quaestionen über die Liebe*, 8, ad 11, ad 12.
30. Id. *Summe der Theologie* II, II, 26, 6 ad 1.
31. ERDMANN, J.E. Op. cit., p. 234-235.
32. AQUINO, T. *Summe der Theologie* I, II, 92, 1, ad 3.
33. Ibid. I, II, 141, 8.

dade seja governada. Perante tão grande número de pessoas e o esforço de cada um em atuar egoisticamente em benefício de seus interesses privados, a sociedade humana, conduzida por direções opostas, seria destruída, se nela não estivesse ninguém a quem coubesse a preocupação com o bem-estar social da sociedade, exatamente como o corpo do ser humano, ou melhor, de qualquer ser vivo, se desagregaria, se não estivesse presente no corpo uma força condutora coletiva, a qual se dirigisse ao benefício coletivo de todos os membros[34].

Assim é justificada por Tomás a necessidade de uma autoridade social. Como a natureza humana, a qual torna o Estado necessário, é criada dessa maneira por Deus, assim Deus é, conforme ensinam as Escrituras, o autor da autoridade.

Também em relação às *formas de governo*, Tomás se baseia nas diferenças introduzidas por Aristóteles entre monarquia, aristocracia e politeia e as suas respectivas formas degeneradas, tirania, oligarquia e democracia. Entre as boas formas de governo, a sua preferida é a monarquia. Ele possui dela uma representação ideal. O rei tem de ser em seu reino o que a alma é no corpo e Deus é no mundo. O governo do rei bom e justo deve seguir o modelo do governo universal divino. Pois "do mesmo modo como é, na mais elevada categoria, bom quando alguém utiliza o poder no governo para muitas coisas boas, é, na mais elevada categoria, um mal, quando alguém abusa do poder"[35]. A pior de todas as formas de governo é a tirania. Se ela entra no poder, aconselha-se ao povo, então, ter paciência, pois uma violenta mudança, normalmente, causará um mal ainda maior.

Como Tomás considera o Estado como uma grandeza moral, ele assinala como tarefa do Estado conduzir os cidadãos a uma vida justa e virtuosa. A mais importante condição para isso é a manutenção da *paz*. A próxima condição é a criação de uma prosperidade externa. Uma vida virtuosa, em paz e próspera, não é, porém, o objetivo último da vida humana. Esse objetivo é a obtenção da glória celestial. Conduzir os homens a essa glória não é tarefa da autoridade terrestre, mas da *Igreja*, sob o comando dos padres e, sobretudo, do representante de Deus, instituído pelo próprio Cristo, o papa de Roma. Como a tarefa da Igreja é mais elevada que a do Estado, os reis deste mundo devem ser súditos do chefe supremo da Igreja. Tomás ensina, então, uma clara subordinação do poder mundano ao espiritual, ao menos enquanto as coisas temporais exercerem alguma função para o objetivo intemporal.

A importância de Tomás

"O ofício do sábio é: ordenar"[36]. O conjunto da obra de Tomás de Aquino subordina-se a essa sentença. Ordenar, diferenciar, classificar – ordenamento da diferença de acordo com o valor que lhe caiba ou lhe seja inerente: nisso consiste a grandeza e a importância de sua obra.

---

34. AQUINO, T. *Vom Fürstenregiment* I, 1.
35. Id. *Summe der Theologie* I, II, 2, 4, ad 2.
36. Id. *Summe wider die Heiden* I, 1.

Logo após a sua morte prematura, iniciou-se um acirrado combate contra a significativa posição do tomismo na Ordem e em todo o mundo católico. Essa resistência vinha, sobretudo, da teologia franciscana, de orientação agostiniana, com a qual Tomás já durante sua vida havia levado a cabo duras batalhas. Três anos após sua morte, algumas de suas teses foram condenadas oficialmente pelo bispo de Paris. Mas os discípulos de Tomás, os quais o extraordinário e querido mestre tinha em grande número, decidiram impor seus ensinamentos. Seu antigo mestre Alberto, que lhe sobreviveu, qualificou-o de uma "luz da Igreja".

O tomismo tornou-se a filosofia oficial da ordem dominicana. Em 1322 Tomás foi canonizado. Importantes papas estimavam seus ensinamentos e intervieram em seu favor. Em 1879, por fim, o tomismo foi elevado à filosofia oficial da Igreja Católica. Em 1931, mediante a nova ordem para as aulas de instituições eclesiásticas no ensino superior, disposta por decreto papal, foi novamente prescrito que filosofia e teologia especulativa seriam praticadas de acordo com os ensinamentos e princípios de Tomás de Aquino.

Nesse contexto, nos séculos XIX e XX, o tomismo experimentou uma significativa renascença. No âmbito da assim chamada neoescolástica – um movimento intelectual que se estendeu por todo o mundo católico e que teve seus mais importantes professores na Itália, França, Bélgica e Alemanha – surgiu uma filosofia neotomista, a qual procurou unir os resultados da ciência e da filosofia moderna aos fundamentos da imagem católica de mundo criados por Tomás. Retornaremos, de forma breve, a esse moderno desenvolvimento na última parte.

Não se trata de uma página gloriosa

Uma censura pode ser feita contra quase todos os pensadores medievais; como Tomás é considerado o mais importante, ele é aqui mencionado – de uma perspectiva que deixa claro o alcance de sua influência.

Trata-se da crença em espíritos maus, demônios e bruxas. Um trecho da *Suma teológica*: "Agostinho escreve: muitos afirmam terem vivenciado ou terem escutado de pessoas que vivenciaram, que espíritos da floresta ou faunos, os quais o povo chama de 'íncubo' (no texto original em latim consta aqui 'incubi'), frequentemente molestam mulheres, desejando e consumando o coito com elas. Assim, parece um descaso negar isso"[37]. Em outro trecho Tomás escreve: "A interpretação dos peripatéticos, de que não existem espíritos maus, é evidentemente falsa"[38].

A crença em feitiçaria e bruxaria encontra-se em todos os tempos; ela também aparece no Antigo Testamento (cf. 1Sm 28, quando Saul, por meio da bruxa de Endor, evoca – na tradução de Lutero "traz para cima" – o falecido Samuel a fim de lhe pedir um conselho para a batalha contra os filisteus).

---

37. Id. *Summa theologica*. Vol. 4, 1936, p. 157 [Traduzida pelos dominicanos e beneditinos].
38. Ibid., vol. 8, p. 255.

Durante séculos, até o XII, a Igreja tolerou ou combateu de forma moderada essas amplamente difundidas crenças, como resto de superstição pagã. Muito lentamente se propagou a opinião de que as bruxas deviam suas especiais habilidades (p. ex., cavalgar através do ar durante a noite, tornar estéreis seres humanos e gado) a um pacto com o mal, com satã. Naquele tempo, o diabo era muito popular, porque importantes seitas, combatidas pela Igreja, opunham ao reino luminoso de Deus um reino sombrio de satanás.

Quem se ligava a satanás se insurgia, pois, contra Deus, e, com isso, contra a Igreja, que o representava na Terra. Assim, aos poucos a condenação das bruxarias e feitiçarias se fundia com a da heresia. A Inquisição, que havia perseguido os hereges, ou seja, todo aquele que desviava da crença cristã, passou a perseguir também a bruxaria. Diversos papas delegaram-lhe, expressamente, essa tarefa, entre eles, Alexandre VI, o Papa Bórgia. Em 1252, Inocêncio IV autorizou a Inquisição a empregar inclusive a tortura.

O auge da perseguição às bruxas, no entanto, acontece mais tarde, no período do século XV ao XVIII, estimulada por uma Bula de 1484, de Inocêncio VIII, que antecipava o famoso *Martelo das bruxas* (1485; lat. "malleus malificarum"), o livro dos dominicanos e inquisidores Heinrich Institoris ('Krämer' latinizado*) e Jakob Sprenger. O livro, por um longo tempo o mais vendido abaixo da Bíblia, tornou-se o manual da perseguição às bruxas.

Por dois séculos e meio, então, as fogueiras arderam. Alguns historiadores avaliam o número de vítimas em 100.000, outros estimam um número bem maior. A maioria delas era mulher. Uma única denúncia bastava para dar início a um processo. Sob tortura, quase todos confessavam os mais absurdos atos infames. As perseguições ocorriam, principalmente, na Europa Ocidental e na Europa Central (Espanha, França, Suíça, Itália, Inglaterra, Alemanha, Polônia), ao passo que nas esferas do islã, do judaísmo e da Igreja Ortodoxa elas não existiam. A colonização levou o desvario também para o além-mar; em 1692 o fogo ardeu novamente em Salem/Massachusetts. Somente em virtude do Iluminismo as perseguições começaram, lentamente, a cessar, graças a homens como Friedrich von Spee e Christian Thomasius. A última fogueira para bruxas na Alemanha ocorreu só em 1775.

Convém observar que a pessoa que arriscava designar como loucura ou insensatez a crença em bruxas expunha-se ela própria à perseguição da Inquisição ou de outro tribunal mundano. No que se refere a Tomás, é necessário refletir que ele partilhava a crença em demônios e bruxas com quase todos os teólogos e filósofos de sua época, inclusive com os reformadores Lutero e Zwínglio; em razão de sua grande autoridade, era atribuído, naturalmente, grande peso a seus pareceres; no *Martelo das bruxas* remete-se a seus escritos dezenas de vezes.

---

* Heinrich Krämer é o nome do outro autor inquisidor [N.T.].

3. Dante

A visão de mundo da Idade Média cristã, desenvolvida sobretudo por Alberto e Tomás, encontra na obra de Dante sua mais bela expressão poética. Dante Alighieri nasceu em 1265, em Florença. Em sua juventude, um amor ideal por Beatriz e seu infeliz desenlace em virtude da morte precoce da amada provocou-lhe o estímulo artístico; o conhecimento dos antigos poetas romanos e da poesia provençal forneceu-lhe o seu modelo poético; o estudo da filosofia escolástica em Bolonha e Paris deu-lhe a base teológica do seu saber. Expatriado de sua terra natal por razões políticas, Dante levou uma vida nômade agitada e infeliz até, já nos últimos anos de sua vida, encontrar um abrigo em Ravena, onde morre em 1321.

A principal obra de Dante, *a Divina comédia* (título original apenas *La comedia*), é uma viagem pelo inferno, purgatório e paraíso. Dante é conduzido pelos dois primeiros reinos à sombra do poeta Virgílio. A viagem começa com a descida às escadas e vales do inferno, do reino subterrâneo, o qual se estende para baixo, afuniladamente, até o centro da Terra, morada do príncipe das trevas. Em nove andares, ele vai se deparando com pecadores, libidinosos, avarentos, criminosos, mentirosos, de cima para baixo, cada vez mais encolerizados; mas é no abismo mais lúgubre que eles encontram os dois maiores traidores da humanidade: Judas e Brutus – arrependidos pelas mortes de Cristo, o fundador da Igreja, e de César, o fundador do império.

Subindo pelo outro lado da Terra, Virgílio e Dante chegam ao purgatório. Ele tem a forma de uma íngreme montanha conoidal, formada pela sobreposição de sete terraços, os quais correspondem aos setes pecados capitais. No topo, encontra-se o paraíso terrestre.

No terceiro reino, o paraíso celeste, Virgílio, o pagão não batizado, não pode entrar. Aqui, como símbolo da misericórdia revelada, aparece a querida e transfigurada Beatriz, pela qual o poeta segue conduzido. Pelas suas mãos ele é elevado acima da Terra e passeia pelas nove esferas celestiais, habitadas por seres divinos. No final do caminho lhe é concedida a visão da trinitária magnificência de Deus.

Durante todo o caminho pelo inferno, purgatório e paraíso, o poeta se depara com personalidades famosas, às vezes com algumas que acabaram de morrer. Ele fala com poetas, príncipes, papas, com Odisseu e o Imperador Barbarroxa. Em conversa com eles e com seus guias, ele tem a oportunidade de esclarecer todas as questões que o inquietavam nas áreas teológica, filosófica e política. Dante penetrou tão profundamente nos ensinamentos escolásticos e domina-os tão plenamente "que transforma os mais singulares, em qualquer outro autor rígidos segredos da filosofia escolástica, mesmo suas silogísticas argumentações, na, ora comovente, ora encantadora narração de uma volta ao mundo"[39]. O seu saber corresponde aos mais atualizados conhecimentos de sua época, em todos os domínios, inclusive na Astronomia. Os pensamentos manifestados em sua obra não são, naturalmente, criados, principalmente, por ele próprio; na área das ciências naturais eles são baseados, sobretudo, em Alberto, na teologia e

---

39. ERDMANN, J.E. Op. cit., p. 242-243.

na política em Tomás. A posição de destaque reservada por Dante ao mestre dos dois, Aristóteles, fica clara com a última citação que recém fizemos de sua obra.

Interessante é a direção, na qual a concepção política de Tomás é desenvolvida por Dante. Tomás havia visto na manutenção da paz a mais importante tarefa da política. Dante percebe que a paz interna no próprio Estado não basta. Ele quer também uma paz duradoura entre os Estados e requer um poder superior, acima dos príncipes de cada Estado, um império universal instituído não pelo papa, mas diretamente por Deus. Igreja e papado devem limitar-se a suas tarefas espirituais. A secularização da Igreja é combatida por ele como a raiz de todos os males. As posições políticas de Dante, em suas condicionalidades históricas, somente são passíveis de um entendimento pleno quando considerada a rivalidade que prevalecia na Idade Média, precisamente na época de Dante, entre o poder espiritual e o temporal e, subsequente a essa rivalidade, as lutas partidárias entre guelfos e gibelinos no interior da Itália. Dante, porém, supera esses embates circunstanciais, não somente se posicionando ao lado de um dos partidos litigantes, mas desenvolvendo um ideal, no qual os poderes espiritual e temporal ficam limitados a suas competentes áreas. – A *Divina comédia* pertence às grandes obras da literatura mundial. Assim como a Grécia de outrora encontrara seu gênio poético em Homero e a Renascença, que se seguiu à Idade Média, o teria em Shakespeare, a Idade Média cristã teve esse gênio em Dante, em cuja obra foram sintetizados, formidavelmente, num painel mundial, o pensamento e o sentimento daqueles séculos, pouco antes do começo de sua dissolução.

IV. A escolástica tardia

1. Roger Bacon

Não se pode determinar com precisão uma linha divisória entre os períodos da alta escolástica e da escolástica tardia. Ainda durante o tempo em que viviam os grandes mestres da alta escolástica, encontramos em Roger Bacon um homem que, com um pensamento à frente de muitos de sua época, não somente investiu contra o tomismo, mas também abalou os princípios da escolástica em geral e, com isso, preparou a iminente virada no pensamento europeu do final da Idade Média.

Bacon, assim como outras cabeças determinantes da escolástica tardia que lhe sucederam, as quais ainda serão tratadas aqui, era inglês e, como eles, pertencia à ordem franciscana, na qual, como vimos, a filosofia tomista sempre encontrou resistência. Nascido por volta de 1214 em Ilchester adquiriu, primeiramente em Oxford, depois em Paris, um sólido conhecimento de todas as disciplinas da ciência daquela época: matemática, medicina, jurisprudência, teologia e filosofia.

De volta a Oxford, em 1247, toma conhecimento da obra de Roberto *Grosseteste* (1168-1253 aproximadamente), um dos primeiros observadores e inovadores no caminho em direção às ciências naturais modernas, que atuara antes em Oxford e legara sua biblioteca à ordem franciscana. Foi provavelmente sob a influência deste autor que Bacon começou a estudar intensivamente línguas e a dedicar-se às ciências naturais, inclusive por meio de experimentos práticos, por exemplo, na área da ótica – no que foi impedido por falta de recursos e pelo limitado entendimento de seus superiores e irmãos de ordem. Esses esforços, mesclados com ideias mágicas, astrológicas e alquímicas, colocaram-no, reiteradamente, em contraposição à autoridade eclesiástica; segundo alguns relatos, passou a última fase de sua vida no cárcere.

Bacon projetou uma ampla enciclopédia do saber – a serviço da religião e da Igreja, é claro. Em 1266, o Papa Clemente VI, que era seu amigo, solicitou-lhe uma cópia. Como a obra estivesse somente na cabeça de Bacon, ele escreveu um esboço, chamado *Opus maius* (obra maior), ao qual seguiram um *Opus minus* e um *Opus tertium*, e enviou tudo, acrescido de uma lupa e de um mapa-múndi, ambos produzidos por ele, ao papa. Clemente VI, porém, morreu antes de ter recebido tudo.

Nos escritos de Bacon – entre eles também uma gramática grega e uma hebraica e um compêndio para o estudo da filosofia – encontram-se duras críticas aos mestres da alta escolástica e à sua filosofia: para Bacon, os grandes filósofos do passado são Aristóteles, Avicena e Averróis (ou seja, três pagãos). Primeiramente, falta aos escolásticos o conhecimento da língua, na qual aqueles três escreveram, isto é, do grego e do árabe. Com franco escárnio, Bacon fala sobre Tomás como o filósofo que escreveu grossos livros sobre Aristóteles, sem entender absolutamente a sua língua. Bacon está convencido de que todas as traduções disponíveis, inclusive a das Sagradas Escrituras, são totalmente inacessíveis e contêm vários equívocos. Assim, é necessário menos um interesse na gramática e lógica até então praticadas, cujos fundamentos, de qualquer maneira, são natos a qualquer ser humano sensato, do que um urgente estudo de línguas estrangeiras, especialmente do hebraico, do grego e do árabe. As traduções disponíveis até aquele momento, que provocaram tantos prejuízos, deveriam, preferencialmente, ser queimadas.

A segunda censura dirige-se ao fato de aqueles escolásticos terem adquirido um conhecimento insatisfatório da matemática, a qual, para Bacon, é o fundamento de todas as ciências.

A terceira objeção refere-se ao método a ser empregado na ciência. O método escolástico procurava solucionar todas as questões recorrendo às autoridades (a Bíblia, Aristóteles, os Padres da Igreja) e mediante a dedução lógica a partir delas. Bacon opõe a esse método a exigência de um retorno à experiência direta, quer dizer, a observação e questionamento da natureza por meio de experimentos, procedimento no qual ele vê a fonte de todo o saber universal verdadeiro. "Sem experiência nada pode ser conhecido satisfatoriamente."

Convém aqui observar que Bacon entende sob o termo "experiência" tanto o conhecimento empírico como também a inspiração divina.

Bacon insiste em uma reforma do calendário, da forma como ela foi realizada alguns séculos depois. Ele exige uma fundamentação científica para a agricultura. Em sua *Epistola de Secretis Operibus*, entre outras coisas, ele prevê:

Máquinas para a navegação podem ser construídas sem remos, de tal modo que os maiores navios podem ser movidos através de rios e mares, em alta velocidade, por um único homem, como se estivessem plenamente tripulados. Também carros podem ser construídos, de modo que se movimentem com velocidade inacreditável sem animais de tiro... Também podem ser construídas máquinas para, com elas, não haver perigo de se entrar no mar e em rios, mesmo até o fundo...[40]

Na área da ótica Bacon produziu algumas descobertas revolucionárias, bem à frente de sua época.

O que isso tudo tem a ver com a filosofia? Aqui já se anuncia a transição no pensamento ocidental, que finaliza a Idade Média e inicia a era das modernas ciências naturais. Homens como Bacon atacaram a escolástica pela raiz.

2. Duns Escoto

De um outro lado, o franciscano inglês Duns Escoto deu um passo decisivo para que a aparentemente auferida reconciliação no tomismo entre teologia e filosofia tivesse que dar lugar a uma tão profunda desavença entre ambas. Ele nasceu não muito antes de 1270 e morreu já em 1308, com a idade aproximada de 40 anos. Ensinou teologia em Oxford, mais tarde em Paris e por último em Colônia, onde exerceu não mais que uma breve influência. Como ele era um festejado professor e desenvolvera uma extremamente frutífera atividade literária, a curta duração de sua vida bastou para assegurar-lhe a fama póstuma como um dos grandes filósofos da Idade Média. Seus contemporâneos honraram-no com o qualificativo de sutil – "doctor subtilis".

Quem se sujeitar ao – aliás, considerável – esforço de ler os escritos desse "João Duns da Escócia", irá confirmar isso e talvez concordar com um pensador do século XX (C.S. Peirce), que o designou como "a mente especulativa mais importante da Idade Média" e um dos mais profundos pensadores metafísicos de todos os tempos.

Duns também mantém uma posição crítica, frequentemente até mesmo polêmica, perante Alberto e Tomás, ainda que lhes tenha muito que agradecer. Sobretudo o seu excelente conhecimento sobre Aristóteles, o qual supera o dos mestres da alta escolástica, não seria pensável sem a decisiva preparação realizada por eles. Porém, quanto mais se adentrava no mundo de pensamentos de Aristóteles, mais exato se conhecia este filósofo e, assim, tanto mais cedo se tinha que, por fim, voltar a ter a consciência da enorme oposição entre o filósofo pagão, que se concentrava no mundo e na natureza, e a posição básica da crença cristã. Isso levou Duns ao reconhecimento de que uma tão plena concordância entre teologia e filosofia (aristotélica), como Tomás a havia pretendido e acreditara tê-la alcançado, não era possível. Duns fala criticamente daqueles que associam muito estreitamente teologia e filosofia. Em seus escritos já se encontra também a sentença de que uma proposição pode ser verdadeira do ponto de vista filosófico e ser falsa do

---

40. BACON, R. Apud CROMBIE, A.C. *Von Agustinus bis Galilei – Die Emanzipation der Naturwissenschaft*. Colônia, 1959, p. 52.

ponto de vista teológico e vice-versa. Apesar disso Duns, de um modo mais geral, não encontra oposição entre as duas áreas, principalmente porque ele atribui à teologia um caráter preponderantemente prático. Ele chega até mesmo a duvidar se, num sentido mais estrito, ela poderia ser chamada de ciência. Assim, é verdade que Duns está bem longe de querer substituir a fé cristã por uma filosofia não cristã. Ele é um fiel filho da Igreja. No entanto, ele preparou o caminho para a divisão das duas áreas, cuja realização logo aconteceu.

Além de ter um estreito relacionamento com seu companheiro de ordem, Guilherme de Ockham, pensador que efetuou aquela divisão, também lhe era próximo em outro aspecto: na concepção da relação entre o universal e o particular (individual). No que se refere à questão da disputa dos universais ele é, claro, realista como Tomás. Porém, ele ensina que em cada coisa, ao lado de seu universal "o que" (*quiditas*, "quididade"), está um único e particular "este", um "aqui e agora" (*haecceitas*) e comprova com isso, em oposição a Tomás, possuir uma avaliação mais elevada do individual. Ele afirma, categoricamente, que o individual é o mais pleno e verdadeiro objetivo da natureza. Com isso, não é somente dado um passo em direção ao nominalismo. Nesse pensamento de Duns já temos também uma pré-etapa daquela dominante admiração que a Renascença conferiu ao individual e ao indivíduo humano.

Duns Escoto abriu caminho para o sucesso de outro pensamento, com o qual a oposição franciscana contra Tomás já havia se ocupado. A relação entre raciocínio e volição havia sido concebida por Tomás de forma que o intelecto seria superior à vontade. Para ele, a vontade segue a razão, porque, perante a necessidade, ela apanha aquilo que a razão apresenta como o melhor. Duns Escoto inverte essa relação. A *vontade* é superior ao raciocínio. A vontade é livre e encontra-se livre diante do material disposto pela razão. Isso é significativo para a teoria do conhecimento, na qual Duns, de modo consequente, acentua a ação da autoatividade do raciocínio perante a concepção passiva e assimiladora do intelecto em Tomás. Este pensamento também tem efeito na representação de Deus. Por analogia com aquilo que reconhecemos no ser humano, o qual é a imagem de Deus, podemos concluir que também em Deus a vontade divina é o que vem antes, o dominante. O mundo é assim, criado da forma como ele é, tão somente porque agradou à vontade divina construí-lo dessa forma. Não há nada que em si seja bom ou necessário (essa concepção Tomás havia adotado). Algo é bom apenas porque Deus assim o quis. Se ele tivesse desejado outra coisa, ou se ele viesse a querer outra coisa, então outra coisa seria "bom". Isso vale também para o valor ético da ação humana. Uma ação é boa, porque Deus a quer e a prescreve. A vontade humana é, então, boa, se ela se submete plenamente à vontade divina. A vontade de Deus para Duns, no entanto, coincide completamente com o mandamento da Igreja.

Essas são algumas diferenças de conteúdo entre Duns e os tomistas. Para o conjunto do desenvolvimento, porém, quase mais importante que todas as diferenças de conteúdo é, considerando o pensamento de Tomás, um deslocamento do interesse que se pode observar em Duns. Tomás havia tomado os ensinamentos cristãos fundamentais sobre Deus, mundo e ser humano como ponto de partida. Ele via na filosofia um meio de apoiar e comprovar aqueles ensinamentos. Para ele o principal era, evidentemente, o ensinamento a ser comprovado e não a prova como tal. A crítica de Duns Escoto – a qual não se volta apenas contra Tomás, mas também contra seus companheiros de ordem, os adversários de Tomás – dirige-se, em muitos casos, não tanto contra aquilo que os outros querem comprovar, pois é claro que ele concorda com eles em relação aos principais dogmas, mas contra o modo e o *método* da condução de sua prova. Pode-se dizer que Duns começa a refletir não sobre o mundo, como os outros, mas sobre o pensamento dos outros sobre o mundo. Na história da filosofia, pensadores que afastaram sua atenção dos objetos da reflexão e a dirigiram às próprias formas, métodos e possibilidade da reflexão, proporcionaram, frequentemente, um decisivo progresso. Isso vale, naturalmente, sobretudo para Kant. Também Duns Escoto, ao dirigir sua crítica e, assim, sua atenção, não ao conteúdo das teses escolásticas, mas ao método filosófico empregado para a sua comprovação, prepara uma virada decisiva na filosofia. "Se, então, os procedimentos científicos de comprovação se tornam importantes em si, até mesmo considerados como o ponto principal, eles se tornam liberados de qualquer relação de serviço, isto é, inclusive do 'escolástico'. Ainda que Duns seja o filho mais fiel da Igreja romana, ele conduziu a filosofia a um ponto, no qual ela tem de encerrar seus serviços para com Roma"[41].

3. Guilherme de Ockham

Mais do que a manifestação dos dois pensadores abordados acima, a renovação do nominalismo empreendida por Guilherme de Ockham significa um ataque contra os fundamentos da escolástica e o sinal para o início de um novo tempo. Guilherme nasceu em 1290 em Ockham (lat. Occam). Como seus predecessores, ele estudou e ensinou em Oxford, onde sua sagacidade e habilidade em disputas lhe renderam o qualificativo honorífico de invencível (doctor invincibilis).

O fato de o antigo nominalismo ter sido condenado pela Igreja teve seu ensejo na determinação de Roscelino de dirigir seus argumentos nominalistas ao dogma da Trindade. Mas o fato de a Igreja tê-lo reprimido tão radicalmente ocorreu em virtude da constatação consciente ou inconsciente de que um nominalismo consequente não tinha, é verdade, de abalar a crença cristã, mas, de qualquer modo, abalaria a sua singular união com a antiga filosofia, a escolástica, em suas firmes bases. Pois o método escolástico, ao renunciar à observação direta da natureza, deduzindo de autoridades reconhecidas todo o saber objeto de interesse, tinha, basicamente, como precondição a convicção de que nos teoremas e dogmas de fé universais já estavam contidos e ditos todos os particulares e que eles deveriam apenas ser extraídos. Esse método faz sentido somente se o universal, como o era concebido pelo realismo escolástico, for mais primitivo e "mais real" e já compreender em si todo o particular em sua plena extensão.

---

41. Ibid., p. 261.

Ocorre que para Guilherme essa relação é exatamente inversa. Ele afirma que os escolásticos "realistas", ao terem começado pelo universal e dele buscado deduzir a individualidade, "enfrearam o cavalo pelo rabo" e começaram a inverter tudo. Pois o particular é real como tal, ele é real por si próprio; o que deve ser esclarecido é o universal. E é isto que Guilherme tenta em suas longas e complicadas análises. Delas destacamos apenas os pensamentos básicos. Ele define a lógica como a ciência dos sinais. Simples sinais (signos, termos) são também, especialmente, os tão considerados conceitos gerais ou universais de qualquer realista. A eles não corresponde nada de real. Mesmo no espírito divino as "universalia" não estão "ante res". Guilherme sustenta isso com o argumento teológico de que, se fosse de outro modo, o dogma da criação divina não se poderia manter do nada, porque, nesse caso, os universais já estariam lá antes das coisas. – Não há em nenhuma parte uma "localidade" ou uma "temporalidade", mas apenas um onde e um quando; existe, respectivamente, apenas um como e um quanto, mas não qualidade e quantidade. Na realidade não há uma "relação" como algo autônomo, mas apenas as coisas relacionadas. A relação existe somente em nossas cabeças. Não há uma "grande quantidade", apenas muitas coisas. Admitir uma relação além das coisas relacionadas, uma grande quantidade além das muitas coisas, é uma inútil duplicação ou multiplicação, contradiz o fundamento de toda lógica e de toda ciência, a saber, não admitir nada mais quando algo bastar para o esclarecimento. Esse princípio, formulado como "nunca empregue [pressuposições, argumentos, essências] mais do que o necessário [para o esclarecimento]", foi adotado como *Ockham's razor* (navalha de Ockham) na metodologia da ciência e da filosofia.

Com a teoria das categorias de Aristóteles não são as coisas que são classificadas e compreendidas (como havia suposto Alberto, p. ex.), mas apenas os nossos signos, as palavras e os nomes que lhes atribuímos. Guilherme, portanto, interpreta Aristóteles totalmente do ponto de vista de seu nominalismo, o que, em virtude da crítica praticada por Aristóteles a Platão, como vimos, também é completamente possível.

Guilherme escapa de antemão do perigo de que o seu nominalismo, empregado a dogmas cristãos, pudesse abalá-los, porque ele não retira do domínio da interpretação racional somente mistérios da fé isolados (como Tomás), mas (como Duns Escoto, porém de forma mais radical do que ele) toda a teologia. Os dogmas da Trindade, da incorporação humana de Deus e outros são para Guilherme não apenas suprarracionais, mas antirracionais e devem ser tomados como tal. Não existe também uma comprovação racional para a existência ou determinadas qualidades de Deus. Como a base de todo saber é a experiência que parte de cada um, mas, como nesse sentido, não podemos ter uma experiência de Deus, um saber verdadeiro e natural de Deus é impossível para os homens. Isso significa, entre outros, que uma teologia na qualidade de ciência, com comprovações exatas e assim por diante, não é possível. Aquilo que Duns Escoto já havia sentenciado, que uma proposição pode ser verdadeira para o teólogo, mas falsa para o filósofo, é para Guilherme profunda convicção[42]. O antigo "credo quia absurdum" volta a vigorar.

---

42. Ibid., p. 268.

É simplesmente consequente que Guilherme queira ver observada também na prática a demarcação que ele assinala entre teologia, por um lado, e ciência mundana e secularidade, por outro. Quer dizer, observada na política eclesiástica e na relação da Igreja com o mundo terreno. Ele combate veementemente a secularização da Igreja e o poder temporal político do Papa Bonifácio VIII. Em sua *Disputa entre o clérigo e o soldado*, recorrendo ao exemplo de Jesus e dos apóstolos, ele exige – o que também corresponde aos rígidos preceitos da ordem franciscana – a recusa do mundano e limitação das tarefas da Igreja às espirituais. Com argumentos que, em parte, lembram os princípios determinantes e revolucionários dos direitos fundamentais do Iluminismo, Ockham volta-se contra o exercício do poder temporal pela Igreja em seu escrito *Sobre o poder dos imperadores e dos papas*. "O papa não está autorizado a privar qualquer ser humano de seus direitos naturais..." Pertencem aos direitos invioláveis sobretudo aqueles "dos quais as pessoas gozavam antes da vinda – pois retirá-los ou privar os cristãos de tais direitos mediante ordens papais significa tornar a liberdade dos cristãos inferior à dos pagãos e descrentes..."

A consequência de tais palavras foi o encarceramento de Ockham por ordem do papa, naquela época residente em Avignon. Ele escapa da prisão fugindo para Munique. Encontra asilo no governo do Imperador Luís da Baviera, o qual estava em conflito com a autoridade papal. Conta-se que Guilherme lhe disse as famosas palavras: "Proteja-me com a espada, e eu o protegerei com a pena." Morreu em Munique, em 1349. – Em 1339, o ensino dos pensamentos de Guilherme de Ockham havia sido proibido na Universidade de Paris. Mesmo assim, o Nominalismo tornou-se a linha intelectual dominante. Isso ficou claro quando um edito, por meio do qual em 1473 todos os professores da universidade parisiense foram compelidos ao Realismo, portanto contra Guilherme, apenas poucos anos depois teve de ser revogado.

Com o nominalismo de Guilherme e suas consequências, praticamente rompeu-se o vínculo entre teologia e filosofia, entre fé e saber, estabelecido pela escolástica durante séculos. Ambos os domínios estão agora por si. Existe uma "dupla verdade" (semelhante ao que Averróis já havia afirmado muito antes). Da época de Ockham até o presente, esta foi, de fato, a mais grave consequência e conclusão do seu ato: saber e fé, isto é, filosofia e ciência de um lado, religião e teologia de outro, caminham de agora em diante por vias separadas. Cada parte desenvolve suas próprias legitimidades sem considerar a outra. O diálogo entre crença e saber ficará por um longo tempo quase emudecido. Essa cisão atravessa toda a nossa cultura moderna.

Isto significa para a filosofia e para a ciência, que perante a filosofia se tornava lentamente autônoma, que elas, dispensadas do serviço escolástico na teologia e, conforme o exemplo itinerário de Roger Bacon, cada vez mais voltadas intensivamente para a experiência externa direta como sua fonte, puderam adotar aquele extraordinário desenvolvimento que toma conta da história das ideias dos últimos séculos. Para o domínio religioso isso significa que o conteúdo suprarracional da fé pode ser expresso diretamente sem considerar a filosofia e a teologia racional – como ocorreu primeiramente e, sobretudo, no grande misticismo alemão.

V. A mística alemã: Mestre Eckhart

A mística como orientação mental não está vinculada a uma determinada época. Em todas as épocas e em cada momento de sua vida o ser humano tem a possibilidade de "fechar os olhos", abstrair-se do mundo, olhar para o seu próprio interior e inflamar as ardentes centelhas divinas que lá residem, até torná-las uma chama luminosa. De fato, a mística existiu em quase todas as épocas: com os indianos, cuja filosofia, toda nesse sentido, pode ser chamada de mística; com os gregos na sua primeira fase e no final da Antiguidade com o neoplatonismo; em diferentes épocas da Idade Média; no começo da Era Moderna e mais tarde. Apesar disso, do ponto de vista da história das ideias, não é uma coincidência o fato de que uma das mais importantes correntes da mística tenha se imposto diretamente após a alta escolástica. O estreito acoplamento ao qual foram levados a crença religiosa e o saber do mundo por meio de Alberto, Tomás e outros colocou grilhões não somente na filosofia, mediante uma sujeição escolástica tendo em vista razões teológicas, mas também na fé, mediante sua ligação com o fundamentalmente profano conhecimento de Aristóteles e de seus comentadores árabes. Vimos como, aos poucos, a filosofia começou a se libertar dessa relação com Bacon, Duns e Guilherme. A finalização desse desenvolvimento, ou seja, a separação das forças crentes da amplamente racionalizada teologia e filosofia da alta escolástica foi empreendida, sobretudo, pelo místico alemão Mestre Eckhart, a mais forte personalidade entre os místicos da Idade Média, quase ainda um contemporâneo da alta escolástica – Eckhart nasceu em 1260 e, possivelmente, tenha sido um aluno direto de Alberto Magno em Colônia – e também pertencente à ordem dominicana.

João Eckhart descendia de família nobre de Hochheim, perto de Gotha, na Turíngia. Seus estudos em Colônia e Paris lhe proporcionaram uma excelente formação teológica e filosófica. Ele tinha ótimos conhecimentos, especialmente sobre escolástica e Aristóteles. Portanto, o desenvolvimento intelectual daquela época não lhe era estranho. Do ponto de vista científico, ele estava completamente atualizado. Emprega largamente as formas de pensamento e expressão da escolástica. No entanto, o que ele expressa nelas é algo totalmente diferente da sabedoria escolar escolástica. Trata-se de um conhecimento autêntico, original e criativo – no início, porém, não entendido como produzido a partir da observação direta da natureza, mas sim, como era de se esperar entre os místicos, alimentado por fontes interiores, uma intuição. Aliás, os escritos alemães de Eckhart o revelam também como mestre no domínio e na criação do médio alto alemão popular – suas obras, aquelas que foram mantidas ou reencontradas, são parte em alemão, como os Sermões, parte em latim.

Eckhart chegou aos mais elevados postos na ordem dominicana. Ele foi, sucessivamente, prior em Erfurt, provincial da Saxônia, vigário-geral dos mosteiros boêmios, professor em Paris, capelão em Estrasburgo, prior em Frankfurt sobre o Meno e, na última fase de sua vida, em Colônia. Foi nessa cidade, onde eclodiu a oposição latente entre a Igreja e a extremamente teimosa personalidade de Eckhart. Levado a um tribunal eclesiástico pelo arcebispo de Colônia, Mestre Eckhart teve de, em 1327, pouco antes de sua morte, que ocorreu já no ano posterior, fazer uma retratação na igreja dominicana de Colônia. A declaração foi, no entanto, pronunciada de modo geral e afirmava apenas: caso alguma coisa que ele tenha escrito, dito ou pregado deva conter um erro em relação à fé, ele retrata isso e deseja que tal seja considerado como não dito. A decisão do papa, da qual Eckhart havia apelado, não foi publicada até o final de sua vida. Após a sua morte, algumas teses de Eckhart foram julgadas heréticas por bulas papais.

Do ponto de vista formal, a filosofia de Eckhart não é comparável aos grandes sistemas da escolástica. Ela não oferece um sistema elaborado, no qual cada coisa encontra seu lugar. Ela é expressão de uma vivência intensivamente religiosa, quase não empregada para analisar as particularidades do mundo e da natureza, mas sim que gira em torno dos eternos polos da mística: Deus e a alma.

Na representação de Deus de Mestre Eckhart voltamos a encontrar pensamentos que já haviam aparecido no neoplatonismo de Plotino e nos escritos do pretenso Dionísio Areopagita, os quais eram aliados aos de Plotino (assim como, em geral, sempre quando se desenvolve uma linha mística no pensamento cristão, se retorna a Platão, ao neoplatonismo e também a Agostinho). Deus é tão simplesmente o bem, o único, o absoluto, o completamente de outro mundo, que nós não podemos descobrir nada sobre Ele. Tudo o que quisermos lhe atribuir, é-lhe mais inadequado do que adequado. Assim, a teologia constitui-se, principalmente, de proposições negativas. Esse Deus, plenamente do além, é chamado por Eckhart de "deidade" ou "natureza inaturada". Ele diferencia a deidade de "Deus" ou da "natureza naturada". Uma vez que também não lhe pode ser atribuído o predicado do "ser", a deidade original é como o abismo do nada. "A deidade não atua, nela não há obra." Para se revelar, a deidade tem de, primeiramente, "se professar", "falar a palavra". Somente a partir daí uma deidade se torna o Deus trinitário do cristianismo. A deidade desdobra-se em sujeito e objeto. Deus-Pai é o sujeito. O objeto, a "palavra" na qual Ele se expressa, é o Filho de Deus. "A palavra eterna é a palavra do pai e é o seu filho unigênito, Nosso Senhor Jesus Cristo. Nele o Pai pronunciou todas as criaturas sem início e sem fim". O laço do amor, que une Pai e Filho, é o Espírito Santo. Para Eckhart, o Deus trinitário do cristianismo aparece como a primeira "emanação", como irradiação da "deidade" original que paira sobre Ele.

A segunda grande ideia fundamental é a do antigo ensinamento místico da unidade de Deus e da alma humana. A alma é criada conforme a imagem de Deus. Na representação de Deus acima referida isso significa: assim como Deus, a alma também é formada por uma trindade. Ela constitui-se das três forças anímicas: o conhecimento, o zelo e o querer, às quais pertencem as três principais virtudes cristãs: fé, amor e esperança. No entanto, uma vez que sobre o Deus trinitário paira a deidade original, da mesma maneira na alma sobre aquelas três forças anímicas paira a "pequena centelha" divina – "tão pura, tão elevada e tão nobre em si mesma, que nela nenhuma criatura pode ser, mas somente Deus a habita, apenas com a sua natureza divina". "A centelha da alma é uma luz de harmonia divina, que se inclina eternamente para Deus."

A conclusão necessária, e a terceira ideia fundamental na mística de Eckhart, é a autorrenúncia e total dedicação a Deus. "Deves libertar-te plenamente de tua 'tuidade' (*Deinesheit*) e deves desfazer-te na 'suidade' (*Seinesheit*) de Deus e o teu 'teu' deve, no 'meu' de Deus, tornar-se um 'meu' de forma tão completa que entendas com ele, eternamente, sua 'seridade' (*Istigkeit*) não tornada e sua anônima 'nadidade' (*Nichtheit*)." As condições para que, desse modo, a alma se torne uma só coisa com Deus, "para que Deus nasça em nós", são: a renegação do pecado que nos separa de Deus; serenidade, paz interior; afastamento (*Abgeschiedenheit*), renúncia a todas as coisas terrenas e, por último, também a renúncia a si mesmo para com isso abandonar o próprio querer e entregar-se plenamente a Deus.

A alma, ao atingir esse estado, no qual ela se purifica de tudo o que a separa de Deus, torna-se igual a Deus. "Assim segue que o seu ser, sua substância e sua natureza são meus. E se, pois, sua substância, seu ser e sua natureza forem meus, então sou o Filho de Deus." A alma reconhece que tudo, exceto Deus, não somente é sem valor, mas não é absolutamente nada, que tudo, em geral, existe apenas na medida em que seja em Deus. "Deus vê, ele reconhece, que todas as criaturas não são." – "Aquele que tomasse todo o mundo e mais Deus não teria nada mais do que se tivesse somente Deus." – Nesse estado, a alma eleva-se acima do espaço e do tempo. Ela reconhece que a essência que fundamenta todas as coisas não é uma inconstância temporal, mas um eterno e intemporal presente. Ela reconhece também a eterna necessidade que tudo fundamenta, pois "Deus, necessariamente, atua em todas as suas obras".

A eterna necessidade fundamenta também o processo de salvação, por meio do qual a alma se junta a Deus – necessidade, porém, não somente para os homens, mas também para Deus, pois "Deus pode tão pouco carecer da nossa como nós da sua".

Como toda a Idade Média, Eckhart também vê a salvação para os homens principalmente no conhecimento. Nisso ele se assemelha aos escolásticos, porque também para ele a bem-aventurança consiste no conhecimento, na contemplação de Deus. Ocorre apenas que se trata de um conhecimento místico, que para Eckhart é possível de ser atingido já nesta vida.

Entre os discípulos de Eckhart destacam-se Heinrich *Seuse* (lat. Suso) (1300-1365) e Johann *Tauler* (1300-1361). Também surgida no século XIV e pertencente ao círculo eckhartiano é a "Teologia alemã" (*Deutsche Theologie*), um livro de autor desconhecido, editado após Lutero. Na Holanda, o principal representante da mística é Jan van *Ruysbroek* (1293-1381). Uma outra difusão dos pensamentos místicos é encontrada em Thomas Hamerken, nascido em Kempen, próximo a Colônia, daí ser chamado de *Thomas von Kempen* ou, em latim, Thomas a Kempis. Seu trabalho *Imitação de Cristo* (*Von der Nachfolge Christi*) – nenhuma obra científica ou filosófica, mas um livro religioso de edificação – tornou-se um dos livros com mais tiragens do planeta.

A obra do próprio Eckhart, com pleno domínio de linguagem, profundidade intelectual e religiosa, uma das mais brilhantes na história do pensamento cristão e alemão, teve, mesmo assim, apenas uma recepção tíbia na teologia de ambas as confissões. Assim, ocorre que a obra desse homem assemelha-se a uma fonte inesgotável, ficando reservado ao presente empreender uma edição crítica completa de seus escritos, o que se tornou extremamente difícil após a perda de muitos manuscritos[43].

---

43. Na editora W. Kohlhammer, Stuttgart.

No final desta breve – para os especialistas demasiadamente incompleta – visão de conjunto sobre a evolução do pensamento filosófico na Idade Média cabe ainda uma observação geral: a filosofia daquela época não estava apenas interligada, amalgamada, com a teologia cristã. Seus pensadores também eram todos religiosos, clérigos, normalmente pertencentes a uma ordem, e em suas obras eles utilizavam quase sem exceção o latim, o qual eles – e apenas eles – dominavam e que possibilitava o único acesso às fontes do saber e da tradição. Quem não pertencia ao clero era "leigo" – aquela situação do leigo de estar excluído do saber "elevado" repercute-se até hoje no duplo sentido da palavra leigo, como não clerical e não conhecedor de determinado assunto.

Eckhart é uma exceção. Ele escrevia e pregava não somente em latim, mas também em (um magistral) alemão. No entanto, ele não era a única exceção. Só lentamente vem à luz o fato de que também outros importantes pensadores – e também poetas, como Dante – tentaram falar aos "leigos" e de que além das aulas cristãs e universitárias havia, sim, pensadores e linhas de pensamento, cujo conhecimento pode estender a imagem tradicional da Idade Média[44].

---

44. Cf. IMBACH, R. *Laien in der Philosophie des Mittelalters*. Amsterdam, 1989. Um parcialmente novo olhar sobre a filosofia medieval foi obtido por Kurt Flasch na série "Geschichte der Philosophie in Text und Darstellung" (Reclam). O volume dois sobre a Idade Média é editado por ele.

PARTE IV

O PERÍODO DO RENASCIMENTO E DO BARROCO*

---

* Tradução de *Carlos Almeida Pereira*, filósofo e teólogo.

I
Filosofia na era do Renascimento e da Reforma

I. A virada intelectual da Idade Média para a Idade Moderna

Já pelo final da Escolástica começaram a manifestar-se ideias e exigências que devem ser consideradas como os germes e indícios de sua dissolução, e como precursoras de uma grande transformação do espírito.

No maior valor conferido ao individual, iniciado na fase final da Escolástica, já se anuncia a "libertação do indivíduo" dos vínculos usuais, que constitui um elemento básico de todo o desenvolvimento cultural subsequente da Europa, embora desde então sempre de novo ameaçada de degenerar em anarquia social e intelectual. Na exigência dos escolásticos da última fase por um conhecimento exato das línguas antigas já se anuncia o movimento humanístico, que em muitos setores produziu um novo e profundo contato do espírito europeu com suas fontes da Antiguidade. A exigência de Roger Bacon por uma ciência e filosofia, que – rejeitando todas as outras autoridades – tivesse como base unicamente a experiência e a observação direta da natureza, constitui o toque de fanfarra que anuncia o espetáculo do grande desenvolvimento da ciência ocidental moderna. Por último a filosofia do nominalismo, ao dissolver o elo medieval entre fé e conhecimento, quebrou a unidade dos dois setores, ao mesmo tempo que também criava condições para a liberação e atuação de novas e desconhecidas forças, tanto na fé quanto na ciência e na filosofia. Já nos deparamos aqui, em germe, com a maioria dos traços cuja manifestação constitui a essência deste período de transição, e que caracterizam todo o pensamento europeu que se manifestou a seguir: *individualismo*, elevada valorização da livre personalidade individual; *liberdade* para discutir a Antiguidade, sem a obrigação de se prender aos elos e objetivos teológicos; uma ciência construída unicamente sobre a razão e a experiência (*ratio* e *empiria*); *mundanidade*, caráter não espiritual do pensamento.

Os indícios mencionados encontram-se dentro da própria filosofia, ou pelo menos no terreno do espírito. Mas toda a grandeza e amplitude desta transformação, que levou à dissolução da ordem e da filosofia medieval, e que constituiu a expressão desta ordem e era parte dela, substituindo-a por algo novo, só pode ser corretamente avaliada quando se lança um olhar para além do terreno da filosofia, para a evolução global da cultura durante este período. É claro que só podemos entender corretamente a filosofia de uma determinada época, ou mesmo a de um pensador individual, quando levamos em conta suas ligações com as forças básicas do desenvolvimento social e intelectual, pois o pensamento filosófico não ocorre isoladamente no espaço vazio, mas sim dentro de um contexto social e de uma atmosfera histórica; e se, por uma questão de espaço, nem sempre nos é possível detalhar esta classificação, tentaremos no entanto, pelo menos nas grandes viradas do desenvolvimento da filosofia, dirigir nosso olhar para o contexto histórico global.

A mudança da Idade Média para a assim chamada Era Moderna (este conceito só tem sentido no âmbito da história intelectual da Europa com que estamos nos ocupando) pode ser considerada sob pontos de vista inteiramente diferentes. Cada um deles esclarece um determinado aspecto parcial de todo o processo, e não pode ser imaginado fora dele; mas nenhum acontecimento isolado é, por si só, suficiente para "explicar", isto é, para tornar compreensível o processo como um todo. Tentamos dar uma visão geral dos múltiplos aspectos deste processo de mudança apresentando os cinco pontos de vista mais importantes.

1. Invenções e descobertas

Dos acontecimentos mais cheios de consequências da época de transição – como podemos denominar os séculos XV e XVI – fazem parte as três grandes invenções ocorridas nesses dois séculos, e que começaram a produzir resultados, transformando radicalmente a fisionomia da Europa. Em primeiro lugar a invenção da bússola, que possibilitou a exploração dos mares, dando início com isso à era das descobertas. Também a introdução da pólvora, que abalou a posição dominante da cavalaria na ordem social da Idade Média, dando início a uma ampla transformação da sociedade. E por fim a invenção da imprensa, relacionada com as cruzadas, com a difusão do papel, que – mais barato do que o custoso pergaminho – criou as condições para o incrível aumento dos movimentos intelectuais que tiveram início então.

Grandes foram também as consequências das descobertas geográficas, que começaram agora. Colombo descobriu o Novo Mundo do outro lado do Atlântico. Vasco da Gama descobriu o caminho marítimo para as Índias, que era o que propriamente Colombo pretendia encontrar. Magalhães realizou a primeira circunavegação da terra. As descobertas deram início à expansão europeia pela maior parte da superfície da terra. Levaram também o centro da riqueza econômica, do poder político, e também da cultura, a se transferir para os estados banhados pelo Oceano Atlântico, e mais recentemente para o outro lado do oceano.

2. A nova ciência natural

Enquanto o persistente impulso da pesquisa e o zelo missionário cristão, mas também a busca de conquistas e a cobiça das pessoas, impulsionavam a difusão dos europeus por toda a superfície da terra, seus pensamentos se aventuravam também pelas profundezas do espaço cósmico. A imagem astronômica do mundo da Idade Média baseava-se na suposição de que a Terra era o centro imóvel do universo, em torno do qual todo o céu se movia em círculos. A genial ideia do astrônomo grego da Antiguidade, Aristarco, que considerava o Sol como centro, havia caído em total esquecimento. Havia-se criado um sistema astronômico extremamente sofisticado e artificial, com o objetivo de harmonizar as observações reais com aquela suposição. O grande feito do alemão Nicolau Copérnico (nascido em 1473 em Thorn) foi destruir este sistema artificial e substituí-lo por outro sistema de pensamento claro e coerente, partindo da suposição de que a Terra é um corpo que se move em torno do Sol, ao mesmo tempo que gira em torno do seu próprio eixo. A obra de Copérnico *Sobre as revoluções dos corpos celestes* só veio a lume no ano de sua morte, 1543.

As igrejas cristãs, de início, não rejeitaram a ideia copernicana, mas a vida e obra de seus dois grandes herdeiros e continuadores ocorreu na época em que as igrejas de ambas as confissões já haviam percebido as ameaças da nova doutrina para suas concepções tradicionais; por isso a vida de ambos está cheia de trágicas lutas.

O nome do primeiro, Johannes Kepler (1571-1630), está ligado antes de tudo às leis do movimento dos planetas, por ele formuladas. Mas Kepler foi pioneiro em quase todos os setores da ciência natural da época. Kepler não foi apenas um estudioso bem-sucedido, ele foi também um pensador e filósofo de larga visão. Do conjunto de sua obra destacamos dois pensamentos básicos, que nos tempos subsequentes demonstraram-se como particularmente fecundos. O primeiro é a firme convicção de Kepler de que todo o universo obedece a uma lei única. Esta ideia foi enunciada por ele sobretudo em sua obra *Harmonia do mundo*. Esta convicção o orientou em todas as suas descobertas, pode-se quase dizer que nasceram do seu empenho por fundamentar com precisão sua convicção metafísica da harmonia e regularidade de todos os seres criados. – A segunda ideia está relacionada com a primeira, e foi formulada nesta frase de Kepler: "O espírito humano percebe com maior clareza as relações quantitativas; ele propriamente foi criado para apreendê-las". Com isto foi pela primeira vez formulado o que distingue a ciência ocidental e seus métodos da ciência e do método dos gregos. Kepler vê o erro dos gregos na tentativa de explicar a natureza a partir de forças qualitativamente diferentes. Em oposição a isto, ele considera a natureza como plenamente unificada, as diferenças que nela encontramos sendo meramente quantitativas. Mas o reduzir as diferenças quantitativas a qualitativas constitui o segredo dos espantosos sucessos da ciência natural moderna. "*Ubi materia, ibi geometria*" – onde existe matéria, existe também matemática –, assim exclama Kepler, com isto tornando-se o primeiro a formular o ideal do conhecimento matemático, determinante para toda ciência natural subsequente.

Com mais coerência ainda do que Kepler, Galileu (*Galileo Galilei*) formulou e aplicou os princípios de uma ciência natural puramente quantitativa, matemática e mecânica. Galileu nasceu em 1564 em Pisa. Sua adesão à teoria de Copérnico, como se sabe, trouxe-lhe conflitos com a Inquisição, que sob ameaça de tortura forçou o velho sábio a renegar seus conhecimentos; só no século XX foi que a Igreja Católica lhe fez justiça. Mas isto não prejudicou a atuação da obra de sua vida. Este grande italiano é o verdadeiro pai da ciência natural de hoje. Além de numerosas outras descobertas e invenções, ele estabeleceu sobretudo os fundamentos da mecânica.

De fundamental importância para isto foram suas experiências sobre a queda dos corpos e as leis gerais do movimento, delas derivadas. Nesse exemplo a diferença entre a visão antiga da natureza, qualitativa, partindo das "formas" e da "essência" das coisas, e a nova visão de Galileu, quantitativamente orientada, manifesta-se de uma forma particularmente clara, já na maneira inteiramente diferente como Galileu se ocupa com o estudo do movimento de queda. Aristóteles se interrogara: Por que os corpos caem? E respondera mais ou menos assim: Porque os corpos, por "essência", são "pesados" e procuram seu "lugar natural" (no centro do universo). Galileu pergunta: Como caem os corpos? Para verificar isto, ele decompõe (em pensamento) o processo unitário da queda em fatores mensuráveis: extensão da queda, tempo de queda, eventuais resistências que possam afetar o movimento, e assim por diante, e através de experimentos e medições ele analisa a relação quantitativa entre esses fatores. O resultado assim encontrado – que na ausência de todo obstáculo um corpo percorre tal e tal extensão em tal e tal tempo – é a "lei natural", uma fórmula matemática que, mesmo não "explicando" a "essência" do processo, descreve seu decurso com exatidão.

Neste restringir-se ao "como" do processo natural, abstraindo de sua essência e do seu "porquê", está presente, sem dúvida alguma, uma renúncia, mas que, como o demonstrou o desenvolvimento subsequente, desencadeou toda uma avalanche de novos e exatos conhecimentos, como também de dominação da natureza.

Este princípio do conhecimento da natureza, Galileu não apenas o empregou com sucesso, mas esclareceu-o também teoricamente, e o lançou por escrito em suas obras. Ele formula com toda clareza o que já fora expresso na mencionada fórmula de Kepler: O grande livro da natureza está aberto à nossa frente. Para que o possamos ler, nós temos necessidade da matemática, pois está escrito em linguagem matemática. Os fenômenos naturais são quantitativos, portanto mensuráveis. Onde isso não ocorre sem mais, a ciência deve organizar o experimento de tal forma que seja possível medi-lo.

Com Galileu tem início a marcha triunfal da ciência europeia da natureza, que não tem paralelos. Ela assume agora as rédeas no terreno da ciência, e não as larga mais. Desde então nenhum filósofo pode ignorar seus métodos e resultados. Chegou-se até a dizer que os verdadeiros filósofos da Era Moderna são os grandes naturalistas. Aliás, até o século XVIII quase todos os filósofos importantes eram também matemáticos.

3. Humanismo e Renascimento

O interesse pela Antiguidade – desde sempre posto em prática na filosofia – ganhou nova vida e nova intensidade a partir do século XIV. O novo movimento – denominado Humanismo, por assumir como ideal uma formação puramente "humana", portanto não teológica, voltada para a Antiguidade – partiu de homens como Petrarca (1304-1374), o "Pai do Humanismo", e seu contemporâneo Boccaccio. Este, no entanto, é conhecido hoje menos por seus trabalhos eruditos do que pelo "Decamerão", uma coleção de contos, mas que reflete, de forma extremamente cativante, o espírito da época. Esses homens começaram a colecionar e a estudar novamente a literatura clássica, quase totalmente esquecida durante a Idade Média. O Humanismo, no entanto, não se restringe à literatura, mas estende-se a todas as áreas da vida intelectual, tendo-se difundido para todos os países da Europa Ocidental a partir da Itália. Entre os humanistas mais importantes, os mais conhecidos são *Erasmo, Reuchlin* e Ulrich von *Hutten*. Para a filosofia, o Humanismo trouxe uma série de tentativas de revitalizar os sistemas antigos em sua verdadeira forma, isto é, não influenciada pelas interpretações escolásticas. A mais importante destas tentativas está ligada à obra de Platão. Teólogos gregos do Oriente, onde o conhecimento de Platão havia permanecido mais vivo do que no Ocidente, compareceram ao concílio convocado em 1438 para Ferrara. Depois da conquista de Constantinopla pelos turcos (1453) houve uma nova corrente migratória de sábios gregos para a Itália. Entre os primeiros encontrava-se Georgios Gemistos *Plethon* (nascido por volta de 1360 em Constantinopla), um entusiasmado admirador de Platão, de cujo nome ele formou sua alcunha de Plethon. Através de suas palestras ele conquistou a adesão de Cosimo di Medici, que governava Florença, para o plano de fundar em Florença uma academia platônica, que deveria ser uma continuação da antiga Academia de Atenas. Desta Academia surgiu Marsilio *Ficino* (1433-1499), que de forma brilhante traduziu para o latim as obras de Platão e do neoplatônico Plotino.

Já antes, Laurentius *Valla* (1406-1457) e outros haviam se comprometido com a revitalização da formação clássica romana, que consideravam encarnada em Cícero.

Para Aristóteles não existia necessidade de um renascimento, pois sua obra permanecera particularmente viva na Escolástica. Mas o conhecimento filológico exato de suas obras, incentivado por humanistas italianos, alemães e franceses, fez com que se tornasse cada vez mais difícil para os aristotélicos sustentar a possibilidade de associar a filosofia de Aristóteles ao cristianismo. A contradição entre os dois manifestava-se sobretudo na questão da imortalidade pessoal. Existiam então duas escolas aristotélicas, os alexandristas, à frente Pietro *Pomponazzi* (1462-1525), e os averroístas. Com extrema animosidade as duas se digladiavam precisamente sobre o problema da imortalidade, mas neste ponto com tanto mais clareza sua disputa evidenciava o caráter nada cristão da filosofia do seu mestre. Por isso, com o século XV, o papel de Aristóteles como apoio para a fé cristã, que ele havia encarnado durante séculos, estava encerrado, e a queda de Aristóteles de sua posição dominante representava também a queda da Escolástica.

As várias renovações dos sistemas antigos quase que não produziram ideias filosóficas de importância para o futuro. Seu mérito consiste essencialmente em haverem pela primeira vez olhado sem preconceitos a filosofia grega e romana, sem os óculos da Escolástica, em terem-nas visto de uma forma mundana e assim as terem trazido à consideração do seu tempo e das gerações subsequentes, de tal modo que a época que veio a seguir pôde encontrar nela estímulos para novas criações. Se o Humanismo permaneceu substancialmente um assunto dos sábios e instruídos, o *Renascimento* (em italiano *rinascimento*, isto é, o renascer da humanidade pelo renascer dos homens da Antiguidade), que dele se originou, estendeu-se a todos os setores da vida: ciência, medicina e técnica, direito e comércio, mas sobretudo artes plásticas, tendo atingido pelo menos na Itália todas as camadas da população. Foi como se à humanidade dos séculos XV e XVI tivesse sido dada uma nova dança de gênio criativo, que não teve igual na história. Basta mencionar, além dos já citados estudiosos e descobridores, na Itália os pintores Botticelli, Correggio, Rafael, Ticiano, o pintor, escultor e arquiteto Michelangelo, o gênio universal de Leonardo da Vinci, os poetas Tasso e Ariosto, o músico Palestrina, o arquiteto Bramante; na França, Ronsard e Rabelais; na Espanha, Cervantes; na Alemanha, Dürer, Holbein, Cranach, Grünewald, Riemenschneider, Burgkmair, Veit Stoss; na Inglaterra, Marlow e Shakespeare; os renovadores religiosos Lutero, Calvino e Zwínglio; e em outros setores também as grandes linhagens de comerciantes dos Medici, Fugger, Welser; os grandes soberanos Francisco I, Elisabeth I, Filipe II, Maximiliano I, Carlos V; enfim – se bem que não criativos neste sentido – os heróis guerreiros, os conquistadores espanhóis e os *condottieri* italianos.

É neste século do brilhante florescimento cultural e das grandes mudanças religiosas, políticas e sociais que devemos imaginar a vida e o pensamento dos grandes filósofos e pensadores da época, que serão tratados mais adiante. Francis Bacon atuou na mesma corte inglesa onde eram representados os dramas de Shakespeare. O destino trágico de Giordano Bruno, que o impeliu sem descanso por toda a Europa, realizou-se em meio ao torvelinho das revoluções religiosas e políticas da época.

O espírito dessa época está como que focalizado na obra de um homem que não costuma ser classificado entre os filósofos, e que também não expôs sistematicamente suas ideias, mas que em seus ensaios, qualquer que seja a forma literária que se lhes possa atribuir, demonstrou-se como um importante pensador independente: Michel de *Montaigne*. Nascido em 1533 em sua herdade paterna, alcançou, por meio do estudo, de extensas viagens e de sua atuação pública, um profundo conhecimento do mundo e dos homens, mas que preferia antes de tudo voltar para seus livros, para seu célebre quarto de estudo situado na torre do castelo. Ali ele lançou por escrito suas ideias, nos *Ensaios* e no *Diário de viagem*. Estes escritos apresentam-no como típico filho de seu tempo; um espírito inteiramente mundano, crítico, cético, não preconceituoso – capaz de tratar com soberano desprezo, por exemplo, a fé nas bruxas. No centro do seu pensamento encontra-se *o homem*. Livre dos múltiplos vínculos, e consciente dos insuspeitados novos espaços e possibilidades, o homem do Renascimento para, esfrega os olhos e olha-se ao espelho, em busca de entender o mistério de si próprio. Que é o homem? Que é nossa vida? No terreno do pensamento é o mesmo processo que nós vemos retornar nos autorretratos dos grandes pintores, como aparecem pela primeira vez nessa época. Ao leitor atual muita coisa parece perturbadoramente moderna, poderia ter sido dita hoje. "Os que tiram um estado de seus gonzos são em geral os primeiros sobre cuja cabeça ele cai", diz Montaigne. Suas reflexões voltam-se para o Estado e a política, para o espírito e o conhecimento, para a educação, a virtude e a coragem, porém sempre de novo retornando ao mesmo tema: a vida e a morte. Pois a morte aparece-lhe como condição e parte do nosso ser, nossa existência como uma propriedade comum da morte e da vida, a obra de nossa vida é construir nossa morte – pensamentos que também lembram a filosofia atual, para a qual a existência é vista como o "ser para a morte".

Em Montaigne nós nos deparamos com aquela rara e feliz harmonia que envolve profundeza de pensamento, sutileza de observação e elegância de expressão, que fazem de alguém um escritor genial. Para quem procura, sua obra constitui ainda hoje um fácil e fascinante acesso ao pensamento filosófico sobre o mundo e o homem, mas também ao espírito do Renascimento.

Dos Ensaios, que Montaigne repetidas vezes revisou e completou, até que na edição completa de 1588 chegaram a ocupar três volumes, talvez o mais importante para o desenvolvimento da filosofia seja o artigo sobre o catalão Raimund *de Sabunde*, cuja obra, *Theologie Naturalis sive Liber Creaturarum* (Livro da Teologia Natural ou das Criaturas), Montaigne havia traduzido para o francês. Montaigne defende uma atitude básica totalmente cética: Não foram os pensadores céticos, à frente de todos Pirro, mais inteligentes do que todos os que vieram mais tarde? Eles pelo menos sabiam que não podemos saber praticamente nada! Por exemplo: Como as novas doutrinas de um Copérnico e de outros mostraram que a teoria de um Aristóteles e de um Ptolomeu estavam erradas – que é que nos garante que mais tarde essas novas teorias não irão, por sua vez, ser refutadas e superadas? Mesmo que fiquemos estritamente limitados ao conhecimento experimental – quem sabe se realmente podemos confiar em nossos sentidos, se eles, por exemplo, nos informam corretamente sobre a verdadeira natureza do fenômeno do "calor"? A razão? E quem garante que a razão nos guia de uma forma que merece fé? Com isto Montaigne deu importantes estímulos para a reflexão crítica e para a análise de tudo quanto existe, o que mais tarde recebeu o nome de "Iluminismo".

4. A Reforma

Também os humanistas reconheceram a necessidade de uma reforma na Igreja. Em seus escritos, principalmente dos alemães, que quase sempre não tinham mentalidade mundana, mas eram teólogos, sempre de novo, ao lado da crítica das instituições eclesiásticas, que muitas vezes assume uma forma satírica, nós encontramos a esperança de que se haveria de conseguir a reforma da Igreja a partir de dentro, sem uma ruptura com a tradição. Mas o Humanismo, como movimento erudito que não atingia mais do que um pequeno número, de nenhuma maneira pôde satisfazer a necessidade das massas, que não encontrava satisfação nem na prática exteriorizada da Igreja nem na teologia erudita. Esta necessidade jorrou com uma enorme força quando apareceu o homem que a encarnou, e que com seu agir lhe deu uma expressão amplamente visível.

Martinho Lutero (1483-1546) não era filósofo, não era nem sequer um cientista ou um pensador sistemático, mas sim uma pessoa cheia de fervorosa religiosidade, e que agia seguindo os impulsos deste sentimento. O que ele combatia e rejeitava era de início a exigência da Igreja de ser a única mediadora entre Deus e o homem, como de uma forma particularmente grosseira veio a manifestar-se na questão das indulgências, que foi a ocasião direta para o procedimento de Lutero. Em lugar da Igreja visível, Lutero coloca a Igreja invisível como a comunidade dos que estão na graça de Deus; em lugar da mediação da Igreja, a ideia do sacerdócio universal, isto é, ele faz o indivíduo depender de si mesmo – um ato de libertação paralelo à libertação que ocorreu no Renascimento, só que Lutero, como dono de uma natureza profundamente religiosa, de forma alguma se regozija, como o homem renascentista, que abandona o terreno da religião, mas, como Agostinho, experimenta um opressivo sentimento de culpa e de pecado, sente toda a impotência do homem que se encontra agora diante de Deus como indivíduo, e que com tanto mais força sente necessidade de redenção. Mas Lutero não condena apenas a tradição medieval da Igreja, ele recua ainda para antes de Agostinho, encontrando unicamente na fé a possibilidade da redenção: na fé na "Escritura", na palavra revelada de Deus, como encontrada nos evangelhos. É nesse sentido que sua doutrina recebe o nome de evangélica.

"Deveis deixar que a palavra se imponha". Depois dela nada mais é necessário. A palavra, a revelação, está para Lutero na mais direta oposição à razão, por ele denunciada como a "prostituta do diabo". "Se eu sei que é palavra de Deus e que portanto Deus falou, eu não faço mais nenhuma pergunta como isto poderia ser verdade, e fico satisfeito unicamente com a Palavra de Deus, qualquer que seja a forma como ela se harmonize com a razão. Pois nas coisas divinas a razão é totalmente cega; presunçosa ela é também bastante, a ponto de também cair no buraco como um cavalo cego; mas tudo quanto ela define e estabelece é tão certamente errado quanto é certo que Deus vive". Resulta daí, necessariamente, a posição de Lutero sobre a filosofia. Não se deve confundir palavra e razão, teologia e filosofia, mas é preciso distingui-las com toda clareza. Segue-se daí, em particular, sua posição sobre a filosofia de Aristóteles, que havia sido predominante na Idade Média tardia. No escrito de Lutero *An den christlichen Adel deutscher Nation* (À nobreza cristã de nação alemã) se diz: "Que são as universidades... onde se leva uma vida livre e pouco se ensina da santa escritura e da fé cristã, e só quem manda é o mestre pagão Aristóteles, mais até do que Cristo? Este seria o meu conselho, que os livros de Aristóteles... fossem inteiramente abolidos; sua opinião, além disso, não foi até agora entendida por ninguém, e por tanto tempo as almas têm sido oprimidas em vão com trabalho, estudo e esforço inútil... Dói-me o coração (ver) que o desgraçado, orgulhoso e travesso pagão, com suas palavras falsas, seduziu e zombou de tantos bons cristãos. Pois este miserável homem ensina no seu melhor livro, *De anima*, que a alma é mortal como o corpo, apesar de terem tentado salvá-lo com muitas palavras vãs, como se não tivéssemos a Sagrada Escritura, onde somos abundantemente ensinados a respeito de todas essas coisas de que Aristóteles jamais teve a mínima ideia; não obstante, o pagão morto venceu, impedindo e quase reprimindo os livros do Deus vivo; quando penso nessa tristeza, só posso pensar que foi o mau espírito que fez com que se estudasse nele".

Aqui nós vemos em Lutero a mesma rude oposição entre razão e fé que observamos no cristianismo primitivo, como por exemplo em Tertuliano. Mas na história da Reforma repete-se a mesma coisa que no cristianismo primitivo: Não era possível permanecer-se na rejeição inicial à filosofia. Colaboraram para isso a necessidade de falar aos eruditos e de conquistá-los, e a necessidade, que logo se fez sentir também na jovem Igreja protestante, de uma organização sólida e de uma estrutura doutrinal obrigatória, sobretudo também para os objetivos do ensino nas escolas e universidades. Foi o colaborador de Lutero, *Melanchthon* (1497-1560), um sábio de formação humanista que admirava Erasmo, que neste sentido exerceu influência sobre Lutero, concluindo a aliança da nova Igreja com a antiga classe erudita. Melanchthon, que apesar de suas excelentes qualidades não era um espírito fogoso como Lutero, mas antes um honesto e austero professor, frente à tarefa de que se "precisava escolher algum filósofo", não encontrou resposta melhor do que aquele Aristóteles tão difamado por Lutero, que dominava na Escolástica católica. Era um Aristóteles purificado e melhorado pela crítica humanística, mas de qualquer modo tratava-se de um casamento antinatural, onde muita coisa da primitiva energia e da profundidade mística da fé de Lutero teve que ser abandonada, ou foi aos poucos ficando congelada. Mais uma vez a filosofia tornou-se no protestantismo a serva da teologia, depois surgiu uma dogmática que logo se enrijeceu, poder-se-ia mesmo dizer uma escolástica protestante, de uma intolerância parecida com a do seu modelo medieval.

O que restou da força viva da fé original de Lutero, e que em parte ressurgiu grandiosamente na mística protestante de um Jacob *Böhme*, e mais tarde no movimento pietista, surgiu na luta *contra* a ortodoxia protestante.

Não se pode dizer, portanto, que foi a Reforma de Lutero que abriu o caminho na Europa para a livre pesquisa e para uma filosofia libertada de todos os vínculos teológicos. Lutero apenas exigia a liberdade de pesquisa *na Escritura,* a outras ele não atribuía qualquer valor. A teoria de Copérnico, que veio a conhecer, foi por ele considerada como "a superinteligente ideia de um louco que quer subverter toda a arte da astronomia". A liberdade do espírito, pelo contrário, resultou essencialmente do Humanismo e do Renascimento, sobretudo nos países românicos e na Inglaterra. Na visão de alguns críticos (Nietzsche), a reforma de Lutero é mesmo considerada como uma recaída e uma interrupção no desenvolvimento do espírito europeu rumo à paulatina libertação.

O protestantismo, não obstante, contribuiu para quebrar o domínio medieval exclusivo da Igreja em todos os setores da vida intelectual, exteriormente por retirar as instituições de formação da submissão à Igreja e secularizá-las – se bem que para logo em seguida caírem sob o domínio do Estado –, espiritualmente fundamentando a liberdade de consciência – um aumento de liberdade a que, como tantas vezes na história do espírito, se contrapõe uma perda de forma e de tradição. Mas sem o gesto libertador de Lutero não seriam concebíveis nem a filosofia de Immanuel Kant, com sua doutrina da personalidade moral autônoma, nem a do idealismo alemão, além de outras ocorrências decisivas da história intelectual alemã que se seguiram, e Lutero, o declarado inimigo da filosofia, significa um marco muito mais importante para a história da filosofia do que os reformadores, seus contemporâneos, Ulrico *Zwínglio* (1484-1531) e João *Calvino* (1509-1564). Cabe também a Lutero uma posição única na história alemã, como o maior gênio literário produzido pelo povo alemão, por causa da grandeza e da força primitiva do seu caráter (que Goethe pretendeu ver como "a única coisa interessante em toda essa questão"), e por causa das consequências imprevisíveis do seu gesto no terreno político.

Sabe-se que, por causa da ameaça externa representada pelo movimento reformador, o catolicismo foi levado a uma auto-reflexão profunda, a uma purificação interior e a reunir suas forças, e que com a Contrarreforma chegou a uma grande e em parte bem-sucedida resposta, em que também a filosofia escolástica, como na obra do jesuíta espanhol Francisco *Suárez* (1548-1617), teve um novo florescimento.

5. Transformações sociais e políticas no limiar da Era Moderna – As novas ideias sobre o Direito e o Estado

Todas estas reviravoltas espirituais se realizaram sobre um fundo de profundas transformações na estrutura social dos povos europeus.

O poder da cavalaria foi quebrado não apenas com o surgimento das armas de fogo, que destruíram sua superioridade militar, mas sobretudo também com o desenvolvimento econômico, e o crescimento das cidades e da burguesia urbana. Já a Era das Cruzadas havia criado estreitas relações comerciais com o Oriente, o que trouxe como resultado sobretudo a crescente riqueza das cidades portuárias e comerciais da Itália. A Era das Descobertas provocou uma enxurrada de grandes quantidades de metais nobres das novas colônias americanas, o que produziu mais um aumento da atividade comercial. A primitiva produção capitalista e a circulação da economia começaram a substituir a ordem medieval, predominantemente rural e de produtos da natureza. Foi a burguesia que encarnou em si a nova economia, ao erguer-se como classe livre e consciente, delimitando-se para cima em relação à nobreza e ao clero, e para baixo em relação ao campesinato em larga escala escravo. Suas cidades, sobretudo na Itália e na Europa Ocidental, e também no sul e oeste da Alemanha, passaram a ser centros da nova cultura leiga. Pela primeira vez ocorreu a influência determinante da vida intelectual passar das mãos do clero para as dos leigos.

A relativamente estável estrutura social da Idade Média começava toda ela a vacilar. Se até então a pertença a uma determinada classe social era considerada como um destino estabelecido por Deus, e por conseguinte como imutável, agora, mais uma vez começando pela Itália renascentista, começaram a surgir em número crescente indivíduos que, sem dar bolas para nascimento e origem, erguiam-se acima da própria classe social por seu próprio esforço e habilidade.

Um dos mais fortes abalos, no entanto, partiu da então mais baixa classe social, a dos *camponeses* (pois ainda não existia um proletariado urbano importante). A forma de vida escrava dos camponeses, sua exploração pelos proprietários de terras da nobreza e do clero, haviam levado no sul da Alemanha, já na segunda metade do século XV, a revoltas camponesas. O furacão propriamente dito irrompeu no ano de 1525, portanto em meio à fase decisiva da Reforma na Alemanha. Lutero, que de início havia reconhecido como substancialmente justos os doze artigos das exigências dos camponeses rebelados, e que se empenhara por uma generosa união sobre esta base, com o prolongamento das lutas ferozes mudou inteiramente de atitude, passando a exigir a cruenta extirpação das "hordas de hereges e assaltantes". E foi a isto que realmente se chegou; desunidos entre si, politicamente imaturos e confiando ingenuamente nas promessas que lhes eram feitas, os camponeses em toda parte foram aniquilados, seu genial chefe Thomas Münzer e muitos outros foram executados. A situação dos camponeses continuou a mesma ainda por muito tempo, se bem que com grandes diferenças conforme a região. A possibilidade aqui sugerida, de se ampliar a reforma religiosa para uma grande revolução social e nacional, não se transformou em realidade.

Os que realmente saíram ganhando com as guerras camponesas foram os príncipes, que nessa época aliaram-se às necessidades e tendências do desenvolvimento social; pois a formação dos grandes grupos comerciais e econômicos favoreceu o poder central do Estado. O absolutismo dos príncipes passou a ser a forma de Estado que veio a ser determinante na época que se seguiu à Reforma e ao Renascimento.

Por último, também o despertar da *consciência nacional* dos povos europeus constituiu uma das forças desagregadoras a dinamitar a ordem medieval. Foi na Inglaterra e na França que primeiro se formaram os estados puramente nacionais, que pleiteavam plena soberania, sem se sentirem mais comprometidos com a ideia de um império europeu mais amplo. Surgiram as culturas e literaturas nacionais. Com a ideia medieval de uma Igreja universal ruiu também a ideia de um império universal da Cristandade. Poder espiritual e poder secular separaram-se cada vez mais – o que no terreno do espírito constituiu a condição prévia, correspondendo à separação entre o religioso e o secular.

A nova situação da Europa exigia um sistema jurídico e político inteiramente novo. Este expressou-se e configurou-se em toda uma série de eminentes filósofos do Estado e de pensadores políticos, e mais uma vez a começar pela Itália.

Maquiavel

O florentino *Maquiavel* (Niccolò Machiavelli, 1469-1527), animado por um ardente desejo de unidade nacional e de grandeza de sua dilacerada pátria, se possível sob a liderança de sua cidade natal, e cheio também de um inflamado ódio contra o papado, considerado por ele como quem impedia este desenvolvimento, esboça em seus escritos, sobretudo no livro *O príncipe*, uma teoria política que vê na autoconservação e no aumento do poder do Estado o princípio único e exclusivo da ação política. Para este fim servem todos os meios, morais e imorais, e a experiência de todas as épocas e de todos os povos – tal como se encontra à disposição do importante historiador Maquiavel – ensina que muitas vezes os últimos recursos que garantem o êxito são o logro, embuste, traição, perjúrio, suborno, rompimento de acordos e violência. "As pessoas precisam ser ou aduladas ou abatidas. Pois de uma pequena injustiça elas podem vingar-se. Mas do túmulo ninguém pode se vingar. Se, pois, se faz injustiça a alguém, deve ser pelo menos de tal forma que ele não possa vingar-se".

Maquiavel é um profundo conhecedor dos homens e das fraquezas humanas, de que o político precisa se aproveitar; o estadista deve estar lembrado de que todos os homens são maus e que a grande maioria deles também são burros. Ele sempre exalta a ação rápida e grosseira: "De modo geral acredito que a grosseria é melhor do que a atenção, a ação impetuosa melhor do que reflexão e cuidado. A felicidade é uma mulher. Se a queremos dominar, temos que bater e surrar. Sempre de novo há de mostrar-se que a felicidade se entrega àquele que age com rapidez e energia..." No direito ele não tem senão uma confiança muito relativa: "É preciso que se saiba com clareza que só existem duas maneiras de terminar uma briga; ou o caminho do processo juridicamente estabelecido, ou o caminho da violência. O primeiro processo é usado pelos homens, o segundo pelos animais. Como o primeiro nem sempre leva a uma solução, por vezes tem-se que recorrer ao segundo". E o direito encontra seus limites sobretudo nos limites do Estado. De estado para estado não vale a moral e o direito, mas sim a luta cruenta pelo poder, com meios militares ou políticos.

A respeito de Maquiavel, um crítico observa "que este homem, nascido e educado para a diplomacia, teve a coragem de confessar para si próprio e para o mundo inteiro o que até então os diplomatas de todos os tempos só chegaram a mostrar pela sua forma de agir"[1].

Grócio

O próximo na lista dos teóricos do Estado, e que com sua doutrina constitui o polo oposto de Maquiavel, é o jurista e teólogo holandês Hugo *Grócio* (em holandês de Groot, 1583-1645). Suas obras mais importantes são *O mar livre* e *O direito da guerra e da paz*. É significativo que Grócio também seja teólogo, estando, portanto, muito distante do modo de pensar mundano, cínico e insolente de Maquiavel; para ele o direito se deduz da vontade divina. E mais significativo ainda é o fato de Grócio ser holandês, e como holandês pertencer a um estado nacional unido e independente, a uma comunidade comercial florescente, cujos navios singram os mares do mundo e cujo maior interesse é proteger seu comércio contra os ataques dos exércitos e dos saqueadores, preservar a "liberdade dos mares".

Para Grócio, portanto, o direito está acima do Estado. Além da vontade divina revelada, existe um direito *natural* que se segue da natureza do homem querida por Deus, isto é, do homem como ser dotado de razão e como ser social. O direito natural obriga não apenas cada ser humano, mas também os estados, na guerra e na paz. E é precisamente este último, o direito internacional (*jus gentium*), que constitui a parte mais nobre do direito. É com este direito que a obra de Grócio se ocupa em primeiro lugar. Grócio é considerado o verdadeiro criador do moderno direito internacional.

Hobbes

A lista dos filósofos do Estado é coroada pelo inglês Thomas *Hobbes* (1588-1679). Suas obras mais importantes são *Elementos da lei natural e política*, cuja primeira parte é formada pelo célebre tratado *Sobre a natureza humana*; *Elementos da filosofia*, consistindo de partes sobre

---

1. ERDMANN, J.E. *Grundriss der Geschichte der Philosophie, bearb. von Clemens*. Berlim/Zurique, 1930, p. 380.

o cidadão, sobre o corpo, sobre o homem; *Sobre a liberdade e a necessidade*; *Leviathan*, sua obra mais importante sobre o Estado.

Os títulos já mostram que Hobbes não foi apenas um filósofo do Estado, mas que sua doutrina do Estado se insere dentro de uma grandiosa imagem filosófica do mundo – pelo que, em outro contexto, teremos que mais uma vez retornar a ele brevemente. Mas sua teoria do Estado constitui o núcleo, a parte de sua filosofia que exerceu influência mais duradoura, e é só como pensador do Estado que nos ocuparemos com ele aqui. Como tal ele só pode ser compreendido se considerarmos as transformações revolucionárias pelas quais Hobbes passou, em parte na própria Inglaterra e em parte no exílio parisiense, e em cujo final se pode perceber um certo cansaço revolucionário e o desejo de uma autoridade estatal firme e inabalável, como defendida por Hobbes em sua obra.

Hobbes dá um passo ainda além de Grócio, retirando da teoria ética e política os últimos pontos de vista teológicos. Ele se baseia exclusivamente na experiência, conhece bem a interpretação galileana mecanicista e matemática da natureza, e é o primeiro que tenta aplicar este método na historiografia e na sociologia. É materialista, rejeitando vigorosamente a vontade livre.

O ser humano é visto por Hobbes como um egoísta, que busca a própria vantagem, isto é, que procura manter sua existência e chegar à posse da maior quantidade possível de bens. Por isso, no estado natural, onde todos agem unicamente a partir desta tendência, reina a *"guerra de todos contra todos"*. Tal estado não satisfaz o natural desejo de segurança do ser humano. A proteção do direito, a segurança e a possibilidade prática do exercício da virtude os homens só encontram quando, por meio de um acordo, criam no Estado um poder mais elevado, a cuja vontade passam em seguida a submeter-se. Assim Hobbes constrói a origem do Estado, o único lugar onde pode existir paz, direito protegido de propriedade e uma moral mais elevada. Como resquício da situação primitiva, continua a existir a guerra entre os estados.

A vontade do Estado, encarnada no soberano ou no parlamento, dependendo da forma de Estado, tem que ser onipotente e estar acima da lei. Hobbes vai muito longe quando atribui à força do Estado um poder absoluto. Pois no próprio título de sua obra ele dá ao Estado o nome do monstro bíblico Leviatã. O Estado passa a ser o "Deus mortal". O Estado determina o que é certo: o que ele permite é justo; o que ele proíbe é injusto. O Estado determina o que é moralmente bom e moralmente mau; determina também o que é religião. Para Hobbes, seja como for, religião e superstição distinguem-se unicamente pelo fato de a primeira ser uma fé reconhecida pelo Estado e a segunda uma fé não reconhecida pelo Estado. – Hobbes destaca que o homem só pode escolher entre dois males: o estado primitivo, isto é, a completa anarquia, ou a total submissão a uma ordem estatal.

É evidente que a opinião de Hobbes, de que a moralidade não é uma coisa originalmente inata ao homem, mas sim algo conquistado através do convívio social, contraria frontalmente a ideia bíblica da primitiva perfeição paradisíaca, e posteriormente da queda do homem no pecado. Quando apresenta o Estado apenas como invenção puramente humana, baseada unicamente na vantagem funcional, rejeitando e zombando de toda fundamentação metafísica do poder do Estado, Hobbes também se distancia muito do conceito cristão medieval do Estado. Não é de admirar que Hobbes não se canse de injuriar a filosofia escolástica, nem que por seus contemporâneos tenha sido considerado um ateu.

Em Hobbes manifesta-se como a partir da destruição da visão medieval, em que tanto o indivíduo quanto o Estado se encontravam inseridos em uma ordem divina de salvação, agora um e outro, o indivíduo e o Estado secular, surgem como que "libertados". Harmonizar as exigências de ambos passa a ser agora a tarefa que a história política e todo o pensamento moderno têm que realizar. Nisso Hobbes coloca-se totalmente do lado do Estado. Ele não consegue, ou então não quer ver, que a moralidade e o direito estabelecido pelo Estado de forma alguma se identificam, mas podem distanciar-se bastante um do outro.

Com isto Hobbes já se posiciona para além do Renascimento, como teórico do absolutismo do Estado, que até o século XVIII determinou a fisionomia política da Europa.

Morus

É fácil perceber que a maioria das linhas do pensamento político atual já tiveram naquele tempo seus representantes, ou pelo menos seus precursores: a ideia da força bruta nos povos nacionalmente dilacerados e prejudicados na distribuição do poder (Maquiavel); o apelo a um direito vinculante para todos, de modo mais significativo nas nações satisfeitas e mercantis (Grócio); a ideia de um Estado "total" dominando autocraticamente sobre direito, moralidade, religião e esfera privada (Hobbes). Nem mesmo o *socialismo* está ausente deste panorama. O inglês *Morus* (Thomas More, 1478 a 1535) criou em sua obra *Da melhor condição do estado e da nova ilha Utopia* (daí a nossa palavra utopia), sob a forma de uma narrativa poética e descomprometida, mas objetivamente, de certo, com uma atitude profundamente séria e revolucionária, a imagem de uma comunidade socialista ideal, em tudo contrária à condição do Estado e da sociedade do seu tempo. Morus exigia que se detivesse a exploração das classes inferiores, que se criasse a produção comunitária, com todos participando do trabalho, a propriedade comunitária, o cuidado com os idosos, o livre acesso de todos à formação e aos bens do espírito. Muito da crítica social mordaz deste mais antigo crítico do capitalismo poderia ter sido dita por um combativo socialista do século XIX:

> Por Deus, quando vejo tudo, cada um dos atuais estados me parece apenas uma conjuração dos ricos, que a pretexto do bem comum perseguem sua própria vantagem, e com toda espécie de truques e artimanhas só procuram garantir para si próprios a posse do que injustamente adquiriram, e de conseguir e explorar o trabalho dos pobres por uma remuneração tão pequena quanto possível. Tais determinações são estabelecidas pelos ricos em nome de todos, portanto também em nome dos pobres, e são por eles chamadas de leis[2].

---

2. MORUS, T. Utopia. Apud KAUTSKY, K. Thomas *Morus und seine Utopie*. Berlim, 1947, p. 327.

Uma imagem ideal de uma comunidade comunista, com alguns traços aparentados com as ideias de Morus, e que se orienta também pelo ideal do Estado de Platão, foi esboçada pelo italiano Tommaso *Campanella* (1598-1639) em sua *Cidade do sol*.

II. Os pensadores mais importantes da época da transição

1. *Nicolau de Cusa*

Em meio às correntes desses múltiplos desenvolvimentos encontram-se os grandes pensadores e filósofos da época. A seguir iremos ocupar-nos um pouco com quatro dos mais importantes. Sua obra é em parte o fermento espiritual, em parte o reflexo desses desenvolvimentos, e só poderá ser entendida em conexão com eles.

Bem no início deste período encontra-se o mais importante filósofo do início do Renascimento, que de maneira genial já antecipou em sua obra muitas coisas que só mais tarde, com base em novas observações, puderam ser formuladas como teoria exata pelos grandes estudiosos da natureza. Em suas ideias estão contidos tantos germes do moderno desenvolvimento intelectual que por muitos ele é visto como o verdadeiro criador da filosofia moderna. É o alemão Nicolau de Cusa (em alemão Nikolaus Chrypffs, i. é, Krebs – Caranguejo), de Kues, no Mosela, hoje Bernkastel-Kues; até hoje existe ali o hospital com capela e biblioteca fundado por ele em 1447. Pelo nome de sua cidade natal, ele é chamado em latim de Nicolaus Cusanus (1401-1464). Depois de estudar na Itália, patrocinado por benfeitores nobres, tornou-se advogado e mais tarde clérigo – nessa época, a profissão mais indicada para os intelectuais, e também a única que possibilitava o acesso a posições mais elevadas. O Cusano ascendeu aos mais elevados cargos e postos; o papa o enviou como legado a Constantinopla, entre outras coisas com o fim de contribuir para a reunificação da igreja grega com a romana; nomeou-o cardeal, uma distinção então extremamente rara para um alemão da burguesia; e o fez bispo de Brixen. Na viagem para Constantinopla, o Cusano concebeu o plano de sua obra mais conhecida, *De docta ignorantia* – Da douta ignorância, o conhecimento de que não sabemos. Esta obra contém em germe importantes ideias básicas de suas obras posteriores.

Muitas características essenciais do Cusano demonstram-no como um homem da nova era que despontava, um homem do Renascimento: sua inclinação para os velhos manuscritos, que o levou a reconhecer como falsificação a assim chamada doação constantiniana, um suposto escrito do imperador Constantino Magno ao Papa Silvestre I, em que durante séculos a Igreja se apoiou nas suas pretensões de poder temporal. Seu imenso desejo de conhecimento, seu estilo culto, sua predileção pela matemática e a ciência da natureza, seu grande respeito pelo indivíduo: todos esses são traços característicos do Renascimento.

Na astronomia ele enuncia ideias progressistas. O universo não possui nenhum centro, em particular o centro não é a Terra, e a Terra também não está parada. Contesta que os corpos celestes tenham uma composição substancialmente diferente da Terra e da Lua. Explica que o universo não tem limites...

Progressista é também a doutrina do Cusano sobre a essência e o valor da *individualidade*. Segundo ele não existem dois indivíduos iguais, sobretudo não existem dois seres humanos iguais. O pensamento dos indivíduos reflete o universo, como se fossem outros tantos espelhos côncavos, com curvaturas sempre diferentes, de uma forma particular, que não se repete.

Sobre a ordem e harmonia que reinam no universo, o Cusano diz que se deve a que Deus criou o mundo não sem um plano, mas sim baseando-se em princípios *matemáticos*. Para conhecer o universo nós devemos, portanto, aplicar os mesmos princípios; ele próprio se serve com frequência de conceitos e comparações matemáticas. Mas o que ele aplica são considerações matemáticas muito especiais, quase sempre as assim chamadas considerações de limites – como, por exemplo, quando mostra como o perímetro de um círculo, quando se admite o raio como infinito, coincide com uma reta. Já nos deparamos aqui com uma manifestação da matemática ocidental, criada, só muito tempo depois do Cusano, por Leibniz, Newton e seus sucessores: o impulso "fáustico" para o infinito, para uma consideração fluente e dinâmica – contrastando com a geometria antiga, que se ocupava com figuras e corpos estáticos, claramente delimitados. Em toda parte o espírito grego procurava medida, clareza, limites; o ilimitado não possuía para os gregos o mesmo valor; no pensamento do Cusano, no desenvolvimento previsto por ele para a matemática ocidental, e em todos os outros setores de nossa cultura, manifesta-se, ao invés, o impulso que é característico apenas do homem europeu, e que o leva a ultrapassar todos os limites rumo ao infinito – uma diferença cultural, como se manifesta com clareza, por exemplo, na oposição entre a plástica antiga e a pintura a óleo ocidental, com sua perspectiva de profundidade, para a qual Oswald *Spengler* chamou atenção.

Para o Cusano estes exemplos matemáticos servem sobretudo para descrever a essência de Deus como o absolutamente infinito, no qual todos os opostos coincidem. Com referência à capacidade de conhecimento humano, ele distingue vários graus: o sensorial, que de início transmite impressões isoladas, não concatenadas; o da inteligência, que ordena e liga as expressões sensoriais – por isso sua principal atividade consiste em distinguir, em separar os opostos, e seu princípio mais elevado é a teoria do terceiro excluído; e por último a razão, que une em uma unidade mais elevada, em uma síntese, o que a inteligência procura separar. Ao nível da razão existe, pois, uma coincidência dos opostos (*coincidentia oppositorum*) – com o que o Cusano expressa a profunda verdade que antes dele Heráclito, entre outros, e depois dele muitos outros pensadores chegaram a compreender.

Deus, o supremo objeto de nosso pensar, é o absoluto, no qual simplesmente todas as oposições são suspensas, ele é o máximo e o mínimo, como oculto (*Deus absconditus*) ultrapassa nossa capacidade de compreensão – uma ideia que nós conhecemos a partir dos místicos neoplatônicos, com sua "teologia negativa", e de Mestre Eckhart, que uns e outros exerceram influência sobre o Cusano. Por isso, com relação ao Absoluto o resultado de todo nosso pensar é um não saber (*ignorantia*). Não uma ignorância comum, mas sim uma ignorância douta e consciente, ou seja, uma *docta ignorantia*; um saber do não saber, como o teve Sócrates, e como se encontra no início – e talvez no fim – de toda verdadeira filosofia.

A vastidão e independência desse espírito abrangente, em que se unem o sentido mundano do estadista, a formação científica, a especulação ousada e uma profunda religiosidade, seu empenho por unir os opostos em nível mais elevado, transparecem também na busca de um entendimento entre as confissões e da paz religiosa. Na prática ele tentou aproximar os dois ramos principais da cristandade de então, o oriental e o ocidental, bem como chegar a uma reconciliação com os hussitas. Em seus pensamentos avançou mais ainda, chegando até à ideia de uma tolerância mundial, da qual não estariam excluídas nem mesmo as religiões não cristãs. Estudou, por exemplo, as doutrinas do Alcorão; em outro escrito ele faz com que por disposição divina estejam reunidos os sábios de todas as confissões: um grego, um judeu, um árabe etc., numa reunião em que comunitariamente eles são instruídos que todos buscam e adoram o mesmo Deus, que para além das diferenças de culto existe uma única e suprema verdade divina.

A influência das ideias deste homem, que é o mais importante no limiar da Idade Média para a Era Moderna, manifesta-se, entre outros, em Giordano Bruno, com quem nos ocuparemos a seguir, em Leibniz, com sua doutrina das mônadas, aparentada com a do Cusano, em Kant e em muitos outros.

2. Giordano Bruno

Em 17 de fevereiro de 1600, numa praça de Roma, foi preparada uma fogueira. Um homem foi amarrado sobre ela, e o fogo aceso. Do condenado não se pôde ouvir um grito sequer. Quando lhe apresentaram o crucifixo, ele virou o rosto com expressão sombria. Quem assim morreu foi o antigo monge dominicano Giordano Bruno.

Bruno nasceu em 1548 em Nola, nas proximidades de Nápoles, tendo recebido o nome de Filippo – Giordano era seu nome na ordem religiosa. Já aos 15 anos ingressou na ordem dominicana. Seu ardente amor à natureza, sua índole apaixonadamente voltada para o mundo, o conhecimento das descobertas científicas do seu tempo, e sobretudo os estudos seculares com que se ocupou, levaram-no a deixar a ordem – na época um passo sem precedentes. Passou desde então a levar uma vida agitada, vindo primeiro para Genebra, depois para a França, tendo feito preleções também em Paris, para a Inglaterra, onde ensinou em Oxford e viveu por mais tempo em Londres, num círculo de nobres amigos e patrocinadores, retornou a Paris, de lá dirigiu-se para as cidades universitárias alemãs de Marburgo, Wittenberg, Praga, Helmstedt, e por fim para Frankfurt. Em lugar algum encontrou repouso, em parte alguma contou com um número suficiente de fiéis ouvintes dispostos a acolher as ideias que ele transmitia em suas palestras e preleções, quase não encontrando um editor que tivesse a coragem de imprimir seus escritos heréticos. Convidado por um veneziano, retornou a Veneza após mais de quinze anos de ausência. Ali seu hospedeiro o traiu, entregando-o à Inquisição, e por fim, cedendo a pedidos, os venezianos o entregaram a Roma. Após sete anos de encarceramento, terminou sendo condenado à morte na fogueira, mais por magia do que por suas teses filosóficas.

Os homens que o entregaram às chamas estavam convencidos de que precisavam preservar a religião e a moral de um de seus mais perigosos inimigos; no que se refere à periculosidade de Bruno e de suas ideias, não para a religião em si, mas para muitas doutrinas básicas da teologia da época, eles tinham razão. A atuação das ideias de Bruno e do exemplo que deixou de extrema firmeza e convicção, eles não puderam impedir, como quase sempre ocorreu na história – pelo menos na história passada, pois o presente conhece métodos muito aperfeiçoados de opressão intelectual. Bruno escrevia em sua língua materna italiana. Algumas de suas obras são: *Da causa, do princípio e do uno; Do infinito, do universo e dos mundos; A ceia da quarta-feira de cinzas; A expulsão da besta triunfante; Das paixões heroicas.*

Se Nicolau de Cusa antecipou em pensamentos a revolução de Copérnico com suas ideias sobre o sistema solar, Bruno conheceu o pensamento de Copérnico e o interiorizou conscientemente; mais uma vez, no entanto, ultrapassa-o num passo especulativo, expressando o que só veio a ser confirmado pela pesquisa subsequente. Copérnico entendia nossa vizinhança celeste mais próxima como um sistema de estrelas que se movem em torno do Sol, mas ainda mantinha o céu das estrelas fixas como uma abóbada rígida. Bruno leva a ideia adiante. Numa visão poética, ele vê o universo como uma imensidão infinita, cheia de um sem-número de sóis, estrelas, sistemas siderais, sem fronteiras e sem um ponto central, em constante movimento. A ideia do universo infinito é assumida por ele da obra do Cusano, a quem se refere com extremo respeito. Mas não se trata de pura e simplesmente assumi-la; a ideia é acolhida por Bruno com extrema coerência, ganhando em sua boca uma profundidade e um significado inteiramente novos.

Vale o mesmo para as ideias que Bruno assumiu não só de seu mais próximo mentor intelectual, o Cusano, mas em grande parte também de outros filósofos; antigos – entre eles, sobretudo, a poesia didática de Lucrécio, que falava mais à sua índole poética, ao passo que Aristóteles, como mestre da Escolástica, é combatido por ele –, e também da filosofia natural do Renascimento, da qual lembraremos aqui os nomes mais importantes. Na Alemanha deve ser mencionado em primeiro lugar o médico e filósofo da natureza Theophrastus Bombastus von Hohenheim, alcunhado de *Paracelso* (1493-1541), que levou uma vida movimentada como a de Bruno, mas que teve um fim menos trágico. Paracelso via a medicina no âmbito global da imagem filosófica da natureza, tendo trazido para a medicina e a química um grande número de fecundas ideias e estímulos. Sua importância histórico-cultural só foi reconhecida plenamente em época mais recente. Ao seu lado encontra-se Gerolamo *Cardano* (1500-1576), que pode ser chamado o Paracelso italiano. Também ele foi médico e filósofo da natureza, e expressou os mesmos pensamentos que Paracelso, como se já estivessem no ar. Paracelso era antes de tudo prático, Cardano mais teórico e mais interessado na ciência; e enquanto Paracelso era um homem do povo, uma natureza primitiva e lutadora, que também só escreveu em alemão, Cardano era um aristocrata da formação, que desejava até proibir que as questões científicas fossem tratadas na língua do povo, e queria que o povo fosse mantido longe do conhecimento. A estes dois seguiram-se dois outros italianos: Bernardo *Telésio* (1508-1588) e Francesco *Patrizzi* (1529-1591), cuja obra não será apresentada aqui em detalhes. O que é comum a todos eles é que com suas doutrinas eles entraram em conflito com os dogmas da Igreja – Paracelso, o contemporâneo da reforma luterana na Alemanha, de maneira aberta e polêmica, os italianos de forma um tanto velada.

Às ideias do universo infinito Bruno acrescenta a da *unidade dinâmica* e da *eternidade do mundo*. O mundo é eterno porque nele só as coisas individuais estão sujeitas à mudança e à transitoriedade, mas o universo como um todo é a única coisa que existe, sendo por isso indestrutível. O mundo é uma unidade dinâmica, porque todo o cosmos constitui um grande organismo vivo, dominado e movido por um único princípio. "Assim também o universo é único, infinito, imóvel... Não é gerado, porque não existe nenhum outro ser pelo qual pudesse ansiar ou esperar; pois ele próprio possui todo o ser. E não perece, porque não existe outra coisa em que pudesse transformar-se – pois o universo é tudo ele próprio. Não pode diminuir nem aumentar – pois é infinito –, e como nada lhe pode ser acrescentado, dele também nada pode ser retirado"[3].

O princípio que tudo domina e que a tudo dá vida é chamado por Bruno de *Deus*. Deus é a encarnação de todos os opostos, é o maior e o menor, o infinito e o indivisível. Esta ideia de Deus surge ainda do Cusano, a cujo pensamento corresponde – e dele Bruno acolhe também a fórmula da coincidência dos opostos (*coincidentia oppositorum*). Esta ideia, como o demonstra a obra do Cusano e o pensamento da maioria dos místicos, ainda é perfeitamente compatível com as doutrinas cristãs básicas.

Mas o que é inconciliável com o cristianismo – abstraindo da ideia da eternidade da criação – é a maneira como Bruno descreve a *relação de Deus com o mundo*. Ele rejeita a visão de que Deus governe o mundo de fora – como o cocheiro a parelha. Deus não está acima nem fora do mundo, ele está no mundo, atua no seu todo e em cada uma de suas partes como princípio animador. "Buscamos Deus nas leis imutáveis e inflexíveis da natureza, na respeitosa atitude de um ânimo que se orienta por esta lei" – como isto se aproxima da tese de Kant do céu estrelado e da lei moral! –, "buscamo-lo no brilho do sol, na beleza das coisas que surgem do seio dessa nossa mãe terra, no verdadeiro reflexo do seu ser, na visão dos astros incontáveis que brilham, vivem, sentem e pensam nos confins do único céu, que louvam sua bondade, unicidade e supremacia". O cosmos inteiro é animado, animado por Deus, e Deus está apenas no cosmos, e em nenhum outro lugar. É a equiparação entre Deus e a natureza, que nós chamamos de *panteísmo*.

Bruno certamente tinha plena e clara consciência de que com isto se colocava contra a Igreja, ou mesmo contra o próprio cristianismo. Repetidamente ele designa sua visão como a primitiva, isto é, a pagã. Sua posição histórica particular consiste em que ele tirou as consequências dos pensamentos que fermentavam obscuramente em muitas cabeças do seu tempo, dando-lhes expressão e professando-as – não num sistema organizado e refletido, mas sim com o entusiasmo poético, numa poesia levada pela força de sua visão interior, poder-se-ia mesmo dizer que por ela inebriada. É compreensível que Bruno não tenha encon-

---

3. BRUNO. *Über die Ursache* etc. 5º diálogo, introdução.

trado acolhida permanente nem mesmo nos círculos pouco ligados à Igreja, como também no protestantismo.

Do número dos pensadores que sofreram visível influência das ideias de Bruno faz parte Leibniz, com sua doutrina das mônadas, acolhida de Bruno e que remonta ao Cusano, e sobretudo também Spinoza, e ainda Goethe e Schelling.

3. Francis Bacon

Na história do pensamento com frequência acontece que, chegado o tempo, as ideias se manifestam em diferentes lugares por diferentes autores independentemente uns dos outros. Enquanto na Itália, França e Alemanha, na época do Renascimento, os grandes pensadores e estudiosos da natureza lançavam as bases para a ciência e a filosofia modernas, na Inglaterra Francis Bacon – homônimo do escolástico –, de uma forma substancialmente independente daqueles, ou mesmo sem ter conhecimento das grandes descobertas, fez uma não menos importante tentativa de fundamentar sobre uma nova e mais completa base o conjunto do conhecimento humano.

O currículo de Bacon coincide com a época em que, sobretudo após a aniquilação da armada espanhola (1588), o comércio americano da Inglaterra tomou grande impulso, com o domínio britânico marítimo e colonial começando a desenvolver-se, e com o país, sob o reinado de Elisabeth I e do seu sucessor, experimentando um longo período de relativa estabilidade política e avanço cultural. A vida de Bacon é particularmente interessante, porque ele é alguém que desde o princípio se sentiu chamado a um só tempo para a filosofia e para a atuação política. A esse respeito ele diz:

> Como eu acreditava haver nascido para o serviço da humanidade e considerava o cuidado pelo bem comum como uma das tarefas... interroguei-me o que seria mais útil para a humanidade, e quais as tarefas para as quais a natureza me criou. Mas quando pesquisei, não encontrei nenhuma obra mais meritória do que a descoberta e desenvolvimento das artes e invenções que levam a vida humana à civilização... Sobretudo se alguém conseguisse não apenas fazer uma invenção particular... mas acender um facho na natureza, que ao ser aceso projetasse um pouco de luz sobre os atuais limites das descobertas humanas, e que mais tarde... mostrasse com plena clareza cada recanto e cada esconderijo das trevas, este inventor mereceria ser considerado alguém que verdadeiramente ampliou o domínio do homem sobre o mundo... Minha origem, no entanto, minha educação e formação, apontavam não para a filosofia, mas sim para a política; desde a infância eu fui, por assim dizer, embebido em política... Acreditei também que meu dever para com a pátria me impunha exigências especiais... Por último despertou... a esperança de que eu poderia obter segura ajuda e apoio se ocupasse um importante cargo no Estado. Por isso voltei-me para a política[4].

---

4. BACON. Prefácio à "Interpretação da natureza".

Ocupemo-nos primeiramente com sua carreira política. Após um árduo período inicial de completa privação de meios e de influência, este insaciável e perdulário ambicioso chegou até os mais altos cargos do Estado. Nascido em 1561, como filho do Guarda do Grande Selo, tendo estudado em Cambridge, estudo que concluiu já aos 14 anos, e após uma passagem por Paris, conseguiu chegar ao Parlamento. Enfrentou com êxito as intrigas e rivalidades da corte. Veio a ser procurador-geral, procurador da Coroa, e por último lorde chanceler. O rei concedeu-lhe o título de Barão de Verulam. Suas inclinações oscilaram constantemente entre os interesses políticos e as atividades científicas e de escritor. A esta última, no entanto, só pôde dedicar-se nos rápidos intervalos de repouso da atuação política.

À mais ampla exaltação seguiu-se uma queda vergonhosa. Em 1621 foi acusado e condenado por ter em numerosos casos aceito presentes e subornos. Isto era comum na época, mas o caso levou a um abrupto fim de sua carreira política. Multa e pena de prisão logo lhe foram perdoadas; mas agora Bacon passou a viver retraído no campo, ocupando-se, durante os cinco anos que lhe restaram de vida, com a pesquisa científica e com a elaboração de seus escritos, vindo a falecer em 1626 em meio a esse trabalho. Considerando sua fracassada carreira política, ele confessa resignado: "Os homens em posições elevadas são de três maneiras servidores; servem ao chefe do Estado, à fama e aos negócios, de modo que não dispõem livremente nem de sua própria pessoa nem do seu tempo... A ascensão aos postos é difícil, e através do esforço se chega a esforços ainda maiores; por vezes a ascensão é suspeita, e muitos chegam às dignidades por meio de uma ação indigna. O chão é escorregadio, e voltar atrás equivale ou à queda ou à extinção"[5].

A atividade científica trouxe a Bacon fama melhor e mais permanente do que a política. Sua fama de escritor se baseia nos seus *Essays*, que quanto à forma se fundamentam nos de Montaigne, apresentando uma maestria estilística não menor que os deste. Pertencem ao patrimônio permanente da literatura mundial. De uma forma breve e marcante, aprendida com os autores latinos, contêm reflexões sobre quase todos os assuntos imagináveis: conhecimento e tratamento dos homens (não tão cínico quanto Maquiavel, mas dando testemunho de um ceticismo semelhante a respeito do homem e da multidão: "Fócio, que, ao ouvir a multidão bater palmas, perguntou o que tinha feito de errado"), juventude e velhice, casamento, amor e amizade, moral e política.

A principal obra científica de Bacon permaneceu incompleta. O plano que lhe serviu de base era tão gigantesco que a execução superaria de longe as forças de qualquer pessoa que não pudesse empregar nisso mais do que suas poucas horas de folga. Bacon queria nada menos do que uma ampla renovação da ciência, isto é, da "ciência" como um todo e de cada setor em particular, uma "*instauratio magna*", uma grande reconstrução.

De conformidade com seu plano de trabalho, ele desejava proceder primeiramente mostrando as causas por que a ciência não avançou desde a época dos gregos; em seguida fazendo

---

5. BACON. Ensaio "Sobre as altas posições".

uma nova divisão das ciências e de suas diversas partes; depois, introduzindo um novo método de explicação da natureza; em seguida voltando-se para a ciência da natureza como tal; por fim, descrevendo uma série de invenções e descobertas da pesquisa futura; e por último querendo esboçar ainda, como "filosofia aplicada", o quadro de uma sociedade futura que deveria surgir com o progresso por ele introduzido na ciência.

Bacon só chegou a completar três partes da obra global: no escrito *Sobre o valor e a riqueza das ciências*, a crítica da situação contemporânea da ciência, a nova definição das tarefas e visões dos resultados futuros; no *Novum organon*, o "novo instrumento" – conscientemente denominado assim em contraposição ao *Organon* de Aristóteles –, uma explanação do método científico; no escrito *A nova Atlântida*, o esboço de uma sociedade ideal do futuro.

1) "É minha intenção ocupar-me com uma viagem através do conhecimento, anotando quais os lugares em que ele continua inculto e devastado e em que foi abandonado pela diligência dos homens, para por uma exata descrição das regiões desprezadas estimular as pessoas públicas e privadas a empregarem suas energias em melhorá-las"[6]. Esta viagem constitui o escrito de Bacon mencionado por primeiro. Ele aborda a medicina e a psicologia – sobretudo do ponto de vista prático – na política e em muitas outras coisas, divide a ciência delimitando-a em relação à teologia, dá em toda parte úteis estímulos, critica o fato de estar parada. Mas as ciências isoladamente não são de nenhum modo suficientes. Faltam ainda duas coisas. Falta em primeiro lugar uma adequada *organização* da ciência em base internacional, que irá reunir e elaborar os trabalhos e experiências dos sábios dos vários países e gerações. E a segunda coisa, mais importante ainda: "Não é possível completar corretamente uma corrida se a própria meta não tiver sido retamente estabelecida"[7]. Mas a meta não pode ser reconhecida se nos restringirmos ao terreno da ciência individual, da mesma forma que não poderemos ter a visão de uma planície se não nos erguermos acima dela. O plano mais elevado em que a meta do conhecimento científico é estabelecido e o método universalmente válido encontrado é a *filosofia*.

2) Mostrar o objetivo do método é a tarefa da segunda obra. A *meta* – e aqui Bacon dá o tom que determinou a ciência moderna, se não com exclusividade, pelo menos de forma bastante ampla – é o progresso, a aplicação prática, o *domínio da natureza* pelo homem. Mas o homem só consegue dominar a natureza na medida em que a conhece. Só se pode dominar a natureza obedecendo-lhe, isto é, obedecendo às leis descobertas pela ciência.

Para se alcançar a meta tem-se necessidade do *método* correto, e para se chegar a este são necessários dois passos: primeiro purificar o pensamento de todos os preconceitos e erros recebidos, e segundo conhecer e aplicar o reto método de pensamento e de pesquisa.

Para o primeiro, Bacon, com sua doutrina dos *"ídolos"* (sofismas), dá uma análise dos erros humanos e de suas fontes, análise esta tão conhecida que desejamos apresentá-la de uma forma mais ampla. Distinguem-se quatro espécies de ídolos.

---

6. BACON. *Sobre o valor e a expansão das ciências* II, p. 1.
7. Ibid., I, p. 81.

O primeiro grupo é chamado por Bacon de "sofismas da tribo (humana)" (*idola tribus*). Inclui todos os erros a que a natureza humana nos seduz. O espírito humano, por exemplo, inclina-se a admitir nas coisas um grau de ordem e regularidade maior do que elas realmente possuem. Uma vez que se tenha admitido uma tese, mesmo que seja a partir de razões inteiramente subjetivas, condicionadas pelo sentimento ou pelo interesse, nós gostamos de ocupar-nos com todos os fatos que a confirmam, como gostamos também de passar por cima dos fatos que a contradizem. Nosso pensamento deixa-se perturbar pela vontade e pelos afetos. Por isso o pesquisador deveria desconfiar de todos os argumentos que lhe parecem favoráveis, mas analisar com o máximo cuidado tudo quanto possa falar contra sua hipótese.

A segunda classe de erros são os "sofismas da caverna" (*idola specus*). Com esta expressão, relacionada com a parábola da caverna de Platão, Bacon designa os erros provenientes da disposição, educação, situação e atitude de cada pessoa. Existem pelo menos tantos sofismas dessa natureza quantos são os indivíduos.

Em terceiro lugar existem os "sofismas do mercado" (*idola fori*). Surgem do contato e da convivência das pessoas entre si. Um papel particular é desempenhado pela linguagem, como instrumento mais importante do intercâmbio entre as pessoas. Com muita facilidade, a simples palavra é confundida com o conceito ou com a coisa – como observa também Mephisto, no Fausto de Goethe.

Por último temos que defender-nos dos "sofismas do teatro" (*idola theatri*, Bacon adora tais expressões e imagens). Estes são provenientes das teses tradicionais e arraigadas dos filósofos, sobretudo dos antigos, em que muitas vezes se julgou abranger a realidade, quando de fato elas se parecem mais com simples peças teatrais inventadas. Bacon está muito distante do ilimitado respeito dedicado pela Idade Média à Antiguidade, e sobretudo a Aristóteles. Concordando com Giordano Bruno, ele considera, ao invés, que o presente é propriamente o tempo "mais antigo", por haver amadurecido com as numerosas experiências dos séculos.

Purificar dos ídolos a compreensão é a parte negativa da tarefa. A parte positiva consiste na determinação do *método* científico correto. Este não pode consistir no apelo às tradições nem na dedução lógica. Na ciência, como diz Bacon, isto leva a um girar em círculos, a "uma mera sucessão de mestres e discípulos, não de descobridores". O êxito só é garantido pelo recurso à experiência, pela interrogação da própria natureza, pela *indução*. Mas não se pode simplesmente reunir fatos e observações sem qualquer plano. Tem-se que proceder sistematicamente. "O verdadeiro método da experiência primeiro acende a luz, e em seguida mostra o caminho com auxílio da luz; parte de uma experiência bem organizada e refletida, não de uma experiência incompetente e confusa, deriva dela os axiomas, e dos axiomas reconhecidos parte para novos experimentos"[8]. Temos aqui, pelo menos em esboço, o método que levou ao êxito da ciência natural moderna: hipótese de trabalho como ponto de partida; reunir uma expe-

---

8. BACON. *Novum organon* I, p. 82.

riência especializada por meio de experimentos bem organizados; tirar as consequências e formulações das teses gerais, analisá-las por novos experimentos etc.

3) No escrito *A nova Atlântida*, que permaneceu incompleto, apenas com poucas páginas, Bacon, referindo-se à legendária ilha mencionada por Platão, nos dá uma imagem da sociedade futura em que as ciências ocupam o lugar que na opinião de Bacon lhes compete. O Estado não é governado por políticos, mas sim pelas melhores cabeças da ciência. Economicamente a ilha é autossuficiente; os objetos do seu comércio exterior não são ouro e mercadorias, mas sim "a luz do progresso". De doze em doze anos o estado-ilha envia uma multidão de cientistas para todos os países do mundo, a fim de aprenderem as línguas estrangeiras, estudarem as conquistas das ciências e indústrias de todos os povos, e depois voltarem para sua pátria, onde dessa forma é colhido e aproveitado o progresso científico do mundo todo. No fundo não é outra coisa senão a ideia platônica do estado ideal, que em vez de ser governado por demagogos e políticos interesseiros é governado pelos sábios.

Em época mais recente surgiu a ideia de que Bacon teria sido o autor dos dramas atribuídos a Shakespeare. A disputa em torno desta questão ainda não está encerrada. Mas entre os conhecedores de Bacon predominam os argumentos contrários a esta hipótese.

Uma avaliação crítica da obra de Bacon tem que levar em conta os seguintes pontos de vista:

Bacon abriu uma porta para um novo mundo intelectual. Rompeu com preconceitos e – como seu homônimo – apontou a experiência como fonte de todo conhecimento da natureza. Considerá-lo, não obstante, como o verdadeiro criador ou pioneiro da moderna ciência da natureza não é de todo adequado. Isto tem sua razão não apenas em que Bacon deixou de levar em conta revolucionárias descobertas científicas do seu tempo; nem também em que só soube aplicar o método experimental defendido por ele de uma forma extremamente grotesca e imperfeita. Em particular, o método da indução, propalado por ele, não é exatamente o da atual ciência da natureza. Bacon atribui excessiva importância à coleta e comparação dos fatos – tendo para isso organizado tabelas-padrão –, porém desconhece a importância da teoria, da dedução, que apesar de tudo continua a existir, mas sobretudo também da matemática, com a qual ele não tinha grande relacionamento. Chega mesmo a censurar os matemáticos por causa de sua visão sempre voltada para o quantitativo. O próprio Bacon certamente sabia que seu método não era perfeito, tinha consciência de que as questões levantadas por ele necessitavam ainda de algumas gerações para se tornarem amadurecidas. De qualquer modo, como grande libertador e estimulador – abstraindo-se do imperecível brilho literário de sua obra –, ele pertence ao número dos pais espirituais do novo tempo.

4. Jakob Böhme

De uma corrente do espírito alemão e europeu totalmente diferente dos três até agora mencionados faz parte o quarto e último pensador do período com que ora nos ocupamos. Independentemente das grandes diferenças individuais, Cusano, Bruno e Bacon podem ser classificados no movimento que se poderia considerar como a passagem da Idade Média para a Era Moderna. Jakob Böhme, que em originalidade e profundidade no mínimo se equipara a estes, é classificado na lista que inclui os nomes de Mestre Eckhart, Tauler e Lutero.

Por mais que humanamente pareça fechada e completa, a personalidade de Martinho Lutero, e o efeito por ela provocado, quando considerados com a devida atenção, apontam para dois aspectos nitidamente diferentes: Lutero foi o revolucionário religioso que tudo esperou da fé, desprezando a tradição eclesiástica; mas foi também, e tanto mais quanto mais avançado em idade, o homem da fé na Escritura, o homem da Igreja, que deu início a uma nova tradição eclesiástica e a uma sólida ou mesmo rígida dogmática. Este último elemento encontrou prosseguimento na doutrina oficial da Igreja protestante; o primeiro, já no tempo de Lutero, foi assumido e levado adiante por homens que, como *místicos protestantes*, encontravam-se fora da Igreja e em oposição a ela. Ao número destes pertence Kaspar *Schwenckfeld* (1490-1561), que rejeitou a fé luterana na Escritura e só desejava reconhecer a revelação inteiramente pessoal e interior de Deus; e também Sebastian *Franck* (1499-1543), que, além de ser um importante místico, pertence também ao número dos fundadores da historiografia alemã; e o pastor protestante Valentin *Weigel* (1533-1588), que durante sua vida só revelou suas doutrinas místicas no círculo mais íntimo de seus amigos. No pensamento desses homens continua viva a grande tradição da mística medieval e da fé de Lutero, na medida em que este foi um místico.

Em importância, todos estes são amplamente superados por Jakob Böhme, que nasceu em 1575 em Görlitz e morreu em 1624 nessa mesma cidade. Böhme era um homem do povo, sapateiro de profissão como Hans Sachs. Os estímulos filosóficos ele os recebeu principalmente durante os vários anos de sua peregrinação como aprendiz. Depois disso viveu como pai de família e mestre artesão em Görlitz.

Quando dez anos mais tarde, impelido por visões íntimas, e constantemente refletindo sobre o que ouvira um dia, pela primeira vez escreveu por insistência de seus amigos, com o título *A aurora nascente* (*Morgenröte im Aufgang*), e as cópias terminaram chegando às mãos de algumas pessoas, logo atraiu sobre si o ódio do clero, particularmente do pároco maior da cidade, que do púlpito amaldiçoou o herege e exigiu que ele fosse expulso da cidade. "O veneno de Ário, que negou a divindade do Filho, não é tão perigoso quanto o deste sapateiro... Vai-te embora para bem longe, boca leviana e blasfema..." Foi imposta a Böhme uma proibição de escrever. Observou-a por vários anos, sem que com isto encontrasse paz para si e sua família. Obedecendo então a seu impulso interior, recorreu novamente ao cálamo e compôs em rápida sequência uma série de escritos maiores, entre eles *Os três princípios da essência divina* (*Von den drei Prinzipien des göttlichen Wesens*) e *O grande mistério* (*Mysterium magnum*). O resultado foram novas hostilidades, sobretudo quando alguns desses escritos chegaram a ser impressos. Böhme buscou e achou apoio na corte do príncipe eleitor de Dresden. Morreu pouco tempo depois de voltar para Görlitz.

Como homem do povo, Böhme escreve em alemão. Seus escritos são uma luta constante, e por vezes tocante, por dar à linguagem a expressão adequada e o colorido correto àquilo que foi interiormente contemplado. Nisto ele se comprova como um importante criador da linguagem, que enriqueceu a língua alemã com as palavras por ele próprio criadas, muitas vezes lembrando Mestre Eckhart, se bem que sob esse aspecto Böhme não chegue a competir com Lutero. O fato de Böhme não se servir da linguagem profissional dos filósofos dificulta, evidentemente, a compreensão de seus escritos.

No início do pensamento de Böhme está a ideia, que pode ser encontrada também em outros místicos, de que tudo é Deus, de que tudo está em Deus. "Quando olhas os abismos e as estrelas e a terra, estás vendo teu Deus, e nele mesmo tu vives e também estás, e o mesmo Deus também te rege, e do mesmo Deus tens também teus sentidos e és uma criatura dele e nele, do contrário nada serias." – "Portanto não podemos de nenhuma forma dizer que a essência de Deus seja algo distante, que possui uma posição ou um lugar próprio; pois o abismo da natureza e da criatura é o próprio Deus"[9].

Mas em seguida logo se levanta para Böhme a pergunta que podemos talvez considerar como o problema central do seu pensamento: o problema da teodiceia. Se tudo está em Deus e vem de Deus, de onde vem então a realidade e o poder do mal, que Böhme percebe de uma forma extremamente aguçada? Ouçamos sua resposta:

> O mestre deve saber que todas as coisas subsistem no sim e no não, quer sejam divinas, diabólicas, terrenas ou o que quer que se possa dizer. O uno, como o sim, é pura força e vida, e é a verdade de Deus, ou o próprio Deus. Este não poderia ser reconhecido em si mesmo, e nele não haveria alegria nem exaltação nem sensibilidade sem o não. O não é o contrário do sim ou da verdade, para que a verdade se torne manifesta e seja algo no qual existe um contrário[10].

Aqui é anunciada a grande verdade, que a contradição inevitavelmente manifestada em todo ser (e em todo pensar, o que ele não distingue com clareza) é a mais íntima força impulsionadora do mundo. "Uma forma se opõe à outra, e não apenas no homem, mas em todas as criaturas." – "Em tudo há veneno e maldade. Chega-se também ao resultado de que tem que ser assim; do contrário não haveria vida nem movimento; também não haveria nem cor, nem virtude, nem grosso e fino, nem nenhuma outra sensação; do contrário tudo seria nada." Böhme faz aqui, como mostra a citação anterior, o ousado mas correto passo de fazer o mal já estar presente na base divina do próprio mundo. Céu e inferno estão ambos em Deus, pelo menos em potência.

Mas o mal só ganha realidade e atualidade na alma humana, que com absoluta liberdade se decide entre os reinos do bem e do mal, ou, como Böhme também diz, da ira e do amor. "Pois todo homem é livre, e é como um Deus próprio, nesta vida ele pode transformar-se em ira ou em luz." – "Como o homem tem vontade livre, Deus não é todo-poderoso sobre ele, de modo a fazer com ele tudo quanto queira. A livre vontade não provém de nenhum início, nem

---

9. BÖHME, J. *Werke*, 2, p. 268 (Morgenröte, cap. 23) [edição completa, 2. ed., 1961]. • BÖHME, J. *Werke*, 6, p. 470 (Über die Beschaulichkeit).

10. BÖHME, J. *Werke*, 6, p. 597 (Theosophische Fragen).

também de nenhum motivo, não está presa a nada, nem é configurada por coisa alguma. É sua condição primitiva e própria a partir da palavra da força divina, a partir do amor e da ira de Deus"[11].

Já vemos brilhar nestas palavras a verdadeira e mais profunda ideia de toda mística, como sempre de novo foi pensada desde os hindus até Mestre Eckhart: a divindade da alma humana, o ser-um da alma com Deus. "A base interior da alma é a natureza divina." – "Ela é o centro de Deus." – "Por isso a alma é a essência própria de Deus[12].

De maneira coerente, aparece em Böhme como a suprema meta, como a redenção, o mergulhar total da alma em sua divina origem. No estado não redimido, desejo e "conciliação" prendem o sentimento do homem, "que não gosta de estar privado disto, do contrário ele se entrega a si próprio ao desejo das qualidades, voltando ao mais puro silêncio, desejando calar sua vontade, portanto que a vontade, além de todas as imagens sensíveis, mergulhe na eterna vontade da origem, da qual surgiu inicialmente, que em si nada mais queira a não ser o que Deus quer através dela – e assim ela se encontra na base mais profunda da unidade"[13].

Com isto fomos buscar na rica e por vezes confusa abundância de ideias de Böhme apenas aquilo que o revela como um místico autêntico. Omitimos toda a roupagem originada da tradição cristã, em que tais ideias se manifestam nele – até hoje sendo discutido se suas ideias se restringem a esta tradição, ou se ela é de fato apenas uma "roupagem" para uma filosofia panteísta, no fundo não cristã.

Poder-se-ia pensar que a atuação deste homem puro e tranquilo, a quem foi conferido o título honorífico de *philosophus teutonicus* [filósofo alemão], com seus escritos de profundidade tipicamente alemã, e ainda com sua linguagem bastante própria, tenha ficado restrito à Alemanha. Não foi o que aconteceu. No século XVIII, um francês, *St. Martin*, acolheu suas ideias. Causa mais espanto ainda o fato de que, já pouco depois de sua morte, Böhme foi traduzido para o russo. Suas ideias tiveram sobre o pensamento russo um profundo efeito, que se pode perceber até o presente – desde a revolução na ideia da emigração. Na Inglaterra, o grande estudioso da natureza, Newton, foi um dos seus assíduos leitores. Chegou-se mesmo a suspeitar que os estímulos para suas principais ideias científicas teriam partido de Böhme. Na Alemanha Böhme foi muito apreciado por Leibniz. O Romantismo voltou-se de uma maneira especial para sua obra. Hegel, Schelling e sobretudo Franz von *Baader* tiveram a herança espiritual de Böhme em alta conta.

---

11. BÖHME, J. *Werke*, 2, p. 201 (Morgenröte, cap. 18). • BÖHME, J. *Werke*, 5, p. 164 (Mysterium magnum).
12. BÖHME, J. *Werke*, 4, p. 563 (Gnadenwahl). • BÖHME, J. *Werke*, 3, p. 27 (Von den drei Prinzipien).
13. BÖHME, J. *Werke*, 5, p. 703 (Mysterium magnum, apêndice).

Observação final

Amplos "sistemas" filosóficos só foram produzidos na época seguinte – da Era do Barroco ao século XIX. Mas foram os pensadores renascentistas que – ao lado dos reformadores, dos estudiosos da natureza e dos descobridores – abriram as portas para a Era Moderna. Na Alemanha muitos historiadores, sobretudo da arte, da ciência e da economia, exaltaram o Renascimento como o ponto de partida para a Modernidade, inclusive como a "primeira revolução" (antes da Revolução Francesa de 1789), mas – assim me parece – os filósofos têm-se ocupado muito menos com os pensadores dessa época do que com a Escolástica, por um lado, e com o Iluminismo e o idealismo alemão que veio a seguir, por outro. Pode-se imaginar que um intenso ocupar-se com o Renascimento, que talvez possa ser comparado a um grande laboratório (de alquimista?) onde muita coisa é experimentada e muita coisa novamente deixada de lado – que este ocupar-se possa favorecer ideias que também no presente, uma época de transformações radicais semelhantes, seriam um estímulo para a reflexão.

2
Os três grandes sistemas da Era Barroca

A filosofia do século XVII, pelo menos no continente europeu, apresenta um desenvolvimento relativamente fechado e constante. Todas as cabeças se ocupam substancialmente com os mesmos problemas, as diversas tentativas de solução que são discutidas estão interligadas entre si, contribuindo para isso as condições particularmente favoráveis que são oferecidas numa época em que a *razão*, havendo declarado no Renascimento sua própria maioridade, inicia sua marcha vitoriosa, e em que a *matemática*, como uma ciência de extrema generalidade e que se encontra além de todas as particularidades nacionais e individuais, em princípio acessível e compreensível a qualquer um, constitui o ideal de todo conhecimento. Se na matemática nós possuímos um método intocável de demonstração – assim se perguntava –, por que não seria possível colocar todo o conhecimento humano, portanto todas as outras ciências, e sobretudo a filosofia, sobre uma base semelhante? A filosofia dessa época não pode ser separada da matemática. Isto já se manifesta com evidência pelo fato de seus maiores representantes ou serem eles próprios geniais matemáticos, como Descartes, Leibniz ou Pascal, ou então terem, como Spinoza, construído seu pensamento *more geometrico*, à maneira da geometria. Existe mais uma peculiaridade intimamente relacionada com isto. É a busca da clareza formal, da construção harmônica, do equilíbrio de todas as partes do todo – busca inspirada na matemática e que nela encontrou uma expressão particularmente clara, mas que com certeza não se fundamenta unicamente na matemática; encontramo-la não apenas na filosofia, mas em todos os setores da vida cultural, na arte do Estado e da guerra, na arquitetura, na poesia e na música.

Estes traços comuns – o ideal matemático do conhecimento, a tentativa de encontrar para a filosofia um método de conhecimento universalmente válido e seguro, o predomínio da razão, e por último o empenho por criar um sistema filosófico equilibrado, baseado em poucos conceitos básicos seguros – nós os reencontramos nos três grandes sistemas filosóficos deste período. É verdade que estes não são de maneira alguma os únicos, mas representam apenas os pontos altos de uma vida filosoficamente intensa em todos os países do Ocidente. Mas todos os problemas importantes da filosofia daquele tempo, com as numerosas tentativas de solução, estão neles contidos de uma forma tão completa que a consideração dos sistemas de Descartes, Spinoza e Leibniz pode transmitir uma correta visão global da filosofia europeia do século XVII.

I. Descartes

1. Vida e obras

René Descartes (em latim, Renatus Cartesius) nasceu em 1596 de uma antiga família nobre francesa em La Haye, na Touraine; hoje a cidade é conhecida pelo nome do seu filho mais ilustre. A formação científica ele a recebeu no colégio dos jesuítas de La Flèche. De lá trouxe consigo a predileção pela matemática, associada a um ceticismo contra todas as outras ciências. Em seu currículo de vida sucedem-se períodos de extremo recolhimento e concentração e períodos de vida agitada e aventureira. Após uma breve participação na vida social de Paris, como era comum em sua classe social, retirou-se por dois anos para uma moradia em Paris, desconhecida até de seus amigos mais íntimos, totalmente entregue ao estudo da matemática. Em seguida tomou parte, como soldado, na Guerra dos Trinta Anos, com a intenção de conhecer radicalmente o mundo e os homens, e não por sentir-se especialmente comprometido com algum dos partidos em luta, como já se torna evidente pelo fato de este católico francês haver servido não apenas no exército da católica Baviera, mas também no exército holandês. Ao período militar seguiram-se vários anos de viagens pela maior parte da Europa, e a seguir mais um período de recolhimento e trabalho científico, o mais longo e fecundo, quase 20 anos, e isto nos Países Baixos, que Descartes preferia à sua França natal, sobretudo por causa da maior independência exterior e interior que o exílio lhe proporcionava. Descartes viveu aqui em diversos lugares, tendo contato com o mundo somente através de um amigo de Paris, o Padre Mersenne, que cuidou de sua vasta correspondência científica. A Rainha Cristina da Suécia, que estudara as obras de Descartes e desejava obter dele esclarecimentos pessoais sobre algumas questões, convocou-o em 1649 para a Suécia, em condições extremamente honrosas, mas onde Descartes, após pouco tempo de permanência, sucumbiu no ano seguinte ao clima adverso.

Os primeiros germes do pensamento cartesiano remontam a períodos muito primitivos, em parte mesmo aos tempos da escola. Todas as suas obras foram escritas durante a longa permanência na Holanda. A primeira devia ser intitulada *O mundo*, e estava quase pronta, quando Descartes teve conhecimento da condenação de Galileu, ocorrida em 1633. Impressionado com tal notícia, e querendo evitar um conflito semelhante, destruiu o escrito, partes do qual, naturalmente, retornam em suas obras posteriores. Pela mesma razão sua obra seguinte, *Tratado sobre o método de usar corretamente a razão e buscar a verdade nas ciências* (1637) foi publicada primeiro anonimamente. Quatro anos mais tarde apareceu sua obra principal, *Meditações sobre a Primeira Filosofia (i. é, a metafísica), onde se trata da existência de Deus e da imortalidade da alma*. Descartes dedicou este livro à faculdade teológica da Universidade de Paris, não para proteger-se de ataques por parte da Igreja, mas porque estava convencido de com suas ideias estar prestando um serviço à religião. Não obstante, mais tarde seus livros foram colocados no Índice dos Livros Proibidos e condenados pelos protestantes, também por parte do Estado. Em 1644 Descartes publicou uma elaboração sistemática de suas ideias, com o título *Principia philosophiae* (Princípios da filosofia). Entre seus outros escritos merecem ser mencionadas as *Cartas sobre a felicidade humana* e *As paixões da alma*, ambos escritos para a Condessa Elisabeth do Palatinado, que Descartes havia conhecido no exílio holandês.

A grande realização matemática de Descartes, que lhe garante um lugar entre os maiores matemáticos de todos os tempos, é antes de tudo a invenção da geometria analítica e das coordenadas, que embora não possa ser detalhada aqui, está intimamente ligada a suas visões filosóficas do ideal do conhecimento e a suas ideias do espaço.

2. Ideias básicas

Como demonstra o título das meditações, os dois temas básicos do pensamento cartesiano são os mesmos que os de Agostinho e da filosofia medieval: *Deus e a alma*. Não obstante, tanto mais diferente do pensamento anterior é o tratamento que Descartes dá a esses temas. Ele os submete a uma rígida decomposição *lógica*. Pois seu objetivo é fazer da filosofia uma espécie de matemática universal, uma ciência onde tudo é obtido a partir dos princípios básicos mais simples, por meio de rígidas deduções. Por que o homem se ocupa com a filosofia e a ciência? Por que tem ele necessidade de ocupar-se? O próprio Descartes acredita ter sido chamado à obra de sua vida por uma série de sonhos visionários que teve na idade de 23 anos. Para a humanidade como um todo (e aqui transparece o pensamento de Francis Bacon) é válido que a ciência é de proveito para todos e serve ao progresso, desde o tornar o trabalho mais fácil por meio dos recursos técnicos até o levá-lo à autorrealização – e isto também no terreno social. Mas a filosofia deve fornecer um fundamento confiável. Isto – para Descartes – só pode ocorrer de uma maneira rigorosamente racional, portanto sem nenhum apelo à fé, qualquer que ela seja. E seria necessário encontrar-se um método absolutamente seguro, que excluísse o erro com absoluta segurança, de certa forma um método matemático. Como podem ser encontrados os "primeiros princípios", cuja certeza esteja a salvo de qualquer dúvida? Aqui se coloca a pergunta de Descartes: "Como chegamos a um conhecimento certo? Que afirmações ou julgamentos podem pretender possuir validade irrefutável?" – a pergunta que mais tarde voltará a ser assumida por Kant, em sua filosofia transcendental. Isto nos leva primeiramente ao *método* próprio desenvolvido por Descartes. "Se tudo quanto é conhecido deve ser deduzido de princípios mais simples, primeiramente e antes de tudo", disse Descartes, "eu preciso certificar-me da segurança do meu ponto de partida. Mas o que é que é certo? Para agir com segurança, eu de início terei que admitir que nada está garantido. Terei que duvidar de tudo, para ver se existe alguma coisa capaz de resistir a esta dúvida radical. Tenho que duvidar não apenas de tudo quanto aprendi nas escolas, nos livros e na convivência com as pessoas; mas duvidar também se o mundo que me envolve realmente existe ou se não é talvez mera imaginação, ou se ele existe assim como o percebo – pois é sabido que ilusões dos sentidos ocorrem com frequência; até mesmo naquilo que nos parece ser o mais seguro de todos, nos princípios da matemática, eu tenho que duvidar, pois pode ser que nossa razão humana não seja adequada ao conhecimento da verdade e nos leve constantemente ao erro.

Se eu começo, pois, a filosofar simplesmente questionando tudo, existe, no entanto, uma coisa de que eu não apenas não posso duvidar, mas que justamente pelo fato de eu duvidar, e quanto mais duvido, tem que tornar-se cada vez mais certa: a saber, o simples fato de que agora, neste momento, eu duvido, isto é, penso. Tudo quanto eu percebo de fora poderia ser ilusão, tudo quanto posso pensar poderia estar errado – mas na dúvida, de qualquer modo, eu tenho certeza de mim mesmo como de um ser que pensa." Assim, a partir da dúvida radical, Descartes obtém, com sua célebre frase *cogito ergo sum* – penso, logo existo –, um primeiro e inabalável ponto de partida.

"Com esta certeza", assim prossegue Descartes, concluindo, "eu tenho em mãos ao mesmo tempo o critério e o exemplo da verdade. Tudo quanto eu conhecer com a mesma clareza e distinção (*clare et distincte*) desta frase tem que ser igualmente certo. Se eu conseguisse encontrar outra coisa que fosse tão certa como esta, estaria dado o primeiro passo para a construção da verdadeira filosofia." Existe alguma coisa que corresponde a esta exigência? "Sim", responde Descartes, "existe *Deus*. Tenho em mim a ideia de Deus como de um ser infinito, onipotente e onisciente. Esta ideia não pode proceder da percepção, pois a percepção sempre me mostra unicamente as coisas finitas da natureza. Também não posso havê-la formado por mim mesmo, pois como seria possível que eu, como ser finito e imperfeito, pudesse por mim mesmo formar a ideia de um ser infinito e perfeito?" Assim, apelando para outra prova teológica da existência de Deus, Descartes, como próximo passo, chega à absoluta certeza de Deus.

Se já aqui, ao introduzir o conceito de Deus, que nos deixa a impressão de ser direto demais, não conseguimos evitar a sensação de que isto, a rigor, não está de pleno acordo com a radicalidade da dúvida que Descartes pretende pôr em prática, no passo seguinte nós experimentamos um sentimento parecido. Depois de Deus ter sido introduzido na argumentação, Descartes resolve de maneira um tanto surpreendente a dúvida manifestada anteriormente sobre a realidade do mundo exterior percebido pelos sentidos. Das qualidades do ser perfeito tem que também fazer parte, necessariamente, a veracidade. Se Deus não fosse veraz, não seria perfeito. Portanto é inconcebível que o Deus veraz queira enganar-me, simulando, por exemplo, o mundo que me rodeia como engano e ilusão!

Mas logo desponta aqui uma nova questão. Se Deus, em sua veracidade, é como que a garantia de os homens poderem conhecer a verdade, como é que apesar disso nós comprovadamente erramos e nos enganamos?

Com isto o problema da teodiceia, que havia ocupado os pensadores antigos no terreno da ética – como justificar a bondade de Deus pelo mal existente no mundo – volta a colocar-se para Descartes no terreno da teoria do conhecimento. No terreno da ética havia-se tentado responder àquela pergunta dizendo que para criar um mundo perfeito Deus tivera que dotar o homem com a *liberdade*, e a fonte do mal seria justamente essa liberdade, que necessariamente o homem também teria que poder usar de maneira errada. De forma semelhante, Descartes responde agora à sua pergunta referindo-se à liberdade da vontade.

> A vontade livre torna possível ao homem afirmar tal ideia e rejeitar tal outra. É só nesta atividade da vontade, e não nas ideias em si, que se encontra a fonte de todo erro.

> Está em nossas mãos pensar e conhecer correta ou falsamente. Se nos mantivermos dentro do padrão que nos é dado com a incomparável certeza e clareza daqueles primeiros conhecimentos básicos, se só admitirmos como verdadeiro o que for conhecido com a mesma certeza, e em relação a tudo o mais nos comportarmos ceticamente, então não poderemos errar, mas haveremos de adquirir pelo pensamento uma imagem correta do mundo.

A próxima tarefa assumida por Descartes é projetar esta imagem. Na análise do espírito humano e de seu patrimônio de ideias ele havia encontrado primeiramente a ideia de Deus, como a substância infinita e incriada. Encontra também as ideias de duas substâncias criadas, que como tais não precisam de prova, nem podem ser reduzidas a outras ideias, nem disto têm necessidade: primeiro, o espírito, o pensamento, que Descartes entende como inteiramente sem espaço e sem corpo – pois, assim diz ele, "eu posso imaginar meu pensamento sem que para isso tenha necessariamente que acrescentar a ele extensão no espaço"; e, segundo, o mundo dos corpos. Mas o mundo dos corpos não existe assim como nos aparece através dos sentidos. O que os sentidos nos apresentam das qualidades das coisas, como cor, sabor, calor, dureza, não satisfaz às exigências de Descartes pela "clareza e precisão". Como outros pensadores da era racionalista, ele rejeita como pouco clara a experiência sensorial; só conta como conhecimento plenamente válido o que a razão pensante pode expressar em conceitos inteiramente transparentes, racionais, "matemáticos". Para o mundo corpóreo esta é a propriedade da extensão, de preencher espaço. Por isso a extensão no espaço é a essência do mundo corpóreo. Os corpos são espaço, e o espaço consiste de corpos, espaço vazio não existe.

No conceito da extensão já se encontra a possibilidade do movimento – na medida em que seja dado apenas o primeiro impulso motor, que não pode vir dos corpos mesmos, mas unicamente de Deus. Então a quantidade total de movimento dado por Deus ao mundo corpóreo permanecerá sempre a mesma – uma primeira antevisão da lei da conservação da energia! Portanto toda a física pode ser construída matematicamente a partir dos três conceitos: extensão, movimento e repouso. Tudo, mesmo os fenômenos do corpo vivo, pode ser explicado matemática e mecanicamente por meio destes conceitos básicos.

Descartes tenta agora desenvolver essa física. Os detalhes nós podemos omitir. Mas convém destacar dela uma consequência que resulta com referência aos animais. Como Descartes restringe o conceito de espírito ao pensamento, mas nesse sentido os animais não pensam, eles não fazem parte do mundo espiritual. São puros mecanismos, nada mais do que máquinas. Quando um animal grita depois de o batermos, isto tem o mesmo significado que quando o órgão soa depois de baixarmos uma tecla. Partindo desta visão, apesar de coerente no sentido do pensamento de Descartes, porém inaceitável, faltava apenas um passo para a conclusão, tirada pelos futuros materialistas, de que também o homem nada mais é do que uma máquina particularmente complicada.

Disto, na verdade, o próprio Descartes está muito distante. Para ele os homens são extensão e pensamento, corpo e espírito. Mas como deve isto ser imaginado, se as duas substâncias nada possuem em comum uma com a outra? Como é que ambas aparecem intimamente ligadas, ou mesmo em certa interação? Esta é uma pergunta que Descartes não responde, a não ser com a menção dificilmente aceitável de que possuímos um órgão (a glândula pineal) que desempenha o papel de mediador. Seria antes de esperar que as duas substâncias não pudessem de maneira nenhuma tocar-se, assim como o raio de sol não é abalado por um vento tempestuoso, precisamente por ser de natureza diferente! Começa aqui o trabalho dos sucessores de Descartes.

3. Influência e evolução do cartesianismo – Algumas observações críticas

A obra de Descartes teve ampla e extraordinária atuação histórica. Descartes é considerado o pai da filosofia moderna. Mais adiante se mostrará como os grandes sistemas subsequentes de Spinoza e Leibniz repousam sobre seus ombros. Aqui se tentará mostrar o desenvolvimento das ideias cartesianas pelos assim chamados ocasionalistas, e a curiosa ligação entre as ideias de Descartes e as ideias religiosas dos jansenistas na França.

1) Já foi lembrada a dificuldade que Descartes encontra pelo fato de – além de Deus – admitir a existência de duas substâncias inteiramente distintas uma da outra, puro pensamento sem qualquer espacialidade e corporalidade, e pura extensão sem qualquer pensamento, mas que no homem têm que estar ligadas de alguma forma. Quando eu decido mover minha mão, e esta então se move – como pode um processo que ocorre no meu espírito ser a causa de um movimento em minha corporalidade (ainda mais que a soma total do movimento existente nesta última precisa, segundo Descartes, ser constante)? Quando um pássaro que passa voando provoca em meu pensamento, ao percebê-lo, a ideia de um pássaro voando – como pode o processo corporal ser causa de um processo de pensamento? Como podemos perceber, o que acontece aqui não é outra coisa senão o assim chamado problema psicofísico, o problema da relação, no ser humano, entre o corporal e o psíquico. E se uma ligação causal não pode existir – o que, de acordo com os pressupostos de Descartes, efetivamente está fora de cogitações –, como é então que os dois atos – o ato de pensar e o processo corporal – coincidem, aparecem juntos, como nos diz a experiência? É aqui que entram em cena os ocasionalistas, explicando: Isto não apenas parece um milagre, o fato de os dois coincidirem apesar de não poderem estar causalmente interligados, mas é um *milagre*, um milagre divino, que consiste em que Deus, por *ocasião* da minha vontade (daí o nome de ocasionalismo), move minha mão, que Deus por ocasião do voo do pássaro produz em mim a ideia correspondente, e assim por diante. Esta é uma suposição muito artificial, e que parece também não isentar-se de alguma blasfêmia (por forçar Deus constantemente, em todos os confins do universo, a apressar-se com a intervenção correspondente, sempre que surge a ocasião); mas está em perfeita coerência com a visão básica de Descartes.

Os mais eminentes defensores do ocasionalismo são Arnold *Geulincx* (1625-1669) e Nicole *Malebranche* (1638-1715). Os detalhes de seus pontos de vista são inteiramente diferentes, e suas teses, evidentemente, estão inseridas em sistemas mais amplos. Mas a ideia básica indicada acima é comum aos dois. Malebranche chega a aplicar o princípio do ocasionalismo também aos fenômenos *dentro* do mundo corpóreo. Também aqui, ensina ele, o fato que nós vemos como causa, por exemplo, o corpo que se choca com outro e com isso o põe em movimento, não é mais do que a ocasião para a intervenção da vontade divina. Esta ideia, seja dito aqui como observação final, já pode ser encontrada na filosofia árabe mais antiga. Algazel, no contexto de algumas parábolas que tratam de árvores e de sua sombra acolhedora, explica: "Na verdade estas parábolas só são corretas em vista da opinião da multidão, que imagina que a luz é um efeito do sol, que é proveniente dele e que existe através dele; mas isto é um erro, pois para as pessoas esclarecidas é mais claro do que parece aos olhos que a sombra surge do nada pela onipotência de Deus, quando o sol se opõe a corpos densos..."

Esta foi a resposta dos ocasionalistas ao problema psicofísico (ou ao problema causal em si). A resposta de Spinoza foi diferente, e também Leibniz deu sua própria resposta.

2) Cornelius *Jansen* (1585-1638), professor em Lovaina e mais tarde bispo de Ypern, foi o criador do movimento intelectual-religioso na França, que por sua causa é chamado de jansenismo. Os jansenistas tentaram, no terreno católico, renovar a obra de Agostinho – que servira de inspiração também aos reformadores. Eles queriam um aprofundamento e uma purificação da vida religiosa, e estiveram em feroz disputa contra os jesuítas, que então eram influentes. O círculo jansenista tinha como centro o convento de Port Royal. A maior personalidade surgida deste círculo é o pensador religioso Blaise *Pascal* (1623-1662).

Pascal, como Descartes, foi um genial matemático – ele é o criador do cálculo das probabilidades – e um convicto defensor do ideal matemático cartesiano da "clareza e precisão". Como frio e arguto pensador que havia passado pela escola do ceticismo francês e de Descartes, ele percebia, do ponto de vista racional, as contradições e paradoxos existentes nos dogmas cristãos, formulando-os com extrema acuidade. Por outro lado, Pascal era uma natureza profundamente religiosa, imbuído de um profundo sentimento da pecaminosidade e nulidade do ser humano. Este lado do seu ser e do seu pensar levou-o à consciência de que o pensamento racional e matemático deixa de satisfazer precisamente às necessidades mais profundas da natureza humana, não conseguindo responder às perguntas mais importantes. Por mais brilhante e completo que seja o edifício da matemática, ele não consegue transmitir ao homem nada daquilo de que o homem tem verdadeira necessidade. Assim Pascal, que há pouco ainda criticava as contradições nos dogmas, lança-se agora, decididamente, numa atitude de completa e piedosa ascese e de humilde entrega à vontade divina, defendendo contra a lógica, que mesmo assim ele não consegue abandonar, a causa do coração humano, que tem sua lógica própria.

Sujeito, como Pascal, à influência do pensamento cartesiano, também o célebre cético e crítico Pierre *Bayle* (1647-1705) é, como aquele, um pensador crítico e arguto, embora sem a contrapartida da fé de Pascal.

3) A uma discussão crítica de Descartes pode servir de lembrete a menção a algumas contradições internas, que apesar da genialidade do ponto de partida, e não obstante a eficácia histórica do sistema, estiveram presentes nele desde o início. Pode-se questionar a plena seriedade da dúvida de Descartes. Será possível ao homem, por meio da dúvida radical, romper com toda a continuidade do pensamento anterior, de certo modo recomeçando a partir do nada? Efetivamente, como diz um crítico moderno, tem-se a impressão de que Descartes "re-

presenta para si próprio e para seus leitores uma encenação teatral da dúvida, tendo o eu e Deus como protagonistas"[1], que no fundo ele não duvida seriamente da realidade ou da possibilidade de conhecer o mundo exterior – como também se apressa, no caminho um tanto tortuoso do argumento da veracidade divina, a logo reafirmar a realidade externa. Em toda esta argumentação ainda se pode perceber um pouco da Escolástica. Ficou também comprovado que o caminho escolhido por Descartes para deduzir o mundo real de uns poucos conceitos básicos é um caminho errado. Foi, na verdade, uma grande ideia conferir ao conhecimento filosófico o caráter inatacável de uma prova matemática. Mas Descartes esquece que nenhuma tentativa de explicar o mundo real que nos rodeia pode passar por cima da experiência dada, e também que o homem, como um ser necessitado e atuante, sempre só toma consciência de si próprio quando se ocupa com um mundo ambiente extremamente corporal. Pelo êxito avassalador da explicação mecânica e matemática da natureza, que o deixou impressionado, Descartes foi seduzido a estender a validade dos seus princípios para além do terreno que lhes é próprio. A experiência, como ponto de partida que não se pode evitar, teve seus direitos restaurados pelo empirismo, que será tratado no capítulo seguinte, enquanto coube a Kant levar os dois pontos de partida – de um lado a experiência, do outro o pensamento conceitual – a uma situação de equilíbrio.

4) Teve graves consequências (mas sem que trouxesse grandes bênçãos) para o desenvolvimento posterior do pensamento ocidental a separação radical, feita por Descartes, entre o pensamento, por um lado, e o mundo corpóreo, por outro – neste incluído o corpo humano. Esta separação é um dos pontos de partida para o surgimento de um "materialismo" popular, que só atribui realidade ao mundo corpóreo, e de um (também unilateral) "idealismo".

5) Para Descartes, o corpo humano é um mecanismo, comparável a uma máquina; ou mesmo, todo o mundo vivo é um mecanismo, se bem que, no homem, unido a uma alma (imortal). Como não pode atribuir aos animais uma alma assim – certamente por causa de alguma convicção religiosa que admite –, ele vê-se forçado a afirmar que os animais são autômatos. Um cão que gane e geme quando é açoitado é como um órgão ao qual se comprime uma tecla. Descartes chega a esta inaceitável conclusão por identificar a alma com pensamento e intelecto, esquecendo (o que já Aristóteles sabia) que existem também outras espécies de vida da alma, sobretudo os sentimentos.

II. Spinoza

1. Vida

Depois que a experiência me ensinou que tudo quanto nos é oferecido pela vida ordinária é muitas vezes oco e vazio, e de ter visto que tudo quanto eu temia, ou tudo que tinha medo de mim, só contém bem e mal na medida em que afeta o sentimen-

---

1. KAMLAH, W. *Der Mensch in der Profanität*. Stuttgart, 1949, p. 61s.

to, resolvi investigar se existe algum bem verdadeiro que possa por si só transmitir ao espírito sua bondade, sem mistura de outras coisas; ou mesmo se existe alguma coisa que, quando encontrada e alcançada, possa para sempre trazer-nos constante e extrema alegria...[2]

O homem que escreveu estas frases antes ainda dos trinta anos de idade já havia passado por tanto amargor do destino que seu tom de renúncia nos parece compreensível; mas é igualmente compreensível a independência e soberana tranquilidade que delas transparece, pois ele já havia – pelo menos para si próprio – encontrado aquele bem supremo!

Baruch Despinoza, ou como ele mesmo passou a se chamar mais tarde, Benedictus de Spinoza, nasceu em 1632 em Amsterdam, como filho de uma família judaica que havia emigrado de Portugal. O florescimento econômico e cultural do judaísmo na Espanha Medieval dominada pelos árabes, ao qual em grande parte devemos também a filosofia judaica da Idade Média, encerrou-se pelo final do século XV, com a derrota, repressão, e por último a expulsão dos mouros pelos espanhóis. Privados da proteção que lhes dava a tolerância árabe, os judeus passaram a ser perseguidos tanto pela Igreja Católica quanto pelo Estado espanhol. Tiveram de escolher entre submeter-se ao mundo cristão ou emigrar. À grande maioria que optou pela segunda alternativa pertenceram os ancestrais de Spinoza. Quando Spinoza nasceu, existia uma comunidade judaica florescente em Amsterdam. Como criança, Spinoza demonstrou eminentes qualidades, sendo por seu pai destinado à carreira de rabino. Jovem ainda, estudou a Bíblia, o Talmude, os filósofos judeus medievais, mas também a Escolástica medieval, e por meio dela os gregos, e por último a filosofia mais recente, sobretudo Bruno e Descartes.

Não é de surpreender que estes amplos estudos, e as opiniões com base neles formadas pelo jovem Spinoza, logo o levassem a um conflito com seus irmãos de fé. Não havia completado ainda vinte e quatro anos, nem tinha publicado ainda nenhum de seus escritos, quando com base em manifestações orais foi acusado do crime de heresia e expulso da comunidade, exilado, amaldiçoado e condenado com todas as maldições que se encontram no Livro da Lei – como se diz no documento que nos foi preservado. Para um judeu que vivia em meio a um povo estranho, para quem a comunidade significava não apenas o apoio religioso, mas de modo geral também a única e verdadeira pátria, a excomunhão era um golpe particularmente duro. Spinoza, na verdade, estava longe de se desesperar, mas não conseguimos imaginar retiradas de sua vida as consequências deste acontecimento: por um lado uma grande solidão, só mais tarde atenuada pela correspondência com espíritos eminentes, mas por outro uma independência interior e uma liberdade de preconceitos como só poucas pessoas jamais lograram alcançar.

Sobre todo o decurso restante da vida de Spinoza não há muita coisa a dizer. Viveu com grande modéstia e retraimento em diversos lugares da Holanda, em Rijnsburg, Voorburg, e por último em Haia. Apesar de só um de seus escritos mais importantes, que nos informam sobre seu pensamento, ter sido publicado em vida, sua fama, em parte pelo convívio com amigos e em parte pela correspondência com homens como Huygens e Leibniz, espalhou-se por toda a Euro-

---

2. SPINOZA. *Über die Vervollkommnung des Verstandes*.

pa. Em 1673 chegou a receber uma oferta para ensinar filosofia na Universidade de Heidelberg – que não aceitou. Na juventude, além do estudo, Spinoza havia aprendido o ofício de polidor de vidros óticos. Fazia parte da tradição judaica que o sábio aprendesse também um ofício. Com esta atividade ganhava o necessário para seu próprio sustento. Mas ela, pelo menos em parte, também apressou sua morte. Sofria de tuberculose, cujo avanço certamente foi favorecido pelo ar empoeirado que respirava. Morreu aos 44 anos de idade, em 21 de fevereiro de 1677. Nesses 44 anos empregou certamente tanto tempo no polimento de lentes quanto a maioria dos homens de hoje com o trabalho profissional diário, mas ao lado disso criou uma obra que em profundidade e completude não possui muitos paralelos na história da filosofia.

2. Obra

O escrito mencionado acima, publicado (anonimamente) pelo próprio Spinoza, é o *Tratado teológico-político*. O que aí se diz sobre a religião pode não nos parecer herético nem revolucionário; mas na era das guerras de religião, quando cada confissão impunha com extrema animosidade suas próprias doutrinas e dogmas, isto foi suficiente para desencadear uma tempestade que tirou definitivamente de Spinoza a vontade, e talvez mesmo a possibilidade prática, de fazer outras publicações.

Spinoza parte de que a Bíblia não foi revelada para uns poucos escolhidos, mas sim para todo um povo, ou para a humanidade inteira. Mas isto significa que a linguagem da Bíblia tinha que adaptar-se à compreensão do povo mais humilde, que constitui a maior parte da humanidade. À grande massa não se fala apelando para a razão, mas sim estimulando a imaginação. Por isso os profetas e apóstolos, mais ainda quando abstraímos da predileção oriental pelas formas de expressão ricas em imagens, muito conscientemente se utilizaram também de uma apresentação que empregava símbolos, comparações, parábolas etc. Por isso falam sobretudo a respeito de milagres. Pois enquanto para Spinoza aqueles que têm compreensão conhecem melhor o poder e a grandeza de Deus quando podem acompanhar o funcionamento das grandes leis do universo, a multidão acredita que Deus se revela precisamente quando o curso costumeiro da natureza é interrompido por meio de "milagres".

A Sagrada Escritura, por conseguinte, deve ser entendida e interpretada em dois sentidos. De certa forma ela possui uma superfície destinada ao povo, e que corresponde ao desejo deste por uma religião ornamentada com imagens e milagres; mas por baixo desta superfície o filósofo – para quem a superfície pode conter erros e contradições – percebe as ideias profundas e eternas dos grandes líderes espirituais de seus povos, dos pioneiros da humanidade. Ambas as interpretações possuem sua própria justificação.

Spinoza, então, fala sobre a figura de Jesus e a relação entre cristianismo e judaísmo. Ele exige que a figura de Jesus seja libertada dos dogmas que a envolvem, que não levaram a outra coisa senão à divisão e intolerância. Spinoza não considera Cristo Filho de Deus, mas sim o maior e o mais nobre de todos os seres humanos. No seguimento de um salvador assim entendido, e de sua doutrina, Spinoza acredita que não apenas judeus e cristãos poderiam encontrar-se, mas que talvez todos os povos pudessem unir-se em seu nome.

Sua obra mais importante, a *Ética apresentada de forma geométrica* (*Ethica more geometrico demonstrata*), ele a conservou trancada em sua escrivaninha, e nos seus últimos anos de vida viveu continuamente com medo de que depois de sua morte o livro se perdesse. A obra, de fato, foi publicada por amigos ainda no mesmo ano de sua morte, e o efeito por ela exercido dificilmente pode ser avaliado.

A *Ética* não é um livro que possa ser recomendado a quem não possua formação filosófica. Como já diz o título, ele está redigido "de forma geométrica", à maneira de uma obra matemática, apresentando axiomas, afirmações, teses, demonstrações, corolários etc. Esta predileção pela matemática, a convicção de que a filosofia teria que ter a exatidão e a validade absoluta dos raciocínios matemáticos, já pode ser encontrada no antecessor de Spinoza, Descartes. As dificuldades para ler o livro são provenientes, por um lado, deste método, e por outro de sua brevidade. A "extensão" de um livro, isto é, a extensão do caminho que o leitor precisa percorrer para compreendê-lo, não é, como se sabe, a mesma coisa que o número de páginas. O extrato do trabalho de sua vida inteira foi então reduzido por Spinoza, extirpando rigorosamente toda palavra que pudesse ser dispensada, a cerca de 200 páginas de latim. Por isso também é muito difícil dar num pequeno espaço pelo menos uma ideia aproximada do seu conteúdo.

O ponto de partida é o conceito de *substância*. Por este nome não se deve entender a matéria, como seria de se esperar pelo uso habitual da palavra. Estaremos mais próximos da questão se levarmos em conta que a palavra latina *substantia* significa, literalmente, "o que está embaixo". Por este conceito Spinoza entende o uno ou o infinito, que se encontra por baixo de todas as coisas, que une em si e compreende todo ser. A substância é eterna, infinita, existe por si mesma. Fora dela nada mais existe. Entendido assim, o conceito de substância significa o mesmo que o conceito de Deus, e como quintessência de todos os entes tem também o mesmo significado que o conceito de natureza. Dessa forma, no início das ideias de Spinoza encontra-se a equação

substância = Deus = natureza.

À substância opõe-se o conceito de "modo". Modo é tudo quanto, ao contrário da substância, não existe por si mesmo nem existe livre e nem necessariamente (pois aqui necessidade e liberdade coincidem) – portanto tudo quanto é condicionado por outro; podemos dizer, o mundo das coisas no sentido mais amplo, o mundo dos fenômenos (finitos). No emprego normal da língua nós propriamente designamos este mundo como a natureza. Spinoza também conhece este uso. Mas, com o intuito de evitar um mal-entendido, ele emprega aqui dois conceitos de natureza: a natureza, no sentido amplo mencionado acima, é denominada por ele de "natureza criadora" (*natura naturans*), a natureza como quintessência das coisas finitas como "natureza criada" (*natura naturata*).

Como a linguagem humana não é uma linguagem de símbolos que possa ser comparada ao mundo dos símbolos matemáticos, mas sim uma herança trazida organicamente de uma era desconhecida, em cada palavra, por melhor que possa ser fixada e definida conceitualmente, sempre vibra também muita coisa não expressa, coisas trazidas do passado da palavra e do pensamento humano. Por isso em Spinoza – o que também pode ser observado, por exemplo, em Kant – ocorre muitas vezes que ele não se atém exatamente às definições por ele próprio estabelecidas, por exemplo quando para "natureza criadora" ele prefere usar a palavra Deus, e para natureza criada simplesmente natureza.

Toda coisa finita, por conseguinte, é condicionada por outra. Por qual? Como ilustração para seus conceitos básicos, o próprio Spinoza usa o seguinte exemplo: Se imaginarmos a substância infinita representada por uma área incomensuravelmente grande, por exemplo, por uma folha de papel, os modos, as coisas individuais, correspondem às figuras que estão desenhadas nesta área. Se, por exemplo, dividirmos a área em muitos quadrados pequenos, e se considerarmos um determinado quadrado e perguntarmos o que é que condiciona este quadrado, a resposta será que ele é condicionado pelos quadrados vizinhos que o envolvem, e não, ou pelo menos não diretamente, pela área toda. Naturalmente ele não existiria se antes a área não existisse. De acordo com isso, Spinoza ensina que toda coisa finita sempre só é condicionada por outras coisas finitas, mas que nenhuma coisa finita tem Deus diretamente como sua causa (mais próxima).

Se nenhum ser finito resulta diretamente de Deus, mas tudo dele resulta indiretamente, então deve existir ainda entre Deus, como a substância infinita, e os diversos modos, um elo intermediário. Qual é este elo? Voltemos ao nosso exemplo. Um determinado quadrado na área é determinado pelos quadrados vizinhos que o envolvem. Estes, por sua vez, são determinados por seus quadrados envolventes. Se formos assim sempre em frente, terminaremos por nos deparar com o conjunto infinitamente grande de todos os quadrados possíveis, um conjunto que permanece o mesmo, qualquer que seja a forma como a divisão da área seja feita. Esta soma absoluta de todos os modos é chamada por Spinoza de "modificação infinita", e ela resulta diretamente de Deus. Temos, pois, uma sequência de três estágios: a substância infinita (= Deus), a soma absoluta de todos os modos (= tudo), e os modos individuais.

A substância infinita – ou Deus – possui duas propriedades (ou pelo menos só duas podem ser percebidas): *pensamento e extensão.* Deus é por um lado extensão infinita (portanto ele não é corpo, pois todo corpo é limitado), e por outro pensamento infinito (portanto não determinado nem restringido). Como tudo está em Deus, todo ser individual pode também ser considerado sob estes dois pontos de vista: sob o ponto de vista do pensamento ele aparece como ideia, sob o ponto de vista da extensão como corpo. Assim como não existem duas substâncias diferentes (como Descartes havia ensinado), mas apenas uma, tampouco também um ser individual, antes de tudo o homem, consiste de duas substâncias separadas, corpo e alma, mas corpo e alma são os dois lados de um mesmo ser – uma visão em ampla escala reencontrada na moderna ciência do homem, a antropologia.

Todo ser individual tende a afirmar sua existência – o que, segundo Spinoza, coincide com sua natureza. Nesta tendência o homem, como todo ser, depara-se necessariamente com outros seres, por um lado comportando-se ativamente, quando atua sobre eles, e por outro passiva-mente, quando sofre sua atuação. Quando o impulso da autossatisfação é satisfeito, manifes-ta-se *alegria*; quando impedido, tristeza. Tudo isto, o agir humano e o sofrer humano, o amor e o ódio, todas as paixões que prendem o homem aos corpos que o envolvem, ocorre com natural necessidade e infalível coerência. Por isso é possível, e também necessário, que os instintos e pai-xões humanas sejam considerados e analisados com fria objetividade matemática, "escrever so-bre seres humanos como se estivesse me ocupando com linhas, áreas e corpos sólidos", como diz o próprio Spinoza. O estudo que a partir deste ponto de vista Spinoza faz na terceira parte da *Ética* manifesta-o como extremamente sóbrio e arguto conhecedor da alma humana, represen-tando um dos mais grandiosos quadros dos instintos, paixões e erros humanos. Muitos dos seus conhecimentos foram confirmados pela doutrina médica e científica sobre a alma.

Para o que comumente é entendido por livre-arbítrio ou vontade livre não existe lugar aqui. Quem imagina que pode escolher e decidir livremente é comparado por Spinoza a uma pedra que, lançada ao ar, descreve sua trajetória, acreditando que ela própria determina o ca-minho que segue e o lugar onde cai. Nossas ações seguem as mesmas leis férreas que todos os outros fenômenos naturais.

Também não existem conceitos universalmente válidos do bem e do mal. O que favorece a autoafirmação do indivíduo é chamado "bom", o que a impede é chamado "mau".

Onde é, temos que nos interrogar agora, onde é que neste mundo existe lugar, realmente, para uma "ética", que pretende ensinar um princípio universalmente válido do comportamento humano? Terá sentido a tentativa de uma ética num mundo como este, onde todo ser indivi-dual segue necessariamente a "lei pela qual foi criado" (o que para Spinoza quer dizer a lei de sua autoafirmação), e onde a "liberdade" compete unicamente ao ser supremo e infinito?

Primeiro, responde Spinoza, a doutrina de que não existe uma vontade livre não significa que não sejamos responsáveis pelo próprio comportamento. "O mal que resulta das más ações não é menos temível por seguir-se necessariamente; quer nosso agir seja livre ou não, nossas razões consistem de esperança e de medo. Por isso está errada a afirmação de que não deixo mais lugar algum para mandamentos e preceitos."

Mas de fato existem bastantes exemplos na história de homens que, independentemente de sua convicção da não liberdade humana, levaram uma vida exemplar. Mesmo assim nós não consideramos ainda este argumento como satisfatório.

A essência de todo objeto é a tendência à autoconservação. Isto vale também para o ser humano. "Que cada um se ame, que procure sua vantagem na medida em que seja verdadei-ra, e que busque tudo quanto o leva a uma maior perfeição; que cada um procure conservar seu ser na medida em que o consegue, isto é certamente tão verdadeiro quanto a tese de que o todo é maior do que a parte"[3]. Virtude não é outra coisa senão a capacidade do homem de fa-

---

3. *Ética* IV, prop. 18.

zer valer sua tendência. Virtude, portanto, é o mesmo que poder. E o direito natural do homem chega tão longe quanto este seu poder, pois, diz Spinoza, por direito natural não se entende outra coisa a não ser as leis da natureza ou o poder da natureza. "Agir incondicionalmente pela virtude é o mesmo que agir de acordo com as leis da própria natureza"[4].

Mas qual é a verdadeira natureza do homem, de acordo com cujas leis ele busca conservar e aperfeiçoar o seu ser? Aqui acontece o passo que dá rumo decisivo ao desenvolvimento das ideias: o homem, por sua natureza, é um *ser racional*. Portanto ele age de acordo com sua natureza quando sobre o fundamento da tendência para a própria vantagem ele age dirigido pela razão, e como a razão busca o conhecimento, a "compreensão é... a primeira e única base da virtude"[5]. Isto nos lembra a ligação socrática entre virtude e reto conhecimento.

Na verdade o homem não é apenas um ser da razão. Ele é em larga escala dominado e impelido de um lado para outro por instintos, impulsos, paixões. Qual a relação que existe entre a razão e as paixões? Spinoza, evidentemente, é um conhecedor muito radical da natureza humana para simplesmente exigir que a razão refreie ou reprima as paixões. Pelo contrário, ele sabe que "um afeto só pode ser impedido ou suprimido por outro afeto contrário e mais forte do que aquele que deve ser evitado"[6].

Que é, pois, que a razão consegue obter? Pois ela não deixa de obter algumas coisas. As diversas paixões têm a peculiaridade de cada uma por si tender à satisfação completa, sem respeitar as outras nem o bem da pessoa inteira. Na paixão o homem está inteiramente entregue ao momento, sem considerar o que vem pela frente. Quando alguém se entrega a ela, não está servindo à própria e bem-entendida vantagem. Só a razão, que mostra para além do momento passageiro as consequências futuras e mais distantes das ações presentes, nos ajuda a chegar a uma visão de conjunto e ao reto agir. Como força propulsora, como motor da vida, nós temos necessidade do instinto. Mas a razão ensina-nos a coordenar os instintos opostos, a mantê-los em equilíbrio, e com isso a empregá-los para a verdadeira vantagem da personalidade harmônica como um todo. Sem paixão os homens não podem existir. Mas as paixões devem ser ordenadas e conduzidas pela razão.

Mas a razão consegue mais ainda. Pois ela própria pode tornar-se paixão, afeto, e como tal atuar! É precisamente nisto, no fato de o conhecimento do bem e do mal atuar ele próprio como afeto, que se baseia a possibilidade de o homem fazer do conhecimento a norma do seu agir. Neste sentido diz Spinoza: "A todas as ações a que somos determinados por um afeto que contenha um sofrimento, nós podemos também, sem tal afeto, ser determinados pela razão"[7]. Assim a razão pode vencer a paixão transformando-se ela própria em paixão.

---

4. Ibid., prop. 24.
5. Ibid., prop. 26.
6. Ibid., IV, prop. 7, 14.
7. Ibid., IV, prop. 59.

Por último a razão nos leva a dar mais um passo, e um passo mais elevado. Voltemos mais uma vez, por um instante, à imagem da área infinita, com as figuras nela desenhadas. Existem seres muito simples, "indivíduos de primeira ordem", que podemos imaginar representados por um único quadrado. E existem seres compostos de ordem mais elevada. O ser mais complicado que nós conhecemos é o homem. Se imaginarmos uma figura muito complicada desenhada na área, é claro que ela contém em si numerosos quadrados inteiros. Mas um grande número de outros quadrados individuais serão cortados por ela, e estarão contidos nela apenas em parte. Do ponto de vista da extensão, portanto considerado como corpo, tal ser não dominará inteiramente os movimentos de suas partes, outros corpos irão também contribuir para isso, e perturbá-lo. Também do ponto de vista do pensamento, considerado como espírito, este indivíduo conterá em si muitos quadrados inteiros, e outros apenas em parte. As ideias que o espírito possui totalmente são chamadas por Spinoza de "adequadas", as outras de inadequadas.

Em seus impulsos e paixões o homem está voltado para outros corpos, como objeto deles, e por isso, como estes também atuam sobre ele, ele só adquire ideias inadequadas, um conhecimento deles apenas parcial e confuso. O mesmo vale para a percepção sensível de outros corpos.

A razão – sobretudo em sua forma mais elevada, que Spinoza denomina a "contemplação direta" – é inteiramente diferente! Ela transmite apenas ideias adequadas, não fornece um conhecimento confuso das coisas individuais, mas considera tudo em sua conexão eterna e necessária. (Não conseguimos reprimir aqui a observação de que nesta passagem Spinoza se dá a conhecer como autêntico filho de sua era racionalista. Todo pensador individual, e o próprio ser humano, é mais interessante e mais revelador naquilo que ele pressupõe espontaneamente como evidente. Spinoza desconfia dos sentidos, desconfia dos instintos. Mas da razão e da sua capacidade de transmitir conhecimento imperturbado e certeza incondicional ele não desconfia.) A razão, quando pura e adequadamente apreende as coisas, compreende-as também em sua legítima necessidade. Como aquilo que se apreendeu que é necessário, aquilo de que se viu que tem que ser assim e que não pode ser de outra forma, também deve ser afirmado, afirmar não é outra coisa senão querer (isto já foi ensinado por Descartes). O que nós reconhecemos como isento de toda e qualquer dúvida, a isto nós não enfrentamos mais como algo que nos chega de fora, como algo indesejado, mas pelo contrário isto nos vem ao encontro como algo aceito, afirmado, querido por nós mesmos. Para com isto nós não somos passivos nem obrigados, nós somos autodeterminantes e livres! Só com isto, portanto, o homem chega à liberdade mais elevada – e esta é ao mesmo tempo a única espécie de liberdade que ele pode alcançar –, e com isto ele consegue em cada vez maior medida livrar-se do sofrimento através do *conhecimento*. Tudo quanto apreendeu em sua necessidade ele o há de compreender, e com isto afirmar. Tudo quanto ele afirma não é mais algo que atua sobre ele como alguém que sofre, mas o enfrenta de forma autodeterminante, isto é, livre.

Como tudo quanto é necessário é vontade de Deus (pois a vontade de Deus e o necessário são uma só coisa), assim o progressivo conhecimento e afirmação do necessário é ao mesmo tempo crescente amor a Deus e acolhimento de sua vontade. Este mais elevado de todos os estados acessíveis ao homem é chamado por Spinoza de *"amor Dei intellectualis"*, amor intelectual a Deus. É ao mesmo tempo também *"amor fati"*, um amor ao destino irrevogável, como dois séculos mais tarde tentou ensinar Friedrich Nietzsche, se bem que torturado e de uma forma não tão pura e solta como Spinoza. Também religião e bem-aventurança consistem apenas na natural entrega do homem ao necessário, isto é, à vontade de Deus. Neste sentido, como diz a frase final da ética, a bem-aventurança não é a recompensa da virtude, mas a virtude é ela própria a bem-aventurança. Este é o caminho pelo qual Spinoza quer guiar-nos. Ouçamos por último o que ele mesmo diz numa visão retrospectiva de sua obra:

> Com isto expus tudo quanto desejava mostrar do poder da alma sobre os afetos e da liberdade da alma. Daí fica claro quanto o sábio consegue e quanto ele é superior ao estulto, que é levado unicamente pelo prazer. Pois abstraindo de que o estulto é movido de um lado para outro por causas externas, e nunca se encontra de posse da verdadeira satisfação de ânimo, ele também vive como inconsciente de si próprio e de Deus e das coisas, e logo que deixa de sofrer deixa também de existir; o sábio, pelo contrário, na medida em que é considerado como sábio, pouco é movido no seu ânimo, mas consciente de si mesmo e de Deus e das coisas segundo uma certa necessidade eterna, nunca deixa de existir, mas está sempre de posse da verdadeira satisfação de ânimo. Embora o caminho do qual eu provei que leva a isto seja extremamente difícil, ele não obstante se deixa encontrar. E na verdade o que tão raramente é encontrado tem que ser difícil. Pois como seria possível a salvação ser facilmente acessível e poder ser encontrada sem grande esforço, de modo que quase todos deixassem de dar-lhe atenção? Mas tudo quanto é elevado é ao mesmo tempo difícil e raro[8].

Limitamo-nos a apresentar aqui umas poucas ideias básicas de sua ética. Suas visões políticas não foram consideradas aqui. Mas delas desejamos destacar pelo menos a exigência da liberdade de espírito, isto é, a liberdade de expressão e de pensamento, que é fundamentada por meio de considerações racionais. Depois de as pessoas terem se unido numa comunidade de Estado, e de a ela haverem conferido poder, seu direito como cidadãos do Estado já não vai tão longe quanto seu poder – como ocorre quando um indivíduo enfrenta outro indivíduo. Em favor do Estado eles abdicaram de uma parte do seu poder, e com isso do seu direito, porém ganharam em segurança. Mas o próprio Estado ainda continua, por assim dizer, na situação natural, em que tudo quanto é possível também é permitido. Isto é válido para a relação do Estado com outros estados. Contratos e acordos só o obrigam enquanto a observância dos mesmos lhe parecer vantajosa. Mas é válido também para o poder do Estado para dentro, em relação aos seus cidadãos. Seu direito chega tão longe quanto seu poder. Está em seu poder tudo quanto ele possa forçar. Como as convicções religiosas e científicas, por exemplo, não podem ser forçadas, caso o tentasse o Estado estaria ultrapassando os limites do seu poder, e com isso do seu direito, e apenas fazendo-se ridículo. Garantir toda liberdade possível é também para o Estado um mandamento da prudência, na medida em que "os homens, por natureza, nada conseguem suportar menos do que as opiniões que eles consideram verdadeiras serem

---

8. Seção final da *Ética*.

consideradas como crimes..."[9] Desde que foram escritas, estas frases de Spinoza nada perderam de sua atualidade. Podemos admitir que esta exigência de Spinoza, além desses motivos da razão, sejam devidas também a suas próprias amargas experiências. Com ela ele se antecipa ao grande movimento europeu do Iluminismo, que será considerado no próximo capítulo.

3. Influência de Spinoza – Observações críticas

A influência de Spinoza sobre a posteridade não se manifestou com total intensidade logo após sua morte. Assim como em vida, também após a morte ele foi odiado, ridicularizado e proibido. Pelo judaísmo ele havia sido expulso, pela Igreja Católica suas obras foram colocadas no Índice dos Livros Proibidos. Mesmo o iluminista Pierre Bayle considerou a doutrina de Spinoza como monstruosa.

No que se refere ao conflito de Spinoza com a comunidade judaica, devemos considerar que os judeus que viviam na diáspora, já tendo sido expulsos uma ou mais vezes, mantinham-se unidos substancialmente pela sua fé comum; por isso eles reagiam com muita sensibilidade a todo e qualquer movimento que pusesse em risco esta união; e temiam mais ainda as ideias que a maioria cristã pudesse considerar como heréticas ou hostis à religião. Spinoza encontrava-se aqui em uma difícil situação, tendo declarado em sua juventude que os profetas deviam ser respeitados como mestres da moral, mas que seu conhecimento dos fatos não era melhor do que o de seus contemporâneos...

Na Alemanha a influência de Spinoza foi de início relegada para segundo plano pela filosofia de Leibniz, surgida quase na mesma época. Mas o alcance oculto de sua influência pode ser percebido pelo número de escritos polêmicos e contestatórios que sempre de novo apareceram contra ele. O grande poeta e crítico Lessing, bem como Johann Heinrich Jacobi (1743-1819), foram na Alemanha os primeiros a manifestar publicamente respeito a Spinoza; na Inglaterra foi o poeta Coleridge. A estes seguiram-se Herder e Goethe, que expressamente o aceitou e acolheu sua doutrina. Do número dos filósofos que foram influenciados pelas ideias de Spinoza fazem parte, entre outros, Schopenhauer, Nietzsche e Bergson.

Acrescentemos também algumas observações críticas. A obra de Spinoza, como não podia deixar de ser, é a expressão de sua personalidade e de seu destino. Ao destino ninguém consegue escapar, nem mesmo um homem como Spinoza, que conseguiu observar o mundo e até mesmo sua própria existência como que de uma grande distância. A origem de Spinoza deixa marcas em um traço essencial de sua filosofia, que pode ser chamado de oriental. Nela encontramos um traço de entrega fatalista, que na verdade não tem que levar necessariamente, mas que com facilidade pode levar à inércia. Por isso a doutrina de Spinoza também tem sido comparada com a de Buda[10]. Deve ser atribuído conjuntamente à sua origem e ao seu

---

9. *Tratado teológico-político*, cap. XX.
10. MELAMED, S.M. *Spinoza und Buddha*. Chicago, 1933.

destino o fato de o sistema de Spinoza não atribuir valor ou significado definido às comunidades naturais da vida humana, como casamento, família e povo.

Spinoza foi também uma natureza de tal forma voltada para a teoria que para ele compreender e aceitar eram duas coisas que se equivaliam. Dificilmente ele conseguia imaginar que alguém pudesse deixar de reconhecer e de aceitar o que o conhecimento lhe apresentasse como evidente. Para ele, de fato, "o próprio conhecimento transformava-se em afeto".

Por fim, a partir do seu caráter, como também do seu destino de um ser solitário e de um excluído, pode-se compreender que jamais ele considerasse possível, e por conseguinte também desejável, superar o egoísmo natural do homem, e que para ele a ideia de uma pessoa poder sacrificar-se por outra lhe parecesse absurda. Isto estabelece também a distância entre sua doutrina e a doutrina central do cristianismo, apesar da concordância que existe em vários outros aspectos.

III. Leibniz

1. Vida e escritos

As devastações externas provocadas na Alemanha pela Guerra dos Trinta Anos (1618-1648) atrasaram de tal forma tanto o país que, na opinião de célebres historiadores, decorreram séculos até serem superadas por completo. Também no terreno intelectual as décadas da guerra na Alemanha mostram uma geral desolação, da qual não se destacam a não ser algumas mentes independentes isoladas. Não obstante – se abstrairmos do dano permanente que significou para o povo alemão a perpetuação da divisão confessional –, a superação ocorreu de forma substancialmente mais rápida. Isto deve-se atribuir antes de tudo ao mérito de um único homem, Gottfried Wilhelm Leibniz. Seu vulto se ergue qual brilhante cometa acima da pobreza espiritual das décadas da guerra. É ele o verdadeiro fundador da filosofia alemã, que ainda haveria de alçar grandes voos. Sua versatilidade e suas eminentes realizações em quase todos os setores do conhecimento não possuem paralelo na história do espírito alemão.

Nascido em Leipzig em 1646, portanto pouco antes de concluída a Paz da Vestfália, e tendo bem cedo perdido os pais, já quando criança adquiriu uma vasta formação, que lhe possibilitou aos 15 anos frequentar a universidade, aos 17 chegar ao bacharelado e aos vinte obter o título de doutor, este último na Universidade de Altdorf, por não haver sido admitido à promoção em Leipzig por causa da idade. Não quis abraçar a carreira universitária, que logo lhe foi oferecida; e mesmo posteriormente nunca assumiu uma cátedra científica. Voltou-se, ao invés, para a atuação política, o impulso decisivo tendo partido de sua familiaridade com o Príncipe Eleitor de Mainz, von Boineburg. Por incumbência do príncipe, Leibniz foi para Paris, com o plano, por ele mesmo elaborado, de fazer com que a agressividade do rei da França, Luís XIV, que ameaçava os Países Baixos e a Alemanha, se voltasse para um objetivo diferente. Leibniz propôs que os estados da Europa cristã não consumissem mais suas forças em lutas fratricidas, mas que se unis-

2 – Os três grandes sistemas da Era Barroca

sem contra o mundo não cristão. Recomendou que a França ocupasse primeiramente o Egito, o que mais tarde foi tentado por Napoleão I. Leibniz não obteve êxito. Terminou sendo forçado a admitir que, afinal de contas, "as cruzadas tinham saído de moda".

Muito mais proveitosa lhe foi, do ponto de vista científico, sua permanência de quatro anos em Paris. Estudou Descartes, leu o manuscrito da *Ética* de Spinoza, travou conhecimento com os principais espíritos da época, como *Huygens* – que, como ele próprio atesta, o introduziu nos verdadeiros segredos da ciência matemática –, *Arnauld*, o então cabeça dos jansenistas, e outros. Na viagem de volta fez também uma visita a Spinoza. Durante toda a vida, Leibniz manteve correspondência com numerosas pessoas importantes – teve mais de 600 parceiros de correspondência. Suas cartas constituem uma das fontes mais importantes para conhecermos seu pensamento. Em Paris inventou o cálculo diferencial, o tratamento matemático do infinitamente pequeno através do cálculo, que pouco tempo antes havia sido desenvolvido por Newton numa forma um pouco diferente e menos perfeita, sem que Leibniz disso tivesse conhecimento.

Em 1676 Leibniz foi para Hannover, como bibliotecário e conselheiro da corte. Esta cidade passou a ser para ele a segunda pátria. Durante as décadas que se seguiram só a deixou para fazer viagens, embora extensas, que entre outros lugares o levaram a Berlim, Viena e Roma. A criação da Academia de Ciências de Berlim, ocorrida em 1700, partiu de uma sugestão sua. Manteve relações também com o Czar Pedro o Grande da Rússia, a quem apresentou grandes planos para a promoção das ciências e do intercâmbio cultural entre as nações. Já foi lembrado no final da primeira parte seu conhecimento e valorização do mundo intelectual chinês. Os grandes planos de Leibniz em grande parte falharam. Sobretudo nunca se tornou realidade a ideia de reunir novamente as confissões cristãs, catolicismo e protestantismo, primeiro, e mais tarde luteranos e reformados. Uma das mais duras decepções de sua vida foi a suspensão do Edito de Nantes em 1685, por Luís XIV, que na França ocasionou novas e ferozes perseguições aos huguenotes. Para promover esse plano Leibniz compôs escritos teológicos, em que destaca sobretudo aquilo que une as diversas confissões.

A serviço do príncipe eleitor de Hannover, Leibniz trabalhou sobretudo como jurista e historiador. Após longos anos de estudo das fontes compôs, assim, uma vasta obra histórica, que é uma das melhores de sua época. Além de tudo isso, levou adiante seus estudos matemáticos e filosóficos. A pluralidade de seus interesses muitas vezes o impedia de terminar o que havia iniciado. Ele próprio escreve a respeito disso em uma carta: "Eu começo a pesquisar nos arquivos, vou atrás de velhos papéis e coleciono documentos não impressos. Recebo e respondo um grande número de cartas. Mas tenho tanta coisa nova na matemática, tantas ideias na filosofia, tantas outras observações literárias que não desejaria deixar de lado, que muitas vezes nem sei por onde começar". A incrível versatilidade de Leibniz – realizou coisas importantes como filósofo, teólogo, diplomata, matemático, historiador, bibliotecário – só pode ser plenamente avaliada quando se sabe que além de tudo isso ele se ocupava com problemas técnicos, com relógios, moinhos de vento, prensas hidráulicas (inventou uma bomba de água que foi utilizada nas minas do Harz), e que com frequência trabalhava nessas minas como geólogo e engenheiro.

Pelo final de sua vida Leibniz foi vítima do destino que atinge muitos grandes homens que se põem a serviço dos príncipes. Caiu em desgraça e morreu em 1716, isolado e amargurado, mas até o último dia trabalhando em sua escrivaninha. Este homem, que na história intelectual da Europa foi talvez o último a dominar todos os setores do conhecimento e a realizar em quase todos coisas importantes, foi sepultado sem qualquer honra e reconhecimento, segundo relatos dos contemporâneos. Só a Academia Francesa de Ciências lhe dedicou uma menção honrosa.

O fato de as ideias de Leibniz não terem recebido de início o merecido reconhecimento, sobretudo no terreno da filosofia, deve-se a que ele próprio jamais fez uma apresentação completa do seu sistema filosófico. Apresentou suas ideias filosóficas décadas mais tarde, em inúmeras passagens, em cartas e pequenos tratados, que só em parte foram impressos, tornando-se assim acessíveis ao público. Isto ocorre particularmente com o primeiro período de preparação e desenvolvimento de suas opiniões filosóficas, que se estende até o ano de 1695. No segundo período, de plena formação e amadurecimento, ele compôs alguns escritos em que, pelo menos de forma resumida, são tratadas algumas partes importantes do seu sistema. Merece menção, em primeiro lugar, o artigo publicado pela primeira vez em 1685, "Novo Sistema da Natureza" ("Neues System der Natur"). As ideias apresentadas aqui são levadas adiante na *Monadologia* e nos *Princípios da natureza e da graça* (*Prinzipien der Natur und der Gnade*), compostos nos anos 1712 a 1714 em Viena para o Príncipe Eugênio. Dentro desse intervalo situa-se a composição de dois outros importantes escritos de caráter filosófico, ambos buscando objetivos polêmicos. Os *Novos ensaios sobre a razão humana* (*Neue Versuche über den Menschlichen Verstand*), publicados só após a morte de Leibniz, são dirigidos contra o inglês Locke. O mais conhecido escrito de Leibniz, a *Teodiceia* (Sobre a bondade de Deus, a liberdade do homem e a origem do mal) é dirigido contra o cético francês Bayle. Nasceu de conversas com a rainha da Prússia. A pesquisa posterior tentou reunir em um todo os fragmentos deixados por Leibniz – uma tarefa difícil, não só pela dispersão das fontes, mas por causa também das contradições, que Leibniz, nunca encontrando tempo para refletir sobre seu sistema como um todo, não chegou a perceber nem a extirpar. Uma edição crítica de todos os seus escritos e cartas está sendo publicada desde 1923. Restringimos nossa apresentação a três pontos centrais do sistema de Leibniz.

2. As ideias básicas da filosofia de Leibniz

A doutrina das mônadas

A primeira peça mais importante da metafísica de Leibniz, a doutrina das mônadas, pode ser melhor explicada estabelecendo-se de início uma ligação com o conceito de substância de Descartes, mais precisamente com a substância corporal extensa. Esta é criticada por Leibniz sob dois aspectos.

Descartes havia afirmado que todos os fenômenos naturais podem ser explicados por meio dos conceitos da extensão e do movimento, e formulara uma lei da "conservação do movimento". Leibniz, pelo contrário, afirma: Se considerarmos o mundo corpóreo unicamente sob o ponto de vista da extensão, o "movimento" nada mais é do que a mudança nas condições de vizinhança dos corpos, deslocamento recíproco de partes do espaço. Como posso, então, constatar objetivamente um movimento? Evidentemente, de forma nenhuma. O movimento é algo puramente relativo; qual o corpo que está se movendo, e qual o que não está, isto depende unicamente do ponto de vista do observador. O leitor com formação física já percebe aqui como com suas considerações Leibniz se aproxima de certas abordagens da teoria da relatividade. Leibniz prossegue: O conceito de movimento não pode ser separado do conceito de *força*. Sem a força que se encontra por trás do movimento, e que o provoca, o movimento transforma-se em puro jogo de sombras. O que propriamente é real é a força (nós diríamos, a energia). Leibniz esclarece isto ainda mais com o seguinte argumento: Também os cartesianos veem a contínua mudança de movimento e repouso. Onde é que fica então o movimento, cuja soma, segundo Descartes, deve permanecer sempre a mesma? O que permanece igual, manifestamente, não é o movimento, mas sim a força. Quando um corpo em movimento entra em repouso, o movimento cessa, mas o corpo não cessa por isso de ser força ou de representar força. A força que nele atua simplesmente mudou de forma (nós diríamos, transformou-se em energia potencial). Não existe, portanto, uma lei da conservação do movimento, mas sim da conservação da força.

Leibniz critica ainda a concepção cartesiana da substância extensa sob um segundo ponto de vista, o da continuidade e divisibilidade. O espaço matemático é um contínuo, e é infinitamente divisível. Se com Descartes eu entender o mundo corpóreo de maneira puramente geométrica, como extensão, a matéria terá que ser também um contínuo, e infinitamente divisível. Leibniz reconhece que a matéria, em sentido físico, tem que ser diferente do espaço em sentido geométrico. O contínuo, no sentido da matemática, é uma concepção ideal. Não possui partes reais. Pode ser divisível à vontade, *em pensamento*, mas isto precisamente porque é uma ideia. A matéria real não pode ser equiparada à pura extensão. Isto já está comprovado, e Leibniz lembra-o expressamente, pela inércia inerente aos corpos, que não é abrangida pelo mero conceito da extensão. A realidade só pode consistir de partes reais, e estas de maneira alguma nós as podemos considerar divisíveis tanto quanto se queira. Isto parece conduzir à antiga teoria atômica, construída pelos gregos, e como pouco tempo antes de Leibniz foi renovada pelo físico e filósofo francês Pierre *Gassendi* (1592-1655), adversário de Descartes.

Para Leibniz, no entanto, o antigo conceito de átomo não é suficiente. Como de maneira geral Leibniz defende expressamente a explicação mecânica da natureza, por exemplo a de Galileu, mas em seguida busca superá-la, convencido de que seus princípios não repousam em si mesmos, mas são, em última análise, conceitos metafísicos, o mesmo ele faz aqui. Leibniz associa o conceito mecanicista de átomo com o conceito aristotélico da enteléquia, a força animadora e configuradora, chegando assim ao seu conceito de mônada, para o qual provavelmente toma emprestada a Giordano Bruno a expressão, que do ponto de vista linguístico quer dizer apenas "unidade". Que são as mônadas? Podemos aproximar-nos melhor da questão se imaginarmos a substância infinita de Spinoza decomposta em inúmeras substâncias pontuais individuais. De fato Leibniz diz: "Spinoza teria razão se não existissem as mônadas". – A mônada pode ser considerada sob quatro pontos de vista:

1) As mônadas são *pontos*. Quer dizer, a verdadeira razão última dos entes são substâncias pontuais. Não consiste, pois, em um contínuo. Isto parece estar em contradição com o aspecto sensível em que a matéria se apresenta aos nossos sentidos, como um contínuo que preenche o espaço. Leibniz afirma que esta impressão sensível é enganosa. Nisto a nova pesquisa da natureza lhe deu plena e completa razão. Deve-se observar que a invenção do microscópio, que acabara de ocorrer, causou profunda impressão em Leibniz. A visão mais profunda da estrutura da matéria, possibilitada pelo microscópio, confirmou sua concepção.

2) As mônadas são *forças*, centros de força. Um corpo, segundo Leibniz, não é outra coisa senão um complexo de centros pontuais de força. Mais uma vez isto foi confirmado não apenas pelo desenvolvimento posterior da filosofia crítica de Kant e Schopenhauer, mas sobretudo pelo próprio estudo da natureza ocorrido posteriormente.

3) As mônadas são *almas*. As primitivas substâncias pontuais devem ser pensadas como sempre animadas, embora em graus diferentes. As mônadas inferiores se encontram como que num estado de sonolência ou de anestesia. Só têm ideias obscuras, inconscientes. As mônadas superiores, como a alma humana, possuem consciência. A mônada suprema, Deus, tem uma consciência infinita, onisciência.

4) As mônadas são *indivíduos*. Não existem duas mônadas iguais. As mônadas formam uma série contínua, da suprema mônada divina até a mais simples de todas. Cada uma tem seu lugar próprio, cada uma reflete o universo à sua maneira própria e única, e cada uma é potencialmente um espelho de todo o universo. As mônadas são também indivíduos, no sentido de serem fechadas para fora. Elas "não têm janelas". Tudo quanto acontece na e com a mônada resulta dela mesma e de sua essência, é colocado nela pelo ato divino de criação pelo qual as mônadas foram produzidas a partir da única mônada divina.

A harmonia preestabelecida

Nesta visão se apresenta agora para Leibniz, de uma maneira diferente, um problema com o qual seus predecessores já haviam se ocupado. Para Descartes existiam duas substâncias, pensamento e extensão. Ele já encontrara dificuldades para explicar a relação entre as duas, sobretudo no ser humano. Para Leibniz existem infinitas substâncias, as mônadas. Cada mônada tem seu próprio mundo de ideias. O mundo inteiro não consiste senão das mônadas e de suas ideias. Mas todas as mônadas juntas constituem o *todo harmônico* do mundo. Como se explica, porém, que as ideias que cada mônada desenvolve para si e puramente a partir de si mesma concordem, de tal forma que nós homens nos encontramos em um mundo comum e nele nos orientamos, pensamos e agimos? Isto não pode ser explicado a partir das próprias mônadas. Pois se poderia também imaginar que as mônadas fossem tais que não surgisse nenhuma concordância entre seus diversos "mundos"! Isto só pode ser explicado a partir da razão última da qual procedem todas as mônadas, da *divindade*.

Leibniz ilustrou sua visão por meio da célebre ideia dos *relógios iguais,* que não foi invenção dele, mas sim do já mencionado Geulincx. Imaginemos dois relógios que sempre funcionam iguaizinhos, sem a mínima diferença. A concordância pode ser produzida de três maneiras: Ou os dois relógios são ligados entre si por um dispositivo técnico tal que um depende mecanicamente do outro e não podem dele desviar-se; ou existe um mecânico que presta atenção e regula ambos continuamente; ou então os dois relógios são feitos de uma forma tão precisa e exata que não há lugar para um desvio.

Aplicado à relação das diferentes "substâncias", isto significa: Ou deve ocorrer uma interação entre elas. Descartes enfrentou o dilema de não poder negar o fato da evidente harmonia de suas duas substâncias, sobretudo do psíquico e do físico no homem, mas de também não poder aceitar a ação de uma sobre a outra, pois havia partido de duas substâncias que conceitualmente nada têm em comum. Aqui acorrem os ocasionalistas em socorro, com a segunda suposição. Eles colocam Deus no papel do mecânico, que sempre produz a concordância por novas intervenções. A Leibniz nenhum desses dois caminhos era viável, pois suas mônadas não têm janelas e são independentes umas das outras, e para ele a teoria ocasionalista parece introduzir um *Deus ex machina,* um Deus tapa-buracos, numa questão que tem que ser explicável de uma forma mais natural. Ele recorre, assim, à terceira possibilidade, "a saber, que desde o início Deus criou as duas substâncias de tal forma que cada uma delas, contanto que obedeça às próprias leis que recebeu juntamente com a existência, permaneça em concordância com a outra, como se ocorresse uma influência mútua, ou como se a mão de Deus sempre interviesse..." Esta é sua doutrina da harmonia preestabelecida (estabelecida de antemão por Deus).

Observemos que naturalmente ainda existe uma outra possibilidade, inteiramente diferente (e mais simples). É a que foi escolhida por Spinoza. Para ele não existem dois relógios, isto é, não existem duas substâncias diferentes. Existe só a única substância divina, e quando constatamos a "harmonia" entre os processos do pensamento e do mundo corpóreo, isto não é de admirar, nem existe necessidade de nenhuma outra explicação, já que ambos são apenas "atributos" da única substância: o Deus único revela-se uma vez sob o atributo do pensamento, e outra sob o da extensão. Para Spinoza não existem dois relógios, mas de certa forma um relógio só, com dois mostradores que dependem do mesmo mecanismo (ou com mais mostradores, mas nós vemos apenas esses dois).

O caminho de Spinoza não podia ser aceito por Leibniz. Haveria de levá-lo necessariamente ao panteísmo spinoziano, para quem o mundo está em Deus como Deus está no mundo, para quem Deus e o mundo coincidem. Leibniz adere à convicção "teísta" cristã de um Deus fora e acima do mundo. Por isso ele tem necessidade da doutrina, se bem que grandiosa, mas que em comparação com Spinoza nos parece um tanto artificial, da harmonia preestabelecida, que nas suas palavras "resulta em que os corpos atuam como se não existissem almas, e que as almas atuam como se não existissem corpos, e que ambos atuam como se se influenciassem mutuamente"[11].

---

11. LEIBNIZ. *Monadologie* § 81.

Teodiceia

O fundo de otimismo que podemos perceber de imediato na doutrina da harmonia prees-tabelecida tinha necessariamente que entrar em conflito com o fato que não podia ser ignora-do por Leibniz, um pensador religioso e de convicções cristãs: o fato da existência do mal no mundo. Leibniz está convencido de que na criação Deus criou o melhor entre todos os mun-dos possíveis. Se o mundo criado não fosse o melhor, se portanto pudesse existir um que fosse melhor ainda, então Deus ou não o teria conhecido – o que estaria em contradição com sua onisciência – ou não teria conseguido criá-lo – o que estaria em contradição com sua onipo-tência – ou não o teria querido – o que estaria em contradição com sua bondade. Mas por que então, neste mais perfeito de todos os mundos, existe tanto sofrimento, tantas imperfeições e pecados? É esta a questão da teodiceia de Leibniz.

Para considerar mais de perto o problema, Leibniz distingue três espécies de males, o mal metafísico, o mal físico e o mal moral. O mal metafísico, em última análise, consiste na finitude do nosso mundo. Esta não poderia ser evitada, se Deus quisesse criar um "mundo". O mal físico, ou seja, a dor e o sofrimento de toda espécie, resulta necessariamente do mal metafísico. Como os seres criados só podem ser imperfeitos (se fossem perfeitos não seriam seres criados, mas se-riam iguais a Deus), também as sensações que lhes são próprias não podem ser perfeitas; tem que haver entre elas também sensações de imperfeição, isto é, de desprazer e sofrimento. Algo semelhante vale também para o mal moral. Um ser criado, em sua imperfeição, tem que neces-sariamente falhar e pecar, sobretudo se lhe foi concedido por Deus o dom da liberdade.

3. Uma contribuição à crítica – Formação e desenvolvimento das ideias de Leibniz

Já foi dito que o sistema de Leibniz apresenta uma série de contradições internas. Estas são constituídas pelas que permaneceram porque Leibniz nunca foi até o fim com seu pensa-mento, mas que possivelmente teriam sido eliminadas se ele as tivesse refletido coerentemen-te, e pelas que tinham que resultar necessariamente de sua peculiar posição intermediária en-tre a manutenção das arraigadas convicções religiosas e a aceitação dos novos conhecimentos da natureza. Apontamos apenas algumas dessas contradições.

Com referência ao *espaço*, Leibniz ensina, por um lado, que o mundo consiste só de môna-das (sem extensão) e suas ideias, e de mais nada. Quando nossos sentidos nos apresentam o mundo como um contínuo extenso no espaço, isto é uma ilusão, pois o que parece contínuo é na verdade um complexo de mônadas pontuais. Isto é puro idealismo, e corresponde a negar a realidade do espaço. Mas por outro lado Leibniz ensina que existe uma multiplicidade de mô-nadas uma ao lado da outra, e onde irão estas mônadas encontrar-se uma ao lado da outra a não ser no espaço? Existe também uma contradição entre a ideia da harmonia preestabeleci-da, que implica um determinismo, já que Deus estabeleceu de antemão o curso de tudo, e o reconhecimento da vontade livre do homem, como incluída na teodiceia.

Existem contradições também entre as explicações dadas por Leibniz em suas discussões filosóficas e as ideias cristãs básicas, que ele pretende não apenas manter, mas com sua doutrina defender contra os céticos como Bayle. Na teodiceia, por exemplo, aos que lembram o sofrimento do homem na criação, Leibniz opõe a seguinte pergunta: De onde sabemos que a felicidade do homem é o único e mais importante objetivo do mundo? O objetivo divino do mundo não está voltado para uma parte, mas sim para o todo da criação, e este objetivo do mundo não pode ser sacrificado às exigências de uma parte das criaturas, mesmo que estas sejam as mais elevadas! Isto não está inteiramente de acordo com o pensamento cristão, segundo o qual o plano divino de salvação serve precisamente à redenção do ser humano. De maneira geral, a ideia da redenção não encontra um lugar certo no sistema de Leibniz. Pois se as mônadas tivessem desde o início sido criadas por Deus tão perfeitas que não necessitassem de outra intervenção divina, então uma redenção por efeito sobrenatural da graça seria tão impossível quanto supérflua, assim como toda outra espécie de "milagre", embora a possibilidade deste seja afirmada por Leibniz.

Mas não fica excluída a possibilidade de num plano mais elevado essas contradições serem superadas. Foi obra de Kant esclarecer a aparente oposição entre determinismo e liberdade, entre idealidade e realidade do espaço etc. Partindo do ponto de vista de Leibniz, isto não seria possível. O conceito de mônada (que já aparece na filosofia antiga, e também depois de Leibniz, sob uma forma quase sempre modificada) pode, visto de hoje, aparecer como uma construção a que na realidade não corresponde coisa alguma, como um produto do seu tempo, quando ainda não era conhecida a estrutura da matéria a partir das partículas elementares, nem a estrutura fina da substância viva.

Não deve esta crítica levar-nos a ignorar a grandeza e a poderosa influência das ideias básicas de Leibniz. Leibniz foi um espírito universal, que, como ele próprio atesta, descobriu um núcleo verdadeiro em quase todas as filosofias anteriores. Sua grandeza consiste em haver tentado juntar e unir o que parecia excluir-se, embora não o tenha conseguido por completo. As ideias centrais sobre as quais o sistema se baseia, e que ocuparam também o lugar central no desenvolvimento da filosofia posterior a Leibniz foram resumidas como segue: 1) a ideia da perfeita racionalidade do universo, isto é, de sua coerência lógica; 2) a ideia da importância própria do individual no universo; 3) a ideia da perfeita harmonia de todas as coisas; 4) a ideia da infinitude quantitativa e qualitativa do universo; 5) a ideia da explicação mecanicista da natureza.

Como Leibniz não reuniu suas ideias em um sistema, ele também não criou nenhuma "escola" filosófica. A ampla atuação alcançada por suas ideias pouco após sua morte dificilmente poderia ter ocorrido se Christian *Wolff* (1679-1754) não tivesse tentado preencher o vazio deixado pelo próprio Leibniz, organizando suas ideias em um sistema e tornando-as conhecidas a vastos círculos. Forçado por forças pietistas, Wolff foi privado de sua cátedra, e mais tarde chamado de volta por Frederico o Grande para a Prússia (Halle). O "sistema Leibniz-Wolff" deu o tom na filosofia alemã até a época de Kant. Wolff tem o mérito de em suas obras escritas em alemão (outras o foram em latim) haver criado uma terminologia filosófica com a qual pôde trabalhar a era subsequente do Iluminismo.

Leibniz nunca ensinou publicamente. Chama atenção que entre 1571 (ano do nascimento de Francis Bacon) e 1750 (docência de Kant em Königsberg) nenhum filósofo de primeira linha esteve por muito tempo ligado a uma universidade. Os pensadores desse período ou foram homens do mundo como Bacon ou Leibniz, que lidavam com príncipes, ou viveram na reclusão, como Spinoza.

PARTE V
A FILOSOFIA DO ILUMINISMO E A OBRA
DE IMMANUEL KANT*

* Tradução de *Eduardo Gross*, professor-adjunto da Universidade Federal de Juiz de Fora, tem sua linha de pesquisa voltada para o estudo da Filosofia, da Hermenêutica e da Teologia; possui graduação e doutorado em Teologia pela Escola Superior de Teologia.

1
Iluminismo

I. Inglaterra

1. Precursores do empirismo inglês

Dos três ramos em que a filosofia europeia se desdobrou nos primeiros séculos da Modernidade, só abordamos dois no último capítulo: o franco-holandês, que conduzia de Descartes a Spinoza, e o alemão até seu ponto de chegada provisório em Leibniz. De igual – se não maior – importância para o desenvolvimento cultural europeu posterior foi o terceiro, o *inglês*. Ele é de um tipo bem distinto dos outros dois. No longo período desde o século XIII até o XVII, no qual os ingleses tinham conquistado uma certa liberdade política interna e – não menos em consequência desta – tinham paulatinamente aumentado seu poder externo e seu bem-estar, o caráter do povo inglês se desenvolveu sempre mais em direção ao ideal do ser humano sóbrio e prático, preocupado com dados concretos. O *puritanismo* – movimento religioso surgido na Inglaterra a partir do século XVI que queria fundamentar a Igreja na pureza (*puritas*) da palavra de Deus – desempenhou um papel decisivo na formação do caráter do povo inglês, com sua rigidez sóbria e seu *ethos* do trabalho prático.

A isto corresponde que os ingleses, desde então até o presente, mantiveram um tom constante em meio ao enredado "concerto europeu" da filosofia: rejeição da especulação e persistência inabalável na *experiência* como base de todo saber e de toda filosofia. Tal rumo filosófico, que deriva todo conhecimento da experiência e que a partir daí quer fundamentar somente nela toda ciência, denomina-se *empirismo*.

Não é, pois, nenhuma coincidência que o primeiro embate com a escolástica medieval, que sofria de negligência em relação à experiência, partiu do inglês *Roger Bacon*, que foi um dos primeiros a reivindicar a experiência como fonte de todo conhecimento verdadeiro. Foi o inglês *Duns Escoto* que defendeu o primado da vontade contraposta ao conhecimento. Foi o nominalismo do inglês *Guilherme de Ockham* que deu o golpe decisivo na estrutura conceitual especulativa da escolástica. Foi também o inglês *Francis Bacon* que ampliou as ideias de seu famoso falso cognato num programa geral para a renovação do conhecimento humano, cuja base deveria ser somente o experimento e a experiência, e cujo alvo deveria ser o domínio prático da natureza pelo ser humano.

A este conjunto pertence também *Thomas Hobbes*. Ele já foi anteriormente levado em consideração enquanto pensador político. Também Hobbes descartava a especulação. Ele definia sobriamente a filosofia como conhecimento dos efeitos a partir das causas e conhecimento das causas a partir dos efeitos observados; o alvo da filosofia era, para ele, prever os efeitos e torná-los úteis à vida humana. Hobbes se situava, no sentido de Galileu – que ele via como seu modelo –, totalmente no âmbito do pensamento fisicalista moderno. Pode ser caracterizado como o primeiro filósofo que aplicou o novo modo mecanicista de explicação a todos os âmbitos da filosofia. Com isso Hobbes chegou a consequências materialistas bem radicais, as quais – como transcendiam muito sua época – prejudicaram sensivelmente o reconhecimento e a difusão de suas ideias filosóficas na Inglaterra.

Dentre os que prepararam o caminho para a filosofia inglesa posterior, que por sua vez introduziu o grande movimento europeu do Iluminismo, deve ser citado finalmente o físico Isaac *Newton* (1643-1727). Ele não só levou adiante o que foi alcançado por Copérnico, Kepler, Galileu, Huygens e outros, mas o sintetizou numa potente unidade. Além de muitas outras descobertas, foram obras suas a aplicação das leis físicas da queda e do movimento aos novos dados astronômicos e a prova de que é a mesma força que atrai para a terra a maçã que cai e que mantém os corpos celestes em suas órbitas. No método de trabalho científico, a obra de Newton representa uma unificação altamente bem-sucedida da via indutivo-empírica com a dedutivo-matemática. – Newton não era na Inglaterra de então nenhuma aparição isolada, mas somente o maior dentre todo um conjunto de brilhantes pesquisadores da natureza, os quais estavam agregados na Sociedade Real (*Royal Society*, fundada em 1660). Dentre eles deve-se fazer referência principalmente ainda a Robert *Boyle* (1627-1692), o precursor da química moderna.

A afirmação de que o ser humano, quanto mais profundamente examina os segredos da natureza tanto mais se torna humilde e simples, se comprova em Newton. Nisto ele se assemelha ao grande alemão Kepler. Enquanto que muitos dos celebrados filósofos naturais da época do Renascimento, como Giordano Bruno ou Paracelso e seus adversários italianos, no entusiasmo inicial do novo período portavam simultaneamente uma certa tendência à jactância e à arrogância – nascida da convicção de que agora os segredos mais profundos tenham sido desvelados – Newton permaneceu até o fim de sua vida convencido de que o espírito humano somente consegue captar uma pontinha da verdade. Ele concluiu a obra científica de sua vida com as palavras: "Ser e saber são um mar sem margens: Quanto mais progredimos, tanto mais desmedidamente se estende o que ainda está à nossa frente; cada triunfo do saber encerra em si cem confissões do não saber."

2. Locke

A filosofia inglesa teve no século XVIII seu período áureo. Os pontos marcantes de seu caminho se assinalam através dos nomes de três homens, dos quais o primeiro colocou o fundamento do conjunto, enquanto que os dois outros levaram adiante o que foi começado por ele, e isto em direções bem distintas: Locke, Berkeley e Hume.

John Locke nasceu em 1632 em Wrington, Somersetshire. Após estudo meticuloso, principalmente de ciências naturais, medicina e ciência política, conheceu certo Lorde Ashley (mais tarde Lorde Shaftesbury). Durante várias gerações permaneceu ligado à família deste como preceptor, conselheiro e médico. Locke tomou parte na agitada carreira política do seu benfeitor na medida em que durante o exercício deste como chanceler assumiu um cargo público, o qual novamente perdeu após a rápida queda de seu protetor. Após uma permanência de quatro anos no sul da França, de 1675 a 1679, Locke foi trazido de volta à pátria por Shaftesbury, entrementes novamente chamado à liderança do gabinete. Mas novamente a permanência foi de curta duração. Após a nova queda do ministério, Locke foi para a Holanda, onde permaneceu de 1683 a 1688 escondido por ameaça de perseguição política. Quando Guilherme de Orange subiu ao trono inglês em 1698 Locke o seguiu para a Inglaterra. Durante onze anos ele então assumiu um cargo de funcionário diretor para comércio e agricultura. Após sua demissão ocorrida em 1700 ele ainda viveria quatro anos na propriedade rural de uma amiga nobre, agora reconhecido em toda a Europa e trocando ideias com muitas mentes significativas.

A obra principal de Locke, surgida já por volta de 1670 na forma de esboço, mas publicada somente vinte anos mais tarde, traz o título *Um ensaio sobre o entendimento humano*. Em sua forma externa se distingue pelo fato de que está escrita numa linguagem simples, agradável e compreensível para qualquer pessoa culta. Como antes dele o fizera Descartes em francês, Locke renuncia à linguagem acadêmica compreensível só para os iniciados. Apresenta a sua obra com as seguintes palavras humildes: "Publico este ensaio não para o ensino de homens de rápido poder de compreensão e ampla perspicácia; diante de tais mestres eu mesmo sou um aprendiz; e os advirto por isso de antemão de que não esperem daqui mais do que o que elaborei a partir das minhas próprias ideias grosseiras e o que serve para pessoas do meu tipo."

O ponto de partida das considerações de Locke é formado pelo seu reconhecimento de que toda reflexão filosófica tem de partir em primeiro lugar de um exame a respeito da capacidade do entendimento e a respeito dos objetos que estão – ou respectivamente não estão – em sua esfera. Não se deve simplesmente deixar os próprios pensamentos se desviarem para o amplo mar das coisas, como se tudo fosse meio natural e indubitável deles. O ponto de partida é, pois, como em Descartes, uma dúvida radical, mas de um tipo bem diferente do que a dúvida de Descartes. Pois este está dominado pela convicção de que o mundo pode ser destrinçado com precisão matemática por meios dedutivos. Locke coloca antes a pergunta *se de fato isto* é *possível* com nosso entendimento. Muitos filósofos já se tinham proposto examinar primeiro os meios e as possibilidades do próprio pensamento antes do filosofar propriamente dito. Locke é o primeiro que leva isto totalmente a sério, e com isso o primeiro filósofo *crítico*, o verdadeiro pai da moderna crítica do conhecimento.

O método de Locke é, assim, bem distinto do do francês. A dúvida de Descartes não o tinha impedido de assumir desde o princípio um conceito de Deus com propriedades bem-determinadas. Em contraposição a isto Locke imediatamente aponta para o fato de que este conceito de Deus de maneira alguma está sempre presente na história da humanidade e entre os diversos povos. Primeiro deve submeter-se toda a consciência humana, com seu conteúdo variado de impressões, excitações da vontade, ideias e assim por diante, a um inventário crítico com o objetivo de determinar: Como, afinal de contas, concepções e conceitos chegaram à consciência? Que grau de certeza tem as diferentes concepções de acordo com esta sua origem?

Para a primeira questão há três respostas possíveis (como também Descartes tinha concluído): Ou as ideias que encontramos em nossa consciência entraram de fora, ou elas foram formadas pelo próprio pensamento a partir do material das concepções oriundas de fora, ou elas estão presentes nela desde o princípio, quer dizer, são inatas. Toda a primeira parte da obra de Locke é dedicada à comprovação de que não existe *nenhuma ideia inata*. "No innate ideas!" O estado espiritual da criança, tal como o das populações selvagens, mostra que não há quaisquer ideias, conceitos, princípios de natureza teórica ou prática, que "sempre, em todos os lugares e em todas as pessoas" estão presentes. Justamente leis de pensamento teórico, das quais se tinha afirmado tal coisa, como a proposição relativa à identidade e à contradição, se mostram já pelo seu caráter abstrato como produtos tardios de um longo desenvolvimento humano. Isto também vale para os mandamentos morais. Todo o conteúdo da consciência, portanto, só pode ser originário das duas fontes inicialmente citadas, da experiência externa ou da interna, e respectivamente a interna, como ainda se demonstrará, é derivada da externa. Antes da experiência não há absolutamente nada na consciência, ela é um *white paper*, um pedaço de papel branco sem nenhuma inscrição. Com isso Locke também se encontra em contraposição a Leibniz que, por causa do caráter fechado das mônadas, teve de aceitar ideias inatas.

No segundo livro Locke elabora a demonstração detalhada de que de fato todas as ideias (sempre no sentido mais amplo, enquanto conteúdos da consciência) derivam da experiência. Para isso ele chega à seguinte divisão:

A. Ele chama de *ideias simples* (em oposição às complexas) os tijolos mais simples de nosso pensamento, meras reproduções de impressões.

a) A *experiência externa* ("sensation") é aquela fonte a partir da qual ideias simples atingem a consciência. A experiência externa é o primário; a primeira tarefa do ser humano é tomar conhecimento do mundo que o cerca.

Locke reconhece que o que atinge a consciência através de tais percepções nunca são as próprias coisas (substâncias), mas sempre só *qualidades*. Ele, como outros filósofos que o antecederam, distingue entre qualidades primárias e secundárias.

Entre as qualidades *primárias* ele considera a extensão e a forma dos corpos, sua solidez (impenetrabilidade), sua quantidade e ainda o movimento e o repouso. As propriedades pertencem aos corpos de uma forma constante. Não há fundamento para se aceitar que as coisas não devessem ser assim como as percebemos nesta relação. Aqui há uma inter-relação direta e compreensível entre realidade e percepção.

As propriedades *secundárias* – cor, sabor, odor, temperatura, ressonância – não pertencem aos corpos de modo constante, mas só ocasionalmente e em determinadas relações. Um corpo está quente, depois frio, a cor pode mudar etc. Evidentemente, não há nada nos corpos que corresponda a estas qualidades numa inter-relação tão simples e compreensível como no caso das primárias. De certo deve haver forças nos corpos que evocam a impressão destas qualidades secundárias em nós, e Locke assume (assim como posteriormente a física e a fisiologia dos sentidos comprovaram) que a quantidade, a forma e o movimento de partículas minúsculas e não diretamente perceptíveis da matéria são o que causa isto. Mas ele aponta que permanece incompreensível como um movimento de partículas minúsculas configurado de um modo determinado produz em nós a impressão de "calor" ou de "verde".

b) A *experiência interna* ("reflexion") é o que Locke chama aquelas impressões que surgem quando a consciência não obtém impressões do exterior, mas simultaneamente se volta (reflete) sobre si mesma e observa sua própria atividade. Ele distingue entre o reconhecer (perceber, lembrar, distinguir, comparar) e o querer.

c) A experiência externa e a interna podem *atuar conjuntamente*. Este é o caso particularmente na sensação do desejo e da dor.

B. O entendimento elabora *as ideias complexas* pela combinação das simples, assim como as palavras são elaboradas através da combinação das letras do alfabeto. Num caso como no outro as possibilidades de combinação são quase infinitas, mas assim como pela elaboração de tantas palavras não surge nem uma única nova letra, tampouco o pensamento pode acrescentar uma única ideia simples ao conjunto daquelas obtido pela experiência. Locke distingue três tipos de ideias compostas.

a) Modos: Entre estas ele concebe quantidade, espaço, duração e outras.

b) Substâncias: Deus, espíritos, corpos.

c) Relações: A estas pertencem os pares de conceitos identidade e diferença, causa e efeito, tempo e espaço.

Às ideias complexas por princípio não corresponde nada de real, já que elas só se formam no entendimento através de combinação. Isto vale especialmente para todos os tipos de conceitos gerais. Aqui Locke se liga ao nominalismo. O terceiro livro da sua obra, que trata da linguagem, está dedicado à comprovação detalhada de que às palavras que designam algo geral não se encontra nada de correspondente na realidade. A falta de reconhecimento deste fato é a fonte da maioria dos erros.

Há uma exceção relativa à afirmação de que as ideias complexas têm seu lugar somente no interior do entendimento: o conceito de *substância*. A necessidade interna que nos leva a em si só considerar algumas das qualidades de impressões disponíveis como substrato comum de uma substância leva Locke a aceitar que deve haver uma substância real. Sobre sua essência de certo não podemos dizer nada, no máximo podemos reconhecer que deve haver algumas substâncias que podem ser pensadas e outras que não o podem. Fundamentalmente, Locke declara ambas as substâncias – a corpórea e a espiritual – como igualmente inconcebíveis. Se dizemos que a substância pensa, ou respectivamente que ela tem extensão, com isso não se explica nada. A explicação seria então justamente necessária a respeito de como a substância faz para pensar ou respectivamente para ter extensão. Mas isso não é possível.

O leitor já reconhece no esquema de argumentação de Locke, aqui em geral só esboçado que muita coisa nela ainda não está pensada de modo completo; por exemplo no fato de que Locke trata do tempo e do espaço em três lugares distintos: sob as qualidades primárias, sob os modos e sob as relações. Sobre o papel destas duas "ideias" ele evidentemente não chegou à clareza final. Mas sua obra é a primeira tentativa feita em grande escala (também do ponto de vista externo: o ensaio tem mil páginas) de explicar o conteúdo da consciência humana por via estritamente analítica, levando em consideração somente o que é factual.

A doutrina do conhecimento de Locke é só uma parte de toda sua obra. Não menos significativas são suas ideias sobre o ensino, suas concepções políticas, sobre filosofia da religião e sobre ética. Retornaremos a elas no contexto do próximo ponto, mas nos voltamos agora para o desenvolvimento que as ideias de Locke há pouco delineadas experimentaram em seus seguidores.

3. Berkeley

A vida de Berkeley, que nasceu na Irlanda do Sul em 1684 ou 1685, transcorreu exteriormente de forma menos movimentada do que a de Hobbes ou de Locke. Mas também Berkeley, depois de estudo e ensino acadêmico em Dublin, conheceu toda a Europa em viagens, até o interior da Sicília; ele até mesmo passou alguns anos no Novo Mundo, nas Ilhas Bermudas, com o plano de fundar ali uma colônia que não só deveria trazer aos nativos a civilização e o cristianismo, mas também retroagir sobre a Europa através do exemplo de uma vida simples e natural. Após seu retorno, Berkeley foi bispo de Cloyne por dezoito anos. George Berkeley faleceu em 1753, em Oxford.

Berkeley publicou já com 24 anos sua *Nova teoria da visão*, um exame psicológico brilhante; com 25 anos sua principal obra, *Tratado dos princípios do conhecimento humano*. Mais tarde ele forneceu uma apresentação popular da sua filosofia em forma de diálogo.

Berkeley continua Locke, mas vê nas ideias deste duas inconsequências, as duas com a mesma causa: Locke tinha reconhecido as qualidades apreensíveis pela sensibilidade – visão, audição, olfato, paladar – como subjetivas, e portanto as caracterizou como secundárias. Contrariamente ele tinha dado precedência, em relação àquelas, à extensão, solidez e movimento enquanto qualidades primárias, que no entanto nós também apreendemos pela sensibilidade – ou seja, pelo sentido do tato – e tinha aceito que estas seriam produzidas por uma característica da realidade correspondente à nossa impressão de modo exato. A segunda falta de consequência na sua argumentação: Locke tinha afirmado que nada de real corresponderia às ideias complexas formuladas no entendimento, porém tinha excluído daqui a substância.

Berkeley supera estas inconsequências à medida que sem exceção mantém como princípio de que *tudo* que percebemos e reconhecemos, tanto através de percepção exterior quanto interior, tanto enquanto propriedade primária quanto secundária, tanto enquanto ideia simples quanto composta, sempre nos é dado somente como *fenômeno da nossa consciência*, como estado do nosso espírito – um reconhecimento que Schopenhauer mais tarde expressou na sentença "o mundo é minha representação".

Por isso não há fundamento para fazer uma distinção entre propriedades primárias e secundárias. O que vale para cor e sabor, também vale a respeito de extensão e solidez, e também vale para a substância: Elas só existem no espírito que apreende, fora de nós elas não são nada. Uma coisa não é nada mais do que uma constante soma de sensações na consciência. O ser das coisas consiste somente no fato de serem percebidas (*esse est percipi*); melhor seria: Ser é ser percebido ou "poder ser percebido"[1] – pois Berkeley não afirma que a cadeira que está no quarto vazio vizinho somente se torna (novamente) existente se alguém entra e a contempla. Nisto que chamamos de mundo não há nada além do espírito pensante e das ideias nele disponíveis. Uma tal concepção que só permite existir como verdadeiro o espírito e suas ideias, e que contesta que tenhamos o direito de aceitar uma realidade ainda exterior a esta existência, pode ser caracterizada como *idealismo* consequente.

Pois se tudo só existe no espírito pensante, que distinção há ainda entre o sol que vejo no céu e o sol com que sonho à noite, e o sol que posso imaginar nesse momento de acordo com meu desejo sem vê-lo? Berkeley tem um entendimento humano muito apurado para negar estas distinções. Elas consistem segundo ele em que, no caso do sol realmente visto, a representação se impõe na mesma medida a *todos* os espíritos, enquanto que no do sol sonhado ela só está disponível em *um* espírito, o meu próprio, e no do sol concebido de acordo com o desejo também só neste, mas só se eu *quero* representá-lo para mim.

Em que se fundamenta que no primeiro caso a representação do sol está disponível à visão real de modo igualitário e duradouro para todos os espíritos? Um sol "verdadeiro", existente fora do espírito – independentemente de que ele nem mesmo exista –, não poderia ser a causa, já porque sempre se pode dar somente o que se tem; que o sol, entretanto, tenha representações e ideias, e que ele as pudesse incutir nos espíritos, é algo que nem mesmo aqueles que acreditam num sol real afirmam. Ideias só podem ser dadas aos espíritos a partir de onde ideias mesmas estão disponíveis, isto é, a partir de um espírito pensante, de *Deus*.

Como Deus é apartidário, sem arbitrariedade, ele fornece a *todos* os espíritos a mesma ideia, e como Deus é imutável ele a fornece a todos *sempre* de novo da mesma maneira. O sol, cuja representação Deus me incute, neste sentido, pode ser caracterizado de fato como uma coisa "fora de nós", como uma coisa "em si", assim como ela também mantém sua existência se fecho os olhos, isto é, nos outros espíritos a que Deus a fornece de maneira igual que a mim. Com a constância e regularidade em nossas representações, que por sua vez têm sua fonte na ordem e na imutabilidade de Deus, há também o que se chama, de modo equívoco, de "lei natural". Estas são nada mais do que as leis de acordo com as quais Deus associa as ideias em to-

---

1. Segundo KULENKAMPFF, A. George Berkeley. In: *Klassiker des philos. Denkens*, Band 1. München: DTV, 1982.

dos os espíritos. Nossa expectativa, que está na base das leis naturais, de que as mesmas representações surgirão também no futuro na mesma ordem e combinação regular – de que, por exemplo, após a representação "raio" necessariamente se seguirá a representação "trovão" –, fundamenta-se em nossa convicção da imutabilidade da vontade divina.

Como Deus está muito acima de nós, como seu pensamento não é compreensível para nós pessoas humanas, não podemos conhecer previamente estas leis ou encontrá-las por meio de dedução lógica. Nós temos de conhecê-las através de observação, através da *experiência*. Nesta medida o idealismo se conecta em Berkeley com o *empirismo* inglês.

4. *Hume*

Dentre as três grandes estrelas da filosofia iluminista inglesa, Locke era originário da Inglaterra, Berkeley da Irlanda. A terceira, David Hume, é originário da Escócia. Ele nasceu em 1711, em Edimburgo. Já com vinte e seis anos escreveu durante uma estadia de alguns anos na França sua mais significativa obra *Um tratado sobre a natureza humana*. Em 1740 ela foi publicada em Londres. Mas Hume teve primeiro de atrair a atenção do público sobre si através de todo um conjunto de ensaios menores, antes de ela receber atenção. Neste meio-tempo, ele viajou pela Europa a serviço privado de diversos estadistas britânicos. Sua obra principal foi publicada pela segunda vez de forma revisada oito anos mais tarde, mas agora em duas partes. A primeira parte, o *Tratado sobre o entendimento humano*, é a mais significativa no contexto da nossa discussão. Duas tentativas de Hume para assumir uma docência acadêmica foram vãs. Em lugar disso, ele assumiu um posto como bibliotecário em Edimburgo. Esta atividade o animou a escrever sua famosa *História da Inglaterra*, uma obra que o tornou famoso e apreciado. O restante de sua vida lhe trouxe suficiente sucesso e dignidade pública. Permaneceu algum tempo em Paris como secretário consular, onde ele se relacionou com espíritos proeminentes, principalmente com Rousseau, foi então durante um ano subsecretário de estado para política externa na administração inglesa. Os últimos anos de vida, até sua morte ocorrida em 1776, Hume os passou recolhido como homem rico e independente no círculo de seus amigos. Quando uma doença incurável o acometeu, ele encarou a morte de modo sereno e sem reflexão sobre um além.

Também Hume, como foi o caso com todos os seus contemporâneos que tinham as guerras religiosas na memória e diante de si tinham a ascensão das ciências naturais, visa um fundamento firme para o conhecimento humano. Ele é o primeiro que dedica a esta finalidade uma *Teoria empírica do ser humano*, elaborada em detalhe.

Também Hume continua Locke. O que ele inova em relação a este é, primeiro, uma nova e clara distinção que ele concebe a respeito das representações simples. O dado presente e factual obtido através de percepção exterior ou interior ele chama de "impression" (impressão). As imagens posteriores das impressões produzidas pela lembrança ou pela fantasia ele chama de "ideas" (ideias), expressão que portanto tem um sentido mais estrito para ele do que para seus antecessores, que com ela tinham concebido todas as representações. As "impressions", que são, pois, o primário, podem basear-se tanto em percepções exteriores quanto interiores no sentido de Locke. Portanto, a distinção humeana não corresponde à lockeana, mas a transpassa diagonalmente.

As ideias complexas são formuladas, para Hume como para Locke, através da combinação de elementos simples (impressões e ideias) no entendimento. Mas Hume submete estas a uma análise muito mais fundamental do que Locke. Ele examina as relações e as leis a partir das quais tais conexões se estabelecem (leis das associações de ideias):

1) A lei da semelhança e da diferença. De acordo com esta lei se estabelece a ciência da matemática. Assim, ela se ocupa somente com a conexão de representações. Todas as suas leis se originam desta atividade de ligação do entendimento; daí que elas podem ser derivadas e comprovadas de forma válida a partir do entendimento.

2) A lei da proximidade espacial e temporal.

3) A lei da conexão causal de acordo com a causa e o efeito.

Em todas as ciências que não se ocupam com conexões entre representações, mas sim entre dados – e este é o caso de todas as ciências, exceto a matemática – somente podem reivindicar valor de verdade aqueles conhecimentos que se podem remeter de modo imediato à experiência.

Com base neste critério, Hume aborda uma série de conceitos fundamentais das ciências, especialmente da filosofia, e coloca à prova se eles correspondem a esta exigência. Infelizmente a memória e a capacidade de conceber, sobre as quais se funda toda a vida espiritual superior, se configuram de tal modo que elas podem errar na conexão de representações. Ocorre que submetemos impressões falsas a determinadas ideias e vice-versa. Neste procedimento se baseiam todos os tipos de erro. O assim chamado engano de memória, por exemplo, ocorre pelo fato de que remeto uma ideia disponível no momento (portanto, por definição, o efeito de uma impressão evocado pela memória) a uma impressão falsa, porque a impressão que de fato foi a causa desapareceu de minha lembrança. O mesmo vale para o engano dos sentidos. Mas tais erros são individuais, eles se corrigem pela experiência e não têm grande significação para a ciência. Mas há enganos aos quais estamos todos submetidos coletivamente, em certo sentido "ídolos da raça humana", no sentido de Francis Bacon. Justamente neles se fundamentam, como Hume demonstra, os conceitos mais gerais da ciência e da filosofia de até então.

Há, em primeiro lugar, o conceito de substância. Se abstraio de um corpo todas as qualidades que me são mediadas pela impressão, o que ainda resta? Locke respondeu: Por trás das qualidades há algo verdadeiro, efetivo, a substância. Esta produz em nós as impressões, em todo caso somente as primárias de modo direto e compreensível. Contra isto Berkeley tinha dito: *Nada* resta (além de Deus). Nada existe além do espírito com suas impressões. Nesta questão Hume está totalmente no terreno de Berkeley. Não há qualquer impressão, diz ele, que, além desta qualidade, ainda nos medeie uma substância existente por trás desta. Mas Hume precisa perguntar mais: De onde surge, então, afinal, a concepção de uma substância no nosso pensamento? Pois também a capacidade de imaginação não pode mais (de acordo com Hume) do que conectar as impressões e as ideias derivadas delas de formas variadas. Assim, de alguma impressão a concepção de substância tem de se originar! Este é também o caso, diz Hume, só que ela não se origina de modo algum a partir da percepção *externa* ("sensation" no sentido de Locke) – esta apenas fornece qualidades e suas relações, e nada mais –, mas a partir da percepção *interna*, da atividade auto-observada do entendimento. Ela se origina a partir da necessidade interna que sentimos de referir as impressões de qualidades a algo portador das mesmas (substrato). A percepção desta necessidade (psíquica) em nós é a impressão de onde o conceito de substância se origina, à medida que erroneamente a referimos a percepções externas. Sua expressão linguística ela a encontrou na formação do substantivo (nome).

Isto se refere primeiramente à substância *corporal*. Mas, de acordo com Hume, o mesmo vale para a substância pensante, o *espírito*. Com esta continuação da crítica – em todo caso só conservada na primeira versão de sua obra, depois abandonada – Hume supera Berkeley. Assim como não temos o direito de inferir, a partir de certas conexões constantes de impressões externas, em favor de uma substância corporal em que estas se baseassem, tampouco estamos autorizados a inferir, a partir da conexão constante das impressões internas do conhecimento, do sentimento e da vontade, em favor de uma substância espiritual, de uma alma, de um eu imutável em nós enquanto portador destas.

O que resta, afinal, assim temos de perguntar, para uma tal visão do "mundo"? Muito pouco. Para Berkeley, após a destruição da concepção de uma verdade constituída externa à consciência, restavam ao menos os espíritos pensantes com suas representações. Para Hume, depois que ele dissolveu também o conceito da substância espiritual com a crítica corrosiva, só resta ainda uma coisa: as representações. Permanece só um decorrer de fenômenos na consciência, o qual, entretanto, não possui nenhuma realidade autônoma separada destes fenômenos; um decorrer de representações que, de fato, em muitos sentidos mostram certa frequência e constância, mas – tanto quanto podemos saber – não são necessárias tal como são, que igualmente também poderiam ser diferentes, que surgem ao acaso e desaparecem. (Lembramo-nos nesta passagem da doutrina budista que também nega um eu constante e que reconhece apenas o flutuar contínuo das representações.)

Que na concatenação de nossas representações não domina nenhuma necessidade, em todo caso nenhuma necessidade absoluta, mostra agora também a crítica de Hume ao segundo conceito fundamental de qualquer metafísica e teoria do conhecimento até então, à *causalidade* – um resultado que, a este respeito, é maior e mais original do que a crítica do conceito de substância, pois aqui Hume não podia estabelecer uma conexão com seus predecessores. O que significa causalidade para o pensamento comum? Uma modificação (movimentação, ação) observada na natureza é considerada conectada de tal forma com uma segunda (que está no mesmo contexto temporal e espacial), que a segunda aparece como *efetuada* pela primeira, como sua consequência necessária. Como chegamos a isto, a admitir uma tal conexão necessária? A concepção de causalidade só pode possuir valor de verdade se se puder demonstrar uma impressão que nos mostre tal conexão como causal e necessária. Existe uma tal impressão?

Não, respondia Hume, não na percepção externa, tampouco no conceito de substância. Tudo o que posso perceber – além das qualidades – é a contemporaneidade e a sequência (coexistência e sucessão) de determinadas sensações. Posso observar um acontecimento, por exemplo a batida numa bola de bilhar em repouso por uma que está em movimento quantas vezes eu quiser: Se me atenho estritamente ao que percebo, então não vejo mais de que ao acontecimento A segue o acontecimento B. A percepção sempre me mostra somente um *depois de* (post hoc), nunca um *por causa de* (propter hoc). Não se encontra nenhuma percepção (externa) que justifique o conceito da conexão causal necessária. Se observo um acontecimento *pela primeira vez*, nem sei se estou diante de uma ligação causal ou de um encontro "casual" de duas modificações. Mas se em todo caso observo a mesma relação de duas modificações sempre de novo em um contexto temporal e espacial, então sou constrangido à concepção de que ambas estão em uma conexão consequencial interna e necessária. É só esta necessidade interna, uma necessidade psicológica, portanto não objetiva, mas mero *hábito* – semelhantemente ao que ocorre com o conceito de substância, que faz surgir em mim a concepção da relação causal – quando eu a percebo em mim como tal, portanto, quando a tenho enquanto impressão (interna).

Nosso conhecimento sobre acontecimentos naturais, sobre a relação entre fatos percebidos – o que perfaz o conteúdo das ciências –, não é, assim, em sentido estrito, conhecimento. Nossa expectativa de que ao acontecimento A siga o acontecimento B se funda na experiência de que até aqui sempre B seguiu a A. Não sabemos, mas cremos, que no futuro será assim. Este "crer" é totalmente justificado, naturalmente, pela grande quantidade de casos observados até aqui. Para o *uso prático* os conceitos criticados mantêm – também para Hume –, afinal, sua validade e justificação. Hume está bem distante da pretensão de que sua filosofia crítica pudesse ou mesmo devesse revogar aquelas concepções profundamente enraizadas e – como o próprio Hume mostra – fundamentadas no mecanismo do nosso pensamento. Também o próprio filósofo está submisso a elas, assim que pare de refletir e se ocupe da vida diária – bem assim como o astrônomo, ele pode saber perfeitamente bem que a terra circunda o sol e não o contrário, mas na vida diária fala, assim como antes, do "nascer", do "pôr" e da respectiva "posição" do sol.

Toda a argumentação comprobatória de Hume não se dirige contra o são entendimento humano – além disso, sua vida mostra que ele era bem outra coisa do que um teórico alheio à realidade –, mas sim contra os *filósofos dogmáticos*, os metafísicos, que continuamente ultrapassam os limites e pretendem saber algo onde não podemos saber nada. E, em todo caso, o ceticismo de Hume representou um golpe destruidor para estes. Mesmo o grande Kant foi, como ele mesmo reconhece, despertado do "cochilo dogmático" somente através das ideias de Hume.

Às *ciências* Hume concede plenamente o direito no que se refere a suas asserções. À matemática, enquanto doutrina analítica das relações de quantidade de nossas representações, inclusive a certeza absoluta, às ciências dos fatos, no entanto – à medida que elas se limitam a fatos, isto é, a impressões e ao que delas se pode deduzir –, não a certeza da matemática, mas um alto grau de *probabilidade*. Ele desenvolveu a partir disso uma minuciosa teoria da probabilidade. A ideia de substituir a causalidade estrita pela probabilidade nas ciências naturais experimentou uma renascença não previsível por Hume na atual ciência natural.

5. Filosofia da religião e ética inglesa do período iluminista

A respeito do Iluminismo inglês e dos seus condutores espirituais teríamos uma imagem muito incompleta se contemplássemos somente os estudos epistemológicos e metafísicos até aqui tratados. Para completar esta imagem, temos de dar uma rápida olhada na relação com a *religião* e na dimensão prática da filosofia iluminista, isto é, na *ética* e na teoria social. A orgulhosa declaração de maioridade da razão humana, a "saída do ser humano da minoridade que é sua própria culpa" – tal como Kant definiu o Iluminismo –, influenciou a relação das personalidades pensantes com a religião de maneiras variadas. Queremos destacar três pontos de vista.

1) Faz-se a tentativa de não só harmonizar a religião com a razão humana (o que, enfim, também a escolástica tinha perseguido), mas de fundamentar a própria religião a partir da razão, de criar uma *religião da razão*, a qual deve representar a coroação natural de toda a construção do conhecimento humano. Esta tendência na Inglaterra está em conexão muito próxima com o movimento religioso do assim chamado *deísmo*. Com esta palavra se designa a concepção que reconhece de fato um Deus como fundamento último do mundo, mas que rejeita a possibilidade de uma interferência divina no andamento do mundo já constituído. Assim, não há milagres para os deístas, nem tampouco uma revelação. A razão, não a revelação, é a fonte genuína da verdade religiosa. Esta concepção, que na Inglaterra do período iluminista encontrou grande difusão, encontra-se já em um contemporâneo de Hobbes, Herbert de *Cherbury* (1582-1642).

A tomada de posição em relação à religião cristã, em meio à qual se encontravam, não está com isso já determinada sem mais. Muitos pensadores, entre eles também John *Locke* em seu escrito dedicado a estas questões, *A racionalidade do cristianismo*, defendem de fato a fundamentação da religião a partir da razão e submetem também a revelação ao seu juízo, mas são da opinião de que o cristianismo (corretamente compreendido) é, dentre todas as religiões, a que melhor concorda com a razão. Se lhes contrapõem os *"livres-pensadores"* (a expressão se origina nesta época). Eles veem o cristianismo como desconforme à razão e o combatem. Entre ambos os extremos estão pensadores que assumem uma posição intermediária. Encontraremos todo o complexo de questões novamente no Iluminismo francês.

2) A religião tradicional é *criticada*, a partir do ponto de vista da razão, no todo ou em partes – de acordo com o grau em que se concebe a sua posição de contradição com as exigências da razão. De acordo com isto submete-se a religião tradicional, sua constituição e seu desenvolvimento paulatino, a um exame *histórico* o menos preconceituoso possível. Aquele que teve uma precedência ousada em ambas as direções foi David *Hume* em sua *História natural da religião* e nos *Diálogos sobre a religião natural*. Estes somente foram publicados após sua morte. Hume tem uma opinião depreciativa das religiões populares tradicionais, não só do cristianismo. A essência de sua argumentação é a seguinte: A pessoa que pensa autonomamente não

necessita, para agir eticamente de forma correta, de nenhum motivo especialmente religioso. O impulso para isso lhe vem da razão. A massa das pessoas que não pensam autonomamente, em todo caso, necessitaria de certo de um fortalecimento dos impulsos para a ação ética por meio da religião. Infelizmente, entretando, estas pessoas também são insensíveis para as ideias puramente religiosas, tal qual para fundamentos racionais. Portanto: a) Ou rege uma religião da razão. Então não é necessária nenhuma outra, pois o aspecto prático-ético da religião (que de fato é o único que pesa para Hume) se funde com a moralidade fundamentada racionalmente. b) Ou a religião se mistura com fanatismo e superstição, o que é inevitável na massa. Então os efeitos éticos são suficientemente questionáveis. O esforço por ganhos menores, piedade aparentemente santa e santificação exterior por obras, perseguição de supersticiosos em nome da religião e todo tipo de outros erros ganham proeminência e conduzem a consequências que são piores do que se de fato não existisse religião nenhuma. As terríveis desordens das guerras religiosas que a Inglaterra tinha atrás de si influenciam estas ideias de Hume.

Hume dedicou uma grande parte da sua obra de filosofia da religião ao debate com a crença em milagres e com as tradicionais provas da existência de Deus[2].

"Milagre" é, no contexto religioso, "a transgressão de uma lei natural em consequência de um ato especial de vontade da divindade". Sob que pressupostos podemos, devemos, crer em milagres? Mais exatamente: Quando podemos crer em alguém – geralmente do passado – que relata milagres? Isto depende da credibilidade da testemunha! Quanto mais improvável o acontecimento asseverado – e uma suspensão momentânea de uma lei natural é *per se* extremamente improvável –, tanto mais alta tem de ser nossa exigência quanto à credibilidade da testemunha. Que a testemunha mente (ou se engana) teria de ser ainda mais improvável do que a transgressão de uma lei natural.

Para Hume, os milagres tradicionais não atingem este critério. O fato de que as pessoas muito facilmente são enganadas por expectativas, especialmente expectativas de cura, nos faz desconfiar. Teria Deus acaso deixado de perceber que, se Ele opera um milagre para, por exemplo, acentuar a autenticidade da fé cristã, tais apoios para *uma* religião simultaneamente precisam desacreditar outras religiões que também têm de demonstrar seus milagres?

As provas tradicionais da existência de Deus não convencem Hume. A prova ontológica (de que a existência de Deus se conclua necessariamente do conceito de um ser perfeito) não é argumentável. O argumento teológico (a partir da situação de que a natureza mostra finalidade, destinação e ordem) ele considera argumentável, mas não conclusivo. A comparação da pessoa que constrói máquinas com o Deus criador não é abusada demais? Por que justamente um único Deus deveria ser autor do mundo? O mundo não tem manifestamente carência, sofrimento, infelicidade a mostrar? Como isto se coaduna com a bondade e a onipotência de Deus?

---

2. Cf. HOERSTER, N. David Hume – Existenz und Eigenschaften Gottes. In: *Grundprobleme der grossen Philosophen* – Philosophie der neuzeit I. Göttingen: UTB/Vandenhoeck, 1979.

3) A partir da avaliação modificada da religião se chega à reivindicação de *tolerância* religiosa. Ela ressoa pela primeira vez nas famosas *Cartas sobre a tolerância*, de John Locke, do ano de 1689. Estas foram consideradas como o próprio início do movimento iluminista.

De modo correspondente ao caráter eminentemente prático do pensamento inglês, considerações *éticas e filosófico-morais* desempenham um papel extraordinário no pensamento do Iluminismo inglês. Neste campo surgiu uma literatura ampla. Queremos destacar dela somente poucos nomes e ideias, que apontam a direção geral ou principal do desenvolvimento.

Antony Ashley Cooper, conde de *Shaftesbury* (1671-1713, da família do patrono de Locke) deve ser referido em primeiro lugar. Ele antes de tudo desenvolveu corretamente um pensamento que já pode ser reconhecido a partir das considerações de Hume acima referidas sobre o valor ético da religião, e isto anteriormente a Hume. É a ideia de fundamentar os princípios éticos a partir de si mesmo, sem referência à religião. Entretanto, de forma tão decidida quanto a derivação da ética a partir da religião, Shaftesbury rejeita a tentativa – feita por outros filósofos morais ingleses – de derivar a moralidade a partir de fora do indivíduo, a partir da lei exterior, da vida social coletiva, da moda ou da opinião pública, ou também da simples razão. Shaftesbury descobre a raiz da moralidade na natureza indestrutível do ser humano, na qual ele deposita uma confiança profunda e inabalável que faz lembrar pensadores da Antiguidade. A moralidade não é nada mais do que a conformação harmônica daquilo que está em cada pessoa como aptidão natural. Daí ela tem sua certeza e autoconfiança, que é maior do que qualquer certeza que a religião lhe pode proporcionar. O que é moralmente bom nós sentimos imediatamente; o que é Deus e o que são seus mandamentos não é de forma alguma tão certo. Sim, a percepção moral inata tem de fornecer o critério para decidir sobre o valor e a falta de valor de concepções religiosas – dependendo de se estas fortalecem ou enfraquecem a sensibilidade ética! Isto é uma total inversão da concepção eclesiástica, que deriva aquilo que é bom do mandamento revelado por Deus.

Também David *Hume* deu um peso muito maior à parte prática, ética, de sua filosofia do que à sua teoria do conhecimento. No que se refere à relação entre moralidade e religião ele no essencial se associa a Shaftesbury. Também a fundamentação da moralidade a partir da razão teórica ele a rejeita, como Shaftesbury. Ele precisa fazê-lo, já porque de acordo com sua perspectiva as paixões são as molas propulsoras de nosso comportamento e seria uma loucura aceitar que a razão (teórica) pudesse determinar nosso querer e agir (que contradição em relação a Descartes e Spinoza!). Hume vê a fonte da moralidade, como Shaftesbury, em um sentido moral especial do ser humano. Mas ele se desvia do seu predecessor no fato de que desloca o lugar do juízo moral: da pessoa que age para o outro, o *espectador*. Como não pode saber se é bonito, se alguém está sozinho, assim também não pode saber se age bem. Toda ação moral é relacionada ao outro, e todo juízo moral parte do fato de que nós nos colocamos no lugar do próximo que julga, em virtude da capacidade que é própria ao ser humano de sentir junto com o outro, da simpatia.

Esta ideia de Hume foi levada adiante por Adam *Smith* (1723-1790). Sua *Teoria dos sentimentos morais* faz da simpatia o sentimento de comunitariedade, o fundamento de toda a ética.

Smith expressa decisivamente que a voz da consciência é somente o eco do que os outros julgam a nosso respeito. Mais conhecido do que pelos seus estudos filosófico-morais, Smith o é enquanto autor da famosa *Investigação sobre a natureza e as causas da riqueza das nações* (1766). Ela é a obra principal da assim chamada economia clássica.

II. França

1. A influência das ideias iluministas inglesas na França

Toda a segunda metade do século XVII é compreendida pelo regime de Luís XIV. É sabido que a ostentação exterior de poder e de luxo deste tempo se deu às custas de um excesso e de um esvaziamento interno das forças populares francesas, cujas consequências no âmbito social pertencem às causas mais importantes da posterior Revolução Francesa. O florescimento espantoso da literatura francesa clássica nesta época (Corneille, Racine, Molière, La Fontaine) não corresponde a nada de equiparável em termos de valor – seja no âmbito científico, seja filosófico (Descartes tinha falecido em 1650). Certamente o desenvolvimento completo da língua francesa, que nos séculos XVII e XVIII se tornou a língua das cortes e das camadas instruídas por toda a Europa, significou uma preparação para o papel dirigente que a França deveria desempenhar no desenvolvimento social e espiritual da Europa no século XVIII. Mas, no que se refere aos conteúdos, os impulsos propriamente substantivos provinham da Inglaterra. Em lugar da autossuficiência cultural que caracterizava a vida espiritual francesa na época de Luís XIV, após a morte deste (1715) surgiu um vivo interesse por tudo o que a Inglaterra tinha produzido. Começou-se a estudar a concepção inglesa de estado e de sociedade, a ciência natural e a filosofia inglesas. Começou-se a compreender que, no seu desenvolvimento social e cultural, a Inglaterra já tinha realizado muita coisa que a França ainda estava por fazer. Agora uma torrente de ideias nascidas na Inglaterra irrigava a França fortemente e, a partir dali, toda a Europa Ocidental. O Iluminismo tornou-se um movimento europeu. A *descoberta da Inglaterra* pelos franceses pode até ser vista como o acontecimento decisivo na história cultural europeia do início do século XVIII.

Naturalmente, o caráter de cada povo e condicionamentos históricos davam ao Iluminismo seu rosto próprio em cada uma das grandes nações. O Iluminismo na França, de que agora nos ocuparemos, distingue-se do inglês principalmente em um ponto: por sua maior *radicalidade*. O pensamento inglês, também da época do Iluminismo, em certo sentido sempre permaneceu ligado à tradição. Apesar de toda a crítica feita à religião histórica, a maioria dos pensadores tinha mantido um relacionamento positivo com a religião enquanto tal, seja fundamentando-se no sentimento, seja na razão. Na França, onde a Igreja, enquanto representante visível da religião, estava intimamente ligada com as forças sociais antigas, o rompimento com a tradição se deu de forma muito mais áspera e até às últimas consequências. Evidentemente, também na França as consequências radicais se manifestaram somente paulatinamente.

É claro que também na própria França o Iluminismo tinha tido seus precursores e prepa-radores. A eles pertence Pierre *Bayle*, que já enquanto partidário de Descartes era considerado cético e crítico. Independentemente dos ingleses, ele tinha empreendido um tratamento críti-co e histórico da religião, e também já tinha defendido enfaticamente a concepção de que as ideias morais são independentes da religião. A mediação das ideias inglesas para o espírito francês foi obra principalmente de dois homens: Montesquieu e Voltaire.

2. *Montesquieu*

No ano de 1721 surgiram em Paris as *Cartas persas*. Nelas é contado como dois jovens per-sas viajam pela França. Eles estudam e criticam em suas cartas para casa as condições sociais, estatais e eclesiásticas locais. O conjunto era uma sátira radiante e destruidora do absolutismo estatal, da intolerância eclesiástica e do afrouxamento geral dos costumes, tal como na época dominavam na França. Por trás de piada e de gozação se escondia um ataque sério e radical aos fundamentos da ordem social francesa. Este povo dos franceses – assim se lia ali – tem um "mágico" em seu comando (Luís XIV), "que pode fazer com que pessoas se matem umas às outras sem que tenham qualquer desavença entre si"; há um segundo artista da mágica (o papa), "que faz as pessoas crerem que três é igual a um, e que o pão, que se come, não é pão..." Por trás da radiante superficialidade – o livro é escrito espirituosamente, chegando aos limites (de então) da frivolidade, e foi recebido com entusiasmo – transparecem as ideias posi-tivas fundamentais: Uma sociedade livre e estável pressupõe virtudes civis tais quais a Anti-guidade tinha desenvolvido. O autor, Charles-Louis de Sécondat, Baron de la Brède e de *Mon-tesquieu* (1689-1755), portanto um nobre, rico por herança e também por casamento com a fi-lha de uma família protestante opulenta: bem outra coisa do que um revolucionário, embora ele pertença aos preparadores da Revolução Francesa.

Se já com sua obra inaugural Montesquieu tinha se mostrado como um crítico social dos mais perigosos, então suas concepções alcançaram seu conteúdo positivo completo e sua matu-ridade através de uma estadia na Inglaterra. De agora em diante era seu objetivo manifesto tor-nar o modelo inglês frutífero para sua terra natal e para a Europa. Após estudos históricos pre-paratórios que levaram anos, ele escreveu suas duas obras principais, as *Considerações sobre as cau-sas da grandeza e da derrocada dos romanos* e *O espírito das leis*, o último compreendendo 31 livros.

Ambas as obras, além de um rico material histórico, desenvolvem em essência as mesmas ideias fundamentais: O momento decisivo na história, do qual depende o bem-estar ou a des-graça dos povos, não é a vontade ou o arbítrio de algumas personalidades dirigentes, mas a es-sência das condições sociais e estatais no seu todo. Estado e leis não são algo realizado arbitra-riamente nem arbitrariamente mutável; antes, eles se desenvolvem a partir das condições naturais e históricas, como solo, clima, costumes, formação, religião. A lei correta é aquela que é mais adequada ao caráter e ao estado de desenvolvimento histórico do respectivo povo. Daí que não existe nenhum ideal ou esquema abstrato e ubiquamente apropriado para o melhor estado.

Mas esta convicção geral não impede Montesquieu, assim que começa a falar da *liberdade* política em sua relação com a constituição, de expressar claramente sua preferência por determinadas organizações estatais, e dentre os povos antigos em favor da *romana*, dentre os modernos em favor da Teoria do Estado e da prática constitucional dos *ingleses*. E aqui é antes de tudo a *divisão dos poderes*, favorável à liberdade política, e efetivada na Inglaterra mais do que em qualquer outro lugar, que Montesquieu coloca no centro. A concepção teórica da divisão dos poderes não foi criada por Montesquieu, mas sua essência foi tomada da Teoria do Estado de John *Locke*, embora a tenha modificado. Locke reivindicou a separação estrita entre o poder executivo (realizador) e do legislativo (elaborador das leis) no Estado. O príncipe, enquanto detentor do executivo, não deveria estar acima da lei, mas submisso às leis decididas pelo parlamento, para que a liberdade e a propriedade do indivíduo estejam protegidas de intervenções arbitrárias do poder estatal. Montesquieu coloca como terceiro poder ao lado destes dois o *judiciário*. O acento principal ele não coloca tanto em que executivo e legislativo não devam estar unidos sob uma mesma mão, mas em que a independência jurídica seja resguardada diante daqueles dois poderes. Se isto não ocorre, então despotismo e destruição da liberdade são as consequências inevitáveis.

3. Voltaire

As obras de François Marie Arouet, com o pseudônimo literário de Voltaire, perfazem 99 volumes. Abordando-as com a questão relativa a que ideias novas e originais Voltaire legou à filosofia, dificilmente se encontra algo que não tivesse já sido dito por outros antes dele. Mas não se encontrará nenhum outro pensador que se tenha aproximado de dizê-lo tão bem quanto Voltaire, e principalmente nenhum que o tenha expresso tão apaixonadamente, tão incessantemente e com um sucesso tão avassalador. Por isso ele merece um lugar de honra na história da filosofia.

O filho de um rico notário, nascido em 1694, chegou a Paris com vinte e um anos, onde logo adquiriu fama de gozador tanto inteligente quanto inescrupuloso. Quando, após a morte de Luís XIV, o regente que governava a França vendeu a metade dos cavalos dos estábulos reais por razões de economia, circulava o dito atribuído a Voltaire de que teria sido melhor, em lugar disso, despedir a metade dos burros que habitavam a corte real. Este e vários tipos de ditos gozadores, que em parte com razão e em parte sem, foram atribuídos a Voltaire, levaram a seu primeiro conflito com os poderes dominantes. O regente mandou prendê-lo na Bastilha, mas logo o colocou de novo em liberdade.

Com a sua peça dramática *Édipo*, encenada logo em seguida, Voltaire colocou o fundamento para um patrimônio que ele manteve e soube multiplicar durante toda sua vida com habilidade notável. Em todo caso também sua liberalidade se tornou tanto maior quanto mais rico ele se tornava.

Só após oito anos em que Voltaire frequentou como jovem em Paris os principais salões que celebravam a alta cultura e os escritores surgiu um segundo conflito, o qual desta vez teve consequências mais agudas. Em um grupo social Voltaire tinha dado uma resposta a um nobre que não era exatamente ofensiva, mas para os conceitos da época muito audaz. O cavalheiro mandou atacar e espancar Voltaire de noite por meio de alguns malfeitores contratados. Voltaire o desafiou para um duelo. Em vez disso, por ordem do chefe de polícia aparentado com seu oponente, ele foi novamente lançado na Bastilha e libertado somente sob a condição de ir para o exterior, para a Inglaterra. Voltaire foi, mas voltou mais uma vez disfarçado para se vingar, mas por fim se deixou convencer por amigos a permanecer na Inglaterra.

Dentro de um ano, ele não só dominava a língua inglesa, mas também já conhecia a mais importante literatura inglesa da época. A liberdade de espírito, a naturalidade com que os escritores e filósofos ingleses escreviam e defendiam publicamente o que entendiam ser correto, o impressionava tal como a liberdade política. Aqui não havia nenhuma Bastilha na qual um cidadão honesto pudesse ser encarcerado só pela vontade e pelo humor de um nobre. Em suas *Cartas sobre os ingleses*, que primeiramente circulavam só de modo não impresso, Voltaire contrapunha esta liberdade com toda acuidade ao domínio corrupto da nobreza e ao clero com este associado em sua terra natal. É de se considerar que a Inglaterra desta época já tinha atrás de si a sua "revolução burguesa". A terceira classe, a burguesia, já tinha ali conquistado o espaço no Estado que lhe correspondia de acordo com a sua significação social real. A França ainda estava havia meio século de sua revolução. A contraposição tinha, com isso, de operar na França como um explosivo material revolucionário – mesmo que isto não fosse totalmente consciente para Voltaire. Também a obra de Newton foi Voltaire quem primeiro a tornou conhecida aos franceses, com seus *Elementos da filosofia de Newton*, surgidos em 1738. O conhecimento das leis da gravitação de Newton despertou ou fortaleceu em Voltaire o respeito e a veneração em relação à grandeza e à majestade do universo – um sentimento que o tornou para sempre uma pessoa que acreditava em Deus (ele gostava de se declarar "teísta"), mesmo que não um cristão.

As cartas sobre os ingleses foram o motivo para que Voltaire, depois de ter novamente passado alguns anos em Paris, de novo tivesse que fugir. Alguém, sem que ele o soubesse, tinha mandado imprimir e distribuí-las. A Bastilha novamente ameaçava. Voltaire foi para o Castelo de Cirey. Ele pertencia a uma marquesa de quem ele gostava, uma dama extraordinariamente erudita. A presença de Voltaire tornou o castelo um centro cultural e social. Aqui, ao lado da série de seus dramas que ele continuou com *Zair, Maomé, Semiramis* e outros, ele iniciou seus *romances* que fizeram sucesso. Não se trata de romances comuns. Eles servem, em todo caso, de uma forma bem recreativa, à luta que Voltaire tinha iniciado com seus dramas, a qual ele no entanto só muito mais tarde iria assumir com toda sua apaixonada seriedade: à luta contra o fanatismo e a superstição religiosos – onde em todo caso Voltaire compreende por "superstição" uma grande parte daquilo que para seus contemporâneos significa religião. Em um destes romances é narrado como um índio vem para a França, deve ser convertido para o cristianismo, lê o Novo Testamento e agora constantemente se choca com doutrinas e exigências eclesiásticas das quais não leu nada nos evangelhos. Em um outro, *Micromegas*, escrito no estilo das *Viagens de Gulliver*, um habitante de Sirius, com a altura de muitos milhares de pés, vem à terra e discute com um filósofo terráqueo. Quando ouve que desde os tempos primevos dominam entre as pessoas o assassínio e a guerra, que mesmo neste momento "centenas de milhares de nossa raça com chapéus na cabeça tiram a vida de, ou são assassinados por centenas de milhares de outros, que usam turbantes", com desprezo o siriano diz: "Infelizes!.. Eu quase teria vontade de dar três passos e assim, com três pisadas, aniquilar todo este formigueiro de assassinos ridículos". – "O senhor pode se poupar estes esforços", respondeu o filósofo. "Eles próprios já trabalham suficientemente em sua destruição. O senhor acreditaria que dentro de dez anos mal um décimo desses coitados ainda existirá?" E agora ouvimos claramente Voltaire falar, quando o filósofo continua: "Além disso, não são estes que merecem a punição, mas aqueles bárbaros preguiçosos que, enquanto permanecem em seus palácios, ordenam o derramamento de sangue de milhões de pessoas e então festivamente fazem dar graças a Deus por este sucesso".

A correspondência que Voltaire manteve durante mais de uma década com o rei prussiano Frederico II levou a repetidos convites de Frederico a Voltaire. Quando a marquesa tinha falecido e Frederico repetiu o convite, finalmente Voltaire aceitou. Por dois anos (1750-1752) ele foi convidado constante e honrado à mesa de Frederico, que além de Voltaire ainda era ornada por outros espíritos franceses de ponta; Frederico e Voltaire se maravilhavam um com o outro. Voltaire escreveu animado sobre suas primeiras impressões em Potsdam: "150.000 soldados... ópera, teatro, filosofia, poesia, nobreza e benignidade, granadeiros e musas, trompetes e violinos, os banquetes de Platão, convívio e liberdade..."[3] Apesar disto, chegou-se à desavença. Negócios financeiros não totalmente irrepreensíveis e fofocas entre ele e o rei deram a ocasião.

Tendo partido às pressas de Berlim, primeiro retido em Frankfurt durante semanas por mandatários de Frederico, Voltaire veio a saber na fronteira francesa que o caminho de volta lhe estava cerrado por novo banimento. Ele se dirigiu à Suíça, onde em Ferney finalmente encontrou um local duradouro. A razão do novo banimento da França foi a obra publicada por Voltaire em Berlim *Ensaio sobre os costumes e o espírito das nações*. Ele já o tinha iniciado em Cirey para a marquesa, que com ele compartilhava da opinião de que a história, tal como tinha sido conduzida até então, pouco mais oferecia "do que confusão, um jorro de minúsculas ocorrências sem relação de conjunto ou consequência, milhares de batalhas que não resolveram nada". Voltaire não queria oferecer um amontoado de fatos isolados, que como tais fossem mais ou menos fúteis. Ele queria contemplar as coisas no conjunto; procurava por um princípio unificador que pudesse dotar o todo de sentido. Ele o encontrou ao colocar no centro o movimento e as forças sociais, a cultura e o progresso do espírito, em lugar de reis, guerras e batalhas. "Quero escrever uma história... que deverá dar certeza sobre como as pessoas viviam no âmbito de sua família e que artes elas cultivavam em conjunto... Meu objeto é a história do espírito humano e não a enumeração detalhada de fatos sem importância; também com a his-

---

3. An den Jugendfreund d'Argental, 24/07/1750, segundo DURANT, W. *Die Grossen Denker*, 1945, p. 207.

tória de grandes senhores não quero ter nada a ver...; mas quero saber através de que estágios as pessoas passaram do estado de barbarismo para a civilização"[4].

A obra de Voltaire se caracteriza por uma abrangência histórica até então não conhecida, por liberalidade no tratamento de culturas e religiões estrangeiras. Voltaire foi um dos primeiros a reconhecer a grandeza e a riqueza dos distantes mundos da Pérsia, da Índia e da China. A Europa não aparece mais como o mundo, mas como um mundo cultural ao lado de outros mundos irmãos, o judaísmo e o cristianismo aparecem como religiões entre outras – com o que elas naturalmente perdem sua validade absoluta. Justamente com isto a obra causou escândalo. Com ela Voltaire – semelhantemente a Montesquieu – dirigiu a visão dos dados externos para as forças motoras internas da história e elaborou por escrito a primeira *filosofia da história* no espírito da ciência moderna.

O exílio de Voltaire em Ferney se tornou um tipo de capital intelectual da Europa. Príncipes e eruditos de todos os países apresentavam seus cumprimentos pessoalmente ou por carta. Os reis da Dinamarca e da Suécia e a czarina russa Catarina II lhe mostravam sua benignidade. Também Frederico o Grande retomou o relacionamento através de uma carta reconciliatória. Mas também inúmeras pessoas de todas as classes se dirigiam a Voltaire. Ele não deixava quase ninguém sem conselho ou ajuda.

Em meio ao sucesso e à admiração, entretanto, Voltaire foi tomado de um profundo pessimismo, sob o peso das desilusões e perseguições vivenciadas, mas principalmente sob o impacto da catástrofe destruidora do terremoto de Lisboa, que no ano de 1755 fez 30.000 vítimas, assim como da deflagração logo a seguir da guerra dos sete anos. Por ocasião do terremoto ele compôs um poema no qual está escrito:

> Mas como, pois, julga um espírito que muito compreende?
> Ele silencia: O livro do destino está lacrado para nós.
> Seja o que for que o ser humano examine, a si mesmo ele não examina;
> Nunca ele conhece seu de onde e jamais seu para onde.
> Nós átomos repletos de agonia, postos na lama,
> Devorados pela morte e gozação do destino...
> Neste mundo de teatro, que é vão e pérfido,
> Multidão de tolos doentes se exalta e delira sobre sorte...[5]

O pessimismo se expressa também na novela *Cândido*. Ainda hoje, mesmo que Voltaire em geral não seja mais lido no original, ela é digna de leitura. Apresentada exteriormente em forma muito divertida, ela toda é uma única gozação feroz sobre a ideia leibniziana do "melhor de todos os mundos".

Um lugar essencial na obra de vida de Voltaire tem suas contribuições para a *Enciclopédia*, que aqui somente referimos brevemente porque na divisão seguinte desta obra precisamos tratar dela de forma mais detalhada. Durante algum tempo Voltaire fazia parte dos colabora-

---

4. Segundo DURANT, W. Op. cit., p. 212.
5. Ibid., p. 217.

dores principais. Em conexão com isto ele se dedicou à criação de um "dicionário filosófico" próprio. Este trata de todos os objetos imagináveis com a elegância e exatidão características da formulação voltaireana.

Agora Voltaire tinha 65 anos. Mas sua maior luta ainda estava diante dele. Contra um cidadão protestante da cidade fortemente católica de Toulouse foi feita a injustificada acusação de que ele tivesse morto seu filho para evitar a iminente conversão deste ao catolicismo. O pai foi encarcerado, torturado e morreu logo a seguir. A família perseguida dirigiu-se a Voltaire. Muitos casos semelhantes, todos ocorridos entre os anos de 1761 e 1765, ficaram conhecidos por Voltaire. As injustiças estremeceram Voltaire tão profundamente que de então em diante passou do ceticismo esclarecido e da gozação moderada, como se mostram nos seus artigos na *Enciclopédia* e no *Dicionário*, a uma guerra que durou anos, feita com a maior amargura e por todos os meios propagandísticos, contra a religião cristã e a Igreja. *"Ecrasez l'infame!"* – *"Destruí a infame!"* (referindo-se às igrejas de todas as confissões – tornou-se seu dito preferido sempre repetido. No *Tratado sobre a tolerância*, que foi escrito nesta época, está escrito: "Sutilezas, das quais não se encontra pista nenhuma nos evangelhos, tornaram-se as fontes de disputas sangrentas na história da Cristandade". – "Com que direito poderia uma criatura criada para a autodeterminação obrigar um outro ser a pensar assim como ela mesma?"[6]

A este tratado seguiu uma verdadeira torrente de variados escritos ligeiros e de controvérsia, todos escritos com a mesma maestria propagandística e distribuídos às dezenas de milhares. Todos testemunham a respeito "daquela mais terrível de todas as armas espirituais que jamais fora usada por uma pessoa: a gozação de Voltaire"[7].

De tudo isto não se deve concluir que Voltaire tivesse sido ateísta. Tanto quanto ele ataca a religião positiva, histórica, na mesma medida ele combate o ateísmo e está incondicionalmente convencido da necessidade de uma religião da razão. "Se Deus não existisse, teríamos de inventá-lo; mas toda a natureza nos proclama que Ele existe."

Voltaire distingue fortemente entre superstição e religião. Ele louva a Jesus e os ensinamentos do Sermão da Montanha com palavras da mais alta exaltação. Em seguida ele descreve Jesus chorando a respeito dos crimes que foram cometidos em seu nome. Voltaire instituiu uma igreja com a divisa *"Deo erexit Voltaire"* – Deus instituído por Voltaire. Sua confissão de fé ele firmou no artigo "teísta" do dicionário filosófico com as seguintes palavras: "O teísta (a expressão corresponde ao nosso atual 'deísta') é uma pessoa que está convencida firmemente da existência de um ser superior tanto bom quanto poderoso, o qual formou todas as coisas... Unido com o mundo novamente por esta convicção, ele não se associa a nenhuma das seitas que se contradizem todas entre si. Sua religião é a mais antiga e disseminada, pois a simples veneração a Deus precedeu todas as construções doutrinadoras do mundo. Ele fala a linguagem que todas as pessoas podem compreender enquanto estas entre si não se compreendem...

---

6. Ibid., p. 227.
7. TALLENTYRE. Voltaire in his letters. New York, 1919, p. 231. Apud DURANT, W. Op. cit., p. 217.

Ele crê que a religião não se constitui das concepções de uma metafísica incompreensível nem da vã representação de aparências, mas da veneração a Deus e da justiça. Faça o bem, isto é sua prática religiosa; entregar-se a Deus, sua doutrina..."[8]

No âmbito *político* Voltaire se retraiu nos seus últimos anos, pelo desgaste da disputa eclesiástica e pelo ceticismo em relação a receitas teóricas para o melhoramento do mundo. De certo ele esperava um paulatino melhoramento das pessoas através da razão, e para a França a conquista da liberdade como a que os ingleses já possuíam. Uma reviravolta tão radical como a que de fato na França seguiu sua atividade e, não por último, graças à luta de Voltaire, ele de certo não a desejava. Para tal ele era muito conservador e cético em relação à capacidade da multidão governar a si mesma. Uma reforma paulatina pacífica se parece mais com o que ele tinha em vista, quando escreveu: "Tudo o que vejo parece espalhar a semente da revolução que um dia inevitavelmente tem de vir, mas não terei mais o prazer de ser testemunha dela"[9].

Este prazer de fato lhe escapou. A entrada de Voltaire, aos 83 anos, na Paris do ano de 1778 foi comparável a uma marcha triunfal, tal como dificilmente terá sido dedicada a um rei. Em meio do triunfo, a morte o alcançou repentinamente à véspera da revolução. Pouco antes da sua morte ele entregou ao seu secretário uma declaração escrita: "Morro em prece a Deus, amando meus amigos, sem ódio contra meus inimigos e em desprezo pela superstição. Voltaire".

4. Enciclopedistas e materialistas

"A era da religião e da filosofia deu lugar ao século da ciência!" Esta sentença soberba está na introdução da *Enciclopédia das ciências, das artes e dos ofícios*, surgida entre 1751 e 1780 em 28 volumes. Ela caracteriza o espírito dos homens que com as armas da ciência e da razão queriam libertar o mundo dos poderes do passado e preparar uma era mais livre e mais feliz. A enciclopédia (do grego *enkyklios* = no círculo; *paideia* = formação) deveria sintetizar e ordenar o conjunto do conhecimento da época. Mas ela não deveria ser um mero espelho do conhecimento e uma obra de consulta, como por exemplo um dicionário de conversação moderno. Ela, ao mesmo tempo que mostrasse a unidade interna deste conhecimento e tirasse as últimas consequências, deveria ser um poderoso aríete contra tudo o que parecia a estes homens ser classificável como antigo e superado. O conjunto era, à parte dos méritos de outros colaboradores, principalmente obra de dois homens: Diderot e d'Alembert.

Denis *Diderot* (1713-1784) é, dentre os contemporâneos de Voltaire, o único que pode ser comparado com este quanto à versatilidade e à incessante capacidade criativa literária. Como no caso de Voltaire, praticamente não há um tema sobre o qual ele não tenha refletido e escrito, uma forma literária que ele não tenha dominado. O desenvolvimento pessoal de Diderot passou, numa sequência bastante rápida, do teísmo crente na revelação, passando pela

---

8. Segundo DURANT, W. Op. cit., p. 233.
9. Carta de 02/04/1764.

dúvida (*Passeio de um cético*), por uma religião da razão correspondente aproximadamente à de Voltaire (*Pensamentos filosóficos*), para um materialismo decidido (*A interpretação da natureza*, dentre outros).

Jean *d'Alembert* (1717-1783), um matemático famoso, com formação filosófica e literária versátil, era o segundo editor. D'Alembert escreveu também a introdução para a obra toda, na qual estão expostos o ponto de vista e o objetivo do conjunto.

Quando d'Alembert se afastou, sob a pressão da oposição do Estado e da Igreja à obra, Diderot a continuou sozinho. Ele sozinho elaborou mais de mil artigos. Apesar de repetida proibição, a enciclopédia foi distribuída em dezenas de milhares de exemplares e logo traduzida para várias outras línguas. Ela se tornou o léxico mais utilizado da classe erudita europeia e teve uma considerável influência na maneira geral de pensar. Ela foi, no campo da cultura, junto com as obras de Voltaire e de Rousseau, o instrumento mais importante para a preparação da Revolução Francesa de 1789.

Nas controvérsias religiosas, Voltaire, apesar de toda a acuidade do seu ataque contra a Cristandade e a Igreja, tinha por outro lado condenado de modo igualmente decidido a irreligiosidade e o ateísmo, tinha mesmo travado sua luta justamente em nome da religião verdadeira, a da razão. Também o ponto de vista da enciclopédia não é meramente o da inimizade contra qualquer tipo de religião e de crença em Deus, mas antes um certo ceticismo. Em todo caso, o editor da obra, por temor da censura, tinha realizado modificações arbitrárias – para a maior indignação de Diderot –, amenizando as passagens polêmicas mais agudas. Também o próprio Diderot, por razões semelhantes, tinha permitido que em artigos como "alma" ou "liberdade", que haveriam de ser objeto de desconfiança para a censura em primeiro lugar, preponderasse uma certa moderação; em compensação, em outras passagens que chamavam menos a atenção ele expressou sua própria opinião de maneira mais aberta. Mas de fato Diderot mesmo era cético e comedido na própria questão religiosa, como se expressa na parte final de sua *Interpretação da natureza*: "Iniciei com a natureza, e terminarei contigo, cujo nome sobre a terra é Deus. Eu não sei se Tu existes; mas pensarei como se Tu olhasses em minha alma; me comportarei como se andasse diante de ti. Não te peço nada neste mundo; pois, se Tu não existes, o desenvolvimento das coisas é necessário por si mesmo, ou, se Tu existes, pelo teu mandamento... Vê, deste modo sou uma parte necessariamente organizada da matéria eterna e necessária, talvez tua criação..." Isto lembra um pouco a oração que Voltaire (no *Micromegas*) faz um dos seus personagens recitar: "Deus (caso exista algum) seja propício à minha alma (caso eu tenha alguma)".

Ao contrário, com um radicalismo sem dó, em parte até com um fanatismo que em nada fica a dever ao combatido fanatismo religioso das igrejas, religião e fé são atacados pelos *materialistas* franceses que surgem na mesma época, dos quais queremos nomear somente os mais significativos. Julien Offray de *Lamettrie* (1709-1751), médico e filósofo natural, por causa dos seus escritos naturais foi expulso primeiro da França, depois também do seu exílio holandês. Em seguida ele foi trazido por Frederico o Grande, o qual procurava reunir em torno de si todos os espíritos livres, à corte deste como "ateísta da corte", como Voltaire zombou. O pensamento fundamental de Lamettrie, exposto principalmente em sua obra *O homem como máquina*, é o seguinte: É falso dividir o que existe em duas substâncias, uma matéria extensa e um espírito pensante (como tinha feito Descartes). Não há nenhuma matéria morta, como ensinam os mecanicistas. Conhecemos a matéria somente em movimento e em determinadas formas. A matéria possui o princípio de seu movimento *em si mesma*. Isto tem duas consequências: Não é necessária a aceitação de um Deus como um princípio que move o mundo. O mundo se move por si mesmo, a partir de si mesmo. A aceitação de um Deus só estorvaria o conhecimento científico da natureza. Em segundo lugar, também não é necessária a aceitação de uma substância especificamente pensante, de um espírito ou de uma alma, no ser humano. O pensamento é só uma função natural do corpo como outras funções.

De um ponto de vista prático, com este princípio Lamettrie trava com todos os meios de uma sátira feroz uma luta das mais intensas contra qualquer tipo de crença religiosa. A religião é, para ele, a própria perturbadora da paz na vida do indivíduo e também dos povos, pior do que qualquer vício. O mundo não se tornará venturoso antes que o estado ateísta se torne realidade. Na ética, Lamettrie rejeita fatos fundamentais como sentimento de culpa ou remorso como tortura autoafligida inútil. Ele recomenda a busca irrefreada pela "ventura" imanente, isto é, pelo gozo dos sentidos. Sem a frivolidade e o cinismo de Lamettrie, em lugar disso com a maior seriedade e incondicional coerência, esta doutrina materialista está elaborada no *Sistema da natureza*, surgido em 1770. O autor da obra foi conhecido somente algum tempo mais tarde, o barão alemão Dietrich von *Holbach* (1723-1789), originário do Palatinado, que vivia das suas riquezas em Paris. Sua obra tornou-se a "Bíblia do materialismo francês".

Lamettrie, Holbach e Adrien *Helvétius* (1715-1771), que escrevia na mesma época, mas era menos original, concordam totalmente em que no lugar do dualismo cartesiano de duas substâncias estabelecem um monismo, e no caso um monismo *materialista*. Só existe a matéria. O conhecimento dela basta para explicar tudo. Qualquer metafísica, que ainda procura por um princípio espiritual autônomo ao lado ou por trás da matéria, é ilusão, erro, fantasia cerebral. Da mesma forma qualquer tipo de religião é ilusão, e de fato ilusão consciente, intencional: invenção de clérigos, fraude de clérigos. "O primeiro pilantra que encontrou o primeiro bobo foi o primeiro clérigo." A tarefa da ciência é destruir todas estas ilusões em que as pessoas estão envolvidas e com as quais se torturam. É convicção – bem otimista – destes homens de que somente seria necessário um "iluminismo" correto para libertar a humanidade do peso opressor de todos os preconceitos e conduzir a uma época melhor, regida pela razão, de felicidade generalizada.

5. *Rousseau*

Vida, obras, ideias fundamentais

Tudo o que até aqui vimos sobre o Iluminismo francês apresenta só um lado, próprio deste conjunto. Outro é Jean-Jacques Rousseau. Se se pode repreender os iluministas acima tratados de que eles valorizam a razão em demasia e não valorizavam suficientemente o que não é razão no ser humano – seus impulsos e suas paixões por um lado, e a necessidade por algo que é superior à razão por outro –, então certamente isto não vale para Rousseau.

O próprio Rousseau descreveu sua vida em suas *Confissões* ("Confessions", obra póstuma de 1781) com uma franqueza inaudita, próxima do exibicionismo. Trata-se da vida de uma pessoa atraída de um lado para outro por incoerências, lutas internas e sentimentos passionais, sempre intranquila, profundamente infeliz e portadora de fortes traços psicopatológicos. Nascido em Genebra em 1712, com 16 anos ele fugiu do estudo e logo caiu sob a influência determinante de uma mulher bem mais velha que se tornou simultaneamente sua mãe e amante. Ele passou vários anos em sua propriedade. Ela conquistou o rapaz educado no calvinismo para a Igreja Católica. Após o seu primeiro sucesso literário, de que logo será tratado, Rousseau viveu em parte em Paris, em parte em outros lugares da França, mas sempre apoiado por amigos e benfeitores nobres abastados; em Genebra, onde adquiriu a cidadania, voltou ao calvinismo e mais tarde casou com uma moça de procedência simples; na Inglaterra, aonde David Hume o tinha levado consigo; novamente na França, sempre ameaçado por perseguidores, cujos perigos, em todo caso, ele exagerava no sentido de uma mania de perseguição. Faleceu na França em 1778.

No ano de 1749 a Academia de Dijon propôs um prêmio para o tratamento da questão "se a restauração das artes e das ciências (desde o Renascimento) tinha contribuído para o melhoramento e a elevação da moralidade". Esta questão foi a fagulha que de um só golpe incendiou tudo aquilo que Rousseau tinha juntado durante o matutar da sua solidão interiorana. Ele respondeu – aliás, após consulta a Diderot – com seu *Discurso sobre as ciências e as artes*, publicado em 1750. Este escrito foi laureado com um prêmio que o tornou repentinamente um escritor famoso. À questão se as artes e a ciência de fato são proveitosas para a moralidade e para a felicidade humanas, ele responde com um decidido *não*. Rousseau desenvolve, de um modo em geral lógico e cientificamente ainda não instruído, mas em lugar disto numa linguagem imediatamente cativante, inflamada por um sentimento passional, o problema fundamental do *valor da cultura*. Onde estão suas bênçãos (que justamente na época de Rousseau eram bastante louvadas)? Então a massa das pessoas não vive na necessidade, na miséria e na dependência escrava, pior do que os animais, porque às pessoas falta a ingenuidade destes? Artes e ciências não são monumentos do progresso, mas da decadência. Para que, por exemplo, precisaríamos de erudição jurídica sem a injustiça na vida social cultivada através do refinamento cultural? Para que a filosofia, se cada um se mantivesse nas virtudes simples e naturais? Em todo lugar, na história, ocorre o emergir da formação cultural em conjunção com o afundar da moralidade. Mas os poucos povos que permanecem livres da contaminação por conhecimentos vãos fundamentaram sua felicidade pelas suas virtudes e se alçaram em modelo para outros povos. Assim proclama Rousseau: "Todo-poderoso Deus, livra-nos da iluminação dos nossos pais: reconduze-nos à simplicidade, à inocência e à pobreza, aos únicos bens que são necessários à nossa felicidade..."

O escrito de Rousseau e a discussão que girou em torno dela estimularam a academia a um segundo prêmio com a questão: Como surgiu a desigualdade entre as pessoas, e ela está fundamentada no direito natural? Rousseau respondeu com seu *Discurso sobre a origem e os fundamentos da desigualdade entre os homens* (1753). Ele distingue entre desigualdade natural ou física – as diferenças fundamentadas na natureza, de idade, saúde, força física e condições anímicas – e desigualdade moral ou política, que se baseia na convenção ou pelo menos na tolerância das pessoas. Qual é a origem desta última desigualdade?

Primeiro Rousseau elabora um quadro (certamente idealizado) do "estado natural". Este, de acordo com ele – em contraposição à luta de todos contra todos de Hobbes –, é um estado verdadeiramente paradisíaco. Domina a saúde generalizada, pois a natureza extingue o fraco automaticamente; dominam as virtudes simples; os relacionamentos entre os gêneros são puramente animais e descomplicados; os seres humanos estão isolados, independentes, não estão submissos a ninguém; sem indústria, sem fala, sem reflexões. Pois "se a natureza nos determinou para sermos saudáveis, então eu quase arrisco a afirmar que o estado (a situação) da reflexão é um estado contrário à natureza, que uma pessoa que pensa é um ser degenerado".

Como se chegou ao término desta situação ideal? Uma vez que faltam sobre isso fontes históricas exatas, a filosofia tem de completar as lacunas.

> O primeiro a que veio a ideia de cercar um lote de terra e de afirmar: isto me pertence, e que encontrou pessoas suficientemente ingênuas para acreditar nele, foi de fato o fundador da sociedade burguesa. De quantos crimes, guerras, assassinatos, miséria e atrocidades teria poupado a humanidade *aquele* homem que tivesse arrancado os mourões, nivelado as valetas e convocado seus companheiros: "Guardai-vos de acreditar neste enganador! Estais perdidos se esqueceis que os frutos pertencem a todos e a terra a ninguém!"[10]

[A partir daqui havia só mais um passo até o dito pleno de consequências de Proudhon no século seguinte, "propriedade é roubo"!]

> Tão logo o solo disponível estivesse dividido, um só podia ainda crescer às custas do outro. Senhorio e servidão, uso da força bruta e saques foi o que se seguiu. As pessoas se tornaram gananciosas, ambiciosas e malignas.

Uma situação que acaba em guerra e assassinato não poderia ser duradoura. Então "o rico" teve as seguintes ideias: "'Unamo-nos', disse ele aos seus vizinhos, para proteger os fracos da opressão, para segurar nas rédeas os ambiciosos e garantir a propriedade daquilo que a cada um pertence. Em vez de empregar nossas forças contra nós mesmos, queremos uni-las em um poder superior, que guarde todos os membros da associação de acordo com leis sábias, que mantenha

---

10. ROUSSEAU. Discours über die Ungleichheit. Citado conforme a edição de SAKMANN, P. *Die Krisis der Kultur*: Auswahl aus Rousseaus Werken. Leipzig, 1931, p. 88. As obras de Rousseau em parte nem estão disponíveis em língua alemã, em parte estão em edições incompletas. Do *Discours sur l'inégalité*, entretanto, surgiu em 1984 uma edição crítica do texto todo, editada, traduzida e comentada por Heinrich Meier.

os inimigos comuns distantes e que nos mantenha em eterna harmonia'"[11]. Assim, uma vez que os ingênuos concordaram com esta proposta, surgiram o Estado e as leis que impuseram novos grilhões aos fracos e deram ao rico a possibilidade de eternizar a desigualdade à medida que o domínio fundamentado primeiro legalmente degenerasse então em domínio arbitrário.

O surgimento da propriedade, portanto, foi a primeira desgraça: ele criou ricos e pobres. A instituição de uma autoridade foi a segunda desgraça: ela criou dominadores e dominados. A degeneração do poder em arbitrariedade foi a terceira desgraça: ela criou senhores e escravos, aos quais o único dever ficou sendo a obediência. Este é o cume de toda desigualdade, a maior degeneração. Então se chega a que, em contradição flagrante em relação ao direito natural, uma criança domine sobre homens adultos, um idiota sobre sábios; que um punhado de ricos se regale na abundância enquanto a massa dos famintos carece do mais necessário.

Assim a humanidade se desenvolveu desde uma situação natural para uma situação que esbofeteia todo o direito natural. Fazer o quê? Não há nenhuma saída, nenhuma possibilidade de volta? Rousseau experimenta dar a resposta com o *Contrato social* (*Contrat social*), o mais conhecido (não o único) texto político de sua autoria. "O ser humano nasceu livre, e em toda parte ele está acorrentado." Mas tem de ser possível estabelecer uma constituição na qual a liberdade natural, inalienável e inquebrantável seja harmonizada com a medida de força que não se é capaz de pensar em eliminar da essência da ordem estatal. – Só o poder nunca pode produzir a justiça. O fundamento de um domínio justo só pode ser fundado – tanto faz se na história de fato houve algo assim como um contrato social – sobre *acordo*, portanto sobre concordância livre. Esta concordância é o contrato social. Cada companheiro individual se entrega a si mesmo e a tudo que ele pode como bem comum sob a direção superior de uma vontade comum. Com isso surge como pessoa pública uma corporação cultural geral, o *povo*. O povo é o único portador da soberania.

Mas como determinar a vontade deste soberano, a vontade geral? Por votação.

> No entanto, perguntar-se-á, como pode uma pessoa ser livre e, entretanto, obrigada a se conformar à vontade alheia, que lhe é estranha? Como podem os contraditórios ser livres e, no entanto, submissos às leis com as quais não concordaram? Respondo: Esta questão está malformulada. O cidadão concorda com todas as leis, mesmo com aquelas que foram aprovadas contra sua vontade, mesmo com aquelas que o punem, se ele transgride uma delas. A vontade constante de todos os membros do Estado é a vontade geral; através dela eles são cidadãos e são livres. Se na asssembleia do povo se propõe uma lei, então na verdade não se pergunta se eles aceitam ou rejeitam a proposta, mas se ela está de acordo ou não com a vontade geral, que também é a dela. Quando cada um dá o seu voto a respeito, ele expressa sua opinião quanto a isto. A partir da contagem dos votos chega-se à constatação da vontade geral. Assim, se a opinião contrária supera a minha, então isto só comprova que me enganei e que aquilo que eu considerava a vontade geral não era a vontade geral[12].

---

11. Ibid., p. 94.

12. ROUSSEAU. *Contrat social*. Sakmann, p. 269s.

A ideia básica, que perpassa todas as obras de Rousseau, de que o ser humano sai bom das mãos da natureza e só é corrompido pela sociedade, está próxima do extraordinário peso que Rousseau tem de colocar na correta *educação*, e também já aponta a direção na qual suas exigências vão. Ele as apresentou no romance educativo *Emílio*. Em detalhe ele retoma muitas vezes exigências de John Locke. A ideia central, entretanto, é totalmente do espírito de Rousseau e alcançou ali uma influência duradoura, que continua até hoje, sobre a pedagogia: A pessoa que está crescendo deve ser mantida distante de influências perniciosas. Tudo se resume a naturalmente deixar amadurecer a disposição natural fundamentalmente boa que existe em cada pessoa. A tarefa da educação é, então, uma tarefa *negativa*, ela consiste em manter afastadas todas as influências da vida social que podem prejudicar este processo.

Na "Profissão de fé do Vigário de Saboia", que se encontra no *Emílio*, Rousseau estabeleceu sua posição em relação à *religião*. Ela está igualmente muito distante tanto da crença eclesiástica na revelação quanto do ateísmo agressivo dos materialistas tratados na seção anterior. Mas Rousseau também está muito distante da religião da razão de um Voltaire. Sua religião se baseia totalmente no *sentimento*. O sentimento me diz que Deus existe. Mais não é necessário, e conhecer mais também não é possível. "Deste modo contemplo a Deus em suas obras. Quanto mais me esforço para perscrutar sua essência infinita, tanto menos eu a compreendo. Ele existe, mas isto me é suficiente. Quanto menos eu o concebo, tanto mais eu o adoro. Humilho-me diante dele e digo: 'Tu, essência das essências! Existo porque Tu existes. Ergo-me até a tua fonte original, quando sem cessar penso em ti. O uso mais nobre da minha razão é aniquilá-la diante de ti'"[13].

Sobre o significado de Rousseau

Rousseau e o Iluminismo – Quando Voltaire tinha lido o *Discurso sobre a desigualdade*, ele escreveu a Rousseau: "Recebi, meu senhor, seu novo livro contrário ao gênero humano... Ninguém se dispôs com mais resolução a nos fazer animais do que o senhor; a leitura do seu livro desperta na gente a necessidade de andar por aí de quatro. Como, no entanto, abandonei esta atividade há uns sessenta anos, infelizmente não me sinto em condições de retomá-la novamente"[14].

De fato: Não há nenhuma contraposição maior do que a existente entre estes dois pensadores! Já exteriormente: aqui o Voltaire polido, ágil, espirituoso, o intelectual orgulhoso da cultura, que, embora de origem burguesa, se move nos círculos da nobreza como um peixe em seu elemento – ali o Rousseau irrequieto, exteriormente esquerdista, impelido pelo sentimento e pela paixão, uma pessoa que não pode viver no meio burguês, o qual colocou todos os seus filhos num orfanato logo após o nascimento, que, esquivando-se da civilização, anseia por um

---

13. ROUSSEAU. *Emile*. Sakmann, p. 195.
14. 30/08/1775, apud DURANT, W. Op. cit., p. 236.

mundo "natural" sonhado – e que mesmo assim, através da linguagem imediata do sentimento, atingia o coração do seu tempo e da situação francesa de então.

Mais uma vez se expressou a contradição entre ambos de forma marcante. Quando Voltaire, sob a impressão da catástrofe de Lisboa, tinha publicado seu poema, Rousseau respondeu: "As próprias pessoas são culpadas! Se morássemos nos campos em vez de nas cidades, então não poderíamos ser mortos em massa; se não morássemos em casas, mas sob o céu aberto, então as casas não poderiam ruir sobre nós"!

A mesma contradição como em relação a Voltaire há entre Rousseau e os outros pensadores contemporâneos, seus crentes na razão e no progresso, pois temporalmente a atividade de Rousseau ocorre em concomitância completa com a deles, todos escreveram nos últimos 50 anos antes da irrupção da grande revolução. Mas há também elementos comuns. A equiparação de Rousseau entre "razão" e "natureza" é própria de todo o pensamento do Iluminismo. É de se reconhecer que a "natureza" de Rousseau é algo bastante artificial, não menos do que as sebes recortadas em forma de figuras artísticas nos jardins ou a etiqueta extremamente refinada da corte de seu tempo. O estado paradisíaco da natureza de Rousseau está muito distante do estado dos povos primitivos, tanto quanto o conhecemos. Sua educação "natural" exige um isolamento altamente artificial da pessoa em crescimento em relação ao ambiente social, no qual ela mais tarde tem de levar sua vida. Em tudo isto há algo do modo dos idílios pastoris e ovelheiros que então se criavam nos parques cultivados das sedes da nobreza. Entretanto, ninguém pode desprezar o verdadeiro baixo contínuo que soa a partir da ânsia passional de Rousseau por conexão com a natureza verdadeira e intacta. A cultura ocidental tinha chegado ao ponto em que pela primeira vez o sentimento encontrou uma expressão passional, o que Sigmund Freud denominou mais tarde de "Mal-estar da civilização".

Rousseau é mesmo, semelhantemente a Hume na Inglaterra e mais tarde Kant na Alemanha, o último gênio do Iluminismo e simultaneamente seu crítico mais agudo, o qual encaminha o movimento para além de si mesmo.

Rousseau e a revolução – Uma década antes da irrupção da revolução, Rousseau tinha recebido no seu último local de refúgio na França, Ermenonville, a visita de um estudante tímido, jovem, o qual o admirava e se apresentou como Maximilien Robespierre de Arras. – Quando Luís XVI viu na prisão as obras de Voltaire e Rousseau, ele disse: "Estes dois homens arruinaram a França". Como o rei, a partir do seu ponto de vista, entendia por "França" a antiga França monárquica, ele tinha razão. – "Os Bourbon teriam podido se manter", disse mais tarde Napoleão, "se eles tivessem vigiado tinta e papel". A constituição republicana da França foi elaborada a partir do modelo do *Contrato social*. O grito de guerra "Liberdade, igualdade, fraternidade" extraía seu "pathos" do impulso revolucionário de Rousseau. Naturalmente pode-se perguntar se Rousseau teria aprovado a revolução tal como ela de fato transcorreu. Isto não muda nada no fato de que era seu espírito que a instigou. Também a trágica contradição interna que se desenvolveu na revolução – que como muitas outras iniciou com o discurso da liberdade e terminou na intolerância e no despotismo –, já está prefigurada no pensamento de Rousseau. O individualismo decidido que ele defendia, entretanto, apesar do compromisso de Rousseau, permanece em uma contradição não resolvida com as exigências ásperas por submissão incondicional do indivíduo à vontade geral, que ele faz na segunda parte do *Contrato social*. Estas vão tão longe que no estado de Rousseau a teimosia contra a religião de estado, que ele idealiza, deve ser punida com a morte ou o degredo.

Rousseau e a posteridade – A Revolução Francesa e suas consequências espirituais no sentido mais amplo, correspondentemente ao duplo caráter de Rousseau, são só uma metade da sua influência na posteridade. O sentimental Rousseau é, por outro lado, o prenúncio de tudo aquilo que no século XIX se levantou como movimento contrário ao espírito do século XVIII. *Sturm und Drang*, *Romantismo*, também os multifacetados movimentos de renovação religiosa o tem como patrono. *Goethe* e ainda mais *Schiller*, ambos provenientes do *Sturm und Drang*, admiravam Rousseau.

Mas também *Kant* testemunhou: "Sou por inclinação um pesquisador e sinto toda a sede de conhecimento. Havia uma época em que eu cria que só isto poderia produzir a glória da humanidade. Rousseau me corrigiu. Esta precedência arrogante desaparece. Aprendo a honrar o ser humano"[15]. No século XIX tardio, a herança espiritual de Rousseau novamente reviveu, de novo em duas direções bem distintas: Por um lado na obra de Friedrich *Nietzsche*, no qual sobrevive muito do ceticismo e da crítica contra a obra da "cultura", da ânsia de Rousseau pelas "virtudes simples", de sua rejeição da sutileza intelectual – apesar de que a natureza pensante tão sensível e complicada de Nietzsche de fato seja um produto igualmente inequívoco desta cultura altamente sutil como a de Rousseau. Por outro lado, a crítica social de Rousseau continua operando no assim chamado socialismo utópico dos primórdios e no socialismo revolucionário de Karl *Marx*. Tem de se reconhecer, sem mais, que a crítica de Marx à sociedade burguesa fundada na propriedade privada parte de considerações – e sentimentos – semelhantes aos de Rousseau. Além disso, o socialismo marxista pode muito bem se referir a frases de Rousseau como as seguintes: "O Estado é, em vista de seus membros, senhor de seus bens através do contrato social. Os proprietários são somente depositários do bem público. O soberano pode com justiça apropriar-se dos bens de todos, como ocorria em Esparta"[16].

III. Alemanha

Além da Inglaterra e da França, o Iluminismo experimentou também na Alemanha sua disseminação correspondente à particularidade alemã e à situação histórica. No todo ele é, principalmente também em seu relacionamento com a religião, muito menos radical do que o francês. Naturalmente isto tem a ver com a situação social de então na Alemanha, onde reco-

---

15. SAKMANN. *Einleitung*, p. XIV.
16. ROUSSEAU. *Contrat social*. Op. cit., p. XXII.

nhecidamente o Iluminismo do século XVIII não levou a uma reviravolta geral comparável à Revolução Francesa.

Se tratamos aqui do Iluminismo alemão só brevemente em comparação com o europeu ocidental, isto não ocorre por uma importância menor – embora realmente o Iluminismo francês, em todo caso o do século XVIII, tendo em consideração a Europa no seu todo, tenha um peso histórico maior e também tenha determinado duradouramente o espírito francês e o seu caráter em grau muito superior do que o Iluminismo alemão o fez com o espírito e o caráter alemães. Isto ocorre porque já tomamos conhecimento do seu primeiro grande representante, isto é, *Leibniz*, e porque *Kant*, no qual ele alcança o seu ponto alto e também o seu final, é tratado separadamente no próximo capítulo. O que se encontra entre Leibniz e Kant em termos de pensadores alemães da época do Iluminismo em todo caso não pertence à primeira linha dos filósofos de categoria europeia.

Comparada com a elegante esgrima de florete de um Voltaire, ou com a revolucionária paixão de Rousseau, a literatura filosófica do Iluminismo alemão mostra uma certa sobriedade árida, uma tendência tipo mestre-escola, algumas vezes quase chata e entediante. Isto se deve, além da já citada situação histórica, também a que a língua alemã na época ainda não tinha experimentado a mesma formação e sutilização enquanto meio de expressão para ideias filosóficas como a francesa na literatura local do século XVIII. O alemão alcançou este estágio somente na época de Goethe. Até então as obras dos filósofos escritas em alemão geralmente mostram o emprego de inúmeras palavras estrangeiras e uma luta ferrenha pela expressão adequada. Em certa medida isto também ainda vale para Kant.

Esta peculiaridade da filosofia iluminista alemã em todo caso não foi somente uma fraqueza. Justamente um pensador como o já referido no capítulo anterior, Christian *Wolff*, foi chamado por Kant de "criador do espírito da minúcia" na Alemanha – e isto por causa do seu tipo "mestre-escola", que acostumou os leitores e ouvintes com a reflexão límpida de seus pressupostos e com um procedimento lógico e metódico. Wolff ensinou primeiro em Halle, e a seguir, depois de ser expulso de lá pelo empenho de círculos eclesiásticos, em Marburgo, com grande sucesso. Frederico o Grande, sob condições muito honrosas, o trouxe de volta para Halle imediatamente após sua ascensão ao trono. A filosofia de Wolff dominava as universidades alemãs durante sua atividade e após sua morte (ele faleceu em 1754) até o surgimento das obras principais de Kant. Como ela apresenta essencialmente, desconsiderando-se os desvios no que tange a particularidades e tendo em vista o seu conteúdo, uma sistematização das ideias fundamentais de Leibniz (então conhecidas), assim como seu desenvolvimento e aplicação a todos os âmbitos do conhecimento, não entraremos em detalhes a seu respeito. Mas a contribuição de Wolff para a língua alemã tem de ser citada. Wolff ensinou e escreveu em alemão, ao menos no começo de sua atividade. Por meio dele a ciência e a filosofia alemãs gradualmente começaram a aprender e a se utilizar da sua língua materna com liberdade. Ele também criou uma grande parte do vocabulário filosófico geralmente usual desde então.

Frederico o Grande da Prússia (1712-1786) não só influenciou de forma direta o movimento do Iluminismo alemão, ao trazer para sua corte eruditos alemães e estrangeiros, através do que ideias inglesas e francesas acharam entrada no pensamento alemão com mais força do que de certo não teriam conseguido sem ele. O "filósofo de Sanssouci" também pertence ele próprio aos seus espíritos proeminentes. Suas obras reunidas, publicadas no século XIX, que enchem 30 volumes, contêm uma série de tratados filosóficos. Seu interesse sempre se dirige menos à face teórica da filosofia – metafísica e teoria do conhecimento – do que à prática. Seus princípios, principalmente seu "ethos" de cumprimento irrestrito do dever e ampla tolerância no campo religioso e político-cultural, ele tentou realizar em sua longa atividade governamental de "absolutismo esclarecido". Mundialmente famosa tornou-se sua declaração oficial de 1740: "As religiões devem todas ser toleradas, e o fiscal (o Estado) somente deve vigiar para que nenhuma cause dano às outras; pois aqui cada um deve alcançar a bem-aventurança ao seu modo". O apoio de Frederico a Wolff, a Voltaire, Lamettrie e outros franceses já foi citado. Também Kant se regozijou, enquanto Frederico reinava, com toda liberdade doutrinária. A concepção que Frederico tinha do Estado e sua própria posição nele está expressa em sua famosa sentença de que o príncipe é o primeiro servidor do seu Estado – a qual muitas vezes foi contraposta ao "l'etat c'est moi" ("O Estado sou eu") de Luís XIV. De certo que Frederico, na sua sentença, queria que o "primeiro" fosse entendido de forma tão acentuada quanto a palavra "servidor". Era iluminista, mas ainda assim era um absolutismo.

O que vale para Frederico é de modo geral uma tendência essencial de todo o Iluminismo alemão até Kant: Sua força não está tanto na constituição de novos sistemas filosóficos originais; seu ganho histórico está na acentuação da precedência da razão prática, ética, e em sua profunda influência – mesmo que ela não levasse a novas formações revolucionárias – sobre o pensamento geral e sobre a vida prática. Isto também vale para o talvez mais significativo dentre todos os seus representantes. Gotthold Ephraim *Lessing* (1729-1781) era um poeta, mas praticamente também pensador e filósofo. Embora estivesse tão próximo das ideias de Frederico II como quase nenhum outro escritor alemão da época, Lessing nunca chegou a ter um contato mais estreito com o rei, porque este – sob a influência de Voltaire, que tinha tido uma briga com o jovem Lessing – durante toda a vida permaneceu preconceituoso em relação a Lessing; no mais, uma das razões para que Frederico, tão aberto em relação às correntes de pensamento da época, de fato não raramente deixasse de reconhecer o verdadeiramente significativo no próprio país.

Ao círculo de amigos de Lessing em Berlim pertenciam dois outros espíritos proeminentes do Iluminismo alemão: Moses *Mendelssohn* (1729-1786) e Friedrich *Nicolai* (1733-1811). Finalmente deve ser citado, em conexão com Lessing, Hermann Samuel *Reimarus* (1694-1768), forte crítico da religião de revelação bíblica e defensor de uma religião deísta da razão. Lessing publicou a *Defesa dos adoradores racionais de Deus*, de Reimarus, após a morte deste.

Também o próprio Lessing é um batalhador contra a falta de liberdade e a intolerância, e em favor da humanidade e da tolerância religiosa, como ele a corporificou na figura ideal de Nathan o Sábio. Lessing enxerga as destruições que o ódio e o fanatismo realizaram em nome da religião na história dos povos. Mas ele não quer – diferentemente dos iluministas radicais franceses – despejar a criança com a água do banho. Ele procura, apesar deste conhecimento desanimador, um sentido na história da humanidade. Ele o encontra na ideia de uma *Educação do gênero humano*, progredindo paulatinamente, como também é intitulada sua principal obra filosófica publicada em 1780. As religiões históricas são estágios neste caminho. O que os grandes fundadores de religiões ensinaram à humanidade deve aos poucos ser incorporado como verdade *simbólica* do novo conhecimento. Religião e política, enquanto os dois mais importantes meios de educação, têm de purificar as pessoas aos poucos, educá-las para o domínio da razão e do amor. De certo que isto é um processo que progride infinitamente (Lessing tende em conexão com esta ideia do desenvolvimento progressivo orgânico de toda a humanidade à ideia da transmigração das almas). O ideal, que está como meta no seu ponto-final, nunca pode ser alcançado totalmente. Assim também ocorre com a busca humana pela verdade. "Se Deus mantivesse encerrados em sua direita toda a verdade e em sua esquerda o único impulso eternamente ativo pela verdade, ainda que com o acréscimo de sempre e eternamente me enganar, e me dissesse: escolhe! eu me prostraria à sua esquerda humildemente e diria: Pai, perdoa! Pois a verdade pura é somente para ti!"

Não quero encerrar a passagem rápida através do Iluminismo alemão sem citar Christian *Thomasius* (1655-1728), filósofo, jurista, digno de reconhecimento pela introdução da língua alemã no ensino universitário, pela fundação da Universidade de Halle e não por último pelo fim dos processos contra bruxas, que em grande parte é devido à sua atitude valente contra este absurdo: um verdadeiro "iluminista". A atuação de Thomasius já se inicia antes de 1690: Em 1687 ele anunciou a primeira preleção em língua alemã. Em 1691 surgiu sua *Doutrina da razão*, também em alemão. A pesquisa mais recente enxerga nele um dos primeiros representantes do Iluminismo alemão, que com isso não aparece mais como um mero reflexo do inglês e do francês, mas também tem raízes na vida cultural local[17].

IV. Para a apreciação do Iluminismo

Olhemos por um momento para trás. No grande movimento cultural do Iluminismo, que abarcou praticamente toda a Europa, podem distinguir-se diversas linhas de desenvolvimento no que diz respeito às convicções filosóficas fundamentais:

Racionalismo – confiança (com tonalidade otimista) na força da razão, encarnada entre outros em Descartes, e também em Spinoza;

Empirismo – confiança na experiência como fundamento de todo conhecimento, representado sobretudo por Locke e seus seguidores ingleses;

Ceticismo em relação à abrangência do conhecimento humano, representado dentre outros por Bayle;

---

17. SCHNEIDERS, W. (ed.). *Christian Thomasius 1655-1728*: Interpretationen zu Werk und Wirkung, 1989.

Materialismo – representado dentre outros por Holbach, Lamettrie, e também por Diderot;

Deísmo – representado por Cherbury e Voltaire, dentre outros – erroneamente também chamado em outras línguas *théisme* (francês): uma orientação intermediária entre o teísmo (fé em um Deus pessoal, criador e condutor do mundo, que fala ao ser humano através de revelação) e o ateísmo, que simplesmente nega a existência de Deus. O Deus dos deístas criou o mundo, mas não interfere em seu curso posterior (por isso não há milagres, nenhuma revelação – daí a acusação de que os deístas tivessem inventado um Deus ocioso.

Praticamente em nenhum período de nossa história a filosofia influenciou tão fortemente a opinião pública e o desenvolvimento social como na época do Iluminismo. As exigências dos filósofos pela aplicação da razão (também em relação a tudo o que foi tradicionalmente transmitido, palavra de ordem "crítica"), por liberdade, tolerância, humanidade se impuseram de modo generalizado no longo prazo – mesmo que os ideais do Iluminismo primeiro parecessem ser tragados pelo sangrento terror da Revolução Francesa. A esses ideais devemos conquistas fundamentais como a eliminação da tortura, o fim da perseguição a bruxas, o tratamento humano dos doentes mentais, a eliminação de castigos corporais hediondos como a roda ou o esquartejamento, o fim da escravidão, o reconhecimento da divisão dos poderes nas constituições dos estados (especialmente a independência do judiciário), o fim das guerras religiosas, a eliminação da censura, com isso a liberdade de opinião – em suma: a paulatina imposição dos direitos humanos, como eles estão formulados na declaração de independência americana de 1776, e depois na "Déclaration des droits de l'homme", da assembleia nacional de 1789, e que agora aparecem no estatuto das Nações Unidas.

2
Immanuel Kant

I. Vida, personalidade, obras

Trouxemos a apresentação agora até o limiar da época em que o desenvolvimento da filosofia ocidental alcança um ponto alto e de mutação na obra de Immanuel Kant, que por muitos, mesmo por opositores das concepções kantianas, é encarado como *o* ponto alto, e em todo caso é único no fato de que foi realizado exclusivamente pelo trabalho de pensamento de um único homem. No mesmo ano de 1781, em que Lessing, o grande poeta do Iluminismo alemão e simultaneamente o seu crítico mais significativo, fechou os olhos, apareceu a primeira obra principal de Kant, a *Crítica da razão pura*, com que o movimento europeu do Iluminismo foi levado ao seu cumprimento e simultaneamente foi superado por um estágio superior.

Kant nasceu a 22 de abril de 1724 em Königsberg (Prússia) como filho de um mestre seleiro. (O pai ainda assinava *Cant*; a família parece ter sido de origem escocesa.) À casa dos pais, especialmente à sua mãe, ele devia o contato com o pietismo, um movimento religioso que para além da mera crença literal exigia uma piedade genuína e que acentuava o sentimento. Após frequentar por sete anos o Fridericianum em Königsberg, ao qual ele, de acordo com sua própria explicação posterior para o âmbito do seu próprio trabalho e interesse, as ciências naturais e a filosofia, praticamente não deve nada, ele começou em 1740 a estudar na universidade de sua cidade natal, primeiro teologia, que ele entretanto logo abandonou em favor da filosofia e das ciências naturais. Durante nove anos ele então recebeu seu salário como professor particular em propriedades de nobres na circunvizinhança de Königsberg e adquiriu neste período, além de uma postura cavalheiresca, uma sólida formação filosófica. Em 1755 ele se doutorou e se estabeleceu como *Privatdozent**. Somente quinze anos mais tarde ele obteve a cátedra de lógica e metafísica, que manteve até o fim de sua vida.

Por mais de quarenta anos deu preleções não só sobre estas duas disciplinas, mas também sobre física matemática, geografia e antropologia, além de teologia natural, moral e direito

---

* NT: Professor universitário habilitado, mas sem vínculo empregatício com a instituição universitária.

natural. Era um professor amado e estimulante. Herder, que estudou em Königsberg nos primeiros anos em que Kant foi docente, louva as qualidades de Kant como professor numa carta em que está escrito: "Em seus anos de juventude ele tinha a alegre vivacidade de um jovem, sua fronte aberta, formada para o pensamento, era sede de humor e alegria inabaláveis, a fala mais rica em ideias fluía de seus lábios, chiste, piada e humor estavam à sua disposição, e sua preleção docente era a ocupação mais prazerosa. Ele animava e obrigava gentilmente à reflexão autônoma..." De modo tão estimulante quanto sobre problemas filosóficos, Kant sabia falar em suas preleções de geografia sobre países e povos estranhos, mesmo que ele nunca tivesse saído de Königsberg e de sua redondeza.

Em geral, publicamente, a vida de Kant é pobre em acontecimentos e caracterizada por grande constância. Isto também tem a ver com o fato de que Kant desde o nascimento tinha uma saúde frágil – era pequeno fisicamente, frágil, e um pouco deformado, já que um ombro era um pouco mais alto do que o outro – e de que tendo isto em conta ele tinha se prescrito a observação estrita de regras escolhidas por ele mesmo para a manutenção de sua saúde e uma concentração de ferro na obra de sua vida. Com isso ele conseguiu alcançar com toda saúde uma idade avançada e completar a obra de sua vida no que tinha de essencial. O modo de vida de Kant e a sua divisão do dia correspondia meticulosamente a estas regras fundamentais. Cartas e informações de contemporâneos dão um retrato visível disto. Ele sempre levantava às 5 horas e logo começava a trabalhar. Das 7 até as 9 ele dava suas preleções. O período principal para seu próprio estudo, no qual também surgiram seus escritos científicos, ficava das 9 até a 1 hora. Para o almoço, que vinha logo a seguir, Kant quase sempre tinha convidados, geralmente homens da intelectualidade. Estas refeições serviam para a total descontração e geralmente duravam algumas horas, que eram preenchidas com conversas sobre os mais diversos temas. Após um passeio, que em todo caso obedecia à mais exata organização e regularidade, ele retomava seu trabalho e ia pontualmente às 10 horas para a cama.

Kant seguia de uma forma tão exata o programa diário que ele mesmo tinha estabelecido, que os moradores de Königsberg teriam podido acertar seu relógio baseados nele. Um biógrafo diz:

> Levantar-se, tomar café, escrever, dar preleções na academia, comer, passear, tudo tinha seu tempo determinado, e os vizinhos sabiam exatamente que o relógio marcava três e meia quando Immanuel Kant – em seu casacão de passeio cinza, empunhando a bengalinha de estilo espanhol – saía da porta de casa e caminhava para a pequena avenida de tílias, que por causa dele ainda agora é chamada de *caminho do filósofo*. Ele subia e descia aquele caminho oito vezes, em todas as estações do ano, e se o tempo estava nublado ou se as nuvens cinzas anunciavam uma chuva via-se seu empregado, o velho Lampe, caminhar atrás dele temerosamente preocupado com um grande guarda-chuva sob o braço, tal qual uma figura da providência[1].

---

1. HEINE, H. Zur Geschichte der Religion und Philosophie in Deutschland (für französische Leser geschrieben). In: HEINE, H. *Auswahl aus seinen Werken*, 1947, p. 358.

A ironia nestas sentenças de Heinrich Heine, assim como muitas anedotas sobre as peculiaridades de Kant, referem-se aos anos avançados de Kant. No ponto alto de sua vida Kant era um anfitrião querido, e era bem recebido como convidado por causa de sua conversa espirituosa. Ele se relacionava bastante com os oficiais russos ocasionalmente influentes em Königsberg, os quais em grande medida eram originários de famílias alemãs do báltico[2].

Após a publicação de suas obras principais, Kant logo alcançou – e ainda em vida – fama além das fronteiras da Alemanha. Inúmeras honrarias lhe foram conferidas. Convites para fora ele sempre recusava. Quando a 12 de fevereiro de 1804, após suas energias mentais terem enfraquecido nos últimos anos de vida, fechou os olhos; pessoas de todas as classes acorreram a sua residência para ainda ver o grande homem mais uma vez. A cidade, a universidade e a população lhe prepararam um cortejo fúnebre principesco que a calma Königsberg ainda não tinha visto.

Para uma orientação mais fácil do leitor oferecemos desde já uma enumeração simples dos mais importantes escritos de Kant. A lista contém somente aqueles que são tratados na apresentação a seguir:

1755: *História geral da natureza e teoria do céu, ou ensaio sobre a constituição e a origem mecânica do universo em sua totalidade, de acordo com os princípios de Newton;*

1756: *Monadologia física;*

1766: *Sonhos de um visionário esclarecidos pelos sonhos da metafísica;*

1770: *Dissertação sobre a forma e os princípios do mundo sensível e do mundo inteligível;*

1775: *Sobre as diferentes raças humanas;*

1781: *Crítica da razão pura;*

1783: *Prolegômenos a toda futura metafísica que se apresentar como ciência;*

1784: *Ideias sobre a história universal sob o ponto de vista cosmopolita;*

1785: *Fundamentação da metafísica dos costumes;*

1788: *Crítica da razão prática;*

1790: *Crítica do juízo;*

1793: *A religião nos limites da simples razão;*

1795: *Sobre a paz perpétua; Um projeto filosófico;*

1797: *A metafísica dos costumes em duas partes;*

1798: *A disputa das faculdades.*

---

2. Um quadro exato da personalidade de Kant oferece Siegfried DRESCHER (ed.) *Wer war Kant?* Pfullingen, 1974. Três biografias de Kant de contemporâneos do filósofo estão aqui reunidas, com um posfácio digno de nota do editor, "Nossa época e Kant".

Kant não realizou mais a sua decisão, anunciada em 1793, de ele mesmo elaborar uma edição completa de seus escritos. Somente no século XX a Academia Prussiana das Ciências publicou uma edição completa em 18 volumes.

II. O período pré-crítico

1. A respeito dos escritos de Kant sobre ciências naturais

O período de tempo até o surgimento da *Crítica da razão pura* – ou melhor, até a época em que começaram a se formar as ideias dela em Kant – se designa como o período "pré-crítico" no desenvolvimento de Kant. Durante as décadas que vão desde o surgimento de seu primeiro escrito (1747) até a dissertação de 1770, Kant foi um escritor profícuo. Dos escritos desta época – a maioria não é citada em nossa enumeração – grande parte trata de questões relativas às ciências naturais. Kant escreveu sobre o fogo, sobre vulcões, sobre geografia física, sobre a teoria dos ventos, sobre o terremoto de Lisboa. A base das suas perspectivas é a física de Newton, que para ele sempre permaneceu um modelo de conhecimento científico exato da natureza.

Deve-se destacar primeiro a *História geral da natureza e teoria do céu*. Kant oferece aqui uma teoria sobre o surgimento da configuração do mundo e do movimento dos planetas. Newton tinha reconhecido e calculado a influência da gravitação sobre os movimentos dos corpos celestes. A questão relativa ao surgimento do sistema solar ele a tinha deixado em aberto. Ele tinha expressamente explicado que esta não seria resolúvel por uma explicação natural. A órbita dos corpos celestes, de acordo com ele, é o resultado de duas forças, a força de atração que deve ser explicada de modo mecânico, e uma segunda força que age tangencialmente, a qual impede que os planetas, simplesmente seguindo a força da gravidade, se precipitem no Sol. Esta última força só podia ser explicada, para Newton, a partir da ideia de que o próprio criador tivesse dotado os corpos com este movimento, os tivesse em certa medida arrojado no espaço, até que foram capturados pelo Sol.

Kant apresenta a tese de que *ambas* as forças devem ser explicadas mecanicamente. Ele assume uma situação inicial em que a matéria estivesse distribuída em pequeníssimas partículas por toda parte no espaço de forma homogênea. Uma vez que as partículas minúsculas são distintas em sua densidade e em sua força de atração, as partículas com maior densidade específica – e com isso maior força de atração – logo começam a atrair as menores para si. Só esta atração acarretaria que as partículas mais leves se dirijam em linha reta em direção às pesadas e ali se amontoariam em porções. No caminho, entretanto, elas batem em outras partículas. Elas são repelidas e desviadas de sua direção. Surgem movimentos alternativos em outras direções além daquela da atração original. A partir dos movimentos inicialmente caóticos e confusos aos poucos se estabelece um equilíbrio do movimento, no qual se alcança a menor medida de estorvo mútuo. Esta é o movimento orbital. Uma parte das partículas que circulam em órbita é absorvida pelo Sol e coloca este mesmo em rotação. As partículas restantes formam os planetas. Estes, quanto mais perto estão do Sol, mais densos e menores são.

Kant tentou mostrar com esta hipótese que não era necessária a postulação de uma força sobrenatural para explicar o surgimento de um cosmo harmônico a partir de um caos inicial, que este pelo contrário pode ser explicado somente a partir das leis da atração e da repulsão. Em todo caso, diante da questão relativa ao modo de surgimento da matéria original que preenche o espaço, também para Kant a explicação natural falha. Temos de postular um criador que criou a matéria e a dotou de forças que lhe possibilitam formar um cosmo ordenado a partir da situação inicial[3].

Algumas décadas mais tarde, o matemático e astrônomo francês Pierre *Laplace* (1749-1827) chegou a concepções bem parecidas independentemente de Kant. Desde então esta concepção – aqui naturalmente simplificada – do surgimento do mundo é conhecida como *teoria de Kant-Laplace*.

Um segundo escrito em que Kant desenvolve ideias sobre as ciências naturais que apontam para o futuro é a *Monadologia física*[4]. Kant se conecta, com isso, como já demonstra o título, com o conceito leibniziano de mônada. Ele tenta determinar melhor, a partir da sua essência, as partículas minúsculas por cujo movimento surge a configuração do mundo. Ele define sua essência como "força que preenche o espaço". Assim, aquilo que perfaz a essência da matéria, sua corporeidade e impenetrabilidade, é uma *força*. Não há nenhuma "matéria", só força (energia)! Esta ideia de Kant experimentou um renascimento sensacional na física contemporânea, que não só postula na teoria que a "matéria" seja somente uma forma específica de manifestação da energia, mas demonstrou mais do que palpavelmente na aplicação prática que a matéria pode transformar-se em energia e vice-versa.

Como terceira das obras de ciências naturais queremos ainda citar o escrito sobre as *raças*. Kant contrapõe à mera *descrição* classificadora da natureza a ideia de uma *história* natural. Ele expressa com isso ideias que demonstram que ele é um dos preparadores do caminho para a ideia de evolução, que no século XIX chegou a um reconhecimento generalizado. "A história natural... demonstraria a transformação da forma da terra, assim como a das criaturas terrestres (plantas e animais), transformação que elas sofreram por mudanças naturais, e suas variedades que daí surgiram, a partir do modelo original do gênero. Presumivelmente ela tornaria uma grande quantidade de espécies aparentemente distintas em raças do mesmo gênero, e transformaria em um sistema físico apropriado ao entendimento o agora tão difundido sistema escolástico da descrição natural"[5].

---

3. CASSIRER, E. (ed.). *Immanuel Kants Werke*. Berlim, 1912ss. Conforme esta edição estão todas as citações de Kant apresentadas a seguir. Aqui cf. V. I, p. 230.

4. O escrito está redigido em latim.

5. CASSIRER, E. (ed.). Op. cit., vol. II, p. 451, nota.

2. A formulação do problema crítico

Voltemo-nos agora à filosofia propriamente dita! O sistema filosófico que Kant tinha diante de si, durante seu estudo e a primeira parte de sua atividade, enquanto sistema dominante na Alemanha, era o de Leibniz e Wolff. Era, se se quiser caracterizá-lo com lemas curtos, *racionalismo*, no método *dogmático*. É Racionalismo, isto é: é filosofia racional que se baseia no princípio de que o que minha razão expressa sobre o mundo, isto é verdadeiro. É possível desenvolver a partir dos fundamentos (inatos) da razão um retrato correto do mundo, e de fato – isto é importante – sem recorrer ao auxílio da experiência. Uma vez que para o Racionalismo a experiência não é o fundamento e nem o limite de nosso conhecimento, não há razão, segundo seus partidários, para duvidar da possibilidade de uma metafísica enquanto uma ciência do suprassensível relativa ao que transcende aquela experiência. Os racionalistas, portanto, também estabeleceram tais sistemas metafísicos. Eles com isto procediam *dogmaticamente*, isto é, sem um exame crítico prévio a respeito da possibilidade de a razão de fato estar em condições de fornecer conhecimento independente da e transcendente em relação à experiência a partir da certeza incondicional propalada. À filosofia leibniziana-wolffiana, na qual ele já tinha sido introduzido pelo seu professor, o wolffiano Knutzen, Kant esteve ligado primeiramente até mais ou menos o ano de 1760.

Então se inicia a manifestação de uma mudança em seu pensamento. Kant foi despertado do "cochilo dogmático", e isto através do filósofo inglês do *empirismo*, John *Locke*, assim como pelas consequências céticas que David *Hume* tinha tirado das doutrinas de Locke com relação à possibilidade de um conhecimento seguro. Locke tinha dito: Não há nada no entendimento que antes não tivesse estado nos sentidos. Isto é empirismo consequente. Somente a experiência (a exterior através dos sentidos, a interior através da atividade auto-observada da consciência) é fonte e também limite de nosso conhecimento. Para um tal empirismo, a metafísica, no sentido de uma ciência do suprassensível, é impossível, uma vez que justamente para o suprassensível a experiência não fornece qualquer fundamento.

Que Kant tivesse começado a duvidar da correção do Racionalismo e com isso da possibilidade de uma metafísica no sentido antigo mostram claramente (entre outros) os *Sonhos de um visionário*. Kant utilizou a polêmica com o teósofo sueco e visionário Emanuel *Swedenborg* (1688-1772), à qual o levou a solicitação de amigos, para um acerto de contas com os "sonhos" da metafísica dogmática. De ambos ele diz que suas suposições de fato podem ser pensadas, mas que elas compartilham dessa propriedade com muitas imagens loucas dos dementes. Ele mostra como – tão logo se abandona o solo seguro da experiência – se pode chegar de modo rigorosamente lógico às sentenças e sistemas mais estranhos e extravagantes. O quanto Kant se distanciou da metafísica dogmática fica claro quando ele, por exemplo, diz da filosofia de Wolff: "Se contemplamos os mestres de construções etéreas dos variados mundos de pensamentos... ou seja, aquele que povoa a ordem das coisas assim como ela é construída por Wolff – a partir de pouco material da experiência e mais com conceitos ardilosos – ...então seremos pacientes com a incoerência de sua versão até que esses senhores tenham acabado de sonhar"[6]. Todo este escrito continua em tom satírico semelhante: "Somente o esperto Hudibrás teria podido solucionar o enigma para nós; pois de acordo com sua opinião: se um ar hipocôndrico se agita nas vísceras, depende de qual a direção ele toma – se ele desce, vira um p –, mas se ele sobe, trata-se de uma aparição ou de uma inspiração sagrada"[7]. Mas as conclusões que Kant tira de suas discussões são muito sérias. "A metafísica, pela qual fui destinado a estar apaixonado, mesmo que simultaneamente a seu respeito só raramente possa me vangloriar de algumas convicções favoráveis, produz dois tipos de coisas proveitosas. O primeiro é satisfazer as tarefas daqueles cujo ânimo da pesquisa se abre quando buscam sorrateiros por propriedades ocultas das coisas. Mas aqui a conclusão muito frequentemente só decepciona a esperança"[8]. (Assim também aqui, no caso de Swedenborg, que Kant caracteriza como "candidato ao hospício"). "O segundo proveito é mais adequado à natureza do entendimento humano e consiste em dar-se conta de se a tarefa daquilo que se pode saber de fato está determinada e qual a relação que a questão tem com os conceitos da experiência, sobre os quais nossos juízos sempre precisam se basear. Nesta medida a metafísica é uma *ciência dos limites da razão humana...*" Aqui vemos como Kant se despede definitivamente da metafísica no sentido antigo – certamente não sem superação, já que ele confessa estar apaixonado por ela – e como pela primeira vez é expressa a nova determinação da metafísica, a kantiana: Ciência dos limites da razão humana. Kant continua: "Aqui eu na verdade não determinei este limite exatamente..."

Determinar o limite se torna daí em diante a tarefa de Kant. Por um lado racionalismo – por outro lado empirismo! Quem tem razão? A fim de decidi-lo – diz Kant –, preciso antes fazer algo a que ninguém ainda se propôs antes de mim de maneira realmente crítica: Tenho de examinar a estrutura de todo o aparato humano de pensamento. Só quando eu tiver clareza sobre quais são o modo de funcionamento deste aparato, a fonte de nosso conhecimento, a área em que tem validade e seus limites, só então poderei decidir com pleno direito se a metafísica é possível e como ela pode neste caso se apresentar. Talvez então resulte que de ambos – racionalismo e empirismo – ninguém tenha razão? Ou ambos, mas cada um só num sentido limitado?

> Meu propósito é convencer a todos aqueles que consideram valioso se ocupar com a metafísica de que é inevitavelmente necessário em primeiro lugar cessar seu trabalho, considerar tudo o que ocorreu até aqui como se não tivesse ocorrido e antes de qualquer coisa levantar primeiro a questão: 'Se efetivamente algo assim como a metafísica é de fato possível?' Se ela é ciência, como sucede que ela não consiga, como outras ciências, aprovação generalizada e duradoura? Se ela não o é, como ocorre que ela no entanto... sustente o entendimento humano com uma esperança que nunca se apaga, mas que nunca se realiza? Pois se pode demonstrar tanto seu saber quanto sua ausência de saber, mas é necessário que então se produza de uma vez

---

6. Träume eines Geistersehers. Ibid., p. 357.

7. Ibid., p. 364.

8. Ibid., p. 384.

algo certo a respeito da natureza desta pretensa ciência; pois neste pé em que está, não é possível mais continuar a relação com ela[9].

Que Kant dedicou a esta tarefa os próximos quinze anos da mais intensiva reflexão mostra primeiro a dificuldade da tarefa, segundo o embasamento e a paciência com que Kant a trabalhou, e aponta também em terceiro lugar já para o fato de que Kant manifestamente não queria e nem podia dar-se por satisfeito com nenhuma das duas vias concorrentes. Um primeiro olhar sobre a solução kantiana da tarefa ofereceu o escrito surgido em 1770 *Forma e princípios do mundo sensível e do mundo inteligível*. Mas ainda levaria mais onze anos até que Kant, em seu quinquagésimo sétimo ano de vida, surpreendesse o mundo com a *Crítica da razão pura*.

III. A Crítica da razão pura

1. Característica, estrutura, conceitos fundamentais

"Eu me arrisco a dizer que não precisa existir nem uma única tarefa da metafísica que aqui não tenha sido solucionada ou para cuja solução não tenha ao menos sido oferecida a chave"[10].

De uma obra que se apresenta com tal reivindicação poderemos solicitar – de acordo com o próprio Kant – o cumprimento de duas exigências: certeza incondicional das conclusões e clareza de sua apresentação. O juízo sobre a primeira, Kant o deixa à decisão do leitor e da posteridade. No que diz respeito à clareza, Kant diz que ele se preocupou suficientemente com a clareza através de *conceitos*. Além disso pareceu a Kant de fato necessário primeiramente também oferecer clareza por meio de *intuições*, isto é, por meio de exemplos práticos e explicações concretas. "Mas muito logo percebi o tamanho da minha tarefa e a quantidade de objetos com que eu teria de lidar; e como eu tinha percebido que só secamente, numa exposição somente escolástica, esta tarefa e estes objetos já estenderiam suficientemente a obra, considerei desrecomendável inchá-la ainda mais por meio de exemplos e explicações que só são necessários na intenção de divulgação popular..."[11]

Kant, portanto, só ofereceu a armação. Para apresentá-la, em todo caso, ele precisou de um livro realmente extenso – 884 páginas na primeira impressão da 2ª edição. Podemos nós esperar apresentar o conteúdo em poucas páginas? Isto é totalmente impossível. Mas podemos tentar compartilhar uma primeira impressão sobre o seguinte: sobre a particularidade e a estrutura da obra, sobre as três questões fundamentais, sobre o método de trabalho específico de Kant, sobre a direção em que suas respostas vão.

As obras principais de Kant de fato não só pertencem às mais ricas em conteúdo da literatura mundial, mas também às mais difíceis dela. Kant estava consciente das dificuldades. Ele

---

9. Prolegomena. Ibid., vol. IV, p. 3s.

10. Kritik der reinen Vernunft. Ibid., vol. III, p. 8.

11. Ibid., p. 11.

mesmo caracteriza sua "dedução dos conceitos puros do entendimento", o núcleo da primeira crítica, como "o mais difícil que jamais pudesse ser empreendido em proveito da metafísica"[12]. Simplesmente reportar-se ao assim chamado senso comum, quando diante das dificuldades penetrantes da crítica da razão – como tinha feito contra Hume, por exemplo, uma escola de filosofia escocesa fundada por Thomas *Reid* (1710-1796) – é "examinado à luz... nada mais do que um reportar-se ao juízo da massa; uma aprovação a respeito da qual o filósofo fica corado"[13]. Kant concede, de modo geral, o direito do senso comum; mas "um formão e um martelo podem muito bem servir para trabalhar um pedaço de madeira de marcenaria, mas para gravar em bronze precisa-se utilizar o buril"[14].

Deve-se recomendar ao leitor que quer estudar Kant que leia para preparação primeiro ainda uma introdução mais pormenorizada do que a que pode ser oferecida aqui[15], e além disso que não comece com a leitura das críticas, mas que leia um dos escritos pré-críticos mais simples para acostumar-se com a linguagem de Kant; para a introdução no universo mental da "crítica" que leia os *Prolegômenos* que foram publicados pelo próprio Kant como uma apresentação simplificada e resumida das ideias principais da *Crítica da razão pura* logo após esta última. A *Crítica da razão pura* consiste, além do Prefácio e da Introdução, em duas partes principais: da doutrina transcendental elementar, que perfaz a parte maior do livro, e da doutrina transcendental do método. A doutrina elementar, por sua vez, tem duas partes: A estética transcendental trata da aptidão da sensação; a lógica transcendental, da aptidão do pensamento. A lógica também tem ainda duas partes: a analítica transcendental trata do entendimento, a dialética transcendental, da razão.

Queremos logo neste ponto tentar esclarecer os conceitos aqui utilizados e alguns outros. Podemos para isso seguir o rumo das ideias da introdução do próprio Kant.

"Crítica" significa aqui não como hoje "criticar" no sentido de julgar, mas perscrutação, exame, determinação dos limites.

Todo conhecimento inicia com a experiência. Esta sentença dos empiristas Kant a coloca no início. Como poderíamos conhecer algo, se objetos não excitam nossos sentidos e colocam nossa atividade de entendimento em movimento? *Temporalmente* a experiência precede qualquer conhecimento. Mas com isto não está dito que todo conhecimento procede *a partir* da experiência. Pois poderia ser que aquilo que chamamos de experiência já por si mesmo seria um composto, composto das impressões provindas do exterior e de algo que nós mesmos acrescentamos. Uma análise crítica precisa isolar ambos os fatores. Tem de ser investigado se existe algo que possuímos antes de qualquer experiência, isto é, *a priori* (desde o princípio). O

---

12. Prolegomena. Ibid., vol. IV, p. 9.

13. Ibid., p. 7.

14. Ibid., p. 8.

15. P. ex., DÖRING, W.O. *Das Lebenswerk Immanuel Kants*. Hamburgo: Neuausgabe, 1947.

conhecimento empírico sempre é adquirido *a posteriori* (posteriormente, em seguida – ou seja, a partir da experiência). *Puro* é um conhecimento *a priori*, quando nada de empírico está misturado com ele.

Em que podemos distinguir um tal conhecimento puro de um empírico? Há duas características indisfarçáveis: *Necessidade* e rigorosa *universalidade*. A experiência sozinha nunca pode apresentar uma necessidade rigorosa. A experiência sempre só ensina (como, p. ex., Hume mostrou) que algo tem tais ou quais propriedades, não que algo necessariamente tivesse de ter tais propriedades. A experiência também não pode dotar suas afirmações de nenhuma universalidade rigorosa. Com ela nunca podemos ir além de uma generalidade relativa, comparativamente; sempre só podemos dizer: Tanto quanto até aqui pudemos observar, não há nenhuma exceção a respeito desta ou daquela afirmação. Se surge, portanto, uma afirmação com uma necessidade incondicional e com a mais rigorosa universalidade, então ela tem de ter origem apriorística. Isto vale por exemplo para a afirmação: Toda mudança tem de ter uma causa. Hume tinha mostrado que a afirmação enquanto necessária e universal não pode provir da percepção. Ele tinha deduzido: Portanto, a afirmação não é necessária e universal, mas somente um produto do hábito; Kant conclui: a afirmação *é* necessária e universal; mas então ela não pode simplesmente provir da experiência!

Fundamental para todo o mais é agora a distinção entre *juízos analíticos* e *sintéticos*. Juízo é uma ligação lógica de um sujeito com um predicado. Analítico significa "diluente", "decomponente". Quando digo: "Todos os corpos são extensos", ou: "a esfera é redonda", então só expresso no predicado o que já está contido no conceito do sujeito, pois o conceito "corpo" contém a característica "extenso", e o conceito "esfera", a característica "redonda". Isto são juízos analíticos. – Sintético significa "conectante", "ligante". Se digo: A (esta) esfera é dourada, então acrescento algo ao conceito "esfera" que de maneira alguma já está contido nele – pois uma esfera de modo algum precisa ser dourada. O que acrescento aqui – a característica da cor dourada –, provém da experiência. Se não me convenci através da percepção que a esfera é dourada não posso emitir o juízo.

Isto significaria que eu só poderia elaborar juízos sintéticos *a posteriori* a partir da experiência. Um juízo elaborado desta forma naturalmente, então, de modo algum é universal e necessário. Mas o que ocorre então com uma afirmação universal como por exemplo: Toda mudança tem sua causa? A experiência, como já mostrado, nunca me permitiria apresentá-lo como geral e necessário. A afirmação é sintética – pois posso decompor o conceito de mudança quanto eu quiser e só encontrarei um transformar-se no tempo, mas nenhum momento da conexão necessária com uma causa. E a afirmação é universal e necessária. Há, portanto, de fato juízos sintéticos *a priori*? Sim! responde Kant.

Uma observação mais próxima mostra que tanto o senso comum quanto as ciências contêm tais juízos sintéticos *a priori* em abundância. (Primeiro) os juízos *matemáticos* são inicialmente sintéticos. Kant escolhe para isto um exemplo bem simples: A afirmação $7 + 5 = 12$ é uma afirmação apriorística, pois ela vale necessariamente e sem exceção. Ela é analítica? Isto é: O conceito "12" está contido já no conceito da soma de 7 e 5? Kant diz: Não. Isto se torna mais claro quando penso na soma de números maiores. Nunca posso da mera representação da soma de 7654 e 3647 adquirir o resultado correto enquanto não tomo em auxílio a intuição, portanto, enquanto não calculo, e isto significa enquanto não conto. Nisto é muito notável que a afirmação não se estabelece sem a ajuda da intuição, mas que apesar disso deve existir *a priori*, isto é, independentemente de qualquer experiência. Isto só seria possível se houvesse algo assim como uma intuição *pura*, independente da intuição. – Algo semelhante vale para outras afirmações da matemática pura. Também (em segundo lugar) as *ciências naturais* contêm afirmações sintéticas *a priori*. E ainda (em terceiro lugar) a *metafísica* deveria, já que ela quer fornecer conhecimento que transcende a experiência, no mínimo consistir de tais afirmações. Com isto estamos diante da questão principal da *Crítica da razão pura*: *Como são possíveis juízos sintéticos a priori?*

Uma vez que a matemática, as ciências naturais e a metafísica contêm tais afirmações, esta questão encerra as seguintes questões:

- Como é possível a matemática pura?

- Como é possível a ciência natural pura?

- Como é possível a metafísica – em todo caso se ela quer ser designada de ciência?

Lidar com estas questões é tarefa da ciência específica que Kant agora chama de "Crítica da razão pura". *Razão pura* é, pois, aquela que contém em si os princípios para conhecer algo *a priori*. Kant chama seu livro de *Crítica* porque ele não é para oferecer um sistema completo da razão pura, mas só um julgamento crítico da razão pura, das suas fontes e limites. Até aqui quanto à colocação do problema e ao título da obra. Para compreender a subdivisão apresentada acima, devemos ainda tornar presente para nós o sentido dos conceitos ali utilizados. Kant denomina de *transcendental* "todo conhecimento que se ocupa não tanto com objetos, mas de fato com nosso modo de conhecimento de objetos, enquanto este para ser possível é *a priori*"[16]. Uma filosofia transcendental é portanto um sistema de todos os princípios da razão pura. Portanto, transcendental (que não deve ser confundido com o nebuloso conceito "transcendente") não significa por exemplo "além da experiência", "transcendendo todo o experienciável", mas "precedente a qualquer experiência, aquilo que a torna possível".

A divisão em estética e lógica baseia-se simplesmente em que há duas fontes do conhecimento humano: a percepção sensível e o entendimento. Ambas devem ser examinadas no que diz respeito à medida em que contêm elementos *a priori*; sobretudo a sensibilidade, através da qual nos são fornecidos os objetos, antes do entendimento, através do qual eles são pensados. Kant denomina de estética a parte que concerne à sensibilidade, de acordo com o sentido original deste termo que não significa "doutrina do belo", como é hoje corrente, mas "doutrina das percepções sensíveis".

---

16. Kritik der reinen Vernunft. CASSIRER, E. (ed.). Op. cit., vol. III, p. 49.

2. A estética transcendental

Este título significa, pois: exame transcendental da capacidade que o sentido tem de conhecimento. Sensibilidade é a capacidade presente em nós de sermos impressionados (afetados) por algo que age sobre nós a partir de fora. Os sentidos, e somente eles, nos fornecem *intuições*, isto é, representações imediatas de objetos individuais. À primeira vista uma tal representação individual, digamos uma rosa, parece ser o objeto final que não pode continuar a ser submetido à análise, com que podemos colidir na segmentação do nosso processo de conhecimento. O exame crítico mostra que isso não é assim de maneira nenhuma, mas que, antes, em seu estabelecimento enquanto objeto já há duas tarefas em ação: Temos diversos sentidos. O sentido do olfato medeia no nosso exemplo um determinado odor, a visão e o tato uma determinada forma e cor do objeto. Os sentidos nos transmitem só *sensações*, que enquanto tais oferecem apenas o material bruto, a matéria, para a representação "rosa". Há ainda algo em nós que *ordena* as sensações, e de fato as ordena de um modo bem-determinado: em uma unidade espacial e temporal. A representação individual, portanto, não é mero material, mas já material formado. Aquilo que efetua esta ordem em nós não pode ele mesmo proceder novamente da sensação.

O espaço

Posso deixar de levar em conta, se quero, tudo o que é empírico (abstrair). Posso levar meu pensamento a respeito da rosa para além de seu odor, sua cor ou de outra qualidade. Mas uma coisa não posso deixar de levar em conta, sem destruir a própria representação: da extensão no espaço. A representação do espaço é *a priori*. O espaço é, assim, nada mais do que a forma em que nos são dados todos os fenômenos dos sentidos externos. Ele não se encontra nos próprios objetos. Somos nós que aportamos a representação do espaço às "coisas". O aparelho do sentido do ser humano é organizado de tal forma que tudo que de fato percebemos tem de nos aparecer na forma da justaposição no espaço. Aparecer! Se os sentidos fornecem sensações, então de certo deve haver algo presente que age sobre eles a partir de fora. E mais não se pode dizer a respeito deste algo exterior. O limite que está estabelecido para mim por meio desta situação – que este exterior sempre só me "aparece" na forma como chega aos meus sentidos –, este limite nunca o posso ultrapassar. Daquilo que está por trás da aparência, da *coisa em si* (Kant também o chama de noúmeno), disto não posso saber nada.

Apesar desta limitação – isto é, as coisas tomadas para nós como fenômeno, e de outro modo elas não nos são atingíveis – a representação do espaço é universal e necessária no sentido mais rigoroso. Todas as pessoas têm a mesma estrutura de sensibilidade; para todas as pessoas (como é com outros seres vivos não sabemos) o que quer que lhes apareça somente pode aparecer na forma do espaço. Neste sentido Kant pode dizer: "O espaço tem realidade empírica", isto é, ele tem validade objetiva para tudo o que jamais nos pode aparecer enquanto objeto exterior. Se as coisas em si estão no espaço – não podemos saber. Por isso Kant pode acrescentar – sem que isto signifique uma contradição em relação ao anterior – que "o espaço possui idealidade transcendental", isto é, o espaço é um nada, enquanto deixamos de lado as condições de possibilidade de qualquer experiência. O espaço é com isto a pura forma apriorística de intuição de nosso sentido exterior.

O tempo

Como o espaço, também o tempo nos é dado *a priori*. O tempo é a forma pura de nosso sentido interior, da intuição de nós mesmos e das nossas condições interiores. Observamos em nós as mais variadas condições de ânimo – sentimentos, excitações da vontade, representações. Mas tão variadas quanto elas possam ser entre si, uma coisa todas elas têm em comum: elas ocorrem *no tempo*. O tempo não provém de nenhuma delas, mas ele é a condição sem a qual não podemos ter uma experiência delas. O tempo é universal e necessário, ele é a forma dada *a priori* de nossa intuição interna.

Mas então, também tudo o que é exterior nos é dado somente na forma de representações em nós. E como o tempo é a forma necessária de nossa representação, com isso ele não é só a forma de nossa intuição *interior* (tal qual o espaço é a forma da exterior), mas da nossa intuição pura e simplesmente. "Todos os fenômenos em geral... estão no tempo e se encontram necessariamente em relação com o tempo."

Também o tempo tem realidade empírica, isto é, validade absoluta para todas as coisas enquanto fenômenos (exteriores e interiores), e possui idealidade transcendental, isto é, não atinge as coisas em si.

A possibilidade da matemática

Nisto, que espaço e tempo estão em nós mesmos enquanto formas apriorísticas, fundamenta-se a possibilidade da matemática. Pois a matemática só tem a ver com determinações de tempo e de espaço.

A *geometria* trata de relações espaciais. Ela ensina, por exemplo, que a linha reta é a ligação mais curta entre dois pontos. Isto é uma afirmação sintética, pois a decomposição do conceito de reta resulta somente nesta qualidade, e em nada sobre grandeza. Tenho de tomar em auxílio a intuição. Mas não preciso esperar pela experiência! Pois já desde o princípio – *a priori* – possuo a representação do espaço em mim. Ela me possibilita elaborar este juízo sintético *a priori*. E como eu toda e qualquer pessoa tem a mesma forma de intuição espacial em si. Nisto se fundamentam a universalidade e necessidade que caracterizam as afirmações da geometria.

A *aritmética* calcula. Todo cálculo, porém, no fundo é contagem, isto é, se fundamenta sobre a sequência em série no tempo. Como possuo em mim mesmo o tempo enquanto forma pura da sensibilidade, e da mesma forma todas as pessoas a possuem, a aritmética também pode, sem recorrer ao auxílio da experiência, estabelecer afirmações de validade universal e necessária puramente com fundamento na intuição interna do tempo.

A primeira questão da crítica, "como é possível a matemática pura?", está com isto respondida.

3. A *analítica transcendental*

O problema

Como ocorre o conhecimento? Não há nada no entendimento – Locke tinha dito –, que antes não tivesse estado nos sentidos. Certo – acrescentou Leibniz –, excetuando-se o próprio entendimento! Isto caracteriza numa breve sentença também a resposta de Kant a esta questão, cuja exposição detalhada constitui agora a parte mais longa e difícil da *Crítica da razão pura*.

Já no princípio foi dito que todo pensamento, todos os conceitos, só podem reportar-se aos objetos que nos são dados através da intuição. Conceitos sem intuições são vazios. Dentre os dois "troncos" de nossa capacidade de conhecimento, portanto, o entendimento, se ele não quer vaguear pelo vácuo, está sempre reportado à sensibilidade que lhe fornece o material intuível. Mas exatamente na mesma medida a sensibilidade está reportada ao entendimento. A sensibilidade nos fornece intuições, isto é, sensações que são simultaneamente pré-ordenadas de acordo com as formas apriorísticas da sensibilidade – espaço e tempo. A mera intuição não seria "entendível" para nós sem o entendimento. Intuições sem conceitos são cegas.

Sensibilidade e entendimento, portanto, operam em conjunto no conhecimento. Como já no interior da sensibilidade as suas formas apriorísticas ordenam as sensações, assim agora o entendimento continua a elaborar o material bruto que a sensibilidade – tomada como um todo – fornece; ele o eleva a conceitos e une os conceitos em juízos.

Esta última atividade do entendimento, a atividade conectiva, é reconhecidamente o objeto da *lógica*, da qual supusemos ser mais detalhada em seu fundador, Aristóteles. Esta lógica geral não tinha sido essencialmente modificada desde os tempos de Aristóteles. Também Kant permite que ela se mantenha, no essencial. Mas o que atrai Kant não é, em primeiro lugar, a questão da lógica geral: Como tenho de concatenar conceitos para chegar a juízos, conclusões etc. corretos? – Mas a questão de Kant é: Como, afinal, nosso entendimento chega a conceitos? Como ocorre que nosso entendimento consegue formular conceitos que se remetem a um objeto determinado e concordam com ele (pois este é o sentido de "conhecer")?

Este é o tema da lógica *transcendental* fundada por Kant.

As categorias

Examinar a questão exige primeiro o seguinte procedimento, em certa medida experimental. Partindo do pressuposto de que no estabelecimento de cada conceito, além do elemento empírico aduzido pela intuição, também ainda a atividade formativa do entendimento está em ação, se poderia escolher quaisquer conceitos e tentar isolar neles, respectivamente, ambos os elementos. Este procedimento teria uma grande desvantagem. Não chegaríamos a uma visão *completa* e *sistemática* a respeito dos processos conectivos originais do entendimento, os *conceitos puros do entendimento*. Nem saberíamos se os conceitos encontrados realmente são originais, se não são derivados de outros, e nem poderíamos estar certos se talvez, graças a uma escolha infeliz dos objetos de exame, não tivéssemos deixado de notar outros mais essenciais.

Um outro caminho é melhor. Para a atividade do entendimento *que é conectiva* dos conceitos a lógica encontrou as formas fundamentais já desde Aristóteles. Mas cada *conceitualidade* é um *julgar*. Pois significa, afinal, conectar conteúdos ou características, e isto também fazemos quando elaboramos conceitos. Assim, se a unidade rege o nosso pensamento, as formas da elaboração de conceitos deveriam corresponder àquelas da elaboração do juízo.

A *tabela das formas do juízo* abrange quatro possíveis pontos de vista, de acordo com os quais os conceitos podem ser postos em relação, e cada ponto de vista abrange três formas de juízo[17]:

1. *Quantidade dos juízos*
(abrangência da validade do juízo)
gerais
particulares
específicos

2. *Qualidade*
(validade ou não validade da relação)
afirmativos
negativos
indefinidos

3. *Relacionamento*
(modo da relação)
categóricos (incondicionais)
hipotéticos (condicionados)
disjuntivos (excludentes)

4. *Modalidade*
(modo de validade da relação)
problemáticos (presumidos)
assertórios (afirmativos)
apodícticos (necessários)

Para cada uma das doze formas, um exemplo[18]:

- Juízo geral: Todas as pessoas são mortais.
- Juízo particular: Alguns astros são planetas.
- Juízo específico: Kant é um filósofo.
- Juízo afirmativo: Esta rosa é vermelha.

---

17. Ibid., p. 92.
18. Exemplos conforme DÖRING, W.O. Op. cit., p. 47, 48.

• Juízo negativo: Aquela rosa não é vermelha.

• Juízo indefinido: Esta rosa é inodora (para o que quer que ela seja além disso permanecem abertas infinitas possibilidades, daí juízo indefinido).

• Juízo incondicional: Este triângulo tem um ângulo reto.

• Juízo condicionado: Se um triângulo tem um ângulo reto, os outros dois ângulos são agudos.

• Juízo excludente: Um triângulo é retângulo, ou acutângulo, ou obtusângulo.

• Juízo presumido: Esta rosa pode abrir hoje.

• Juízo afirmativo: A rosa abrirá hoje.

• Juízo necessário: A rosa tem de abrir hoje.

Nestas formas de juízo manifestam-se as formas fundamentais de nosso pensamento. Elas também têm de estar no fundamento da elaboração do conceito. Precisamos apenas procurar por trás de cada uma das doze formas de juízo o conceito que lhes corresponde para termos diante de nós as formas fundamentais de qualquer elaboração de conceito. Estas Kant as denomina *categorias*. Por exemplo, nós manifestamente só podemos elaborar um juízo universal porque possuímos em nosso entendimento um conceito fundamental de "realidade"; um juízo negativo só com base em um conceito de "irrealidade" etc. Isto aplicado a todas as doze formas de juízo resulta na seguinte *tábua de categorias* (*conceitos puros do entendimento*)[19]:

1. *Quantidade*:
Unidade
Pluralidade
Totalidade

2. *Qualidade*:
Realidade (estado do que é real)
Negação (irrealidade)
Limitação (delimitação)

3. *Relação*:
Substância e acidente
Causa e efeito
Comunidade (reciprocidade)

4. *Modalidade*:
Possibilidade – impossibilidade
Existência – não existência
Necessidade – contingência

Como surge, portanto, o conceito de um objeto? A partir das sensações surge primeiro a intuição em espaço e tempo através das formas apriorísticas da sensibilidade. O entendimento co-

---

19. Kritik der reinen Vernunft. CASSIRER, E. (ed.). Op. cit., vol. III, p. 98.

necta as intuições de acordo com as perspectivas das doze categorias. Isto fornece conceitos *empíricos* (elaborados com material intuitivo). Conceitos *puros* nós possuímos quando conectamos entre si as meras formas da sensibilidade e as do entendimento – isto é, espaço, tempo e as categorias. Kant não se aprofunda na pesquisa e na configuração sistemática destes conceitos; tampouco em uma definição de categoria, "mesmo que logo queira estar de posse da mesma"[20].

A dedução dos conceitos puros do entendimento

A questão principal ainda está por vir: Como é possível que as categorias, que são *a priori*, que portanto se encontram no entendimento antes de qualquer experiência, possam relacionar-se com objetos da experiência – de modo que eu, com a ajuda, pois, destas formas apriorísticas possa *reconhecer objetos*? A resposta Kant a oferece na *dedução* (inferência) *transcendental dos conceitos puros da razão*.

Tomemos como exemplo a causalidade. O empirista Locke diz: Se percebemos a conexão original de dois acontecimentos, então reconhecemos aqui uma força que opera entre as coisas "reais" (as substâncias). O cético Hume diz: Não podemos perceber nenhuma conexão causal. Nós percebemos sempre apenas uma sequência em série. Daí que o princípio da causalidade não tenha qualquer validade objetiva. Trata-se só de um modo de direito do hábito (justificado praticamente). Kant diz: Nisto Hume tem toda razão, em que o princípio da causalidade não é derivável da percepção. Pois ele provém do entendimento. E entretanto ele é válido universal e necessariamente para toda experiência! Como isto é possível? Nem pode ser diferente: Uma vez que toda experiência ocorre assim, que o entendimento imprime suas formas de pensamento (dentre elas, enquanto uma das "relações", a causalidade) no material bruto fornecido pela sensibilidade, então está claro que temos de reencontrar estas formas em qualquer experiência!

Para as coisas *em si* as categorias naturalmente valiam tão pouco quanto as formas apriorísticas da sensibilidade, espaço e tempo. Para as coisas, assim como elas nos *aparecem*, entretanto, as categorias valem universal e necessariamente. Nunca pode nos ocorrer uma experiência que não concorde com a lei da causalidade – porque toda experiência se realiza através da atividade elaborativa do entendimento por meio das categorias.

A faculdade transcendental do juízo

Chegamos a conhecer, nas categorias, as formas aprioristicas de que o entendimento se serve no ordenamento do material intuído. Mas de onde o entendimento sabe quais das doze categorias ele deve cada vez empregar no amontoado desordenado deste material? Ele tem uma capacidade que o possibilita encontrar a correta. Esta capacidade Kant a chama de *faculdade do juízo*.

---

20. Ibid., p. 100.

O elemento de ligação entre as categorias e o material, que elas devem elaborar, se constitui em que a todo o variegado da intuição subjaz uma forma universal, o *tempo*. Cada categoria corresponde, assim, a um esquema temporal. Com isto, naturalmente, a função da faculdade do juízo só é aludida; queremos omitir as discussões detalhadas de Kant sobre este "esquematismo dos conceitos puros da razão".

A possibilidade da ciência natural

A segunda questão principal da *Crítica*, "como é possível uma ciência natural pura?", agora também está respondida por meio da analítica transcendental. Ela é possível a partir de princípios bem paralelos a como a matemática é possível. A ordem regular dos fenômenos nós a chamamos de natureza, as suas leis nós as chamamos de leis da natureza. A ordem regular da natureza, entretanto, comove a partir do fato de que nosso entendimento conecta os fenômenos de acordo com as normas nele presentes. O ser humano é o legislador da natureza! Uma vez que é nosso próprio pensamento que de fato não "cria" a natureza, mas a "faz", pode-se dizer que não é o nosso conhecimento que é determinado pelos objetos, mas que são os objetos que são determinados pelo nosso conhecimento!

Esta conclusão do exame de Kant significa uma revolução não menor do que aquela que as conclusões de Copérnico produziram na astronomia. O próprio Kant utiliza esta comparação: "Até aqui se aceitava que todo nosso conhecimento tinha de ser determinado pelos objetos; mas todas as tentativas de produzir algo sobre eles *a priori* por meio de conceitos davam em nada sob este pressuposto. Tentemos, então, a partir daí, se não progredimos mais nas tarefas da metafísica ao aceitar que os objetos têm de ser determinados pelo nosso conhecimento, o que desta forma já *a priori* harmoniza melhor com a solicitada possibilidade de um conhecimento dos mesmos... Esta questão se caracteriza aqui como as primeiras ideias de Copérnico, que, após não progredir bem com a explicação do movimento celeste ao supor que todo o exército celeste girasse em torno do observador, experimentou se não poderia ter mais sucesso se fizesse o observador girar e, ao contrário, deixasse as estrelas em repouso"[21].

4. *A dialética transcendental*

Se tentarmos, enquanto contemplamos o que até aqui foi dito, conseguir uma resposta à terceira das questões fundamentais: "Como é possível a metafísica (enquanto ciência do suprassensível)?" – então a resposta resultará negativa, até destruidora. O âmbito da ciência, enquanto conhecimento ordenado da necessidade e universalidade, abrange exatamente o mesmo que o âmbito da experiência possível. Estamos limitados ao mundo das aparências.

---

21. Ibid., p. 18.

Mas: "A razão humana tem o destino específico... que ela é importunada por questões que ela não consegue rejeitar; pois elas lhe são impostas pela natureza da própria razão, mas esta também não consegue respondê-las; pois elas transcendem qualquer capacidade da razão humana"[22]. No ser humano se encontra, por sua vez, um impulso irresistível de sair para além do mundo dos fenômenos que ocorrem no espaço e no tempo. O que é alma? O que é o mundo? O que é Deus? Isto são questões que não podemos simplesmente colocar de lado se queremos atingir uma visão da vida totalmente satisfatória. Como se comporta nossa razão em relação a isto? A natureza introduziu aqui em nós uma pulsão que busca o eternamente inatingível?

Desta questão Kant se aproximou na dialética transcendental (ele realmente só se aproximou dela, não a responde cabalmente – isto iria além do âmbito da razão teórica). Se nas observações introdutórias dissemos que esta parte trata da "razão" em distinção ao "entendimento", então aqui temos de acrescentar que "razão" é empregado com isso naturalmente em um outro sentido – mais estrito – do que no título da obra. Ali razão significa a essência de todas nossas faculdades espirituais e anímicas. Aqui a razão é "a capacidade de ideias" – delimitada em relação à sensibilidade enquanto capacidade de intuição e em relação a entendimento enquanto capacidade de conceitos.

A partir do anteriormente dito, não erraremos na expectativa de que "ideia" para Kant tem de significar algo distinto do que por exemplo para Platão. Pois Kant já constatou na introdução à *Crítica* que Platão, nas asas das ideias, se aventurou em um espaço vazio onde não podia mais encontrar quaisquer apoios.

A razão em certa medida configura um outro edifício ainda mais alto para além da sensibilidade e do entendimento. A razão, de acordo com seu uso lógico – inicialmente ainda abstraindo das ideias – é a *capacidade de deduzir*. O entendimento elabora conceitos e os conecta em juízos. A razão liga os juízos em conclusões. Ela está em condição de derivar uma nova sentença a partir de uma ou mais outras[23]. Qual é o resultado desta atividade combinante da razão? Tal como o entendimento organiza o que é variado na intuição em forma de conceitos, assim a razão novamente combina o que é variado nos conceitos e nos juízos em uma estrutura superior. A razão produz, pois, uma unidade ainda mais elevada em nossos conhecimentos.

A partir desta atividade unificadora da razão cresce bem naturalmente o esforço por unificar a variedade não só relativamente – em unidades mais elevadas das partes –, mas por produzir uma *unidade completa*. A razão visará um *incondicionado*. Este visar da razão é dirigido por certos "conceitos condutores da razão": as *ideias*.

Kant também chama as ideias de "princípios reguladores". Isto é: A razão conduz o entendimento de um modo semelhante como este ilumina a sensibilidade (torna compreensíveis

---

22. Início do prefácio a *Kritik der reinen Vernunft*.
23. Cf. supra p. 131ss.

suas intuições em conceitos). Mas continua uma distinção decisiva: A razão somente dota o entendimento de regras sobre como ele *deve* proceder. Daí "princípios reguladores".

Mas que tipo de ideias existem, como elas surgem em cada caso específico e como operam? Como a tábua das formas do juízo mostra, há três tipos possíveis de relação em que sentenças podem ser conectadas. Correspondendo a estes, a razão desenvolve três ideias. Do tipo de conexão categórico, incondicionado, provém a ideia de uma unidade incondicionada do sujeito pensante, que está na base de todas as nossas representações, a ideia *psicológica* ou a ideia da *alma*.

Do tipo de conexão hipotético, condicionado, provém o empenho por sair da cadeia infinita de fenômenos condicionados e chegar a uma unidade incondicionada de todos estes fenômenos, à ideia *cosmológica*, à ideia do *mundo*. Do tipo de conexão disjuntivo, excludente, provém a ideia de uma unidade incondicional de todos os objetos do pensamento em geral, a ideia de um ser superior, a ideia *teológica*, a ideia *de Deus*.

É decisivo que as ideias são somente prescrições do *dever*. Elas são, por assim dizer, um indicador em nosso interior a apontar para um alvo que está no infinito. A ideia da alma me diz: Tu *deves* conectar todos os fenômenos psíquicos de tal modo, *como se* eles se baseassem em uma unidade, a alma. A ideia do mundo: Deves ligar a série dos fenômenos condicionados de tal modo, como se eles se baseassem em uma unidade incondicional, o mundo. A ideia de Deus: Deves pensar assim, como se houvesse para tudo o que existe uma primeira causa necessária, o criador divino. Por estas três vias deves procurar elaborar uma unidade sistemática no todo dos teus conhecimentos[24].

Mais a crítica da razão pura não pode fazer neste âmbito. Ela mostra que as ideias citadas são *capazes de ser pensadas*, isto é, não possuem em si qualquer contradição interna, até mesmo, por assim dizer, resultam de forma obrigatória por ocasião do uso da razão. Mas de maneira nenhuma poderíamos aqui trocar pensar e conhecer e supor que lhes pudesse corresponder uma experiência possível.

A tentação disto está próxima. Quando sucumbimos a ela, a razão entra em contradições irresolúveis (antinomias). A razão se torna "sofista", "dialética". Kant emprega muito esforço para mostrar detalhadamente que as contradições que se constituem deste modo são irresolúveis, visando também principalmente à ideia teológica e às provas racionais de Deus sempre de novo tentadas pela teologia. Mas Deus não pode ser provado nem refutado com a razão. E assim também ocorre com as outras ideias.

O que se ganha, pois, com tudo isso, para a metafísica? O próprio Kant diz: "Tenho de abolir o conhecer para obter lugar para a fé!"[25] Isto é: Kant disse onde estão os limites de nossa

---

24. Cf. DÖRING, W.O. Op. cit., p. 97.
25. Kritik der reinen Vernunft. CASSIRER, E. (ed.). Op. cit., vol. III, p. 25.

razão (teórica). Eles estão exatamente ali onde cessa o âmbito do conhecimento possível pela experiência. O que vai além disso, a razão não pode divisá-lo. Mas isto tem dois significados. A razão *não* pode *provar* ideias metafísicas universais como Deus, liberdade e imortalidade – e estes são para Kant os únicos objetivos da pesquisa sobre elas, tudo o mais são só meios para isto[26]. Mas ela também *não* as pode *refutar*. Nesta medida lhe foi criado espaço para crer nelas.

> Mas isto é tudo, dir-se-á, o que a razão pura elabora...? Isto de certo o entendimento comum, sem recorrer ao conselho da filosofia, teria podido produzir!... Mas então vós exigis que um conhecimento que diz respeito a todas as pessoas exceda o entendimento comum e deveria ser descoberto para vós somente por filósofos? Justamente isto que vós censurais é a melhor confirmação da correção das afirmações feitas até aqui, uma vez que descobre aquilo que no início não se podia prever, isto é, que... a mais elevada filosofia, tendo em consideração as finalidades essenciais da natureza humana, não poderia ir além do resultado que ela (a natureza) também permitiu se desenvolver no entendimento mais comum[27].

IV. Moralidade e religião

A *Crítica da razão pura* tornou Kant famoso. Para muitos – e especialmente para os adversários de Kant – ela é a única obra importante no conjunto de seu trabalho. Injusto? Kant não era um mero teórico do conhecimento, mas um verdadeiro filósofo, um "sábio cosmopolita" que estava empenhado a compreender pelo pensamento a totalidade do mundo. Só se pode avançar até todo Kant, se não se dá valor menor para as suas demais obras maiores do que para a primeira crítica. Não podemos, naturalmente, completar isto aqui, mas queremos ao menos manifestá-lo.

1. A Crítica da razão prática

O ser humano é um ser que conhece. Como tal ele faz uso teórico de sua razão. Mas o ser humano é pelo menos na mesma medida um ser *de ação*. Como tal ele faz um uso *prático* de sua razão. Este lado prático da razão Kant tratou principalmente em duas obras, a *Fundamentação da metafísica dos costumes* e a *Crítica da razão prática*. O primeiro escrito é uma apresentação preparatória para aquilo que é realizado na segunda de modo sistemático e detalhado.

Alguns conceitos fundamentais

Autonomia e heteronomia – Como devemos agir? Pelo que nossa vontade deve ser determinada? Há duas possibilidades. Ou nossa vontade é determinada por leis que estão *em nós*

---

26. Ibid., p. 271 (nota).
27. Ibid., p. 556s.

mesmos, em nossa razão. Neste caso a razão seria *autônoma* (autolegisladora). Ou nossa vontade é determinada por algo que está *fora de nós*, fora da nossa razão. Então nossa vontade seria determinada por uma lei estranha (*heteronomia*).

Todas as tentativas da filosofia até aqui de desenvolver uma ética enquanto doutrina do agir correto cometem, de acordo com Kant, o erro de que colocam o fundamento da determinação de nossa vontade fora de nós mesmos. Todas erigem um "bem superior", seja ele "felicidade" ou "perfeição". Buscam então mostrar o caminho como se poderia alcançar este bem. Isto é heteronomia. Deste modo não se consegue obter nenhum princípio válido da ação necessário e universal. Como na melhor das hipóteses se chega a um bem aspirado, trata-se enfim de um tema da *experiência*. Um princípio válido realmente de modo universal só poderia ser tomado da *razão*.

Máximas e lei – A questão sobre se a razão por si só pode determinar a vontade tem de ser resolvida exatamente da mesma maneira como a questão da crítica da razão pura: "Como são possíveis juízos sintéticos *a priori?*" – isto é, através de um *exame crítico* desta capacidade da razão, através de uma crítica da razão prática. O exame mostra em primeiro lugar que em nossa razão está presente toda uma quantidade de distintos princípios que visam à determinação da vontade.

Kant denomina de *máxima* um princípio que deve valer apenas para a ação de uma pessoa *individual*. Se me proponho a não mais fumar, isto só diz respeito a mim; se outros fumam, isto não tem aqui importância. Em contraposição à máxima, Kant denomina de *lei prática* um princípio que deve determinar a vontade de *qualquer* pessoa.

Imperativo hipotético e categórico – As leis da razão teórica têm um *caráter obrigatório*. Elas dizem: Isto *é* assim. As leis da razão prática têm um caráter de *exigência*: Elas dizem: Tu *deves agir assim*. Elas exigem, mas não nos obrigam a agir assim. Assemelham-se a uma ordem. Também uma ordem pode ser cumprida ou desprezada (mas então é preciso assumir as consequências). Por isso Kant denomina as leis práticas de *imperativos*.

Um tal imperativo pode ser condicionado ou incondicional. A sentença "se queres alcançar uma idade avançada então tens de manter tua saúde" é uma ordem deste tipo. Ela vale para cada pessoa. Se ela arruína sua saúde, então ela adoecerá e morrerá. Mas ela vale para mim só sob a condição de que eu afinal ponha valor no alcance de uma idade avançada. Tais asserções se chamam imperativos *hipotéticos*. Eles têm validade universal, mas só condicionada. Por outro lado sentenças que de fato são universais, mas devem ter validade incondicional, chamam-se imperativos incondicionais ou *categóricos*. É claro que uma ética que deve valer universal e incondicionalmente só pode ser fundamentada em um imperativo categórico.

A seguinte sinopse ilustra o que até aqui foi dito[28]:

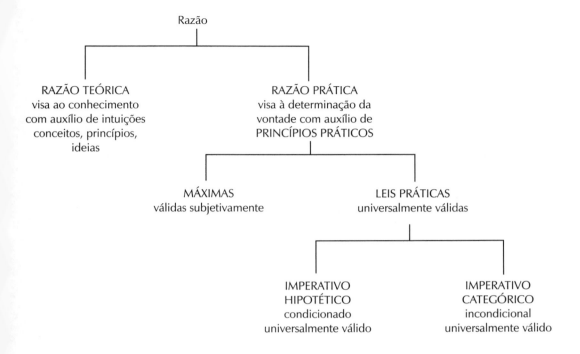

Ideias básicas

O imperativo categórico – É possível descobrir um imperativo categórico? Todos os princípios que fazem de um *objeto* o fundamento para a determinação da vontade não podem oferecer qualquer lei prática universalmente válida. Se deve haver leis práticas universais para um ser racional, então, de acordo com isto, só tais princípios podem sê-lo que possuem o fundamento da determinação da vontade não de acordo com o objeto, com a matéria, mas só de acordo com a *forma*. Mas se eu retiro o objeto, o tema, de uma lei que diz: "Tu deves fazer isto e aquilo, tu deves te esforçar por isto e por aquilo" – sobra alguma coisa disto? Sobra algo: a *simples forma de uma lei universal*!

Com isto encontramos a única asserção fundamental que pode ser princípio de uma ética universalmente válida – porque puramente formal e livre de todo o empírico: Dá à tua vontade a forma de uma legislação universal! Assim Kant alcança a lei fundamental da razão prática, que diz: "Age assim que a máxima de tua vontade sempre simultaneamente possa valer como princípio de uma legislação geral"[29].

---

28. DÖRING, W.O. Op. cit., p. 107.

29. Kritik der praktischen Vernunft. CASSIRER, E. (ed.). Op. cit., vol. V, p. 35.

Esta lei se aplica, justamente por causa do seu caráter puramente formal, a qualquer que seja o conteúdo. Se vacilo quanto a dever tomar um objeto desejado de uma outra pessoa, então só preciso perguntar-me: Posso querer que todas as pessoas roubem? Isto tornaria impossível qualquer posse, pela qual também eu anseio. Se me é difícil falar a verdade em uma determinada situação, então só preciso perguntar-me: Posso querer que todas as pessoas façam da mentira seu princípio?

É preciso precaver-se aqui de um mal-entendido. Kant não quer "descobrir" ou "estabelecer" um princípio moral. Kant não é aquele que julga a exigência do imperativo categórico em relação às pessoas. Mas Kant *examina* o modo de operação de nossa razão prática e nisso encontra que seu princípio universal é este imperativo categórico. E tal como Kant, todas as pessoas a qualquer tempo podem encontrar o mesmo, se elas atentam para a voz da consciência que nelas se expressa, e se buscam concretizar seu princípio puro.

Liberdade – A lei universal dos costumes (o imperativo categórico) é algo que nós de fato não *necessitamos* seguir, mas que *devemos* seguir. Entretanto, de fato o *podemos*? A existência de um tal imperativo em nós só tem sentido se também temos a possibilidade de satisfazê-lo, isto é, se somos *livres* para segui-lo. Este é o sentido da asserção: Tu podes, *pois* tu deves! Nesta medida a razão prática nos obriga a aceitar a existência da liberdade da vontade (que a razão teórica nunca pode comprovar).

A pura forma de uma lei não é objeto dos sentidos. Em consequência, ela não pertence aos fenômenos (que se relacionam entre si causalmente). *Se* uma vontade pode ser determinada por esta simples forma, então uma tal vontade tem de ser independente das leis do fenômeno, independente da causalidade. Uma vontade que é determinável através de tal lei *precisa* ser livre.

Tudo isto pode soar de modo bem consequente como dedução do livre-arbítrio; entretanto, leva a uma conclusão que à primeira vista tem de parecer paradoxal. Tomemos um caso prático. Uma pessoa se deparou com um roubo. O comportamento exterior do roubo pertence ao reino dos fenômenos. Mas também os motivos, os sentimentos, as excitações da vontade que movem o ladrão pertencem a este mesmo âmbito. Elas nos aparecem sob a forma do tempo. No âmbito dos fenômenos tudo está sob a lei da causalidade, é a consequência necessária de uma outra coisa que o precedeu temporalmente. Como não temos poder sobre o tempo já passado, também não temos poder sobre as causas que levaram a esta ação determinada. De fato a ação também pode ser "explicada" (causalmente) a partir das condições prévias exteriores e interiores – psicológicas. Ela *precisava* ocorrer.

A lei moral, entretanto, diz que ela deveria ter sido evitada. Isto só faz sentido se ela tivesse *podido* ser evitada, se aquele que agiu tivesse sido livre para roubar ou para não roubar. Como esta aparente contradição entre mecanismo natural e liberdade nesta mesma ação pode ser resolvida? Tem-se de recordar que, de acordo com a crítica da razão pura, a causalidade só vale para aquilo que está sob a determinação do tempo, ou seja, para as coisas enquanto fenômenos. Isto também vale para o sujeito prático. Para as coisas em si, a lei causal não vale. Também isto vale para o sujeito prático. Na medida em que a pessoa também está consciente de si mesma enquanto uma coisa em si, ela também considera seu ser como *não* estando sob as condições do tempo, não submissa à lei causal. Isto é, que em nosso comportamento moral estamos elevados por sobre a esfera das coisas enquanto fenômenos para um mundo suprassensível. Neste nós somos livres, e a exigência da lei moral se mantém com justiça.

Que isto é assim, confirma de modo notório o modo de operação da maravilhosa capacidade em nós que denominamos de consciência. Mesmo que o ator explique dez vezes seu ato como necessário a partir de determinadas causas, o acusador dentro dele não é levado a silenciar por meio disto. Ele diz ao que age que ele de fato deveria e poderia ter agido de modo diferente. O remorso a respeito de um ato já ocorrido há tempo não se questiona a respeito do tempo que transcorreu neste intervalo, mas só se o acontecimento me pertencia enquanto ato – justamente por causa do caráter supratemporal da personalidade moral.

Bem e mal – Como se deve agir não se segue daquilo que é "bom". Mas só a partir da lei moral que diz como se deve agir se segue o que é bom. Boa é a vontade moral. "Não há nada que se possa pensar em todo o mundo, sim, de fato nem mesmo fora dele, que pudesse ser considerado ilimitadamente bom, a não ser só uma *vontade boa*"[30]. Trata-se da disposição interior! Quem ajuda um outro porque gosta dele ou porque crê que a sociedade espera isto dele, este de fato (exteriormente) faz o que também a lei moral exige. Sua ação tem *legalidade*. Mas ele não o faz *por dever*, mas por outros motivos. A esta ação falta a *moralidade*.

Dever e inclinação – "Dever, tu excelso, grande nome..." – nesta passagem famosa[31], uma das poucas em que Kant se eleva a um *pathos* festivo, Kant canta o louvor do dever. A excelência da lei moral se expressa em que nos obriga a agir sem, ou mesmo contra, nossa inclinação, puramente por causa da necessidade moral.

Decisão – Após termos atravessado, mesmo que só rapidamente, os âmbitos da razão pura e da razão prática compreendemos corretamente toda a significação das palavras que o próprio Kant colocou no final da segunda crítica. O ser humano é um cidadão de dois mundos! No âmbito dos fenômenos tudo o que ele é e faz é um minúsculo membro na configuração necessária; mas ele simultaneamente pertence a um excelso reino da liberdade, suprassensível, além do espaço e do tempo.

> Duas coisas preenchem o espírito com sempre novo e crescente espanto e temor, quanto mais seguidamente e demoradamente a meditação se ocupa com elas: o céu estrelado sobre mim e a lei moral em mim... A primeira visão de uma multidão incontável de mundos destrói por assim dizer minha importância, enquanto importância de uma criatura animal que precisa devolver novamente a matéria, a partir da qual ele se fez, ao planeta (um mero ponto no universo), depois que ele por um breve tempo (não se sabe como) foi dotado de força de vida. O segundo, pelo outro lado, eleva meu valor, enquanto valor de uma inteligência infinita por minha perso-

---

30. Grundlegung zur Metaphysik der Sitten. Ibid., vol. IV, p. 249.
31. Kritik der praktischen Vernunft. Ibid., vol. V, p. 95.

nalidade, na qual a lei moral me revela como uma vida independente da animalidade e mesmo de todo o mundo dos sentidos...[32]

2. A religião nos limites da simples razão

Os resultados das duas críticas "aniquilaram" a religião? Um dogmatismo que queria ver sua fé em Deus comprovada pelo conhecimento em todo caso se tornou impossível a partir delas. O conhecimento está para sempre limitado às coisas no espaço e no tempo.

Mas tanto quanto Kant mostra ser impossível uma religião a partir do conhecimento, tanto ele ao mesmo tempo de novo a fundamenta a partir da *ação*. Liberdade, imortalidade, Deus – a razão teórica não pode perceber nada a seu respeito, ela no máximo as permite enquanto ideias reguladoras e além disso deixa espaço para crer nelas. A razão prática leva muito mais longe: ela nos motiva a crer nelas. Como a partir do fato do imperativo categórico resulta em nós a certeza da *liberdade* já foi mostrado.

Com igual certeza, entretanto, sentimos, mesmo que não o possamos comprovar, que há uma *imortalidade*. A lei moral exige de nós, através da maior virtude, nos tornarmos dignos da maior felicidade. Quem contempla o andamento do mundo sem preconceitos vê de modo suficientemente nítido que a situação da maior virtude, em que nós seríamos dignos da felicidade perfeita, dificilmente é alcançada pelas pessoas na Terra. Para tal teríamos que ser seres puramente racionais e não estar acorrentados à sensibilidade. Ele vê mais: que a medida da felicidade que cabe ao indivíduo dificilmente alguma vez corresponde à sua medida em merecimento de felicidade, portanto à sua virtude. Se a voz da lei moral em nós fala e exige de modo igual para que não busquemos simplesmente a felicidade terrena – isto seria antes um tema da habilidade do que da virtude –, mas para que façamos o bem com incondicionalidade moral – portanto, que nos esforcemos pela *dignidade* moral –, então tem de haver uma compensação justa para a personalidade moral em uma vida no além.

Da mesma forma a razão prática nos dá a certeza da existência de *Deus*, o que a razão teórica não podia dar. Uma ação moral consequente não é possível sem a fé na liberdade, na imortalidade e em Deus. Quem age moralmente dá a conhecer por seu agir que ele crê neles – mesmo que ele talvez os negue teoricamente. Ação moral é afirmação prática de Deus[33].

Para a relação entre moral e religião vemos agora bem claramente que em Kant a moral é a origem, a religião o complemento. O que, afinal de contas, a religião ainda acrescenta à moral? Religião é o conhecimento de nossos deveres enquanto mandamentos divinos. Os deveres já estão estabelecidos através da lei moral. A religião explica estes deveres como postos por Deus em nossa razão. Ela os veste com a majestade da vontade divina.

Em termos de conteúdo, portanto, a religião coincide com a moral. Mas se há uma única moral, como é possível que haja religiões distintas? As distintas religiões históricas surgiram

---

32. Ibid., p. 174s.
33. Cf. SCHMIDT, R. *Die drei Kritiken Kants mit verbindendem Text zusammengefasst*. Leipzig, 1933, p. 254.

quando as pessoas cumularam o reino da religião (particular) com uma quantidade de afirmações de fé que (injustamente) fizeram passar por mandamentos divinos. Se o núcleo puro – moral! – deve ser desembrulhado das religiões históricas, então elas devem ser medidas pelo critério da razão moral, e assim tem de ser distinguido o genuíno do não genuíno.

O escrito em que Kant procede um tal exame se chama acertadamente *A religião nos limites da simples razão*. Nos limites: Antes de tudo os limites estabelecidos na crítica da razão pura não podem ser ultrapassados e aquilo que só pode ser objeto de fé não pode ser colocado como conhecimento comprovável. Além disso, Kant chega à conclusão de que o cristianismo é a única religião moralmente perfeita. A obra o faz em quatro partes:

I. Da presença do princípio mau ao lado do bom; ou do mal radical na natureza humana;

II. Da luta do bom princípio com o mau pelo domínio sobre a pessoa humana;

III. Da vitória do bom princípio sobre o mau e a fundação de um Reino de Deus sobre a Terra;

IV. Do culto e do pseudoculto sob o domínio do bom princípio ou sobre religião e clero.

Kant não considerava somente permitido realizar tais exames; era para ele realmente um dever "procurar na Escritura aquele sentido que está em harmonia com o sentido mais sagrado ensinado pela razão". Kant estava, pois, convencido (como outros filósofos antes dele), de que prestava com suas pesquisas de filosofia da religião um serviço à religião. De opinião diversa eram aqueles (também como no caso de outros filósofos) que se consideravam os representantes instituídos da religião.

Quando o livro de Kant apareceu, na Prússia não mais regia Frederico o Grande – sob quem Kant tinha desfrutado de liberdade ilimitada de doutrina –, mas Frederico Guilherme II, um governante insignificante que estava totalmente sob a influência dos clérigos inimigos do Iluminismo. Foi instituído um ofício específico de censura para vigiar os clérigos e professores e para impedir e proibir qualquer desvio da doutrina oficial da Igreja. Deste, Kant recebeu a seguinte ordem oficial:

> Pela graça de Deus, Frederico Guilherme, rei da Prússia etc., inicialmente nossa benigna saudação.
>
> Honrado e erudito, querido súdito! Nossa eminente pessoa já há algum tempo percebeu com grande desgosto como o senhor abusa de sua filosofia para o desvirtuamento e a desonra de várias doutrinas fundamentais da Sagrada Escritura e da Cristandade, como o senhor fez isto principalmente em seu livro *Religião nos limites da simples razão*... Solicitamos urgentemente sua responsabilidade conscienciosa e esperamos do senhor, evitando nosso maior desfavor, que o senhor no futuro não venha a se permitir vir a faltar de modo semelhante, mas antes, de acordo com seu dever, que o senhor utilize sua fama e seus talentos para que nossa vontade patriótica seja atingida cada vez mais e mais; no caso contrário de o senhor continuar renitente, deve inevitavelmente se preparar para disposições desagradáveis. Graciosamente o estimamos.
>
> Pela mais benevolente ordem especial de sua majestade real,
>
> Wöllner

Em sua resposta ao governo, Kant prometeu futuramente se resguardar totalmente – "enquanto súdito fidelíssimo de vossa majestade real", com isso querendo dizer: só durante a vida do rei atual – de quaisquer exposições sobre a religião em palestras e escritos. Kant tinha setenta anos; e ele já tinha dito a sua palavra. Após a morte do rei, Kant ofereceu na *Disputa das faculdades* uma exposição franca dos acontecimentos e expressou novamente sua convicção de forma muito aberta.

V. A Crítica do juízo

1. O problema

Anexamos a consideração de Kant sobre a religião imediatamente à *Crítica da razão prática* porque para Kant a religião se desenvolve imediatamente a partir da moralidade. Mas com isso nós de fato nos adiantamos. A "tarefa crítica" de Kant ainda não se tinha concluído com a segunda crítica. Antes que ele se voltasse ao "doutrinário"[34], ele queria – através de uma crítica generalizada de todas as capacidades do espírito humano – assegurar de tal forma o fundamento que deveria sustentar o edifício sistemático que este não pudesse ceder em ponto algum. À *Crítica da razão prática* seguiu – ainda antes do escrito sobre a religião – a *Crítica do juízo*.

Ela se constitui, pois, na cumeeira das pesquisas críticas de Kant. Qual seja o lugar que ainda estava para ser completado no sistema geral das críticas nós podemos supor ao nos esforçarmos por considerar com certo distanciamento o edifício erigido pelas duas primeiras críticas. Teremos então a sensação de que ambos os mundos dos quais o ser humano é cidadão, por um lado o mundo enquanto natureza – fenômeno –, por outro lado o mundo enquanto liberdade – coisa em si –, até aqui ainda estão lado a lado quase sem mediação. E supomos mais, isto poderia estar relacionado com o fato de que das três "faculdades", que desde a Antiguidade os seres humanos encontraram e distinguiram em si mesmos, até aqui só duas foram iluminadas criticamente por Kant: Pensar e conhecer na crítica da razão pura, querer e agir na crítica da razão prática. Aquilo em nós que podemos denominar de *sentimento e fantasia* até aqui ainda não tem qualquer lugar certo no sistema das críticas.

A *Crítica do juízo* se propõe a tapar esta folga. A obra é um membro tão indispensável no conjunto sistemático do pensamento de Kant quanto as duas outras críticas. Deixando-se de tomá-la em consideração, o resultado é um quadro incompleto, mesmo totalmente falso. Se levadas em consideração, muitas das censuras que podem ser e que também foram dirigidas contra Kant desmoronam. O alvo das observações a seguir é somente este: mostrar, prescindindo de quaisquer detalhes, em que sentido Kant tapa a referida folga e como com isso ele avança de modo consequente na direção aberta nas primeiras duas críticas.

---

34. Kritik der Urteilskraft. CASSIRER, E. (ed.). Op. cit., vol. V, p. 238.

O fato de que a terceira obra, que se ocupa do mundo do sentimento, leva o nome de uma crítica da "faculdade do juízo", deve estranhar à primeira vista. Temos de primeiro procurar entender isto. O que faz um juiz que quer chegar a um "juízo" (jurídico)? Ele aplica asserções legais a situações dadas. Ele aplica asserções universais ao caso particular. Ou então, expresso de modo inverso: ele procura subordinar ("subsumir") a situação dada à sentença legal correta. Ele procura a lei universal para o caso específico. A partir disto podemos conseguir a seguinte definição de juízo: "Juízo é a capacidade de pensar o particular como contido sob o universal".

Esta também é a definição de Kant. A capacidade, então, de encontrar o particular a ser ordenado sob um universal dado (regra, princípio, lei) Kant a denomina de juízo *determinante*. O juízo determinante é a capacidade do entendimento que nos torna aptos a aplicar corretamente as categorias (presentes *a priori*, universais) aos conteúdos intuitivos específicos. Neste sentido também lhe assinalamos o lugar correspondente em nosso esquema da razão pura teórica. – Mas se é dado um particular, para o qual só depois o universal deve ser encontrado, então o juízo é *reflexionante* (ponderador). Nosso juízo reflexionante submete, pois, um objeto (individual) dado a uma consideração sob um princípio universal, o qual nós não tomamos do objeto, mas de nós mesmos.

Mas o que tudo isto tem a ver com nossos sentimentos? É que em nossos sentimentos nós fazemos isto: relacionamos um objeto – mais exatamente: a representação de um objeto – a um critério que está em nós mesmos. O problema crítico soa agora bem semelhantemente como nas duas críticas anteriores: Há para nossos sentimentos um critério universal e necessário – dado *a priori*?

Todos nossos sentimentos são sentimentos de prazer e de desprazer. O prazer nós o percebemos se algo corresponde a uma necessidade em nós; o desprazer, se a necessidade não é satisfeita. As necessidades nós também as podemos caracterizar em sentido mais geral como finalidades. Com isso chegamos naturalmente ao conceito da *adequação às finalidades*. Uma afirmação sobre uma experiência dos sentimentos tem sempre a forma da subordinação de um objeto representado a uma finalidade.

Se como algo pelo que tenho apetite, então tenho uma sensação de prazer porque afinal esta comida é "adequada às finalidades" para a satisfação desta necessidade. Outra vez, se não tenho nenhum apetite voltado a isto ou se não tenho apetite algum, a mesma comida talvez me seja repugnante. Uma tal sensação de prazer permanece puramente subjetiva, determinada por meus respectivos humores e necessidades. Com isso, um critério universal para juízos de sentimentos não existe.

Mas talvez haja outros âmbitos em que de fato se possam encontrar princípios universais para nossos juízos de sensações? A *doutrina do belo* (estética) se oferece como um tal âmbito. Enquanto não peço a ninguém que aquilo que me apetece também tenha que apetecer a ele (*de gustibus non est disputandum*), se caracterizo algo como (esteticamente) "belo", então já reivindico – mesmo que de certo não com a mesma decisão como em juízos teóricos do conhecimento ou em juízos morais – que o mesmo objeto também tenha de agradar a outros da mesma maneira. Estou inclinado a negar o "gosto" daquele que não o aceita. Assim surge a tarefa, que Kant realiza na primeira parte da *Crítica do juízo*: uma crítica da capacidade do juízo *estético* (onde "estética", portanto, tem um sentido diferente (i. é, o hoje usual) do que na "estética transcendental" da primeira crítica).

Mas ainda há um segundo âmbito, mais amplo, no qual fazemos constantemente afirmações sobre "adequação à finalidade": o reino da *vida orgânica*. O princípio da adequação à finalidade, que encontramos por toda parte em nossos juízos sobre a natureza viva, entretanto, é de um tipo diferente do que a adequação à finalidade da estética. O belo evoca em mim um sentimento de prazer porque está em harmonia com algo em mim, com *minha sensação* estética. A satisfação que encontro quando contemplo a constituição de um organismo vivo adequada à sua finalidade não é uma satisfação do sentimento, mas do *entendimento*, e adequação à finalidade significa aqui que a forma do objeto não está em harmonia com algo em mim, mas com algo nele mesmo, com sua essência, com *sua* disposição. Isto é adequação *objetiva* à finalidade.

Na contemplação da natureza viva não podemos arranjar-nos sem o princípio da adequação à finalidade. No quadro do inorgânico, por exemplo numa pedra, posso pensar as partes sem o todo e antes do todo. A pedra surge por adicionamento de suas partes individuais. No ser vivo não posso pensar a parte sem o todo. O organismo nunca surge por soma de suas partes, mas esta parte, este órgão, pertence em sua forma e sua função bem-determinadas a este organismo; só é possível e inteligível nele.

Vou além quando penso na comparação com um objeto intencionalmente produzido pelo ser humano, por exemplo uma peça de vestuário. Aqui as partes individuais são adequadas à finalidade de acordo com um *plano* preestabelecido para o todo. E se quero me aprofundar na compreensão do organismo vivo, não posso proceder de outro modo do que representá-lo, em *analogia* às imagens produzidas de acordo com um plano pela inteligência humana, também como uma totalidade organizada de acordo com um plano adequado à finalidade. Sobre a inteligência à qual de acordo com a analogia também esta organização finalista teria de remontar naturalmente não posso saber nada por meio da experiência. Igualmente tenho de julgá-la a partir do ponto de vista da adequação à finalidade, a partir do princípio do juízo reflexionante, porque aqui chego a um limite onde a explicação causal puramente mecânica (que a razão teórica produz) falha.

Naturalmente tentamos, e isto devemos também depois de Kant, levar a explicação causal o mais longe possível. A ciência biológica em parte já fez isto antes de Kant, mas continuou fazendo com crescente sucesso principalmente logo depois de Kant e desde então.

O modo de consideração dirigido para a adequação objetiva à finalidade das coisas chama-se *teleológico*. A segunda parte da *Crítica do juízo* elabora, por isso, a crítica do *juízo teleológico*.

2. *Conclusão a respeito das três críticas*

É tentador agora seguir em pormenores as profundas ideias de Kant na crítica do juízo estético, suas considerações sobre os conceitos do belo e do sublime, sobre o jogo, sobre o gênio ou sobre a peculiaridade das diferentes artes – que se tornaram um esteio para toda a estética filosófica desde então, assim como suas ideias sobre a natureza viva. Nós rejeitamos esta nossa tentação – também de acordo com as questões fundamentais arroladas em nossa introdução – a fim de só deixar manifestar-se o principal e de reservar espaço para um breve retrospecto sintético da obra das três críticas.

Conhecer, querer (agir) e julgar (de acordo com o sentimento e de acordo com o entendimento) são as três vias pelas quais nossa razão humana pode tomar posição ao que lhe é dado[35].

(1) A *Crítica da razão pura* examina a possibilidade de conhecimento sistemático puro e quer mostrar a porção da razão (o apriorístico) no conhecimento. Ela descobre que nossa capacidade de conhecimento está dividida entre sensibilidade (a aptidão da percepção sensível) – enquanto capacidade inferior – e entendimento (a aptidão de pensar) – enquanto capacidade superior. Como porção apriorística no conhecimento ela constata:

1) As formas apriorísticas da intuição, espaço e tempo. Elas sintetizam as percepções à unidade espaçotemporal.

2) As formas do entendimento: as categorias e as formas do juízo que lhes correspondem. Elas submetem as intuições a conceitos e unem os conceitos em juízos.

3) Os princípios regulativos da razão (ideias). Eles não têm qualquer função cognitiva (constitutiva), mas conduzem o entendimento à síntese superior e à unificação do conhecimento.

(2) A *Crítica da razão prática* examina a possibilidade de uma ação moral consequente e quer mostrar a porção da razão (o apriorístico) nestes princípios. Ela descobre que novamente nos são dados dois níveis da vontade (capacidade de desejo): o desejo meramente sensível enquanto capacidade inferior, a razão prática enquanto capacidade superior. Como porção apriorística nos fundamentos da determinação da vontade ela constata:

1) O imperativo categórico, a forma pura de uma lei universal enquanto princípio universal e necessário do agir moral.

2) A certeza prática de que há livre-arbítrio, imortalidade e uma ordem cósmica divina e moral para cuja realização a razão moral tem a tarefa infinita de contribuir.

(3) A *Crítica do juízo* examina a possibilidade de um julgamento (adequado ao sentimento e ao entendimento) do acontecimento natural sob o ponto de vista das finalidades e quer mostrar a porção da razão (o apriorístico) em tal julgamento.

Ela descobre que também aqui duas formas da capacidade nos são dadas: o sentimento sensível de prazer e de desprazer enquanto capacidade inferior e o juízo reflexionante enquanto capacidade superior.

---

35. Cf. SCHMIDT, R. Op. cit., p. 334s.

Como porção da razão em tal julgamento ela constata o princípio apriorístico da adequabilidade à finalidade.

Escolhemos esta forma esquemática de sinopse para manifestar o paralelismo rigoroso na estrutura e no mundo das ideias das três críticas[36]. Em todas as três, Kant procura por universalidade e necessidade, em outras palavras, por *regularidade* no conjunto de nossa atividade espiritual – que estava ameaçada pelo empirismo e pelo ceticismo que o seguiu. Em todas as três ele descobre: O mundo *é* regular – *mas*: Suas leis provêm *de nós mesmos*, nós as introduzimos nele. Se se quer descobrir as leis, não se deve procurá-las no mundo, mas no espírito humano! As leis da natureza provêm das formas apriorísticas de nossa capacidade de conhecimento. A (possibilidade de) regularidade no agir provém do princípio apriorístico de nossa capacidade de desejar. A possibilidade de julgar qualquer coisa a partir de finalidades provém do princípio apriorístico de nosso juízo reflexionante.

Algumas observações concludentes devem iluminar o significado particular e a posição do juízo.

(1) Somente o juízo nos capacita a nos orientarmos no mundo enquanto uma unidade. O correto emprego do juízo é tão necessário e universalmente exigível, "que daí sob o mome do são entendimento não se quer dizer nenhuma outra coisa do que simplesmente esta capacidade"[37].

(2) O juízo é o elo de ligação que une a razão teórica e a prática, os reinos da natureza e da liberdade. Por um lado auxilia o entendimento, quando lhe empresta a possibilidade de observação sistemática da natureza, voltada a uma finalidade última; também oferece seu serviço à razão prática, quando, através da submissão do acontecimento ao ponto de vista das finalidades, vem em auxílio da fé moral e religiosa em uma finalidade última do mundo que é moral e racional.

(3) O resultado da atividade do juízo é uma ampliação maior da preeminência do prático sobre o teórico no ser humano. A razão teórica nos ensina apenas uma regularidade rigorosa – cega, se poderia dizer – do que acontece. A razão prática nos capacita e obriga, apesar disso, a nos comportarmos em nosso agir de tal forma como se tudo o que acontece estivesse organizado de acordo com uma finalidade última moral superior (não cognoscível teoricamente). O juízo nos possibilita julgar o que acontece na natureza *também no âmbito do conhecer* tal como, de qualquer modo, precisamos pressupô-lo em nosso agir prático.

(4) No juízo se enraízam a intuição e a genialidade. Kant distingue fortemente entre mero talento e "grande cérebro" e o gênio, aquela dádiva livre e rara da natureza que consiste na unidade venturosa e inimitável entre faculdade de imaginação (fantasia) e entendimento, e pela qual "a natureza dá regras à arte".

---

36. Cf. JODL. *Geschichte*, p. 618.
37. Kritik der Urteilskraft. CASSIRER, E. (ed.). Op. cit., vol. V, p. 237.

(5) O juízo tapa com isso o fosso entre os dois mundos, da natureza e da liberdade, e nos oferece um conceito da unidade da pessoa humana enquanto um ser racional (cuja aceitação é um dever inextinguível de nossa natureza).

(6) Um limite permanece mantido. Precisa ficar claro que o princípio do juízo também provém de nós mesmos. Não podemos *conhecer* as coisas enquanto adequadas à finalidade, mas só submetê-las a um *julgamento* correspondente.

VI. A obra pós-crítica

1. Os escritos mais importantes

"Com isto (com a *Crítica do juízo*) termino, pois, toda minha tarefa crítica. Imediatamente me deslocarei para o doutrinal, a fim de, onde possível, roubar da minha idade que avança ainda o tempo relativamente favorável para tal"[38]. Kant não considerava, pois, a "tarefa crítica" de modo algum já como sua filosofia toda, mas como um trabalho preparatório necessário – uma limpeza do campo de trabalho e uma colocação de um fundamento seguro –, para o que ele naturalmente, por falta de trabalhos prévios qualificados feitos por outros, foi obrigado a dedicar a força principal de sua vida. A segunda tarefa, não menos importante, era agora realizar a própria obra sobre o fundamento purificado e consolidado pelas críticas, oferecer, pois, uma apresentação sistemática de tudo aquilo que pode ser expresso com segurança sobre o mundo, sobre o ser humano e sobre Deus no âmbito dos limites ali traçados. Isto é o objetivo de Kant nos escritos "pós-críticos". Vamos enumerar os mais importantes, mas somente nos ocuparemos de dois de modo mais próximo.

O primeiro empenho de Kant foi dedicado logo à *religião*. Que aparência pode ter uma religião positiva que se mantém dentro dos limites anteriormente determinados de forma crítica? Já apreciamos o escrito relativo a isto. Mas também para o âmbito do agir moral, a *Fundamentação* e a segunda crítica, em certa medida, erigiram somente os contornos dentro dos quais agora podia ser desenvolvida uma *doutrina moral* positiva. Disto se encarrega a *Metafísica dos costumes em duas partes*. As linhas mestras da sua *filosofia da história* Kant já as tinha esboçado durante suas obras críticas em "*Ideias sobre a história universal sob o ponto de vista cosmopolita*. Um problema localizado no contexto geral dos dois escritos citados acima Kant trata no ensaio filosófico *Sobre a paz perpétua*.

Por fim, Kant lidou com o *Sobre a pedagogia* só em preleções. Mais tarde elas foram publicadas em conjunto.

---

38. Ibid., p. 238.

2. A metafísica dos costumes

Se pensarmos nas três questões de Kant citadas em nossa introdução, então ainda estaremos insatisfeitos com o que até aqui foi dito em relação à segunda questão. De fato, Kant, na segunda crítica, mostrou a possibilidade do agir moral e da sua lei universal. Mas nós ainda queremos saber que consequências resultam disto para a ação em detalhe.

Toda ação humana tem dois lados, um exterior, jurídico, no qual ele deve estar submisso a determinadas leis formuladas externamente; e um interno, moral, no qual a ação surge da formação da vontade autônoma daquele que age. De forma correspondente, a *Metafísica dos costumes* tem duas partes: "Fundamentos metafísicos iniciais da doutrina do direito" e "Fundamentos metafísicos iniciais da doutrina da virtude".

A doutrina do direito

O que é direito? "Esta questão de certo desconcertará os eruditos do direito... da mesma forma como a exigência levantada quanto a 'o que é a verdade?' faz com o lógico"[39]. Para responder à questão não se pode mirar aquilo que vigiu como lei aqui ou ali, em tal ou qual época. Tem-se de procurar o critério universal em que se precisa medir se aquilo que vale como direito para as pessoas realmente é direito! "O direito é a essência das condições sob as quais o arbítrio de um pode ser unido com o arbítrio de outro de acordo com uma lei universal da liberdade"[40]. Esta é a definição geral. Nós saltaremos a primeira metade da doutrina do direito em que é tratado o direito privado e nos ocuparemos do *direito público*.

A primeira parte dele é composta pelo *direito do estado*. "Um estado é a união de uma massa de pessoas sob leis jurídicas"[41]. Kant distingue, como Montesquieu, os três poderes no Estado. "O poder legislativo só pode ser atribuição da vontade unificada do povo"[42]. "Os membros de um Estado unificados para a legislatura... se denominam cidadãos do Estado, e os atributos legais dos mesmos, inseparáveis de sua essência, são: – a *liberdade* legal de não obedecer a nenhuma outra lei além daquela a que ele deu sua aprovação; – *igualdade* de cidadania, de modo a não reconhecer qualquer superior ao povo por consideração de sua pessoa, a não ser aquele que tem a capacidade moral de constranger a isso pelo direito, tal como este pode constrangê-lo também..."[43]

O que ocorre se a constituição de um Estado não corresponde aos princípios universais do direito estabelecidos por Kant? Há então um direito de rebelião, um direito à *revolução*? Não!

---

39. Metaphysik der Sitten. CASSIRER, E. (ed.). Op. cit., vol. VII, p. 30.
40. Ibid., p. 31.
41. Ibid., p. 119.
42. Ibid., p. 120.
43. Ibid.

"Uma mudança da constituição (falha) do Estado, que de certo às vezes pode ser necessária – só pode, pois, ser executada pelo próprio soberano através de uma *reforma*, mas não pelo povo, assim, através de uma revolução..."[44]

No entanto, Kant se colocava diante da Revolução Francesa, cujo contemporâneo ele era, com o maior interesse e simpatia! Sim, seu posicionamento em relação a este acontecimento o tornou suspeito para o regime reacionário de Frederico Guilherme II em grau não menor do que a sua abordagem racional da religião. Quando Kant soube pelos jornais da irrupção da revolução e da proclamação da república, ele falou com lágrimas nos olhos a seus amigos: "Agora posso dizer como Simeão: Senhor, agora podes deixar ir em paz o teu servo, após eu ter visto este dia da salvação"[45]. Ainda dez anos mais tarde, na *Disputa das faculdades*, Kant aborda, sob a questão "Se o gênero humano está em constante progresso para o que é melhor", a revolução como "um evento de nosso tempo que comprova esta tendência moral do gênero humano"[46]. Os sustos e o terror na sequência da revolução não transtornaram sua avaliação positiva:

> A revolução de um povo culturalmente rico, que em nossos dias temos visto transcorrer diante de nós, pode ter sucesso ou falhar; ela pode estar tão cheia de miséria e de atos terríveis que alguém que reflete bem, mesmo que pudesse esperar realizá-la a contento empreendendo-a pela segunda vez, nunca decidiria realizar o experimento a tais custos – pois a revolução, eu digo, encontra nas almas de todos os espectadores (que não estão eles mesmos implicados neste jogo) uma *participação* pelo desejo, a qual está próxima do entusiasmo e cuja expressão chegou mesmo a estar ligada ao perigo; a qual, portanto, não pode ter nenhuma outra causa do que uma disposição moral no gênero humano[47].

Do direito do Estado, Kant passa ao *direito dos povos*. Os elementos do direito dos povos são:

> 1) Que estados, considerados na relação externa mútua, por natureza estão em uma condição *não jurídica* (como selvagens sem lei). 2) Que esta situação da *guerra* (da lei do mais forte), mesmo que não seja uma verdadeira guerra e um real combate constante (hostilidade), esta situação, entretanto (enquanto ambos não querem uma outra melhor), ainda que nenhuma outra injustiça ocorra por causa disto, em si mesmo é *injusta* no mais alto grau... 3) Que é necessária uma *Liga das Nações* de acordo com a ideia de um contrato social originário, para de fato não se imiscuírem umas nas disputas internas das outras, mas sim se protegerem contra ataques das de fora. 4) Que a união, entretanto, não deveria possuir um poder soberano... mas fosse só uma *entidade cooperativa* (federação)...[48]

O interesse particular de Kant se dirige ao direito da *guerra*. É a parte mais difícil do direito dos povos – em certa medida uma lei em uma situação em si desprovida de lei – e sem contradição só é possível no sentido de se "conduzir a guerra de acordo com princípios segundo os

---

44. Ibid., p. 128s.
45. JODL. *Geschichte*, p. 608, segundo VARNHAGEN, *Denkwürdigkeiten*.
46. Der Streit der Fakultäten. CASSIRER, E. (ed.). Op. cit., vol. VII, p. 391 e 397.
47. Ibid., p. 398.
48. Metaphysik der Sitten. CASSIRER, E. (ed.). Op. cit., vol. VII, p. 151.

quais ainda sempre permanece possível sair desta condição natural dos estados... e passar para uma condição jurídica"[49]. Daí que nenhuma guerra de estados independentes pode ser uma guerra punitiva, e muito menos uma guerra de aniquilação ou de subjugação.

A razão exige que se transcenda o estado de guerra. A ideia que a razão tem de uma comunidade pacífica de todos os povos não é uma ideia agradável aos seres humanos, mas um princípio *do direito*. Pois "a razão moral-prática em nós expressa o veto irresistível: *Não deve haver guerra*; nem aquela que há entre mim e ti na condição natural, nem a que há entre nós enquanto estados que, embora estejam no estado de direito internamente, externamente (na relação entre si) estão fora dele; pois este não é o modo como cada um deve buscar seu direito"[50]. Não se trata de se a paz perpétua é algo possível ou se é uma quimera, mas temos de *proceder* de tal modo que incessantemente atuemos nesta direção; por fim, a contínua e universal promoção da paz é o próprio objetivo final da doutrina do direito. Assim se eleva por sobre o âmbito do direito dos povos, enquanto terceira parte do direito público, o *direito cosmopolita*.

A ideia de uma Liga das Nações e da paz perpétua era tão cara a Kant que ele a expôs mais detalhadamente no ensaio filosófico *Sobre a paz perpétua*. O ensaio contém seis artigos preliminares (preparatórios) e três definitivos (finais) – princípios jurídicos para a fundamentação de uma condição de paz duradoura, com explicações de Kant. Eles estão formulados de tal modo que podemos repassá-los praticamente sem comentário.

Sobre a paz perpétua: Os artigos preliminares

1) Nenhum tratado de paz deve ser válido como tal no caso de ser feito com a reserva secreta de assuntos para uma guerra futura.

2) Nenhum Estado que tenha existência independente (pequeno ou grande, isto aqui é indiferente) poderá ser adquirido por outro Estado por herança, troca, compra ou doação.

3) Com o tempo, exércitos perenes devem deixar de existir totalmente.

Da fundamentação: "Pois eles ameaçam sem cessar com a guerra os outros estados, pela prontidão em sempre aparecerem armados para ela; eles os provocam a superar uns aos outros na quantidade de soldados armados, a qual não tem limites; e à medida que através dos custos ligados a isto a paz, afinal, ainda se torna mais pesada do que uma guerra curta, eles próprios são causa de guerras de agressão..."

4) Não devem ser contraídas dívidas em relação com o comércio exterior dos estados.

5) Nenhum Estado deve imiscuir-se pela violência na constituição e no governo de um outro Estado.

---

49. Ibid., p. 154.
50. Ibid., p. 161.

6) Nenhum Estado em guerra com outro deve permitir-se meios que necessariamente tornem impossível a confiança mútua por ocasião da paz futura: como exemplos, o emprego de assassinos pérfidos, envenenadores, quebra de rendição, instigação da traição contra o Estado combatido etc.

Os artigos definitivos

1) A constituição da cidadania em cada Estado deve ser republicana.

Da fundamentação:

> Se (como nesta constituição não pode ser diferente) a aprovação dos cidadãos do estado é exigida para decidir se deve haver guerra ou não, então nada é mais natural do que, uma vez que eles teriam de decidir assumir todos os sofrimentos da guerra sobre si mesmos (que são: ir cada um à luta; pagar os custos da guerra de seus próprios haveres; melhorar minimamente a destruição que ela deixa atrás de si; afinal, nunca assumir [por causa de próximas guerras, sempre novas] uma dívida impagável que, para o cúmulo da desgraça, ainda amarga a própria paz), eles refletiriam em profundidade antes de iniciar um jogo tão sério: Pelo contrário, uma constituição onde o súdito não é cidadão do Estado, ou seja, que não é republicana, é a coisa mais impensável do mundo. Porque o governante não é um companheiro de Estado, mas um dono do Estado, ele pela guerra não perde o mínimo de suas mesas, caçadas, castelos de lazer, festas da corte e assim por diante. Portanto, ele pode decidir pela guerra como um tipo de jogo divertido por motivos insignificantes e, por causa da boa educação, com indiferença entregar ao corpo diplomático – que sempre está preparado para isto – a justificação da mesma.

2) O direito dos povos deve estar fundamentado em um federalismo de estados livres.

3) O direito cosmopolita deve estar limitado pelas condições da hospitalidade universal.

Isto é, deve haver um *direito de visita* universal, cada um deve ter o direito de visitar outros de maneira pacífica e de se oferecer a eles em parceria para comércio – mas não mais do que isto! "Quando se compara com isto a conduta não hospitaleira dos estados civilizados, principalmente comerciantes, de nossa parte do mundo, então a injustiça que eles demonstram na visita a terras e povos estranhos (o que para eles é idêntico à conquista dos mesmos) atinge até o terror. A América, os países dos negros, as ilhas de especiarias, o Cabo e assim por diante eram para eles na sua descoberta países que não pertenciam a ninguém; pois eles consideravam os indígenas como nada". Estas palavras claras contra todo *imperialismo* dizem respeito especialmente àquelas potências "que dão muito valor à piedade e, enquanto bebem injustiça como água, se querem considerar sustentados na verdadeira fé como predestinados".

Estes são os artigos de Kant. Posso deixar ao leitor decidir se eles são atuais na época das Nações Unidas.

A doutrina da virtude

A primeira parte da doutrina da virtude trata dos deveres da pessoa *em relação a si mesma*. Um "dever em relação a si mesmo" não é uma contradição em si mesma? Aparentemente sim.

O conceito do dever possui um elemento de necessidade. A isto pertencem necessariamente um sujeito, que obriga, e um segundo, que *é* obrigado. Mas como o ser humano por um lado é um ser dos sentidos (ser natural puro, ser humano enquanto fenômeno), por outro lado é um ser racional dotado de liberdade moral (ser humano em si), então o dever para consigo mesmo significa que a pessoa enquanto moralmente livre se coloca a lei a si mesma enquanto ser dos sentidos. O ser humano já tem tais deveres em relação a si enquanto um ser puramente animal (animalesco). Este dever se denomina *autossustentação*. O suicídio é uma transgressão, assim como a automutilação (privação espontânea em relação a si mesmo das próprias forças físicas e morais). Disto também faz parte a autonarcotização através de falta de medida no uso dos meios de prazer e de alimentação.

O ser humano tem outros deveres em relação a si mesmo enquanto ser moral. Denominam-se sinceridade e autoestima. Contrapostos a eles estão os vícios da mentira, da avareza (não no sentido de sovinice ou pão-durismo, mas como desleixo em relação a si mesmo abaixo da medida das próprias necessidades naturais) e falsa modéstia (subserviência).

A pessoa tem, em terceiro lugar, deveres em relação a si enquanto juiz inato sobre si mesmo, em relação à sua consciência.

Mas o primeiro mandamento de todos os deveres em relação a si mesma é: *Conhece-te a ti mesmo!* "Não do ponto de vista de tua perfeição física... mas do ponto de vista da perfeição moral em relação a teu dever – teu coração –, se ele é bom ou mau..." – "O autoconhecimento moral, que pede passagem nas profundezas dificilmente localizáveis (abismo) do coração, é o início de toda sabedoria humana"[51].

Além disso também a "liberdade de religião", o dever de conhecer o nosso dever enquanto mandamento divino – já que a ideia de Deus provém de nossa própria razão – é um dever em relação a si mesmo.

A segunda parte da doutrina da virtude trata dos deveres *em relação a outras pessoas*.

Estes são em primeiro lugar deveres do *amor*. A eles pertencem benignidade, gratidão, participação. Contrapostos a eles estão os vícios do ódio às pessoas, a abominável família da inveja, da ingratidão e do prazer com o prejuízo.

Os deveres em relação a outros são em segundo lugar deveres do *respeito*. Ser pessoa humana é em si uma *dignidade*. Pois a pessoa não pode ser utilizada por nenhuma outra como um simples meio, mas tem sempre ao mesmo tempo de ser usada como fim. Nisto consiste a dignidade da personalidade que a eleva sobre todos os outros seres. Os vícios que injuriam o dever do respeito são orgulho, difamação (mexerico) e gozação. Amor e respeito estão intimamente unidos na *amizade*, pois esta, considerada em sua perfeição, é a união de duas pessoas em amor e respeito.

---

51. Ibid., p. 253.

Meros coadjuvantes da virtude – que em si apenas fornecem uma aparência bela e seme-lhante à virtuosa, mas ainda assim são úteis porque despertam em nós o esforço por aproxi-marmos a realidade o mais possível da aparência bela – são as virtudes de relacionamento: a acessibilidade, a disposição para a conversação, a polidez, a hospitalidade.

Vê-se que os princípios da razão prática, que inicialmente pareciam um pouco formais e vazios de conteúdo, são todos aptos a uma aplicação ao todo da vida concreta. Na apresenta-ção kantiana isto se manifesta claramente através dos exemplos práticos constantemente apresentados e das "questões casuísticas", muitas vezes altamente delicadas.

Mas em todo caso também se vê que aqui o assunto é sempre sobre deveres. Isto poderia ser entendido assim como se Kant quisesse defender uma rigidez moral obscura, a qual estaria desprovida de qualquer alegria natural e desinibida. Que isto não é bem assim mostram as observações finais de Kant sobre o "ascetismo ético" (cultura da virtude). As regras da virtude resultam para Kant em ser um sentimento digno e *alegre* no cumprimento dos deveres. O que não se faz com prazer, mas só como trabalho forçado, isto não tem valor interior. Por isso Kant coloca ao lado do lema dos *estoicos* – acostuma-te a suportar o mal casual e a prescindir do igualmente casual deleite da vida – expressamente o coração alegre de *Epicuro*. Pois quem deveria ter mais razão de ter um ânimo alegre do que aquele que cumpre seu dever? Por isso Kant também se volta contra a ascética monacal. Autocrucificação e flagelação da carne obje-tivam querer expiar a culpa, ao invés de arrepender-se dela moralmente; elas também não po-dem causar "o ânimo alegre que acompanha a virtude, em vez disso elas não podem ter lugar sem um ódio secreto contra o mandamento da virtude"[52].

Conclusão

No ano de 1798 Kant escreveu em uma carta: "A sorte... para trabalhos espirituais, a não ser por relativo bem-estar corporal, [é] como estar aleijado: Ver diante de mim a conclusão fi-nal de meu balanço em coisas que dizem respeito ao todo da filosofia (tanto no que se refere à finalidade quanto ao meio) e mesmo assim ainda não ver este todo terminado...: uma dor de Tântalo, que apesar disso não é desprovida de esperança..."[53]

A esperança de Kant de levar sua obra sistemática ao mesmo grau de perfeição que sua obra crítica não se cumpriu. Seu plano, como se percebe a partir de seu espólio, ia na direção de um *sistema da filosofia transcendental*, um sistema, pois, que deveria abranger tudo o que pu-desse ser afirmado sobre Deus, o mundo e as pessoas (as tarefas inevitáveis da metafísica), do ponto de vista da condição racional do ser humano (que é essencialmente prática)[54].

---

52. Ibid., p. 302.
53. Kant para Christian Garve, 21/09/1798 (cf. FISCHER, H.E. (ed.). *Kants Briefwechsel*. Vol. 3. Mün-chen, 1913).
54. Segundo SCHMIDT, R. Op. cit., 1933, p. 463.

A obra que deveria coroar o edifício talvez tivesse levado o título[55]: "O ponto de vista superior da filosofia transcendental no sistema das ideias. Deus, o mundo e o ser humano à altura de seu dever no mundo".

VII. Para uma crítica e apreciação de Kant

1. Alguns pontos de vista críticos

Quanto à coerência interna do sistema

Um tipo de reservas que se pode apontar a respeito de um sistema filosófico é o de falta de coerência.

Uma objeção desta já foi levantada contra Kant do ponto de vista *religioso*. Nós reproduzimos algumas vozes características: "Kant extrai, como um artista, de um chapéu vazio, para grande surpresa de seus leitores, do conceito de dever, um Deus, imortalidade e liberdade"[56]. – "Em Kant a gente está como na feira. Ali se pode conseguir de tudo: Vontade determinada e livre-arbítrio... ateísmo e o bom Deus"[57]. – "Kant revela a falta de fundamento (da teologia especulativa), mas em compensação deixa a teologia popular intocada e a apresenta inclusive de uma forma refinada, na forma de uma fé apoiada em sentimento moral. Esta fé os pretensos filósofos mais tarde a desvirtuaram em uma consciência de Deus... da divindade e de mais coisas semelhantes; enquanto que Kant, pelo contrário, demolia antigos erros honrados e conhecia a periculosidade do tema, ele só tinha temporariamente querido fornecer alguns poucos e fracos esteios através da teologia moral para que a derrocada não o atingisse, mas para que ele ganhasse tempo para se afastar"[58].

Um biógrafo descreve como Kant, após ter dado o golpe mortal na religião através da *Crítica da razão pura*, vai passear com seu serviçal Lampe e nota que os olhos do velho homem estão cheios de lágrimas. "Então Immanuel Kant se compadece e mostra que ele não só é um grande filósofo, mas também uma boa pessoa; e meio bondosa, meio ironicamente ele diz: o velho Lampe precisa ter um Deus, senão o pobre homem não pode ser feliz, diz a razão prática – por mim, que a razão prática sirva então de garantia para a existência de Deus"[59].

Estas reprovações vão todas na mesma direção. Elas encontram uma certa sustentação, por exemplo, em uma manifestação epistolar de Kant a Moses Mendelssohn: "De fato penso

---

55. Ibid., p. 459.

56. DURANT, W.O. Op. cit., p. 277.

57. RÉE, P. *Philosophie*. Berlim, 1903, par. 50, p. 262. Segundo DURANT, W.O. Op. cit., p. 277.

58. SCHOPENHAUER. Kritik der Kantischen Philosophie. Citado segundo a edição de *Welt als Wille und Vorstellung*. Vol. I. Leipzig: Brockhaus, 1891, p. 606.

59. HEINE, H. Zur Geschichte der Religion und Philosophie in Deutschland. Citado segundo HEINE, H. *Auswahl*. Berlim, 1947, p. 365.

muitas coisas – com a mais clara convicção e para minha maior satisfação – que nunca terei coragem de falar; mas nunca direi algo que não penso"[60].

Igualmente se comete injustiça contra Kant quando é tachado de ateu disfarçado que só por medo deixa de expressar as últimas consequências. Todas as afirmações de Kant desde sua juventude até a idade mais avançada testemunham de que ele tinha uma ânsia religiosa genuína. Toda a tarefa das críticas tem de entender-se, assim como Kant mesmo o disse: dar lugar à fé pela suspensão do conhecimento.

Uma segunda reprovação atinge a consequência lógica de Kant quanto à perspectiva *política*, principalmente no fato de que Kant efetivamente saudou vivamente a Revolução Francesa, mas rejeitou a revolução na doutrina. Nós expusemos isto na parte anterior. O famoso jurista Feuerbach (pai do filósofo Ludwig Feuerbach e avô do pintor Anselmo Feuerbach) fez esta objeção enfaticamente já em seu "Antihobbes", surgido em 1798.

Uma terceira objeção atinge a *coisa em si* kantiana. Kant não se cansa de recomendar enfaticamente, primeiro, que o único material que é ponto de partida para a experiência é a intuição fornecida sensivelmente, que conhecemos todas as coisas somente enquanto fenômenos; segundo, que as formas aprioristicas em que nossa sensibilidade e nosso entendimento elaboram este material – portanto, o espaço, o tempo e as categorias –, só têm validade no âmbito dos fenômenos e fora dali não têm sentido. Mas como, então, Kant chega à coisa em si? Pela reflexão: Se os sentidos nos apresentam percepções, então, manifestamente, fora de nós precisa haver algo presente que age sobre eles, que os afeta. Mas, em todo caso, mais não podemos divisar sobre este algo. Mas "algo precisa estar presente" – isto é uma conclusão de um efeito (da percepção) para uma causa (a coisa em si), isto é uma conclusão causal; portanto, o emprego de uma categoria (da causalidade) que, de acordo com a própria doutrina de Kant, só vale para fenômenos, para além do âmbito dos fenômenos!

Esta é uma objeção que foi levantada já durante a vida de Kant (por *Jacobi* e por G.E. *Schulze* em seu livro *Aenesidemus*). A consequência (possível) de dizer "principia com as percepções, elas são o primeiro que nos é dado; se ainda há algo presente que as produz, sobre isto nada sei, e isto também não afeta meu questionamento (semelhantemente, aliás, Hume)", esta consequência não foi tirada por Kant. Com isto a consciência estaria encerrada totalmente em seu próprio círculo. Mas isto o teria impossibilitado de fundamentar suas convicções morais e religiosas, e principalmente também a liberdade, evocando o "ser humano em si" (*homo noúmenon*)[61].

De um modo bem parecido foi fundamentada uma objeção contra o conceito da *liberdade* de Kant. O próprio Kant trabalhou a (para ele "aparente") contradição com uma clareza como nem seu mais agudo crítico poderia melhor. Por um lado do arbítrio humano, em uma

---

60. Carta de Kant para M. Mendelssohn, de 08/04/1766.
61. Cf. JODL. *Geschichte*. Op. cit., p. 578.

estrutura causal sem frestas, tudo é ocorrência natural! Se antes do ato tivéssemos apenas o exato conhecimento (nunca alcançável) de todas as influências externas e excitações internas daquele que age em toda sua vida, seria possível fundamentar o próprio ato causalmente de forma tão perfeita e mesmo prevê-lo como um acontecimento natural. Por outro lado a exigência da lei moral "Tu deves!" – de onde para Kant resulta um "Tu podes", isto é, liberdade. Para Kant a contradição se resolve assim que no segundo sentido a pessoa entra em cena enquanto "ser humano em si". Mas *como* pode ser possível que da liberdade moral suprassensível a pessoa agora possa ser capaz de iniciar a partir de si "uma nova sequência de modificações (no processo natural!)"? Como a razão começa a se tornar prática? Isto é um enigma para o próprio Kant, o qual não pode ser mais explicado do que a própria existência da lei moral. Pois de acordo com Kant também não existe qualquer possibilidade de demonstrar empiricamente a liberdade. Ela é só um ideal resultante de nossa ação prática, uma fé. Muito bem – se poderia dizer –, a liberdade não é comprovável, mas apesar disso, em todo caso age assim como se ela existisse! Então naturalmente seria difícil de, a partir deste tipo de liberdade, tirar as consequências práticas – digamos no direito penal. De certo, por tais motivos, Kant tenta então ainda permitir que a liberdade seja algo mais do que um puro ideal; ele busca ancorá-la em uma realidade supraempírica, o reino da liberdade.

A situação aqui está organizada de forma semelhante à do caso da coisa em si – e algo parecido vale para os argumentos de Kant para a imortalidade e para Deus; os motivos mais profundos para a posição de Kant estão em sua *moralidade* incondicional.

Significativo é este argumento dirigido contra Kant: Quando ele concebe a razão como instrumento do conhecimento ele teria encontrado uma decisão prévia (não criticamente examinada) sobre a essência da razão; e mais: Kant examina este instrumento do conhecimento na perspectiva de sua função e do seu resultado – mas com quê? Com esta mesma razão, que com isso representa a única instância para o julgamento sobre si mesma! Um paradoxo que aparentemente não tem via de saída.

Quanto ao método de Kant

Também aqui queremos considerar uma série de possíveis objeções.

Se disse que Kant opera muito *racionalisticamente*. Isto não quer dizer, aqui, que ele opere muito pouco empiricamente – ele concede o que é devido à experiência o tempo todo. Isto quer dizer que Kant elabora e constrói absolutamente tudo racionalmente (de acordo com o entendimento) e subestima as forças irracionais no ser humano ("irracionais" no sentido mais lato, por isso só muito impropriamente pode ser dito "de acordo com o sentimento"). Comparado a outros filósofos europeus naturalmente parece que Kant também não procede de modo "mais racional" do que eles. Pelo contrário, Kant limitou de forma extraordinária o âmbito do entendimento.

Na mesma linha estão as reservas especiais que dizem respeito à *ética* de Kant. De fato a ética de Kant é uma ética puramente racional e não uma ética do sentimento. Nossos sentimentos são, de acordo com Kant, tão distintos que eles não podem oferecer qualquer critério universal e necessário (que é o que ele busca) do bem e do mal.

Este degredo de quaisquer momentos sentimentais da ética, o excesso do sentimento de dever, a contraposição áspera de Kant entre dever e inclinação (de acordo com a qual um comportamento aparece como moral quase só quando ocorre *a partir do* dever *contra* a inclinação) é aquilo a que se refere Friedrich *Schiller*, o grande discípulo de Kant, em seus versos:

Escrúpulo da consciência

De bom grado eu serviria aos amigos, mas infelizmente o faço com inclinação
E assim me incomoda frequentemente que não sou virtuoso.

Decisão
Aí não há outro conselho. Tens de procurar desprezá-la,
e por vezes com horror praticar o que o dever te ordena."

Um fragmento no "Ateneu", o famoso periódico do Romantismo alemão publicado pelos irmãos Schlegel, diz: "O dever é tudo para Kant. Pelo dever da gratidão ele afirma que se precisa defender e proteger os velhos; e só por dever ele mesmo se tornou um grande homem".

Sabemos da passagem final da metafísica dos costumes que Kant não queria pregar nenhuma ascética sombria. Também não deveríamos querer dizer que ele teria deixado de tomar conhecimento do papel que os sentimentos desempenham enquanto motivos da ação humana. Ele bem sabia que as pessoas se deixam dirigir por sentimentos. Mas ele considerava tudo isto como a esfera "inferior" dos sentimentos meramente sensíveis do prazer e do desprazer, respectivamente da capacidade "inferior" de desejo; para a ação *moral* consequente ele não queria se confiar a uma base sentimental.

Uma outra reserva metódica é que Kant colocou seu método *transcendental* em lugar de um método *psicológico*, o qual procura, pois, determinar de modo empírico os elementos fundamentais, a estrutura e o modo de operação de nossa consciência. É certo que Kant o fez. Mas aqui precisamos dizer: A outra não era a questão de Kant! São duas coisas distintas, se eu pesquiso psicologicamente os fluxos da consciência na pessoa ou se eu fundamento suas leis *formais* com um método transcendental. Teoria do conhecimento e psicologia não são o mesmo.

Visto a partir de hoje

A partir do estado atual do conhecimento, há uma "reserva" imediata: Kant examina criticamente que formas estão em nosso entendimento, que princípios operam em nossa razão. Ele não pergunta como elas poderiam ter se introduzido nela. Ele não procede *geneticamente*. Que nós possuímos razão é para ele um enigma que não pode ser explicado mais.

"Reserva" está citado acima porque significaria um anacronismo se se quisesse exigir de Kant que ele tivesse que ter refletido sobre o que em seu tempo ninguém ainda sabia. A ideia de desenvolvimento e a doutrina da evolução são filhas do século XIX; a obra principal de Darwin, *A origem das espécies*, surgiu em 1859; mais ou menos na mesma época trabalhava Herbert Spencer.

Desde então é imediata a pergunta: O ser humano surgiu da mão do criador com categorias prontas na cabeça? Não é antes tudo que trazemos em nós – tanto a capacidade de conhecimento como justamente também a lei moral encarnada na voz da consciência – produto de uma evolução do ser humano enquanto ser vivo abrangendo um espaço de tempo enorme? Isto ensina para o conhecimento, em todo caso, a teoria evolucionista do conhecimento – uma filha de nosso presente, a ser esclarecida na última parte.

A partir de hoje pode-se imediatamente acrescentar a questão: Será que o que nós chamamos de consciência moral tenha em todo caso surgido de forma bem gradual como um tipo de sedimento da convivência do ser humano com seu semelhante no Estado, na sociedade, na família (cf. "Ética evolucionária", no capítulo final)?

É óbvio que duzentos anos depois de Kant muita coisa parece diferente do que no seu tempo. As conclusões de Kant, em todo caso, não colocam nenhum impedimento insuperável para uma concepção genética; pelo contrário, ele antes preparou o caminho para ela com sua ideia de uma história natural universal.

Para finalizar ainda uma observação sobre o modo e a forma como Kant vê espaço e tempo. O espaço enquanto forma dada aprioristicamente para nossa intuição é caracterizado para Kant da mesma forma como ele está na base da geometria euclidiana: três dimensões que estão uma para a outra em ângulos retos; infinitamente e sem limites. Aqui Kant segue Isaac Newton. Kant não desconfiava de que no século XIX surgissem geometrias não euclidianas que não são contraditórias em si, e principalmente que Poincaré e Einstein, no início de nosso século, mostrassem: o espaço real (considerado em grandes dimensões) não é, na medida em que está cheio de massa, exatamente euclidiano, mas "curvo". É difícil de conceber que o entendimento humano, depois de lhe ter sido inculcado nos milhões de anos da evolução o espaço euclidiano como forma de sua intuição, afinal pudesse apreender as ideias sobre um espaço cósmico não euclidiano.

Observação: O jovem Kant ainda não estava definido em relação ao espaço, sobre o qual ele discutiu com Leibniz. Em 1747 (com vinte e sete anos) ele dizia em sua dissertação: Poderia ser um acaso (contingente) que o espaço tem três dimensões; uma ciência das formas possíveis do espaço é a maior tarefa que um entendimento finito poderia assumir. Que profético!

No que diz respeito ao tempo, Kant se associou também aqui a Newton, que tinha ensinado: "O verdadeiro tempo, o matemático, transcorre em si e em virtude de sua natureza de modo constante e sem força de atração sobre um objeto externo." Também aqui tivemos de reaprender outra coisa desde Einstein e Minkowski. O tempo não pode ser considerado como independente do espaço, ele forma com este um contínuo em quatro dimensões. E ele não transcorre de modo constante, mas antes é dependente do estado de movimento do observador.

2. O significado de Kant para a filosofia

O julgamento sobre se era correto dedicar um longo capítulo a um único filósofo neste breve livro introdutório temos de deixá-lo ao leitor. Para isso ele, entretanto, não deve somente levar em conta a posição de Kant diante do desenvolvimento da filosofia europeia que o precedeu no tempo – embora dificilmente haja nela uma corrente que de alguma maneira não convirja em Kant como ponto central. Ele também deve observar que "a história da filosofia no século XIX é, em uma grande medida, a história da recepção, da disseminação, do combate, da reformulação e da reaceitação de ideias kantianas"[62].

Isto não vale somente com referência a todos aqueles epígonos sobre os quais já *Schiller* – em referência a Kant! – dizia:

> Como é que um único rico
> fornece alimento a tantos pedintes!
> Quando os reis constroem,
> Os peões têm o que fazer.

Isto também vale para os grandes filósofos do século XIX. Eles todos estão, em certa medida, ao menos com um pé na esfera das ideias de Kant – motivo pelo qual também nós podemos neste ponto nos poupar de um esboço dos efeitos póstumos da filosofia kantiana. Uma coisa vale para todos eles e vale ainda hoje: Ninguém que se apresenta com a reivindicação de, na filosofia, ensinar algo novo e independente pode evadir-se com uma consciência intelectual tranquila da discussão com a obra crítica de Kant. "A filosofia nunca mais será de novo tão ingênua quanto em tempos mais remotos, mais simples; ela tinha de se tornar diferente e mais profunda, porque Kant viveu"[63].

---

62. Ibid., p. 534.
63. DURANT, W.O. Op. cit., p. 578.

PARTE VI
A FILOSOFIA NO SÉCULO XIX*

* Tradução de *Antônio Luz Costa*, professor, formado em Antropologia e Ciências Políticas; doutor em Sociologia pela Universidade de Hamburgo (Alemanha).

Visão geral introdutória

Quanto mais nos aproximamos do presente, mais difícil se torna distribuir corretamente as relevâncias na escolha que temos de realizar. Aquele dentre nós que vê no socialismo sua pátria espiritual não irá considerar Karl Marx a figura central no drama filosófico do século XIX? Um outro, porém, as figuras de Schopenhauer e Nietzsche? Já para os kantianos, tudo o que segue por primeiro após Kant não será visto como um desvio do caminho correto, e a continuação coerente do desenvolvimento filosófico não será buscada somente lá na segunda metade do século, quando começa uma reflexão crítica sobre Kant?

Algo semelhante ocorre com a filosofia do presente. Pensemos em outras áreas além da filosofia. Nenhum musicólogo duvida que os nomes de Händel, Bach, Haydn e Mozart representam os auges do desenvolvimento até o aparecimento de Beethoven e Wagner. Quem, porém, pode decidir quais nomes da música atual serão acrescentados a esta série por um crítico futuro?

Assim, a nossa tarefa somente pode ser a de encontrar uma seleção da filosofia do século XIX, não conforme a singularidade dos pontos de vista representados, mas proporcionando espaço a cada linha de pensamento, procurando, porém, selecionar no seu interior a categorização intelectual, na medida em que essa já seja reconhecível para nós.

No seu resultado, a filosofia de Kant é dualística. O ser humano é um cidadão de dois mundos. Há o mundo dos fenômenos e há o mundo da liberdade. Também a teoria do conhecimento de Kant pode ser chamada de dualística. De um lado, encontram-se, como material bruto, o dado, as sensações; do outro, encontra-se o eu com suas formas aprioristicas de concepção e funções categoriais, cuja aplicação ao material bruto somente é produzida pelo conhecimento.

Dependendo do lado do sistema kantiano, ao qual se dá seguimento, resultam, necessariamente, duas séries de pensamento completamente diferentes. Se voltarmos a atenção para a atividade ativa e criadora do eu, por meio da qual se formam, então, "mundo", "natureza" e suas leis, surge, assim, uma série de pensamentos, em cujo centro se encontra a consciência, o eu criativo. Segundo Kant, esse eu expande-se para dentro do reino da liberdade, o qual se realiza em moralidade e religião. A liberdade realiza-se na história, a qual Kant já vê como um grande processo de desenvolvimento que se aproxima de um interminável objetivo, a realização da liberdade. Essa série de pensamento, o eu criativo-liberdade-história, é a do *idealismo* alemão.

Por outro lado, Kant havia demonstrado que o saber, especialmente a ciência, somente é possível no reino dos fenômenos, e que não pode existir uma metafísica fora desse reino. Ao voltarmos a atenção para esse lado da direção kantiana de pensamento, o papel da filosofia fica limitado a um resumo, a uma síntese do saber alcançado nas ciências. Em diferentes formações mais específicas, esse é o caminho tomado pela segunda grande corrente, a filosofia do século XIX: *positivismo* e *materialismo*.

(Já podemos observar aqui que, pelo visto, cada uma dessas direções, partindo de Kant, desconsidera a outra.)

Enquanto, então, ambas essas direções mantêm, por assim dizer, um pé na filosofia de Kant, ainda é possível, naturalmente, um terceiro tipo de posicionamento em relação a Kant: não se trata de tomá-lo como base ou dar seguimento a suas ideias, mas de rejeição, *protesto*. Recorrendo aos poderes não racionais – irracionais, sentimentais – no homem e no mundo, o protesto pôde dirigir-se contra o espírito "racionalista" do sistema kantiano e, com isso, contra o espírito racionalista de todo o Iluminismo, cujo acabamento é formado pela filosofia de Kant. Recorrendo ao direito e valor próprios do individual, ele pôde dirigir-se contra a ativa aspiração do pensamento de Kant, como vimos, de subordinação de todo o particular às imprescindíveis leis gerais. E, por último, recorrendo ao caráter não mecânico e dinâmico de todo o desenvolvimento vivo, ele pôde dirigir-se contra a explicação mecânica e estática do processo universal, forma de explicação dominante desde Bacon e Descartes.

Isso tudo é o protesto do *Romantismo*, que, como movimento, é naturalmente caracterizado dessa maneira apenas de modo bem geral e simplificado. Trata-se também do protesto de homens que, como filósofos da fé, como eram designados, logo se levantaram contra Kant, e, mais tarde, vem a ser o protesto da assim chamada *filosofia da vida*.

Todas essas três direções estão em oposição a Kant. As duas primeiras envolvem-se nessa oposição, partindo de um lado só do sistema kantiano e se afastam dele por causa da linha daí resultante; a terceira está em oposição por princípio. Recuando-se ao ponto de vista de Kant, todas as três linhas se revelam necessariamente como falsos procedimentos. No curso do desenvolvimento do século XIX também ocorreu que, após as três direções terem surgido, elaborou-se uma reavaliação crítica de Kant no *neokantismo*. A estrutura da seguinte apresentação corresponde ao curso desse desenvolvimento.

1
O Romantismo e o Idealismo alemão

I. Primeiro tratamento e prosseguimento da filosofia de Kant – Os filósofos da fé

O Romantismo foi, primeiramente, menos uma coisa de filósofos do que de poetas, artistas e seres humanos "geniais". O modo como Friedrich *Schiller* (1759-1805), já então considerado importante discípulo de Kant, deu continuação à sua filosofia tem seu fundamento na linha do Romantismo. Schiller reúne o dom poético e filosófico. No decorrer de sua vida, o interesse filosófico recua um pouco ou, mais exatamente, os pensamentos filosóficos são completamente absorvidos por sua criação poética. Os mais importantes escritos filosóficos de Schiller são *Cartas filosóficas* (*Philosophische Briefe*), *Sobre graça e dignidade* (*Über Anmut und Würde*), *Cartas sobre a educação estética do gênero humano* (*Briefe über die ästhetische Erziehung des Menschengeschlechts*), *Sobre a poesia ingênua e sentimental* (*Über naive und sentimentalische Dichtung*). Os pontos nos quais Schiller desenvolve os pensamentos de Kant referem-se, principalmente, à ética e à estética. Na ética ele tenta superar a oposição kantiana entre obrigação e inclinação com o ideal da "alma bela". Schiller confere à arte e ao belo um papel importante na educação moral de todo o gênero humano. O segundo grande poeta dos alemães também era um venerador de Kant. A despeito disso, quando comparado com Schiller, a visão de mundo e de vida de *Goethe* distancia-se mais claramente da de Kant. Ela torna-se expressa nos escritos de Goethe sobre ciências naturais, nas *Máximas e reflexões* (*Maximen und Reflexionen*), mas, sobretudo, naturalmente, nas grandes poesias como no *Fausto* (*Faust*) e nas obras, em parte autobiográficas, *Wilhelm Meister* e *Poesia e verdade* (*Dichtung und Wahrheit*). No pequeno espaço aqui disponível não é possível conferir a Goethe o devido reconhecimento de filósofo. Chamar-se-á a atenção para o fato de que na concepção de mundo e natureza de Goethe, matéria e espírito (corpo e alma, intuição e pensamento, ou seja como for que os filósofos a chamem) aparecem, conforme *Spinoza*, como dois lados de uma natureza divina (Deus-natureza) una e eterna, a qual se manifesta no homem como consciência dela mesma.

Era considerado adversário da filosofia de Kant, naturalmente, todo aquele que, não considerando suas análises críticas e determinações de limites, permanecia no solo da antiga metafísica dogmática ou na fé tradicional eclesiástica. Para a história da filosofia, aqueles entre os seus adversários que tratam objetiva e aprofundadamente as pressuposições de Kant, para então se voltar contra ele, são muito mais importantes. Além do já mencionado G.E. Schulze, são eles, sobretudo, três homens, dois deles conterrâneos de Kant, da Prússia Oriental, todos os três pessoalmente ligados um ao outro, classificados como "filósofos da fé" – o que, na verdade, é um pouco equivocado, mas justificado pelo fato de que todos eles recorriam à fé para as suas comprovações.

O primeiro é Johann Georg *Hamann* (1730-1788), em virtude da obscura profundidade de seus escritos, chamado de "Mago do Norte" e muito considerado por Goethe. Ele é um dos líderes no início da luta contra o racionalismo do Iluminismo. O alvo de sua crítica a Kant é precisamente o fato de Kant não superar esse racionalismo. Ele critica especialmente a separação kantiana de nossa capacidade de conhecimento em duas categorias, sensibilidade e razão. Para a superação dessa oposição, recorre à *linguagem*, na qual a razão alcança existência sensível. A linguagem, não como suma de relações mortas, mas como viva expressão do espírito dos povos, possui, em geral, um papel importante para Hamann. Com isso, refere-se a um tema que não somente está no centro do interesse dos três filósofos da fé, mas que no decorrer do século XIX, com o seu singular desenvolvimento em linguística e história da linguagem, iniciado por homens como Wilhelm *von Humboldt* (1767-1835), tornou-se cada vez mais importante. O próprio Hamann vê na linguagem o meio de conexão entre idealismo e realismo. Ele considera a linguagem como a chave para tudo. "Assim, inclino-me a supor que toda a nossa filosofia consiste mais em linguagem do que em razão... Carecemos ainda de uma gramática da razão"[1]. O enigma que a história representa deve ser desvendado não com a razão, mas com a linguagem. O que é razão? "Nossa razão assemelha-se àquele cego adivinho tebano, ao qual sua filha descrevia o voo dos pássaros; ele profetizava seguindo suas informações"[2]. A posição cética de Hamann perante a razão é confrontada com seu emprego da certeza subjetiva da fé. O cristianismo é uma religião dos mistérios e querer comprová-los é tão insensato como negá-los. Eles só podem ser experimentados e cumpridos na certeza da fé. Hamann é o místico entre os filósofos da fé.

O segundo dos filósofos da fé, Friedrich Heinrich *Jacobi* (1743-1819), era um influente escritor de formação universal, que havia estudado Rousseau em Genebra, dominava as filosofias de Spinoza e Kant, e que mantinha relação não só com Hamann e Herder, mas também com, por exemplo, Goethe e Mendelssohn. Jacobi também conferia à linguagem um significado bem especial. Logo após uma homenagem a Kant ele afirma: "E falta apenas uma crítica

---

1. HAMANN (escrevendo a Jacobi), apud MAUTHNER, F. *Beiträge zu einer Kritik der Sprache*, Vol. III, 1906 a 1913. Introdução antes da p. 1.
2. HAMANN, apud MAUTHNER, F. Op. cit. Vol. II, p. 718.

da linguagem, que seria uma metacrítica da razão, para nos permitir chegar a um acordo sobre metafísica"[3]. Em alguns pontos, Fichte concorda estreitamente com Jacobi.

O terceiro dos filósofos da fé, muito mais influente que os outros dois anteriores, é Johann Gottfried *Herder* (1744-1803), originário da Prússia Oriental, mais tarde, com a intermediação de Goethe, superintendente-geral em Weimar. Assim como Schiller, Herder reunia os dons poético e filosófico, mas no seu caso a filosofia não foi absorvida pela obra poética, pois o interesse filosófico se tornou cada vez mais predominante no decorrer de sua vida. Os escritos filosóficos mais importantes de Herder são: *Ideias para uma filosofia da história da humanidade* (*Ideen zur Philosophie der Geschichte der Menschheit*), *Cartas para o progresso da humanidade* (*Briefe zur Berförderung der Humanität*), *Entendimento e experiência, razão e linguagem, uma metacrítica para a crítica da razão pura* (*Verstand und Erfahrung, Vernunft und Sprache, eine Metakritik zur Kritik der reinen Vernunft*). Os títulos já indicam as áreas da principal contribuição de Herder: a reflexão filosófica da *história* e da *linguagem*.

Herder não foi um pensador crítico e sistemático como Kant. Destacava-se, em primeira linha, por um talento para apreender intuitivamente o individual, o peculiar, a vivacidade espiritual, a história e a linguagem dos povos. Colecionava e traduzia poesias populares dos gregos, romanos, de povos orientais e europeus. Em toda parte, sempre soube captar o peculiar do elemento individual ou o espírito desses povos. Esses seus trabalhos tiveram uma considerável influência sobre o sentimento nacionalista que despertava nas nações da Europa Ocidental.

Partindo do universo, no qual a Terra é um astro entre outros astros, da posição especial da vida neste planeta e da posição do ser humano nessa vida, Herder delineia em suas *Ideias* uma grandiosa representação da história como *processo natural*. Nela reside a base da oposição em relação a Kant – ainda que, por outro lado, Herder veja na "humanidade" uma meta final do homem e da sua história, voltando, com isso, a se aproximar de Kant. O novo na concepção de Herder é o pensamento de que cada época e cada povo, no decorrer da história, carregam seu propósito em si mesmos. Ele não ensina "desenvolvimento" no sentido de que algo seja o seguimento de outra coisa. Tudo se origina diretamente de Deus, a eterna e infinita raiz de todas as coisas, e tudo lhe está igualmente próximo. Tudo, à sua própria maneira, reflete o ser divino.

A crítica de Herder a Kant, assim como a de Hamann, ataca a diferenciação dualística kantiana entre sensibilidade e razão, entre obrigação e inclinação, entre forma e conteúdo do pensamento, especialmente também entre razão teórica, a qual apresenta a ideia de Deus como indemonstrável, e razão prática, por meio da qual aquele Deus anteriormente exilado é novamente introduzido. Para Herder trata-se de um "jogo ilusório da razão", com o qual não se pode chegar a uma verdadeira convicção nem a uma verdadeira moral.

---

3. JACOBI. Allwills Briefsammlung, apud MAUTHNER, F. Op. cit. Vol. I. Introdução antes da p. 1.

A *linguagem* encontra-se também no centro do pensamento de Herder. Ele exige uma filosofia que se apoie estreitamente na linguagem e na análise de suas formas – sem que, no entanto, ele mesmo consiga realizar tal filosofia. Mas, da notável concordância existente entre todos os três adversários de Kant em relação a essa questão, podemos concluir que aqui, de fato, se atingiu um ponto, no qual a teoria de Kant, no mínimo, necessita de um complemento, quando não de uma reformulação.

Por fim, também é um filósofo da fé Friedrich Daniel Ernst *Schleiermacher* (1768-1834), teólogo e filósofo. Schleiermacher mantinha estreita relação com os românticos, especialmente com Friedrich Schlegel. Seu escrito mais conhecido é *Discurso sobre a religião aos ilustrados que a desdenham* (*Reden über die Religion an die Gebildeten unter ihren Verächtern*), elaborado entre 1798 e 1800 em Berlim, onde foi pregador, mais tarde também professor titular de teologia na recém-fundada universidade. Para Schleiermacher, religião não é pensamento ou ação, mas contemplação e sentimento. Religião é sensibilidade e gosto pelo infinito. Devoção religiosa é o sentimento da pura e simples dependência de algo mais elevado. Nesse sentimento de dependência nos é diretamente proporcionada a certeza de Deus. Esse contato com o infinito, direto e baseado no sentimento, é o mais importante; comparados com ele, dogmas, Sagrada Escritura, mesmo a crença na imortalidade da alma perdem sua importância decisiva. Também ao agir tudo repousa no sentimento religioso. Ele deve acompanhar todas as ações das pessoas. Schleiermacher prefere aquele que, mesmo ao errar, age com base em tal sentimento direto, àquele que, apoiando-se na ética de Kant, se submete a uma rígida autodisciplina.

De um outro ponto de vista, porém, Schleiermacher, com sua afirmação da religião, pode ser considerado como continuador de Kant. Ele defendia uma nítida separação entre saber e fé – os quais ele mesmo conjugou em sua pessoa e sua obra. Ele quis conferir à fé cristã os mesmos direitos que à investigação científica independente, de modo que a fé não devesse ser um obstáculo à investigação, e a investigação à fé. Assim, ele abre caminho para o desenvolvimento do protestantismo alemão no século XIX.

II. Fichte

1. Vida e obra

"Que tipo de filosofia se escolhe depende do tipo de pessoa que se é." Esta frase de Fichte vale para cada pessoa, cada filósofo, mas, especialmente, para ele mesmo. De acordo com o julgamento de um contemporâneo seu, Fichte "era dominado por uma extraordinária crença na força criadora da vontade". Ele mesmo afirmava frequentemente que conhecia somente uma necessidade: a de agir, atuar eficazmente para além de si mesmo. Ao lado das condições históricas gerais de sua atuação e pensamento e ao lado da situação singular que ele encontra na filosofia, esse aspecto determinante da personalidade de Fichte deve ser considerado para o entendimento de sua obra. Johann Gottlieb Fichte nasceu em 1762, em Rammenau, na região de Oberlausitz. Uma protetora nobre proporcionou ao talentoso filho de uma família pobre e com vários filhos uma formação escolar em Pforta e o ingresso nas universidades de Jena e Leipzig. Após a morte de sua protetora, quando lhe é retirada a subvenção, Fichte passou vários anos se sustentando, miseravelmente, como professor particular. Quando, em razão da total falta de recursos, se encontrava à beira do desespero e do suicídio, lhe foi oferecido um novo cargo em Zurique, para onde ele se dirigiu a pé, imediatamente. Dois anos mais tarde, de volta a Leipzig, foi conduzido por um acaso ao estudo de Kant. Esse foi o seu acontecimento intelectual decisivo. Muitos anos depois ele declararia que, naquela época, apesar de sua situação de extrema miséria, era um dos homens mais felizes do mundo. Sua decisão foi tomada prontamente: ir ao encontro de Kant, para Königsberg!

A fim de conquistar o interesse de Kant, em Königsberg Fichte escreveu em poucos dias seu *Ensaio de uma crítica de toda revelação* (*Versuch einer Kritik aller Offenbarung*). Kant possibilitou a publicação do escrito. Ele é editado anonimamente, por isso foi primeiramente considerado como o então aguardado escrito do próprio Kant sobre religião. Quando Kant revelou o que acontecera, Fichte tornou-se repentinamente famoso. Recebe um convite da Universidade de Jena. Conflitos externos e seu escrito *O fundamento de nossa crença em uma Providência Divina* (*Über den Grund unseres Glaubens an eine göttliche Weltregierung*), que lhe rendeu a acusação de ateísmo – a famosa "querela do ateísmo" parte desse problema –, logo tornarão sua permanência novamente impossível. Fichte encontrou refúgio em Berlim, onde, com total dedicação, presta serviço ao governo prussiano

Fichte é considerado um dos mais brilhantes oradores de todos os tempos. (Como outros grandes oradores ele desenvolveu esse talento por meio de um enorme esforço e exercício planejado.) Suas aulas em Berlim causavam sensação. O legado austríaco daquela época, o Príncipe Metternich, era um dos seus ouvintes. Após a derrota prussiana de 1806, Fichte parte com o rei para Königsberg, de lá para Copenhague, mas em 1807 acaba voltando para a Berlim ocupada pelos franceses. No inverno seguinte pronuncia seus famosos *Discursos à nação alemã* (*Reden an die deutsche Nation*). Ele convoca o povo alemão, todo o povo, sem diferenciação de origem e esfera social, para a renovação ética. Assim como Kant, Fichte, inicialmente, havia saudado com fervor a Revolução Francesa. Seu escrito de 1793, *Reivindicação aos príncipes da Europa para restituírem a liberdade de pensamento, que reprimiram até agora* (*Zurückforderung der Denkfreiheit von den Fürsten Europas, die sie bisher unterdrückten*), defende-a apaixonadamente. Quando, porém, Napoleão toma o poder, aniquila as conquistas da revolução e parte para a conquista da Europa, Fichte vê nele a personificação de todo o mal na história. Em suas palestras, com presença de inspetores franceses que observavam seus discursos, insuflava a resistência resoluta a Napoleão. "Ele teria sido o benfeitor e libertador da humanidade, se lhe houvesse ocorrido nem que fosse a mais vaga ideia da determinação ética do gênero humano. Agora ele é uma vara na mão de Deus; mas não para que ofereçamos as costas nuas, a fim de levar a Deus uma vítima e gritar: Senhor! Senhor!, quando o sangue jorrar – mas para quebrarmos a vara."

Fichte participou decisivamente da fundação da Universidade de Berlim em 1810. Quando eclodiu a guerra pela libertação, dispensa seus alunos para servir ao exército. Seu desejo de se juntar à tropa como orador não se realiza, mas, já com mais de 50 anos, participa voluntariamente nos exercícios de ataque por terra. Fichte morreu em 1814 em consequência de uma infecção de tifo, transmitido por sua esposa que contraíra a doença atuando como enfermeira num hospital militar.

2. Pensamentos fundamentais da filosofia fichtiana

A base geral do sistema fichtiano está contida nos dois escritos *Sobre o conceito da doutrina das ciências ou da assim chamada filosofia* (*Über den Begriff der Wissenschaftslehre oder der sogenannten Philosophie*) e *Princípios da doutrina das ciências em seu conjunto* (*Grundlage der gesamten Wissenschaftslehre*) – os dois publicados em 1794. A expressão "doutrina das ciências" (*Wissenschaftslehre*) significa algo semelhante à "filosofia transcendental" de Kant – a qual, aliás, Fichte frequentemente enaltecia como o ato de Kant que marcou época –, a saber: enquanto todas as ciências isoladas tratam de objetos, a filosofia analisa o próprio saber. Ela é, por isso, uma ciência das outras ciências e anterior a elas; e daí "doutrina das ciências".

Para Fichte, pode haver somente dois sistemas filosóficos consequentes. O que a filosofia tem de esclarecer é, certamente, a experiência, ou seja, a ideia que fizemos da coisa. A representação que fizemos pode, assim, derivar-se da coisa. Disso resulta um sensualismo ou um materialismo, de qualquer maneira um dogmatismo. Ou deriva-se a coisa da representação. Disso resulta um idealismo. Pelo que se decide, depende, segundo a citação inicial deste capítulo, do caráter interior do homem. Aquele que é dominado pela autonomia e impulsionado para atividades escolherá o idealismo, aquele de natureza mais passiva optará pelo "dogmatismo". Não resta dúvida de qual caminho será escolhido por Fichte.

Mas também do ponto de vista puramente teórico, o idealismo é para ele o único sistema consequente. Pois, ao se partir do ser das coisas, nunca se pode esclarecer como há uma consciência delas. (Os materialistas têm outra opinião.) Se partirmos, porém, do pensamento, não se pode, é verdade, dessa forma, derivar dele as próprias coisas, as quais, de qualquer modo, não nos são dadas, mas sim as representações que temos delas, ou seja, a experiência.

O que deve haver, portanto, no começo da filosofia? O sujeito pensante! Ele "*se autopõe*". Isso é o começo de tudo, o ponto de partida da doutrina fichteana das ciências e seu primeiro princípio: o Eu põe seu próprio ser. No começo, então, há um *ato*, uma ação fatual (*Tathandlung*), como diz Fichte. Pensa-te a ti mesmo! Esse imperativo constitui o começo da filosofia. Desse modo a razão é produzida. Ela é uma atividade autocriada. No início era o ato!

Reflitamos isso mais cuidadosamente. Fichte não está satisfeito com Kant por ele ter cotejado uma razão teórica com uma razão prática. Ao designar ambas de "razão" Kant já havia, vale dizer, indicado que a razão, na verdade, é algo de uno, que razão teórica e prática têm de possuir uma raiz comum. Ele também havia claramente expressado, especialmente em sua

Crítica do juízo, que a razão prática tem precedência sobre a teórica. Mas para Fichte essa explicação não tem um alcance suficiente. Também a razão teórica é um ato. No sentido acima mencionado, sua filosofia é idealismo, mas, além disso, ela é completamente um *idealismo prático*. A razão supraindividual, na qual, segundo Kant, estão contidas as formas aprioristicas, é um ato da consciência pensante.

No entanto, de onde vem, então, a experiência? É claro que Fichte tem de qualquer maneira de rejeitar a concepção de Kant da coisa-em-si que atua sobre nós. Sua resposta se adequa ao sentido do seu ponto de partida: a experiência tem sua origem no Eu. Mas como isso é possível? O característico na sensação é que nela nos sentimos como que tocados por um poder *estranho* (que Kant e outros apresentavam como a coisa-em-si). O produzir original do "estranho", do que é externo, do "não eu" – como Fichte o designa –, não é um produzir consciente (pois assim não resultaria o sentimento do vir-de-fora), mas sim um procedimento inconsciente, ou melhor, entre inconsciente e consciente, livre e sem fundamento (quer dizer, não determinado casualmente). Desse modo, o eu produz um não eu, um estranho em si mesmo.

Mas por que há essa produção? Por que não permanece só? Não se responde isso teoricamente, mas apenas praticamente, com o auxílio da consciência ética. O eu, em sua mais profunda essência, é pura e infinita atividade. Ele somente pode corresponder à sua determinação, se encontrar limitações e resistências com as quais pode tornar-se ativo. E como fora de si mesmo não existe nada, ele tem de criar um material para si mesmo, um material de seu dever. O eu coloca para si mesmo limitações, a fim de poder superá-las. O não eu é formado para possibilitar trabalho e luta.

Vê-se que Fichte, embora houvesse começado com o objetivo de simplesmente apresentar a filosofia kantiana de uma forma mais clara que o próprio Kant havia conseguido, segue, na verdade, o seu caminho autonomamente. Se ele é mesmo um kantiano – como se afirma –, então, sem dúvida, é o mais original deles.

3. *A aplicação prática*

Ética

O "mundo" – a mais elevada representação de nossas ideias, sentimentos, impulsos instintivos – provém, pois, do eu, mas de um ato pré-consciente, de modo que ele não depende de minha consciência, do meu querer consciente. Assim, ele é para mim uma limitação real. Porém, a maneira como eu me comporto em relação a essa limitação depende de mim. Eu posso capitular perante ela, me deixar determinar e mover pelas "coisas" – tal inércia é para Fichte "o mal-radical no ser humano" –, ou eu posso pretender me livrar dela, me tornar interiormente independente de todas as influências externas – e, com isso, agir correspondendo à mais profunda essência do meu eu, que é a atuação em direção ao infinito. O eu é a "força que um olho emprega". Tal liberdade de tudo o que é exterior é, na sua plenitude, um objetivo que se encontra no infinito, mas o aperfeiçoamento é a determinação do ser humano. Assim, a vida humana é um contínuo processo de purificação de resíduos estranhos, os quais, é verdade, lhe são imprescindíveis para cumprir sua determinação, mas sua tarefa é libertar-se deles. O ser humano pode, assim, aproximar-se do estado no qual poderá gritar ao imenso universo: "Tu és inconstante, não eu, e sempre irei pairar incólume sobre as ruínas de tuas formas." – "Quando, entre os milhões de sóis que brilham sobre a minha cabeça, o mais recente deles tiver já há muito tempo irradiado suas últimas cintilações, eu ainda serei incólume e imperturbavelmente o mesmo que sou hoje."

Estado

A doutrina da ética de Fichte – com base no princípio exposto acima, desenvolvida de forma mais detalhada como ética individual e social nos escritos (entre outros) *Doutrina ética (Sittenlehre)* (1798) e, numa versão mais popular, nas *Lições sobre o destino do homem* (*Vorlesungen über die Bestimmung des Menschens*) (1800) – diferencia-se da de Kant, exatamente como ocorre com a filosofia teórica, sobretudo porque Fichte evidencia de forma ainda mais intensa do que Kant as tarefas *práticas* do homem e com isso seus deveres como *membro de uma coletividade social*.

Isso se apresenta especialmente também em sua Teoria do Estado – *Fundamento do direito natural segundo os princípios da doutrina da ciência* (*Grundlage des Naturrechts nach Prinzipien der Wissenschaftslehre*), 1796; *O Estado mercantil fechado* (*Der geschlossene Handelsstaat*), 1800. Nesse último escrito citado, seguindo de modo consequente a linha assinalada acima, Fichte levanta a ideia de um Estado *socialista*, sendo o primeiro a desenvolver tal pensamento em solo alemão. "A possibilidade de que minha liberdade permaneça imperturbada ao lado da de qualquer outra pessoa somente pode ser garantida pelo Estado, até mesmo o próprio contrato com o Estado, em sua validade jurídica, se o Estado garantir plenamente a cada cidadão o direito constitucional moral de poder viver do trabalho que ele esteja preparado a desempenhar no interior da comunidade"[4]. O Estado somente será capaz disso se ele não deixar a distribuição do produto social por conta do livre mecanismo da concorrência, mas tomar para si a organização total do trabalho da sociedade, a fim de distribuir entre os cidadãos a parte da aquisição nacional correspondente ao trabalho de cada um. Para isso é também necessário que o próprio Estado regule a importação e a exportação; daí a designação de Fichte "estado comercial fechado".

A extraordinária posição que o Estado atinge, assim, na vida econômica da nação, também lhe é atribuída, segundo Fichte, nas áreas cultural e *educacional*. O Estado deve fazer-se senhor da educação. Da mesma forma que na vida econômica ele tem de substituir o caos pela organização plenamente planejada, também no lugar do "caos pedagógico" ele deve lançar

---

4. FICHTE. *Der geschlossene Handelsstaat*, apud JODL. *Geschichte*, p. 663.

uma educação que faça dos jovens seres humanos e cidadãos, a qual deve ser executada de acordo com um plano unificado de educadores estatais.

Quem se admirar do fato de Fichte, que parte totalmente do sujeito e que ensina a liberdade irrestrita do Eu, apresentar reivindicações sociais para a prática em sociedade – reivindicações que são extraordinariamente radicais para o seu tempo –, não deve esquecer-se que também o altamente individualista Rousseau, na concepção de Estado por ele elaborada, defende um elevado grau de razão de Estado. Algo semelhante vale para alguns outros filósofos e também para alguns movimentos políticos – um fenômeno, do ponto de vista histórico e psicológico, muito elucidativo.

Religião

Em sua filosofia da religião, Fichte também efetua um marcante passo que ultrapassa Kant, o qual, além de estar exposto naquele já mencionado escrito que havia tornado sua vida em Jena impossível, também se encontra em sua *Instrução para a vida feliz* (*Anweisung zum seligen Leben*) (1806). Kant havia requerido observar o dever sem considerar a plena felicidade terrestre. Mas ele havia questionado: O que me é permitido esperar? Ele conclui com base em seu conceito de "direito à felicidade" (*Glückwürdigkeit*) e na indelével exigência (gerada pela razão) de uma justiça compensadora, para então chegar à certeza de uma compensação justa no além, por meio de um juiz mais elevado. Schopenhauer escarnecia do fato de "que a virtude de Kant, a qual, primeiramente, se volta tão orgulhosamente contra a plena felicidade, depois estenda a mão para dela receber gorjeta"[5].

Fichte vai mais além. A digna aspiração à plenitude, no sentido da lei moral, *é* a felicidade plena. "Felicidade plena" não é nada mais do que o estado de felicidade após o dever cumprido. Quem a procura em outra parte, mesmo numa vida infinita vindoura, dela não se aproximará.

Fora da felicidade plena já experimentada na Terra, decorrente do dever cumprido, não há nem uma especial felicidade no além nem há um deus fora da ordem ética universal, a qual se constitui exatamente na aspiração do Eu à plenitude e felicidade daí resultantes. "Aquela ordem moral, viva e atuante, é, ela própria, Deus; nós não necessitamos de nenhuma outra e não podemos conceber nenhuma outra." – "O conceito de Deus como uma substância especial é impossível e contraditório: é lícito afirmar isso de forma franca e derrubar a falação escolar, para que com isso a verdadeira religião do alegre agir-bem possa se elevar"[6].

Pode-se entender que isso tenha rendido a Fichte a acusação de ateísmo.

---

5. PAULSEN. *Immanuel Kant*, 1898, p. 314.
6. Apud JODL. Op. cit., p. 667-668.

III. Schelling

1. Vida, desenvolvimento espiritual, principais escritos

Friedrich Wilhelm Joseph *Schelling*, como tantos outros homens geniais de seu tempo, era filho de pastor protestante da Suábia, nascido em 1775 em Leonberg. No seminário de Tübingen, no qual os alunos precoces já ingressavam com quinze anos, travou estreita amizade com seus conterrâneos Hölderlin e Hegel. Com eles, entusiasma-se pelos estudos teológicos e pela Antiguidade Clássica. Ao lado de Kant, Fichte foi o filósofo estudado mais profundamente pelo jovem Schelling. Fichte recém havia publicado os *Princípios da doutrina da ciência*, quando Schelling, então com vinte anos, expõe suas ideias fundamentais em vários escritos – de forma mais elegante que o próprio Fichte havia conseguido produzir. Quanto a isto, ele já irá distanciar-se de Fichte na medida em que passa a se aproximar mais do pensamento de Spinoza, também admirado por ele.

A circunstância que ocasionou posterior ruptura de Schelling com Fichte foi uma longa estada de Schelling em Leipzig, porque durante esse período ele entra em contato com as ciências naturais de sua época, as quais se encontravam em um processo de intenso desenvolvimento – um mundo que sempre permaneceu estranho a Fichte. Schelling absorve rapidamente os novos conhecimentos nos campos da química, das teorias da eletricidade, da biologia e da medicina. Em *Ideias para uma filosofia da natureza* (*Ideen zur Philosophie der Natur*) (1797) e no escrito *Da alma do mundo* (*Von der Weltseele*) (1798) ele já tenta inseri-los em um sistema filosófico-natural. Os escritos despertam a atenção de Goethe e asseguram ao jovem de vinte e três anos um cargo de professor extraordinário na Universidade de Jena.

Em Jena estreita relações com o círculo de poetas e pensadores românticos, que tinha no seu centro os irmãos Friedrich e August Wilhelm Schlegel, Tieck e Novalis. Casa-se com a doze anos mais velha Karoline Schlegel após sua separação. Em meio a uma intensa troca intelectual com esse círculo, tanto como fornecedor quanto recebedor de ideias, Schelling envolve-se com o mundo intelectual do Romantismo a tal ponto de poder ser considerado o verdadeiro filósofo do Romantismo na Alemanha. Em Jena são compostos o *Primeiro esboço de um sistema de filosofia da natureza* (*Erste Entwurf eines Systems der Naturphilosophie*) (1798/1799) e o *Sistema do idealismo transcendental* (*System des tranzendentalen Idealismus*) (1800); posteriormente, o inacabado *Exposição de meu sistema no seu todo* (*Darstellung meines Systems im Ganzen*) (1801) e as *Preleções sobre o método do estudo acadêmico* (*Vorlesungen über die Methode des akademischen Studiums*) (1802). Sob a influência dos estudos de Schelling sobre as ciências naturais e o Romantismo, esses trabalhos apresentam um decisivo distanciamento em relação a Fichte e o claro desenvolvimento da base de sua própria posição, mas não em uma forma sistematicamente estruturada. A sistematização daqueles pensamentos nunca iria se realizar. Nos anos seguintes ele os alterou de forma diversa, elaborando sempre novos esboços – os quais foram também publicados –, mas nunca chegou a uma finalização. Mesmo assim, as ideias filosófico-naturais expostas naqueles escritos formam a parte do conjunto da obra de

Schelling mais significativa para a história da filosofia. Somente elas serão tratadas de modo mais detalhado nas próximas seções.

Em Würzburg, onde Schelling ensina a partir de 1803, em Erlangen e, finalmente, em Munique (a partir de 1827), seus pensamentos tomam uma direção completamente diferente. Ele distancia-se de seu verdadeiro ponto de partida, Kant, e de Spinoza; e havia se posto em desavença com Fichte; seu amigo e colega de estudos Hegel, num primeiro momento o profeta entusiasta de Schelling, o havia abandonado e seguido seu próprio caminho. A morte de sua primeira esposa afasta-o também de seu antigo círculo de amigos românticos. O homem que então passa a exercer uma clara influência sobre Schelling é o pensador católico Franz *von Baader* (1765-1841).

O mundo do espírito no qual Schelling mergulha foi o do francês Louis-Claude de *Saint--Martin* (1743-1803), homem profundamente religioso e inclinado à mística e, com sua intermediação, a obra de Jakob *Böhme*. O próprio Baader, médico, geólogo prático, filósofo e teólogo, era um dos principais adversários de Kant e um líder do movimento intelectual que, na reação ao Iluminismo e à rigorosa separação kantiana entre saber e crença, exigia uma nova amalgamação de teologia e filosofia, uma renovada orientação pela incondicional crença cristã.

Em seus escritos, Baader não deseja simplesmente retornar à religião, no sentido de que a crença deva novamente ocupar o lugar do saber e a filosofia se torne outra vez a serviçal da teologia. Segundo ele, é um erro supor que cada livre movimento da inteligência científica signifique um perigo para a fé. Mas também é um erro da mesma dimensão supor que se possa atingir uma filosofia correta sem o conhecimento religioso manifestado no dogma cristão. E tampouco se pode obter uma moral adequada, se ela estiver fundamentada somente na autonomia do ser humano. Preceito lógico e preceito moral são "preceitos" enquanto preceituados por Deus. O pensamento e o saber humanos são um co-pensar e um co-saber com o pensamento e o saber de Deus. Pode-se entender que Baader tenha combatido veementemente a Revolução Francesa do ponto de vista político. O seu ideal é um Estado geral (católico) supranacional, estatal-eclesiástico. Assim, Baader encontra-se na linha de frente da santa aliança, a reação das forças conservadoras europeias às profundas transformações geradas pela Revolução.

As *Investigações filosóficas sobre a essência da liberdade humana* (*Philosophische Untersuchungen über das Wesen der menschlichen Freiheit*) (1809) de Schelling e todas as suas obras posteriores, como o fragmento *As idades do mundo* (*Die Weltalter*) (1813), mostram a direção místico-religiosa que o pensamento de Schelling havia tomado. Sua filosofia da idade é uma "filosofia da mitologia e revelação" e, assim, uma continuação daquele caminho.

Em 1841, o rei romântico Friedrich Wilhelm IV chamou o já idoso Schelling para Berlim, "não como um professor comum, mas como filósofo escolhido por Deus e chamado a tornar-se o mestre da época, cuja sabedoria, experiência e força de caráter o rei desejava ter próximo a si para o seu próprio fortalecimento". Isso significava que a entrada em cena de Schelling havia sido pensada como contrapeso à escola hegeliana que se tornara dominante em Berlim. Esse resultado, porém, não ocorreu.

Antes de Schelling ter se retirado frustrado da atividade docente, pertencia aos seus alunos nesta última fase o naquela época ainda jovem e desconhecido historiador basileu Jacob *Burckhardt*. O modo como as herméticas especulações de Schelling atuavam sobre aquele jovem suíço, naquela época ainda romanticamente entusiasmado, mas, apesar disso, um pensador lúcido, foi descrito por Burckhardt em uma carta: "Eu assisti a algumas aulas durante as amplamente dogmáticas discussões e expliquei-me a coisa mais ou menos assim: Schelling é gnóstico... Disso vem o inquietante, o monstruoso, o amorfo... Eu pensava a todo momento que dali teria de partir bamboleando em suas doze pernas algum monstro de Deus asiático e com doze braços tomaria para si seis chapéus de seis cabeças..."[7] Schelling morreu em 1854, na estação de águas Ragaz. A diversidade das sempre novas abordagens de Schelling tornou possível que linhas de pensamento totalmente diferentes como filosofia da vida, existencialismo e mesmo o marxismo pudessem considerá-lo como um pioneiro[8].

2. A ideia básica da filosofia da identidade

O sistema de Schelling, da forma como ele o expôs em seus anos em Jena, é chamado de filosofia da identidade. Essa parte de sua teoria compõe o elo entre Fichte e Hegel, cujo pensamento sucede ao de Schelling e supera (em importância) os de Fichte e do próprio Schelling. Por isso, refletiremos sobre essa parte mais de perto.

O que significa filosofia da identidade? Segundo Fichte, que havia afastado totalmente a coisa-em-si kantiana, isso era o que chamamos de "natureza", algo nada autônomo e tampouco sendo-em-si (*Selbstseiendes*), mas apenas um produto do Eu, criado para que o Eu se autorrealize em sua oposição. Schelling inverte essa relação. Não é a natureza que é produto do espírito, mas o espírito que é produto da natureza! Aqui, evidentemente, atua a ocupação de Schelling com a natureza e as ciências naturais, as quais no sistema fichteano foram insatisfatoriamente consideradas. A tarefa da filosofia é aquela também proposta por Fichte em sua doutrina da ciência: esclarecer o saber, quer dizer, a conformidade entre o sujeito e o objeto. Mas isso não deve ser tratado de modo que – como Fichte – se pergunte: Como é possível um mundo ou a natureza no Eu, no espírito? Deve-se, antes, perguntar: Como é possível que com base na natureza, na natureza, seja possível o Eu ou o espírito? Isso somente é possível porque a natureza, originalmente, é espírito, espírito de nosso espírito; porque natureza e espírito, real e ideal, na reflexão mais profunda, são *idênticos*.

---

7. BURCKHARDT, J. *Briefe zur Erkenntnis seiner geistigen Gestalt* [KAPHAN, F. (org.) Leipzig, 1935 – Carta a Kinkel, de 13/06/1842, p. 58].

8. BAUMGARTNER, H.M. (org.). *Schelling* [com contribuição de 9 autores]. Freiburg, 1975 [200 anos do nascimento de Schelling].

3. A natureza

O espírito, ou em geral qualquer vida, pode somente ser entendido com base na natureza, se entendermos a natureza não como algo morto, mecânico, como um aglomerado de átomos, mas como um todo unificado, cuja mais profunda essência é uma força primordial viva.

A natureza é atividade infinita. Em todos os fenômenos isolados, nos quais a força primordial – o absoluto – se apresenta, há duas séries: uma na qual predomina o objetivo, o real (a natureza em seu sentido mais estreito), e outra na qual predomina o subjetivo, o ideal (mente e história). No final de uma série encontra-se a matéria como massa morta; no final da outra série está a plena autorrepresentação do espírito em filosofia e arte. No entanto, em nenhum fenômeno isolado está apenas uma ou apenas a outra – pois ambas não são opostas, mas idênticas. Trata-se sempre apenas de um quantitativo mais ou menos.

Esse notável pensamento de Schelling – cuja fonte é, naturalmente, Spinoza – que ajusta o espírito totalmente à natureza, que vê na natureza a atividade inconsciente do espírito e no espírito o autotornar-se-consciente da natureza, foi um estímulo fecundo que exerceu longa influência na história das ideias na Alemanha, não somente nas ciências naturais, mas também na arte. O próprio Schelling expressou esse pensamento em uma poesia, de forma mais bela e inteligível do que consta em todos os tratamentos teóricos. No lugar de explicações mais detalhadas, que em virtude da contínua transformação das ideias schellinguianas podem facilmente confundir o entendimento, reproduzimos a seguir um excerto daquela poesia:

A natureza deve moldar-se a leis,
ficar prostrada, quieta, aos meus pés.
Mesmo havendo nisso um espírito gigante,
ele está, no entanto, petrificado com os seus sentidos,
sem poder sair da estreita couraça
ou explodir a sua prisão de ferro,
por mais que agite as asas com frequência,
se movimentando e se estirando vigorosamente,
e em meio a coisas mortas e vivas
lute poderosamente com consciência. –
Aos poucos ele aprende a conquistar espaço em dimensões restritas,
e, assim, é levado a cair em si.
Encarcerado em um anão
de bela forma e retas sardas,
chamando-se ser humano,
o espírito gigante nele se encontra a si mesmo.
Desperto de profundo sono e longo sonho,
mal se autorreconhecendo,
tão admirado de si mesmo,
saúda-se arregalando os olhos e examinando-se.
Mas logo, com todos os sentidos, deseja
voltar à grande natureza, nela diluindo-se,
mas, uma vez desvencilhado,
não tem como refluir
e, na estreiteza e pequenez de seu próprio grande mundo,

permanece o resto da vida sozinho.
Em sonhos temerosos ele receia,
que o gigante recomposto possa se levantar
e, como o antigo deus Saturno, irado,
seus filhos devorar.
Não pensando que ele mesmo o seja,
esquecendo-se completamente de sua origem,
e passando a atormentar-se com fantasmas,
poderia, então, dizer para si mesmo:
Eu sou o Deus que os nutre no peito,
o espírito que em tudo se movimenta.
Desde a primeira luta de forças obscuras
até o fluir das primeiras seivas vitais,
onde a força incha de matéria e a matéria de força,
onde as primeiras florescências, os primeiros botões germinam,
onde ao primeiro raio de uma luz recém-nascida,
que rompe a noite como uma segunda criação
e, vinda dos milhares de olhos do mundo,
ilumina o céu dia e noite
rumo à jovem força do pensamento,
fazendo com que a natureza rejuvenescida se recrie,
sucede-se uma força, apenas uma pulsação, uma vida,
uma alternância de inibir e aspirar[9].

4. A arte

Como antonomásia do espírito do Romantismo, a teoria de Schelling também se apresenta em sua estética filosófica. A arte é para ele a esfera na qual se manifestam em harmonia o mundo e o Eu, o real e o ideal, as atuações inconsciente e consciente da natureza. Essa harmonia não pode ser conhecida por meio de um caminho teórico. O mistério da unidade entre espírito e natureza sob uma "visão intelectual" pode ser concebido, quando muito, suspeitando-se (intuitivamente), sentindo-se. Já a obra de arte, uma criação consciente do homem, mas, em última análise, um produto do fundamento inconsciente e criador da natureza, representa aquela unidade de forma plena – com o que também se reconhecem os pensamentos fundamentais da filosofia da identidade.

> Assim, a arte é o verdadeiro e eterno *organon* e também o documento da filosofia, o qual sempre, contínua e renovadamente, atesta o que a filosofia externamente não pode representar, a saber, a inconsciência na ação e na produção e sua originária identidade com o consciente. Por isso, precisamente, a arte é para o filósofo o mais elevado, porque ela como que lhe abre o que há de mais sagrado, onde em eterna e original união parece arder em *uma* chama aquilo que na natureza e na história encontra-se afastado... Aquilo que chamamos de natureza é uma poesia que se encontra oculta em um escrito misterioso e fascinante. Mas o enigma poderá, sim, ser desvendado, se nele reconhecermos a odisseia do espírito, o qual, maravilhosamente iludido

---

9. SCHELLING. *Epikureisches Glaubensbekenntnis Heinz Widerporstens* (1799), apud SCHMIDT. *Wörterbuch*, p. 573-574.

e procurando por si mesmo, foge eternamente. Pois, pelo mundo dos sentidos, o sentido olha apenas como que através de palavras e entrevê, como que através de uma névoa semitransparente, a terra da fantasia à qual pretendemos chegar[10].

IV. Hegel

1. Vida e obras principais

Georg Wilhelm Friedrich Hegel, nascido em 1770 em Stuttgart, era suábio, como Schelling e Hölderlin. O estudo da filosofia, a ocupação com a Antiguidade e o entusiasmo pela Revolução Francesa uniram os três amigos no seminário de Tübingen. Hegel conservou por toda sua vida seu fervoroso interesse pelos gregos. Bem mais tarde ele viria a escrever: "Perante o nome Grécia, o europeu instruído, especialmente nós alemães, sente-se como se fosse sua pátria... ciência e arte, aquilo que agrada à nossa vida espiritual, que a dignifica e ornamenta, sabemo-lo dos gregos..."[11]

Comparado com Schelling, cinco anos mais jovem e gênio precoce, o talento de Hegel, num primeiro momento, não se destaca. Hegel foi um pensador lento e tenaz, mas cavava fundo em sua análise. Demorava muito até que considerasse seus pensamentos maduros para a publicação. Mas quando ele então o fazia, seus escritos apresentavam a partir daí uma unidade plena de seus pensamentos fundamentais, enquanto Schelling aos olhos do seu leitor empreendia sempre novas mudanças por todo o texto.

Após alguns anos de penosa atividade como preceptor em Frankfurt e em Berna, a modesta herança que lhe coube com a morte do seu pai proporciona-lhe a possibilidade de seguir sua vocação íntima. Para o seu doutoramento, segue o conselho de Schelling e escolhe a Universidade weimariana de Jena. Era uma época em que Schiller era professor de história em Jena, Fichte e Schelling ensinavam filosofia lá, os românticos Tieck, Novalis e os Schlegels também se concentravam naquela cidade, enfim, Jena era o centro intelectual daquela época, que foi ofuscado somente com a ascensão da Universidade de Berlim, o que ocorreu logo a seguir.

De 1801 a 1806, Hegel deu aulas em Jena, primeiramente em estreita associação com Schelling. Em 1806, quando após uma batalha na cidade ocorre a derrota prussiana, Hegel havia recém-finalizado sua primeira obra importante, a *Fenomenologia do espírito* (*Phänomenologie des Geistes*).

Ele levava o manuscrito consigo, quando fugiu de Jena antes da guerra. Mas, antes, ele havia vivenciado nesta cidade algo que se tornaria uma impressão indelével para o filósofo: havia visto Napoleão. "É, de fato, um sentimento maravilhoso ver tal indivíduo, que aqui, concentrado num ponto e sentado num cavalo, se impõe ao mundo e o domina."

---

10. Apud JODL. Op. cit., p. 690-691.

11. HEGEL (em carta a Zellmann), 23/01/1807, apud DURANT, W. *Die Grossen Denker*, 1945, p. 280.

Durante certo período, Hegel foi redator e depois diretor de um liceu em Nürenberg. Nessa cidade ele conclui sua segunda grande obra, a *Ciência da lógica* (*Wissenschaft der Logik*) em três volumes (1812-1816). Esse trabalho lhe rendeu uma cadeira filosófica em Heidelberg, onde escreve a *Enciclopédia das ciências filosóficas* (*Enzyklopädie der philosophischen Wissenschaften*) (1817).

No ano seguinte é chamado para Berlim. O Estado prussiano o atraía já havia muito tempo. Em seu discurso inaugural ele salienta que a Prússia, por meio de sua supremacia intelectual, havia se equiparado a Estados que lhe eram superiores na aparência externa. Hegel obtém em Berlim grande prestígio e influência. Suas aulas, apesar de sua exposição ser mal executada e morosa, fascinavam eminentes homens do Estado. Hegel tornou-se "filósofo do Estado prussiano" e o chefe oficial da filosofia alemã. Seus discípulos ocupavam as cátedras das universidades. A escola hegeliana atingiu uma posição hegemônica não alcançada por Kant.

Hegel dava aulas não somente sobre as principais disciplinas filosóficas, mas também sobre filosofia do direito, da arte, da religião, da história e história da filosofia. Em forma de livro, ainda é publicado até o ano de sua morte (1831) *Princípios da filosofia do direito* (*Grundlagen der Philosophie des Rechts*). A maioria de suas outras aulas foi editada por estudantes após sua morte e compõe uma grande parte do conjunto de sua obra. Uma nova edição completa encontra-se publicada desde 1971.

2. Caráter geral da filosofia hegeliana – o método dialético

As obras de Hegel pertencem às mais difíceis da literatura filosófica. Um crítico americano escreveu: "Elas são uma obra-prima da ininteligibilidade, obscurecida pela abstratividade e concisão do estilo, por uma fatídica terminologia e pela exagerada limitação cuidadosa de todas as teses, com ajuda de uma riqueza de cláusulas restritivas que se poderia até qualificar de riqueza gótica"[12]. Schopenhauer escreve: "O público foi forçado a reconhecer necessariamente (com Kant) que o obscuro nem sempre é insensato: a insensatez refugia-se imediatamente atrás da exposição obscura. Fichte foi o primeiro... Schelling lhe é nisso pelo menos igual... Mas o maior dos descaramentos no contar puras insensatezes, no rabiscar um aglomerado de precipitadas discussões sem sentido, das quais só tenha se havia tido conhecimento em hospícios, encontra-se finalmente em Hegel..."[13] Conheceremos quais motivos levaram Schopenhauer a esse exagero, quando vermos mais de perto a personalidade e o destino de Schopenhauer. Trata-se de um exagero desmedido, pois a obra de Hegel revela não menos que a de Kant que "o obscuro nem sempre é insensato". Certo é que o leitor despreparado que

---

12. DURANT, W. Op. cit., p. 282.
13. SCHOPENHAUER. *Die Welt als Wille und Vorstellung* [FRAUENSTÄDT, J. (org.). Leipzig, 1891, vol. 1, apêndice, p. 508].

queira ler, por exemplo, a *Fenomenologia do espírito*, encontrar-se-á completamente desconcertado perante a desmesurada e levemente estonteante construção conceitual de Hegel.

Seria errado querer contornar as dificuldades, apresentando da obra de Hegel apenas aquelas partes, por exemplo, de sua filosofia da história, na qual ele trata de procedimentos históricos concretos, os quais são textos mais acessíveis do que aqueles abstratos, por exemplo, sobre lógica. Isso reproduziria não somente uma imagem incompleta do sistema hegeliano, mas até mesmo falsa. Pois o que caracteriza o conjunto da obra de Hegel e no que se baseia o seu significado histórico, o qual se estende até o presente, não é a aplicação isolada de seus princípios ao material histórico – em sua admirável abundância de saber histórico e na quantidade de suas surpreendentes perspectivas isoladas –, mas precisamente esse próprio princípio e a extraordinária, ainda que não livre de prepotência, consequência lógica com a qual ele aplica esse princípio ao todo do ser e à história universal. A nossa tentativa que segue – na qual queremos servir-nos de conceitos hegelianos, mas, pelos motivos mencionados, não de longas formulações hegelianas – pretende, exclusivamente, esclarecer dois momentos: o método desenvolvido e virtuosamente executado por Hegel e a formulação coerente de todo o sistema, a qual resulta daquele método.

Os precursores históricos diretos da dialética de Hegel são – com exceção da profunda teoria da unidade dos opostos de *Heráclito*, filósofo altamente estimado por Hegel – pensamentos de seus predecessores *Fichte* e *Schelling*. Esses pensamentos não foram mencionados nas seções anteriores, a fim de se poder inseri-los neste contexto.

Fichte, em sua doutrina da ciência, quando empreendeu a tentativa de fazer derivar todo o conteúdo do mundo (o qual para Fichte teria o mesmo significado que o conteúdo da consciência) de um princípio que fosse o mais superior, partiu do pensamento de que, na primeira etapa, o Eu se auto-"põe" (*setze*). Porém, somente desta primeira colocação (*Setzung*) o todo do universo não pode ser desdobrado. Falta um elemento motor, falta, como condição para o desdobramento do Eu, uma resistência. Por isso, Fichte afirma que na segunda etapa o Eu "opõe" a si um não Eu. Assim, à primeira colocação (*tese*) segue uma segunda que contém uma antinomia em relação à primeira (*antítese*). Eu e não Eu, no entanto, não podem existir como oposições que se excluem. É necessária uma terceira tese, na qual a validade de ambas se torne tão restrita que elas não mais se excluam (*síntese*).

Em sua filosofia natural, Schelling havia conferido ao conceito de *polaridade* uma importante posição. Ele procurou demonstrar que não somente na consciência humana, mas também na natureza, como ocorre nos fenômenos magnéticos e elétricos, o processo dinâmico é ativado por meio da repulsão entre polaridades iguais e da atração entre polaridades diferentes.

Hegel – expressando claramente o seu reconhecimento do mérito de Fichte – vai além desses pensamentos. O que diferencia a sua concepção de dialética da de Fichte é, sobretudo, o conceito mais aprofundado de síntese. Com Fichte, a síntese havia levado a oposição entre tese e antítese a um desaparecimento que apenas representava a restrição parcial da validade de ambas. Na síntese de Hegel, tese e antítese não são restringidas, mas "suspensas" (*aufgeho-*

ben) – no admirável sentido triplo que essa palavra possui na língua alemã: primeiramente, suspenso no sentido de "anular" (suspender uma lei); segundo, no sentido de "reter/conservar" (deixarei isso suspenso para você*), ou seja, a oposição não é levada ao desaparecimento, mas conservada viva em uma unidade mais elevada; terceiro, suspenso no sentido de "elevado", ou seja, colocar em nível mais alto, no qual tese e antítese não apareçam mais como oposições excludentes entre si. (Cabe aqui lembrar, brevemente, o que expusemos em seção anterior sobre a dialética budista e sua oposição à de Hegel.)

Não é difícil citar exemplos práticos que apresentem o sentido e a fecundidade de tal esquema dialético de três níveis. Todos nós já tivemos a experiência de, num primeiro momento, ao julgar pessoas, coisas, acontecimentos – na vida diária e na ciência – frequentemente "ir de um extremo ao outro", ou seja, da tese à antítese, para, então, encontrar o nosso julgamento final em um "meio-termo de ouro", o qual é, no entanto, algo mais que o meio-termo entre ambos os extremos. Isso demonstraria como o nosso *pensamento* evolui dialeticamente. Mas o "real" desenvolvimento das coisas não se movimentaria também de acordo com essa lei? No decorrer do desenvolvimento histórico, com frequência, razão não se torna insensatez e bem-estar, calamidade? Não é comum na história um novo movimento que surge, num primeiro momento, crescer rapidamente, para então, em virtude deste mesmo crescimento e da sobretensão de princípios originalmente talvez "mais corretos" ser conduzido a uma transformação em seu contrário – depois da qual então, em um novo estado das coisas, a oposição original chega a um equilíbrio no qual algo de ambos os extremos é conservado (suspenso), mas de tal forma que já não é mais o que era?

A singularidade da filosofia hegeliana é, pois, precisamente, que ela adota a dialética *não* apenas *logicamente*, como uma forma do nosso pensamento, mas ontologicamente ou *metafisicamente*, como a forma singular do automovimento da realidade, e que, além disso, ela empreende a demonstração de que ambos, o automovimento de nosso pensamento e o automovimento da realidade, são, fundamentalmente, processos *iguais* (ou ainda o mesmo processo).

3. A estrutura da filosofia em três estágios

Já em um escrito de sua juventude sobre a *Diferença entre os sistemas de Fichte e Schelling* (*Differenz des Fichteschen und Schellingschen Systems*) Hegel assume uma posição que contém o germe do programa de sua futura filosofia. Ele designa a filosofia de Fichte, a qual parte do sujeito, como idealismo subjetivo, e a filosofia da identidade de Schelling, que identifica a na-

---

* Neste exemplo tentei adaptar o significado de "reter/conservar" ao exemplo dado no texto, empregando a palavra "suspender" (conforme o procedimento do autor com os termos em alemão), embora ela não tenha exatamente este significado. A tradução do exemplo fornecido pelo autor (*ich hebe dir etwas auf*) seria algo como "eu guardo algo para você". Os três significados do verbo *aufheben* atribuídos à síntese hegeliana não encontram correspondente adequado em um verbo em português. A minha preferência foi "suspender" [N.T.].

tureza no Eu e o espírito inconscientemente criador na natureza, como idealismo objetivo. A própria posição de Hegel, elaborada mais tarde, relativamente a essas antíteses, encontra-se como uma síntese. Ele resolve a controvérsia colocando-se acima de ambos os contendores. Ao idealismo subjetivo e objetivo segue o idealismo *absoluto* de Hegel. Acima do espírito subjetivo e do objetivo encontra-se o espírito absoluto.

Schelling, aliás, também havia querido elevar-se a um ponto de vista "absoluto". Mas Hegel encontrou nele duas razões para censura: o absoluto aparece em Schelling "como que disparado por uma pistola". Schelling satisfaz-se em introduzir, repentinamente, o absoluto com base em uma visão "genial" e intelectual, em vez de mostrar como, de acordo com a lei dialética, o espírito se eleva de grau em grau para chegar, finalmente, ao absoluto. Segundo, na polaridade schellinguiana entre natureza e espírito Hegel inclina-se claramente para o lado do espírito. O conjunto do processo universal é para Hegel um autodesdobramento do espírito. A tarefa da filosofia é analisar esse autodesdobramento pensando.

De acordo com a lei dialética, ele ocorre em três estágios de desenvolvimento. Com eles também é fornecida a estrutura da filosofia. No primeiro estágio, o espírito universal encontra-se no estado de "*ser-em-si*". A disciplina filosófica que o analisa aqui se chama *lógica*. No segundo estágio o espírito encontra-se no estado de "exteriorização", de "autoalienação", de "*alteridade*" *(Anderssein)*. O espírito exterioriza-se para dentro na forma da natureza interligada ao espaço e ao tempo. Esse estágio é analisado pela *filosofia da natureza*. No terceiro e último estágio o espírito retorna da autoexteriorização para si mesmo. O espírito encontra-se, então, no estado do "*ser-em-e-para-si*". Corresponde-lhe, como terceiro estágio da filosofia, a *filosofia do espírito*.

Lógica

No início de sua *Ciência da lógica (Wissenschaft der Logik)* Hegel designa como seu conteúdo "a apresentação de Deus, como Ele, em seu ser eterno, é perante a criação da natureza e de um espírito finito". Assim, "lógica" é para Hegel algo completamente diferente e bem mais abrangente do que o seu sentido usual. A lógica concebida até então, como teoria das formas e leis do pensamento, compõe apenas uma parte dela. A lógica como um todo, porém, não analisa formas ou conteúdos de nosso pensamento, mas o espírito, a ideia, no puro estado sem espaço e sem tempo do ser-em-si.

Conceitos, princípios lógicos e categorias não são leis de pensamento, mas essências. (No sentido da disputa escolástica dos universais, Hegel seria, portanto, um "realista".) Eles contêm não apenas a estrutura de nosso pensamento, mas o esqueleto lógico do mundo. Porém, apenas o esqueleto! Pois eles representam a essência do mundo apenas em pensamentos, apenas como pensado. Mas, prosseguindo dialeticamente, ao desenvolvermos um conceito com base no outro (o que fizemos na lógica), não somos nós que formamos o conceito a partir de nós mesmos, mas somos como simples espectadores; nesse processo seguimos apenas o autodesenvolvimento daqueles conceitos, de forma semelhante ao pesquisador natural que segue o autodesenvolvimento das formas naturais ou o historiador que segue o autodesdobramento do processo histórico.

Hegel desenvolve toda a lógica mediante rigorosa inferência e a partir de um único ponto de partida. Nós não o seguiremos aqui de forma mais detalhada, mas apresentaremos apenas o ponto de partida. O conceito mais geral e ao mesmo tempo o mais vazio é o de "*ser*". O que, no entanto, significa "ser" nesta sua forma mais geral? Para onde quer que olhemos, há em toda parte apenas determinado ser (e não geral). Mas um ser desprovido de qualquer determinação é, na realidade, *nada*. Não se trata de algo real, apenas um pensamento geral, e isso é também o "nada". Assim, partindo do ser chegamos à sua aparente contradição, o nada. Dessa maneira, procedendo sistematicamente, ao desmembrarmos um conceito encontramos sempre o próximo. Hegel não apenas resolve a contradição entre ser e nada com o conceito *vir-a-ser*, que representa a transformação dessas oposições uma em outra, ele avança e desenvolve a partir desse início toda a série de conceitos até o mais elevado, o espírito absoluto.

Deve-se observar que essas teses da identidade, da contradição, do terceiro excluído, que, no mais, são a essência de toda a lógica formal, não formam o princípio mais elevado neste tipo de lógica dialética. Oposições não se excluem! Pelo contrário, todo fenômeno finito, como que a partir de si para além de si, já indica a sua oposição. E a transição para essa oposição não elimina completamente a primeira. Sem valor é aquele pensar que se quer lógico ou científico, mas não consegue levar em conta e desenvolver as contradições presentes na própria natureza e encontrar nelas a mais elevada unidade – pois apenas dessa maneira o pensamento pode satisfazer o fluxo vivo do desenvolvimento.

Filosofia da natureza

A tendência natural de Hegel conduziu-o, como já o mostra toda a linha de seus estudos, não ao reino da natureza externa, mas ao reino do "espírito" (aqui entendido como oposição à natureza), ao ser humano, sua sociedade e sua história, em suma, àquilo que hoje – em boa parte graças ao trabalho de Hegel! – colocamos ao lado das ciências naturais como "ciências do espírito" (*Geisteswissenschaft*)* ou "ciências culturais". Quando Hegel, como preceptor em Berna, tinha perante os seus olhos a magnífica natureza das grandes altitudes dos Alpes, permaneceu indiferente. Essa paisagem não lhe despertou um fio de interesse. Bem diferente de Kant. Ainda que nunca tenha visto os Alpes, o céu estrelado o estimulava a sempre novos arrepios de admiração e à profunda reflexão!

---

* Termo aplicado na Alemanha por oposição a ciências naturais, de forma semelhante ao emprego no Brasil da diferenciação entre ciências humanas e ciências naturais, para indicar o conjunto das ciências que possuem como objeto de estudo a cultura e a vida espiritual [N.T.].

Desse modo, a filosofia natural de Hegel é também a parte mais frágil de seu sistema. Nela ele se apoia amplamente em Schelling. E esse já era qualquer outra coisa, exceto um pesquisador naturalista empírico. Schelling também tratava de comprovar seus princípios filosóficos em toda a parte na natureza real. Mas ele tinha sim um vasto saber nessa área e, assim, ainda se mantinha resguardado de algumas arbitrariedades. Hegel não tinha esse saber; além disso, ele era, num grau ainda mais elevado, um sistemático que queria fazer derivar tudo de um princípio. Assim, não é de se admirar que Hegel muitas vezes corrompesse os fatos advindos da experiência, os quais, infelizmente, nem sempre se adequavam a um sistema preconcebido e, do alto de seu ponto de vista filosófico, até mesmo olhasse com certo desprezo as pessoas que trabalhavam com esforço no reino empírico, onde as coisas confinam-se duramente no espaço.

Significativo, porém, e um elo imprescindível na formação do todo, é o modo como Hegel trata a natureza, analisando-a em seus princípios básicos. A natureza é o reino da "alteridade" em oposição ao "ser-em-si". O que significa isso? Um conceito lógico ou matemático é "em si", ele é algo incondicional. Sua validade não depende de espaço nem tempo. O que ocorre com as coisas no espaço e no tempo? Um ponto no espaço, por exemplo, é "em si" absolutamente nada. "Em si" ele é igual a outro ponto no espaço. O que o torna algo neste determinado ponto espacial é somente a sua posição, quer dizer, sua relação com outros pontos espaciais iguais. Ele apenas é esse determinado ponto porque é "de maneira outra" que a dos outros. Seu sentido é um "ser-de-outra-maneira" (*Anders-Sein*).

Mas o mesmo vale para todas as coisas corpóreas e forças no espaço e no tempo.

Filosofia do espírito

O reino do espírito – que se eleva acima da natureza, e, com isso, também a filosofia do espírito – é, por seu lado, dividido em três níveis.

Espírito subjetivo – Hegel designa o nível mais baixo de "espírito subjetivo". A noção de espírito subjetivo refere-se à vida do ser humano isolado, do indivíduo. É primeiramente no ser humano – e não no animal – que o espírito se torna *consciente* de si. Aquilo que nos conceitos gerais da lógica se apresentava apenas como algo pensado adquire agora, a partir do momento que o homem o coloca em sua consciência, e de forma mais específica, realidade. Aqui o espírito é "consigo mesmo" ou "para si". Mais exatamente: aqui o espírito *começa* a passar do estado de "ser-fora-de-si" para o de "ser-para-si". Ele apenas começa, pois o espírito no indivíduo ainda não é real e plenamente "para si". "O ser humano é um 'estar sendo' para si, quer dizer, um determinado ser pessoal inconfundível que obtém sua determinabilidade não apenas de seu ser-de-outra-maneira (*Anders-Sein*) perante outros. Mas o ser humano é também uma espécie e, considerado como exemplar da espécie, ele pertence à "natureza" e é determinado apenas pelo seu "ser-de-outra-maneira".

Espírito objetivo – O conceito de espírito objetivo também é utilizado hoje em dia. Dizemos que um produto espiritual* como, por exemplo, um sistema de pensamento, uma teoria, uma determinada obra, não é apenas "psíquico", ou seja, não é algo que se esgota por estar contido na mente de seu criador ou de outra pessoa que se ocupa com ele num certo momento. Desprendido da psique (individual), esse produto tem, antes, de ser valorizado como um produto espiritual "objetivo". Esse emprego do conceito deriva, é certo, de Hegel, mas não transmite o sentido que o próprio Hegel lhe confere. Para Hegel, a doutrina do espírito objetivo significa também *ética*. O reino do espírito objetivo é para Hegel o da família, da sociedade e do Estado – e a história, na qual aqueles se desenvolvem. Na família, na sociedade e no Estado, o espírito subjetivo personificado no indivíduo isolado entra numa esfera de ordem mais elevada, mais objetiva. Nela ele se encontra sob leis supraindividuais, cuja essência é a ética.

No final, iremos tratar brevemente, numa seção à parte, da filosofia da história, a parte mais interessante da doutrina do espírito objetivo de Hegel.

Espírito absoluto – Sobreposto aos espíritos subjetivo e objetivo, eleva-se a esfera do espírito absoluto. É somente nela que o espírito, depois de ter retornado do "ser-de-outra-maneira", encontra-se plenamente consigo mesmo. Ele está "em si e para si" (*an und für sich*). O reino do espírito absoluto está dividido em *arte, religião* e *filosofia*.

Enquanto na esfera do espírito objetivo, na vida em sociedade, as tensões entre o espírito subjetivo e o objetivo, portanto entre o indivíduo e os poderes sociais supraindividuais, ainda não estão suspensas – mas, antes, representam precisamente o elemento impulsor da história –, na obra de arte revela-se o espírito reconciliado consigo mesmo, sujeito e objeto revelam-se em plena harmonia, a ideia absoluta revela-se em sua pureza. Nós não podemos tratar detalhadamente a estética filosófica de Hegel, mas queremos observar que ela atesta profundo entendimento de arte e coinfluenciou decisivamente o desenvolvimento posterior desse ramo da filosofia. A estética de Friedrich Theodor *Vischer* (1807-1887), por exemplo, baseia-se completamente nos pensamentos de Hegel.

Acima da arte – diferentemente de Schelling – encontra-se a religião. A harmonia produzida nitidamente pela arte na forma de sensibilidade externa é presença *interna* na religião. Porém, a terceira e mais elevada forma, na qual o espírito absoluto existe, é a *filosofia*. Pois também na religião o absoluto, estando ligado ao sentimento e à representação, ainda não tem a pura forma conceitual do pensamento. A filosofia converte o que foi contemplado na arte, representado e sentido na religião, na forma pura do pensamento. O espírito atinge plenamente a si mesmo.

---

*A expressão traduzida é *Ein geistiges Gebilde*. A opção por "um produto mental" teria facilitado talvez o entendimento do exemplo. No entanto, ela negligenciaria a associação com o "espírito" (*Geist*) do "espírito objetivo" [N.T.].

4. História

Parece um pouco estranho que Hegel tenha tratado a história como complemento de sua doutrina do espírito *objetivo*. Em seu pensamento, a história, então, limita-se ao desdobramento da razão na vida *política*. História é para ele história política. Arte, religião e filosofia, como reino do espírito absoluto, pairam como que atemporalmente sobre ela. Parece-nos – e este é um ponto importante para uma reflexão crítica sobre Hegel – que um entendimento correto de toda a história apenas seja possível quando se reconhece que também arte, religião e filosofia não formam um reino absoluto atemporal, mas desdobram-se na história, e quando se considera sua relação com a história social e política e a influência recíproca entre todas essas áreas. De fato, em suas aulas posteriores sobre filosofia da história, Hegel acolheu algo daquilo que aqui sentimos falta no conceito. Mas a posição que ele confere à história em seu sistema é, sim, a caracterizada acima.

Dificilmente se pode comparar Hegel, enquanto filósofo da história, com qualquer outro pensador de seu século. Se Hegel talvez tenha carecido de entendimento intuitivo da natureza, ele era dotado de agudo sentido histórico. Um formidável saber e um olhar frequentemente surpreendente para o essencial e para contextos ocultos distinguem-no e produzem, juntamente com a consequência lógica aplicada ao seu esquema dialético, um quadro de magnífica coesão.

Podemos destacar aqui apenas um pensamento: o modo como Hegel concebe a relação do individual com os poderes sociais. Sabemos que para Hegel a esfera da vida ética começa a partir do espírito objetivo. O ser-aí do indivíduo não tem sentido e valor em si mesmo, mas pela sua subordinação e enquadramento em relação aos poderes suprapessoais históricos, sobretudo o Estado.

O individual não atua, mas sim o espírito universal (*Weltgeist*) atua por meio do individual como sua ferramenta. O que faz as grandes personalidades históricas se tornarem tal – elas sempre cativaram Hegel de forma especial, lembremos o seu encontro com Napoleão – não são suas qualidades pessoais, energia, paixão, precaução, inteligência; pois para a execução de seus propósitos o espírito universal frequentemente se serve de indivíduos indignos e fracos. É o fato de que neles se incorporou a necessidade histórica, o "espírito do tempo". Também o julgamento moral de tais personalidades não deve ter por base parâmetros retirados da vida individual. "Tornar-se culpado é a honra dos grandes caracteres." Assim, Hegel vê também com certo desprezo aqueles que consideram a "felicidade" do individual o objetivo da vida e o propósito da sociedade. "A história universal não é o chão da felicidade. Os períodos de felicidade são nela folhas vazias..."

O espírito universal atua nos indivíduos frequentemente contra seus objetivos e propósitos pessoais. A pessoa que age pode acreditar que sirva a propósitos totalmente determinados de forma puramente pessoal, por exemplo, à ampliação de seu poder pessoal – há uma *"astúcia da razão"* (*List der Vernunft*) que, sobre esse propósito imaginário e por meio do agente como ferramenta, atua na necessidade histórica. Pode-se perceber claramente que aqui há uma considerável oposição entre Hegel e a doutrina de Kant, na qual a autonomia da personalidade moral individual é o valor mais elevado, e uma oposição ao Romantismo, que mantinha também uma outra relação com a história e com a personalidade histórica. Para Herder, por exemplo, qualquer povo incorpora diretamente um lado especial de Deus. Para Hegel, indivíduos, povos, épocas são apenas estágios intermediários no grande processo histórico universal. Mas necessários! Indivíduos e povos entram na história e, quando sua missão está finalizada, passam adiante o cetro da história universal. Mas durante o período em que aparecem e atuam eles são aquilo que corresponde à razão histórico-universal naquele momento. Pois, como a história é o autodesdobramento do espírito objetivo, aquilo que até o seu determinado momento se tornou histórico é o necessário nesse momento e ao mesmo tempo o "razoável" nesse momento, a saber, o correspondente à razão histórico-universal (não aquela do indivíduo, pois muita coisa lhe parece muito "insensato"!).

Nesse sentido, Hegel afirma que tudo o que é real também é razoável e tudo o que é razoável é também real.

5. Apreciação e crítica

Gostaríamos de destacar aqui quatro pontos de vista para uma apreciação crítica de Hegel.

1) Objeções fundamentais são levantadas, sobretudo do ponto de vista da *teoria do conhecimento*. Vimos, é verdade, como, com base nos pensamentos de Kant, passando por Fichte e Schelling, há um caminho que conduz a Hegel. No entanto, no final desta série, Hegel fica bem distante de Kant e ultrapassa os limites que Kant sempre quis ter instituído. Hegel faz do princípio dialético, o qual – como mostra a recém-apresentada obra de Hegel – é, sem dúvida, um altamente fecundo princípio de ordem de nosso pensamento, um princípio do próprio ser. Isso o conduz à ilusão de que toda a profusão da realidade empírica possa ser derivada das leis do automovimento do pensamento. Mesmo que seja correto que a legalidade do pensamento se encontre no desdobramento e conseguinte superação de sempre novas contradições, e que ainda seja correto que também o desenvolvimento real se realize no desdobramento e superação de contradições, há entre ambas as considerações, no entanto, uma diferença fundamental: a diferença entre uma contradição *lógica* e a oponibilidade *real* das coisas. A oposição lógica de uma proposição pode ser sempre deduzida logicamente. Mas a oposição real em relação a um fenômeno real não pode ser deduzida logicamente. Como diz Ernst Jünger, uma proposição pode ser refutada, mas não uma metralhadora.

Ao negligenciar essa diferença de forma acrítica, Hegel expõe seu desprezo pelo saber empírico. Assim pôde surgir a frase com a qual Hegel deve ter respondido quando questionado sobre as contradições entre o seu sistema e a realidade: "Tanto pior para a realidade!" Que essa deficiência não se encontre de forma evidente na filosofia da história deve-se ao fato de Hegel possuir no campo histórico, além de uma segura sagacidade, um saber realmente fundamentado dos fatos.

2) A influência de Hegel é enorme na área de seu ponto forte e na qual o método dialético havia demonstrado sua fecundidade: na história. O seu mérito permanente nesse campo

ocorre em virtude de Hegel, com sua dialética da ciência, ter fornecido um princípio que possibilitou acomodar no pensamento as contradições no processo histórico – superando-se a proposição estática da contradição.

Desde e com Hegel, não apenas a filosofia da história, mas também a história da filosofia ocupa uma posição significativa no reino da filosofia. A história da filosofia acompanha a razão pelo caminho do seu desdobramento. Ela ensina a compreender que tudo o que o presente possui de filosofia é o resultado necessário dos acontecimentos anteriores. Para o próprio Hegel, a história da filosofia é, de certo modo, o teste da exatidão do seu sistema. A história da filosofia, ao ser corretamente analisada, deveria mostrar que a filosofia do presente reúne em si, suspenso em uma unidade mais elevada, todas as contradições surgidas na filosofia anterior. Desse modo, Hegel, naturalmente, tinha de considerar sua filosofia como marco necessário de todo o desenvolvimento filosófico.

3) O ponto mais importante da repercussão de Hegel não se encontra, porém, nos pensamentos históricos, tampouco nas ciências, mas no pensamento social e político e na própria história. Em seus últimos anos, Hegel se inclinava cada vez mais à opinião de que o desenvolvimento histórico e também a filosofia haviam chegado, então, a um ponto-final. De certo modo, havia-se atingido o nível mais elevado, no qual até se poderia progredir, mas acima do qual não se poderia mais ascender. Assim, Hegel parece a outros e sente-se ele mesmo como o filósofo do Estado prussiano, que aliado à reação dominante declarou o Estado prussiano daquela época como a última sabedoria da razão histórico-universal e seu próprio sistema como a coroação de toda a filosofia. De fato, Hegel estava completamente aliado ao "espírito do tempo", ao qual frequentemente se reportava e o qual, após as agitações revolucionárias oriundas da França, ansiava, então, por tranquilidade. Parecia a Hegel que havia se chegado a algo como um estado histórico final, no qual restava ao pensamento apenas acompanhar com o olhar os acontecimentos e se elevar à pura consciência. "Somente no crepúsculo as corujas de Minerva começam a voar."

Aqui se demonstra então, contra o próprio Hegel, a exatidão de seu princípio dialético. Com base em sua obra, a "astúcia da razão" torna-se algo bem diferente do que o seu "espírito subjetivo" havia acreditado.

Hegel ignorava que a dialética é na história antes um princípio revolucionário do que conservador. Ele ignorava que a meta da história universal, a qual a partir da liberdade de um indivíduo (despotismo), passando pela liberdade de alguns, deveria conduzir à liberdade de todos, certamente ainda não havia sido atingida pelo Estado prussiano daquela época. Era inevitável que as contradições já arraigadas na realidade histórica, precisamente na época de Hegel, a da incipiente industrialização, logo provocassem uma irrupção e resultassem naqueles abalos que ocuparam os séculos XIX e XX. E, logo a seguir, na própria filosofia a escola hegeliana se decompôs – de acordo com a lei dialética! – em direita e esquerda. Em seus pensamentos, os quais tiveram as mais graves consequências, Marx serviu-se do método dialético de Hegel.

Positivismo, materialismo, marxismo

I. O positivismo na França: Comte

1. O espírito da época

A primeira metade do século XIX na França é repleta de lutas pelas conquistas da Revolução. O ano de 1815, com a derrota definitiva de Napoleão, os anos revolucionários de 1830 e 1848, o golpe de estado de Luís Bonaparte e sua coroação como imperador em 1852 assinalam as etapas mais importantes. No lado mais extremo "direito" do cenário das lutas políticas encontram-se as forças de reação e restauração. Elas pretendem retroceder a roda da história e recuperar a dominação eclesiástica e monárquica pré-revolucionária. No centro estão as forças da burguesia liberal. Em sua intervenção a favor da manutenção das aquisições revolucionárias, quer dizer, a favor da manutenção e consolidação da posição social do terceiro estado, ela tinha de lutar em dois flancos. À direita contra a reação, à esquerda, porém, contra a insatisfeita massa do ascendente quarto estado, a qual, na era da industrialização da Europa Ocidental, começa a anunciar suas demandas sociais.

Essas três direções estão presentes também no pensamento filosófico. No meio intelectual, o romantismo francês corresponde à direita política. De forma mais acentuada do que se pode dizer do romantismo alemão, ele forma o correspondente intelectual da reação política. Seu principal representante é Joseph *de Maistre* (1754-1821). Ele via na Revolução uma funesta ruptura da continuidade histórica, uma renegação da tradição católica que devia ser combatida. O centro no pensamento filosófico é representado, primeiramente, por François Pierre *Maine de Biran* (1766-1824). As exigências da esquerda manifestam-se, primeiramente, na forma do assim chamado socialismo utópico, designado utópico em oposição ao socialismo científico fundado por Karl Marx. Os socialistas utópicos que mais se destacaram foram Claude Henri de *Saint-Simon* (1760-1825), Charles *Fourier* (1772-1837) e Pierre Joseph *Proudhon* (1809-1865).

O mais significativo pensador produzido pela França naquela época foi, no entanto, um, inicialmente, discípulo do Conde de Saint-Simon. Por isso, devemos pensar seu mundo de ideias posicionado ao lado esquerdo do nosso esquema, mais apropriadamente em relação ao seu ponto de partida, pois o próprio Comte viria a realizar um desenvolvimento que em muitos aspectos o empurraria mais para o centro das lutas sociais. De qualquer forma, essa base inicial nos permite perceber que entraremos agora em um mundo intelectual bem diferente do idealismo alemão.

2. Vida e obra de Comte

Augusto Comte, nascido em 1798 em Montpellier, procedia de uma família de funcionários públicos rigidamente católica. Já aos vinte anos de idade tinha claramente perante seus olhos o programa da futura obra de sua vida. Ele desenvolveu e publicou um *Plano dos trabalhos científicos necessários para reorganizar a sociedade* (1822). Em virtude de circunstâncias externas, a execução desse programa lhe foi extremamente penosa. Em 1824, ele já apresenta ao público uma primeira elaboração pormenorizada de seus pensamentos em seu *Sistema de filosofia positiva*. Porém, um adoecimento mental o conduz ao manicômio e à beira do suicídio. Após sua recuperação ele começa a dar aulas privadas sobre seu sistema. Logo, vem a perder um cargo como professor na Escola Politécnica parisiense. Até sua morte (1857) sustenta-se com os paupérrimos rendimentos oriundos de aulas privadas de matemática e, principalmente, com o apoio recebido de seus amigos e discípulos que o idolatravam, entre eles o inglês John Stuart Mill.

De 1830 a 1842, sob essas desconfortáveis condições, Comte concebe sua sistemática obra principal, *Curso de filosofia positiva*, em seis volumes. A relação com uma mulher, Clotilde de Vaux, salva-o de uma nova crise mental advinda da conclusão desse trabalho e da dissolução de seu casamento. Logo depois ela lhe será retirada pela morte. Mas a estreita comunhão entre eles alterou a linha de pensamento de Comte para sempre. O racionalista convicto descobre o poder do coração, do sentimento. A expressão dessa nova posição de Comte encontra-se em seus escritos posteriores *Tratado de sociologia instituindo uma religião da humanidade* (1851-1854), *Catecismo positivista* (1857), entre outros. A seguinte apresentação dos seus principais pensamentos baseia-se, principalmente, em sua obra principal de seis volumes acima citada.

3. O princípio do positivismo

O nome introduzido por Comte, positivismo, já contém uma renúncia à metafísica. O princípio básico do positivismo é partir daquilo que é dado, factual, "positivo". Todas as discussões e questões que pretendam algo além desse princípio devem ser dispensadas como inúteis. O que, no entanto, nos é dado, especificamente, como "fato positivo"? O fenômeno! O positivismo limita, portanto, a filosofia e todas as ciências ao reino dos fenômenos. Tudo o que podemos fazer é aceitar os fatos dados em forma de fenômeno; segundo, empreender a tentativa de ordená-los de acordo com determinadas leis; terceiro, prever os fenômenos futuros com base em leis conhecidas e assim nos prepararmos para eles. *Savoir pour prévoir*! Saber para prever! Esse é o sentido de toda ciência. (Assim também pensava Francis Bacon, considerado por Comte como seu grande predecessor.)

Não faz sentido, portanto, procurar resposta para a "essência" de um fato ou para suas "reais" causas. Nós podemos apenas aceitar os fatos e analisar como eles se relacionam com outros fatos dados. Procura-se estabelecer as condições sob as quais surgem determinados fatos e conectá-los de acordo com ambos os princípios da semelhança entre eles e da sua sequência. As relações constantes no primeiro ponto de vista chamamos de conceitos, no segundo, de leis.

Comte questiona: O que significa "explicar"? O que é, por exemplo, a gravitação? "Todas as vezes que se quis determinar o que eram, em si mesmas, essa atração (no universo) e essa gravidade (dos corpos na Terra), mesmo os mais significativos homens somente puderam explicar ambos esses princípios fundamentando um no outro; ou afirmavam que a atração é apenas uma gravitação universal, ou que a gravitação consiste apenas na atração terrestre. Tudo o que podemos obter são tais ponderações... Ninguém procura seguir adiante"[1].

Uma radical e ao mesmo tempo deprimente consequência dos esforços de todos os epistemólogos, de Locke a Kant! A palavra "positivo" pode ter diferentes significados em alemão e também em francês. Designamos como positivo o real, em oposição ao negativo que é o não real. Designamos como positivo também aquilo que faz sentido, que é útil (p. ex., "realizar um trabalho positivo") em oposição ao que não faz sentido, que é inútil. Terceiro, chama-se positivo também o claramente determinável, o que é certo (como "direito positivo", o conceito absoluto das leis válidas, de fato, atualmente, neste país, em oposição ao "direito natural"). Todos os três significados ajustam-se ao positivismo, conforme indicado pelo próprio Comte. O positivismo apoia-se somente no real, quer dizer, nos fatos dados. Ele baseia-se somente no que é socialmente útil e no claramente determinável, em oposição às intermináveis disputas da metafísica anterior.

4. A lei dos três estados

O conceito de positivismo passa a conter um conteúdo vivo somente quando se tem presente a série regular dos três estados, nos quais, de acordo com Comte, se realiza necessariamente o desenvolvimento do pensamento humano, tanto nos indivíduos como em toda a humanidade. A lei diz: "Cada ramo de nossos conhecimentos atravessa uma série de três estados diferentes, a saber, o estado teológico ou fictício, o metafísico ou abstrato e o científico ou positivo"[2].

No estado *teológico*, o espírito humano dirige suas investigações para a "natureza íntima" das coisas, para as "primeiras causas" e últimas metas, em uma palavra, acredita-se na possibilidade do conhecimento absoluto e procura-se por esse conhecimento ou acredita-se possuí-lo. Os acontecimentos factuais não são explicados segundo leis de semelhança e sucessividade. As pessoas acreditam, antes, seguindo a analogia de sua própria ação, que por trás de cada acontecimento há uma vontade viva particular.

---

1. COMTE, A. *Cours de philosophie positive* [Edição abreviada alemã "Die Soziologie". BLASCHKE, F. (org.). Leipzig, 1933, p. 5].

2. Ibid., p. 2.

No interior do teológico diferenciam-se outros três estados. Na fase mais primitiva, o homem considera os próprios objetos como portadores de vida e alma (*animismo*). Na fase seguinte, ele reduz classes inteiras de coisas e acontecimentos, respectivamente, a uma única força sobrenatural que se encontra por detrás deles. Para cada esfera dos fenômenos, há um deus próprio – Deus dos mares, do fogo, dos ventos, da colheita, etc. (*politeísmo*). Na fase mais avançada do estado teológico, o homem substitui as inúmeras divindades pela providência ativa de um ser mais elevado que os outros e, dessa forma, chega ao *monoteísmo*.

O estado *metafísico* é apenas uma variação do teológico. Em vez de forças sobrenaturais – divindades – são consideradas forças abstratas, conceitos, entidades (essências). A fase mais avançada, que equivaleria ao monoteísmo, seria aqui atingida quando todas as essências isoladas fossem pensadas em conjunto, em uma única essência geral, a qual seria, então, designada de "natureza" e considerada como a fonte de todos os fenômenos.

No terceiro estado, o *positivo*, o homem reconhece, finalmente, que é inútil querer chegar ao conhecimento absoluto, seja teológico ou metafísico. Ele desiste de investigar a origem e a finalidade do universo ou a verdadeira "essência" de todas as coisas que se encontra por trás dos fenômenos. Em vez disso, ele procura, por meio da observação e do emprego de sua razão, conhecer as leis da semelhança e sucessividade nos fatos dados. No estado positivo "explicar" passa a significar: estabelecer uma relação entre os fatos isolados e um fato geral. O mais elevado objetivo da fase positiva idealizado por Comte – equivalente nos outros estados ao monoteísmo e à metafísica da natureza universal – será atingido quando se puder subordinar todos os fenômenos isolados a *um* único fato geral, como à gravitação. (Pensemos na tentativa da física, especialmente de Einstein, de criar uma "teoria de campo" unificada).

Essa lei dos três estados vale, primeiramente, para o desenvolvimento espiritual da humanidade em geral. Ela vale também para o desenvolvimento individual de cada pessoa. "Quem não se lembra de ter sido teólogo em sua infância, metafísico em sua juventude e físico em sua maturidade?"[3]

Terceiro, ela é observada também no interior de cada ciência. Todas as ciências eram originalmente dominadas por conceitos teológicos, depois por especulações metafísicas para chegar, então, finalmente, ao estágio maduro do saber positivo.

5. A estrutura escalonada das ciências

Tarefa e utilidade da filosofia

Na abordagem global da obra comteana que gostaríamos de analisar a seguir, torna-se novamente evidente uma particularidade do espírito francês, a qual já havíamos encontrado antes. Ela se manifesta na posição e tarefa conferidas por Comte à filosofia no âmbito das ciên-

---

3. Ibid., p. 3.

cias. No decorrer de sua crescente formação, cada ciência se especializou cada vez mais. A necessidade e a utilidade de tal divisão do trabalho surgem, especialmente, quando as ciências entram no estado positivo das ciências factuais puras. Nos estados teológico e metafísico ainda estavam presentes certos princípios gerais (sem fundamento) superiores às disciplinas científicas. No estado positivo pode-se, infelizmente, observar as nocivas consequências de uma especialização exagerada: dispersão de nosso conhecimento, ausência de um sistema geral coerente. O caminho para gerenciar esse mal não é acabar com a divisão do trabalho – a qual se torna cada vez mais imprescindível para o progresso do conhecimento –, mas aperfeiçoá-la, fazendo-se, a saber, do estudo dos axiomas gerais uma área especial do saber. Isso é a tarefa da filosofia (positiva), ou seja, a integração de cada nova descoberta de um determinado campo de estudo a uma teoria geral.

Tal filosofia positiva é também o único meio de esclarecer as leis lógicas de nosso pensamento. Além disso, ela vai oferecer a base para uma transformação do ensino geral. Pois tal fundamento jamais pode ser o estudo especial das ciências isoladas, mas uma doutrina que apresente as bases gerais de todas as ciências. Terceiro, dessa síntese de nosso saber, as ciências voltarão a experimentar novo impulso. Questões que teriam de ser desenvolvidas por especialistas de diferentes disciplinas poderão encontrar nela sua área de trabalho. Por fim, somente essa filosofia positiva pode eliminar a anarquia espiritual das diferentes opiniões e oferecer uma base firme para a transformação racional da sociedade sem abalos revolucionários.

A singularidade que aqui surge pode ser designada como o traço enciclopédico presente no pensamento francês. Na Alemanha, como acabamos de ver diversas vezes no último capítulo, o pensamento filosófico movimentava-se quase sempre na direção que confere à filosofia uma tarefa especial que lhe é própria e uma posição fora das disciplinas científicas. O pensamento inglês sempre esteve direcionado à experiência exterior e interior e, dessa maneira, manteve uma vizinhança natural com a psicologia. Na França coube frequentemente à filosofia sintetizar o conjunto do conhecimento científico da respectiva época. Lembremos os dicionários de Bayle e Voltaire e da grande Enciclopédia.

A classificação das ciências

Uma classificação sensata das ciências somente pode ser realizada de acordo com uma estruturação natural dos fatos fenomenais tratados pelas ciências. Todos os processos observáveis, no entanto, são passíveis de uma redução a um número bem pequeno de conceitos fundamentais, de forma que o estudo de cada classe serve de base ao estudo da próxima classe. A ordem das classes é determinada segundo o grau de simplicidade ou generalidade, pois os processos gerais, exatamente por estarem mais amplamente livres da particularidade do caso individual, são também os mais simples. Contudo, para o pensamento normal não científico, sempre envolvido com o fenômeno individual concreto, os processos mais gerais são os mais desconhecidos.

Todos os processos podem, primeiramente, ser classificados como aqueles que ocorrem nos corpos inorgânicos e os que ocorrem nos corpos orgânicos. É claro que somente se pode estudar os orgânicos depois de se ter conhecido os inorgânicos; pois nos seres vivos manifestam-se todos os processos humanos e químicos do mundo inorgânico, acrescentados de mais alguma coisa diferente.

A doutrina do inorgânico subdivide-se em duas seções: a análise dos processos gerais no universo cabe à astronomia. Os processos inorgânicos que se sucedem na Terra são analisados pela física e pela química. Mas o conhecimento da física deve vir antes, porque os processos químicos são mais complicados e dependem dos processos físicos. O inverso não ocorre.

No reino dos processos inorgânicos também há uma divisão natural em duas seções. Existem processos que se passam no indivíduo e outros na espécie. Os últimos são os mais complicados. Por isso, o tratamento dos seres vivos individuais deve vir primeiro. Ele é tarefa da biologia. O tratamento dos processos da vida social da espécie é tarefa da sociologia – cuja ciência é inaugurada por Comte nesse ponto do seu pensamento. A palavra sociologia também foi cunhada por ele de forma um tanto inadequada de um elemento latino (*societas*) e de um grego (*logos*). A sociologia é, pois, o coroamento da construção científica. Ela somente pode desenvolver-se quando a preparação das ciências que a antecedem tiver atingido o respectivo estágio de maturidade.

Se analisarmos o que foi dito até aqui, perceberemos a ausência de duas ciências: matemática e psicologia. Que posição elas ocupam? Com Descartes e Newton, a matemática deve ser considerada o fundamento de toda a filosofia. A matemática, com suas duas seções, a matemática (ou análise) abstrata e a matemática concreta, ramificada em geometria e mecânica, pertence ao primórdio do todo da construção. Suas proposições são as gerais, que são as mais simples, as mais abstratas e independentes de todas as outras. – Já a psicologia não encontra espaço na classificação de Comte. Comte demonstra de um modo simples que uma ciência da psicologia não pode, absolutamente, existir. Pois, em virtude de um destino irreprimível, o espírito humano pode observar todos os outros processos, mas não a si mesmo. Talvez ele possa observar melhor suas paixões, porque elas não residem no pensamento, mas em outros órgãos; no próprio pensamento, contudo, o órgão observador é idêntico ao observado – neste caso, como seria possível uma observação? Portanto, se quisermos conhecer as formas e os métodos do nosso pensamento, temos de estudá-los por meio da utilização prática, de sua aplicação às ciências individuais.

Assim, segundo Comte há a seguinte hierarquia das ciências: *matemática*, *astronomia*, *física*, *química*, *biologia* e *sociologia*.

6. Sociedade, Estado, ética

Em todas as ciências, com exceção da última, Comte pôde apoiar-se no extraordinário progresso realizado por elas desde a sua entrada no estado positivo. A sociologia ainda teria de ser criada. Por isso, ela é o aspecto prioritário de suas análises. Ela ocupa os volumes quatro, cinco e seis de sua obra principal. Em uma única grande criação, Comte desenvolveu o sistema de uma ciência, a qual com ele e após sua morte atingiu um poderoso significado. A obra de Comte contém o germe de uma grande parte das ideias, princípios e métodos que viriam a ser elaborados na sociologia. Comte divide-a em uma estática social, ou teoria da ordem natural da sociedade, e uma dinâmica social, ou doutrina do progresso. Teremos de nos privar de mais detalhes.

A doutrina da sociedade de Comte é uma filosofia da história. Comte, como Hegel, cuja dialética, aliás, assemelha-se formalmente à lei dos três estados, lança um olhar abrangente sobre um grande volume de fatos históricos e os insere em um sistema. Na fase final de sua vida, porém, Comte não leu um único livro que se relacionasse com o objeto de estudo desse sistema; mas sua prodigiosa memória lhe colocou à disposição tudo o que ele havia lido antes.

A filosofia da história de Comte compreende não somente o desenvolvimento político, jurídico e social, mas também o da arte, da religião, da ciência e da filosofia. Em toda parte ele volta a encontrar a lei dos três estados. A cada estágio do pensamento corresponde uma determinada forma da sociedade. Ao estado teológico corresponde, no social, a crença em uma justiça divina; o feudalismo é a forma de dominação dessa época. A época metafísica é a era da deterioração das convicções religiosas, o que na área social corresponde a uma época de transformações revolucionárias iniciadas pela Revolução Francesa, a qual assinala a vitória do princípio metafísico sobre o teológico. O estado positivo é chamado para substituir a degeneração revolucionária por uma nova ordem estabelecida. Em vez da crença em seres sobrenaturais ou em princípios metafísicos abstratos, tem lugar, como elemento determinante na vida social, a lúcida compreensão científica de especialistas. Um conselho de filósofos positivistas e sociólogos torna-se a instância superior na vida intelectual e detém a educação em suas mãos. A prática governamental, no entanto, não lhes caberá, mas será exercida por um grêmio de especialistas em economia: banqueiros, comerciantes, industriais e agricultores. Pois, como forma de sociedade da época positiva, equivale ao feudalismo da época teológica a organização industrial do trabalho. Ciência e economia serão os poderes determinantes na sociedade do futuro.

No período de transformação revolucionária, o sentido pelo individual prepondera sobre o sentido pelo todo e pelo geral. No período positivo, prepondera o sentido pelo todo. Isso nos conduz às exigências éticas de Comte e aos pensamentos da fase final de sua obra. A reflexão científica sobre a sociedade e a história nos mostra a subordinação do indivíduo aos contextos sociais e históricos supraindividuais.

A ordem social aspirada pela filosofia positiva somente pode ser realizada quando esse conhecimento se tornar geral, quando as pessoas fizerem do princípio de sua ação a sua dedicação primordial ao todo, o altruísmo (expressão cunhada por Comte como oposição ao egoísmo). No entanto, as pessoas não devem entregar-se a uma única nação ou a um grupo, mas a toda a *humanidade*, ao "grande ser" (*Grand Être*), o qual Comte quer elevar a objeto de uma verdadeira veneração religiosa. Um culto da humanidade, que em suas manifestações apresenta ritual fixo, sacerdotes, santos, festas etc., confundível com o culto religioso – por assim dizer, um "puro catolicismo, apenas sem cristianismo" como observou um crítico –, deve constituir a forma externa dessa nova religião da humanidade. Sua máxima é "Amor como princípio, a ordem como base, e o progresso como fim".

Em primeira linha, naturalmente, Comte exerce influência sobre a sociologia, por ele fundada, e também sobre a historiografia francesa. Na própria filosofia ele se tornou importante na Inglaterra, país no qual concentraremos a reflexão agora.

II. O positivismo inglês

1. O espírito da época

Ao se ter presente a singularidade do pensamento inglês do final da Idade Média, até Locke e Hume, não surpreende que a filosofia positiva de Comte tenha encontrado uma repercussão maior na Inglaterra do que em sua própria terra natal. A intervenção de Francis Bacon pela experiência como fundamento e o controle da natureza como meta de todo saber, o empirismo de Locke, a doutrina cética e prática de David Hume, a rejeição, presente no caráter do povo inglês, da especulação metafísica, o objetivo senso factual do britânico –, tudo isso junto havia proporcionado um clima intelectual especialmente adequado à recepção da filosofia de Comte. No desenvolvimento filosófico, a Inglaterra, que já há muito tempo tinha passado por sua revolução burguesa, apesar de sua participação nas guerras napoleônicas não havia sido afetada tão profundamente em seu continente pelos abalos revolucionários como a França. De qualquer forma, na Inglaterra, o Iluminismo não havia provocado uma revolução política e social. Homens de Estado, como Edmund *Burke* (1729-1797), haviam criticado a Revolução como "experimento destruidor": "A sabedoria reunida por gerações anteriores tem, provavelmente, mais razão do que as ideias de alguns filósofos". Burke influenciou decisivamente o reformador alemão Barão de *Stein*.

O desenvolvimento das ideias na Inglaterra não decorria em tão fortes oscilações como na França. Como a Inglaterra, comparada ao continente, tinha uma constituição relativamente liberal, as forças da esquerda ascendente e do operariado foram menos arremessadas à via da insurreição revolucionária contra toda a situação presente – embora os ingleses fossem líderes no processo de industrialização, e os inconvenientes e antagonismos sociais com isso correlacionados viessem a se constituir primeiramente neste país. Isso corresponde ao fato de no pensamento sociopolítico – não se considerando, aliás, que Marx tenha elaborado seus estudos econômicos decisivos com base no sistema econômico inglês – se defender menos a revolução do que se tentar conciliar as ideias de progresso social com os antigos princípios liberais da liberdade individual, o que caracteriza o socialismo inglês até o século XX.

Os pensamentos de Comte encontraram na Inglaterra um solo fértil também porque antes dele já havia surgido em *Bentham* um pensador, cujas ideias, em certo sentido, iam ao encontro das de Comte e se uniam às dos grandes positivistas ingleses do século XIX, *Mill* e *Spencer*. Consideraremos a seguir apenas esse positivismo inglês por ele ser representativo para o pensamento inglês dessa época – pondo de lado a contracorrente, incorporada em homens como William *Hamilton* (1788-1856), Thomas H. *Green* (1836-1882) e Henry *Sidgwick* (1838-1900).

2. Bentham e Mill

Aquele que entrar no mundo de ideias objetivo e prático de Jeremy Bentham (1748-1832) se lembrará vivamente das ideias do antigo mestre chinês Mo Tse. "Combater o mal e promover o bem-estar geral" era o lema de Mo. Também é o de Bentham. Sua doutrina é pura filosofia utilitarista (*utilitarismo*), mais precisamente, um utilitarismo *social*. Quer-se estabelecer uma meta de validade universal para a ação humana, a qual possa corresponder, de fato, à universalidade; essa, então, somente poderá ser a produção da maior medida possível de satisfação ao maior número possível de pessoas. O próprio Bentham designa essa meta de "A maior felicidade possível ao maior número possível de pessoas". O indivíduo, porém, que naturalmente almeja sua própria felicidade, tem de aprender a reconhecer que esta estará mais bem servida se ele adaptar a sua aspiração pessoal à meta geral.

Os pensamentos de Bentham, Comte e da tradição do empirismo inglês encontram-se reunidos na obra de John Stuart *Mill* (1806-1873). Com três anos de idade, o pequeno Mill começa a estudar grego e latim, com dez aprende cálculo diferencial, com doze anos escreve seu primeiro livro, com dezessete funda uma "sociedade utilitarista", pouco depois inicia sua brilhante atividade jornalística. Mas, quando chega aos vinte anos, a sobre-excitação de suas forças mentais provoca-lhe uma séria crise de saúde. Mill supera-a e logo seu espírito estava pronto para receber novos estímulos, entre eles o estudo da filosofia comteana, sobre a qual ele também escreveu um livro. Por toda a sua vida, Mill permaneceu livre de preocupações financeiras. Ajudou generosamente outros como Comte e o seu conterrâneo Spencer, sobre o qual falaremos a seguir. Na fase final de sua vida exerce cargos políticos e também se torna membro do Parlamento.

A principal obra filosófica de Mill é *Sistema de lógica dedutiva e indutiva* (1843). Como a influência exercida por Mill é superada pela de Spencer, cuja filosofia é semelhante à sua, não vamos ater-nos ao sistema em seus pormenores. Gostaríamos de destacar apenas as áreas, nas quais ele obteve maior significância.

Mill tenta, sobretudo, conferir ao positivismo um fundamento psicológico, lógico e epistemológico seguro. A psicologia é para ele a ciência fundamental e também a base da filosofia. Ela estuda os fatos da consciência. Esses fatos são as percepções que nos são fornecidas e suas associações. A tarefa da lógica é diferenciar as associações mentais acidentais das constantes e regulares. Como a experiência é a única fonte de conhecimento, a indução é o único procedimento válido para se obter o conhecimento. Mill empreendeu, sobretudo, um perspicaz desenvolvimento da lógica do método indutivo. Em Mill encontra-se a separação entre ciências naturais e ciências do espírito, cuja correta realização e argumentação viria a ocupar intensamente a mente dos epistemólogos no decorrer do século XIX, especialmente na Alemanha. Mill considera como ciências do espírito a psicologia, a "etologia" (ética) e a sociologia. A história é considerada por ele como parte das ciências naturais, porque ele pretende elevá-la à exatidão daquelas.

Na ética, Mill procura um equilíbrio entre indivíduo e sociedade com base no utilitarismo benthamista. Para isso, parte também de ponderações psicológicas. A aquisição de prazer é o objetivo da aspiração humana. Os objetos que nos levam à aquisição de prazer são por nós designados de "valiosos". A rigor, isso a que aspiramos não é o próprio objeto, mas o prazer proporcionado por ele. Como determinados objetos costumam possuir tais efeitos prazerosos, o próprio objeto parece-nos, por fim, por meio de *associação* (de pensamentos), valioso, como se o valor fosse uma qualidade do objeto. "Valor", portanto, não é outra coisa senão uma apropriação para a produção de prazer. Isso significa que os nossos julgamentos de valores, e com isso também de ações morais, não estão, a rigor, condicionados a um critério geral, mas sim que se formaram, no decorrer de um lento desenvolvimento, com base na experiência.

Mill também é relevante como economista político e sociólogo. Nessas áreas, seus escritos principais são *Princípios de economia política* (1848) e *Sobre a liberdade* (1857). Mill inclina-se a um socialismo preservador da liberdade individual.

3. Spencer

Darwin e a ideia de evolução

Em meados do século XIX, a ideia de uma evolução universal – em grande parte graças a Hegel! – encontrava-se como que no ar. Ela começou a dominar as ciências, não apenas a biologia, mas, por exemplo, também a geologia, à qual se abriam novos e imprevistos horizontes graças ao citado autor. Mas uma importância especial para a filosofia e também para a consciência geral é obtida por Hegel por meio da biologia. Essa ciência, principalmente na segunda metade do século XIX, compõe a base determinante do pensamento filosófico, pelo menos em relação a um grande número de pensadores influentes, como especialmente Spencer e Nietzsche – de forma semelhante como ocorreu com a psicologia entre os empiristas ingleses e Mill e, antes, com a matemática em Descartes, Leibniz e outros[4].

O homem que conduziu à vitória as ideias de evolução na ciência da vida foi o inglês Charles *Darwin* (1809-1882). Suas obras principais são *A origem das espécies* (1859), *A origem do homem e seleção sexual* (1874).

A teoria da evolução de Darwin parte dos fatos biológicos da variabilidade dos seres vivos, da hereditariedade, da superprodução de descendentes. Em razão desse último aspecto, acirra-se entre os seres vivos a *luta pela sobrevivência*. Aqueles que, em virtude de qualidades desfavoráveis não superam a luta, não podem reproduzir-se e se extinguem. Os que melhor se "adaptam" sobrevivem e asseguram sua raça ao transmitirem suas qualidades a seus descendentes. No decorrer de enormes espaços de tempo, esse processo de *seleção* gera a origem dos gêneros, espécies, famílias, e assim por diante. O peculiar é que, dessa maneira, a partir de formas mais inferiores de seres vivos sempre podem surgir formas mais elevadas. É assim tam-

---

4. Cf. DURANT, W. *Die Grossen Denker*, 1945, p. 339.

bém que o ser humano se desenvolveu, a partir de formas animais, como o ser vivo mais organizado até agora.

É claro que a importância de tal teoria, ainda que seja apenas uma hipótese provável e passível de fundamentação, tivesse de ultrapassar a área da biologia científica. Ela se encontra, pois, em aberta oposição, por exemplo, à doutrina religiosa da criação divina dos seres vivos a partir do nada. O que, do mesmo modo, possui significância para a filosofia é que a teoria da evolução abre uma perspectiva para esclarecer de uma maneira causal-mecânica também aquilo que, na natureza, é condizente com a finalidade. No organismo, o conveniente em relação a seus fins é o que se adapta da melhor forma possível às condições de vida, que se mantém, se reproduz e se aperfeiçoa por meio de contínua seleção – enquanto o "inconveniente" que se adapta da pior forma se extingue.

O surgimento e a difusão da tese da evolução na forma fornecida por Darwin são considerados os acontecimentos mais importantes na história das ideias da fase final do século XIX. "Evolução" era a palavra mágica com a qual se acreditou poder solucionar todos os enigmas. O fascinante na teoria de Darwin foi que nela não se expôs simplesmente o princípio geral da evolução como outras o fizeram, mas também se possibilitou uma altamente nítida apresentação dos processos de evolução factuais. Sob essa influência, a ideia de evolução começou a dominar as ciências naturais e as ciências do espírito. Isso, aliás, gerou uma aproximação entre esses dois grupos de ciências. Detenhamo-nos um pouco na diferença entre a tese inglesa de evolução e a de Hegel. A principal diferença – não considerando que para Hegel toda evolução factual na natureza somente poderá ser uma evolução da ideia em direção à sua alteridade – é que em Hegel a evolução se realiza em *saltos* dialéticos, de um polo ao outro, para então chegar a um nível mais elevado e assim por diante, ou seja, ela toma um trajeto de certo modo revolucionário e bem inquieto; já na perspectiva inglesa, a ênfase recai na transformação muito lenta, quase imperceptível, que se realiza entre os muitos elos intermediários. Também aqui se pode perceber o paralelo com a situação e o desenvolvimento social da Inglaterra.

O seguidor de Darwin mais conhecido na Alemanha foi Ernst *Haeckel* (1834-1919). Seu livro de filosofia popular, *Os enigmas do universo* (*Die Welträtsel*), obteve considerável divulgação. Nele, sob acirrada polêmica contra a concepção de mundo "dualística" cristã, a qual ergue uma parede divisória entre natureza e espírito, entre matéria e alma, Haeckel declara-se adepto do *monismo*, o qual não concebe os seres humanos em confrontação com a natureza ou superando-a, mas nela embutidos. Para o monismo, Deus e mundo são uno e a mesma coisa. Portanto, ele também poderia ser designado de panteísmo. Em vez das ideias de Deus, liberdade e imortalidade, ele pretende impor os ideais de verdade, bondade e beleza.

A formulação hoje corrente da assim chamada *lei fundamental biogenética* tem sua origem em Haeckel: a ontogênese é uma recapitulação da filogênese, quer dizer: a evolução de cada ser vivo, que vai do embrião até a formação plena, é uma repetição comprimida (que sofreu variação por meio de determinadas influências) da série de formas que seus ancestrais percorreram desde os mais remotos primórdios da evolução até o presente. A mesma tese já havia sido formulada por Goethe, Hegel e Comte em relação à evolução *intelectual* do indivíduo.

Vida e obra de Spencer

Herbert Spencer, nascido em 1820 em Derby, o mais influente filósofo inglês do século XIX, permaneceu até os seus 30 anos de idade bem distante da filosofia. Trabalhou como relojoeiro, foi inspetor e engenheiro em construções de linhas de trem e de pontes, empreendeu inúmeras invenções. Ele tinha um singular dom para a observação. Seu espírito enchia-se lentamente de fatos que ele recolhia paralelamente durante sua atividade prática. Além disso, atuou como jornalista e foi redator por algum tempo, por exemplo, da revista *The Economist*. Desse modo ele manteve estreito contato com as correntes intelectuais da época.

Em seus ensaios – publicados anos antes de Darwin! – *A teoria da população* e *A hipótese do desenvolvimento*, Spencer formula os pensamentos evolucionistas e cunha as expressões que viriam a se tornar famosas com o darwinismo: "Luta pela sobrevivência" e "sobrevivência dos mais fortes". Em seu *Princípios de psicologia* (1855, portanto, assim como os outros dois ensaios acima mencionados, ainda antes de Darwin ter comprovado pela primeira vez seus resultados perante a Sociedade Lineana de Londres em 1858), Spencer já transfere o princípio da evolução para a evolução do espírito. Nesse livro, Spencer expressa as ideias de que as formas da perspectiva humana e as categorias do pensamento (como Kant as havia revelado) têm de ter surgido no decorrer da evolução por meio da adaptação ao mundo presente ao redor do ser humano. Com isso, ele se aproxima da doutrina que no século XX se estabeleceu como "teoria evolucionária do conhecimento" (ela será tratada na última parte deste livro). Seguiu-se um tratado sobre o *Progresso, sua lei e suas causas*, que elevou os pensamentos evolucionistas também à condição de princípio geral do devir histórico.

Em 1858, quando Spencer entendera o contexto dos seus escritos ocasionais até então publicados e impusera a si mesmo a elaboração da unidade dos seus princípios de forma plenamente clara e quando, simultaneamente, as ideias de Darwin se lhe tornaram conhecidas, ele decidiu escrever uma série de trabalhos nos quais o pensamento evolucionista devesse ser aplicado a todas as esferas de fenômenos, não apenas à biologia, mas também à astronomia, à geologia, à história social e política, à moral e à estética, e nos quais também devesse ser apresentada a evolução do mundo, do caos inicial ao nível da cultura humana. Com uma pequena herança e com pré-encomendas de sua obra em criação por parte de inúmeros amigos e discípulos, sente-se seguro financeiramente e começa a trabalhar. Os primeiros volumes, no entanto, provocaram uma onda de resistência que resultou na desistência de muitos subscritores e no esgotamento dos recursos financeiros de Spencer, e também de seu ânimo. Ele, primeiramente, rejeita uma generosa oferta de ajuda de John Stuart Mill. Mas acaba aceitando o auxílio de amigos americanos, recomeçando seu trabalho e levando-o adiante até a conclusão de sua obra principal, *Sistema de filosofia sintética*, em dez volumes (1862-1896). Logo ocorreu o sucesso. Os livros foram vendidos, traduzidos para outros idiomas e começaram até mesmo a gerar lucros. Spencer vivenciou o auge de sua fama e também seu declínio. Ele morreu em 1903.

A obra de Spencer expressa claramente seu caráter. Spencer era celibatário. Nele não se percebe o menor sopro poético e nada do famoso humor inglês. Ele isolou-se de toda companhia, com exceção de alguns poucos amigos. Quando recebia visitas, as quais não podia evitar, tratava de, com antecedência, colocar protetores auditivos nos ouvidos e as escutava serenamente. Seu sentido singular para os fatos unia-se a uma determinada rigidez de princípios; seu espírito absorvia preponderantemente os fatos que sustentavam suas teorias. Não lia obras científicas de outros autores.

Na esfera política, Spencer era um típico inglês *nonconformist*, quer dizer, um homem que não se aliava a um partido ou a uma linha geral e que por meio da expressão altamente clara de seus pontos de vista atacava todos os partidos ao mesmo tempo.

Em virtude de sua formação como *self-made man* filosófico, o que caracteriza exteriormente a obra de Spencer é, sobretudo, sua capacidade incomum de expor contextos complicados com extraordinária clareza e com transparente estrutura. Em parte, é nisso que se baseia sua grande influência; mas também no fato de que, durante certo período, Spencer representou, como nenhum outro filósofo, o "espírito do tempo". "Ele sintetizou sua época como nenhuma outra pessoa desde Dante"[5].

A lei da evolução

A análise detalhada de Spencer sobre os fundamentos gerais de seu sistema, contida no primeiro volume de *Filosofia sintética*, fornece, primeiramente, uma renovada argumentação do positivismo filosófico, de maneira semelhante ao que já encontramos em Comte. Spencer demonstra que tanto o esclarecimento religioso quanto o metafísico do mundo remetem a contradições insolúveis. Como surgiu o mundo? A resposta do ateísta, o mundo existe sem causa e sem começo, é tão impossível de ser pensada para o nosso entendimento como a referência do crente à criação divina, a qual apenas faz com que se recue um degrau na série de dificuldade. O que é "matéria"? Ela é divisível aleatoriamente no infinito ou não? O que sabemos, afinal, sobre a "essência" verdadeira de um objeto? O problema é que o nosso pensamento se desenvolveu apenas em contato com os fenômenos que nos são dados; não é apropriado nos conduzirmos além, a uma última instância e a um absoluto. Deixemos, portanto, o incognoscível de lado e nos voltemos para aquilo que nos é possível: o ordenamento dos fenômenos que nos são dados. Realizar essa unificação com perfeição é tarefa da filosofia.

Esse parece ser um argumento esclarecedor do positivismo – o qual tinha de deixar teólogos e filósofos metafísicos igualmente descontentes. De modo que o aparecimento do primeiro volume já provocou uma onda de indignação.

Para desempenhar a unificação, a filosofia necessita de um princípio uno. Os teoremas universais da física, como a conservação da energia em todas as suas transformações, a constância do movimento, a imutabilidade nas relações, quer dizer, a constância das leis da natureza, o ritmo do movimento, o qual encontramos na natureza, dos menores aos maiores pro-

---

5. Ibid., p. 382.

cessos – tudo isso se deixa remeter ao princípio geral da conservação da força. Isso é, porém, um princípio estático. Não explica a eterna troca na natureza do tornar-se e perecer. O princípio dinâmico da realidade é a *lei da evolução*, o qual é formulado da seguinte forma por Spencer: "A evolução é uma integração da matéria acompanhada de um esforço de movimentação; durante seu curso, a matéria passa de uma homogeneidade indeterminada e sem contexto para uma heterogeneidade determinada e contextualizada, e o movimento empregado sofre uma transformação paralela"[6].

O que significa isto? Vamos ceder aqui a palavra a um famoso comentador de Spencer[7]:

> O surgimento dos planetas de nebulosas primitivas, a formação dos mares e montanhas sobre a Terra, a transformação de elementos químicos por meio das plantas e de ligações orgânicas por meio dos seres humanos, o desenvolvimento do coração no embrião e a fixação dos ossos após o nascimento, a síntese das sensações e lembranças em conhecimento e pensamento e do conhecimento em ciência e filosofia, a evolução das famílias para clãs, tribos, cidades, estados e "liga mundial", todos esses fenômenos são integrações de matérias, agregação de partes separadas em massas, grupos e totalidades. Essa integração traz consigo, naturalmente, uma reduzida mobilidade das partes, da mesma forma que o crescente poder do Estado limita a liberdade do indivíduo. Dependência, uma protetora rede de relações que impõe "contexto" e promove a vida do todo. Esse procedimento também conduz à enorme determinabilidade das formas e funções; as nebulosas primitivas eram informes, difusas e, mesmo assim, delas se originaram órbitas regulares e elípticas dos planetas, o preciso contorno das cadeias de montanhas, a forma específica e singular dos organismos e órgãos e assim por diante. E as partes desse todo integrado não se tornam simplesmente determinadas, mas também diferenciadas de acordo com natureza e função. A nebulosa primitiva é homogênea, quer dizer, ela se compõe de partículas iguais; mas logo ela se divide em substâncias gasosas, líquidas e sólidas; a Terra cintila o verde das matas, o branco dos cumes das montanhas e o azul de suas águas; a vida, ao se desdobrar, produz do protoplasma relativamente homogêneo os diferentes órgãos com suas funções de alimentação, reprodução, movimento e sensação; a língua primordial propaga-se por regiões inteiras da Terra por meio de dialetos que estão sempre em variação; uma única ciência produz centenas, e a poesia popular das nações se desdobra em milhares de formas de arte literária; a individualidade cresce, os caracteres tornam-se singulares e raças e povos desenvolvem uma peculiar espiritualidade.

Ao lado desse processo de integração há também um processo de contrafluxo, de recondução da integração à dissolução, do composto ao simples. No final, ocorre, inevitavelmente, um equilíbrio. Mas, em razão da instabilidade do homogêneo, logo se inicia um novo ciclo de desenvolvimento.

Esses exemplos já fornecem um panorama de como Spencer aplica seu princípio às esferas individuais da vida e do saber, na ordem por ele elaborada: biologia, psicologia, sociologia, ética. Nós não levaremos em conta os volumes dedicados às duas primeiras ciências, a fim de poder-

---

6. Ibid., p. 350.

7. Ibid., p. 350-351.

mos conhecer o trabalho de Spencer sobre filosofia social e ética – a psicologia de Spencer é importante enquanto uma exaustiva (mas muito contestável em seus pormenores) tentativa de investigar também o pensamento humano sob o ponto de vista evolucionista genético.

A sociedade humana

Para o desenvolvimento da sociologia enquanto ciência, a obra de Spencer é quase tão importante quanto a de seu fundador Comte. A historiografia narrativa oferece apenas o material bruto para o real tratamento científico da sociedade humana, o qual pretende conhecer as linhas gerais de evolução e contextos causais. É claro que as dificuldades enfrentadas por tal tratamento científico da sociedade não são menores daquelas de outras ciências; elas são até mesmo maiores, porque a sociedade humana é a mais complexa de todas as formações. Antes de seu trabalho sociológico sistemático, o próprio Spencer reuniu, primeiro, um vasto material de fatos, o qual ele publicou, separadamente, em oito volumes, para a utilização de futuros pesquisadores.

Depois de anunciar que o efeito do princípio geral da evolução também vale para a sociedade, a qual ele compara com um organismo, Spencer volta-se para a esfera espiritual, especialmente a religião. Ele mostra como que nela, de acordo com a lei da integração, as representações religiosas aglutinam-se, lentamente, a partir de uma crença espiritual primitiva para um conceito uno e central de Deus.

Mas a religião constitui o cerne na vida do indivíduo e da sociedade somente enquanto as condições externas do ser-aí estejam inseguras e constantemente ameaçadas. Conforme sua essência, a sociedade primitiva é belicosa, militar. Enquanto as pessoas pretenderem saquear e conquistar em vez de viver de trabalho regulamentado, a vida coletiva será dominada pelo elemento militar. Dominação rigorosa e absoluta do Estado, aguda diferença de classe, violência patriarcal por parte do chefe de família e posição subordinada da mulher são as formas da sociedade militar. A modificação decisiva na evolução social não é a mudança das diferentes formas de governo (monarquia, aristocracia, democracia), pois estas permanecem na superfície; o importante é a lenta substituição de uma forma social primitiva voltada para a violência e a guerra por uma forma pacífica e industrial. O absolutismo estatal e a supremacia do elemento militar desaparecem, as barreiras sociais tornam-se mais soltas, a predominância da liberdade individual e da democracia ganha espaço. A mulher emancipa-se. Com a passagem para a sociedade industrial o interesse humano abandona a religião e volta-se para o mundo terrestre.

Nesta evolução, segundo Spencer, a Inglaterra marcha na frente. França e Alemanha ainda se encontram fortemente determinadas pelo militarismo e pelo absolutismo. Assim, esses dois países ainda empregam a maior parte de seus recursos públicos em armamento e não na promoção da indústria e do comércio.

Para Spencer, o socialismo pertence à esfera das antigas formas absolutistas de sociedade. Spencer alerta sobre as tendências de socialismo de Estado presentes em Bismarck. Em tal Estado assistencial, Spencer vê dois perigos: primeiro, uma partilha pelo Estado da parte que cabe a cada um no produto do trabalho coletivo segundo a medida da necessidade, em vez da capacidade e do desempenho, desequilibraria a concorrência natural (a condição de toda continuidade evolutiva) e provocaria a degeneração da sociedade dentro de poucas gerações. Segundo: se o Estado tentasse regular o altamente complexo organismo econômico – o qual, de fato, sob a autorregulação automática por meio de oferta e demanda não funciona de forma ideal, mas ao menos funciona – em seus pormenores, provocaria uma burocracia total e paralisante. Teria lugar um torpor desconsolador e surgiria uma sociedade de formigas e abelhas. Sob o socialismo de Estado, adverte Spencer,

> os líderes, que perseguem seus interesses pessoais... não esbarrariam na resistência unificada de todos os trabalhadores e seu poder, ilimitado mediante a posição atual de se trabalhar somente conforme condições acordadas, cresceria, se alastraria e se estabeleceria, até se tornar irreprimível... Se pensarmos na condução do operariado mediante a burocracia dessa própria burocracia e perguntarmos como ela é conduzida, não haverá resposta satisfatória... Nessas condições, surgiria uma nova aristocracia, para a sustentação da qual as massas teriam de trabalhar, e a qual, após sua consolidação, exerceria um poder bem maior do que qualquer aristocracia do passado[8].

Spencer, desse modo, temendo pela liberdade individual, que lhe está acima de tudo, rejeita o socialismo, mas não é totalmente cego às flagrantes mazelas sociais de sua estimada Inglaterra. Assim, ele procura a síntese correta, entre a importância da liberdade e a necessidade de uma organização social planejada, em uma associação *voluntária* com base *cooperativa*. Desse modo, com o fundamento da participação de todos no processo de decisão, poderia ocorrer a transição do trabalho conjunto coercivo para uma situação, na qual o indivíduo não viveria mais para o Estado, mas o Estado para o indivíduo, e no qual o ser humano não mais viveria para trabalhar, mas trabalharia para viver.

Em suas investigações *éticas*, Spencer utiliza um vasto espaço para demonstrar que os conceitos morais são inconstantes, que eles têm sido totalmente diferentes entre os diferentes povos e em diferentes épocas. A virtude bélica, muito prestigiada em situações sociais militares, é desprezível na situação industrial, na qual o bem-estar das nações não depende de pilhagem e conquista, mas das forças de produção. Os restos da moral belicosa dos conquistadores germânicos constituem na Europa o mais sério obstáculo para a construção de uma sociedade liberal e pacífica.

Nessa sociedade, o Estado não terá outra tarefa além de assegurar a justiça. Spencer sempre zelou com fervor pelo seu direito de liberdade; ele percebe toda nova lei estatal como um ataque insuportável à sua liberdade. Sua desconfiança em relação às instituições estatais era tanta, que nunca chegou a confiar seus manuscritos ao correio estatal, optando sempre por entregá-los, ele mesmo, ao editor. A essa ênfase à liberdade individual corresponde o fato de, do ponto de vista ético, Spencer conferir pleno direito ao "sacro egoísmo" do indivíduo. Na

---

8. Cf. DURANT, W. Op. cit., p. 365-366.

aspiração do indivíduo à liberdade individual – no interior dos limites constituídos mediante as demandas sociais, quer dizer, mediante o mesmo direito estendido a todos os outros – encontra-se a mais elevada condição válida também para a felicidade da coletividade.

Para uma crítica

Não consideraremos as vulnerabilidades que tal abrangente sistema inevitavelmente oferece, e nos concentraremos em dois pontos que têm de estar à frente de uma apreciação geral crítica da obra de Spencer.

Um desses pontos é de natureza crítico-epistemológica. Spencer combate o dogmatismo das visões religiosa e metafísica de mundo. Sua própria filosofia, porém, também constitui um dogmatismo que, em sua base, não está menos livre de crítica do que aquele. É significativo que Spencer tenha abandonado a pretendida leitura de Kant já no ponto onde é apresentado a aprioridade de tempo e espaço, ou seja, bem no início da *Crítica da razão pura*. Aquilo que é passível de conhecimento e o que não o é, devem, naturalmente, ser sabidos, ao se pretender estabelecer um sistema filosófico; mas não se pode simplesmente decretar isso da forma como Spencer o faz. Sobretudo, ele conserva pouco daquilo que o seu conterrâneo Francis Bacon, por ele altamente venerado, havia exigido do filósofo: atentar, especialmente, para todos aqueles fatos que possam prejudicar a própria teoria. Spencer possuía um notável olhar para fatos. Mas, em vez de permitir que os fatos falassem por si mesmos, ele logo os classificava da melhor forma possível dentro do quadro do seu esquema de evolução.

O segundo ponto refere-se à doutrina da sociedade de Spencer, especialmente sua avaliação da situação social da época. Todas as fraquezas que nela podem ser separadamente encontradas possuem como causa uma raiz em comum. Spencer viveu e escreveu num período em que a situação política inglesa, em virtude de seu isolamento na Europa, era relativamente estável. Tal condição o levou a acreditar no caráter pacífico da sociedade industrial. Além disso, vivia numa Inglaterra, cuja posição hegemônica econômica e as posses ultramares conquistadas em tempos "militares" proporcionavam-lhe uma política econômica liberal. Isso o fez acreditar que toda intervenção estatal no organismo social não tivesse valor e fosse condenável. Ambas as precondições transformaram-se rapidamente. Juntas, porém, conduziram Spencer a uma crença positiva no progresso pacífico na era industrial. De lá para cá, ambas as guerras mundiais ensinaram que os estados industriais também podem ser militares.

Spencer não reconheceu, sobretudo, que os antagonismos sociais presentes na sociedade industrial não eram nem um pouco menos ríspidos e que a exploração das classes baixas na livre-economia inglesa não era nem um pouco menor do que sob o sistema feudalista. Queremos agora nos voltar para o homem que possuía como poucos um olhar para essa situação e que fez desse conhecimento o ponto de partida do seu pensamento: Karl Marx. Para isso, temos, primeiramente, de retornar à Alemanha e considerar a situação que se seguiu após a morte de Hegel.

III. A decadência da escola hegeliana e o advento do materialismo na Alemanha

1. O espírito da época

Já foi focalizado que a filosofia da história de Hegel carrega uma dupla face, uma conservativa e uma revolucionária. Para o próprio Hegel, seu tempo e sua filosofia eram um ponto-final. Isso era uma expressão da paralisação, ou do retrocesso, que sucedeu no desenvolvimento social alemão desde o fim das guerras napoleônicas. Porém, na mesma medida em que conflituosos elementos sociais e políticos, os quais estavam apenas temporariamente cobertos e retidos, impeliam uma eclosão, também no pensamento filosófico a unidade definitiva, aparentemente atingida, teria de ser dissolvida em novas oposições.

Acresce a esse quadro o fato de que os rápidos progressos das ciências, tanto na área das ciências naturais – da qual Hegel, de qualquer forma, detinha um conhecimento insuficiente – como na área das ciências do espírito, careciam de uma revisão de determinadas generalizações hegelianas. Por fim, as ciências entram em franca oposição à tutela não apenas da filosofia hegeliana, mas da filosofia em geral.

Uma oposição a Hegel provinha da assim chamada escola histórica e do Romantismo – poder-se-ia chamá-la de "oposição jurídica". A escola histórica, representada, entre outros, pelo jurista *Savigny* e pelo historiador *Ranke*, protestava contra o pensamento hegeliano de que toda esfera histórica – sociedade, direito, Estado – sempre é um fenômeno intermediário de um processo dialético universal. Ranke dizia que "toda época da história ligava-se diretamente a Deus". Essa posição conecta-se à perspectiva romântica, segundo a qual todo povo e toda época como que representam apenas uma outra face de Deus. Os historiadores se escandalizaram, naturalmente, com o juízo depreciativo de Hegel da pura facticidade histórica, à qual ele não concedia valor e era logo inserida no seu esquema teleológico, ou seja, na evolução histórica geral que se dirigia a uma finalidade.

No interior da própria escola de Hegel formou-se uma ala direita, os antigos hegelianos conservadores. Eles defendiam o direito daquilo que se tornou história nas esferas política e, sobretudo, religiosa.

A outra oposição a Hegel vinha do lado "esquerdo". Ela tinha, primeiramente, dois pontos de partida. Um eram as ciências naturais exatas. O poderoso sucesso da investigação naturalista exata – com Robert *Mayer* e Hermann *Helmholtz*, apenas para nomear alguns entre muitos outros – trouxe consigo uma alta consideração crescente pela pesquisa dos fatos puros e uma correspondente depreciação da especulação filosófica e religiosa. Vinculados ao ceticismo contra a religião ou a uma pronunciada hostilidade religiosa, positivismo e materialismo ergueram a cabeça.

O segundo ponto de partida era a já assinalada situação histórica e social. Ambos os momentos confluíram, por fim, para o mesmo ponto. O materialismo tornou-se a filosofia da esquerda.

No interior da escola hegeliana formou-se também uma ala esquerda, que rapidamente se distanciou de Hegel para um lado, na mesma distância que a direita se direcionou para o outro; mas a ala esquerda se diferenciou fundamentalmente da direita por ter mantido o fecundo princípio dialético – o que não causa admiração, pois a esquerda incorporava as forças históricas avançadas.

2. Strauss e Feuerbach

O conflito em torno da religião eclodiu abertamente, primeiro, pela obra de dois homens: David Friedrich Strauss e Ludwig Feuerbach. Os dois pensadores tiveram o mesmo destino, pois, por causa de suas opiniões, a carreira acadêmica lhes permaneceu fechada. Ambos eram acolhidos, em condições precárias, como escritores independentes. Ambos tinham Hegel como base. Mas, enquanto Strauss não passou toda a sua vida concordando plenamente com Hegel, em relação à sua posição política ele pode até mesmo ser considerado um hegeliano de direita, Feuerbach realizou logo o rompimento radical com o filósofo.

Na Alemanha, as obras desses pensadores desencadearam uma torrente de discussões. Se as tratamos aqui apenas de modo relativamente breve, apesar de sua ampla difusão e da grande influência que elas exerceram sobre a consciência geral alemã, é porque elas, basicamente, dizem respeito à mesma corrente do espírito burguês-iluminista contra a tradição religiosa, como já ocorrera na França quase um século antes, na época de Voltaire. A diferença está apenas no fato de que na Alemanha, onde a burguesia somente agora se dedicava à sua tardia e não plenamente bem-sucedida Revolução de 1848, o conflito chegou bem mais tarde; e, segundo, porque as armas, que agora eram apontadas contra a religião, tanto aquelas da crítica filosófica e filológica como as das ciências naturais, de lá para cá, mediante o progresso do conhecimento científico, estavam mais certeiras.

David Friedrich *Strauss* (1808-1874) era teólogo. Seu primeiro escrito surpreendente foi *A vida de Jesus (Das Leben Jesu)* (1835). Nele a crença cristã é atacada, principalmente, pelos argumentos da crítica *histórica*. Os evangelhos não representam uma realidade histórica. Eles são *mitos*, obras literárias, às quais não se pode conferir uma verdade direta, mas apenas simbólica. A segunda obra de Strauss, *A doutrina cristã em seu desenvolvimento histórico e na luta com a ciência moderna (Die christliche Glaubenslehre in ihrer Entwicklung und im Kampf mit der modernen Wissenschaft)* (1840), direciona a mesma crítica contra os dogmas cristãos. Em sua terceira obra, *A fé antiga e a nova (Der alte und der neue Glaube)* (1872), Strauss defende um declarado panteísmo. A questão "Ainda somos cristãos?" é respondida por ele com um decisivo não; a questão "Ainda temos religião?", ao contrário, com um sim. Mas se trata, porém, de uma otimista religião deste mundo, uma religião da crença no progresso e na cultura. Em vez de Deus, o universo. Perante ele nos encontramos com uma confiança perpassada de amor e com aquele humilde sentimento de incondicionada dependência, que se pode designar "religião".

Ludwig Feuerbach (1804-1872), filho de um importante jurista, empreende a crítica da religião com base em recursos *psicológicos*. Seus principais escritos são *A essência do cristianismo* (*Das Wesen des Christentums*) (1841), as *Preleções sobre a essência da religião* (*Vorlesungen über das Wesen der Religion*), proferidas no ano da Revolução de 1848, a convite dos estudantes de Heidelberg, e *Teogonia* (*Theogonie*) (nascimento dos deuses, 1857).

Feuerbach pretende esclarecer o surgimento da religião com base na essência do ser humano, a saber, no seu egoísmo, na sua inclinação para a busca da suprema felicidade.

> O homem crê em deuses não somente porque possui fantasia e sentimento, mas também porque ele possui a inclinação para ser feliz... Aquilo que ele próprio não é, mas deseja ser, ele projeta em seus deuses como sendo; os deuses são os desejos humanos realmente pensados, os desejos transformados em seres reais... Se o homem não tivesse desejos, apesar da fantasia e do sentimento, ele não teria religião, nem deuses. E tão diferentes os desejos, tão diferentes são os deuses, e os desejos são tão diferentes quanto os próprios homens o são.

Como a natureza coloca muitos obstáculos à realização dos desejos humanos, faz bem ao amor-próprio do homem projetar, acima da necessidade cega da natureza, a existência de um ser que lhe é semelhante, que o ama, que o protege e é capaz de realizar seus desejos. "Assim, como é cômodo andar para lá e para cá sob o abrigo da proteção divina, e como é desconfortável e aflitivo expor-se diretamente, como os descrentes, aos impertinentes meteoritos, aos granizos, aos aguaceiros e às insolações provocadas pela natureza."

Mas a satisfação de seus desejos por meio de uma religião imaginária é apenas um sonho infantil da humanidade. O homem tem de despertar dele e, por meio de suas ações, começar a transformar em realidade aquilo que, mediante a religião, ele obtém apenas na fantasia: uma existência bela, feliz e livre das crueldades e dos acidentes desenfreados da natureza. O meio para isso é a domesticação da natureza mediante educação e cultura.

Feuerbach não participou da Revolução de 1848, porque, desde o começo, ele via nela um projeto desnorteado e infrutífero. Ele sentia-se como coparticipante em uma revolução, cujo efeito viria a desdobrar-se somente após séculos. "Não se trata mais do ser ou do não ser de Deus, mas do ser ou não ser de pessoas; não se trata de saber se Deus, conosco, é esse ou aquele ser – mas se nós, seres humanos, somos iguais ou não entre nós; não se trata da justiça perante Deus, mas perante os homens; não importa se e como no pão nos alimentamos do corpo do Senhor, mas se temos pão para o nosso próprio corpo; não se trata de dar a Deus o que é de Deus e ao imperador o que é do imperador, mas de, finalmente, dar ao ser humano o que é do ser humano..."[9]

---

9. FEUERBACH, L. Schluss des Vorworts zur Gesamtausgabe seiner Werke, aqui citado conforme a edição das aulas *Das Wesen der Religion*. SCHMIDT, H. (org.). Leipzig. Kröners Taschenausgabe. Vol. VI, p. 27.

IV. Marx

1. Vida e obra

Nascido em 1818, em Trier, filho de um advogado que pertencia à comunidade judaica e, ainda durante a infância de Karl, se convertera ao protestantismo. O jovem Marx estudou direito, primeiro em Bonn, depois em Berlim, mas, ao mesmo tempo, era atraído pelo encanto da filosofia hegeliana. Sua tese de doutorado trata da filosofia pós-aristotélica; no aspecto histórico era também um tema atual, pois a situação da filosofia alemã após a morte de seu incontestado mestre era comparável com a dos gregos após a morte de Aristóteles. O que haveria ainda de se seguir a esse que era o mais elevado e, ao que parecia, o definitivo estado da filosofia? Na tese de doutorado já é possível reconhecer o germe da posterior resposta de Marx.

Mas, num primeiro momento Marx não pôde dedicar-se com calma ao desenvolvimento dessas ideias. Em virtude de sua posição hegeliana de esquerda, que já naquela época era bem-acentuada, a carreira acadêmica que ele perseguia lhe pareceu interditada. Após a ascensão ao poder de Frederico Guilherme IV, reinou no Ministério da Cultura prussiano (1840) um rumo reacionário e hostil ao hegelianismo. Marx tornou-se jornalista; primeiro, colaborador, mais tarde, em 1842, em Colônia, redator-chefe do jornal esquerdista-burguês-democrático *Gazeta Renana*. Frequentes interdições deste jornal pela censura levaram Marx a deixar esse posto. Ele decide emigrar. Antes, havia se casado com sua amiga de infância Jenny von Westphalen, filha de uma nobre família de funcionários públicos prussianos, cujo irmão tornou-se, mais tarde, Ministro do Interior da Prússia.

Marx viveu, inicialmente, em Paris, onde editou os *Anais Franco-alemães*. No seu primeiro e único caderno publicou-se, entre outros, o trabalho de Marx *Crítica da filosofia do direito de Hegel* (*Zur Kritik der Hegelschen Rechtsphilosophie*). Em Paris, ele conhece e aproxima-se de Friedrich Engels. Essa amizade e o trabalho conjunto que se seguiu duraram por toda a vida de Marx. *Engels* (1820–1895), filho de um fabricante têxtil de Barmen, como Marx no início um jovem hegeliano, tornou-se seu mais íntimo colaborador. Somente graças ao auxílio de Engels, Marx pôde dar continuidade a seus trabalhos científicos nas décadas de sua última emigração.

Expulso de Paris por intervenção do governo prussiano, Marx parte para Bruxelas. Nessa cidade, elabora em parceria com Engels a *Ideologia alemã* (*Deutsche Ideologie*) (1845). O escrito contém, entre outros, em sua primeira parte, teses sobre a teoria de Feuerbach, cuja crítica da religião fora amplamente adotada por Marx e Engels, na terceira parte uma discussão sobre a teoria do alemão Max *Stirner* (1806–1856). Em seu livro *O único e sua propriedade* (*Der Einzige und sein Eigentum*), Stirner havia defendido um extremo individualismo. Em Bruxelas também foi escrito o debate de Marx com o socialista utópico francês Proudhon. Numa irônica inversão do nome do livro de Proudhon, *A filosofia da miséria*, Marx escolhe como título *A miséria da filosofia* (*Das Elend der Philosophie*) (1847). Mais intensivamente do que ocorrera até então, no entanto, Marx e Engels ocupavam-se sobretudo de política internacional. Eles aderem à "Liga dos Comunistas". É para ela que elaboram o *Manifesto comunista* (*Kommunistische Manifest*) (1848). Esse escrito tornou-se algo como o evangelho do socialismo marxista.

A revolução alemã de 1848 provocou a emigração de Marx e Engels para Colônia. Aqui editam a *Nova Gazeta Renana* durante um ano. Após a eclosão da Revolução, Marx foi levado ao tribunal; absolvido, é novamente expulso do país. Voltou para Paris e, após nova expulsão, seguiu para Londres, onde viveu até sua morte.

O trabalho jornalístico e a prática política haviam conduzido Marx a um contato direto com a realidade social. Ele começa a estudar a fundo a teoria da ciência econômica. Como primeiro grande fruto desses estudos é publicado em 1859 *Crítica da economia política* (*Kritik der politischen Ökonomie*). Mas os pensamentos desse texto são tratados de forma mais acabada no primeiro volume daquela que é, de fato, sua obra máxima, *O capital* (Das Kapital). Marx finalizou apenas este primeiro volume, publicado em 1867. Nesse meio-tempo, havia sido fundada, em 1864, a assim chamada Primeira Internacional. Marx foi o seu mentor. Os trabalhos de organização e os desgastes excessivos de sua saúde, os quais se faziam lentamente notar, impediram que ele mesmo finalizasse os dois volumes restantes. Marx morreu em 1883 em Londres. O segundo e o terceiro volumes de *O capital* foram editados por Engels e apareceram respectivamente em 1885 e 1894.

2. Hegel e Marx

O materialismo dialético

O ponto de partida do pensamento filosófico de Marx – e em nosso contexto ele somente poderá ser exaltado como pensador filosófico, não como político – é constituído pelo sistema hegeliano. A ele une-se, mais tarde, a filosofia de Feuerbach, as teorias revolucionárias da França, especialmente as dos socialistas utópicos franceses, e o conhecimento da economia política clássica inglesa – de modo que convergem para o pensamento de Marx três linhas fundamentais do pensamento europeu.

No entanto, para o entendimento do ponto de partida filosófico de Marx, nada é tão imprescindível como o esclarecimento de sua relação com Hegel. Para isso, além dos escritos acima mencionados é especialmente elucidativo um trabalho de Marx que somente foi descoberto na década de vinte, do século XX, na Alemanha. Trata-se de *Economia política e filosofia* (*Nationalökonomie und Philosophie*)[10].

O traço principal da relação de Marx com Hegel pode ser assim caracterizado de forma bem simples: Marx mantém a dialética hegeliana como método; mas ele a preenche com um conteúdo exatamente oposto ao de Hegel, girando-a 180 graus; na perspectiva de Marx, somente desta maneira ela pode ser corrigida. O que significa isso?

---

10. Publicado MARX, K. *Der historische Materialismus* – Die Frühschriften [LANDSHUT, S. & MAVER, J.P. (orgs.). Leipzig, 1932, p. 283ss.].

Marx vê na dialética um princípio revolucionário. O seu pensamento fundamental é o de que o mundo não é um complexo de coisas prontas, mas de processos. Não há nada definitivo e absoluto. Existe apenas o incessante processo do vir a ser e extinguir-se. O maior discípulo de Marx, *Lenin*, fornece a seguinte conceitualização da teoria dialética de desenvolvimento:

> Um desenvolvimento, o qual como que realiza novamente o estágio já percorrido, mas de forma diferente, em um nível mais elevado ('negação da negação'); um desenvolvimento que não é retilíneo, mas que, por assim dizer, segue pela espiral à sua frente; um desenvolvimento revolucionário, descontínuo, conectado a catástrofes; 'interrupções da sucessividade'; transformação direta da quantidade em qualidade; um desenvolvimento interno propulsor, desencadeado pela contradição, por meio do choque de diferentes forças e tendências que agem sobre um determinado corpo ou no interior dos limites de um determinado fenômeno ou no interior de uma determinada sociedade; recíproca dependência, estreita e inseparável relação de todos os lados de cada fenômeno (e a história sempre abre novos lados), uma relação que provoca um processo universal unificado e regular do movimento – essas são algumas características da dialética...[11]

Esse desenvolvimento dialético é o que Marx adota de Hegel. Porém, ele o preenche não como Hegel, com uma visão essencial idealista do mundo, mas com uma perspectiva materialista. Vimos como, para Fichte, tudo aquilo que chamamos de "mundo" aparece somente como um "não eu" produzido pelo sujeito pensante, e como, para Hegel, tudo aquilo que chamamos de "natureza" aparece somente como a ideia na condição de sua "alteridade". Para Hegel, portanto, a ideia é o único existente de fato, a matéria é apenas uma forma fenomenológica da ideia. Marx vê a questão fundamental de toda filosofia nova, na qual os pensadores se dividem, precisamente no problema aqui presente da relação entre pensar e ser. O que vem primeiro? A matéria é um produto do espírito (idealismo) ou o espírito um produto da matéria (materialismo)? Marx toma uma posição com as seguintes palavras: "Para Hegel, o processo de pensamento, o qual ele chega até mesmo a transformar, sob o nome de ideia, em um sujeito autônomo, é o demiurgo (criador, produtor) do real... Para mim, inversamente, o ideal nada mais é do que o material convertido e traduzido na cabeça das pessoas"[12].

Nessa questão, pois, Marx se junta a Feuerbach (e aos materialistas franceses do século XVIII). Ele os critica e os ultrapassa em dois aspectos: 1) O antigo materialismo não era dialético, era estático e, com isso, não considerava a história. Ele não tinha o princípio dinâmico da dialética, o qual Marx tratava agora de lhe atribuir, e por isso não podia justificar os fenômenos do desenvolvimento. 2) O antigo materialismo era abstrato demais. Ele via o ser humano desprendido das relações sociais, das quais ele era um produto, enquanto para Marx tratava-se justamente de se aplicar o materialismo dialético à vida social, e não apenas teoricamente, para entendê-la ou "interpretá-la", mas, na prática, para transformá-la!

---

11. LENIN, W.I. *Karl Marx:* Eine Einführung in den Marxismus. 3. ed. Berlim, 1946, p. 11-12.

12. *Das Kapital*. Posfácio à segunda edição (1873), na edição de KAUTSKY, B. Leipzig, 1929, p. 10.

Mas temos ainda de nos deter mais um pouco na relação entre Marx e Hegel, a fim de apresentarmos uma série de pensamentos imprescindíveis ao pleno entendimento do desenvolvimento do pensamento de Marx. Esses pensamentos encontram-se especialmente claros no recém-mencionado e por um longo tempo desconhecido escrito sobre economia política e filosofia. Portanto, esses pensamentos e a perspectiva básica do materialismo dialético já se encontram fixados em Marx muito tempo antes da redação de *O capital*. É a partir deles que se pode reconhecer corretamente a posição que essa obra ocupa no contexto do seu pensamento.

Autoalienação e autorrealização

O ser humano não deve ser considerado como um ser abstrato, mas concreto. Concreto, quer dizer: o ser humano em seu ambiente social, e isso significa, sobretudo: o ser humano como um ser vivo *que trabalha*. O homem é "o animal que se autoproduz". Na realidade, isso já havia sido percebido por Hegel. Marx reconhece expressamente que Hegel concebe o trabalho como a essência do homem[13]. Mas Hegel, por causa de sua posição idealista, à qual tudo aparece apenas como automovimento das ideias, concebe também o trabalho apenas como trabalho abstrato de pensamento, em vez de concebê-lo no sentido físico-concreto. O trabalho, nesse sentido, é precisamente aquilo que *"aliena"* o ser humano (não a mente) de si mesmo. No trabalho, o homem cria um produto externo, ele objetifica seu próprio ser. Contudo, esse produto externo não lhe está diante apenas como um produto autônomo. Como que seguindo a lei da superação dos fins pelo meio, ele começa a dominar o homem e a impedir a realização de sua verdadeira destinação. Essa destinação chama-se liberdade. Esse impedimento se manifesta, sobretudo, com o fenômeno do Estado, que passa a confrontar a sociedade como um fim em si mesmo. Isso contradiz a verdadeira ideia de uma coletividade humana, na qual o Estado se encontra perante as pessoas não como um órgão estranho, como burocracia, mas unido ao ser do indivíduo enquanto humano, enquanto cidadão. Esse Estado é chamado por Marx de a "verdadeira democracia".

Esse pensamento básico fundamenta toda a obra posterior de Marx, a qual se desdobra em três níveis dialéticos:

1) *Conhecimento* da ideia verdadeira da coletividade humana: conhecimento de toda a história ocorrida até então como uma história da (progressiva) autoalienação do ser humano.

2) *Crítica*: o ideal da coletividade e a verdadeira destinação do ser humano como bases de medida da realidade social. A tarefa da crítica é indicar as contradições presentes na realidade e, dessa maneira, promover um desenvolvimento que conduzirá à superação dessas contradições.

3) *Ação*: ideia e realidade devem ser conciliadas. A ideia deve ser transferida à realidade. Isso é chamado por Marx de "suspensão da filosofia mediante sua realização". Quer dizer: para Hegel, a ideia retorna de sua renúncia a si mesma. Fica para trás, porém, uma realidade,

---

13. MARX, K. *Nationalökonomie*. Ed. Landshut-Mayer, p. 328.

como que deixada pela ideia. A suspensão da autoalienação, no entanto, não deve suceder na "ideia", mas na realidade. Se ela ocorresse, a filosofia, como teoria que cessa de se separar da realidade, se tornaria supérflua. Assim, ocorreria a suspensão da filosofia mediante sua realização e sua realização mediante sua suspensão.

Antes de examinarmos mais detalhadamente os três níveis do pensamento de Marx, convém termos presente que neste ponto de partida filosófico há claramente algo mais de "Hegel" do que somente a adoção do método formal dialético, a saber:

1) Assim como Hegel, Marx vê no conjunto da história universal um processo que é controlado por uma lei homogênea e que almeja uma finalidade.

2) Nesse processo, tanto para Marx como para Hegel, aquilo que, de fato, se tornou também é "sensato", "razoável", "racional" (*vernünftig*), porque o que se tornou representa o estágio intermediário necessário – o qual, aliás, logo será superado – do processo geral.

3) Sob o conhecimento realista e materialista da realidade há em Marx – conforme formulado por dois pesquisadores de seu pensamento[14] – "uma crença ideal na união real e plena entre ideia e realidade, entre razão e realidade".

3. O materialismo histórico

O que significa, pois, aplicar o materialismo dialético à vida social? Lenin[15] afirma: "Se o materialismo esclarece, de fato, a consciência mediante o ser, e não o inverso, ele, em sua aplicação à vida *social* do ser humano, exige assim o esclarecimento da consciência social mediante o ser *social*." Quer dizer: para o materialismo, a matéria é o único real. A consciência pensante é apenas um espelho da realidade. De modo semelhante, na vida social o ser social tem de ser o único real. A consciência social – ideias, teorias, concepções etc. – é apenas um reflexo dessa realidade. Portanto, para se conhecer as forças propulsoras na vida social, não se deve atentar para as ideias e teorias. Elas são apenas reflexo, a "superestrutura ideológica" da realidade. Tem-se de procurar pela base material da vida social. O modo de pensar das pessoas está em conformidade com o seu modo de viver.

Mas qual é a verdadeira base da vida social, ou, de certo modo, o que é nela a "matéria"? É claro que pertencem à base material da vida social as condições geográficas externas, assim como o crescimento e a densidade demográfica. Ambos não são, porém, o elemento determinante. Eles não bastam para esclarecer por que em um determinado país, em um determinado período, prevalece exatamente esta ou aquela determinada forma de sociedade.

O elemento determinante é o *modo de produção* dos bens materiais.

---

14. LANDSHUT-MAYER, introdução à obra citada na nota 10.
15. LENIN, W.I. Op. cit., p. 12.

Na produção de bens atuam conjuntamente dois fatores: um deles são as *forças* produtivas materiais. Marx entende por este termo as matérias-primas, os instrumentos de produção (ferramentas, máquinas), a habilidade para o trabalho e a experiência de trabalho dos trabalhadores. A teoria das forças de produção trata, pois, das forças naturais e dos instrumentos materiais empregados na sua transformação, em resumo, da relação do homem com as bases naturais de sua produção.

As pessoas, porém, atuam na natureza não como indivíduos isolados, mas sempre em conjunto. Assim, engendram-se relações entre elas. Esse lado do processo de produção, ou seja, as relações das pessoas entre si na produção, é chamado por Marx sinteticamente de relações de *produção* – o que corresponde quase plenamente às respectivas relações de propriedade.

O modo de produção como um todo não permanece por nenhum momento inerte. As transformações partem sempre das forças de produção, mediante exploração de novas fontes naturais ou, especialmente, mediante novas invenções de instrumentos para a produção. As transformações das forças produtivas demandam sempre também transformações na organização social do trabalho: nas *relações* de produção. Cedo ou tarde as relações de produção têm de ser adaptadas à situação das forças produtivas. Se isso não acontece, ocorre um desequilíbrio no processo de produção. Surgem *crises*. No resultado final, no entanto, aquela adaptação sempre acaba por ocorrer.

Assim, o desdobramento avançado das forças de produção na história demandou, primeiro, a passagem da comunidade primitiva para a antiga escravidão, e dela para o feudalismo e, então, para a sociedade capitalista. Todos esses três níveis eram estágios necessários ao desenvolvimento. Cada um representa um avanço em relação aos anteriores.

Mas há um aspecto comum a todos esses sistemas. Em todos eles, nas relações de produção, as forças produtivas, terras, máquinas etc. pertenciam a determinados indivíduos ou a determinados grupos da sociedade. No sistema escravista, o senhor de escravos era soberano sobre a morte e a vida de seus escravos. Ele explorava sua força de trabalho a seu bel-prazer. No feudalismo, o suserano detinha a propriedade exclusiva da terra e, em forma de servidão, um direito limitado (comparando-se à escravidão) à propriedade do trabalhador. Os avanços das forças produtivas na agricultura e no ofício artesanal demandavam essa forma de relações de produção, já que os complicados processos de produção exigiam certo grau de inteligência e certo interesse do trabalhador na produção. Nesse sistema a exploração não era menor. Na ordem capitalista o produtor detém a propriedade exclusiva dos meios materiais de produção. Nela, o trabalhador assalariado é "livre". Ele é livre em dois sentidos: é independente enquanto pessoa e é "livre" de qualquer meio de produção. Com isso, para poder viver, é forçado a vender sua força de trabalho como se ela fosse uma mercadoria. O desenvolvimento da indústria demanda um quadro de trabalhadores inteligentes e livres. A exploração também está presente aqui.

Assim, toda a história ocorrida até então é uma história de lutas de classes – conforme a primeira frase do *Manifesto comunista*.

Tudo o que existe na sociedade além daquela base do modo de produção, ou seja, relações e ordens políticas ou jurídicas, concepções, teorias, arte, filosofia, e também a religião, tudo isso é apenas uma superestrutura ideológica, que, lenta ou rapidamente, se transforma com as modificações da estrutura econômica. Portanto, cada classe possui sua própria ideologia. A luta das teorias é apenas um reflexo da luta social de classes. As ideologias das classes dominantes lutam contra as ideologias progressivas das classes ascendentes.

4. O capital

Ao voltar-se para a ordem social de sua época, Marx teve de estudar de modo consequente sua estrutura econômica, o modo de produção capitalista, a fim de conhecer as leis de seu desenvolvimento e a evolução provável que a acompanha. Ele realizou essa análise em *O capital*. Não poderemos aqui expor os detalhes político-econômicos dessa obra longa e de difícil entendimento. Tentaremos apenas mostrar como Marx aplica o que foi reconhecido historicamente à ordem social capitalista.

No livro, a situação da luta de classes é simplificada de tal modo que, essencialmente, apenas duas classes ainda se confrontam: os capitalistas, que possuem os meios de produção, e o proletariado, que possui apenas sua força de trabalho e é explorado pelos capitalistas. Essa exploração ocorre por meio da *mais-valia*. Com seu trabalho, o trabalhador cria um valor maior do que tem direito a receber como salário. Sua remuneração equivale justamente à quantia necessária para manter sua força de trabalho a serviço do capitalista. O trabalhador se vê obrigado a aceitar essa situação, porque ele depende da venda de sua força de trabalho. A mais-valia produzida por ele aflui como lucro ao capitalista.

No próprio modo de produção capitalista, no entanto, já se encontram as condições que, necessariamente, o conduzirá para além dele, em direção a uma nova ordem social, a *socialista*. As crises regulares da economia capitalista são os sinais das contradições existentes entre forças produtivas e relações de propriedade. Trata-se de uma contradição entre as forças produtivas, que crescem vigorosamente, e as relações de produção. O capitalismo, ao aglomerar as massas de trabalhadores em enormes empresas, confere ao processo de produção um caráter social. Com isso, ele mesmo debilita sua estrutura – fundamentada na propriedade privada e nos meios de produção. O caráter social do processo de produção demanda a *propriedade coletiva* dos meios de produção.

Em benefício da sociedade, a harmonia entre forças produtivas e relações de produção tem de ser, portanto, produzida mediante a coletivização dos meios de produção, mediante a "expropriação dos expropriadores", a desapropriação dos desapropriadores, os quais carregam consigo os meios de produção.

Porém, o proletariado, cuja tarefa histórico-mundial é a execução desta revolução, ao transferir os meios de produção à propriedade coletiva, gera uma situação na qual não ocorre mais uma nova luta de classes no lugar da antiga. Como na sociedade socialista os meios de produção pertencem a toda coletividade, ela se torna absolutamente livre da luta de classes e da exploração. A sociedade do futuro será uma sociedade *sem classes*.

A realização dessa situação é a tarefa da revolução proletária. Não admira, pois, que Marx tenha visto sua tarefa prática na organização e promoção da revolução, na coordenação e instrução do proletariado para essa realização.

5. *Importância e repercussão*

A enorme influência histórica do pensamento de Marx é tão evidente que sobre ela quase não há necessidade de se escrever coisa alguma. Destaca-se que no desenvolvimento do marxismo se formaram duas linhas: o socialismo "revisionista" dos partidos social-democratas (no continente, ao menos, o socialismo inglês não tinha sua base em Marx), o qual desejava empreender a ordem socialista por meio de uma reforma gradual, e o comunismo revolucionário, que chegou ao poder na União Soviética com a revolução de 1917. Lá, no leninismo e no stalinismo, essa direção marxista experimentou uma fase ideológica de desenvolvimento correspondente ao avanço do desdobramento histórico. *Leninismo* é o marxismo sintetizado com aquilo que foi acrescido por Lenin. Esse complemento apresenta dois aspectos: a aplicação do marxismo à situação peculiar da Rússia e o incremento da teoria e da tática da revolução proletária, o qual se tornou necessário após o marxismo ter triunfado num país. O *stalinismo* é a forma adotada pelo comunismo na época em que se realizava a consolidação avançada do domínio bolchevique na União Soviética e ocorria a luta do país contra o ambiente externo. Com a morte de Stalin, iniciou-se um novo movimento no pensamento marxista-leninista. Esse movimento foi estimulado, entre outros, pela distensão geral, em comparação com a rígida ditadura de Stalin, e pela incipiente intervenção dos comunistas chineses na discussão teórica.

Marx foi quem reconheceu, pela primeira vez em sua plena amplitude, o significado da base estrutural econômica da vida social, a facticidade da luta de classes na história e a influência desses fatores no desenvolvimento cultural e intelectual. Nem mesmo seus adversários contestam que se trata de um conhecimento fundamental. Essa é a sua grande e permanente contribuição.

Como costuma acontecer frequentemente com as novas aquisições intelectuais, tal conhecimento ocupou tão exclusivamente lugar no espírito de seu descobridor que ele o tomou como único ponto de partida para o seu entendimento do mundo. Não considerando os ataques epistemológicos, aos quais o sistema de Marx, assim como qualquer outro monismo materialista, está exposto, esse sistema – não a perspectiva de Marx como tal, mas sua elevação à concepção de mundo determinante, sua consolidação como conhecimento válido universalmente – constitui um ponto favorável à crítica *filosófica* ao marxismo, cujos principais aspectos para análise são: primeiro, os fenômenos intelectuais e valores, especialmente da religião e da arte, não podem ser devidamente avaliados se forem vistos apenas como superestrutura e reflexo de processos econômicos, é necessário empregar muita violência intelectual para interpretá-los apenas como tais; segundo, essa unilateralidade – reforçada pela hostilidade alimentada por Marx, gerada também por fontes sentimentais, contra o sistema social dominante – fez com que ele visse apenas o caminho da total subversão revolucionária, partindo da crença otimista de que somente ela e a coletivização dos meios de produção bastariam para eliminar o egoísmo humano e qualquer exploração; terceiro, o desenrolar do século decorrido desde Marx, tanto nos estados de governo capitalista como marxista, tomou um rumo diferente daquele que Marx havia previsto.

Na última seção deste livro voltarei ao desdobramento da filosofia marxista no século XX.

3
Schopenhauer, Kierkegaard, Nietzsche

I. Arthur Schopenhauer

1. Vida, personalidade e obra

Schopenhauer viveu de 1788 a 1860. Escreveu sua obra principal já aos trinta anos de idade. Portanto, ao comentarmos sua vida e obra, recuamos no tempo até a época, cujo desenvolvimento geral filosófico na Europa acabamos de acompanhar nos últimos dois capítulos. Por duas razões esse retorno, porém, não se torna um prejuízo: primeiro, as consequências do pensamento de Schopenhauer manifestaram-se somente depois de 1850, após seus trabalhos terem permanecido despercebidos por um longo período. Segundo, Schopenhauer não pode ser considerado como representante de uma determinada vanguarda social na mesma medida como os românticos e Hegel ou os materialistas e marxistas. Tentou-se caracterizar Schopenhauer como expoente filosófico da pequena burguesia alemã. Essa atribuição não permite absolutamente um esclarecimento de sua filosofia; no máximo, ela explica, por meio do desenvolvimento social, o fenômeno do seu efeito tardio.

Aqui – apesar do contato de Schopenhauer com o idealismo alemão e apesar da influência de Kant, de quem ele pode ser considerado o mais significativo discípulo – entramos em um mundo intelectual completamente singular, o qual aparece como um elemento estranho no âmbito geral da situação intelectual europeia. Ele torna-se mais inteligível a partir do momento em que são consideradas duas coisas: a peculiaridade da *personalidade* de Schopenhauer e sua relação com a filosofia da *Índia* antiga, a qual naquele tempo acabara de se tornar acessível aos leitores ocidentais mediante a ainda muito incorreta tradução de Anquetil-Duperron. Por isso, temos de conhecer a personalidade de Schopenhauer não somente mediante acontecimentos externos de sua vida, os quais serão apresentados de forma breve, mas, sobretudo, por meio de seu caráter, se quisermos entender sua filosofia. Aqui prevalecem as palavras de Fichte: a filosofia escolhida depende do tipo de pessoa que se é. Arthur Schopenhauer era filho de um grande negociante de Danzig. Em 1793, cinco anos após o nascimento do filho, seu pai mudou-se para Hamburgo. O jovem Schopenhauer viveu dos nove aos onze anos de idade em Le Havre com um amigo e parceiro comercial do pai. Lá ele aprende o francês e passa a dominar perfeitamente este idioma, esquecendo temporariamente quase por completo sua língua materna. Mais tarde, os pais levaram consigo o rapaz em suas extensas viagens pela Bélgica, França, Suíça e Alemanha. Nas últimas obras de Schopenhauer pode-se sentir a repercussão das marcantes impressões recebidas da paisagem natural desses lugares, principalmente do mar e dos Alpes. Uma estada de seis meses na Inglaterra serviu para familiarizá-lo com a língua e a literatura inglesa. Até o final de sua vida lia o *Times* diariamente. Por vontade do pai, com dezesseis anos inicia um curso de administração comercial em Hamburgo, contrariando sua profunda inclinação, a qual já naquela época era o trabalho científico.

Após, a morte do pai faria com que a mãe, Johanna Schopenhauer, vinte anos mais nova e posteriormente celebrizada como escritora, mudasse para Weimar. Sua casa nesta cidade tornou-se um centro cultural e de encontros sociais. Goethe, Wieland, ambos os Schlegel e muitos outros homens importantes frequentavam aquela residência. O filho acabou desistindo da profissão de comerciante. Mediante aulas particulares em Gotha e Weimar adquire em muito breve espaço de tempo a formação necessária para o ingresso na Universidade, principalmente o conhecimento de línguas antigas.

Schopenhauer estudou por dois anos em Göttingen, depois mais dois anos em Berlim. Os cadernos preservados indicam que além das disciplinas filosóficas e filológicas também estudava química, física, botânica, anatomia, fisiologia, geografia e astronomia. As anotações marginais do estudante em seus cadernos revelam a superioridade sarcástica com a qual já se posicionava em relação aos professores de filosofia daquela época, especialmente Fichte. Assim, Schopenhauer escreveu que seria bem mais apropriado chamar a doutrina das ciências de Fichte de vazio das ciências*, e acrescentou as palavras de Shakespeare: "Trata-se de uma loucura, mas possui método".

Em 1813 conclui sua tese de doutorado com o trabalho *"Da quádrupla raiz do princípio da razão suficiente"* (*Über die vierfache Wurzel des Satzes vom zureichenden Grunde*). Um passageiro deslumbramento patriótico ao romper das guerras de libertação é rapidamente enfraquecido. De volta a Weimar, o jovem Schopenhauer é atraído por Goethe, com o qual intensifica o contato. Goethe, sobretudo, o introduz em sua teoria das cores. Além disso, por meio de um orientalista adquire naquela cidade pela primeira vez conhecimentos sobre a Antiguidade indiana.

A livre conduta de vida de sua mãe aborrece muito o jovem Schopenhauer, provocando contínuos desentendimentos entre os dois. Embora Schopenhauer não morasse com a mãe, a relação chegou a uma desavença definitiva. Após ele lhe ter dado sua tese, ela gracejou: "Isso não passa de um livro para farmacêuticos". – "Ele ainda será lido", retrucou-lhe o filósofo, "quando dos teus livros não restar nada mais do que um exemplar num quarto de despejo."

---

* Aqui há um jogo linguístico entre forma e semântica de duas palavras. Schopenhauer substitui, ironicamente, o *lehre* (= doutrina, ensinamento, teoria), presente em *Wissenschaftslehre*, palavra que traduzi por "doutrina das ciências", por *leere* (= vazio), presente em *Wissenschaftsleere*, palavra que traduzi por "vazio das ciências" [N.T.].

Ela respondeu: "Do teu ainda estará disponível a primeira edição completa." Ambos julga-
vam ter razão. Schopenhauer separou-se definitivamente da mãe e nunca mais voltou a vê-la.

Ele deixa Weimar e mora, primeiramente, quatro anos em Dresden. Lá escreve o tratado
Da visão e das cores (Über das Sehen und die Farben) (1816), e depois sua obra capital: *O mundo
como vontade e representação (Die Welt als Wille und Vorstellung)* (1819).

Seguem-se duas viagens para Roma, outra para Nepal e para Veneza. Schopenhauer vivia
de sua parte na herança deixada pelo pai. Com economia e extraordinária habilidade, ele soube
preservá-la por toda a vida e multiplicá-la. Assim, ele permaneceu livre não apenas de se ver
obrigado a trabalhar pelo seu sustento, mas também da necessidade de, como professor do Estado, ter de adaptar seu ponto de vista a certas circunstâncias políticas ou outras quaisquer – o
que, mais tarde, não cansava de censurar nos professores de filosofia por ele muito difamados.

Primeiramente, ele mesmo tentou tornar-se professor. Em 1820, obtém a livre-docência
em Berlim. O docente iniciante e altamente consciente de si, que já em sua partida para a Itália escrevera: "O mundo erguerá um monumento em minha homenagem!", escolheu suas aulas de modo que coincidissem com o horário das do famoso Hegel, na esperança de que os ouvintes recorressem a ele. Aconteceu o contrário. Aborrecido, Schopenhauer abandonou o cargo ao fim do primeiro semestre. Ele passa os dez anos seguintes na Itália, em Dresden e novamente em Berlim, mas sem dar aulas. Em 1831, quando surge a cólera em Berlim – provocando a morte de Hegel –, Schopenhauer foge e se estabelece, primeiramente, em Frankfurt
sobre o Meno. Fixa residência nesta cidade e lá permanece até a sua morte.

A obra principal de Schopenhauer permaneceu completamente despercebida por duas décadas. Dezesseis anos após seu lançamento, o editor lhe informa que a maior parte da primeira
edição fora vendida como papel velho. Mesmo assim, Schopenhauer decide lançar uma nova
edição (1844), ampliada de um segundo volume complementar. Os outros poucos escritos de
sua autoria são *Sobre a vontade na natureza (Über den Willen in de Natur)* (1836), *Os dois problemas
fundamentais da ética (Die beiden Grundprobleme der Ethik)* (1841), contendo os tratados "Sobre a
liberdade da vontade" e "Sobre o fundamento da moral"; por último, ambos os volumes de *Parerga e Paralipomena – "Obras auxiliares e complementos" (Parerga und Paralipomena – "Nebenwerke
und Ergänzungen")* (1851). Essa obra popular, hoje seu livro mais conhecido, apresenta pequenos
ensaios sobre os mais diferentes temas, entre outros o famoso "Aforismos sobre a sabedoria de
vida". Eles oferecem uma nítida visão geral do modo de pensar e de escrever de Schopenhauer,
mas não constituem uma introdução ao seu sistema filosófico. O pagamento total recebido por
Schopenhauer por este livro espirituoso e popular foi de dez exemplares do mesmo.

A atuação conjunta do talento e do destino de Schopenhauer marcou seu caráter, o qual
se reflete claramente na ideia fundamental e em cada detalhe de seu sistema: segundo as palavras de Schopenhauer, seu caráter foi herdado do pai e a inteligência da mãe. Quanto a ele
próprio, isso é absolutamente correto. O pai era um homem de caráter rígido e teimoso, orgulhoso e inflexível, um republicano que, apesar dos privilégios oferecidos por Frederico o Grande,
recusou residir na Prússia e ser um súdito do rei. Por isso, quando Danzig se tornou prussiana,

ele se mudou para Hamburgo, cidade livre do império. A mãe era uma mulher afeita à espiritualidade, cheia de vida, um pouco leviana, de uma natureza não muito profunda, infeliz no casamento, e que após a morte de seu marido mantinha em Weimar uma casa aberta a vários convidados. Das desavenças que tinha com ela, as impressões recolhidas por Schopenhauer tiveram, mais tarde, papel decisivo na sua estima pela mulher.

Por um lado, uma vida fortemente instintiva, uma vontade apaixonada, por outro, uma inteligência lúcida, associada a uma profunda sensibilidade relativamente ao belo na natureza, mas também ao sofrimento da criatura – esses são os dois elementos principais do caráter de Schopenhauer que constantemente entravam em conflito. Também os encontramos em sua filosofia, segundo a qual o mundo é, por um lado, vontade, impulso cego, por outro, representação – concepção e conhecimento. E a permanente luta que uma metade de Schopenhauer travou contra sua sensibilidade, a qual o inquietava eternamente, reflete-se na doutrina schopenhaueriana da negação da vontade e seu desprezo pessimista pelos objetos de felicidade e prazeres terrenos.

Schopenhauer foi um gênio. Ele tinha perfeita consciência disso e a expressava frequentemente com uma clareza quase desagradável ao leitor. Ele não era modesto. "O que é, pois, a modéstia, senão humildade dissimulada, mediante a qual, num mundo repleto de vil inveja, se quer mendigar o perdão por qualidades e méritos àqueles que não os possuem?" – "Sim... a virtude da modéstia é uma invenção considerável para a ralé; pois, com ela, qualquer um tem o que falar de si... como se não existisse nada além da ralé"[1]. Em sua obra principal, Schopenhauer expressa claramente que a filosofia verdadeira e séria, segundo sua opinião, ainda se encontra exatamente no mesmo lugar deixado por Kant; e que entre Kant e ele não teria acontecido nada digno de nota. No prefácio, ele prescreve ao leitor ler primeiro seus outros escritos, além de, antes, estudar a filosofia kantiana e tudo o que for possível da platônica e da indiana, para, então, ler o livro duas vezes, "e na primeira vez ele deve ser lido com muita paciência". Mas e se o leitor não estiver disposto a fazer isso? "Minha saída é, então, lembrá-lo que um livro, ainda que não se o tenha precisamente lido, pode ser utilizado de diversas maneiras. Ele pode, tão bem como tantos outros, preencher um espaço em sua biblioteca... Ou pode-se deixá-lo no banheiro ou sobre a mesa de chá para a sua amiga erudita. Ou, finalmente, o leitor pode fazer aquilo que, certamente, é a melhor opção, e o que eu especialmente o aconselho, uma recensão do livro"[2].

---

1. SCHOPENHAUER. *Obras*. Vol. V. Edição da Brockhaus, 1891, p. 381 Obs.: Todas as citações de Schopenhauer que seguem foram retiradas dessa edição. Quem desejar ler Schopenhauer (ele é um dos melhores escritores da língua alemã) deve procurar uma edição mais nova: ou a de Wolfgang Frhr. von Löhneysen (Stuttgart/Frankfurt, a partir de 1960), ou a de Ludger Lütkehaus (Zurique, 1988). Ambas as edições possuem cinco volumes. A última mencionada apresenta, em um volume complementar, as referências à germanização das inúmeras citações trazidas de diferentes línguas por Schopenhauer; na edição de Löhneysen essas remissões estão inseridas no texto (entre parênteses).

2. *Die Welt als Wille und Vorstellung*, I, p. XIV.

Schopenhauer, então com trinta anos, escreve sobre seu livro ao editor: "Minha obra é, portanto, um novo sistema filosófico; mas 'novo' no sentido pleno da palavra... uma série de pensamentos encadeados ao extremo, os quais até agora nunca haviam ocupado a cabeça de um ser humano. Estou certo de que o livro, no qual empreendi a difícil tarefa de comunicar aqueles pensamentos aos outros, será um daqueles que, posteriormente, se tornam a fonte e a inspiração de centenas de outros"[3].

Uma necessidade ardente de fama e reconhecimento encontra-se nele permanentemente em conflito com um desprezo pelo mundo e pelas pessoas. O que é a fama? Uma imagem de nosso ser nas cabeças de outras pessoas. "Ademais, as cabeças do povo formam um cenário demasiadamente miserável para poder ser o lugar da verdadeira felicidade... lá se encontra, antes, apenas uma felicidade quimérica. Que sociedade mesclada se reúne, pois, naquele templo de fama geral! Generais, ministros, curandeiros, charlatões, dançarinos, cantores, milionários e judeus: sim, lá as qualidades de todos eles são consideradas com muito mais franqueza... do que as intelectuais..."[4] E Schopenhauer, contudo, consome-se numa necessidade dissimulada dessa fama. Seus pensamentos giram continuamente em torno do problema da fama. Somente assim é possível explicar que ele não se cansa de discutir consigo e com outros por que a sua própria fama espera tanto para chegar. Ele cita Lichtenberg: "Quando uma cabeça e um livro colidem e surte um som oco, será esse resultado sempre provocado pelo livro?" e "Tais obras são espelhos: se um macaco olhar para dentro delas, não poderá ver refletida a imagem de um apóstolo"[5]. E questiona: "Um virtuose se sentiria lisonjeado pelo aplauso entusiasmado de sua plateia, se soubesse que, com exceção de duas ou três pessoas, ela fosse composta de um público ruidoso e completamente surdo...?"[6]

Em sua velhice, o próprio Schopenhauer ainda teve a sorte de ver confirmado o valor imperecível de sua obra. A partir de 1850, aproximadamente, quebrou-se o encantamento do silêncio em torno de seu trabalho. Sobretudo a decepção que se seguiu na Alemanha e em outras partes à malograda Revolução de 1848 preparou os espíritos para a aceitação da visão pessimista de mundo de Schopenhauer. Uma onda de pessimismo atravessou a literatura europeia. O domínio da escola hegeliana chegara ao fim. A inveja dos professores hegelianos de filosofia, nos quais Schopenhauer havia jogado toda a culpa pelo seu destino, não se encontrava mais no seu caminho. Mas não foram as universidades que, primeiramente, abriram suas portas à filosofia de Schopenhauer. Membros de diferentes profissões, intelectuais independentes e amigos, principalmente Julius *Frauenstädt*, foram os primeiros que divulgaram o conhecimento de sua obra. Os pensamentos de Schopenhauer também exerceram profunda influência especialmente na arte e em artistas. O músico Richard *Wagner*, pelo menos na primeira fase de sua obra, estava

---

3. Apud FRAUENSTÄDT. *Lebensbild Schopenhauers*. Vol. 1, p. 160.
4. Vol. V (*Aphorismen zur Lebensweisheit*), p. 423.
5. Ibid., p. 419.
6. Ibid., p. 426.

completamente tomado pelo obscuro espírito pessimista de Schopenhauer. Wagner enviou-lhe, com palavras de reconhecimento, um exemplar de *O anel do Nibelungo*. Intelectuais e admiradores de todos os países visitavam Schopenhauer ou lhe escreviam.

O idoso filósofo lia avidamente tudo o que era escrito sobre ele. Tornou-se mais expansivo e acessível do que era durante todo o período anterior. Mas, enquanto ainda se aquecia no sol do tão esperado reconhecimento e admiração, é surpreendido pela morte. Em 1860 sofre, inesperadamente, um ataque cardíaco. Deixou por testamento todos os seus bens para instituições de caridade. Na placa preta de mármore em seu túmulo consta apenas o seu nome.

2. *O mundo como vontade e representação*

Em sua obra principal, o ainda jovem Schopenhauer apresenta toda a sua filosofia em um único lance genial. Todo o resto escrito por ele é apenas comentário sobre ela ou aperfeiçoamento de detalhes. O conteúdo do livro resume-se, fundamentalmente, como o próprio Schopenhauer afirma, a apenas um único pensamento. "Apesar de todos os meus esforços, não consegui encontrar um caminho mais curto para transmiti-lo do que todo esse livro." Segundo Schopenhauer, esse pensamento é aquele que, sob o nome de filosofia, se tentou buscar em todos os tempos até agora. Conforme a perspectiva sob a qual é considerado, ele aparece como metafísica (nos dois primeiros livros), como ética (no terceiro livro) e estética (no quarto livro). Porém, ele é um único todo orgânico. Ele já se encontra corretamente expresso no título do livro: o mundo é vontade e representação. Nós iremos tentar – e nisso se limita também a nossa análise – esclarecer esse pensamento.

O mundo como representação

"O mundo é minha representação" – com esta frase Schopenhauer começa o livro. Se alguma verdade pode ser expressa *a priori*, então é esta. Nós já conhecemos esta primeira parte da tese de Schopenhauer, pois ela é nada mais do que a doutrina kantiana de que todas as coisas nos são dadas apenas como fenômenos. Com efeito, aqui o pensamento de Schopenhauer se agrega estreitamente ao de Kant. Ele mesmo caracteriza a teoria de Kant como porta de entrada para a sua própria filosofia. O efeito produzido pela obra de Kant no espírito do leitor pensante assemelha-se a uma operação de catarata no cego: ele começa a aprender a ver. O maior mérito de Kant é a diferenciação entre fenômeno e coisa-em-si. É, fundamentalmente, a mesma verdade que Platão havia expresso com o pensamento de que o mundo que aparece como fenômeno aos sentidos não possui um ser verdadeiro; o mesmo que Platão quis simbolizar no mito da caverna. É também a mesma verdade que nos Vedas indianos está expressa no pensamento de que este mundo visível é uma aparência sem essência, um véu, ilusão, em suma, Maya.

Mas, assim como Schopenhauer destaca esse mérito de Kant, impõe também uma série de críticas específicas à sua filosofia. Ele reúne essas objeções isoladas na *Crítica da filosofia kantiana*, a qual compõe o apêndice do primeiro volume de sua obra principal. A crítica direciona-se, segundo Schopenhauer, especialmente contra a necessidade peculiar de Kant de uma construção simétrica de todos os seus pensamentos e obras. Isso, frequentemente, seduziu Kant a, por amor à simetria, estabelecer uma "janela cega" e, por exemplo, no plano das categorias e formas de juízo, a colocar aquilo que é dado (*das Gegebene*) num leito de Procusto. Mas nós pretendemos renunciar a todos os detalhes, nos quais a doutrina do conhecimento de Schopenhauer se afasta da de Kant e, em vez disso, apenas assinalar o ponto decisivo que compõe a principal diferença entre os dois pensadores e que, ao mesmo tempo, já conduz à segunda parte da tese fundamental de Schopenhauer.

Essa parte é a "coisa-em-si". Schopenhauer adota a pertinente objeção de G.E. Schulze, já mencionada por nós, de que Kant chega à coisa-em-si por meio de uma derivação causal, portanto por meio do emprego de uma categoria que, de acordo com ele mesmo – e também segundo Schopenhauer –, possui validade apenas no interior da esfera dos fenômenos. Aliás, nessa esfera ela vale, incondicionalmente, também para Schopenhauer. Para ele, a causalidade, ao lado das formas do espaço e do tempo, chega mesmo a ser a forma básica, à qual se podem reduzir todas as outras categorias de Kant. Mas, partindo da ideia do mundo como representação, nenhum caminho conduz, para além da representação, a uma coisa-em-si.

Que o mundo seja representação é, de fato, um pensamento irrefutável. Mas é um procedimento unilateral considerá-lo *somente* como tal. Isso já se torna claro na resistência involuntária que qualquer pessoa sente ao ser forçada a considerar todo o mundo como sua simples representação.

Segundo Kant, não existe metafísica. Nessa consideração ele entende metafísica no sentido dado pela filosofia dogmática que o antecedeu, como ciência daquilo que se encontra além da possibilidade de qualquer experiência. No entanto, não é, talvez, um ponto de partida completamente errado afirmar que a fonte da metafísica não deva ser de modo algum empírica, que seus fundamentos não possam absolutamente ser retirados da experiência exterior ou interior? Por que o enigma, com que se nos apresentam o mundo e a nossa própria existência, não pode ser solucionado por um entendimento profundo deste próprio mundo, mas sim por uma coisa diferente, dada *a priori*? Isso significaria, pois, que a solução para o enigma do mundo não poderia ser encontrada simplesmente por meio dele mesmo. Contudo, perante esta importante pergunta, e a mais difícil de todas as questões, não temos motivo para obstruir de antemão nossa principal fonte de conhecimento, a experiência exterior e interior. A solução tem, antes, de partir do sólido entendimento do próprio mundo. Tem-se apenas que conectar experiências externa e interna ao ponto correto. Este é o caminho de Schopenhauer. Não é, portanto, o caminho da dogmática pré-kantiana, mas também não é o da negação kantiana da metafísica. Ele encontra-se no meio dos dois. Qual é, porém, o "ponto correto" que nos tem de servir de referência?

O mundo como vontade

De *fora* não é possível apanhar a essência das coisas. Por mais que se investigue, ganha-se apenas imagens e nomes. Semelhante ao homem que dá voltas em torno de uma casa sem encontrar a entrada e, assim, vê apenas a fachada. A única posição que nos possibilita um acesso ao interior do mundo encontra-se *em nós próprios*, no indivíduo. O corpo do indivíduo lhe é dado de duas formas completamente diferentes: uma como representação: de uma perspectiva racional, ordenado como objeto entre objetos na relação causal de todos os fenômenos; "mas, ao mesmo tempo, também de um modo completamente diferente, a saber, como aquele conhecido diretamente por qualquer um, o qual é designado pela palavra *vontade*"[7].

O ato da vontade e a ação do corpo não são duas coisas originalmente diferentes e conectadas. Elas são uma única e a mesma coisa. A ação corporal é apenas o ato objetivado, quer dizer, que entra na ideia conceitual, da vontade. O corpo é a vontade objetivada no espaço e no tempo.

Este é o conhecimento que pode ser adquirido da forma mais direta possível; ele não pode ser derivado de nenhum outro. Ele é a própria *verdade filosófica*.

Esta verdade vale, primeiramente, para os seres humanos. A essência do ser humano não se encontra no pensamento, na consciência, na razão. É necessário eliminar este erro antiquíssimo de todos os filósofos. A consciência é apenas a superfície de nosso ser. Aliás, é só ela que conhecemos claramente, da mesma forma que conhecemos somente a superfície externa do corpo terrestre. Nossos pensamentos conscientes são apenas a superfície de um profundo oceano. O surgimento de nossos julgamentos não acontece, geralmente, mediante associação de pensamentos claros segundo leis lógicas – embora apreciemos fazer crer isso a nós e aos outros. Ele acontece na obscura profundidade; é quase tão inconsciente como a digestão. Somos surpreendentemente invadidos por ideias e decisões; para o surgimento de nossos pensamentos mais profundos, precisamente, não temos explicação. Nesse nosso interior misterioso, contudo, é a *vontade* que estimula o seu servo, o intelecto. A vontade é como um cego forte que carrega em seus ombros um paralítico que pode ver. As pessoas são apenas aparentemente puxadas para frente, na realidade, elas são empurradas por trás. Elas são impulsionadas pela inconsciente *vontade de viver*. Essa vontade, em si, é constante, ela é a base de todas as nossas representações, como um tom básico de contrabaixo. A memória é também apenas a serva da nossa vontade.

Aquilo que chamamos de caráter também é determinado pela vontade. A vontade constrói o caráter e o corpo da pessoa. Por isso, todas as religiões prometem também uma recompensa no além para os méritos do coração, pelas boas vontades, mas não para os méritos da mente, por um bom-senso.

Todas as funções conscientes do ser humano cansam e necessitam de sono. A vontade, em si, é incansável. O que é realizado inconscientemente, como o trabalho do coração e a respiração, nunca cansa. Somente quando dormimos nossa vida consciente nos é arrancada. Dormir é um pedaço da morte, tomado antecipadamente por empréstimo. Mas não apenas o homem é, conforme a sua essência, vontade. Temos de interpretar o ser de todos os fenômenos

---

7. *Die Welt als Wille und Vorstellung*, I, p. 119.

que nos rodeiam no espaço e no tempo seguindo a analogia do homem como objetivação de uma vontade. Primeiramente, na vida orgânica. Mas a vontade se oculta também por trás dos fenômenos na natureza morta. A força que move os planetas, que atrai e repele os elementos quimicamente, é a vontade universal inconsciente.

No reino da vida, a mais forte manifestação da vontade de viver é o instinto da reprodução. Ele supera até mesmo a morte (individual). Assim que vê garantida a sua própria conservação, o ser vivo se esforça em reproduzir, em conservar a *espécie*. A vontade mostra-se aqui quase independente do conhecimento. Se o conhecimento nos seres humanos tem seu lugar no cérebro, os genitais, o lugar do instinto sexual, são o verdadeiro foco da vontade e o contrapolo do cérebro.

As exposições de Schopenhauer sobre a *Metafísica do amor* pertencem às seções mais famosas de sua obra. Esse é para ele um tema tão importante como o foi para os poetas de todas as épocas e povos, que não cansavam de celebrá-lo. O que faz com que dois indivíduos de sexos opostos se vejam, de modo irresistivelmente violento, atraídos um pelo outro é a vontade de viver que se manifesta na espécie. O amor é um recurso iludente da natureza aplicado ao único objetivo de conservar a espécie. Schopenhauer tenta mostrar isso em pormenores, com base no ponto de vista, segundo o qual as pessoas escolhem seu objeto do amor. Elas sempre aspiram à conservação do tipo da espécie. Toda pessoa ama o que falta a si mesma. Trata-se também de corrigir os desvios individuais do tipo da espécie mediante a escolha do parceiro correto. Toda a sexualidade é unilateral. Como há diferentes graus do masculino e do feminino, a melhor harmonia entre duas pessoas ocorre, então, quando o grau de masculinidade do homem corresponde ao grau de feminilidade da mulher. O homem mais masculino procurará a mulher mais feminina e vice-versa. "Aqui o indivíduo atua, sem saber, por incumbência de algo mais elevado, a espécie: disso vem a importância que ele confere às coisas..."[8]

Como a paixão se baseia na ilusão que simula no indivíduo aquilo que é valioso para a espécie como se fosse valioso para ele mesmo, a ilusão pode e tem de ser suspensa assim que o objetivo da espécie for atingido. A natureza faz, então, com que a beleza feminina, sua mais importante manha artística para a realização de seu objetivo, desapareça rapidamente após a reprodução. O indivíduo percebe que foi iludido pela vontade da espécie. "Se a paixão de Petrarca tivesse sido satisfeita, o seu canto teria emudecido, como ocorre com o do pássaro tão logo os ovos são postos"[9]. A desilusão ocorre especialmente no casamento por amor.

Assim como no amor o indivíduo se mostra apenas como instrumento da espécie, também, em geral, cada ser individual, cada aparecimento no espaço e no tempo, é a objetivação da vontade sem espaço, sem tempo, sem razão, que, como tal, aliás, somente é possível na individuação. O indivíduo é apenas uma troca contínua da matéria sob a persistência da forma. A coisa-em-si é a vontade.

---

8. Ibid., II, p. 629.
9. Ibid., p. 639.

Essa concepção também é aplicável à *história*. Como a imutável vontade universal está por trás de tudo, a análise filosófica da história ensina que em toda a diversidade dos povos, épocas, trajes e costumes reside a mesma humanidade que vemos agora. Sempre a mesma, apenas de forma diferente – esse é o lema da história. Não há progresso. O símbolo do acontecimento é, em toda parte, o círculo. Em todos os tempos, os sábios disseram a mesma coisa e os tolos fizeram a mesma coisa, a saber, o contrário.

A vontade é livre? Livre é a vontade universal como um todo, pois, além dela, não há nada que a possa limitar. O que não possui liberdade é a vontade do indivíduo, porque ela é determinada pela suprema vontade universal.

Vamos deter-nos um pouco na comparação entre a metafísica de Schopenhauer e a do idealismo alemão, cujos principais representantes ele não se cansa de denunciar como "cabeças de vento" e "charlatães". Em muitos pontos, Schopenhauer não está tão longe dos ensinamentos de Fichte e Schelling como ele próprio afirma.

O que há em comum entre eles é que tanto Schopenhauer como os idealistas não se detêm nos limites demarcados por Kant. Ele também produz metafísica. Assim como Fichte, Schelling e todos os místicos, ele também encontra o acesso ao mistério do mundo no próprio eu. Fichte também havia definido a essência do eu como "vontade". Schelling também havia visto, atuando na natureza e no espírito, a mesma força inconscientemente criadora. É estranho que Schopenhauer tenha negado tão decisivamente essas semelhanças. Como outros pensadores, ele injuriava precisamente aqueles aos quais devia agradecimentos. Mas, no ponto fundamental, Schopenhauer teve razão em se distanciar daqueles pensadores. Pois, enquanto para os idealistas o último e absoluto é o *espírito* (*Geist*), a razão se desdobrando em um processo consequente, para Schopenhauer aquilo é a *vontade* cega, uma fundamentação do mundo (*Weltgrund*) contrária à razão, irracional. O mundo não é lógico, também não é ilógico, mas alógico. A razão é apenas ferramenta da vontade insensata. Com isso, Schopenhauer realiza uma ruptura grave com uma precondição que, declaradamente ou não, havia fundamentado todo o pensamento ocidental desde a Renascença: a harmonia de todo o universo. Ele realiza a passagem do otimismo para o pessimismo. Isso somente se torna plenamente claro quando se leva em consideração a valorização que Schopenhauer confere ao ser-aí e às consequências que ele extrai disso para o comportamento humano.

3. *O sofrimento do mundo e a salvação*

Viver é sofrer

Como Buda em sua juventude, também o jovem Schopenhauer foi tomado de um profundo lamento por todo tipo de vida.

A vontade é infinita, a satisfação limitada. Entregues aos nossos instintos e desejos nunca encontraremos felicidade e descanso duradouros. Tão logo a cobiça tenha sido satisfeita, surge uma outra. Tão logo qualquer dor tenha sido suspensa e tenhamos acreditado poder respirar aliviados, segue um novo mal. A dor é, absolutamente, a legítima realidade na vida. Prazer e felicidade são apenas algo negativo, a saber, a ausência da dor.

Não sabemos apreciar o que possuímos. Quando o perdemos, percebemos o seu valor. Não podemos aqui apresentar a penetrante descrição do sofrer em toda sua amplitude. Gostaríamos apenas de mencionar algumas palavras-chaves.

A *miséria* é o flagelo constante da maioria das pessoas. Os poucos que dela são poupados acabam se tornando vítimas de um outro flagelo, o *tédio*. O decorrer da semana com seis dias de trabalho duro e um de tédio é um quadro exato de nossa vida. O destino inevitável do homem é, além disso, a *solidão*. No final, é cada um consigo mesmo.

Luta, guerra e cruel aniquilamento, devorar e ser devorado – isso é a vida. Essa situação se manifesta da mesma forma no reino animal e no ser-aí humano. Os próprios poetas dramáticos não sabem representar outra coisa. Após o falacioso final-feliz, porém, caem as cortinas. O otimismo é um escárnio amargo do imensurável sofrimento da humanidade. Schopenhauer conduz-nos por hospitais, hospitais de guerra e câmeras de tortura cirúrgicas, por prisões, câmeras de tortura e senzalas de escravos, por campos de batalha e tribunais, em todos esses lugares se aloja a desgraça. "De onde, pois, Dante retirou a matéria para o seu inferno, se não o foi desse nosso mundo real? E, contudo, ele se tornou um inferno muito bem ilustrado. Mas quando ele abraçou a tarefa de descrever o céu e seus prazeres, encontrou-se perante uma insuperável dificuldade; pois o nosso mundo não oferece nenhum material para algo assim"[10]. A vida não vale a pena. É um negócio que não cobre os custos. Tudo gira em torno do fato de que nossa vida vai, irrefreavelmente, ao encontro da morte. Na juventude não vemos isso. Ainda estamos na subida da montanha, em cujo outro lado a morte nos aguarda. Tão logo ultrapassamos a metade da vida, somos como pensionistas que já não vivem mais de juros e precisam recorrer ao capital. Assim como nosso andar é apenas uma contínua queda obstruída, a nossa vida é apenas uma contínua morte obstruída.

Há uma saída deste vale de lamentações? O conhecimento não é uma saída. Pelo contrário, quanto mais elevado for a forma de manifestação da vida, maior e mais evidente será o sofrimento. Da planta, passando-se pelas inferiores minhocas e pelos insetos, chegando-se aos vertebrados com seu sistema nervoso perfeito, tem-se um contínuo aumento da sensibilidade para a dor. E entre os seres humanos sofre proporcionalmente mais aquele com conhecimento mais lúcido; o gênio é o que mais sofre.

A benéfica loucura pode até ser uma saída encontrada pela natureza quando o sofrimento ultrapassa o limite do suportável.

O suicídio também não é uma saída. Ele aniquila o aparecimento individual da vontade, mas não ela própria. (Aqui se pode observar como essa concepção de Schopenhauer, que é semelhante à avaliação indiana do ser-aí, conduz, na verdade, necessariamente ao pensamento

---

10. Ibid., I, p. 383.

indiano do renascimento, contendo, implicitamente, esse pensamento; pois as palavras de Schopenhauer também significam: o suicídio não faz sentido, porque a vontade trata logo de providenciar uma nova encarnação para si.)

Mas existe, sim, uma saída. Schopenhauer indica até mesmo dois caminhos. Um é de natureza estética e o outro de natureza ética. Um é uma solução provisória, o outro duradoura. Este é semelhante ao caminho de Buda.

O caminho estético da salvação – gênio e arte

Segundo Kant, por trás dos fenômenos há o que ele, de forma obscura, mas inspirada, denominou de coisa-em-si. Segundo Platão, por trás das coisas visíveis e passageiras encontram-se suas formas originais, as ideias; Schopenhauer absorve ambos os pensamentos. A coisa-em-si ele reconhece como sendo a vontade. Nas ideias platônicas ele reconhece as formas eternas, nas quais se manifesta a vontade infinita.

Podemos atingir um conhecimento daquilo que está por trás dos fenômenos? Enquanto o intelecto obedecer à vontade, não o podemos. Nós temos de poder libertar-nos do grilhão da vontade e, com isso, também da fixação ao indivíduo desejante – que é a forma necessária de manifestação da vontade no espaço e no tempo. Isso é possível? Ao animal isso não é possível. Ao ser humano isso é possível, ainda que somente como exceção. Tal situação já se evidencia na estrutura de seu corpo. A cabeça supera o tronco. É verdade que ela sai dele e que é por ele carregada, mas não lhe é totalmente subordinada.

O homem pode tornar-se um puro sujeito do conhecimento, livre da vontade. O tipo de conhecimento, com o qual isso se torna possível, é a *arte, a obra do gênio*. A arte é a contemplação da coisa, independente da causalidade e da vontade. (Lembremo-nos do "prazer desinteressado" pronunciado por Kant.) Como as ideias somente podem ser compreendidas na pura contemplação do objeto, a essência do gênio constitui-se, precisamente, na capacidade de tal observação. Genialidade é a plena objetividade, a capacidade de se comportar de modo puramente contemplativo, de ser um "claro olho do mundo", e não apenas por um momento, mas pelo tempo suficiente para, repetidamente, dar forma ao objeto contemplado.

O homem comum, "o produto industrial da natureza", não possui capacidade para isso. Em sua expressão do rosto já predomina a esfera da vontade, da cobiça, mas no semblante do gênio predomina o conhecimento.

Contudo, com a atenção voltada para o geral, o gênio, frequentemente, não observa o que está mais próximo. Enquanto contempla as estrelas, tropeça na próxima pedra. Mas, em relação a todo o resto, isso é abundantemente compensado pelo consolo reconfortante garantido pelo entusiasmo autoesquecedor, pela entrega total à obra.

Nessa mesma abordagem, Schopenhauer também trata da estreita vizinhança entre genialidade e loucura. Ambos são separados somente por uma linha bem fina. Essa concepção continuou atuando, de modo especial, no decorrer do século, com o trabalho do italiano Cesare *Lombroso* (1836-1909), mais precisamente com o seu livro *Gênio e loucura* (1864).

Somente o gênio tem, é verdade, a capacidade de atingir a contemplação das ideias, mas, num grau mais baixo, essa capacidade também compete a outras pessoas. Como elas poderiam, de outra forma, ser sensíveis à obra do gênio e à obra de arte?

Quando, ao contemplar a arte, escapamos do serviço escravo dedicado à vontade somos, então, tomados, de uma vez, por aquele estado de espírito sem dor, celestial, o qual era exaltado por Epicuro como o estado dos deuses. Então, "durante aquele momento estamos libertos da desprezível coerção da vontade, celebramos o sabá da servidão ao querer, a roda de Íxion para"[11].

Seguem-se reflexões sobre o belo e o sublime e sobre as diferentes artes. Pensamentos de um homem profundamente sensível ao belo e ao sublime na natureza e na arte.

Uma arte ocupa lugar privilegiado em relação às outras: a *música*. Nela não encontramos a reprodução de uma ideia, como ocorre com as outras artes. Mas como ela pode atuar tão poderosamente na parte mais profunda do interior do ser humano? A música é o reflexo direto da própria vontade e, portanto, da essência do mundo. Nela se manifesta a mais profunda essência do ser humano e de todas as coisas. Nossa vontade ambiciona, é satisfeita e apressa-se a continuar ambicionando. Assim, a melodia é um contínuo desvio do tom fundamental, correspondendo ao múltiplo impulso da vontade, e um retorno final àquele tom, à harmonia, à satisfação.

Desse modo, podemos considerar a natureza e a música como duas formas de manifestação da mesma coisa, a saber, de uma infinita vontade universal. Na música todas as emoções ocultas de nossa essência nos percorrem como um paraíso familiar e, contudo, infinitamente distante. Mas somente por um momento. A música não é uma salvação da vida, mas apenas um belo consolo que nela se encontra. Para se obter uma salvação definitiva, temos de passar da brincadeira, que a arte representa, para o sério.

O caminho ético para a salvação: negação da vontade

Não são necessárias muitas palavras para esclarecer o segundo, o verdadeiro caminho para a salvação, indicado por Schopenhauer. É o mesmo, ao qual conduz o pensamento dos antigos indianos.

Schopenhauer está consciente disso. Sua filosofia não pretende nada além do que transformar em saber abstrato, em conhecimento claro, aquilo que muitas pessoas sabem intuitivamente e o que se encontra claramente nas doutrinas das grandes religiões e na vida de seus santos. O cristianismo é para nós a mais próxima. Onde há o cristianismo legítimo, há a penetração desse espírito de negação do mundo. Carregue a sua própria cruz! Renúncia! Em nenhum outro lugar esse espírito é expresso de maneira mais bela do que pelos místicos alemães.

---

11. Ibid., p. 231. Segundo a mitologia antiga, como castigo por uma ofensa aos deuses, Íxion foi aprisionado a uma roda que girava eternamente.

Isso, o significado de negar a vontade em prol da vida, se encontra ainda mais elaborado nas obras antiquíssimas do pensamento indiano. Querer introduzir o cristianismo na Índia é tão frustrante como disparar uma bala contra uma rocha. O que ocorre, antes, é a penetração cada vez maior do pensamento indiano na Europa e a produção de uma transformação fundamental no pensamento ocidental.

Ascese como rompimento consciente com a vontade é o meio; a meta é o estado descrito pelos santos, que conseguiram eliminar completamente a vontade, em palavras como "êxtase", "ascensão", "dissolução do eu em Deus". Essa meta, porém, somente pode ser descrita negativamente, como o budismo o faz no *nirvana*.

"Mas, se desviarmos o olhar da nossa própria mesquinhez e de nossas limitações e o direcionarmos para aqueles que superaram o mundo... então, em vez do ímpeto e do impulso infatigável... em vez das esperanças nunca satisfeitas e nunca perecidas que compõem o sonho de vida do ser humano desejante, apresenta-se aquela paz, que é mais sublime que toda a razão, aquele mar absolutamente calmo do espírito, aquela quietude profunda, confiança e serenidade inabaláveis, cujo simples reflexo no semblante, como foi representado por Rafael e Correggio, é um evangelho completo e seguro..."[12]

5. Comentários finais – para uma crítica

> No interior da natureza
> não penetra nenhum espírito criado.

Com essas palavras, Albrecht von Haller formulou, com sucesso, o enigma kantiano que se encontra por trás dos fenômenos. Goethe responde com estes versos:

> "No interior da natureza" –
> Oh Filisteu! –
> "nenhum espírito criado penetra?"
> Jamais nos lembrem estas palavras
> a mim e aos irmãos!
> Nós pensamos: Onde quer que estejamos,
> *estamos* no interior das coisas*.

Antes de sua obra capital, Schopenhauer menciona as palavras de Goethe: "E se, por fim, a natureza não pode ser investigada?"

O caminho, pelo qual Schopenhauer penetra no interior da natureza, é o da mística, especialmente dos indianos. Brahman, alma universal, vontade universal, e atman, alma humana, vontade humana, são uma única coisa. O que nos impede de reconhecer isso é o véu de Maya,

---

12. Ibid., p. 486.

* Original em alemão: "Ins Innere der Natur"– / O du Philister! – / "Dringt kein erschaffner Geist?" / Mich und Geschwister / mögt ihr an solches Wort / nur nicht erinnern! / Wir denken: Ort für Ort / *sind* wir im Innern.

é o mundo das representações. O que nos salva é o libertar-se da prisão terrestre, da "sede", e atingir o brahman ou o nirvana.

Se, na presente seção, ainda incluímos algumas observações críticas, pretendemos com isso, como o fizemos em outras partes como esta deste livro, não mais do que chamar a atenção do leitor para alguns pontos, os quais ele deve ter em mente ao realizar uma análise mais aprofundada de Schopenhauer. Um mérito duradouro de Schopenhauer é ele ter aberto os olhos da filosofia para a profundeza obscura que se encontra no ser humano abaixo da superfície da sua consciência. Os grandes poetas de todas as épocas a conheciam ou a vislumbravam. Na ciência ocidental, Schopenhauer foi o primeiro a abrir caminho para uma filosofia e uma psicologia do inconsciente.

Nas objeções, que deverão surgir ao próprio leitor, se reconhecerá, facilmente, o quanto os pensamentos de Schopenhauer resultam da singularidade de sua personalidade e de sua época. Por exemplo, tudo o que Schopenhauer afirma sobre as mulheres, sobre o amor, sobre as crianças e sobre o casamento não é a expressão do pensamento de um homem que durante a sua vida nunca conheceu um lar próprio, uma afeição de mãe, a alegria de ser pai e tampouco a felicidade de uma atividade prática regular e da inserção em uma comunidade atuante? Ainda que muito tenha sido corretamente observado e formulado com espantosa precisão, não se trata, porém, de apenas um lado, um tipo de mulher e, com isso, não seria uma verdade inteira, mas apenas uma metade e, assim, uma meia-verdade? Na doutrina de que tudo na vida é uma questão de permanecer livre de dores e de desfrutar uma inabalável paz de espírito não se encontra um pouco de pusilanimidade mesquinha e de egoísmo do ermitão rabugento, avesso a toda sociabilidade e a toda responsabilidade? Toda a felicidade é apenas negativa? A morte também não perde muito de seu pavor, quando ela vai ao encontro das pessoas após uma vida repleta de trabalho e de ações para outras pessoas?

Por fim, colocamos uma questão mais voltada à coerência filosófica: num mundo, cuja única essência é a vontade cega, como pode, mesmo assim, triunfar o intelecto sobre a vontade e se desenvolver no ser humano uma força que supere essa vontade? Isso não demonstra que, além da vontade cega, deva haver, sim, um outro poder?

II. Sören Kierkegaard

1. Sócrates em Copenhague

O decorrer da vida de Sören Kierkegaard é, exteriormente, assinalado por poucas pinceladas. O sétimo filho de um abastado comerciante nasceu em 1813, em Copenhague. Aos dezessete anos de idade ingressou na universidade de sua pátria e somente dez anos mais tarde prestou o exame teológico; logo depois obtém o grau de mestre (*Magister Artium*) após a defesa de sua tese, *O conceito de ironia constantemente referido a Sócrates* (*Über den Begriff der Ironie mit beständiger Hinsicht auf Sokrates*), um tema que traz, entrelaçados entre si, dois elementos de seu pensamento: o socrático e a ironia.

O pai foi sempre a figura dominante na vida espiritual de Kierkegaard. A mãe e cinco de seus irmãos morreram no decorrer de dois anos. Um profundo desespero religioso acometeu o pai após esses trágicos anos – ele interpretou os acontecimentos como um castigo divino por ter-se rebelado contra Deus em tempos passados, mas, diferentemente do que ocorrera com o Jó bíblico, ele não resistiu a esse peso. Esse desespero e melancolia exerceram forte influência na primeira época de vida de Kierkegaard, uma pessoa que, de acordo com sua própria declaração, nunca conheceu algo semelhante a uma infância. Em 1838 morre o pai, deixando-lhe sua herança. O filho não tenta multiplicá-la, nem mesmo mantê-la. Habita a casa do pai e leva uma vida que, para os malquerentes, parecia como a de um vadio rico que, noite pós-noite, desfilava pela rua principal (quando, não raramente, garotos da rua lhe perseguiam e gracejavam de sua aparência pouco atrativa), frequentava o teatro ou um grupo da alta classe; para os benquerentes, sua vida parecia como a de um erudito independente que escrevia de vez em quando por lhe causar prazer.

Mas antes da publicação do seu primeiro livro aconteceu um episódio que, externamente, causou certo alvoroço e, interiormente, marcou o destino de Kierkegaard de forma decisiva: em 1840 ele ficou noivo de Regine Olsen, jovem dez anos mais nova que ele (ou seja, ela tinha dezessete anos). Um ano mais tarde, sem nenhuma causa aparente, rompe o noivado e viaja para Berlim, a fim de continuar estudando. Após uma batalha interior que quase o liquidou, Kierkegaard conclui que deveria renunciar ao amor e ao casamento para realizar uma tarefa que lhe havia sido conferida, somente a ele entre milhões de pessoas, como uma das duas ou três exceções humanas de cada geração "que devem descobrir com pavoroso sofrimento aquilo que é percebido pelos outros como benefício".

O relato da vida exterior de Kierkegaard chega rapidamente ao fim: ele gasta a fortuna herdada com a impressão de seus escritos. Quando, em 1855, com a idade de 42 anos, ainda sem uma profissão regular, no ápice de sua luta espiritual, desmaia na rua e logo depois vem a falecer, a sua fortuna acabara de ser consumida. Foi poupado da pobreza, pela qual havia, conscientemente, esperado. Mas, já na época do rompimento com Regine Olsen, havia se tornado claro que este ser-aí, externamente tão pouco movimentado e aparentemente desviante de todo compromisso, visto no seu interior era uma vida de luta dramática, de desesperadora e inexorável gravidade, e também – iludindo conscientemente o mundo que o cercava – uma vida de extrema concentração que produziu uma impressionante obra. Pois Kierkegaard utilizou aquela fachada de sua vida como escudo e máscara, por trás dos quais se realizava o que era mais importante. Ele chegou a ponto de, após o seu rompimento com Regine – a quem durante toda a sua vida manteve, interiormente, uma inquebrantável fidelidade –, fazer-se parecer a ela e a outros como uma pessoa leviana e inútil, para que, assim, a amada sentisse menos dor após a separação de um homem indigno!

Kierkegaard também usava máscaras ao enviar seus livros ao mundo. Em 1843 foi publicado *Ou – ou. Um fragmento de vida, editado por Victor Eremita* (*Entweder – Oder. Ein Lebensfragment, herausgegebn von Victor Eremita*). Mas a mistificação provocou um exagero ainda maior sobre o emprego desse pseudônimo, pois o livro contém notas de dois homens diferentes, cujos nomes, supostamente, nem mesmo o fictício editor conhece. Em 1844 seguem-se *O conceito de angústia* (*Der Begriff Angst*), sob o pseudônimo Vigilius Haufniensis, e *Temor e tremor* (*Furcht und Zittern*), de Johannes de Silentio. As *Etapas no caminho da vida* (*Stadien auf dem Lebensweg*), de 1845, apontam como autor Hilarius Buchbinder, o *Postscriptum definitivo e não científico às migalhas filosóficas* (*Abschliessende unwissenschaftliche Nachschrift zu den Philosophischen Brocken*), de 1846, é atribuído a um tal Johannes Climaeus. Após ter publicado escritos religiosos com seu nome em 1848, volta a empregar pseudônimos em *A doença até a morte* (*Krankheit zum Tode*) (1849) e *Escola do cristianismo* (*Einübung im Christentum*) (1850).

Mas por que esse esconde-esconde? Trata-se do artifício estético do distanciamento? Kierkegaard esperava, de fato, que a sua autoria desses escritos permanecesse oculta em Copenhague? Ele não podia contar com isso. Escolheu, conscientemente, essa forma e continua a preferi-la, mesmo depois de seus pseudônimos terem sido revelados – ele exige, por exemplo, que as citações de seus escritos sejam referidas aos seus pseudônimos e recusa responder pelas opiniões deles –, porque considerava essa forma de participação *indireta* como a única possível. Pois, para ele, o que se deixa participar diretamente, aquilo que se pode participar a outro, dividir com o outro, como verdade objetiva, como saber adquirido, não é uma verdade legítima, mas, antes, uma verdade insignificante, e apenas nos distrai daquela que, de fato, interessa. Por que isso? Essa afirmação de Kierkegaard é uma confrontação direta com quase toda a filosofia existente até aquela época e nos conduz ao centro de seu filosofar, o qual, semelhantemente ao de Sócrates, sempre se desdobra apenas no diálogo, na conversa com um indivíduo (desconsiderando-se que Kierkegaard, ao contrário de Sócrates, escreveu obras) e não busca, de forma alguma, transmitir ao indivíduo, ao interlocutor, um saber adquirido que possa ser ensinado e fixado, mas desencadear nele uma questão e um pensar, fazer com que ele encontre sua própria verdade – ou, por fim, o que seria ainda mais socrático, conduzi-lo ao saber de sua própria ignorância.

2. *O pensador da existência e o cristão*

Kierkegaard é poeta e pensador. Como escritor, é de uma força e genialidade raramente atribuídas a algum filósofo entre Platão e Nietzsche. "Lira dialética" é o subtítulo de um de seus escritos, uma senha que pode também ser empregada aos magníficos diálogos de Platão. Mas, enquanto Platão expõe pensamentos *gerais* em forma de conversas pessoais e *expressão* poética, um leitor que folheie pela primeira vez um escrito de Kierkegaard pode, num primeiro momento, duvidar se ele tem mesmo nas mãos uma obra filosófica. Kierkegaard não trata de nenhum problema geral, como o ético. Em "Os papéis de B", por exemplo, o segundo texto de *Ou – ou*, ele fala como um poeta, quer dizer, ele fala de um caso determinado, individual, entre pessoas determinadas, indivíduos. Como pensador, e agora isso se tornará visível, Kierkegaard não pode deixar de ser também um poeta se quiser expressar o que lhe é próprio: ele desconfia de toda generalidade, de toda abstração. Quase toda a filosofia anterior possui isto em comum, examinar questões universais: o sentido (não da minha, mas) *da* vida, *a* verdade, os princípios da ação válidos universalmente; segundo Kant, constitui até mesmo a essência do ético, que seus princípios possam pretender validade geral, "categórica". Era considerado algo evidente que tais questões gerais e suas respostas ocupassem uma categoria mais elevada que a dos problemas práticos, com os quais qualquer pessoa se defrontava no decorrer de sua vida. Para tais questões individuais, assim se pensava, a solução correta resultaria, como que por si mesma, dos princípios gerais encontrados; caberia a cada um retirar deles as consequências válidas para o seu caso.

Mas Kierkegaard descobre que os problemas verdadeiros na vida são sempre do tipo das assim chamadas questões individuais práticas. A questão não é: deve-*se* fazer isso ou aquilo?, mas: devo *eu*, esta determinada pessoa, nesta determinada situação atual, fazer isso ou aquilo? Tais problemas são problemas "existenciais". Se na filosofia deve haver um sentido, então ela tem de direcionar seu olhar para esses problemas. "Enquanto o pensamento objetivo é indiferente em relação ao sujeito e sua existência, o pensador subjetivo, na qualidade de existente, está interessado em seu pensamento, é nisso que ele, de fato, existe". [...] "Somente o conhecimento que se relaciona essencialmente com a existência é um conhecimento essencial."

O que significa para ele aqui a teoria hegeliana da síntese? O equilíbrio dos opostos não se realiza sempre apenas na abstração, na ideia, enquanto na vida real o oposto persiste sem minimamente amenizar seu rigor? E nas questões éticas, o que vigora sempre não é somente a decisão radical – "Ou – ou"?

No sentido kierkegaardiano, existência nada tem a ver com a segurança externa do ser-aí mediante profissão, salário, alimentação. Existência é, antes, o cerne pessoal mais interior e inconcebível do indivíduo, o "si-mesmo", como diria um místico; mas, com as palavras de Kierkegaard retiradas de *A doença até a morte*, o si-mesmo é "uma relação que se relaciona consigo mesma, ou aquilo, na relação, que a relação se relaciona a si mesma". Em outra parte ele prossegue com a ideia e vê o ser-si-mesmo do indivíduo como processo, como um seguimento dos momentos, nos quais ele efetua a síntese resultante da infinitude e finitude, a qual o momento realizado constitui. Assim, o ser humano se apresenta extremamente histórico; a temporalidade, a "extensidade" do si-mesmo até a sua própria morte é o seu elemento constituinte.

Com essa breve caracterização daquilo que podemos chamar de a antropologia de Kierkegaard, compreendemos somente um polo de seu pensamento. O outro se encontra na *crença* cristã. Se, sob diferentes pseudônimos, Kierkegaard esclarece modos de vida naturais e tradicionais como o prazer estético, é porque mediante eles pretende, sobretudo, que o ser humano, para além das massas, volte-se para o seu ser individual, porém não para o indivíduo por si, mas para o "indivíduo perante Deus". Nada é mais repulsivo para Kierkegaard do que o fato de que em sua época qualquer um é cristão, sem que ninguém seja, realmente, cristão. Essa situação é insincera, e insinceridade é o que Kierkegaard mais odeia e combate. O que a crença na concepção de que Deus se tornou homem em Jesus Cristo e se manifestou ao mundo, essa crença, que tem de se manifestar ao entendimento como eterno paradoxo, até mesmo como absurdo, que apenas nos pode ser dada do alto como uma graça, mas que representa um "salto" numa área além de toda a razão, o que essa crença tem a ver com o tépido, burguês e aparente mundo da igreja, onde íntegros cidadãos sem a mínima reflexão e movimento interior passam pelo batismo, crisma e casamento? Ser cristão deveria significar um rompimento com pai e mãe, com todos e qualquer um, é "segregante e polêmico". Para que esse ser cristão seja possível, a cristandade exterior tem de ser abalada e desmascarada.

É implacavelmente em direção a essa luta, conduzida com profunda e impiedosa determinação, que se dirige, por fim, o caminho de Kierkegaard. Ele desencadeia essa batalha em seus dois últimos anos de vida – agora já não mais acobertado por pseudônimos – por meio de artigos de jornal e folhetos próprios, os quais ele chama de *O momento*. "Ao não participar da missa do dia, do modo como ela é agora realizada, tu tens sempre uma grande culpa a menos: tu não tomas parte em, mediante a missa, caçoar de Deus, pretendendo para o cristianismo neotestamentário aquilo que ele não é." Esse é o seu tom a partir de então. Ele já nem mesmo afirma que luta pelo cristianismo ou que ele mesmo seja um cristão. O cristianismo lhe é tão elevado que ele já não se atreve a se dizer sua testemunha da verdade ou muito menos seu mártir. "Consideremos que eu fosse uma vítima, eu não seria uma vítima em defesa do cristianismo, mas simplesmente por ter querido integridade... Eu não devo afirmar que sou um cristão, mas eu quero integridade, e quero ousar até o fim." Ele morreu com essa convicção – ele, o eterno cético meditativo, estava certo de, pelo menos nesta luta, estar de acordo com a vontade de Deus –, sem retratar-se ou receber no seu leito de morte a Extrema-Unção (Unção dos Enfermos) da Igreja. Os médicos não conseguiram identificar qualquer doença. Assim como, em vida, ele se ocultava por trás de máscaras e como que se distanciava das pessoas, a fim de afastar a opinião equivocada de que ele, Kierkegaard, tivesse pareceres, doutrinas ou consolos a emitir, da mesma forma ele procurou evitar uma má interpretação e abuso por parte da posteridade. Sob o título "Melancolia" consta em seus diários:

> Lá em algum trecho de um salmo é dito do rico, que ele, com grande esforço, acumula riqueza e "não sabe quem deverá ser seu herdeiro": pois, eu, um intelectual, deixarei uma herança não muito pequena; ah... e eu sei bem quem ficará com minha herança, ele, a figura que me é extremamente contrária, ele, que, de fato, herdou até agora tudo o que há de melhor no mundo e que continuará herdando: o docente, o professor.

E num pós-escrito Kierkegaard acrescenta: "E ainda que um 'professor' tivesse a possibilidade de ler isso, tal pensamento não o deteria, não faria com que a consciência o abatesse, não: também isso seria ensinado em alguma instituição..."

3. Influência tardia

A brusca seriedade, a mortal inexorabilidade no pensamento e na escrita de Kierkegaard, além da suplicante violência de suas palavras, a obscura variedade de seus pseudônimos: poder-se-ia pensar que tudo isso teria sido o suficiente para provocar não somente uma breve perplexidade no *establishment* religioso e social de Copenhague, mas que a chama dessa explosão espiritual tivesse atingido e transformado a vida filosófica, o clima intelectual, até mesmo dos países vizinhos, ou ainda, do século – tanto mais quanto Kierkegaard, pelo menos na grande vizinhança alemã, se sentia intelectualmente em casa, não somente com a obra de Hegel (que para ele constituía a "pedra de escândalo"), mas também com Kant, Schelling, Fichte, com a teologia alemã a partir de Lutero e com a literatura alemã. No entanto, ao atentarmos à literatura das principais línguas europeias nas décadas posteriores à morte de Kierkegaard, não percebemos o mínimo eco de sua reputação. O fato de Kierkegaard ter pensado e escrito em sua língua materna, a qual praticamente não era compreendida fora dos limites dinamarqueses, pelo menos nos círculos intelectuais, constituiu uma condição necessária para a formação de sua obra – pois como ele poderia ter escrito uma obra tão profunda, sutil e heterogênea desprendido do solo materno? Poder-se-ia ter falado de uma fatalidade em relação à sua influência posterior, se ela não tivesse, enfim, começado a ocorrer após meio século. Primeiramente na Alemanha, onde foram publicados, numa primeira fase por volta de 1890, documentos de sua batalha eclesial, depois cartas, diários, escritos avulsos, a partir de 1909 uma primeira edição completa – e somente a partir de então ocorre aquilo que os grandes poetas escandinavos, com situação inicial semelhante à de Kierkegaard, alcançaram ainda em vida, no que se refere à possibilidade de sua influência: o efeito dessas traduções alemãs continuou a se propagar; a partir da década de vinte do século XX, encontramos o nome de Kierkegaard também nas literaturas inglesa, americana e francesa.

E não apenas seu nome. É como se, de repente, houvesse chegado o tempo maduro para entender e acolher Kierkegaard. Em grande parte, a *dialética teológica*, representada por Karl *Barth* (1886-1968), Friedrich *Gogarten* (1887-1967), Rudolf *Bultmann* (1884-1976), baseia-se nele, e de forma expressa, como se pode perceber já no primeiro escrito fundamental de Barth *A carta aos romanos* (*Der Römerbrief*) (1924). Na filosofia do século XX não é possível pensar tudo o que se escreve empregando os nomes filosofia existencial e ontologia fundamental sem Kierkegaard, como se evidencia ao se aproximar do debate dessas filosofias, o qual será mais adiante aqui apresentado de uma forma não mais do que breve. Já a designação "filosofia existencial" liga-se expressamente ao "pensador existente" de Kierkegaard – pela palavra e pelo conteúdo. Solidão, "derrelição" (*Geworfenheit**), o absurdo, o medo como fatos primordiais do ser humano. Isso é encontrado em Kierkegaard e, novamente, de Gabriel Marcel até Albert Camus, e em outros depois – como o nome Camus já indica, no clima intelectual contemporâneo em geral, visível na arte e na lírica moderna, talvez se tornando mais evidente especialmente na literatura dramática a partir de 1945. Compreende-se que aquelas ideias se agucem e se radicalizem ainda mais quando são despojadas da existência essencialmente religiosa de Kierkegaard e associadas à indiferença religiosa ou ao ateísmo manifesto (Sartre).

---

* Ou ainda: ser-jogado-no-mundo, ser-lançado-no-mundo, ser-abandonado-no-mundo [N.T.].

Ao destruir toda sustentação objetiva para a busca religiosa e para o questionamento filosófico e ao lançar o indivíduo de volta, renovadamente, à base incerta e instável de sua própria existência, Kierkegaard realiza, com vaticinante previsão, o decisivo trabalho intelectual prévio para o ainda sempre incompreensível e totalmente incontrolável deslizamento experimentado pela humanidade na época das duas grandes Guerras Mundiais. Assim, ele aparece como o grande demolidor, nisso comparável apenas a Friedrich Nietzsche, que lançou o machado na raiz de uma estrutura de dois mil anos. Assim, ele também é acusado de, com sua investida irada contra a Igreja de seu tempo, ter ameaçado a possibilidade de toda existência de uma Igreja, cuja força fundamental é decisiva para a afirmação duradoura da religião no mundo; e, de modo semelhante, pode-se argumentar na filosofia, que a extremamente intensificada subjetividade "existencial" do pensador exclui, na verdade, todo o coletivo fundamentador presente no conhecimento e na ação, chegando mesmo a excluir o entendimento intersubjetivo. Além disso, pode-se questionar – digamos, do ponto de vista de um estoico romano – se a insistência em questionar radicalmente a própria "existência", suas ameaças e, por último, seu fim na morte, não evidencia uma determinada fraqueza do homem da cultura tardia, que, por isso, perde a noção da tarefa do ser humano no mundo e perante o seu próximo. Em linha análoga, encontra-se uma observação de Nicolai Hartmann, que vê em Kierkegaard certa autocrítica refinadamente exagerada, a qual, com frequência, limita sua atenção à autorreflexão e, assim, cativado pela perspectiva da própria morte e projetando-se à mesma, confere-lhe um peso metafísico que não lhe compete, quando considerado numa reflexão mais lúcida em espaço mais amplo, quer dizer, cósmico.

Essas indicações devem bastar para tornar claro que as opiniões sobre Kierkegaard estão divididas. Pode-se afirmar desse autor que nenhuma pessoa, que tenha sido uma vez invadida pelos seus pensamentos, saia inalterada dessa aventura; falando de uma maneira mais geral, pode-se dizer que o mundo, após Kierkegaard, parece irrevogavelmente outro do que antes dele. Isso pode ser dito, com justiça, apenas de bem poucos grandes como Sócrates ou Kant.

III. Friedrich Nietzsche

1. Vida e obras principais

Se podemos considerar Schopenhauer discípulo e descendente de Kant e, porém, constatar que o resultado de sua filosofia é algo bem diferente da filosofia de Kant, o mesmo vale para a relação entre Nietzsche e Schopenhauer. E, de fato, é sensato posicionar a filosofia de Nietzsche ao lado e após a de Schopenhauer, pois, independentemente da grande influência de Schopenhauer sobre Nietzsche, uma coisa é comum a ambas e as separa do filósofo da razão: a filosofia de Nietzsche também é uma filosofia da *vontade*.

A vida de Nietzsche é uma das grandes tragédias da mente humana. "Raramente alguém pagou um preço tão alto por sua genialidade"[13].

Filho do pastor protestante local, Friedrich Wilhelm Nietzsche nasceu em 1844 em Röcken, perto de Lützen. Segundo um relato, sua família descendia de condes poloneses. Aos cinco anos de idade Nietzsche perdeu o pai e cresceu completamente em companhia feminina e no espírito da religiosidade protestante. Torna-se um rapaz sensível e um pouco meigo, mas, já naquela época, tentava compensar esse estado com endurecimento e um férreo autocontrole. Com isso, já temos perante nós dois traços de seu caráter. "O que eu *não* sou é Deus e virtude para mim!"

No famoso internato de Pforta fundamentou-se o eterno amor de Nietzsche pela Antiguidade grega. Logo depois, estudou filologia clássica em Bonn e em Leipzig. Nesta cidade, torna-se amigo do célebre filólogo Erwin *Rohde* (1845-1898, famoso por sua obra *Psique. Culto da alma e a crença na imortalidade dos gregos/Psyche. Seelenkult und Unsterblichkeitsglaube der Griechen*).

Em Leipzig, Nietzsche encanta-se com a terceira força espiritual que, além da casa paterna e da Antiguidade Clássica, atuou determinantemente sobre ele. Ele encontra num antiquário a obra principal de Schopenhauer, lê-a de uma só vez e deixa-se envolver completamente por esse gênio sombrio. Já antes, porém, Nietzsche conhecera a obra de Richard *Wagner*, a qual era tomada pelo espírito de Schopenhauer. "A partir do momento em que escutei uma partitura para piano do Tristão, eu me tornei wagneriano." Nietzsche amava a música. "Sem a música, para mim a vida seria um erro." Durante horas de livre fantasiar ao piano, ele sabia comover sempre profundamente seus ouvintes. Nietzsche encontrou-se com Wagner em Leipzig e tornou-se um de seus apaixonados veneradores.

Nietzsche fora, antes, convocado para o serviço militar, mas, em virtude de um ferimento sofrido durante uma cavalgada, foi logo dispensado dessa tarefa.

Já antes da conclusão de seus estudos, ele havia publicado alguns pequenos trabalhos filológicos. Esses escritos, juntamente com a recomendação de seu professor Ritschl, renderam ao rapaz de vinte e quatro anos uma nomeação como professor extraordinário de filologia clássica na Universidade de Basileia. Nos tempos de Suíça aconteceram os encontros com o historiador Jacob *Burckhardt* (*1818-1897*), o teólogo Franz *Overbeck* (1837-1905) e, novamente, com Richard Wagner, que naquela época vivia às margens do lago de Lucerna, em Triebschen.

A feliz atuação em Basileia foi interrompida em consequência da guerra de 1870. Nietzsche participou dela como enfermeiro. Retornou logo, por causa de uma forte disenteria. A partir de então ele nunca mais recuperaria plenamente sua saúde.

Em 1871 é publicado o escrito de Nietzsche *O nascimento da tragédia no espírito da música* (*Die Geburt der Tragödie aus dem Geiste der Musik*). Nietzsche vê na vida e na criação artística

---

13. DURANT, W. *Die Grossen Denker*, 1945, p. 426.

dos gregos – o que ele fez de modo certamente simplificado – dois poderes diametralmente opostos, os quais ele chama de o dionisíaco e o apolíneo. O dionisíaco, que pode ser ainda mais bem esclarecido mediante a analogia do êxtase, é a vontade primordial informe, do modo como ela é diretamente expressada na música. O apolíneo é a força da medida e da harmonia.

O crescente poder exterior da Alemanha após 1870 foi para Nietzsche motivo de crítica e preocupação. Seus pensamentos críticos sobre sua época encontram-se em *Considerações intempestivas* (*Unzeitgemässen Betrachtungen*) (1873-1876). A primeira consideração é um ajuste de contas com David Friedrich Strauss, que representa o tipo de "filisteu da cultura" alemão. A famosa segunda consideração, *Da utilidade e desvantagem da história para a vida* (*Vom Nutzen und Nachteil der Historie für das Leben*), volta-se contra o excessivo saber histórico, que ameaça sufocar a vida real. Com a terceira consideração, *Schopenhauer como educador* (*Schopenhauer als Erzieher*), e a quarta, *Richard Wagner em Bayreuth* (*Richard Wagner in Bayreuth*), Nietzsche exalta seus mestres como educadores para uma nova cultura espiritualmente refinada.

Logo depois dessa glorificação de Wagner seguiu-se o rompimento de Nietzsche com ele durante o festival de Bayreuth, no qual participava como convidado. Sua principal censura a Wagner era a de ele, com o *Parsifal*, ter se submetido aos ideais cristãos negadores da vida.

O rompimento com Wagner assinala a passagem do primeiro período do desenvolvimento interior de Nietzsche para o segundo. A partir daí abandona os ideais e os mestres, os quais ele até então venerara, e torna-se crítico em relação à arte e à metafísica. Passa a procurar a salvação na ciência e aproxima-se de um positivismo naturalista. Seu livro *Humano, demasiado humano – um livro para espíritos livres* (*Menschliches, Allzumenschliches, ein Buch für freie Geister*) (1878-1880) revela isso. Ele é dedicado a Voltaire. Nesta época ocorreu o primeiro colapso físico. Já em 1876, Nietzsche havia tido de solicitar um ano de afastamento para tratamento de saúde e, logo depois, sua aposentadoria. A cidade de Basileia pagou-lhe uma pensão até o final de sua vida. Em 1879 ele quase morreu. Após a recuperação escreveu *Aurora* (*Morgenröte*) (1881) e *A gaia ciência* (*Fröhliche Wissenschaft*) (1882).

No "Zaratustra", Nietzsche descreveu os três estágios percorridos pelo ser humano em evolução: dependência de autoridades e mestres – desprendimento deles, luta pela liberdade (liberdade negativa, "libertar-se de") – voltar-se para os próprios valores e os fins definitivos (liberdade positiva, "libertar-se para"). Esse terceiro estágio inicia-se para o próprio Nietzsche, em 1882, com sua obra *Assim falava Zaratustra* (*Also sprach Zarathustra*). Desde que havia deixado Basileia, Nietzsche vivia a maior parte do tempo no norte da Itália, em Gênova, Veneza, Turim, também na Riviera Francesa e, frequentemente, em Sils-Maria, norte de Engadin, local que amava de modo especial. Passou o inverno de 1882/1883 na Baía de Rapallo. Durante as caminhadas pela baía e no alto da encosta, avistando o mar, a principal obra de Nietzsche ganhou forma. Foi "acometido" por Zaratustra[14].

---

14. NIETZSCHE. Obras, seleção e introdução de MESSER, A. Leipzig, 1930. Aqui *Ecce homo*, vol. II, p. 286. Todas as citações seguintes de Nietzsche são retiradas dessa edição.

Já durante o desenvolvimento de seu Zaratustra, que é uma forma *poética* dos pensamentos filosóficos de Nietzsche, surgiu-lhe o plano de apresentar esse texto, também *sistematicamente*, em uma obra composta de quatro volumes. O título do livro deveria ser *A vontade de poder – Ensaio de uma transmutação de todos os valores* (*Der Wille zur Macht. Versuch einer Umwertung aller Werte*) (ou algo semelhante – Nietzsche deixou diferentes formulações). Ele não finalizou essa obra. Após a sua morte ela foi editada segundo planos que se encontravam no espólio junto aos respectivos apontamentos. Conservou-se, com isso, um caráter fragmentário, não apenas na forma linguística, mas também no pensamento. (Do ponto de vista linguístico, todos os últimos trabalhos de Nietzsche são apenas uma reunião de pensamentos isolados e aforismos.)

O escrito *Para além do bem e do mal – Prelúdio de uma filosofia do porvir* (*Jenseits von Gut und Böse – Vorspiel einer Philosophie der Zukunft*), publicado em 1886, deveria constituir uma introdução àquela obra. Mais uma vez o desenvolvimento de sua obra principal foi interrompido pela reedição de escritos anteriores e pela *Genealogia da moral* (*Zur Genealogie der Moral*), escrita em 1887.

Nesses anos, Nietzsche tornava-se cada vez mais solitário. Dificilmente algum de seus antigos amigos terá conseguido segui-lo em seus novos caminhos. Além disso, seus livros praticamente não despertavam a atenção. A partir da última parte de seu "Zaratustra" não encontrou mais nem um único editor e ele mesmo teve de custear todos os gastos com impressões. Nesse silêncio inquietante que o rodeava, aumentava cada vez mais a sua autoestima. Sua escrita se torna cada vez mais emocional e ruidosa.

O ano de 1888 trouxe um novo ápice de sua criação. Mas o crescimento exagerado de sua produção já era o precursor da catástrofe vindoura. Nietzsche escreve *O caso Wagner* (*Der Fall Wagner*), um enfurecido acerto de contas com Wagner, assim como o escrito *Nietzsche contra Wagner, fragmentos registrados por um psicólogo* (*Nietzsche contra Wagner, Aktenstücke eines Psychologen*). Ele publica *Crepúsculo dos deuses* (*Götzendämmerung*) e *O anticristo* (*Antichrist*) – dois ardorosos ataques ao cristianismo. Finalmente, nos últimos meses daquele ano, ele escreve a autobiografia *Ecce homo*. Ao erudito dinamarquês *Brandes*, que acabara de ser o primeiro a dar aulas sobre Nietzsche – um primeiro sinal dos primórdios de sua influência –, ele escreve sobre essa obra: "Com um cinismo, que se tornará historicamente universal, eu contei sobre mim mesmo. O livro... é um atentado, sem a mínima consideração com o crucificado; ele termina em trovões e turbilhões contra tudo o que é cristão... Eu asseguro-lhe que, em dois anos, toda a Terra estará em convulsões. Eu sou uma fatalidade"[15].

Pode-se questionar se Nietzsche teria sido preservado dos exageros de seus últimos escritos, caso o reconhecimento de sua obra tivesse ocorrido mais cedo. De qualquer modo, o reconhecimento veio muito tarde, e a doença teria inevitavelmente tomado o seu rumo. Após vários anos, a batalha solitária de Nietzsche pela transmutação de todos os valores havia esgota-

---

15. Apud MESSER. Introdução à edição acima mencionada, p. XXVII-XXVIII.

do suas forças físicas e mentais. Estava quase cego. Ele havia escrito penosamente todos os textos de seus últimos anos com as últimas energias da doença já avançada. No início de 1889, Nietzsche sofreu em Turim uma paralisia, provavelmente em decorrência de uma infecção sifilítica contraída anteriormente. Desperto de um atordoamento de dois dias, enviou a vários amigos e personalidades de alta posição cartas com conteúdo tão confuso e fantástico, que seu amigo Overbeck se apressou em socorrê-lo. Possuímos sua emocionante descrição sobre o momento do reencontro e o comovente estado de Nietzsche[16].

Nietzsche foi levado a Basileia, então a uma clínica em Jena. Depois, a mãe tratou de tomar conta do filho. Sob seus abnegados cuidados, mais tarde também de sua irmã Elisabeth Förster-Nietzsche, ele ainda viveu doze anos em estado de apatia, do qual foi finalmente libertado pela morte em 1900.

2. Unidade e singularidade da filosofia de Nietzsche

Não é muito fácil descobrir unidade e coesão geral na filosofia de Nietzsche. Num primeiro momento, seus escritos podem parecer uma reunião de aforismos geniais (em relação à forma) ou sumários (em relação ao conteúdo), inclusive as obras do auge de sua criação e de modo algum apenas seus escritos do último ano, 1888, nos quais a iminente demência talvez já houvesse sido preanunciada. As mais novas interpretações de Nietzsche, porém, reconhecem em seu pensamento coesão, ordem, unidade, até mesmo uma vida inteira de esforços em torno de *um* tema filosófico central – uma tese que pode ser aqui afirmada, mas não satisfatoriamente demonstrada[17]. Cabe observar aqui que a filosofia atual – depois de as décadas de 1920 e 1930 já terem produzido uma grande quantidade de obras sobre Nietzsche – se ocupa amplamente com esse autor e reconhece, cada vez mais intensamente, o seu enorme significado na história do pensamento. Assim, Karl Jaspers expôs sua própria interpretação em *Nietzsche – Introdução ao entendimento de sua filosofia* (*Nietzsche – Einführung in das Verständnis seines Philosophie*); Martin Heidegger tratou de Nietzsche em inúmeras conferências e estudos, e em 1960 publicou uma obra em dois volumes sobre ele.

Tentemos, então, aproximar-nos da obra de Nietzsche por algum lado! Não podemos esperar, com isso, avistar toda a construção. Comecemos com uma citação, que também serve como exemplo da linguagem apaixonada, vigorosa, da virtuosidade de seu estilo. Ela encontra-se no final de sua obra póstuma *A vontade de poder* (*Der Wille zur Macht*)[18].

> Sabeis, aliás, o que o mundo é para mim? Devo mostrá-lo a vós em meu espelho?
> Esse mundo: um monstro de força, que não se torna maior nem menor, que não se

---

16. *Nietzsche in seinen Briefen und Berichten der Zeitgenossen* (BAEUMLER, A. (org.). Leipzig, 1932, p. 522.

17. Cf. sobretudo FINK, E. *Nietzsches Philosophie*. Stuttgart, 1960. Cf. também ULMER, K. *Orientierung über Nietzsche, Zeitschrift für philosophische Forschung*: 1958, Caderno 4; 1959, Caderno 1.

18. *Der Wille zur Macht*, II, p. 534.

esgota, mas apenas transmuda, como um todo inalteravelmente grande, uma economia sem despesas e prejuízos, mas, da mesma maneira, sem incremento, sem rendimentos, cercado do "nada" enquanto limite seu, nada de desvanecedor, de desperdiçador, nada de infinitamente-extenso, mas posto em determinado espaço enquanto força determinada, e não em um espaço que em algum lugar estivesse "vazio", mas, antes, como força presente em toda a parte, como jogo de forças e ondas de força, ao mesmo tempo um e muitos, aqui se acumulando e, ao mesmo tempo, ali se reduzindo, um mar de forças tempestuando e afluindo em si próprias, transformando-se eternamente, eternamente retrocedente, com gigantescos anos de retorno, com uma maré de suas formações, forçando o movimento das mais simples em direção às mais múltiplas, do mais sereno, mais rígido, mais frio, em direção ao mais ardente, mais selvagem, mais contraditório-consigo-mesmo, e então, novamente, regressando da plenitude para o simples, de volta do jogo das contradições para o prazer da harmonia, afirmando a si próprio ainda nessa igualdade de suas órbitas e anos, abençoando a si próprio como *aquilo* que, eternamente, tem de retornar, como um vir-a-ser que não conhece nenhum tornar-se-saciado, nenhum enfastiamento, nenhum cansaço: esse meu mundo *dionisíaco* do eternamente-criar-a-si-próprio, do eternamente-destruir-a-si-próprio, esse mundo misterioso das duplas volúpias, esse meu "para além do bem e do mal", sem objetivo, se podemos afirmar que não há um objetivo na felicidade de um *círculo*, sem vontade, se podemos afirmar que um anel não tem boa vontade para consigo mesmo –, quereis um *nome* para esse mundo? Uma *solução* para todos os seus enigmas? Uma *luz* para vós, vós, os mais ocultos, os mais fortes, os mais destemidos, os mais afeitos à meia-noite? – *Esse mundo é a vontade de poder – e nada mais além disso!* E também vós próprios sois essa vontade de poder – e nada mais além disso!

A fim de obtermos um primeiro ponto de referência, perguntemo-nos: a concepção do "mundo" de Nietzsche aqui apresentada nos lembra qual pensador, qual linha da história da filosofia, já conhecida por nós? A que nos soa familiar? Temos de recuar muito no tempo para encontrarmos a resposta: lembra o filósofo, do qual o próprio Nietzsche se confessa (como único) seguidor e com o qual se sentia afim: Heráclito. Para ambos o mundo aparece como um processo infinito do vir a ser e perecer, do criar e do destruir – como um mar, no qual todo o finito se forma, ganha forma e volta a perecer, a diluir-se, no qual uma força primordial mantém a si mesma.

Heráclito? Um recuo tão distante? Isso deve significar que Nietzsche ignorou tudo aquilo que se passou na história do pensamento entre Heráclito e o século XIX da era cristã: Sócrates, Platão, Aristóteles, cristianismo e filosofia ocidental? Ele não ignorava essas ideias, mas se distanciava delas, repelia-as. De fato: ele considera um procedimento errado tudo o que ocorreu desde então. Ele desconfia desse período. De uma maneira tão radical como ninguém o fizera antes, ele procura destruir o tradicional e recomeçar. E é claro que ele não pode servir-se da linguagem conceitual construída por essa tradição – ele chega até mesmo a combatê-la! Esse é *um* motivo para a "plasticidade" do pensamento e da linguagem de Nietzsche.

O essencial do mundo, então, diz Nietzsche, é a vontade, mais exatamente: a vontade de poder. Ele acrescenta: "E nada mais além disso!" O que significa isso? Nessas palavras se encontram a renúncia de Nietzsche a toda "meta-física": a toda a tentativa da filosofia e da religião de, ao lado, por trás ou acima do "mundo" acima caracterizado, pôr ou pensar ainda um segundo "mundo" ideal. "Deus está morto"; essas palavras, expressadas pelo seu Zaratustra, é uma fórmula abreviada para os seus seguintes pensamentos: "ideia eterna", "coisa-em-si", "além": tudo alucinações, fumaça colorida, ilusões. Mas não são ilusões salutares! De onde, pois, elas provêm? "Foram pessoas doentes e moribundas que desprezaram o corpo e a terra e inventaram as realidades celestes e as gotas de sangue redentoras..." assim fala Zaratustra[19].

A essa citação aflui algo novo: valoração, juízo de valor – e isso ocorre segundo pares de conceitos, como doente/saudável, decadente/capaz de viver. Trata-se de uma peculiaridade de Nietzsche, ver todas as questões do ser como questões de valor, ou de transformar aquelas nestas; aliás, não se faz justiça ao seu pensamento, quando se entende tais pares conceituais apenas em seu sentido biológico mais trivial. Certo é que o lado do pensamento de Nietzsche que o revela como grande destruidor de valores tradicionais e como criador de novos, como "transmutador de todos os valores", oferece ao entendimento um acesso relativamente fácil – fácil demais. Fácil demais – porque ele, assim, conduz ao esquecimento do outro lado de sua filosofia. Considerando essa observação, vamos dar uma olhada na tábua de valores de Nietzsche.

3. O filósofo com o martelo

Nietzsche "filosofa com o martelo". Ele destroça sem qualquer consideração velhos valores, reconhecendo-os como falsos, mas, ao mesmo tempo, estabelece novos valores e ideais. "Aquele que, no bem e no mal, tem, de fato, de ser um criador, tem, primeiramente, de ser um aniquilador e destruir valores." Analisemos, primeiramente, este lado da atividade de Nietzsche voltado para a destruição e crítica. Ele foi caracterizado[20] mediante uma série de sete "antis".

Nietzsche é *antimoral*. Há moral de senhores e moral de escravos. A palavra "bom" tem dois significados diferentes: para os dominantes, ela designa os estados de elevação e orgulho da alma. O contrário de "bom" aqui é "ruim". Ruim no sentido dos dominantes significa: corrente, usual, geral, sem valor. Para os homens de rebanho, porém, "bom" significa: pacífico, inofensivo, bondoso, comiserador; o contrário aqui é: "mau". Mau é tudo aquilo que eleva os homens acima do rebanho: raro, audaz, imprevisível, perigoso – em suma, quase tudo o que para os dominantes é "bom"[21].

Com os judeus começa na história a sublevação de escravos da moral. Seus profetas conseguiram fundir em um os conceitos "rico", "ateu", "mau", "violento", "sensual" e atribuir à palavra "mundo" um valor negativo. Essa radical inversão de todas as relações naturais de valor e categoria é um ato de revanche mental por parte dos inferiores e enjeitados. Então, os mise-

---

19. *Zarathustra*, I, p. 312.
20. VAIHINGER, H. *Nietzsche als Philosoph*, 1902.
21. *Zur Genealogie der Moral*, II, p. 92s.

ráveis, pobres, fracos, sofredores, doentes e ignóbeis aparecem como "bons"; e a valoração aristocrática de bom = nobre, belo, poderoso, feliz perde o domínio[22].

Os instintos fortes e salutares, que sob o domínio da moral de escravos não podem ser descarregados para fora, têm de procurar nova satisfação subterrânea. Eles voltam-se para dentro. Essa é a origem da "má consciência". O homem forte torna-se o animal que, encarcerado na jaula dos costumes, dilacera e maltrata a si mesmo. Assim, foi introduzida a mais sinistra doença da humanidade, o sofrimento que o homem inflige a si mesmo[23]. Mediante todas as palavras, com as quais a religião, que se tornou a herdeira da moral de escravos judaica, prega a *compaixão*, escutam-se os sons roucos do autodesprezo dos malogrados[24].

Nietzsche é *antidemocrático*. Toda moral na Europa é hoje moral de rebanho. Nas instituições políticas e sociais, o movimento democrático é sua expressão visível[25]. É ridículo, à maneira dos espíritos mesquinhos ingleses, ver o sentido da vida na maior felicidade do maior número possível de pessoas.

Nietzsche é *antissocialista*. O ideal socialista é aquele da degeneração total do homem em um perfeito animal de rebanho[26]. O que é, então, o declínio de toda cultura? "Falemos sem piedade... homens com uma natureza ainda primitiva, bárbaros... predadores, ainda na posse de forças de vontade inquebrantáveis e ávidos de poder entregaram-se a raças débeis, civilizadas, pacíficas, talvez comerciantes ou criadores de gado, ou a culturas cansadas, nas quais a última energia vital se consumiu em brilhantes fogos de artifício mentais e perdição"[27].

A essência de toda vida é apropriação, ferimento, subjugação do fraco, opressão, rudeza, imposição de algumas formas, incorporação ou, no mínimo, exploração. "Há agora por toda parte um entusiasmo... pelos estados vindouros da sociedade, aos quais deverá faltar 'o caráter explorador': – isso soa aos meus ouvidos como se prometesse descobrir uma forma de vida, que se abstivesse de todas as funções orgânicas"[28].

Nietzsche é *antifeminista*. À medida que os homens perdem sua masculinidade autêntica, o feminino se degenera e renuncia os seus instintos mais femininos. A aspiração da mulher à autonomia econômica e jurídica, a emancipação, é um sinal da degeneração[29].

Nietzsche é *anti-intelectualista*. Para Nietzsche, assim como para Schopenhauer, consciência, razão e intelecto são apenas uma superfície, apenas criados da vontade. Nosso aparato

---

22. *Jenseits von Gut und Böse*, II, p. 38.
23. *Zur Genealogie der Moral*, II, p. 118.
24. *Jenseits von Gut und Böse*, II, p. 51.
25. Ibid., p. 40.
26. Ibid.
27. Ibid., p. 74-75.
28. Ibid., p. 76.
29. Ibid., p. 56.

cognitivo não está, absolutamente, preparado para o "conhecimento". Ele é um aparato de abstração e simplificação, visando apoderar-se das coisas a serviço da vida[30]. Não se deve superestimar o papel da consciência. Em geral, não ocorre consciência. O instinto é, "entre todos os tipos de inteligência até agora descobertos, o mais inteligente". A maior parte do pensamento consciente também conta com a atuação do instinto, até mesmo o pensamento filosófico. Os filósofos fingem ter adquirido suas verdades mediante fria lógica. Mas, por trás disso, sempre há a autoridade e as exigências do instinto[31].

Seria um absurdo desprezar o corpo, tratá-lo como um inimigo; absurdo acreditar "que se possa carregar por toda a parte uma bela alma em um cadáver monstruoso"[32].

Nietzsche é *antipessimista*. Ainda que os sábios de todos os tempos, até Schopenhauer, tenham feito o mesmo juízo sobre a vida: "Isso não serve para nada" – o que isso comprova? A concordância comprova que eles têm razão? Ou talvez essa concordância comprove, antes, que naqueles sábios algo, no sentido fisiológico, não estivesse certo? "Será que todos eles já não estavam cambaleantes, atrasados, oscilantes?... Será que a sabedoria não apareceu na Terra como um corvo que ficou arrebatado por um leve cheiro de carniça?"[33]

Esses sábios são tipos decadentes de vida. Em nenhum outro isso se torna tão claro como em Sócrates. Ele era de origem plebeia. Sua ironia era uma expressão de revolta, de ressentimento plebeu[34]. Quem diz: a vida não tem valor, diz, na verdade: *eu* não tenho valor.

Tudo isso junto resulta do caráter *anticristão* da filosofia de Nietzsche. O cristianismo é a essência de toda inversão dos valores naturais. Cristão é a negação do natural, é o esclarecimento indigno do natural, a corrupção da natureza. O cristianismo foi, desde o começo, o inimigo mortal da sensualidade. "O conceito cristão de deus – Deus como deus dos doentes... Deus como espírito – é um dos conceitos divinos mais corruptos... Deus pervertido em negação da vida, em vez de ser sua divinização e eterna afirmação?"[35]

Cristão é o ódio contra domínio e nobreza, contra mente, orgulho, coragem, contra os sentidos e todo prazer. O cristianismo degenerou esse mundo – o único que é dado ao homem – em um vale de lágrimas e priorizou um "além" inatingível. Em vez de perguntar: "Como se pode espiritualizar, divinizar as paixões?", os cristãos lançaram o machado na raiz da paixão e, com isso, nas raízes da vida.

> Com isso chego ao fim e expresso minha sentença. Eu condeno o cristianismo, eu levanto contra a Igreja cristã a mais terrível de todas as acusações, jamais proferida por um acusador... A Igreja Católica não deixa nada intocado com sua perversão, ela fez

---

30. *Der Wille zur Macht*, II, p. 426.

31. *Jenseits von Gut und Böse*, II, p. 4.

32. *Der Wille zur Macht*, II, p. 366.

33. *Götzendämmerung*, II, p. 166.

34. Ibid., p. 168.

35. *Der Antichrist*, II, p. 221.

de todo valor algo indigno, de toda verdade uma mentira, de toda integridade uma infâmia da alma. Ousa-se ainda falar-me de suas bênçãos "humanitárias"![36]

4. Os novos valores

"Os filósofos legítimos, porém, são ordenadores e legisladores: eles dizem: 'Assim deve ser!' Eles são os primeiros que determinam o 'para-onde?' e o 'para-quê?' do homem..."[37] Nietzsche, que destroça brutalmente valores, que ensina que "Deus está morto", também ensina uma nova meta para o homem:

> Mortos estão todos os deuses: queremos agora que o super-homem viva.
> Vejam, eu vos ensino o super-homem!
> O super-homem é o sentido da Terra...
> Eu vos prometo, meus irmãos, permanecei fiéis à Terra e não acrediteis naqueles que falam de esperanças sobrenaturais!
> Envenenadores são eles, quer saibam ou não.
> Desdenhadores da vida são eles, moribundos e envenenados por si mesmos, deles a Terra está cansada: assim, eles podem partir para o outro mundo![38]

Assim fala o Zaratustra de Nietzsche, quando, vindo da solidão das montanhas, cheio de saber, aparece aos homens para lhes oferecer sua doutrina.

> O homem é uma corda, atada entre o animal e o super-homem – uma corda sobre um abismo.
> Um perigoso atravessar-para-o-outro-lado, um perigoso estar-a-caminho... O que é grande no homem é que ele é uma ponte e não um fim: o que pode ser amado no homem é que ele é uma passagem e um sucumbir.
> Amo aqueles que não sabem viver, a não ser na qualidade de estar-sucumbindo, pois eles são os atravessadores.
> Amo os grandes desprezadores, porque eles são os grandes veneradores e porque eles são as flechas da ânsia pela outra margem. Amo aqueles que não procuram atrás das estrelas uma razão para sucumbir e ser vítimas: mas que se sacrificam à Terra, para que a Terra um dia se torne do super-homem[39].

O super-homem é o homem que está consciente da morte de Deus. Ele sabe que todo além idealístico é uma simples quimera; ele se entrega à Terra e à vida e responde a isso com um contente sim. Ele sabe que o mundo é um mundo "dionisíaco", eternamente recém-nascido da fonte fundamental do ser, que toda tentativa do homem de, cognitivamente, criativamente, impondo valores, forjar nele uma sustentação, está condenada ao fracasso no decorrer do tempo onipotente; ele também sabe que ele mesmo é uma parte deste mundo, um pedaço de "vontade de poder", e nada além disso, que se sabe consciente dessa vontade – e que resiste

---

36. Ibid., p. 241.
37. *Jenseits von Gut und Böse*, II, p. 46.
38. *Also sprach Zarathustra*, I, p. 294.
39. Ibid., p. 296.

a essa mais profunda e indissolúvel contradição, que é a contradição da vida. Nietzsche designa tal saber, que se opõe ao saber trivial, superficial e ilusório, de "sabedoria trágica".

O super-homem é, por fim, o homem que pode suportar o último e mais difícil pensamento de Nietzsche, e também o mais penoso de se conceber: o eterno retorno. Esse pensamento também ressoa na citação do aforismo de *Vontade de poder* inserida acima no começo desta parte. Nietzsche o havia conseguido expressar apenas por insinuações e parábolas, principalmente na terceira parte de seu *Zaratustra*. Ele tenta pensar tempo e eternidade como uma coisa só. "Tudo vai, tudo volta; eternamente rola a roda do ser." O mundo é para ser pensado como uma determinada grandeza de força. A multiplicidade do ente (*Seiende*) é, de fato, imensa, mas não infinita. Infinito, porém, é o tempo. Assim, qualquer combinação possível das coisas já tem de ter sido obtida em algum momento; e mais: ela já tem de ter sido obtida inúmeras vezes. Pensar e afirmar esse pensamento – de que tudo retorna, de que tudo, eternamente, retorna: esta é a forma mais forte do dizer-sim passível de ser pensada. "A vida foi isso?" direi à morte. "Então! Mais uma vez!"[40]

> Oh, homem! Repare!
> O que diz a profunda meia-noite?
> Eu dormia, dormia –,
> Despertei de um sonho profundo; –
> O mundo é profundo,
> E pensado mais profundo que o dia.
> Profunda é sua dor –,
> Desejo – ainda mais profundo que angústia:
> A dor diz: pereça!
> Mas todo desejo quer eternidade –,
> – quer profunda, profunda eternidade![41]

5. *Para uma avaliação de Nietzsche*

Nietzsche, o solitário. Nietzsche foi como um homem que "pretende arremessar-se para cima de si mesmo e, assim, perece" – como diz Zaratustra. A terrível solidão e o peso esmagador da luta, que o solitário travou contra os antigos valores que dominaram por milhares de anos, exauriram suas forças e, por fim, imergiram-no na atenuante noite da loucura. Dois anos antes desse acontecimento, Nietzsche escrevera em uma carta: "Se eu lhe pudesse dar um conceito de meu sentimento de solidão! Tanto entre os vivos como entre os mortos não tenho alguém com quem me sinta aparentado. Isso é indescritivelmente horrível..."[42]

---

40. Ibid., p. 571.

41. Ibid., p. 577-578. Original em alemão: O Mensch! Gib acht! / Was spricht die tiefe Mitternacht? / Ich schlief, ich schlief – / Aus tieferem Traum bin ich erwacht –: / Die Welt ist tief, / Und tiefer als der Tag gedacht. / Tief ist ihr Weh –, / Lust – tiefer noch als Herzeleid! / Weh spricht: Vergeh! / Doch alle Lust will Ewigkeit –, / – will tiefe, tiefe Ewigkeit!")

42. *Briefe*, edição de Baeumler, p. IX.

Sim! Eu sei de onde me origino!
Insaciado como a chama,
queimo e me consumo.
Tudo em que toco se torna luz,
tudo o que deixo transformo em cinza:
Com certeza sou chama![43]

Nietzsche, o poeta. Nietzsche foi um dos grandes poetas da língua alemã. O *Zaratustra* é uma obra de arte da poesia. Nietzsche compôs poesias tão perfeitas como esta:

Há pouco parava eu
sobre a ponte em uma noite marrom.
De longe me chegou uma canção:
qual gota dourada boiou inflada
e se foi na superfície trêmula.
Gôndolas, luzes, música –
mergulhadas se foram
para dentro do entardecer mundo afora...
Minh'alma, um concerto de cordas,
ao impulso de um toque invisível,
trêmula de felicidade multicolor,
entoou então, escondida, uma canção veneziana.
– Alguém a terá escutado?[44]

Nietzsche não foi um filósofo crítico lúcido. Ele não comprova, ele anuncia e revela uma nova crença. A moderação, a harmonia e discrição na arte, características que ele tanto admirava nos franceses, o apolíneo, não era o seu hábito. Ele exigia do autor que "se calasse, assim que sua obra abrisse a boca". Mas a cada linha ele mesmo fala.

Nietzsche, o psicólogo. Nietzsche era dotado de uma genial perspicácia psicológica. Ele foi, sobretudo, um psicólogo do profundo, do oculto, do inconsciente (ele antecipou muitos conhecimentos da psicologia do inconsciente); ele desenvolveu magistralmente a arte de desmascarar: a arte de, por trás dos ideais e ídolos dos homens, por trás de "verdades eternas" da filosofia, da metafísica, da religião, da moral, conhecer os motivos ocultos e suspeitos, a autoilusão humana, inclinações e vícios, enganos e paixões – em suma, o "humano, demasiado humano". Isso vale, especialmente, para o período "iluminista" do meio de sua criação, ao qual pertence também o livro que mencionamos acima.

Nietzsche, o alemão. Uma natureza tão profunda, complexa, heterogênea e ambígua como a de Nietzsche não pode ser revelada por algumas frases ou muito menos por tópicos, sem que se cometa injustiça. Tem-se de respirar o espírito, o ar de seus escritos. Pode-se designar

---

43. Poema *Ecce homo* II, 547. Original em alemão: Ja! Ih weiss, woher ich stamme! / Ungesättigt gleich der Flamme / glühe und verzehr' ich mich. / Licht wird alles, was ich fasse, / Kohle alles, was ich lasse: / Flamme bin ich sicherlich!"

44. Poema *Venedig* II, 559. Original em alemão: An der Brücke stand / jüngst ich in brauner Nacht. / Fernher kam Gesang: / goldner Tropfen quoll's / über die zitternde Fläche weg. / Gondeln, Lichter, Musik – / trunken schwamm's in die Dämmerung hinaus... / Meine Seele, ein Saitenspiel, / sang sich, unsichtbar berührt, / heimlich ein Gondellied dazu, / zitternd vor bunter Seligkeit. / – Hörte jemand ihr zu?)

Nietzsche romântico ou antirromântico, alemão ou antialemão, cristão ou anticristão – porque, a saber, isso é uma luta no próprio peito, uma discórdia entre dois lados quase igualmente fortes de seu ser, a qual ele combateu até o fim. Isso também vale, precisamente, para a sua relação com o germanismo. Muitos de seus pensamentos giram em torno da essência e da fatalidade do alemão. E onde ele parece se distanciar o mais longe possível do germanismo ele é, precisamente no seu ser antialemão e além-do-alemão, um inconfundível alemão.

Nietzsche, o cristão. Não deixou de ocorrer que se aplicasse "as aquisições psicológicas de Nietzsche" (*Psychologischen Errungenschaften Nietzsches*, título de um livro de Ludwig Klages) e especialmente a sua arte da revelação de contradições ocultas, conflitos e motivos ao próprio Nietzsche – assim como à sua posição em relação ao cristianismo: segundo suas próprias palavras, Nietzsche considerava uma honra provir de uma família que havia levado a sério o cristianismo e o fato de ele "nunca ter sido infame em seu coração" para com o cristianismo. Ele considerava os perfeitos cristãos a forma mais distinta de ser humano que encontrou em pessoa. Nietzsche diz de si próprio: "não levando em conta, pois, que sou um *décadent*, sou também seu oposto"[45]. Ele também poderia ter dito: "não levando em conta que sou um cristão, sou também seu oposto."

"Quem, interiormente, 'saberia lidar' menos com o cristianismo do que este incondicionalmente determinado e o mais destemido negador de Deus entre os alemães...? 'O cristão quer livrar-se de si mesmo, consta em *O caso Wagner* – quem teria sido, então, um cristão mais exaltado, mais heroicamente ascético e mais intenso do que Nietzsche?

Até o momento da perturbação mental podemos acompanhar os sinais dessa luta contínua contra o cristão interior"[46].

Assim, o exasperado anticristianismo de Nietzsche aparece como resultado de sua exaltada batalha defensiva interior contra o cristianismo que o dominava. "Alguns dias antes de seu colapso, durante uma súbita crise nervosa, ele já havia provocado um tumulto na rua. Um cavalo velho e cansado, que se encontrava na praça em frente de sua charrete, despertou uma compaixão tão forte no aniquilador de compaixões, que o fez abraçar o pescoço do animal, chorando intensamente..."[47]

Nietzsche, o profeta. Provavelmente nenhum pensador dos últimos séculos possuía uma sensibilidade tão apurada para o vindouro como Friedrich Nietzsche. Ele vê como as culturas estabelecidas começam a ruir, vê também como elas, cada vez mais fortemente, se encontram e se ligam; com isso, ele vê como as formas de reflexão sobre o mundo, as ordens sociais, as leis morais se relativizam, ele vê e profetiza a chegada do niilismo europeu, a perda de qualquer ordem vital e de valor compulsória. Ele vê as pessoas, após a derrocada das ordens antigas, perante a tarefa de elas mesmas darem forma a suas vidas e traçarem seus valores, a saber, de

---

45. *Ecce homo*, II, 251.
46. BERTRAM, E. *Nietzsche, Versuch einer Mythologie.* Berlim, 1929, p. 73.
47. *Briefe*, edição Baeumler, p. 521.

acordo com um padrão universal válido em todo o mundo. "Nisso consiste a enorme tarefa dos grandes espíritos do próximo século."

Nietzsche e a posteridade – Nietzsche foi um brilhante, ou melhor, um genial escritor e estilista, e também um psicólogo muito refinado, além de crítico e panfletista mordaz e, finalmente, uma personalidade fascinante – tudo isso torna difícil direcionar o olhar, através desses primeiros planos e máscaras, para o cerne de seu filosofar. Mas hoje, quase nove décadas após sua morte e depois de muitas e diferentes fases e mal-entendidos acerca da interpretação de Nietzsche, tornou-se bem claro que somente lhe é feito justiça quando ele é considerado um pensador e quando se pós-reflete sobre seu pensamento. A maior parte das tentativas de interpretação de Nietzsche empreendidas até agora se mostrou, no melhor dos casos, como também-certa ou como parcialmente-certa, não raramente também, quando o intérprete é um pensador independente e de renome, como um reflexo de seu próprio entendimento e deturpação da obra de Nietzsche. É justo colocar Nietzsche, junto com Schopenhauer, Hamman, Herder e Goethe (com algumas ressalvas), ao lado do sentimento, do instinto, da vontade, da "vida", e, com isso, considerá-lo como um dos precursores da "filosofia da vida". É correto que o "filósofo de Sils-Maria foi o primeiro a conferir à palavra vida o misteriosamente beatificante tom áureo"[48].

É correto afirmar que a doutrina de Nietzsche, comparada à de Schopenhauer, possui um traço otimista-heroico. É correto também que Nietzsche é um diagnosticador e crítico da cultura com dom profético, de cujas previsões algumas já foram confirmadas. Aquele que desejar estudar Nietzsche mais minuciosamente e formar sua própria opinião tem de saber: por um longo período, os seus escritos foram modificados e mutilados pelos administradores de seu espólio, cuja principal responsável era sua irmã Elisabeth *Förster-Nietzsche*. Somente a partir da edição completa de suas obras, realizada por Colli e Montinari, tornou-se possível uma visão geral mais objetiva (não se levando em conta que Nietzsche deixou muito material em forma fragmentária). Do intenso debate sobre Nietzsche no último quarto do século XX, testemunham, entre outros, os *"Nietzsche-Studien"*. Dos pensadores mais renomados, Martin Heidegger, entre outros, ocupou-se intensivamente com Nietzsche. Muitos autores franceses recentes referem-se a Nietzsche. Novas pesquisas e descrições lançaram nova luz também sobre a vida e a morte de Nietzsche[49].

---

48. ERDMANN. *Grundriss*, p. 673.

49. COLLI, G. & MONTINARI, M. (†1986) (org.). *Nietzsche, Werkausgabe* (Berlim, a partir de 1975). O principal fórum, no qual ocorre o debate sobre Nietzsche, se chama "Nietzsche-Studien", e é publicado desde 1972 (anualmente). Pela divulgação do pensamento de Nietzsche nos EUA, o principal responsável foi Walter Kaufmann (†1980); na área de atuação da língua alemã foi, entre outros, Martin Heidegger, com sua obra *Nietzsche* (2 vols., 1960), na qual, porém, há uma interpretação heideggeriana de Nietzsche. Também na França há um intenso debate sobre Nietzsche, às vezes prejudicado pelo fato de que ele seja lido lá, normalmente, em francês. Uma apresentação do colapso de Nietzsche, baseada em pesquisas corretas, é fornecida por Anacleto Verrecchia em *La catastrofa di Nietzsche a Torino*, publicado em alemão em 1986 com o título *Zarathustras Ende – Die Katastrophe Nietzsches in Turin*.

4
Neokantismo

I. Reflexão crítica sobre Kant

1. *Aspectos gerais*

"Em 1781, após quase sessenta anos de calmo e vazio desenvolvimento, o extraordinário escocês[1] de Königsberg, com sua famosa *Crítica da razão pura*, desperta o mundo de seu 'sono dogmático'. Daquele ano até os nossos dias, a 'filosofia crítica' preservou sua posição hegemônica conquistada naquele tempo... Com a onda romântica... a filosofia de Schopenhauer ascende a um breve florescimento; após 1859, o evolucionismo arrastou tudo o que lhe era anterior, e, por volta do fim do século, domina o palco filosófico a renovadora iconoclastia de Nietzsche. Mas tudo isso eram apenas movimentos secundários da superfície; sob eles, impunha-se, tenazmente, tornando-se cada vez mais ampla e profunda a forte corrente do kantismo..."[2]

Pode ser um exagero chamar de simples movimento de superfície o que, primeiramente, se seguiu após Kant, mas as palavras anteriores a essa afirmação caracterizam corretamente a linha geral do desenvolvimento filosófico por volta do fim do século XIX e início do século XX. Começou-se a reconhecer que os construtores de sistema, Fichte, Schelling, Hegel, que Herbart e Fries, os positivistas, Schopenhauer, que todos haviam tido um fundamento em Kant, mas um fundamento muito escasso, de modo que a filosofia, em seu prejuízo, havia se distanciado muito do ponto de vista crítico de Kant.

Entre os idealistas, a doutrina de Kant da espontaneidade do eu, da participação criativa do pensamento na realização da experiência, havia feito com que se tivesse em vista apenas esse eu criador e se negligenciasse o fato de que, na impressão dos sentidos externos e internos, nos é "dado" alguma coisa que não é produzida pelo eu. Contra isso, o positivismo e o materialismo haviam se atido apenas a esse "dado" e descuidado do resultado das investigações trans-

---

1. Considerou-se, por muito tempo, que os antepassados de Kant provinham da Escócia, sobretudo ele acreditava nisso. Não há provas para tal afirmação.
2. DURANT, W. *Die Grossen Denker*, 1945, p. 241.

cendentais de Kant. Em sua metafísica, Schopenhauer considerava a vontade como a essência mais profunda de nosso eu e, por analogia, estendeu sua interpretação ao mundo dado em todo o seu conjunto. Com isso, ele empregou a coisa-em-si kantiana de um modo que Kant, certamente, teria desaprovado.

O impulso para a recuperação de Kant partiu de três homens. Primeiramente, ele veio das ciências naturais. O importante pesquisador naturalista Hermann von *Helmholtz* (1821-1894) acentuava expressamente que as ciências naturais necessitavam de seus próprios conceitos fundamentais. Ele referia-se a Kant como o pensador, cuja filosofia era capaz de empreender isso. – Friedrich Albert *Lange* (1828-1875) escreveu sua famosa *História do materialismo* (*Geschichte des Materialismus*). Em duas partes, ela trata do materialismo antes e depois de Kant. Lange demonstra que o "materialismo" é imprescindível como princípio científico de investigação, mas que não é próprio e satisfatório para nele se construir uma metafísica e conhecer a essência profunda das coisas. Lange adverte que a própria "matéria" é um conceito de nosso entendimento. – Por fim, Otto *Liebmann* (1840-1912) evidencia em seu livro *Kant e os epígonos* (*Kant und die Epigonen*) (1865) a necessidade de um retorno a Kant. Ele investiga, do ponto de vista do criticismo kantiano, as principais linhas filosóficas surgidas depois de Kant, uma após a outra, e finaliza cada capítulo com a exigência: "Portanto, tem-se de retornar a Kant."

A esses homens seguiu-se um renascimento do kantismo na Alemanha e também em outros países europeus. Surgiu uma literatura sobre Kant quase incontável. Em todas as cisões desse neokantismo em diferentes escolas, o que logo acabou ocorrendo, pode-se identificar, contudo, alguns traços característicos desse movimento filosófico:

1) "Entender Kant significa ultrapassá-lo" – esta frase do neokantiano Windelband vale mais ou menos para todos os neokantianos. Ninguém se satisfaz em trazer novamente à luz correta a doutrina de Kant e, no mais, deixá-la falar por si mesma. Todos os neokantianos tentam desenvolver a doutrina de Kant em uma ou outra direção.

2) O ponto ao qual os próprios neokantianos dirigem sua crítica a Kant é, sobretudo, a coisa-em-si. Liebmann já havia designado a concepção kantiana de uma coisa-em-si extraespacial e extratemporal como absurdo e fonte de todos os mal-entendidos e distorções que se seguiram em relação a Kant.

3) Em nossa própria apresentação do pensamento de Kant tentamos tornar claro que não se faz justiça a Kant ao vê-lo apenas como um epistemólogo. O interesse principal de Kant era prático e moral. É comum a muitos neokantianos um certo estreitamento do campo de visão ao problema epistemológico e ao desempenho de Kant em relação a este problema.

2. A Escola de Marburgo

Perante o surpreendente número das mentes e obras originais produzidas pelo neokantismo, o que podemos apresentar aqui é quase somente uma alusão a elas. Tal enumeração não pode fazer justiça ao desempenho especial de cada pensador. Os três homens acima mencionados recuperaram Kant mais na qualidade de uma exigência do que de uma execução sistemática. O verdadeiro criador do neokantismo é Hermann *Cohen* (1842-1918). Cohen investiga, primeiramente, em suas três obras, *A teoria kantiana da experiência* (*Kants Theorie der Erfahrung*), *Fundamentação kantiana da ética* (*Kants Begründung der Ethik*), *Fundamentação kantiana da estética* (*Kants Begründung der Ästhetik*), as três principais partes do trabalho crítico de Kant. Então ele parte para seu próprio desenvolvimento dos pensamentos de Kant em três obras relacionadas aos respectivos temas, *Lógica do conhecimento puro* (*Logik der reinen Erkenntnis*), *Ética da vontade pura* (*Ethik des reinen Willens*), *Estética do sentimento puro* (*Ästhetik des reinen Gefühls*). A linha desse desenvolvimento é a plena eliminação da coisa-em-si. Cohen rejeita o dualismo entre coisa-em-si e fenômeno (*Erscheinung*). Ele rejeita também o dualismo entre intuição (*Anschauung*) e pensamento como duas formas de conhecimento de igual direito e paralelas. Ele interpreta a intuição como uma forma do pensamento. Portanto, não existe um material bruto "dado" como tal. O que ocorre é que cada sentimento e percepção já é algo mental.

Conhecimento é o processo progressivo em direção ao infinito, cuja meta jamais plenamente atingível é a completa penetração racional no mundo objetivo e, com isso, a substituição de tudo o que é subjetivo por um objetivo de validade universal. Essa característica pertence também à ética. No querer e agir humanos também se realiza um processo infinito que tem como meta uma superação cada vez mais ampla do subjetivo, uma realização progressiva da razão ética objetiva em um estado de direito pleno. Do mesmo modo, Cohen vê no desenvolvimento da arte a contínua e progressiva aspiração à regularidade objetiva do sentimento.

Em Cohen, que lecionou em Marburgo, ancoram-se os pensadores da Escola de Marburgo, assim chamada após Cohen. Por causa do dom de exposições claras e inteligíveis, Paul *Natorp* (1854-1924) tornou-se o seu legítimo representante. Natorp, que, aliás, concorda essencialmente com Cohen, baseia-se, especialmente, na teoria do conhecimento de Kant. Ele se esforça em obter a fundamentação crítica das ciências naturais, da psicologia e da pedagogia.

Isso foi o ponto de partida de uma série de outras "fundamentações" críticas de algumas ciências. O filósofo do direito Rudolf *Stammler* (1856-1938) tentou realizar uma fundamentação crítica da doutrina jurídica; outros, como Karl *Vorländer* (1860 – 1928), uma fundamentação crítica do marxismo. Artur *Liebert* (1878-1946) considerava tal fundamentação necessária à própria filosofia crítica. Assim como outros questionavam "como é possível a pura ciência natural e assim por diante?", Liebert colocava a questão "como, mais fundamentalmente falando, é possível a filosofia crítica?", proporcionando a um crítico a pergunta: "Como, mais fundamentalmente falando, é possível a questão 'como, mais fundamentalmente falando, é possível a filosofia crítica?'?"

Em geral, os filósofos se interessavam mais do que os cientistas das respectivas áreas por essas "fundamentações".

Afirma-se que o neokantismo encontra seu fim com a entrada de Husserl e Heidegger; do mesmo modo, é certo que ele acabou por intermédio do nacional-socialismo, simplesmente porque seus representantes mais importantes, após sua morte, foram difamados por terem sido judeus e, em 1933, enquanto exerciam cargos públicos, foram expulsos da Alemanha. Esse também foi o destino do último brilhante pensador da escola: Ernst *Cassirer*, nascido em 1874, discípulo de Cohen em Marburgo, professor titular em Berlim e Hamburgo, morreu em abril de 1945 em Nova York, onde, após emigração forçada da Alemanha e depois de passagens por Oxford e Gotemburgo, havia encontrado um novo espaço de atuação. As principais obras de Cassirer são: *O problema do conhecimento na filosofia e na ciência dos tempos modernos* (*Das Erkenntnisproblem in der Philosophie und Wissenschaft der neueren Zeit*) e *Filosofia das formas simbólicas* (*Philosophie der symbolischen Formen*). Os escritos de Cassirer caracterizam-se por uma impressionante abundância do material histórico trabalhado, pela ampliação do horizonte de aplicação da disciplina filosofia, especialmente às ciências naturais – para cujo fundamento epistemológico Cassirer contribuiu – e, mesmo se tratando de pensamentos difíceis, pela clareza e transparência do estilo.

Aquilo que, em relação a Kant, vale para os mestres neokantistas de Cassirer – o fato de eles, como base, terem partido de Kant e ido além de seu pensamento –, vale, sob certo aspecto, para o próprio Cassirer em relação a Cohen e Natorp. Para esses, o conhecimento, digno de tal nome, era, em primeira linha, equivalente a conhecimento científico; e, na prática, eles o equiparavam à matemática e às ciências naturais. Cassirer direciona suas investigações para além dessas áreas, para as assim chamadas ciências do espírito e ciências culturais; em sua filosofia ele também inclui pensamentos linguísticos, místicos e religiosos, bem como a concepção artística, como mundos autônomos e diferentes em relação à ciência. Isso vale também, principalmente, para suas últimas obras, que foram publicadas no exterior e, parcialmente, em inglês, como *Ensaio sobre o homem* (*Essay über den Menschen*) e *O mito do Estado* (*Der Mythus des Staates*).

O pensamento de Cassirer cresceu com base no neokantismo, cujo auge pode ser considerado o período de 1870 a 1930. Ele não pertence, plenamente, porém, apenas do ponto de vista temporal ao século XX, mas também, analisando objetivamente, por manifestar traços característicos desta época. Pode-se constatar, por exemplo, que Cassirer desloca o peso do seu trabalho crítico sobre consciência e conhecimento para a *linguagem*, com base na linguística, que surgiu somente no começo do século XX como ciência exata (sobretudo mediante as pesquisas do suíço Ferdinand de Saussure, 1857-1913).

O conceito de *símbolo* pode ser considerado o conceito central de Cassirer. Segundo Cassirer, nunca e em nenhum lugar podemos apreender ou reproduzir algo real. Sempre necessitamos de uma intermediação de um sistema de símbolos ou signos. Com essa teoria, Cassirer aproxima-se da moderna teoria dos signos, ou *semiótica*, cujo destaque entre seus fundadores é Charles *Morris* (1901-1979).

Antecipando a apresentação do pensamento do século XX, acrescento aqui algumas palavras elucidativas sobre semiótica. A palavra deriva do grego *sema* = sinal. Hoje se entende sob semiótica uma teoria geral de sistemas de significação – uma teoria geral, quer dizer, uma teoria que abrange não apenas as línguas naturais (na qualidade de sistemas mais importantes), mas também línguas artificiais (tanto línguas de comunicação internacional como o ido, o esperanto e outras, como línguas construídas e formalizadas para fins científicos), inclusive linguagens de programação para computadores, símbolos gráficos (por exemplo, placas de trânsito, ideogramas), símbolos na arte e na religião; por fim, também sistemas de comunicação no reino animal.

Em sua obra principal *Fundamentos da teoria dos signos* (*Foundations of the theory of signs*), publicada em 1938, Morris apoia-se nos pensamentos de Frege e Peirce e também nas ideias do pragmatismo americano e do Círculo de Viena. Fundamental para todas as reflexões semióticas é a qualidade do signo de "estar no lugar de outra coisa" (p. ex., caracteres no lugar do som, notas no lugar do tom musical, luz verde no lugar de "permitido avançar"). O signo, o objeto significado por ele e aquele que o emprega (como emissor ou receptor) formam o "triângulo semiótico". Entre essas pontas há múltiplas relações.

O ramo da semiótica que estuda a relação entre o signo (símbolo) com o objeto a que ele se refere (designado, denotado) chama-se semântica. Para essa designação observa-se a palavra como "signo linguístico" (*Sprachzeichen*), pois não há nenhuma relação direta da palavra (falada ou escrita) com um objeto (real ou imaginário), uma vez que essa relação é, antes, intermediada por um conceito.

O escritor Umberto Eco, conhecido internacionalmente, é professor de semiótica em Bolonha. Para o leitor informado, suas obras literárias contêm inúmeras referências à semiótica.

3. A Escola de Baden*

Desde o seu começo, essa segunda escola significativa do neokantismo surge em oposição à Escola de Marburgo. Sua matriz foi Heidelberg. Seus dois mentores são Wilhelm *Windelband* (1848-1915, aluno de Lotze) e Heinrich *Rickert* (1863-1936). Windelband forneceu os estímulos normativos; Rickert era o sistemático. As principais obras desse último são: *Os limites da conceitualização em ciências naturais* (*Die Grenzen der naturwissenschaftlichen Begriffsbildung*), *Ciências culturais e ciências naturais* (*Kulturwissenchaften und Naturwissenschaften*), *Sistema da filosofia* (*System der Philosophie*). Os pensamentos fundamentais da escola são comuns aos dois filósofos.

Como os títulos das obras de Rickert indicam, esta escola não é puramente orientada pelas ciências naturais. As ciências do espírito e a questão acerca de sua base autônoma e correta delimitação em relação às ciências naturais possuem um papel de destaque. Windelband vê a principal diferença no fato de as ciências naturais serem direcionadas a leis gerais (ciências "nomotéticas") e as ciências culturais concentrarem-se no peculiar, singular, individual (ciências "idiográficas"). Segundo ele, portanto, a diferença está no *método*.

---

* Uma outra alternativa empregada na tradução de *Die Südwestdeutsche Schule* é "O neokantismo axiológico de Heidelberg". Duas alternativas de tradução literal seriam "A escola do sudoeste alemão" e "A escola sudoeste-alemã" [N.T.].

A esta inclinação para a cultura e as ciências culturais está associada uma segunda característica desta escola. Se as ciências culturais, entre elas a mais importante, a história, procuram e descrevem o individual, nisso está, necessariamente, pressuposto uma seleção entre inúmeros fenômenos individuais, e essa seleção – se não for arbitrária – pressupõe um critério. Esse critério somente pode consistir em uma relação dos objetos com *valores*. O conceito de valor foi introduzido na filosofia por Rudolf Hermann *Lotze* (1817-1881), pensador que era – assim como a maioria de sua escola, como Gustav Theodor *Fechner* (1801-1887) – cientista da área das ciências naturais, antes de ter se voltado para a filosofia. A partir de então, o conceito de "valor" passa a ocupar um lugar central na filosofia, não apenas como imprescindível para a metodologia das ciências do espírito, mas também como fundamento de todas as ações e conhecimentos humanos. Há valores transcendentais – ou seja, que não são derivados da experiência dada –, que contêm um *dever-ser*, leis ideais na esfera do verdadeiro, do moral e do belo. Um juízo é verdadeiro, quando ele corresponde à lei do valor "verdadeiro". Uma ação é boa, quando ela corresponde à lei do valor "bom". Esses valores são intemporais. Eles valem independentemente de qualquer experiência. Eles não têm um ser corporal nem um ser psíquico – nos atos psíquicos nos voltamos apenas para esses valores que se constituem em si mesmos. O ser desses valores é "validade" (*Geltung*).

Os valores se realizam nas formações objetivas da mente humana: ciência, Estado, direito, arte, religião. De modo mais específico, Rickert determina como área de valores a lógica, na qual a verdade é o valor supremo, a estética (beleza), o místico (a santidade, o todo-uno), a ética (o bom, moralidade, comunidade de homens livres), o erótico (felicidade, comunidade do amor, entrega) e a religião (santidade, devoção).

A vida tem de ser determinada pela totalidade desses valores. Se tomarmos um valor e lhe atribuirmos, isoladamente, uma validade dominante, surgirão visões de mundo unilaterais.

Um pensador que tentou unificar os pensamentos de ambas as escolas neokantianas é Bruno *Bauch* (1877-1942).

II. Correntes semelhantes – um olhar sobre a Rússia

Como reflexão crítica, o neokantismo foi uma reação à especulação idealista e à interpretação materialista das ciências naturais. Mas, ao mesmo tempo, ele é expressão de uma linha geral "*historizante*" na mentalidade europeia, e especialmente alemã, do final do século XIX. De modo semelhante à arte daquela época, que apresenta uma série de tentativas de recuperar os estilos de épocas passadas, também na filosofia surgiu, primeiro, uma reanimação do interesse pela história da filosofia – por nomes como Kuno *Fischer* (1824-1907) e Johann Eduard *Erdmann* (1805-1892) – e, segundo, inúmeras tentativas de reanimar sistemas do passado ou de tomá-los como base inicial para investigação. Paralelos ao neokantismo, que é a mais significativa dessas tentativas, surgiram o *neofichteanismo*, o *neo-hegelianismo*, o *neofrieseanismo* e, em solo católico, iniciado pela encíclica papal de 1879, o *neotomismo*. O palco do neokantismo fora da Alemanha foi, sobretudo, na França, onde se destaca Charles *Renouvier* (1815-1903). Na Inglaterra e na Itália surgiram escolas neo-idealistas, que, além da base em Kant, também possuíam fundamentos principalmente em Platão e Hegel. Assim, na Inglaterra ressaltam-se os nomes de Francis Herbert *Bradley* (1846-1924) e Bernard *Bosanquet* (1848-1923); na Itália o destaque é Benedetto *Croce* (1866-1952). A principal obra de Croce é *Filosofia do espírito*. Também são famosos seus escritos sobre estética e filosofia da história. Croce foi uma personalidade de pensamento universal. Ele tratou não apenas de filosofia, mas também de história, história da arte, crítica literária, economia política e política. Croce apresentava os seus pontos de vista, frequentemente, na revista *La critica*, por ele fundada. Sua filosofia é uma síntese de pensamentos hegelianos, que constituem a base, com o positivismo e o pragmatismo. Esse último ainda será tratado neste livro.

Um segundo representante importante do neo-hegelianismo na Itália é Giovanni *Gentile* (1875-1944). Na França, um pensador neoidealista influente, comparável a Croce, é Leon *Brunschwig* (1869-1944). Suas principais obras são *A modalidade do juízo*, *Introdução à vida mental*, *As etapas da filosofia matemática*, *O progresso da consciência na filosofia ocidental* e *Razão e religião*.

Acrescentamos a esta relação, por fim, Vladimir *Soloviev* (1853-1900), um dos mais importantes pensadores gerados pela Rússia, que exerceu considerável influência sobre o pensamento russo fora do comunismo e da União Soviética. Na Alemanha, Soloviev, dotado de um apreciável talento linguístico, tornou-se conhecido, primeiramente, como autor do genial *Conto sobre o anticristo* (*Erzählung vom Antichrist*); em sua filosofia cristã do todo-uno se interpenetram pensamento formal ocidental e crença russa.

Quando mencionamos um pensador russo, talvez se imponha ao leitor mais atento a questão: Por que o desenvolvimento intelectual na Rússia seja tão pouco apresentado aqui? Com certeza, não por ele não pertencer à história do pensamento europeu. Não há dúvida de que os russos deram grandiosas contribuições à literatura e à música, também algumas à matemática e às ciências naturais. Isso não vale, na mesma medida, para a filosofia. É certo que, desde que Pedro, o Grande, abriu seu país em direção à Europa, os importantes movimentos do pensamento europeu – Iluminismo, idealismo alemão, Romantismo, materialismo, marxismo – encontraram recepção e interesse na Rússia. Mas dificilmente se pode observar que, inversamente, uma ideia de origem russa tenha sido absorvida na Europa Central e Ocidental – com exceção daquilo que foi acrescido ao marxismo por Lenin e Stalin.

Enquanto os grandes nomes do pensamento ocidental, pelo menos desde a época de Kant, eram, na sua grande maioria, professores universitários, na Rússia as faculdades – como todo o ensino – estiveram por tanto tempo sob a tutela do Estado (e da Igreja Ortodoxa, ligada estreitamente a este), que o pensamento independente não pôde desenvolver-se nessas condições. Por muitas décadas, até mesmo a leitura das obras de Kant era proibida. Pensadores independentes podiam, quando muito, expressar-se na literatura, incluindo-se determinados periódicos. Assim, encontram-se profundos pensamentos sobre o ser humano e o mundo, principalmente, no trabalho dos grandes literatos, sobretudo Dostoievski e Tolstoi, e dos críticos.

Um pensador relevante do século XVIII, Gregor *Skovorada* (1722-1794), conhecedor de alemão, latim e grego, entrou logo em conflito com autoridades eclesiásticas; boa parte de seus escritos permaneceram sem publicação durante a sua vida. Também A.N. *Radischtschew* (1749-1802), filósofo e pesquisador naturalista, que havia estudado em Leipzig, foi perseguido e, no regime de Catarina II, que era considerada esclarecida, até mesmo condenado à morte (posteriormente indultado). Um outro caso entre tantos outros: Peter *Tschaadajew* (1794-1856), discípulo de Schelling, amigo de Puschkin, publicou em 1836, em um periódico, uma "carta filosófica", criticando o ermo intelectual em seu país. A revista foi proibida, o editor banido, o autor, por ordem do czar, declarado louco e colocado sob vigilância policial e médica.

Não surpreende que inúmeras obras importantes de autores russos tenham sido publicadas em outros países, e não na Rússia, pois seus escritores – espontaneamente ou não – haviam emigrado. Isso vale para a época dos czares e mais ainda para a ditadura comunista. Dois exemplos do século XIX. Alexander *Herzen* (1812-1870), que, frequentemente, se autodesignava "niilista", e Michael *Bakunin* (1814-1876), no início hegeliano, depois social-revolucionário, ateísta e anarquista. Dois exemplos do século XX: N.O. *Lossky* (1870-1948), criador de um sistema próprio, o qual, em alguns pontos, se baseava nos pensamentos do já mencionado *Soloviev*, e Nikolai *Berdiaev* (1874-1948), "aristocrata radical e romântico", que trabalhou questões da ética e da antropologia filosófica.

No interior do marxismo, foram representadas na Rússia praticamente todas as matizes, do revisionismo ao comunismo ortodoxo. Sob o regime de Stalin os desvios da (respectiva) linha partidária podiam, facilmente, tornar-se um risco de vida. Em virtude da "desestalinização" – por volta de 1960 – pela primeira vez foram publicadas muitas obras de pensadores ocidentais em traduções russas; escritos como os de Leibniz, Spinoza, Locke, Hume, Nicolai Hartmann, Wittgenstein, Bertrand Russell[3].

---

3. Uma visão geral sobre o desenvolvimento do pensamento russo até a 1ª Guerra Mundial é fornecida por Tomáš G. Masaryk (que mais tarde se tornou o primeiro presidente da Tchecoslováquia) em sua obra em dois volumes: *Die geistigen Strömungen in Russland*, 1913. As novas tendências são apresentadas detalhadamente mediante o livro de difícil leitura de Wilhelm Goerdt: *Russische Philosophie*. Grundlagen, 1995.

PARTE VII
PRINCIPAIS CORRENTES DO PENSAMENTO FILOSÓFICO NO SÉCULO XX*

* Tradução de *Marco Antônio Casanova*, doutor em Filosofia pela Universidade Federal do Rio de Janeiro, pós-doutor pela Albert Ludwigs Universität Freiburg (Alemanha) e professor no Departamento de Filosofia da Uerj.

Uma nova época

O século XX trouxe para a humanidade guerras aniquiladoras, perseguições, revoluções, genocídios, bombas atômicas, aumento populacional ameaçador e um risco ao meio ambiente. Ao mesmo tempo, porém, ele envolveu um desenvolvimento único da ciência, que não ampliou apenas o saber em progressão geométrica, mas que abalou muito mais o conjunto e as bases de nossa imagem de mundo.

No que concerne a essa constatação, a maioria dos leitores pensará em um primeiro momento na física. A revolução da física foi preparada no interior da *matemática*. Enquanto até o século XVIII os grandes filósofos estavam à altura de seu tempo em termos de conhecimento matemático ou foram mesmo, tal como Descartes e Leibniz, matemáticos criadores, atenuou-se no século XIX a conexão entre matemática e filosofia. Hegel, Schopenhauer, Kierkegaard e Nietzsche não eram matemáticos. O desenvolvimento rico em consequências que se deu na matemática na segunda metade do século XIX com a construção do espaço não euclidiano por meio do russo *Lobatschewski*, do húngaro *Bolyai*, dos alemães *Gauss* e *Riemann* não ganhou inicialmente de modo algum o campo de visão dos filósofos – assim como a realização pioneira de Gottlob *Frege* na lógica e na matemática. Na nova geometria, a nossa tradicional geometria do espaço, que remonta a Euclides, que era óbvia para o entendimento cotidiano, que manteve a sua autoevidência mesmo para Kant e cujas três dimensões se interpõem não se mostra senão como um caso particular entre outros de geometrias em si não contraditórias. Ela só influenciou a filosofia quando, antes de tudo por meio da Teoria da Relatividade, conquistou uma significação prática na física (o que os seus pais quase não tinham previsto – com exceção de Gauss, que pressentiu o fato de o espaço *a priori* de nossa intuição e o espaço da física poderem ser diversos).

A virada na física é designada antes de tudo pela Teoria Quântica de Max *Planck* (1900) e pela Teoria da Relatividade de Albert *Einstein* ("relatividade especial" – 1905 e "relatividade geral" – 1916). A mecânica ondulatória (*de Broglie, Schrödinger, Dirac*), a mecânica quântica (*Heisenberg*) e a física das partículas elementares designam outros passos. Sem adentrar mais detalhadamente o conteúdo das teorias, podemos apresentar em algumas frases uma impressão das transformações fundamentais na imagem de mundo da física.

A física do século XIX e toda a filosofia que se construiu sobre ela repousavam sobre suposições fundamentais: supunham-se unidades derradeiras, indestrutíveis, corporais, os átomos. Supunha-se um determinismo estrito, uma conexão causal de todos os eventos naturais que nunca era rompida. Considerava-se a matéria o elemento derradeiro e maximamente simples do ente e procurava-se explicar todos os outros fenômenos a partir dela. Desde a virada do século, todas essas suposições foram abaladas:

O conceito de matéria tornou-se problemático. Desde que a física penetrou no átomo, ela reconheceu que os átomos não são de modo algum componentes corporais derradeiros e indivisíveis do real, mas construtos extremamente complicados. A representação dessa estrutura complicada levou a física a se valer de uma série de fórmulas matemáticas completamente subtraídas à intuição. Não se pode mais falar do fato de o "materialismo" possibilitar um esclarecimento simples da totalidade do mundo. A própria matéria necessita de explicação. Seu conceito está fundido com o conceito de energia; a matéria aparece apenas como uma manifestação da energia.

Os elementos construtivos subatômicos do mundo não podem ser concebidos como componentes puramente corporais. Um elétron aparece sob determinadas condições de consideração como algo que está pontualmente em um determinado lugar; sob outras condições, ele se mostra como uma onda estendida através de partes maiores do espaço.

Em meio à formulação de suas leis, a macrofísica pôde deixar fora de consideração o sujeito observador. A microfísica não pode fazer o mesmo. Eventos microfísicos não são plenamente objetificáveis. Cada observação é aqui uma intervenção no curso do acontecimento.

O problema da causalidade é discutido de maneira nova. No âmbito microfísico, a causalidade precisa ser substituída pela probabilidade estática.

Desde Einstein e Hermann *Minkowski* (matemático, 1864-1909), espaço e tempo, para Isaac Newton o quadro inalterável de todo acontecimento, não podem mais ser considerados por si: eles formam um contínuo quadridimensional. O conceito de "coetâneo", aplicado às grandes distâncias do universo, é sem sentido.

Desde que Edwin *Hubble* (1889-1953) descobriu a fuga das galáxias e, com isso, a expansão do universo (uma expansão que já foi medida por Einstein e outros com uma fórmula matemática), a astronomia e a cosmologia que se transformou em ciência exata mudaram a nossa imagem da totalidade do mundo de uma maneira tão radical como a mais ousada especulação não teria podido imaginar. Com os telescópios modernos, em particular com aquele telescópio denominado a partir de Hubble e que circula na órbita terrestre, nós olhamos milhões de anos nas profundezas do espaço e, com isso, do passado. Nosso sistema da via láctea, composto de 200 bilhões de estrelas dotadas da grandeza média de nosso sol, é uma das milhões de galáxias semelhantes. A idade do universo é estimada como da ordem de grandeza de 15 bilhões de anos. É questionável se tomamos conhecimento e refletimos em uma medida suficiente sobre essa mudança da imagem do mundo dos filósofos.

A biologia entrou em cena cada vez mais como ciência diretriz no lugar da física; não apenas porque os conhecimentos pioneiros de Darwin – cujas suposições encontraram uma grande resistência antes de tudo por parte da Igreja – só penetraram paulatinamente a consciência geral. Genética e pesquisa comportamental influenciaram e continuam influenciando forte-mente a nossa imagem do mundo.

Na psicologia, a virada para o século XX – de uma maneira semelhante à que se deu na fí-sica por meio de Planck e de Einstein – foi fortemente marcada pelo aparecimento do livro *A interpretação dos sonhos*, de Sigmund *Freud* (1856-1939), no ano de 1899. Outrora, o desenvol-vimento da psicanálise ou da psicologia profunda só começou por meio de Freud e, então, por meio de muitos estudantes e sucessores, dentre os quais se sobressai o suíço Carl Gustav *Jung* (1875-1961). Muitas coisas nas teorias de Freud continuam controversas até hoje. No entan-to, não há nenhuma dúvida de que a descoberta freudiana do inconsciente e de seu poder pre-ponderante na vida anímica do homem marcaram concomitantemente a imagem de mundo, o sentimento de mundo e a imagem do homem do século XX, mesmo na literatura e na arte.

A moderna ciência da linguagem ou *linguística* desenvolveu-se tão poderosamente desde o início do século XX (Ferdinand *de Saussure*; 1857-1913) que a filosofia não pôde passar ao largo de seus resultados. De fato, é senão apenas pequeno exagero afirmar que a linguagem se tornou o tema central da filosofia em nosso século, ao menos na segunda metade.

Ao lado das descobertas científicas encontra-se o desenvolvimento da *técnica*, possibilita-do pelos progressos da ciência da natureza. Homens deixaram a terra e sondas foram enviadas para regiões longínquas de nosso sistema solar. O computador e a inteligência artificial revo-lucionaram a economia e a sociedade. E por toda parte paira a ameaça à existência de toda a humanidade por meio das armas nucleares, que se desenvolveram e acumularam desde a des-coberta da fissão nuclear do urânio.

Nunca houve um tal risco na história da humanidade até aqui. Ao lado dele, entrou em cena hoje uma ameaça que cresce a partir do entrecruzamento da explosão populacional por um lado e, por outro, do esgotamento da matéria-prima e de fontes energéticas assim como da destruição das bases naturais de vida.

A filosofia precisa confrontar-se com tudo isso. As respostas que ela procura estabelecer são múltiplas e contraditórias. Ao menos em um ponto, contudo, começa a se delinear uma convergência.

O desdobramento da filosofia em sua história conjunta mantém uma divisão estabelecida segundo a aparição de pensadores predominantes, assim como de "escolas" e direções de pen-samento por eles fundamentadas. No século XX, os resultados das ciências empíricas se tor-naram tão superpoderosos, que a tentativa de um único homem de "conceber" o seu tempo "em pensamentos" (Hegel) está fadada ao fracasso, caso ele não conheça e processe esses resul-tados; e como o saber disponível quase não é mais abarcável e como ele continua crescendo diariamente, isso ultrapassa as forças de um indivíduo singular: trabalho em equipe é indica-do, uma cooperação com a pesquisa em diversas áreas. Assim, pode-se prever que a filosofia de hoje e de amanhã quase não venha mais a ser dividida por meio de pensadores preponderantes e de seus "sistemas". Os pontos fortes são muito mais estabelecidos por temas, questionamen-tos e tarefas, que são levantados pelo conhecimento científico progressivo e que (se é que isso acontece) só podem ser resolvidos em uma colaboração dos filósofos com os "especialistas" abalizados. *Nessa medida*, o "cientificismo" da filosofia, que foi exigido e aspirado por tantos, tornou-se ao menos nesse sentido amplamente realidade.

Procuro levar em conta esse estado de coisas na divisão dessa última parte do livro. O primeiro dos dois capítulos trata de desenvolvimentos que precisamos agradecer de uma maneira tradicional a um único filósofo ou a um grupo marcado pelo mesmo modo de pensar. O segundo capítulo, em contrapartida, é dividido segundo temas ou campos de problemas, que foram trabalhados (precisaram ser trabalhados) por muitos eruditos, tanto filósofos quanto especialistas nas ciências, das mais diversas áreas. Mostrar-se-á que esse modo de abordagem também conduz a sucessos. Nesse segundo capítulo, a apresentação não é mais dividida cronologicamente ou segundo escolas, mas de acordo com âmbitos de objetos.

1
Pensadores e escolas da primeira metade do século XX

I. Filosofia da vida e historicismo

1. Considerações gerais

Já se havia aplicado anteriormente o nome "filosofia da vida" à filosofia de Schopenhauer e Nietzsche. Esses dois, como disse Georg Simmel, um dos mais recentes filósofos da filosofia da vida, haviam tirado do trono no século XIX a razão iluminada. A filosofia da vida que pode ser estabelecida mais ou menos de 1850 a 1950 é parte de um grande movimento de contraposição ao Iluminismo e ao Racionalismo e, nesse ponto, ela é um prosseguimento do Romantismo. Trata-se de uma filosofia que quer compreender a vida "vivente" que não pode ser apreendida com os meios do mero pensamento. Em parte ela atribui à razão um papel servical, em parte ela se contrapõe à razão com uma hostilidade expressa.

É comum a todos os pensadores mais recentes da filosofia da vida o fato de, mais ou menos consciente e expressamente, se apoiarem nos ombros de Schopenhauer e Nietzsche. Além disso, por meio da concepção fundamental conjunta, é comum a eles uma série de traços essenciais que podem ser caracterizados como se segue[1]:

Esses pensadores são *atualistas*. Para eles, o movimento, o devir e o desenvolvimento valem mais do que o ser cristalizado.

Eles veem a realidade como *orgânica*. A ciência, da qual a maioria deles parte, é a biologia.

Sua predileção está voltada para *o irracional*. Para eles, conceitos, leis lógicas e formas *a priori* não são senão meios metodológicos só muito limitadamente úteis. Eles preferem a intuição, a apreensão sentimental, a intuição imediata, a "compreensão" e a vivência.

Na Teoria do Conhecimento, eles *não* são *subjetivistas*. Para eles, o mundo não existe apenas em nossas cabeças. Há uma realidade objetiva independente de nosso pensamento.

A maioria deles são *pluralistas*, ou seja: eles não supõem um único princípio fundamental, mas dois, a saber, a "vida" e algo, ou mesmo muitas coisas, que se contrapõem a ela.

---

1. Cf. BOCHENSKI, J.M. *Europäische Philosophie der Gegenwart* (Filosofia europeia do presente). 2. ed., 1951, p. 106ss.

2. Bergson

Os primeiros impulsos para uma filosofia da vida mais recente foram dados pelo francês Henri Bergson (1859-1941). As suas quatro obras mais importantes chamam-se: *Ensaio sobre os dados imediatos da consciência*; *Matéria e memória*; *Evolução criadora* e *As duas fontes da moral e da religião*. O que distingue todos os livros de Bergson é uma linguagem dotada de rara beleza, uma clareza e uma riqueza de imagens, comparações e exemplos; em termos de conteúdo, uma base científica sólida em todos os ramos da ciência natural. Essa é uma das razões para o sucesso extraordinário de Bergson.

Abstraindo de Schopenhauer, cuja visão dupla do mundo como vontade e representação se aproxima muito de sua própria visão, Bergson teve predecessores na própria França; predecessores, porém, que ele excede em importância. De início, Bergson partiu de Spencer. Por fim, contudo, a tentativa de aprofundar as bases do sistema spenceriano conduziu-o a um afastamento total em relação a ele. Na França, Julien *Benda* (1867-1956) surgiu como crítico e adversário de Bergson.

Espaço e tempo, entendimento e intuição

Bergson parte da relação entre espaço e tempo. Kant tinha tratado os dois como formas de nossa intuição que se mostram em essência como dotadas do mesmo direito. Bergson vê aqui uma profunda diferença essencial.

O *espaço* é em si homogêneo. Ele é uma suma conceitual de pontos do mesmo tipo. Podemos passar o quanto quisermos de um ponto para o outro. Em verdade, a ciência da natureza sempre considera apenas esse espaço. Aquilo que denomina movimento é apenas a sequência da situação espacial dos corpos nele. Mesmo onde pretende medir o tempo, ela só mede em verdade transformações no espaço.

O *tempo* não é homogêneo. Ele não é uma série reversível. Não posso de modo algum passar o quanto eu quiser de um ponto a outro no tempo. Cada momento é aqui algo novo, único, impassível de ser repetido. O tempo é um único fluir indivisível, um devir, que é inteiramente distinto do assim chamado tempo da ciência natural. O espaço é. O tempo não é, mas vem a ser constantemente.

Ao espaço e ao tempo correspondem no homem duas faculdades cognitivas igualmente diversas.

O *entendimento* está agregado ao espaço. O seu objeto é o sólido e espacial: a matéria. Nesse âmbito, o entendimento é capaz de um conhecimento verdadeiro e correto, pois ele é essencialmente ligado à matéria (há aqui uma oposição a Kant). O entendimento é o órgão do homem agente, do *homo faber*, do ser vivo que fabrica instrumentos e que influi na natureza. O entendimento não consegue conceber o tempo real, a pura duração. Quando se volta para o tempo, ele transporta para o tempo as suas formas correspondentes à matéria espacial. Ele o esfacela, corta em unidades numéricas e mensuráveis e passa, com isso, ao largo de sua vida verdadeira.

Nós só conseguimos apreender a pura duração por meio da *intuição*. Com certeza, o homem de hoje está tão habituado com o uso do entendimento, que é difícil para ele se livrar desse uso e acompanhar sensitivamente em uma intuição pura aquilo que flui, que corre continuamente, o orgânico do tempo. Em contraposição ao entendimento, essa intuição não serve para o agir prático. Ela é o órgão do *homo sapiens*, do homem que observa e conhece.

Na medida em que o entendimento está dirigido para a práxis, a filosofia só consegue começar algo com a intuição. Isso traz consigo necessariamente uma certa falta de demonstrações lógicas impositivas. O filósofo não pode fazer outra coisa que expor em imagens e metáforas o que conheceu intuitivamente e ajudar os outros a alcançar a mesma intuição.

Elã vital

Se o filósofo submerge no mar da vida que nos envolve, então ele reconhece que toda realidade é devir. Só há no fundo devir, agir, ação. Há certamente dois tipos de movimento: aquele que emerge da vida e aquele que cai na matéria. Esses são dois mundos totalmente diversos. É um contrassenso querer explicar a essência da vida com o entendimento, seja de modo mecânico ou teleológico. Será que um órgão tão complicado quanto o olho, por exemplo, surgiu efetivamente de uma série de variações casuais que se mantiveram e reproduziram? Antes de tudo: como devemos explicar o fato de, no desenvolvimento da vida em ramos independentes totalmente diversos um do outro, terem sido produzidas criações orgânicas do mesmo tipo e, em verdade, com meios totalmente diversos? A doutrina do surgimento de construtos orgânicos tão consonantes a suas finalidades e tão complicados por meio de um processo cego de variação e seleção encoraja-nos incessantemente à crença em histórias milagrosas (isso é dito contra Darwin). O desdobramento da vida não provém da matéria e de suas leis mecânicas, ele transcorre muito mais *contra* elas, contra inércia e acaso, em direção a formas mais elevadas, mais ousadas, mais livres.

Os processos vitais só se tocam com as forças físicas e químicas até o ponto justamente em que se pode considerar as menores partes de um círculo como partes de uma linha reta. Em realidade, a vida desses processos é tão diversa quanto a curva em relação à reta. Mesmo a consciência não é independente do corpo. Afirmar isso seria o mesmo que querer deduzir do fato de uma peça de roupa pendurada cair depois da retirada do cabide a identidade entre a roupa e o cabide. A consciência está por toda parte em que há vida. Somente o homem, porém, possui intuição, a forma na qual a vida conhece a si mesma, na qual ela pode refletir sobre si mesma. Tudo depende de "escutar as profundezas da vida e depreender o pulso de seu espírito com o auxílio de uma auscultação intelectual".

Moral e religião

Há uma oposição semelhante entre dois elementos diversos na filosofia moral e na filosofia da religião de Bergson.

Há dois tipos de moral. A *moral fechada* repousa sobre uma pressão exercida pela sociedade. Ela é impessoal. As ações que lhe correspondem são quase automáticas, realizadas instintivamente. Ela tem por finalidade a conservação dos hábitos sociais e sempre se liga, por isso, a um grupo limitado de homens. A *moral aberta* é pessoal, independente da sociedade e criadora. Ela só aparece corporificada em personalidades singulares preponderantes: no santo e no herói. Ela vem à tona a partir da apreensão imediata do fundamento da vida e abarca com amor a vida toda.

Há também dois tipos de religião. Como falta ao homem o instinto, que garante aos animais gregários a coesão grupal, como no lugar desse instinto se encontra nele o entendimento, que atua antes de maneira dissolutora sobre a coesão grupal, a natureza auxilia a si mesma com a "função fabuladora" do entendimento. Ela cria fantasias, fábulas, que ligam o homem à vida e os indivíduos entre si. Por meio do entendimento, o homem sabe que precisa morrer. Por meio do entendimento, ele vê que se encontram obstáculos incalculáveis no caminho para alcançar suas metas. A natureza o ajuda a suportar esses conhecimentos amargos na medida em que produz por meio da fantasia deuses bondosos. Na vida humana, portanto, a função dessa *religião "estática"* é similar à função do instinto nos animais, ela é uma função vinculadora, conservadora, reconciliadora.

Totalmente diversa dessa religião estática é a religião dinâmica, a *mística*, que foi conformada em seus primórdios pelos gregos, em sua forma especulativa pelos indianos e levada à consumação junto aos místicos cristãos. A religião dinâmica provém da apreensão intuitiva do inalcançável, do retorno na direção da qual emerge a corrente vital. Ela só está presente em homens singulares extraordinários. Quando os místicos afirmam a partir de suas experiências inacessíveis para os outros, que a origem da corrente vital se encontraria em Deus, que esse Deus é um Deus do amor, que o mundo seria a manifestação do amor divino e que no homem estaria presente um brilho divino imortal – a filosofia não pode, em verdade, demonstrar tais sentenças, mas ela pode acolhê-las de maneira grata como referências ao lugar onde reside a essência de todo ente, uma essência que só é acessível à imersão mística.

3. Vitalismo – Teoria da Gestalt

Inserir Hans *Driesch* (1867-1941), o filósofo que liderou o neovitalismo na Alemanha, no contexto da filosofia da vida só é correto sob certas condições, uma vez que mesmo a filosofia de Driesch parte da vida (Driesch foi por vinte anos zoólogo) e uma vez que ela é uma filosofia do orgânico. A direção, contudo, tomada por Driesch segundo esse ponto de partida, o coloca antes na proximidade da metafísica contemporânea, da filosofia do ser objetivo, cujos principais representantes consideraremos em uma outra parte deste capítulo.

A oposição entre uma consideração *mecanicista* e uma consideração *"vitalista"* dos processos vitais já se encontra presente nos gregos. Entre os gregos, Demócrito procurou explicar o todo do mundo a partir da combinação mecânica de seus átomos, enquanto Aristóteles se valeu de uma força formadora particular, a enteléquia, para o esclarecimento do vivente.

Na filosofia mais recente, de Descartes até a "máquina humana" de Lamettrie, a explicação mecanicista se mostrou inicialmente como preponderante. Kant procurou empreender uma delimitação dos dois modos de consideração e reconheceu a imprescindibilidade da consideração teleológica. O romantismo foi vitalista. Ele pensava de maneira vital, orgânica. A ciência natural do século XIX, juntamente com a teoria da evolução de Darwin e com os sucessos extraordinários da química orgânica – que aprendeu a produzir sinteticamente matéria orgânica, começando pela produção de ureia –, tendeu de início uma vez mais para uma concepção mecanicista.

Na Alemanha, Hans Driesch (*Filosofia do orgânico*; *Teoria da organização*; *Teoria da realidade*; *Metafísica*; *Parapsicologia*) é conhecido como um representante do vitalismo.

O impulso mais importante para as reflexões de Driesch foi dado pelos experimentos zoológicos realizados por ele mesmo com os ovos do ouriço do mar. Esses experimentos comprovaram que a partir de germes divididos em duas ou mais partes não surgiam organismos parciais, mas seres vivos totais, ainda que menores. Para Driesch, uma tal capacidade do organismo de regeneração do todo a partir das partes não podia ser explicado por vias mecanicistas. É próprio à vida uma *causalidade total*, uma determinação da parte a partir do todo. A força invisível, não apreensível enquanto tal, que atua aqui, é denominada por Driesch juntamente com Aristóteles "enteléquia".

Driesch não ficou por aqui. Ele criou um sistema de pensamento para a interpretação e a justificação filosóficas dos conhecimentos biológicos que se estende desde a lógica até a ética e a metafísica.

O primeiro pressuposto da *Ética* de Driesch é a afirmação da vida, como vida orgânica e como meio para a vida espiritual. Desse pressuposto resultaram necessariamente certas consequências para o comportamento em relação a outros seres: a proibição de matar e ferir, o mandamento do fomento das disposições e o mandamento da veracidade. No estado, no desenvolvimento da humanidade e no fato da consciência ética encontram-se traços totais similares aos da vida orgânica. É isso que nos sugere a conclusão: Driesch mesmo não está certo de que também se encontra aqui por detrás daquilo que aparece uma "entelecheia", uma alma da totalidade do mundo.

O impulso para a consideração da totalidade, o reconhecimento de que há totalidades formadoras que são sempre mais do que a mera soma de suas partes, encontra-se frequentemente na ciência e na filosofia de nosso século. No campo psicológico, essa ideia foi defendida expressamente pela assim chamada *psicologia da Gestalt* e pela *teoria* geral *da Gestalt*. O criador do conceito genérico de Gestalt foi Christian Freiherr von *Ehrenfels* (1859-1932), com o seu trabalho publicado em 1890 *Sobre as qualidades da Gestalt*. Os fundadores da psicologia da Gestalt são Max *Wertheimer*, Wolfgang *Köhler* e Kurt *Koffka*.

Como um pensador filosófico que tratou do problema da forma e da figura e que forneceu a partir desse problema novos estímulos frutíferos à biologia, precisamos mencionar Hermann *Friedmann* (1873-1957): *O mundo das formas*; *Ciência e símbolo*.

4. Filosofia alemã da vida e historicismo

A filosofia alemã da vida, com a maioria de seus representantes, não está tão orientada pela biologia, mas antes pela história. Ela encontra-se em uma relação estreita com o assim chamado historicismo. Esse movimento possui o seu ponto de partida no poderoso incremento que as ciências históricas tinham experimentado na Alemanha desde Hegel e do Romantismo. A história encontra-se aqui no centro da atividade filosófica. Vê-se no "caráter histórico da humanidade uma determinação essencial dotada de uma significação metafísica" (Theodor *Litt*). A partir da consideração histórica da vida emerge facilmente um relativismo em relação aos valores. Vê-se tudo surgir e perecer em sua respectiva condicionalidade histórica. Essa visão pode conduzir à indecisão e à fraqueza ante as necessidades do próprio tempo. Nietzsche (na *Segunda consideração intempestiva*), o patriarca da filosofia alemã da vida, tinha se voltado contra essa possibilidade e contra o peso excessivo e opressor do material de saber histórico acumulado.

Trataremos juntos aqui os filósofos da vida e os pensadores do historicismo propriamente dito.

Ludwig *Klages* (1872-1956) proveio do círculo do poeta Stefan George. Suas primeiras grandes realizações, que talvez venham a ser mais duradoras do que a sua filosofia, residem na grafologia científica e no estudo do caráter. A teoria klagiana da expressão considera o corpo como manifestação da alma, a alma como sentido do corpo, e, com isso, corpo e alma como uma estreita conexão de sentido e expressão. Klages deve estímulos importantes a seu mestre Melchior *Palagyi* (1859-1924), um pensador multifacetado que, entre outras coisas, já em 1901, ou seja, muitos anos antes da publicação da Teoria da Relatividade especial de Einstein, tinha exposto em seu escrito *Neue Theorie des Raumes und der Zeit* (Nova teoria do espaço e do tempo) algumas ideias fundamentais da teoria einsteiniana. Klages assumiu dele entre outras coisas a doutrina da *"consciência intermitente"*, que nos diz o seguinte: os processos vitais que fluem continuamente só podem ser apreendidos de maneira imperfeita pela consciência humana descontínua. Isso lembra Bergson.

O ponto de vista filosófico de Klages ganha expressão de maneira precisa no título de sua obra central: *Der Geist als Widersacher der Seele* (O espírito como adversário da alma). Enquanto o corpo e a alma se mostram como dois polos inseparavelmente copertinentes da célula da vida, o espírito se impõe de fora entre os dois, de modo comparável a uma cunha, aspirando a dividi-los e, assim, levar a vida à morte. A alma ainda intocada pelo espírito hostil à vida vivencia o mundo como uma série de imagens, de figuras animadas. O espírito despedaça essa corrente contínua e decompõe as vivências em uma quantidade de "objetos" cindidos uns dos outros. A ciência, em particular a ciência natural mecanicista, é a mais forte cunhagem dessa função do espírito que destrói as imagens e mortifica a vida. Portanto, o espírito é um poder alheio à vida, situado inclusive fora do espaço e do tempo (acósmico), que irrompe na vida. Nessa contenda entre espírito e alma, Klages toma apaixonadamente o partido da alma, da vida plástica e inconsciente contra o seu adversário, o espírito: ele toma o partido do coração, do sentimento, do instinto, contra a cabeça, o entendimento, o intelecto. O resultado do espírito é o ato consciente, que contesta os instintos, e todo ato como esse é um "assassinato contra a vida". A palavra de ordem é: retornemos à vida natural inconsciente.

Por meio de Klages fez-se valer uma vez mais a obra do historiador da cultura quase esquecido Johann Jakob *Bachofen* (1815-1887) sobre *juris maternitatis* e religião primitiva.

O conde Hermann *Keyserling* (1880-1946) é descendente de uma antiga família báltica alemã; dentre os seus ascendentes estãos os famosos barões de Ungern-Sternberg. Ele tem algumas coisas em comum com a aventura mundialmente famosa desse nome. Ele mesmo se denomina um "condottiere", alguém "dotado de uma maneira extraordinariamente plural, desarmônica e contraditória"[2]. Ele viajou praticamente por todo o mundo. Em seu *Diário de um filósofo*, um dos livros filosóficos mais cativantes do século XX, ele descreve as suas impressões da Índia, China, do Oceano Pacífico e da América.

Assim como Klages, Keyserling se volta contra a mera cultura do entendimento. Ele é um homem da intuição criadora. No entanto, ele não combate o espírito, mas quer formar entre a alma e o espírito uma nova unidade, mostrando, assim, um caminho para a consumação. Nesse sentido, ele quer dar mais do que filosofia, a saber, ele quer dar sabedoria, "vida sob a forma do saber".

Uma personalidade extraordinariamente multifacetada e um escritor tão brilhante quanto Keyserling é também Georg *Simmel* (1858-1918). No ponto central da filosofia da vida de Simmel encontra-se a tensão entre a vida enquanto tal e os "conteúdos materiais objetivos" da cultura, ou seja, o direito, a moralidade, a ciência, a arte e a religião. Simmel mostra que esses âmbitos culturais objetivos, apesar de possuírem a sua própria estrutura legal e de poderem contrapor-se à vida, emergem de qualquer modo da própria vida. Pois a vida é sempre ao mesmo tempo mais-do-que-vida, ou, como Simmel diz: a transcendência é imanente à vida; ou seja, pertence à essência da vida o fato de ela se lançar para além de seu fundamento vital. A obra mais importante nesse aspecto são os quatro "Capítulos metafísicos" sobre *visão de mundo* de Simmel. Simmel foi também um importante sociólogo.

Por meio de sua obra sensacional *O declínio do Ocidente*, o historiador e filósofo da história Oswald *Spengler* (1880-1936) tornou-se muito mais conhecido do que Simmel. Assim como Bergson, Spengler estava convencido da profunda diversidade essencial entre o mundo do espaço e o mundo do tempo. Há uma lógica do espaço. Seu princípio é a causalidade e o seu âmbito é a ciência natural. Ao lado dela, há uma lógica do tempo, uma lógica orgânica, uma lógica do destino. Ela ensina a conceber o *mundo a partir da história*.

Spengler possuía um olhar fisionômico agudo para as formas e as conexões do devir histórico. Para ele, a história do mundo não é nenhum processo progressivo, mas uma sequência de culturas independentes. Toda cultura é um organismo, um ser vivo de um nível extremo e a

---

2. Conde Hermann Keyserling. Autoapresentação. In: *Philosophie der Gegenwart in Selbstdarstellung* (Filosofia do presente em autoapresentação) (SCHMIDT, R. (org.). Vol. IV, 1923, p. 99ss.).

expressão de uma alma particular. Culturas crescem, florescem e perecem como seres vivos. Uma morfologia comparada (teoria das formas) da história do mundo reconhece o decurso marcado pela lei vital de toda cultura. Aplicado à nossa cultura, à cultura ocidental "fáustica", ela permite o prognóstico de que entramos no estágio da civilização da cristalização, e de que estamos indo ao encontro do declínio. – Os outros escritos de Spengler ficam aquém da significação de *O declínio do Ocidente*.

Wilhelm *Dilthey* (1813-1911) pertence a uma geração mais antiga. A sua influência, contudo, assim como a influência de Spengler, se estende até o presente imediato. O curso do desenvolvimento interior de Dilthey partiu do positivismo para uma "compreensão" irracional "da vida e da história" e reflete, com isso, o desenvolvimento do século XIX. Como a realidade é vida, a compreensão só é possível como movimento de vida para vida, não com o entendimento apenas, mas com o conjunto de nossas forças do ânimo. O âmbito de uma tal compreensão são as ciências humanas e, em particular, a história como automeditação do homem. "Aquilo que o homem é só pode ser experimentado por meio da história". Para a fundamentação lógica e epistemológica das ciências humanas, para a demonstração de sua independência e da diversidade de seu caráter ante as ciências naturais, Dilthey tem méritos permanentes.

O historicismo de Dilthey conduziu-o consequentemente ao relativismo. "A relatividade de todo tipo de concepção humana é a última palavra da visão de mundo histórica, tudo fluindo no processo, nada permanecendo"[3].

Em nossa curta enumeração, Dilthey encontra-se ao lado de outros pensadores. No entanto, precisamos acentuar o fato de, dentre os filósofos da vida, ter sido dele que partiram os mais ricos e mais frutíferos efeitos. A personalidade de Dilthey e a sua doutrina atuaram de maneira pronunciada e fizeram escola. Um grande número de pensadores do passado mais recente e do presente foram influenciados por ele: Ernst *Troeltsch* (1865-1923), Eduard *Spranger* (1882-1964), Erich *Rothacker* (1888-1965), Hans *Freyer* (1887-1969), Theodor *Litt* (1880-1962), assim como o filósofo espanhol José *Ortega y Gasset* (1883-1955).

II. Pragmatismo

Com a consideração dessa corrente pisamos pela primeira vez na história da filosofia em solo americano. Muito para além da libertação política em relação ao continente europeu materno, a dependência política do novo mundo em relação à arte, à ciência e à filosofia da Europa continuou existindo. Foi somente por volta da virada para o século XX que a América começou a falar a sua própria língua nessas áreas. O primeiro, que se serviu dessa língua na filosofia, foi William James, o fundador do pragmatismo americano e o primeiro filósofo americano de significação internacional.

---

3. Cf. BOCHENSKI, J.M. Op. cit., p. 129.

1. *William James*

James nasceu em 1842 em Nova York. Ele era o irmão mais velho do escritor Henry James. Sobre os dois irmãos foi dito certa vez: o escritor Henry conhecia a alma humana tanto quanto o seu irmão, o psicólogo, e William, o erudito, escrevia tão bem quanto o seu irmão poeta. William James estudou na França. Depois disso, lecionou de 1872 até a sua morte (1910) na Universidade de Harvard. Ele ensinou de início anatomia e psicologia. O seu livro *Princípios da psicologia*, que foi publicado em 1890, é uma de suas obras mais conhecidas. Em seguida, aconteceu a virada para a filosofia: *A vontade de crer*, *As diversidades da experiência religiosa*, *Um universo pluralista* e *O sentido da verdade*.

O traço preponderante – não o único – do pensamento filosófico de James é o "pragmatismo". A palavra é derivada do grego *pragma* (ação, ato), do qual também provêm as nossas palavras "práxis, prático". O próprio James define o pragmatismo como uma "postura, que se abstrai de coisas primeiras, princípios, categorias e supostas necessidades e se dirige para as coisas últimas, frutos, consequências e fatos". O característico no pragmatismo é o seu conceito particular de verdade: utilidade, valor e resultado são os critérios de verdade. O pragmatismo não pergunta sobre a "essência" derradeira das coisas, tal como a escolástica e a metafísica antiga (James também recusa terminantemente a especulação idealista alemã). Ele "altera o tom e olha para frente". Ele pergunta: Qual é o "valor em dinheiro vivo" (*cash-value*) de uma representação? Tais expressões tipicamente americanas como *profits* (utilidade, mérito, lucro), *results* (resultado) são frequentes em James. "Verdadeiro é aquilo que se ratifica por meio de suas consequências práticas". James recebeu o estímulo para essa concepção do conceito de verdade de um trabalho do americano Charles S. *Peirce* (1839-1914), que, nessa medida, pode ser considerado como o seu antecessor. Peirce retirou o conceito de pragmatismo da obra de Kant.

James corporifica a inclinação do seu povo para aquilo que é imediato, presente e prático. O que significa esse pragmatismo aplicado à filosofia? Não se pode tampouco dirigir a qualquer filosofia a pergunta: Será que isso é "lógico"? Será que isso é "verdadeiro"?, mas: O que a observância prática dessa filosofia significará para a nossa vida e para os nossos interesses? Uma filosofia – por mais consequente e por mais fundamentada que seja – nunca será assumida pelos homens se ela cortar ou decepcionar os seus mais caros desejos e as suas mais adoradas esperanças, se ela não se ajustar às nossas forças e inclinações interiores e se não se confirmar na vida prática, na luta, no trabalho e em face da natureza. "Lógica e sermões nunca são convincentes; a névoa da noite cai mais profundamente em minha alma... Agora coloco à prova uma vez mais filosofias e religiões. Elas podem muito bem ratificar-se no auditório, mas nunca sob nuvens extensas, diante de uma paisagem e em rios que correm"[4].

---

4. WHITMAN, W. *Leaves of grass*, 1900, p. 61 e 172. De acordo com a tradução para o alemão de G. Büchner.

Portanto, isso também é válido para a religião. "[...] Se houvesse uma ideia que, caso acreditássemos nela, pudesse auxiliar-nos na condução dessa vida melhor, então seria realmente melhor para nós que acreditássemos nessa ideia, contanto que a crença nela não se chocasse com outros interesses vitais maiores".

Salta aos olhos que o conceito de verdade do pragmatismo se encontra em uma oposição expressa à concepção tradicional da verdade como "adaequatio intellectus et rei" – concordância entre o espírito que conhece e a coisa – tal como a filosofia ocidental, Kant inclusive, o tinha fixado.

Ao lado desse pragmatismo, é possível reconhecer no pensamento de James ao menos outros três traços importantes:

O primeiro pode ser denominado dinamismo. O mundo não é nada pronto, mas um devir ininterrupto. Mesmo o nosso pensamento é uma corrente, um fluxo, um sistema de ligações.

O segundo traço é denominado pelo próprio James *pluralismo*. O mundo não pode ser explicado por um princípio. A realidade consiste em muitos âmbitos autônomos. Ela não é "nenhum uni-verso, mas um multi-verso". Em um tal mundo, que se mostra como um cenário de guerra entre forças contraditórias, o homem tem a possibilidade de levar a campo a sua vontade e as suas próprias forças. Ele tem de codeterminá-las. O politeísmo dos povos antigos, que sempre foi e ainda hoje é a religião real do povo, faz mais jus ao caráter plural do mundo do que qualquer monismo ou monoteísmo.

O terceiro traço é uma certa *desenvoltura cética*, do mesmo modo igualmente americana, que se mantém aberta para tudo o que é possível. Quem pretenderia afirmar que o seu tipo de conhecimento, que em geral o nosso tipo humano de conhecimento seria o único possível e válido?

> Eu mesmo recuso decididamente a crença de que nossa experiência humana deva ser a forma mais elevada de experiência que há no universo. Acredito antes em que nós nos encontremos quase na mesma relação com a totalidade do mundo que os nossos queridos cães e gatos com a totalidade da vida humana. Eles povoam nossas salas de estar e bibliotecas. Eles tomam parte em cenas, de cuja significação não temos a menor ideia. Eles entram em um contato meramente passageiro, tangencial com o curso sinuoso da história... De maneira similar, nós só entramos em contato tangencialmente com a vida mais abrangente das coisas [...].

2. John Dewey

A forma com que John Dewey (1859-1952), o segundo grande representante do pragmatismo americano, moldou esta filosofia, pode ser em certo sentido chamada de ainda "mais americana" do que a doutrina de James. Dewey é importante em primeiro lugar como reformador da pedagogia com interesse social. Sua obra *Democracia e educação* (1916) exerce até hoje influência determinante no sistema educacional de seu país. As obras filosóficas mais importantes de Dewey são: *Estudos sobre lógica teórica*, *Ética*, *Inteligência criadora*, *Reconstrução na filosofia* e *Natureza humana e agir humano*.

É significativo que Dewey não tenha passado longos e decisivos anos de sua vida no leste aberto para a influência europeia, mas no meio-oeste. James era religioso e estava interessado por questões ligadas à religião. Apesar de seu direcionamento prático, sua filosofia possui ares de uma justificação de filosofia e religião. Dewey, em contrapartida, se voltou totalmente para as ciências naturais e para a experiência prática. Ele elimina tudo o que vai além disso. O pensamento é um instrumento para o agir. Pensamentos só possuem um valor instrumental. Por isso, sua filosofia também é denominada instrumentalismo.

Crescimento e desenvolvimento são palavras-chave da visão deweyana do mundo. Eles também são critérios da ética. Não é a perfeição enquanto meta definitiva que se mostra como a meta da vida, mas um processo eternamente sustentado de aperfeiçoamento, amadurecimento e refinamento.

3. Pragmatismo na Europa: Schiller, Vaihinger

Na Europa, o pragmatismo teve sobretudo na Inglaterra grande influência. Um pensador de ponta é aqui Ferdinand C.S. *Schiller* (1864-1937). Seus principais méritos residem na área da lógica. Suas obras mais importantes são *Humanismo* (é assim que Schiller denomina o pragmatismo, porque nele tudo está relacionado com o homem) e *Lógica formal*. O leitor deve ter notado por si mesmo que o pensamento fundamental do pragmatismo americano, medido a partir da filosofia europeia, não é de maneira alguma novo. O próprio James também deu afinal ao seu livro *Pragmatismo* o subtítulo: *Um novo nome para alguns modos antigos de pensamento*.

Se o que caracteriza o pragmático é o fato de ele não ver como meta do conhecimento a verdade, mas o resultado prático, então pode-se alinhavar aqui com boa razão um pensador hoje meio esquecido: Hans *Vaihinger* (1852-1933), que é frequentemente computado como um neokantiano. De fato, tal como o seu comentário monumental à *Crítica da razão pura* bem o demonstra, Vaihinger também foi um extraordinário conhecedor de Kant. Esse comentário e os "Kant-Studien", que surgiram a partir de 1896 e que foram criados por Vaihinger, contribuíram essencialmente para a ocupação com Kant e para a revivificação de sua doutrina no neokantismo.

A obra mais importante de Vaihinger traz o título *Die Philosophie des Als-Ob. System der theoretischen, praktischen und religiösen Fiktionen der Menschheit* (A filosofia do como-se. Sistema das ficções teóricas, práticas e religiosas da humanidade). Vaihinger a redigiu no essencial quando tinha vinte e cinco anos, mas só a publicou trinta e cinco anos mais tarde (1911).

O conceito central de Vaihinger é, como o título já o mostra, a ficção. Por isso, a sua filosofia também é denominada ficcionalismo. Ficção significa literalmente "invenção, fingimento, (mera) suposição" (em inglês, a parte imaginativa da literatura é denominada "ficção"). Na ciência, designa-se a ficção uma suposição, cuja improbabilidade, até mesmo impossibilidade, é em si conhecida, mas que, contudo, é empregue apesar disso como um conceito auxiliar e realiza enquanto tal bons serviços. Uma expressão linguística pertinente para a ficção é a partícula "como se". A ficção não pode ser confundida com a hipótese. Mesmo a hipótese é uma suposição de trabalho, da qual não preciso estar de maneira alguma convencido de seu valor derradeiro de verdade. Não obstante, espero que logo possa "verificar" a hipótese por meio de uma prova e do material empírico, que ela se revele como verdadeira ou seja alijada como falsa, perdendo toda validade. Na ficção, eu não espero por algo assim. Eu a reconheço desde o princípio como falsa ou contraditória. Apesar disso, eu a emprego e, em verdade, com sucesso.

Nós nos lembramos de que Kant emprega a fórmula "como se" em uma passagem importante de sua obra: em meio à elucidação das "ideias reguladoras" da razão, alma, mundo, Deus.

Vaihinger acha, então, que esse procedimento é aplicado constantemente por nós às mais diversas áreas em nosso pensamento e comportamento. Por exemplo, na matemática, o conceito do infinitamente pequeno seria completamente contraditório e, contudo, totalmente imprescindível. O mesmo se dá com inúmeras suposições diversas, próprias às ciências naturais, à doutrina do direito, à economia nacional, à ciência histórica. Na ética, por exemplo, a liberdade da vontade é um disparate lógico: apesar disso, ela forma a base indispensável de nossa ordem moral e jurídica. Mesmo na religião conservamos conscientemente suposições falsas ou indemonstráveis, porque elas nos são "caras", ou seja, porque elas nos são praticamente úteis e imprescindíveis.

Vaihinger coloca, então, a questão: Como é que, com representações conscientemente falsas, nós alcançamos de qualquer modo algo correto? Ele mesmo responde: o pensamento é uma função orgânica que atua de um modo consonante a seus fins. Ele não é originariamente outra coisa senão um meio na luta pela existência. Ele serve à autoconservação do ser vivo. Ele não está presente por causa de si mesmo. No curso do desenvolvimento – e segundo a lei do "meio que acaba por cobrir completamente o fim" – chega-se finalmente ao fato de o pensamento, enquanto pensamento teórico, ser exercido por causa de si mesmo, tendo por objetivo o "conhecimento puro". Todavia, ele não é criado para isso e, portanto, é inadequado para isso.

O pensamento é uma arte. A lógica é a doutrina da arte do pensamento. Ao lado dos métodos ordenados, regulares, ou seja, ao lado das regras dessa arte, há "os conceitos dessa arte", métodos irregulares de pensamento, jeitos, por assim dizer, que se revelam como adequados a seus fins na luta pela existência. Os mais importantes dentre esses jeitos são as ficções.

As ficções formam para si gradualmente todo um mundo – irreal. Apesar de irreal, contudo, todo esse mundo do "como se" não é de qualquer modo desprovido de valor. Ao contrário, para toda a vida espiritual superior do homem, para a religião, a ética, a estética tanto quanto para a ciência, ele é até mesmo mais importante do que o mundo do "real". Com isso, Vaihinger chega a um conceito totalmente diverso de verdade. "Verdadeira" é a predizibilidade, a calculabilidade prévia de uma experiência, por meio da qual nós mantemos a possibilidade de erigir corretamente o nosso comportamento prático. Se as ficções realizam esse serviço – e elas o fazem –, então elas são mesmo "verdadeiras" para nós. Verdade não é outra coisa senão utilidade para a vida. Não há absolutamente nenhum outro critério "objetivo". Os pontos em comum entre Vaihinger e o pragmatismo americano tornaram-se agora com certeza suficientemente claros.

Certo é que o "espírito do tempo" no século XX emergente é transpassado de uma maneira totalmente intensa pelos pensamentos do pragmatismo; não apenas nos Estados Unidos, mas também na Europa, assim como em outros países industrializados (Darwin acha-se sempre no pano de fundo). A postura pragmática do espírito conservou-se certamente na práxis da vida – e essa é (totalmente no sentido do pragmatismo filosófico) a mais bela confirmação de seu valor.

III. A nova ontologia e a nova metafísica

Os movimentos filosóficos do século XX – como já foi dito no início do capítulo – não se seguem uns aos outros; eles subsistem em grande parte uns ao lado dos outros. Nesse sentido, também se pode falar em relação à filosofia de um "século polifônico" (título de um livro de Kurt *Honolka* que trata da música desse século).

O movimento que temos em vista agora abrange mais ou menos o tempo entre 1890 e 1950. Coloco na posição central um pensador que não se encontra como "fundador" em seu início temporal, mas cuja obra incorpora muitos traços essenciais dessa direção de pensamento de uma maneira excepcional.

1. Realismo crítico – Nicolai Hartmann

Nicolai Hartmann (1882-1950), nascido em Riga, trabalhou em Marburgo, em Berlim e em Göttingen como professor altamente considerado. Seu ponto de partida foi o neokantismo, mas logo encontrou um ponto de vista próprio. Deparou-se com quase toda a filosofia precedente, inclusive com a fenomenologia que apresentaremos na próxima seção.

Obras importantes de Hartmann são: *Grundzüge einer Metaphysik der Erkenntnis* (*Fundamentos de uma metafísica do conhecimento*, 1921), *Das Problem des geistigen Seins* (O problema do ser espiritual, 1933), *Para uma fundamentação da ontologia* (1935), *Möglichkeit und Wirklichkeit* (*Possibilidade e realidade*, 1938) e *Der Aufbau der realen Welt* (*A estrutura do mundo real*, 1940). As três últimas obras citadas formam o sistema da ontologia hartmanniana. Hartmann fornece uma introdução a essa ontologia no escrito *Neue Wege der Ontologie* (*Novos caminhos da ontologia*, 1942), na qual se baseia em grande parte a nossa síntese.

Ontologia antiga e nova

A ontologia antiga, que permaneceu dominante desde Aristóteles até a Escolástica, repousava sobre o princípio de que algo universal seria o interior determinante e configurador das coisas. Podemos designá-la como um realismo dos universais. Ela acreditava poder deduzir todo particular a partir de universais supremos. Com isso, ela buscava saltar por sobre a realidade empírica.

A teoria crítica do conhecimento, que tem em Kant o seu ápice, destruiu definitivamente os pressupostos de uma tal ontologia. Os resultados dessa crítica não podem ser ignorados sem mais. Uma nova ontologia precisa ser uma ontologia crítica. Isso significa antes de tudo que ela não pode partir de conceitos e métodos aprioristicos. As categorias do ser não podem ser conhecidas *a priori*.

A questão é saber se categorias ontológicas, à medida que equivalem a categorias de nosso conhecimento – e esse parece ser em princípio e até certo ponto o caso – podem ser deduzidas dessas categorias. Essa dedução não é possível. Pois justamente isso é o que não sabemos: não sabemos até onde alcança essa equivalência. Também nos falta, aliás, todo saber imediato sobre as nossas categorias cognitivas. A direção natural do conhecimento encaminha-se sempre para o objeto. A virada do conhecimento sobre si mesmo é um estágio de desenvolvimento tardio. Na verdade, as categorias do conhecimento estão na base de nosso conhecimento, contudo não são aquilo que é primeiramente conhecido, mas antes aquilo que é conhecido "por último". Em contrapartida, a ontologia é um prosseguimento da direção natural do conhecimento. Por fim, mesmo Kant não deduziu de modo algum a sua tábua de categorias da tábua com as formas do juízo, mas a deduziu de seu saber abrangente sobre os objetos, até o ponto em que esse saber tinha se descoberto nas ciências de seu tempo. Portanto, não há nenhuma apreensão *a priori* de categorias.

Precisamos tomar um outro caminho, um procedimento retroativamente conclusivo que parta de toda a amplitude da experiência reunida nas ciências e em outros lugares e que extraia dessa amplitude de maneira analítica as categorias do ente. Esse procedimento chama-se análise categorial. Alguns erros fundamentais em relação ao conceito de realidade precisam ser aí evitados desde o princípio. De início, não se deve confundir realidade com materialidade. Destinos humanos, acontecimentos históricos e muitas outras coisas não são materiais, mas são extremamente reais e possuem inclusive o mais forte peso de realidade na vida. Em segundo lugar, não se pode equiparar realidade com o ser rígido e imóvel. Ao contrário, todo real está em fluxo. Por isso, determinar o ente significa precisamente determinar o modo de ser do devir. Em terceiro lugar, é preciso ter bem claro que em toda doutrina das categoriais há uma intromissão do irracional. Mesmo um princípio tão bem conhecido como o princípio de causalidade não é cognoscível exaustivamente em sua essência mais íntima. Por fim, não se pode confundir as categorias com os construtos e sua multiplicidade. Coisa material, planta, animal, homem, sociedade formam certamente uma ordem hierárquica ascendente do ente, mas em cada um desses contrutos já se introduzem níveis diversos de ser, que precisam ser inicialmente extraídos.

O modo como o "realismo crítico" de Hartmann se dispõe a conhecer o mundo que realmente é diferencia-se das formas de procedimento de quase todas as ontologias em dois pontos: por um lado, o mundo real não é para Hartmann totalmente incognoscível nem totalmente cognoscível; ele é muito mais conceitualmente cognoscível até um determinado limite, que é preciso reconhecer (que talvez seja preciso até mesmo transpor mais para além em direção ao cerne do desconhecido). Por outro lado, Hartmann procura evitar o erro que a filosofia frequentemente cometeu, ao por assim dizer transferir sem perceber para outros âmbitos princípios que foram reconhecidos em um determinado âmbito ontológico como válidos.

O ponto de partida epistemológico de um realismo crítico também se encontra em dois outros pensadores de nosso século que, por isso, são aqui mencionados: em Erich *Becher* (1882-1929) e Aloys *Wenzl* (1887-1967).

A estrutura do mundo real

Quatro camadas principais atravessam toda a esfera do ser no mundo real. As duas camadas mais baixas, a camada das coisas e dos processos físicos, por um lado, e, por outro lado, a camada do vivente, formam juntas o âmbito do mundo espacial externo. Acima dele acha-se um reino da não espacialidade. Esse reino é, por sua vez, dividido em duas camadas, a camada dos fenômenos anímicos e a camada do espírito.

É importante determinar agora de maneira mais próxima essas camadas: de início as suas categorias peculiares e, então, a sua relação mútua. Categorias, das quais se destaca o fato de terem em comum todas as camadas, mas não se esgotarem em nenhuma delas, ou seja, o fato de precisarem ser pensadas como residindo sob a camada real do elemento material, chamam-se categorias fundamentais.

Em uma tal análise é necessário proceder de maneira crítica e cuidadosa. Não se pode transportar as categorias de uma camada inopinadamente para outras. Aquilo que se reconhece como correto na mais baixa das categorias (a categoria da matéria) não é suficiente para apreender a vida e o espírito. Esse é o erro do materialismo. As categorias do espírito não são apropriadas para apreender as camadas inferiores. Esse foi o erro de Hegel. Mesmo as categorias intermediárias, tal como a categoria do vivente, não admitem nenhuma transferência arbitrária de suas categorias para outras camadas. Na verdade, violar desse modo os limites torna fácil explicar o mundo, mas não fornece nenhuma imagem do mundo real.

Naturalmente pode haver uma sobreposição de categorias a outras camadas. No entanto, a unidade do mundo – que aliás não pode ser pressuposta de antemão – não precisa residir na unidade de um princípio; ela também poderia consistir na unidade de uma estrutura e em uma ordem contínua.

Tudo isso são apenas explicitações preparatórias. A análise das categorias é toda uma ciência em si e não pode ser apresentada no âmbito de uma breve síntese. Alguns dos resultados mais importantes são:

Há categorias fundamentais. Elas atravessam todas as camadas do que existe. Delas depende a coesão das camadas do ser entre si. Com elas, algo do caráter de unidade do mundo se torna apreensível. Tais categorias são: unidade e multiplicidade, concordância e conflito, oposição e dimensão, elemento e estrutura, forma e matéria, determinação e dependência (condicionamento), e outras. Cada uma dessas categorias fundamentais varia de camada para camada. A determinação, por exemplo, possui a forma de relação causal no âmbito da matéria. A determinação no elemento orgânico é de outro tipo. Ela se expressa na adequação a finalidades das funções parciais entre si, na autorregulação do todo, na autorreconstituição (regeneração) do indivíduo, cujo transcurso é dirigido por um sistema disposicional. A forma de determinação de atos anímicos ainda é amplamente desconhecida. No apogeu do ser espiritual encontramos a forma de determinação finalista, que abarca todo o reino do fazer consciente, inclusive o querer e o agir éticos. Determinação por meio de valores é outra forma no âmbito do espiritual. Por outro lado, há em cada camada de ser um fator de autonomia, um "*novum* categorial", que constitui o caráter próprio da camada.

A investigação exata da relação entre as categorias fundamentais e a particularidade das camadas singulares levou Hartmann às seguintes cinco "leis de estratificação"[5].

> 1) Em toda sobreposição de camadas de ser sempre há tais categorias da camada inferior que retornam na superior; nunca, porém, há categorias da camada superior que retornam na inferior. A sobreveniência de categorias [...]. só acontece para cima, não para baixo.
>
> 2) O retorno das categorias é sempre um retorno restrito. Ele não vale para todas as categorias da camada inferior e também não se estende simplesmente para todas as camadas superiores. Há também uma interrupção do retorno em uma altura determinada das camadas.
>
> 3) Na sobreveniência em camadas mais elevadas alteram-se as categorias que retornam. Elas são conformadas pelo caráter da camada superior...
>
> 4) O retorno de categorias inferiores nunca constitui o modo de ser próprio da camada mais elevada. Este se baseia na adição de um *novum* categorial que... consiste na emergência de categorias de um novo tipo...
>
> 5) A série ascendente das formas ontológicas não constitui nenhum contínuo (não possui nenhuma constância). Na medida em que, em determinados cortes da série, o *novum* categorial se inicia ao mesmo tempo em muitas categorias, as camadas de ser se destacam nitidamente umas das outras..."

De maneira similar, Hartmann apresenta uma série de leis de "dependência (condicionamento) entre as camadas particulares. Por fim, há leis que dizem respeito à conexão entre as categorias de uma e mesma camada. Toda uma série de preconceitos da antiga metafísica é alijada com a análise de tais camadas. Por exemplo, a disputa dos extremos, saber se o mundo seria determinado pela matéria ou pelo espírito, já é falsa no modo de sua colocação. A estrutura em camadas dos entes não se adequa a uma tal oposição universalizante.

Em análises particulares penetrantes que tornam possível reconhecer um olhar instruído na fenomenologia, Hartmann diferenciou as leis de estratificação em função dos diversos âmbitos do ser: em sua filosofia da natureza em função do ser inorgânico e da vida orgânica, em

---

5. HARTMANN, N. Neue Wege der Ontologie (*Novos caminhos da ontologia*). In: HARTMANN, N. (org.). *Systematische Philosophie* (*Filosofia sistemática*), 1942, p. 257.

sua filosofia do espírito em função dos reinos do espírito subjetivo (pessoal) e do espírito objetivo, tal como ele se manifesta na língua, nos hábitos, no direito. Apesar dessa distinção que lembra Hegel, Hartmann chega no resultado a respostas que divergem da doutrina de Hegel, e inclusive a contradizem – e isso já pelo fato de, em sua doutrina das camadas, o espírito ser ante o elemento material o onticamente secundário, e, com isso, também o mais fraco e menos duradouro. No conjunto, nas leis da estratificação, da dependência, da interdependência ou da indiferença das camadas de ser, leis conquistadas por meio de análises categoriais, vem à tona para Hartmann o caráter uno do mundo; certamente, o mundo não tem para Hartmann a sua unidade em um princípio uno (no sentido de um "monismo", como quer que ele seja constituído), mas muito mais como uma estrutura ordenada, que também é passível de ser reconhecida por nós homens no interior dos limites traçados para o nosso conhecimento ("limites de objeção"). O que não faz sentido, em contrapartida, segundo Hartmann, é ainda buscar por trás dessa unidade ordenada parcialmente apreensível, um "fundamento último do mundo" no sentido de um princípio maximamente último ou de um Deus pessoal.

O homem: determinação e liberdade

O antigo esquema do pensamento marcado por oposições acentuadas também se tornou caduco para a consideração do homem. O homem unifica em si toda a composição estrutural das camadas. Sua essência só pode ser apreendida, se reconhecemos isso e se reconhecemos além disso que essa mesma composição estrutural das camadas também existe fora do homem na estrutura do mundo real. Não se pode compreender o homem sem compreender o mundo, assim como não se pode compreender o mundo sem compreender o homem.

O problema da liberdade também recebe um realce totalmente diverso à luz da análise das camadas. Em cada camada, determinação e liberdade significam precisamente algo diverso. Todas as antigas tentativas de solução desse problema partiam da falsa alternativa entre determinismo ou indeterminismo. No entanto, o determinismo não podia ser unido à liberdade e o indeterminismo não podia ser unido ao aparato legal da natureza. Assim, sempre se caía em contradições insolúveis. Kant deu o passo genial de tomar a liberdade sem indeterminismo. Kant via a possibilidade de unificar determinismo e liberdade no fato de ainda assumir acima e para além do mundo causal um outro mundo da liberdade. Com base na doutrina das camadas, essa posição inicial kantiana pode conquistar a forma de uma normatividade rigorosa.

Determinação causal é completamente compatível com a liberdade no nível categorial mais elevado. Uma reflexão simples mostra que justamente a relação causal é "passível de ser conformada" por uma ordem mais elevada. Processos causais são indiferentes em relação ao resultado. Eles são por assim dizer cegos. Cada novo componente que se acrescenta pode alterar a direção do transcurso. A conexão causal inviolável da natureza é até mesmo a condição para que o homem possa efetivamente intervir nela. Pois logo que o homem descobre esse caráter de lei e se adequa a esse caráter, ele passa a poder dirigir o processo. Se o mundo das coisas não fosse determinado de maneira causal, o homem não poderia realizar nenhum propósito seu, porque ele não poderia nem mesmo escolher os meios que seriam aptos para realizar seus fins (por um caminho causal!).

Mesmo correndo o risco de apresentar incessantemente a mesma referência e de cansar assim o leitor, gostaríamos de expressar uma vez mais o fato de que com o que se encontra aqui presente só temos um recorte do mundo de pensamentos de Hartmann.

Avaliação

Em um ensaio para a academia intitulado *O pensamento filosófico e sua história* (1936), Hartmann apontou para o fato de a história da filosofia em seu manuseio até aqui ter fornecido preponderantemente uma história das imagens de mundo filosóficas, dos grandes projetos sistemáticos, mas não uma história dos principais problemas filosóficos e do resultado permanente que cresce de maneira lenta junto ao trabalho nesses problemas. Para Hartmann, os sistemas, as construções, as opiniões doutrinárias não representam de maneira alguma o elemento permanente e propriamente importante no desenvolvimento da filosofia, mas antes descreve os seus equívocos, os seus tropeços e, com frequência, as violentações da realidade que são cometidas a partir do interesse da consequência do sistema, em suma, o questionável ou – para usar uma expressão de Kant – um "tatear em volta que carece do curso seguro de uma ciência". Quem trabalha a história da filosofia dessa maneira como história do sistema entrega, segundo Hartmann, "muita terra e pouco ouro". Ouro – isso significa aqui: um produto mais duradouro que veio se acumulando através de séculos – só pode ser conquistado por meio de uma análise rigorosa, sóbria dos problemas materiais.

Em sintonia com esse seu conhecimento, o próprio Hartmann não é nenhum "pensador sistemático". De maneira correspondente, quem quiser confrontar-se com ele também não pode simplesmente aceitá-lo ou recusá-lo: ele precisa confrontar-se muito mais com as respostas que Hartmann deu às inúmeras questões materiais particulares abordadas por ele. É certamente notável que precisamente para esse pensador, que nos diz constantemente que precisaríamos partir dos estados de coisas singulares e "de toda a amplitude dos problemas", e que também agiu segundo essa exigência – é certamente notável que seja ao mesmo tempo próprio precisamente dele um impulso para a visão de conjunto, poder-se-ia quase dizer, para uma "atmosfera conjunta cósmica"[6], pois Hartmann trabalhou todo o âmbito do mundo experienciável e, com isso, também todos os ramos da filosofia. É compreensível que na era da extrema especialização científica mesmo um gênio como Hartmann não possa estar igualmente ao corrente de todos os ramos da ciência. Hartmann estava entre outras áreas particularmente nas ciências biológicas à altura do conhecimento alcançado em seu tempo.

---

6. Essa expressão é utilizada por Wolfgang Stegmüller para a caracterização de Hartmann em sua obra *Hauptströmungen der Gegenwartsphilosophie* (*Principais correntes da filosofia do presente*). Vol. I, 6. ed., 1976, p. 243.

A filosofia de Hartmann quase não "fez escola": quase não há pensadores que podemos considerar como seus alunos imediatos e como seus continuadores. O rápido desaparecimento de sua influência não pode ser reconduzido à contradição frontal ou à "refutação". Com o fim da Segunda Grande Guerra, o "espírito do tempo" se desviou muito mais dele e se voltou para as outras correntes, antes de tudo para o existencialismo. Mas Hartmann não se encontra sozinho. Ele pode ser visto no contexto de um movimento maior, que é designado frequentemente como "nova metafísica". Também podemos inserir nessa metafísica outros pensadores, cuja atuação se encontra em termos temporais antes da de Hartmann.

2. Nova metafísica

São comuns aos pensadores que podem ser associados a esta linha – ao lado de Hartmann – alguns traços essenciais, caracterizados como se segue[7]:

1) O conceito de metafísica não pode ser compreendido como se fosse uma busca para alcançar um acesso ao âmbito "para além da física", da natureza, da experiência, por meio do fato de se voltar as costas para a experiência e se entregar à especulação no vácuo. Muito ao contrário. Com certeza, ela quer ser realmente metafísica e ir além dos dados da ciência natural. No entanto, esses metafísicos atuais são empiristas. Eles partem todos da *experiência* e recusam um conhecimento apriorista. Certamente, em contraposição ao neopositivismo, eles não reduzem a experiência à experiência exterior, sensível. Além dela, eles conhecem a experiência *intelectual*.

2) Apesar das diferenças particulares, o seu método não é intuitivo como o método da filosofia da vida e da fenomenologia, mas *racional*, consonante com o entendimento.

3) Essa metafísica dirige a sua aspiração para a apreensão do ente em geral. O peso não reside nos meros fenômenos, a partir de uma abstração de tudo o que pode residir por detrás deles (como no neopositivismo); não reside sobre o devir, o fluxo apenas vivenciável da vida (como na filosofia da vida); não sobre a essência, as essencialidades (como na fenomenologia). Ela é ontologia, *filosofia do ser*. Na medida em que aspira a apreender imediatamente esse ser, ela se encontra na direção conjunta de um grande movimento realista no pensamento, um movimento que se encaminha para o concreto.

4) A metafísica desse século possui um traço sintético que a tudo abarca, um traço *universal*. Isso é válido em um duplo sentido: por um lado, ele é válido historicamente com vistas aos pensadores e aos pensamentos que exercem uma influência e são introduzidos a partir da filosofia até aqui. Recorre-se aos gregos, à escolástica, à metafísica pré-kantiana e à filosofia mais recente. Mesmo o criticismo não é simplesmente contornado como uma pedra desconfortável, que se acha no caminho de uma revivificação da metafísica. Esses metafísicos atravessaram esse criticismo e vão agora certamente além dele.

---

7. Cf. BOCHENSKI, J.M. Op. cit., p. 202s.

Além disso, a metafísica moderna é universal pelo fato de buscar abarcar o todo do ser e seus princípios derradeiros. Nenhum relato, nenhum estágio do real é deixado de fora ou superacentuado. Busca-se evitar as absolutizações unilaterais de épocas anteriores.

Três homens devem ser honrados de maneira um pouco mais detalhada: um alemão, um australiano e um inglês.

Quis o acaso que o alemão fosse um homônimo de Nicolai Hartmann: Eduard von Hartmann (1842-1906). Ele deve a fama póstuma duradoura em primeira linha à sua "obra de juventude": *Philosophie des Unbewussten* (*Filosofia do inconsciente* – pela primeira vez publicada em 1868, e, em seguida, em inúmeras edições, nas quais o todo acabou por alcançar 3 volumes). No ponto central encontra-se o conceito de inconsciente, que já aparece em Schelling. Para Hartmann, o inconsciente é o derradeiro fundamento ontológico, o "terceiro elemento idêntico entre matéria e consciência"; ele é fundamento, fonte e unidade açambarcadora da essência do mundo.

Hartmann persegue a atuação do inconsciente na matéria, no reino vegetal e animal, na corporeidade vital do homem, em seu pensamento, amor, sentimento, criação artística, na linguagem e na história.

Hartmann designou sua obra como "síntese de Hegel e Schopenhauer, com preponderância decidida do primeiro"; o espírito do mundo hegeliano e a vontade schopenhaueriana estão contidas em seu inconsciente. No tempo de Hartmann, o conceito era extremamente corrente entre aqueles que tinham lido Schelling. Hoje qualquer um sabe que Sigmund *Freud* e seus sucessores no reino do inconsciente descortinaram todo um continente cheio de maravilhas. Hartmann pode ser considerado o predecessor desse desenvolvimento.

Com certeza, os poetas, os grandes conhecedores da alma humana, já tinham vivido sempre nesse reino e criado a partir dele; eles já tinham reconhecido isso. Assim, Jean *Paul* (Johann Paul Friedrich *Richter*, 1763-1825), por exemplo, diz: "Nós medimos muito pouco ou muito estreitamente as riquezas territoriais do eu, quando deixamos de lado o reino descomunal do inconsciente, essa África interior verdadeira em todos os sentidos. Apenas alguns cumes iluminados das montanhas giram a cada segundo diante do espírito a partir das amplas e cheias esferas do mundo da memória. Todo o resto do mundo permanece em sombras".

Depois dessa obra de juventude e em meio a um trabalho de pensamento que durou décadas, Hartmann ocupou-se tanto histórica quanto sistematicamente com quase todas as áreas particulares da filosofia: Teoria do Conhecimento, filosofia da religião, ética, estética, filosofia da natureza, psicologia, filosofia da linguagem – e publicou uma série de escritos, dentre eles também escritos populares. Ele sempre acentuou uma vez mais que não se poderia ver na *Filosofia do inconsciente* a única pedra fundamental de seu sistema; para reconhecer e julgar esse sistema precisar-se-ia conhecer a obra toda.

Enquanto viveu, nenhum de seus pensamentos encontrou nem mesmo aproximadamente um eco tão intenso quanto a sua obra inaugural. Foi somente depois de sua morte que a folha começou a ser virada. Nos últimos tempos, Hartmann foi honrado menos como metafísico e mais como teórico do conhecimento. Suas respectivas obras *Kritische Grundlegung des transzendentalen Realismus* (*Fundamentação crítica do realismo transcendental*), *Das Grundproblem der Erkenntnistheorie* (*O problema fundamental da Teoria do Conhecimento*), *Kategorienlehre* (*Doutrina das categorias*) lançaram as bases para o *realismo crítico*, que ganhou terreno no século XX, em particular entre os cientistas naturais, mas não apenas entre eles. O realismo crítico encontra-se de certa forma no ponto intermediário entre o realismo ingênuo, que acolhe o dado meramente como a realidade pura e simples, e o idealismo transcendental de Kant. O realismo crítico é "crítico" em contraposição ao realismo ingênuo, na medida em que ele se conscientiza de que aquilo que nos é dado inicialmente como sensação só é algo em nossa consciência e ainda não é a "realidade"; e uma tal conscientização se dá, uma vez que ele (como Kant) estabelece claramente uma distinção entre o mundo como fenômeno e o mundo em si. No entanto, ele é realismo, em contraposição ao idealismo kantiano, na medida em que não considera o mundo exterior que é em si como pura e simplesmente incognoscível. Desse modo, deve-se a Eduard von Hartmann um lugar de honra na esfera de seu homônimo.

Samuel *Alexander* (1859-1938) nasceu na Austrália, viveu e ensinou na Inglaterra. Sua obra central publicada em 1920 possui o título *Raum, Zeit und Gottheit* (Espaço, tempo e divindade). Alexander trabalhou em sua filosofia uma série de influências intelectuais totalmente diversas. Nós só queremos destacar duas dentre as ideias de Alexander que se lançam para além dos traços gerais que acabamos de apresentar.

Espaço-tempo – O elemento fundamental do mundo é espaço-tempo. Esse é também o conceito fundamental da metafísica de Alexander. Espaço e tempo formam um todo uno. Cada um deles tomado por si é uma abstração. A realidade compõe-se a partir de pontos-espaço-tempo. Espaço-tempo é também a matéria-prima, a partir da qual todo o resto é formado. Como se vê, essa concepção está em uma ligação estreita com a Teoria da Relatividade, que compreende conjuntamente o espaço e o tempo como um "contínuo quadridimensional", articulando a matéria e a gravitação com a "curvatura" do espaço. Todavia, Alexander chegou à sua concepção independentemente da física. Isso mostra uma vez mais que a Teoria da Relatividade não emergiu imediatamente da cabeça de seus fundadores, mas se encontrava sob o domínio do desenvolvimento científico e filosófico.

Os níveis do ente – Mencionamos essa teoria de Alexander porque ela, apesar de divergências na denominação e na configuração material, retorna no todo de uma forma muito similar no alemão Nicolai Hartmann e é efetivamente característica da metafísica atual.

Há quatro estágios diversos do real. Há "categorias" que se ligam a todos os níveis. A essas categorias pertence, por exemplo, segundo Alexander, a espacialidade. Há "qualidades" que são sempre próprias a um nível ou a muitos. As qualidades dos níveis mais baixos também são reencontradas nos mais elevados. Mas não o inverso: os níveis mais elevados do ser apresentam qualidades que não são previsíveis em face das qualidades precedentes, qualidades que são novas. Com certeza, as transições são fluidas, contínuas. Não sabemos como se realiza a "emergência" (*emergence*) dos níveis mais elevados em seguida aos inferiores.

Alfred North *Whitehead* (1861-1947) foi até o seu 63º aniversário professor de matemática. Junto com Russel, que foi primeiro seu aluno, ele publicou os famosos *Principia mathematica*, em três volumes. Para a filosofia que ele criou já mais velho, essa preparação teve um grande valor. "Sua obra é a elaboração filosófica mais completa que possuímos dos resultados das ciências naturais"[8]. Para a sua metafísica, duas obras são fundamentais: *Ciência e mundo moderno* (*Science and the modern world*, 1925), com visões cativantes da história da ciência natural, e *Processo e realidade* (*Process and Reality*, 1929). Os dois livros surgiram na última parte da vida de Whitehead, quando ele (a partir de 1924) lecionava em Harvard, desde então, filosofia. O primeiro livro citado é essencialmente mais fácil do que o segundo[9].

3. Neoescolástica e neotomismo

Na segunda metade do século XIX, a teoria cristã da fé viu-se cada vez mais ameaçada pelas assim chamadas ciências positivas que se desenvolveram rapidamente, em particular pela ciência da natureza – dito mais exatamente, menos pelos resultados da ciência natural enquanto tal e muito mais por uma filosofia que partia desses resultados e se mostrava hostil e estranha à doutrina da Igreja. No interior da Igreja, os assim chamados modernistas procuraram empreender uma mediação entre doutrina da Igreja e filosofia; amplas esferas, contudo, recusaram tais aspirações a partir do temor de que os fundamentos da fé pudessem ser aí confundidos ou trivializados.

A direção da Igreja reagiu de duas maneiras. Por um lado, ela rejeitou bruscamente os modernistas; em 1910, o Papa Pio X determinou que todos os clérigos teriam de fazer o assim chamado juramento antimodernista antes de receber as ordens maiores, um juramento cuja fórmula intensificava uma série de doutrinas fundamentais da Igreja e recusava opiniões doutrinárias antagônicas. Por outro lado, a cúpula da Igreja convocou as forças eclesiásticas do catolicismo a erigir de maneira nova a filosofia cristã sobre as bases do pensamento medieval, da escolástica e, em particular, da obra de Santo Tomás de Aquino. Um marco desse desdobramento é a encíclica *Aeterni Patris*, do Papa Leão XIII, de 1879.

Primeiramente na Itália e logo em seguida em outros países do mundo católico, as pessoas seguiram esse chamado. Decidiu-se editar novamente as obras de Santo Tomás, fundou-se a Academia Santo Tomás de Aquino, em Roma, e em outros lugares formaram-se centros de estudos, as forças eclesiásticas das ordens dirigiram-se para essa meta, por toda parte despertou um novo interesse pela filosofia cristã tradicional.

Nesse caso, o interesse histórico e o interesse sistemático se frutificaram mutuamente em um movimento circular constante. No começo encontrava-se a dedicação aos conteúdos ma-

---

8. Ibid., p. 217.

9. A coletânea *The philosophy of Alfred North Witehead* (1941) oferece uma bibliografia completa. Essa coletânea foi publicada na série organizada por SCHILPP, P.A. *The library of living philosophers*.

teriais da filosofia cristã medieval. No entanto, para poder lançar mão dessa filosofia de maneira correta, era preciso buscá-la em suas fontes, ou seja, estudá-la em toda a extensão e profundidade de seu desdobramento histórico. A partir da pesquisa histórica minuciosa surgiram uma vez mais novos impulsos para o filosofar objetivo e sistemático.

Dentre os homens que realizaram esse trabalho, alguns se inscrevem mais na pesquisa histórica; outros trabalharam sistematicamente. Dentre os primeiros estão o jesuíta alemão Franz *Ehrle* (1845-1934), Clemens *Baeumker* (1853-1924), Martin *Grabmann* (1875-1949), um dos líderes da pesquisa sobre a obra de Santo Tomás, e o francês Étienne *Gilson* (1884-1978). Ao grupo dos pensadores sistemáticos pertencem Konstantin *Gutberlet* (1837-1928), Joseph *Mausbach* (1861-1931), o dominicano francês Réginald Marie *Garrigou-Lagrange* (1877-1964), o jesuíta alemão Erich *Przywara* (1889-1972). O mais conhecido dentre eles é seguramente o francês Jacques *Maritain* (1882-1973), que se converteu ao catolicismo aos 24 anos e, então, se tornou um dos defensores mais influentes do neotomismo.

Denomina-se neotomismo a orientação no interior do movimento eclesiástico que se associa principalmente com Santo Tomás de Aquino. Assim como Santo Tomás é o mais significativo dentre os filósofos da Idade Média cristã, o neotomismo é a orientação mais ampla e mais difundida dentre as orientações da moderna filosofia católica. Por isso, as designações "neotomismo" e "neoescolástica" são às vezes tratadas como sinônimas. No entanto, elas não são idênticas. Também há pensadores que, ao invés de se ligarem a Santo Tomás, se articulam mais com Santo Agostinho, há outros que partem de Duns Escoto ou do "neoescolástico" Suárez. Portanto, neoescolástica é o conceito mais amplo.

No interior do tomismo, também há por sua vez correntes diversas. No todo, contudo, a escola mostra uma coesão notável. Tal como não é incomum nos movimentos do espírito que preservam uma antiga tradição, o trabalho dos pensadores tomistas, além de monografias e coletâneas, foram assentados em comentários. O grande comentário à obra de Santo Tomás, em latim e francês, engloba várias dúzias de volumes. A escola possui centros em Paris, Louvain, Friburgo na Suíça, Milão, na Alemanha e também nos países anglo-saxões.

Na Teoria do Conhecimento, essa escola teve de se confrontar antes de tudo com os pensamentos de Kant e com opiniões doutrinárias idealistas. Em geral, ela tende nesse campo a um realismo crítico.

No ponto central encontra-se a metafísica como doutrina do ente. Os seus conceitos centrais são "potência" e "ato" – possibilidade e realidade, como se pode dizer de maneira aproximada. Encontra-se aí a distinção aristotélica entre matéria e forma. Encontra-se aí – algo com o que já travamos conhecimento a partir de outros metafísicos – a doutrina da estrutura gradual do ser a partir de camadas sobrepostas umas às outras que se interpenetram mutuamente. Dentre essas camadas, a mais elevada é formada pelo espírito – o espírito, imaterial e não vinculado à ordem das coisas no espaço e no tempo.

A partir dessa caracterização totalmente genérica ainda podemos dizer que, assim como a filosofia de Whitehead e de Nicolai Hartmann, o novo tomismo é uma filosofia do *ser*. Isso pode justificar inseri-lo nessa seção.

IV. Fenomenologia

1. Surgimento

Grande parte da filosofia do século XX, tal como a filosofia da vida e o pragmatismo, envolve uma recusa a Kant. O mesmo se dá com a fenomenologia, cujo tempo de florescimento durou mais ou menos a primeira metade do século XX. A recusa a Kant também se mostra no fato de se recorrer a pensadores pré-kantianos – os escolásticos, Spinoza e Leibniz. Husserl, o fundador da fenomenologia, não permaneceu completamente sem ser influenciado pelo neo-kantismo, mas teve em Franz *Brentano* (1838-1917) um mestre que lhe apontou direções. Brentano tinha sido de início um padre católico que, depois da saída da Igreja, permaneceu de qualquer modo estreitamente ligado à escolástica e ao mestre da escolástica, Aristóteles. Por meio do trabalho de vários pensadores que se articulam com ele, Brentano se tornou posteriormente um dos filósofos mais influentes do século XIX. Não é apenas Husserl, cuja fenomenologia é considerada como o solo materno do existencialimo, que parte dele; mesmo a "teoria do objeto" de Alexius *Meinong* (1853-1921), uma teoria que possui relações de parentesco com a fenomenologia, tem o seu ponto de partida nele.

Um segundo pensador, cuja atuação se encontra em um tempo ainda mais antigo do que o de Brentano, a saber, Bernhard *Bolzano* (1781-1848), filósofo e matemático, igualmente um adversário de Kant, também foi trazido à luz por Husserl. Nele encontra-se uma ideia fundamental, da qual Husserl se declarou enfaticamente partidário: a independência da lógica em relação à psicologia. As leis da lógica não são idênticas aos processos na consciência pensante. Elas são muito mais verdades atemporais e não espaciais, princípios em si. A fenomenologia dirige o seu olhar para essas essencialidades ideais. Ela é uma *filosofia da essência*.

2. Edmund Husserl

Husserl está entre os filósofos mais influentes do século XX. Ele nasceu em 1859 em Prossnitz (Mähren), lecionou em Halle, Göttingen, e, então, de 1916 até sua aposentadoria, em 1928, em Freiburg/Breisgau. Na velhice, por causa de sua ascendência judaica, ele foi perfidamente hostilizado. O fato de, sob a influência de seu mentor Thomas G. *Masaryk*, ter se convertido quando jovem ao protestantismo não alterou em nada essa perseguição. Sua morte em 1938 o preservou da última consequência da perseguição. Husserl teve uma formação como matemático, trabalhou como assistente do célebre K.Th. *Weierstrass*. Em face do aparecimento de seu primeiro livro, *Philosophie der Arithmetik* (*Filosofia da aritmética*, 1891), Gottlob Frege, como recensor, partiu rigorosamente para o ataque. Ele o acusou de "psicologismo", ou seja, de apagar os limites entre lógica e matemática de um lado, e psicologia de outro.

A primeira obra capital de Husserl, as *Investigações lógicas*, apareceu exatamente na virada do século (2 volumes, 1900/1901) e é frequentemente citada ao lado dos trabalhos de Planck, Einstein e Freud como um marco. Uma ideia central de Husserl é aqui claramente trabalhada: justamente a rejeição ao psicologismo na lógica. Wilhelm Dilthey designou a obra como o "primeiro grande progresso da filosofia desde Kant".

Denomino inicialmente as outras obras importantes. A partir de 1913, Husserl passou a organizar o *Jahrbuch für Philosophie und phänomenologische Forschung* (*Livro do ano para filosofia e pesquisa fenomenológica*) e como primeira contribuição apareceu aí o seu *Ideias para uma fenomenologia pura e uma filosofia fenomenológica*. A obra pode ser considerada como obra fundamental de toda a escola. Considerando-se com precisão somente a primeira parte, *Introdução geral à fenomenologia*, foi tratada por ele pessoalmente a primeira de uma obra dividida em três partes. A segunda e a terceira partes, organizadas por uma assistente a partir dos manuscritos de Husserl, só surgiram postumamente. Em 1929 foi lançado *Formale und transzendentale Logik – Versuch einer Kritik der logischen Vernunft* (*Lógica formal e transcendental – Tentativa de uma crítica da razão lógica*).

Nesse momento, a Era Hitler lança suas sombras. A próxima obra de Husserl, *A crise das ciências europeias e a fenomenologia transcendental*, só pôde ser publicada em Belgrado com mais ou menos dois terços do todo em uma revista para emigrantes (o resto só foi editado postumamente).

Entre as duas obras que citamos acima, Husserl redigiu as *Méditations cartésiennes* (*Meditações cartesianas*). Como o título indica, elas apareceram primeiro em uma tradução francesa (1931) e postumamente em uma versão alemã de 1950. O destino desse livro não teve nada em comum com a perseguição política. Ao contrário, as conferências de Husserl, dadas em 1929 em Paris, por desejo dos franceses, foram publicadas inicialmente nessa língua (um dos dois tradutores do alemão para o francês foi o estimado filósofo Emmanuel *Lévinas*), enquanto a versão alemã foi retida porque Husserl estava se ocupando exatamente nesse momento com a obra de Martin Heidegger (que tinha assumido a cátedra de Husserl em Freiburg). As obras citadas não formam nenhum "sistema" fechado. Contra um tal sistema se encontra antes de tudo a postura fundamental de Husserl em relação ao seu trabalho filosófico, um trabalho que significava para ele a mais extrema vocação. Ele aspirava a uma fundamentação do conhecimento científico, que repousasse sobre bases totalmente rigorosas e "derradeiramente esclarecidas" (uma expressão de Husserl). Sua probidade intelectual incondicionada o levou a se corrigir repetidas vezes e a iniciar novamente (ele denominou-se certa vez um "eterno iniciante"). O pensamento de Husserl experimentou mudanças e isso só se mostrou em plena abrangência desde que começou a ser editada em Louvain uma obra completa de seus escritos (a partir de 1950) sob o título *Husserliana*. A obra completa é um monumento da filosofia do século XX; e isso não apenas por conta das mudanças de Husserl, mas antes de tudo por causa da exatidão e do rigor inexcedíveis, aos quais Husserl aspirou durante toda a sua vida. Ele legou 45 mil páginas estenografadas de manuscrito.

O que é fenomenologia? A palavra é derivada do verbo grego *phainesthai* (mostrar-se, vir à luz). Portanto, o particípio *phainomenon* significa "aquilo que se mostra, aquilo que aparece" e é há muito usado na filosofia como um equivalente "daquilo que aparece (aos sentidos, ao conhecimento)".

É nesse sentido que Kant contrapõe o que aparece à coisa em si (em grego *noumenon*). (Na linguagem corrente, além disso, "fenômeno" significa "aparição que chama a atenção, aparição incomum"). O termo "fenomenologia" foi empregado entre outros por Herder e, particularmente, por Hegel.

Husserl esclarece na introdução ao seu livro *Ideias* (1913) que ele não fundamentará a fenomenologia "como ciência dos fatos, mas como ciência da essência". Para conhecer a essência necessita-se de uma postura particular. É preciso "colocar fora de ação" a postura natural do conhecimento: é preciso "suspender" todo o mundo natural, que está "presente para nós". O termo "epoché" designa esse passo, que se abstrai do mundo real existente e conduz para a "consciência pura".

Como leitor, esperava-se que Husserl demonstrasse em sua obra imponente (em três volumes) a partir de exemplos, como se aplica esse método e a que resultados ele conduz. No entanto, quase não se encontram exemplos convincentes no próprio Husserl, mas apenas em seus alunos como Scheler (cf. a seção seguinte). Eles levaram a sério o chamado para a luta ("às coisas mesmas"); com certeza, eles abandonaram a cunhagem husserliana particular do método, uma cunhagem denominada por ele "transcendental". "Fenomenologia" não significa nesse caso senão um modo de pensamento rigorosamente material, livre de preconceitos e metodicamente exato.

3. Max Scheler

Entre aqueles sobre os quais o pensamento de Husserl exerceu uma influência permanente destaca-se Max Scheler, que nasceu em 1874 em Munique. Scheler escreveu a sua habilitação à docência sob orientação de Rudolf *Eucken* (1846-1926), que desfrutava de uma grande estima por volta da Primeira Guerra Mundial e que obteve em 1908 o Prêmio Nobel de Literatura – ao lado de Henri Bergson (1927), ele foi o único filósofo a receber a distinção desse prêmio. (Jean-Paul Sartre recebeu a indicação ao prêmio em 1964, mas não o aceitou) Scheler lecionou em Jena, Munique e Colônia. Por fim, ele foi chamado para Frankfurt junto ao Meno, mas morreu em 1928, antes de poder assumir a sua atividade por lá – uma das perdas mais duras sofridas pela filosofia alemã, abtraindo-se da expulsão e da perseguição aos eruditos judeus (Scheler também teve mãe judia).

Obras importantes de Scheler surgiram em Berlim, onde ele viveu por algum tempo como livre-escritor, em particular *Der Formalismus in der Ethik und die materiale Wertethik* (*O formalismo na ética e a ética material dos valores*, 1913-1916). No começo da Primeira Guerra Mundial, ele se revelou um nacionalista entusiasmado e também assumiu temporariamente tarefas diplomáticas em Genebra. O terrível derramamento de sangue nos últimos anos de guerra transformaram-no em um opositor da guerra e fizeram com que ele se convertesse do protestantismo para o catolicismo. Uma expressão dessa transformação interior é o seu livro *Do eterno no homem* (1921). Em seu período em Colônia, ele se voltou para a sociologia e escreveu entre outras coisas *Die Wissenschaftsformen und die Gesellschaft* (*As formas científicas e a sociedade*). Em seus últimos anos de vida, ele se afastou da fé cristã, aproximou-se do panteísmo e ocupou-se com problemas ligados às ciências naturais. Isso é atestado por seu pequeno, mas significativo escrito *A posição do homem no cosmo* (1928), no qual me deterei no próximo capítulo.

O multitalentoso Scheler sentia-se espiritualmente aparentado com Nietzsche, Bergson e Dilthey; e no que concerne ao método de trabalho, ele se declarou partidário da fenomenologia husserliana. Por meio de Scheler, a fenomenologia também se tornou conhecida e aceita fora da Alemanha, por exemplo, na Espanha por meio de José *Ortega y Gasset* (1883-1955), que contribui muito para que poetas e pensadores alemães (Goethe, Nietzsche, Dilthey) se tornassem conhecidos na Espanha e na América do Sul (para onde ele emigrou por uma década).

As contribuições de Scheler para a ética, contribuições que possuem um valor permanente, mostram claramente como ele não aplicou o método fenomenológico da "visão da essência" apenas ao conhecimento (como Husserl), mas também à ética: ao reino dos valores. Os valores (Lotze tinha introduzido esse conceito na filosofia) possuem um ser próprio. Nós podemos apreender imediatamente valores e, em verdade, não com a razão, mas com o sentimento. Valores são essencialidades inalteráveis (alteráveis são o nosso saber sobre eles e a nossa relação com eles). Os valores formam uma hierarquia. Os valores daquilo que é sensivelmente agradável se acham no nível mais baixo. Sobre eles encontram-se os valores do sentimento vital, do nobre e do vil; o próximo nível logo acima é assumido pelos valores espirituais, pelo conhecimento, o verdadeiro, o belo, o direito; os valores do religioso, do sagrado possuem o nível hierárquico mais elevado.

Com uma tal "ética material dos valores", Scheler se encontra em uma oposição expressa em relação a Kant, ao qual ele critica pelo fato de sua ética ser "formalista" e banir o sentimento da moral.

Na sociologia, Scheler investigou entre outras coisas as ligações entre as relações sociais e o desenvolvimento do saber e da ciência ("sociologia do saber"). Ele distingue como formas do saber: saber performativo, saber cultural, saber da salvação. Ele vê conexões estreitas entre o respectivo estado da sociedade (p. ex., a sua estratificação em classes) e os modos de pensar dominantes, mas recusa a concepção marxista-engeliana de que só o ser social determinaria a consciência.

Um bom exemplo da aplicação do método fenomenológico é a investigação scheleriana da vida do sentimento humano, antes de tudo da simpatia assim como do amor e do ódio. Scheler investiga três âmbitos: 1) A capacidade de sentir com, subvidida em sentir-um-com-o-outro, por exemplo, no luto conjunto, em contaminação sentimental, por exemplo, em massas humanas, em "unificar-se em sentimento", por exemplo, com a pessoa amada ou com o conjunto da natureza; 2) Amor e ódio, sendo que é preciso diferenciar aí o amor espiritual pela pessoa, o amor anímico do eu e a paixão vital; 3) o "eu alheio": investiga-se aqui antes de tudo o papel do "tu" junto à formação paulatina do conceito do eu próprio na criança pequena.

Na última parte de sua vida, Scheler dedicou-se, em uma pequena obra, que permaneceu infelizmente incompleta, à antropologia, à reflexão filosófica sobre a essência do homem e à sua posição na totalidade do mundo. Nós falaremos sobre isso no último capítulo do presente livro.

Ao lado de Scheler, Alexander *Pfänder* (1870-1941) e Hedwig *Conrad-Martius* (1888-1966) podem ser considerados como pensadores que acolheram impulsos husserlianos. Sartre e Heidegger confrontaram-se com ele.

V. Filosofia da existência

1. Considerações gerais

Depois da Segunda Guerra Mundial, a filosofia da existência vigorou durante um tempo como *a* filosofia da época. Isso passou. Para compreender a sua origem, precisamos retornar consideravelmente no tempo: precisamos retornar a Sören Kierkegaard[10].

O direcionamento para o homem singular e para a sua respectiva situação concreta, um direcionamento que aprendemos com Kierkegaard, é comum a todos os filósofos da existência. A doutrina kierkegaardiana da *angústia* como componente fundamental da existência, a doutrina da *solidão* do homem e a da *tragédia* inexorável do ser humano também são comuns a quase todos.

Em contrapartida, eles não trazem consigo a vivência *religiosa*, a partir da qual essas ideias precisam ser compreendidas em Kierkegaard. Para ele, essa vivência fundamental não é logicamente apreensível. Trata-se de um "salto", por meio do qual o singular chega à fé e "se torna um cristão". Trata-se de um salto para o interior de um âmbito para além de toda razão, para o interior do absurdo e do paradoxal.

Dentre os filósofos da existência, quem se encontra o mais próximo possível de Kierkegaard nesse ponto é Gabriel *Marcel* (1889-1973). Segundo o seu próprio testemunho, contudo, Marcel chegou aos pensamentos centrais de sua filosofia antes de ter conhecido Kierkegaard – um indício de que o efeito de Kierkegaard no século XX remonta a uma carência profunda de nosso tempo. Marcel também se encontra maximamente próximo de Kierkegaard quanto ao modo pessoal e assistemático de seu filosofar. Ele redigiu seus pensamentos nos *Diários metafísicos* (1926 e 1935).

De resto, há entre os filósofos da existência cristãos fervorosos e ateus. A "teologia dialética" do presente, por exemplo, a "teologia dialética" de um Karl *Barth* (1886-1968), também se articula estreitamente com Kierkegaard.

Kierkegaard foi o primeiro, mas não o único patriarca da filosofia da existência. Ideias similares encontram-se entre outros no pensador espanhol Miguel de *Unamuno* (1864-1937),

---

10. Cf., nesta obra, Parte VI, cap. 3, II.

no filósofo da emigração russa que viveu na França, Nicolai Alexandrowitsch *Berdjajew* (1874-1948) e em escritores como F.M. *Dostoievski* (1821-1888), Rainer Maria *Rilke* (1875-1926) e Franz *Kafka* (1883-1924).

Algumas peculiaridades são comuns aos filósofos da existência, peculiaridades que resultam do ponto de partida de Kierkegaard:

1) Existência é sempre existência do *homem*. Trata-se do modo de ser peculiar ao homem. Nessa medida, toda filosofia da existência é "humanista". O homem encontra-se no ponto central.

2) Existência é sempre existência *individual*. Trata-se do modo de ser peculiar ao homem *singular*. Nessa medida, toda filosofia da existência é "subjetiva". A existência individual não pode continuar sendo derivada. A existência do singular não é, por exemplo, tal como se dá em Bergson, um elo de uma "corrente vital" supraindividual. Aqui reside uma diferença central em relação à filosofia da vida.

3) A filosofia da existência não avalia o homem a partir do modelo da coisa: a coisa, compreendida como substância dotada de propriedades, possui uma essência fixa. O homem não possui uma tal essência; ele precisa primeiramente tornar-se aquilo que ele é. Por isso, o homem não pode ser concebido e interpretado apropriadamente com categorias ligadas às coisas.

4) Segundo o *método*, os filósofos da existência são fenomenólogos de maneira mais ou menos intensa. O que está em questão para eles também é uma apreensão *imediata* do ente. Apesar disso, segundo o ponto de partida e a meta, eles se acham muito distantes de Husserl. O que Husserl queria vislumbrar como "essência" eram essencialidades e leis essenciais universais, eternas e objetivas. Husserl queria abstrair-se da existência justamente por meio de uma "suspensão" (na última fase de seu pensamento, contudo, ele colocou o "mundo da vida" fortemente no primeiro plano).

5) A filosofia da existência é dinâmica. A existência não é nenhum ser imutável, mas está vinculada, segundo a sua essência, ao tempo e à temporalidade. Ela é ser-no-tempo. Por isso, o tempo e o problema do tempo assumem na filosofia da existência um lugar preponderante.

6) Em verdade, a filosofia da existência volta os seus olhares para o homem singular. Não obstante, ela não é "individualista" no sentido de isolar o singular. Ao contrário, na medida em que ela sempre busca o homem na situação concreta e em que ele está ligado constantemente nessa situação ao mundo e aos outros homens, o homem nunca se mostra para ela como isolado. Ser-aí humano é sempre um ser-no-mundo, e esse é sempre um ser-com-outros.

7) Em face da proximidade do pensamento filosófico-existencial em relação à vivência concreta, não é de se espantar que, junto aos filósofos da existência particulares, uma "vivência existencial" particular e única tenha dado aparentemente a cada vez o impulso para o seu filosofar: em Jaspers, o fracasso derradeiro e inevitável do homem nas "situações-limite" da morte, do sofrimento, da luta e da culpa; no âmbito pessoal, também o isolamento por ele experimentado no período hitlerista (ele tinha uma mulher judia, não podia mais lecionar, não

podia publicar mais nada)[11]; em Sartre, uma repugnância geral – um romance instrutivo de Sartre se chama *A náusea*; em Marcel, talvez uma vivência religiosa fundamental aparentada com Kierkegaard. O pensamento desses homens possui, com isso, uma marca bastante pessoal, determinada vivencialmente. Mas sempre está em jogo algo extremo, uma descoberta ou a ultrapassagem de um limite, um derradeiro colocar-em-questão.

Aliás, o nome "filosofia da existência" só pode ser usado com uma certa reserva. Sartre denomina-se um existencialista. Jaspers utiliza a designação filosofia da existência. Heidegger, em contrapartida, a recusa como denominação de sua filosofia. Para ele, a análise da existência é apenas a primeira parte do desdobramento da questão do ser. Tratarei de Heidegger em uma seção à parte.

2. *Karl Jaspers*

Karl *Jaspers* (1883-1969) criou um amplo sistema. Ele foi inicialmente psicólogo. O seu livro publicado em 1919 *Psicologia das concepções do mundo* fez a passagem para a filosofia. Para o conhecimento de seu sistema, o texto mais significativo é a obra central em três volumes de 1932 intitulada *Philosophie* (*Filosofia*). Uma boa visualização do modo próprio de pensar de Jaspers é dada também pelo escrito lançado em 1931 *Die geistige Situation der Zeit* (*A situação espiritual do tempo*).

Tal como os outros filósofos da existência, o pensamento de Jaspers também se enraíza antes de tudo em Kierkegaard; Jaspers também encontra impulsos para o pensamento filosófico-existencial na obra tardia de Schelling. Significativos para a sua obra são além disso Plotino, Giordano Bruno, Spinoza e Nietzsche; "o filósofo", porém, é para ele Kant. Nossa apresentação deve transmitir uma primeira ideia de alguns dos conceitos fundamentais de Jaspers e do modo peculiar de seu filosofar.

O circundante

O que é ser? Como posso apreendê-lo por meio do pensamento? Eu o penso inicialmente como *objeto*. O objeto é um ser determinado. No entanto, ele só é determinado por meio da ligação a um outro e a mim mesmo, que me encontro contraposto a ele. Ser determinado é ser limitado. Ele não é o todo do ser. Ele sempre se encontra em um ser mais abrangente. Todas as tentativas de apreender o ser por intermédio de uma categoria determinada – como matéria, como energia, como vida, como espírito – destacam um modo de ser determinado do ser, que ocorre, em relação ao ser pura e simplesmente. Essas são absolutizações. O próprio ser, contudo, é intangível. Nenhum ser, que eu possa saber, é *o* ser.

---

11. Isso reflete-se na correspondência entre Jaspers e Heidegger, que foi interrompida de 1936 até 1949. Cf. HEIDEGGER, M. & JASPERS, K. *Correspondência, 1920-1963.* Munique, 1992.

Os objetos reúnem-se para nós em um mundo relativamente fechado. Esse mundo nos envolve, mas ele nos envolve como um *horizonte*. E por mais que nos lancemos para além de cada horizonte, o horizonte por assim dizer nos acompanha, ele sempre se encontra uma vez mais diante de nós como um novo limite. Nunca conquistamos um ponto de vista, a partir do qual podemos contemplar o ser como um todo fechado. O ser permanece inconcluso.

O ser, que sempre se retrai uma vez mais diante de nós e nunca pode ser apreendido como um todo, é denominado por Jaspers "o circundante". Ele jamais se torna objetivo para nós ou aparece como horizonte. Só podemos tomar consciência dele como limite. O sentido do filosofar é impelir para além de todo ser determinado em direção ao circundante. No filosofar, gostaríamos de nos lançar para além de todo horizonte, mesmo para além de nossa própria existência limitada, a fim de experimentar o que o ser é e o que nós mesmos somos propriamente. Essa ultrapassagem do ente em direção ao elemento circundante é a *operação filosófica fundamental*.

Existência

Pode-se tentar apreender o ser humano com o auxílio das diversas ciências do homem. No tempo mais recente, três dessas ciências ganharam (para Jaspers) o primeiro plano: sociologia, psicologia e antropologia. Todas essas ciências conhecem algo no homem, mas não o próprio homem. Elas nunca veem senão um recorte parcial limitado do homem.

Mas o homem é sempre mais do que ele pode saber de si. O homem "enquanto possibilidade de sua espontaneidade" se volta contra ser um mero resultado de forças e conexões cognoscíveis. Não é suficiente nessas ciências o conhecimento objetivo. Um tal conhecimento só se torna significativo por meio daquele que o possui, por meio daquilo que se começa com ela. A filosofia da existência conscientiza o homem de que ele é mais do que tudo aquilo que pode ser objetivamente conhecido. Ela interpela o homem como existência, como um ser si próprio. A existência não pode ser descrita com conceitos em um sistema fechado. No entanto, ela pode ser *iluminada* e, em verdade, por meio de categorias próprias. Essas categorias são antes de tudo liberdade, comunicação e historicidade.

Liberdade – Existência é um ser que se contrapõe a todo ser-mundo, que é radicalmente diverso dele. Ela é o fundamento obscuro de nosso si próprio, "o mais íntimo do interior". Em linguagem filosófica, por exemplo, a existência é aquilo que em linguagem mitológica se chama "alma". Ela não é propriamente nenhum ser, mas um poder-ser. Ela está constantemente à escolha, ela é constantemente conclamada à decisão. Ela é livre. Ela também não pode ser pensada, mas só se realiza no fazer. Liberdade existencial reside em um plano totalmente diverso do questionamento determinismo ou indeterminismo. Ela é pura e simplesmente inconcebível, "autocriação a partir da origem no instante da escolha".

Comunicação – "Ninguém pode ser bem-aventurado sozinho". – "Não há nenhuma verdade, com a qual eu possa alcançar a meta apenas para mim". – A existência só pode realizar-se em uma vinculação existencial a um outro si próprio. Tal vinculação chama-se comunicação. Ela não pode ser confundida com diálogo, discussão, lida sociável, vinculação social.

Tudo isso é mera comunicação da existência. Mesmo o amor ainda não é comunicação. Há amor sem uma autêntica comunicação. Ele é questionável. No entanto, o amor é a fonte da comunicação. Comunicação é "luta marcada pelo amor", um estar aberto existencial para o outro homem.

Historicidade – Existência é sempre em "situação". Existência é historicidade. Aquilo que vem a ser a partir do homem singular é condicionado situacionalmente por meio dos homens que vêm ao seu encontro e por meio das possibilidades de fé que apelam por ele. Todavia, nunca posso apreender a situação enquanto um todo. Pois meu saber sobre ela já é sempre algo que altera a situação. Preciso conhecer o meu mundo, não posso me recusar a ele, preciso conceber em uma "imersão histórica" as necessidades da hora histórica.

No entanto, historicidade não é de qualquer modo o mesmo que temporalidade. Ela é algo duplo: reconheço que sou no tempo e sei efetivamente que eu mesmo não sou temporal. Historicidade é unidade de tempo e eternidade. Ela não é atemporalidade e também não é temporalidade, mas é uma coisa na outra. "Na ação a partir de uma liberdade originária, em cada figura de uma consciência absoluta, em todo ato de amor, a temporalidade que aí não é esquecida, mas que é antes muito mais acentuada, enquanto decisão e escolha, é ao mesmo tempo interrompida e se torna eternidade; enquanto manifestação do ser propriamente dito, o tempo existencial se torna de repente o tempo pura e simplesmente inexorável e a transcendência desse tempo na eternidade". No instante, tempo e eternidade formam uma identidade. – Essa ideia também já se encontra em Kierkegaard.

Transcendência

Assim como o ser do homem, o todo do mundo também não pode ser apreendido no saber. Todo conhecimento do mundo possui um limite. O todo é inapreensível. Por toda parte deparamo-nos com intangibilidades derradeiras, antinomias no sentido de Kant. Não há nenhum quadro definitivo do saber. Só há uma abertura radical, a prontidão para uma experiência sempre nova. O mundo e tudo aquilo que há nele é envolvido por algo derradeiro e absoluto que o circunda. Jaspers denomina isso transcendência em sentido propriamente dito. Transcendência é "o pura e simplesmente circundante, o elemento circundante de todos os elementos circundantes".

Os objetos do ser do mundo são *transparentes*. Eles são translúcidos, são "cifras". Símbolos, nos quais a transcendência reluz.

Correspondem-se: o ser do homem enquanto existência e o todo do ser enquanto mero "ser do mundo"; e correspondem-se existência e transcendência. Pois a transcendência só se mostra para a existência. Ser si próprio só é efetivamente em relação à transcendência.

A transcendência é inobjetiva. Ela é o pura e simplesmente velado. Ela não pode ser pensada, só pode ser apreendida em símbolos. (Pensemos na "teologia negativa" e no "Deus, o totalmente outro" dos místicos). Tudo pode ser cifra, símbolo da transcendência.

Situações-limite e o fracasso derradeiro

Há situações, nas quais a existência se realiza imediatamente, situações derradeiras, que não podem ser alteradas ou contornadas, situações-limite: morte, sofrimento, luta, culpa. Somente nelas, o todo da existência pode realizar-se. No que entramos em tal situação com olhos abertos, nós nos tornamos totalmente nós mesmos.

Há cifras, nas quais a transcendência fala de maneira particularmente clara e imediata para nós. A cifra decisiva é o ser *no fracasso*. O fracasso é a última coisa que temos à nossa disposição. Um autêntico fracasso realiza-se na construção de um mundo com vontade de duração, mas com o saber e o risco do declínio. No entanto, é somente no autêntico fracasso que o ser é plenamente experimentado. Um autêntico fracasso pode ser a cifra de um autêntico ser. Vê-se que o desfecho da filosofia jasperiana é um desfecho completamente pessimista, similar ao de Heidegger e Sartre. E, contudo, há nesse pessimismo um tom diverso do desses pensadores; pois, por detrás de todo ser que fracassa, encontra-se em Jaspers a transcendência, a imperecibilidade e a infinitude de Deus – como se pode certamente dizer, ainda que, segundo Jaspers, todo enunciado sobre o ser da transcendência seja impossível.

3. O existencialismo francês

No interior da filosofia da existência, o existencialismo francês se desenvolveu e se transformou em uma escola própria. Como o seu principal representante temos Jean-Paul *Sartre* (1905-1980). Essa direção de pensamento francesa precisa ser claramente distinta da filosofia da existência alemã – tanto a de Jaspers, que recusou o existencialismo como uma "degeneração" do princípio filosófico-existencial originário, quanto a de Heidegger, pois o existencialismo francês foi em verdade estimulado por Heidegger, mas trilhou em seguida seu próprio caminho. Mesmo abstraindo do talento particular de Sartre para a escrita, é significativo que uma filosofia possa ser oferecida sob a forma de romances e peças teatrais. A filosofia da existência sempre se encaminha como nenhuma outra para o ser-aí concreto.

Porém Sartre também escreveu obras teóricas. Uma das mais importantes é *O ser e o nada*. Ela surgiu em 1943, ou seja, durante a ocupação alemã na França. Esse fato não deixa de ser importante para a compreensão. O colapso exterior de 1940 foi ao mesmo tempo um colapso de ideais e ideologias. Desconfiança, amargura, dúvida em relação a uma ordem que foi submetida tão rapidamente ao assalto do inimigo formavam a atmosfera predominante. Por outro lado, os franceses se uniram no desejo de repelir o inimigo. A dúvida em relação a tudo o que é fundamental aliou-se à certeza absoluta quanto à tarefa prática mais imediata: a resistência. Como Albert *Camus* disse, precisava-se de uma filosofia que "pudesse unir o pensamento negativo com a possibilidade do agir positivo". Essa filosofia foi criada por Sartre.

Em alguns pontos, Sartre pode ser considerado um aluno de Heidegger. Ele o conhece muito bem. Muitos conceitos heideggerianos retornam em Sartre em uma transposição adequada. No entanto, mesmo no fundamental, ele se desvia substancialmente de Heidegger.

Esse fato já é válido antes de tudo para o conceito basilar de existência. Existência no sentido de Sartre é um ser em si simples, puro, nu, algo "que nem mesmo é o que é, mas simplesmente *é*". O que Sartre compreende por existência talvez possa ser elucidado da melhor forma possível pelas seguintes passagens de *A náusea*[12]:

> Isso foi de tirar o fôlego. Nunca antes desse dia tinha pressentido o que significava existir. Eu era como os outros, como aqueles que passeiam pela beira do mar em suas roupas primaveris. Eu dizia como eles: o mar é verde; esse ponto branco lá em cima é uma gaivota, mas não sentia que isso existia, que a gaivota era uma gaivota existente; habitualmente, a existência se vela... E agora de repente: de uma hora para outra fez-se presente, claro como o sol: a existência tinha subitamente se desvelado. Ela tinha perdido a sua aparência inofensiva de uma categoria abstrata: ela era a matéria das próprias coisas, essa raiz era feita a partir da existência...
>
> Existir é simplesmente *estar presente*, o existente aparece, pode ser *encontrado*, mas nunca podemos *deduzi*-lo.
>
> A existência não é nada que possamos pensar a distância: tu precisas ser tomado repentinamente por ela como por uma enchente, ela permanece sobre ti, sobrecarrega pesadamente teu coração como um grande animal imóvel – de outro modo nada existe.

Olhemos agora para o homem! O que precisamos firmar é o fato de Sartre possuir algo em comum com Jaspers, assim como com Heidegger: em contraposição à tradição filosófica desde Platão, ele não considera o homem como um ente, cujas possibilidades de ser se acham desde o princípio fixadas. O homem não "é" algo no sentido em que as coisas são algo. Ele é muito mais de início um "nada". E ele precisa tornar-se primeiramente o que ele é, por assim dizer, em uma criação constante a partir do nada. Ele está "condenado à liberdade". Essa tese rendeu a Sartre a censura de niilismo – como se vê, não de maneira completamente injusta.

O homem é livre. Aqui reside a passagem para a segunda tarefa que a filosofia sartreana deveria cumprir – segundo a exigência de Albert Camus: possibilitar o "agir positivo". O homem pode "engajar-se" no mundo. No agir, ele pode estabelecer valores. "Nesse mundo, em que me engajo, minhas ações afugentam valores como perdizes". A autorrealização do homem acontece no projeto livre (*projet fondamental*). O nada, do qual o homem se destaca desse modo, o cerca efetivamente sem cessar; sua liberdade paira a todo instante diante do perigo de recair na calcificação, de se transformar no mero ente. "O nada nulifica" – Sartre criou para esse conceito heideggeriano o novo verbo "niilizar".

É claro que os valores não possuem para Sartre nenhum ser próprio, que eles não podem ser, por exemplo, válidos de maneira atemporal – independentemente de saber se nós aspiramos ou não a eles. "Apenas a minha liberdade é a fundamentação dos valores".

A doutrina sartreana impõe ao homem uma responsabilidade enorme. O homem só pode retirar-se do nada e se defender de sua ameaça incessante, desenvolvendo-se por si mesmo, por assim dizer puxando-se por suas próprias tranças. Ele sozinho é responsável por si – nin-

---

12. SARTRE, J.-P. *A náusea* (*La nausée*). Edição alemã da Rowohlt-Taschenbuch, 1981.

guém mais, em particular nenhum Deus: Sartre é ateu. E o homem não é apenas responsável diante de si e por si, mas sempre ao mesmo tempo diante do outro e pelo outro. Como os seus romances bem o mostram, é no entrelaçamento indissolúvel entre o eu uno e todos os outros, ou seja, na intersubjetividade, que se enraíza a ética sartreana. Assim, é consequente que Sartre tenha se empenhado desde o princípio pelo conhecimento e pela configuração da vida social e da vida política.

O que se objetou criticamente contra Sartre foi antes de tudo o seguinte: o seu conceito radical de liberdade não perceberia que o homem não é absolutamente livre sem nenhuma antecipação, sem pressupostos, mas apenas ligado a condições que não estão submetidas à sua escolha, como o ter nascido em um determinado povo, com um determinado sexo, em um determinado tempo – uma circunstância que Heidegger denomina "o caráter de jogado". Outros representantes do existencialismo na França são antes de tudo o já citado Albert *Camus* (1913-1960), que escreveu, como Sartre, além de trabalhos teóricos, romances e peças teatrais – obteve em 1957 o Prêmio Nobel de Literatura –, assim como Maurice *Merleau-Ponty* (1908-1961). O pensamento de Merleau-Ponty está comprometido com Hegel, Husserl e Heidegger; ele se viu inicialmente ligado a Sartre por laços de amizade, mas os dois se separaram depois. Camus via o homem em um mundo absurdo, que se lhe contrapunha de maneira estranha, incompreensível. Como uma alegoria dessa situação humana apresentava-se Sísifo (*O mito de Sísifo – Um ensaio sobre o absurdo*, 1942, versão alemã de 1950). O conceito central de Merleau-Ponty, o conceito de "*ambiguïté*" (literalmente: ambiguidade, incerteza) designa do mesmo modo o caráter paradoxal, antilógico da existência. Tal como Sartre, os dois pensadores se empenharam pela penetração e pela configuração da existência política e se ocuparam detidamente com o comunismo.

4. Outros representantes da filosofia da existência

Gostaríamos de designar ao menos três pensadores – dois alemães e um italiano – que se dedicaram à filosofia da existência e lhe emprestaram respectivamente uma cunhagem própria. Hans *Lipps* (1889-1941) destacou-se em relação a todos os outros com pesquisas ligadas à lógica e à linguagem. Ele voltou as duas para uma conexão conjuntural concreta, para a situação existencial do homem pensante e falante. Ernst *Bloch* (1885-1977) escreveu a sua obra central *O princípio esperança* de 1938 até 1947 como emigrante nos Estados Unidos, mas só a publicou em 1959. Bloch era marxista e lecionou depois de seu retorno à Alemanha de início em Leipzig, mas abandonou em seguida a República democrática alemã: sua obra acima citada busca apreender como um princípio existencial o "ainda não", tal como esse se manifesta no sonho desejado, na expectativa, nos projetos de futuro, nas representações de um despertar religioso e em utopias sociais.

Na Itália, Nicola *Abbagnano* (1901-1990) é o representante diretriz do existencialismo. Alguns de seus escritos, que podem introduzir em seu existencialismo "positivo" ou "substancial", também estão acessíveis aos leitores por meio de traduções.

5. Martin Buber

Martin *Buber* (1878-1965) nasceu em Viena, filho de uma família judia; seu avô, em cuja casa em Luow (Lemberg) ele passou grande parte de sua infância (o casamento de seus pais se tinha desfeito), era um erudito renomado no âmbito da tradição e da literatura judaicas. Buber estudou em Viena, Leipzig, Berlim, Zurique e se associou ao movimento sionista, mais por um impulso religioso e cultural do que por motivos políticos. Ele organizou uma estimada revista judaica e lecionou filosofia da religião judaica de 1924 a 1933 na Universidade de Frankfurt no Meno.

Nos primeiros anos do domínio de Hitler, ele permaneceu na Alemanha, atuou com Franz *Rosenzweig* (1886-1929) na "casa de ensino livre-judaica" e trabalhou, também em conjunto com Rosenzweig, em sua excepcional nova tradução do Antigo Testamento para o alemão. Em 1938, ele precisou emigrar e atuou a partir de então, ininterruptamente por meio de inumeráveis viagens, como professor na Hebrew University em Jerusalém. Ele empenhou-se enfaticamente por um entendimento dos israelenses com os árabes e, depois da guerra, ele se colocou até mesmo a favor da retomada do diálogo com os pensadores e as instituições alemães. Em 1965, ele morreu.

Para o público mais amplo, além de sua tradução da Sagrada Escritura, Buber tornou-se inicialmente conhecido como editor e intérprete dos escritos do hassidismo. Esse movimento religioso no interior do judaísmo – a designação é derivada do hebraico "hassidim", os devotos – surgiu por volta de 1750 na Ucrânia e na Polônia; ele representa um levante contra a crença nas leis, a casuística, a intelectualidade, nesse ponto comparável ao pietismo no interior do cristianismo – um movimento de massas dotado de um profundo sentimento religioso, baseado numa nostalgia de Deus; ele acentua valores do ânimo, a devoção, a humildade, mas também a alegria e o amor ativo. A imersão na oração e a ideia da reunificação ou da reconciliação do criador com o mundo e a criatura lembram a mística cristã; de fato, mesmo no judaísmo alemão do século XIII, ou seja, mesmo no tempo em que a mística alemã floresceu (Buber também se ocupou intensamente com Mestre Eckhart), já tinha havido um movimento semelhante. O tipo do rabino milagroso, do homem justo e sagrado, remonta ao hassidismo e, mais tarde, certamente se degenerou, transformando-se em algo extrínseco. Esse movimento marcou fortemente o pensamento de Buber. Durante cinco anos ele mergulhou nos textos legados do hassidismo e abandonou qualquer atividade exterior.

Os escritos filosóficos de Buber atestam um enraizamento nessa religiosidade, assim como a sua confrontação intensa com o mundo de pensamentos cristãos, tanto como receptor quanto como doador. Podemos considerar como um primeiro indício desse ponto – com certeza bastante extrínseco – o fato de no índice temático da coletânea *O princípio dialógico* (1973), uma coletânea que sintetiza quatro escritos relativamente curtos de Buber, o nome de Sören Kierkegaard ser introduzido de uma maneira mais ou menos tão frequente quanto todos os outros nomes juntos. E a confrontação intensa com esse pensador radical também pode servir como uma primeira referência à pergunta sobre por que Martin Buber é frequentemente classificado como um "existencialista religioso" (e mesmo no presente livro se encontra junto aos existencialistas). Um homem como Buber que, de acordo com o testemunho de seus amigos, influenciou todos aqueles que vieram ao seu encontro por meio da pureza e da força de sua personalidade jamais pode ser associado, a não ser com restrição a uma direção qualquer de pensamento. Kierkegaard é considerado um patriarca do existencialismo antes de tudo por conta da incondicionalidade, com a qual ele coloca o "existente" singular no ponto central. Tal como logo se mostrará, também há paralelos com Jaspers. Mais importante, porém, é o que há de próprio e peculiar a Buber.

Isso já está indicado no título do volume citado *O princípio dialógico*; ele fica mais claro quando se vê que os dois primeiros escritos do volume levam o título *Eu e tu* assim como *Diálogo*. Ele vem à tona claramente – ao mesmo tempo que a linguagem de Buber em seu vigor e sua peculiaridade – quando lemos as frases iniciais de *Eu e tu*:

> O mundo possui para o homem duas faces segundo a sua postura dual.
>
> A postura do homem é dual segundo a duplicidade das palavras fundamentais que ele pode falar.
>
> As palavras fundamentais não são palavras singulares, mas pares de palavras. Uma palavra fundamental é o par de palavras eu-tu.
>
> A outra palavra fundamental é o par de palavra eu-isso [...] o eu da palavra fundamental eu-tu é diverso do eu da palavra fundamental eu-isso.

A relação eu-isso é a relação normal, cotidiana do homem com as coisas que o cercam, com o mundo que se constitui a partir dessas coisas. O homem também pode considerar e tratar o seu próximo como um isso – e é o que ele faz na maioria das vezes; ele o vê distanciadamente, friamente, e o toma como uma coisa, um pedaço do mundo circundante, inserido em cadeias causais.

A relação eu-tu é uma relação totalmente diversa. Nela, o homem se insere com o conjunto de sua essência mais íntima – e mais, em um encontro, em um "diálogo" autêntico, os dois parceiros experimentam uma tal inserção. Nessa medida, o eu é em uma tal relação um eu diverso da relação substancial eu-isso (lembremo-nos da comunicação existencial de Jaspers). Como resultado principal de suas experiências e considerações, até o ponto em que isso pode ser enunciado "em uma linguagem pensante", Buber denominou o seguinte princípio (nos "fragmentos autobiográficos" que estão expostos na coletânea *Martin Buber*. Stuttgart, 1963): ser homem significa ser a essência que está defronte a.

No entanto, à guisa de delimitação é preciso acrescentar ao mesmo tempo que, para Buber, o encontro interior com o outro homem não é senão uma reluzência, um reflexo do encontro do homem com Deus, do diálogo com Ele. "As linhas alongadas das relações se entrecortam no tu infinito". A essência da religião bíblica consiste para Buber no fato de – sem levar em conta o abismo infinito entre os dois – ser possível um diálogo entre Deus e homem. Sim, mesmo quem se denomina sem Deus e ridiculariza o nome de Deus ainda fala com Deus, logo que insere toda a sua essência em uma relação eu-tu. Não que Deus seja com isso apequenado e transformado em um ser antropomórfico – esse erro foi certamente cometido até mesmo por teólogos; ao contrário, também pertence aos inumeráveis atributos de Deus o fato de Ele poder falar conosco. O cristianismo, a saber, sob a figura formada pelo Apóstolo Paulo, é para Buber um desvio – influenciado pelos gregos – da verdade de fé do Antigo Testamento.

Em verdade, trata-se de uma simplificação, mas não de uma falsificação, quando se expõe a relação eu-tu, a conversação, o diálogo, a conversa como termos diretrizes do pensamento buberiano. O que precisamos notar aqui é que o austríaco Ferdinand *Ebner* chegou em 1921 – um ano antes do lançamento do livro de Buber *Eu e tu* – em sua obra *Das Wort und die geistigen Realitäten* (*A palavra e as realidades espirituais*) a compreensões semelhantes às de Buber. Ebner denomina a "solidão do eu" e a "ausência de tu" as raízes propriamente ditas da perturbação e do adoecimento da alma. A partir daqui, uma linha leva até a fundamentação da medicina psicossomática por meio de Viktor von Weizsäcker e outros.

A postura interior marcada pela pressuposição de um diálogo autêntico é descrita de maneira primorosa em uma frase de Hugo von *Hofmannstahl*: "Apreciamos como algo raro aqueles que sabem escutar de maneira tranquila e atenta; igualmente raro é um verdadeiro leitor. No entanto, o mais raro de tudo é alguém que acolhe as influências dos homens ao seu lado, sem destruir, sem aniquilar ininterruptamente a impressão por meio de sua inquietude interior, por meio de sua vaidade e de seu egocentrismo" (retirado do *Livro dos amigos*). Buber empenhou-se durante muitos anos por sugerir essa postura inicial àqueles que fazem psicoterapia; afinal, a psicoterapia é constituída no essencial a partir de um diálogo. Ele adverte quanto ao risco de ir ao encontro do paciente com a expectativa de que suas declarações possam ajustar-se às categorias de um sistema determinado – por exemplo, às categorias do sistema freudiano; seria preciso ir ao encontro do paciente como pessoa e estar constantemente preparado também para o inesperado.

É certo que a posição de base do pensamento de Buber não foi completamente esgotada e desenvolvida, ao menos na filosofia. Ela pode trazer frutos entre outras coisas para a Teoria do Conhecimento, que precisa atentar para o fato de o homem não nos ser dado como objeto de conhecimento da mesma maneira que uma coisa: podemos analisar, decompor um objeto – nos homens, deparamo-nos aí com um limite intransponível. (O princípio do pensamento kantiano estava orientado pelo ideal de conhecimento da física newtoniana!) Essa posição de base também pode trazer frutos para o tratamento do fenômeno da língua na filosofia da linguagem e na linguística na medida em que não se busca a fonte originária da linguagem em um "eu", que se encontra previamente dado em um mundo de coisas e que denomina essas coisas, mas antes na situação originária do diálogo, na linguagem como comunicação. E ela pode trazer frutos, por fim, na ética enquanto doutrina do agir responsável: responsabilidade (a palavra contém o termo "resposta" como um componente central) pressupõe um defronte, em relação ao qual sou responsável. Com certeza, nunca se poderá separar os pensamentos de Buber de sua inserção na profunda religiosidade desse pensador. Para Buber, a relação eu-tu está constantemente inserida na e tomada pela relação do homem com Deus.

VI. O desdobramento da questão do ser: Martin Heidegger

1. Dados relativos à pessoa

Em todo o mundo ocidental, não apenas na Europa, Martin *Heidegger* (1889-1976) é até hoje um dos pensadores mais influentes – ao mesmo tempo um dos mais veementemente contestados: enquanto os seus opositores decididos o censuram (como outrora Schopenhauer censurava Hegel, pelo qual ele nutria um ódio visceral) por não ver nenhum sentido racional em suas proposições; enquanto eles afirmam que Heidegger se subtrai a toda discussão séria porque se desvia em direção à obscuridade; enquanto alguns outros mais benevolentes afirmam que ele não seria nenhum filósofo, mas talvez um poeta ou um filólogo – seus adeptos veem na obra de Heidegger um marco que fecha um desenvolvimento de mais de dois mil anos (em grande parte um desenvolvimento equivocado) e estabelece um início totalmente novo.

Uma rápida olhada no destino vital de Heidegger, em sua proveniência e em seu pano de fundo, é útil para todos aqueles que quiserem aproximar-se de sua obra. Heidegger nasceu em Messkirch (ao sul de Baden, não muito longe de Sigmaringen). Ele se sentia estreitamente ligado à sua terra natal alemânica (ele recusou um chamado para lecionar em Berlim). O lugar onde ele mais adorava ficar era uma cabana primitiva no alto da Floresta Negra. Ele mesmo designa a casa de seus pais como "pobre e simples". O seu pai, tanoeiro e sacristão, não teria podido proporcionar-lhe o acesso ao ginásio e à universidade. Heidegger deve esse acesso à Igreja Católica. Por isso, ele iniciou os seus estudos universitários em Freiburg/Br. como teólogo; depois de dois anos, rompeu com a teologia; o afastamento da crença, na qual ele tinha crescido, continuou pesando por alguns anos. Heidegger mudou para a faculdade de matemática e ciências naturais; mais tarde – uma vez mais com uma bolsa concedida pela Igreja Católica – transferiu-se para a filosofia. O seu escrito de habilitação à docência sobre o escolástico Duns Escoto deveria qualificá-lo para uma cátedra de filosofia cristã. Esse escrito mostra claramente a influência do método fenomenológico de Husserl. Husserl foi chamado em 1916 para Freiburg. Logo depois, Heidegger tornou-se seu assistente.

De 1922 a 1928, Heidegger lecionou como professor extraordinário em Marburgo. Em 1928 foi chamado para ser o sucessor de Husserl em Freiburg.

Já no tempo de Marburgo tinha se difundido a fama de Heidegger como professor. A politóloga Hannah *Arendt* (1906-1975), outrora aluna de Heidegger e uma pessoa que permaneceu ligada a ele por toda a vida, escreveu quanto a isso retrospectivamente o seguinte: "O nome viajou por toda a Alemanha, como o rumor de um rei secreto... O rumor dizia de maneira bem simples: o pensamento ganhou vida uma vez mais, os tesouros culturais do passado, tesouros que acreditávamos mortos foram trazidos uma vez mais à fala; e o que se revela com isso é o fato de eles apresentarem coisas totalmente diversas das que se supunha desconfiadamente. Há um novo mestre; talvez se possa aprender a pensar"[13]. Foi somente a partir do momento em que as preleções de Heidegger daquele tempo primevo se tornaram acessíveis na obra completa que tivemos a oportunidade de nos convencer de que aquela fama era justificada.

Em Freiburg, Heidegger presenciou, em 1933, a nomeação de Hitler como chanceler geral. Ele se sentiu tomado pela "irrupção nacional", filiou-se ao Partido Nacional Socialista e foi eleito em abril reitor. Em seu discurso de reitorado "A autoafirmação da universidade alemã", ele se declarou partidário do princípio do *Führer**. Por quase um ano, ele tentou conduzir a universidade nesse sentido. Em seguida, porém, percebeu que se encontrava sobre um falso caminho (em uma carta a Karl Jaspers, ele fala do "fracasso do reitorado") e se demitiu, ainda antes de Hitler ter derrubado de maneira sangrenta o assim chamado Röhm-Putsch (30/06/1934)**.

Heidegger absteve-se desde então de toda tomada de posição política. Em 1945, recebeu dos aliados a proibição de lecionar. De 1952 até 1958, voltou a lecionar uma vez mais regularmente e, depois disso, só apareceu em público ocasionalmente para apresentar conferências.

A curta adesão de Heidegger ao regime de Hitler foi amplamente discutida[14], em particular também na França, apesar de Heidegger ter percebido rapidamente o seu erro. Também se questionou se a filosofia de Heidegger apresentaria paralelos com a "visão de mundo" nacional-socialista. Todavia, as ideias que ele desenvolveu antes de 1933 estão tão distantes de uma tal visão de mundo quanto a sua doutrina do tempo posterior.

2. *Considerações gerais sobre a obra*

Ao lado de Kierkegaard, com cuja interpretação da existência humana Heidegger possui muitas coisas em comum em seus passos iniciais (a angústia como estado de fato fundamental), o que é antes de tudo significativo para Heidegger é a influência de seu mestre Edmund

---

13. Hannah Arendt em um artigo para o aniversário de 80 anos de Heidegger (1969) em *Merkur*, p. 258.

* O princípio que dava à palavra de Hitler o valor imediato de lei [N.T.].

** Trata-se da decisão tomada por Hitler entre 30 de junho e 2 de julho de 1934 de assassinar todos os dirigentes da SA e concorrentes políticos ao poder, dentre eles o chefe da SA Ernst Röhm [N.T.].

14. Cf. entre outros: OTTO, H. *Martin Heidegger*: Unterwegs zu seiner Biographie (Martin Heidegger: a caminho de sua biografia), 1988. • FARIAS, V. *Heidegger und der Nationalsozialismus* – Mit einem Vorwort von Jürgen Habermas (Heidegger e o nacional-socialismo – Com um prefácio de Jürgen Habermas), 1989. • MARTIN, B. *Martin Heidegger und das dritte Reich* (Martin Heidegger e o Terceiro Reich), 1989. Enquanto em obras desse tipo recaem sombras sobre o caráter de Heidegger, a sua correspondência publicada em 1989 com a "meio-judia" Elisabeth Blochmann, uma aluna de Heidegger e amiga da família durante toda a sua vida, mostra que não se pode acusá-lo de maneira alguma de antissemitismo: HEIDEGGER, M. & BLOCHMANN, E. *Briefwechsel, 1918-1969* (*Correspondência*, 1918-1969).

Husserl. No *Jahrbuch* editado por Husserl surgiu em 1927 a primeira parte da "obra de irrupção" de Heidegger: *Ser e tempo*. A segunda parte nunca foi publicada. No entanto, aquilo que Heidegger tinha pretendido dizer nessa segunda parte encontra-se entrementes em seus inúmeros trabalhos mais recentes. Desses trabalhos, podemos citar a preleção inaugural de Heidegger em Freiburg: *O que é metafísica?* (publicada pela primeira vez em 1929 e mais tarde completada por uma introdução e um posfácio); além disso: *Da essência da verdade* (conferência dada em 1930 e só impressa em 1943), *Erläuterungen zu Hölderlins Dichtung* (*Explicitações em relação à poesia de Hölderlin*, 1944). Depois da guerra, trabalhos importantes de Heidegger foram publicados nas duas coletâneas *Caminhos da floresta* (1950, aí se encontra "A origem da obra de arte") e *Ensaios e conferências* (1954, aí temos entre outras coisas *A pergunta sobre a técnica*, *O que significa pensar?*, *Construir, morar, pensar*, *A coisa*). Seguiram-se entre outros textos *Identidade e diferença* (1957); *A caminho da linguagem* (1959).

Por um longo tempo, Heidegger foi associado à filosofia da existência. Esse fato pôde ser fundamentado, enquanto se partia principalmente de *Ser e tempo*. Depois de o desenvolvimento contínuo do pensamento heideggeriano se encontrar diante dos olhos de todos, depois de ele mesmo ter interpretado multiplamente em retrospectiva a obra citada, depois de Heidegger ter por fim caracterizado o existencialismo de Sartre como uma incompreensão (manifestamente uma incompreensão frutífera), essa concepção não pôde mais ser mantida. Certamente, ela não teria podido nem mesmo surgir, se as pessoas tivessem levado a sério desde o início em toda a sua amplitude a explicação de Heidegger. O prefácio a *Ser e tempo* termina com a seguinte afirmação: "A elaboração concreta da pergunta acerca do sentido do 'ser' é o intuito do presente ensaio. A interpretação do tempo como horizonte possível de toda compreensão de ser é a sua meta provisória". Da primeira frase podemos depreender o fato de o que está em questão para Heidegger é desde o princípio aquilo que ele incessantemente persegue e que provocou em todos os seus intérpretes o mais intenso esforço de compreensão: o "ser".

Antes de lançarmos uma visão mais exata sobre os pensamentos de Heidegger é preciso dizer algumas palavras sobre a sua linguagem. "O jogo especular do mundo mundante concentra e arranca como o anelado do anel os consonantes quatro e os enreda no próprio conjugável, o anel de sua essência. No jogo especular do anelado do anel acontece apropriativamente o coisar da coisa". Apesar de não conter nenhuma palavra estrangeira, uma tal passagem (retirada da conferência "A coisa"), arrancada de seu contexto, soa extremamente estranha e espantosa. Trata-se de um mero maneirismo? Em todos os tempos, pensadores que tinham algo novo a dizer também falaram uma língua nova. As contumazes cunhagens vernaculares heideggerianas não são apenas neologismos, mas também frequentemente redescobertas; ele empresta a uma palavra antiga que se tornara esvaecida um sentido que só é apreensível a partir do contexto de seu pensamento, mas que repentinamente se ilumina. Quem se dispõe a penetrar no modo de falar e de ensinar de Heidegger e quer se acostumar com ele deve ler primeiro uma conferência como "[...] *poeticamente habita o homem*" (contida em *Ensaios e conferências*); Heidegger interpreta aqui a expressão de Hölderlin que se encontra no título da conferência.

Mas retornemos a *Ser e tempo*! Para apreendermos o ponto de partida de Heidegger, nós podemos articular-nos com algo que designamos mais acima como uma característica da filosofia da existência: Heidegger censura os filósofos antigos (ao menos desde Platão), assim como os filósofos cristãos ocidentais pelo fato de terem buscado determinar o ser-aí do homem segundo o modo de ser das coisas, pelo fato de eles terem compreendido o ser do homem segundo o modo da ocorrência e do ser presente das coisas. Pois bem, o mestre de Heidegger Edmund Husserl e, articulando-se com ele, Max Scheler já tinham certamente ensinado que a essência do homem não pode ser compreendida como objeto, como substância, como ente, mas que o homem só é enquanto "realização" de um ato intencional (o conceito scheleriano de "pessoa"). Para Heidegger, porém, esses pensadores não chegaram a elaborarar a diferença de maneira suficientemente radical nem a fundamentá-la ontologicamente. E ainda mais: a filosofia até aqui sempre colocou a pergunta acerca do ente na totalidade e acerca do ente supremo, a saber, Deus, mas ela jamais colocou a pergunta acerca daquilo por meio do que todo ente se torna pela primeira vez um ente: a pergunta acerca do ser. Esse ser não é ele mesmo coisa alguma, não é nenhum ente. Enquanto o fundamento de emergência de todo ente, ele não se acha de maneira alguma contraposto a nós como um "ob-jeto". A pergunta acerca do ser passou despercebida, foi "esquecida" (a crítica heideggeriana ao "esquecimento do ser") pela filosofia porque o ser não pode ser objetivado, porque ele foi tomado pelo mais vazio, mais universal e mais óbvio; ter passado despercebido é a diferença fundamental entre o todo do ente, por um lado, e o ser, por outro. Heidegger denomina essa diferença "diferença ontológica".

Para nos aproximarmos do ser, um caminho se oferece: investigar, inquerir o ser do homem, chamado por Heidegger *ser-aí*; pois o homem é dentre todos os entes aquele que já sempre compreende o "ser", ainda que não distintamente. Portanto, para fundamentar uma teoria do ser, Heidegger investiga as estruturas fundamentais do ser-aí humano. Essa "ontologia fundamental" forma o conteúdo principal de *Ser e tempo*. Para acentuar que uma tal investigação não pode trabalhar com as determinações, das quais se serve a filosofia em meio à investigação das estruturas ontológicas das coisas, Heidegger não denomina as suas estruturas fundamentais (tal como Aristóteles e Kant) "categorias"; ele as denomina "existenciais". Essa parte do edifício heideggeriano é a mais conhecida de todas e – até aqui – também aquela que mais amplamente provocou um efeito na consciência geral. Algumas coisas dessas análises e descrições fenomenológicas podem ser indicadas com palavras-chave.

3. Ser e tempo

Ser-aí é essencialmente "ser-no-mundo". Isso não pode ser compreendido no sentido de um estar um ao lado do outro de dois objetos, nem tampouco espacialmente no sentido do "ser dentro de", do estar-contido, nem muito menos como relação entre "sujeito" e "objeto". Ao contrário, ser-no-mundo é uma estrutura fundamental do ser-aí. O ser-aí humano já sempre se encontra em um lugar determinado, inconfundível, subtraído à sua vontade, ele é "jogado em seu aí". Caráter de jogado é, por isso, uma outra estrutura fundamental, um existencial.

O ser-aí no mundo possui o modo de ser da preocupação, ou, como diz Heidegger, do *cuidado*. Ele possui o modo de ser do ser-ocupado, da ocupação. Esse cuidado do homem (também) aponta (em verdade) para um outro ente que o envolve, para as coisas (o "ente presente à vista") e para o "útil" ou o "à mão". Em seu cerne, porém, ele sempre remete ao mesmo tempo para o seu próprio modo de ser. O homem tem primeiramente "que ser", ele é entregue a si mesmo para ser. Ele é ser-aí que não apenas é, mas que sempre coloca em jogo esse seu ser-aí. Como ser que tem primeiramente que se realizar, o ser-aí é "projeto" – por isso, a fórmula: ser-aí é projeto jogado. A experiência fundamental humana é *angústia*. A angústia não se angustia tanto ante um outro ente, mas com o ser-no-mundo enquanto tal, ou, concebido mais explicitamente: com a possibilidade do próprio não ser. A angústia é a experiência radical, na qual o ente na totalidade se esvai para o homem. Ele vai ao encontro de sua própria morte. A morte, contudo, não vem ao encontro do ser-aí de fora. Ela lhe pertence: ser-aí é apenas como ser-para-a-morte. A partir desse encontro com a própria morte enquanto o limite absoluto emerge a significância propriamente dita e a urgência do ser-aí humano. Se dispuséssemos de um tempo infinitamente longo, então nada seria urgente, nada seria importante, nada seria "efetivamente real". Habitualmente fechamos os olhos para esse estado de coisas. Nós esquecemos que, em face da morte, temos de realizar a nossa vida a cada vez própria, inconfundível. Nós caímos no impróprio, no facultativo, no "impessoal". A meditação, porém, ensina-nos a reconhecer que a morte nos conclama para a assunção da própria existência, que ela manifesta a irrevogabilidade de nossas decisões, conclamando-nos para a vida propriamente dita e para a vida própria ("a cada vez minha") em liberdade e responsabilidade por si.

Essa consideração da morte é para Heidegger a chave para liberar a temporalidade como fundamento e limite, como horizonte do ser humano. Temporalidade é o sentido do cuidado propriamente dito, temporalidade é o acontecimento fundamental do ser-aí. Ser-aí "não possui um fim no tempo, mas existe de maneira finita" (*Ser e tempo*).

Até esse ponto vão as nossas alusões à análise heideggeriana do ser-aí humano. Muitos o seguiram até esse ponto. Na angústia, na medida em que todo ente e o próprio ser-aí se esvaem, o homem vai ao encontro do nada. O próprio nada encontra-se diante dele. Existência humana – Heidegger já diz na preleção inaugural de 1929 *eksistência*, ou seja, "ser para fora" – é encontrar-se lançado para fora, ser retido no nada. (A partir daqui surge a crítica infundada de que Heidegger pregaria o niilismo.) Se a transcendência é um encaminhar-se para além de todo ente, um lançar a questão para além de todo ente, então a essência do ser-aí é "a transcendência em meio ao nada".

Um aparte: a filosofia tradicional, em particular a filosofia cristã, também conhece a transcendência no sentido do encaminhar-se para além de, no sentido do lançar a questão para além de, do estender-se para além de todo ente. A transcendência nesse sentido conduz o pensador que crê até Deus. Para Heidegger, mesmo Deus pertence ao ente, para além do qual ele lança a sua questão. Por isso, a pergunta "Heidegger é ateu?" pode ser respondida de tal modo que ele se mostre como a-teu no sentido de que seu questionamento conduz para além de todo ente, mesmo de Deus. A questão acerca da existência de Deus enquanto a questão acerca do ente supremo é para ele apropriada para encobrir a questão acerca do ser propriamente dito. É preciso acrescentar, porém, que na obra tardia de Heidegger, o conceito do "sagrado" desempenha um papel central: "O pensador diz o ser, o poeta nomeia o sagrado"; e, além disso, é preciso afirmar que nos trabalhos posteriores, em particular na interpretação de Hölderlin, os "deuses" são introduzidos como um contraconceito em relação aos homens mortais; mundo aparece aí como "quadratura", como unidade quádrupla de céu e terra, mortais e divinos.

Retornemos ao problema do ser. Hegel disse certa vez: "O puro ser e o puro nada são o mesmo". Quanto a essa afirmação, Heidegger nos fala: "Essa sentença de Hegel se ratifica com razão". Aqui se anuncia aquilo que muitos sentiram como uma virada ou uma ruptura, designadas com frequência pelo próprio Heidegger como "viragem". Essa "viragem" significa um seguir adiante no caminho trilhado por *Ser e tempo*. Com essa viragem, o homem deixa de ser o "vicário do nada" e se transforma no guardião e no pastor do ser. No nada, justamente através do nada, o homem experimenta o ser. O nada é "o não ao ente", ou seja, o radicalmente outro ante todo ente. O nada é "o véu do ser".

Com esse ser, que em parte se revela, em parte se encobre através do nada, nós nos encontramos diante do conceito fundamental de Heidegger. O paralelo multiplamente usado da fonte que se fecha em si mesma indica o mais imediatamente possível o que se tem em vista aqui; pois o ser não se deixa apreender e dizer conceitualmente. O ser é o fundamento de sustentação, o sentido de ser que a tudo transpassa e vigora.

Porquanto esse ser não é objetivo, porquanto ele não pode ser conhecido por meio de um pensamento representativo que impõe o ente, fica claro que a filosofia para Heidegger, tendo chegado a esse ponto, nunca pode ser uma ciência (ciência que sempre tem algo em comum com o ente singular). Filosofia é muito mais "pensamento rememorante" desse ser. Ela é um pensamento que se encontra sob a voz de comando do e sob a obediência ao ser. Por isso, nas mãos de Heidegger, a questão "o que significa pensar?" transforma-se na questão "o que (nos) intima a pensar? – no sentido da voz de comando. E se a filosofia busca a "verdade", então essa verdade não pode ser a verdade no sentido da "correção" ou da concordância com o ente. Verdade é muito mais "desvelamento". Ela é o ser que se encobre e se desencobre. Com isso, a razão é reconduzida à "apreensão"*. "O pensamento, dito pura e simplesmente, é o pensamento do ser. O genitivo diz algo duplo. O pensamento é do ser, na medida em que o pensamento, apropriado em meio ao acontecimento pelo ser, pertence ao ser. O pensamento é ao mesmo tempo pensamento do ser, na medida em que o pensamento, pertencendo ao ser, escuta o ser" (*Carta sobre o humanismo*, 1947).

---

* Em alemão, há um parentesco etimológico entre o substantivo "razão" (*Vernunft*) e o verbo "apreender" (*vernehmen*). A razão é originariamente pensada como a capacidade de apreensão [N.T.].

Pode ser que o leitor chegue por si mesmo a intuições a partir do encurtamento das teses heideggerianas que foi aqui oferecido apenas em um primeiro esboço – se isso acontecer, ele pressentirá a solenidade, a conjunção rigorosa do pensamento e da fala, e, com isso, um sopro do ar que os escritos tardios de Heidegger respiram. A partir da posição conquistada, Heidegger voltou-se para toda uma série de esferas de questionamentos – é isso que nos mostra já a profusão de seus trabalhos preponderantemente curtos, extremamente densos e "espessos", assim como a multiplicidade dos temas. Heidegger voltou-se antes de tudo para a linguagem, que nunca é para ele um mero meio de entendimento, um simples meio de comunicação (Mundos o separam do positivismo lógico e de sua filosofia da linguagem). Para Heidegger, a linguagem é o meio, "no qual o ser, iluminando-se, ganha voz" (*Carta sobre humanismo*). A linguagem é, como se encontra formulado em uma outra passagem do mesmo escrito, "a casa do ser" (ser no sentido de Heidegger) "e a morada do ser humano". Se o pensamento é um pensamento que se encontra em débito para com o ser e que agradece ao ser, que "traz à fala em seu dizer a palavra não dita do ser", então ele se volta como que por si mesmo para a proximidade do poetar. Pensar e poetar, o "morar próximo em montanhas maximamente cindidas", encontram-se um ao lado do outro. É preciso compreender a partir daqui a longuíssima ocupação de Heidegger com Hölderlin (entre outros também com Rilke), as suas múltiplas interpretações da poesia hölderliniana. Hölderlin é para ele o "poeta dos poetas": entre os grandes poetas, ele é aquele que mais pura e claramente corporifica aquilo que Heidegger compreende por poesia.

Outras tentativas heideggerianas significativas de pensamento dirigem-se para o desenvolvimento da ciência moderna (*Ciência e meditação*, *A época da imagem de mundo*); a partir do âmbito mais restrito da filosofia, ainda podemos citar antes de tudo as traduções que cavam fundo e que são detidamente discutidas de fragmentos particulares dos filósofos pré-socráticos (Heráclito, Parmênides). Junto aos pré-socráticos – para acrescentar rapidamente ainda uma última coisa –, na aurora da filosofia, Heidegger encontra precisamente aquela compreensão de ser, que toda a metafísica posterior perdeu e encobriu – uma perda que não se deu naturalmente por meio de um erro evitável, mas por meio do destino, da destinação: o homem foi "confundido pelo ser". Na medida em que a questão do ser irrompe uma vez mais e em que os fragmentos violentos dos primeiros pensadores gregos se tornam uma vez mais acessíveis ao nosso pensamento, a filosofia começa – justamente na obra de Heidegger – a superar a história de dois mil anos da metafísica ocidental.

4. Repercussão e obra póstuma

Nenhum outro pensador do século XX – com exceção talvez de Wittgenstein – é hoje tão publicamente discutido quanto Martin Heidegger. Esse fato tem essencialmente duas razões.

A primeira: surgem sempre novos livros sobre a ligação de Heidegger com o regime de Hitler, em especial na França. É correto dizer que ele se deixou levar pela atmosfera nacional que irrompeu depois da ascensão de Hitler ao governo em 1933 e que não reconheceu mesmo por um ou dois anos que o caminho tomado por Hitler levaria à degradação. Ele compartilha esse erro com muitos alemães honrados e com a maioria de seu povo. Ele o reconheceu mais cedo do que muitos outros.

A segunda razão é mais importante. A obra completa que se encontra há décadas em fase de publicação traz à luz algo até aqui desconhecido e lança uma nova luz sobre o caminho de Heidegger. A edição abrangerá mais ou menos 100 volumes; uma parte significativa já se encontra pronta (1998). As antigas preleções como os *Grundprobleme der Phänomenologie* (*Os problemas fundamentais da fenomenologia*) de 1927 (vol. 24) mostram que a fama de Heidegger, outrora como grande professor, era inteiramente justa. Alguns intérpretes de Heidegger consideram que, assim como a maior parte de um *iceberg* se encontra sob a água, a maior parte da obra de Heidegger que até aqui permaneceu sem ser publicada e que com isso quase não era visível conduzirá publicamente a uma reavaliação da atividade criadora de Heidegger[15]. Como exemplo, valho-me aqui do volume 65 da obra completa, que foi publicado em 1989. Ele traz o título *Beiträge zur Philosophie (Vom Ereignis)* – *Contribuições à filosofia: Do acontecimento apropriativo*) e foi escrito de 1936 até 1938. Alguns intérpretes denominam os *Beiträge* (*Contribuições*) de Heidegger a segunda obra central ao lado de *Ser e tempo*; é notável que as duas obras tenham permanecido inacabadas. Na obra completa que vem surgindo desde 1975, as obras publicadas durante o tempo de vida do autor formam a Seção I; a Seção II contém textos das preleções; com o volume acima citado, exatamente 100 anos depois do nascimento de Heidegger em 1889, iniciou-se a Seção III com as obras até aqui inéditas, assim como com as conferências. Essa sequência foi estipulada por Heidegger. Ele queria que determinadas preleções – antes de tudo a preleção *Grundfragen der Philosophie. Ausgewählte "Probleme" der "Logik"* (*Questões fundamentais da filosofia. "Problemas" seletos da "Lógica"*), ministrada no inverno de 1937/1938 e publicada como o volume 45 da obra completa – estivessem acessíveis antes das obras póstumas.

O *Contribuições* foi designado por alguns como a "segunda obra central" de Heidegger (depois de *Ser e tempo*). Ele retomou o tema central que é tratado em *Ser e tempo*. O prefácio ao livro diz: "Aquilo que foi retido em longa hesitação é aqui mantido alusivamente como regra de uma reconfiguração" – o que significa: essas ideias tinham mobilizado Heidegger há muito tempo (mesmo antes de 1933), mas ele não as considerava ainda em sua forma definitiva, ainda não as considerava absolutamente como "obra" no sentido usual do termo, mas como um *caminho* de pensamento ou como o seu início. O caráter provisório do *Contribuições* também se mostra no fato de algumas passagens terem sido completamente trabalhadas, enquanto outras possuírem antes o caráter de anotações de trabalho sob a forma de palavras-chave.

Não é fácil fazer um relato sobre Heidegger, pois ele fala – e no transcurso de seu desenvolvimento esse fato se torna antes cada vez mais forte e contumaz – a sua própria língua.

---

15. Cf., p. ex., HOCHKEPPEL, W. *Martin Heideggers langer Marsch durch die "verkehrte Welt"* (*A longa marcha de Heidegger através do "mundo às avessas*, 1976), na coletânea *Endspiel* (*Fim de jogo*), 1993.

Ainda mais difícil é tornar o seu pensamento compreensível, sobretudo porque esse não é efetivamente o desejo de Heidegger; ele escreve "para os poucos" e "para os raros que trazem consigo a coragem suprema para a solidão, a fim de pensar a nobreza do seer* e de dizer a sua unicidade". Isso desencoraja o leitor, mesmo que ele não saiba que Heidegger designa em uma outra passagem o fazer-se compreensível como o suicídio da filosofia. Não obstante, gostaria de chamar a atenção para alguns traços fundamentais.

O fato de Heidegger ter voltado as costas ao nacional-socialismo vem à tona (nesse escrito iniciado em 1936 que contém mais de 900 páginas) em sua polêmica contra a "visão de mundo". Visão de mundo, na medida em que anuncia uma "imagem de mundo total" e não admite que essa imagem "encontre uma dimensão mais profunda ou seja suplantada por algo mais elevado", é precisamente o contrário da filosofia porque essa repousa sobre questões e formula questões. Visão de mundo é para a massa, ela é "maquinação", luta com o auxílio da "propaganda". A filosofia, em contrapartida, se enraíza em uma penúria que aflige o homem, e ela "não busca afastar" essa penúria, "mas suportá-la e fundamentá-la".

Para Heidegger, não é apenas o desenvolvimento da filosofia ocidental que se constitui em grande parte como um desenvolvimento equivocado, como um errar a meta (razão pela qual ele busca retornar ao *início*); mesmo a ciência (a ciência moderna, pois a "doutrina" medieval e o "conhecimento" grego são coisas completamente diversas), que determina quase todo o nosso pensamento, aspiração e ação, é considerada por ele com olhos críticos; ela não é "nenhum saber no sentido da fundação e da conservação de uma verdade essencial". Na seção 76, "Sentenças sobre a ciência", isso é apresentado de maneira detalhada. Daí surgem alguns estilhaços:

Não há "*a* ciência". Arte e filosofia são "em si essenciais e plenas" – à ciência pertence necessariamente o fato de ela se decompor em disciplinas particulares. Especialização não é um mal ou um fenômeno de decadência. Ao contrário, ela pertence à essência da ciência porque esta re-presenta e apresenta de maneira contraposta o ente – ou um âmbito a partir daí.

A "visualização" de um *campo de objetos* e a vinculação a um *método* de explicação (a saber, a recondução a algo conhecido e compreensível) condicionam o rigor da (de toda) ciência. É

---

* O termo "seer" remete-nos a um recurso utilizado por Heidegger a partir da década de 1930 para diferenciar a questão metafísica acerca do *ser* enquanto a pergunta sobre o ser do ente na totalidade do pensamento interessado em colocar pela primeira vez a verdade do próprio ser em questão. Enquanto a metafísica compreende o ser como o ente supremo (*óntos ón*) e como o fundamento último da realidade, o pensamento voltado para a possibilidade de um outro início da filosofia aquiesce radicalmente à impossibilidade de transformar o ser em objeto de tematização e procura acompanhar o ser em seus acontecimentos históricos. Para marcar mais distintamente essa diferença, Heidegger cria uma distinção pautada no modo arcaico de escrita do verbo ser em alemão (*Seyn*), um modo de escrita que ainda era usual em autores como Fichte, Schelling e Hegel. Surgem, assim, os termos "*Sein*" e "*Seyn*". Nós traduzimos esses termos respectivamente por "ser" e "seer" em função do fato de a grafia arcaica de ser em português ser feita com duas letras "e". Quanto a esse fato, cf. MAGNE, A. *A demanda do Santo Graal*. Rio de Janeiro: Imprensa Nacional, 1944, p. 37-39, entre outras [N.T.].

sobre um tal ponto que repousa o seu sucesso ("algo sempre vem à tona"), mas também a sua limitação.

O pensamento orientado por séries causais (se... então...) mostra a "essência maquinacional" da ciência. É um erro pretender apreender algum dia o vivente com esse método. Isso é válido para a natureza tanto quanto para a história.

> O fato de se admitir na história o "acaso" e o "destino" como codeterminantes demonstra com maior razão o domínio único do pensamento causal, na medida em que "acaso" e "destino" não representam senão as ligações entre causa e efeito exata e inequivocamente perceptíveis. A historiologia nunca chega a saber que aquilo que é historicamente ente pode ter um modo de ser completamente diverso...

Na ciência há a tendência para considerar o próprio procedimento e o próprio processo como mais importantes do que o campo de objetos. Não se quer saber qual é o caráter essencial que o ente que se encontra à base do campo de objetos possui, mas se procura encontrar "resultados", ao máximo tais resultados que possuem uma "capacidade de emprego imediato" e, assim, logo se obtém a partir de cada "resultado" novos impulsos, com o auxílio dos quais se pode continuar investigando tranquilamente.

Depois de algumas sentenças sobre o tema ciência natural *versus* ciências humanas seguem-se prognósticos: "Com a crescente fixação da essência técnico-maquinacional de toda ciência, a diferença objetiva e procedimental entre as ciências naturais e as ciências humanas se retrai cada vez mais..." "As 'universidades' como 'sítios da pesquisa e da teoria científica' [...] transformam-se em puras instituições funcionais que se mostram cada vez mais 'próximas da realidade', instituições nas quais nada é decidido [...]". "A filosofia, aqui compreendida apenas como meditação pensante com vistas à verdade e, isso significa, com vistas à questionabilidade do seer, não como erudição historiológica produtora de 'sistemas', não possui lugar algum na universidade, nem muito menos nas instituições funcionais". E de maneira ainda mais crassa: "A meta velada, para a qual tudo isso e todo o resto se lança avidamente sem pressentir e sem poder pressentir nada do que está acontecendo, é o estado do tédio completo [...]" "As ciências humanas historiológicas transformam-se em ciências *jornalescas*. As ciências naturais transformam-se em ciência das *máquinas*".

As "sentenças sobre 'a ciência'" encontram-se na segunda parte do *Contribuições*, que possui o título "A ressonância". A composição estrutural (uma expressão dileta de Heidegger) do todo é a seguinte: seis seções principais com os títulos "a ressonância; a jogada; o salto; a fundação; os por vir; o último deus" formam o coração do texto. Antes disso tem-se uma "visão prévia" e a conclusão é estabelecida pela seção "o seer".

Na seção "o salto" encontra-se o seguinte texto que soa como grito:

> A natureza e a terra
>
> A natureza, isolada do ente por meio da ciência da natureza: o que acontece com ela por meio da técnica? A destruição crescente da "natureza", ou melhor, a destruição que simplesmente se desenrola em direção ao seu fim. O que a natureza era outrora? Os sítios do instante da chegada e da morada dos deuses, quando ela, ainda como φνσιζ (physis), repousava sobre a essencialização do ser.

Desde então, ela logo se tornou um *ente* e, em seguida, o contrário da "graça" e, depois dessa destituição, ela foi completamente exposta à imposição da maquinação e da ciência calculadoras.

E, por fim, manteve-se ainda a "paisagem" e as ocasiões de relaxamento e essa paisagem e essas ocasiões também passaram a ser computadas com a medida do gigantesco e a ser erigidas para as massas. E então? Isso é o fim?

Por que a terra se silencia em meio a essa destruição?...

Quem, além de Heidegger, há tantos anos, fez uma previsão tão profética?

Logo ao lado de tais pedaços reluzentes na gigantesca "pedreira, em que se quebra a rocha primitiva" (Heidegger expressa-se assim sobre a sua obra no início da seção "o seer"), encontram-se blocos que apresentam enigmas à compreensão. O que é o "último deus"? Heidegger diz quanto a isso: "O totalmente outro ante aqueles que foram, sobretudo ante o Deus cristão". Por que ele diz às vezes "deus", às vezes "*o* deus", com frequência "os deuses"? O que significa uma frase como "A viragem essencializa-se entre o chamado (o pertinente) e a escuta (daquele que é chamado). Viragem é re-torno. *O chamado* para o salto rumo ao interior do acontecimento da apropriação é a grande quietude do conhecer-se mais velado possível?" Será que o hermetismo (ou seja, ensimesmamento, exclusão dos não iniciados da compreensão) não se lançou aqui longe demais? (Karl Popper chamou de desonesto, quando filósofos – como Hegel e Heidegger – se expressam de maneira tão obscura que não se pode compreendê-los inequivocamente e, com isso, também não se pode antes de tudo refutá-los inequivocamente).

O tratamento heideggeriano de seu conceito central "*Seyn* (seer)" (ele escreve a palavra com y, a fim de destacá-la de sua significação usual) lembra o tratamento do conceito de Deus na teologia negativa: sobre Ele, nada pode ser enunciado diretamente; nunca se pode senão circunscrever sempre uma vez mais aquilo que o seer (ou "deus, o totalmente outro") *não* é.

Por mais insuficiente que esse meu curto relato possa ser – talvez ele consiga ao menos encorajar um ou outro leitor a lidar com a obra de Heidegger (o melhor a fazer é começar com um dos volumes de conferências como *Marcas do caminho* ou *Caminhos da floresta*) e dar a impressão de que esse pensador mal-afamado como "difícil", "contumaz" e "obscuro" é mais do que um (para me valer de uma expressão de Thomas Mann) conjurador sussurrante do seer.

5. Heidegger na França – com uma rápica consideração de alguns pensadores franceses

O prestígio e a influência de Heidegger fora da Alemanha não diminuíram depois de 1945, mas se tornaram ainda maiores. Isso é válido em uma medida particular para a França. Aqui, foi antes de tudo Jean *Beaufret* (1907-1982) que o tornou conhecido com os seus *Dialogue avec Heidegger* (1973/1974); Heidegger dedicou a ele a sua *Carta sobre o humanismo*; ao lado de Beaufret, temos reconhecidamente Jean-Paul Sartre; recentemente também Jacques *Derrida* (nasc. em 1930), que interpretou de maneira detida em uma nova obra[16] textos de

---

16. DERRIDA, J. *Do espírito* – Heidegger e a questão. Frankfurt a.M., 1988.

Heidegger que se estendem por um período de vinte e cinco anos (1927 a 1953); por fim, alguém que precisa ser citado depois, Emmanuel Lévinas.

O escrito de Jean Beaufret também foi publicado em uma tradução alemã[17]. Ele mostra como Beaufret interpreta o mestre e dá prosseguimento ao seu pensamento de uma maneira interessante. Cito Beaufret aqui, porém, antes de tudo porque, com a sua carta a Heidegger logo depois do final da Segunda Guerra Mundial, ele o mobilizou a escrever uma resposta detalhada, que lançou luz sobre o pensamento heideggeriano na fase posterior à assim chamada viragem.

A questão central que Beaufret dirige a Heidegger é: "Comment redonner un sens au mot 'Humanisme'? (*Como devolver um sentido à palavra 'humanismo'?*)" Heidegger responde: para tanto, é preciso experimentar primeiro a essência do homem de maneira nova e "mais inicial" do que a filosofia (que já tinha se degenerado na Grécia Clássica em metafísica) conseguiu fazer. Isso significa uma recusa a todo humanismo – ou seja, a todo pensamento que gire exclusivamente em torno do homem – e, com isso, à filosofia da existência em todos os seus matizes, Sartre inclusive. Todas as tentativas de interpretar a essência do homem, quer elas provenham de Marx, do cristianismo ou de Sartre, padecem do fato de colocarem o homem em uma relação já fixa com a natureza, com a história, com a totalidade do mundo, ou seja, com o ente, ao invés de questionarem a relação do *ser* com o homem. O homem não é o senhor do ente, mas o "vizinho do ser" ou o seu guardião. O homem deveria, antes de falar, deixar-se interpelar uma vez mais pelo ser; ele deve esperar ser tocado pela fala do ser.

Temos aí uma vez mais o conceito central de Heidegger: o ser (seer). Como deve ser entendido, nisso os intérpretes divergem em uma medida extrema – como o mostra a literatura que é hoje quase inabarcável[18].

Questionável até hoje não é apenas o "ser" ou o "seer" heideggerianos, mas, do mesmo modo, a sua posição em relação à linguagem, que foi ganhando cada vez mais a posição central no curso de seu caminho de pensamento, de maneira que se poderia dizer que a fórmula para caracterizar a obra tardia não é mais "ser e tempo", mas "ser e linguagem". "Não somos nós que possuímos a linguagem, mas a linguagem que nos possui". A linguagem não é um mero instrumento do homem, mas a "casa do ser" e a morada da essência do homem. Nós deveríamos prestar atenção naquilo que a linguagem mesmo nos expõe. A essência do pensamento precisa ser concebida a partir da essência da linguagem, enquanto a essência da linguagem precisa ser concebida a partir da essência da poesia. Nesse sentido, Hölderlin, cuja obra Heidegger sempre interpretou, é para ele *o* poeta (*Hölderlin und das Wesen der Dichtung – Hölderlin e a essência da poesia*, 1936)[19].

---

17. BEAUFRET, J. *Wege zu Heidegger*. Frankfurt a.M., 1976.

18. Cf., p. ex., a coletânea abrangente organizada por Otto Pöggeler: *Perspektiven zur Deutung seines Werkes* (*Perspectivas para a interpretação de sua obra*). Weinheim, 1994, em particular a introdução escrita pelo organizador.

19. Heidegger sintetizou as suas ideias relativas à linguagem no escrito *O caminho para a linguagem* (1959).

Duas citações podem elucidar o quanto os juízos sobre o pensamento heideggeriano acerca da linguagem podem divergir.

Um bom conhecedor de Heidegger, Günter *Wohlfart*, refere-se (depois de observar que Heidegger seria um dos grandes pensadores desse século, ainda que não tenha sido nenhum grande caráter) à influência de Heidegger mundo afora (só no Japão há mais de cem traduções de seus escritos) e afirma de maneira lapidar que, em verdade, Wittgenstein seria o mais influente pensador da linguagem, mas que Heidegger seria o maior[20].

A contrapartida: a "linguagem fala", o "nada se faz nada" – será que essas são proposições efetivamente significativas? E: pode-se deduzir da história da palavra, da etimologia de uma palavra, a sua verdadeira significação? O romanista Mario *Wandruszka*, um conhecedor da linguagem e de muitas línguas, comenta a lida heideggeriana com a linguagem (no escrito de Heidegger *O que significa pensar?*, de 1954) da seguinte forma: "Tudo aquilo que é questionável dá a pensar. O que há de mais questionável? No que ele se mostra em nosso questionável tempo? O que há de mais questionável se mostra no fato de ainda não pensarmos. De continuarmos sempre ainda sem pensar, apesar de o estado do mundo se tornar continuamente questionável". Essas frases são de Heidegger. Quanto a elas, Wandruszka nos diz: "Essas são frases que poderiam ser de Nestroy"[21].

Não há nenhum exagero em dizer que os debates filosóficos na França se desencadearam depois de 1945 em grande parte a partir de pensadores alemães (ou austríacos): ao lado de Heidegger, isso se deu em primeira linha a partir de Karl Marx, em particular a partir de sua obra de juventude (e, através de Marx, também a partir de Hegel). Nas duas primeiras décadas do pós-guerra, o marxismo deu francamente o tom, não apenas em Sartre. Pensadores como Louis *Althusser* (1918-1990) – *Para Marx* chama-se uma de suas coletâneas de ensaios que também foi publicada em alemão (1968) – e Roger *Garaudy* (nasc. em 1913) podem responder por muitos outros; Garaudy, expulso em 1970 do partido comunista, tendo se convertido ao islamismo, tornou-se crítico não apenas do marxismo, mas de toda a civilização ocidental. Já antes do colapso do regime comunista no Leste Europeu, o papel de Marx como imagem diretriz e como "patriarca" do pensamento francês já tinha com certeza findado.

O terceiro pensador alemão, com o qual os intelectuais franceses se confrontaram, foi Friedrich Nietzsche. Como exemplo, podemos citar Gilles *Deleuze* (1925-1995), com a sua obra *Nietzsche e a filosofia*, publicada em alemão em 1976.

Deleuze também realizou uma importante contribuição para a confrontação com o último pensador que precisamos introduzir aqui: Sigmund Freud. Juntamente com Félix *Guattari*, ele escreveu um *Anti-Édipo* (edição alemã, 1976). No entanto, uma figura central na con-

---

20. WOHLFART, G. Heidegger. In: BORSCHE, T. (org.). *Klassiker der Sprachphilosophie (Clássicos da filosofia da linguagem)*, 1996, p. 385ss.

21. WANDRUSZKA, M. Sprache und Sprachen (*Língua e línguas*). In: PEISL, A. & MOHLER, A. (org.). *Der Mensch und seine Sprache (O homem e sua linguagem)*, 1979, p. 25.

frontação francesa com a psicanálise é antes Jacques *Lacan* (1901-1989), ele mesmo psicanalista por profissão. Em 1980 foi publicada uma edição alemã em três volumes dos *Escritos* de Lacan; da gigantesca massa impressa de seus *Seminários* há em alemão dentre outras coisas *Os quatro conceitos fundamentais da psicanálise* (1980).

Lacan e, estimulados por ele, outros franceses assumiram a tarefa que não foi realizada pelos alemães – como consequência da emigração forçada de Freud para a Inglaterra e da repressão aos seus escritos sob o nacional-socialismo: investigar as implicações filosóficas e as consequências da obra de Freud. Está fora de questão o fato de as ideias e as descobertas de Freud terem transformado decisivamente a imagem do homem. Visto a partir dos olhos de Freud, é no máximo em um sentido muito restrito que o homem pode ser designado como um animal racional. O "eu", que os filósofos equipararam na maioria das vezes com a "razão" autônoma, é semelhante a uma casca de noz que vaga sobre o oceano do inconsciente.

Quem vier a ler Lacan se perguntará se ele tem efetivamente algo em comum com um filósofo. É essa a impressão que temos com frequência a partir dos escritos dos filósofos franceses de hoje. Os limites entre a filosofia e as outras disciplinas, antes de tudo também em relação à literatura, se fluidificam. O estimado Paul *Ricoeur* (nasc. em 1913)[22] apontou recentemente para o perigo de que homens, considerados filósofos, sejam seduzidos pela aparição nos meios de comunicação e em congressos a buscar mais o efeito produzido no grande público do que a pesquisa filosófica séria. Ricoeur falou nesse contexto de uma perigosa "espuma de pensamento".

Para que não surja a impressão de que a filosofia francesa se esgotaria na confrontação com Heidegger e com alguns outros alemães, podemos remeter-nos a outros dois pensadores de um tipo totalmente diverso. Michel *Foucault* (1926-1984) é um dos pensadores franceses mais conhecidos do presente, mesmo na Alemanha, uma vez que há muitas traduções de sua obra em alemão[23]. Sexualidade como tema de uma obra filosófica capital? Por que não? O gênero sexual não está, por exemplo, entre os atributos mais importantes do ser humano? Não é estranho que esse âmbito seja explicitamente tratado por alguns filósofos (como Schopenhauer) e em outro não seja tematizado em parte alguma?

A primeira obra de Foucault, *As palavras e as coisas*, gira em torno de um tema que o próprio autor designou como o seu tema central: o sujeito. O sujeito pensante, colocado no ponto central antes de tudo pelo *"Je pense, donc je suis"** de Descartes, aparece em Foucault como ponto de partida impróprio para a busca por certeza; segundo Foucault, o sujeito é antes efeito do que causa ou base. O "sujeito" teria surgido muito mais sob a "compulsão à confissão", que se

---

22. Como a obra central de Ricoeur podemos considerar *Philosophie de la volonté*. A segunda parte existe em uma tradução alemã: *Phänomenologie der Schuld* (Fenomenologia da culpa – em francês, *Finitude et culpabilité*, 1960).

23. FOUCAULT, M. *Histoire de la folie à l'âge classique*, 1961. Tadução alemã de 1969 como *Wahnsinn und Gesellschaft* (Loucura e sociedade). • *Les mots et les choses*, 1966. Em alemão, traduzido como *Die Ordnung der Dinge* (A ordem das coisas), 1971. • *Histoire de la sexualité*, 3 vol., 1976-1984.

* Em francês no original: "Eu penso, logo eu existo" [N.T.].

formou como ritual social central desde a Idade Média na Europa – sob a forma do sacramento da penitência e da confissão no âmbito eclesiástico, no interior do processo inquisitorial, na justiça penal com o papel central da confissão como meio de demonstração (ao invés do juramento, do duelo ou do julgamento de Deus, que serviam antes como caminhos para a averiguação dos culpados). A escala das "confissões" chega até o erotismo (as pessoas assumem seu amor), a psicanálise (as pessoas revelam os seus sonhos), mesmo a literatura (no lugar da saga heroica e das lendas sagradas entram em cena gêneros literários, nos quais deve revelar-se a verdade em autoavaliação, reconhecimento, confissão).

Destronação ou dissolução do sujeito e "dessubjetivação" são palavras-chave, que também desempenham um papel central em outros pensadores franceses.

Nós entramos em um mundo completamente diferente, quando nos voltamos para o pensamento de Emmanuel *Lévinas* (1906-1995). Muitas de suas obras foram traduzidas para o alemão[24]. Ao travar o primeiro contato com Lévinas, o leitor pode sentir-se impelido imediatamente a se lembrar de Martin Heidegger; e, por duas razões, isso acontece corretamente. Por um lado, Lévinas se encontra na tradição do judaísmo crente – ele provém de uma família judaico-lituana; por outro lado, assim como Buber, Lévinas coloca o "tu", o próximo singular, o "outro", no ponto central, de modo que o seu pensamento foi caracterizado de maneira pertinente como uma "filosofia do encontro".

Muitos de seus escritos sobre questões do judaísmo, do Talmud, do messianismo (que não foram publicados em alemão)* atestam a sua posição no interior da tradição judaica. Como uma prova de seu pensamento "dialógico" (como Buber diria) podemos citar o seu livro *O rastro do outro*.

Nesse livro Lévinas, que dominava aliás perfeitamente a língua alemã, inclusive o jargão filosófico de Heidegger e de seu mestre Husserl, parte da confiança na linguagem que desapareceu desde Nietzsche e Wittgenstein, da "desconstrução" (um termo dileto na França filosófica de hoje) da metafísica tradicional, do ceticismo que nada poupa, nem mesmo o discurso significativo, a razão, a herança humanista. No entanto, ele contrapõe a isso o seguinte: a dúvida quanto à confiabilidade da linguagem não poderia levar ao ponto de "aquilo que precisa ser dito" se tornar indiferente; ao ponto de a responsabilidade ser substituída pela indiferença. Não pode haver indiferença quando o que está em jogo é "o outro", o próximo. Esse outro não deve ser desdenhado por mim em seu ser outro por meio de um "pensamento voltado para o lucro". A partir do ser outro, da diferença indissolúvel entre ele e mim vem à tona para mim uma "inter-pelação", uma interpelação que requer uma tomada de conhecimento e uma resposta. Quem constrói do outro uma imagem pronta o degrada e transforma em coisa – que em caso de necessidade pode chegar até mesmo a ser posto fora do caminho.

---

24. LÉVINAS, E. *Essais sur l'extériorité*, 1961. • *Autrement qu'être ou au-delà de l'essence*, 1974. Em 1987 surgiu uma coletânea que reúne capítulos importantes de *En découvrant l'existence avec Husserl et Heidegger* (1949) com alguns ensaios mais recentes.

* Mas que se encontram publicados em português [N.T.].

Estar aberto para o outro – isso não deve ser sacrificado no altar de uma razão autocrática. Estar aberto também em face do infinito (que se pode compreender certamente como o divino) é a segunda exigência. Estar aberto para o outro – esse estar aberto também se expressa como amor. Com isso, Lévinas se volta para o elemento feminino no homem, elogia a fertilidade e se queixa do fato de muitos filósofos ocidentais, mesmo não sendo monges, terem se inclinado para um ideal ascético, monástico – enquanto na tradição judaica o crente é questionado diante do portal do céu: Tu também cumpriste o teu dever de te reproduzires? Lembremo-nos aqui do fato de que, segundo a tradição da antiga Índia, um homem, antes de entrar no estágio da sabedoria própria à velhice e, com isso, talvez da solidão e da ascese, devia ter passado por todos os papéis vitais de um marido e de um pai de família cuidadoso.

Aqui e em outros lugares, Lévinas procura estabelecer uma mediação entre a tradição judaica, da qual ele se confessa partidário, o cristianismo e a filosofia que pensa em "língua grega".

Quando se comparam os escritos de Lévinas com os escritos de seus contemporâneos franceses, tudo isso soa antes tradicional e conservador. Mas onde se acha escrito que um filósofo deveria estar comprometido com a Modernidade ou mesmo com a "Pós-modernidade" (o que quer que isso possa significar)? Justamente o contrário poderia ser igualmente justificado. Foi nesse sentido que um filósofo alemão de hoje (trata-se de Robert *Spaemann*) iniciou uma obra publicada em 1989 com a afirmação de que ele esperava que a obra não contivesse "nada de fundamentalmente novo" – pois onde o que está em questão é a vida justa, somente o falso poderia ser realmente novo.

VII. Brilho e fim do marxismo

1. O papel da filosofia

No século XX, o movimento político criado por Marx e por seus colaboradores dominou boa parte da terra habitada. Isso é válido em um duplo sentido. Em primeiro lugar, na medida em que o marxismo – mais exatamente: o marxismo-leninismo – se mostrou nos países em questão como a única filosofia permitida pelo Estado; e, em seguida, na medida em que essa doutrina filosófica formou a base da práxis política e social. Nunca antes um movimento desencadeado pela filosofia e que apelava a ela exerceu tal poder.

Todo o sistema espiritual foi dividido em três âmbitos[25]: 1) Filosofia (subdividida nas partes centrais "materialismo dialético" e "materialismo histórico"); 2) Economia política (Teoria

---

25. *Bases da filosofia marxista*, 1958. • *Bases do marxismo-leninismo*, 1959. Esses dois manuais soviético-ministeriais publicados no final da ditadura stalinista, difundidos em centenas de milhares de exemplares, encontram-se desde 1960 acessíveis em edições alemãs (Berlim, Ed. Dietz). O que se segue baseia-se nos trabalhos de WETTER, G.A. *Der dialektische Materialismus – Seine Geschichte und sein System in der Sowjetunion* (*O materialismo dialético – Sua história e seu sistema na União Soviética*). 5. ed., 1960). • *Sowjetideologie heute* (*Ideologia soviética hoje*). Coleção Fischer, n. 460, 1962. • *Philosophie und Naturwissenschaft in der Sowjetunion* (*Filosofia e ciência natural na União Soviética*). Vol. 67, 1958.

econômica); 3) Teoria do socialismo científico (o que se tem em vista aqui não é outra coisa senão a teoria e a tática do movimento comunista internacional). Nesse contexto, contudo, a filosofia era mais do que uma das três partes: ela era a base do conjunto da teoria, o laço que mantinha tudo coeso. Ela não era apenas Teoria do Conhecimento ou doutrina do método, mas "método e visão de mundo" ao mesmo tempo. Visão de mundo: portanto, interpretação conjunta da existência humana, sim, de todo ser em geral; e isso não no sentido tateante e marcado por uma procura que é sugerido pela palavra "interpretação", mas com base "científica", de maneira conclusiva, definitiva, demonstrada, irrefutável: dogma. Certo é que a significação da filosofia para a vida do homem e da humanidade nunca foi tão elevadamente apreciada quanto junto aos marxistas, e quando um cientista natural "ocidental" defendeu, por exemplo, publicamente a tese de que a época da filosofia teria passado no fundo, que todos os conhecimentos viriam hoje das ciências particulares do real, ele pôde contar com a rápida oposição oriunda do acampamento marxista.

No final do século XX, tudo fala a favor de que o domínio do marxismo – na maioria das vezes violento e desumano – na antiga União Soviética finde e que ele não passe mais incólume lá onde ainda se mantém. O papel histórico único desse movimento exige que o examinemos com atenção – mesmo depois de seu presumido fim.

2. *Conceito de matéria e materialismo*

Críticos do marxismo tendem por vezes a menosprezar o seu fundamento filosófico, o assim chamado materialismo (de maneira algo precipitada) com o seguinte argumento: quando Marx e Engels – ao qual cabe tanto quanto mais tarde a Lenin uma parcela importante na fundamentação da filosofia marxista – ensinavam, as pessoas representavam com a palavra "matéria" algo que há muito não está mais em discussão. Compreendia-se por matéria algo redutível à matéria-prima, formado a partir de átomos quase como no sentido de Demócrito: a saber, a partir de componentes imutáveis, impenetráveis, não mais decomponíveis, ou seja, componentes derradeiros do conjunto da natureza. Mas, com o desenvolvimento da física desde então, não sobrou mais nada de tais concepções. Nós reconhecemos que o átomo é constituído a partir de partículas elementares essencialmente menores – de longe, contudo, a maior parte é composta de espaço vazio. Só compreendemos em parte as forças extraordinariamente complicadas e as reações entre as partículas elementares, das quais se vai descobrindo cada vez mais, sem que um sistema de ordenação comparável com o sistema periódico dos elementos esteja tão assegurado quanto esse sistema. Núcleos atômicos podem emitir radiação (radioatividade) e podem ser artificialmente "desintegrados". Matéria é – segundo a famosa fórmula de Einstein – convertível em energia. Para nós, a "matéria" tornou-se plurissignificativa, quase intangível, um sinônimo de energia além disso. Quem em face dessa situação – assim falam os críticos – se mantém dogmaticamente preso ao "materialismo" marxista ignora cem anos de conhecimento científico-natural.

Uma tal crítica, entretanto, simplifica por demais as coisas. Já Lenin tinha reconhecido que esse desenvolvimento retiraria o solo do materialismo filosófico, se não se conseguisse formular de maneira nova o conceito de matéria. Na confrontação com os "criticistas empíricos" alemães, a saber, com Ernst *Mach* e Richard *Avenarius* (cf. a seção "Neopositivismo", Lenin rejeitou o antigo conceito de matéria, que tinha se tornado para ele estreito demais. Para ele[26] e para o marxismo depois dele, matéria é "uma categoria filosófica para a designação da realidade objetiva". Esse conceito, portanto, é muito mais amplo do que o conceito original e, antes de tudo, muito mais elástico, tal como se mostra logo que o explicitamos no sentido do marxismo:

Para o materialismo dialético, pertence à essência da matéria o *movimento*. Não há nenhuma matéria sem movimento – nenhum movimento sem matéria. Por movimento precisamos compreender nesse caso todo tipo de transformação – não apenas, por exemplo, a alteração de lugar dos corpos no espaço, mas também processos físicos (p. ex., eletromagnéticos), químicos, fisiológicos e mesmo sociais.

Além disso, à essência da matéria pertence a sua *infinitude*. Essa infinitude precisa ser compreendida tanto no sentido espacial quanto no sentido temporal. O mundo não tem, portanto, nenhum início e nenhum fim no tempo. Isso colocou o marxismo em conflito com teorias cosmológicas modernas, que falam do início do universo sob a forma de uma "explosão originária" e de seu fim por "morte térmica" (princípio da entropia), que ainda continuam discutíveis para os astrônomos e os físicos. Espaço e tempo são concebidos pelo marxismo como modos de ser objetivos e reais da matéria – o que está numa contradição indissolúvel com a concepção kantiana, que com certeza não é mais preponderantemente mantida hoje sem mais pela filosofia não marxista. Para além disso, na medida em que espaço e tempo são modos de ser de todo ser pensável, a ideia de um deus extramundano, isto é, de um deus que existe fora do espaço e do tempo, é para o marxismo um disparate. É digno de nota que espaço e tempo não sejam considerados como pura e simplesmente imutáveis, que eles se desenvolvam muito mais do mesmo modo a reboque do processo de desenvolvimento pelo qual passa a matéria, de modo que possam estar presentes no universo elementos espaciais e temporais qualitativamente diversos.

O conjunto do mundo material, e isso significa para o marxismo a totalidade do mundo, forma uma *unidade*. A demonstração da tese é vista no fato de a pesquisa natural até aqui, até onde o seu olhar consegue penetrar na profundidade do universo, nunca ter encontrado indícios que pudessem refutar a suposição de uma unidade material integral com estruturas legais unas.

Com isso, o marxismo de hoje não é "materialismo" no sentido do assim chamado materialismo vulgar (assim chamado justamenmte pelo marxismo) do início do século XIX. Ele é materialista em um sentido duplo: 1) O ente (i. é, a matéria) é uma realidade objetiva, ou seja, independente da consciência cognoscente; essa concepção poderia ser caracterizada correta-

---

26. LENIN, W.I. *Materialismus und Empiriokritizismus* (*Materialismo e criticismo empírico*). Ed. de Moscou, 1947, p. 277.

mente como "realismo epistemológico". O marxismo tem essa posição em comum com metafísicos como Nicolai Hartmann. 2) De acordo com o ser, a matéria no sentido amplo descrito é o elemento primário; o que se denomina "espírito" é apenas o seu reflexo na consciência dos homens e, por isso, dependente dela.

Para Friedrich Engels, a questão da relação entre ser e consciência é a questão mais fundamental de todas, especialmente para toda a filosofia mais recente. Para o marxismo, a consciência é "produto, função e propriedade" da matéria. Produto da matéria: segundo tudo o que sabemos, a capacidade da consciência só vem à tona nos organismos vivos com um sistema nervoso apto para desempenhar funções, um sistema nervoso de um tipo determinado. Consciência é um produto da matéria cerebral. Função da matéria: segundo Lenin, os processos conscientes e os processos químico-fisiológicos no cérebro pensante não são dois processos (paralelos), mas uma ocorrência una, cujo "estado interno" representa por assim dizer o seu lado interior, a consciência.

3. Materialismo dialético

A peculiaridade da filosofia marxista, assim como a sua relativa flexibilidade e a sua força de convencimento, só se tornam claras, quando se acrescenta à postura fundamental "materialista" uma segunda parte determinante: a dialética como lei geral de desenvolvimento da matéria. (Como terceira parte há ainda a dialética do processo social enquanto lei geral do desenvolvimento da história humana – falaremos disso no próximo tópico.)

Visto em seu todo, o movimento que pertence à essência da matéria possui uma direção ascensional: ela conduz das formas fenomênicas da ordem inferior até os fenômenos da ordem superior e vai assumindo uma multiplicidade cada vez maior. Ela conduz da matéria inanimada ao surgimento da vida e, junto à forma mais desenvolvida de vida que nos é conhecida, aos processos sociais e às formas da consciência que estão ligadas a essa forma.

Essa construção gradual do ente lembra a doutrina de Nicolai Hartmann (ou mesmo de Karl Popper). Uma diferença reside no fato de Hartmann supor um âmbito próprio do ser espiritual acima do âmbito psíquico; há um ponto de concordância no fato de, segundo Hartmann tanto quanto segundo a teoria marxista, entrar em cena nos âmbitos superiores algo principialmente novo (um "novum categorial"), que não pode ser reconduzido ao respectivamente inferior. Com isso, em verdade, a vida se constrói sobre processos químico-físicos, mas não é idêntica a eles e, em seu cerne essencial, também não é derivável deles. Apesar disso, porém, segundo a concepção marxista, ela proveio deles em termos histórico-genéticos.

Como isso é possível? Aqui se inicia a dialética. Nós conhecemos essa doutrina a partir de Hegel[27]. A dialética ensina a compreender como o "salto" para algo qualitativamente novo,

---

27. Cf. p. 428 do presente livro. Lá também apresentamos uma formulação de Lenin que circunscreve muito bem a essência da doutrina dialética do desenvolvimento.

que antes não estava presente, provém necessariamente do desenvolvimento da matéria. Também se designou esse "salto" com a denominação plástica "mais-valia ontológica" (com um apoio que soa levemente irônico no conceito marxista de mais-valia, exposto na teoria do salário). O salto dialético precisa ser visto em conexão com a tese da "conversão da quantidade em qualidade": como tudo está em movimento e em transformação, as propriedades das coisas se alteram de início de uma tal maneira que a quantidade se altera; por exemplo, no caso do que está presente, quantidades determinadas de matéria-prima determinada em uma posição do espaço ou a velocidade de um corpo em movimento ou o grau da presença de determinadas propriedades. No interior de certos limites, tais movimentos ainda não transformam a essência, a qualidade da matéria que se encontra em questão. No entanto, se uma determinada medida é ultrapassada, entra em cena uma conversão, um salto, que conduz a algo qualitativamente diverso e novo. Por exemplo: água permanece água, mas a 100 graus celsius ela experimenta uma forma qualitativamente diversa de estado. Ferro permanece ferro quando o decompomos em pedaços menores; todavia, a partir de um determinado limite – a saber, junto ao átomo – uma divisão ulterior não conduz mais ao "ferro". Urânio pode ser acumulado sem uma transformação qualitativa até que ele alcance a assim chamada quantidade crítica, coloque em movimento o processo da fissão nuclear e a reação em cadeia que se inicia instantaneamente conduza a uma explosão e à decomposição do átomo de urânio.

Isso constitui apenas um aspecto parcial. A dialética enquanto teoria das leis gerais de desenvolvimento da matéria abarca toda uma série de outros traços particulares. Na medida em que nem todos esses traços podem ser tratados em um espaço limitado, gostaríamos de ressaltar apenas um ponto central a partir de uma formulação de Stalin. Stalin enumera os seguintes traços fundamentais do método dialético: "1) Conexão universal entre os fenômenos; 2) Movimento e desenvolvimento na natureza e na sociedade; 3) Desenvolvimento como passagem de transformações quantitativas para qualitativas; 4) Desenvolvimento como luta entre opostos". Já tocamos nos primeiros três pontos (na próxima seção analisaremos o "desenvolvimento da sociedade").

O que significa uma "luta entre opostos"? Como não há nada para além da matéria, que pudesse conferir-lhe, por exemplo, impulsos para o movimento, o movimento da matéria é sempre automovimento. Pensemos uma vez mais em Hegel: para ele, o processo do mundo também é automovimento, mas movimento do espírito do mundo. O espírito do mundo movimenta-se de tal maneira que tudo o que é "positivo", tudo o que é "lei", todo ente já traz em si a contradição, a negação de si mesmo. Para o marxismo, de acordo com o qual o processo do mundo não é automovimento do espírito do mundo, mas da matéria, as contradições que impulsionam dialeticamente o desenvolvimento residem na própria matéria. Pois bem, tomada em sentido rigoroso, a "contradição" é um conceito lógico: dois enunciados podem contradizer-se mutuamente. Entes reais não podem encontrar-se em contradição um em relação ao outro, mas só podem achar-se em oposição. Contradição significa aqui o mesmo que presença de propriedades (determinações) contrapostas no ente material. Podem servir como exemplo atração e repulsão, algo positivo e algo negativo, assimilação e desassimilação. Se todo ente carrega consigo por assim dizer a sua própria negação, então o equilíbrio dessa contradição sob a forma de um conflito conduz a uma transformação desse ente, à sua metamorfose em algo novo, no qual o antigo é ao mesmo tempo aniquilado e conservado ("suspenso"). Com certeza, esse novo também é quebrado e didivido uma vez mais por meio de contradições internas segundo a "lei da negação da negação", passando para algo novo.

Em conexão com essa Teoria do Desenvolvimento, a filosofia marxista precisou confrontar-se com o problema da causalidade, impulsionada também pelos resultados da física mais recente, por exemplo, pela relação de indeterminação de Heisenberg. Os marxistas insistem na validade total da lei da causalidade, mesmo que também concedam ao "acaso" um certo espaço de jogo.

Em conexão com a dialética, o problema da relação entre necessidade e liberdade também é discutido. De maneira semelhante a Hegel, a liberdade é para o marxismo filosófico uma "necessidade consciente", ou seja: todo acontecimento transcorre necessariamente, segundo leis inalteráveis; até onde o homem está em condições de reconhecer essas leis, ele pode utilizá-las planejadamente para os seus fins. Liberdade é no fundo "a capacidade de poder decidir com conhecimento de causa". Daí resulta entre outras coisas o fato de o homem só alcançar de maneira totalmente paulatina um certo grau de liberdade, a saber: com o progresso do conhecimento da natureza. O passo decisivo para a liberdade, contudo, só é dado quando os homens, esclarecidos por Marx, Engels e Lenin, reconhecem e aplicam as leis do desenvolvimento social com a mesma exatidão que as leis naturais.

Um ponto crítico para a dialética materialista reside no fato de ela dever ser ao mesmo tempo lógica e Teoria do Conhecimento. Isso é fundamentado, por exemplo, da seguinte maneira: para Hegel, o movimento da matéria não é senão movimento "exteriorizado" do espírito. Assim, para ele, a *Ciência da lógica*, isto é, a doutrina do automovimento do espírito, pode ao mesmo tempo abarcar a doutrina do ser, a ontologia, e mais, as duas coincidem. O mesmo vale para o marxismo, mas de modo exatamente inverso: na medida em que a realidade material se desenvolve segundo a lei dialética *e* como o desenvolvimento da consciência humana (não há nenhuma outra consciência) só reflete esse desenvolvimento, a dialética objetiva do ente (a *dialética real*) e a dialética subjetiva do pensamento não caminham paralelamente, mas são coincidentes.

Aqui reside um dos pontos de partida mais importantes para os críticos do marxismo. No entanto, ainda gostaríamos de apontar inicialmente para um outro traço importante da teoria do conhecimento marxista. Esse traço diz respeito ao papel da "práxis". No que diz respeito à pergunta "quem ou o que nos garante que o processo de pensamento está realmente em conformidade com o processo de desenvolvimento real, que nós, portanto, não nos equivocamos?", a resposta dada é: a práxis. Isto significa: a base do conhecimento é o lidar prático com a matéria; mesmo visto em termos históricos, o conhecimento se desdobra paulatinamente com o progresso da atividade prática do homem, isto é, com o progresso do trabalho – que já era considerado por Hegel como a determinação propriamente fundamental da essência do homem. Práxis é ao mesmo tempo meta do conhecimento, tanto no âmbito da natureza quanto na vida social.

4. Materialismo histórico

Os conceitos "materialismo histórico" e "concepção materialista da história" são empregados hoje preponderantemente como sinônimos e definidos como aplicação das doutrinas do materialismo dialético à vida social dos homens. Visto historicamente, não é com certeza correto falar de uma aplicação no sentido de que primeiro se teria desenvolvido o materialismo dialético e, então, fosse aplicado à vida social. Ao contrário, Marx desenvolveu primeiro a concepção de que o elemento determinante no processo social seriam as forças produtivas materiais e encontrou mesmo as leis do movimento dialético – em articulação com Hegel – no processo histórico. Foi só depois disso, principalmente por meio de Engels, que o materialismo dialético "geral" foi desenvolvido.

Os traços centrais do materialismo histórico já foram esboçados na sexta parte deste livro. A partir do desenvolvimento mais recente da doutrina, nós nos ateremos aqui a um problema central: a relação entre *base* e *superestrutura*. A tese fundamental de Marx diz: a estrutura econômica da sociedade – forças produtivas, relações de produção e sua interação dialética – forma a base real de todo o processo social. Sobre essa base emerge uma superestrutura e, em primeiro lugar, uma superestrutura político-jurídica que vive numa dependência imediata em relação à base (assim, estado e direito não são outra coisa senão instrumentos da classe economicamente dominante) e, em segundo lugar, uma "superestrutura ideológica" sob a forma de filosofia, ciência, arte, moral e religião. Todas as formas da superestrutura são determinadas pela base e refletem a estrutura fundamental econômica. No entanto, a dependência da superestrutura ideológica não é tão direta quanto a dependência da superestrutura política; as ideologias não dependem imediatamente da base econômica, mas possuem uma dependência "mediada" pelo sistema político-jurídico.

A tese fundamental já foi diferenciada por Engels ao apontar para o fato de a base econômica só ser determinante em "última instância", mas não ser a *única coisa* conclusiva. As diversas formas de superestrutura – constituições, formas jurídicas, teorias políticas e sociais, ideias religiosas – também exercem sua influência sobre o desenvolvimento histórico, em particular sobre as formas, nas quais esse desenvolvimento transcorre. Portanto, Engels não recusa à superestrutura uma autonomia relativa.

Foi nessa direção que Lenin e Stalin levaram ainda mais adiante o desenvolvimento. Ante as objeções dos assim chamados revisionistas, que faziam, entre outras coisas, a pergunta: "Para que fazer uma revolução, se o desenvolvimento histórico conduz com absoluta necessidade para a sociedade socialista?", Lenin acentuou de maneira resoluta o papel concludente da consciência: a necessidade histórica não se impõe por si mesma; ela exige um empenho combativo consciente – realizado por uma vanguarda do proletariado, uma vanguarda dotada de consciência de classe. Lenin chega ao ponto de explicar que o proletariado não pode de maneira alguma desenvolver por si mesmo a consciência aqui exigida (por sua própria força, ele poderia chegar no máximo a uma consciência "tradeunionista", ou seja, revisionista); essa consciência precisa ser trazida antes "de fora" para ele – com o que concorda o fato de Marx e Engels não provirem do proletariado, mas da classe burguesa. Articulando-se com esse ponto, Stalin sublinhou uma vez mais o "papel reconfigurador e criador da superestrutura"; em outras palavras: logo que o socialismo começou a vencer, a sua realização ulterior passou a depender decisivamente do trabalho de educação ideológica determinado pelos partidos.

Um opositor do marxismo levantará aqui o dedo e colocará a seguinte questão natural: De onde podem provir afinal, junto à autonomia relativa concedida à superestrutura, as energias dinâmicas que a tornam capaz de codeterminar e conformar por si mesma o desenvolvimento social – uma vez que, segundo a tese filosófica fundamental do materialismo, toda consciência e toda ideologia não são senão reflexo, produto, imagem refletida da matéria que se mostra como a única coisa real e que movimenta a si mesma?

Mais interessante do que começar aqui com uma crítica, porém, é seguir o desenvolvimento ulterior no interior do próprio marxismo, observando como os teóricos marxistas procuraram resolver as dificuldades que vêm à tona por meio da efetivação de suas teses fundamentais. Nesse caso, podemos partir da seguinte questão (formulada conscientemente de uma maneira um tanto vaga): se o conjunto da superestrutura é reflexo da base e se a história até aqui, vista em termos econômicos, representa exclusivamente uma história de lutas de classe, então é natural supor que a humanidade até aqui (até o despontar do marxismo) só pôde produzir ideologias condicionadas pelas classes. Desse modo, precisamos supor (essa palavra compreendida no duplo sentido: tanto como "postular" quanto como "aceitar") que todas as construções espirituais pré-marxistas da humanidade seriam ideologias condicionadas pela lógica de classes? Como se comportam as coisas em relação aos sistemas morais até aqui – sistemas que apresentam desde Confúcio até a última encíclica papal algumas concordâncias notáveis? Será que as criações da grande arte dos tempos passados, uma estátua grega, uma catedral gótica, um drama de Shakespeare, uma sinfonia de Beethoven seriam condicionadas pela lógica de classes, e será que, por conseguinte, elas não podem mais significar nada para o homem socialista do futuro? Será que as religiões do mundo, suas doutrinas e seu código moral estão inteiramente vinculados à lógica de classes? Será que os conhecimentos da ciência "burguesa" são vistos e matizados pelos óculos do interesse de classe? Como as coisas se comportam em relação a um fenômeno tão universal quanto a linguagem?

Em suas célebres *Cartas comentadas sobre linguística*[28], Stalin tomou posição em relação a essa última questão. Até a sua intervenção, a linguagem era considerada um componente da superestrutura e, com isso, condicionada pela lógica de classes. Stalin ensina o contrário: a linguagem é um fenômeno social universal que não pertence à superestrutura. Ela está muito mais em conexão "imediata com a produção". Por isso, ela não possui nenhum caráter de

---

28. O título do escrito publicado em 1950, em russo, é: *O marxismo e os problemas de linguística*.

classe. Por essa razão, ela também não acompanha o processo dialético descontínuo da superestrutura (condicionado pela luta de classes). Ela se desenvolve muito mais continuamente e não forma, no que concerne à sociedade, um elemento ideológico mais ou menos dicotomizante, mas antes um laço abrangente e unificador.

No que diz respeito à moral, a irrupção da tendência para o reconhecimento nela de um elemento universalmente humano, não condicionado pela lógica de classes, não se realizou de uma maneira tão espetacular quanto no caso das cartas sobre linguística de Stalin. Todavia, enquanto a moral estava completamente subordinada para Stalin aos interesses da luta de classes, enquanto o comunismo mais antigo equiparava a moral burguesa ao princípio do individualismo e do egoísmo (princípio esse condicionado pela instituição da propriedade privada) e a contrapunha violentamente à moral proletária, encontra-se no programa do Partido Comunista da União Soviética de 1961 a fórmula sobre as "normas éticas mais fundamentais do gênero humano", normas que concordam com as exigências da moral socialista porque foram desenvolvidas pelas massas populares no transcurso de milênios "na luta contra a escravidão social e contra os vícios éticos". De acordo com esse programa, portanto, é preciso que haja um conceito de "vício ético", que mantenha a sua validade através dos tempos até a sociedade socialista.

A partir daqui não é necessário nenhum grande passo para a resolução de reconhecer que há valores universalmente humanos e que esses valores encontraram nas obras clássicas da arte uma expressão válida. Negar isso também seria absurdo. A teoria marxista esclarece essa circunstância fundamentalmente (de maneira análoga à que se dá em relação à moral) com a menção ao fato de essas obras expressarem os sonhos e as nostalgias das massas populares.

A religião assume uma posição particular e única no interior da doutrina marxista da base e da superestrutura. Enquanto a arte e a moral – mesmo a filosofia e a ciência – são matizadas, deslocadas e desfiguradas por meio da ideologia das lutas de classe e só se desdobram puramente em sua plena florescência na sociedade socialista sem classes, a religião é, segundo a sua essência mais íntima, simplesmente um "falso" reflexo do ser na consciência. Por isso, ela não florescerá nas sociedades sem classes, mas se mostrará definitivamente como uma ilusão e perecerá. Toda religião reflete, ainda que em uma reprodução fundamentalmente deformada, a base socioeconômica.

Assim, o cristianismo seria uma religião da classe dos exploradores? Ele não é antes uma religião dos explorados? Como podemos explicar o fato de essa religião, surgida na época da economia escravocrata antiga, ter sobrevivido à época do feudalismo e do capitalismo industrial e não ter ainda perecido nem mesmo na terra do socialismo já realizado? Responde-se a essas perguntas mais ou menos da seguinte forma: o cristianismo originário era a religião dos escravos e dos plebeus, dos oprimidos e explorados. Ele é marcado pela expectativa do juízo final iminente, que criaria justiça para os oprimidos. Em seguida, o cristianismo foi lentamente reinterpretado, transformando-se na Idade Média, por exemplo, em reflexo da ordem social feudal: à hierarquia terrena com o rei e a nobreza na ponta correspondia agora a hierarquia celeste com Deus e a multidão de arcanjos e anjos em torno de seu trono. Na época do capitalismo, o cristianismo recebeu já um primeiro choque decisivo por parte dos defensores ateus da Revolução Francesa. A classe exploradora, porém, como bem o expressa a fórmula "trono e altar", apoiou a religião como meio de subjugação dos explorados e a empregou, então, conscientemente como "ópio para o povo". Se sob o socialismo real permanecem vivos resíduos da consciência religiosa, apesar de as raízes econômicas de uma tal consciência já terem perecido, isso tem sua razão de ser em grande parte simplesmente no fato de as massas populares no estado socialista, enquanto esse estado estiver cercado por poderes capitalistas imperialistas, não poderem se alegrar ainda com a sua vida...

Quem chegou como marxista à opinião de que há âmbitos espirituais não subsumíveis ao esquema base-superestrutura – e Stalin deu esse passo em relação à linguagem – está próximo de ver no momento seguinte mesmo a lógica formal sob essa luz. Mesmo âmbitos parciais das ciências reais, contudo, não são mais considerados hoje por teóricos marxistas em todo o seu conteúdo como condicionados pela lógica de classes. De maneira semelhante ao que Stalin fez com a linguagem, essa mudança de posição é reconduzida ao fato de muitos ramos da ciência estarem imediatamente ligados à base e à produção. Assim, os homens reconhecem no decorrer do desenvolvimento leis naturais, que apresentam uma verdade objetiva; dentre essas leis estão antes de tudo as leis fundamentais da física. Parece que se delineia na avaliação marxista da ciência a seguinte tendência: admite-se que há conhecimento objetivo; a interpretação (filosófica) do conhecimento é certamente objeto de discussão; aqui se mostra que as interpretações não raramente são condicionadas pela lógica de classes. Mesmo o adversário do marxismo não pode deixar de aceitar essa última intelecção, a não ser com muita dificuldade.

5. Filosofia social crítica

No século XX, sobre a base da teoria marxista, desdobrou-se uma grande quantidade de pontos de partida interessantes de pensamento, com certeza quase todos fora do âmbito do poder soviético. Enquanto pensadores marxistas originais viveram em países governados pelos comunistas, eles se chocaram com a ortodoxia dominante.

Assim, Georg *Lukács* (1885-1971), que entusiasmou (em particular com a sua teoria da literatura e com a sua estética mais tarde construída) toda uma geração de intelectuais marxistas em muitos países com a sua obra *História e consciência de classe* (1923, nova edição em 1968) e que foi ministro da cultura popular dos insurrectos durante o levante húngaro de 1956, foi deportado mais tarde pelos russos para o Romênia. Ernst *Bloch* (1885-1977), que escreveu durante os seus anos de exílio nos Estados Unidos *O princípio esperança*, uma obra capital da filosofia marxista mais recente, foi demitido em 1957 da direção do Instituto Universitário para a História da Filosofia em Leipzig, perdendo também a sua cátedra e não retornando para a República Democrática Alemã depois das preleções que deu como professor visitante na República Federativa Alemã. Leszek *Kolakowski* (nasc. em 1927 – conhecido por meio da coletânea de ensaios publicada em 1960 *O homem sem alternativa*), perdeu em 1966 a sua vaga como professor em Varsóvia e partiu para o "estrangeiro ocidental". Na Iugoslávia, Milovan *Djilas* (1911-1995) – obras principais: *A nova classe* e *A sociedade imperfeita* – foi exonerado em 1954 de todos os seus cargos no partido e no Estado e preso por dez anos. E mesmo na França que não era governada pelos comunistas, Roger *Garaudy* (nasc. em 1913), um dos teóricos marxistas pioneiros de seu país, depois do lançamento de sua obra *A grande virada do socialismo*, foi expulso do Partido Comunista Francês.

Em um outro sentido, todos os pensadores que partem de Marx, que levam a sério o conhecimento marxista de que o homem não seria "nenhum ser que se arrasta fora do mundo", mas um ser social (o que Aristóteles já tinha certamente declarado), podem ser designados filósofos sociais, e todos aqueles que não rezam simplesmente segundo a cartilha de Marx, mas que se comportam criticamente em relação a ele, podem ser chamados filósofos sociais "críticos". Em um sentido mais restrito, compreende-se frequentemente por "filosofia social crítica" a teoria da assim chamada *Escola de Frankfurt*, que também se denomina "teoria crítica" (a saber, teoria crítica da sociedade). Pode-se realizar aqui uma vez mais uma diferenciação e considerar Adorno e Horckheimer como pais, fundadores ou principais representantes desse direcionamento de pensamento, incluindo nele também Habermas e Marcuse, que mais tarde seguiram caminhos próprios.

Max *Horkheimer* (1895-1973), filho de uma família judaica, foi em 1930 professor de filosofia social em Frankfurt e diretor do "Instituto de Pesquisa Social" de lá. Ao mesmo tempo, trabalhou como editor (e um dos principais autores) de *Zeitschrift für Sozialforschung** que era publicada em Frankfurt. É a esse primeiro espaço de atuação que remonta a designação "Escola de Frankfurt". Em Frankfurt, ele encontrou Theodor W. *Adorno* (1903-1969), um pensador talentoso e extremamente multifacetado que, além de se destacar por meio de escritos filosóficos, também se destacou por meio de trabalhos sobre teoria da música (*Filosofia da nova música*, 1949; *Introdução à sociologia da música*, 1962), assim como por meio de sua atividade como compositor e pianista. Esses dois homens mantiveram a sua amizade durante toda a vida e o seu trabalho conjunto para além dos anos de emigração forçada – eles reconstruíram em Nova York o Instituto dissolvido durante o período nazista – até retornarem às suas posições em Frankfurt (Adorno a partir de 1947, Horkheimer a partir de 1949). Além disso, eles redigiram juntos uma série de escritos.

Se quisermos designar de maneira sintética alguns traços essenciais que são mais ou menos comuns a todos os filósofos sociais críticos, podemos indicar cinco pontos: 1) A ligação fundamental com *Marx* (e, por meio desse, com *Hegel*) e, com isso, o direcionamento do olhar para a *sociedade*; 2) O *método dialético* (algo que distingue claramente essa escola do positivismo lógico e da filosofia analítica); 3) A tomada *"crítica"* do pensamento – crítica tanto no sentido da reflexividade crítica quanto no sentido de uma consideração crítica da sociedade que a en-

---

* Revista de pesquisa social [N.T.].

volve; 4) A tentativa de ligar o pensamento teórico com o *agir prático* e 5) A vinculação ao *futuro* no sentido da esperança, da expectativa e do estabelecimento de metas transformadoras.

Podemos considerar como escritos programáticos dessa escola o ensaio de Horkheimer *Teoria tradicional e teoria crítica* (1937) e *Dialética do Iluminismo* (lançado em 1947 e redigido conjuntamente por Horkheimer e Adorno durante a guerra). Do primeiro ensaio provém a sentença central: "Apesar de toda percepção dos passos particulares e da concordância entre os seus elementos e as teorias tradicionais mais avançadas, a teoria crítica não possui nenhuma instância por si senão o interesse articulado com ela pela superação da injustiça social".

Para além do mundo acadêmico-científico, Horkheimer e Adorno se tornaram, em todo caso, populares nos círculos estudantis dos anos de 1960. Os líderes dos distúrbios estudantis se reportavam a eles, em parte com razão, em parte injustamente; os dois não aprovaram a práxis revolucionária, que foi deduzida nesses círculos da "teoria crítica". Adorno reagiu "retirando-se para a torre de marfim", enquanto Horkheimer reagiu com uma profunda resignação com vistas ao futuro da cultura e, em particular, da filosofia.

Herbet *Marcuse* (1898-1979), de início aluno de Husserl e de Heidegger, tornou-se depois da emigração forçada professor de filosofia em diversas universidades dos Estados Unidos – por último na Califórnia – e colaborador do refundado instituto tanto quanto da revista. Marcuse exerceu uma influência ainda mais intensa sobre a esquerda estudantil. Dentre os livros de Marcuse – sua obra conjunta apresenta também inúmeros ensaios que foram publicados em sua maioria em revistas – podemos denominar como um primeiro marco o escrito de habilitação à docência *A ontologia de Hegel e a fundamentação de uma teoria da historicidade* (1932, reimpresso em 1968); esse texto mostra o quão intensamente Marcuse ainda se encontrava sob a influência da fenomenologia de Husserl e da ontologia existencial elaborada em *Ser e tempo*, uma direção de pensamento que ele procurou unificar com o marxismo em um trabalho ainda mais antigo: *Contribuições a uma fenomenologia do materialismo histórico* (1928). Dentre os livros do período do pós-guerra, os que se tornaram mais conhecidos na Europa foram *Eros e sociedade* e *O homem unidimensional*, escritos em inglês.

Jürgen *Habermas*, nascido em 1929, pertence a uma outra geração. Seus trabalhos estimularam intensamente o movimento estudantil alemão e internacional na segunda metade dos anos de 1960, assim como criticaram esse movimento (*Movimento de protesto e reforma universitária*, 1969). De maneira igualmente intensa, eles estimularam confrontações científicas – tal como antes de tudo a discussão que durou longo tempo sobre as questões de fundamento e método da ciência social (*Teoria da sociedade ou tecnologia social – O que realiza a pesquisa sistemática?*, 1971, em colaboração com Niklas *Luhmann*).

Duas obras importantes que permitem reconhecer a posição filosófica desse pensador apareceram em um curtíssimo espaço de tempo: *Para a lógica das ciências sociais*, 1967; *Conhecimento e interesse*, 1968. Essa última obra citada – provida pelo autor em 1973 com um novo posfácio que leva em consideração a crítica – gira em torno da pergunta: O que aconteceu com o problema "como é afinal possível um conhecimento confiável?", um problema do qual

Kant tratou com uma inalcançável precisão, no decorrer do desenvolvimento que se teve desde então? Em particular, temos uma história do surgimento do positivismo mais recente que abandonou (segundo a sua própria opinião superou) o ponto de partida kantiano.

A obra inicia-se com uma investigação e crítica das ideias, com as quais Hegel responde a Kant e com as quais ele quer em verdade impulsionar de maneira ainda mais radical a crítica kantiana ao conhecimento, mas acaba, ao final, superando-a. Segue-se uma interpretação do problema do conhecimento na obra de Karl Marx – que Habermas conhece melhor e compreende mais profundamente do que muitos de seus críticos e muitos de seus epígonos. No princípio do pensamento de Marx, segundo Habermas, a chave teria sido colocada na plenificação do ponto de partida kantiano, se Marx tivesse conseguido estabelecer uma ponte entre o sujeito transcendental kantiano e o seu próprio conceito de homem como ser trabalhador (i. é, como ser que se confronta com a natureza), que só constitui essa natureza e ao mesmo tempo a si mesmo no transcurso de seu desenvolvimento histórico(-genérico). Nesse caso, também teria ficado claro que a Teoria do Conhecimento e a Teoria da Sociedade no fundo coincidem.

O positivismo, formulado por Comte da maneira mais eficaz possível e retrabalhado particularmente por Ernst Mach como doutrina da ciência, voltou por assim dizer as costas para o problema central apresentado por Kant; e isso encorajado antes de tudo pelo progresso científico factual (que não é colocado em dúvida por ninguém seriamente), que se tornou cada vez mais distintamente visível no século XIX. Todavia, se as ciências "positivas" progridem tão manifestamente – então não seria suficiente analisar e vigiar criticamente os seus métodos? Assim, no século XX, boa parte da Teoria do Conhecimento foi substituída pela teoria científica (ou mesmo reduzida a ela), ao preço certamente de um encurtamento do conceito de conhecimento, com a exclusão da questão prévia sobre como se constituem efetivamente objetos e campos de objetos. Habermas analisa, então, de maneira penetrante a autointerpretação e a crítica ao conhecimento científico que se desenvolveu no cerne da própria ciência a partir dos exemplos centrais de Charles S. Peirce (para as ciências naturais) e Wilhelm Dilthey (para as ciências humanas). A terceira parte do livro também traz *in nuce*, além de confrontações com Nietzsche e Freud, uma apresentação das próprias teses de Habermas, que confluem entre outras coisas para uma estreita ligação entre conhecimento e interesse, entre crítica ao conhecimento e teoria da sociedade e para uma nova filosofia transcendental, modificada, "transformada".

Exatos cem anos antes de Habermas, Otto *Liebmann* (1865) conclamara a todos: "É preciso retornar a Kant!", introduzindo, com isso, uma virada significativa – ainda que não epocal – no desenvolvimento da filosofia. É certamente simplificador e algo unilateral, mas de qualquer modo não é falso, quando se escuta esse clamor uma vez mais nos trabalhos de Habermas. Esse "retorno" não pode significar naturalmente aqui que se apagaria ou reprimiria aquilo que foi desde então conhecido, em particular não que se apagaria ou reprimiria a ciência natural de hoje e a filosofia analítica – ele não pode significar outra coisa senão que se atravessa, ordena e compreende os ganhos das décadas que desde então se passaram à luz do ponto de partida crítico kantiano (que supostamente, no que diz respeito à *Crítica do juízo*, não foi completamente exaurido por ninguém até aqui). Por isso, destaquei esse escrito de Habermas de sua obra.

Como obra central de Jürgen Habermas talvez se possa considerar o livro, em dois volumes, que foi publicado em 1981: *Teoria do agir comunicativo*. Trata-se aí de uma teoria da sociedade moderna, que alia os métodos da filosofia aos métodos da sociologia e da filosofia social – além dos métodos da filosofia da linguagem.

O que significa agir comunicativo? A sociedade só pode subsistir se os agentes particulares ("atores") coordenarem o seu agir, e isso exige acordo, comunicação. É preciso que seja possível (essa é a convicção de Habermas que, medida a partir da requisição por uma ética metafísica ou "categoricamente" fundamentada, parece modesta) desenvolver a partir daí uma teoria que permita "reconciliar consigo mesma a modernidade decomposta", mais concretamente: "Encontrar formas de convivência, em que a autonomia e a dependência entrem realmente em uma relação satisfatória!" Uma meta grandiosa! Quem quiser ler o livro em função dela, porém, terá dificuldades. Entre outras coisas por causa do caráter necessariamente abstrato da análise, a matéria já é complicada enquanto tal; aliado a isso, porém, temos o próprio modo de apresentação de Habermas, que – aqui em todo caso – tende simplesmente para o complicado e abstrato. A isso alia-se, além disso, a profusão de observações, pois Habermas, um autor minucioso e dotado de uma grande probidade intelectual, remete sem cessar a pensamentos e escritos de outros eruditos – nesse ponto, ele se mostra como o polo oposto do gesto monológico (ou será que devemos dizer monômano?) de Martin Heidegger, que mesmo nas notas de rodapé só se remete na maioria das vezes a seus próprios escritos.

6. *Despedida do marxismo?*[29]

É possível que alguns leitores se perguntem: Será que é preciso dizer tantas coisas sobre o marxismo? Ele não está "acabado"? O movimento comunista desencadeado por Marx (e outros) sofreu de fato uma derrota histórica com certeza definitiva. Investigar esse acontecimento da história política com vistas às suas múltiplas causas (p. ex., com vistas ao fato de a União Soviética não ter podido ganhar a competição com os Estados Unidos no âmbito do desempenho econômico) não se acha nos limites desse livro. No entanto, não podemos colocar de lado a pergunta: Será que as causas desse fracasso já não se encontram também na teoria, na filosofia? Quanto a isso, podemos dar algumas indicações.

Em primeiro lugar, é preciso constatar que a tentativa de prever o transcurso futuro da história do mundo com absoluta segurança (e de declarar a si mesmo, além disso, como o único executor do acontecimento futuro com vocação) é um empreendimento utópico. Não há

---

29. *Despedida do marxismo* é também o título de um livro editado por LITSCHEV, A. & KEGLER, D. *Abschied vom Marxismus* – Sowjetphilosophie im Umbruch (*Despedida do marxismo – Filosofia soviética em revolução*), 1992. O livro contém ensaios de pensadores russos, que se libertaram do marxismo e não se dispuseram a abandonar o campo da confrontação espiritual apenas para a Igreja Ortodoxa.

nenhuma "lei" que determine de antemão o transcurso futuro do acontecimento do mundo. Karl Popper expôs esse fato com grande ênfase e, em verdade, não por volta do fim da União Soviética, mas já quando essa – na Segunda Guerra Mundial – se apresentava como potência mundial dirigente[30]. A história não seguiu o curso predito por Marx.

Algumas outras referências: os marxistas não viram que a desapropriação de todos os meios de produção que estavam em mãos privadas e a sua transformação em propriedade "social" conflui na prática para a estatização, o que significa, porém: ao invés de ser dirigida por *managers*, a economia passa a ser dirigida por burocratas. E uma economia interna necessita, então, de uma burocracia gigantesca diante da qual os empregados se acham mais desamparados do que os próprios "capitalistas".

Gostaria de concluir essa discussão com três observações:

1) Na terminologia atual, "marxismo" designa a corrente espiritual e política que remonta a Marx; os seus representantes são denominados "marxistas". Originalmente, contudo, os dois conceitos não eram de maneira alguma uma autodenominação desse grupo. Ao contrário, na luta entre os anarquistas (dentre eles Michail Alexandrowitsch *Bakunin*, 1814-1876) e o grupo em torno de Marx, uma luta na qual o que estava antes de tudo em questão era o papel do estado, esses conceitos foram usados pelos opositores de Marx em um sentido depreciativo (quase como xingamentos); o próprio Marx escreveu em uma carta: "Uma coisa é certa: eu não sou nenhum marxista!" (Texto original em francês). Eles só foram aceitos muito gradualmente pelos indivíduos em jogo. Uma tal transvaloração não é rara na história vocabular; também o termo "gótico" era originariamente uma designação depreciativa[31].

2) Há uma certa ironia no fato de a "filosofia do marxismo" ter assumido um amplo espaço na história da filosofia, pois Marx não queria ser (em todo caso em sua idade madura) de maneira alguma um filósofo ou fundamentar um sistema filosófico; ele considerava a sua obra como científica, sociológica e histórica; tal como ele acreditava, a filosofia pereceria logo que a revolução por ele propagada fosse levada a termo. Como teoria científica, a obra de Marx, assim como toda teoria, acabou por ser subsequentemente em parte aceita, em parte modificada, em parte recusada e refutada. No desenvolvimento factual, ela se deparou com o destino de, sob as asas comunistas do movimento marxista, se transformar em uma ideologia e, onde o comunismo assumiu o poder, em um dogma em relação ao qual qualquer dúvida trazia consigo um risco de vida.

---

30. POPPER, K. *A sociedade aberta e seus inimigos*. Livro escrito durante a guerra e lançado em 1945; a versão alemã só surgiu em 1958. A confrontação com Marx encontra-se fundamentalmente no segundo livro, p. 102ss.

31. No período do Renascimento, em particular na Itália, denominavam-se depreciativamente "góticas" (o mesmo que germânicas) as construções da Idade Média porque elas foram criadas pelos bárbaros germânicos. Foi só no século XVIII, sob a forte influência de Goethe, que o termo "gótico" se tornou paulatinamente um conceito de estilo reconhecido e um nome honroso. Cf. tb. o artigo "gótico": PFEIFER, W. (org.). *Etymologisches Wörterbuch des Deutschen*, 1995.

Na própria União Soviética, antes de Gorbatschow ter proclamado a "Perestroika" (termo que significa o mesmo que reconstrução), já se delineava uma diluição gradual do sistema dogmático.

3) Em verdade, os cento e cinquenta anos que se passaram desde o aparecimento do *Manifesto comunista* não trouxeram consigo a vitória definitiva do comunismo; não obstante, eles foram em grande medida marcados pela influência de Marx e de seus seguidores. As coisas não se deram de um tal modo que Marx só estaria por toda parte presente nas ciências sociais (e no amplo espectro de teorias filosóficas que se formaram, estimuladas por Marx, no Ocidente democrático e "capitalista") – no clima espiritual, na consciência universal desse tempo, as ideias marxistas são tão intensamente efetivas que mesmo a imagem de mundo de pensadores (e cidadãos normais) que se recusariam ofendidos a ser chamados de marxistas foi matizada pelo marxismo. Foi por isso que, diferentemente do livro homônimo francês, acrescentei um ponto de interrogação ao título dessa seção "Despedida do marxismo".

2
Temas e problemas da filosofia atual

Diferentemente do resto do livro, este capítulo final não é dividido segundo pessoas, mas segundo temas de assuntos. Temos cinco temas: a imagem do homem – linguagem – conhecimento e saber – o que devemos fazer? – cérebro, consciência e espírito.

A razão para tanto não reside de maneira alguma em primeira linha no fato de estarmos muito próximos dos pensadores do presente e, por isso, ainda não podermos decidir quais dentre eles poderão mostrar-se para as gerações futuras como excepcionais e para a nossa época como determinantes. Ela também não reside preponderantemente no fato de, com o aumento de universidades (na Alemanha dos anos de 1920 mais ou menos 20, hoje quase três vezes esse número) e mais intensamente ainda de cátedras filosóficas (pois as universidades se tornaram maiores), o número de vozes que soam no concerto da filosofia atual (sem ressoar harmonicamente) ter crescido significativamente.

A razão principal reside em uma relação transformada da filosofia com as ciências reais.

Sabemos que a filosofia em seus primórdios abarcava todo o saber outrora disponível (o saber teórico, não o "saber da práxis" dos camponeses, dos artesãos, dos artistas, dos navegantes etc.). Já bem cedo – no Helenismo, em Roma, na Idade Média – a medicina, a matemática e a jurisprudência se estabeleceram como disciplinas autônomas. Desde o começo da Modernidade, física, química e biologia, em suma, as ciências naturais, se emanciparam da mãe filosofia. Em seguida, nos séculos XVIII e XIX, as ciências humanas e sociais tais como a história, a sociologia (Comte era filósofo), a economia nacional (Adam Smith era professor de filosofia moral) e, por fim, mais tarde, somente no século XIX, a psicologia e a ciência da linguagem seguiram esse caminho.

Em verdade, os filósofos também continuaram a refletir sobre todas essas áreas – isso faz parte de seu negócio. Havia uma filosofia da natureza ao lado da ciência natural, uma filosofia do direito ao lado da ciência do direito etc. Os filósofos precisaram partir aí naturalmente do saber que as ciências particulares trouxeram à luz, em todo caso conhecer esse saber e considerá-lo de maneira adequada.

Por outro lado, os pesquisadores, os pioneiros do progresso científico, se depararam cada vez mais com bases e questões fundamentais de suas disciplinas e se viram, assim, confrontados com problemas, que tinham pertencido anteriormente ao domínio da filosofia. Desse modo, surgiu entre matemáticos uma discussão profunda sobre as bases dessa área de saber (p. ex., na teoria dos números). Esse processo é bastante palpável junto aos físicos. Eles precisaram, particularmente desde Planck e Einstein, ou seja, desde a virada para o século XX, refletir sobre questões que dão a impressão de serem expressamente filosóficas. O que é tempo? O que é espaço? Como os dois se conectam? O que é matéria? Como é que a totalidade do mundo é constituída, como ela surgiu e por que ela se estende (como Edwin Hubble descobriu) ininterruptamente em um tempo vertiginoso, de modo que sistemas estelares, que estão muito distantes de nós, fogem de nossa terra natal cósmica com velocidades que se aproximam da velocidade da luz de 300.000km por segundo? Existem questões correspondentes em relação à aparição e à evolução da vida terrena.

Com isso, chegou-se ao ponto em que questões fundamentais foram colocadas e trabalhadas tanto em uma disciplina particular quanto na filosofia e, naturalmente, também foram discutidas entre as duas. Nesse caso, os filósofos tiveram a oportunidade de realizar alguma contribuição importante? Eles puderam realizar uma tal contribuição à medida que estavam suficientemente orientados sobre a conexão material em jogo e, além disso, dispunham de bons conhecimentos sobre a história do espírito e dos problemas; à medida que tinham a capacidade de emitir juízos sobre questões relativas ao método científico e fazer comparações com outras disciplinas.

Dessa forma, eles puderam desenvolver uma discussão frutífera entre a ciência particular e a filosofia sobre temas importantes. É fácil reconhecer que uma tal discussão também produz um efeito disciplinador e objetivo nos filósofos. Sob a pressão de argumentos materiais – ou de novos resultados de pesquisa –, as pessoas se viram diante da necessidade de corrigir ou rever os seus pontos de vista de uma maneira mais frequente do que antes. Dentre os filósofos do século XX, não são poucos os que rejeitaram algo ensinado antes por eles e que iniciaram novamente. Carnap e Wittgenstein são dois exemplos entre muitos.

Acho que ao menos como tendência se delineia uma tal mudança – para além de todos os sistemas universais que afirmam "explicar" tudo e cada coisa "a partir de um ponto" e em direção a uma discussão material de problemas particulares sob a consideração constante de resultados empíricos – nos cinco campos de problemas que procurarei apresentar em seus traços gerais neste capítulo.

I. A imagem do homem (Antropologia filosófica)

1. Conceito e história

Antropologia filosófica é uma reflexão sobre o homem, sua essência e sua posição na totalidade do mundo. O tema é antiquíssimo; desde os primórdios da filosofia, a autointerpretação do homem está entre as suas tarefas – talvez ela seja a mais insigne de todas as tarefas: o grande Kant chegou a dizer que as três questões para as quais a filosofia tem de dar uma resposta (elas foram citadas na introdução desse livro) confluem para uma única questão: O que é o homem?

O fato de a antropologia filosófica, contudo, só ter se transformado essencialmente no século XX em um ramo próprio e importante da filosofia não se deve tanto aos desenvolvimentos no interior da filosofia, mas antes ao fato de terem entrado em cena pensadores que acolheram conhecimentos oriundos das ciências reais particulares sobre o homem – principalmente da biologia humana, da psicologia e da sociologia –, que pensaram esses conhecimentos em conjunto e retiraram daí novas conclusões. O tom fundamental da síntese que foi assim obtida reside no fato de o homem – ante interpretações mais antigas, por exemplo, como criatura de Deus ou como essência racional – ser considerado agora mais como habitante desse planeta e como produto da evolução da vida terrena – por mais que um acento importante recaia sobre o fato de o homem ser visto em sua debilidade, questionabilidade e risco.

Portanto, se considerarmos o homem por assim dizer com os olhos do filósofo e por meio das lentes da ciência, então precisaremos ter clareza quanto ao fato de não esgotarmos com isso dois âmbitos profundos da autointerpretação humana: por um lado, os enunciados sobre o homem, que são fornecidos pelo mito e pela religião desde a primeira aurora da consciência humana; por outro lado, a interpretação do homem na grande literatura e arte que, com certeza, conseguem apreender tão bem ou melhor o homem ou, ao menos, determinados aspectos do homem do que a filosofia.

Para o pensamento característico de estágios culturais mais antigos, aliás, não era óbvio que o homem se distinguisse fundamentalmente, enquanto ente, do animal e das plantas. Por outro lado, também não é óbvio para esse pensamento que o homem se conceba como membro *de uma* humanidade. Junto aos egípcios, aos gregos e a outros povos, a palavra para "homem" era reservada aos membros do próprio povo; a designação depreciativa "bárbaro", com a qual os gregos alcunhavam os não gregos (literalmente: aqueles que falam uma mistura de gírias incompreensíveis ao invés do discurso humano), é corrente para nós até hoje.

A superação paulatina desse "etnocentrismo" precisa ser perseguida em meio ao desenvolvimento do pensamento antigo a partir do século V aC. Assim, por exemplo, o historiador Heródoto (ca. 485 até 425 aC), que tinha tomado contato com povos estrangeiros, seus modos de pensamento e suas culturas em viagens longas, rejeitou e combateu o preconceito de seus compatriotas contra os não gregos. Os sofistas conseguiram abrir um certo espaço para chegar até a compreensão da igualdade fundamental (igualdade de direitos) de todos os homens, não apenas com vistas à relação dos gregos com os "bárbaros", mas também dos homens livres com os escravos – enquanto mesmo Aristóteles ainda tinha tentado fundamentar a escravidão como naturalmente dada. Os estoicos e o cristianismo, então, romperam essencialmente com a convicção de que *todos* os homens (deveriam) ter os mesmos direitos (evidentemente houve escravidão no mundo cristão durante séculos, até o século XIX). Os estoicos também criaram a palavra "humanitas" (= humanidade ou caráter humano). Todos sabemos, porém, que a realidade social de grande parte mesmo da humanidade atual está muito afastada desse ideal.

A palavra "antropologia", uma palavra formada a partir do grego *anthropos* (homem), não é nova. Até onde é possível constatar, o primeiro a utilizá-la foi o erudito humanista protestante O. Casmann em 1596, no título de seu livro. Nos séculos XVIII e XIX, ela designava o ramo da biologia que se ocupa com a descrição, pesquisa e distinção (p. ex., por meio de medições dos crânios) das raças humanas e, em conexão com isso, com povos estrangeiros e distantes em geral. Desse modo, esse ramo abarcava, por exemplo, aquilo que denominamos hoje etnologia e etnografia. Com o despontar da doutrina da origem das espécies no século XIX, surgiu, além disso, a tarefa de investigar a história da raça humana, da gênese do homem (antropogênese), antes de tudo com base nas descobertas de esqueletos em meio a escavações. Articulando-se com esse fato, a terminologia atual também compreende inicialmente por um antropólogo um erudito que trabalha nesse campo.

No que diz respeito à filosofia, para descrever uma história detalhada da antropologia filosófica, seria preciso nomear praticamente todos os pensadores da filosofia ocidental; em um esboço rápido, seria preciso denominar do século XVIII no mínimo os nomes de Kant e Herder e, do século XIX, os nomes de Marx e Darwin.

Kant distinguiu uma antropologia "fisiológica" de uma "pragmática". Segundo ele, a primeira deveria tratar daquilo "que a natureza faz do homem", a segunda, daquilo "que o homem pode e deve fazer por si mesmo como um ser que age livremente". Com essa formulação, Kant tocou em algo fundamental.

Em seu livro *Ideias para uma filosofia da história da humanidade*, assim como em seu ensaio *Sobre a origem da linguagem*, Herder expôs intelecções sobre o homem que permanecem basilares para a antropologia do presente. Ele conquistou essas intelecções antes de tudo a partir da comparação do homem com os animais. Ele vê que o homem é excedido em muitos aspectos por alguns animais – em força, em rapidez, em agudeza dos sentidos, em certeza dos instintos, de modo que, comparado com os animais, ele se apresenta como um "ser carente", dotado de maneira imperfeita pela natureza, mas ao mesmo tempo conclamado a fazer de si mesmo, "a partir do cerne de sua carência", aquele que ele quer ser. Para tanto, a razão e a liberdade lhe são dadas.

De Karl Marx e Charles Darwin pode-se dizer que eles formaram e transformaram a imagem do homem para além de ciência e filosofia até o cerne da consciência das massas. De Marx provém a doutrina (que remonta a Hegel) de que o homem é por natureza estabelecido como um ser ativo, agente, que é obrigado a *trabalhar* e, em verdade, trabalhar em colaboração social com outros homens; e de que é somente nesse trabalho que ele gera o seu "mundo" e, com isso, "produz" em última instância "a si mesmo".

Darwin, por fim, demonstrou com a sua obra de vida científica que a vida terrena se desdobra em espaços de tempo quase infinitos e que ela se desenvolveu em direção a formas cada vez mais elevadas, e que o homem é um produto dessa evolução, provindo de ancestrais animais. Em 1859 surgiu a primeira edição de seu *Origem do homem*.

Finalmente, Sigmund Freud intensificou a relativização empreendida por Darwin da posição particular do homem à medida que descobriu o animal no homem agora também em sua estrutura pulsional e em sua vida psíquica inconsciente. Por mais que se coloquem em dúvida hoje certas teses e doutrinas particulares de Sigmund Freud (cem anos depois de sua aparição, uma vez que a *Interpretação dos sonhos* foi publicada em 1899), ele transformou nesse aspecto permanentemente a imagem do homem.

2. O impulso de Max Scheler

> As questões: "O que é o homem?" e "Qual é a sua posição no interior do ser?" me ocuparam desde o primeiro despertar de minha consciência filosófica de maneira mais essencial e central do que qualquer outra questão filosófica. Os esforços de muitos anos, nos quais considerei o problema por todos os lados possíveis, se reuniram desde 1922 na elaboração de uma obra maior dedicada a essa questão [...].

Max *Scheler* (1874-1928) escreveu essas frases poucas semanas antes de sua morte, no prefácio ao escrito *A posição do homem no cosmos*. Como a grande obra planejada para 1929 não pôde mais ser publicada, esse curto ensaio com pouco mais do que cem páginas (abstraindo-se das preleções de Scheler) é a única apresentação de suas ideias sobre antropologia filosófica. Um efeito duradouro partiu desse escrito. Não é nada exagerado dizer que sua aparição significa a hora do nascimento da moderna antropologia filosófica.

Trata-se de um acaso fortuito histórico em que um homem como Scheler se tenha visto colocado diante de um determinado estado de coisas e de uma determinada situação do problema: um homem que estava convencido como pensador de que uma "ciência fundamental da essência e da estrutura essencial do homem" se mostrava como uma tarefa filosófica de "uma urgência única" para a sua época, uma época para a qual o conceito de pessoa forjava uma categoria fundamental; um homem que, para além disso, estava existencialmente voltado de uma maneira particular para o próximo, tal como tanto a sua vida quanto a sua obra o revelam; e um homem para o qual "a participação amorosa do cerne mais íntimo da pessoa na essência das coisas" caracteriza a postura espiritual filosófica. Esse homem encontrava-se diante de uma situação espiritual, na qual a filosofia tinha se declarado insatisfeita com a Teoria do Conhecimento que há muito (desde Locke, Immanuel Kant e seguindo mais além) se encontrava no foco do interesse filosófico, na qual ela tinha se desviado e, segundo o julgamento do homem tanto quanto da filosofia, não queria mais partir apenas da função cognitiva, mas de todo o homem que sente, sofre, conhece e age. Antes de tudo, porém, foram as ciências, com a biologia no ápice desde Darwin, a psicologia desde Freud, a consideração histórica desde Dilthey, que trouxeram conhecimentos infinitamente numerosos e ricos sobre o homem, conhecimentos que exigiam enfaticamente uma síntese e uma interpretação. Quem poderia realizar uma tal tarefa além da filosofia? Com certeza, ela precisou submeter-se à "compulsão material" do conhecimento conquistado. Foi isso que Scheler, como um dos primeiros, tentou empreender.

Ele parte da intelecção de que, no caso de europeus eruditos, a palavra "homem" induz a três círculos de ideias incompatíveis: a tradição judaico-cristã do homem como criatura e como imagem (naturalmente carregada com o pecado original) de Deus, a representação do homem como ser racional, uma representação que remonta à Antiguidade grega, e, por fim, a doutrina moderna da origem das espécies.

"Assim, possuímos, afinal, uma antropologia científico-natural, uma filosófica e uma teológica, que não se preocupam umas com as outras – no entanto, não possuímos uma ideia una do homem".

Por isso, Scheler empreende a tentativa de determinar novamente a "essência do homem em sua relação com o animal" e a "posição metafísica particular do homem". Nesse caso, ele parte de uma gradação das forças psíquicas. O grau mais inferior do psíquico – "ao mesmo tempo o vapor, que impele tudo até a altitude mais luminosa da atividade espiritual" (aqui se reconhece a "libido" freudiana) – é formado pelo ímpeto sensitivo inconsciente, desprovido de sensações e de representações, que já atribuímos às plantas e que está presente mesmo no homem. A segunda forma psíquica essencial é o instinto, a reação inata e útil a fins (i. é, útil à conservação da espécie) que se volta não para meio ambientes individuais que constantemente se alteram, mas para determinadas estruturas típicas da espécie na organização dos elementos possíveis do meio ambiente. Scheler refere-se aqui particularmente aos conhecimentos que foram alcançados pelo entomologista francês J.H. *Fabre* a partir da dedicação de toda a sua vida à observação dos insetos.

Do comportamento instintivo provêm dois novos modos de comportamento, o comportamento "habitual" e o comportamento "inteligente", por mais que a assim chamada inteligência prática ainda pertença antes ao âmbito instintivo, organicamente vinculado. Aqui, Scheler trata mais detidamente dos experimentos sensórios que o zoólogo alemão Wolfgang *Köhler* tinha realizado com antropoides em Tenerife na época da Primeira Guerra Mundial e que tinham demonstrado de maneira praticamente conclusiva que esses animais bem próximos do homem são capazes de "ações inteligentes".

Mas será que os animais já são "inteligentes" no sentido de que, ante novas situações (i. é, ante situações que ainda não foram nem vivenciadas individualmente, nem são típicas da espécie), eles podem alcançar de repente intelecções dos estados de coisa – intelecções cujos fundamentos só residem em parte na experiência, mostrando-se, contudo, em sua outra parte como "antecipatórios", como só existindo na representação? Se esse for o caso, então não é correto dizer que existe efetivamente entre o animal e o homem uma diferença essencial e não apenas uma diferença de grau?

Scheler responde a essas perguntas da seguinte forma: no homem há algo efetivo que o coloca em um ponto mais elevado do que todo animal, algo que se encontra fora da "vida" (mesmo da "vida" no homem), sim, algo que está francamente contraposto a toda vida orgânica: o *espírito* – e o centro do ato, no qual o espírito se manifesta, é a *pessoa*.

Enquanto ser espiritual, o homem não é mais de maneira alguma vinculado pulsionalmente ao meio ambiente, mas é "livre em relação ao meio ambiente", ou, expresso positivamente, ele é "aberto para o mundo". Ele não vive em um mundo circundante, mas *possui* mundo. "O homem é o X que pode comportar-se em uma medida ilimitada a partir de uma abertura para o mundo". Por outro lado, o homem também consegue, em recusa por assim dizer ao mundo dado para ele como "objeto", transformar a sua própria constituição psíquica, sim, a sua vivência psíquica particular em "objeto": a autoconsciência como segunda característica essencial do homem ao lado do espírito. O animal ouve e vê, mas não sabe que ouve e vê! A autoconsciência capacita o homem a ter uma "vontade" para além das emoções momentâneas desencadeadas pelos impulsos pulsionais e pelos estímulos do mundo circundante, uma "vontade" cuja direção de sua meta se retém para além da mudança de estados afetivos diversos; nesse sentido, o homem é (segundo Nietzsche) "o animal que pode prometer".

Com base no que foi relatado até aqui, Scheler chega a novas intelecções sobre a vida representacional humana; ele deduz, por exemplo, o fato de só o homem possuir um único espaço como campo de percepção e vivência, o fato de ele, por isso, também poder desenvolver como essência única um conceito abstrato de espaço, destacado das coisas e situações. Antes de tudo, porém, Scheler se depara sobre essa base com a questão central: será que o espírito, que entrega ao homem a capacidade de se distanciar da "vida", mesmo da própria vida, a capacidade de também afastar de si a própria vida: Será que o espírito é uma força efetiva que domina a si mesma, uma força contraposta à vida, talvez mesmo superior a ela? A resposta de Scheler é um claro não. "Poderoso é originariamente o inferior, impotente o mais elevado". O que há de mais poderoso no mundo são as energias cegas do anorgânico; avaliado a partir dessas forças, o frágil e vulnerável florescimento da cultura humana parece curto e casual. O processo do mundo consiste na penetração paulatina do espírito originariamente impotente com as forças originariamente cegas.

O que isso significa, porém, para o homem? O homem aparece agora como o ser que é caracterizado pela oposição atuante nele entre espírito e vida; um ser ao mesmo tempo conclamado a correalizar a penetração de espírito e ímpeto como um cocombatente da divindade que, para Scheler, só se forma no processo do mundo, de modo que a gênese do homem e a gênese de Deus se ligam mutuamente, sim, dependem uma da outra – uma ideia que já tinha sido expressa pela mística alemã.

3. Plessner

Ao lado de Max Scheler, precisamos mencionar Helmuth Plessner como autor do desenvolvimento que a antropologia filosófica experimentou no século XX – ao lado dele, não depois dele: Plessner (1892-1985) era, em verdade, dezoito anos mais novo do que Scheler, mas seu livro fundamental *Die Stufen des Organischen und der Mensch* (*Os níveis do orgânico e o homem*) surgiu em 1928, juntamente, portanto, com o *A posição do homem no cosmos*, de Scheler.

Da obra de Scheler, a única coisa que é tratada aqui é a sua contribuição para a antropologia, o que talvez possa ser justificado pelo fato de a pessoa e a personalidade realmente estarem no ponto central de seu pensamento. A morte prematura de Scheler o preservou de, como filho de um pai protestante e de uma mãe judia, ser difamado como meio-judeu no regime de Hitler. Plessner, em contrapartida, filho de um médico judeu de Wiesbaden, foi vítima da perseguição aos judeus. Ele perdeu a sua cátedra em Colônia, precisou emigrar e, por fim, obteve uma vaga como professor em Groningen (Holanda). A ocupação alemã da Holanda o obrigou, porém, a se esconder. Depois de 1945 ele pôde voltar a ensinar na Alemanha. De suas obras, precisamos mencionar ainda o ensaio *Conditio humana*, redigido originariamente como introdução à *Propyläen-Weltgeschichte* (*História do mundo – Propileu*). O pequeno escrito se adequa bem para uma introdução do leigo em filosofia às idéias de Plessner.

Plessner tinha estudado filosofia e zoologia com professores excelentes. Com frequência, ele faz menção a Hans Driesch e a Jakob von Uexküll (1864-1944), que se tornou um dos patriarcas da moderna pesquisa comportamental com a sua investigação das ligações entre os seres vivos e seu mundo circundante. A maior parte do "Níveis do orgânico" também traz consigo uma filosofia da vida orgânica; somente o último capítulo (o sétimo capítulo) se volta para o homem e contém – extremamente concentrada em sessenta páginas e difícil de ler – a antropologia propriamente dita de Plessner: uma análise da "conditio humana", diante do pano de fundo das particularidades de plantas e animais.

Todo vivente encontra-se em interação com o seu mundo circundante. As plantas estão imediatamente inseridas em sua esfera vital. O animal é autônomo em relação a essa esfera. Mas ele se deixa absorver no aqui e agora. "O animal vive a partir de seu ponto central, ele se encaminha para o interior de seu ponto central, mas não vive como o seu ponto central. Ele vivencia conteúdos no ambiente, algo alheio e próprio, ele também consegue dominar o seu próprio corpo vivo, ele forma um sistema rearticulado consigo mesmo, um si, mas ele não – se – vivencia"[1].

No homem realiza-se um nível ainda superior: apesar de esse ser também "irromper no aqui-agora e viver a partir de seu ponto central... a centralidade de sua existência se tornou consciente para ele. Ele tem a si mesmo, ele sabe de si, ele é notável para si mesmo e, nesse ponto, é um eu, o ponto de fuga que reside 'por detrás de si' da própria interioridade..." Esse ser consegue distanciar-se de si mesmo, estabelecer um fosso entre si mesmo e suas vivências. Nesse sentido, ele está aquém e além do fosso, vinculado ao corpo, vinculado à alma, e, ao mesmo tempo, em parte alguma, sem lugar apesar de todos os laços com espaço e tempo. Assim, ele é homem"[2].

Uma outra passagem diz: o homem "vive e não nos vivencia, mas ele vivencia seu vivenciar"[3].

Plessner também denomina essa posição única do homem de "posicionalidade excêntrica".

---

1. PLESSNER, H. *Die Stufen des Organischen und der Mensch* (Os níveis do orgânico e o homem). 3. ed., 1975, p. 289. [O texto não possui alterações em relação à primeira edição; no prefácio, o autor discute com Gehlen, entre outros.]

2. Ibid., p. 291.

3. Ibid., p. 292.

O homem possui um mundo exterior, um mundo interior e um mundo compartilhado. O mundo exterior abarca os objetos no espaço e no tempo. O mundo interior é a "alma" e a vivência. O "mundo compartilhado" tem em vista os seus próximos.

Em conclusão, ainda uma citação: "Sem lugar, sem tempo, lançado no nada, o ser humano se impele constantemente para além de si, sem possibilidade de retorno. Ele sempre se encontra como um outro nas conjunções de sua história, conjunções que ele consegue perceber, mas não levar a algum fim"[4].

4. Gehlen

A terceira obra fundamental da nova antropologia filosófica, o livro *Der Mensch – Seine Natur und seine Stellung in der Welt* (*O homem – Sua natureza e sua posição no mundo*), de Arnold Gehlen, foi lançado em 1940. Tal como Plessner, o autor partiu de Scheler. No entanto, ele também tinha à mão a análise de Plessner. Também estavam à sua disposição, vindos do lado das ciências particulares, os resultados da pesquisa do zoólogo vienense Otto *Storch*, que comparou a motricidade rígida, pouquíssimo variável, uma vez que acentuadamente fixa dos animais com a "motricidade própria ao aprendizado" do homem, uma motricidade capaz de variações e de desenvolvimentos francamente ilimitados; além disso, as pesquisas do anatomista holandês L. *Bolk*. Este mostrou que muitas particularidades do organismo humano podem ser descritas como "retardamentos", como a manutenção durante toda a vida de características que correspondem ao estado fetal, tal como, por exemplo, a falta de pelagem no corpo, o crânio fortemente abaulado com uma arcada dentária inferior. Diferentemente de seus parentes animais mais próximos, os grandes macacos, o homem nasce em grande medida com uma constituição precária e desamparada e precisa, por isso, de um longo período de cuidado e de educação até chegar à puberdade, que se inicia relativamente tarde; um período durante o qual ele é exposto em uma medida extremamente intensa às influências de seu "mundo circundante" não natural, mas "artificial", criado pelo homem. Gehlen recebeu impulsos importantes da pesquisa comportamental que floresceu poderosamente em nosso século, assim como das investigações do zoólogo Adolf *Portmann*, que mostrou como a extrema capacidade de aprendizado, que distingue o homem – em todo caso, o homem da alta civilização – até a idade mais extrema, está inserida no plano da natureza: Portmann designa o primeiro ano de aprendizado do homem como um ano embrional extrauterino, ou seja, um ano no qual se tem que passar fora do corpo da mãe; a apropriação das realizações importantes para a vida – percepções sensitivas e sua coordenação, realizações motoras (aprender a andar), comunicação (aprender a falar) – realiza-se aqui em situações de aprendizado que acontecem sob a influência orientada para fins intrínsecos ao meio humano.

---

4. PLESSNER, H. *Die Frage nach der Conditio humana – Aufsatzsammlung* (*A pergunta sobre a* Conditio humana *– Uma coletânea de artigos*).

O ponto de partida de Gehlen é de início marcado em seu aspecto metodológico pelo es-forço de formular de tal modo o estabelecimento de tarefas, que o trabalho não seja imediata-mente bloqueado por problemas que se mostraram no curso da história como insolúveis (ou como pseudoproblemas). Dentre esses problemas está, no que diz respeito ao homem, antes de tudo o problema da relação corpo-alma, com cujas múltiplas tentativas de solução nós também nos deparamos no presente livro junto a Descartes e Leibniz. Estimulado também pelo procedimento "pragmático" de pragmatistas americanos como John *Dewey*, Gehlen con-cebe o homem como um ser *agente*, considera a "ação" como o problema-chave propriamente humano e evita, com isso, em seu ponto de partida, o dualismo, ao qual mesmo o pensamento de Scheler, como vimos, o tinha conduzido. Agir é a atividade do homem que se acha dirigida para a transformação da natureza e que serve a suas próprias metas.

Se o princípio metodológico de Gehlen se distingue, com isso, essencialmente do de Sche-ler, ele mantém, por outro lado, o ponto de partida material scheleriano, a saber, a compara-ção animal-homem, trabalhando e trazendo à tona essa comparação como uma distinção cen-tral: todo animal é fixado definitivamente em um determinado meio ambiente por instintos inatos, próprios à sua espécie. Tanto as suas percepções ("mundo notado" no sentido de Uex-küll) quanto os seus comportamentos e sua atividade ("mundo efetivo") são ajustados a esse meio ambiente; no interior desse enquadramento fixo – que, apesar da capacidade de apren-dizado presente, ele não pode ultrapassar –, ele se comporta "corretamente". O homem, em contrapartida, enquanto um ser carente (essa expressão introduzida certamente por Herder quase se tornou uma palavra de ordem), com a sua pobre dotação inata em termos de realiza-ções sensitivas, armas orgânicas e meios de proteção, e com os seus instintos pouquíssimo pre-sentes (ou involuídos?), não está de maneira alguma apto a viver em um meio ambiente pura-mente "natural"; ele é compensado por esse fato (e é mesmo mais do que compensado) por meio de sua "abertura para o mundo", ou seja, por meio de sua capacidade perceptiva e de aprendizado não encurtada por meio de instintos e não restrita a uma estrutura determinada do meio ambiente, uma capacidade que forma um sistema por assim dizer integrado com o seu curso ereto, com o olhar que alcança a amplitude e que se estende para cima (até o firma-mento), com a configuração de sua mão, a plasticidade de sua motricidade, o que o coloca em condições de transformar de tal modo a natureza externa que lhe é adversa por meio de um agir planificado e comum, que ele acaba por poder viver nela. Expresso de outro modo: uma vez que a natureza transformada de maneira planejada pelo homem com vistas a suas metas não é mais "natureza", mas obra humana, e, com isso, "cultura", o homem é, segundo a sua essência, um ser vivo que cria e precisa criar cultura, para ser capaz de viver, e esse fato, por sua vez, é uma vez mais marcado pela cultura criada por ele. A partir daqui se obtém um con-ceito mais amplo, mais abrangente de cultura, que inclui na mesma medida as armas, os ins-trumentos e as cabanas de povos "primitivos", assim como o direito, a economia e as organiza-ções sociais. Assim, também resulta daí a intelecção de que quase nada é "natural", dado na-turalmente, sob as instituições humanas, por mais que algumas formas da convivência, do ca-samento e da família, da ordem social, da propriedade, também possam aparecer como "natural". Tudo é estatuto (nomos – já diziam os sofistas nesse contexto), criação do homem e, por isso, também questionável e transformável – e, de fato, as intelecções infinitamente ricas da etnologia atual mostram que não "há quase nada que falte" nas diversas épocas e círculos culturais em termos de convicções e instituições humanas.

O fato de o homem precisar se virar quase sem a condução de instintos herdados esclarece a sua enorme debilidade, a sua sedutibilidade; ele também esclarece a aspiração tenaz de todas as comunidades humanas por criar ordem, leis, disposições, padrões de comportamento, em suma, "instituições" no sentido sociológico, pois é só por meio de tais instituições que o homem aberto e extremamente suscetível para todas as influências do meio ambiente constrói uma ordem para a sua convivência com os seus iguais, que garante alguma duração. As instituições sociais são por assim dizer apoios externos para a orientação interna e para o ajuste dos homens particulares e, em verdade, apoios indispensáveis.

Assim, pode-se ver por assim dizer a cultura conjunta como o "ninho", que o homem constrói e inscreve na natureza, a fim de torná-la habitável para si. A *técnica* o acompanha aí desde a sua primeira aparição; ela lhe serve, ela serve ao ser carente, como um substitutivo orgânico (Sigmund Freud denominou o homem um "deus das próteses"); um substitutivo certamente, com o qual ele excede por fim em muito a capacidade performativa de todos os órgãos naturais. Considerada dessa forma, a "técnica" forma precisamente uma característica constitutiva do homem enquanto ser vivo[5].

A perspectiva que se abre aqui para a interpretação da civilização e da técnica pode mostrar-se como um exemplo e uma prova de que o ponto de partida escolhido por Gehlen foi uma tomada feliz, que pode conduzir a intelecções que, em verdade, já se encontram há muito parcialmente presentes nas ciências particulares, mas que só se desvelam nessas ciências quando a pensabilidade integradora do filósofo as reúne. As análises gehlenianas do mundo perceptivo humano e da linguagem poderiam servir igualmente como provas extremamente impressionantes. Um conceito frutífero introduzido por Gehlen no interior desses contextos é o conceito de *descarga*. O homem quase "desprovido de meios" em termos orgânicos é obrigado a experimentar, particularmente na fase da primeira infância, inumeráveis modos e conteúdos da percepção, da fala, do movimento, do tato, da pega, de uma maneira multiplamente jocosa ou aparentemente assim; o homem elabora completamente o mundo e constrói, assim, um sistema de experiências e hábitos em si, dos quais ele certamente não tem como manter todos presentes e que ele não poderia utilizar, se não possuísse um mundo simbólico criado por ele mesmo. Esse mundo, ao qual pertence antes de qualquer outra coisa a sua linguagem, o coloca em condições de conectar, por fim, em certa medida, correntes totais de passos particulares, de percepções, sensações, conclusões, manejos, à medida que as reduz a um símbolo, por exemplo, a uma pala-

---

5. GEHLEN, A. Die Technik in der Sichtweise der Anthropologie (*A técnica no campo de visão da antropologia*), conferência de 1953. Apud GEHLEN, A. Anthropologische Forschung (*Pesquisa antropológica*). *Enciclopédia alemã Rowohlt*. Vol. 138, p. 93ss.

vra. Um conceito como "cadeira" ou "pedra" representa para ele a partir de então, por assim dizer como uma etiqueta, uma profusão de características de grandeza, dureza, peso, constituição de superfícies, serventia a fins. Com isso, ele pode registrar suas experiências, assentá-las (no duplo sentido) e mantê-las disponíveis às suas ordens a qualquer momento. Essa *função de descarga da linguagem* é trabalhada por Gehlen de maneira intuitiva.

II. Linguagem

1. Um olhar retrospectivo

No curso do século XX, a linguagem tornou-se um tema central da filosofia. Alguns observadores chegam a dizer: ela se transformou *no* problema central. Naturalmente, as coisas não se dão de um tal modo que os filósofos de séculos anteriores teriam desconsiderado a linguagem como tema, a linguagem que dentre todos os viventes só é própria ao homem. Não – desde a Antiguidade, os filósofos refletiram sobre a linguagem e se expressaram sobre ela. Precisaríamos começar *ab ovo*, para dar quanto a isso uma ideia suficiente: Platão e Aristóteles pertencem a esse âmbito, assim como os sofistas, Agostinho, os nominalistas, Leibniz, um pensador da história como o italiano João Batista *Vico* (1668-1774) e o francês Étienne Bonnot de *Condillac* (1714-1780).

Os limites desse livro não permitem que retornemos tão amplamente e que descrevamos tudo isso. De qualquer modo, precisamos resgatar algumas coisas, para que possamos tornar compreensível o presente, a saber, nós precisamos voltar em mais ou menos duzentos anos até a época de Immanuel Kant, ou seja, até a segunda metade do século XVIII. Por duas razões:

Naquele tempo reconheceu-se mais claramente do que antes que a linguagem não era apenas um tema para a filosofia – um tema, um objeto entre outros; ela sempre foi algo desse gênero; o fato de a linguagem desempenhar muito mais um papel central no processo humano de conhecimento, um papel, que mesmo o espírito crítico de Kant não tinha considerado e analisado de maneira suficiente. Foram antes de tudo dois homens que levantaram essa crítica, as duas pessoas que se encontravam muito próximas de Kant e que o estimavam enormemente.

O primeiro dos dois, Johann Georg *Hamann* (1730-1788), tinha um apreço tão grande por Kant, que reteve o seu escrito *Metakritik über den Purismus* (*Metacrítica sobre o purismo*), a fim de não magoar Kant; esse escrito só pôde ser publicado depois da morte de Hamann. No mundo científico, Hamann foi um *outsider*, sem estudo concluído, sem cátedra. Ele vivia como tradutor e como funcionário da administração do porto em Königsberg; um homem profundamente religioso que, em função da obscuridade de seu estilo, foi frequentemente denominado "o mago do norte". Ele participou de maneira extremamente entusiasmada da vida espiritual do tempo e possuía uma relação de amizade com Kant (cuja *Crítica da razão pura* só pôde ser publicada junto ao editor Hartknoch em Riga graças à mediação de Hamann), com Herder e outros. Goethe, Hegel e particularmente Kierkegaard o estimavam.

Dito de maneira algo simplificada, a tese de Hamann era: nós precisamos passar da crítica do conhecimento à *crítica da linguagem*. "O que me interessa não é tanto a questão 'o que é a razão?', mas muito mais a questão 'o que é a linguagem?'" – "Sem linguagem não teríamos nenhuma razão. Sem palavra, nenhuma razão – nenhum mundo".

Johann Gottfried *Herder* (1744-1803) foi como Hamann um estimulador extraordinariamente multifacetado e frutífero. Ao lado de seu escrito premiado *Sobre a origem da linguagem* (um tema outrora muito discutido, apesar de – outrora certamente, mas mesmo ainda hoje – faltarem conhecimentos substanciais, sobre os quais se pudesse apoiar uma resposta), ele escreveu entre outras coisas uma *Metakritik zur Kritik der reinen Vernunft* (Metacrítica à crítica da razão pura). Sua tese era: a razão está vinculada à linguagem, sim, ela é em princípio linguística. Com isso, ela está vinculada à experiência, à história, ao interesse.

Hamann tanto quanto Herder não formularam sistematicamente as suas ideias sobre a linguagem. Por isso, podemos chamá-los antes de precursores do que de fundadores da filosofia da linguagem. Considerando suas ideias, fica claro o quão difícil é investigar a linguagem, quando a aproximamos do pensamento ou da razão ou quando a equiparamos com eles; e isso porque precisamos utilizar nesse caso aquilo que precisa ser investigado ao mesmo tempo como instrumento dessa investigação.

A segunda razão pela qual é necessário retornar à segunda metade do século XVIII é o fato de nessa época ter começado o desdobramento de uma ciência autônoma da linguagem, em todo caso o desdobramento de seu ramo histórico-comparativo. Os eruditos conheciam, em verdade, a gramática das línguas "clássicas", ou seja, do grego, do latim e, a partir do renascimento e do humanismo, também do hebraico. No entanto, os europeus tinham representações completamente insuficientes da pluralidade e do caráter multifacetado das línguas. Durante muito tempo se acreditou que o hebraico, como língua do Antigo Testamento, seria a língua originária da humanidade e que, desde a confusão linguística da Torre de Babel, haveria 72 línguas diversas. Somente com a abertura colonial e com a conquista de quase toda a terra povoada por parte dos europeus – a partir do assim chamado tempo das descobertas – criou-se aqui uma mudança. A pluralidade de línguas da América dos índios e da África negra veio à luz; o chinês foi reconhecido pela primeira vez em 1571 por meio do livro de um jesuíta português; Leibniz conheceu o livro e foi estimulado essencialmente por ele a desenvolver suas ideias sobre uma "characteristica universalis", a qual deveria restituir diretamente ideias e conceitos, inserindo-os em um sistema.

O estopim inicial para o florescimento da ciência linguística partiu, porém, da Índia conquistada e governada pela Inglaterra. O inglês William *Jones*, no cargo de juiz supremo em Calcutá, ocupou-se com o sânscrito, que já não existia mais naquela época na Índia como língua viva, mas que continuava certamente a existir como língua do culto e do direito; leis importantes eram redigidas em sânscrito. Jones proferiu em uma conferência de 1786 as frases desde então célebres, segundo as quais o sânscrito, com uma construção maravilhosa, mais perfeita e mais rica do que o grego e o latim, seria tão semelhante a essas línguas no que concerne às formas gramaticais e às raízes das palavras, que essa semelhança nunca poderia ter sido causada pelo acaso; as três línguas (e outras línguas europeias como o gótico, ou seja, o dialeto germânico, e o celta) precisariam ter uma origem comum.

Isso deu impulso para o surgimento da ciência comparativa da linguagem, que investigou pela primeira vez com Friedrich *Schlegel*, Franz *Bopp*, Jacob *Grimm*, entre outros, a gigantesca, extensa e difundida família de línguas indo-germânicas e que se dedicou depois disso também a outras famílias de línguas – sem que esse trabalho de pesquisa tenha se concluído até hoje.

Hoje sabemos que há sobre a terra no mínimo 5.000 línguas, sem contar as línguas mortas e os dialetos.

Filosoficamente ainda mais interessante do que essa pluralidade é o fato de determinados traços essenciais serem comuns a todas essas línguas, os assim chamados universais linguísticos, e de toda criança pequena, transposta para o interior do mundo circundante linguístico correspondente, aprender cada uma dessas mil línguas e falá-la como "língua materna".

2. *Wilhelm von Humboldt*

As duas linhas que acabamos de esboçar – os princípios de uma filosofia da linguagem e o surgimento da ciência da linguagem – confluem na obra de Wilhelm von Humboldt (1767-1835). Humboldt, com uma formação abrangente, trabalhando ativamente como diplomata, responsável em um elevado ministério do governo em Berlim pela reforma do sistema educacional prussiano e pela fundação da Universidade de Berlim (1810), uma fundação que aconteceu segundo os seus princípios e que se tornou exemplar para inúmeras universidades por toda a terra, irmão de um homem que viajou pelo mundo, o pesquisador da natureza Alexander von Humboldt, estava extraordinariamente bem preparado para a sua ocupação por décadas com a linguagem e com as línguas. Ele tinha aprendido grego, latim e francês em sua juventude. Mais tarde, acrescentaram-se a essas línguas o inglês, o italiano e o espanhol. Durante a sua estada em Paris, ele ficou profundamente impressionado com a língua basca, a única língua da Europa que não possui parentesco com nenhuma outra e que não pode ser atribuída a nenhuma família linguística. Ele ocupou-se com o lituano, com o provençal, mas também com línguas extraeuropeias como o chinês, o japonês, o copta, o sânscrito e, de maneira totalmente intensiva, com o kawi, a língua dos poetas e dos eruditos da Ilha de Java.

Humboldt não concluiu e publicou quase nenhuma obra sobre linguagem. *Über Denken und Sprache* (*Sobre pensamento e linguagem*) permaneceu fragmentário e mesmo a obra em três volumes (que é considerada como a sua obra mais importante) sobre a língua kawi só foi lançada depois de sua morte; se lhe antepõe como introdução filosófico-linguística o escrito *Über die Verschiedenheit des menschlichen Sprachbaues und ihren Einfluss auf die geistige Entwicklung des Menschengeschlechts* (*Sobre a diversidade da construção linguística humana e sua influência sobre o desenvolvimento espiritual da espécie humana*), que contém (ao lado de alguns ensaios para a Academia) a suma do pensamento linguístico de Humboldt.

Para Humboldt, a antropologia e, com isso, a questão fundamental kantiana "o que é o homem?" encontram-se no ponto central da filosofia. O homem, porém, "só é homem por meio da língua". A língua é o meio pelo qual ele pensa, vive e sente. A apropriação do mundo e a orientação no mundo própria a cada homem acontece por meio da língua. A língua não é para Humboldt nada fixo, ela é sempre em movimento, "energeia", e só vive, no fundo, no falar animado do homem particular (não nos documentos escritos que se assemelham antes a "múmias enrigecidas").

Com o acento no caráter dinâmico e criativo da língua, com o seu ponto de vista de que a língua não seria nenhum mero "sistema de sinais", mas muito mais a "manifestação exterior do espírito dos povos", Humboldt foi o estimulador e o pioneiro em relação a muitas coisas que vieram mais tarde, adentrando profundamente no século XX, indo até a "gramática conteudista" de Leo Weisberger e outros e até o pensamento de Noam Chomsky, ao qual ainda retornarei.

De maneira antecipativa – porque é aqui que esse elemento se inscreve da melhor forma possível – precisamos mencionar uma direção de pensamento que se tornou conhecida sob o nome de "hipótese Sapir-Whorf" e que retrabalhou as ideias centrais de Humboldt de que na língua estaria o espírito de um povo, e de que toda língua conteria ou cunharia uma visão de mundo particular. A tese também foi designada como "teoria da relatividade linguística". Não é certo que os dois autores, Sapir e Whorf, tenham conhecido a obra de Humboldt (eles não a mencionam). Edward *Sapir* (1884-1939), originário da Alemanha, pesquisou como etnólogo línguas indianas. Benjamin Lee *Whorf* (1897-1941), inicialmente um químico, foi seu aluno. Whorf ocupou-se entre outras coisas com a língua da tribo Hopi e comparou essa língua – ou a visão de mundo que se encontra à sua base – com o "europeu padrão" (SAE = Standard Average European), ou seja, com a visão de mundo que se expressa nas línguas europeias[6]. Há aí diferenças impressionantes, por exemplo, no conceito de tempo e na atividade de contar. Os hopis – diz Whorf – só empregam os números cardinais 1, 2, 3 a objetos perceptíveis no espaço (p. ex., árvores, homens, que se encontram uns ao lado dos outros) –, mas não os empregam para unidades de tempo como dias. Muitos homens podem ser percebidos juntos, mas muitos dias não. Só temos a cada vez um dia, o próximo dia se segue como a próxima visita do médico ao paciente. – Mas temos aí a vinda do mesmo médico! – Será que não é possível que também seja o mesmo dia que retorna?...

Com certeza, não está totalmente decidido o que "está em questão" na hipótese Sapir-Whorf[7]. Em todo caso, porém, o fosso entre duas visões de mundo linguisticamente condicionadas pode ser superado, como o comprovam homens bilíngues e boas traduções – ainda

---

6. O escrito mais importante de Whorf só se tornou acessível depois de sua morte: *Language, thought and reality* – Selected writings of B.L. Whorf. Editado por J.B. Cassol, 1956.

7. Franz von Kutschera discute detalhadamente os prós e contras do ponto de partida de pensamento de Humboldt até Sapir e Whorf em sua obra *Sprachphilosophie* (*Filosofia da linguagem*), na quarta parte: "Linguagem e realidade".

que isso não se dê de maneira alguma sem esforço. Quem quiser perseguir mais amplamente o problema precisa manter em vista o fato de a reserva de palavras, expressões, disposições, que nossa língua tem à sua disposição, ter emergido de uma mistura única de acaso e necessidade. Isso é válido para toda língua natural (em contraposição a linguagens artificiais projetadas de maneira planejada). O romanista Mario Wandruszka sempre se referiu uma vez mais a esse fato de um modo particularmente impressionante[8].

3. Crítica radical à linguagem: Fritz Mauthner

Com essa etapa do desenvolvimento, já chegamos ao começo do século XX (não me deterei na estruturação ulterior da ciência linguística no século XIX). Mauthner (1849-1923) escreveu a sua obra central por volta da virada do século XIX para o século XX: *Beiträge zur Kritik der Sprache* (*Contribuições para a crítica à linguagem*), 3 vol., 1901-1903. Seguiram-se o *Wörterbuch der Philosophie* (*Dicionário da Filosofia* – 2 vol.) e, mais tarde, *Der Atheismus und seine Geschichte im Abendland* (*O ateísmo e sua história no Ocidente*, 4 vol., 1921-1923). Mauthner foi em sua época conhecido e apreciado como escritor (com outras obras além das acima citadas) e como jornalista, menos como erudito e como filósofo; ele era considerado como um autodidata, também se denominava assim (apesar de sua formação abrangente) e não era professor – o que também teria sido difícil naquela época para um judeu. Os seus escritos são compostos de maneira clara, são em geral compreensíveis, escritos em linguagem corrente e não em linguagem técnica. Ele foi logo esquecido e só foi redescoberto depois da Segunda Guerra Mundial por meio da filosofia analítica.

Para Mauthner, toda filosofia crítica é crítica da linguagem. Ele contesta o valor da linguagem como instrumento do conhecimento, aponta para o seu caráter metafórico, para a sua relatividade e para a vinculação linguística de todo pensamento. O *Wörterbuch der Philosophie* (*Dicionário da Filosofia*) de Mauthner deveria se chamar originalmente "*O* Dicionário da Filosofia", com o tom de fundo irônico: vejam só, isso é tudo que a filosofia tem a oferecer! Ele sentia-se aparentado com Nietzsche, que filosofava com o martelo.

O que resta depois de uma crítica tão acirrada à linguagem (que era naturalmente o tema predileto de Mauthner)? Ceticismo – em relação à linguagem e em relação a tudo. Desespero tranquilo, contido. Por isso, Mauthner foi colocado ao lado de Górgias, o sofista e ceticista radical. Górgias ensinou: nada é. No entanto, se pudéssemos conhecer algo, ele não seria comunicável. Mauthner diz: há algo. Mas esse algo só é passível de ser conhecido com incerteza, talvez ele não seja nem mesmo passível de ser conhecido. Se algo fosse passível de ser conhecido, então ele só poderia ser expresso na melhor das hipóteses metaforica-

---

8. Por exemplo, em *Sprachen, vergleichbar und unvergleichlich* (*Línguas, comparáveis e incomparáveis*), 1969. Também na conferência *Sprache und Sprachen* (*Língua e línguas*), reimpresso em *Der Mensch und seine Sprache* (*O homem e sua língua*), vol. 1 dos escritos da Instituição Carl-Friedrich-von-Siemens, 1969.

mente em nossa linguagam vocabular. Por meio daí, foram colocados limites intransponíveis à compreensão recíproca[9].

O que resta a um cético tão radical? Há alguma consolação? Ele não pode encontrá-la em Deus, pois "Deus é apenas uma palavra" (como Mauther apresenta no artigo "Deus" de seu dicionário), que significa mais ou menos a mesma coisa que "ídolo" ou quiçá "fetiche". O fato de Mauthner ter se declarado ateísta (daí também a sua obra sobre o ateísmo) não contribuiu certamente para a sua reputação na época do Imperador Guilherme II. Ele denominou certa vez o estado no qual encontrava uma certa paz de alma "mística ateia".

As obras de Mauthner, apesar de se mostrarem como uma leitura cativante, até bem pouco tempo só eram encontradas em bibliotecas; e isso diferentemente do pensador (também judeu) que é hoje o mais conhecido e influente entre os filósofos que andam às voltas com o problema da linguagem: Wittgenstein.

4. Revolução na ciência linguística: Saussure

Há certamente algo de injustiça, quando se procura caracterizar longos desenvolvimentos histórico-espirituais com o auxílio de poucos nomes. A sentença: "A física do século XX é dominada por Planck e Einstein" é uma forte simplificação, pois os dois pesquisadores se apoiam em precursores e há colegas que contribuíram essencialmente para a conformação da Teoria Quântica e para a Teoria da Relatividade. No entanto, a sentença não é totalmente falsa. As coisas se comportam de maneira similar, quando se fixa a virada na ciência linguística no começo do século XX (ou seja, mais ou menos ao mesmo tempo que com Planck e Einstein) junto a um único homem, até mesmo em uma única de suas obras que, além disso, não provém de seu próprio punho: *Cours de linguistique générale*, de Ferdinand de Saussure[10].

Saussure era professor de "história e história comparada das línguas indo-europeias" na Universidade de Genebra. Desse modo, ele se movimentou inicialmente na corrente principal da ciência linguística de outrora, tendo contribuído também para essa corrente com alguns trabalhos importantes. A falta de um colega fez com que Saussure tivesse precisado assumir a preleção sobre ciência linguística geral. As reflexões fundamentais que ele trouxe para essa ciência foram por ele apresentadas a partir de 1906. Como continuou trabalhando incessantemente nessas reflexões, ele não chegou a apresentá-las em um livro. A edição em livro foi composta a partir dos manuscritos da preleção de alguns alunos.

---

9. REINFELLNER-RUPERTSBERGER, E. *Fritz Mauthner*. In: DARCAL, M.; GERHARDUS, D.; LORENZ, K.; MEGGLE, G. (orgs.). *Sprachphilosophie* – Ein internationales Jahrbuch zeitgenössischer Forschung (*Filosofia da linguagem* – Um livro anual internacional da pesquisa contemporânea, 1992/1993), p. 495ss.

10. O *Cours* apareceu em 1916 (as datas de nascimento e morte de Saussure são: 1857-1913).

Uma das ideias fundamentais de Saussure provocou uma mudança de paradigma na consideração da linguagem (tal como se diz desde o livro de Thomas S. Kuhn *The Structure of Scientific Revolution*[11]); em todo caso, essa mudança aconteceu ao menos em seu efeito a longo prazo. O que é linguagem? Saussure responde: é preciso distinguir entre *parole*, a fala viva, a cada vez única do particular, e *langue*, o sistema linguístico, que consiste em sinais e regras que, em verdade, cada indivíduo particular porta em si, mas que só existe completamente no conjunto de todos os participantes de uma comunidade linguística. Na *langue* residem as normas para o vocabulário ("léxico") e para a gramática.

Todo signo linguístico possui um caráter duplo. Neles estão amalgamados a forma sonora, o significante (*le signifiant*), e o significado (*le signifié*). A ligação entre os dois elementos não repousa sobre uma correspondência natural qualquer, mas sobre convenção, ela é arbitrária (*arbitraire*) e casual (o problema platônico exposto no *Crátilo*). O fato de se dizer em alemão *Baum* (árvore) e em francês *arbre* para designar a mesma coisa não repousa senão sobre convenção, sobre derivação. Assim, os sinais só são determinados negativamente em seu conteúdo e função: é somente por meio de suas relações recíprocas, por meio de sua posição no sistema, que eles obtêm sua validade, seus *valeurs*.

A ciência pode estudar esse sistema sob dois aspectos totalmente diversos: em primeiro lugar, no recorte temporal, no estado de agora (*sincronicamente*), em segundo lugar, no recorte longitudinal (historicamente, *diacronicamente*). No segundo caso, as transformações vêm à tona no transcurso temporal (p. ex., mudança de sons, mudança de significações). O segundo aspecto é estudado pela ciência linguística histórico-comparativa, o primeiro, pela ciência que Saussure denomina "linguística" e que se desenvolveu desde a aparição do mestre. Ela vê a linguagem como um sistema de valores relativos que, seguindo determinadas regras, mais ou menos como as figuras de um jogo de xadrez, se mantêm em um equilíbrio flutuante.

A obra de Saussure impulsionou uma série de desdobramentos que também se estenderam a outras áreas do saber. O mais importante desses desdobramentos é com certeza o estruturalismo, que encontrou adeptos entre outras áreas também na sociologia e na antropologia.

5. Ludwig Wittgenstein

O fato de a linguagem ter sido colocada no ponto central da filosofia mostra-se como o resultado de um longo desenvolvimento; no entanto, quando se olha para os pensadores particulares, nenhum deles contribuiu certamente mais do que Ludwig Wittgenstein (1889-1951). Seu pensamento conduziu antes de tudo a que se possa falar hoje de uma virada linguística ("linguistic turn") na filosofia atual. Se considerarmos o seu tempo de vida, a fama de Wittgenstein no espaço linguístico é recente, pois, enquanto Wittgenstein era há muito famoso nos países anglo-saxões e considerado por conhecedores de seu pensamento como o

---

11. A obra de Kuhn foi lançada em 1962.

pensador mais significativo do século XX, tanto quanto como aquele ao mesmo tempo que melhor representava a situação espiritual de nossa época, ele permaneceu praticamente desconhecido para o grande público até o final da Segunda Guerra Mundial, sim, até mesmo em obras de referência filosóficas, seu nome não era nem mesmo citado. A causa disso deve-se em parte ao fato de a atuação filosófica de Wittgenstein ter se realizado principalmente na Inglaterra; mas também ao fato de ele mesmo não apenas não ter buscado a esfera pública, mas tê-la evitado conscientemente; por fim, também ao fato de, em sua maior parte, os escritos oriundos de sua segunda fase só terem se tornado conhecidos depois de sua morte[12].

Wittgenstein nasceu em Viena. Seu avô por parte de pai, depois de sua conversão do judaísmo para o protestantismo, mudou-se da Saxônia para Viena; seu pai conquistou em Viena prestígio e fortuna como industrial do setor de aço. Wittgenstein cresceu como um entre oito irmãos em um lar que pôde transmitir estímulos intelectuais e artísticos múltiplos; Johannes Brahms e Gustav Mahler eram hóspedes frequentes da família. Ludwig Wittgenstein começou um estudo de engenharia na escola técnica superior em Berlim-Charlotenburgo e deu prosseguimento a esse estudo na Universidade de Manchester. O seu interesse logo passou dos problemas ligados às viagens aéreas e à aerodinâmica para a matemática, em particular depois de ter lido os *Principles of Mathematics* (precursor dos *Principia mathematica*); e, mais tarde, para os problemas fundamentais da matemática e, com isso, para a lógica e a filosofia. Ele foi para Cambridge e estudou aí a partir de 1912 com Russel. Nesse tempo, o seu interesse estava voltado para três grandes âmbitos: ele começou a se confrontar com ideias filosóficas, ocupou-se muito com música, algo que o acompanhou durante toda a sua vida – seus escritos contêm muitos exemplos que são retirados da música – e realizou muitas viagens. A irrupção da Primeira Guerra Mundial o pegou de surpresa na Noruega, onde ele tinha se retirado na mais extrema solidão. Ele se alistou como voluntário no exército austro-húngaro.

Durante toda a guerra, ele foi escrevendo as suas reflexões filosóficas em cadernos de anotações. Quando se viu em uma prisão italiana ao final da guerra, tinha pronto em sua mochila o seu *Tratado lógico-filosófico*, que mais tarde se tornou célebre, sob a forma de manuscrito. Ele conseguiu fazer com que esse manuscrito, vindo do campo de prisioneiros, chegasse até Russel (por intermédio do economista nacional que mais tarde se tornou mundialmente famoso John Maynard Keynes). No entanto, apesar do apoio de Russel, o escrito só pôde ser publicado em 1921 em língua alemã e, em verdade, nos "Anais de filosofia da natureza" de Oswald; e,

---

12. Durante o seu tempo de vida, Wittgenstein só publicou o *Tractatus* e um ensaio mais curto sobre lógica, que juntos não dão mais do que 100 páginas. Com sua morte, Wittgenstein nos legou mais ou menos 30 mil páginas manuscritas. Dessas páginas, os editores das obras de Wittgenstein, que saíram primeiro em inglês e, depois, em 1984, em língua alemã (aqui ela possui 8 volumes de livros de bolso), só reuniram menos do que um quarto. Os textos não foram deixados por Wittgenstein de maneira alguma sob uma forma madura para a impressão. Muitas vezes não se consegue estabelecer exatamente a que uma versão final feita por ele poderia ter se parecido. Uma edição completa dos textos, na qual se está trabalhando, pode preparar ainda algumas surpresas.

em 1922, surgiu uma edição bilíngue, alemão-inglês, com o título latino *Tractatus Logico-Philosophicus*. Dos cadernos de anotações dos anos de guerra, nos quais surgiu esse escrito, três foram conservados e publicados em 1961.

Wittgenstein colocou a sua considerável herança da fortuna do pai em parte à disposição de artistas e escritores austríacos (Rainer Maria Rilke e Georg Trakl também se valeram disso), o resto ele entregou à sua irmã e passou a levar entre 1920 e 1929 uma vida extremamente simples e retraída como professor de uma escola na Áustria, depois como auxiliar de jardinagem num mosteiro de Viena. Por volta do fim dessa época, entrou em contato com o Círculo de Viena por intermédio de Moritz Schlick.

Em 1929, possivelmente sob a influência de uma conferência de Brouwer, ele retomou os seus interesses filosóficos, foi para Cambridge, onde submeteu, estimulado por Russel, o seu *Tractatus* como dissertação de doutorado. Em Cambridge, deu preleções e, em 1937, obteve uma cátedra. Abstraindo-se do trabalho como enfermeiro voluntário na Segunda Guerra Mundial, manteve os seus compromissos docentes até 1947. Em 1951, morreu em Cambridge.

O talento de Wittgenstein abrangia entre outras coisas a música (no exercício tanto quanto na recepção), a técnica (em Cambridge, ele projetou um propulsor a jato), a arquitetura (ele criou os projetos para a notável construção de uma vila em Viena), a escultura e, além disso, a matemática, a lógica e a filosofia. Como personalidade, era "instável", inconstante, irritadiço com as críticas (ele praticamente não se confrontou jamais com teses de outros filósofos e dificultou a comparação com esses filósofos por meio de seu estilo aforístico); ele assumiu os contatos dialógicos abertos cautelosamente por Moritz Schlick com os brilhantes especialistas do Círculo de Viena sob a condição de que suas teses filosóficas não fossem criticadas por esse Círculo. Como amigo, era extremamente generoso, mas tendia para a vida solitária. Assim, ele se retirou em 1913 para uma cabana na Noruega e, depois de seu retorno à cátedra, passou uma vez mais períodos em uma cabana no oeste da Irlanda. Como professor, falando sempre livremente, ele impressionou profundamente os seus ouvintes. Desde 1949, teve câncer. A partir de 1951, viveu na casa de um médico amigo em Cambridge, uma vez que não queria de forma nenhuma morrer em um hospital. Quando seu amigo lhe revelou que o fim tinha chegado, ele disse: "Bom".

Se nos abstrairmos de duas séries de cadernos de anotações que ditou em língua inglesa para os seus alunos e que ficaram conhecidos mais tarde como *Blue book* e *Brown book*, o pensamento de Wittgenstein durante o segundo período de sua atividade filosófica só se tornou público depois de sua morte; e isso em primeira linha pelas *Investigações filosóficas*, que surgiram em 1953 em uma edição bilíngue alemão-inglês (todos os textos redigidos por Wittgenstein são em alemão).

Wittgenstein tinha determinado esse escrito para a publicação póstuma, enquanto outros escritos que foram impressos posteriormente provavelmente tenham ganho a esfera pública sem a intenção ou talvez mesmo contra a intenção de Wittgenstein.

O *Tractatus*[13], um escrito fino, de conteúdo difícil, é constituído a partir de sentenças aforismáticas que são alinhavadas com números decimais, de modo que, por exemplo, "5.1" representa uma explicitação ou uma exposição ulterior do "5", "5.11" uma do "5.1" e assim sucessivamente. Apesar desse procedimento facilitar a orientação e apesar de Wittgenstein empregar preponderantemente (além de conceitos e sinais formais da lógica matemática) palavras oriundas da linguagem cotidiana, esse trabalho apresenta de qualquer modo ao leigo dificuldades extraordinárias de compreensão. Em primeiro lugar, porque ele foi escrito de maneira extremamente concentrada; em segundo lugar, porque pressupõe para a sua compreensão o conhecimento das doutrinas de Frege e Russel; e em terceiro lugar, porque Wittgenstein emprega, em verdade, os conceitos da linguagem cotidiana, mas lhes dá um conteúdo próprio mais preciso, que se desvia do uso cotidiano.

Não obstante, pode ser útil para uma primeira aproximação citar as teses fundamentais, que são dotadas com números simples e que representam, com isso, a estrutura de suportação de todo o edifício:

1) O mundo é tudo aquilo que é o caso.

2) O que é o caso, o fato, é a subsistência de estados de coisa.

(*Obs.*: essas teses poderiam ser denominadas teses sobre a ontologia.)

3) A imagem lógica dos fatos é o pensamento.

4) O pensamento é a sentença dotada de sentido.

(*Obs.*: Wittgenstein realiza aqui a passagem do mundo que por assim dizer é por si para o conhecimento humano, a imagem do mundo no pensamento e na linguagem.)

5) A sentença é uma função da verdade das proposições elementares (A proposição elementar é uma função da verdade de si mesma).

6) A forma universal da função de verdade é: [p, x, N (x)]. Essa é a forma universal da proposição.

(*Obs.*: o que está em questão nessas teses e em seus anexos é a linguagem e a lógica linguística; também se poderia dizer, o que está em questão é uma "crítica à linguagem", ainda que em um sentido algo diverso do que para Fritz Mauthner.)

7) Sobre aquilo que não se pode falar precisa-se calar.

(*Obs.*: essa proposição lapidar forma a conclusão do ensaio, ela não é mais sucedida por nenhuma elucidação. É compreensível, quando se acrescenta a proposição imediatamente precedente: 6.54) Minhas proposições elucidam por meio do fato de aquele que me compreende as reconhecer por fim como absurdas, quando ele se alça a uma posição aci-

---

13. O texto encontra-se agora disponível em uma edição crítica que encerra os trabalhos prévios e as variantes: WITTGENSTEIN, L. *Logisch-philosophische Abhandlung* – Tractatus logico-philosophicus: Kritische Edition (*Ensaios lógico-filosóficos* – Tractatus logico-philosophicus: Edição crítica) [McGIUNNESS, B. & SCHULTE, J. (orgs.). Frankfurt/M, 1989.

ma delas por meio delas – sobre elas. (Ele precisa por assim dizer retirar a escada depois que ele subiu nela.)

Ele precisa superar essa proposição e, então, ele vê o mundo corretamente.

Wittgenstein acreditava que, com o seu ensaio – tal como podemos depreender do prefácio escrito em 1918 –, "tinha resolvido em essência definitivamente os problemas"; ele considerava a verdade das ideias comunicadas nesse ensaio "intocáveis e definitivas". Parece coerente que Wittgenstein – enquanto o seu escrito, favorecido pelo modo de falar apodítico, por sua radicalidade, mesmo por sua difícil acessibilidade, desencadeava uma profusão de comentários e controvérsias no mundo filosófico (uma interpretação muito clara e convincente é dada por Eric *Stenius*, mas ela só existe efetivamente em inglês) – se tenha retirado completamente do mundo filosófico e se coberto por uma década de silêncio. Quando começou a falar novamente, veio à tona o fato de ele mesmo ter revisto nesse ínterim tão fundamentalmente o "sistema" sedimentado no *Tractatus*, sim, o fato de ele mesmo o ter destruído de um modo tal que um crítico vindo de fora só muito dificilmente o conseguiria fazer de maneira mais pormenorizada.

Tal como podemos deduzir do prefácio datado de janeiro de 1945, em Cambridge, o próprio Wittgenstein tinha determinado as *Investigações filosóficas* para a publicação, ainda que com hesitação e com a consciência de que não estava apresentando nada concluído, mas antes observações, "esboços de paisagem, que surgiram em longas e complicadas viagens" por extensas regiões. "Desde que, há 16 anos, comecei a me ocupar novamente com filosofia, precisei reconhecer os enormes erros que tinha assentado naquele primeiro livro" (Ele tem em vista aqui o *Tractatus*). Essa frase dá provas da probidade intelectual quase sobre-humana que distinguia Wittgenstein. E o lema que é colocado à frente da obra é capaz de dar um testemunho de sua postura fundamentalmente cética e modesta; ele diz: "Em geral, o progresso tem em si o fato de parecer muito maior do que realmente é. Nestroy".

Wittgenstein não pôde mais dar por toda parte ao próprio texto, que preenche mais ou menos o espaço de 350 páginas, a sua forma definitiva. O texto possui em sua maior parte ou bem o caráter de um diálogo, que o pensador conduz consigo mesmo – apesar de ele colocar questões constantemente a si mesmo e fazer objeções –, ou bem o caráter de um diálogo (fictício) com um parceiro.

É relativamente simples reconhecer pontos, nos quais Wittgenstein se afasta das teses do *Tractatus*. Desse modo, ele rejeita a estrutura ontológica que é estabelecida lá, uma estrutura segundo a qual o mundo é um conjunto de "fatos" e "estados de coisa" e, em verdade, um conjunto de "fatos" particulares, independentes uns dos outros, por assim dizer "atomistas". Ele recusa a ligação inequívoca entre o mundo e a sua imagem nas ideias e proposições, uma ligação que é instaurada pelo *Tractatus*. Ele rejeita o ideal lá erigido de uma exatidão incondicionada. O que se pode efetivamente dizer pode ser dito de maneira clara – assim se encontra expresso na concepção do *Tractatus*. As palavras e proposições da língua são habitualmente plurissignificativas, vagas, inexatas e nós não podemos mudar esse fato de maneira alguma – assim se revela a intelecção do Wittgenstein "tardio". Quem quer falar claramente precisa dar às suas palavras e proposições um sentido claro – assim, por exemplo, o *Tractatus*, com a ideia de fundo: o que a palavra X significa exatamente precisa ser esclarecido, se for preciso, por meio de uma análise detida. Em contrapartida, o "segundo" Wittgenstein diz-nos: quem quer saber o que essa palavra significa precisa considerar como ela é usada – e esse é o único caminho para encontrar uma elucidação sobre a sua significação.

Nesse ponto precisa ser incluído o conceito de *jogo de linguagem* na reflexão que Wittgenstein introduz da seguinte maneira (*Investigações lógicas*, Alg. 7): "Também denominarei o todo: da língua e das atividades, com as quais a língua é entretecida, 'jogo de linguagem'". A analogia entre o falar e um jogo (normalmente antes complicado) tal como o jogo de xadrez atravessa tudo. O falante opera com palavras e proposições, assim como o jogador com figuras que precisam ser correntes para os dois que participam do jogo (ainda que não de maneira explicitamente consciente), sem que, naturalmente, as regras do jogo de linguagem sejam acessíveis a uma codificação conclusiva e precisa; e uma tal codificação já não se dá entre outras coisas, porque um jogo de linguagem só pode ser jogado (e só pode ser compreendido), se se consideram concomitantemente circunstâncias extralinguísticas tais como a situação do falante, aquilo que aconteceu anteriormente etc. como um contexto.

Talvez se torne apesar de tudo patente a partir dessas alusões o fato de Wittgenstein apresentar aqui uma tarefa que dá inicialmente a impressão de ser modesta (medida a partir das requisições que filósofos anteriores apresentaram) e que acaba por desembocar, contudo, em um trabalho de Sísifo: liberar o nosso pensamento da constante sedução, da incessante indução ao erro, do ininterrupto feitiço por meio da língua é uma tarefa infinita, porque estamos efetivamente aprisionados nesse meio e nunca podemos sair dele totalmente.

Tomemos ainda alguns fragmentos de ideias retiradas do rico conteúdo das *Investigações*[14]:

A língua não é (como Wittgenstein tinha explicado no *Tractatus*) uma imagem especular do mundo; a língua possui a sua própria ordem, aproxima essa ordem da realidade, sim, impõe-na sobre ela.

Nós achamos de maneira ingênua que precisaria haver um objeto para cada palavra, um objeto que a palavra denomina; se não encontramos nenhum objeto, imaginamos um conteúdo espiritual (cf. Mauthner sobre o conceito de Deus). Wittgenstein fala de um "mito da significação".

Muitos conceitos desvanecem-se nas margens. Wittgenstein demonstra esse fato a partir da palavra "jogo".

A língua não serve de maneira alguma apenas à denominação ou à descrição da realidade. Nós também utilizamos a língua para "pedir, agradecer, amaldiçoar, saudar, orar..." Com esse ponto se articula a moderna teoria do ato de fala (cf. a próxima seção).

---

14. Stefan Majeschak faz uma apresentação concisa e plástica da filosofia da linguagem de Wittgenstein em BORSCHE, T. (org.). *Klassiker der Sprachphilosophie* (*Clássicos da filosofia da linguagem*), 1996, p. 365ss.

Para Wittgenstein, a meta da filosofia é *terapêutica*: ela procura afastar a confusão, na qual o uso linguístico da filosofia tradicional se aprisionara. "Toda uma nuvem de filosofia condensa-se em uma gotícula de teoria da linguagem".

6. *"Linguistic turn"*

Essa expressão sugestiva[15] designa a virada, que conduziu ao fato de as questões materiais filosóficas (diferentemente de questões materiais em ciências empíricas) serem tratadas fundamentalmente como questões da linguagem filosófica. Para a consciência pública, Wittgenstein se encontra no ponto central dessa virada. No entanto, ele não se acha sozinho. Há além dele, depois dele e mesmo já antes dele outros, cujo pensamento aponta mais ou menos na mesma direção. Alguns serão apresentados a seguir[16].

George Edward *Moore* (1873-1958) merece um lugar honroso – mesmo como personalidade. Apesar de Moore ter publicado pouco em sua longa vida como erudito, ele está no mundo anglo-saxão entre os pensadores mais influentes. Moore, evidentemente um homem altruísta, livre de ambição, fez algo que é raro na corporação dos filósofos: ele lidou atentamente com as ideias de seus colegas e lhes ajudou a esclarecer os seus pontos de vista. Ele escreveu a um colega, por exemplo, a fim de demovê-lo de uma opinião doutrinária, uma carta de 20 páginas, que equivale a um ensaio aguçado, sem pensar que ele teria podido ganhar fama e consideração com uma publicação. Analisar e clarificar pontos de vista, em grande parte se reportando ao *common sense*, ao saudável entendimento humano ("Defense of common sense" é o título de um artigo pioneiro escrito por ele) e ao uso linguístico cotidiano, pressentindo equívocos e ambiguidades: esse era para ele o interesse da filosofia e, assim, ele pertence aos preparadores do caminho da filosofia analítica da linguagem, que é denominada na maioria das vezes em sua versão britânica *Ordinary language philosophy*. O paralelo com Wittgenstein é claro.

Moritz *Schlick*, em torno do qual se reuniu o *Círculo de Viena*, expressou-se de maneira semelhante: tudo o que se pode dizer sobre o mundo real é o que as ciências particulares têm a dizer. A tarefa da filosofia é colocar à prova e clarificar esses enunciados.

Com uma pitada de malícia poder-se-ia dizer: como todo o mundo real – depois de mesmo a psicologia e as outras ciências humanas terem se estabelecido como ciências autônomas – já estava distribuído, os filósofos corriam o risco de ficar sem trabalho e, assim, eles tiveram a ideia de selecionar os enunciados de todas as ciências como o seu novo campo de tarefas...

Rudolf *Carnap* (1891-1970) também pertencia ao Círculo de Viena – ao qual retornaremos na seção "Conhecimento e saber". A sua proveniência judaica o obrigou, a ele que tinha

---

15. "Linguistic turn" é uma expressão que ficou conhecida como o título de um livro organizado pelo filósofo americano Richard Rorty: *The linguistic turn* – Essays in Philosophical Method, 1967.

16. Tomando empréstimos parciais a Peter Stemmer: "Filosofia analítica da linguagem". In: BORSCHE, T. (org.). *Klassiker der Sprachphilosophie* (*Clássicos da filosofia da linguagem*), p. 402ss.

ensinado na universidade alemã em Praga, a abandonar a Europa; ele passou a trabalhar, en-tão, em Chicago e Los Angeles. Na medida em que, segundo a "virada linguística", todos os problemas da Teoria do Conhecimento ou, em todo caso, a maior parte deles, podem ser con-siderados como problemas de linguagem, as ideias de Carnap sobre a linguagem pertencem aos dois âmbitos; gostaria de relatá-las nessa seção.

Tal como os outros pensadores do Círculo de Viena, Carnap viu uma profunda insuficiên-cia na filosofia tradicional e, particularmente, na metafísica: há aqui efetivamente um autên-tico progresso do conhecimento, comparável com os progressos que foram obtidos na mate-mática e nas ciências empíricas, antes de tudo nas ciências naturais? Quando dois matemáti-cos entram em uma disputa, um pode por assim dizer arrancar a concordância do outro por meio de uma demonstração logicamente conduzida. Se dois físicos entram em uma disputa em relação a uma teoria, um deles pode convencer o outro, uma vez que ele apresenta fatos (por meio da observação e, antes de tudo, por meio de experimentos), que refutam a sua tese ou as previsões a serem deduzidas dela. Com isso, ele pode obrigar o seu adversário a desistir ou modificar sua tese. Se a filosofia em seus âmbitos centrais não conhece nenhum autêntico progresso em termos de conhecimento, se ela só possui no máximo uma consistência assegu-rada quanto aos problemas, mas não quanto às soluções, então isso se deve ao fato de sua tare-fa até aqui ter sido vista de maneira completamente falsa. Ao invés de fazer enunciados pró-prios sobre o mundo real, ela deve investigar os enunciados das ciências, as únicas que estão avalizadas para estabelecer enunciados sobre o mundo real. A tarefa da filosofia é (com as pa-lavras de Wittgenstein) "buscar o sentido de afirmações e questões". A filosofia é uma ativida-de cujo resultado reside em tornar as proposições e suas ligações lógicas claras umas para as outras, uma vez que proposições dotadas de sentido se cindem de proposições sem sentido.

O que é, então, uma proposição dotada de sentido? Segundo Schlick, um enunciado só possui um sentido, "quando o fato de ele ser falso ou verdadeiro constitui uma diferença indi-cável". Indicável significa aqui: passível de ser apresentada no dado. Expresso de outro modo: uma proposição – abstraindo-se do fato de ela precisar ser construída corretamente segundo as regras gramaticais e sintáticas da língua – só é dotada de sentido, se ela puder ser *verificada*, ou seja, se ela puder ser demonstrada como verdadeira ou falsa por meio da checagem com a experiência. Por exemplo, a proposição "por detrás do mundo dos fenômenos está o âmbito das coisas em si" é sem sentido, pois não é possível indicar nenhum experimento, cujo ponto de partida decidiria sobre a correção dessa proposição. Em contrapartida, a proposição "a es-trela fixa X possui três planetas" é por princípio verificável (ainda que ela não seja praticamen-te verificável no estado atual de nossa possibilidade de observação). Assim, foi dito de maneira algo exagerada: o sentido de uma proposição consiste no método de sua verificação.

Se aplicarmos esse "princípio de verificação" ou esse "critério empírico de sentido" às dou-trinas dos filósofos, então essas doutrinas podem ser divididas em três grupos. Ou bem se tra-ta de enunciados que expressam relações e conexões puramente lógicas, por exemplo, "uma conclusão é falsa, quando uma de suas premissas é falsa": tais enunciados são dotados de sen-tido e livres de contradição, mas não enunciam nada sobre o mundo real. Ou se trata de proposições empiricamente verificáveis: nesse caso, essas proposições pertencem à ciência natural e não à filosofia. Ou – em terceiro lugar – temos proposições que pretendem, em verdade, fazer enunciados sobre o mundo real, mas não são verificáveis e, com isso, são sem sentido.

Se traduzirmos isso na linguagem de Kant, então isso significa: há enunciados analíticos, que pertencem à lógica pura e, por isso, possuem validade *a priori*. Há enunciados (juízos) sintéticos, que são verificáveis junto à experiência – eles só são possíveis e válidos *a posteriori*. Não pode haver, contudo, enunciados sintéticos *a priori*, cuja possibilidade e validade formam para Kant o problema fundamental da metafísica e, por isso, a questão kantiana erra o alvo desde o princípio! Sua teoria é desprovida de objetos e precisa ser rejeitada.

Carnap dedicou muito esforço de pensamento e o pequeno escrito *Pseudoproblemas na filosofia* (1928) à demonstração de que a maioria das teorias metafísicas são sem sentido. Ele distingue dois tipos de enunciados desprovidos de sentido. O primeiro tipo é caracterizado por meio do fato de os enunciados conterem palavras, cuja significação não pode ser esclarecida e que, portanto, já são sem sentido enquanto palavras (abstraindo-se da verificabilidade da proposição, na qual elas vêm à tona), tal como, por exemplo, "o nada" ou a "alma do mundo" ou o "espírito do mundo". O exemplo seguinte é utilizado pelo próprio Carnap. Um erudito emprega a palavra "bábico" e explica que todas as coisas poderiam ser divididas entre aquelas que são bábicas e aquelas às quais esse predicado não convém. Se perguntarmos, então, quais são as condições constatáveis que uma coisa precisa satisfazer para pertencer à primeira classe, ele não pode dar nenhuma resposta clara, uma vez que "bábico" seria justamente uma propriedade "metafísica" das coisas. Qualquer um admitirá que bábico enquanto conceito científico é sem sentido e inútil. As coisas não se dão de outra forma, porém, com o espírito do mundo, assim como com todos os conceitos da teologia, que envolvem o conceito de Deus.

O segundo grupo de enunciados sem sentido aparece quando se formam proposições que, em verdade, são constituídas por palavras (consideradas por si mesmas) dotadas de sentido, mas que se chocam contra as regras da sintaxe em sua composição. A esse grupo pertence, por exemplo, uma proposição como "o nada nadifica" (Heidegger). "Nada" significa em nossa linguagem algo puramente negativo, o não estar presente de algo; é sem sentido transformá-lo em sujeito de uma atividade ou ("como é que conhecemos o nada?") objeto do conhecimento.

Ainda a partir de um outro aspecto, Carnap e a Escola de Viena procuram cortar as raízes da metafísica: uma verificação, que deve ter uma força demonstrativa (uma força que imponha concordância), precisa ser *intersubjetiva*, isto é, ela precisa poder ser realizada por pelo menos dois observadores – em princípio até mesmo (p. ex., junto à disposição correta do experimento e à existência das condições externas necessárias – digamos, de um eclipse solar) por qualquer um. Mas não apenas isso: um acordo quanto às proposições e os caminhos de sua verificação sempre pressupõe que expressões intersubjetivamente compreensíveis precisam estar presentes, expressões, portanto, cuja significação pode ser apresentada inequivocamente por um parceiro de diálogo ao outro (e, por princípio, a qualquer um). Os conceitos da metafísica, contudo, carecem dessa clareza, de modo que a metafísica também precisa fracassar junto ao assim chamado *problema da comunicação*.

Como é possível, então, que, ao longo de toda a história e mesmo ainda hoje, sejam apresentadas sempre novamente afirmações metafísicas, sim, que sempre haja antes de tudo homens, que possam ser impressionados e influenciados por elas?

Isso deve-se antes de tudo ao fato de não se ter distinguido claramente entre conhecimento e vivência. As teorias citadas quase não contêm, com efeito, um conhecimento demonstrável, mas elas podem ser expressão da vivência, elas podem igualmente expressar e mediar um "sentimento de mundo" (irracional) tal como a literatura e a arte. Os seus autores agiriam certamente de maneira honesta, se eles tentassem servir-se dos meios expressivos da poesia, ao invés de "poetar com conceitos" e, com isso, de fazer passar por conhecimento o que na verdade é poesia.

Em contraposição a Wittgenstein, que ensinou que nós somos por assim dizer na linguagem e não podemos sair dela, outros pensadores do Círculo de Viena, dentre eles Carnap, eram da opinião de que seria inteiramente possível falar sobre a linguagem e suas estruturas. Carnap desenvolveu a ideia de uma "sintaxe lógica da linguagem"; a partir de uma visão que teve no leito de um hospital, onde estava por uma doença que se abateu sobre ele em 1931, surgiu, por fim, a sua obra publicada em 1934/1936 *Sintaxe lógica da linguagem*. A linguagem que forma o objeto da investigação é aí denominada "linguagem objeto"; a linguagem, em contrapartida, na qual a teoria é formulada chama-se "metalinguagem". Esse livro contribuiu essencialmente para concentrar a atenção da filosofia na linguagem.

Os impulsos para esse trabalho vieram de três direções: Carnap queria mostrar que certos conceitos fundamentais da lógica formal (dedutiva) seriam conceitos puramente sintáticos. Ele queria mostrar, além disso, que muitas controvérsias filosóficas podem ser reconduzidas à questão: Em que "linguagem" determinados âmbitos devem ser tratados e determinadas teorias devem ser formuladas? Nesse caso, ele queria mostrar como se pode investigar comparativamente modos diversos de expressão linguística e, em caso de necessidade, até mesmo construir novas linguagens para tais metas. Por fim, Carnap queria indicar um caminho para, a partir do conhecimento de que as discussões da filosofia se ligam propriamente mais à linguagem do que ao mundo real, também formular os problemas filosóficos na "metalinguagem", na linguagem, portanto, que é determinada e apropriada para falar de estruturas linguísticas.

A partir desses trabalhos surgiram os empenhos de Carnap pela construção de linguagens totalmente novas. Por tais linguagens pode-se compreender duas coisas: a construção de linguagens e de sistemas de sinais na lógica simbólica – e a invenção de uma linguagem auxiliar internacional para o trânsito entre as nações. As duas coisas encontram-se muito distantes uma da outra. No entanto, grandes eruditos desde Leibniz até Peano se ocuparam com as duas tarefas: Rudolf Carnap também fez isso. Quando tinha 24 anos, um panfleto sobre o esperanto caiu em suas mãos. A regularidade e a simplicidade dessa língua artificial o fascinou. Ele a aprendeu imediatamente e logo em seguida pôde acompanhar sem esforço em um congresso internacional sobre esperanto as negociações e uma apresentação da peça *Ifigênia* de Goethe em uma versão em esperanto. Depois de ter realizado durante anos conversas pessoais e discussões científicas em esperanto, ele começou a se interessar teoricamente pela construção de tais línguas. Ele pesquisou o *ido* (L. De *Beaufrout*), o *latino sine flexione* (G. *Peano*) e, por fim, a linguagem artificial recém-desenvolvida por um grupo de eruditos internacionais chamada *interlíngua*, que se apoia como as acima citadas nas línguas românicas e reflete a compreensão de mundo do europeu ocidental. Em uma última seção de seu trabalho, Carnap se ocupou com problemas ligados à indução e à probabilidade.

Para um pensador tão universal e tão profundamente interessado pela linguagem quanto Carnap, existe – ao menos psicologicamente – uma relação estreita entre a lógica da ciência e a criação de uma linguagem de trânsito internacional de dimensões mundiais.

Como se vê, Carnap coloca a sua esperança no desenvolvimento de uma linguagem formal e ideal que se aproxime tanto quanto possível da lógica. Em contraposição a ele, encontram-se pensadores que – como acontece mesmo com Wittgenstein em sua fase tardia – tomam por base a linguagem corrente, a linguagem cotidiana. Um representante dessa direção é o inglês Gilbert *Ryle* (1900-1976). Como sua obra central pode ser considerada *O conceito de mente*[17], que se volta principalmente contra o dualismo mundo do corpo/mundo do pensamento estabelecido no mundo por Descartes. Para a sua argumentação, que marca a ferro essa distinção como um erro categorial ou como uma confusão categorial, ele se serve da análise da linguagem cotidiana. Já em 1932, Ryle tinha surgido com um trabalho sobre "expressões que induzem sistematicamente ao erro".

Tal como Ryle, Peter Frederick *Strawson* (nasc. em 1919) ensinou em Oxford, o centro da filosofia analítica da linguagem. Um de seus principais escritos se chama *Individuals*[18]. Mesmo Alfred Jules *Ayer* (1910-1989) trabalhou em Oxford. Com o seu escrito *Language, truth and logic*[19], ele difundiu na Inglaterra as ideias fundamentais do Círculo de Viena e as introduziu na filosofia analítica inglesa.

Dois outros pensadores que pertencem a esse âmbito são os americanos Willard van Osman *Quine* (nasc. em 1908), ao qual retornarei junto ao desenvolvimento da lógica, e o inglês John L. *Austin* (1911-1960); ele será apreciado na próxima seção.

7. *Agir linguístico*

Austin, mais um erudito de Oxford, tinha uma opinião algo mais favorável sobre a linguagem do que quase todos os seus colegas. Para ele também, o primeiro passo seria a crítica,

---

17. RYLE, G. *The Concept of Mind*, 1949.

18. A edição alemã chama-se *Einzelding und logisches Subjekt* (*Coisa particular e sujeito lógico*) e foi lançada em 1972. Uma introdução à *Ordinary language philosophy* é dada pela coletânea organizada por Eike von Savigny: *Philosophie und normale Sprache* (*Filosofia e linguagem normal*), cujos textos (caracteristicamente) – até um texto de Wittgenstein – são traduções do inglês.

19. AYER, A.J. *Language, truth and logic*, 1936 (*Linguagem, verdade e lógica*).

a clarificação e o afastamento de incompreensões. No entanto, segundo a sua opinião, a linguagem pode ajudar a resolver autênticos problemas filosóficos. A reserva de palavras e expressões, que a linguagem normal coloca à disposição, contém as distinções e as conexões, que gerações antes de nós acharam importantes e que se firmaram. A linguagem cotidiana não raramente é mais complicada do que imagina o filósofo "ao meio-dia na poltrona".

Austin goza de uma consideração duradoura principalmente porque construiu sistematicamente a ideia de que empregamos a linguagem "para pedir, agradecer, amaldiçoar, orar..." (além de para constatar ou descrever estados de coisa). Há o uso linguístico constatador (afirmativo, ratificador), mas também há, ao lado desse, o uso linguístico performativo: quando digo "eu prometo", a ação de prometer já é executada com esse dizer. Algo correspondente é válido entre outras coisas para "eu juro" (o juramento é com isso realizado); "eu escolho" etc. Austin introduziu para tanto o termo *speech act* (ato de fala)[20]. Austin e o americano John Rogers *Searle* (nasc. em 1932), que levou adiante a construção da teoria austiniana, trabalharam uma série enorme de diferenciações sutis em uma tal ação por meio da fala.

Não há nenhuma dúvida: uma parte considerável das declarações que fazemos por nós mesmos no decorrer de um dia é constituída a partir de atos de fala nesse sentido. Aquele que fala não quer simplesmente enunciar ou constatar algo, ele quer pedir, agradecer, advertir, elogiar, criticar, prevenir, indicar, encorajar, intimidar – ou (na situação respectivamente apropriada) provocar imediatamente o surgimento de algo: nomear, promover, distinguir, juramentar, condenar... É espantoso que os teóricos da linguagem só tenham se atido a um fenômeno tão cotidiano quanto esse e só o tenham investigado no século XX.

A teoria do ato de fala precisa levar em conta constantemente o campo social. O simples "sim", expresso por um casal de noivos diante do funcionário do registro civil, não é meramente uma palavra, ele é ao mesmo tempo um ato, uma execução; ele só se torna reconhecível e compreensível, quando conhecemos o lugar e a situação. A teoria do ato de fala passa, com isso, a lidar com dois âmbitos do saber e da pesquisa, âmbitos que são muito difíceis de serem demarcados um em relação ao outro: a *sociolinguística*, que investiga as ligações entre linguagem e estrutura social (p. ex., socioletos ou hábitos linguísticos específicos de classes ou grupos sociais) e a *pragmática*, que investiga as ligações entre a linguagem e as situações de seu emprego (espacial, temporal, social). Em uma vizinhança estreita com a teoria do ato de fala, desenvolveu-se a análise conversacional (inclusive a análise do diálogo ou do discurso), um princípio de pesquisa recente. E ele se desenvolveu em uma tal vizinhança, porque pressupõe a possibilidade de apontar autenticamente línguas faladas. Estímulos para tanto devem-se entre outros ao americano H.P. *Grice*[21].

---

20. AUSTIN, J.L. *How to do things with words*, 1962.

21. GRICE, H.P. Logic and conversation. In: COLE, P. & MORGAN, J.L. (orgs.). *Syntax and semantics* – Speech acts, 1975.

8. Duas perspectivas

A partir da pluralidade pouquíssimo abarcável dos problemas e dos princípios de solução presentes na esfera do tema geral "linguagem", gostaria ainda de destacar dois complexos que são significativos para a filosofia: a revolução na teoria da linguagem, que foi provocada (ou pretendia ser provocada) pelos escritos de Noam Chomsky e a perspectiva que começa a se delinear de sondar empiricamente no cérebro humano os processos que transcorrem na produção e na recepção da linguagem.

O americano Noam *Chomsky* (nasc. em 1928), com certeza o mais conhecido internacionalmente dentre os linguistas vivos ainda hoje, conquistou uma fama logo cedo por meio de uma crítica fundada (e aniquiladora) ao livro *Verbal Behavior*, de B.F. *Skinner*[22], uma crítica que menciono porque ela já revela uma ideia fundamental de Chomsky. Skinner é um representante da assim chamada escola behaviorista na psicologia, uma escola cujos princípios se apoiam no positivismo e no pragmatismo na filosofia. A escola proíbe, quando o que está em questão é a investigação e a descrição de processos psíquicos, qualquer recurso a coisas como pensamentos, sentimentos, afetos, estímulos volitivos, resoluções etc., em suma, qualquer recurso a fenômenos que possuem um caráter puramente subjetivo e que só são acessíveis imediatamente ao homem, no qual vêm à tona. Uma vez que não são visíveis de fora – para o observador, para o pesquisador –, eles não devem ser usados para a descrição ou interpretação do comportamento humano. Objetivamente, para o observador, só há – diz Skinner – um comportamento (*behavior*, por isso, o nome da escola) determinado. O behaviorismo foi fortemente influenciado pelos experimentos do fisiólogo russo Ivan Petrovitsch *Pavlov* (1849-1936, Prêmio Nobel de 1904) com animais, antes de tudo, com cachorros, experimentos que mostraram como os animais respondem a um estímulo determinado (*stimulus*) com uma reação determinada (*response*). Os princípios do behaviorismo, que encontraram aplicação com sucesso na teoria do aprendizado, na psicologia animal e mesmo no adestramento de animais, também foram aplicados por Skinner à linguagem na obra acima citada, mais exatamente: eles também foram aplicados à aquisição da linguagem.

A aquisição da linguagem, a apropriação da língua materna durante a infância, fornece ao pesquisador da linguagem uma chance particular. Podemos supor que é possível aplicar a "lei fundamental biogenética", formulada entre outros por Ernst *Haeckel* (a lei segundo a qual o desenvolvimento do ser vivo particular desde a fecundação até o nascimento representa em princípio uma recapitulação do desenvolvimento da raça no curso da evolução), *mutatis mutandis* à linguagem. Nesse caso, a observação da aquisição da linguagem pela criança oferece uma ocasião única para a investigação do modo como "o homem chega à linguagem" (ou como ele chegou até ela) – pois não é senão minimamente possível desvelar os momentos iniciais do desenvolvimento linguístico pelos homens primitivos a partir dos fósseis.

---

22. CHOMSKY, N.A. Recensão de B.F. Skinner: "Comportamento verbal". Revista *Language*, 1, 1959.

Contra isso se volta veementemente Chomsky: dessa maneira, nunca se consegue compreender como é que se dá o aprendizado da língua materna por parte da criança! Essa teoria contém uma relação crassamente equivocada entre *input* e *output*, entre o material empírico que se encontra à disposição da criança e aquilo que ela faz com ele. Apenas um modesto recorte da linguagem que a criança aprende é oferecido a ela pelo espaço ao seu redor e esse recorte aparece sob uma forma desfigurada, mesmo falha. A criança, porém, não aprende apenas, por exemplo, a imitar as frases que ela ouve. Ela logo consegue formar frases que nunca escutou – sim, que ninguém talvez tenha algum dia escutado. A criança deduz evidentemente do material fornecido regras que ela internaliza e aplica autonomamente. Esse fato também é atestado pelos "erros" que ocorrem particularmente antes da idade escolar, erros do tipo "o vovô estava sentado e dormido" ou "eu fazi": a criança reconheceu a regra, segundo a qual o particípio e o passado são formados, mas não "percebeu" que determinadas situações envolvem alterações no tempo verbal e que determinados verbos possuem uma forma particular.

Logo que aprendeu a língua, a criança pode formar – ou mesmo compreender – um número ilimitado de frases que ela nunca ouviu. Em meio a essa realização (a maior realização intelectual que a maioria dos homens levará a termo em sua vida), o grau de inteligência da criança desempenha apenas um papel subordinado.

Conclusão: na aquisição da linguagem, aprecia-se, em verdade, aquilo que o mundo circundante oferece à criança em termos de material. No entanto, a aquisição da linguagem é manifestamente possibilitada por uma disposição inata.

Isso nos lembra que filósofos do passado acreditaram frequentemente em "ideias inatas" (*innate ideas*). Esse paralelo com Chomsky foi muito discutido; todavia, não deveríamos superestimá-lo: a tese de Chomsky não diz que a criança, por exemplo, traria consigo determinadas "ideias" ou princípios (que ela, como precisa primeiro aprender, nunca poderia formular), pois todo o processo transcorre antes no âmbito inconsciente. A tese diz muito mais que o homem traz consigo uma disposição ou tendência (adquirida inicialmente no curso da evolução, mas a partir de então herdada) para aprender a língua materna.

O que significa universais linguísticos? O americano J.H. *Greenberg* entre outros possui um grande mérito na investigação desses universais[23]. É elucidativo que seja extremamente difícil verificar uma afirmação como "há universais linguísticos em todas as línguas", porque se precisaria comprovar essa afirmação em todas as línguas da humanidade, que são mais ou menos 5.000 línguas vivas.

No entanto, parece certo o seguinte (aqui cito Mario Wandruszka): "Tudo aquilo que reproduz nas estruturas instrumentais de cada língua uma estrutura subjacente da mentalidade genericamente humana, nossa estrutura geral de vivências, representações e pensamentos, possui necessidade. Temos aí, por exemplo, o espaço humano vivenciado, o tempo humano

---

23. GREENBERG, J.H. (org.). *Universals of language*, 1963.

vivenciado com passado, presente e futuro, com dia e noite, manhã e tarde, ontem, hoje e amanhã – ainda que não se possa fundamentar mais amplamente *como é que* isso é dito de língua para língua de mil maneiras diferentes..."[24]

Se os universais linguísticos são de alguma forma "inatos", então é compreensível que toda criança normal, ao ser transposta para a região correspondente, aprenda e domine cada uma das milhares de línguas da humanidade como a "língua materna".

O fato de o homem, logo que domina a sua língua materna, estar em condições de formar um número ilimitado de frases a partir de um reservatório limitado de palavras e regras levou, então, Chomsky a postular uma "gramática gerativa" – um sistema de regras formais (dito de maneira simplificada), que fixam se uma frase qualquer é "bem-formada", gramaticalmente correta e, com isso, dotada de sentido.

O último aspecto do campo de problemas "linguagem", um campo ao qual passo agora, é provável que logo lance uma sombra e relativize todos os outros. Trata-se da possibilidade de, no âmbito da moderna pesquisa do cérebro, extrair como é que transcorrem a execução (a produção) e o acolhimento e a compreensão (a recepção) da língua no cérebro, que partes do cérebro realizam essa capacidade e de que maneira isso se dá.

No passado, os conhecimentos relativos a essa questão eram dependentes em grande parte do acaso: quando um homem sofria um dano no cérebro (habitualmente causado por um acidente ou na guerra), então se podia reconhecer em alguns casos perturbações e perdas da faculdade da linguagem; e se se conseguia reconhecer depois da morte daquele que tinha sido atingido pelo dano a seção do cérebro, ou seja, que partes tinham sido lesadas ou destruídas, então se podia concluir: é nessa região cerebral que a faculdade da linguagem precisa ter a sua sede. No caso do homem saudável e normal, porém, não havia quase possibilidade alguma de alcançar conhecimentos, porque não se podiam observar os processos no cérebro.

Em 1861, o francês Paul *Broca* tratou de um paciente que tinha perdido a capacidade de falar (mas não a capacidade de compreender frases); esse paciente tinha uma lesão na metade esquerda do cérebro, ao pé da terceira circunvolução cerebral. Essa região é desde então denominada região-Broca ou centro-Broca. Em 1874, o psiquiatra alemão Carl *Wernicke* encontrou uma segunda região cerebral, do mesmo modo, do lado esquerdo, mas situada mais atrás, que desempenha evidentemente um papel decisivo na recepção e na compreensão da linguagem. A pesquisa posterior trouxe como resultado uma imagem mais diferenciada, mas confirmou que o centro-Broca e o centro-Wernicke desempenham um papel central no manejo da linguagem.

É importante que os dois centros ficam na metade esquerda do cérebro (hemisfério). Em verdade, se considerarmos externamente, as duas metades do cérebro são construídas da mesma maneira – mas especularmente invertidas; não obstante, elas desempenham papéis funcio-

24. WANDRUSZKA, M. Sprache und Sprachen (Língua e línguas). In: *Der Mensch und seine Sprache* (*O homem e sua língua*), escritos da fundação Carl-Friedrich-Siemens, vol. 1, 1979, p. 9.

nalmente diversas no homem. Na maioria esmagadora de homens pesquisados até aqui, os centros linguísticos residem no lado esquerdo. No entanto, em uma pequena minoria (que é composta em grande parte por canhotos), eles residem no hemisfério direito. Se na infância, no período de aquisição da linguagem, a metade esquerda é ferida, a metade direita pode assumir o controle da linguagem.

Para a pesquisa, as conexões entre lesões cerebrais e afasia (perturbação de linguagem, perda da capacidade de fala) continuam sendo ainda hoje um acesso importante. Temos aí, por um lado, a possibilidade de fazer experimentos no cérebro descoberto do paciente em operações que pressupõem a abertura do crânio (mesmo no estado de vigília, o cérebro não é sensível à dor), ou seja, estimular determinados pontos e observar a reação do paciente. Um outro acesso: injeta-se um anestésico na carótida. Com isso, a atividade de um hemisfério cerebral é temporariamente paralisada; assim, constata-se, por exemplo, em que hemisfério do indivíduo em questão ficam as funções linguísticas.

Constatações nesse aspecto possibilitam também uma operação que é realizada em pacientes com epilepsia muito forte: no homem saudável, os dois hemisférios são ligados por meio do *corpus callosum*, um feixe de milhões de filamentos nervosos. Esse feixe é cortado transversalmente na operação, de modo que cada hemisfério cerebral passa a trabalhar por si e pode ser investigado. Um outro acesso é formado pelo teste de audição dicotômico, no qual a pesquisa não depende mais de pessoas doentes e portadoras de lesões para a aplicação de testes. Por meio de um fone de ouvido, os pacientes são ao mesmo tempo submetidos a dois impulsos diversos – normalmente oriundos da língua falada –, um no ouvido direito, outro no esquerdo. Nesse caso, mostram-se desvios entre os desempenhos do ouvido direito, que está ligado com o centro auditivo no hemisfério cerebral esquerdo, e o ouvido esquerdo.

Recentemente encontram-se à disposição finalmente procedimentos que fornecem imagens: a tomografia com ressonância magnética e a tomografia feita a partir de uma emissão de pósitrons. Com esses recursos, pode-se observar de fora – ou seja, sem precisar introduzir uma sonda no cérebro, o que frequentemente acontece em experimentos com animais – o cérebro em funcionamento e, assim, verificar que partes do cérebro estão ativas, quando é preciso resolver uma tarefa determinada.

Tudo isso soa muito promissor – todavia, a pesquisa não se encontra senão no início de um longo caminho. Esse fato deve-se, por um lado, à complexidade do cérebro humano, o mais complicado de todos os objetos de pesquisa, "a estrutura de longe mais maravilhosa em todo o universo" – segundo o pioneiro australiano da pesquisa cerebral, Sir John Eccles, que recebeu como distinção o Prêmio Nobel de Medicina. O número de células nervosas (neurônios) se aproxima dos bilhões e, normalmente, uma célula está ligada a dezenas ou centenas de outras células por meio dos condutores nervosos; em cada atividade do cérebro, além disso, milhões de células tomam parte em uma constelação alternante. É preciso ter em vista ao mesmo tempo o fato de a linguagem também ser um objeto extremamente complicado. Mesmo se nos abstrairmos do fato de haver alguns milhares de línguas diversas e de, em termos aproximados, um número mais ou menos igual se ter perdido – e mesmo se nos abstrairmos do fato de se saber muito pouco sobre a formação e o surgimento da linguagem no curso da gênese do homem, permanece o fato de uma língua, tal como a manuseia um simples usuário da língua, conter no mínimo muitos milhares de palavras, das quais muitas possuem, de mais a mais, uma pluralidade de significações que chegam até cem ou mais.

Se contarmos as palavras que uma pessoa com formação superior compreende, chegaremos às 10 mil, 100 mil palavras; se adicionarmos a isso o vocabulário técnico de áreas conjuntas do saber (pensemos na botânica, na zoologia ou na química), então o número sobe para a ordem hierárquica dos milhões. E alguns homens dominam dezenas de línguas. O cérebro consegue manifestamente guardar muitas palavras, suas configurações sonoras, seu modo de escrita e sua significação, e pegá-las quando necessário na consciência. Ao mesmo tempo, porém, ele tem de guardar os inúmeros modos de conexão que a língua pode produzir com essas palavras, de modo que quem domina a língua reconhece a qualquer momento se uma frase com a qual se depara é formada segundo essas regras e, com isso, *dotada de sentido*. A capacidade do homem de formar um número infinito de frases a partir de um reservatório eventualmente gigantesco, mas em todo caso finito de palavras, de acordo com a utilização de uma quantidade relativamente pequena de regras sintáticas (que, porém, quem não tem uma formação gramatical nunca aprendeu expressa ou conscientemente), é (segundo Noam Chomsky) o valor verdadeiramente espantoso na língua e o ponto mais importante a ser esclarecido por uma teoria da linguagem. Se adicionarmos a essas dificuldades ainda uma referência ao ritmo, com o qual o falante competente forma e expõe frases – abstraindo-se totalmente do substrato de pensamento e do substrato neuronal –, várias centenas de músculos e os condutores nervosos correspondentes tomam parte na fala. Nesse caso, quem quisesse conscientizar-se dos processos em curso experimentaria o mesmo que a centopeia ao ser perguntada como é que fazia, afinal, para coordenar todos os seus muitos pares de pernas: logo que ela começou a refletir sobre isso, ela não conseguiu mais andar. Em verdade, os músculos e nervos do aparato constitutivo da fala não tomam parte na recepção da linguagem (apesar de muitos homens estimularem, *contudo*, de maneira rudimentar, os músculos ligados à fala em meio à leitura silenciosa), mas o aparato da percepção acústica toma parte na escuta e, na leitura, o aparato da percepção visual. E esses aparatos também são extremamente complicados (apesar de um pouco melhor investigados do que a linguagem).

Isso basta para que se torne compreensível por que a pesquisa no campo de problemas "linguagem e cérebro" só está em seu início, apesar da existência de experimentos pensados de maneira extremamente sagaz que são levados a termo com pessoas saudáveis, assim como com pessoas com déficits de linguagem e com o emprego da técnica mais nova e dispendiosa, por exemplo, em um Instituto Max-Plack recém-criado em Leipzig. Algo similar é válido para o intuito de clarificar a natureza e o surgimento da consciência com métodos da pesquisa cerebral. Retornarei a esse ponto na seção conclusiva deste capítulo.

III. Conhecimento e saber

Por mais de cem anos, desde o trabalho efetivo de Kant até o florescimento do neokantismo, a Teoria do Conhecimento formou o ponto central da filosofia. Depois disso, o interesse dos filósofos não se desviou, em verdade, dos problemas do conhecimento; no entanto, esse interesse se deslocou e passou a se dirigir para dois focos específicos: para a linguagem, em particular para o seu papel para o conhecimento, e para a ciência, ou seja, para o âmbito no qual o conhecimento é empreendido planejada e metodicamente e, além disso, com um sucesso crescente: da Teoria do Conhecimento surgiu a Teoria da Ciência.

Essa seção apresenta algumas estações importantes desse desenvolvimento – não em uma ordem rigorosamente cronológica. É compreensível que também haja interseções entre o círculo de problemas "linguagem" e o que será tratado agora; afinal, o que está em questão nos dois é conhecimento.

1. Neopositivismo

Para esclarecimento do conceito é preciso adiantar o seguinte:

Positivismo (em sentido mais amplo) não designa uma determinada teoria ou escola filosófica, mas antes uma postura filosófica ou teórico-científica fundamental, a saber, a convicção de que seria consonante ou mesmo a única coisa lícita para a filosofia (mesmo em termos mais genéricos: para o pensamento e para a pesquisa científica – ou: para uma determinada ciência – ou de maneira totalmente ampla: para a postura do homem diante "da vida", da realidade) que as pessoas se atenham ao "positivamente" dado, àquilo que é perceptível e inequivocamente observável, a saber, àquilo que é constatável por meio da experiência sensível. Nesse sentido, por exemplo, designa-se positivismo jurídico a concepção segundo a qual a única coisa em questão na aplicação prática e mesmo na pesquisa científica e na interpretação do direito seria: o que determina a lei válida (no respectivo instante, na respectiva região do Estado, no âmbito material, por exemplo, no casamento e na família)? Portanto, o jurista não tem que pensar para além da questão de saber se está diante de uma lei válida (que chegou a termo nos caminhos prescritos pela constituição). Ele não tem que perguntar se essa lei, por exemplo, corresponderia a um direito propriamente dito, a um direito mais elevado, à "justiça" (p. ex., à ordem desejada e estabelecida por Deus ou a um direito natural inalterável, fundado na essência do homem) – um problema, como qualquer um vê, que pode possuir uma significação vital em épocas de mudança social, em épocas de transformação revolucionária ou no julgamento correto de processos em estados regidos de maneira totalitária.

Quando Augusto *Comte* tornou conhecido na filosofia o nome positivismo por meio de um recurso a Claude Henri Conde de *St. Simon* (1760-1825) – crítico da sociedade industrial e da instituição da propriedade privada e, com isso, um importante precursor de Karl Marx –, a palavra era nova, mas a coisa que estava sendo indicada com ela, antiquíssima. Podem ser designadas significativamente como positivismo todas as correntes de pensamento que surgiram no transcurso da história intelectual, para as quais são comuns, além do postulado de que é preciso se ater ao "dado", os seguintes pontos de vista: aquilo que é dado ao nosso conhecimento é constituído apenas por "impressões sensíveis" (também chamadas "sensações", o que, contudo, segundo o uso linguístico atual, que designa como sensação antes de tudo um sentimento, é capaz de gerar mais confusão do que clareza). No entanto, reconheceremos muito mais penetrantemente o particular do positivismo filosófico, se considerarmos o direcionamento do impulso, o acirramento polêmico que todas essas direções contêm: esse direcionamento está voltado contra a concepção de que há para além ou por detrás daquilo que pode ser percebido essencialidades quaisquer, formas (p. ex., ideias platônicas) ou leis, e que essas essencialidades podem ser conhecidas por nós. Para os positivistas coerentes, por isso, materialismo e idealismo são igualmente reprováveis, pois os dois levantam a petição de que é possível fazer enunciados universais sobre a natureza propriamente dita do real ("Todo ente é de natureza material" – "Todo ente é no fundo ideal"), enunciados que se lançam para além do imediatamente dado de uma maneira inadmissível.

Em um ou outro leitor pode ser que surja nessa passagem uma objeção: A tese de que o conhecimento humano precisa manter-se junto à experiência intermediada pelos sentidos não é característica de todos os pensadores que são denominados empiristas? Nesse caso, então, positivismo e empirismo são conceitos absolutamente idênticos? Não. A fundamentação é que nos dá o melhor exemplo disso: Nicolai Hartmann parte daquilo que é empiricamente constatado (nas ciências particulares) e pode, nesse sentido, ser denominado um empirista. O seu "realismo crítico" ensina-nos, contudo, que há coisas reais, objetos, processos etc. que são para nós cognoscíveis – ainda que apenas sob certos limites; nesse âmbito, com isso, corresponde às nossas percepções uma realidade objetiva, ou seja, uma realidade que existe mesmo independentemente de seu ser percebido. Considerada do ponto de vista do positivismo, essa afirmação já é metafísica; ela é um enunciado, que se lança muito para além daquilo que é imediatamente dado e, com isso, é tão inadmissível e sem sentido quanto, por exemplo, a tese kantiana de que, para além de nossa experiência (da experiência que prescreve suas leis ao nosso entendimento), se encontraria a esfera para nós incognoscível das "coisas em si".

Pode-se considerar David *Hume* como o patriarca e fundamentador clássico do positivismo. Hume ensina que nada nos é dado para além de impressões sensíveis (*impressions*) e representações (*ideas*), sendo que essas representações provêm das impressões e não se mostram senão como reproduções e cópias mais fracas das impressões sensíveis, reproduções e cópias conservadas na memória. Convicções positivistas também podem ser encontradas, mais além, nos enciclopedistas franceses. Augusto *Comte* também era naturalmente um positivista, só que sua filosofia não é nova nesse ponto. A sua única inovação foi ter dado à sua doutrina uma aplicação particularmente prática para a transformação da sociedade humana.

O nome neopositivismo designa de maneira sintética uma escola filosófica, cujos representantes pertencem ao período que vai do início do século XIX até mais ou menos a metade do século XX. Ele também é denominado "positivismo lógico" ou "empirismo lógico". Ou seja: essas designações são equivalentes ao neopositivismo e só destacam o papel particular que a lógica desempenha em todos os pensadores dessa escola. Compreende-se que as doutrinas desses homens, apesar de concordarem em princípio, apresentem desvios essenciais em questões particulares.

Perguntemos inicialmente, antes de tentarmos descrever esse elemento principial, como é que se chegou ao fato de, no espaço de tempo citado, o positivismo ter podido se transformar em uma escola filosófica poderosa. Para tanto, olhemos para alguns desdobramentos na matemática e na física.

Para os fundamentos da *matemática*, a primeira metade do século XIX já tinha produzido uma virada copernicana quando, mais ou menos ao mesmo tempo, o russo N.J. *Lobatschewski* e o húngaro J. *Bolyai* mostraram entre 1826 e 1833 a possibilidade de uma geometria "não euclidiana" – uma descoberta que tinha sido feita anteriormente pelo genial matemático alemão Carl Friedrich *Gauss*, mas que não tinha sido por ele publicada. Dito de maneira simplificada, o que está em jogo aqui é a demonstração concludente de que a geometria dominante desde a Antiguidade, a geometria euclidiana, não representa de maneira alguma o único sistema possível desprovido de contradições. O sistema de Euclides repousa sobre a suposição certamente óbvia até hoje para o entendimento comum de que o nosso espaço possui três dimensões, que se entrecruzam de maneira exatamente perpendicular; em um tal espaço, duas retas paralelas não se podem tocar (ou "só podem se tocar no infinito"). A construção de sistemas não euclidianos (ou seja, em particular de tais sistemas, nos quais o acima citado "axioma das paralelas" não é válido), que foi aperfeiçoada em 1854 por Bernhard *Riemann* e que conquistou uma forma mais geral em 1899 com David *Hilbert*, precisou conduzir a uma reflexão mais intensa sobre a validade das bases da matemática, em particular, dos diversos sistemas de axiomas pensáveis. Entre os pensadores que se confrontaram filosófica e epistemologicamente com o novo estado de coisas destaca-se o francês Henri *Poincaré* (1853-1912).

Seu compatriota Emile *Boutroux* (1845-1921; sua obra central intitula-se *A contingência das leis naturais*, 1874, em alemão em 1911) o precedeu. "Contingência" significa aqui mais ou menos o mesmo que "casualidade, arbitrariedade"; a tese central é: as leis naturais não são de maneira alguma necessariamente como nós as encontramos, também poderiam ser totalmente diversas – uma tese que os escolásticos tanto quanto Immanuel Kant (ainda que por razões diversas) teriam recusado com veemência. Poincaré chegou ao resultado de que os axiomas da matemática não são verdadeiros em um sentido absoluto, mas são selecionados segundo a sua simplicidade e utilidade para determinados fins. A consequência foi uma dúvida geral quanto à validade absoluta de um conhecimento científico-natural e às leis formuladas por esse conhecimento. Elas não são mais designadas verdadeiras nem falsas, mas "úteis" – um conhecimento que, como se vê, parece tão semelhante ao ponto de vista dos pragmatistas que é passível de ser confundido com esse ponto de vista.

Na física, foram realizados desdobramentos semelhantes. Os próprios físicos procuraram, desde o momento em que Hermann von *Helmholtz* apontou para a necessidade de uma nova e melhor fundamentação epistemológica bases mais simples possíveis. Em vista da geometria não euclidiana, Helmholtz já recusava a suposição de princípios *a priori* e declarava, por exemplo, os axiomas da geometria proposições empíricas ou hipóteses. Seu aluno, Heinrich *Hertz*, concebeu o conhecimento físico como um sistema de símbolos, de imagens dos objetos externos. Robert *Mayer* queria restringir o conhecimento científico à constatação das relações de grandeza constantes de um fato com outros fatos. G.R. *Kirchhoff* designou como a única tarefa da matemática "*descrever* completamente" os movimentos "da maneira mais simples possível". Vê-se a partir dessa enumeração que os pesquisadores naturais foram se tornando cada vez mais modestos, que eles conceberam de maneira cada vez mais cautelosa a meta de sua ciência e se comportaram cada vez mais intensamente de modo a recusar os princípios que deveriam ter validade independentemente do âmbito da experiência ou para além dele.

A partir do lado da *filosofia*, Ernst *Mach* (1838-1916) – com quem Lenin se confrontou em sua obra *Materialismo e criticismo empírico* e que tinha dado contribuições importantes para a acústica, a ótica, a mecânica e a termodinâmica, assim como para a história da ciência – e Richard *Avenarius* (1834-1896) se movimentaram em uma direção semelhante. Eles viram o ideal da ciência na eliminação de todos os "ingredientes metafísicos" e o método correto na "descrição simplificada". Mach pode ser considerado como um dos patriarcas intelectuais do "Círculo de Viena" formado pelos neopositivistas. Esses chegaram mesmo a denominar uma de suas organizações "Associação Ernst-Mach". Ele já tinha exposto até mesmo a sua exigência por uma "ciência una". A meta de todos os conceitos e leis é uma *economia de pensamento*, poupar as representações por meio da síntese de experiências iguais. Avenarius, em particular, combateu os "pseudoproblemas" metafísicos, que se encontram no caminho da economia consumada de pensamento.

Já nessa passagem pode-se advinhar quais são os princípios que as teorias concebidas conjuntamente como neopositivismo precisam ter em comum:

1) A tarefa da ciência natural, ou seja, de toda ciência é reduzida à descrição confiável, precisa e em si mesma desprovida o máximo possível de contradições dos fenômenos observados. No momento em que esses fenômenos se mostram como consonantes a leis, o que está em questão aí não são leis que "regem" o acontecimento real da natureza, mas antes "descobertas" humanas, construções dotadas de sentido próprias ao nosso pensamento, construções que possibilitam no sentido da economia de pensamento uma descrição a mais simples e racional possível.

2) Não é senão o reverso da mesma medalha, quando o neopositivismo expressa uma condenação radical ao degredo contra todo e qualquer tipo de metafísica. No entanto, para poder compreender por que e em que medida esse amaldiçoamento da metafísica excede em radicalidade tudo aquilo que se apresentou anteriormente aí, precisamos computar na imagem uma outra extensão do desenvolvimento que ainda não foi tocada até aqui: o novo e extremamente proeminente papel que é assumido desde então pela lógica no círculo dos positivistas, no concerto das escolas filosóficas em geral. Infelizmente, esse é ao mesmo tempo o ponto em que se torna impossível para o leigo sem formação matemática seguir o desdobramento ulterior. Ele só consegue acompanhar alguns passos iniciais.

2. A nova lógica

Percorrer inteiramente o desenvolvimento histórico da lógica não está nos planos deste livro. Nós tratamos deste desenvolvimento de maneira um pouco mais detalhada junto a Aristóteles, que precisa ser considerado como o fundador da lógica científica, mas só tocamos tangencialmente em outras passagens desse desenvolvimento. Os séculos que se seguiram a Aristóteles deram em parte prosseguimento e completaram a sua obra – isso aconteceu com a escolástica; mas eles quase não acrescentaram nada de novo a ele. Em certos momentos, aquilo que foi criado por Aristóteles também foi diluído ou misturado com ontologia e metafísica (p. ex., em Hegel) ou com psicologia (no século XIX). Desde o despontar da moderna ciência da natureza que repousa sobre números, medições e pesagens, uma ciência que encontrou na matemática instrumentos adequados de conhecimento, a lógica chegou a cair até mesmo em má fama como um formalismo inócuo, praticamente de pouca serventia.

No século XX, a pesquisa histórica colocou uma vez mais em foco as realizações de Aristóteles. Antes de tudo, porém, a filosofia libertou a lógica das misturas citadas. Edmund *Husserl* contribui decisivamente para a superação do "psicologismo" na Lógica com os seus *Prolegômenos à lógica pura* (1900) – uma das obras que, assim como a *Interpretação dos sonhos,* de Sigmund Freud, e a Teoria Quântica, de Max *Planck*, surgiram exatamente na virada do século XIX para o século XX. Husserl fez valer antes de tudo o fato de a tarefa (a saber, a tarefa da psicologia) ser estudar o transcurso fático dos processos de pensamento, dos "atos de pensamento", que são ligados por todos os tipos de leis, por exemplo, a lei da associação de ideias – em contrapartida, uma tarefa completamente diversa seria estudar as ligações dos *conteúdos* de pensamento, daquilo que é respectivamente visado, ou seja, "daquilo que se tem em mente", conteúdos de pensamento que se encontram em uma conexão estritamente legal entre si, totalmente independente do transcurso fático dos processos de pensamento, isto é, em uma conexão *lógica.* Em que medida esses conteúdos de pensamento são de um tipo totalmente diverso dos processos "psicológicos" de pensamento? Husserl só consegue dar a essa pergunta uma única resposta – que lembra fortemente Platão: o fato justamente de os conteúdos de pensamento serem "unidades significativas" eternas, atemporais, independentes de sua gênese atual como algo pensado – tão independentes que elas mesmas precisam ser consideradas, então, como eternamente existentes, se nenhum homem mortal as pensou, pensa ou pensará! Com isso, em verdade, Husserl "libertara" a lógica das garras da psicologia. No entanto, o preço dessa libertação foi o fato de dever haver unidades significativas eternas, atemporais, por assim dizer platônicas, e suas leis correspondentes.

A lógica mais recente abdicou dessa ideia em favor da compreensão que parece muito simples: a compreensão de que, em verdade, haveria leis lógicas independentes dos respectivos processos dos homens particulares, de que essas leis, contudo, não existiriam de maneira alguma atemporalmente fora do pensamento humano, de que a lógica seria muito mais simplesmente uma ciência dos "enunciados" humanos e de sua validade, de seu "valor de verdade" – uma concepção que pode apoiar-se até mesmo em Aristóteles, mas que se mostra antes de tudo como uma concepção em favor da qual fala o mero fato de que todos os pensamentos cogitados pelos homens precisam valer-se forçosamente de uma forma linguística de enunciado, para que possam vir à tona objetivamente e para que sejam apreensíveis para as investigações lógicas.

Não é com certeza em primeira linha com essa compreensão que se articula o desenvolvimento francamente revolucionário da lógica moderna; trata-se aqui muito mais de uma tendência totalmente diversa do desenvolvimento mais recente, uma tendência que só segue em parte paralelamente ao que acabamos de apresentar. Essa tendência remonta, por sua vez, a Gottfried Wilhelm *Leibniz*. Em seu *Logica mathematica sive mathesis universalis sive logistica sive logica mathematicorum*, Leibniz expõe a ideia revolucionária (que, por isso mesmo, também permaneceu sem ser compreendida em seu tempo): a ideia de que é preciso ser possível encontrar (ou inventar) um procedimento de pensamento, no qual o que esteja em questão não seja a significação dos elementos particulares que vêm à tona em uma conexão de pensamento, mas muito mais apenas o esquema formal, no qual esses elementos aparecem – de modo que aquele que opera com esses elementos poderia lidar com eles como com um "cálculo" matemático, segundo tão somente as regras rigorosamente fixadas desse cálculo. É somente dessa maneira – assim nos diz Leibniz – que será (por fim) possível colocar à prova objetivamente as teses científicas ou as demonstrações que se encontram em sua base com vistas ao seu caráter conclusivo. Essa ideia genial, preparada por alguns precursores ou contemporâneos de Leibniz tais como Descartes ou Vieta e exposta apenas embrionariamente no próprio Leibniz, precisou esperar mais ou menos trezentos anos até ser gradualmente compreendida no século XIX e, finalmente, concretizada. Ela envolve o conhecimento de que a linguagem natural, da qual nos servimos cotidianamente, é imprópria para o uso rigoroso da ciência – mesmo que seja completada por expressões técnicas –; e isso tanto mais quanto mais abstrato for o conteúdo de pensamento que deve ser expresso.

Muitos pensadores tomaram parte no novo desenvolvimento. Assim, temos o inglês George *Boole* (1815-1864) e o americano Charles Sanders *Peirce* (1839-1914). No entanto, pode-se dizer que os trabalhos do matemático e filósofo alemão Gottlob *Frege* (1848-1925), que ensinou por 33 anos na Universidade de Jena, criaram as bases decisivas para a nova ciência, que se chamou temporariamente logística, mas é hoje designada preponderantemente como lógica matemática ou simbólica. Dentre as obras centrais de Frege estão *Begriffsschrift – eine der arithmetischen nachgebildete Formalsprache des reinen Denkens* (*Escrita conceitual – uma linguagem formal do pensamento puro construída a partir da linguagem aritmética*) do ano de 1879; a ele seguiu-se em 1884 *As bases da aritmética – uma investigação lógico-matemática sobre o conceito de número* e, por fim, em 1893 e 1903, em dois volumes, *Os princípios da aritmética, derivados em termos da escrita conceitual*.

Frege foi estimulado ao aperfeiçoamento de seu sistema quando, em uma tentativa de submeter os pressupostos e conclusões necessários à construção da aritmética a uma prova rigorosa que ainda fosse além de Euclides, precisou reconhecer que se carecia de uma linguagem artificial (e de uma escrita correspondente), para expressar as distinções e estruturas lógicas aqui indispensáveis. A tentativa de construí-las conduziu-o a questões que se inseriam em dimensões cada vez mais profundas acerca da relação entre linguagem e realidade e a investigações que começavam cada vez mais originariamente sobre as conexões entre matemática, lógica, Teoria do Conhecimento e psicologia.

Aliás, o sucesso público permaneceu sendo negado a Frege durante a maior parte de sua longa vida como erudito – ele precisou até mesmo publicar às suas próprias custas os *Princípios* – até que finalmente B. Russell e A.N. Whitehead expressaram no prefácio à sua obra *Principia mathematica*, uma obra que fez época, o fato de deverem a ideia de base do livro à obra de Frege. No campo da língua alemã, Frege só se tornou conhecido e só passou a ser reconhecido como pensador filosófico depois de 1945.

A lógica simbólica que surgiu desde os trabalhos desses homens acima citados e que foi se tornando no decorrer do tempo cada vez mais uma ciência autônoma não é como todas as ciências factuais uma "teoria", ou seja, um sistema de enunciados articulado por leis sobre um campo de objetos. Ela precisa ser comparada antes a uma *língua* (naturalmente artificial). Ela representa um sistema de sinais juntamente com as regras de aplicação desses sinais. No entanto, como na construção dessa língua os sinais particulares permanecem inicialmente sem serem interpretados (como o x em uma equação), pode-se denominar a logística melhor ainda o esqueleto ou o esquema de uma língua (foi assim que Rudolf Carnap a denominou em sua obra de 1960, *Introdução à lógica simbólica com uma consideração particular de suas aplicações*). É somente no âmbito da lógica *aplicada* que os sinais são preenchidos com um conteúdo concreto. A nova lógica experimentou primeiramente uma tal aplicação na nova fundamentação da matemática, uma fundamentação alcançada nas últimas décadas; mais tarde também em outros campos do saber – predominantemente científico-naturais.

Ora, mas se mestres de uma tal ciência necessitam de um livro redigido de uma maneira extraordinariamente concentrada, para promover uma introdução a ela, então toda tentativa de fazê-lo em duas ou três páginas é inútil. De qualquer modo, para uma primeira aproximação, as seguintes referências podem ser defensáveis: sinais como símbolos de uma ligação lógica já são aparentados no âmbito da lógica aristotélica desde a Idade Média. Assim, por exemplo, temos os símbolos $\bar{a}$ (do latim "affirmo" = eu afirmo) e $\bar{e}$ (do latim "nego" = eu nego), para expressar ligações entre predicados. Escreve-se A $\bar{a}$ B, para expressar: A cabe a todo B (o predicado mamífero é atribuído a todos os cachorros); A $\bar{e}$ B, para expressar: A não cabe a nenhum B. Na lógica enunciativa, os sinais p, q, v etc. são utilizados para designar de maneira sintética qualquer enunciado (ou seja, uma proposição como um todo). A ligação, que na linguagem corrente é comumente expressa com "e", possui, então, a forma p & q, a ligação com "ou" assume a forma p v q (v do latim vel = ou). A negação de uma proposição pode ser expressa com um simples travessão acima do sinal para o enunciado: um travessão sobre a letra p.

Todavia, enquanto na linguagem corrente, quando devemos ligar enunciados entre si ou julgar se uma ligação lógica por meio de "e", "ou" ou outras partículas lógicas como, por exemplo, "se... então" seriam significativas ou admissíveis, nós nos orientamos pelo conteúdo dos enunciados em questão, a lógica rigorosamente formalizada só olha, quando o que está em questão é a ligação entre proposições, para uma única propriedade dessas proposições: ela só olha para o seu assim chamado *valor de verdade*, isto é, para a circunstância de elas serem verdadeiras ou falsas. Ela estabelece que a conjunção "p & q" é verdadeira, quando e somente quando p e q são os dois, considerados por si, verdadeiros, ou seja, que "p & q" já é falso, quando p ou q são falsos; de maneira correspondente, é válido para a "alternativa" "p v q" o fato de ela só ser falsa quando tanto p quanto q são falsos – em outras palavras: "p v q" é verdadeiro, quando ou bem só p ou bem só q ou os dois são verdadeiros. O valor de verdade dos enunciados compostos depende, portanto, exclusivamente do valor de verdade dos enunciados parciais; essa conexão significa *função de verdade*. Nós podemos tornar esse contexto visualizável para nós sob a forma de uma *tábua de verdade*, tal como essa tábua desempenha um papel importante na logística (no assim chamado cálculo enunciativo). Uma tal tábua para a "conjunção" p & q teria a seguinte aparência.

	p	q	p & q
1.	v	v	v
2.	v	f	f
3.	f	v	f
4.	f	f	f

Esse quadro precisa ser lido do seguinte modo: p & q é verdadeiro, quando p e q são os dois verdadeiros (linha 1); em contrapartida, ele é falso, quando p é falso e q verdadeiro (linha 2); igualmente falso quando p é falso e q verdadeiro; e com maior razão falso quando p e q são falsos.

Para a alternativa, a tabela de verdade possui a seguinte forma:

	p	q	p & q
1.	v	v	v
2.	v	f	v
3.	f	v	v
4.	f	f	f

Se um enunciado é composto de mais do que dois enunciados parciais, então a tábua de verdade se torna correspondentemente maior. Formas de enunciado que possuem a mesma "coluna de valor de verdade" são denominadas *equivalentes*.

Uma outra forma de ligação de enunciados acontece com o fator "seta", que corresponde (parcialmente) na linguagem corrente ao "se... então...". p → q pode ser lido, com isso, como "se p, então q". Para a lógica simbólica que olha puramente para o valor de verdade, uma tal proposição só é falsa se p for verdadeiro e q, em contrapartida, for falso. Em muitos casos isso produz, traduzido na linguagem corrente, um disparate. Se tomarmos, por exemplo, por p a proposição "A Europa é um continente" (enunciado verdadeiro) e por q a proposição "A baleia é um mamífero" (igualmente verdadeira), então p → q poderia ser lido assim: "Se a Europa é um continente, então a baleia é um mamífero". O paradoxo, que pode ser formulado em termos mais gerais da seguinte forma: "uma proposição verdadeira se deriva de qualquer outra proposição, seja essa proposição verdadeira ou falsa", foi com frequência ponto de partida para uma crítica à lógica matemática sob o *slogan* "implicação material".

Paralelamente ao desenvolvimento da lógica matemática, desenvolveu-se no século XIX, a partir de 1880, uma crítica às bases da matemática e uma discussão amplamente ramificada e frutífera sobre essas bases – não apenas paralelamente, mas em uma estreita ação e reação, pois a lógica matemática cresceu, por um lado, a partir da aspiração por colocar à prova e demonstrar de maneira mais rigorosa do que antes a ausência de contradições dos sistemas axiomáticos da matemática, mas serviu, por outro, como instrumento tanto de crítica quanto para uma nova construção.

Uma crítica particularmente pronunciada foi feita pelo matemático holandês Luitzen Jan *Brouwer* (1881-1966). A corrente de pensamento fundada por ele é denominada *intuicionismo*. Partindo do conceito de infinitude, Brouwer não rejeita apenas uma série de princípios fundamentais da matemática até aqui, mas também da lógica – assim, por exemplo, ele rejeita o princípio do terceiro excluído (A ou não A: uma terceira opção não é pensável) e o princípio segundo o qual "não não A" seria igual a A (dupla negação). Não há para Brouwer infinitude no sentido do "infinito atual", mas apenas um infinito *potencial*. À guisa de elucidação, podemos dizer o seguinte: não há uma quantidade infinitamente grande de números inteiros no sentido de que existe em um campo ideal de fato uma quantidade infinitamente grande de números como objetos (de modo que um espírito divino poderia inspecioná-los todos com o seu olhar), mas apenas no sentido de que é constantemente *possível* passar de um número dado para um mais elevado.

O ataque de Brouwer que, como uma cabeça extremamente original e multifacetada, também se expressou em relação a outros problemas (*Leben – Kunst – Mystik** é o título de uma de suas primeiras obras) desafiou os matemáticos a buscar um novo e melhor assegura-

---

* Vida – arte – mística [N.T.].

mento das bases de sua ciência. Foi nesse sentido que trabalhou David *Hilbert* (1862-1943) em particular e mesmo Bertrand Russell pertence a tal contexto. Em Russell – e depois dele em muitos pensadores filosóficos do século XX –, matemática e filosofia passaram a se mostrar uma vez mais em uma ligação tão estreita quanto na época de Descartes e Leibniz, a última vez em que tal caso se deu.

3. De Russell à filosofia analítica

Betrand Arthur William *Russell* (1872-1970) ainda continua sendo um dos filósofos mais conhecidos e mais lidos do mundo ocidental. Russell tornou-se inicialmente conhecido como matemático e, em verdade, como um dos homens que, depois do abalo das bases da matemática, se empenhou por uma nova fundamentação. Juntamente com Alfred North Whitehead – que mais tarde tomou como filósofo um caminho totalmente diverso do de Russell e, por isso, foi tratado na seção "nova metafísica" –, ele criou com os *Principia mathematica* (lançados entre 1910 e 1913 em três volumes) uma das obras mais importantes da pesquisa sobre os fundamentos da matemática.

Para a esfera pública mais ampla, Russell ficou conhecido na Primeira Guerra Mundial por sua postura pacifista consequente e publicamente anunciada, uma postura que o levou por um tempo à prisão. O inconformismo tipicamente inglês, a recusa tenaz de pontos de vista ou preconceitos dominantes, distinguiu Russell até a sua idade mais avançada.

Enquanto Russell tendia quando jovem, sob o encanto da matemática, para um certo platonismo e era da opinião de que se podia conhecer imediatamente ideias ou universais fora ou para além da realidade empírica, ele chegou mais tarde inequivocamente a concepções que legitimam a sua inserção em uma posição próxima à escola neopositivista. O desenvolvimento de seu pensamento é atestado por uma longa série de escritos que tratam quase todos de âmbitos da filosofia: lógica, Teoria do Conhecimento, filosofia da natureza, pensamentos sobre a religião e, antes de tudo, também sobre o correto estabelecimento da sociedade humana. Dentre os escritos mais importantes de Russell está a obra de maturidade *Human Knowledge* (1948).

Russell não criou nenhum sistema, mas investigações particulares que nem sempre, aliás, podem ser associadas consequentemente umas às outras. Esse fato está em conexão, como logo se mostrará, com uma atitude fundamentalmente cética em relação à possibilidade de um conhecimento abrangente. Russell vê o único meio produtivo de conhecimento na ciência natural. A filosofia tem de retirar dessa ciência a sua problemática e não da moral ou da religião, por exemplo. Ela não pode senão trabalhar o campo, que ainda não está acessível à pesquisa científico-natural exata e, aqui, ela pode no máximo levantar problemas, não resolvê-los. Quanto mais velho Russell foi ficando, tanto mais intensamente ele foi se tornando positivista e cético contra tudo aquilo que não caísse no âmbito do saber reconhecido pelo positivismo.

Russell designou certa vez como "atomismo lógico" a sua doutrina acerca da construção do real; essa designação corresponde a um pluralismo potencializado. Aquilo que é real são os dados sensíveis (*sense-data*). Eles só estão ligados logicamente entre si; isso significa uma recusa radical da postura originalmente platônica de Russell e contém uma polêmica contra a corrente idealista na filosofia inglesa por volta da virada do século XIX para o século XX, tal como essa virada é corporificada por Francis Herbert *Bradley* (1846-1924) entre outros; pois, segundo Bradley, há "relações internas" entre as coisas que pertencem à sua essência propriamente dita. De acordo com Russell, não há nem matéria, nem espírito, nem um eu, mas apenas dados sensíveis. Isso nos lembra Hume. Aplicado à moral e à religião, isso significa o seguinte: a ciência natural, a única fonte de nosso saber, conhece dados sensíveis e nada além disso. Ela não fornece nenhum apoio para uma crença em Deus ou na imortalidade da alma. A religião também é dispensável, ela é na realidade um mal. Ela é característica de homens que ainda não alcançaram totalmente a maioridade.

As coisas comportam-se de maneira diversa em relação à moral. Segundo Russell, também há uma ordem dos valores que se lança muito para além da natureza existente. Mas uma moral correta precisa mostrar-se de maneira totalmente diversa da moral até aqui, uma moral que repousava sobre representações supersticiosas. Como ideal de vida é suficiente uma vida dirigida pelo *amor* e conduzida com o auxílio do *saber*.

A aparição do neopositivismo como uma das escolas filosóficas poderosas e coesas do século XX está ligada principalmente ao grupo de eruditos que, em 1929, surgiu em Viena com o escrito programático *Visão de mundo científica* e se denominou "Círculo de Viena". O grupo proveio de um seminário de Moritz *Schlick* (1882-1936), um homem e um mestre significativo, que foi assassinado por um estudante.

O Círculo de Viena já tinha em 1930, na Revista *Erkenntnis*, um órgão próprio de publicação que era editado regularmente. A *Erkenntnis* circulou até 1938. Nesse ano, a anexação da Áustria ao Império Alemão governado pelos nacional-socialistas tornou impossível o prosseguimento em solo germânico das atividades do círculo, cujos membros eram em grande parte de origem judaica. A maioria dos membros do grupo, tal como Otto *Neurath* (1882-1945) e Hans *Reichenbach* (1891-1953), um homem que lecionava naquela época em Berlim, precisou emigrar. Foi isso que aconteceu também com Rudolf Carnap, do qual já tratei na seção sobre a linguagem.

Quando o círculo se dispersou dessa maneira, ele já tinha conquistado uma estima e despertado um vivo eco por meio de suas publicações e em congressos internacionais que tinham acontecido em uma rápida sequência em diversas cidades europeias. Assim, os eruditos emigrados para a Inglaterra e os Estados Unidos puderam prosseguir o seu trabalho científico e criar para si, já a partir de 1939, um novo órgão, o *Journal of Unified Science*. Para a vida intelectual alemã, a expulsão desses homens causou danos praticamente irreparáveis, comparáveis talvez à destruição da escola de matemática de Göttingen, no começo do domínio de Hitler. Somente depois de um longo espaço de tempo, após o fim da Segunda Guerra Mundial, suas ideias e obras se tornaram uma vez mais conhecidas na Alemanha (na Alemanha Ocidental) e começaram, então, também a influenciar intensamente o pensamento filosófico.

O Círculo de Viena era constituído quase que exclusivamente de eruditos que possuíam, além da filosofia, um conhecimento fundado em um campo da ciência; assim temos, por exemplo, Hans *Hahn*, Karl *Menger* e Kurt *Gödel* como matemáticos, Otto *Neurath* como economista e sociólogo, Philipp *Frank* como físico. Wittgenstein, cujo *Tractatus* foi lido em voz alta e discutido em grande parte no Círculo de Viena, era enquanto pessoa tão tímido e sensível, que não tomou parte nas discussões em círculos maiores; no entanto, as suas ideias marcaram concomitantemente o círculo.

Grupos com afinidades intelectuais foram constituídos em Berlim em torno de Hans *Reichenbach* e em Varsóvia, em torno de Alfred *Tarski* (1902-1983), que, assim como alguns outros eruditos poloneses daqueles anos, produziu alguns trabalhos pioneiros na lógica[25].

O movimento filosófico vivo em muitos países do Ocidente, um movimento que foi introduzido em grande parte pelo Círculo de Viena, desenvolveu-se em larga escala por meio de contribuições de eruditos da Inglaterra, dos Estados Unidos, da Escandinávia, mesmo da Holanda, de Israel e de outros países. Ao mesmo tempo, essas contribuições também modificaram e ultrapassaram os princípios de pensamento do Círculo de Viena. Por isso, convencionou-se restringir o nome "Círculo de Viena" para o período que vai mais ou menos até 1938. O desenvolvimento ulterior é designado na maioria das vezes com o termo conjunto "filosofia analítica", às vezes também de uma maneira simples e algo equívoca como "pesquisa de base".

Assim, a filosofia analítica é designada aqui como um "termo conjunto" porque é muito difícil demarcar esse conceito de modo inequívoco. Para alguns autores, ele (quase) equivale à "Ordinary Language Philosophy", da qual tratei na seção sobre a linguagem; outros subsumem a ele, até mesmo Russell, o Círculo de Viena – e naturalmente Wittgenstein (o primeiro do *Tractatus*, o posterior ou os dois); mais um outro critério é: toda filosofia que se articula com a lógica moderna é analítica. Desse modo, não é possível atribuir sem uma certa arbitrariedade um pensador à Ordinary Language Philosophy, abstraindo-se totalmente do fato de todos os pensadores terem também realizações a apresentar que se colocam como um entrave para a sua classificação como pertencente a uma escola determinada.

O parágrafo anterior já deixou claro que essa escola tem de mostrar em alguns campos realizações particulares e resultados interessantes. Ela estendeu intensamente a lógica simbólica e fez um uso múltiplo desse novo instrumento. Ela dirigiu em segundo lugar a atenção dos filósofos para os fenômenos da linguagem e alcançou aqui novas intelecções. Além disso, são importantes as ideias que a escola desenvolveu sobre a tarefa e a função da filosofia. Segundo ela, a filosofia deveria manter um campo de pesquisa próprio, em verdade limitado, mas assegurado; a partir desse campo, ela deveria auxiliar todas as ciências a desenvolver uma linguagem precisa, logicamente intocável, e uma formação conceitual. Em outras palavras, o que está em questão para os pensadores dessa corrente é sempre o problema do conhecimento e, com efeito, o pro-

---

25. TARSKI, A. *Der Wahrheitsbegriff in den formalisierten Sprachen* (*O conceito de verdade nas linguagens formalizadas*). Em polonês em 1933 e alemão 1935/1936.

blema do conhecimento fundamentável, "objetivamente" assegurável, mediato e demonstrável a partir da experiência – "conhecimento" foi mesmo o grito de guerra, com o qual o Círculo de Viena veio a público pela primeira vez. Um conhecimento de tal modo assegurado, fundamentável, por assim dizer acompanhado por uma "compulsão à concordância" e demonstrável é mesmo ciência. Assim, pode-se dizer que a Teoria do Conhecimento científico, em suma, a teoria da ciência, representa um dos interesses principais dessa escola.

Um primeiro campo parcial do trabalho teórico-científico já tratado por nós é formado pelo esforço em torno de uma nova fundamentação lógica da matemática, também chamada pesquisa de base lógico-matemática. O trabalho de toda uma vida, realizado pelas melhores cabeças, produziu aqui uma profusão de novas intelecções, mas não levou de maneira alguma a uma unidade quanto às bases e às questões fundamentais derradeiras. Contrapõem-se aqui muito mais várias escolas, em particular o *logicismo* que remonta a Frege, o *intuicionismo* que remonta a *Brouwer* e a *metamatemática* criada por David *Hilbert*, um dos mais significativos matemáticos da Modernidade. Outras contribuições importantes para esse campo de pesquisa provêm de Alonzo *Church* (nasc. em 1903) e Willard van Osman *Quine* (nasc. em 1908). Quine[26] é também um dos líderes dos lógicos do presente.

O segundo campo parcial da teoria da ciência é formado pelas investigações acerca da formação conceitual científica, em particular sobre a definição e a explicação de conceitos. Designa-se método axiomático o empenho por organizar conceitos conjuntos que vêm à tona em um ramo da ciência de tal maneira que eles sejam reconduzidos a um número extremamente pequeno de enunciados iniciais (princípios, axiomas). Euclides exercitou previamente esse método para a matemática de um modo pioneiro (de qualquer modo, porém, de um modo que não é mais aceito hoje). Carnap empreendeu em sua obra *A construção lógica do mundo* a tentativa que parece quase fantástica de inserir os conceitos de *todos* os campos do saber em uma conexão sistemática e de reconduzi-los a um número totalmente pequeno de elementos fundamentais e a uma única relação fundamental, a vivência elementar da "lembrança de uma semelhança".

Nós consideraremos de uma forma algo mais detalhada o terceiro campo da teoria da ciência: a *Teoria do Conhecimento* empírico ou *empírico-científico*. O Círculo de Viena já tinha desenvolvido em seus primórdios o assim chamado princípio da verificação ou "critério empírico de sentido": enunciados sobre a realidade, que querem ser reconhecidos como dotados de sentido, precisam ser "verificáveis".

Por volta dessa época, foram realizadas em Viena, em particular por meio de Otto *Neurath* (1882-1945), reflexões sintetizadas sob as palavras-chave "ciência unificada" e "fisicalismo": como nenhum ramo da pesquisa científica pode subsistir isoladamente em relação aos outros (pesquisas sobre processos perceptivos, p. ex., precisam recorrer a conceitos e métodos

---

26. QUINE, W.O. *From a logical point of view*, 1953. Há uma importante obra de Quine em alemão: *Word and Object*, 1960. Ela apareceu em 1980 com o título *Wort und Gegenstand* (*Palavra e objeto*).

da física, química, fisiologia e psicologia; a sociologia emprega conceitos oriundos da teoria do direito, da ciência econômica, da história da religião etc.), trata-se de uma exigência incontornável que os conceitos científicos de vários campos sejam relacionáveis entre si – essa é a exigência por uma ciência una, dito de maneira mais acentuada, por uma ciência unificada (*Unified science*).

À medida que só os enunciados sobre o mundo dos corpos podem ser comprováveis intersubjetivamente e demonstráveis empiricamente (em contrapartida, p. ex., a enunciados "introspectivos" como "estou com saudade de X"), a única ciência que pode se mostrar como base da ciência unificada é a física – por isso, a palavra-chave "fisicalismo". A ciência unificada almejada seria um sistema logicamente ordenado de enunciados, que podem ser todos reduzidos a simples enunciados de base ou "proposições protocolares" do tipo: "O observador X observou no momento T na posição L o fenômeno P".

A exigência parece à primeira vista elucidativa, ela parece ser tão concludente quanto o princípio de verificação – no entanto, os dois são igualmente irrealizáveis. No que concerne ao fisicalismo, foi comprovado que a linguagem da física não é tão universal a ponto de permitir que sejam formulados nela mesmo os conceitos fundamentais psicológicos.

Retornemos, porém, ao critério empírico de sentido! Com certeza, a proposição "sobre esta mesa encontra-se agora um pedaço de carvão" pode ser satisfatoriamente verificada com a meticulosidade pertinente. Na ciência, porém, o que está com frequência em questão, justamente nas passagens decisivas, são enunciados de um grau de generalidade elevado ou totalmente abrangente: com frequência, o que está em questão são hipóteses e leis. A proposição "o vidro não conduz eletricidade" pode ser completamente verificada? Considerado rigorosamente, não seria preciso para uma tal verificação que todos os pedaços de vidro fossem verificados em sua condutibilidade? Como é que a proposição "todas as estrelas fixas pertencem à classe A, à classe B ou à classe Y" pode ser verificada? Isso é impossível porque é impossível instituir para esse fim um exame completo de todo universo. Enunciados legais não podem ser por princípio verificados.

A discussão filosófica em torno das bases, métodos e limites do conhecimento científico desenvolveu-se – mais ou menos a partir de 1960 – e se transformou em uma corrente ampla, ainda difícil de ser considerada em seu todo[27]. As constribuições vêm de muitos países, com o acento certamente no campo anglo-saxão. É notável que – diferentemente de épocas anteriores da história da filosofia – os líderes intelectuais se encontrem com frequência em congressos, simpósios e cheguem mesmo a discutir uns com os outros em coletâneas. O fato de um pensa-

---

27. Algumas coletâneas apropriadas para uma orientação são: FEIGL, H. & SELLERS, W. (orgs.). *Readings in philosophical analysis*. Nova York, 1950. • FEIGL, H.; SELLERS, W.; LEHRER, K. *New readings in philosophical analysis*. • MUSGRAVE, A. (org.). *Kritik und Erkenntnisfortschritt* (*Crítica e progresso do conhecimento*), 1974 [Em inglês: *Criticism and the growth of knowledge*, 1970]. • ALBERT, H. (org.) *Theorie und Realität* – Ausgewählte Aufsätze zur Wissenschaftslehre der Sozialwissenschaften (*Teoria e realidade – Ensaios seletos sobre doutrina da ciência das ciências sociais*), 1972.

dor solitário, sem olhar muito para a esquerda nem para a direita, construir e anunciar um "sistema é coisa do passado. Algumas palavras-chave oriundas de temas de tais simpósios são: conceitos e sua ligação com o objeto designado; linguagem natural e linguagem artificial; progresso do conhecimento científico, verificabilidade e demonstrabilidade; causalidade e probabilidade; liberdade e necessidade; o problema psicofísico.

4. Dois céticos

Aqui lançaremos um olhar sobre dois pensadores, cujas contribuições para a discussão sobre as possibilidades e os limites do conhecimento científico se destacam por meio de um claro ceticismo em relação ao funcionamento da ciência.

Em 1962 surgiu a primeira versão (mais tarde seguiu-se uma edição revisada e ampliada) do livro do americano Thomas Samuel *Kuhn* (1922-1996): *The structures of scientific revolutions*[28]. Apoiado em alguns recortes importantes da história da ciência natural, recortes que ele introduziu como exemplos e ampliou (eles dizem respeito antes de tudo a Copérnico, Newton, Lavoisier e Einstein), Kuhn desenvolveu teses que francamente chocaram muitos teóricos da ciência: o progresso do conhecimento científico-natural não se realiza passo a passo e de maneira contínua, mas em saltos e em revoluções marcadas por crises.

Kuhn descreve inicialmente a essência da ciência "normal". Ela transcorre em uma comunidade de eruditos, que aceitam implícita ou explicitamente como enquadramentos gerais e como pano de fundo de seus trabalhos determinadas realizações e conhecimentos científicos do passado, tal como eles se encontram sedimentados habitualmente em manuais normativos, genericamente aceitos (e, em consequência, também em livros escolares). Eles ocupam-se com a "resolução de enigmas" (*puzzle solving*), que podem ser colocados no clima geral dominante e que também podem ser em princípio resolvidos. A mecânica newtoniana forneceu durante muito tempo um tal enquadramento. Ela funcionou como "paradigma" universalmente reconhecido. Aquilo que tinha sido considerado até aqui como o caráter próprio do progresso do conhecimento científico: o progredir tranquilo, a ampliação acumulativa do saber – é algo que condiz plenamente com épocas de "ciência normal". Vez por outra, contudo, vêm à tona fenômenos que não se ajustam ao paradigma, "anomalias" que exigem uma nova meditação fundamental, um novo ponto de partida teórico, e que impõem, por fim, uma mudança de paradigma. Nas cabeças dos eruditos, esse deslocamento não se transcorre – formulado de uma maneira algo aguçada – de um modo tal que um número cada vez maior de adeptos do paradigma antigo se "converta" em membros do novo paradigma, mas antes de um modo tal que surjam novos pesquisadores jovens que estão desde o início familiarizados com o novo paradigma, enquanto os adeptos do antigo gradualmente desaparecem.

---

28. *A estrutura das revoluções científicas*, 1976.

As teses de Kuhn desencadearam violentas discussões com outros teóricos da ciência, em particular com Karl Popper (ao qual ainda nos dedicaremos em detalhe) e seus alunos, tal como Imre *Lakatos* (1922-1974). Kuhn se sentia intensamente compromissado com eles.

A discussão teórico-científica cresceu de maneira tão forte que alguns podem ter às vezes duvidado de que ela tenha mantido um contato estreito com a pesquisa, um contato que é necessário se é que a discussão não deve transcorrer no vácuo; é possível que eles tenham duvidado de que os pesquisadores, que descobrem e formulam algo novo na física, química, astronomia e biologia sempre conseguem acompanhar por toda parte os métodos e as receitas discutidas pelos teóricos da ciência.

O livro de Paul K. Feyerabend: *Wider den Methodenzwang* (*Contra a compulsão do método*)[29], está repleto de um tal ceticismo. O próprio título representa uma clara provocação ante todos aqueles que consideram o método limpo e integralmente pensado como a base de todo trabalho científico exitoso. No entanto, é o subtítulo que se mostra francamente como chocante: "Esboços de uma teoria anárquica do conhecimento".

Feyerabend nasceu em Viena, participou da Segunda Guerra Mundial (do lado dos alemães), mas se manteve durante um longo tempo estudando e ensinando em Londres, Copenhagen, Bristol e Berkeley. O termo "anarquismo" possui um ressaibo de violência e terrorismo que Feyerabend exclui expressamente. Ele também fala de "dadaísmo" no método e visa com isso, exposto de maneira inicialmente vaga, ao seguinte: não rigorismo demais, mas é preferível uma tolerância ampla, um pluralismo metodológico. O progresso do conhecimento não surge com frequência justamente lá (e aqui temos uma ligação com as teses de Kuhn) onde são abandonados ou feridos consciente ou inconscientemente métodos reconhecidos pelos pesquisadores? Exemplo: não introduza hipóteses *ad hoc*, ou seja, não introduza hipóteses apenas com a finalidade de afastar contradições entre a expectativa teórica e o resultado de fato de um experimento. Mas será que hipóteses *ad hoc* também não podem ser e não foram com frequência frutíferas? Será que não se pode levar a ciência à frente mesmo partindo de hipóteses não confirmadas, praticamente absurdas? Talvez somente um tal ponto de partida traga à tona dados que abalam teorias tradicionais? Muitas descobertas pioneiras não surgiram de uma mistura de intuição (genial), tenacidade e sorte? Uniformidade, conformidade entre as opiniões pode ser algo apropriado para uma comunidade religiosa – mas para a república dos eruditos? Nós também não deveríamos ter medo de levar a sério princípios míticos ou místicos de pensamento. No anexo à obra, o autor discute entre outras coisas a introdução do telescópio na astronomia por meio de Galileu e também se confronta com outros teóricos da ciência.

5. Popper e o racionalismo crítico

Pertence ao caráter próprio da filosofia atual, em todo caso ao caráter próprio das correntes de pensamento aqui discutidas, o fato de se dividir em geral melhor a sua apresentação por

---

29. 1976. Em inglês em 1975 com o título: *Against method* – Outline of an Archistic Theory of Knowledge.

meio de títulos objetivos – problemas, campos temáticos – do que por meio de nomes de pessoas. Isso deve-se, por um lado, à "cientificização" dessa filosofia, que voltou as costas para a grande realização do sistema ("se tivéssemos vivido na época de Spinoza, quando sistemas ainda eram possíveis..." – um suspiro ardente de Bertrand Russell) e que lida com problemas particulares em um trabalho meticuloso e penoso e, por outro lado, também à discussão internacional intensamente ampliada pelas possibilidades de viagens, pelos meios financeiros e pela telecomunicação, que levam os pensadores a experimentarem bem rápido réplicas e críticas, às quais então eles, por sua vez, respondem.

É possível justificar uma exceção no caso de Karl Raimund *Popper* que, segundo a abrangência, o caráter multifacetado e a significação de sua obra, assim como segundo o peso de sua personalidade está entre as figuras centrais da filosofia do século XX. Popper (1902-1994) nasceu em Viena – como Wittgenstein, ele vem de uma família judia bem-abastada e com formação cultural elevada. Em uma coletânea dedicada à sua filosofia, ele apresentou detalhadamente a sua vida e o curso interno de sua gênese; infelizmente, a obra permanece acessível apenas em língua inglesa[30]. Em seu tempo, em Viena, Popper encontrava-se em uma ligação estreita com o Círculo de Viena sem, contudo, pertencer a ele. Ele se confrontou outrora – e mais tarde uma vez mais – com o marxismo, para o qual tendeu temporariamente. A leitura das obras de Kant, a ocupação com a música, o estudo da matemática e da física estão entre as impressões determinantes dessa primeira época. Antes da anexação da Áustria ao império hitlerista, que ele previu, Popper abandonou a sua terra natal e foi, passando pela Inglaterra, para uma universidade (Christchurch) na Nova Zelândia. A partir de 1945, ele ensinou na London School of Economics.

Das obras de Popper, precisamos citar quatro escritos centrais: *Logisch der Forschung* (*Lógica da pesquisa*), publicado em 1935 e, muito mais tarde, lançado em língua inglesa com o título *The Logic of Scientific Discovery*. Depois disso, temos diversas edições novas, intensamente revisadas. – *The Open Society and its Enemies*, 2 vol., 1945; em alemão acessível desde 1957 como *Die offene Gesellschaft und ihre Feinde* (*A sociedade aberta e seus inimigos*). – *The Poverty of Historicism*, 1957, também em alemão como *Das Elend des Historizismus* (*A miséria do historicismo*). – *Objective Knowledge – An Evolutionary Approach*, 1972. Em seguida (1973) traduzido para o alemão como *Objektive Erkenntnis. Ein evolutionärer Entwurf* (*Conhecimento objetivo – Uma abordagem evolucionária*). A coletânea lançada em 1984 com o título *Auf der Suche nach einer besseren Welt* (*À procura de um mundo melhor*) dá uma primeira impressão da amplitude de seu espectro de interesses e dos impulsos internos de seu filosofar; ela contém discursos e ensaios dos anos de 1930.

---

30. The Philosophy of Karl Popper, 2. vol. In: SCHILPP, P.A. (org.). *The library of living philosophers*, 1974. Ao lado da autobiografia de Popper, esse volume contém 33 ensaios críticos sobre a obra de Popper e suas réplicas.

Popper tomou detidamente posição em relação a esferas totalmente diversas de problemas – o que uma bibliografia completa torna ainda mais claro; em particular, ele tomou posição tanto em relação às bases e questões fundamentais do conhecimento científico-natural e, em verdade, constantemente em uma estreita troca de ideias com cientistas naturais de liderança como Einstein (com quem ele teve violentas discussões pessoais), Schrödinger, Philipp Frank, Niels Bohr, quanto em relação às questões referentes à história e à teoria da sociedade. Atravessa toda a sua obra como um fio condutor um traço fundamental humano, racional e crítico. Mas há para além disso uma unidade interna na obra de Popper – que infelizmente não é fácil de ser apreendida com o caráter sucinto da apresentação aqui oferecida. Podemos dizer de maneira extremamente simplificadora: o curso do mundo não está rigorosamente determinado para Popper, ele não está predeterminado de uma vez por todas (indeterminismo), e – já por isso, mas também por outras razões – não pode ser plenamente cognoscível. No que concerne ao nosso conhecimento, isso precisa conduzir à intelecção de que todo saber mantém sempre um caráter provisório, hipotético.

A partir dessa postura fundamental, Popper[31] assumiu a posição de ataque na contenda quanto a saber se seria possível assegurar definitivamente hipóteses ou teorias científicas por meio de verificação.

Popper demonstra inicialmente que a saída oferecida ao entendimento acrítico não é viável: o que está em questão na proposição "o vidro não conduz eletricidade" – assim se poderia argumentar – não é, em verdade, nenhuma lei rigorosamente demonstrável, mas uma lei conquistada por meio da indução. Temos diante de nós uma lei conquistada por derivação indutiva a partir de muitos casos particulares observados, em todo caso uma hipótese indutivamente conquistada de uma elevada probabilidade. Para tanto, Popper demonstra que não há nem pode haver nenhum princípio apresentável, segundo o qual tais conclusões indutivas podem ser realizadas. Pois como é que um tal princípio universal deveria ser criado? Se ele fosse um princípio analítico – ou seja, com uma vigência imperativa por meio de razões puramente lógicas –, então não poderia tratar-se de indução. No entanto, se ele contém um elemento de experiência empírica, então seria necessário derivar daí obrigatoriamente o princípio buscado, sim, já do princípio indutivo, que se queria antes precisamente buscar e assegurar – o que implica um regresso infinito! Popper coloca, por isso, no lugar da verificação, a falsificação, a exigência (mais modesta) de que hipóteses não sejam demonstradas por meio de uma verificação, mas que sejam refutadas por meio de falsificação: à medida, justamente, que se apresentam observações que se encontram em contradição com as conclusões que são derivadas da hipótese. Para usar um exemplo: a proposição "o vidro não conduz a eletricidade" pode ser transformada na proposição "não há nenhum pedaço de vidro que seja capaz de conduzir eletricidade". Nesse momento, pode-se tentar falsificar essa proposição, ou seja, pode-se tentar encontrar um pedaço de vidro que conduza eletricidade. Se não tivermos sucesso nessa empreitada

---

31. POPPER, K. *Logik der Forschung (Lógica da pesquisa)*, 1935.

por um tempo mais longo, então teremos diante de nós uma hipótese bem confirmada: ela resistiu a todas as tentativas até aqui de falsificação.

Estimulado por Popper, Carnap apresentou, então, regras universais para a verificabilidade e para a capacidade de confirmação de proposições[32]. Mais tarde, ele também expôs princípios, segundo os quais deveria ser avaliado ou julgado o grau de probabilidade de enunciados.

Com certeza, o edifício teórico-científico assim estabelecido foi logo abalado uma vez mais. O americano Nelson *Goodman*[33] (nasc. em 1906) analisou detidamente o conceito de lei natural – de maneira mais geral, ele analisou o conceito de enunciado legal – e levantou a questão de saber se há efetivamente um critério inequívoco para definir que enunciados precisam ser considerados como "leis". Revelou-se, então, que todas as respostas dadas até aqui a essa pergunta eram insatisfatórias. Goodman mostra que o problema – se é que ele é passível de solução – só pode ser resolvido, à medida que não se parte de hipóteses particulares, mas se abarca seus contextos (científicos e linguísticos). Outras obras de Goodman são: *The Structure of appearance* (1951) e *Languages of art* (1968). Nessa última obra citada, além do problema da justificação de conclusões indutivas (na práxis da pesquisa faz-se incessantemente uso de tais conclusões), o autor trata particularmente da problemática do conceito (científico-natural) de lei.

De maneira intensamente simplificadora, poderíamos formular mais ou menos da seguinte forma *um* resultado importante dos trabalhos nesse campo: os conceitos teóricos complicados das ciências naturais não podem ser definidos de tal modo que, na definição, só haja uma ligação com observações. De maneira mais genérica: é impossível reconduzir a "linguagem teórica" à "linguagem observacional". O "edifício" teórico – se é que essa imagem é permitida – não repousa em todos os seus pontos sobre o fundamento da observação. Com certeza, ele tampouco paira livremente em suspenso sobre ela. Os dois são ligados um ao outro em posições importantes por meio de "regras de coordenação". Os conceitos teóricos, porém, não *emergem* por meio de uma derivação lógica da linguagem das coisas. Eles são antes criações livres do espírito humano, ou seja, da fantasia, criações que só podem ser submetidos subsequentemente à prova pela experiência. É difícil formular esse fato de maneira mais radical do que Albert Einstein o fez:

"Segundo a minha convicção seria preciso... afirmar o seguinte: os conceitos que vêm à tona em nosso pensamento e em nossas declarações linguísticas são todos – considerados logicamente – criações livres do pensamento e não podem ser conquistados indutivamente a partir das vivências de sentido. Esse fato só não é tão fácil de perceber porque habitualmente ligamos de maneira tão firme certos conceitos e certas conexões conceituais (enunciados) com certas vivências de sentido, que não nos conscientizamos do fosso – logicamente insuplantável – que separa o mundo das vivências sensíveis do mundo dos conceitos e enunciados. Assim, por exemplo, a série de todos os números é evidentemente uma invenção do espírito humano, um

---

32. CARNAP, R. *Testability and meaning*, 1950.
33. GOODMAN, N. *Fact, fictions and forecast*, 1955.

instrumento autocriado, que facilita a ordenação de certas vivências sensíveis. Mas não há nenhum caminho para deixar que, em certa medida, esses conceitos emerjam eles mesmos das
vivências. Escolho aqui precisamente o conceito de número porque ele pertence ao pensamento pré-científico e, apesar disso, o caráter construtivo é facilmente reconhecível junto a ele...

Para que o pensamento não degenere em "metafísica" ou em um falatório vazio, é necessário que um número suficiente de proposições sejam ligadas de maneira segura o bastante com
vivências de sentido, e que o sistema conceitual mostre em vista de sua tarefa, ou seja, em vista
da necessidade de ordenar e tornar impassível de ser desconsiderado aquilo que é sensivelmente
vivenciado, a maior uniformidade e economia possíveis. De resto, porém, o 'sistema' é um jogo
(logicamente) livre com símbolos que transcorre segundo regras de jogo (logicamente e) arbitrariamente dadas. Esse fato é igualmente válido para o pensamento cotidiano e para o pensamento configurado sistematicamente de um modo mais consciente nas ciências"[34].

No âmbito da Teoria da Ciência e da Teoria do Conhecimento, o interesse de Popper não
está tão direcionado desde o início para o estudo e o asseguramento do saber já presente, mas
muito mais para a questão de saber como é que novos conhecimentos (podem) ser conquistados, ou seja, para o problema da descoberta, da invenção e do aumento de saber. Popper nunca abandonou essa esfera de questões. Em 1972, 40 anos depois de suas primeiras tomadas de
posição, ele apresentou uma nova formulação de sua solução do problema da indução em seu
livro *Objective knowledge*, uma nova formulação que cito aqui: "É possível justificar a afirmação
de que uma teoria explicativa universal é verdadeira com 'razões empíricas', ou seja, por meio
do fato de se tomar como verdadeiros determinados enunciados comprobatórios ou enunciados observacionais (que repousam por assim dizer sobre a experiência)?"[35] A resposta de
Popper é: não! Por maior que seja o número de enunciados observacionais confirmadores, ou
seja, por maior que seja o número de confirmações "indutivas", nunca se consegue demonstrar uma teoria como irrestritamente verdadeira. No entanto, pode acontecer de determinados enunciados comprobatórios demonstrarem uma teoria (em verdade, não como verdadeira, mas muito mais) como falsa. Assim, em meio à escolha entre muitas teorias concorrentes, a
ciência tem um critério nas mãos, com o qual ela pode afastar teorias demonstradas como falsas. Com certeza, ela nunca pode estar por princípio segura, se aquela teoria que permaneceu
não será um dia rejeitada em razão de enunciados comprobatórios.

Ora, mas será que podemos manter ao menos a opinião de que alcançamos as nossas teorias (tateantes, inseguras) por meio de indução, ou seja, por meio do fato de deduzirmos do
acúmulo de experiências ou observações de um mesmo tipo ou semelhantes expectativas ou
hipóteses? Popper também responde negativamente a essa questão. Hipóteses científicas não
chegam a termo – segundo ele – de um modo tão simples, mas antes por meio de intelecções

---

34. EINSTEIN, A. Observações sobre a Teoria do Conhecimento de Bertrand Russell. In: SCHILPP,
P.A. (org.). *The philosophy of Betrand Russell*, p. 278. A coletânea escrita em inglês contém no caso de
Einstein uma versão em inglês e em alemão do texto.

35. Citado segundo a edição alemã: *Objektive Erkenntnis (Conhecimento objetivo)*, 1973.

repentinas, intuitivas, que só podem transformar-se ulteriormente em uma hipótese empiricamente comprovável. A história da ciência oferece uma profusão de exemplos sobre isso. Se nós homens, apesar de rigorosamente não termos como justificar um tal fato, vamos efetivamente ao encontro do acontecimento na natureza e na história com a expectativa universal de encontrarmos semelhanças, regras e conformidades a regras (uma expectativa que não é mesmo na maioria das vezes frustrada), então isso está certamente programado em nossa natureza, em nossa *psyche*, de uma maneira similar ao modo como o mundo das observações e das atuações dos organismos está ajustado ao seu meio ambiente.

Gostaria de apontar aqui para uma tese de Popper, que se tornou amplamente conhecida: a teoria dos três mundos. Popper faz uma distinção entre – poder-se-ia designar esse fato como o cerne de sua ontologia – o mundo dos corpos ou o mundo dos estados físicos (mundo 1), o mundo dos estados de consciência (mundo 2) e "o mundo dos objetos possíveis do pensamento, o mundo das teorias e de suas relações lógicas..." (mundo 3); esse último mundo também poderia ser denominado, sem cometer uma violência demasiada ao modo de expressão hegeliano, o mundo do espírito objetivo. O segundo mundo (a consciência) encontra-se em uma relação de ação recíproca tanto com o mundo dos corpos quanto com o mundo do espírito, enquanto o mundo 1 e o mundo 3 não podem atuar um sobre o outro sem a mediação do mundo 2. Infelizmente, Popper não se manifestou sobre a relação dessa teoria com a doutrina das camadas de Nicolai Hartmann; como se sabe, essa doutrina distingue ainda um quarto âmbito ontológico, o âmbito do vivente, no qual, então, mesmo a participação inconsciente do elemento anímico poderia encontrar uma terra natal. O terceiro mundo de Popper é, em verdade, um produto do homem – ou seja, não está presente sem ele; não obstante, ele se contrapõe a ele como algo que produz autonomamente um efeito. Mesmo o reino dos números e da matemática pertence ao mundo 3.

Lançarei um olhar sobre a posição de Popper em relação à sociedade e à história (e, com isso, à questão do agir humano) na seção "O que devemos fazer?"

Na Alemanha, as doutrinas de Karl Popper foram representadas e mais amplamente exploradas pelo filósofo e sociólogo Hans *Albert* (nasc. em 1921). Como introdução ao modo de pensamento e de argumentação do racionalismo crítico (assim podemos certamente denominar o estilo de pensamento de Popper e de sua escola) podemos tomar o pequeno escrito *Pladoyer für kritischen Rationalismus* (*Defesa do racionalismo crítico* – 1971); ele reúne cinco ensaios do autor, sendo que o primeiro, *Die Idee der kritischen Vernunft* (*A ideia da razão crítica*), surgiu originalmente em 1963 como a primeira contribuição ao livro anual do "Club Voltaire".

Logo depois desse escrito surgiu a coletânea *Konstruktion und Kritik* (*Construção e crítica*, 1972/1975). Ela reúne ensaios, nos quais Albert reelabora ideias e argumentos do racionalismo crítico e nos quais ele também confronta criticamente essas ideias e argumentos antes de tudo com outras concepções filosóficas. Ele discute essencialmente com três escolas: 1) com a filosofia analítica; 2) com o pensamento dialético do neomarxismo (Albert, que é um homem combativo, teve muitas controvérsias minuciosas com Jürgen Habermas, controvérsias que estão documentadas no volume citado) e 3) com o pensamento hermenêutico, tal como esse pensamento se desenvolveu nas duas últimas décadas.

As polêmicas de Albert podem ser vistas como componentes de uma tentativa estabelecida de maneira abrangente que não quer cindir, mas muito mais conectar: uma tentativa de produzir ligações entre diversas escolas de pensamento no interior da filosofia, antes de tudo entre a filosofia e as ciências empíricas, mesmo entre conhecimento e decisão, teoria e prática – em suma, entre os diversos âmbitos de nosso pensamento e ação. Sim, ele atribui expressamente à filosofia a tarefa de contribuir para a solução de tais "problemas de conexão".

6. Hermenêutica

A palavra hermenêutica é derivada do grego *hermeneuein* = anunciar, explicar, traduzir; e esse significado está em articulação com o nome do deus Hermes, que traz as mensagens dos deuses para os mortais (diferentemente de "hermético"; essa palavra remete a um sábio no antigo Egito). Hermes não tem apenas de anunciar as mensagens divinas, mas também de torná-las compreensíveis. Com isso, insere-se a significação de "explicar, interpretar, alcançar uma exegese"; primeiramente na Antiguidade e na Idade Média em associação com textos teológicos, clássico-literários e jurídicos. Assim, J. *Dannhauser*, que publicou em 1654 o primeiro livro com o título *Hermenêutica*, a hermenêutica teológica e filosófica da hermenêutica jurídica.

É elucidativo que qualquer um que se veja confrontado com obras de filosofia – em geral: com testemunhos espirituais, por exemplo, mesmo com obras de arte – precise dispor em uma certa medida da arte da compreensão e da interpretação (técnica hermenêutica). Portanto, o conceito possui uma longa tradição na filosofia, que passa por Wilhelm Dilthey, o teórico das ciências históricas e das ciências humanas no século XX (cf. *Filosofia da vida e historicismo*, no começo de minha apresentação desse século), pelo teólogo Friedrich Daniel Ernst *Schleiermacher* (1768-1834), que também é significativo como tradutor de Platão, indo retroativamente até o cerne do século XVIII, a Johann Martin *Chladenius* (*Einleitung zur richtigen Auslegung vernünftiger Reden und Schriften* – *Introdução à interpretação correta de discursos e escritos racionais*, 1742) e Georg Friedrich *Meier* (*Versuch einer allgemeinen Auslegungskunst* – *Tentativa de uma arte universal da interpretação*, 1757).

Mas será que a hermenêutica é para o filósofo e todo cientista da mente um mero expediente, um método certamente indispensável, ou será que ela representa uma direção própria na filosofia? Para o passado, a primeira opção é a correta. No século XX, porém, a hermenêutica se transformou em uma escola própria da filosofia; e isso em grande parte por meio dos trabalhos do filósofo alemão Hans-Georg *Gadamer* (nasc. em 1900)[36]. Gadamer foi aluno de Martin Heidegger, assim como de Nicolai Hartmann, e se ocupou intensamente com as artes plásticas e a poesia.

---

36. A obra central de Gadamer é *Verdade e método*, 1960 [4. ed., 1975. No *Historischen Wörterbuch der Philosophie* (*Dicionário Histórico da Filosofia*, org. por Joachim Ritter)]. O verbete "Hermenêutica" foi redigido pelo próprio Gadamer. Meu esboço sucinto segue esse verbete.

Para Gadamer, a hermenêutica, a compreensão, é um fenômeno universal, porque ela não é fundamental apenas para os textos tradicionais e para os produtos espirituais, mas para todo e qualquer saber humano, uma vez que se encontra à base e precede a todo saber uma "pré-compreensão". Essa ideia provém em seu cerne de Martin Heidegger, que em *Ser e tempo* (§ 31) interpreta o ser-aí expressamente como compreensão.

Nesse caso, assim como para amplas áreas da filosofia atual, a linguagem se encontra para Gadamer no ponto central. "Pois o que é que não pertence à nossa orientação mundana linguisticamente constituída? Todo conhecimento humano do mundo é mediado linguisticamente. Uma primeira orientação no mundo realiza-se em meio ao aprendizado da fala. Mas não apenas isso. O caráter linguístico de nosso ser-no-mundo articula, por fim, todo o âmbito da experiência".

O projeto prévio de uma totalidade de sentido, um projeto que antecede toda interpretação do mundo por parte do homem, não é estático; ele está submetido a uma revisão que dura toda a vida. Um conhecimento mais antigo do mundo continua se formando em diálogo constante com a tradição.

Não foi apenas na filosofia que Gadamer exerceu uma influência vivaz e estimulante, mas também na teologia, na ciência da literatura e nas considerações artísticas.

7. *"Construtivismo"*

Com essa designação, que não é escolhida necessariamente de maneira feliz (por isso, ela se encontra entre aspas), denomina-se mais ou menos desde 1980 (nos Estados Unidos já antes disso) uma corrente de pensamento, que é sustentada por pesquisadores de áreas totalmente diversas: psiquiatria, física, matemática, biologia, ciência da literatura etc. No campo da língua alemã, o mais conhecido porta-voz desse movimento talvez seja Paul *Watzlawick* (nasc. em 1921); o percurso científico desse homem nascido na Áustria o levou para a Califórnia, passando por El Salvador. Dois de seus contendores também são austríacos que atuam nos Estados Unidos: Heinz *von Förster* e Ernst *von Glasersfeld*. O volume lançado em 1981, *Die erfundene Wirklichkeit* (*A realidade inventada*), um volume org. por Watzlawick, reúne dez ensaios de autores diversos. Ele é uma boa introdução ao mundo de ideias do construtivismo e já indica em seu título a tese central dessa corrente de pensamento. Dentre os seus patriarcas espirituais, os construtivistas contam antes de tudo com Vico[37], Kant, Dilthey e Wittgenstein; nas ciências empíricas temos, entre outros, os físicos Erwin Schrödinger e Werner Heisen-

---

37. Vico, que durante muito tempo não foi reconhecido em sua significação, é um crítico de Descartes e do Racionalismo. Ele acentua a normatividade própria ao mundo histórico. Sua obra principal *Principi di una scienza nuova intorno alla comune natura delle nazioni*, 1725, só surgiu em 1822 em alemão como *Grundzüge einer neuen Wissenschaft über die gemeinschaftliche Natur der Völker (Princípios de uma nova ciência em torno da natureza comum dos povos)*. Quanto a Vico, cf. OTTO, S. *Gianbattista Vico*.

berg (cujos trabalhos, que ultrapassam os limites da física, se tornaram acessíveis justamente em uma obra conjunta), assim como o psicólogo Jean Piaget.

O pensamento dos construtivistas gira em torno – seguindo pontos de partida profissionais totalmente diversos – da questão: Será que aquilo que acreditamos encontrar previamente como "realidade" – com base em nossas impressões sensíveis e em seu processamento no aparato do pensamento – não é algo em verdade *inventado* por nós? Será que ele não é nossa própria construção? (Watzlawick explicou que preferia a designação "pesquisa da realidade" ao nome previamente carregado "construtivismo.")

Pois bem, não se tem em vista pelo termo "realidade" o mundo inventado, o mundo fictício dos doentes mentais. Com esse mundo, com a comunicação humana e com as suas perturbações, Watzlawick se ocupou enquanto psiquiatra. Em verdade, esse mundo louco também é o tema da contribuição que acaba de ser lançada pelo psiquiatra David L. *Rosenhan: Gesund im kranker Umgebung (On Being Sane in Insane Places)*:* Rosenhan inseriu pessoas normais, antes de tudo estudantes, nas clínicas psiquiátricas e, então, observou a partir de que momento (se é que isso realmente acontecia) o seu "ser normal" era notado pelos médicos e pelo pessoal que trabalhava no sanatório.

Não – o que se tem em vista com o termo "realidade" é a realidade "normal", da qual acreditamos estar seguros no cotidiano e da qual a ciência também acredita estar segura (quando é realizada com uma meditação filosófica, no interior de certos limites).

O construtivismo ensina que nunca podemos conhecer a realidade tal como ela é; na melhor das hipóteses, podemos conhecer o que ela não é. Quando observamos a "natureza", quando apresentamos hipóteses e sempre corrigimos, então, uma vez mais essas hipóteses a partir de nossa experiência, quando chegamos, assim, gradualmente até leis "naturais", com o auxílio das quais podemos perceber regularidade e ordem, sim, com o auxílio das quais podemos calcular previamente experiências futuras – nós sabemos, então, como a natureza é constituída e que leis ela segue? De maneira alguma! Em primeiro lugar, só temos um edifício teórico, que *até aqui* não foi falsificado pela experiência – *ainda* não, mas não podemos estar seguros de que as coisas permanecerão assim. É isso que nos ensina a história da ciência, é isso também que nos diz Karl Popper e foi isso que um especialista americano em cibernética expressou de maneira crassa com a afirmação de que o ponto mais elevado da ciência consistia em ter comprovado uma hipótese como falsa. Em segundo lugar, só descobrimos por meio daí (possivelmente) um caminho percorrível até a nossa meta, até a meta de construirmos para nós um mundo ordenado, significativo (sem o qual não podemos viver); não sabemos, porém, se não há outros caminhos melhores para chegar a essa meta. Dito por intermédio de uma comparação:

Encontrando-se diante da tarefa de organizar as impressões sensoriais que se abatem sobre ele e as conclusões que precisam ser tiradas daí, o homem se parece com um capitão, para

---

* Sobre ser saudável em lugares insanos [N.T.].

o qual se apresenta a tarefa de atravessar um estreito em uma noite escura e tempestuosa, um estreito do qual não há nenhuma carta marítima, que não apresenta nenhum auxílio à navegação (p. ex., um farol), do qual não se está nem mesmo seguro se conduz através dele uma rota trafegável para o seu navio. Se ele consegue realizar a passagem, então será que se pode dizer que ele conhece agora a verdadeira constituição dessa região marítima? Certamente não! É possível, é mesmo provável, que haja outras possibilidades de travessia, mesmo possibilidades melhores. Em um modo de expressão de Ernst von Glasersfeld pode-se dizer isso da seguinte forma: o curso escolhido "se adéqua" a essa região marítima do modo como, por exemplo, uma chave – ou uma gazua – se adequa a uma fechadura. Nós só sabemos, então, que a chave desempenha o serviço por nós desejado. Não sabemos como a fechadura é constituída. O curso escolhido pelo capitão é adequado, mas ele não é *consonante* no sentido de que seria o caminho mais curto, mais seguro, melhor em face da constituição do estreito. Sobre esse caminho, nós chegamos à compreensão – que soa inicialmente paradoxal – de que a única coisa que podemos saber da realidade é na melhor das hipóteses justamente o que ela não é.

Isso basta para ao menos indicar a direção fundamental do modo de pensamento construtivista. Não é certamente difícil identificar entre os patriarcas espirituais do construtivismo Immanuel Kant como aquele que talvez seja o mais importante. Afinal, ele disse que a realidade – e antes de tudo a sua disposição – não se encontra "fora", mas é estruturada, "construída" por nosso aparato cognitivo. Assim, um crítico maldoso poderia dizer: o que é bom aqui provém de Kant; aquilo que não provém de Kant aqui não é bom. (Mas a coisa não é tão simples.) Além de Kant, também está entre os patriarcas desse movimento David Hume com a sua tese: "se B sempre segue a A, então concluímos que A seria a 'causa' de B"; isso, contudo, é indemonstrável, trata-se de mero hábito – com essa tese articula-se o biólogo e pesquisador comportamental Ruppert Riedl em sua veemente crítica ao "pensamento causal". E mesmo George Berkeley com a sua sentença nuclear "esse est percipi". – O ser (só) consiste no ser percebido – pertence a essa conexão.

Por fim, diante da questão *O quão real é a realidade?* (título de um livro mais antigo de Watzlawick sobre os fenômenos loucura, ilusão, compreensão), alguém poderia lembrar da maravilhosa parábola de Bertold Brecht, uma parábola que Brecht escreveu em seu esboço *Turandot ou o congresso das lavadeiras* como uma cena entre mestre e alunos e que gostaria de citar – como conclusão de toda essa seção sobre o problema do conhecimento:

> Mestre: – Si Fu, nomeie para nós as questões centrais da filosofia!
>
> Si Fu: – Será que as coisas são fora de nós, por si, mesmo sem nós, ou será que elas estão em nós, para nós, não sem nós?
>
> Mestre: – Que opinião é a correta?
>
> Si Fu: Não se chegou a nenhuma decisão.
>
> Mestre: – Para que opinião tende, por fim, a maioria de nossos filósofos?
>
> Si Fu: – As coisas estão fora de nós, por si, mesmo sem nós.
>
> Mestre: – Por que a questão permaneceu sem ser resolvida?
>
> Si Fu: – O congresso, que deveria tomar a decisão, teve lugar, tal como acontece há duzentos anos, no Mosteiro Mi Sang, que se acha à margem do Rio Amarelo. A per-

gunta era: o Rio Amarelo é real ou ele só existe em nossas cabeças? Durante o congresso, contudo, houve um degelo nas montanhas, e o Rio Amarelo ultrapassou suas margens e arrastou consigo o Mosteiro Mi Sang com todos os participantes. Assim, a demonstração de que as coisas são fora de nós, por si, mesmo sem nós não pôde ser realizada.

8. *Teoria do Conhecimento evolucionista*

Essa parte da filosofia atual que considero extremamente significativa atesta de maneira convincente o fato de novas teorias e conhecimentos poderem surgir a partir da ação conjunta entre filosofia e ciências empíricas, a partir da discussão e cooperação, das quais participam pesquisadores dos dois lados. Essa teoria, portanto, não pode ser ligada ao nome de um único homem. Confluem aqui inúmeras linhas oriundas das ciências particulares, antes de tudo da biologia com os seus ramos, a teoria evolucionista, a genética e a etologia, assim como da psicologia e da filosofia.

Antes de uma consideração algo mais exata, é preciso apresentar em primeiro lugar uma rápida descrição da tese fundamental:

No mundo que nos cerca, um mundo do qual somos uma parte com a nossa vida, ação e pensamento, nós conhecemos (ou acreditamos conhecer) uma certa ordem, uma hierarquia, regularidades, decursos e leis, logo que tentamos efetivamente conhecê-lo; e essa aspiração nos é inata, porque, se não fosse assim, não teríamos conseguido nos afirmar nesse mundo como seres vivos. Pois bem, será que obtemos uma imagem pertinente (ao menos aproximadamente) do mundo "real", quando dirigimos e aplicamos ao mundo o nosso pensamento juntamente com os modos de concluir, as estruturas e as categorias que lhe são próprios? E se a resposta for positiva: isso se deve ao fato de nosso aparato cognitivo (sentidos e pensamentos) ser apropriado para reproduzir corretamente a realidade? Ou será talvez que isso se deva (Kant) ao fato de nosso aparato cognitivo introduzir no mundo regularidade, ordem e lei (no mundo, de cujo "ser em si" não podemos saber nada)? Ora, mas se não estivesse presente nenhuma congruência entre o mundo real e a nossa imagem de mundo, então seria difícil de explicar o fato de termos nos afirmado enquanto seres vivos durante milênios nesse lugar que não é inteiramente amistoso. Nesse ponto, é natural levantar a tese: aparato cognitivo e realidade se adequam mutuamente (em todo caso aproximadamente), porque nossos sentidos, nosso cérebro e nosso pensamento se desenvolveram no curso da evolução nesse mundo e se ajustaram a ele.

Essa reflexão, que nos parece tão natural hoje, evidentemente quase não desempenhou papel algum para Immanuel Kant. Kant viveu décadas antes de Darwin e do aparecimento da doutrina da evolução. Esse fato é capaz de nos lembrar o quão profunda, o quão incisiva é a revolução provocada pelos pensamentos de Darwin na imagem que o homem faz do mundo, da vida, de si mesmo. A Teoria da Evolução representou um desafio inaudito para a imagem de mundo tradicional, antes de tudo também para a imagem de mundo da Igreja, assim como da ciência e, em sua cunhagem atual como moderna biologia evolucionista, ela aborda temas que não parecem apresentar à primeira vista quase nenhuma ligação com evolução e seleção, por exemplo – para citar Richard T. *Alexander* (nasc. em 1929), um de seus representantes: "a música, as artes plásticas, estética, poesia, religião, consciência, consciência moral, previsão, intenção, preocupação, humor, suicídio, depressão, adoção, homossexualidade, ascese"[38].

O homem é um produto da evolução. Com isso, o aparato cognitivo também o é. Quem foi que expôs pela primeira vez essa ideia fundamental? Isso é difícil de decidir. Karl Popper, que é considerado na maioria das vezes como um de seus fundamentadores, deu em verdade ao seu livro *Conhecimento objetivo*[39] o subtítulo "Um projeto evolucionista". No entanto, não se encontra aí senão uma seção de quatro páginas sobre o tema (Parte II, seção 16), uma seção intitulada "Esboços para uma Teoria do Conhecimento Evolucionista". Essa seção começa com a constatação de que a expressão "Teoria do Conhecimento Evolucionista" provém de Donald T. *Campbell*, um psicólogo, sendo que a ideia fundamental já aparece junto a muitos biólogos do início do século XIX.

Popper deu certamente um dos impulsos. No entanto, a ideia de que as estruturas cognitivas do homem são condicionadas (em parte) biologicamente encontra-se em biólogos, físicos, psicólogos, filósofos, antropólogos e teóricos da linguagem – na maioria das vezes, naturalmente, sem elaboração, mas apenas de maneira insinuada. Gerhard *Vollmer*, a quem devemos uma apresentação clara e convincente da teoria[40], prova esse fato entre outras coisas por meio de citações de Henri *Poincaré* (físico), Berhard *Bavink* (conhecedor enciclopédico das ciências naturais), Ludwig von *Bertalanffy* (biólogo), Bertrand *Russell* e o biólogo Jacques *Monod*.

Entre os autores da Teoria do Conhecimento Evolucionista, um homem merece ser destacado particularmente: Konrad *Lorenz* (1903-1989), o pioneiro da pesquisa comportamental, que se tornou mais conhecido por meio de seus livros populares[41]. Uma formulação sucinta e pregnante de Lorenz diz: "As categorias do real e as categorias de nosso conhecimento se adequam pelas mesmas razões, segundo as quais a forma do casco do cavalo se ajusta ao solo da estepe e a forma da barbatana à água"[42]. Segundo Lorenz, existe entre o aparato cognitivo e o

---

38. ALEXANDER, R.T. Über die Interessen der Menschen und die Evolution von Lebensläufen (Sobre os interesses dos homens e a evolução dos cursos vitais). In: MEIER, H. (org.). *Die Herausforderung der Evolutionsbiologie* (*O desafio da biologia evolucionista*), 1988, p. 129.

39. Popper, K.R. *Conhecimento objetivo*, 1972.

40. VOLLMER, G. *Evolutionäre Erkenntnistheorie* (*Teoria do Conhecimento evolucionista*), 1988. De Vollmer também existe uma obra em dois volumes: *Was können wir wissen?* (*O que podemos saber?*). Vol. 1: A natureza do conhecimento. Vol. 2: O conhecimento da natureza.

41. Dentre os trabalhos de Lorenz, importantes para o nosso contexto são o ensaio *Kants Lehre vom Apriorischen im Lichte gegenwärtiger Biologie* (*A doutrina kantiana do a priori à luz da biologia atual*), 1941, e, além desse ensaio, entre outras coisas, *Die Rückseite des Spigels* (*O reverso do espelho*), 1973.

42. LORENZ, K. Die angeborenen Formen möglicher Erfahrung (As formas inatas da experiência possível). In: *Zeitschrift für Tierpsychologie*, 1943, p. 235ss.

mundo exterior em princípio a mesma relação que entre um órgão e o mundo exterior, as barbatanas e a água, a imagem e o objeto reproduzido, o pensamento simplificador e o estado de fato real: "a relação de uma analogia mais ou menos ampla".

Outros zoólogos como Bernhard *Rensch* e Ruppert *Riedl* precisariam ser citados ao lado de Lorenz, assim como alguns psicólogos, em particular o trabalho do suíço Jean *Piaget* (1896-1980), que dedicou a obra de toda a sua vida, partindo da observação de seus próprios filhos em crescimento, à pesquisa do modo como paulatinamente se formam as representações de espaço, de tempo e velocidade e de número no homem em crescimento. A cibernética precisaria ser mencionada, pois somente com o modelo por ela desenvolvido de uma causalidade reativa no interior do sistema fechado autorregulador pôde tornar-se suficientemente compreensível o complicado jogo de ações recíprocas, as ações e reações entre o mundo circundante e a evolução. Uma vez mais Popper: Kant desconheceu que "o nosso conhecimento do mundo deve tanto à realidade resistente quanto às nossas ideias autogeradas".

Para Riedl, toda a evolução é um processo de obtenção de conhecimento. Segundo ele, já poderíamos considerar os animais (entre aspas), na medida em que eles se orientam em seu meio ambiente por meio de "trial and error", como "realistas hipotéticos". As formas do espaço e do tempo que, segundo Kant, antecedem toda intuição, são um produto da evolução (do homem e de seus antepassados); isso explica a sua grandiosa capacidade de realização, mas também os seus limites. Esses limites mostram-se lá onde nossa pesquisa e nosso pensamento avançam em âmbitos como o mundo das partículas elementares ou como a estrutura do cosmo na totalidade: não somos programados e treinados para tais questões pela evolução, elas não foram importantes em termos vitais no curso da evolução para a sobrevivência nem do indivíduo e nem da espécie.

Tanto mais espantoso é o fato de ser possível ao homem ultrapassar com o seu conhecimento o "mesocosmo", o mundo das ordens médias de grandeza, e avançar com o seu ímpeto insaciável para o conhecimento até as galáxias mais distantes e até o mundo das partículas elementares.

A postura fundamental, que é comum aos representantes da Teoria do Conhecimento Evolucionista (apesar das diferenças no particular), pode ser designada como *realismo hipotético*[43]. Isso corresponde à tese defendida com ênfase particularmente por Karl Popper: não é próprio ao homem um saber marcado por uma certeza definitiva. O homem é falível, mesmo em seu conhecimento. Isso também é válido para o âmbito conjunto da ciência.

Em particular, os seguintes *postulados* são válidos para o conhecimento científico, postulados que são pressupostos como necessários e verdadeiros, apesar de sua validade não poder ser rigorosamente demonstrada:

---

43. Segundo VOLLMER, G. *Evolutionäre Erkenntnistheorie (Teoria do Conhecimento Evolucionista)*. Op. cit., p. 34ss.

1) Há um mundo real, independente de percepção e consciência.

2) O mundo real é estruturado (ordenado).

3) Existe uma conexão contínua (ou quase contínua) entre todos os âmbitos da realidade.

4) Indivíduos humanos e animais possuem impressões sensíveis e consciência.

5) Nossos órgãos sensíveis são afetados pelo mundo real.

6) Pensamento e consciência são funções do cérebro, ou seja, de um órgão natural.

7) Enunciados científicos devem ser objetivos; enunciados subjetivos não possuem nenhuma validade científica.

8) Hipóteses de trabalho devem estimular a pesquisa, não obstruí-la.

9) Os fatos da realidade empírica podem ser analisados, descritos e explicados por meio de "leis naturais".

10) Hipóteses desnecessárias devem ser evitadas ("Occam's razor", cf. em Guilherme de Ockham).

9. Limites do conhecimento

Se o que estava em questão antigamente, quando os filósofos refletiam sobre a ciência, era com frequência a base de um conhecimento seguro e o método correto para a sua aquisição, o foco parece ter se transferido no século XX, a partir da Segunda Guerra Mundial, para questões acerca dos limites do conhecimento e, para além disso, se acirrado na questão acerca do sentido e meta da ciência: acerca do sentido, meta e defensabilidade de outros progressos científicos que transcorrem sem entraves – precisamos acrescentar: assim como de sua aplicação prática por meio da técnica.

Diante dessa expressão-chave, todos pensam de início na energia nuclear ou nas armas nucleares, quiçá mesmo na técnica genética. No entanto, foram acontecimentos e desdobramentos totalmente diversos que foram colocando paulatinamente no centro a pergunta acerca dos limites – e acerca da limitação! – da ciência. Gostaria de indicar alguns desses acontecimentos e desdobramentos importantes.

Os momentos iniciais são como sempre antes inaparentes. Em 1930, o matemático Kurt *Gödel* (1906-1978) da Academia de Viena apresentou algumas reflexões que foram publicadas em 1931 com o título *Sobre proposições formalmente indecidíveis da principia mathematica e de sistemas aparentados*[44]. O trabalho de Gödel precisa ser considerado diante do pano de fundo da crise dos fundamentos da matemática, começando com a geometria não euclidiana, da qual tratei tangencialmente na seção sobre o neopositivismo. Dessa crise tinham surgido mesmo os *Principia mathematica* de Russell e Whitehead. Gödel tinha reconhecido que o sistema axio-

---

44. Volume mensal para matemática e física, 38 (1931).

mático apresentado nessa obra continha proposições para a teoria dos números naturais que, com efeito, são verdadeiras, mas que não podem ser demonstradas no âmbito do sistema.

Isto soa como se o que estivesse em questão dissesse respeito apenas aos matemáticos. Em um sentido ampliado, porém, ele nos revela o fato de não ser por princípio possível uma codificação de nosso conhecimento desprovida de contradições que seja estabelecida em um sistema axiomático. O teorema de Gödel – assim é chamada a sua tese; as implicações e a demonstração são de difícil acesso para o leigo em matemática – é uma pedra miliária no caminho que conduz até a intelecção de que há barreiras principiais para o nosso conhecimento. Com o "teorema da incompletude" de Gödel está firmado que a ciência não tem nenhuma possibilidade de criar uma descrição da realidade que seja exata, completa e consistentee em si.

Uma outra pedra miliária é formada pela "relação indistinta" formulada por Werner *Heisenberg* já pouco antes, a saber, em 1927, com vistas às bases da Teoria Quântica: no âmbito atômico (microfísico) há limites na exatidão do processo de medição. O lugar e o impulso de uma partícula comportam-se de maneira complementar no sentido de que quanto mais exato um deles é medido, tanto menos distintamente se dá a medição do outro, porque o próprio ato de medida (p. ex., por meio de um raio de luz) transforma o estado da partícula. Isso significa, porém, que é impossível fazer previsões seguras sobre o comportamento de uma partícula elementar. Só são possíveis dados estáticos que se mostram como pertinentes para um grande número de partículas.

Um ponto de fuga está aí presente porque não se trata aqui simplesmente de uma barreira de nossa capacidade de conhecimento, mas porque o fator de incerteza reside muito mais no acontecimento natural. Assim, o conceito de causalidade é relativizado e um determinismo sem lacunas é refutado como insustentável.

Com certeza, isso só é válido em princípio para o âmbito da microfísica. Para processos físicos pensados em termos macroscópicos, contudo, para a física dos corpos celestes, por exemplo, continuava parecendo defensável um determinismo rigoroso, tal como o descrito pelo astrônomo Laplace em seu célebre *Demônio*: "Um ser que estivesse em condições de conhecer em um instante determinado a posição e a velocidade de todas as partículas do universo também conheceria com certeza todo o futuro do universo". Precisamos acrescentar: se o demônio também dispusesse do conhecimento de todas as leis da natureza – nesse caso, além disso, ele poderia calcular não apenas o estado do universo a cada instante futuro, mas também a cada instante passado.

O solo para tais reflexões já tinha sido retirado pela Teoria da Relatividade de Einstein. Ela mostrou que não faz sentido falar de um "momento determinado" para todo o universo. O conceito de simultaneidade que está à base desse discurso é insustentável.

Para além disso, a física atual sabe que uma predição exata de decursos futuros só é possível de maneira condicionada. Por exemplo: as leis que determinam os movimentos dos corpos de nosso sistema solar são bem conhecidas. Abstraiamos por enquanto da possibilidade de que uma influência vinda de fora do sistema possa perturbá-lo. Pressupondo isso, o seu futuro teria de poder ser calculado de maneira exata, uma vez que só se mede exatamente o estado atual em um momento determinado. Justamente isso, porém, está necessariamente preso à incerteza. Não há como excluir erros de medição mínimos e, a longo prazo, um desenvolvimento a partir dessa indeterminação mínima transcorreria de maneira totalmente diversa da calculada. Considerando desse modo, não se poderia comparar de forma alguma o sistema solar com um relógio perfeito, mas antes com um relógio inexato, no qual pequenas perturbações iniciais em seu curso poderiam intensificar-se e transformarse em perturbações perigosas e, talvez, até mesmo conduzir a uma conversão em um "caos determinístico"[45].

Um outro limite principial da exatidão de medida – e, com isso, da predizibilidade – foi descoberto pelo matemático polonês que trabalha na IBM, Benoît *Mandelbrot* (nasc. em 1924), cofundador da geometria fractal (fractais são construtos geométricos, aos quais não se pode atribuir um número dimensional inteiro, mas apenas um fracionado)[46]. A quantidade-Mandelbrot que é designada segundo o seu nome, uma estrutura no âmbito dos números complexos, e as imagens fascinantes que resultam daí, quando se itera a equação de base no computador, encontraram o seu caminho até o cerne dos semanários[47].

Uma primeira representação do fenômeno do fractal pode ser vista na questão (discutida pelo próprio Mandelbrot): que tamanho tem a costa do mar Báltico? Esse comprimento pode ser indicado facilmente de maneira aproximada em quilômetros. Mas o quanto exatamente, é possível indicá-lo? Em metros? Mesmo em milímetros, mesmo na grandeza de grãos de areia? Ou será que precisam ser levadas em conta irregularidades em sua construção? Qualquer que seja o critério que venhamos a escolher, sempre permanecem irregularidades minúsculas, impassíveis de serem apreendidas, fragmentos (fractais). O que estava em questão para Mandelbrot era desenvolver métodos matemáticos para o lidar com tais fenômenos.

Com isso, pretendemos indicar (de maneira certamente insatisfatória para o especialista) o fato de ter se tornado difícil ou mesmo impossível hoje acreditar em uma onisciência ou onipotência potencial da ciência. A isso contrapõem-se barreiras fundamentais.

Pode ser que outras barreiras sejam antes de natureza prática. Será que poderemos alcançar algum dia um esclarecimento completo da complexidade imensurável do vivente? Será que podemos esperar que *todos* os segredos do universo sejam investigados, uma vez que os

---

45. A moderna "pesquisa do caos", em cuja fundamentação Hermann Halen possui uma participação normativa, esforça-se por apreender até mesmo processos caóticos por meio de modelos matemáticos. Em contraposição ao caos microfísico – p. ex., ao movimento térmico desordenado que só pode ser apreendido estatisticamente de uma grande quantidade de moléculas – designa-se "caos determinístico" um estado no qual um sistema (macrofísico) recai, quando irregularidades de início mínimas se convertem em movimentos caóticos.

46. MANDELBROT, B. *The Fractual Nature of Geometry*, 1982.

47. A equação é $z \leftarrow z^2 + c$ com um valor inicial, no qual surge um número complexo (i). Iterar significa: comunicar progressivamente valores aproximativos cada vez melhores, à medida que se repete o mesmo processo de cálculo.

seus limites se afastam ininterruptamente de nós de maneira extremamente provável com uma velocidade próxima à velocidade da luz?

Uma outra cadeia de questões, para a opinião pública talvez a mais importante, parte das ameaças ao homem, à humanidade como um todo ou à vida conjunta, que emerge da aplicação técnica dos conhecimentos científicos.

Dentre os desenvolvimentos que despertam preocupação e que conduziram a uma clara hostilidade em relação à ciência e à técnica, a energia nuclear ("energia atômica") está certamente em primeiro lugar. Energia nuclear é conquistada a partir da tensão entre pesados núcleos atômicos. Ela remonta à descoberta (1938) de Otto *Hahn* e Fritz *Strassmann* de que átomos de urânio se decompõem com o disparo de nêutrons. A partir daí só foi necessário em princípio (não na prática) um passo para a primeira "bomba atômica", que se baseia no fato de, em meio à presença de uma quantidade suficiente ("massa crítica") de material físsil (em particular de isótopos de urânio U235) oriundo da fissão de um núcleo, nêutrons serem liberados que, por sua parte, fendem novos núcleos em uma reação em cadeia, sendo que esse processo rapidamente se intensifica em fração de segundos. Todas as usinas nucleares até hoje instaladas para a produção de energia baseiam-se na fissão nuclear.

O segundo tipo de aquisição de energia por meio de núcleos atômicos, a saber, a fusão de átomos leves (hidrogênio) com átomos pesados (hélio) – o processo do qual provém a energia irradiada pelo sol –, só foi utilizado até agora em armas ("bomba de hidrogênio"). Nos países desenvolvidos – na Alemanha por meio do Instituto Max-Planck para a física dos plasmas que se situa em Garching –, as pessoas vêm trabalhando há décadas com um grande dispêndio intelectual e financeiro no desenvolvimento de um reator que forneça energia oriunda de fusão (uma energia que seria, então, praticamente inesgotável) e que não apresente os riscos de um reator baseado em fissão nuclear. Os estados envolvidos ainda não puderam se decidir pela construção de um dispositivo experimental.

Sabe-se que as *armas nucleares* das quais dispõem as potências atômicas – mesmo apenas a metade delas – seriam suficientes para extinguir a vida da humanidade, talvez toda a vida terrena. E tudo isso teve o seu início na mesa de experimentos modesta (pouco maior do que uma mesa de cozinha) de Otto Hahn, que pode ser visitada agora no *Deutsches Museum* em Munique. Esse desenvolvimento poderia ter sido impedido? Como, quando e por quem?

Outras ameaças, a longo prazo provavelmente tão importantes quanto as armas nucleares e a energia nuclear, remontam do mesmo modo em grande parte à aplicação técnica de conhecimentos científico-naturais em larga escala: os danos aos oceanos e às águas continentais, à atmosfera (buraco da camada de ozônio), aos campos e às florestas tropicais, a extinção de inúmeras espécies de plantas e animais, o abuso possível da técnica genética. Por fim, por mais cínico que possa parecer dizer isso, o rápido crescimento da população terrestre, a assim chamada explosão populacional, tornou-se possível por meio dos progressos da medicina moderna. A mortalidade infantil foi reduzida, muitas doenças epidêmicas (pensemos na peste e na cólera) foram amplamente erradicadas. A explosão populacional por si só, deixando de fora por um momento todos os outros perigos, já ameaça as bases existenciais da humanidade.

Nessa situação, as exigências para que se estabeleçam limites à "liberdade de pesquisa" foram ficando cada vez mais altas. Essa liberdade foi fundamentada até aqui da seguinte forma: a ciência serve ao conhecimento puro, sem intuitos paralelos. Seus resultados consistem em teorias. Quando essas teorias são aplicadas praticamente, com consequências ameaçadoras ou veneráveis, não são os cientistas que têm de ser responsabilizados, mas os técnicos e os políticos.

Na discussão viva sobre essas questões, faz-se valer por um lado o seguinte: um limite inequívoco entre pesquisa pura ("pesquisa de base") e aplicação não poderia ser mais estabelecido hoje. O perigo já surge no momento em que um novo conhecimento se torna efetivamente conhecido. A isso contrapõe-se: como é que o progresso ulterior do conhecimento deve ser detido – por meio de uma autorrestrição voluntária, por meio de leis estatais ou – uma vez que todas as nações precisariam se submeter a isso – por meio de contratos internacionais? Mas será possível proibir o saber e a busca pelo saber? Um exemplo que parece natural: mesmo se destruíssemos todas as armas nucleares, haveria de qualquer modo o saber necessário para a sua produção; se uma guerra convencional irrompesse, então os dois lados poderiam entrar em uma competição: Quem tem a bomba pronta e quem a emprega primeiro?

É com essas reflexões que se ocupa entre outros o detentor do Prêmio Nobel de Química de 1967, Manfred *Eigen*[48]. Ele chega ao resultado de que nós, para nos assenhorearmos do futuro, precisamos antes de *mais* do que de menos saber. E quem deveria garantir que contratos sobre uma "interrupção da pesquisa" seriam respeitados por todos os países?

Questões como: "São estabelecidos limites para o progresso científico?", "Será que a marcha triunfal única das ciências naturais prosseguirá tanto quanto no tempo de Newton até hoje? são respondidas antes negativamente de maneira pessimista pelos homens, aos quais poderíamos imputar um critério sólido. É essa a impressão que temos, quando lemos o livro do americano John *Horgan*, cujo título em alemão é: *An den Grenzen des Wissens. Siegeszug und Dilemma der Naturwissenschaften* (*Nos limites do saber. Marcha triunfal e dilema das ciências naturais*)[49]. Horgan, como jornalista especializado em ciência, que trabalha na revista *Scientific American* (edição alemã "*Spektrum der Wissenschaft*"*), teve entrevistas nesse campo de problemas com uma série de eruditos conhecidos, dentre eles muitos detentores do Prêmio Nobel; pode-se dizer: com a elite do *front* de pesquisa, ao menos no mundo anglo-saxão. Darei alguns exemplos.

---

48. EIGEN, M. *Perspektiven der Wissenschaft* – Jenseits von Ideologien und Wunschdenken (*Perspectivas da ciência* – Para além de ideologias e pensamento desejável). Stuttgart, 1989; em particular a primeira parte: "O que significa e com que fim se empreende pesquisa de base?" A partir da bibliografia sobre o tema também podemos citar PATZIG, G. Ethik und Wissenschaft (Ética e ciência). In: MAIER-LEIBNIZ, H. *Zeugen des Wissens* (Testemunhas do saber), 1986.

49. Original: HORGAN, J. *The end of science* – facing the limits of knowledge in the twilight of the scientific age, 1996 [ed. alemã, 1997].

* Espectro da ciência [N.T.].

Em 1989 teve lugar em Siracusa (no Estado de Nova York) um simpósio sobre o tema "O fim da ciência". Um dos participantes era Gunther *Stent*, biólogo que quando criança, em 1938, precisou abandonar a Alemanha por causa de sua descendência judaica. Stent já tinha anunciado em 1969 a tese de que a ciência estaria indo ao encontro de seu fim; e, em verdade, não *apesar* de seus grandes progressos nos últimos séculos, mas *por causa* desses projetos: ela encontrará o repouso no espaço de uma ou duas gerações. É muito difícil esperar por descobertas epocais como as de Newton, Darwin, Gregor Mendel ou – por último – o esclarecimento da estrutura do DNA (ácido desoxirribonucleico) como duplo-hélix por meio de Francis *Crick* e James *Watson* (1953) e a decifragem articulada com essa descoberta do código genético.

Outras estimativas matizadas de maneira pessimista provêm do filósofo britânico Colin *McGinn*: nós homens somos capazes de formular os grandes problemas (os "enigmas do mundo" como disse Ernst *Haeckel*), mas não de resolvê-los. Niels *Bohr*, o grande físico dinamarquês, duvidava de que os físicos viessem algum dia a ter sucesso em sua busca por uma teoria definitiva que a tudo abarcasse ("theory of everything"). O linguista Noam *Chomsky* (eu o citei na seção sobre a linguagem), que também se tornou conhecido como crítico radical da sociedade americana e como "inimigo de toda autoridade", defende a opinião de que nós homens só teríamos uma capacidade limitada de compreender a natureza humana e não humana. O sucesso da ciência repousaria sobre

> uma espécie de convergência casual entre a verdade sobre o mundo e a estrutura do espaço cognitivo, pois a evolução não nos predispôs para... resolver problemas ligados à Teoria Quântica. Nós possuímos essa capacidade... pela mesma razão, segundo a qual as outras coisas estão aí – por uma razão que ninguém compreende[50].

Essa enumeração pode ser prosseguida. Não obstante, também há pesquisadores significativos, que não esperam um fim ou uma interrupção do progresso do conhecimento, mas, ao contrário, uma coroação, uma síntese das áreas do saber. Esse é o caso, por exemplo, do biólogo Edward O. *Wilson*, ao qual retornarei na próxima seção. Naturalmente: se uma tal meta, uma meta final, fosse alcançada, o progresso científico não chegaria com isso do mesmo modo ao fim?

IV.   ue de emos fa er

Essa é – não apenas para Immanuel Kant ou para Leon Tolstoi, que passou sua vida inteira lutando com ela, mas para todo e qualquer homem pensante – uma das perguntas centrais da vida, e muitos esperam uma resposta da filosofia. Que resposta – ou que respostas – a filosofia de hoje tem a oferecer?

Uma coisa é certa: os filósofos não respondem de maneira alguma em uníssono; as opiniões são amplamente divergentes. Esse fato mostra-se de maneira concludente em um ques-

---

50. Citado segundo HORGAN, J. *Grenzen der Wissenschaft* (*Limites da ciência*), p. 246s.

tionário organizado e publicado por Willy *Hochkeppel* em 1967[51]. Hochkeppel dirigiu a oito homens que ensinavam filosofia em universidades, todos outrora com uma idade mais jovem ou média, ao todo 40 perguntas com o pedido de que eles dessem respostas breves. Dez questões encontram-se sob o título "O que devemos fazer?" Por exemplo: há valores universais e eternos? O direito vigente repousa sobre acordo ou sobre um sentimento de justiça comum? É possível distinguir rigorosamente constatações de fatos e juízos de valor? O homem é calculável (nesse caso, ele não é livre), ou será que ele é livre (nesse caso, ele continuará realizando coisas sublimes e abomináveis)?

As respostas, cada uma por si fundamentável e respeitável, foram tão diferentes umas das outras, que podemos supor o seguinte: é só muito dificilmente que o homem à busca, que leva extremamente a sério a questão, consegue livrar-se de sua perplexidade.

Nós não podemos reconduzir de maneira alguma a pluralidade de opiniões ao fato de questões de ética não serem discutidas ou só serem discutidas pelos filósofos de modo marginal. Esse fato pode ser pertinente para a primeira metade do século XX. As catástrofes desse século, porém, a Segunda Guerra Mundial, os sofrimentos que ela trouxe consigo para milhões de pessoas, os atos abomináveis e os crimes contra o direito internacional, a perseguição de Hitler aos judeus, a guerra do Vietnã com os Estados Unidos, as armas atômicas, e, por fim, mesmo o conhecimento alvorecente de que a natureza e o meio ambiente, de que as bases vitais da humanidade estão ameaçadas: tudo isso levou a uma nova e aprofundada reflexão sobre a justiça e a injustiça, sobre bem e mal.

Em meio à rápida visualização que procuro empreender nessa seção, não gostaria de colocar inicialmente o peso sobre as questões de princípio mais gerais – e, com isso, forçosamente teóricas – da ética, questões tais como, por exemplo: Podemos retirar as linhas mestras para o nosso comportamento da voz da consciência? Ou será que essas linhas só podem ser fundamentadas por meio de argumentação? Ou será que não precisamos senão seguir as leis respectivamente vigentes, promulgadas pelo Estado? Quando julgamos um determinado modo de ação moralmente, o que importa são as intenções do agente ("a boa vontade") ou as consequências de sua ação para todos os atingidos? Gostaria de partir aqui muito mais dos problemas práticos, dos perigos e desafios, diante dos quais o homem e, com isso, a filosofia do presente se encontram. Quem chega à percepção do quão gigantesco e ameaçador são esses problemas não se espantará com o fato de os filósofos não estarem de acordo quanto às respostas – assim como os partidos, governos ou igrejas.

Observação: podemos tratar nessa rápida visualização os conceitos de "ética" e "moral" como significando o mesmo, contanto que nos recordemos que a "moral" entrou na terminologia da filosofia europeia por intermédio de Marcus Túlio Cícero (segundo o seu próprio rela-

---

51. HOCHKEPPEL, W. *Die Antworten der Philosophie heute* (*As respostas da filosofia hoje*), 1967. Com contribuições de Wilhelm Essler, Joachim Hölling, Friedrich Kambartel, Peter Krausser, Hans Lenk, Reinhard Maurer, Jürgen Mittelstrass e Werner Schneider.

to), quando ele traduziu a palavra grega *ethike* (de *ethos* = hábito, costume) por *philosophia moralis* (adjetivo relativo a *mos* = costume, hábito).

1. Questões vitais, questões de sobrevivência

É o particular que normalmente tem de tomar decisões morais. Suas consequências podem tocar poucas pessoas, muitas pessoas ou mesmo a humanidade como um todo. De acordo com o número de envolvidos ou coenvolvidos, de acordo com o raio de atuação, podemos dividir os problemas morais em problemas que dizem respeito a poucos: um casal, um par amoroso, um par de amigos, uma família, um círculo de amigos; aqueles que dizem respeito a um número maior de homens: um empreendimento, uma agremiação, uma comunidade, uma região, um estado, uma nação; por fim, problemas que dizem respeito a continentes como um todo ou a partes da humanidade (p. ex., os países em desenvolvimento) ou à humanidade em seu conjunto ou – por fim – à vida terrena em seu todo.

Apoiando-me nessa sequência, gostaria de denominar os problemas mais importantes e discutir alguns mais detidamente. Entre as perguntas que dizem respeito diretamente a um indivíduo ou a poucos homens (ética individual), as que possuem o peso maior são naturalmente aquelas que possuem algo em comum com o nascimento e a morte, o início e o fim da vida – antes de tudo, o aborto e a eutanásia. Realizou-se aqui nas últimas décadas uma mudança nas concepções, ao menos nos países desenvolvidos. Se o aborto era considerado até o século XIX como assassinato e era correspondentemente punido, ele é hoje multiplamente permitido no interior de determinados limites. O que se discute são esses limites. Em que instante depois da fecundação o embrião se torna homem? A eutanásia, matar pessoas muito doentes ou portadoras de doenças incuráveis, seja por meio de uma intervenção ativa, seja por meio do abandono de medidas que prolongam a vida, também é permitida em alguns países, em outros ardentemente controversa. Também é possível reconhecer uma mudança de concepções em relação à homossexualidade. Essa mudança vem particularmente à tona, quando se consideram espaços de tempo maiores. Na Grécia Clássica, ela não era malvista, mas era considerada antes normal, tal como é possível perceber entre outras coisas por meio dos diálogos de Platão (p. ex., *O banquete*). Se olharmos para uma obra de consulta do século XVIII, então a homossexualidade é tratada juntamente com outros desvios do comportamento sexual normal sob a palavra-chave "sodomia"; aconselhava-se aos governos ameaçá-la com a pena de morte (até mesmo o onanismo é designado como delito passível de pena de morte).

O fato de problemas do tipo citado dizerem respeito a um ou a poucos homens diretamente não significa naturalmente de maneira alguma que eles só concerniriam a esses indivíduos em questão. Por duas razões: 1) Eles sempre concernem, quer eles venham à tona singularmente ou a partir de uma acumulação, a toda a sociedade, se é que eles tocam toda a ordem jurídica válida. 2) Para além disso, é válido afirmar que toda decisão moral pressupõe um critério supraindividual. Pertence à essência de todos os enunciados que eles possam e precisem ser universalizados, que eles sejam "universalizáveis". Justamente por isso, a questão fundamental não é: o que *eu* devo fazer, mas: O que *nós* devemos fazer?

Passarei logo para os problemas que dizem respeito a muitos, ou a todos os homens. Só determinados estados (não se sabe, contudo, exatamente quais) dispõem de armas nucleares, mas o perigo oriundo dessas armas diz respeito a todos os homens. Algo semelhante é válido para a utilização da energia nuclear e para a técnica genética, por mais que a dimensão do risco seja controversa.

Surgem problemas para todos os estados a partir da exigência plenamente fundamentada pela igualdade de direitos de todos os cidadãos: homens e mulheres, brancos e indivíduos com outras cores de pele; os direitos dos deficientes físicos também pertencem a esse âmbito, assim como o direito das minorias nacionais.

Desde que o desenvolvimento vertiginoso da ciência da natureza e da técnica ampliou cada vez mais o raio de ação do fazer humano (não apenas na condução da guerra) (e o número de homens aumentou assustadoramente), âmbitos totalmente novos de responsabilidade ética passaram a ser vislumbrados. O meio ambiente natural está ameaçado. Florestas tropicais são desmatadas. Cada vez mais espécies de animais e de plantas são extintas. A conservação do clima uniforme está globalmente ameaçada. Nós vivemos de recursos (p. ex., riquezas do solo, mesmo água potável) que são limitados; a sua aniquilação ameaça a base da existência de gerações futuras. A industrialização trouxe para alguns países saúde e bem-estar em uma extensão com a qual nossos ancestrais não teriam nem mesmo sonhado; mas esse progresso, por um lado, e o crescimento desenfreado da população, por outro, abriram um fosso entre ricos e pobres, entre os países industrializados avançados e o assim chamado terceiro mundo (em todo caso, a massa de sua população), um fosso que abriga a desgraça e grita por auxílio.

2. Homem e natureza

Os perigos acima indicados somam-se à "crise ecológica", que ameaça toda a humanidade. A expressão-chave "homem e natureza" aponta para o problema central dessa crise.

É necessário que nos coloquemos rapidamente de acordo quanto ao que é preciso compreender aqui por "natureza"; pois o conceito é plurissignificativo. Perguntemo-nos (no sentido da "ordinary language philosophy"): Como é que empregamos essa palavra no uso linguístico normal? Mesmo que venhamos a nos abstrair dos casos, nos quais a ligamos a um homem e ao seu modo próprio de ser, visando com isso ao seu modo de ser essencial ("ele possui uma natureza saudável"), continua havendo muitas significações. Natureza pode significar: região fora da cidade, em particular o mundo das plantas e dos animais, assim como algo inorgânico como as montanhas e as águas, a paisagem sem os homens (em todo caso sem muitos homens) e seus artefatos como casas, pontes, fábricas, canais, portos, aeroportos; em todo caso, esses artefatos precisam se retrair. Instrumentos e máquinas, assim como obras de arte e obras culturais não pertencem à natureza nesse sentido. A natureza nesse sentido não inclui o homem.

Ele encontra-se muito mais contraposto a ela, como *homo faber*, como pesquisador e técnico, como ser dotado de razão.

Em um outro sentido, compreende-se por natureza tudo aquilo que está submetido às leis da natureza. Um tal conceito de natureza abarca todo ou quase todo ente; sempre de acordo com o ponto de vista, permanecem excluídos o reino do espírito, a alma, o reino da moral, o "sobrenatural", o divino.

Um terceiro conceito de natureza visa a todo vivente sobre o planeta, a todo vivente em sua "biosfera". Ele inclui plantas, animais e homens. Nesse sentido, o homem é uma parte integrante, um elo da natureza, oriundo da evolução da vida e só capaz de vida na biosfera e a partir dela.

Isso nos ensina o seguinte: precisamos ver o homem por um lado como alguém que se encontra defronte à natureza, como um observador, um pesquisador, um configurador, mas também como explorador e destruidor. Por outro lado, porém, o homem é uma parte integrante, ele é um filho da natureza, criado por ela na evolução e irrevogavelmente dependente dela. Com isso, nós nos encontramos na raiz daquilo que se denomina crise ecológica. Essa tensão dialética já está estabelecida na essência do homem.

Mas como é que um traço essencial que já estava sempre estabelecido no homem pôde repentinamente conduzir no século XX a uma crise que ameaça a humanidade? Para compreender isso, nós precisamos lançar um olhar para a técnica, sua essência e seu poder atual.

Sófocles (na *Antígona*) elogia o homem: "Muitas coisas gigantescas vivem, mas nada é mais gigantesco do que o homem". Ele o vê navegar o oceano: "Ao mar tenebroso no sul tempestuoso ele se lança, arremetendo-se sob ondas que o engolem e ensurdecem". Ele o vê edificar a terra: "A terra também... ele exaure e revolve, empurrando a selha, ano após ano..." (a partir da tradução de Hölderlin). O canto de louvor ao homem é ao mesmo tempo um canto de louvor à natureza, à "terra que nunca perece e nunca se cansa". Nem Sófocles nem nenhum de seus contemporâneos teria chegado à ideia de que o homem pudesse danificar ou mesmo destruir um dia seriamente a natureza experimentada como imensurável, como inesgotável. O fato de que o homem poderia um dia pescar todos os peixes do mar imensurável e envenenar esse mar com quimicálias, metais pesados e pesticidas – isso era algo que se achava outrora para além do poder de representação humano.

A ciência da natureza moderna e a técnica que se baseia nela tornaram isso possível. Em verdade, a pesquisa racional, metodológica – com certeza também desrespeitosa – da natureza e a aplicação técnica de seu conhecimento fornecem uma parte da saúde e do bem-estar à humanidade. No entanto, quando Francis Bacon e outros introduziram esse processo com a divisa "saber é poder" e "nós precisamos arrancar à natureza as suas leis e vencê-la com isso", já estava estabelecido o germe para o desenvolvimento que só percebemos efetivamente nas últimas décadas (apesar de ser retrospectivamente reconhecível que ele já tinha começado há muito tempo): esgotamento de recursos, contaminação do solo, da água, da atmosfera, extinção de muitas espécies, ameaça atômica e, antes de tudo, explosão demográfica, crescimento ameaçador do número de homens em progressão geométrica. Quando os homens começaram a se tornar sedentários por volta de 10.000 a 8.000 anos aC e a produzir alimentos com o campo e a criação de gado (ao invés de com a coleta e com a caça), havia mais ou menos 4 milhões de homens na terra. Até o início da Nova Era, esse número tinha subido para 150 milhões. No século XIX ultrapassou-se a barreira de 1 bilhão. Hoje, o número chega a 5,8 bilhões. Prognósticos contam que esse número ficará entre 9 e 10 bilhões em 2050.

Como quer que se avalie o número máximo de homens que a terra pode alimentar (e as condições de vida consideradas sustentáveis), uma coisa é certa: os recursos são limitados e a humanidade, provavelmente já no século XXI, se deparará com um limite definitivo. O que pode acontecer em termos de conflitos e atrocidades quando se iniciar a luta pela pura sobrevivência, ninguém está em condições de imaginar. Ante esse perigo, porém, tudo aquilo que mobiliza hoje a opinião pública precisa se mostrar como secundário.

Apenas um número relativamente pequeno de filósofos refletiu sobre a essência da técnica que, com isso, se comprova como o instrumento mais poderoso e ao mesmo tempo possivelmente mais pernicioso do homem. Dentre eles estão Oswald Spengler[52], Friedrich Dessauer[53], José Ortega y Gasset[54], Arnold Gehlen[55], Martin Heidegger[56], Vittorio Hösle[57] e Hans Jonas[58].

O fato de só o homem – abstraindo-se de certos rudimentos presentes em algumas espécies animais mais elevadas – ter desenvolvido a técnica está certamente em conexão com o fato de (como exposto na seção sobre a antropologia filosófica) o homem entrar na vida antes como um "ser precário". Ele por assim dizer supercompensou as suas deficiências e se elevou por meio de seu instrumentário técnico ao nível de criador semelhante a Deus de seu próprio mundo ("deus protético"). Ele construiu próteses para a sua força muscular limitada sob a forma de motores, guindastes, meios de transporte e máquinas de todo tipo; para o desempenho modesto de seus sentidos sob a forma de microscópio, telescópio, sonda espacial; para a ampliação de sua capacidade de compreensão sob a forma de computadores, máquinas de calcular e pensar. E, por fim, ele chegou ao ponto de reconfigurar a vida natural com meios técni-

---

52. SPENGLER, O. *Der Mensch und die Technik* (*O homem e a técnica*), 1931.

53. DESSAUER, F. *Philosophie der Technik* (*Filosofia da técnica*), 1927.

54. ORTEGA Y GASSET, J. Meditações sobre a técnica. *Gesammelte Werke*. Vol. 4, 1956.

55. GEHLEN, A. *Die Seele im technischen Zeitalter* (*A alma na era técnica*), 1957.

56. HEIDEGGER, M. *Die Technik und die Kehre* (*A técnica e a virada*), 1962. • HEIDEGGER, M. A época da imagem de mundo. In: *Caminhos da floresta*, 1977.

57. HÖSLE, V. Warum ist die Technik ein philosophisches Schlüsselproblem geworden? (Por que a técnica se tornou um problema filosófico-chave?) In: HÖSLE, V. *Praktische Philosophie in der modernen Welt* (*Filosofia prática no mundo moderno*), 1992. O ensaio é particularmente apropriado para uma introdução aos problemas.

58. JONAS, H. *Das Prinzip Verantwortung* (*O princípio responsabilidade*), 1979.

cos, em particular com o auxílio da técnica genética, que possivelmente não se deterá nem mesmo diante da recriação do homem.

3. Homem e animal

A relação do homem com as outras criaturas, com os animais não é, com efeito, senão um recorte retirado do contexto maior "homem e natureza". No entanto, trato dessa relação isoladamente por duas razões: em primeiro lugar, o tema só foi reconhecido e pensado de maneira insuficiente na filosofia do passado, em toda a nossa tradição espiritual – com algumas exceções dignas de serem celebradas – e, por isso, ele é relativamente novo; em segundo lugar, porém, os filósofos contribuíram de maneira particular para que o público passasse a ter consciência desse tema.

As fontes principais de nossa tradição são judaico-cristãs e greco-romanas. As concepções legadas de nosso problema não são, em verdade, unânimes e inequívocas. No entanto, não se pode senão muito dificilmente contestar que as igrejas cristãs e seus grandes mestres viram durante muitíssimo tempo os animais apenas como instrumentos e objetos do homem e ignoraram seu sofrimento. Evocando a seguinte passagem do "Gênesis": "Enchei a terra e submetei-a, dominai sobre os peixes no mar, sobre os pássaros do céu e todos os animais que rastejam sobre a terra" (Gn 2,28), o reformador Calvino ensina, por exemplo, que os animais estariam "entregues ao homem para a alimentação"; Tomás de Aquino expressa-se de maneira semelhante: "Os animais estão presentes por causa do homem", assim como o Apóstolo Paulo: "Será que Deus se preocupa com os bois? Não". Se é condenada a crueldade em relação aos animais, isso só se dá porque ela embrutece o homem, de modo que ele talvez aja cruelmente em relação ao seu igual. Pedro Lombardo diz: "Assim como o homem é feito em virtude de Deus, para servi-lo, o mundo é feito em função do homem, para servi-lo".

Precisamos citar como exceção, entre os pensadores cristãos, Francisco de Assis e, ao lado dele, Albert Schweitzer; naturalmente, a sua exigência por "respeito diante da vida" permanece obscura, à medida que ele não pode ter em vista aí toda vida (como médico, ele combateu com sucessos os pequenos organismos que ameaçavam seus pacientes na floresta), à medida que ele, portanto, não deixa de estabelecer um limite em um lugar qualquer.

Naturalmente, sempre houve cristãos que se sentiam irmanados com os animais e que os defendiam. Um belo exemplo é o Padre Zosima em *Os irmãos Karamazov* de Dostoievski: "Deus emprestou aos animais princípios do pensamento e uma alegria inofensiva. Não os perturbe, não os torture... ó homem, não te levantes acima dos animais: eles são sem pecado, mas tu, com toda a tua majestade, envenenas a terra".

Se lançarmos o olhar para um ponto mais distante no passado, resulta daí uma imagem diferenciada. O judaísmo não interpretou em grande parte a história da criação de um tal modo que a criação seria confiada ao julgamento do homem; via-se o homem antes como fiel depositário, como administrador, como "pastor" da natureza, não como o seu senhor.

Maimônides, o filósofo judeu da Idade Média, acentua: as coisas não se dão de um tal modo que todos os outros seres só estão presentes em virtude do homem; eles estão presentes em virtude de si mesmos.

Na filosofia pagã da Antiguidade também se encontram concepções diversas. Pitágoras e seus discípulos respeitavam os animais e eram vegetarianos com certeza porque acreditavam na transmigração das almas. O que produziu uma influência mais ampla, porém, foi o ponto de vista de Aristóteles, que considerava como naturalmente dada a subordinação do animal ao homem (assim como a subordinação do escravo ao seu senhor); e, antes de tudo, os princípios do direito romano, que só conhecia pessoas e coisas e não fazia nenhuma distinção essencial entre um objeto material e um animal, mesmo que esse animal fosse elevadamente desenvolvido.

Como empecilho da compreensão de que os animais são dignos de proteção, de que os homens podem ter deveres em relação a eles, esteve durante muito tempo a doutrina de Descartes, segundo a qual só há no mundo duas substâncias: matéria (que ocupa espaço) e consciência (que só o homem possui). Assim, os animais precisaram ser considerados como mecanismos, como autômatos, como inanimados.

Devemos em grande parte a pensadores do mundo anglo-saxão o fato de ter se estabelecido hoje nos países industrializados uma revolução em termos de opinião. Precisamos citar aqui em primeiro lugar Jeremy Bentham, do qual provêm as frases dignas de reflexão que são frequentemente citadas: "Há de chegar o dia em que o resto da criação dotada de vida adquirirá aquele direito que não pôde ser retirado dele senão pela mão da tirania". Bentham aponta para o fato de (desde a Revolução Francesa) os direitos humanos caberem a qualquer um, sem que se leve em consideração a cor da pele, e de se tratar nos animais de seres sensíveis. Sem que importe saber se o homem se distingue pela capacidade linguística e pelo entendimento: "A questão não é: eles (os animais) podem *pensar* inteligentemente ou eles podem *falar*?, mas eles podem *sofrer*?"[59]

Na Alemanha, Arthur Schopenhauer elogiou, aliás, as religiões asiáticas brahmanismo e budismo pelo fato de elas incluírem os animais em suas doutrinas; ele censurou expressamente o judaísmo e o cristianismo pelo "fato de restringirem suas prescrições aos homens e deixarem o mundo animal como um todo sem quaisquer direitos"[60].

Dentre os filósofos de nosso século, precisamos enaltecer Max Horkheimer, do qual provém uma consideração verdadeiramente comovente sobre o transporte de gado de corte[61].

Na vida prática e na legislação dos estados, a inserção de particulares em defesa dos animais permaneceu por séculos quase inócua. Os primeiros impulsos para a proteção legal dos

---

59. BENTHAM, J. *Introduction to the Principles of Morals and Legislation*, 1789, cap. 18, seção 1.
60. SCHOPENHAUER, A. *Parerga e Paralipomena*, p. 177.
61. HORKHEIMER, M. Erinnerung (Lembrança), 1959. Apud TEUTSCH, G.M. *Mensch und Tier –* Lexikon der Tierschutztechnik (*Homem e animal* – Léxico da técnica de proteção aos animais, 1987).

animais só surgiram no século XIX e, em verdade, na Grã-Bretanha. Em 1809, o chanceler do tesouro, Lord Eskine, apresentou na Câmara dos Comuns um projeto de lei para a proteção dos animais de trabalho, um projeto que foi recusado pela maioria. Em 1821, uma nova proposta no parlamento levou os presentes a risos sem fim, porque ela também inseriu o burro de carga – outrora amplamente difundido e muito maltratado. A primeira lei foi promulgada em 1822 e só era válida, então, para cavalos de trabalho e para o gado de corte; ela proibia que as pessoas os torturassem *desnecessariamente*. Burros, cachorros e gatos não foram incluídos na lei. O que está em questão nos debates de hoje é entre outras coisas "o confinamento de animais úteis apropriado à espécie", o transporte de animais, os experimentos com animais, o abate, o deslocamento de animais selvagens, o aprisionamento e morte de animais como esporte (caça, pesca, tourada, briga de galo) e o comércio de animais.

No presente, foram preponderantemente os filósofos que pensaram detidamente questões referentes à relação homem-animal e que defenderam os seus resultados enfaticamente. É preciso nomear aqui em primeiro lugar o australiano Peter *Singer*[62] (nasc. em 1946), bem perto dele o americano Tom *Regan*[63] e, mais recentemente, surgiu o suíço Jean Claude *Wolf*[64]. Juntamente com outros pensadores, eles fizeram com que essa relação assumisse hoje um papel central na ética filosófica, de modo que não é mais válida a crítica irônica de Albert Schweitzer à ética antropocêntrica tradicional (totalmente restrita ao homem); Schweitzer tinha dito que os pensadores vigiavam zelosamente para "que os animais não passeassem pela ética".

Incluir animais na ética significa reconhecer que os homens têm *deveres* morais ante os animais, ou mesmo que os animais possuem *direitos* ante o homem.

Quem recusa isso é acusado pelos defensores da ética dos animais de "especiesismo"; uma palavra esquisita, traduzida do inglês "speciesism", derivada de species, a expressão técnica da sistemática biológica para a espécie (um nível abaixo do gênero). Também se poderia dizer "egoísmo da espécie". A expressão, introduzida pelo inglês Richard *Ryder* em 1974 em um escrito contra a vivissecção, designa a posição que só considera como moralmente relevante no reino do vivente o homem e os seus interesses (com certeza uma ressonância da representação cristã do homem como imagem feita à semelhança de Deus). Em termos práticos, isso significa, por exemplo: quem chuta intencionalmente meu cachorro não fere o cachorro, mas a mim como o seu dono.

Antes de me voltar para as consequências práticas importantes, decisivas que vêm à tona quando se inclui os animais na ética, lancemos um olhar sobre a discussão que já dura séculos

---

62. SINGER, P. *Befreiung der Tiere* (*Libertação dos animais*). Ed. alemã, 1982; (ed. inglesa, 1975). Do mesmo autor: *Praktische Ethik* (*Ética prática*), 1984 (ed. inglesa, 1979).

63. REGAN, T. & SINGER, P. *Animal Rights and Human Obligations*, 1976 (uma documentação histórica). • REGAN, T. *The Case of Animal Rights*, 1988.

64. WOLFF, J.C. *Tierethik* – Neue Perspektiven für Menschen und Tiere (*Ética dos animais* – Novas perspectivas para homens e animais), 1992.

em torno da questão de saber que posição, que *status* advém ao animal na ordem conjunta do ente. Essa questão é inseparável da questão de saber o que diferencia propriamente o homem do animal, e ela foi discutida no passado na maioria das vezes sob a forma: Os animais possuem uma "alma"? E quem atribuía ao homem uma alma imortal precisava imediatamente prosseguir e perguntar se os animais não tinham alma nenhuma ou se eles possuíam uma alma que, contudo, era mortal.

Tais questões foram particularmente virulentas quando Descartes ensinou que o homem era constituído a partir de um corpo material (cujo funcionamento ele considerava explicável mecanicamente) e uma alma não espacial e imortal, enquanto os animais seriam meros mecanismos sem alma. Por razões religiosas, ele não pôde se decidir a conceder aos animais uma alma; ele também achava que Deus não admitiria que os animais, que não podem pecar, precisassem sofrer – por isso, ele concluiu que Deus não tinha conferido aos animais nenhuma capacidade de sentir.

Observação: um jesuíta francês do século XVIII acreditava que podia resolver esse dilema, à medida que ensinava que os animais eram, em verdade, seres sensíveis, mas que suas "almas" (que eles, então, precisavam possuir) seriam evidentemente as almas de demônios ou de anjos decaídos – com o que o seu sofrimento parecia, então, justificado. Aqui se confunde o conceito teológico de alma e o conceito biológico de psique.

As consequências que surgem para a vida prática, logo que se inserem animais no âmbito da moral, podem ser radicais. Tom Regan diz:

> Eu me considero como advogado dos direitos dos animais e como parte do movimento em prol dos direitos dos animais. Esse movimento... está comprometido com uma série de metas, inclusive:
> • a completa extinção do comércio de animais;
> • o total alijamento da caça comercial e esportiva e do jogo das armadilhas[65].

Por comércio dos animais não se entende apenas o confinamento industrial maciço de animais, que foi denunciado publicamente pela primeira vez por Ruth Harrison[66]. Animais que podem pastar em liberdade, com maior razão animais que podem ser caçados e que vivem de maneira selvagem, não são, em verdade, expostos ao sofrimento e a uma diminuição do espaço que é avessa à espécie como animais estabulados em confinamentos em massa. Para aquele que tenta justificar a morte e o consumo de animais naturalmente "vivos" é preciso, contudo, lembrar:

1) Mesmo que o animal tenha tido uma vida livre e agradável, o sofrimento continua estando ligado à sua morte – no abatedouro. É bem provável que o citadino das grandes cidades

---

65. Tom Regan: texto a partir de uma conferência. Apud BONDOLFI, A. (org.). *Mensch und Tier – Ethische Dimensionen ihres Verhältnisses* (*Homem e animal* – Dimensões éticas de sua relação), 1994, p. 107.

66. HARRISON, R. *Tiermaschinen* – Die neuen landwirtschaftlichen Fabrikbetriebe (*Máquinas animais* – As novas engrenagens das fábricas agrárias), 1965 [em inglês: *Animal machines*, 1964].

de hoje, que só encontra em muitos casos o animal quando esse é transportado para que ele possa comê-lo, não estivesse de modo algum preparado nem fosse capaz de matar um animal com as próprias mãos. Ele nunca esteve em um abatedouro e provavelmente também nunca esteve em um galinheiro com 10 mil galinhas em minúsculas gaiolas de arame. Ele não covivencia aquilo que os animais sofrem nos laboratórios experimentais, nos transportes etc.; como muitas outras coisas, isso também está subtraído aos olhares da esfera pública.

2) Os homens, com a exceção talvez dos esquimós, cujo meio ambiente não oferece nenhum alimento vegetal, não precisam consumir animais. Não há dúvida de que um homem, mesmo em meio ao trabalho duro, pode alimentar-se sem danos puramente com vegetais. É de se supor que as colheitas do mundo seriam até mesmo melhor utilizadas, se elas não tomassem em grande parte o desvio pelo corpo dos animais, antes de o homem consumi-las.

A ética dos animais, portanto, no que concerne a essa questão, conflui para um modo de vida vegetariano. Alguns grupos no movimento geral em prol dos animais chegam a ir mais longe: eles recusam toda e qualquer utilização de produtos animais, até mesmo o leite e os ovos para a alimentação, assim como o algodão, a seda, o couro e pele para a vestimenta. Eles denominam-se "vegans" e esperam que logo se olhe retrospectivamente para o consumo de carne com sentimentos semelhantes aos que se tem hoje em relação ao canibalismo.

4) "Ethos *do mundo": declaração das religiões mundiais*

Em todos os tempos, a grande maioria dos homens esperou receber os princípios, os critérios, as prescrições e os "mandamentos" para o seu comportamento ético de sua religião natural. É de se supor que as coisas não sejam diferentes hoje. Para o crente, os mandamentos de sua religião possuem a autoridade suprema; eles também são protegidos por uma tradição antiquíssima e são transmitidos quase por toda parte da geração que está crescendo por meio de ensinamentos e de educação.

Com certeza, há muitas religiões, e as diferenças em termos de fé e confissão funcionam de maneira por demais frequente como a causa de guerras sangrentas. Mas será que as éticas das diversas religiões são realmente tão diferentes assim, a ponto de precisarem se arremeter umas contra as outras? As coisas não se comportam antes de tal modo que é possível reconhecer muitos pontos em comum no fundamental?

A convicção de que as coisas são assim levou a anseios por reunir os principais representantes das diversas religiões e encontrar tais pontos em comum, pontos que podem ser caracterizados hoje com a expressão-chave *"ethos* do mundo".

Em 1893, por ocasião de uma exposição mundial em Chicago que deveria lembrar os 400 anos do descobrimento da América, teve lugar um parlamento das religiões mundiais. 45 comunidades religiosas foram representadas. Elas discutiram com igualdade de direiros – ao menos em princípio, pois as igrejas cristãs dominavam. Religiões importantes, sobretudo o islã, os siques e os budistas tibetanos não tomaram parte.

Cem anos mais tarde (1993) reuniu-se novamente, uma vez mais em Chicago, um parlamento das religiões mundiais. Depois de duas guerras mundiais e da descolonização que se seguiu à Segunda Guerra Mundial, as igrejas cristãs não podiam mais esperar cristianizar toda a humanidade. Ao contrário, religiões não cristãs tinham conquistado autoconsciência e peso. Principalmente por causa da imigração, a população, em particular nos Estados Unidos, também não era mais inteiramente cristã. Em Chicago, vivem nesse ínterim inúmeros judeus, budistas, hindus, jainistas, muçulmanos e muitos outros grupos. Sem levar em conta as controvérsias que foram solucionadas no encontro, conseguiu-se mobilizar o parlamento para a assunção unânime da "declaração do *ethos* mundial", que tinha sido previamente formulada pelos organizadores, tendo à frente dos teólogos Hans *Küng*[67]. Dentre os signatários estavam, além de cristãos (anglicanos, católico-romanos, ortodoxos, protestantes), hinduístas, jainistas, judeus, muçulmanos, siques e taoistas entre outros.

O documento formulado sucintamente começa com referências a inconvenientes e perigos: grande parte da humanidade vive em discórdia e medo. Os ecossistemas da terra sofrem abusos e são destruídos. Reinam a desigualdade e a injustiça. Os signatários reconhecem que há um conteúdo comum em termos de valores nucleares nas doutrinas das religiões. A introdução conclui: nós convidamos todos os homens, quer religiosos ou não, a se comprometerem com um *ethos* mundial, com a compreensão mútua, com formas de vida socialmente compatíveis, fomentadoras da paz e amistosas em relação à natureza.

Cito algumas das sentenças basilares da declaração: "Não há nenhuma nova ordem do mundo sem um *ethos* mundial... Todo homem precisa ser tratado humanamente... Todo homem – sem diferença de idade, sexo, raça, cor de pele, capacidade física ou intelectual, língua, religião, visão política e proveniência nacional ou social – possui uma dignidade inalienável e intocável".

Essa é a exigência por uma concretização dos *direitos humanos* para todos os homens, tal como essa exigência, seguindo impulsos primordiais da Antiguidade, foi defendida antes de tudo pelos pensadores do Iluminismo (outrora também dirigidos antes de mais nada contra a intolerância de religiões e igrejas), tal como ela foi codificada na constituição dos Estados Unidos e na declaração da Revolução Francesa e, por fim, tal como ela se inseriu na constituição das Nações Unidas.

Como norma inalterável e incondicionada para todos os âmbitos da vida é apresentada, então, a "norma áurea" que se encontra presente em inúmeras tradições religiosas e éticas da humanidade: "Quod tibi fieri non vis, alteri ne feceris". Traduzindo sob a forma de ditado: "Não faças aos outros aquilo que não queres que te façam a ti".

Seguem-se quatro diretivas, começando com o compromisso com uma cultura da não violência e do respeito diante de toda vida. Com isso, não é só a pessoa humana que deve ser pro-

---

67. KÜNG, H. & KUSCHEL, K.-J. (org.). *Erklärung zum Weltethos* (Declaração do *ethos* mundial), 1993.

tegida, mas também "a vida dos animais e plantas, que habitam conosco este planeta". Seguem-se as exigências por solidariedade e por uma ordem econômica justa, por tolerância e veracidade, assim como por uma "cultura da igualdade de direitos e do companheirismo entre homem e mulher". (Fundamentalistas como os talibãs afegãos não assinaram a declaração.)

Na conclusão encontra-se uma referência ao fato de haver muitas questões éticas particulares controversas que "vão da bioética e da ética social, passando pela ética dos meios de comunicação e da ciência, até chegar à ética econômica e ética estatal". Essas questões deveriam ser solucionadas no sentido dos princípios desta declaração.

Um documento espantoso, cujos organizadores merecem elevado reconhecimento! Naturalmente, trata-se de um programa mínimo, uma vez que ele só contém aquilo com o que todos podiam concordar. Assim, o conceito "Deus" não aparece no texto – por desejo dos budistas.

Se esse *ethos* mundial fosse levado a sério, interiorizado e perseguido na vida prática pelos adeptos das religiões envolvidas, ao menos em sua grande maioria, já se teria alcançado muito: a humanidade vivenciaria menos guerras, menos ódio, opressão e crime. Também seriam remediados os perigos que ameaçam a existência da humanidade, a crise ecológica e, antes de tudo, a explosão populacional? Quanto a esse ponto pode haver dúvidas.

Assim, continua sendo exigido de todos os homens, em particular também dos filósofos – e isto menos para o domínio prático da crise (essa seria uma tarefa da política), mas com certeza mais como indicadores do caminho –, combater esses perigos. Nas próximas seções tentarei dar uma visão panorâmica das escolas e posições inciais de pensamento mais importantes na filosofia. Os princípios também são aqui multifacetados, porque o que está em jogo para alguns pensadores são mais as questões teóricas fundamentais mais gerais, a fundamentação derradeiramente válida que funciona como um dever para todos os homens ou uma "fundamentação última", enquanto o que interessa a outros são mais as questões práticas de convivência na sociedade e no Estado e a outros o problema fundamental homem e natureza.

5. *Karl Popper em relação à ética política*

Karl Popper, cuja contribuição à Teoria do Conhecimento foi enaltecida acima na seção III, inseriu cada vez mais intensamente depois da Segunda Guerra Mundial (que ele vivenciou na Nova Zelândia como alguém que tinha sido expulso da Alemanha) a história e a sociedade em seu pensamento. Um traço fundamental de seu pensamento, um traço que podemos denominar modéstia socrática, encontra-se aqui uma vez mais. Na teoria da ciência, ele acentua: permanece vedado ao conhecimento humano certezas derradeiras; nós nunca podemos "verificar" conhecimentos, ou seja, comprová-los derradeiramente como verdadeiros; só podemos apresentar teses e buscar, então, falsificá-las, ou seja, refutá-las; em contrapartida, nenhuma de nossas teses permanece imune para sempre. De maneira análoga, a tese fundamental de Popper na ética social é: toda tentativa de projetar ou concretizar um conceito definitivo ou total para a sociedade humana é deplorável. Essa tentativa precisa fracassar, sim, conduzir à perda da liberdade.

Esse ponto é detalhadamente discutido na obra concluída em 1944 na Nova Zelândia e publicada pela primeira vez em língua alemã em 1957: *A sociedade aberta e os inimigos da sociedade*. É notável que essa obra seja dedicada à lembrança de Immanuel Kant e comece, além disso, com um discurso em memória de Kant, um discurso que o autor tinha proferido em 1954 no aniversário dos 150 anos da morte de Kant. (A designação "racionalismo crítico" – às vezes também "criticismo racional" – para a posição filosófica fundada por Popper torna possível reconhecer do mesmo modo a proximidade com Kant.) Paralelamente a essa obra, Popper apresentou de uma forma algo mais rigorosa as suas teses na obra *A miséria do historicismo* (edição alemã de 1965)[68].

Popper compreende por historicismo a concepção (segundo a sua opinião arrogante, condenável e perigosa) de acordo com a qual seria possível reconhecer as leis fundamentais do desenvolvimento histórico e, com base nessas leis, fazer ao mesmo tempo enunciados fundamentados sobre desdobramentos futuros (e, a partir daí, deduzir uma vez mais instruções para um agir político e social correto). Essa concepção domina de fato de uma forma ou de outra uma grande parte da história espiritual ocidental; e isto porque a vontade revelada de Deus, porque a vitória da raça escolhida, as leis da dialética e/ou processos econômico-sociais obrigatórios deveriam determinar o progresso e a saída da história. O primeiro volume se lança principalmente contra os efeitos nesse aspecto perniciosos de Platão, o segundo, contra *Hegel, Marx e as suas consequências* (subtítulo do livro).

Contra isso, Popper nos diz: "A tentativa de erigir o céu na terra nunca produz senão o inferno". Não apenas as hipóteses da ciência natural, mas, do mesmo modo, todas as doutrinas sociais, mesmo a pretensão científica, sempre carecem de uma prova crítica. Para a prática social e política, isso significa uma reforma gradativa levada a termo sob a forma de teste em sintonia com uma prova crítica constante, a fim de saber se as medidas tomadas não desencadeiam em outro lugar ou para outras pessoas reações indesejadas e nocivas de início imprevisíveis. Nós deveríamos abandonar a pretensão utópica de realizar a felicidade de todos (possivelmente ao preço do aparecimento vez por outra do sofrimento de determinadas camadas ou de gerações como um todo) e buscar mais a diminuição do sofrimento. Para além disso, procurar cuidar ainda da felicidade positiva dos outros é uma aspiração que deveríamos restringir ao círculo estreito de nossa família e de nossos amigos. Vê-se que o "racionalismo crítico" consegue sair de âmbitos de problemas tão aparentemente remotos quanto o âmbito do problema da indução e prosseguir em direção a enunciados e instruções palpáveis.

Assim como a ciência não é competente para anunciar conhecimentos irrefutáveis, o Estado também não é copetente para propiciar a felicidade de seus cidadãos. Nós precisamos contentar-nos, quando ele evita ou atenua danos (cada um mesmo cuida de sua felicidade pessoal em seu círculo). A essa linha se ajusta bem o que Popper expôs em uma conferência em 1989 em Munique: compreender a democracia como "domínio do povo" é uma ficção. A democracia (no sentido ocidental naturalmente), porém, é benéfica, porque ela possibilita, em todo

---

68. POPPER, K. *The poverty of historicism*, edição inglesa de 1957.

caso, substituir um governo por outro sem violência e derramamento de sangue sobre o caminho da nova eleição.

6. A linguagem da ética

Pensadores da filosofia analítica, mais exatamente da "filosofia da linguagem comum", abordam questões éticas a partir de um aspecto totalmente diverso. Quem quer reduzir problemas filosóficos a problemas da linguagem precisa partir de que formulação linguística questões éticas vêm ao nosso encontro.

Nos estágios iniciais da filosofia analítica, no Círculo de Viena, os problemas éticos foram pouco discutidos – não porque as pessoas os considerassem insignificantes, mas porque elas duvidavam de que um tratamento científico estivesse acessível e de que as coisas fossem, com isso, racionalmente decidíveis. Rudolf Carnap observou: uma proposição como "tu não deves matar" é um imperativo; ela não é nenhum enunciado que pode ser verdadeiro ou falso – mesmo que ela assuma a forma enunciativa "matar é reprovável". Ela não pode ser nem demonstrada nem refutada, ela não possui nenhum conteúdo cognitivo, ela é "não cognitiva".

Com isso, as questões éticas não são naturalmente respondidas, mas antes colocadas de lado. Pode ser que, considerados rigorosamente, enunciados éticos não possuam nenhum conteúdo cognitivo – eles não são, por isso, filosoficamente insignificantes e também podem ser investigados com métodos da análise linguística. Foi com essa convicção que, depois da Segunda Guerra Mundial, pensadores dessa escola, particularmente nos países de língua inglesa, se ocuparam com problemas éticos. Precisamos citar antes de mais nada Charlie Dunbar *Broad*[69] (1887-1971), que apresentou uma classificação das formulações dos problemas éticos e das teorias éticas efetivamente possíveis, que facilita a orientação nesse difícil âmbito; além dele, Cahrles L. *Stevenson*[70] (1908-1971) e Richard Melvin *Hare* (nasc. em 1919)[71].

Stevenson tratou da questão: Qual é o *status* que os enunciados ou juízos éticos possuem no sistema de nossa língua? Nesse caso, ele pôde se articular com Alfred Jules *Ayer* (1910-1989), que com a sua obra de 1936 *Language, truth and logic* (traduzida para o alemão apenas em 1970 como *Sprache, Wahrheit und Logik**) tornou conhecidas na Grã-Bretanha as ideias desenvolvidas em Viena. Para Ayer, há apenas dois tipos de enunciados dotados de sentido: enunciados lógicos (eles são tautológicos, apenas explicitam aquilo que se encontra nos axiomas estabelecidos na base) e as constatações de fatos. Um juízo moral não é nem um enunciado lógico nem a consta-

---

69. BROAD, C.D. *Some of the main problems of ethics*. Nova York, 1949 (na coletânea: *Readings in Philosophical Analysis*).

70. STEVENSON, C.L. *Ethics and language*, 1941.

71. HARE, R.M. *The language of morals*, 1952. Edição alemã de 1972: *Die Sprache der Moral* (*A linguagem da moral*). Hare levou suas ideias adiante em *Freedom and Reason*, 1962; em alemão como *Freiheit und Vernunft* (*Liberdade e razão*), publicado em 1963.

* Linguagem, verdade e razão [N.T.].

tação de um fato. O que ele é, então? Ele expressa a nossa aprovação ou desaprovação em relação a um determinado comportamento – ou seja, ele é um sentimento.

Isto é levado adiante por Stevenson. Um juízo moral não contém apenas uma emoção, mas também envolve a exortação "roubar é reprovável", o apelo para não roubar.

Hare aguça essa ideia: nossa língua não é usada apenas – algo para o que Wittgenstein já tinha apontado – para fazer enunciados "sobre coisas", mas também, entre outras possibilidades, para formular exortações e juízos de valor e dirigir o agir dos outros. Dito de outra forma: a língua não é constituída apenas a partir de proposições indicativas – ela não é apenas descritiva –, mas também a partir de proposições imperativas – ela também é *prescritiva*.

Agora surge uma virada decisiva: um mandamento *ético*, porém, não é nenhuma exortação para fazer ou deixar de fazer algo, uma indicação que eu posso seguir ou desconsiderar ao meu bel-prazer. Um mandamento ético contém um princípio geral de dever. A proposição "tu não deves matar" não contém apenas a exortação a não matar. Ela precisa ser muito mais compreendida da seguinte forma: "Há um princípio geral do dever para nós homens, um princípio incondicionadamente válido. Isso significa que nós não podemos matar nenhum de nossos próximos. Eu me submeto a esse princípio. Faze tu o mesmo"[72]. É o regresso a esse princípio universal e incondicionado do dever que distingue um mandamento ético de um mero convencimento para fazer ou deixar de fazer algo.

Nós ficamos perplexos ao perceber o quão próximo um tal modo de pensar, começando com um ponto de partida totalmente diverso do de Kant, se abeira de qualquer modo no resultado do imperativo categórico kantiano. Os trabalhos dos homens citados, em particular os trabalhos de Hare, contribuíram para que o utilitarismo, que atravessa particularmente na Inglaterra a discussão ética, tenha sempre reconquistado cada vez mais vitalidade.

7. *Utilitarismo*[73]

Quem ouve pela primeira vez como um utilitarista apresenta as suas ideias ou quem ouve utilitaristas discutindo entre si experimentará provavelmente a sobriedade com a qual os problemas éticos são aqui tratados, como algo que faz bem. Abdica-se de argumentos oriundos da religião – que, de qualquer forma, não convencem os descrentes ou aqueles que possuem uma outra crença; procede-se racionalmente segundo o princípio já formulado por Bentham,

---

72. É próprio à natureza das discussões éticas que se busque subordinar o caso particular a um princípio ou a uma lei geral. Isso vale para Kant, assim como para os pensadores que estão sendo tratados aqui. Precisamos perguntar constantemente: O que aconteceria se todos agissem assim? Cf. Singer, M.G. *Verallgemeinerung in der Ethik* – Zur Logik moralischen Argumentierens (*Universalização na ética* – Para a lógica da argumentação moral), 1975. Há uma tradução em inglês com o título *Generalization in ethics*, 1961.

73. John Leslie Mackie fornece uma apresentação e uma crítica sucintas ao moderno utilitarismo e às suas variantes em *Ethik* – Auf der Suche nach dem Richtigen und Falschen (*Ética* – À busca do correto e do falso), 1981 [Em inglês: *Ethics* – Inventing right and wrong, 1977].

Mill e outros: "boa" ou correta é a ação que traz para todos aqueles que são afetados por uma ação a maior utilidade possível ou o menor dano; a utilidade consiste positivamente na felicidade, no bem-estar, no prazer; o que se precisa evitar é o sofrimento, o desprazer, a dor. Portanto, o que está em questão são sempre as consequências, os desdobramentos de um ato (não a posição interior do agente). A exigência de que a moral nunca deveria ser egoísta, mas deveria levar sempre em conta os interesses e os desejos do próximo é levada em conta por meio do fato de se quantificar por assim dizer a felicidade por um lado e o desprazer por outro e, então, de se fazer um balanço: precisamos aceitar que haja um pequeno dano para A, se se contrapõe a esse dano um ganho de prazer claramente preponderante para B. As coisas se mostram como se pudéssemos tomar quase sempre uma decisão sobre essa base, uma decisão que é racionalmente fundamentada e evita conflitos éticos, em particular a colisão entre normas diversas.

Um exemplo de um tal caso conflitante crasso é: depois de 1950, médicos que tinham participado na época de Hitler em ações de eutanásia, por meio das quais doentes mentais foram mortos, encontraram-se diante do tribunal supremo alemão. Os médicos puderam fazer valer fidedignamente a seu favor o fato de que, em verdade, eles teriam enviado doentes para a morte, mas, por outro lado, por meio de uma interpretação conscientemente branda dos critérios de seleção, salvo a vida de inúmeros doentes. (Eles foram condenados.)

Podemos apresentar algumas dúvidas: O que significa, por exemplo, os interesses de "todos os afetados"? Só se tem em vista homens? Ou também animais? E se os animais também são visados: Que animais e que espécies animais? E no que diz respeito aos homens: Só se tem em vista os que vivem agora ou também os descendentes ou todas as gerações futuras? Ou será que também são afetados homens que – em consequência do agir atual – nunca viverão?

Uma outra objeção diz: É possível avaliar, medir a felicidade e a infelicidade de todos os tipos, a felicidade e a infelicidade próprias e alheias, passadas, presentes e futuras, de modo que se a possa calcular? Há um critério, com o qual se pode comparar de maneira contábil algo almejável, tal como a saúde, a riqueza, a beleza, o conhecimento, a sabedoria – ou uma felicidade passada em relação a uma almejada? Como se deve avaliar: em dinheiro, por exemplo, ou em pontos valorativos fictícios? Mais além: sob certas circunstâncias, a recusa consciente da felicidade não pode ser o modo de comportamento de um valor moralmente elevado?

Há vertentes completamente diversas do utilitarismo na ética. No entanto, são quase sempre pensadores de língua inglesa que levam adiante a tradição iniciada por Jeremy Bentham e John Stuart Mill. Precisamos citar aqui Henry *Sidgwick* (1839-1900)[74], o já mencionado G.E. *Moore*[75] (1873-1958) e, no presente, o americano Marcus George *Singer*[76].

---

74. SIDGWICK, H. *Methods of ethics*, 1874 [Em alemão: *Die Methoden der Ethik*, 1909].

75. MOORE, G.E *Principia ethica* (inglês), 1903. Em alemão com o mesmo título, 1970.

76. SINGER, M.G. *Generalization in Ethics* – The logic of ethics, with the rudiments of a system of moral philosophy, 1961 [Em alemão: *Verallgemeinerung in der Ethik* – Zur Logik moralischen Argumentierens (*Universalização na ética* – Para a lógica da argumentação moral), 1975]. Há uma tradução em inglês com o título *Generalization in ethics*, 1961.

Por conta de sua tese de que o Estado não deveria produzir a felicidade, mas antes buscar afastar inconvenientes sociais, Popper é às vezes designado como um "utilitarista negativo". Como não se baseia na vontade do agente, mas nas consequências de sua ação, o utilitarismo – ou algumas de suas variantes – também é por vezes denominado "consequencialismo".

O fato de os utilitaristas não serem pensadores superficiais ligados à noção de utilidade, mas antes pensadores argutos e perpassados pela seriedade moral já é atestado pela sentença de John Stuart Mill de que um Sócrates infeliz seria preferível a um porco feliz.

8. Ética discursiva ou a busca da fundamentação última

A expressão "fundamentação última" só foi introduzida na filosofia algumas décadas atrás. O que ela procura designar é tão antigo quanto a filosofia: a busca de uma fundamentação "última", derradeira, inexcedível – ou bem para o conhecimento ou (recentemente de maneira cada vez mais intensa, entre outros por meio da influência de Karl Otto *Apel*, nasc. em 1922) para a ética. O que está em questão, portanto, é encontrar uma fundamentação à qual ninguém possa se subtrair com boas razões. Quanto mais a tradição e a religião foram perdendo para muitos homens o poder de convencimento, tanto mais urgente foi se tornando encontrar um tal fundamento[77].

Foi nessa direção que se empenhou antes de tudo Karl Otto Apel e, ao seu lado, a partir de um princípio de pensamento algo diverso, Jürgen *Habermas*[78]. Na obra em dois volumes de Apel, *Transformation der Philosophie* (*Transformação da filosofia*), a última seção de mais ou menos 80 páginas traz o título "O *a priori* da comunidade comunicativa e as bases da ética"; subtítulo: "Para o problema de uma fundamentação racional da ética na era da ciência".

– Por que precisamos de uma fundamentação racional da ética? Resposta: – Porque uma ética que deve ser válida para *todos* os homens, ou seja, que deve se estender por toda a face da terra, não pode ser fundada sobre intuição, nem tampouco sobre religião e tradição, pois essas são diferentes em povos diferentes, em sociedades diferentes e em culturas diversas.

E por que a ética deve ser válida para o conjunto da humanidade na mesma medida? Resposta: – Porque a ciência moderna e a sua aplicação técnica emprestou ao agir humano uma amplitude e uma extensão nunca antes vistas. Na era das armas nucleares e da energia nuclear, a ação de um indivíduo ou de uns poucos pode ter efeitos para toda a humanidade, para toda a vida sobre a terra. Os problemas opressivos de hoje estão menos no âmbito pequeno de família e vizinhança e mais no âmbito da política e da sociedade; ainda mais em um "âmbito macro" que abarca o destino de toda a humanidade. Isto exige critérios éticos que valham para todos os homens – por mais que hoje, na prática diária, questões de política nacional –

---

77. APEL, K.-O. *Transformation der Philosophie* (*Transformação da filosofia*). 2 vols., 1973.
78. HABERMAS, J. *Teoria do agir comunicativo*. 2 vols., 1981.

sob a expressão-chave "política real", "política de interesses" – venham à tona em certa medida desprovidas de avaliação moral.

Apenas os resultados da ciência "objetiva" valorativamente neutra, em primeira linha os resultados da ciência natural, são dotados hoje com uma validade intersubjetiva, ou seja, com a petição impositiva de que em princípio qualquer um pode reconhecê-los. Em todo caso, é possível que só uma metaética analítica estivesse em condições de requisitar validade nesse sentido, mas não normas éticas concretas que – tal como pode mostrar justamente a ciência "mais objetiva" – sempre variam em grandes partes segundo o espaço cultural e a época. Ciência investiga fatos, conhece o ente; de seu ser, porém, nunca se pode – de acordo com um sentença muito repetida de David Hume – deduzir um dever.

O que significa, então, o conceito central de Apel, o "*a priori* da comunidade comunicativa"? A expressão "a priori" faz-nos pensar em Kant. Poderíamos dizer de maneira algo acentuada: Apel não busca como Kant a instância suprema ("fundamentação última") na razão (prática), mas sim na *comunidade dos seres racionais*. Quem quer fazer valer o seu direito (p. ex., com vistas à proteção de sua vida, à sua saúde, à propriedade ou determinadas liberdades) dirige requisições (a saber, de respeito) a outros. Ele tem o dever de justificar suas requisições diante dos outros e se confrontar inversamente com as suas requisições. Ele entra, com isso, em uma comunidade comunicativa, em um "discurso", isto é, em uma troca significativa de argumentos, vinculada a regras de jogo (é somente nesse sentido estreito e preciso que o "discurso" degradado à palavra de todo mundo é significativo).

Podemos supor que o resultado de um tal discurso não estaria muito distante da "regra áurea": "o que tu não queres..." e do imperativo kantiano "Age de tal maneira que o motivo que de levou a agir possa ser convertido em lei universal (e, com isso, como motivo para todos os homens)" – se o discurso tivesse lugar e fosse levado até o fim.

Por mais louvável que pudesse ser encontrar uma "fundamentação última" para a ética – não podemos reprimir aqui algumas considerações. Um tal discurso não é uma representação fortemente idealizada? Nele, os participantes precisariam possuir uma igualdade de direitos, enquanto na vida real, no caso concreto, frequentemente um está sob o domínio do outro. Os participantes também precisariam, ao menos aproximadamente, trazer consigo a mesma capacidade de discussão, isto é, conhecimento material e dom de formulação[79]. Por fim, o discurso precisa de tempo, enquanto os problemas éticos na vida, sem levar em conta se o que está em questão é doença ou morte do homem singular ou questões relativas ao destino da sociedade, se encontram sob uma pressão temporal que não pode ser suprimida.

Outras objeções contra a ética do discurso dizem: a participação no discurso exige que cada um respeite o outro. Isso já não pressupõe a norma ética, que deve resultar primeiramen-

---

79. Sigo aqui a ideia de SPAEMANN, R. *Glück und Wohlwollen* – Versuch über Ethik (*Felicidade e bem-estar* – Ensaio sobre ética), 1989.

te do discurso? Mais grave ainda: os não natos e mesmo as criaturas mudas não podem participar do discurso.

Espero não ampliar além da medida o conceito de "ética discursiva", se lançar aqui um olhar sobre uma obra que parece vir à primeira vista de um outro mundo – menos porque o autor é americano, mas porque essa obra está próxima, no estabelecimento de suas metas, da prática da vida social: a *Teoria da Justiça*, do americano John *Rawls*[80] (nasc. em 1921). O fato – para o qual entre outros mesmo Karl Popper aponta – de na sociedade industrial os laços estreitos da família e de pequenas comunidades abarcáveis terem se afrouxado multiplamente e até mesmo se dissolvido; o fato de o singular, por outro lado, em uma sociedade e em uma comunicação midiática, estar inserido em conexões de efeitos que não são perceptíveis para ele, também é válido para o âmbito da economia. Como é que o particular pode perceber as conexões em um âmbito no qual provavelmente a maior parte de toda criminalidade está em casa? Como é que ele pode construir um juízo diante dos "escândalos", nos quais as somas dos danos chegam às centenas de milhões? Em todo caso, a ética deveria tentar incluir esse âmbito em suas reflexões. O livro de John Rawls é uma contribuição para esse empenho – no qual as igrejas também possuem uma parcela essencial. O que Rawls pretende é em grande parte oferecer uma teoria da justiça *social*.

Tal como Apel, o que está em questão para Rawls também é um discurso *fictício*. A troca de argumentos, da qual parte Apel, não tem lugar realmente em todas as situações; *caso* ele tivesse lugar, porém, ele precisa transcorrer – segundo Apel – no sentido da ética do discurso. Para Rawls, o discurso é fictício por assim dizer em um duplo sentido: supõe-se que ele já se deu em um passado distante.

O ponto de partida de Rawls é um contrato fictício em um "estado originário" (isso nos faz lembrar naturalmente do *Contrat social*, de Rousseau): nesse estado, as pessoas (pensando e agindo racionalmente) devem tomar uma decisão quanto aos princípios corretos para a construção da sociedade humana. O particular em tudo isso consiste no fato de elas se encontrarem sob um "véu de ignorância": elas possuem, em verdade, representações de problemas e conexões sociais, mas não sabem em que posição (em que classe, em que profissão, em que família, com que inteligência, com que sexo) entrarão na sociedade; portanto, elas precisam ter presente o fato de começarem em uma posição privilegiada ou mesmo intensamente prejudicada.

Segundo Rawls, elas se decidirão por dois princípios: por um lado, direitos (ou chances) iguais para todos os homens, por outro lado, desigualdade na distribuição, uma vez que toda a sociedade, mesmo a camada mais baixa, tem vantagens com a desigualdade (p. ex., uma elevada aspiração ao desempenho por parte dos indivíduos responsáveis).

---

80. RAWLS, J. *A theory of justice*, 1971 [Em alemão: *Eine Theorie der Gerechtigkeit (Uma teoria da justiça)*, 1975]. Na Alemanha, foi antes de tudo Ottfried Höffe quem discutiu as ideias de Rawls. Em 1987, ele apresentou com sua obra *Politik und Gerechtigkeit* (*Política e justiça*) uma "fundamentação" própria "de uma filosofia crítica do direito e do Estado".

De acordo com Rawls, uma sociedade assim estruturada corresponde tanto ao nosso sentimento moral quanto a princípios racionalmente fundamentáveis. É preciso observar que Rawls olha mais para a justiça *no interior* de uma sociedade do que para uma distribuição justa *entre* sociedades, por exemplo, entre países ricos e pobres.

A teoria de Rawls provocou muita discussão. Ela suscitou entre outras coisas a crítica de que não se encontraria muito distante do consequencialismo; assim como a crítica (similar a essa) de que – como a maioria dos pensadores contemporâneos da ética – Rawls busca inicialmente princípios e procura deduzir daí direitos (para os indivíduos), enquanto os direitos, de uma maneira mais correta, a saber, os direitos universais do homem, tal como eles foram proclamados pela revolução americana e, então, na Revolução Francesa, é que seriam o fundamental. Assim, a doutrina do direito natural, que não pode ser alterada por nenhuma doutrina humana e por nenhuma legislação estatal, é voltada uma vez mais para o primeiro plano. A doutrina social cristã, em particular a doutrina social católica, sempre se ateve ao direito natural (como estabelecido por Deus). Agora, ela passou uma vez mais a ser honrada na filosofia "mundial". Há direitos fundamentais – é isso que nos diz essa doutrina – que são cada um por si fundamentais: vida, saúde, liberdade de crença, acesso ao saber, por exemplo; esses direitos subsistem um ao lado do outro, não há nenhuma hierarquia entre eles – uma sentença que (como a maioria dos mandamentos morais absolutos) pode levar ao conflito.

9. *Ética evolucionista*

Precisamos recorrer aqui uma vez mais à revolução histórico-espiritual que é designada com a expressão-chave "Teoria da Evolução" e que está ligada antes de tudo ao nome de Charles *Darwin* – com razão, pois Darwin teve, em verdade, antecessores (assim, já encontramos em pensadores do Iluminismo francês a tese da origem animal do homem) e defensores, mas criou uma teoria elaborada e a comprovou com inúmeras observações próprias. É natural perguntar: O que significam para a ética os conhecimentos da teoria da evolução que alteram profundamente a nossa imagem do homem? Entre biólogos e filósofos do século XX desencadeou-se uma discussão ferrenha que alcançou o ápice na última parte do século XX. Ela encontra-se sob a expressão-chave "ética evolucionista"[81].

---

81. Para o leitor que gostaria de encontrar informações mais exatas, eu recomendo a leitura de três obras da rica literatura que quase não está mais acessível: a coletânea *Evolutionäre Ethik zwischen Naturalismus und Idealismus* (*Ética evolucionista entre naturalismo e idealismo*), org. por Wilhelm Lütterfelds com a colaboração de Thomas Mohr, 1993. Contém ensaios de defensores, assim como de opositores da ética evolucionista e uma síntese de Franz M. Vuketiks. Dois ensaios de Christian Vogel discutem os problemas de maneira precisa e penetrante: 1) Há uma moral natural? Ou o quão antinatural é a nossa ética? In: MEIER, H. (org.). *Die Herausforderung der Evolutionsbiologie* (*O desafio da biologia evolucionista*), 1988. 2) Evolution und Moral (*Evolução e moral*). In: MAIER-LEIBNITZ, H. (org.). *Zeugen des Wissens* (*Testemunhos do saber*), 1986. Cf. também VOGEL, C. *Vom Töten zum Mord* (*Do matar ao assassinato*), 1989.

A relação entre teoria da evolução e moral já tinha ocupado o próprio Darwin. Em verdade, ele estava convencido "de que de todas as diferenças entre o homem e o animal o sentimento moral ou a consciência eram de longe as mais significativas"[82]. Por outro lado, ele acreditava reconhecer o fato de a moral humana precisar ter se desenvolvido a partir de "instintos sociais" amplamente difundidos no reino animal: "Parece-me provável em um grau elevado" (Darwin expressou-se cautelosamente) "que todo animal com instintos sociais bem-formados (amor aos pais e aos filhos inclusive) alcançaria inevitavelmente um sentimento ou uma consciência moral, logo que suas potencialidades intelectuais tivessem se desenvolvido de maneira tão ampla ou quase tão ampla como no homem".

Será que nossa moral é um produto da evolução e, com isso, "natural" – ou será que a eticidade consiste muito mais em resistir a impulsos naturais? Logo depois da morte de Darwin (1882) desencadeou-se uma contenda encarniçada sobre essa questão. Thomas Henry *Huxley* (1825-1895, avô do biólogo Julian Huxley, assim como do poeta Aldous Huxley), com certeza o mais influente defensor da doutrina darwinista no século XIX (já antes de *A origem do homem*, de Darwin, ele defendia a aplicação da doutrina da evolução ao homem), apontou com ênfase para o fato de a moral ter de pôr termo aos ímpetos naturais do homem. O acontecimento natural da evolução seria moralmente indiferente, o homem enquanto ser natural tende a conduzir a luta pela existência de maneira implacável e se multiplicar sem limites. Não se pode deduzir nenhuma orientação ética da natureza. O caminho, que o homem tende a tomar como descendente do animal, corre necessariamente de encontro ao caminho do homem moral[83].

Peter Aleksejewitsch *Kropotkin* (1842-1921), que se tornou com a sua primeira obra central o líder teórico da ala anarquista dos socialistas russos[84], retirou em sua segunda obra principal intitulada *Mutual Aid* consequências totalmente diversas da observação da evolução (apesar de concordar com Darwin em muitas coisas). Kropotkin critica os darwinistas que representam a natureza como um campo de batalha gigantesco, no qual o forte aniquila o fraco sem qualquer consideração. A natureza também oferece inúmeros exemplos de cooperação e ajuda mútua. A doutrina que temos de retirar da natureza não é, por exemplo, a "luta impiedosa de todos contra todos", mas muito mais: "Não brigai!" "Reuni-vos, exercei a ajuda mútua". A natureza não nos ensina de maneira alguma o amoralismo; o conceito do bem e do bem supremo seriam deduzidos muito mais da natureza.

---

82. DARWIN, C. *The descent of man, and selection in relation to sex*, 1871 [Em alemão: *Die Abstammung des Menschen und die geschlechtliche Zuchtwahl* (*A origem do homem e a seleção sexual*), 1871]. Também é dessa obra a próxima citação de Darwin.

83. HUXLEY, T.H. *The struggle for existence in human society*, 1888. HUXLEY, T.H. *Evolution and ethics*, 1893.

84. KROPOTKIN, P.A. *Paroles d'un revolté*, 1885 [Em alemão: *Worte eines Rebellen* (*Palavras de um revoltado*), 1898]. A segunda obra central foi escrita em inglês: *Mutual aid, a factor of evolution*, 1899 [Em alemão: *Gegenseitige Hilfe in der Entwicklung* (*Ajuda mútua no desenvolvimento*), 1904].

Hoje, os *fronts* continuam transcorrendo de maneira semelhante à que se tinha cem anos atrás. De um lado, encontram-se os defensores da etologia ou da pesquisa comportamental que agora já é designada – sem levar em conta a sua juventude – "clássica". Konrad *Lorenz* (1903-1989), o seu defensor mais conhecido na esfera pública mais ampla, atribuiu aos animais que vivem de maneira sociável um "comportamento análogo à moral" e apontou para o fato de frequentemente só se conseguir distinguir com dificuldade, em face das semelhanças nas funções e nas realizações dos instintos sociais com os mandamentos morais humanos, se somos levados a um determinado comportamento por meio de impulsos oriundos de camadas profundas e pré-humanas de nossa pessoa ou por reflexões no estágio mais elevado de nossa razão.

Será que não seria possível pensar que um comportamento análogo à moral e autossacrificante em favor do grupo ou da espécie seria fomentado e recompensado pela evolução, que o homem só carece de uma moral "artifical", isto é, uma moral apoiada na razão, quando ele passa das formas de vida "naturais" para a civilização? Konrad Lorenz tem razão ao pensar que habita naturalmente nos animais que vivem socialmente e, com eles, nos homens um bloqueio instintivo ao ato de matar seus companheiros de espécie (muitas lutas entre concorrentes no reino animal não acaba com a morte do subjugado, mas com um gesto de submissão), que só foi quebrado pelo homem dos primeiros tempos, quando ele descobriu a pedra lascada como instrumento e arma?

Uma tentativa radical de "biologizar" a ética e, com isso, de retirá-la das mãos dos filósofos foi empreendida pelo americano Edward O. *Wilson*[85] (nasc. em 1929). Wilson desenvolveu uma imagem conjunta biologicamente fundada do mundo desde as ciências naturais, o espírito humano, a interpenetração de uma condicionalidade genética e a evolução cultural do homem até a arte, a ética e a religião. É difícil abordar a partir daí o problema ético e a fundamentação da ética, porque o tema está assentado para Wilson na conexão total.

Restrinjo-me à referência de alguns prós e contras a certos argumentos centrais oriundos da discussão atual, sem apontar sempre aí para os pontos de vista diversos dos pensadores em questão.

Pró: o fato de a vida humana ter se desenvolvido durante vários bilhões de anos a partir dos primórdios mais simples em direção a formas cada vez mais elevadas, cada vez mais complexas, pode ser considerado como uma hipótese bem assegurada, assim como o fato de o homem ter se desenvolvido no curso dos últimos milhões de anos a partir de ancestrais animais. Mas se o conjunto da vida terrena, incluindo aí a vida humana, é produto dessa evolução, en-

---

85. WILSON, E.O. *Sociobiology*: The New Synthesis, 1975. Como introdução, também é apropriado o livro de Wilson: *On human nature* [Em alemão: *Biologie als Schicksal* (*Biologia como destino*), 1980]. Em 1998, foi lançada uma outra obra muito estimada de Wilson: *Consilience* [Em alemão: *Die Einheit des Wissens* (*A unidade do saber*), 1998]. Uma posição contrária à petição de Wilson de "retirar a ética das mãos dos filósofos e "biologizá-la" é oferecida por SINGER, P. *The expanding circle, ethics and sociobiology*, 1981. As duas obras refletem a discussão em torno da biologia e da teoria da evolução por um lado e, por outro lado, em torno de filosofia e ética, uma discussão que já dura 40 anos no mundo de língua inglesa.

tão mesmo as conquistas espirituais e culturais do homem e, por fim, mesmo os seus conceitos morais precisam ser compreendidos como resultados da evolução e, com isso, a partir dela.

Contra: talvez seja possível reconhecer e investigar o surgimento paulatino de uma moral humana no processo evolutivo. Nesse caso se mostra: todas as culturas conhecidas da história construíram por um lado uma moral; por outro lado, só o homem pode apresentá-la. Esse fato pode tornar compreensível como o homem chegou paulatinamente a representações morais. Ora, mas será que também se pode explicar ou fundamentar a partir daí a *validade* de mandamentos morais? Como deve acontecer aqui o salto do ser para o dever, como deve ser evitado o paralogismo naturalista que parte do ser para o dever?

Pró: é equivocado, mesmo desprovido de necessidade, fundamentar a moral a partir de âmbitos transcendentes (religiosos, metafísicos). A ética é criada pelos homens. Ela também precisa atentar e levar em conta cuidadosamente a peculiaridade do homem enquanto ser natural, enquanto "natureza dos homens"; uma doutrina moral por demais rigorosa, cujas exigências não podem ser realizadas pelo homem, é sem sentido.

É de se supor que o debate chegue aqui ao seu fim; com isso, porém, a questão não é respondida: Que tipo de ética pode ser deduzido da evolução, até onde a investigamos e compreendemos? As coisas não se dão de maneira alguma de um tal modo que uma ética nesse sentido evolucionista precisaria confluir para o egoísmo e para a luta impiedosa pela existência. E é falso equiparar genericamente egoísmo e comportamento amoral. Quase todo comportamento humano é egoísta ou contém ao menos egoísmo e isso por si só não é reprovável. Há um altruísmo moralmente reprovável e há um agir reprovável que não emerge do egoísmo. Mesmo o cristianismo só exige que amemos o próximo "como a nós mesmos", mas não *mais* do que a nós mesmos.

Aqui surge a questão: É pertinente dizer que a evolução, que trabalha com o meio da seleção natural, favorece constantemente o egoísmo crasso, que se impõe impiedosamente às custas de todos os concorrentes na luta pela alimentação, pela presa, pelo lugar de construção do ninho, pelo campo de caça e pelos parceiros sexuais (é assim que as coisas se parecem à primeira vista) – ou será que a evolução também fomenta um comportamento altruísta "análogo à moral"? Essa questão já tinha ocupado e mesmo irritado Darwin. Ele girava meditabundo em torno desse ponto: em uma tribo ou povo, os nobres, os não egoístas morrerão antes na luta na linha de frente do que os covardes que se mantêm intencionalmente mais lá para trás – nesse caso, como é que seria possível que o número de homens nobres e virtuosos aumentasse no curso da evolução? Darwin não conseguiu fazer frente a esse problema. Ele fugiu em direção à tese (hoje abandonada) da herança de propriedades adquiridas.

O mecanismo com o qual a seleção natural trabalha só foi desvendado em certa medida nas últimas duas décadas: aquilo que é exitoso no sentido da seleção é aquilo que consegue transferir as suas disposições herdadas de maneira mais forte do que os seus competidores para as gerações futuras. Nesse caso, o que é decisivo não é o número de atos de procriação, mas o número de descendentes criados exitosamente até a sua própria puberdade. O que possui sucesso no sentido da evolução não é o indivíduo enquanto tal, mas apenas o indivíduo enquanto portador de um programa herdado, enquanto portador de seus gens. Nesse sentido, o particular é apenas um veículo dos gens. Sua conservação e ampliação é a meta propriamente dita da evolução. O programa herdado de um indivíduo encontra-se – com uma probabilidade nivelada que é conhecida em princípio desde Gregor Mendel – em seus descendentes diretos e em seus irmãos.

Se o processo de seleção natural tem por meta os gens, os "gens egoístas"[86], então é fácil perceber que o "nepotismo", ou seja, o fomento dos descendentes dos parentes, também pode representar um programa de sucesso no sentido da seleção. Ele também não acontece raramente no reino animal, entre outras espécies nos pássaros. Considerado por si, um parente, que abdica da procriação e toma parte no cuidado e na criação dos filhos de seu parente, age consequentemente, em verdade, de maneira altruísta, mas, no sentido da evolução, a partir inteiramente daquilo que é útil para si, uma vez que ele auxilia a conservação e a difusão das disposições herdadas que são intrínsecas aos seus. Com isso, é compreensível que, no reino animal, um comportamento altruísta só entre em cena lá, onde o favorecido é um parente próximo, nunca, porém, em favor da espécie ou do gênero. – Em outras palavras: o fato de os homens reprimirem na família ou nos pequenos grupos o seu egoísmo e, por vezes, se sacrificarem, mas agirem fora desse âmbito de maneira totalmente diversa: essa dupla moral é uma herança do reino animal. Assim, compreendemos em que medida um homem pode ser um pai de família dedicado (talvez mesmo um amante sensível da arte e da música) e, contudo, possa ser ao mesmo tempo capaz da maior de todas as brutalidades ante aqueles que estão fora, que ele não conta como de seu grupo, de sua posição, de sua nação, de sua raça ou qualquer outra coisa.

Se aceitarmos o resultado inequívoco da biologia, então uma coisa é certa: considerado a partir do plano dos gens, todo comportamento humano é visado geneticamente a partir da utilidade para si, por mais altruísta que possa parecer. *Nessa medida*, a natureza não pode nos ensinar nenhuma moral.

Naturalmente: tomar um gen egoisticamente ("selfish") não é outra coisa senão uma metáfora. Um gen não é uma pessoa, ele não possui nenhuma liberdade de decisão, não pode ser avaliado moralmente. Na ética, porém, nós não temos algo em comum com gens, mas com *homens*. Um homem é mais do que um veículo, que transporta disposições herdadas para a próxima geração. Ele é (para falar teoricamente) um sistema de uma ordem superior e possui, com isso, propriedades que são novas em relação a sistemas inferiores; e ele tem um campo de jogo (ainda que certamente limitado) para decisões livres. Toda ética precisa pressupor isso; um ser que só é dirigido por leis naturais não pode tornar-se responsável por seu comportamento (por isso, achamos ridículos processos judiciais contra animais).

---

86. DAWKINS, R. *Das egoistische Gen* (*O gen egoísta*), 1978 [Em inglês: *The Selfish Gene*, 1976].

O homem – não há como acentuar isso de maneira suficientemente intensa[87] – deu um passo para além da evolução natural ao criar para si na linguagem – na linguagem conceitual simbólica – um instrumento, do qual nenhum outro animal dispõe. (Continua havendo muito pouca coisa certa sobre o surgimento da linguagem, esse surgimento que transcorreu evidentemente de maneira paralela ao acréscimo brusco do volume cerebral há mais ou menos 2 milhões de anos.) Nesse momento, o homem pôde, apoiado pelo fato de a linguagem tornar possível tanto a comunicação (a troca entre os viventes) quanto a tradição – a transmissão de conhecimentos e experiências aos descendentes – imprimir um ritmo mais rápido ao desenvolvimento. A evolução cultural transcorre muito mais rapidamente do que a evolução biológica. Aquilo que Herder tinha em vista ao denominar o homem o "primeiro ser liberto da natureza" foi expresso da seguinte forma por um dos principais pensadores do presente, por Hans Jonas (do qual tratarei mais detidamente na próxima seção): "No homem, a natureza perturbou a si mesma e foi só em seu dom moral que ele deixou aberto um equilíbrio incerto para a segurança abalada da autorregulação".

Aquilo que tanto Herder quanto Jonas e Gehlen pressupõem, ou seja, o fato de o homem se mostrar comparativamente com o animal como um ser precário, dotado de maneira carente em termos de instintos, não é totalmente correto, uma vez que o mais semelhante ao homem dentre os primatas, o chimpanzé, também chega ao mundo do mesmo modo sem os instintos necessários à sobrevivência. Ele precisa aprender de início quase tudo: busca de alimentos (o que é comestível e o que não é, o que cresce aonde, quando ele está maduro), assim como o comportamento social no grupo e a criação dos filhos. Além disso, um chimpanzé criado pelos homens teria tão poucas chances de sobreviver na selva quanto um recém-nascido jogado fora; ele não pode mais se adaptar à vida selvagem. Assim, o chimpanzé apresenta a princípio traços essenciais que caracterizam o homem.

Podemos retirar agora uma conclusão: a expressão "ética evolucionista" só conquista sentido, se compreendermos por evolução tanto a evolução biológica quanto a cultural. O cérebro do homem e seu admirável sistema nervoso – os dois no máximo investigados e compreendidos embrionariamente – o colocam em condições de planejar antecipadamente o seu agir em direção ao futuro, de imaginar circunstâncias que não existem, mas que podem se dar. Só assim o homem conquista um campo de jogo para agir – nós o denominamos liberdade – que os animais não possuem e que o capacita a se sentir responsável.

Além disso, o homem é o único ser vivo que formou a capacidade para reconhecer em seu próximo a "pessoa", o sujeito moral, e para simpatizar com ele – o que os antropoides que se encontram mais próximos do homem evidentemente não conseguem. Essa capacidade é, como já o sabia Adam Smith, a base da moral.

---

87. Sigo aqui a linha de pensamento que Hubert Merkl formulou entre outros lugares no ensaio "Evolution und Freiheit" (Evolução e liberdade). In: MAIER-LEIBNITZ, H. (org.). *Zeugen des Wissens* (*Testemunhos do saber*), 1986, p. 433ss.

10. Responsabilidade

Ao final desta visão panorâmica, nós nos voltamos uma vez mais para a ética prática, para os desafios diante dos quais o homem se encontra hoje colocado e para as contribuições que a filosofia pode dar para que nós os enfrentemos. Nesse caso, há antes de tudo uma voz que merece ser escutada: Hans *Jonas* (1903-1999). Jonas nasceu em Mönchengladbach. Depois de um estudo amplo, entre outros também com Martin Heidegger, ele precisou abandonar a Alemanha em 1933 por causa de sua origem judaica. Assim, ele foi para a Inglaterra e, em seguida, para Jerusalém. Em 1934, um de seus trabalhos ainda conseguiu ser publicado na Alemanha[88]. Ele lutou na Segunda Guerra Mundial no exército britânico, no âmbito de uma brigada judaica. Sua mãe morreu em Auschwitz. Depois de 1945, ele ensinou primeiro no Canadá e, em seguida, em muitas universidades americanas. Após ter redigido uma obra importante[89], ele resolveu escrever a sua obra principal em termos do nosso contexto, *O princípio responsabilidade*[90], em sua língua materna, em alemão – como se encontra expresso no prefácio, "por causa dos limites da vida, assim como por causa da urgência do objeto"; a formulação equivalente na língua inglesa adquirida teria custado muito mais tempo. O título é escolhido a partir de uma rejeição consciente ao título da obra de Ernst Bloch *O princípio esperança*, uma obra matizada marxianamente. Dentre as obras tardias de Jonas precisamos citar *Technik, Medizin und Ethik* (*Técnica, medicina e ética*), assim como *Der Gottesbegriff nach Auschwitz* (*O conceito de Deus depois de Auschwitz*)[91]. Mais ou menos a partir de 1970, Jonas tornou-se uma vez mais conhecido por meio de ensaios e conferências na Alemanha. Ele tinha se ocupado por essa época intensamente com problemas ligados à biologia, à medicina e à técnica e se tornou um dos principais representantes de uma ética filosófica que coloca a proteção da criatura no ponto central.

Posso articular-me aqui com a seção "homem e natureza" nesse capítulo. Foi só de maneira completamente gradual (visto retrospectivamente: talvez tarde demais) que a humanidade e mesmo os filósofos se conscientizaram de que o aumento desenfreado do homem e a multi-

---

88. JONAS, H. *Gnosis und spätantiker Geist* (*A gnosis e o espírito da Alta Antiguidade*). Primeira parte, 1934.

89. JONAS, H. *The Phenomenon of Life* – Towards a Philosophical Biology, 1963 [Em alemão: *Organismus und Freiheit* – Ansätze zu einer philosophischen Biologie (*Organismo e liberdade* – Princípios para uma biologia filosófica), 1973].

90. JONAS, H. *O princípio responsabilidade* – Tentativa de uma ética para a civilização tecnológica, 1979. Muito antes de Jonas, Walter Schultz deu à parte sobre ética de sua obra *Philosophie in der veränderten Welt* (*Filosofia no mundo transformado*, 1972) o título "Responsabilidade". Em 1989 surgiu o livro de Walter Schultz *Grundprobleme der Ethik* (*Problemas fundamentais da ética*).

91. JONAS, H. *Technik, Medizin und Ethik, Zur Praxis des Prinzips Verantwortung* (*Técnica, medicina e ética, para a prática do princípio responsabilidade*), 1985. Originalmente planejada como a última parte do *Princípio responsabilidade*. • *Der Gottesbegriff nach Auschwitz* – Eine jüdische Stimme (*O conceito de Deus depois de Auschwitz* – Uma voz judaica: Conferência), 1984 e 1987.

plicação de suas possibilidades de atuação por meio da ciência e da técnica podiam colocar em risco a natureza como um todo. Assim, precisamos nos perguntar: o homem não tem uma responsabilidade pelos animais e pelas plantas, pela biosfera, pelo conjunto da natureza, pela habitabilidade da terra? Será que essa responsabilidade se estende para além do presente, será que ela inclui a vida de gerações futuras?

Foi isso que deu o impulso para a obra de Jonas. Já antes dele, porém, o australiano John *Passmore* apresentara uma defesa impressionante no sentido de uma tal responsabilidade[92]. Além disso, já no século XIX, G.P. *Marsh* culpou na América o homem por destruir o equilíbrio da natureza[93]. Depois da Segunda Guerra Mundial, Aldo *Leopold* exigiu nos Estados Unidos uma ética que reconhecesse e respeitasse o todo da natureza (a biosfera da terra) como uma conexão una de efeitos. Uma tal relação com a natureza parece ter sido um traço essencial das religiões e culturas indígenas antes da conquista da América pelos europeus[94].

A obra de Jonas começa com a constatação de que todas as éticas até aqui compartilham dos mesmos pressupostos simples. O estado humano (a natureza do homem e a natureza das coisas) está fixado de uma vez por todas em seus traços fundamentais. Sobre essa base é possível determinar de maneira fácil e inequívoca aquilo que é humanamente "bom". A amplitude do agir humano e, com isso, da responsabilidade humana é circunscrita de modo estreito.

Esses três pressupostos não valem mais hoje. Com isso, a ética também precisa se alterar: todas as éticas até aqui eram antropocêntricas, elas só se referiam à relação entre os homens. As metas do agir humano sempre residiram até aqui do lado do agente, ao seu alcance; o espaço de tempo para a previsão e, portanto, para a calculabilidade era curto. O "horizonte ético" era estreito, limitado ao círculo imediato e ao presente, ou seja, aos que viviam no mesmo tempo. Foi nesse sentido que Kant disse ser necessário pouca perspicácia e conhecimento do mundo para agir eticamente de forma correta.

Esse estado de coisas é hoje diverso: para poder avaliar as consequências, por exemplo, de novos métodos na medicina ou da utilização de energia solar ou da construção de uma barragem gigantesca, carece-se de um conhecimento material extremo (mas mesmo os especialistas mais estimados não conseguem por vezes chegar a um acordo em comissões destinadas ao estabelecimento de pareceres). Essa é a principal razão para o fato de o filósofo só poder operar hoje no campo da ética em um contato estreito com os especialistas oriundos das ciências. O saber requisita o seu lugar na moral – e, de maneira totalmente particular, o saber difícil de ser alcançado acerca dos efeitos remotos de nosso agir sobre o futuro.

Como um tal saber permanece incessantemente incerto, surge uma primeira exigência: em dúvida, é melhor dar ouvidos ao pior prognóstico (ou seja: no lugar do princípio esperança

---

92. PASSMORE, J. *Man's Responsability for Nature*. 2. ed. 1980.

93. MARSH, G.P. *Man and Nature*, 1964.

94. CALLICOTT, J.B. Traditional Indian and Traditional Western Attitudes to Nature – An Overview. In: ELLIOT, R. & GARE, A. (orgs.). *Environmental Philosophy*, 1983.

entra em cena antes o princípio receio). Para falar de maneira totalmente concreta, vejamos um exemplo: enquanto não estivermos seguros se, quando e como é possível resolver o problema do armazenamento seguro do lixo radioativo, dever-se-ia contar com a possibilidade de que não se consiga realizar um tal armazenamento em um tempo determinado.

Responsabilidade está constantemente vinculada a poder. Como o homem obteve um grande acréscimo de poder em relação à natureza (e aos animais), ele também porta mais responsabilidade. Arquétipo de toda responsabilidade é a relação com a própria criança: a criança é o "objeto originário da responsabilidade". Com isso, também está claro que responsabilidade exige constantemente mais um dar do que um receber.

Naturalmente, o apelo que parte desse exemplo para todos aqueles que sentem normalmente é certamente mais fraco e se desvanece paulatinamente, quando não se encontram em questão os próprios filhos e netos, mas os tatara-tatara-tatara-netos, que talvez venham a viver no século XXII...

Segundo Jonas, a veneração diante do homem impõe que mantenhamos para o homem que vive no futuro a possibilidade de viver como *homem*, em liberdade e dignidade – que vejamos na humanidade algo "sagrado, ou seja, algo que não pode ser em circunstância alguma ferido". Isso é suficiente sobre Jonas.

Em uma outra obra, que é dedicada expressamente ao problema "o que devemos às gerações futuras"[95], ganham voz opiniões completamente diversas; até mesmo aquela segundo a qual não é reprovável se nós consumirmos hoje de maneira liberal recursos insubstituíveis e se reduzimos, por meio disso, as possibilidades de vida de gerações posteriores. Vê-se que se trata de um problema eminentemente prático, pois *se* afirmamos que possuímos deveres em relação aos que estão por vir, então também precisamos estar prontos para fazer sacrifícios em nome desse dever e abdicar de algo.

O problema "Deveres em relação a não natos" é similar ao problema dos deveres em relação ao estranho e ao "que se encontra mais distante". Se um povo está suficientemente ou mesmo abundantemente abastecido, não é apenas louvável, mas mesmo moralmente indicado que ele faça sacrifícios, que os seus membros abdiquem de privilégios para si, para seus filhos e amigos, a fim de poder ajudar aqueles que estão longe e se mostram como carentes? Nos dois casos, o que está em questão é o seguinte: Até que distância (espacial ou temporal) alcançam os nossos deveres? Pode-se argumentar que nossos deveres cessam, onde os homens ainda não existem de modo algum (ou só existem potencialmente)? E se todos os homens abdicassem hoje da procriação? Nesse caso, não haveria mais certamente nenhuma geração, com a qual pudéssemos estar comprometidos por uma relação de dever! Será que temos o dever de conservar o gênero *homo sapiens*? Alguns pensadores afirmam isso e dão como fundamento o fato de que o fim do homem também significaria o fim de todas as suas conquistas e planos espirituais, artísticos, religiosos e morais. Isso não é convincente para todos.

---

95. SIKORA, R.J. & BARRY, B. (org.). *Obligations to Future Generations*, 1978.

Jonas discute longamente a questão (Será que podemos afirmar que ela hoje já está ultrapassada?) de saber se o marxismo ou o capitalismo são mais adequados para enfrentar os perigos do futuro. Ele se volta – tal como Karl Popper – contra a sedução das utopias futuras. Precisamos acentuar o fato de Jonas não ensinar que toda ética até aqui precisaria ser *substituída* por algo novo. Ele diz quanto a isso: "Hesito em afirmar que a ética como um todo precisaria ser agora renovada – os mandamentos do amor ao próximo, da caridade, da justiça e da fidelidade continuam existindo". No entanto, a ética precisa ser *completada*, coberta por um novo horizonte, muito mais amplo.

O que ensina Jonas, o que ensinam outros pensadores que veem os perigos de maneira igualmente clara, por exemplo, Vittorio *Hösle*[96] (um de seus livros é dedicado a Jonas), é convincente enquanto diagnóstico. Como as coisas se encontram no que concerne ao auxílio? O que devemos fazer?

Jonas expõe-se em relação a esse ponto da seguinte forma: "Será que há uma receita, um remédio, um caminho trafegável, sobre o qual talvez possamos contornar a ameaça que se crava em nossos olhos? É provável que isso seja o que todos gostariam mais de saber. E, ao mesmo tempo, isso é o que menos podemos oferecer... Assim, precisamos esperar que seja bem provável que os homens – a grande maioria dentre eles sem qualquer ideia quanto a isso – continuem caminhando como lêmingues em direção ao abismo. Certamente: em seu mais secreto, Cassandra espera não ter razão"[97].

V. Cérebro, consciência e espírito

Em uma visão retrospectiva da filosofia do século XX, articulada com uma visualização prévia da filosofia do século XXI, Hans Jonas – que tinha passado antes da emigração pela escola tanto de Husserl quanto de Heidegger – apontou para uma deficiência que pode ser constatada através de quase toda a história da filosofia ocidental: "certo desprezo pela natureza, oriundo do espírito que se sente superior a ela"[98]. Desde os primórdios platônico-cristãos até o século XX é predominante um dualismo entre alma e corpo, entre espírito e matéria. A oposição passa pelo homem, mas os pensadores não estavam de acordo quanto a que lado o homem realmente pertencia. O corpo humano com a sua debilidade, com as suas necessidades cotidianas, era pouco digno da atenção de um grande pensador.

---

96. HÖSLE, V. *Die Krise der Gegenwart und die Verantwortung der Philosophie* (*A crise do presente e a responsabilidade da filosofia*), 1990. • *Philosophie der ökologischen Krise* (*Filosofia da crise ecológica*), 1991. • *Praktische Philosophie in der modernen Welt* (*Filosofia prática no mundo moderno*), 1995.

97. Hans Jonas em um diálogo com Ulrich Beck e Walter Ch. Zimmerli, impresso na coletânea organizada por Dietrich Böhler: *Ethik für die Zukunft* – Im Diskurs mit Hans Jonas (*Ética para o futuro* – Em diálogo com Hans Jonas), 1994.

98. JONAS, H. *Philosophie* – Rückschau und Vorschau am Ende des Jahrhunderts (*Filosofia* – Visão retrospectiva e visualização prévia no fim do século), 1993, p. 22.

René Descartes merece uma posição central nesse desenvolvimento. Sua doutrina cindiu bruscamente o mundo dos corpos, da matéria, daquilo que é extenso, do mundo da consciência, do pensamento, do espírito. O mundo dos corpos tornou-se o domínio das ciências naturais, os filósofos se sentiam responsáveis pelo mundo do espírito – enquanto a filosofia deveria ter requisitado por direito o lugar para além da dicotomia entre matéria e espírito. A unilateralidade que acaba de ser criticada também é apresentada pela fenomenologia de Husserl, que só estuda a consciência "pura". E mesmo Martin Heidegger, que descreve o homem em sua existência cotidiana, no cuidado, no pensamento da morte irremediável, passa de qualquer modo por cima de tudo aquilo que a evolução biológica pode enunciar sobre o homem, e evoca como base de sustentação "uma grandeza extremamente espiritual chamada o seer".

Em retrospectiva, é difícil compreender por que a cisão cartesiana pôde se manter de maneira tão tenaz. Mesmo Descartes não teria podido ver como o álcool e outras drogas influenciam a atividade espiritual.

O pensamento do século XX, em contrapartida, em todo caso o pensamento da segunda metade desse século, é caracterizado por uma recusa ao dualismo cartesiano. Característico dessa reviravolta é um livrinho tal como *Descartes Irrtum* (O erro de Descartes)"[99]. O neurologista Damásio – eu o cito aqui em primeiro lugar por causa do título expressivo de seu livrinho, mas ele se encontra em um amplo *front* de pensadores e pesquisadores com convicções fundamentais semelhantes – começa suas exposições com a história de Phineas P. Gage, que sofreu um grave dano cerebral em 1948 nos Estados Unidos, quando trabalhava como capataz de uma construção ferroviária. Em uma explosão, um trilho de ferro perfurou sua cabeça. De maneira milagrosa, Gage sobreviveu, conseguiu continuar falando e voltou a trabalhar. No decorrer do tempo, contudo, o seu caráter se transformou. De um trabalhador confiável e de um homem amistoso, ele se tornou uma pessoa temperamental, incoerente e impossível de confiança, um brigão e um beberrão. Notável é nesse caso o seguinte: o dano cerebral não produziu uma perda de determinadas aptidões (memória e linguagem, p. ex.), mas uma alteração de personalidade, uma decadência moral.

Partindo desse caso e de outras histórias de casos, Damásio apresenta o fato de não serem apenas a percepção, o conhecimento e o agir voluntário que são dirigidos pelo cérebro com meios neuronais e químicos, mas também as emoções.

A segunda ideia nuclear é: em meio à orientação no mundo à nossa volta, nosso organismo não se guia apenas pelos impulsos que chegam a ele a partir desse mundo; nesse caso, um papel imprescindível é desempenhado pela representação do próprio corpo no cérebro. "O espírito não é provavelmente pensável sem uma forma de *corporificação*".

---

99. DAMÁSIO, A.R. *Descartes Error* – Emotion, Reason and the Human Brain, 1994 [Em alemão: *Descartes Irrtum* – Fühlen, Denken und das menschliche Gehirn (*O erro de Descartes* – Emoção, razão e o cérebro humano), 1997].

Agora estamos no centro do tema deste capítulo conclusivo. O desenvolvimento atual se encaminha para um lento desvendamento das conexões entre cérebro, consciência e espírito – não apenas por meio da filosofia, mas em uma estreita cooperação com a ciência da natureza, mais exatamente: com a biologia e a medicina; ainda mais exatamente: com a pesquisa cerebral ou, como se diz hoje, as neurociências, dentre as quais estão antes de tudo a neuroanatomia, a neurofisiologia, a neuropatologia e a neuropsicologia; também se fala de neurofilosofia, quando se tem em vista essa nova colaboração[100].

Dois ramos de pesquisa ainda podem atuar conjuntamente em favor desse esforço: cibernética, processamento de dados, ciência computacional (ou como quer que se queira chamá-la); e, em particular, com a sua aspiração a alcançar desempenhos em sistemas expertos e em inteligências artificiais (com frequência designada AI = *Artificial Inteligence*), que correspondam àqueles desempenhos do cérebro humano; além disso, a assim chamada ciência da cognição: fisiologia dos sentidos, psicologia, a partir da filosofia a lógica e a Teoria do Conhecimento, por fim especialistas em computação devem colaborar na investigação do processo humano de conhecimento.

Em que relação se encontram, portanto, cérebro, consciência e espírito? De início, precisamos fazer ainda algumas observações prévias a esses três conceitos.

É possível que o mais inequívoco seja o que se entende por "cérebro". Em verdade, segundo a expressão de um dos melhores conhecedores do assunto, o cérebro humano é, em sua construção e em seu modo de trabalho, o objeto mais complicado que o homem encontrou até aqui no universo. Mas qualquer um compreende: o cérebro é a parte mais importante do sistema nervoso central, que está contido no crânio, que apreende e avalia impressões sensíveis (percepção), que as armazena (memória) e que dirige as ações e reações do organismo.

À primeira vista a consciência é fácil de ser definida: ela designa o estado que começa quando desperto do sono e que termina quando adormeço, sou narcotizado ou de algum outro modo fico inconsciente ou morro. Se considerarmos mais exatamente, o conceito se torna confuso; por exemplo, quando perguntamos sobre o papel do sonho ou pelo limite entre a consciência e o âmbito que denominamos inconsciente: algo que sei inteiramente, mas que não tenho nesse instante na consciência, pertence ainda à consciência? (Nesse caso, Sigmund Freud fala de "pré-consciente"; ele contém aquilo que posso trazer à consciência a qualquer momento.) E como se comportam as coisas em relação aos conteúdos, por exemplo, oriundos da mais tenra infância ou do corpo materno, conteúdos que podem estar armazenados em um lugar qualquer, mas dos quais nunca podemos nos conscientizar? Isso pode indicar por que Ernst Cassirer denominou a consciência "o Proteu propriamente dito da filosofia", que está compreendido em uma mudança incessante de significação.

---

100. A expressão neurofilosofia foi, até onde sei, cunhada por Patricia S. Churchland (nasc. em 1943) em seu escrito: *Neurophilosophy* – Toward a unified science of the Mind-Brain, 1986.

O termo "consciência" (*Bewusstsein*) foi introduzido pela primeira vez no uso linguístico alemão por Christian *Wolff* que, em sua obra lançada em 1719 *Vernünftige Gedanken von Gott, der Welt und der Seele des Menschen, und von allen Dingen überhaupt* (*Pensamentos racionais sobre Deus, o mundo e a alma dos homens e sobre todas as coisas em geral*), introduziu a palavra *Bewusstsein* (consciência) como tradução da palavra latina utilizada por Descartes *conscientia*, da qual se derivam tanto o francês *conscience* quanto o inglês *conscience* e *consciousness*. *Conscientia* significa tanto consciência (*Bewusstsein*) quanto consciência moral. À guisa de esclarecimento, Wolff acrescenta: "A primeira coisa é, assim percebemos por meio de nossa alma quando atentamos para ela, justamente o fato de estarmos conscientes de muitas coisas fora de nós. No que isso acontece, dizemos que pensamos e denominamos, por conseguinte, os pensamentos transformações da alma, transformações das quais a alma é consciente. Em contrapartida, quando não estamos conscientes, por exemplo, no sono [...] costumamos dizer que não pensamos". Hoje acrescentaríamos a essa definição o fato de estarmos conscientes de muitas coisas fora de nós e de nós mesmos.

Espírito: esse conceito reservado no passado quase que exclusivamente aos filósofos é bem possivelmente mais plurissignificativo do que consciência. As palavras, que correspondem a ele no grego ou no latim, *pneuma* e *spiritus*, significam originalmente o mesmo que respiração, sopro vital; elas são preenchidas posteriormente com um conteúdo cristão.

A delimitação dos conceitos é ainda mais difícil, quando acrescentamos expressões como psique e alma (hoje compreendidas multiplamente no sentido religioso). Um pensador arguto, a saber, Gilbert *Ryle*[101], achava que o conceito de espírito é inútil para um emprego científico exato por causa de sua plurissignificância manifesta. Acrescenta-se ainda o fato de espírito também significar "fantasma, figura fantasmagórica" (inglês, *ghost*) e de o conceito ocorrer dentre outras coisas em inúmeras aplicações antes metafóricas (espírito da Idade Média, espírito das trevas, espírito pequeno)*. Quem quisesse alinhavar tudo aquilo que os filósofos associaram no curso da história ao conceito de espírito poderia encher um livro. Podemos pensar em Hegel, em Schelling, em Nicolai Hartmann.

Na discussão atual[102], em que na maioria das vezes são os cientistas naturais que têm a palavra, o ponto de partida é outro. O que está em questão é compreender os desempenhos espi-

---

101. RYLE, G. *The concept of mind*, 1949 [Em alemão: *Der Begriff des Geistes (O conceito de espírito)*, 1969].

* O autor também se refere à presença em alemão da expressão *Geisterbild* (ao pé da letra – imagem de espíritos) que designa o aparecimento de imagens distorcidas na televisão. Como não há um correlato em português para essa expressão que mantivesse a palavra "espírito", decidimo-nos por suprimir o termo e acrescentar uma nota explicativa {N.T.}.

102. Para quem quiser alcançar informações mais exatas do que é possível fornecer nessas poucas páginas, duas coletâneas relativamente novas e, com isso, atuais, podem ser úteis: METZINGER, T. (org.). *Bewusstsein* – Beiträge aus der Gegenwartsphilosophie (*Consciência* – Contribuições a partir da filosofia do presente), 1995. • ESKEN, F. & HECKMANN, D. (org.). *Bewusstsein und Repräsentation* (*Consciência e representação*), 1998. Os dois livros contêm contribuições de autores de diversas disciplinas e orientações de pensamento.

rituais do homem (e também dos animais) – também poderíamos dizer, os desempenhos *mentais* (do latim *mens* = entendimento, modo de pensamento, pensamento, mentalidade, "espírito"), uma expressão que alguns preferem por causa da plurissignificância do conceito espírito. De maneira mais precisa: Como as coisas se dão no cérebro, "como é que o cérebro faz" com que o homem tenha consciência? Um dos primeiros a formular a questão dessa forma acentuada foi Francis *Crick* (nasc. em 1916) e, em verdade, no sentido de uma meta de pesquisa científico-natural e, em princípio, alcançável. Crick conquistou fama científica mundial, ao ter descoberto juntamente com James D. *Watson* a estrutura das moléculas de DNA (DNA = designação em inglês para *Desoxyribonucleid acid,* ácido desoxirribonucleico), o portador da informação genética. Os dois receberam por isso o Prêmio Nobel de Medicina em 1962.

A meta estabelecida por Crick é alcançável? No passado, ter-se-ia ridicularizado uma tal meta como utópica – se ela tivesse sido expressa. As opiniões continuam divergindo ainda hoje. Um argumento dos céticos é: o cérebro se formou na evolução como órgão, que ajuda o homem (e seus ancestrais animais) a se orientar em seu meio ambiente e a sair vitorioso na luta pela existência e pela procriação. Ele não é criado para desvelar e compreender o seu próprio funcionamento.

Um outro argumento diz: uma propriedade importante da consciência, mais exatamente, de nosso vivenciar consciente – talvez a mais importante –, é o seu matiz pessoal, a sua qualidade subjetiva. Quando mantenho meu nariz de manhã cedo na brisa primaveril e percebo o cheiro de flores, quando olho à noite no mar para o céu de estrelas tropical; quando me lembro como percorri em 1938, em uma manhã de domingo ensolarada em Berlim, toda a Rua Kufürsterdamm – tudo isso não passa de vivências únicas, inconfundíveis, que não pertencem senão a mim mesmo. A ciência, porém, isso reside em sua essência, investiga coisas que não são patentes apenas para mim, que são muito mais intersubjetivas, que são em princípio acessíveis a qualquer um e comprovável por qualquer um: Como é que uma ponte pode conduzir da realidade objetivamente dada que só é acessível cientificamente para o elemento subjetivo, para a *minha* consciência?

Uma voz cética do passado, o célebre fisiólogo Emil *Dubois-Reymond*, disse em uma conferência dada em 1891 o seguinte: mesmo um espírito laplaciano[103], caso existisse, seria incapaz de explicar o surgimento da consciência. Antes, ele já tinha escrito:

> Que ligação pensável existe entre determinados movimentos de determinados átomos em meu cérebro, por um lado, e, por outro lado, os fatos para mim originários que não podem ser negados: "eu sinto dor, sinto prazer; sinto o gosto de algo doce, cheiro o odor das rosas, ouço sons de órgão, vejo o vermelho..." É inteiramente inconcebível e assim continuará sendo para sempre o fato de que não deveria ser indiferente para uma quantidade de átomos de carbono, de hidrogênio, de nitrogênio,

---

103. Simon Laplace, astrônomo francês, imaginou um espírito que conhece todos os fatos do universo, ou seja, lugar, propriedades, movimento de todas as partículas assim como as leis que as dominam: esse espírito estaria – segundo Laplace – em condições de calcular o estado do universo em cada momento do tempo no passado e no futuro (determinismo).

de oxigênio etc. como eles estão e como se movimentam, como eles estavam e se movimentavam, como eles estarão e se movimentarão. Não se consegue ver de maneira alguma como poderia surgir dessa atuação conjunta a consciência[104].

É fácil de ver que o problema "cérebro e consciência" se sobrepõe em grande parte ao antigo problema psicofísico da relação corpo-alma, que ocupou particularmente Leibniz e seus sucessores imediatos. O problema assumiu naturalmente no século XX uma nova configuração porque não se concebeu mais os dois âmbitos como mundos completamente cindidos. Ele desempenha um papel importante na antropologia filosófica (cf. seção I neste capítulo) e até mesmo na filosofia analítica, na qual antes de tudo Herbert *Feigl* (nasc. em 1902) o colocou uma vez mais em debate[105].

Uma das vozes mais importantes no presente vem do filósofo americano Thomas *Nagel* (nasc. em 1937). De sua obra destaco um pequeno trabalho muito citado, porque ele diz respeito ao tema tratado aqui e porque está acessível em língua alemã[106].

O ensaio de Nagel contém logo no começo a sentença notável: "Sem consciência, o problema espírito/corpo seria muito menos interessante. Com a consciência, ele parece sem esperança".

Morcegos são mamíferos; precisamos supor que eles de algum modo vivenciam coisas conscientemente e fazem experiências. É pensável, contudo, que a organização de sua percepção seja diversa. Eles emitem de maneira extremamente frequente em uma rápida sequência gritos (para o homem inaudíveis) – uma espécie de sonda acústica de ultrassom; eles apreendem o eco que surge, quando esses gritos se chocam com objetos no espaço à sua volta. A partir da combinação do grito emitido e do eco ressonante, seus cérebros podem verificar que tipo de objeto está presente, que forma e grandeza ele possui, como ele se move – de maneira tão exata que eles podem descobrir e pegar no escuro insetos que voam ao redor.

Nossa tentativa de nos transpormos para o mundo representacional e experimental de tais seres acaba necessariamente por fracassar. Não temos nenhuma possibilidade de reconhecer "como é (para um morcego) ser um morcego".

Nagel utiliza esse fenômeno, que ele discute com grande perspicácia, para retirar a consequência: a tentativa de explicar o vivenciar consciente de uma maneira "reducionista" acaba necessariamente por fracassar. Denominamos reducionismo a aspiração por compreender processos em uma camada ontológica mais elevada, na medida em que a reconduzimos (redu-

---

104. As duas conferências de Emil Dubois-Reymond (das quais também provém o seu célebre lema "Ignoramus, ignorabimus" – nós não sabemos e não saberemos) foram reimpressos em 1934: *Vorträge über Philosophie und Gesellschaft* (*Conferências sobre filosofia e sociedade*).

105. FEIGL, H. Mind - Body, not a pseudoproblem. In: HOOK, S. (org.). *Dimensions of mind*, 1960 [Reimpresso em *New readings in philosophical analysis*, 1972].

106. NAGEL, T. What is like to be a bat? Originalmente em 1974. In: *Philosophical Review* [Em alemão: HOFSTADTER, D.R. & DENNETT, D.C. (org.). *Einsicht ins Ich* (*Intelecção do eu*)]. 2. ed., 1986, p. 375ss.

zimos) a processos em uma camada ontológica mais profunda. Exemplo padrão: conseguiu-se amplamente reconduzir processos no âmbito da vida orgânica a processos físicos e químicos que se encontram na base, sem que se precisasse recorrer a uma força vital particular ou a uma entelequia (como o fizeram Hans Driesch ou Bergson com o seu "élan vital").

É até hoje discutível que se possa explicar a consciência de uma maneira reducionista. Nagel o contesta; a já citada Patricia Churchland o afirma e se reporta a exemplos oriundos da história da ciência. Por fim, teorias como a doutrina da evolução ou como a Teoria da Relatividade se impuseram, apesar de elas contradizerem completamente nossas convicções ou intuições enraizadas e fazerem com que elas se mostrem como preconceitos.

Alguns pesquisadores como Francis Crick formularam uma teoria que deve mostrar como o cérebro produz consciência, ao menos como ele possibilita uma atividade perceptiva consciente, ou seja, por exemplo, como ele constrói a partir de inúmeras "informações" oriundas das células visuais uma imagem conjunta, reconhecendo essa imagem, então, por exemplo, como um "animal carnívoro perigoso e hostil". Os incontáveis neurônios participantes são reunidos em redes neuronais e sincronizam seu comportamento[107].

Uma posição totalmente diversa em relação ao nosso problema é assumida pelo matemático Roger *Penrose*[108]. Ele está convencido de que processos físico-quânticos desempenham um papel no cérebro junto ao despontar da consciência e que o segredo só poderá ser desvendado, quando tivermos conseguido ligar uma à outra a Teoria da Relatividade e a mecânica quântica. Encontramos ainda uma outra abordagem do problema em Rodolfo Llinás e seus colaboradores[109]. Eles admitem a existência de "famílias oscilatórias" que se desacoplam no sono profundo e se acoplam no estado de vigília.

O leigo gostaria ao menos de tentar conquistar uma base provisória para um juízo próprio. Gostaria de oferecer para a reflexão dois aspectos que precisam ser levados em conta aqui.

1) *"O teatro cartesiano"*. Essa expressão-chave fornece um exemplo instrutivo do fato de os resultados da moderna pesquisa cerebral poderem encontrar-se em uma contradição crassa com aquilo que intuitivamente consideramos óbvio:

A comida é servida. Alguém coloca em meu prato primeiro a carne, depois as batatas e os legumes. Vejo o que tenho para comer e também sinto o cheiro; um leve vapor indica que a comida está quente. Um rápido olhar à minha volta permite reconhecer que o anfitrião está começando a comer. Pego os talheres e começo a comer.

Que multiplicidade de processos neuronais não atuam conjuntamente nesse simples processo cotidiano! Nós imaginamos que em nossas cabeças – no cérebro, portanto – precisaria

107. CRICK, F.H.C. *The astonishing hypothesis*: the scientific search for the soul, 1994 [Em alemão: *Was die Seele wirklich ist* – Die naturwissenschaftliche Erforschung des Bewusstseins (*O que a alma realmente é* – A pesquisa científico-natural da consciência)].

108. PENROSE, R. *The emperor's new mind* – Concerning computers, minds and the laws of physics, 1989. • PENROSE, R. *Shadows of the mind*, 1994.

109. LLINÁS, R.R. & PARÉ, D. Of Dreaming and Wakefulness. In: *Neuroscience* 44/3, p. 521-535.

haver uma espécie de instância de decisão que cuidaria para que nosso comportamento seja coordenado com sentido. As impressões sensíveis vindas dos olhos, do nariz e da mão – depois de um processamento prévio correspondente – são aqui reunidas, comparadas com experiências passadas e, por fim, sintetizadas em uma decisão ("começar agora"); sendo que os movimentos dos braços e das mãos para cortar e para levar o alimento à boca exigem uma vez mais uma conjunção complicada de inúmeros nervos e grupos musculares.

Pois bem: essa instância central no cérebro, que podemos imaginar plasticamente como uma espécie de observador e de comandante – não existe! Tem lugar muito mais no cérebro uma conjunção extremamente complicada de processos de auto-organização. Se quiséssemos exagerar em uma comparação, poderíamos dizer: os neurônios não ouvem um ditador, eles decidem muito mais anteriormente de uma maneira que poderíamos denominar "democrática"[110]. Não há nem um "teatro cartesiano" (como denominamos a representação plástica citada) nem um observador.

2) *"Fora e dentro"*. O ensaio de Thomas Nagel aborda o problema cérebro e consciência em um ponto difícil, talvez o mais difícil de todos, a saber, na questão: Como as coisas se comportam para o ser X, como é para o ser X ser X e ter, enquanto tal, tais vivências determinadas? No caso de Nagel, X é um animal, cuja organização sensorial e, com isso, a "imagem" de mundo é extremamente diferente da dos homens.

O problema continua existindo, porém, quando não pensamos em um animal determinado, mas em outros homens. Como é (para mim) o fato de "eu" ser e, por exemplo, sentir um odor em uma prova de vinhos? Será que o meu vizinho no balcão, que gostaria de saber isso, pode pressentir mais ou menos – talvez ele possua, porém, um "gosto" totalmente diverso? Naturalmente, posso me transpor melhor para a posição de um homem com que tenho há muito uma familiaridade e que está próximo de mim do que para a posição de um estranho ou de um indivíduo exótico ou de um homem da pré-história ou mesmo de um chimpanzé – ou de um morcego – ou de uma lesma...

Talvez devêssemos perceber que "qualia", que a possibilidade de acessar os matizes respectivamente particulares, subjetivos, das percepções, dos sentimentos, das vivências é tanto menor quanto mais amplamente o outro ser em questão estiver afastado de nós; no homem, quanto mais amplamente o outro estiver afastado de mim social, geográfica ou historicamente; no animal, quanto mais amplamente ele estiver afastado do homem na haste ramificada da evolução. Desde que a evolução produziu o aparecimento de espécies diversas – e, no caso do homem e de alguns animais superiores: desde que se formaram os indivíduos, seres únicos, diversos de todos os seus companheiros de espécie em disposições herdadas e em seu destino vital –, desde que há em cada nível da evolução e para cada indivíduo uma "perspectiva interior do mundo", que só é própria e acessível a ele.

---

110. Essa representação é tomada de empréstimo a uma conferência de SINGER, W. *Der Beobachter im Gehirn* (*O observador no cérebro*). Reimpressa em MEIER, H. & PLOOG, D. (orgs.). *Der Mensch und sein Gehirn* (*O homem e seu cérebro*), 1997.

Isso conduz a um problema para o qual ainda gostaria de apontar agora de maneira conclusiva: Será que todos os seres que a evolução deixou surgir possuem uma "perspectiva interior" do mundo nesse sentido? Para o homem, isso parece certo; para os animais superiores, quase totalmente certo. Ninguém que lide mais proximamente com animais superiores pode tomá-los como autômatos, que simplesmente reagem a determinados impulsos segundo regras fixas. Quando vejo como meu cachorro se movimenta no sonho, como ele rosna levemente, mostra os dentes, move as patas – então não tenho como saber, em verdade, o que ele está sonhando, mas parece não haver dúvida alguma de que ele está "vivenciando" determinadas coisas em seu sonho.

Se descermos a escala hierárquica, até que ponto alcança essa capacidade? Nós tendemos intuitivamente a negar a capacidade para a "vida consciente" a animais simplesmente estruturados; em todo caso, às plantas. Talvez também aos animais que não possuem nenhum sistema nervoso central?

Cuidado! Abelhas não possuem nenhum sistema nervoso central, mas realizam com as suas danças de orientação (tal como Karl von Frisch as sondou) um desempenho notável, que no fundo também pressupõe uma capacidade de abstração. E elas mostram um comportamento entre o sono e a vigília, tal como conhecemos a partir do homem ou do cachorro. Em que deveria consistir neles a diferença entre dormir e estar acordado, se eles também não tivessem nenhuma consciência no estado de vigília?

Mais além: todo organismo que queira sobreviver na luta pela existência precisa "saber" de qualquer modo (não consciente, mas instintivamente) o que pertence ao seu corpo e o que não pertence, ou seja, aquilo que pertence ao mundo exterior (e que é hostil, comestível ou indiferente). Portanto, o mais simples dos organismos também precisaria possuir ao menos uma representação de eu/não eu?

Ao fim dessa introdução (para o especialista, certamente simples demais), gostaria de oferecer ainda um ponto para a reflexão. Suponhamos que a tentativa "reducionista" de explicar a consciência a partir de determinados processos químicos e elétricos no cérebro tenha algum dia sucesso no futuro. Nesse caso, saberíamos que processos complicados precisam transcorrer em um cérebro, para que o ser vivo em questão tenha uma consciência de si mesmo e de seus arredores, para que ele tenha uma representação de seu mundo que contenha o seu próprio corpo e o seu "eu". Um triunfo da ciência!

No entanto, não deveríamos acreditar que, com isso, seriam resolvidos os enigmas, diante dos quais nós homens nos encontramos e sobre os quais os filósofos vêm refletindo desde tempos imemoriais. Mesmo se soubéssemos como é que determinadas redes neuronais cooperam com a frequência de 40 hertz, para gerar a consciência – já saberíamos com isso o que ou quem foi que inspirou Michelangelo a realizar suas obras, Shakespeare a escrever seus dramas e sonetos, Bach, Mozart e Beethoven a compor suas músicas e os fundadores das grandes religiões a instaurarem suas doutrinas? Ou devemos confiar no relato da criação contido no Antigo Testamento, um relato que diz que o homem foi criado por Deus a partir, em verdade, de "terra" (matéria), mas, em seguida, obteve o "sopro divino" e só assim se tornou uma "alma viva"? Acredito que esse segredo persistiria.

Palavras finais

Espero que tenha ficado claro que escolhi no último capítulo os cinco âmbitos: A imagem do homem – Linguagem – Conhecimento e saber – O que devemos fazer – Cérebro, consciência e espírito não apenas por causa da significação desses temas, mas ao mesmo tempo como um testemunho de que a filosofia hoje, se é que ela quer chegar a resultados, depende de uma colaboração estreita com as ciências empíricas.

Estou consciente de que há outros temas que poderiam ser considerados de maneira semelhante. Dentre esses temas está, em face de toda a história do espírito e mesmo da discussão atual em nome da qual gostariam de falar Hans Küng (nasc. em 1928) e John L. Mackie (1917-1989)[1], o tema *Deus*. Com certeza, se Edward O. Wilson acredita que "é possível dizer se um Deus cosmológico, criador do universo (tal como o deísmo tem em vista), existe e é possível que isso venha a ser um dia decidido, talvez mesmo sob a forma de uma demonstração palpável que hoje ainda não podemos representar" – isso eu não acredito.

Um outro tema que pode tornar-se acessível por meio do empenho científico unificado com o empenho filosófico é o tema *tempo*. Em face dos enigmas que a Teoria da Relatividade, a Teoria Quântica e mesmo a cosmologia apresentaram até aqui, porém, não acredito que o segredo do tempo (que segundo o "Prometeu" de Goethe não domina apenas o homem, mas também é senhor dos deuses) venha a ser desvendado dessa maneira em um tempo abarcável. Esta opinião é fortalecida por John Searle[2] que, sem considerar o papel central que o tempo desempenha para a nossa consciência (que sempre se estende para nós no tempo), se resigna diante da tarefa de dizer algo mais detido sobre ele: "Dois temas são decisivos para a consciência. No entanto, não poderei dizer muito sobre eles, porque eu ainda não os compreendo suficientemente. O primeiro é a temporalidade..."

Acredito antes que um outro objeto – que até aqui ficou reservado apenas aos filósofos e que parecia tão pouco adequado à abordagem da ciência natural quanto o "espírito" – talvez possa tornar-se acessível a um esclarecimento por meio de empenhos conjuntos de pesquisa-

---

1. KÜNG, H. *Existiert Gott?* (*Deus existe?*), 1978. • MACKIE, J. *Das Wunder des Theismus* – Argumente für und gegen die Existenz Gottes (*O milagre do teísmo* – Argumentos a favor e contra a existência de Deus), 1985 [Em inglês: *The Miracle of Theism*, 1982]. Küng é teólogo, Mackie, ateu.

2. SEARLE, J.R. *Die Wiederentdeckung des Geistes* (*A redescoberta do espírito*), 1993 [Ed. de bolso, 1996, p. 149 – Ed. em inglês: *The rediscovery of the mind*, 1992].

dores e filósofos. Tenho em vista o fenômeno da *liberdade* (liberdade da vontade). Sinto-me fortalecido nessa expectativa por meio de Hubert *Markl* que pergunta[3]: "O que constitui o processo biológico da história natural do surgimento do homem a partir dos primatas animais de uma maneira tão única que ele tenha podido produzir seres que se sentem livres para escolher em seu comportamento e se mostram ao menos no interior de certos limites como objetivamente autodeterminados?" Markl considera essa questão "em princípio investigável". Mesmo que o nosso sentimento de que podemos decidir livremente em determinadas situações se revelasse uma ilusão, essa ilusão seria de qualquer modo carente, em suas condições de surgimento, de uma explicação científico-natural. Pois – assim conclui Markl – mesmo que permaneçamos incapazes por um longo tempo de explicar a contradição entre a compulsão das leis causais que dominam o mundo real e o sentimento imperioso de uma liberdade moral interna: mesmo nesse caso continuaria sendo necessário investigar em que medida nossa natureza nos abre essa consciência de liberdade. Será que é preciso recusar como reducionismo o fato de a biologia requisitar a possibilidade de fazer enunciados mesmo sobre as potencialidades espirituais mais elevadas e sobre a autoexperiência psíquica? Segundo Markl, não – pois "nenhuma realidade pode desaparecer, enquanto explicamos a sua proveniência".

---

3. MARKL, H. Evolution und Freiheit – Das schöpferische Leben (*Evolução e liberdade* – A vida criativa). In: MAIER-LEIBNITZ, H. (org.). *Zeugen des Wissens* (*Testemunhas do saber*), 1986.

Índice de pessoas

Índice de assuntos

Índice geral

Conecte-se conosco:

f   facebook.com/editoravozes

⊙   @editoravozes

𝕏   @editora_vozes

▶   youtube.com/editoravozes

☏   +55 24 2233-9033

www.vozes.com.br

Conheça nossas lojas:

www.livrariavozes.com.br

Belo Horizonte – Brasília – Campinas – Cuiabá – Curitiba
Fortaleza – Juiz de Fora – Petrópolis – Recife – São Paulo

 EDITORA VOZES

 VOZES NOBILIS

Vozes de Bolso

 Vozes Acadêmica

EDITORA VOZES LTDA.
Rua Frei Luís, 100 – Centro – Cep 25689-900 – Petrópolis, RJ
Tel.: (24) 2233-9000 – E-mail: vendas@vozes.com.br